KB187162

언어학사로 본 20세기까지의

한국어 연구사

저자 약력

정 광

서울대학교 문리과대학 국어국문학과 졸업
고려대학교 문과대학 국어국문학과 명예교수

언어학사로 본 20세기까지의

한국어 연구사

초판인쇄 2022년 2월 10일
초판발행 2022년 2월 21일

저 자 정 광
발 행 인 윤석현
발 행 처 박문사
책임편집 최인노
등록번호 제2009-11호

우편주소 서울시 도봉구 우이천로 353
대표전화 02) 992 / 3253
전 송 02) 991 / 1285
전자우편 bakmunsa@hanmail.net

ISBN 979-11-89292-97-3 93700 정가 88,000원

언어학사로 본 20세기까지의

한국어 연구사

정 광 저

박문사

머리말

이 책은 한국 방송통신대학의 국어학사 교재로 출판된 김완진·정광·장소원의 <국어학사>에서 필자가 집필한 부분을 대폭적으로 수정 보완하고 나머지 부분을 전면 개고한 것이다. 거기다가 제2장 '간추린 동·서양의 언어학사'를 추가하였다. 앞의 책을 집필하면서 한국어학사는 언어학사에 준하여 서술되어야 한다는 생각이 간절하였기 때문이다.

이번에 추가된 제2장에서는 파니니(Pānini)의 <팔장>으로 대표되는 고대인도의 범어문법이 알렉산더 대왕의 인도 침략으로 희랍에 전달되어 알렉산드리아 학파의 드락스(Thrax)에 의하여 희랍문법으로 접목되었고 이것이 로마의 라틴문법을 정리한 프리스키아누스(Priscian)의 라틴문법으로 전달되어 인구어(印歐語)의 굴절어 문법을 완성하게 되었다는 주장을 폈다.

이러한 주장은 세계 언어학사에서 매우 중요한 사안이고 아직까지 누구도 이런 주장을 한 일이 없었기 때문에 미국대학의 언어학과에서 교편을 잡고 있는 두 분에게 제2장을 보내어 의견을 구했다. 두 분 모두 한국인이지만 일찍이 미국에 유학하여 그곳에 언어학 교수로 정착하신 분들로 미국 언어학계의 원로이며 중진 학자이다.

즉, 한 분은 미국 언어학의 메카인 일리노이대학 어바나-샴페인 캠퍼스에서 언어학을 이끄시던 김진우 교수(Chin-Woo Kim, Professor Emeritus, University of Illinois at Urbana-Champaign)이고 또 한 분은 미네소타대학 둘루트 캠퍼스에서 현역 언어학 교수로 활약하고 있는 박종원 교수(Chongwon Park, Professor of linguistics. Univ. of Minnesota Duluth)였는데 두 분 모두 바쁘신

중에도 성실하게 원고를 꼼꼼하게 읽고 교정까지 보아서 보내주셨다.

김진우 교수는 언어학사를 잘 모르지만 라틴문법의 accusatívus(고발격)가 희랍어의 오역인 것은 처음 알았고 많이 배웠다고 하셨다. 김 교수는 이미 몇 달 전에 읽은 <국어학> 제96호의 졸고(2020b)를 보시고 모음(母音)이 산스크리트어의 마다(摩多, mata, mother)에서 온 것을 알고 놀랬다고 하였는데 역시 이번에도 솔직하게 본인의 생각을 말씀하셨다.

그동안 필자의 주변에서 자신이 모르던 것을 처음 알더라도 이미 아는 척하는 사이비 학자들을 많이 보았던 필자로서는 역시 대가의 풍도는 다르구나 하고 감동하였다. 김 교수는 꼼꼼한 교정 이외에 여러 가지 조언을 주셨다. 여기에 그 사실을 적어 감사를 표한다.

박종원 교수도 면밀하게 전문을 읽고 오자와 탈자에 대한 교정을 보아주었다. 거기다가 이 책의 제2장이 Notable achievement라고 평가하고 영어로 번역해서 Oxford University Press에서 출판해야 하는데 안타깝다고 했다. 그리고 시간이 나면 본인이 직접 영역해보겠다는 제안을 해왔다. 미국 대학에서 언어학사를 강의하는 현역 교수의 제안이라 솔깃하지 않을 수 없다.

다만 이것을 영문으로 번역하는 것이 쉽지 않을 것으로 보지만 시간이 나면 제2장만을 따로 더 추가하여 좀 더 자세하게 쓸 생각이다. 필자가 현역일 때에 언어학사를 강의하면서 사용하던 강의 노트가 4권이나 되고 그 가운데 일부만 이번에 할애하였기 때문에 아직도 쓰지 못한 내용이 많이 남아있다. 건강이 허락한다면 제2장을 좀 더 확대한 다음에 영역하여 단행본으로 출판할 생각을 한다.

이 책을 저술할 생각을 한 것은 제4장의 한글 창제에 관한 부분을 고쳐 써야한다고 마음을 먹었기 때문이다. 그동안 필자는 세종이 어떻게 새 문자를 제정하였는가에 대한 많은 논저를 발표하여 세인(世人)의 주목을 받아왔다. 그동안 "영명하신 세종 대왕이 사상 유례가 없는 문자를 독창적으로 만드셨다"고 믿고 있는 많은 분들로부터 그렇지 않다는 필자의 주장을 증명해야 한다는 과제를 주었기 때문이다.

이 책은 그에 대한 답변이기도 하다. 제2장을 추가한 것도 세종의 새 문자 제정에 대한 필자의 주장을 이해하려면 세계 언어학사에 관한 지식이 필요하다고 절실하게 느낀 것이다. 필자가 아무 근거 없이 세종의 한글 창제가 여러 문자로부터 영향을 받았다고 주장한 것은 아니기 때문이다.

파스파 문자에 대하여 아무런 지식도 없고 범자(梵字)나 고대인도의 성명기론(聲明記論) 대하여 전혀 모르는 문외한들이 필자의 주장을 마음대로 비판하고 전혀 이치에 맞지 않는 비난을 하는 것을 보면서 이러한 책이 반드시 필요하다고 생각한 것이다. 물론 극렬한 국수주의(國粹主義)자들에게 이러한 지식이 과연 제대로 이해될 것인가 하는 의구심은 남아 있지만 그래도 하는 데까지 해야 한다는 사명감이 있었다.

그리고 필자가 집필한 대부분의 책이 그러하지만 제8장의 결론에서 전체를 요약하였다. 번다하고 난삽한 내용을 한 번에 읽기가 어려운 독자들께서는 제8장을 먼저 읽고 전체를 파악한 다음에 필요한 장(章)을 찾아 읽는 것이 어쩌면 편리할 것이다. 이 책은 각 장(章)을 별개로 하여 집필되었다. 따라서 앞에 장(章)에서 서술한 부분이 다음 장에서 중복될 수가 있다. 독자 여러분의 양해를 바란다.

먼저 간행한 책에서 유길준의 <대한문전>이 일본 에도(江戶) 문법의 영향을 받았다고 큰 소리를 쳤지만 정작 에도(江戶) 문법에 대하여는 국내 학계는 물론이고 일본에서도 제대로 소개한 것이 없다. 이 책에서 간략하지만 일본의 근대 문법에 대하여 서술하여 먼저 책의 숙제를 해결한 셈이 되었다.

<참고문헌>도 대폭 수정하였다. 먼저의 <국어학사>에서 인용한 참고 서적이 정작 권미에 부재(附載)한 <참고문헌> 목록에는 빠져있었던 경우가 한두 편이 아니었다. 이번에 <참고문헌>을 정리하여 전 책의 잘못을 이번에는 되도록 줄이도록 노력하였다.

이 책은 필자가 은퇴하고 내는 28번째 책이다. 아마도 학술서적의 저술은 마지막일 수도 있다. 그래서 더욱 이 책에 대한 애착이 크지만

이미 먼저 책에 써놓은 부분을 살려야 하기 때문에 내용에 있어서는 아쉬운 부분이 많다. 동학 제현(諸賢)의 많은 질정(叱正)을 바란다.

그리고 이 책을 완성하도록 건강을 허락하신 주님께 감사드리며 늘 그렇듯이 주위에서 도와준 제자들, 특히 경희대학교의 김양진 교수에게 고마움을 표한다.

2021년 추석을 앞두고. 저자

목차

제1장

서론

제1장 목차

1.0.0. 이 책은 한국어의 연구사이니 한국어 연구의 역사를 살펴본 한국어학사라고 할 것이다. 모든 분야의 연구에서 학사(學史), 즉 연구사는 매우 중요하다. 왜냐하면 지금의 연구가 전시대의 연구를 계승하고 발전시키는 경우가 많기 때문이다.

언어의 연구에서도 언어학사가 항상 중요하다고 본다. 지금까지의 연구가 어떠했고 현재의 상황은 어떠하며 앞으로의 연구가 어떻게 전개될 것인가를 살펴보면서 지금의 연구를 자리매김해야 하기 때문이다. 간혹 연구사를 무시한 연구가 없는 것은 아니다. 갑자기 이제까지의 연구와 관련이 없는 돌출된 연구로 학계를 혼란에 빠트린 연구가 있다.

그러나 대부분 그런 연구는 실패로 끝나서 후대에 돌아봄이 없게 되지만 때로는 새로운 분야를 개척하기도 한다. 그렇더라도 연구사의 고찰이 없는 돌출된 연구가 학문의 발전에 기여하는 일은 매우 드물다. 연구사를 고찰하지 않은 연구들은 비록 당시에는 빛을 볼지 모르지만 얼마 지나지 않아 쓰레기통에 들어가는 경우가 대부분이기 때문이다.

학문은 전시대의 연구에 의거하여 발전한다. 특히 한반도에서는 지정학적으로 유라시아의 대륙에 붙어 있고 역사적으로 찬란한 문화를 자랑하는 중국과 인접해 있어 그들의 문화와 더불어 학문도 수용하고 발전시켜 재창조하는 일이 많았다. 또 불경을 통하여 고대인도의 문화를 항상 접할 수가 있었다. 이러한 동양의 거대한 두 문화는 우리의 여러 분야에 영향을 주었고 언어 연구에서도 예외는 아니었다.

따라서 학문의 연구사도 이와 같은 주변 민족의 학문을 수용하고 발전시키는 과정을 알지 못하면 올바른 이해가 어렵다. 흔히 우물 안 개구리처럼 한국어학이 우리 학문을 자랑하고 찬양하는데 그쳐서는 안 된다. 우리 학문도 끊임없이 다른 나라의 학문으로부터 영향을 주고받으며 발전해 온 것처럼 한국어학도 다른 언어학과의 관계를 살펴야 제대로 이해할 수 있다고 필자는 굳게 믿는 바이다.

1.0.1. 한국어의 연구는 서양 언어학의 방법에 의거하여 연구된 것만을 한국어학으로 보려는 연구자들이 많다. 그러나 우리말의 연구는

오랜 역사를 가졌고 서양 언어학이 들어오기 전부터 상당한 수준의 연구가 있었다. 특히 한글 창제에서 보여주는 것과 같이 서양 언어학이 들어오기 훨씬 전부터 우리말에 대한 깊은 연구가 있었다.

특히 인접한 중국에는 일찍부터 성운학(聲韻學)과 자학(字學)이 있고 불경을 통하여 수입된 고대인도의 비가라론(毘伽羅論)을 비롯한 성명기론(聲明記論)의 영향은 한글 창제에 직접적인 영향을 주었다. 또 중국 원대(元代)의 파스파 문자의 제정에 따른 여러 문자의 이론들도 고스란히 조선 초기의 한글 창제에 바탕이 되었다.

서양의 언어 연구, 문법이란 이름이었지만 흔히 서양의 고대희랍과 로마시대로부터 본격적으로 시작된다고 본다. 그러나 동양에서도 역사 이전부터 언어를 연구하고 문법을 논의하여 왔다. 서양의 희랍문법과 로마의 라틴문법에 바탕이 된 동양의 고대인도에 산스크리트 문법, 즉 범어(梵語) 문법이 있었다.

다만 서양 중심의 학문 연구사에서 중국과 인도의 두 고대국가가 이룩한 언어 연구가 무시되거나 누락되었을 뿐이다. 따라서 이러한 다른 언어학의 영향을 전혀 돌아보지 않는 그동안의 한국어의 연구사는 우물 안의 개구리처럼 그저 우리 연구를 찬양하는데 그치고 있었다. 본서의 제2장에서는 이에 대하여 자세하게 살펴보았다.

1.0.2. 한국어의 연구사는 한글의 창제라는 중요한 업적을 중심으로 그 이전과 이후로 나누어 볼 수 있다. 어떤 의미에서 한국어 연구의 역사는 한글 창제를 분수령으로 하여 그 이후에야 본격적인 서술이 가능하다고 보기 때문이다.

그만큼 한글의 창제는 한국어 연구의 역사에서 절대적인 가치를 갖는다. 세종이 새 문자를 창제하면서 한국어의 깊이 있는 음운과 문법에 대한 연구가 있었고 그 문자로 우리말을 표기하면서 본격적인 한국어의 연구가 이루어지기 시작했다고 보아야 한다.

그동안 공간된 대부분의 국어학사가 한글의 창제를 중심으로 고찰되었다. 그러나 일부 국어학사에서는 이 부분을 아예 무시하고 서양언어학이 들어와서 그에 의한 한국어의 연구만을 한국어학사에서 다뤄야 한다고 주장하기도 한다. 그렇지만 이것은 온당한 방법이 아니다.

이미 500년 전에 서양의 구조음운론에 못지않은, 아니 오히려 그보다 더 뛰어난 조음음성학에 입각하여 우리말의 음운을 고찰하였고 그로 인하여 과학적이고 뛰어난 훈민정음이 창제될 수 있었으며 따라서 우리말의 연구사에서 이것을 무시하고 기술할 수는 없다고 본다.

실제로 조선 전기에 새 문자의 제정을 위하여 많은 언어의 연구 이론이 도입되어 고찰되었다. 고대인도의 성명기론(聲明記論)을 비롯하여 중국의 성운학(聲韻學), 원대(元代) 몽고의 문자학이 세종 때에 깊이 있게 논의되고 발전시켰다. 언어에 대한 이와 같은 깊은 성찰(省察)은 높은 수준의 언어학적 지식을 가져왔다.

그 결과 한글이란 희대의 걸출한 문자가 창제된 것이다. 그런데 이것을 우리의 언어 연구사에서 제외한다는 것은 상식에 어긋나는 일이라고 아니 할 수 없다. 이것은 우리의 문명사(文明史)를 살펴보면서 신라나 고려의 뛰어난 유물들이 보여주는 고도로 발달된 문명을 무시하고 서양의 기술 문명이 들어온 이후의 문명만을 우리 문명사에서 기술하자는 태도와 같다.

과연 어떤 민족이 이러한 서양 일변도의 사대주의적인 문명사를 용인하겠는가? 우리의 한국어학사도 한글의 창제를 둘러싼 우리말 연구를 빼고 서양 언어학이 들어온 이후의 한국어학만을 기술하는 것은 앞에서 언급한 문명사와 조금도 다를 바가 없기 때문이다.

1.0.3. 그동안 세종의 새 문자 창제가 독창적이고 사상 유례가 없다고 알려졌다. 즉, "영명하신 세종대왕이 사상 유례가 없는 문자를 독창적으로 만드셨다"고 믿어왔다. 그리고 한글의 창제에 관한 논의는 신성불가침으로 여기고 모두가 위의 주장에 맞춰야 했다. 여기에서 조금이라도 벗어난 연구는 사문난적(斯文亂賊)으로 몰아붙였다.

그러나 학문의 발전은 이러한 신화(神話)와 같은 국수주의적(國粹主義的) 슬로간이 옳지 않다는 생각이 전문가가 아닌 일반인들 사이에 퍼져나갔다. 복잡한 언어 이론으로 설명되는 새 문자를 제왕인 세종이 혼자 창제하였을까 하는 의구심을 많은 사람들이 갖고 있었다. 여북해야

2019년에 '나랏 말싸미'와 같은 영화가 제작되기에 이르렀을까.

물론 이 영화는 불교의 맹신자들에 의하여 전혀 사실과 다르게 제작되어 흥행도 크게 실패하였지만 이런 영화가 제작되었다는 사실만으로도 한글이 독창적이지 않을 수도 있다는 일반인들의 정서를 반영한 것이 아닐 수 없다. 실제로 우리의 선조(先祖)들도 한글이 불경(佛經)의 범자(梵字)나 원대(元代) 몽고인들의 파스파 문자로부터 표음문자에 대한 일반적 지식을 가졌다고 본다.

예를 들면 세종 때에 태어나서 교육받고 성종 때에 활약한 성현(成俔)의 『용재총화(慵齋叢話)』(권7)에는 "世宗設諺文廳, 命申高靈成三問等製諺文, 初終聲八字、初聲八字、中聲十二字, 其字體依梵字爲之 − 세종이 언문청을 설치하고 고령부원군 신숙주와 성삼문 등에게 언문을 짓게 하였다. 초성과 종성의 8자, 초성 8자, 중성 12자다. 그 자체는 범자에 의지하여 만들었다"라는 기사가 있어 언문, 즉 한글이 범자(梵字)에 의거하여 만들었다고 주장하였다.

성현(成俔)은 세종 21년(1439)에 태어나서 연산군 10년(1504)에 돌아갔으므로 세종이 새 문자를 제정할 때에 한참 수학할 나이였다. 후일『악학궤범(樂學軌範)』을 편찬하면서 서문를 쓰는 등 문학으로 명성을 날리고 고위직에 있었던 성현(成俔)은 세종의 새 문자 제정의 경위를 잘 알고 있었고 한글 창제의 여러 정황을 꿰뚫어보고 있었다고 보아야 할 것이다. 따라서 그의 앞과 같은 언급은 근거 없이 남긴 말이 아니다.

또 후대에 지봉(芝峯) 이수광(李睟光)은 상술한 성현의 주장을 이어받아 그의『지봉유설(芝峰類說)』(1614, 20권 10책) 권18에서 "我國諺書字樣, 全倣梵字 − 우리나라 언서, 즉 언문의 글자 모양은 모두 범자를 모방한 것이다"라고 하였다. 이미 이때에는 언문(諺文)이 널리 사용되고 있을 때여서 아무런 근거 없이 이런 주장을 하기가 어려웠을 때이다.

그리고 개화기 시대에 많은 외국인 연구자들이 한글을 범자(梵字)에서 기원한 것으로 논술하였다. 예를 들면 Edkins(1871)의 "언어학에서 중국의 위치", Scott(1893)의『한국어 편람』, 그리고 Eckart(1928)의 "한국어 문자의 기원"에서 한글이 범자(梵字), 즉 산스크리트 문자에서 온 것으로 보았다.

실제로 졸고(2016b)와 졸저(2021: 406~429)에서는 불가(佛家)의 비가라론(毘伽羅論)이 불경(佛經)을 통해서 신라와 고려의 학승(學僧)들에게 널리 알려졌고 비기라론의 음운 연구인 성명기론(聲明記論)도 고려의 나옹(懶翁) 화상의 적통을 이어받은 조선 초기의 무학(無學) 대사에게 전달되었고 그의 학통을 이어받은 함허당(涵虛堂)과 그의 제자 신미(信眉)에 의해서 세종의 새 문자 제정에 큰 도움을 주었다고 주장하였다.

1.0.4. 뿐만 아니라 병자호란(丙子胡亂) 이후의 일이지만 이익(李瀷)의 『성호사설(星湖僿說)』(1760?)에서는 언문이 몽고 문자와 관련이 있다고 주장하였다. 세종의 새 문자 제정에서 몽고의 파스파 문자로부터 영향을 받은 것은 널리 알려진 사실이었다. 세종과 한글 창제에 관여한 문신(文臣)들은 모두 한자음 표기에서 몽고 문자인 파스파 문자의 편의성을 잘 알고 있었기 때문이다.

다만 몽고의 원(元)을 멸망시키고 중원(中原)에 오아(吳兒)들이 세운 명(明)에서는 한자(漢字) 문화에 대응하여 새 문자로 제정한 파스파 문자를 호원(胡元)의 잔재(殘滓)로 몰아서 이를 철저하게 타파하였다. 그런 형편에 새로 창제한 언문(諺文)이 몽고 문자와 관련이 있다는 말을 감히 꺼낼 수 없었다. 명(明)이 망하고 만주족의 청(淸)이 섰을 때야 비로소 이런 언급이 가능해진 것이다.

또 유희(柳僖)의 「언문지(諺文志)」(1824, 『文通』, 전100권의 제19권)의 '전자례(全字例)'에서 "諺文雖刱於蒙古, 成於我東, 實世間至妙之物 - 언문은 비록 몽고에서 시작하여 우리나라에서 이루어졌지만 실제로 세간에 지극히 오묘한 것이다"라고 한 것도 이익(李瀷)과 같은 맥락의 말이다. 몽고에서 파스파 문자를 제정한 것에 기대어 세종은 새 문자를 제정하려는 동기가 생겼음을 말한 것이다.

세종은 한자(漢字)의 우리 한자음과 중국의 한어음(漢語音)이 매우 다른 것을 보고 동국정운식의 새 한자음을 인위적으로 제정하였다. 그리고 몽고의 원(元)에서 파스파 문자를 제정하여 한자음 표기에 사용한 것에 고무되어 새 문자를 제정하고 이를 "백성들에게 가르쳐야 하는 올바른 한자음"이란 뜻의 훈민정음(訓民正音)이라고 하였다.

즉, 동국정운식 한자음 표기를 위한 문자가 바로 문자 명칭이 된 것이다. 명(明) 태조가 원대(元代) 한어음(漢語音)에 의하여 오염된 한자음을 수정하여 인위적인 한자음 운서인 『홍무정운(洪武正韻)』을 편찬한 것을 보고 우리 한자음을 역시 인위적으로 수정하여 『동국정운(東國正韻)』을 편찬하였다.

그리고 상술한 유희(柳僖)의 언급을 보면 언문이 파스파 문자보다 더 완성되어 한자음만이 아니라 우리말까지 표기하는 지묘지물(至妙之物), 매우 오묘한 문자가 되었다고 본 것이다. 훈민정음, 즉 한글이 우리말 표기와 한자음 표기에 매우 편리하고 많은 도움을 주는 문자임을 이렇게 표현한 것이다.

이러한 선학(先學)들의 언급이 있었는데도 불구하고 현대의 우리들은 '영명하신 세종대왕이 사상 유례가 없는 문자를 독창적으로 만드셨다'라는 신화(神話) 속에 살고 있다. 이러한 생각은 결코 학문하는 연구자들이 따를 것이 못된다.

1.0.5. 이러한 한글의 신화적인 창제설(創制說)은 일제 강점기에 민족의 자긍심을 고취하기 위하여 한글을 신성시한 결과로 일층 강조되었다. 일제 강점기에 주시경선생을 중심으로 하여 그 문하생들이 우리말과 우리글에 대한 자부심을 키우고 그로부터 민족적 긍지를 고취시키기 위하여 한글의 위대성과 그 신화적 창제를 강력하게 주장한 것이다.

그러나 한글을 무작정 독창적인 문자로 보려는 태도는 과거 일제 강점기에 독립운동의 일환으로 우리말 연구를 하던 시기에는 바람직하였을지 모르지만 그런 국수주의적(國粹主義的)이고 신화(神話)와 전설(傳說)과 같은 창제설은 이제는 지양(止揚)되어야 한다. 아시아에서 문화의 교류와 역사 속에서 주변 민족의 문자 제정과 연결하여 객관적으로 한글 창제를 살펴볼 때가 된 것이다.

물론 새로운 표음문자의 제정은 역사적으로 오랫동안 한자를 빌려 우리말을 표기하면서 많은 시행착오를 거쳐 새 문자가 필요하다는 결론에 따른 것이다. 이러한 역사적 사실을 도외시하고 세종의 훈민정음에 대한 어제서문만으로 어리석은 백성들의 문자 생활을 도우려고 이해하려는 지금까지의 연구 태도는 너무 나이브하고 독선적이라 하지 않을 수 없다.

모든 학문의 연구사에서 다른 학문과의 상호 연관과 그를 수용한 일은 여과 없이 기술되어야 한다. 또 새 문자를 창조하는 일도 여러 전거에 의거하여 실증적으로 고찰되어야 한다. 한국어의 연구사를 논술하는 이 책에서도 외국 학문이나 이론의 수용과 그에 의한 재창조된 세종의 새 문자 제정을 지금까지와는 다른 시각(視角)에서 고찰될 것이다.

이제 우리말과 글의 연구가 더 이상 독립정신이나 민족의 우월함을 주창(主唱)하는 일에 머물 수 없기 때문이다. 필자가 이번에 한국어 연구사를 편찬하는 가장 중요한 목적의 하나가 바로 이러한 국수주의적 시각에서 벗어나 그동안의 신화적인 생각을 불식(拂拭)하고 보다 실증적인 연구로 나아가기 위한 것이다.

1.0.6. 더욱이 세종이 훈민정음을 창제하고 이를 왕명(王命)으로 공표한 일도 없었고 이를 국가의 정문(正文)으로 삼지도 않았다. 중국 주변에서 교착적 문법구조의 언어를 사용하는 민족들이 나라를 세우고 바로 새 문자를 제정하여 국가의 정문으로 반포한 것과는 매우 다르다.

예를 들어 요(遼)의 거란문자나 금(金)의 여진문자는 제정되자마자 황제의 조령(詔令)으로 반포되었고 국가의 공용문서에서 정문으로 사용되었다. 원대(元代) 파스파 문자도 세조(世祖) 쿠빌라이 칸(忽必烈汗)의 조령(詔令)으로 반포되었고 화폐(貨幣)와 역참(驛站)의 마패(馬牌) 등에서 사용되었다.

이렇게 주변 문자가 국자인 정문(正文)으로 사용된 것에 비하면 조선시대의 한글은 그런 지위를 누리지 못하였다. 조선시대에 한글은 언문(諺文)이라 하여 한문의 보조 문자였던 것이다. 국가의 공용문은 이문(吏文)이었고 모든 문서는 이문으로 작성되어야 그 효력을 발휘하게 하였다.

이렇던 한글이 국가의 정문인 국문(國文)이 된 것은 대한제국(大韓帝國)시대의 일이다. 갑오경장(甲午更張)으로 중국식 제도를 모두 바꿀 때에 처음으로 국한문 혼용이지만 언문, 즉 한글이 고종(高宗) 황제의 칙령(勅令)으로 나라의 정식 글자인 국문이 되어 칙령(勅令)과 포고령(布告令) 등의 공용문서에 사용되었다.

대한제국시대는 불과 17년의 짧은 기간이었지만 중국에서 벗어나 독립국가로서 우리말과 글을 한문과 한자의 예속에서 벗어나 정식으로 우리말 표기에 사용되어 국가의 정문으로 채택한 것이다. 이 책에서는 역사 이래에 우리말 표기와 그에 대한 변천을 다른 주변 민족의 문자 제정과 사용을 살펴보고 그것이 어떻게 우리말 표기의 문자를 제정하는데 기여하였는가를 고찰하려고 한다.

물론 종전과는 다른 이러한 세종의 새 문자에 대한 연구는 많은 비판과 거부감이 있을 수 있다. 그럼에도 불구하고 이제는 그런 연구가 필요한 시점에 있다는 점을 분명히 밝혀둔다. 이 책이 다른 한국어학사와 다른 점은 아마도 여기에 있을 것이며 필자가 이 책을 써야한다고 생각하는 근본 이유가 여기에 있다.

1. 한국어학

1.1.0. 한국어학사를 서술하기에 앞서 한국어란 무엇이며 이를 연구하는 한국어학이란 무엇인가를 다시 정리할 필요가 있다. 그리고 한국어학사란 일반적으로 어떤 연구를 말하는 것인가에 대한 개괄적인 이해가 선행(先行)되어야 한다. 이에 대하여 먼저 살펴보기로 한다.

우리말의 연구사는 한국어를 연구한 역사를 말한다. 정확하게 표현한다면 한국어학사(History of Korean Linguistics)가 될 것이다. 다만 한국어학은 우리나라의 한국어의 연구라는 의미여서 단순한 언어로서의 우리말이 아니라 우리의 언어, 즉, 한국이란 국가의 공용어의 연구다.

그동안 한국어보다는 국어(國語)가 상용되었다. 따라서 국어학사(國語學史)라는 용어가 일반화되었다. 그런데 본서에서 굳이 국어를 한국어로 바꿔 부르는 것은 국어(國語)란 말 속에는 국가의 언어라는 의미가 포함되어 있어서 한국어(Korean language)보다는 좀 더 다른 의미가 가미

되었기 때문이다.

본서의 제2장에서 살펴보겠지만 서양에서 13세기에 국어(National language)란 말이 생겨났다. 즉, 라틴어에 예속되어 대접을 받지 못하던 유럽의 여러 민족이 자민족의 언어를 가리킨 것이다. 따라서 국어 속에는 민족어란 의미가 강하게 들어있다. 이미 이웃나라 일본에서는 자국의 언어라는 국어(國語)를 쓰지 않고 일본어가 공식 명칭이 되었다고 한다.

최근 지구촌(地球村)이란 말이 실감 있게 사용되는 것처럼 민족과 지역의 구분이 점차 퇴색해 가고 있다. 거기다가 어쩌면 일제(日帝) 강점기(强占期)의 일본인에 의하여 법으로 정해졌던 국어(國語)라는 술어가 필자에게는 매우 거슬리게 되었다. 그보다는 한국어가 우리말을 보다 정확하게 표현한다고 보게 된 것이다.

따라서 종래 국어를 이 책에서는 한국어로 부르고자 한다. 한국어는 우리 민족의 언어라는 의미와 한국이란 국가의 공용어라는 의미도 포함되었다. 그리고 서양의 국어와 달리 역사적으로 한반도에서 사용된 언어를 말하기도 한다. 대한제국시대에 사용하기 시작한 국어는 민족어와 역사적으로 한반도에서 사용된 언어란 의미가 들어 있었던 것이다.

여기서는 먼저 지금까지 알고 있는 한국어 및 한국어학에 대한 지식을 확인하여 이를 역사적으로 어떻게 연결되어 발전하였는지 살펴보고자 한다. 그리하여 앞으로 논의될 한국어학사의 제반 문제를 올바로 이해하는 데 도움이 되도록 하고자 한다.

그동안 한국어학사가 어떤 분야의 학문인지 분명하게 정의하지 못한 여러 다른 국어학사의 저술이 있었다. 아마도 이 책은 한국어학사란 무엇인가에 대하여 다른 유사 서적과 매우 상이한 생각을 갖고 저술될 것이다. 이제 이에 대하여 먼저 살펴보기로 한다.

1) 한국어학이란?

1.1.1.0. 한국어학사란 한국어(韓國語)를 대상으로 하는 학문, 즉 한국어학의 역사를 말한다. 여기서 한국어란 역사적으로 우리 민족이 사용

하여 왔고 지금도 한반도에서 우리 민족이 공용어로 사용하고 있는 언어다.

물론 북한에서는 한국어란 명칭을 배격하고 조선어라고 하지만 여기서는 그것을 무시하고 조선어는 조선시대의 우리말을 말하기로 하고 한국어는 현재 남북한의 우리말을 지칭한다. 간혹 북한의 조선어란 호칭을 무시하기 어려울 때에는 우리말로 부르고자 한다. 한국(韓國)이란 명칭에 대해서 비판적이 사람도 있기 때문이다.

이것은 한국이 단순히 대한민국의 준말이 아니고 역사적으로 한(韓)나라를 말하기 때문에 이 용어를 쓰기로 한다. 한국어는 외국인이 배워서 쓰거나 우리나라 이외의 지역에서 사용하는 한국어를 포함하게 된다. 즉, 한국어학이란 한반도와 세계 여러 나라에서 사용되는 우리말에 관한 모든 연구를 말한다.

우리말에 대한 역사적인 연구라든지 공시적인 현대어의 연구를 모두 한국어학에 포함시킬 수 있으며 한국어학사는 바로 이러한 학문의 연구사를 말한다. 한국어학은 한국어를 연구 대상으로 일체의 학술 활동을 말하는 넓은 의미의 정의가 있고 한국어를 언어학적으로 연구하는 것으로 제한하는 좁은 의미의 정의가 있다.

일반적으로 좁은 의미의 한국어학만을 한국어학사에서 다루어야 한다고 주장하는 한국어학자가 많다. 이런 주장을 하는 학자들은 언어학의 영역 안에서 한국어를 어떻게 연구하여 왔는가를 역사적으로 살피는 것만이 한국어학사라고 하며 그 외의 한국어에 대한 연구는 모두 여기에서 제외하여야 한다고 생각한다.

이런 경우에는 우리말의 언어학적인 연구, 즉 한국어의 음운, 형태, 통사, 의미, 화용의 연구를 비롯하여 계통, 역사, 방언, 어원, 문자, 자료, 교육, 정책, 표기법 등의 연구사만을 한국어학사의 연구 대상으로 한다는 것이다. 즉, 다음에 논의할 소언어학(micro-linguistics)의 한국어 연구만을 말한다는 것이다. 많은 한국어학자들이 이것만을 한국어학이라고 오해하고 있음도 여기에 밝히지 않을 수 없다.

1.1.1.1. 넓은 의미의 한국어학은 이외에도 언어에 대한 언중(言衆)의

의식까지 포함하기 때문에 우리의 선조들이 가졌던 한국어에 대한 의식이나 표기법 등에 대한 지식과 태도를 한국어학사에서 취급하게 되어 본서에서는 고대시대의 한국어 연구에 이를 포함하였다.

그리하여 우리의 선조들이 가졌던 우리말에 대한 여러 가지 의식과 이를 표기하려는 다양한 노력도 한국어학의 범위에 들게 된다고 보았으며 이런 경우에 언어의 역사적 변천을 다루는 한국어사(韓國語史, history of Korean language)와의 구별이 애매하게 된다.

실제로 지금까지 편찬된 국어학사의 많은 연구서가 국어사의 서술과 혼동된 경우가 적지 않다. 그러나 국어학사와 국어사는 준별(峻別)되어야 한다. 후자는 한국어의 역사적 변천을 연구하는 학문이고 전자는 한국어에 대한 연구사를 서술하는 것이다. 지금까지의 '국어학사'란 제목의 연구서가 실제로는 우리말의 변천을 연구하는 국어사를 서술한 경우가 없지 않았다.

한글 창제 이전의 한국어 연구에는 우리말의 차자표기에 대한 연구가 주류를 이룬다. 훈민정음이란 이름으로 한글이 발명되기 전에는 우리말이 한자에 의하여 기록될 수 있었을 뿐이다. 그리하여 어떻게 한자를 빌려 우리말을 표기하였는지를 살펴보는 것이 중요한 우리말 연구의 하나였다.

뿐만 아니라 우리나라의 역사가 시작된 삼국시대에는 고구려, 백제, 신라가 모두 한자를 빌려 우리말 표기하였다. 한자를 빌려 우리말을 표기한다는 뜻은 한문으로 표기하는 방법과 한자를 빌려 차자(借字) 표기하는 방법이 있다. 한문으로 표기한다는 것은 중국어로 번역하여 한자로 쓴다는 말이니 한문(漢文)은 중국어를 한자로 쓴 것이기 때문이다. 반면에 한자의 차자 표기는 한자의 음(音)과 새김, 즉 석(釋)을 빌려 우리말을 적은 것이다.

따라서 한문 표기는 그 내용만이 우리말 연구에 필요할 뿐이고 실제로 우리말을 표기한 것이 아니기 때문에 이를 언어학의 방법으로 고찰하는 것은 불가능하고 설사 가능하더라도 이것은 한국어학에 들어가지 않는다. 그러나 한자의 차자표기로 남긴 우리말의 자료들은 우리말을 표기한 것이니 이를 언어학의 방법으로 고찰할 수 있다.

또 한자를 빌려 우리말을 표기하기 위하여 우리말의 음운이나 문법을 알아야 하기 때문에 차자 표기의 연구가 한글 이전의 우리말 연구에서 종종 중요한 한국어학사의 연구로 보기도 하였다. 본서에서도 한글의 발명 이전에 우리말 연구에서는 차자 표기 방법에 대하여 논의한 것이 주류를 이룰 것이다.

1.1.1.2. 한국어에 대한 연구를 누가 하였는가 하는 것은 문제가 되지 않는다. 외국인의 연구이든지 내국인(內國人)의 연구이든지 관계없이 한국어에 대한 연구는 모두 한국어학사에서 취급되어야 한다. 또 어디서 연구가 이루어졌는가도 문제가 되지 않는다. 국내에서 이루어졌든지 외국에서 이루어졌든지 관계하지 않고 한국어에 대한 연구는 한국어학사에서는 모두 취급되어야 한다.

간혹 외국인의 연구를 제외하거나 외국에서 연구된 것을 도외시하는 경우가 없지 않은데 이것은 잘못된 한국어학사의 서술 태도라고 본다. 요즘과 같이 교통과 통신이 발달하고 많은 사람들이 주거(住居)가 전 세계적인 시대에 굳이 국내에서 이루어진 것만을 한국어학으로 보려는 태도는 너무 편협하고 시대에 맞지 않는다.

한국어에 대한 외국학자들의 연구도 무시하지 못한다. 전 세계에서 한국어에 대한 이해가 깊이 있게 이루어지고 또 실제로 외국인들에 의하여 우리말은 보다 객관적으로 연구되기도 한다. 실제로 일제(日帝) 강점기에 일본인 학자들에 의하여 우리말에 대한 서양언어학의 이론적 연구가 시작되었다는 점도 우리가 한국어학을 국내학자들의 연구에 국한하기 어렵게 한다.

물론 식민지 시대 일본 어용학자들의 연구가 우리말 연구를 왜곡(歪曲)시키고 잘못된 방향으로 나가게 하였음도 묵과(默過)할 수 없다. 그러나 이들의 연구가 어떠했는지 살펴보아야 어떻게 그들의 연구가 잘못되었는지를 알 수가 있다.

실제로 아직도 국내의 많은 한국어학의 연구에서 일본 학자들의 그늘 아래 있음도 차제에 밝혀내야 한다. 이들의 연구를 타부시하고 오로지 일제(日帝) 잔재(殘滓)의 타파만을 외쳐서는 진정한 의미의 새로운 우리말 연구가 이루어질 수 없다.

이 책에서는 일제 강점기에 일본 어학자들에 의하여 이루어진 한국어 연구, 특히 문법 연구가 우리의 근대 문법 연구에서 어떻게 영향을 주었는지 집중적으로 살펴보았다. 그동안 이 부분은 뜨거운 감자와 같아서 쉽게 접근하기 어려웠다. 아마도 이 책에서도 그에 대한 전모를 밝혀내지는 못할 것이지만 그래도 누군가에 의하여 시도되어야 할 일이다.

한국어학사는 우리말 연구의 모든 분야에서 연구사를 다뤄야 한다. 그러나 한 권의 책에서 모든 분야의 연구사를 살펴볼 수는 없다. 한국어학의 여러 분야에서 서론 부분에 연구사를 다루고 있어서 이를 종합하여 살펴보는 일도 이 책에서 다뤄야 할 것이다. 다만 필자의 역량과 지면의 제한이 그것을 어렵게 할 것이다.

그럼에도 불구하고 가능한 한 여러 분야에서 연구의 역사를 기술하려고 노려하겠다. 다만 미처 논의하지 못한 분야의 연구사는 다른 연구서에 의뢰하는 수밖에 없음을 독자 제위께서는 이해하여 주시기 바란다.

2) 한국어학사와 언어학사

1.1.2.0. 한국어학사는 한국어 연구의 역사임을 앞에서 설명하였다. 한국어를 언어학의 연구 방법으로 연구하는 한국어학의 역사가 한국어학사이라는 사실을 앞에서 강조하였다. 그렇다면 한국어란 무엇인가? 오늘날 한반도에서 우리 민족이 공용어로 사용하는 우리말을 한국어라고 한다면 과거에 한반도에서 우리의 선조들이 사용한 언어도 포함되어야 한다.

실제로 한반도에서 우리의 선조들이 사용하던 언어들은 여러 가지 명칭으로 불려왔다. 우선 삼국시대에는 고구려어, 백제어, 신라어가 이 땅에서 사용되었으며 고려시대는 고려어, 조선시대에는 조선어라고 불렀다. 다만 전술한 바와 같이 대한제국시대에는 우리말을 국어(國語)라 하고 우리글을 국문(國文)이라 하였다.

그러나 일제 강점기에는 국어가 다시 조선어가 되었고 국문은 다시 언문(諺文)이 되었다. 왜냐하면 그 당시 일제(日帝)의 강점기에는 국어가 일본어였고 국문은 일본의 가나(假名)문자라고 법률로 정하였기 때문이다. 일본의 식민지 정책에 따른 것이지만 우리말의 명칭이 이렇게 여러 가지로 불리게 되었다.

따라서 한국어란 명칭도 대한민국을 한국이라 줄여 부르고 그 한국의 언어라는 의미의 한국어가 될 것이지만 이 책에서 한국어는 넓은 의미의 우리말을 말한다. 즉, 역사적으로 한반도에서 한민족이 사용해 오던 언어란 뜻이다. 그리고 북한에서 조선말이라고 부르지만 그것 역시 본서에서는 한국어라고 부르고 이를 거부하는 북한의 사정을 감안할 때에는 우리말이라고 부르고자 한다.

또 한국어학이 한국어를 언어학의 연구 방법으로 고찰한다는 말의 의미는 무엇일까? 인류는 유사 이래에 자신들의 의사소통에서 가장 중요한 몫을 담당하는 언어에 대하여 학술적으로 고찰하여 왔다. 인간은 여러 가지 방법으로 타인과 의사를 소통한다. 그러나 언어를 통한 의사소통이 가장 많은 정보를 주고받을 수가 있다.

아마도 인류가 지구상의 여러 생명체 가운데 인간이 가장 고급 정보를 소통할 수 있고 그로 인하여 지구상의 다른 생명체에 비하여 월등하게 뛰어날 수 있었던 것은 발성기관을 움직여 소리로서 의사를 전달하는 고도로 발달한 언어 체계를 가졌기 때문일 것이다. 또 이 언어는 문자로서 저장되어 시간의 구애를 받지 않고 다른 세대에도 전달할 수 있었다. 그리하여 인류의 문명은 대를 이어 전달되고 발전할 수 있었다.

1.1.2.1. 한반도에서 사용되는 언어는 한국어라고 한다. 물론 역사적으로 동일한 언어일 수는 없고 서로 조금씩 다른 언어가 각 시대에 사용되었다. 그리고 지방에 따라 또 조금씩 다른 언어가 사용되었으나 우리가 하나의 언어로 의식하는 우리말을 한국어라고 한다. 비록 시대적으로 위치에 따라 조금씩 다르더라도 한반도의 언중(言衆)들이 같은 것으로 의식하는 언어가 한국어라는 말이다.

따라서 한국어는 추상적 개념이고 실제로는 각 시대의 우리말과 서로 조금씩 다른 방언이 존재할 뿐이지만 우리는 이것을 우리말, 또는 국어, 한국어라고 한다. 엄밀한 의미에서 보면 이 명칭들은 추상적인 것이다. 이와 같이 옛날이나 오늘날에 한반도에서 사용되는 우리말을 연구 대상으로 하는 한국어학의 역사를 어떻게 고찰할 것인가? 즉, 한국어학사는 어떻게 서술되어야 할까? 하는 문제에 대하여 먼저 살펴보기로 한다.

인류는 오랜 세월에 걸쳐 언어 연구를 발전시켜왔고 오늘날의 언어학은 상당한 수준에 이른다. 비록 아직 언어의 본질과 체계 및 언어의 기제(機制)를 모두 밝혔다고 할 수는 없지만 현대 인류의 언어 연구는 다른 분야에 비하여 결코 뒤처진 것이 아니다.

언어학은 다양한 하위 분야로 나누어 인간의 언어를 고찰한다. 다만 하위 분야를 나누는 방법은 일정하지 않았는데 20세기 중엽에 Trager (1949)의 <언어학의 분야>는 언어학을 다음의 세 분야로 나누어 보았다. 즉, 언어학은 전단언어학(前段言語學, pre-linguistics)과 소언어학(小言語學, micro-linguistics), 그리고 메타언어학(meta-linguistics)으로 나누고 이들이 대언어학(macro-linguistics)을 이룬다고 보았다.

1.1.2.2. 소언어학은 다시 세분하여 음운론(phonology), 문법론(grammar), 의미론(semantics)의 세 분야, 또는 문법론을 형태론(morphology)과 문장론(syntax)으로 분류하여 언어의 음운, 형태, 문장, 의미를 연구하는 네 개의 하위 분야로 나누어지는데 이것이 언어 연구의 핵심 분야로 생각하였다. 이와는 별도로 언어의 이러한 연구를 응용하는 메타언어학의 연구 방법에는 언어의 연구사를 다루는 언어학사가 포함된다.

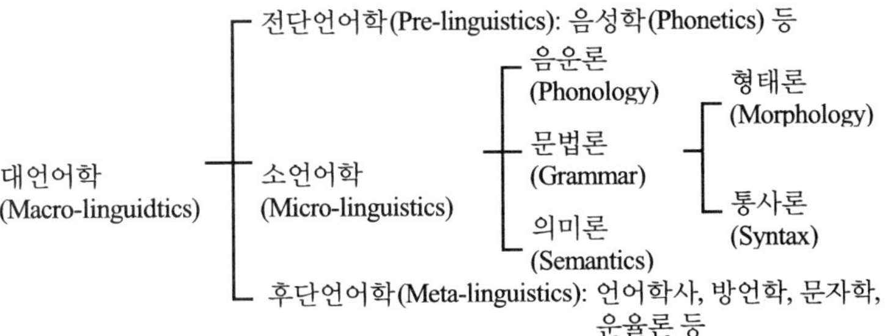

그러나 이러한 언어학의 하위 분야에는 언어를 인간 심리와 관련하여 고찰하려는 심리언어학(psycho-linguistics), 사회 현상으로 보려는 사회언어학(socio-ling.), 인류학적인 방법으로 고찰하려는 인류언어학(anthropological ling.), 그리고 민족학적인 방법으로 언어를 고찰하려는 민족언어학(ethno-ling.), 컴퓨터 언어학(computational ling.), 수리언어학(mathematical ling.), 문체론(stylistics) 등의 분야가 들어갈 수 있다. 이들도 넓은 의미의 언어학으로 볼 수가 있다. 이들은 때로 응용언어학(applied ling.)으로 불리기도 한다.

1.1.2.3. 그러나 촘스키(Noam Chomsky)에 의해서 1957년 이후에 언어학계에 아주 큰 영향을 끼친 변형생성문법(transformational generative grammar)의 관점에서 보면 앞에서 언급한 3단계의 언어학은 그 의미를 잃게 된다. 이러한 언어 연구는 음운론(phonology), 통사론(syntax), 의미론(semantics)이 각각 통합적인 이론 체계를 이루고 있기 때문이다. 이들은 개별적인 것이 아니고 언어 생성(生成)의 한 기제(mechanism)로서 상호 작용한다고 보기 때문이다.

언어의 연구는 시간에 따라 크게 두 가지 방식으로 전개될 수 있다. 첫째는 어느 시점의 언어를 위와 같은 여러 분야에서 단면적으로 연구하는 방법이다. 보통 우리가 언어의 공시적(synchronic) 연구라고 불리는 이 연구 방법은 흔히 소쉬르(Ferdinand de Saussure) 이후에 서양언어학계에서 시작된 것으로 보고 있다.

그러나 소쉬르에게 많은 영향을 준 고대인도의 문법적 연구인 비가라론(毘伽羅論)은 산스크리트어만을 단면적으로 살펴보는 공시적 연구였으며 이 연구에서 언어를 역사적으로 고찰하지 않았다.[1] 아마도 졸고(2016b)에서 주장한 바와 같이 산스크리트어의 공시적인 문법연구가 소쉬르에게 영향을 주어 언어의 공시적 연구가 언어의 본질을 밝히는 첩경(捷徑)으로 본 것 같다.

그러나 소쉬르 이전에는 서양에서 언어의 역사적 연구가 유행하였

---

1 여러 佛經에 소개된 毘伽羅論은 산스크리트어의 共時的 연구, 즉 이 언어를 생성시키는 규칙들을 찾는 것으로 일관하고 있지만 그 규칙의 역사적 변천에는 전혀 언급이 없었다. 그래서 이 이론을 문법이라고 하는 것 같다(졸고, 2016b).

다. 역사비교언어학(historical comparative ling)으로 알려진 이 연구는 인구어족(Indo-European language family)의 공통조어를 찾으려는 노력에서 시작한 것으로 본다. 즉, 1786년에 벵갈 아시아학회(Bengal Asiatic Society)가 결성되고 여기 회장으로 취임한 존스(Sir William Jones)의 연설을 역사비교언어학의 효시(嚆矢)로 본다.

1.1.2.4. 제2장에서 다시 살펴보겠지만 당시 인도의 동인도회사 법률고문으로 근무하던 존스(Jones)는 이 연설에서 고대인도의 산스크리트어(Sanskrit)가 고대 그리스어나 라틴어와 동사 어간과 그 활용의 문법형식에서 우연으로 보기 어려운 유사성이 발견되므로 동일 언어로부터 발달한 때문이라는 당시로는 폭탄적인 주장을 하였다.

하나의 추측이라는 표현을 하였지만 고대 고드(Gothic)어와 켈트(Celtic)어도 어쩌면 산스크리트어와 같은 기원에서 발달한 언어일 수도 있다고 보았다. 이로부터 '동일 계통의 언어군(言語群)'과 그 언어들의 가상적인 '공통조어(共通祖語)'라는 개념이 등장하였고 이것을 연구하는 역사비교언어학이 성립되었다.

유럽의 많은 언어들의 역사와 상호 관계가 연구되었으나 정작 객관적인 연구논문이 나온 것은 19세기에 들어와서의 일이다. 그 이전에는 자료의 수집이나 연구의 전개가 객관적이라고 보이 어려운 신화와 전설에 의존하거나 종교적 교리에 억매인 경우가 많았다. 상술한 역사비교언어학도 인류의 여러 언어를 성경(聖經)에서 말한 바벨탑의 후예로 보았기 때문이다.

제2장에서 다시 상세하게 논의하겠지만 유럽에서 역사비교언어학의 본격적인 논저는 1814년에 덴마크의 라스크(Rasmus Kristian Rask, 1787~1832)가 발표한 논문으로 본다. 이 논문에서 게르만 제어와 인도-유럽의 여러 언어 사이에 음운에서 규칙적인 대응현상을 밝혀내었다.

라스크의 논문은 스칸디나비아 반도의 여러 언어의 상호 관계를 밝히라는 덴마크 과학연구소의 현상 논문에 당선되었으며 1828년에 독일어로 번역되어 유럽 학계에 알려졌다. 그로 인하여 다음에 소개할 보프(Bopp)보다 후일의 역사비교언어학자로 여러 언어학사에서 소개되었다.

학술상(學術賞)의 현상 논문으로 당선된 이 논문은 게르만제어(諸語)에서 어두(語頭)에 /f/를 갖는 어휘들이 다수의 다른 언어에서 /p/로 대응됨을 찾아내었다. 즉, 영어의 'father'의 /f/는 라틴어에서 'pater'이었고 'foot'는 'pes'이었으며 'five'는 그리스어에서 'pente'이었다. 따라서 영어의 양순 마찰음 'f'는 양순 파열음 'p'에서 발달한 것임을 밝힌 것이다.

독일에서 1816년에 발표된 보프(Franz Bopp, 1791~1867)의 "산스크리트어, 그리스어, 라틴어, 페르시아어, 게르만 제어의 활용어미에 대한 연구"가 발표되었다. 그리고 이어서 1822년에 독일의 그림(Jacob Grimm, 1787~1863)에서는 가상적인 인구어의 공통조어와 게르만제어의 파열 자음의 대응관계를 체계적으로 제시하였다.

즉, /p, t, k/ - T(tenues), /ph, th, kh/ - A(aspirates), /b. d. g/ - M(mediae)의 자음들이 인구어 공통조어로부터 T → A, A → M, M → T와 같이 순환적으로 변함이 있었음을 밝힌 것이다. 그리고 이 순환적인 변화는 게르만제어에서 반복적으로 발생하였으므로 하나의 법칙(law)로 인정하였다.

이러한 규칙은 소위 '그림의 법칙(Grimm's law)'로 알려져서 인구어의 역사적 변천에서 이러한 원칙에 따라 언어가 변하였다고 보는 것이 가능해졌다. 그리고 이와 같이 계통적으로 친족관계에 있는 언어들 사이에서 일련의 음운 대응이 있었다. 그리고 음운의 변화에는 규칙이 있다는 생각은 후대의 소장문법학파(Jung grammatiker)에 의하여 19세기에 더욱 발전하였다.

이러한 역사비교언어학은 그 개관성과 과학성, 논리성이 인정되어 언어를 연구하는 언어과학(science of language)로 인정되어 인문과학의 한 분야로 정립하게 되었다. 언어학(linguistics)이 철학(philosophy)과 문헌학(philology)에서 벗어나 독립된 학문이 된 것이다. 서양의 언어학에서 공시적인 방법에 의한 언어 연구는 20세기에 들어와서의 일이다.

2. 언어학사로서의 한국어학사

1.2.0.0. 한국어가 인류의 언어로서 개별적인 민족의 언어이며 한국어학은 언어학의 연구방법에 의거한 것이라면 한국어학사도 언어학사의 서술방법에 따라야 할 것이다. 우리가 말하는 오늘날의 언어학이 서양 언어학을 의미한다면 한국어학사도 서양 언어학사의 서술방법에 의거해야 할 것이다.

이 땅에 서양언어학이 들어와서 본격적으로 그어 의한 연구는 개화기 시대의 전후에 있었다. 구미(歐美)의 열강이 제국주의가 만연하여 인도를 포함한 동방의 여러 나라를 침략하고자 할 때에 먼저 기독교 선교의 기치 아래에 선교사들이 파견되었고 그들은 그곳의 언어를 먼저 학습하지 않을 수 없었다.

우리나라에도 많은 구미의 선교사들이 파견되어 그들에 의하여 우리말이 서양 문법과 언어학에 의하여 고찰하게 되었다. 그러나 전통적으로 우리 선조들의 언어 연구는 서양인의 그것과 같지 않으며 이것은 우리말이 서양의 언어들과 다른 만큼 언어에 대한 연구도 서로 달랐다. 따라서 한국어학사의 서술에서 서양 언어학사의 서술 방법을 따른다는 것은 그 서술의 기본적인 자세나 기술상의 방법을 추종한다는 것일 뿐이다.

이제까지의 한국어학사 서술에서 서양 언어학사의 서술 방법이나 자세를 참고한 것은 거의 찾아보기 어렵다. 일제 강점기에 독립운동의 일환으로 시작된 연구 방법을 이어받아 지나치게 국수(國粹)주의적인 서술 태도를 보이거나 개인적인 편견(偏見)이 강하게 작용하여 서양 언어학의 전통을 이어받았다고 보기 어려웠다. 그리하여 서양 언어학에 편승한 한국어 연구만을 국어학사에서 취급하여야 한다는 주장이 세력을 얻었다.

반면에 어떤 국어학사에서는 전통적인 우리 우린 선조들의 연구에 초점을 맞추어 국어의 연구사를 기술하려고 하는가 하면 또 어떤 국어학사에서는 이러한 전통적인 연구를 아무런 가치가 없는 것으로 평가하여 국어학사에서 제외할 것을 주장하기도 한다. 이러한 극단적인 서술 자세는 한국어학사의 올바른 연구를 위하여 옳다고 보기 어렵다.

사실에 입각하되 중요도를 올바르게 평가하여 적절한 한국어학사를 서술하기 위해서는 조화로운 방법을 택하여야 한다. 즉, 서양 언어학사의 기술 태도를 따르기는 하지만 우리 한국어학의 특성을 살려야 할 것이다. 따라서 서양 언어학사에 대한 어느 수준의 지식을 가져야 한국어학사를 제대로 기술할 수 있다고 본다.

1.2.0.1. 서양의 언어학사는 언어학이란 학문이 인문과학의 한 분야로서 정착한 19세기를 기점(基點)으로 하여 그 이전을 고전 언어학, 그 이후를 현대 언어학으로 나누어 본다. 독일의 언어학자 헬비히(Gerhard Helbig) 박사는 현대 언어학에 초점을 맞추어 서양의 언어학사를 서술하였다(Helbig, 1970). 반면에 영국의 언어학자 로빈스(R. H. Robins) 교수는 고전적인 언어 연구를 중심으로 언어학사를 기술하였다(Robins, 1997).

이에 비하여 유고슬라비아의 언어학자인 이비츠(Milka Ivič) 여사는 현대 언어학을 주로 언급하였지만 19세기 이전의 고전적인 언어 연구도 어느 정도 개관하는 방법으로 하여 균형을 유지하였다(Ivič, 1963). 이와 같은 서양 언어학자들의 언어학사를 서술하는 태도는 한국어학사를 기술하는데 매우 참고가 될 만한 일이다.

즉, 한국어학사를 서술할 때에 먼저 어느 것에 초점을 둘 것인가를 정하는 것이 중요한 것이며 그에 맞추어 한국어의 연구사를 서술할 뿐이고 전통적인 한국어 연구의 방법이 가치가 있고 없고는 그 다음의 문제로 보인다. 한국어학사의 기술에서 초점을 어디에 둘 것인가의 차이에서 일어난 일일 뿐이다.

이 책의 한국어학사 서술도 서양언어학사에서 Ivič(1963)의 태도를 모델로 하였다. 오히려 고전적인 한국어 연구사를 주로 기술하였지만 현대 한국어학에 대하여도 언급하여 조화를 찾으려고 하였다. 다만 현대적인 한국어학과 한국어문법은 19세기에 시작되었고 이 책은 20세기까지 한국어 연구를 다루었기 때문에 불과 2세기의 연구를 살펴야 함으로 상대적으로 현대 한국어학에 대한 기술의 분량이 매우 적게 되었다.

1.2.0.2. 본서의 제2장에 서술된 '간추린 동·서양 언어학사'에서는 동양의 고대인도에서 일어난 비가라론(毘伽羅論)의 범어(梵語)문법을 시작으로 중국의 운학(韻學)과 성운학(聲韻學), 그리고 자학(字學)에 대하여 개괄적으로 약술하였다. 그리고 서양의 언어학에 대하여는 고대희랍과 로마, 그리고 중세시대의 고전문법을 살펴보았다.

이어서 문예부흥과 19세기까지의 언어 연구로 문예부흥 시대의 개별적인 언어학이 생겨나는 과정을 소개하였고 16세기와 18세기의 경험주의와 합리주의 언어 연구를 고찰하였다. 19세기 이후의 언어 언어연구는 역사비교언어학과 진화론의 언어 연구, 훔볼트(Humboldt)의 일반언어학을 소개하였고 소장문법학파 등 이 시대의 다양한 연구 방법을 조감(鳥瞰)하였다.

20세기의 언어 연구로는 프랑코-스위스(Franco-Swiss) 학파의 공시적 언어 연구를 시작으로 프라하(Prague) 학파의 기능주의 언어 연구, 미국의 구조주의 언어 연구를 소개하였다. 특히 러시아의 마르크스(Marx) 언어학을 지면을 많이 할애하여 소개하였다. 아무래도 이에 대하여는 남한의 독자들이 접할 기회가 많지 않았을 것 같기 때문이다.

끝으로 20세기 후반의 후기구조주의 언어학은 주로 촘스키(Chomsky) 언어학을 소개하면서 그가 얼마나 자신의 이론을 수정하여 왔는지 살펴보았다. 그리고 그가 끼친 영향력이나 그때까지의 언어학을 혁명적으로 바꾼 사실들을 들어 그가 20세기 서양언어학의 말미를 장식했다고 보았다.

1) 한국어학사 서술의 자세와 방법

1.2.1.0. 먼저 한국어의 연구는 현대 언어학적인 방법에 의한 것만을 인정하려는 좁은 의미의 한국어학에서 한국어학사는 한국어학의 하위 분야, 예를 들면 한국어음운론, 한국어문법론, 한국어의미론 등의 핵심 분야의 연구 역사가 중심이 되어 서술되어야 한다.

그러나 우리 선조들의 언어에 대한 의식이나 표기법의 고안, 특이한 언어 사용 등을 모두 포함하는 넓은 의미의 한국어학사에서는 역사적으로 우리 선인들이 가졌던 모든 언어에 대한 관심과 연구가 연구사의 서술 대상이 된다.

한국어학에 입각한 한국어 연구의 역사적 기술에 대하여 강신항(1981)에 인용된 이숭녕(1956~7)의 국어학사 서술 태도는 다음과 같다.

> ㉠ 국어학사는 문자 제정(훈민정음 제정) 이후에 제기된 언어에 대한 새로운 인식과 각 학자의 업적을 연구하여 하나의 연구사를 엮는 학문이다.
> ㉡ 국어학사는 국어학의 연구사이기는 하나, 국어학에 대하여 과거의 업적에 대한 사실의 기술로 만족할 수 없고 비판을 통하여 과거의 국어학에 대하여 반성하며 정당한 내일의 방향을 지시하는 학문이다.
> ㉢ 국어학사는 과거의 순수 과학적 연구만을 연구대상으로 하고, 언어 정책적인 면은 제거하여야 하며, 이로서 국어학의 권위를 세우며, 국어학 자체의 권위와 한계를 획정하게 된다.
> ㉣ 국어학사는 그 역사를 엮음에 있어서 하나의 사관(史觀)을 가져야 하며, 또한 시대적 배경을 고려하고, 학자와 업적을 그 시대의 과학론에서 고찰하여 종적인 시간적인 전통을 추출하고, 또 시대를 횡적으로 보아 타 과학론과의 연관 관계를 구명하여야 한다.
> ㉤ 과거의 업적에서, 각 학자가 시도한 과제와 취한 바 태도에 대하여 현대과학의 견지에서 새로운 해석을 꾀하며, 아울러 가치 판단을 부여함으로써 국어학의 수준향상을 촉진시키는 학문이다.
>
> (띄어쓰기, 맞춤법은 원문대로, 한자는 한글로 바꿨음)

이에 의하면 한국어학사는 단순한 한국어의 연구사가 아니라 하나의 사관(史觀)을 갖고 과거의 업적에 대한 비판과 더불어 현대적 평가가 있어야 하는 학문임을 알 수 있다. 따라서 한국어학사의 서술도 이와 같은 태도로 이루어져야 할 것이다.

이 책에서는 모든 학문은 전대와 후대, 그리고 지역을 넘나들며 서로 영향을 주는 것이며 한국어학도 마찬가지라는 확고한 사관(史觀)을 갖고 집필한 것이다. 또 일제 강점기에 민족의 자긍심을 불러일으키기 위하여 지나치게 국수주의적인 연구를 정면으로 비판하기를 주저하지 않았다.

1.2.1.1. 앞에 적은 국어학사의 서술 태도를 쓰신 이숭녕 선생은 필

자의 학문을 키워주신 은사(恩師)이시다. 선생님이 가르치신 한국어학사의 지침은 필자의 많은 논저에서 반영되었다. 특히 세종의 한글 창제에 대한 기존의 연구에 대하여 여러 전거에 의하여 이들을 맹렬하게 비판하고 새로운 학설을 제기하였다.

그리하여 졸고(2020)에서 다음과 같이 그동안의 연구를 비판하였다. 왜 한글의 첫 글자는 'ㄱ 기역(其役)'인가? "낫 놓고 기역자도 모르다"라는 속담처럼 한글은 'ㄱ 기역'으로 시작하는데 왜 /ㄱ/이 한글의 첫 글자가 되었는지 제대로 아는 한글 학자는 찾아보기 어렵다. 영어 알파벳의 첫 글자가 /A/이고 그 다음이 /B/인데 이 /AB/가 희랍문자의 alpha, beta에서 왔으며 그래서 문자 명칭도 알파벳인 것을 모르는 식자(識者)는 거의 없을 것이다. 그런데 우리의 한글이 왜 /ㄱ/으로 시작하는지 알려고 하지도 않고 관심도 없다.

한글의 첫 글자가 'ㄱ 기역'인 것은 한글이 아시아의 여러 문자, 특히 범자(梵字), 티베트의 서장(西藏) 문자, 원(元)의 파스파 문자와 깊은 관계를 맺고 제정되었음을 말해 준다. 이들 문자는 모두 [k]으로 문자가 시작되기 때문이다. 따라서 졸고(2016b, 2020c)와 졸저(2019b)에서 한글은 이들 문자와의 관계를 검토하여야 함을 강조하였다.

또 모음, 즉 중성을 단독으로 쓸 때에는 '아, 어, 오, 우'와 같이 /ㅇ/을 붙인다. 이것이 욕모(欲母)에서 온 것이며 중성(中聲)을 모두 욕모에 속한다고 보아 욕모 /ㅇ/을 붙여 쓰는데 이런 이유를 제대로 아는 한국어학자도 거의 없다. 이것은 초기에는 중성을 초성의 욕모(欲母)에 부속하는 것으로 보았기 때문이다.

훈민정음보다 170여년전에 제정된 원대(元代) 파스파 문자에서 모음자를 단독으로 쓸 때에는 유모(喩母) /ꡖ/를 붙여서 ꡖꡦꡡ[ö], ꡖꡦꡟ[ü]와 같이 쓴다.[2] 파스파 문자에서도 모음의 7자를 유모(喩母)에 속한다고 보았기 때문이다. 훈민정음 예의(例義)에서 욕모(欲母)는 원래 유모(喩母)였던 것이다(졸고, 2017b).

2 파스파 글자를 옆으로 뉘었음. 훈민정음은 [ㅇ + ㅓ + ㅗ], [ㅇ + ㅣ + ㅜ]이나 '외[ö], 위[ü]'로 쓴다.

1.2.1.2. 또 '發'의 동국정운식 한자음 '붜ᇙ'에서 종성으로 쓰인 'ᄙ'이 왜 '이읍보려(以挹補閭)'가 아니고 '이영보래(以影補來)'라고 하는지 시원하게 설명하는 훈민정음 전문가도 찾아보기 어렵다. 훈민정음의 예의(例義)에서는 'ㄹ'이 "閭字初發聲 ー 閭령ㆆ字·쭝 ·처ᅀᅥᆷ ·펴·아·나ᄂᆞᆫ 소·리"이고 <동국정운>에서 'ㄹ'이 '려모(閭母)'였다. 'ㆆ'도 훈민정음의 예의(例義)에서 "挹·ᅙᅳᆸ字·쭝 ·처ᅀᅥᆷ ·펴·아·나ᄂᆞᆫ 소·리이고 <동국정운>에서 '읍모(挹母)'였다. 그런데 <동국정운>의 여기저기에서 '發 붜ᇙ'의 'ᄙ'에 대하여 '이읍보려(以挹補閭)'라고 하지 않고 '이영보래(以影補來)'라고 한다.

원래 '以影補來'는 영모(影母) 'ㆆ'을 래모(來母) 'ㄹ'에 보충하여 '發 붜ᇙ'이 입성(入聲)임을 표한다는 뜻이다. 그러면 왜 'ㆆ'이 읍모(挹母)가 아니고 영모(影母)일까? 또 왜 'ㄹ'이 려모(閭母)가 아니고 래모(來母)일까? 여기에 대해서도 우리 학계는 지금까지 침묵하고 있다. 졸고(2020c)와 졸저(2021)에서 처음으로 이렇게 쓰이는 이유를 설명하였다.

또, 『세종실록(世宗實錄)』(권103)의 세종 25년 12월의 기사에 '諺文二十八字'로 되었는데 2개월 후의 <세종실록>(권103) 세종 26년 2월에 실린 최만리의 반대상소에서는 '언문 27자(諺文二十七字)'라고 적었다. 그리고 『훈몽자회(訓蒙字會)』의 「언문자모(諺文字母)」의 부제(副題)는 언문을 '반절 27자(反切二十七字)'라고 했다.

실록의 '언문 28자'가 두 달 후에 '언문 27자'로 되었는데 후자의 것은 실록의 기사가 오자(誤字)라고 주장한다. 조선시대의 관찬(官撰) 문서에 여간해서 오자가 없다는 사실을 전혀 논외로 한 주장이 아닐 수 없다. 그리고 중종 때의 <훈몽자회>에서는 비록 '속소위(俗所謂)'라는 수식어를 부쳤지만 '반절(反切) 27자'라고 한다. 왜 27자일까? 왜 언문을 반절이라고 하였을까? 이에 대하여는 졸고(근간)에서 설명되었다.

<훈몽자회>의 <언문자모>에서 언문을 반절(反切)로 본 것에 대하여 졸고(2017b)를 제외하고 지금까지 아무도 이에 대하여 논의하지 않았다. 뿐만 아니라 중국에 현전하는 운서(韻書)들이 모두 반절로 그 자음(字音)을 표음하였는데 동양 삼국에서 이 반절이 어디에서 연원(淵源)하였고 어떻게 발전하여 전파되었는지 고찰한 연구가 없었다. 과연 반절은 무엇인가?

더욱이 훈민정음 <언해본>에서는 훈민정음 28자가 아닌 정음(正音) 32자를 설명하였다. 그러면 훈민정음의 예의(例義)와 <해례본>에서 인정하지 않은 치두음(齒頭音)과 정치음(正齒音)을 <언해본>에서는 왜 구별하였는지, 그리고 <언해본>에서 말한 한음(漢音)이란 무엇인지 알려주는 한자음 연구자도 필자는 아직 만나보지 못했다.[3]

이 모두가 한글의 제정에 대하여 우리가 모르는 사실이 정말로 많다는 것을 일깨워줄 뿐이라고 한탄하면서 졸고(2020b)에서 새 문자 제정에서 이러한 의문을 풀기 위하여 한글과 범자(梵字)에 대하여 고찰하였다. 한국어학사의 기술에서 기왕의 업적에 대하여 비판적 안목에서 고찰한 결과가 아닐 수 없다.

1.2.1.3. 넓은 의미의 한국어학에 입각한 연구사는 비록 과학적이고 합리적이지는 못했지만 우리 선인(先人)들의 한국어에 대한 의식을 포함하여 서술한다. 서양의 언어학사에서 언어연구의 단초(端初)를 희랍 철학자들의 언어연구에서 찾는다. 서양의 고대시대에 언어에 대한 의식이나 관심이 없었던 것은 아니기 때문이다.

고대 인도에서는 베다(Veda) 경전(經典)을 이해하고 경전의 언어를 수호하기 위하여 산스크리트어의 문법을 고안하였다. 이 문법은 비가라론(毘伽羅論)이란 이름으로 불경에 소개되었으며 고대인도 문법가들에 의하여 계승 발전되던 것이 기원전 5세기경에 파니니(Pāṇini)에 의하여 집대성 되었으므로 파니니 문법이라고도 불린다.

또 이슬람교의 코란 경전에 사용된 아랍어를 이해하고 이 언어의 변화를 막으려는 의도에서 아랍문법도 발달하였으며 기독교의 성경(聖經)을 위하여 마련된 라틴문법도 있었지만 오늘날 서양언어학의 기원으로는 문법 연구보다는 희랍철학자들의 언어연구를 들고 있다. 그것

---

3 그리고 훈민정음의 <언해본>의 版心書名이 왜 正音인가를 제대로 아는 정음 학자도 아직 만나보지 못하였다. 한 때는 正音이 諺文을 대신하는 세종이 창제한 새 문자를 가리킨다고 보았다. 그러나 正音은 俗音에 대하여 한자의 표준 발음을 말한다. 訓民正音이 『東國正韻』의 한자음을 표음하는데 쓰인 것이라면 正音은 明의 표준음을 정한 『洪武正韻』의 正音을 표음 때에 쓰는 언문을 말한다. 그래서 齒頭와 正齒를 구분하는 글자를 더 추가하였고 판심의 서명도 正音인 것이다.

이 언어의 철학적, 다시 말하면 과학적 연구의 단초(端初)를 열었다고 보기 때문이다.

왜냐하면 전술한 여러 문법연구는 종교와 관련되어 경전의 언어를 수호하고 이해하기 위한 것이어서 순수 학문적인 연구로 볼 수 없기 때문이라는 것이다. 반면에 고대 희랍의 철학자들은 언어에 대하여 매우 심오하고 본질적인 문제에 관심을 가졌다. 그들은 언어란 무엇인가? 언어는 어떻게 만들어졌는가? 언어의 음성 형식(주로 문자로 표기된 것이지만)과 의미 내용 사이의 관계는 어떠한 것인가? 언어의 구조는 규칙적인 것인가? 하는 문제에 대하여 철학적인 탐구를 계속하였다.

희랍 철학자들은 언어를 의사소통의 기구로 생각하였다. 마치 인간이 밭을 가는데 사용한 쟁기나 필기에 쓰이는 연필과 같이 언어도 하나의 도구라는 생각이다. 또 언어는 조물주가 인간에게 준 선물로 생각한 이도 있었고 뛰어난 재능을 가진 입법가(立法家, legislator)에 의하여 명명된 것으로 보기도 하였다.

음성 형식과 의미 내용간의 관계는 자연적이며 필연적인 것이라는 주장도 있었으며(Physis說, φύσις) 관습적이고 인위적인 것이라는 주장도 있었다(Thesis說, θεσις, 혹은 Nomos說, νομος). 언어의 구조는 원래 규칙적인 것으로 보는 사람도 있었고(analogist, 규칙론자, αναλογια) 불규칙하다고 보는 사람도 있었다(anomalist, 불규칙론자, ανώμαλια). 이들에 대하여는 제2장에서 다시 상론할 것이다.

희랍철학자들의 언어에 대한 이러한 의문과 탐구는 오늘날의 언어학에서도 끊임없이 논의되는 중요한 명제(命題)들이다. 따라서 서양 언어학의 시작을 희랍철학자들의 언어 연구에서 그 단초를 찾는데 아무런 이의가 없었다.

1.2.1.4. 언어에 대한 이와 같은 관심과 의문은 우리의 선조들도 갖고 있었다. 『삼국사기(三國史記)』나 『삼국유사(三國遺事)』에 보이는 우리 선조들의 언어에 대한 관심은 비록 희랍 철인들의 그것과 같이 정제되고 심오한 것은 기록으로 전하지 않지만 소박하게나마 우리말의 기원이나 계통, 어휘의 어원, 문자 표기 등에 관하여 경청할 만한 언급이 있

었다. 또 그들의 우리말에 관한 언급들은 한국어의 역사적 연구에 매우 중요한 암시를 주는 것도 적지 않다.

더욱이 한국어와 같이 그 연구의 역사가 짧은 경우에 이러한 고대 우리 선조들의 언어에 대한 의식은 한국어학사를 풍부하게 하는 유일한 방법이다. 그리고 이들의 언급 가운데는 우리말이나 그의 표기에 있어서 문제점을 꿰뚫어본 것과 같은 놀랄만한 것도 있고 현대 언어학의 이론에 비추어 보아도 손색이 없는 주장도 있어서 단순한 언어속설(言語俗說, folks linguistics)이 아니라 깊은 연구의 결과에 의한 것이 있었음을 알 수 있다.

그럼에도 불구하고 굳이 서양언어학이 도입된 이후에 연구된 것만이 한국어학사에서 서술되어야 한다는 주장은 지나친 단견(短見)이요 사대주의적 발상이라고 아니할 수 없다. 우리말의 연구는 비록 서양언어학이 들어 온 이후의 연구가 보다 본격적인 한국어학이라고 보기도 하겠지만 조선 전기에 새 문자의 제정을 위하여 우리말의 음운과 문법을 고대인도의 비가라론(毘伽羅論)이나 성명기론(聲明記論), 그리고 중국의 성운학(聲韻學)과 성리학(性理學)에 의거하여 우리말을 연구한 것을 스스로 한국의 연구사에서 제외시키는 것은 온당한 처사라고 보기 어렵다.

이때의 우리말 연구가 상당한 수준이어서 결코 당시 서양의 언어 연구에 미치지 못한다고 할 수 없기 때문이다. 더욱이 서양의 현대 언어학에서 비로소 고대인도의 비가라론(毘伽羅論)의 언어 연구 방법을 도입한 것을 생각할 때 서양보다 수십 세기를 앞서서 비가라론과 성명기론(聲明記論)을 도입하여 우리말을 고찰한 세종 시대의 우리말과 음운을 고찰한 것을 서양 언어학 이전의 것이라 하여 버릴 수는 없다.

2) 한국어학사의 정립(定立)

1.2.2.0. 근대적 의미의 한국어학이 개화기 이후에 정립된 것으로 본다면 역시 한국어학사의 연구도 그 이후에야 본격적으로 이루어질 수 있다고 할 수 있다. 뿐만 아니라 일제 강점기에는 자유로운 한국어학의 연구가 어려웠으며 그 논저의 간행에도 많은 제약이 있어서 이것

을 본격적인 한국어의 연구라고 보기 어려운 점이 있었다.

한국어를 연구대상으로 한 이 시대의 연구 업적을 살펴보는 작업은 일찍이 서양인들에 의해서 시도된 바가 있었다. 예를 들면 독일인으로서 한국어와 일본어 연구에 조예가 깊었던 시볼트(Fr. von Siebold)라든지 역시 독일인 그리피스(William E. Griffis)는 Griffis(1882)의 부록으로 붙인 "한국어(The Corean language)"에서 그동안 한국어의 연구 업적을 정리한 것이 있으나 이것은 서양인의 연구에 국한된 것이다.

한국어학사에 관련된 본격적인 논저는 일본인 한국어학자 오구라 신페이(小倉進平)의 『조선어학사(朝鮮語學史)』를 그 처음으로 들 수 있다(小倉進平, 1920). 이 연구서는 1940년에 증정판이 간행되었고(小倉進平, 1940a) 다시 1964년에 코오노 로쿠로(河野六郎)에 의하여 증보되었다(小倉進平·河野六郎, 1964), 그러나 이 연구서는 한국어학사라기보다 자료사라고 할 것이다.

국내학자로서 한국어학사에 관한 논저로는 김윤경(金允經)의 『조선문자급어학사(朝鮮文字及語學史)』(金允經, 1938)가 가장 빠른 시기의 것으로 보이며 최현배(崔鉉培)의 『한글갈』(崔鉉培, 1942)도 일제 강점기에 간행된 것이지만 小倉進平(1940a)에 버금가는 내국인의 연구 업적이다. 다만 여러 오류가 있었던 것은 초창기의 연구에서 흔히 발견되는 일이다.

광복 이후에 본격적인 한국어학사의 논저가 간행되었는데 홍기문(洪起文)의 『정음발달사(正音發達史)』(洪起文, 1946)와 방종현(方鍾鉉)의 『훈민정음통사(訓民正音通史)』(方鍾鉉, 1948)가 발표되었고 이어서 한국어사 자료들에 대한 여구가 계속되었다. 이 때의 국어학사(國語學史)는 국어사(國語史)와의 구별도 분명하지 않았으며 국어사도 문자사(文字史)의 범위를 넘지 못하는 것이 많았다.

1.2.2.1. 한국전쟁 이후인 1950년대 후반에 들어와서 한국어학사는 비로소 하나의 한국어학의 학문 분야로 정착이 된다. 즉, 이 시대에 한국어학사에 대한 본격적인 논저가 발표되었다. 훈민정음 창제 이전의 한국어연구 자료, 예를 들면 방종현의 "계림유사(鷄林類事) 연구"(『東方學志』 2, 方鍾鉉, 1955), 이기문의 "조선관역어(朝鮮館譯語)의 편찬 년대"(『서울대

문리대학보』 5-1, 이기문, 1957), 김민수의 "조선관역어고(朝鮮館譯語攷)"(『이희승선생송수기념논총』, 김민수, 1957) 등이 발표되어 계림유사와 조선관역어 등의 한국어사 자료에 대한 깊이 있는 연구가 있었다.

정인승(鄭寅丞)의 "이독(吏讀) 기원에 대한 재고찰"(<이희승선생송수기념논총>, 1957) 등의 이두(吏讀)에 대한 연구도 없지 않았으나 이 시기의 한국어학사의 연구는 훈민정음의 연구에 집중되었다. 비록 1940년대 발견되었지만 공개되지 않던『원본훈민정음(原本訓民正音)』, 즉 {해례본}『훈민정음』이 조국 광복과 더불어 일반 학자들에게도 소개되자 이에 대한 연구가 꼬리에 꼬리를 물었다.

정철(1954)의 "원본훈민정음(原本訓民正音)의 보존(保存)경위(經緯)에 대하여"를 비롯하여 김민수의『주해(註解) 훈민정음』(김민수, 1957)이 발표되었고 이어서 이숭녕의 "세종(世宗)의 언어정책(言語政策)에 관한 연구"(이숭녕, 1958)와 "홍무정운역훈(洪武正韻譯訓)의 연구"(이숭녕, 1959)와 같은 훈민정음과 관련된 논문이 발표되었다.

강신항의 "용비어천가(龍飛御天歌)의 편찬경위에 대하여"(강신항, 1957a)와 "이조초(李朝初) 불경언해(佛經諺解)의 경위에 대하여"(강신항, 1957b) 등도 훈민정음과 관련된 논문들이었다. 세종이 새 문자를 창제하여 어떻게 이를 공표하고 보급하였는가에 관한 연구였다.

이 시기에 한국어와 주변 언어와의 친족관계(親族關係)를 논한 알타이어학자 람스테드(G. J. Ramstedt)가 소개되어 한국어의 계통적 연구에 지대한 관심을 갖게 하였다. 이숭녕의 "람스테트박사와 그의 업적(業績)"(이숭녕, 1953), 최학근(崔鶴根)의 "G. J. Ramstedt씨의 한국어 어원 연구"(최학근, 1959)가 그것이며 1960년대에 들어와서는 이에 대한 연구가 성황을 이루게 된다. 서양의 역사비교언어학의 연구 방법이 도입되어 우리말의 기원과 형성에 대하여 고찰하기 시작한 것이다.

1.2.2.2. 한국어학사에서 조선시대의 한국어연구에 대한 고찰을 체계적으로 살피려는 논저가 이 시기에 등장한다. 강신항의 "이조중기(李朝中期) 국어학사 시론(試論)"(강신항, 1958)에서는 조선후기에 한국어연구가 성행한 이유를 성리학(性理學)의 발달에 있었음을 강조하고 최석

정(崔錫鼎)을 비롯하여 유희(柳僖)에 이르기까지 당시의 운학자들에 대하여 체계적으로 논하였다.

사학자(史學者) 홍이섭(洪以燮)은 그의 "정동유(鄭東愈)의 주영편(晝永編)에 보이는 이국어(異國語)에 취(就)하여"(洪以燮, 1953)에서 현동(玄同) 정동유(鄭東愈)의 『주영편(晝永編)』을 연구하였으며 유창균(兪昌均)은 "훈음종편(訓音宗編)에 대하여"(유창균, 1957)에서 흡재(翕齋) 이사질(李思質)의 『훈음종편(訓音宗編)』을 평가하였고 유창돈(劉昌惇)의 "언문지전주(諺文志箋註)"(유창돈, 1958a)와 『언문지 주해(諺文志 註解)』(유창돈, 1958b)에서 유희의 <언문지(諺文志)>를 소개하였다.

일제 강점기에 있었던 일본인의 한국어연구에 대한 비판이 김형규(金亨奎)의 "일본인의 한국어 연구"(김형규, 1956)에서 시도되었고 또 일제 치하에서 탄압을 받은 한국어연구가 이희승의 "조선어학회사건회상록"(이희승, 1959~1961)에서 자세하게 밝혀졌다. 이외에 김윤경(金允經)의 "한글학회와 한글운동의 역사"(金允經, 1955)도 일제의 탄압 아래에서 이루어진 한국어연구에 대하여 서술하였다.

또 한국어 문법에 대한 연구사가 이 시기에 시작됐는데 강복수(姜馥洙)의 "국어문법연구의 사적 동향"(강복수, 1958)에서 한국어문법연구의 역사적 동향을 살펴보면서 개화기(開化期) 이후의 한국어문법에 대하여 우리문법의 변천을 모색기(模索期), 형성기(形成期), 반성기(反省期)로 나누어 고찰할 것을 주장하였다. 이와 관련하여 한국어문법의 역사를 고찰하려는 연구가 뒤를 이었다.

이 시기에 특기할 것은 한국어학사에 대한 본격적인 통사(通史)가 편찬되었다는 점이다. 김형규의 『국어학사』(김형규, 상 1954, 하 1955)는 후일 『국어사』(김형규, 1955)로 제목을 바꾼 것이며 한국어사와 한국어학사가 구분되지 못했던 시기의 대표적인 예라고 볼 수 있다. 이 시기에는 한국어의 역사와 한국어학사, 즉 한국어의 연구사가 혼란됐던 때였다.

전술한 이숭녕의 "국어학사"(이숭녕, 1956~7)에서 '국어학사의 서술은 어떻게 해야 할 것인가'를 분명히 밝혔고 이에 의거하여 유창균의 『국어학사』(兪昌均, 1959)가 간행되었다. 이로부터 한국어학의 여러 분야 가운데 한국어학사도 면목(面目)을 일신하고 한국어사와 분리되어 하나의 학문 분야로서 정착하게 되었다.

3. 한국어학사의 시대구분

1.3.0.0. 우리 선조들의 한국어 연구는 앞에서 언급한 바와 같이 서양에서 언어의 연구사라는 시각으로 보면 매우 다르다. 서양에서는 19세기에 들어와서 본격적인 언어연구가 있었지만 우리는 15세기에 중반에 훈민정음이란 표음문자를 창제하여 우리말을 기록하면서 본격적인 한국어연구가 있었다.

조선 전기에 이루어진 한글의 창제는 고대인도의 비가라론(毘伽羅論) 및 성명기론(聲明記論)이 들어와 새 문자의 제정에 중요한 이론으로 영향을 미쳤다. 중국의 성운학(聲韻學)과 성리학(性理學)이 도입되어 우리 한자음을 고찰하고 그에 맞는 문자를 제정하였다. 이러한 언어 연구의 여러 이론으로 한글은 어떤 문자와도 비교할 수 없는 높은 수준의 표음 문자가 된 것이다.

성운학은 전술한 인도의 파니니(Pāṇini) 음성학의 영향을 받아 중국의 한자음 연구에서 발달한 것이며 성리학은 당시 우주의 형성 원리, 그리고 만물의 생성과 소멸을 가장 과학적으로 설명한 것으로 알려진 철학 사상이었다. 이를 원용한 한국어 연구는 매우 과학적이고 합리적이어서 어떠한 이유로도 한국어학사의 기술에서 이 시대의 연구를 제외시킬 수는 없다. 따라서 훈민정음의 창제(1443)는 한국어학사의 시대구분에서 하나의 중요한 기점으로 보아야 할 것이다.

1.3.0.1. 서양의 전통문법(傳統文法)이 도입되어 한국어의 문법 연구가 이루어진 것은 개화기(開化期) 이후의 일이다. 기독교를 전파하기 위하여 한반도에 들어온 서양 선교사들은 한국인과 접촉하려고 한국어를 학습하게 되었으며 적지 않은 교재를 편찬하면서 한국어 문법에 대하여 고찰하였다.

이들이 한국어 학습서를 편찬하면서 기술(記述)한 한국어는 서양의 전통문법에 의거한 것으로 이제까지의 한국어 연구와는 전혀 다른 방법이었다. 서양 선교사들의 한국어 연구는 단기간에 한국어를 학습하기 위한 실용적인 것이었으므로 학문적 깊이는 적었고 그 전통도 이어지지 못했지만 후일 한국어의 학교문법의 발달에는 많은 영향을 주었다.

한편 우리보다 앞서 서양 문법을 받아들여 일본어를 기술한 일본은 일제 강점기에 이 나라를 통치하기 위하여 우리말과 글을 연구하였으며 또 일본 문법의 영향으로 서양 전통문법에 의거한 한국어 연구가 본격적으로 일어나게 되었다. 서양 전통문법에 의거한 일본 문법의 영향은 개화기 시대의 한국어 문법서들을 편찬하게 된다.

예를 들면 兪吉濬(1909) 등에 의하여 한국어의 학교문법이 정립되었으며 이 전통은 오늘날까지도 계속된다. 따라서 근대화의 시작을 알리는 갑오경장(甲午更張, 1894)은 이 땅에 서양문물을 드려오는 개화기의 기점이 되었고 또한 한국어의 연구에서도 근대적인 한국어연구가 이로부터 시작되었다는 점에서 한국어학사의 시대구분에서도 중요한 기준이 된다.

1.3.0.2. 그러나 6.25 한국전쟁 이후 남한에는 주로 서양의 구조언어학이 유입되었고 북한에서는 구소련의 마르크스(Marx) 언어학과 마르주의(Marrism)와 같은 유물론적 사회주의 언어연구방법이 도입되어 우리말을 고찰함으로써 한국어 연구에서 남·북한이 모두 새로운 전기를 맞이한다.

일제 강점기에 조금씩 선을 보이던 유럽의 구조언어학(構造言語學)은 해방과 더불어 본격적으로 도입되었으며 한국전쟁 이전까지의 한국어 연구에는 주로 이 구조언어학의 도입과 그에 의한 연구가 한국어학의 우이(牛耳)를 잡고 있었다. 특히 1950년대부터 수입된 미국의 기술언어학(記述言語學)과 1960년대 말부터 유입되기 시작한 변형생성문법(變形生成文法)은 남한에서 한국어의 언어학적 연구에 크게 기여하였다.

즉, 기술언어학(descriptive linguistics)의 도입과 그에 의한 한국어의 연구는 한국어의 음운과 형태의 연구에 많은 업적을 남겼고 변형생성문법이론(transformational generative linguistics)의 도입은 한국어의 문장과 의미의 연구에 괄목할 만한 발전을 가져왔다. 유럽의 구조언어학과 미국언어학의 도입은 한국어의 학문적 연구에 하나의 전환을 가져왔다고 보아야 할 것이다.

반면에 광복 이후의 북한에서는 1960년대까지 김두봉(金枓奉) 등에 의하여 주시경(周時經)의 한국어연구가 계승되었고 오늘날에도 그 전통은 유지되고 있지만 구소련에서 교육받은 김수경(金壽卿) 등 일부 소장학자들에 의하여 유물론적 언어관에 입각한 마르주의(Marrism) 언어학이 잠시 소개되기도 하였다.[4]

그러나 마르주의 언어학이 비판되면서 스탈린의 언어정책을 밑바탕에 둔 주체적 언어사상이 세력을 얻게 되었다. 그리하여 단어 만들기(소위 말다듬기)를 통하여 많은 고유어식 신조어를 만들어 내고 언어표현에서도 선동적이고 직설적인 것이 많아서 남·북한 언어의 이질화를 초래하게 되었다. 북한은 표기법도 독자적으로 마련하여 북한 전역에 실시함으로써 이질화의 폭은 더욱 넓어가고 있다.

1.3.0.3. 이상의 제반 사실을 감안하면 한국어학사의 시대구분은 훈민정음 창제(1443)와 갑오경장(1894), 그리고 8.15 광복(1945) 및 6.25 전쟁(1950)의 세 기점을 기준으로 하여 시대를 구분할 수 있다. 그동안은 조국 광복(光復)을 기점으로 하여 시대를 구분하였으나 조국 광복과 6.25 전쟁은 불과 5년간에 불과하며 계속되는 사회의 불안으로 이 시기에는 새로운 언어 연구보다는 일제 강점기의 연구 경향이 그대로 남아 있었다.

훈민정음 창제 이전에 우리의 선조들이 말에 대하여 가졌던 관심과 의문, 다시 말하면 언어에 대한 의식이 후일에 우리말 연구의 저변에 깔려 있다. 특히 한자음과 우리말을 표기하려는 노력이 결국은 훈민정음의 창제를 낳게 한 것으로 생각한다면 이 시기는 마치 찬란한 아침

4 마르주의(Marrism) 언어학은 본서의 제2장에서 논의하겠지만 구소련의 언어학자 엔. 야 마르(Н. Я. Марр, N. Ya. Marr)의 유물론적 사회주의 언어 연구 방법을 말한다. 이 마르주의 언어학은 한때 스탈린의 庇護를 받아 1930년대에 일시적으로 구소련에서 유행하였다(졸저, 2019a: 351~355). 본서의 제2장의 2.6.6.0.~6.에서 자세하게 논의하였다.

을 알려주는 여명(黎明)과 같은 시기라고 할 수 있다.

조선시대의 후기에는 세종이 창제한 새 문자에 대한 여러 연구, 특히 동국정운식 한자음 표기에 이용된 훈민정음과 한자의 표준 발음인 정음(正音)에 대한 연구가 주류를 이루었다. 그리하여 정음 글자의 연원(淵源)에 대하여 범자(梵字) 모방설, 원대(元代) 몽고 문자인 파스파 문자의 기원설이 뒤를 이었다. 이 시대에는 비교적 자유롭게 훈민정음, 정음으로 불리던 언문(諺文)에 대하여 외국 문자와 비교하여 고찰되었다.

그러나 개화기 이후에는 서양의 언어학이 도입되어 한국어의 연구에 대한 전면적인 혁신이 이루어졌다. 다만 일제 강점기를 거치면서 한국어학은 독립운동의 일환으로 민족의 자존을 지키려는 연구 경향이 뿌리를 잡았다. 한글에 대한 연구도 이러 영향으로 주변의 외국 문자와 비교되거나 문자 제정의 이론 등에 대하여 일체 연구가 금지되었다.

오로지 "영명하신 세종대왕이 어리석은 백성들의 문자 생활을 위하여 새로운 문자를 독창적으로 만드시다"를 앵무새처럼 따라 하면서 한글과 외국 문자와의 비교는 금기(禁忌)로 여겼다. 그리고 새 문자의 제정은 신화(神話)여서 어떤 이론에 근거하였는지 전혀 연구될 수가 없었다. 오히려 조선 후기의 정음 연구보다 후진적인 모습을 보였다.

8.15 광복과 6.25 전쟁을 거치면서 서양에서, 특히 미국에서 공부하고 돌아온 많은 언어학 전공자들에 의하여 서양언어학의 전 분야에 걸친 이론이 도입되었다. 그리고 이러한 이론에 의거하여 한국어의 연구가 이루어져서 오늘날 한국어학의 기틀을 잡게 되었다.

1.3.0.4. 이런 점을 모두 한국어학사에서 거론한다면 다음과 같은 시대구분이 가능하다.

제1기 고대 한국어학의 여명기(黎明期)

고대시대 한반도의 언어와 문자에 대한 연구

- 선사(先史)시대부터 삼국시대, 통일신라, 고려시대까지의 우리말 연구

한자에 의한 우리말 표기가 중심 과제인 시대

제2기 한글의 창제와 훈민정음 연구
조선 세종의 새 문자 창제와 훈민정음 연구
- 조선 전기부터 임진왜란까지의 우리말 연구
훈민정음 창제를 위한 우리말 음운의 연구와 그 표기가 연구 주제였던 시대

제3기 정음(正音)과 역학(譯學)의 연구
조선시대 후기의 정음과 역학 연구
- 임진왜란 이후부터 대한제국시대까지의 조선어 연구
조선 후기의 훈민정음, 정음, 언문에 대한 연구와 사역원 역학서를 중심으로 외국어와 대비 연구

제4기 개화기 이후의 근대 한국어학
근대적인 한국어학의 시작
- 대한제국(大韓帝國)시대부터 6.25 전쟁까지의 한국어 연구
서양 전통문법에 의한 한국어 문법연구가 중심

제5기 6.25 전쟁 이후의 현대 한국어학
남한에서의 서양 언어학에 의거한 한국어의 종합적인 연구
- 6.25 전쟁 이후부터 20세기말까지
북한에서의 독자적인 한국어사용의 정책 수립과 그이 따른 언어의 실용적인 연구

이에 따라 본서에서는 제1기를 제3장의 '고대시대 한반도의 언어와 문자'에서 살펴보고 제2기는 제4장의 '세종의 새 문자 창제와 훈민정음 연구'에서, 제3기는 제5장의 '조선후기의 정음(正音)과 역학(譯學)의 연구'에서, 제4기는 제6장의 '개화기 이후의 근대 한국어학'에서, 그리고 제5기는 제7장의 '20세기 후반의 현대 한국어학'에서 고찰하기로 한다.

다만 이 책의 부제(副題)가 "언어학사로 본 20세기까지의" 한국어 연구사이므로 제2장의 '간추린 동, 서양 언어학서'를 추가하였다. 필자가 항상 한국어학이 우물 안 개구리처럼 외부와의 연관을 도외시하고 연구가 진행되어 온 것이라고 하던 비판을 차제에 불식(拂拭)시켜 보기 위한 것이다.

1) 시대구분의 문제점

1.3.1.0. 위에서 1950년대에 한국어학의 중요한 분야로 한국어학사

가 자리를 잡았고 한국어학의 연구사에 대하여 본격적인 연구가 있었음을 살펴보았다. 이들은 한국어학사의 서술태도, 시대구분 등에서 차이를 보이는데 여기에서 주로 시대구분의 차이를 들어 비교하면 다음과 같다.

방종현(方鍾鉉)의 『훈민정음통사(訓民正音通史)』(方鍾鉉, 1948)에서는 'I. 훈민정음 이전'과 'II. 훈민정음 이후'의 크게 둘로 나누고 'II. 훈민정음 이후'는 "제1기 훈민정음 시대(세종 25년부터 연산군 11년), 제2기 언문시대(중종 22년부터 고종 30년), 국문시대(1849년부터 1910년), 한글시대(1910년부터 1945년까지)"로 나누었다. 이러한 시대구분은 훈민정음 표기법의 변천에 따른 것이며 각 시대의 훈민정음에 대한 명칭을 따서 시대의 이름으로 한 것이 탁견(卓見)이라 아니할 수 없다.

따라서 이러한 시대구분은 후대의 한국어학사 서술에 중요한 단초(端初)를 제공하였다. 그리하여 거의 모든 한국어학사에서 이러한 시대구분을 좇았고 본서에서도 훈민정음 창제 이전과 이후로 우리말 연구사를 나눈 것은 대체로 방종현(1948)의 시대구분을 추종한 것이다. 다만 훈민정음 창제 이후의 시대구분에서 세부적인 면에서 차이가 날 뿐이다.

1.3.1.1. 유창균(兪昌均)의 세 번째 개정판인『국어학사』(兪昌均, 1994)에서 한국어학사의 시대구분을 다음과 같이 보았다.

제1기 - 언어의식의 전개(한국어에 대한 반성과 차자표기법의 형성)
제2기 - 운학적 연구가 기준이 된 시대
- (1) 초기 - 훈민정음의 창제와 언어정책(조선의 건국에서 성종)
- (2) 중기 - 최세진의 등장과 서경덕의 황극경세성음해(연산군~현종)
- (3) 후기 - 실학적 학풍(숙종~갑오경장)

제3기 - 근대언어학이 기준이 된 시대
- (1) 초기 - 국어운동과 국어학(갑오경장~조선어학회까지)
- (2) 중기 - 규범문법의 성립과 국어의 수호(조선어학회~8.15)
- (3) 후기 - 새 국어학의 건립(8.15~6.25)

제4기 - 구조주의와 변형생성이론의 전개(6.25~현대)

이 시대구분은 그 시대의 한국어 연구에서 어떠한 연구방법이 주류를 이루었는가에 따른 것이다. 훈민정음 창제 이전의 한국어에 대한 연구는 우리의 선인들이 어떻게 언어를 의식하여 왔는가에 초점을 두어 고찰하였고 훈민정음 이후의 연구는 중국의 성운학(聲韻學)에 입각하여 한국어 및 한자음(漢字音) 연구가 성행했던 시대라고 본 것이다.

갑오경장(甲午更張) 이후 개화기에 들어와서 서양 근대언어학의 연구방법이 도입되어 한국어연구에 이용된 것으로 보았고 8.15 광복 후에 새로운 한국어학이 수립된 것으로 보았다. 그리고 6.25 동란 이후에 비로소 현대 언어학이 한국어연구에 원용되었다고 생각한 것이다.

다만 제1기 언어의식의 전개를 한 시대로 잡은 것은 이 시기에는 한국어 연구에 뚜렷한 기록이 남아있지 않아서 우리의 선인들이 가졌던 언어의식을 중점적으로 언급하였고 이러한 전통이 후일 한국어연구에 연결된 것으로 보는 저자의 역사의식이 작용한 시대구분이라고 할 수 있다.

1.3.1.2. 다음으로 김석득의 『우리말 연구사』(김석득, 1983)에 나타난 한국어학사의 시대구분을 보면 문자가 창조된 이후에 한국어학이 시작되었다고 보았다. 그리고 한국어학은 15세기에 문자와 음운을 다룬 연구가 효시(嚆矢)가 된다고 하였으며 그 이후의 연구를 다음과 같이 구분하였다.

1. 조선조 국어학 - 1446년 훈민정음해례가 나온 때부터 갑오경장까지
2. 근대국어학 - 갑오경장으로부터 1950년까지
3. 현대국어학 - 1950년부터 1980년 현재까지

이 한국어학사의 시대구분에서 특기할 만한 것은 훈민정음 창제 이전의 한국어 연구에 대하여는 전혀 언급되지 않았다는 점이다. 우리 문자 창제를 위한 한국어 연구를 한국어학의 시작으로 본다면 차자표기에 나타난 한국어연구는 왜 제외되어야 하는지 설명할 수 없다.

한자를 빌려 우리말을 기록할 때에, 다시 말하면 이두(吏讀) 문자나 구결(口訣) 문자를 제정하여 사용할 때에도 우리말에 대한 연구가 이루

어졌을 것임에도 불구하고 이를 제외한다는 것은 납득하기 어렵다. 더욱이 훈민정음 창제의 배경이 된 성리학(性理學)이나 성운학(聲韻學)이 고려(高麗)시대에 활발하게 도입되었다는 사실을 간과(看過)해서는 안 될 것이다.

1.3.1.3. 강신항의 『증보개정 국어학사』(강신항, 1994: 18)에 보이는 시대구분은 한국어에 대한 의식과 연구방법, 그리고 서양언어학의 도입과 그에 의한 새로운 한국어의 인식이 생겨났다고 보아 다음과 같이 시대를 구분하였다.

> 제1기 훈민정음 창제 이전 - 국어 의식의 발아(發芽) 및 한자음훈차표기시대
> 제2기 훈민정음 창제 이후 - 중국운학 및 송학(宋學)에 입각한 국어 고찰시대
> 제3기 개화기 이후 - 국어에 대한 새 인식 및 서구 언어학 이론에 입각한 국어 고찰시대
> 제4기 8.15이후 - 개별언어학으로서 국어학 건설시대

이 시대구분은 훈민정음 이전의 한국어연구를 한국어학사에 포함시키는 합리적인 태도를 보여준다. 다만 훈민정음을 비록 한국어학사 시대구분의 기준으로 삼았다 하더라도 그 시대의 특징이 아닌 훈민정음 창제 이전, 또는 이후의 시대 명칭은 곤란하지 않을까 한다.

1.3.1.4. 끝으로 고영근이 편한 『국어학연구사』(고영근, 1985)의 시대구분을 살펴보기로 하자. 이 논저에서 편자는 한국어학이 형성된 것은 갑오경장 이후, 즉 개화기 시대에 서양문법이 도입된 이후의 일로 보았고 이 시기를 거쳐 한국어학은 하나의 학문으로 성립된 것이라고 주장하여서 한국어학사에서 훈민정음과 관련된 연구를 제외시키는 최초의 한국어학사의 서술을 보여주었다.

반면에 갑오경장 이후의 한국어학 연구사에 대하여는 매우 세밀한 시대구분을 아끼지 않았다. 이 시대구분을 아래에 적어보면 다음과 같다.

국어학의 형성기(1894~1910): 갑오경장으로부터 국권상실(國權喪失, 1910년의 庚戌國恥)까지 – 대한제국 시대의 국어연구.

실천과학으로서의 국어학의 발전기(1911~1945): 경술국치로부터 조국광복까지 – 식민지시대의 국어연구

이론과학으로서의 국어학의 기반구축(1946~1955): 8.15광복 이후부터 6.25 동란까지 – 광복이후의 혼란기, 남북분단의 전란기의 국어학

구조주의 언어이론의 도입과 국어사 연구의 자리 잡음(1956~1965): 전란 복구가 시작되던 시기의 국어학

구조국어학의 자리 잡음과 변형생성문법 이론의 도입(1966~1975): 사회가 급속히 산업화 되던 시기의 국어학

국어학연구의 자리 잡음과 그 국제적 진출(1976~1985): 고도성장을 구가하면서 우리 산업이 해외 진출을 서두르던 시기의 국어학

이러한 시대구분은 근대화 이후의 한국어학사로서 한국어학 연구의 현대사(現代史)라고 불러야 할 것이다. 앞에서 언급한 것처럼 서양의 언어학사에서 19세기의 역사비교언어학이 '언어학'이란 학문을 정립(定立)시켜주었으며 이 때부터 본격적인 언어연구가 있었다고 보는 견해와 유사하다.

언어연구에서 통시적(通時的) 연구가 중요한 방법이던 시기를 근대언어학(近代言語學), 그리고 공시적(共時的)인 언어연구가 이를 대신하여 성행하던 20세기 이후의 언어학을 현대언어학(現代言語學)이라고 나누어 부르는 것처럼 이러한 시대구분은 현대한국어학사로 이해해도 좋을 것이다.

그러나 서양 언어학의 통사(通史)에서는 희랍인들의 철학적 언어연구, 로마인들의 라틴문법 연구, 그리고 중세시대의 사변적(思辨的) 언어연구를 모두 포함시킨다는 사실을 주목하여야 할 것이다. 이 시대의 언어 연구가 근대언어학의 바탕이 되었고 많은 부분이 현대언어학에도 접목이 되었다는 사실을 간과해서는 안 될 것이다.

마찬가지로 훈민정음 창제를 중심으로 고대인도의 비가라론(毘伽羅論)이 도입되어 우리말의 연구에 이용된 것이라든지 중국 성운학(聲韻學)의 이론으로 우리 한자음이 연구된 것을 우리말 연구사에서 제외해서는 안 될 것이다. 비가라론은 파니니의 『팔장(八章)』을 통하여 서양에

전달되어 희랍문법과 로마 문법이 발달한 것임을 언어학사에서 제외할 수는 없을 것이다.[5]

2) 한국어학사 연구의 중요성

1.3.2.0. 한국어학의 연구사를 고찰하는 것은 매우 중요한 일이다. 오늘날의 한국어학을 올바로 이해하려면 한국어학이 어떻게 연구되어 왔는가를 먼저 살펴야 하기 때문이다. 다른 학문도 마찬가지지만 한국어학은 어느 날 갑자기 만들어진 것이 아니다. 오랜 세월을 두고 많은 사람들이 연구한 업적이 쌓여서 비로소 하나의 학문으로 정착한 것이다.

따라서 한국어학을 배운다는 것은 이제까지 연구된 한국어학의 연구 결과를 학습하는 것이라고 할 수 있으며 결국은 한국어학사적인 지식을 배우게 되는 것이다. 그렇지만 많은 연구에서 앞선 연구에서 다룬 문제를 반복해서 논의하면서 자신이 마치 처음 이런 연구를 하는 것처럼 기술하는 것은 차제에 지양(止揚)되어야 한다.

또 한국어학을 전공하려는 연구자들도 반드시 한국어학사를 깊이 있게 파악한 다음에 자신의 연구가 앞선 연구자의 연구와 어떤 연관이 있는지를 먼저 살핀 다음에 자신의 주장을 전개해 나가야 한다. 자신이 살펴보려는 한국어의 어떤 현상에 대하여 이제까지 어떤 연구가 실제로 있었는가를 살피는 것으로부터 한국어학의 본격적인 연구는 시작되는 것이다.

이미 오래 전에 학계에 알려진 것을 마치 자신이 처음 연구한 것처럼 논문으로 발표하는 경우가 없지 않은데 이것은 한국어학사에 대한 지식이 부족한 것을 만천하에 알리는 부끄러운 일이라 아니할 수 없다. 다시 한 번 강조하는 것은 모든 학문은 앞선 연구의 뒤를 이어 발전하는 것이지 자신이 독창적으로 새로운 사실을 하루아침에 밝히는 일은 거의 없다.

---

5 파니니의 <八章>과 비가라론, 그리고 그것이 서양의 고대희랍이나 로마에 어떻게 영향을 주었는가에 대하여는 졸고(2019b) 및 본서의 제2장의 2.2.1.0.~6.을 참조할 것.

1.3.2.1. 한국어에 대한 연구는 시대에 따라 다르며 지역에 따라, 혹은 학파에 따라, 연구자의 관점에 따라 달라진다. 따라서 어떤 한국어학 이론은 시대에 따라 학파에 따라 서로 다를 수가 있으며 한국어학사에 대한 지식이 없을 때에는 어느 한 편의 지식만을 편파적으로 습득하는 잘못을 저지르게 된다.

또 다른 학문과 마찬가지로 한국어학도 앞선 지식을 토대로 하여 다음 학문이 발전하는 것이다. 학문 발전의 선후 관계를 올바르게 파악할 때에 체계 있는 한국어 연구가 이루어질 수 있다. 예를 하나 들어보자. 세종의 새 문자 제정에서 아주 중요한 자료인『월인석보(月印釋譜)』의 연구는 일제 강점기에 어용학자인 에다 도시오(江田俊雄)의 논문에서 시작한다. 일본의 불교학자인 그가 이 자료에 대하여 처음으로 해제(解題)를 썼기 때문이다.

그는 세조 때에 간행된 {신편}<월인석보>의 권두에 실린 세조의 어제서문(御製序文)에 분명하게 세종 편찬한 구권(舊卷, :녯·글·월)이 있고 자신이 편찬하는 것은 신편(新編, ·새 밍·ᄀᆞ논 ·글·월)이라고 명기(明記)하였음에도 불구하고 이러한 세조의 언급은 부왕(父王)인 세종에게 그 공을 돌리려는 겸양의 표현이라고 보았다.

<월인석보>에 대한 이러한 주장은 역시 일제 강점기에 본격적인 한국어학을 시작한 오구라 신페이(小倉進平)에게 수용되어 널리 알려졌고 오늘날의 우리 한국어학계에서도 그대로 준용(遵用)되고 있다. 일제(日帝) 식민지 학풍의 우리 국학에 끼친 폐해를 보여주는 좋은 예가 될 것이다.

그러나 21세기에 들어와서 정통(正統) 12년, 세종 29년에 제작된 <월인석보>의 옥책이 발견되어 <월인석보>가 세조 5년에 간행된 신편이 있지만 세종 생존 시에 간행된 구권이 있음을 보여준다(졸저, 2021). 금석(金石)에 적힌 간기(刊記)를 증거로 들고 있음에도 불구하고 우리 학계는 아직 <월인석보>는 세조 때에 간행한 것만 인정하고 있다.

1.3.2.2. <월인석보>의 권두에는 훈민정음의 언해본인 <세종어제훈민정음>이 있어 세종의 새 문자 제정에 대한 여러 사실을 알려준다.

또 졸고(2020a)에서 고려대학교 도서관에 단행본으로 소장된 <훈민정음>도 실제로는 <월인석보>의 구권에 첨부된 훈민정음의 언해본을 따로 떼여 단행본으로 제책한 것이란 주장이 있어 <월인석보>의 간행과 훈민정음 언해본의 공표가 학계의 중요한 이슈가 되었다.

즉, 이제까지 <월인석보>는 세조 5년에 간행한 <월인석보>의 신편(新編)만이 알려져서 거기에 수록된 <세종어제훈민정음>만을 훈민정음의 언해본으로 인정하였지만 고려대 소장의 <훈민정음>이 <월인석보>의 구권(舊卷)에 첨부된 언해본이라면 훈민정음 언해본의 간행이 바로 세종의 새 문자 공표로 볼 수 있기 때문이다.

그동안 훈민정음의 해례본의 간행을 새 문자의 반포로 간주하고 이 책이 간행된 세종 28년 9월 상한(上澣)을 양력으로 환산하여 10월 9일을 한글날로 정하고 기념하여 왔다. 그러나 훈민정음 <해례본>은 불경(佛經)의 한문으로 작성되었을 뿐만 아니라 내용도 중국의 성운학(聲韻學)과 성리학(性理學), 그리고 고대인도의 성명기론(聲明記論)의 이론으로 새 문자를 현학적(衒學的)으로 설명하여 일반 백성들이 이해하기 어려운 책이다.

이 보다는 <해례본>의 서두(書頭)에 실린 세종의 어제서문과 새 문자의 대강(大綱)을 설명한 예의(例義) 부분만을 언해한 훈민정음의 언해본이 일반 백성들에게는 배우기 쉬운 새 문자의 교재가 될 수 있어서 오히려 이 언해본의 공간을 새 문자의 공표로 보아야 한다는 주장이 있었다(졸고, 2013b). 다만 그동안 언해본은 세조 때에 간행된 <월인석보>의 권두에 실려 있어서 이것으로 새 문자의 반포로 보기가 어려웠다. 그렇게 되면 세조 때에 새 문자의 공표가 되기 때문이다.

그러나 고려대 소장의 <훈민정음>이 세종 생존 시에 간행된 <월인석보>의 구권에 부재(附載)된 것이라면 훈민정음의 언해본은 세종 때에 공표된 것이며 이를 새 문자의 반포로 보아도 문제가 없게 된다.[6] 이처럼 시각(視角)을 달리하여 새 문자의 제정과 반포를 고찰할 필요가 있

6 다만 세종은 창제한 새 문자를 정식으로 공표한 일이 없다. 元代 파스파 문자나 그 이전의 거란문자, 여진문자들이 모두 황제의 詔令으로 頒布되어 공용문자로 인정되고 사용되었으나 세종은 제정된 새 문자를 공표한 바가 없고 諺文은 조선시대 전체를 통하여 한자의 보조문자였다.

다. 그리고 이것이 훨씬 사실에 가까울 것이다.

1.3.2.3. 이와 같이 한국어학사는 연구 방향을 달리하면 많은 사실을 달리 볼 수 있고 또 사실에 가깝게 서술될 수 있다. 그동안 편협한 국수주의적인 시각으로 우리말 연구의 역사를 보거나 선입견과 편견으로 우리말 연구사를 잘못 기술할 때에 그로부터 오는 연구 결과는 엄청난 파급 효과를 가져 온다.

앞에서 든 예 이외에도 얼마나 많은 잘못이 연구사의 서술에서 발견되는지 우리의 상상을 초월한다. 뿐만 아니라 앞선 연구를 표절한 경우도 결코 적지 않다. 다른 사람의 연구를 버젓이 자기 것으로 옮겨 쓰는 표절도 있지만 연구사에 대한 지식의 결여로 이미 그런 연구가 있는지 모르고 마치 새로운 학설을 주장하는 것처럼 서술된 논저의 표절도 있다. 그렇다고 타인의 연구가 먼저 있었는지 모른다고 해서 자신의 행위가 결코 면책이 될 일은 아니다.

무릇 연구자는 자신의 연구에 대한 연구사적 지식을 반드시 갖춰야 한다. 앞선 연구를 모르고 수행된 것이 학계 과연 무슨 도움이 될 것이며 학문의 발전에 기여할 것인가? 여북해야 각 학술지에서 논문을 투고할 때에 앞선 연구와의 관계를 살피는 자동 검색 시스템을 거치도록 하였겠는가. 이 모두가 연구사의 지식이 모든 연구자에게 필수적임을 말해준다.

한국어학도라면 반드시 선행 연구에 대한 철저한 지식을 가져야 한다. 그래야만 자신의 연구가 이 학문의 발전에 필요하거나 기여할 것임을 알 수 있기 때문이다. 이러한 사전 지식이 없이 한국어학의 어느 분야를 연구할 때에 전혀 잘못된 연구 결과를 산출할 수 있기 때문이다.

1.3.2.4. 한국어학의 한 분야로서 1950년대에 위치를 확보한 한국어학사는 1960년대에 들어와서 괄목할 만한 연구가 있었다. 우선 한국어학사의 통사가 여러 종류 편찬되었는데 그 가운데서 중요한 것만을 소개하기로 한다.

김윤경의 『새로 지은 한국어학사』(金允經, 1963)와 김민수의 『신국어학사』(김민수, 1964), 유창균의 『신고국어학사(新稿國語學史)』(유창균, 1969)는 전시대에 자신이 집필하였거나 다른 학자의 국어학사를 수정 보완하는 작업이었고 새로 연구된 많은 한국어학의 연구 업적이 소개되었다. 김민수(1964)는 몇 번의 수정을 거쳐 김민수(1990)의 『전정판(全訂版) 신국어학사』로 마무리 된다. 유창균(1969)도 두 번을 더 수정하여 유창균(1959)의 세 번째 수정본인 유창균(1994)의 『국어학사』를 간행한다.

1970년대 이후부터 1980년대 초까지는 전시대의 한국어학사 연구에 대한 반성과 새로운 자료의 첨가로 한국어학사를 좀 더 풍부하게 하는 작업이 성황을 이루었던 시대였다. 이 시기에 간행된 한국어학사의 연구서로서는 김석득(金石得)의 『한국어연구사』(김석득, 1975), 강신항의 『국어학사』(강신항, 1979), 김민수의 『수정 신국어학사』(김민수, 1980) 등이 있다.

이들은 그 후로도 계속해서 수정 증보판을 간행하였는데 김석득의 『우리말 연구사』(김석득, 1984)와 강신항의 『개정판 국어학사』(강신항, 1984) 및 『증보개정판 국어학사』(강신항, 1987)가 이와 같은 것이고 유창균(1959)의 세 번째 개정판인 『국어학사』(유창균, 1994)도 수정을 거듭한 것이다.

먼저 집필한 국어학사를 개고하지 않고 완전히 다른 책으로서 이를 보완한 것도 있다. 김민수의 『국어학사의 기본이해』(김민수, 1987)가 바로 이에 해당한다. 모두가 집필자의 식견이 많아지고 새로운 연구 결과를 추구하다보니 일어난 일이다. 특히 한국어학사의 연구에서 그런 현상이 두드러졌던 것은 당시의 한국어학사의 기술이 얼마나 혼란했는지를 알려준다.

또 이 시기에 국어국문학회 창립 30주년을 기념하는 <전국 국어국문학연구발표대회>(1982)에서는 '국어국문학연구 30년의 회고와 전망'이란 주제 아래에 자료, 이해의 체계, 연구의 방법과 이론의 3분과로 나누어 한국어학과 한국문학의 연구사를 종합적으로 검토하였다. 이 대회에서 한국어학은 '국어사, 국어학사, 현대국어, 국어의 역사와 현대한국어, 한국어와 인접 언어, 한국어학과 인접학문, 음운론, 문법론, 의미론' 등으로 나누어 자료에서부터 서술 체계, 연구방법, 적용 이론에 이르기까지 국어학 연구의 흐름과 연구 상의 문제점을 논의하였다.

1.3.2.5. 전시대 국어학사 연구에 대한 본격적인 비판과 새로운 국어학사의 서술이 1980년대 후반에 들어와서 논의되기 시작하였다. 그 좋은 예로 고영근(高永根)의 『국어학 연구사』(고영근, 1985)를 들 수 있는데 한국어학의 각 분야에서 전공자로 하여금 연구사를 개별적으로 집필하게 하여 한 데 묶은 것으로 이제까지 한 사람의 집필로 이루어진 한국어학사보다 더 전문적이고 깊이가 있는 내용을 담고 있다.

뿐만 아니라 고영근(1985)에서는 20세기의 전후한 시기, 즉 개화기를 국어학의 성립시기로 간주하고 조선 전기(前期)에 있었던 훈민정음의 창제와 관련된 한국어의 연구라든지 조선 후기의 한자음에 대한 성운학적 연구를 모두 국어학에서 제외시켜 한국어학사에서 다루지 않는 혁신적이고 획기적인 저술 태도를 보였다.

1990년대에 들어와서는 국어학사에 대한 관심이 한층 높아져서 그 동안의 한국어학의 연구 업적을 한 데 모아 목록을 만들고 이를 재평가하는 작업이 성황을 이루었다. 한국어학 관계의 각 학회에서는 한국어학 연구의 100주년을 기념하는 학술대회가 줄을 이었고 이 시기에 회갑이나 정년(停年)을 맞이하는 학자들의 기념논문집이 그동안의 한국어학사를 회고하고 그 흐름을 파악하는 논문으로 채워졌다.

서울대학의 이기문 교수 회갑논문집인『국어연구 어디까지 왔는가』(1990)는 "주제별 국어학 연구사"라는 부제에 보이는 것처럼 한국어학의 중요한 주제에 대한 연구사를 집성한 것이다. 또 고려대 김민수 교수의 정년퇴임 기념논문집으로『국어학연구 백년사(百年史)』(김민수, 1992)가 출간되었다. 그리고 한국어학사에 대한 이러한 관심은 이후에도 계속될 것으로 보인다.

언어학사로 본 20세기까지의

한국어 연구사

제2장

간추린 동 · 서양 언어학사

제2장 목차

2.0. 원래 한국어의 연구사에서 동양이나 서양의 언어학사가 반드시 첨부되어야 하는 것은 아니다. 오히려 사족(蛇足)으로 생각되기도 할 것이다. 그러나 한국어학이 우리말을 언어학적 방법으로 연구하는 학문이라면 한국어학사도 언어학사의 방식으로 서술되어야 할 것이다.

더욱이 필자가 방송통신대학의 교재로 <국어학사>를 쓰면서 우리의 고대와 중세, 그리고 근대의 우리말 연구가 동, 서양의 언어학으로부터 서로 영향을 주고받았다는 다는 사실을 깨닫고 언젠가는 한국어 연구사도 세계의 언어학사와 관련해서 살펴볼 필요가 있다고 생각하였다. 다음의 제2장은 그런 뜻에서 첨부된 것이다.

원래 제2장은 고려대 언어학과의 언어학사 강의와 국문학과의 국어학사 강의를 위한 강의 노트를 기반으로 작성하였다. 지금 돌이켜보면 당시로서는 지나치게 급진적이던 국어학사 강의를 불평 없이 들어준 국문학과 학생들에게 고마움을 느낀다. 그리고 전혀 한 번도 들어보지 못한 언어학사 강의를 경이로운 눈으로 들어주던 언어학과 학생들에게도 미안함과 감사함을 느낀다.

아마 이 책을 읽는 제자들 가운데는 예전에 강의로 들었던 내용이라고 생각할 것이다. 또 어떤 제자들은 필자가 그동안 많이 공부한 것 같다고 여길지도 모르겠다. 그러나 단언컨대 줄거리는 하나도 변하지 않았음을 자신한다. 30년 전의 강의가 아직도 새롭게 살아있다는 것 자체가 필자로서도 신기하게 느낀다.

2.1. 고려대 국문학과에서의 국어학사 강의는 우리가 신성불가침으로 여겨온 훈민정음의 창제를 그때까지 전혀 듣도 보도 못하던 파스파 문자와 관련이 있고 고대 인도의 비가라론(毘伽羅論)과 성명기론(聲明記論)의 이론으로 훈민정음을 설명하는 필자의 강의를 들으면서 학생들은 적지 않게 당혹감을 느꼈을 것이다.

그러나 그 강의를 통하여 훈민정음 <해례본>이 가진 당시로서는 도저히 있을 수 없는 고도의 정밀한 음성학적 지식을 비로소 이해하게 되었을 것이라고 자부한다. 필자도 강의를 통하여 성명기론으로 훈민정음을 알게 되었음을 고백한다. 강의를 한 것이 아니라 그것을 통하여 필자가 오히려 더 많이 배운 것이다.

그때 사용한 두툼한 강의 노트 4권이 본서의 제2장에 기초가 되었다. 물론 후에 더 많은 언어학사적 지식과 고대인도와 중국의 성운학(聲韻學)에 대한 지식이 추가된 것이 있기는 하지만 기본은 그 노트에 들어있는 내용이다. 얼마 전까지 서가(書架) 밑에 먼지를 뽀얗게 뒤집어쓴 필자의 국어학사, 언어학사 강의 노트가 이제서 빛을 보게 되었다.

손때가 잔뜩 묻었고 필자의 악필로 휘갈겨서 더러는 읽기 어려운 것도 있었지만 이 노트를 필자가 세상에 살아있을 때에 인쇄물로 남겨야 한다는 주변 제자들의 충고를 떠올리면서 여기에 옮긴다. 물론 강의노트 전부를 옮길 수는 없었다. 분량이 너무 불어나서 노트의 내용을 줄이고 줄여서 옮기게 되었다. 어떤 부분은 참 아깝다고 생각하면서 어쩔 수 없이 제외한 것이 꽤 많이 있다.

1996년에 방통대 교재로 <국어학사>를 집필할 때에는 필자 혼자만의 이름으로 나오는 책이 아니라 이 노트를 반영할 수가 없었다. 특히 필자가 가장 존경하는 은사(恩師)와의 공저이므로 이런 동, 서양 언어학사의 급진적인 내용을 멋대로 수록할 수는 없었다.

이제 필자만의 이름으로 나오는 한국어연구사이므로 평소에 생각하던 동, 서양언어학사를 마음 편하게 살펴보기로 한다.

1. 인류의 언어 의식

2.1.0.0. 인류가 언어를 의식하게 된 것은 주로 외국어와의 접촉에서 이루어졌다. 인간의 언어는 자연히 성립되어 공기처럼 스스로 의식하지 못한 채 사용되다가 외국어나 방언과의 접촉에서 자신의 언어를 새롭게 인지하고 그 중요성과 본질에 대한 연구를 시작한다고 본다.

그리고 언어를 표기하는 문자를 만들었을 때에도 같은 현상이 생겨난다. 즉, 자신들의 언어를 기록하기 위한 문자를 제정하거나 차용할 때, 그리고 전통적으로 사용하던 문자가 다른 문자와 비교될 때에 자연히 언어와 문자와의 관계를 고찰하게 되고 이로부터 언어의 차이,

문자의 차이에 대한 철학적인 고민에 빠지게 된다.

언어가 가진 시간적, 공간적 제약에서 벗어나려고 인간이 문자를 만들어 사용할 때에도 언어에 대한 의식이 새롭게 떠오른다. 보통은 세력이 큰 다른 민족의 문자를 차용하여 자신들의 언어를 기록한다. 서양의 로마 문자가 그러하고 우리의 한자 차용이 그러하다. 이렇게 문자를 제정하거나 차용하여 자신들의 언어를 기록할 때에 인류는 다시 언어를 자각하고 이에 대하여 고민하게 된다.

그것은 문자를 제정할 때에는 자신들의 언어에 맞는 문자를 골라야 하고 다른 민족의 문자를 차용할 때에는 역시 자신들 언어의 음운에 맞지 않는 글자들을 변형시키거나 새로 만들게 된다. 여기서도 자신들의 언어에 대한 새로운 인식과 연구가 이루어지게 된다. 문자는 언어와 동반하여 만들어지기 때문이다.

조선시대 세종이 표음문자인 한글을 창제할 때에 우리의 음운에 맞는 글자를 선택하여 기호화하기 위하여 피나는 노력을 하였다. 또 그 이전에는 한자를 들여다가 우리말을 표기하면서 많은 시행착오와 표기법의 확립을 위하여 애를 썼던 것이다. 오늘날 신라의 향가 연구에서 볼 수 있는 한자 차자 표기의 오묘한 이치는 아직도 우리가 깨닫지 못하는 것이 많다. 다음의 제3장과 제4장에서 그런 문제를 고찰할 것이다.

2.1.0.1. 고대인도의 가장 오래된 베다(Vedic) 경전(經典)이나 히브리인들의 성서(聖書)에서 인간 언어의 기원이 신비적이고 종교적으로 서술되었음에도 불구하고 고대희랍의 역사가이며 여행가였던 헤로도투스(Herodotus)는 가장 오래된 원초(原初) 언어를 찾아보는 과정에서 매우 합리적으로 언어의 기원에 대하여 기술하였다.

이집트의 파라오(Pharaoh)였던 삼메티쿠스(Psammetichus)는 인류의 언어 가운데 원초 언어(primitive language)를 찾기 위하여 다음과 같은 실험을 하였다. 그는 원초(原初) 언어를 찾기 위하여 두 명의 신생아를 말할 수 있을 때까지 인간사회와 격리시켜 성장하게 하였다. 그리고 그들이 성장해서 처음으로 뱉은 말이 'bekos'이었다고 한다.

이 말이 어느 말인가를 조사시켰더니 프리기아(Phrygia)의 언어임을 찾아내었다. 프리기아는 기원전 10세기경에 소아시아에 있던 왕국이었으며 이곳의 말로 'bekos'는 빵이란 의미였다. 배가 고픈 두 아이가 '빵'이라고 원시 언어로 말한 것으로 인정되어 한 때 프리기아어가 인류의 원초 언어로 헤로도투스는 기술하였다(Hill ed., 1969: 271~272).

그러나 이 실험은 매우 잔인하고 실제로 별로 의미가 없는 것으로 판정되었다. 다만 헤로도투스의 전설(傳說)에서 보이는 언어의 실험주의(experimentalism) 연구는 먼저 가설을 제시하고 이를 실증해 내는 연구 방법의 중요성을 강조한 것으로 보았고 Hill ed.(1969: 272)에서는 이것이 언어학의 방향을 제시했다는 점을 지적하였다. 이후 고대희랍이 언어를 연구할 때에 보여주는 실험성과 객관적 증명의 방침을 보여준 것이다.

2.1.0.2. 고대희랍 전기, 즉 소크라테스(Socrates, 470?~399 B.C.) 이전에 언어에 대한 의식은 당시 희랍의 여러 방언간의 차이에 대하여 고민하였다. 그리고 이를 문자로 적으려할 때에 같은 문제가 생겨난 것이다. 기원전 17세까지 거슬러 올라가는 고대희랍에서는 많은 방언이 혼재하였고 또 이를 적으려는 문자도 그림 문자와 선형(線形)문자가 발달하였다.

흔히 세계의 문명사(文明史)에서 미노아(Minoa) 문명이라고 부르는 고대시대에 희랍인들은 이 지역에 들어오기 이전의 원주민이 사용한 언어가 있었고 그들 스스로도 많은 방언을 가졌기 때문에 같은 문제를 고민하였다. 그리고 이 언어들을 기록한 문자들이 발견된다.

오늘날 고고학(考古學)에서 자주 거론되는 미노아 문자나 키프로스(Kyplos) 문자들로 이 언어들을 기록하였다. 이 문자들은 문자 발달의 초기 단계인 그림문자이거나 선형(線形) 문자였다.

고대 희랍인들은 다른 민족이라면 당연한 것으로 보아 넘길 것을 경이로운 논으로 새롭게 살펴보려는 천부적인 재능을 가졌다고 말한다. 우리들이 일상생활에서 밀접하게 이용되고 있는 언어에 대하여도 희랍인들은 예리한 통찰력과 풍부한 구상력(構想力)을 가지고 고찰하였다. 그리하여 희랍인들의 특유한 언어관과 언어 연구법이 생겨나게 되었다.

여기서 '특유(特有)한'이란 '철학적(哲學的)'인 것을 말한다. 고내 희랍인들만 아니라 일반적으로 고대인들은 현대인들과 다른 사고를 가졌다. 즉, 고대적(古代的) 사고란 현대인들처럼 사물을 분석적이지 않고 종합적으로 생각하는 것을 말한다. 예를 들면 고대인들은 천문학 물리학, 화학 등의 자연과학이나 인문학(철학, 논리학, 윤리학)도 미분화된 상태에서 고찰되었다.

또 철학적(philosophia)이라는 말은 과학적(scientia)이라는 것과 동의(同義)였다. 즉, 철학적인 것은 초자연적이거나 종교적인 것과 대립되는 의미를 가졌다. 언어의 기원(起源)에 대한 생각은 고대인들이 일반적으로 종교적으로 생각하여 신(神)이 인간에 준 것으로 보지만 고대희랍인들은 다른 민족과 반대로 철학적인 것으로 고찰하려고 하였다.

2.1.0.3. 소크라테스와 그 이후의 희랍에서 언어에 대한 연구는 언어의 음성 형식과 그 의미와의 관계에 집중되었다. 이것은 당연히 언어의 본질과 연결되는 문제이기도 하다. 흔히 '우는 철학자(weeping philosopher)'로 알려진 헤라클리투스(Heraclitus, 4C B.C.)는 "언어는 자연이 준 것이지 인간의 협정에 의거한 것이 아니다. 언어는 본질적으로 규칙적이고 논리적이어서 낱말의 음성 형식과 그 속에 숨어 있는 의미 사이에는 완전한 조화가 있다"고 보았다(Ivič, 1963: 15).[1]

당시 언어의 기원에 대한 자연설(physei, φυςει)이라고 알려진 이러한 주장은 후대에 어원론과 문법 이론이 발달하게 되었고 앞에서 언급한

1 Milka Ivič 여사는 1923년 유고슬라비아의 베오그라드에서 태어나서 1945년부터 베오그라드 대학에서 슬라브어와 슬라브 문학을 전공하였다. 1953년에 슬라브제어의 造格 용법에 관한 연구로 박사학위를 받고 1954년부터 노뷔사드 대학의 철학부 언어학과 교수로 근무하였다. 후에 구라파의 여러 대학에서 강의하였고 1968년에 일본어 와서 General syntax in Europe nowaday라는 제목으로 6회에 걸쳐 강의하였다. 그의 *Trends in Linguistics*는 1965년에 영어로 번역하여 출판되었으며 일본어로도 번역되었다. 이 일역본이 김방한 교수에 의하여 '언어학사'란 이름으로 한국어로 번역하여 출판하였다. 한국어 번역본은 오역이 많아서 본서에서는 Ivič(1970)로 표시한 영역본을 주로 이용하였다.

헤라클리투스도 이러한 자연설의 신봉자로 볼 수 있다. 사물의 명칭은 자연히(physis, φυςιζ, nature) 생겨난 것이고 단어의 의미와 형식 사이에는 필연적인 관계가 있다고 보았다. 그러나 이 자연설은 언어의 변화에 대하여 아무런 해답도 주지 못한다. 인간 언어가 시대적으로 지역적으로 변화하는 현상을 설명할 수가 없기 때문이다.

희랍 철학사에서 '웃는 철학자(laughing philosopher)'로 세상에 알려진 데모크리투스(Democritus, 400?~360? B.C.)는 낱말의 음성 형식과 의미 구조 사이에 아무런 이상적 상호관계가 없다고 보는 관습설(thesei, θεςει)을 주장하였다. 이러한 주장은 아리스토텔레스(Aristotle, 384~322 B.C.)에서 받아들여져 그의 Aristotle(320? B,C.)에서는 형식과 의미 사이를 관습(thesis, θεςιζ, convention)적인 것으로 보았다. 그는 비록 의성어(擬聲語)라도 그 언어에서 어느 정도의 관습화가 있다고 본 것이다.[2]

그리하여 그는 낱말의 음성 형식과 그것이 지식하는 사물과의 결합은 관습에 의한 것이지 양자 사이에 어떤 필연성도 존재하지 않는다고 하였다. Aristotle(320? B,C.)의 <명제론(命題論, *De Interpretatione*)>에서 "언어의 낱말은 자연으로 나오지 않으므로 언어는 관습에 의한 것이다"라고 하여 음성 형식과 의미 내용 사이는 협정적(conventionally)으로 사용되어 관습화된 것이라고 보았다.

희랍에서 어원학이 발달한 것은 언어의 자연설과 관련이 있었다. 관습설을 지지하는 아리스토텔레스는 어원학(語源學)에 관심을 보이지 않고 문법에 치중하여 언어를 고찰하였다. 자연설과 관습설의 대립은 희랍시대의 언어 연구에서 원리적 논쟁의 중심 과제였을 뿐만 아니라 로마와 중세시대의 언어 연구에서 비록 형태를 바꾸고 초점을 옮기기는 하였으나 계속해서 재현된다. 급기야 20세기에 드 소쉬르(F. de Saussure)에 의해서 다시 한 번 "음성 형식과 의미 내용 사이에는 자의적(恣意的)인 관계에 있다"는 선언이 나오게 된다.

---

2 음성 형식과 의미 내용 간의 관계에 대한 자연설(physei)과 관습설(thesei)의 논쟁은 프로타고라스(Protagoras, 480~410 B.C.), 또는 피타고라스(Pythagoras, 572~497 B.C.)에 의해서 처음으로 주장되었다고도 하나 수세기 동안 이에 대한 논의는 계속되었다.

2.1.0.4. 희랍시대에 언어에 관한 논쟁은 언어의 실태(實態)를 파악하는 쪽으로 이행하였다. 그리하여 희랍어에서 발달한 어형변화(굴절어미 및 단어의 단, 복수형의 변화 - paradigm)에 주목하고 동일한 모음의 형태에는 동일한 모음의 의미가 대응하고 그 반대의 경우도 있다는 것이다.

희랍어에만 국한하지 않고 모든 언어에 나타나는 이러한 규칙적인 대응은 실제로 존재하며 언어는 이러한 대응의 규칙에 의하여 설계된 것으로 본다. 이것이 언어의 유추론(αναλγια, analogia)이다. 언어의 유추론(類推論)이란 언어에서 규칙적으로 어떤 대응 형태를 생성할 수 있는 유추의 기제를 기반으로 하고 있다는 것이다.

따라서 규칙적인 어형을 기본형으로 하고 그와는 다른 예외나 오용(誤用)은 배제되던가 아니면 기본형에 의해서 수정되거나 흡수된다는 것이다. 인구어에서 발견되는 많은 굴절 형태에서 이런 사실은 확인된다. 한국어에서도 '흐르며, 흐르고'는 '흘러서'에서 어간이 재구조화하여 '흘-'이 되어 '흘르며, 흘르고'로 변하는 것을 말한다.

언어의 유추론은 아리스토텔레스의 지지를 받았다. 그는 Aristotle (320? B,C.)에서 관습설(thesei)에 입각하여 언어의 협정성(協定性)과 자의성(恣意性)을 인정하고 그것만으로 언어의 규칙적인 생성, 즉 유추가 언어 전달에 있어서 차지하는 기능의 중요성을 강조하였다. 이러한 아리스토텔레스의 유추론에 대한 언어관은 후대에 알렉산드리아(Alexandria) 학파에 계승되었다.

유추론과 대립하는 언어관으로 변칙론(變則論, ανωμαλια, anōmalia)이 있다. 이 이론은 언어의 불규칙성을 강조하여 언어는 원래 신(神)으로부터 받은 것이어서 불규칙한 것이었으나 인간들이 편의에 의하여 규칙화한 것이라고 보는 견해다. 희랍어에는 굴절접사에 비하여 파생접사에서 불규칙성이 많다.

예를 들면 논리적으로 단수형이어야 하는 도시 이름 가운데 복수로 표시된 것이 들어있다. 즉, 'Athenai(Athens)', 'Thebai(Thebes)'와 같은 복수 표시의 도시명이 있다. 희랍어의 'paidion(child)'의 성(性)은 중성(中性)이다. 독일어의 'kind'도 이와 같이 중성이다.

변칙론은 앞의 예와 같이 언어에서 보이는 소수의 불규칙성이 존재함을 근거로 하여 언어는 규칙성만 있는 것이 아니라 불규칙성을 포함한 광범한 방법으로 고찰하여야 한다고 주장한다. 이처럼 언어의 있는 그대로의 모습을 받아들이려는 태도에서 이러한 주장은 자연설(physei)을 따르는 것이지만 다만 언어신수설(言語神授說)은 인정하지 않았다.

변칙론(變則論)은 스토아(Stoa)학파가[3] 지지했으며 희랍의 식민지였던 소아시아의 페르가뭄(Pergamum) 학파에 전수되어 유추론과 변칙론은 지리적 학파의 대립을 가져왔다. 매우 격렬했던 두 이론의 대립은 로마시대에 들어와서 봐로(Varro, 116~27 B.C.)에 의하여 절충점을 찾았다.

2.1.0.5. 아시아의 고대인도에서는 서양의 희랍에 못지않은, 오히려 그보다 뛰어난 언어 연구가 있었다. 고대시대에 아리안 족이 인도에 들어가 정착하는 내용을 읊은 리그베다(Rig Veda)를 비롯한 베다(Vedic) 경전의 언어인 산스크리트어(Sanskrit)의 연구가 기원 전 수십 세기 전부터 있었다.

리그베다(梨俱吠陀)는 인도에서 가장 오래된 종교 문헌으로 기원전 15세기경에 이루어졌다. 원래 이것은 브라만교, 일명 바라문교(婆羅門敎, Brāhmanism)의 성전(聖典)으로 10권 1천 28장으로 된 운문 찬가(讚歌)였으며 이 종교의 우주관과 아리아인들에 의한 인도의 건국과정을 시가로 읊은 가집(歌集)이었다.

이 베다 경전의 언어는 아무런 변개가 없이 몇 세대를 이어왔고 오래 전부터 그 시대의 언어와 비교하게 되었다. 고대인도에서의 언어에 대한 의식은 이로부터 나온 것이다. 산스크리트(Sanskrit)란 말은 'saṁs-kr(완성하다)'에서 온 'saṁskṛtam(완성된 언어)'란 의미여서 당시 민중들이 사용하던 언어 'prākṛt(속어)'에 대하여 아어(雅語)의 의미로 붙인 이름이다.

기원전 2천년 경부터 인도에 침입한 아리아족(Arian)은 인도(India)의

3 스토아학파(Stoicism)는 키프로스의 제논(Zenon)이 만든 학파로서 그가 아테네 광장의 공회당 기둥에서 제자들을 가르쳤기 때문에 기둥(stoa)이란 이름을 얻었다. 크뤼시프스(Chrysippos, 280~207 B.C.)와 세네카(Seneca, 4 B.C.~65 A.D.), 에픽테토스(Epiktetos, 55~135 A.D.), 마르쿠스 아룰레리우스(Marcus Aurellius, 121~189 A.D.) 등이 이 학파에서 활약한 저명한 학자들이다.

펀자브(Punjab) 지역으로부터 동부 갠지스 강(the Ganges) 유역으로 확장하였고 따라서 산스크리트어는 인도 전역으로 퍼져나갔다.

고대인도인들의 언어에 대한 연구는 베다 경전의 언어인 산스크리트어의 이해와 보존을 위한 것에서 시작된다. 브라만(Brahman)을 모시는 브라만교의 신도였던 그들은 자연히 언어도 그로부터 받은 것으로 생각하여 언어신수설(言語神授說)을 신봉하였고 언어의 자연설(自然說)을 믿었다. 그러나 그들의 언어 연구는 희랍의 것과 달리 매우 실용적이었으며 객관적이었다.

고대인도인들은 언어 사실을 객관적으로 정밀하게 기술하기 위하여 자신들의 언어를 면밀하게 관찰하였다. 그리고 언어의 공시태(共時態)를 중시하여 거의 공시적인 연구를 보였으며 기술에서 매우 간결하여 거의 수학적이라고 할 만하였다. 그러기 위하여 문장을 분석하여 각 단위별로 분류하였으며 의미도 엄밀하게 분석하여 정리하였다. 오늘날의 현대 언어학은 실로 고대인도의 언어 연구와 매우 유사하다.

당시 고대인도의 언어 연구자들은 산스크리트어의 교육과 보존을 위하여 비가라론(毘伽羅論)이란 문법을 발달시켰고 파니니(Pāṇini)를 대표로 하는 이들을 인도문법학파로 불렀다. 즉, 비가라론은 범어의 'Vyākaraṇa'를 한자로 적은 것이다. 이 말은 '분석하다'의 뜻이므로 문장을 분석하여 각기 작은 단위로 나누어 문장 속에서 그 기능을 살핀다는 뜻이다.

비가라론(毘伽羅論)은 베다 경전의 언어인 산스크리트어의 발음과 문법, 그리고 낱말의 의미를 분석하여 살펴보는 학문이므로 이를 통하여 산스크리트어의 언어적 변천을 관찰할 수 있었다. 이것은 헬레니즘 시대의 공통 희랍어였던 코이네(Koinē)와 고전 희랍어의 차이에서 음성학, 문법, 그리고 의미론적 해석을 위한 연구가 필요했던 것처럼 고대인도인들도 범어(梵語)의 음성연구와 문법, 의미 연구를 시도한 것이다.

2.1.0.6. 산스크리트어와 같은 성전(聖典)의 언어를 보존하고 이를 후대에 전하기 위하여 고대인도에서는 비가라론(毘伽羅論)이란 문법을 발전시켰다. 그리고 일찍부터 문법학교를 설립하고 유능한 문법가를 양

성하였다. 고대인도문법학파의 중심으로 알려진 파니니(Pāṇini)도 실제로 이런 문법학교의 교사였다.

졸고(2016b)에서는 당(唐)의 승려 현장(玄奘)이 저술한 『대당서역기(大唐西域記)』(권3)에 소개된 파니니에 대한 기사를 소개하였다. 이 기사에 의하면 파니니는 인도 간다라의 오탁가한다(烏鐸迦漢荼, Udakakhāṇda, 현재 인도의 the State of Uttakakhand) 성(城)의[4] 사라도라읍(娑羅覩邏邑)에서 태어났고 어려서부터 박학하여 문자를 배우고 언어를 연구하였으며 자서(字書)를 만들었다고 한다.

여기서 '자서'는 아마도 다음에 소개할 산스크리트어 문법서인 파니니의 <팔장>을 말하는 것으로 보인다. 또 그는 이 여행기에서 선인(仙人)으로 지칭될 정도의 명성을 가졌다. 그가 저술한 것으로 알려진 『팔장(八章, *Aṣṭādhyāyi*)』이 천 개의 게송(偈頌)이 갖추어졌고 32개의 말로 이루어졌으며 고금의 문자와 언어에 적용될 수 있다고 한 것은 바로 그가 <팔장>에서 제시한 문법 규칙, 수드라(sūtra)를 말한 것이다. 파니니는 이 책을 왕에게 진상하였고 왕은 이를 나라의 문자 교과서로 삼았음을 알 수 있다.

이처럼 파니니가 고향인 사라(娑羅, Śālārura)의 솔도파(窣堵波)에서 자신이 편찬한 <팔장>으로 후진을 교육하는 이름난 교사였고 그 때문에 후대에 그곳에 그의 동상(銅像)이 세워져 있었음도 <대당서역기>는 증언하고 있다. 비가라론(毘伽羅論)은 기론(記論)이라는 이름으로 한역(漢譯)되었다. 그가 죽은 후에도 비가라론(毘伽羅論)의 교육은 계속되었으며 또 학교에서는 아동들을 매질까지 하면서 이 기론(記論)을 가르쳤다고 <대당서역기>에 기록되었다(졸고, 2016b).

소위 파니니의 문법이라고 알려진 고대인도의 산스크리트어, 즉 범어의 문법은 파니니의 <팔장>의 'Aṣṭādhyāyi'에서 정리되는데 이것은 'aṣṭā(8)'과 'adhyāyi(section)'가 결합된 서명으로 '팔장(八章)'으로 부른다. 언제 출판되었는지 확인할 수 없는데 현재로서는 기원전 6세기에서

4 烏鐸迦漢荼(Udakakhāṇda)는 북인도 간다라의 도성이 있던 곳으로 지금의 펀자브(Punjab) 주의 북부, 라왈핀디(Rawalpindi)의 서북쪽에 해당하는 곳이다. 인더스 강과 카블 강의 합류지점으로 옛날에 信度河의 渡船場으로 유명했다.

3세기경에는 세상에 나왔을 것으로 추정하고 있다. 모두 8장으로 나누어 문장과 문장 형성의 각 단위들이 형성되는 과정을 규칙을 표시하는 수드라(sūtra - 실)로 표시하였다.

문장을 형성하는 언어의 규칙들은 짧은 진술이나 잠언(箴言)으로 표현하였고 각 규칙들은 숫자로 표시되었다. 놀라운 것은 파니니의 규칙들은 오늘날의 변형생성문법론에서처럼 고정된 순서대로 적용되어야 하며 그 규칙들은 어형성(語形成)으로부터 문자 형성의 모든 과정을 망라하였다는 점이다.

그리고 산스크리트어의 동사 어근(語根) 목록과 유사한 음절을 보이는 단어와 음성의 목록이 부록되었다. 이러한 <팔장>의 산스크리트어 문법은 알렉산더(Alexander) 대왕의 인도 원정에서 희랍으로 전해져서 다음에 소개할 알렉산드리아 학파의 드락스(Thrax)의 『문법기술(*Téχνη γραμματική*)』(Thrax, 2C. B.C.)에 영향을 준 것으로 본다.

드락스의 희랍문법에서 로마의 라틴문법으로 연결된다. <팔장>의 범어문법이 음운론을 포함하였기 때문에 이후의 문법서, 희랍문법이나 라틴문법에서도 음운론이 제1부에 들어간다. 그리고 이후의 모든 문법서에서 형태론과 통사론에 앞서서 음운론이 고찰되었던 것이다.

2.1.0.7. 인류의 사대(四大) 문명의 발상지의 하나인 황하(黃河) 유역의 중국 문화에서도 언어와 문자에 대한 의식으로부터 중국어에 대하여 깊이 있는 연구가 있었다. 중국어는 인구어(印歐語)와 달리 고립적 문법 구조의 언어여서 서양이나 고대인도의 문법의 영향을 받을 수가 없었다.

다만 고대인도로부터 비가라론(毘伽羅論)의 음성연구인 성명기론(聲明記論)을 도입하여 성운학(聲韻學)을 발달시켰다. 그리고 표의문자인 한자(漢字)를 연구하기 위하여 많은 자전(字典)을 만들면서 언어의 음운과 의미에 대하여 고찰하기 시작하였다. 즉, 오래전부터 중국에는 자학(字學)이라는 한자에 대한 연구가 있었다.

중국어는 고립어이면서 성조어(聲調語)였다. 따라서 언어의 성조와 한자의 음절 구조에 대한 연구로 운학(韻學)이 일찍부터 발달하였으나 모두 실전되어 오늘날에는 거의 찾아볼 수 없다. 다만 한자음을 음절 초 자음(聲)과 나머지 음절(韻)로 나누어 고찰하는 성운학(聲韻學)이 그 이전의 운학(韻學)으로부터 발달하였다.

물론 성운학은 애초에는 고대인도에서 중국으로 온 역경승(譯經僧) 들에 의하여 고안된 반절법(反切法)에서 발달한 것이다. 따라서 중국의 음운 연구도 고대인도의 성명기론(聲明記論)으로부터 영향을 받았다고 보아야 한다. 이 성운학이 중국에서 자학(字學)과 더불어 오랫동안 중국어의 한자음 연구를 대표하였다.

서양의 언어들이 같은 굴절어(屈折語)여서 문법에서 고대인도 문법인 비가라론(毘伽羅論)의 영향을 받았다면 중국은 문법구조가 전혀 다른 고립어(孤立語)여서 문법보다는 성명기론(聲明記論)으로부터 음운의 연구에서 영향을 받은 셈이다. 따라서 언어학의 원류는 동양이나 서양이 모두 고대인도로부터 온 것이라고 필자는 감히 주장하는 바이다.

중국의 한자(漢字)는 동아시아 여러 나라에서 차용되어 그들의 문자를 표기하는데 사용되었다. 다만 중국의 주변국들은 대개 교착적(膠着的)인 문법 구조의 언어를 쓰고 있어서 한자로 이 언어들을 표기하는데 많은 문제가 있었다. 동아시아의 여러 나라들은 한자를 차용할 때에 일어나는 문제를 해결하는 것으로부터 언어에 대한 의식과 연구가 이루어졌다.

이제 언어의 연구가 시작된 고대인도와 고대희랍, 그리고 중국의 언어 연구에 대하여 고찰하기로 한다.

2. 고대인도의 범어(梵語) 문법

2.2.0.0. 아시아의 고대인도에서는 일찍이 동양의 중국과 서양의 희랍에 영향을 줄 정도로 뛰어난 언어 연구가 있었다. 고대시대에 아리안 족이 인도에 들어가 정착하는 내용을 읊은 리그베다(Rig Veda)를 비롯한 베다(Vedic) 경전의 언어인 산스크리트어의 연구가 기원 전 수십 세기 전부터 있었던 것이다.

전술한 바와 같이 고대인도인들의 언어에 대한 연구는 베다 경전의 언어인 산스크리트어의 이해와 보존을 위한 것에서 시작된다. 브라만(Brahman)을 모시는 브라만교의 신도였던 그들은 자연히 언어도 그로부터 받은 것으로 생각하여 언어신수설(言語神授說)을 신봉하였고 언어의 자연설(自然說)을 믿었다. 그러나 그들의 언어 연구는 희랍의 것과 달리 매우 실용적이었으며 객관적이었다.

당시 고대인도의 언어 연구자들은 산스크리트어의 교육과 보존을 위하여 문법이 발달시켰고 파니니(Pāṇini)를 대표로 하는 이들을 훗날 인도문법학파, 또는 범어문법학파로 불렀다. 즉, 베다 경전의 언어인 산스크리트어와 실제 사용하는 프라크리트어(prākṛt)의 발음과 문법, 그리고 낱말의 의미에서 언어적 변천을 관찰할 수 있게 되었다.

헬레니즘 시대의 공통 희랍어였던 코이네(Koinē)와 고전 희랍어의 차이에서 음성학, 문법, 그리고 의미론적 해석을 위한 연구가 필요했던 것처럼 고대인도인들도 자신들의 언어로부터 음성연구와 문법, 의미를 연구하였다.

2.2.0.1. 고대인도인들은 언어를 일반 언어이론과 의미론, 음성학과 음운론, 그리고 기술문법(記述文法)의 세 주제로 나누어 언어를 고찰하였다. 희랍 철학자들에 의해서 주로 논의되었던 언어의 본질에 대한 논의도 인도학자들에게 탐구 대상의 하나였다. 언어가 문학 연구나 철학 탐구와 같은 배경을 갖고 별도의 학문의 대상으로 고찰되었다. 따라서 서양에서 익숙한 언어의 여러 문제들이 역시 고대인도인들에게서도 탐구의 대상이었다.

언어 의미의 본질을 이해하려고 할 때에 역시 단어와 문장의 의미에서 필연적으로 일어날 여러 문제들은 고대인도인들은 다양한 관점에서 논의하였다. 그리하여 의미는 어느 정도까지 단어에 갖추어져 있는 특성(特性)으로 간주될 것인가? 의성어는 어느 정도까지 말과 사물과의 관계를 기술하는데 모델이 될 수 있는가? 이런 문제들이 고찰되었다.

이것은 서양의 자연설과 관습설의 논쟁에 걸려있는 음성 형식과 의미 내용과의 관계를 말하는 것으로 고대인도에서는 이 관계가 자의적

(恣意的)이며 관습적이라는 관점이 우세하였다. 그리하여 낱말의 자연성(the nature of word)과 문장의 의미에 관하여 논의하고 의미가 낱말의 자연적 특성(a natural property)으로 보는 것은 한계가 있음을 알게 되었다. 자연어를 직접 모방한 의성어라도 낱말과 사물과의 관계를 나타내지 못하고 하나의 모델에 지나지 않는다는 사실을 깨닫게 된 것이다.

고대인도인들은 언어의 음성 형식이나 의미 내용 사이가 완전히 자의적(arbitrary)인 협정적(協定的, conventional) 관계에 있다고 보았다. 그리고 그 예로 낱말의 의미가 가진 유동성(variable)과 확장가능성(extensibility)을 들고 또 낱말이 문맥 속에서 자의적인 의미의 변화를 보임을 예로 들어 형태와 의미가 자의적(arbitrary)인 관계에 있음을 증명하려 하였다.

거의 모든 언어에서 하나의 낱말에 다의(多義)를 지니는 경우가 있다. 다의를 가진 낱말의 어형은 다의어(多義語, polysemy)로 간주되지만 이와 같은 다의어가 가능하도록 어디에서 그 많은 서로 다른 동음이의어(homonym)를 찾아낼 수 있을까 하는 전혀 해답이 불가능한 문제에 봉착하게 된다.

이와 관련해서 주목되는 것은 제일의(第一義)라고 생각되는 것, 즉 최초로 이해되는 것과 일상의 담화에서, 또는 문학적 효과로 얻어진 낱말의 비유적(比喩的) 용법, 그들은 이것을 '락샤나(lakşaṇa)'라 하였다는 데에서, 비유적인 용법이 오는 낱말의 다양한 의미가 만들어졌다고 보고 이로부터 음성 형식과 의미 내용의 관계는 자의적이라고 본 것이다.

즉, 산스크리트어에서 말하는 '락샤-락샤나(lakşa-lakşaṇa, 비유적 표현)'이던[5] 또 다른 언어의 동음어(homophony)이던 한 낱말의 의미를 확장시킬 수 있다는 것은 언어 형식과 의미가 자연적인 관계에 있지 않다는 증거라고 고대인도 학자들은 생각한 것이다.

2.2.0.2. 또 하나 고대인도의 언어 연구에서 주목할 만한 것은 오늘날에도 미해결의 문제로 남아 있는 문장(文章, sentence)과 그것을 구성하

5 산스크리트어의 'lakş, lakşa'의 'lakş'는 "표상(sign)"이란 뜻이고 'lakşṇa'는 "간접적으로 표현하다"는 뜻이어서 어떤 표상에 대한 비유적 표현이란 뜻으로 사용된 것이다.

는 낱말(word)과의 의미 관계에 관심을 가졌다는 것이다. 문장은 의미상으로 보아도 또 문법상으로 보아도 분명히 나열된 낱말의 단순한 총화(總和)만이 아니다.

서양의 전통으로 본다면 낱말은 개개의 최소 의미를 갖고 있지만 문장은 논리 명제의 어떠한 형태로 모아 놓은 낱말이 종합해서 만들어진 것이라고 본다. 플라톤(Plato)이나 아리스토텔레스(Aristotle)의 의미에 대한 논의는 많은 부분이 낱말을 분리시켜 의미를 찾았다. 또 아리스토텔레스는 단독의 낱말이 의미의 최소성과 자립성을 갖고 있는 점을 강조하였다.

고대인도에서는 낱말을 우선할 것인가 문장을 우선할 것인가 하는 문제를 집중적으로 검토하였다. 파니니의 <팔장>과 같은 초기에는 문장 전체의 의미는 낱말 하나하나가 맡아둔 의미에서 만들어진다고 보았다. 낱말이 우선한다는 생각이었다. 그러나 후대에는 문장이 분할할 수 없는 단일한 발화체이며 그 의미가 '즉시' 전달된다는 면에서 문장이 우선한다는 주장이 나왔다.

즉, 바르트르하리(Bartṛhari)의 『문장단어론(*Ṽākya Padīya*)』(7C. A.D.)에서 주장된 문장 우선주의는 거의 모든 고대인도의 언어 연구에서 저변에 흐르고 있으며 문장을 우선시하고 문장 단위로 언어를 분석하는 연구 방법이 유행하였다. 이들은 낱말이라는 단위의 개념을 인정하지 않는 것이다. 화자(話者)나 청자(聽者)에게 문장은 단일한 통일체이며 낱말이라든가 낱말의 의미라는 것은 대체로 언어학자나 자각(自覺)이 있는 화자가 문장의 의미를 더 작은 구성요소로 분석하고 분류한 데서 나온 것으로 본다.

이처럼 인도의 언어학자들이 문장을 하나의 통일체로 인정한 것은 낱말을 개별적으로 발음할 때와 문장 가운데서 발음하는 경우에 음성, 음운 상의 상위(相違)가 있음을 알고 있었기 때문이다. 흔히 'Saṃ-dhi, Sandhi(連聲)'라고 하는 문장 내에서 낱말이 연결할 때에 일어나는 여러 음성 자질, 즉 연접자질(junction features)에 대하여 많은 연구가 있었다.

2.2.0.3. 고대인도에서는 조음음성학이 발달하였다. 비가라론(毘伽羅

論)의 음성 연구인 성명기론(聲明記論)에서 조음음성학에 입각하여 음운을 나누고 그 특징을 기술하였다. 고대 희랍과 로마에서 언어음에 대한 연구는 음향적(音響的) 사실을 근거로 하였고 조음적(調音的) 음성 연구는 2차적이었던 것과 대비된다.

고대인도의 음성 연구는 기원전 9세기부터 2세기까지 조음음성학에 의거하여 인간의 발화음을 기술하였다. 그들은 다음 세 가지 주요 기준에 의거하여 음성을 기술(記述)하였는데 그 기준은 다음과 같다.

1. 조음과정(processes of articulation) - 변별적 자질
2. 분절음(segment) 단위 - 자음과 모음
3. 음운론적 구조에서 분절음의 조립 - 음절

오늘날의 현대 조음음성학에 비추어 보아도 손색이 없는 음성의 과학적 연구였다. 이 가운데 변별적 자질은 서양에서 겨우 20세기 후반에 논의된 것이고 분절음의 분석도 19세기에 들어와서 그 세부적인 방법이 논의된 것이다.

변별적 자질에 따라 분절음을 평음과 유기음, 유성음, 유성유기음으로 나누어 본 것은 중국에 들어가 성운학(聲韻學)에서 사성(四聲), 즉 전청(全淸, 평음), 차청(次淸, 유기음), 전탁(全濁, 유성음), 불청불탁(不淸不濁, 비음 또는 구강공명음)으로 나누는 근거가 되었다.[6] 이것은 한글의 창제에서도 그대로 도입되어 우리말 음운의 분석에 이용된다.

같은 변별적 자질로 조음 위치가 있다. 발화음의 조음 위치에 따라 후두음(laryngeal), 연구개음(velar), 경구개음(palatal), 치조음(齒槽音, alveolar), 치음(齒音, dental), 순음(脣音, labial)로 나누어 고찰하였다. 이것도 중국의 성운학(聲韻學)에서 아설순치후(牙舌脣齒喉)의 오음(五音)과 반설(半舌), 반치(半齒)의 칠음(七音)으로 나타난다(졸고, 2020b).

2.2.0.4. 조음과정을 설명하기 위하여 고대인도인 언어학자들은 조

6 여기서 四聲은 '平上去入'의 聲調를 말하는 것이 아니라 全淸, 次淸, 全濁, 不淸不濁의 조음방식을 말한다. 이에 대하여는 졸고(2020b)를 참고할 것.

음기관으로 내구강(內口腔, intra buccal)과 외구강(外口腔, extra buccal)으로 나누어 외구강은 성문(聲門, glottis), 폐(lungs), 비구강(鼻口腔, nasal)으로, 내구강은 혀의 전, 후와 혀의 전개(展開)와 협착(狹窄)의 넷으로 나누었다.

외구강에서는 유성(有聲, voiced)과 무성(無聲, viceless), 유기(有氣, aspirates)와 무기(無氣, non-aspirates), 비음(nasal)과 비비음(非鼻音, non-nasal)의 구별이 가능하고 이에 의거하여 산스크리트어에서 자음의 5항 체계를 인정하였다. 즉, /p/:/b/:/bh/:/ph/:/m/의 순음과 /t/:/th/:/d/:/dh/:/n/의 치경음, /ts/:/tsh/:/dz/:/dzh/의 경구개음, 그리고 연구개음에서 /k/:/g/:/gh/:/kh/:/ng/의 대립체계를 세웠던 것이다.

내구강에서는 혀의 차단(closing)과 코울림(nasal)에 의한 조음으로 나누어 마찰 협착음(fricative constriction)과 반모음 협착음(semi vowel constriction), 비협착음(absence of constriction)로 구별하였다. 따라서 정지음(stops), 마찰음(fricatives), 파찰음(affricative), 반모음(semi vowels), 모음(vowels)의 구별이 가능하였다.

그리고 조음의 기제(mechanism)로 조음의 정지점(point of mechanism), 즉 조음점(Sthāna)과 움직이는 조음체(moving articulator), 즉, 조음부(Karaṇa)로 나누어 조음점으로 입술, 경구개, 연구개, 성문 등을 들고 조음부로 폐, 코 등을 들었다. 이러한 고대인도인들의 조음 방식과 조음 위치에 따른 음성 분류는 현대 음성학에서 생리음성학(physiological phonetics), 또는 조음음성학(articulatory phonetics)으로 발전한다.

특히 고대인도 언어학자들의 음성 연구에서 성문(聲門)과 성대(聲帶)의 역할에 대한 업적은 눈부시다고 할 수 있다. 유성음이 성대 진동에 의한 것일 수도 있다고 한 것은 서양에서 17세기에 발표된 W. Hilder의 "Elements of speech"(1669)에서 처음 있었다. 그러나 이때에도 성대 진동과 유성음의 관계를 명확하게 지적하지 못하였고 19세기에 들어와서 이를 분명하게 알게 되었다.

2.2.0.5. 고대인도의 언어학자들은 의미의 단위로서 낱말보다는 문장이 우선함을 주장하였기 때문에 문장 단위의 연접 자질(junction features)과 운율에 대하여 주의를 기울였다. 즉, 그들은 기식군(氣息群, breath group)

을 음성 기술(記述)의 기본 단위로 삼았다. 오늘날과 같은 낱말 단독의 기술은 기본적으로 교육용의 방법이었을 뿐이다.

기식군(氣息群)은 동일한 호기(呼氣)를 끊지 않고 연이어 발음할 수 있는 소리의 연속체(sound sequences)를 말한다. 즉, 담화에서 그 앞과 뒤에 오는 숨의 휴지를 둘 수 있는 발음의 단락을 말한다. 이는 한번 내쉬는 숨 전부를 필요로 하는 경우도 있으나 대부분은 호기의 일부만을 사용한다. 듣는 사람의 이해를 도모하려는 심리적인 이유와 폐에 저장된 공기의 양에 제한되는 생리적인 이유에 의한 것으로 구분된다.

산스크리트어의 정서법은 연결된 담화(discourse)를 기록하는 것이어서 희랍어나 라틴어처럼 독립된 낱말의 연속체는 아니었다. 따라서 문장 안에서 음운의 연결에서 일어나는 전술한 sandhi(saṃdhi, 連聲) 표시는 문장의 의미 전달에 필수 불가결의 요소로 보았다. 따라서 이에 대한 연구가 깊이 있게 이루어졌다.

낱말과 형태소의 연접자질(juncture features)은 기식군(氣息群)에서 처음과 끝에 연결되었으며 모음의 길이, 음절의 양, 성조, 템포(tempo), 억양이 모두 상세하게 고찰되었다. 그리고 이러한 연구의 결과로 연접자질이 관여하지 않은 원형(sphoṭa, 원음)과 연접자질의 실현(dhvani, 실현음)을 나누어 고찰하였다.

원음(sphoṭa)은 실제 발화로 표현되지 않은 불변의 형태를 말하며 실제 언어에서는 실현음(dhvani)으로 실현된다. 실현음(dhvani)은 언어로 실현된 결과로 개인적인 여러 차이가 있을 수 있다. 반면에 원음(sphoṭa)은 실현되지 않은 모든 이에게 공통된 실체(entity)를 말한다. 서양의 언어 연구에서 이러한 문제는 20세기에 들어와서 음운(phone)과 음성(vocal sound)이 구별되어 비로소 음성학(phonetics)과 음운론(phonology)이 구분되었다.

원음(sphoṭ)에는 문장 원음(sentence sphoṭa), 낱말 원음(word sphoṭa), 음성 원음(sound unit, varṇa sphoṭa)이 있다. 이것은 소쉬르(F. de Saussure)의 langue와 parole, 파이크(K. L Pike)의 emic과 etic와 같다.[7] 일반언어학에서는 이

7 'emic'과 'etic'은 Pike의 tagmemics(문법소론)에서 주장된 단위로 emic은 언어 행동을 인간 활동이나 문화 체계 속에서 파악하여 개개의 단위가 구조가 전체 속

를 실질(substance)과 형식(form)으로 구분하기도 한다. 실질은 음의 소재를 말하고 형식은 어떤 개별 언어에서 가용한 음운 결합의 형태(pattern)을 말한다.

이러한 언어의 본질에 관한 논의가 고대인도의 언어 연구에서 매우 깊이 있게 다루어졌다. 음성 원음(varṇa sphoṭa)은 현대 음운론의 음소(phoneme)에 해당된다. 서양언어학에서 형태소(形態素, morpheme)와 형태(morph)가 구별된 것이 19세기 말이었으니 고대인도의 언어 연구가 얼마나 선진적이었나를 알 수 있다.

이러한 고대인도의 언어 연구 이론은 파니니의 <팔장>에 수렴(收斂)되었다. 이제 이에 대하여 좀 더 구체적으로 살펴보기로 한다.

1) 파니니의 〈팔장〉

2.2.1.0. 고대인도에서는 베다(Vedic) 경전의 언어인 산스크리트어를 정확하게 이해하고 올바르게 사용하기 위하여 산스크리트어 문법이 발달하였다. 이 문법 연구는 기원전 수십 세기 전에 편찬된 파니니(Pāṇini, 波儞尼, 波你尼)의『팔장(八章, *Aṣṭādhyāyī*)』으로 대표된다.

전술한 바와 같이 고대인도에서는 산스크리트어와 같은 리그베다(Rig Veda)의 언어를 보존하고 이를 후대에 전하기 위하여 문법을 발전시켰다. 그리고 일찍부터 문법학교를 설립하고 유능한 문법가를 양성하였다. 이때에 연구된 산스크리트어 문법은 불경에서 비가라론(毘伽羅論)이라고 소개되었고 이를 한역(漢譯)하여 '기론(記論)'이라 하였다고 한다(졸고, 2016b).

다음의 2.6.1.3.에서 다시 논의하겠지만 비가라론(毘伽羅論)이 산스크리트어의 'Vyākaraṇa'를 한역(漢譯)한 것이라면 이 산스크리트어의 뜻은 "분석하다"여서 비가라론(毘伽羅論)을 졸저(2019b: 130)에서 '분석문법'이라 한 것은 이 말의 뜻에 근거한 것이다. 즉 비가라론은 문장을 분석

에서 이루는 역할이나 의미의 면에서 기술하는 것을 말한다. 반면에 etic은 언어 행동을 관찰하고 자료를 수집해서 개개의 물리적 특성을 분석하여 기술하는 방법을 말한다. emic에서 보면 한국어의 '안다'와 '다리'의 'ㄷ'은 서로 같은 것이고 etic에서 보면 이 둘의 'ㄷ'은 서로 다르다. 다음의 2.5.3.5. 참조.

하여 가면서 단위의 요소들을 찾아내고 그것을 산스크리트어의 전체 구조 속에서 파악하려 하였다.

그가 저술한 것으로 알려진 <팔장>은 삼천구백여 개의 게송(偈頌)이 갖추어졌고 32개의 말로 이루어졌으며 고금의 문자와 언어에 적용될 수 있다고 한 것은 바로 그가 <팔장>에서 제시한 문법 규칙, 앞에서 언급한 수드라(sūtra)를 말한 것이다. 이 책을 왕에게 진상(進上)하였고 왕은 이를 나라의 문자 교과서로 삼았음을 알 수 있다.

또 파니니가 고향인 사라(娑羅, Śālārura)의 솔도파(窣堵波)에서 그가 편찬한 <팔장>으로 후진을 교육하는 교사였다. 그리고 그 때문에 후대에 그곳에 그의 동상(銅像)이 세워져 있었음도 <대당서역기>에서 증언하고 있다. 또 그가 죽은 후에도 비가라론(毘伽羅論)의 교육은 계속되었으며 또 학교에서는 아동들을 매질까지 하면서 이 기론(記論)을 가르쳤다고 <대당서역기>에 기록되었다(졸고, 2016b).

2.2.1.1. 소위 파니니의 문법이라고 알려진 고대인도의 산스크리트어, 즉 범어문법은 전술한 바와 같이 파니니의 <팔장>의 'Aṣṭādhyāyi'는 'aṣṭā(8)'과 'adhyāyi(section)'가 결합된 서명으로 '팔장(八章)'으로 부른다. 언제 출판되었는지 확인할 수 없는데 현재로서는 기원전 6세기에서 3세기경으로 추정하고 있다. 모두 8장으로 나누어 문장과 문장 형성의 각 단위들이 형성되는 과정을 규칙을 표시하는 수드라(sūtra - 실)로 표시하였다.

여기서 거론된 고대인도의 문법은 각종 한역(漢譯) 불경에서 비가라론(毘伽羅論)으로 소개되었다. <팔장>은 베다(Veda) 경전의 산스크리트어의 음운, 형태, 어형성, 통사, 방언에 대하여 논의한 문법서로 앞에서 밝힌 대로 잠언(箴言, aphorism)의 형식으로 짧게 언급된 규칙(sūtra - '실')으로 설명하였다. 모두 8장 32절로 되었고 3,983개의 규칙을 세워서 이 언어의 음운, 문법의 변화를 정리한 것이다.

이 책은 대략 600~300 B.C.에 편찬된 것으로 보고 있으며(Robins, 1997: 171) 아직 명확한 편찬연대를 밝힌 연구서는 없다. 고려대장경에 포함된『대당자은사삼장법사전(大唐大慈恩寺三藏法師傳)』에서도 이 책의 근원을 알 수 없고 누가 지었는지도 모른다고 하였으며 옛날 번역에 비가라론(毘伽羅論)이라 한 것이 이것이라고 하는 기사가 있다

역시 이 책의 편찬 년대가 분명하지 않았음을 말한 것이다. 또 이 책을 저술한 파니니에 대해서도 별로 알려진 것이 없다. 일찍이 미국에서 공시언어학을 시작한 L. Bloomfield는 파니니의 <팔장>에 대하여 "인간 지성의 이룬 최고의 기념비"(Bloomfield, 1935)라고 극찬하였다. 이 책은 O. Böhtlink에 의하여 처음 독일어로 번역되었고 1887년에 간행되어 서방세계에 알려졌다.

이 책은 원래 산스크리트어를 교육하는 교사들의 참고서였으며 일반인들이 읽을 책은 아니었다. 따라서 본고장에서도 해설서가 뒤를 이었는데 가장 유명한 해설서로는 기원전 2세기경에 인도에서 편찬된 파탄잘리(Pataňjali)의 『대주석(*Mahā-bhāṣya*, great commentary)』이 가장 중요하고 기원 후 7세기경에 다시 집필된 바르트르하리(Bhartṛhari)의 『문장단어론(*Ṽākya Padīya*)』도 넓은 의미에서 <팔장>의 해설서라고 할 수 있다(졸저, 2015:255).

2.2.1.2. 파니니의 <팔장>은 고려대장경의 여러 경전에도 언급되었으며 대체로 '비가라론(毘伽羅論)'이나 이 문법의 음성 연구인 '성명기론(聲明記論)'으로 소개되었다. 불경에서는 이 책을 '바라문서(婆羅門書)'로 불렀으며 한역(漢譯)하여 범서(梵書)라고도 하였다.

<삼장법사전>(권3)의 다음 기사는 파니니의 바라문서와 비가라론(毘伽羅論)에 대하여 다음과 같이 언급하고 있다.[8]

---

8 <삼장법사전>은 원명을 『大唐大慈恩寺三藏法師傳』이라고 하며 당 나라 때 長安 大慈恩寺의 고승, 玄奘법사(602~664 A.D.)에 대한 전기이다. 그는 일찍이 洛陽의 淨土寺에서 출가하여 서기 629년 8월부터 645년 2월까지 17년간에 걸쳐서 西域 지방을 비롯하여 印度 여러 나라들을 순례한 뒤 『大唐西域記』, 12권을 저술하였다. 그는 귀국한 뒤에 譯經에 몰두하여 총 75부 1,338권을 漢譯하였다. 대자은사의 慧立 스님이 현장 스님의 출생부터 인도에서 귀국한 때까지의 이야기를 5권으로 저술해 놓고 미처 편찬하지 못하고 입적하였는데, 그 후에 역시 그의 제자였던 彦悰이 그것을 토대로 그 뒤의 일까지 보충하여 10권으로 완성한 것이 <삼장법사전>이다. 혜립 스님은 664년부터 683년에 걸쳐서 기록하였고, 언종이 이를 편찬한 때는 688년이다.

兼學婆羅門書、印度梵書、名爲記論。其源無始、莫知作者。每於劫初、梵王先說、傳授天人。以是梵王所說、故曰梵書。其言極廣、有百萬頌、卽舊譯云毘伽羅論者是也。然其音不正、若正應云毘耶羯剌諵<音女咸反>、此翻名爲聲明記論、以其廣記諸法能詮故、名聲明記論。昔成劫之初、梵王先說、具百萬頌、後至住劫之初、帝又略爲十萬頌。其後北印度健馱羅國、婆羅門睹羅邑波膩尼仙又略爲八千頌、卽今印度現行者是。近又南印度婆羅門爲南印度王、復略爲二千五百頌。邊鄙諸國多盛流行。印度博學之人、所不遵習。 – [계현법사는] 바라문의 글도 겸하여 배웠다. 인도의 범서(梵書)는 이름을 기론(記論)이라고도 한다.[9] 그 기원과 작자에 대해서는 알지 못하나 겁초(劫初)에[10] 범왕(梵王)[11]이 먼저 천인(天人)에게 전수한 것으로써 범왕이 설했기 때문에 범서라고 한다. 그 글은 매우 광범위하여 백만 송(頌)이나 되며, 구역(舊譯)에 비가라론(毘伽羅論)이라는 것이 바로 이것이다. 그러나 이 [번역의] 음(音)은 바른 것이 아니다. 만약 바르게 말하자면 비야갈라남(毘耶羯剌諵: Vyākaraṇa)이고[12] 중국말로 번역하면 성명기론(聲明記論)이다.[13] 널리 모든 [언어의 문]법을 상세히 기록했으므로 성명기론이라고 이름을 한 것이다. 옛날 성겁(成劫)[14] 초에 범왕이 먼저 설하여 백만 송을 만들었다고 한다. 그 뒤 주겁(住劫) 초에 제석천(帝釋天)이 다시 줄여서 10만 송으로 하였다. 그 뒤 북인도의 건다라국(健馱羅國)의 바라문 도라읍(覩羅邑)에[15] 사는 파니니(波膩尼: Paṇini) 신선이 또 줄여서 8천 송이 되

9 여기서 婆羅門書와 梵書는 梵字를 말하는 것으로 보이지만 내용으로 보아 <팔장>을 말하는 것 같다.

10 劫初란 劫이 만들어진 처음이란 뜻으로, 세계가 형성되던 초기의 시대를 말한다.

11 大梵天王을 말하는 것으로, 사바세계를 지키는 色界 初禪天의 왕이다.

12 毘伽羅論은 산스크리트어의 'Vyākaraṇa - 분석하다'를 한자로 표기한 것이다. 인간의 언어를 분석하여 각 단위별로 어형 변화를 따지는 문법임을 말한다. 이것을 毘伽羅論이라 통칭하였는데 제대로 한자로 번역하여 적으려면 '毘耶羯剌諵'이라 해야 한다는 말이다.

13 중국에서는 梵語와 문법 구조가 다름으로 주로 毘伽羅論의 음성 연구인 聲明記論을 수입하여 聲韻學으로 이용하였다. 따라서 여기서 성명기론은 비가라론을 말한다.

14 불가에서 인정하는 '成住壞空'의 네 가지의 劫을 말하는 것이다. 成劫은 世界가 이루어져서 인류가 살게 된 최초의 시대를 말하고, 住劫은 이 세계가 존재하는 기간을 말하고, 壞劫은 이 세계가 괴멸하는 기간을 말하고, 空劫은 괴겁 다음에 이 세계가 완전히 없어졌을 때부터 다시 다음 성겁에 이르기까지의 中劫을 말한다.

15 <대당서역기>(권3: 92)에 "오탁가한다성(烏鐸迦漢茶城)에서 서북쪽으로 20여리를 가다보면 사라도라읍(娑羅覩邏邑)에 이른다. 이곳은 <聲明論>을 지은 波儞尼 선인이 태어난 곳이다."라는 기사가 있어 娑羅(Śālārura)의 覩邏邑임을 알 수 있다. 여기

었는데, 지금 인도에서 행해지고 있는 것이 바로 이것이다. 근래 또 남인도의 바라문이 남인도의 왕을 위해서 다시 줄여서 2천 5백 송으로 만들었는데, 이것은 주변 여러 나라에서는 많이 유행하고 있다. 그러나 이것은 인도의 박학(博學)한 사람들은 배우지 않는다(<삼장법사전> 권3: 673).

이 기사를 보면 산스크리트어의 문법을 정리한 비가라론(毘伽羅論)이 있었고 이를 기론(記論)으로 한역(漢譯)하였음을 알 수 있다. 이 문법서는 인도 간다라(Gandhara)국 출신의 파니니가 8천개의 규칙을 2친 5백개로 줄여서 설명한 것이라 한다. 여기서 말하는 비가라론은 <팔장>에서 논의한 문법을 말하는 것으로 당시 인도의 유식자들에게도 매우 어려운 이론이었음을 말하고 있다.[16]

앞에서 인용한 기사의 끝 부분의 "남인도의 왕을 위해서 2천 5백송으로 만들었다"는 것은 <팔장>의 문법에 필요한 규칙, 즉 sūtra의 수효를 말하는 것으로 8천 송에서 줄인 것임을 말한다. 아마도 파니니의 <팔장>에 게재한 4천에 가까운 규칙의 sūtra도 여러 차례 수정을 거듭한 것임을 알 수 있다.

2.2.1.3. <팔장>은 산스크리트어의 문법서다. 즉, 이 언어의 동사 활용(活用)과 명사 곡용(曲用) 등 형태론에 의거한 굴절어의 어형 변화에 대하여 설명하였는데 이 가운데 우리와 친숙한 동사의 활용과 명사의 곡용에 대한 것을 소개하면 다음과 같다.

此竝西域音字之本、其支分相助者、復有記論。略經有一千頌。又有八界論八百頌、此中略合字之緣體。此諸記論辯能詮所詮有其兩例、一名底<丁履反>彦多聲、有十八囀、二名蘇漫多聲、有二十四囀。其底彦多聲、於文章壯

서 聲明論은 聲明記論이지만 실제는 毘伽羅論을 말한다. 중국에서는 문법의 毘伽羅論보다 음성 연구의 聲明記論이 더 알려졌기 때문이다.

16 『婆藪槃豆法師傳』(권1: 6)에 "馬鳴菩薩是舍衛國婆枳多土人. 通八分毘伽羅論及四皮陀六論, 解十八部, 三藏文宗學府允儀所歸. — 마명(馬鳴)보살은 사위국(舍衛國) 파지다토(婆枳多土) 사람이다. <팔분비가라론(八分毘伽羅論)>과 <사피타육론(四皮陀六論)>을 통하고 십팔부(十八部)를 해석하니, 삼장(三藏)의 문종학부(文宗學府)가 위의를 갖춰 귀의하다."라는 기사가 있어 <八章>을 '八分'의 毘伽羅論으로 불렀음을 알 수 있다.

麗、處用、於諸汎文。亦少用。- 이 책은 서역(西域) 여러 나라의 음자(音字)의 기본으로 세부를 나누어 도움을 주는 것이며 다시 기론(記論)과 약경(略經)에서 천 개의 규칙이 있다. 또 팔장으로 나누어 논하면서 8백 개의 규칙으로 이 안에서 생략되거나 합해진 글자의 연유와 자체(字体)가 들어있다. 이러한 모든 기론(記論)들을 능동과 수동의 두 가지 예로 나누어 밝혔는데, 그 하나는 디{정리반(丁履反)-디(低, ti) 발음의 반절}언다성(底彦多聲)이라 하여 18변화가 있고, 또 하나는 소만다성(蘇漫多聲)이라 하여 24변화가 있다.[17] 디[ti]언다성은 문장이 장려(壯麗)한 데에 쓰고 여러 일반 문장에는 아주 드물게 사용된다. 그러나 24변화라는 것은 일체 모든 문장에 공동으로 사용되는 것이다(<삼장법사전> 권3).[18]

이 기사는 위에서 소개한 <삼장법사전>의 것에 이어진 것으로 '디언다(底彦多, Tinanta)'성(聲)이란 동사의 활용과 '소반다(蘇漫多, Subanto, '蘇槃多'로 적기도 함)'성(聲)이란 명사의 곡용에 대하여 언급하였다.

디언다성(底彦多聲)이라고 하는 동사의 활용에서는 각기 타동사인 바라스미(般羅颯迷, Parasmai)와 자동사인 아트마니(阿答末泥, Ātmane)로 나누어 각기 9개의 변화가 있어 도합 18 변화가 있음을 제시하였다. 타동사와 자동사에는 각각 3변화가 있고 이들은 다시 단수, 쌍수, 복수의 변화가 있어 모두 9변화가 있다는 설명이다. 그리고 인칭에 따른 동사의 변화도 자세하게 설명하였다.[19]

예를 들면 범어의 수(數, number)에 대하여 일언성(一言聲), 즉 단수(singular)와 양수(兩數, dual), 그리고 다언성(多言聲), 즉 복수(plural)를 구별을 하였고 설자유(說自有)라는 1인칭과, 설타유(說他有)라는 2인칭, 그리고 당체유(當體有)라는 3인칭의 동사 변화를 규칙으로 설명하였다.

디언다(底彦多, Tinanta)성(聲), 즉 동사의 활용에 의한 'Bhavati - 있다.

---

17 底彦多聲은 산스크리트어의 굴절에서 동사의 변화, 즉 活用(conjugation)를 말하고 蘇漫多聲은 명사의 변화, 즉 곡용(declension)을 말한다. 이 언어는 중국어와 달리 굴절어임을 강조한 것이다.

18 필자의 번역으로 한글대장경의 오역을 수정하였다. 이하 같다.

19 이에 대하여『瑜伽師地論』(권15)에 "數를 施設建立한다고 하는 것은 무엇인가? 세 가지 數로 된 聲相의 차별을 말한다. 첫째는 하나의 數(단수)이며, 둘째는 두 가지의 數(양수)이며, 셋째는 많은 數(복수)다. [중략] 聲明處를 설하였다"라고 하여 산스크리트어 명사의 수에 대하여 聲明記論, 여기서는 毘伽羅論으로 밝혀놓았다.

영어의 be'의 세 변화는 다음과 같다.

3인칭 단수 - Bhavati, Bhavataḥ, Bhavanti
2인칭 양수 - Bhavasi, Bhavataḥ, Bhavata
1인칭 복수 - Bhavāmi, Bhavāvaḥ Bhavāmaḥ

소반다(蘇漫多, Subanto)성(聲)이란 명사의 곡용을 말하는데 산스크리트어의 격 체계를 주격, 대격, 구격(具格), 위격(爲格), 종격(從格), 속격(屬格), 어격(於格), 호격(呼格)의 8격으로 나누었고 이에 의한 명사의 변화를 푸루사(布路沙, Puruṣa, 丈夫, 영어의 person)를 예로 하여 설명하였다.

즉, 산스크리트어의 명사에서는 수(numbers)에 의한 곡용이 있어서 전술한 바와 같이 각 명사는 단수, 양수, 복수에 의하여 다음과 같이 격 변화를 한다.

주격 - 布路殺(Puruṣās), 布路筲(Puruṣāu), 布路沙(Puruṣās)
대격 - 布路芰(Puruṣām), 布路筲(Puruṣāu), 布路霜(Puruṣāh)
구격 - 布路鎩拏(Pruṣeṇa), 布路窆(Puruṣābhyām), 布路鎩鞞 혹은 布路鎩呬 (Puruṣāisr)
위격 - 布路廈(Puruṣāya), 布路沙窆(Puruṣābhyām), 布路鎩韵(Puruṣebhyas)
종격 - 布路沙哆(Puruṣāt), 布路鎩窆(Puruṣābhyām), 布路鎩韵(Puruṣebhyas)
속격 - 布路鎩(Puruṣasya), 布路鎩窆(Puruṣayos), 布路鎩諵(Puruṣanam)
어격 - 布路縒(Puruṣe), 布路殺論(Puruṣayos), 布路鎩縐(Puruṣeṣu)
호격 - 系布路殺(he puruṣa), 系布路稍(he puruṣāu), 系布路沙(he puruṣās)

이러한 산스크리트어에서의 격변화를 <팔장>에서 푸루사(布路沙, Puruṣa, person)를 예로 하여 설명하였다. <삼장법사전>에 소개된 <팔장>이 얼마나 상세한 범어의 문법서인가를 말해준다.[20]

언어학사에서 고전 3대 문법서로는 파니니의 <팔장>을 위시하여 기원 전 2세기경 헬레니즘 시대의 드락스(Dionysus Thrax)의 『문법기술(文

20 실제로 어린이에게는 毘伽羅論을 교육하지 못한다는 내용이 경전에 담겨있다. 즉, 『大般涅槃經』(권5: 38)에 "教其半字、而不教誨毘伽羅論。何以故? 以其幼稚、力未堪故。 - 반자만을 가리치고 비가라론은 가르치지 못했다. 나이가 어려서 감당하지 못할까 두려웠던 까닭이다"라는 기사를 참조할 것.

法技術, *Téchnē Grammatikē, Τέχνη γραμματική*)』(Thrax, 2C. B.C.)이나 기원 후 6세기경 Pax Romana 시대에 활약한 프리스키아누스(C. Priscianus, 영문명 Priscian)의『문법교정(文法教程, *Institutiones Grammaticae*)』(Priscian, 6C A.D.)을 들고 있다.

흔히 범어(梵語)문법서, 희랍문법서, 라틴문법서로 부르는 이 세 문법서는 굴절어에서 보이는 문법의 기초를 완성하였다. 본서에서는 파니니의 <팔장>이 알렉산더 대왕이 인도를 침략했을 때에 희랍으로 전파되어 알렉산드리아 학파의 드락스의 Thrax(2C. B.C.)에 영향을 주었고 그것이 로마시대의 프리스키아누스(Priscian, 6C A.D.)을 거쳐 로마의 라틴문법으로, 그리고 중세의 여러 굴절문법으로 퍼져나간 것으로 보았다.

2.2.1.4. <팔장>은 문법의 형태론이나 통사론, 어휘론만을 다룬 것이 아니다. 다른 고전문법서에서 소홀하게 보았던 음성학에 대한 연구가 있었던 것이 가장 큰 특징이라고 할 수 있다. 비가라론(毘伽羅論)에는 성명기론(聲明記論)이란 음운에 관한 연구도 들어있는데 이 가운데 <팔장>이 가장 많이 음성과 음운에 대하여 논의하였다.

파니니는 앞에서 언급한 고대인도의 언어학자들이 언어의 각 단위들이 체계적으로 파악되어야 한다는 생각에 맞추어 2천 3~5백 년 전에 언어의 제 단위를 분석하고 이를 통사론과 형태론, 그리고 음운론으로 설명하였다. 서양 언어학에서 문법에 음운론이 포함되는 전통이 이로부터 시작된 것이다.

<팔장>에서는 언어의 추상적인 단위의 기본형으로 '원형(原形, sthānin)'을 설정하고 여기에 형태음소론적인 변화의 규칙을 적용되면 내적 '연성(連聲, saṃ-dhi, sandhi)'에 의하여 실제 형태인 음성(音聲, dhvani)의 '대용(代用, ādeśa)'으로 전환된다고 보았다. 현대 언어학으로 보면 '형태소(morpheme)'로부터 형태음운론적인 변화에 의하여 실현되는 이형태(allomorph)의 개념과 같다.

음성에서는 음운의 개념인 '원음(原音, sphoṭa)'를 설정하고 오늘날의 음소(phoneme)에 해당하는 '음성 원음(varṇa sphoṭa)'를 인정하였으며 이것

이 여러 음운 규칙이 적용되어 실제로 언어음에 나타나는 것은 '실현음(varṇa dhvani, allophone)'임을 지적하였다.[21]

또 음성은 조음음성학적인 관점에서 기술되었는데 전술한 바와 같이 음성 기술은 첫째 조음과정(processes of articulation), 둘째 분절음(segments), 셋째 음운론적 구조에서 분절음의 조립(syllables)으로 파악하였다. 즉, 변별적 자질, 음운, 음절 단위로 언어음을 인식한 것이다.

먼저 조음 과정을 설명하기 위한 조음기관으로는 전술한 바와 같이 내구강(intra buccal)과 외구강(extra buccal)으로 나누고 외구강은 다시 성문(glottis), 폐(lungs), 비강(nasal cavity)으로 나누어 이들이 발음에 참여한다고 보았다. 이 세 기관에서 언어음의 유성(voiced)과 무성(voiceless), 유기(aspirates)와 무기(non-aspirates), 비음(nasal)과 비비음(non-nasal)의 구별이 이루어진다고 본 것이다.

훈민정음의 예의(例義)와 해례(解例)에서 전청(non-aspirates, voiceless)과 차청(aspirates), 전탁(voiced), 불청불탁(voiced, nasal)으로 구분하여 글자를 제정한 것은 바로 비가라론의 성명기론(聲明記論)에서 구분한 것을 따른 것이다. 성명기론은 중국에 들어가 성운학(聲韻學)의 기초가 되었고 조선에 들어와서 한글의 제정에서 바탕 이론이 되었다.

실제로 산스크리트어에서는 이러한 조음방식의 차이에 의하여 5항의 대립체계를 인정하였는데 순음(脣音)을 예로 하여 /b, p, b^h, p^h, m/의 유성, 무성, 유성유기, 무성유기, 비음의 대립을 인정하였다. 훈민정음에서는 이 가운데 유성유기를 인정하지 않은 4항 체계를 인정하여 동국정운식 한자음 표기에 사용하였다.

예를 들면 아음(牙音), 즉 연구개음(velar sounds)을 예로 하면 /ㄱ(君), ㅋ(快), ㄲ(虯), ㆁ(業)/의 4항, 즉 /k, k^h, g, ng/의 음운 대립을 인정하여 문자를 제자(制字)한 것이다. 아설순치후(牙舌脣齒喉)의 조음위치에서 아음이 맨 앞에 있고 그의 전청(全淸)이 /ㄱ[k]/이어서 한글의 첫 글자가 기역(其役) /ㄱ/인 것이다.

범자(梵字)의 <실담장(悉曇章)>에서도 첫 글자가 /k/로 시작하고 이 문

---

21 산스크리트어의 술어들은 필자가 우리말로 번역하여 보았다. 적절한 번역인지 확신할 수 없어 동학 여러분의 叱正을 기다린다.

자와 성명기론(聲明記論)을 배워서 새로운 문자를 제정한 티베트의 서장(西藏) 문자도 동일하다. 다만 훈민정음과 같이 유성유기음의 /gh/를 인정하지 않아서 문자를 만들지 않았다. 그리고 서장(西藏) 문자를 모방하여 문자를 제정한 원대(元代) 파스파 문자도 /k/가 첫 문자로 제정되었다.

2.2.1.5. <팔장>의 성명기론에서는 조음의 메카니즘에 관여하는 것으로 조음위치와 조음체로 나누어 후자를 '동작체(karaṇa)'라고 하여 혀(tongue)와 아랫입술을 들었고 전자로는 '위치(sthāna)'라고 하여 '이, 잇몸, 경구개, 연구개'를 들었다.[22]

이를 근거로 하여 중국의 성운학에서는 '아(牙), 설(舌), 순(脣), 치(齒), 후(喉)'의 5개 조음 위치를 구분하였고 이 오음(五音)에 반설(半舌)과 반치(半齒)를 추가하여 칠음(七音)으로 분류하였다. 훈민정음에서도 칠음에 맞추어 7개의 조음위치로 나누고 새 문자를 제정하였다.

훈민정음에서 아음(牙音)의 'ㄱ(君字初發聲)'을 첫 글자로 한 것은 지금까지 많은 한국어학자들이 주장한 바와 같이 발음위치의 순서, 즉 가장 깊숙한 곳에서 발음되는 'ㄱ[k, g]'를 우선한 것이 아니라 고대인도 음성학에 근거한 성명기론의 조음 메카니즘(mechanism)에 따른 것이다. 이에 대하여는 다음 제4장에서 자세하게 고찰될 것이다.

내구강에서는 조음 위치로 전(前), 후(後)와 혀끝, 협착의 구분을 인정하여 4등급으로 나눴다. 예를 들면 전구강(前口腔)과 후구강(後口腔)에서 정지음과 비자음이 생성되고 마찰 협착음(狹窄音), 파찰음(破擦音), 반모음 협착음, 비(非) 협착음(모음 등)이 생성된다고 보았다. 현대 음성학에 비하여 전혀 손색이 없는 음성의 분류라 하지 않을 수 없다.

훈민정음의 중성(中聲)에서는 전후(前後) 이외에 중앙의 위치를 인정하여 성심(聲深, 후설, back), 불심불천(不深不淺, 중앙, central), 성천(聲淺, 전설, front)의 3단계로 나누어 'ᆞ, 으, 이'를 기본자로 제정하였다.[23] 서양 음

---

22 현대음성학에서의 조음체(articulator)와 조음점(point of articulation), 또는 조음위치(place of articulation)와 같다.

23 이것을 생성음운론의 위치 자질로 설명하려면 높이 자질에의 [±high, ±low] 표

운론에서 후설(後舌, back) 자질만 인정한 것과 다르다. 중국의 성운학(聲韻學)에서는 모음을 거의 무시한 것에 비하면 이러한 모음의 인식은 범자(梵字)나 실담(悉曇)의 영향임을 알 수 있다.

여기에 원순(round)과 비원순(unround)을 구별하는 '구축(口蹙)'과 '구장(口張)'을 두어 '오, 아, 우, 어'를 제자하고 중성을 조음 방식과 위치로 파악하였다. 그리하여 {해례}『훈민정음(訓民正音)』의 중성해(中聲解)에서는 29개의 모음 글자를 만들어 제시하였다. 역시 이에 대하여는 다음 제4장에서 자세하게 논의할 것이다.

2.2.1.6. 뿐만 아니라 <팔장>에서는 자음과 모음으로 이분(二分)한 것이 아니라 자음을 음절 초(onset)와 음절 말(coda)의 것으로 다시 나누어 3분하였다. 이러한 구분은 바로 한자(漢字)에서 하나의 발음, 즉 한자음을 하나의 음절로 이해하는 중국의 성운학(聲韻學)에서 유용하게 이용되었다.

그리하여 성모(聲母)의 음절 초 자음과 운미(韻尾)가 구분되어 성조의 사성(四聲)에서 입성(入聲)은 폐음절의 음절 말 자음(coda)을 가르치게 되었다. 훈민정음에서 모든 자모를 초성, 중성, 그리고 종성으로 나눈 것을 떠오르게 한다.

이러한 성명기론의 음절의 분석적 이해는 어두(語頭)와 어말(語末)에서 자음의 연성(sandhi)에 따른 음운변화를 이해하였기 때문이다. 더욱이 어말 위치에서 일부 음운의 중화현상도 파악한 것으로 보인다. 훈민정음 <해례본>의 '종성해(終聲解)'에서 "八終聲可足用 – 8개의 종성만으로 족하게 쓸 수 있다"는 어말 위치에서 유기, 성문긴장 자질이 중화됨을 인식한 것이다.

이렇게 음운을 음절 단위로 인식하는 방법은 중국 성운학(聲韻學)에서 크게 발전하였다. 왜냐하면 모든 한자음은 일음절(一音節) 형태로 인식하기 때문이다. 그리하여 비가라론의 성명기론에 입각한 중국 성운학에서는 음절 구조를 다음과 같이 이해하였다.

기처럼 [±back, ±front]와 같이 두 개의 자질을 인정하여 聲深은 [+back, -front], 不深不淺은 [-back, -front], 不淺은 [-back, +front]로 표기해야 할 것이다.

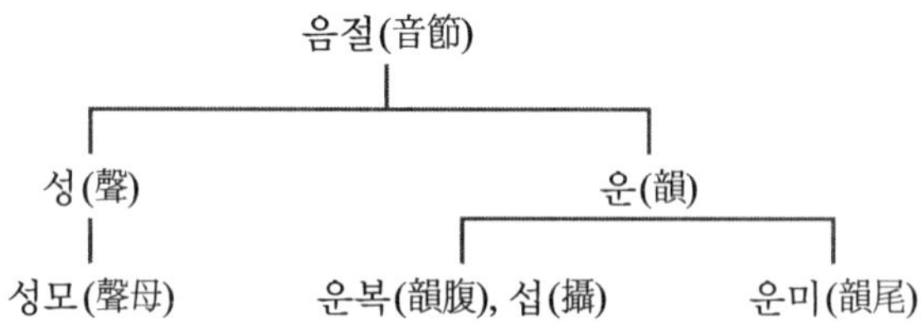

여기서 음절 초(onset), 즉 성모(聲母)의 수효는 흔히 자모(字母)로 불리면서 한 언어에 나타나는 자음(子音)의 음운 숫자로 이해된다. 이것은 <팔장>에서 음절 초 자음으로 36개를 인정하였다. 후일 범자(梵字, Sanskrit)가 실담(悉曇, siddhamātṛkā)으로 변하면서 한 글자가 줄어 35자모가 되었다. 이것이 중국에 들어가 여러 운서(韻書)에서 36자모, 또는 35자모로 나타난다.

세간에 많이 알려진 세종이 최만리(崔萬理)의 반대상소문에 내리는 비답(批答)에서 "[너희가] 사성 칠음으로 분류된 자모의 수효가 몇 개인지 아느냐?(四聲七音字母有幾乎?)"(『세종실록』 권102의 세종 26년 2월 庚子조)라고 반문(反問)한 것처럼 언어의 음운을 이해하는데 자모의 수, 즉 음운의 수효와 이를 칠음(七音)으로 분류하는 것이 매우 중요함을 강조한 것이다.

이에 대하여 파스파 문자를 제정한 티베트의 팍스파[24] 라마(喇嘛)는 성모(聲母), 즉 자모를 36개의 자음(子音)으로 하고 운복(韻腹)의 섭(攝)을 유모(喩母)로 하여 모음자 7개를 만들어 모두 43개의 문자를 보였다.[25] 그러나 당시 한어(漢語)에 존재하지 않은 순경음의 차청(次淸)이 하나 없어졌고 모음 표시의 유모(喩母)가 이중으로 포함되어 한 글자가 줄어서 파스파 문자에서는 실제로 모두 41개의 문자만을 만든 셈이다.[26]

---

24 팍스파는 吐蕃 출신으로 티베트어로 འཕགས་པ་བླ་མ་ (hP'ags-pa)이어서 그에 맞추어 팍스파로 부른다. 다만 그가 제정한 파스파 문자는 문자 명칭의 八思巴가 현대 漢語 한자음이 pha-su-pa여서 파스파로 한다. 착오가 없기를 바란다.

25 元代에 편찬된 盛熙明의 『法書考』와 陶宗儀의 『書史會要』에서 파스파 문자는 43개의 자모라고 하였다.

26 『元史』(권202) 「傳」 89 '釋老八思巴' 조에는 41개의 문자를 제정했다고 명시되었다(졸저, 2009: 178~9).

훈민정음에서는 이를 초성(初聲)으로 보았고 운미(韻尾)의 자음을 종성(終聲)으로 구분하여 초성, 중성, 종성의 3분법을 택한다. 그리고 모두 28개의 자모를 문자화하였다. 파스파 문자에서도 입성(入聲)이 성조를 나타내지 않고 음절 말 자음으로 간주하여 자모 36 가운데 6개만이 입성운미(入聲韻尾)에서 변별적임을 원대(元代) 주종문(朱宗文)의 {증정}『몽고자운(蒙古字韻)』에서 '총괄변화지도(總括變化之圖)'로 밝혀놓았다(졸고, 2012a).

훈민정음에서와 같이 파스파자도 음절 초의 자음(onset)과 음절 말의 자음(coda)을 구별한 것이고 그 근원은 고대인도의 성명기론에서 온 것이다. 졸저(2019a: 100~102)에서 불가(佛家)의 신미(信眉) 대사에 의하여 성명기론(聲明記論)과 실담장(悉曇章)이 도입되어 중국에서 성운학이 발달하였고 이 성운학에서 훈민정음을 초성, 중성, 종성으로 삼분(三分)하고 중성(中聲)을 모음 글자로 만든 것이라고 주장한 것은 {해례}<훈민정음>의 새 문자 제자에 대한 설명에서 이와 같은 성운학을 근거로 하였기 때문이다.

2.2.1.7. <팔장>은 이미 티베트의 서장(西藏) 문자의 제정에서 그 이론이 이용된 바가 있다. 이 문자는 기원 후 650년경에 토번(吐蕃)의 송첸 감포(Srong-btsan sgam-po, 松贊干布) 대왕이 그의 신하(臣下)였던 톤미 아누이브(Thon-mi Anu'ibu)와 함께 16인을 성명기론의 음운론과 문자 연수를 위하여 인도에 파견하였다.

이들은 인도의 판디타 헤리그 셍 게(Pandita lHa'i rigs seng ge) 밑에서 인도의 문법인 비가라론(毘伽羅論)과 음성연구인 성명기론(聲明記論)을 배워서 티베트어에 맞도록 자음(子音) 문자 30개, 모음 기호 4개를 정리하여 티베트 문자, 즉 서장(西藏) 문자를 만들었다고 한다. 이 문자는 현재에도 티베트 등지에서 사용된다.[27]

그러나 티베트 문자를 만든 사람은 톤미 삼보다(Thon-mi Sam-bho-ṭa)라는 주장도 있다(김민수, 1990). 그는 문자만이 아니라 파니니의 문법서인

27 이 西藏 문자의 제정에 대하여는 졸저(2009: 146)에서 살펴보았고 그 글자의 자형과 음가를 설명하였다.

<팔장>을 본 따서 티베트어 문법서 『삼십송(三十頌, Sum-cu-pa)』과 『성입법(性入法, rTags-kyi 'jug-pa)』을 편찬한 인물이다(山口瑞鳳, 1976).[28] 이 일로 인하여 그는 톤미 아누이브를 대신하여 서장(西藏) 문자를 제정한 인물로 알려진 것 같다.

그러나 톤미 삼보다는 9세기경의 인물로 7세기 중반에 활약한 토번(吐蕃)의 송첸감보(松贊干布) 대왕 시대에 활약한 대신(大臣)이 될 수가 없다.[29] 다만 그에 의하여 <팔장>이 티베트 문자의 정서법과 티베트어 연구에 이용되었음을 확인할 수 있다. 훈민정음의 모델이 된 원대(元代)의 파스파 문자는 7세기 중엽에 티베트의 토번(吐蕃) 왕국에서 제정한 티베트 문자, 즉 서장(西藏) 문자를 모델로 한 문자다.

이 서장문자는 오늘날에도 티베트에서 사용되는 표음문자로 매우 과학적인 음절문자로 알려졌다. 주변의 한자(漢字)나 산스크리트문자, 로마자 등과 경쟁해서 살아남은 우수한 문자다. 원(元) 세조(世祖)인 쿠빌라이 칸 시대에 팍스파 라마가 제정한 파스파 문자는 바로 이 서장문자에 근거한 것으로 자형(字形)도 유사하다.

다만 서장문자가 모음자를 별도로 제정하지 않았으나 파스파 문자는 모음자를 유모(喩母)에 속한다고 하였지만 그래도 별도로 7개 모음자를 제정하였다. 훈민정음의 모음으로 제정한 중성(中聲)의 글자들은 기본자 3자와 초출자(初出字) 4자를 합한 7자였는데 이 7자는 파스파 문자의 7개 유모자(喩母字)와 동일하다(졸저, 2009: 261).

2) 비가라론(毘伽羅論)의 전파

2.2.2.0. 앞에서 중국에서 불경의 번역이 유행하였고 또 중국의 고승(高僧)들이 스스로 불경을 찬술하기도 하여 한역(漢譯) 불경과 더불어 이들을 모두 대장경(大藏經)이라 불렀다. 또 이들이 고려대장경에 그대

---

28 톤미 삼보다의 문법은 파니니의 『八章(Aṣṭādhyāyi)』에 맞추어 『八論』으로 되었지만 『三十頌(Sum-cu-pa)』와 『性入法(rTags-kyi 'jug-pa)』, 또는 『添性法』의 2권에 완결되어 전해진다. 내용은 파니니의 <팔장>과 같은 짧은 운문으로 된 티베트어의 문법서다.

29 敦煌 出土의 문헌에는 吐蕃 왕국에 대하여 얼마간의 상세한 大臣이나 官吏의 명단이 있지만 어디에도 톤미 삼보다(Thon-mi Sam-bho-ṭa)의 이름은 보이지 않는다.

로 포함되었다.

이 대장경 가운데는 비가라론(毘伽羅論)이 산스크리트어 'Vyākaraṇa'의 한자(漢字) 표기로 비가라(毘伽羅), 비가라나(毘伽羅那), 비가라남(毘伽羅諵)이란 이름으로 포함되었다. 천축의 승려 축불념(竺佛念)이 한역(漢譯)한 『보살영락본업경(菩薩瓔珞本業經)』(하권)에는 옛 불도(佛道)에서 배워야 하는 십이부경(十二部經)의 하나로 비가라나(毘伽羅那)를 들었다.[30]

그리고 비가라론의 음성 연구인 성명기론(聲明記論)은 성명처(聲明處), 성명(聲明)이란 이름으로 <팔장>의 음성학에서 거론되었는데 이것이 불경에서 적지 않게 소개되었다. 즉, 성명기론이란 성명(聲明)에 대한 비가라론(毘伽羅論)의 연구를 말한다. 비가라론을 '기론(記論)'으로 한역하였으므로 '성명기론'은 성명(聲明)의 비가라론에 의거한 연구를 말한다.

2.2.2.1. 불가(佛家)에서 '성명(聲明)'은 5명(明, pañca-vidyā-sthāna)의 하나로 오명(五明)은 다섯 가지 학문이나 기예를 말한다. 여기서 '명(明, vidyā)'은 배운 것을 분명히 한다는 뜻이다. 보통은 첫째 성명(聲明), 둘째 공교명(工巧明), 셋째 의방명(醫方明), 넷째 인명(因明), 다섯째 내명(內明)으로 나눈다.[31]

『남해기귀내법전(南海寄歸內法傳)』(권4)에 "[전략] 夫聲明者梵云攝拖苾駄, 攝拖是聲 苾駄是明, 卽五明論祉一明也. ― [전략] 대체로 성명을 범어로

---

30 『菩薩瓔珞本業經』(하권)의 "佛子, 光慧信忍, 修習古佛道所謂十二部經, 修多羅、祇夜、毘伽羅那、伽陁、憂陁那、尼陁那、阿波陁那、伊帝目多伽、闍陁伽、毘佛略、阿浮陁達摩、憂波提舍, 以此法度衆生, 光光變通故, 名明地."이란 기사와 『釋摩訶衍論』(1권)의 "所以立名曰: 藏焉也。已說藏差別, 次說經差別。經有幾數幾經? 所攝今摩訶衍論何等經爲依? 頌曰: 摠百洛叉數, 十二部經攝, 修多羅祇夜及毘伽羅那。"의 '毘伽羅那'를 참조할 것.

31 『瑜伽師地論』(권2)의 "何等名五明處? 謂內明處、醫方明處、因明處、聲明處、工業明處. ― 무엇이 오명처인가? '내명처', '인명처', '성명처', '공업명처'를 말하다"라는 기사와 『御製秘藏詮』(권2)의 "瑜伽論云: 一內明處、二因明處、三聲明處、四醫方明處, 五功巧明處、五地初得九地圓滿。― 유가론에 말하기를 '하나는 내명처, 둘은 인명처, 셋은 성명처, 넷은 의방명처, 다섯은 공교명처라 하였으니 오지(五地)에 이를 얻으면 구지(九地)가 원만하다'고 하였다"이란 기사가 있어 역시 다섯 가지의 학문과 기예를 말함을 알 수 있다.

말하기를 '섭타필태'라고 하는데 섭타(攝拖, śabda)는 성(聲)이고 필태(必馱, vidyā)는 명(明)이라고 할 수 있다"라는 기사가 있다. 언어음의 연구라고 할 수 있다.[32]

측천무후(則天武后) 때에 당(唐)에 들어와 활약하던 천축(天竺)의 승려(僧侶) 가섭(迦葉)도 12살에 외도(外道)에 출가하여 바라사라(波羅奢羅)에게서 성명(聲明), 즉 비가라론의 음성학을 배웠다는 기사가 있다. 남인도인으로 60세에 삼장(三藏)을 만나 불교에 귀의한 가섭(迦葉), 즉 보리류지(菩提流志, Bodhiruci, 572~727)는『대보적경(大寶積經)』(1권)의 자서(自序)에서

> 南天竺國淨行婆羅門種, 姓迦葉氏也. 年十有二, 外道出家, 事波羅奢羅, 學聲明、僧佉等論幷曆數、呪術及陰陽等. 年踰耳順, 遽乃心歸, 知外法之乖違, 悟釋敎之深妙, 隱居名嶽, 積習頭陁. 初就耶舍、瞿沙三藏, 學經論, 其後遍遊五天竺國. ㅡ 남 천축국의 정행(淨行)인 바라문의 후예로 성은 가섭이다. 나이가 12살 때에 외도에 출가하여 성명(聲明). 승법(僧法) 등과 더불어 역수(曆數), 주술, 음양 등을 배웠다. 나이가 60을 넘어 마음에 돌아감을 따라 외법(外法)의 틀리고 다름을 알고 부처의 가르침이 심오하고 오묘함을 깨닫게 되었다. 명산에 숨어 지내며 속세의 번뇌를 버리고 불도를 배워 쌓았으며 집에 돌아와 삼장(三藏)을 살피고 경론을 배웠다. 그 후에 다섯 천축국을 돌아다녔다.

이라고 서술하였다. 따라서 그가 어려서는 비가라론의 음성학, 즉 성명(聲明), 또는 성명기론(聲明記論)을 배웠음을 알 수 있다. 이들은 인도의 지식인들에게 필수의 학문이었고 안도에 유학한 수(隋), 당(唐)의 승려들도 이를 모두 학습하였다.

예를 들어 <삼장법사전>에서 당(唐)의 승려 현장(玄奘)은 그의 스승인 계현(戒賢, Śilabhadra, 尸羅跋陀羅) 법사가 성명기론을 배웠다고 적었다. 즉 이 불경에 "[戒賢法師] 兼學婆羅門書、印度梵書, 名爲記論. ㅡ [계현 법사가] 바라문의 책과 인도의 범서(산스크리트 문자)를 배웠는데 이름을

32 『南海寄歸內法傳』은 당나라 義淨 법사가 기원후 670년경에 인도를 비롯하여 南海의 여러 곳을 돌아보고 尸利佛逝國에 머물면서 자신이 순례했던 여러 나라의 견문을 정리한 경전이다.

기론이라 하다"라고 하여 현장의 스승인 계현법사(戒賢法師)가 바라문서(婆羅門書), 즉 기론(記論)을 배웠음을 밝히고 있다. 이때의 '기론'은 바로 비가라론(毘伽羅論)을 말한다.[33]

2.2.2.2. 비가라론이 언급된 불경은 "대반열반경(大般涅槃經), 대승장엄경론(大乘莊嚴經論), 반야등론석(般若燈論釋), 보행왕정론(寶行王正論), 별역잡아함경(別譯雜阿含經), 금칠십론(金七十論), 바수바두법사전(婆藪槃豆法師傳), 일체경음의(一切經音義)" 등이 있고 이 가운데『대반열반경』에 가장 많이 출현한다.[34]

이 외에도 앞에서 거론한『대당대자은사삼장법사전(大唐大慈恩寺三藏法師傳)』과『대당서역기(大唐西域記)』,『남해기귀내법전(南海寄歸內法傳)』에 자세하게 비가라론과 <팔장>, 그리고 이를 저술한 파니니에 대하여 설명하였다. <삼장법사전>과 <대당서역기>는 모두 현장(玄奘)의 서역 여행기를 주된 내용으로 하고 있다.

또 <남해기귀내법전>은 역시 당승(唐僧) 의정(義淨, 635~713)이 인도를 비롯하여 면전(緬甸), 안남(安南) 등을 돌아본 뒤에 시리불서국(尸利佛逝國)에 머물면서 순례했던 나라들에서 견문한 것을 정리한 것이다. 세 경전은 비록 인도에서 저술된 것이 아니고 중국 당(唐)의 고승들이나 그들의 여행기이지만 모두 고려대장경에 포함되어 한반도에 전해졌다.

여기서는 앞에서 언급한 고려대장경의 비가라론(毘伽羅論)과 성명기론(聲明記論), 그리고 <팔장(八章)>과 파니니에 대하여 살펴보고 이를 통하여 파니니의 <팔장>이 어떻게 한반도에 전해졌는지 고찰하고자 한다.

---

33 이에 대하여는『一切經音義』(권23)의 "記論外道卽毗伽羅論是也。"라는 기사를 참조할 것.

34『대반열반경』은 중국의 晉나라 때에 法顯(337~422)이 번역한 <대반열반경>(3권)이 있지만 東晋 때에 활약한 인도의 曇無讖(Dharmarakṣana, 385~433, 曇摩讖, 曇無懺으로도 씀)이 姑藏, 즉 후일의 高昌에서 沮渠蒙遜의 厚待를 받으며 北凉 10년(421)에 <Mahāparinirvāṇa, 摩訶般涅槃那>을 번역한 것을 원본으로 여기는데 이를 北本涅槃經(40권)이라고 부른다. 후에 劉宋 慧觀과 謝靈運이 北本을 참고하면서 다시 번역한 것을 <南本 열반경>(36권)이라고 하는데 본고에서는 北本(40권)을 참고하였다.

2.2.2.3. 먼저 <팔장>의 저자인 파니니(波儞尼, 波你尼, Pāṇini)에 대하여는 앞에서 현장(玄奘)의 <삼장법사전>에 소개되었음을 살펴보았다. 그러나 <대당서역기>에서는 좀 더 구체적으로 언급되었다. 즉, <대당서역기>(권2)에 다음의 기사는 파니니에 대하여 좀 더 많은 사실을 알려준다.

[前略] 毘摩天祠東南行百五十里、至烏鐸迦漢荼城、周二十餘里、南臨信度河、居人富樂、寶貨盈積、諸方珍異、多集於此。烏鐸迦漢荼城西北行二十餘里、至娑羅睹邏邑、是製聲明論波你尼仙本生處也。遂古之初文字繁廣、時經劫壞世界空虛、長壽諸天降靈道俗、由是之故、文籍生焉。自時厥後、其源泛濫、梵王天帝作則隨時、異道諸仙各製文字、人相祖述、競習所傳、學者虛功、難用詳究。

人壽百歲之時、有波你尼仙、生知博物、愍時澆薄、欲削浮僞、删定繁猥、遊方問道、遇自在天、遂申述作之志。自在天曰: 盛矣哉。吾當祐汝。仙人受敎而退。於是研精覃思、採摭群言、作爲字書、備有千頌、頌三十二言矣。究極今古、摠括文言、封以進上、王甚珍異、下令國中、普使傳習、有誦通利、賞千金錢。所以師資傳授、盛行當世。故此邑中、諸婆羅門碩學高才、博物强識。

娑羅睹邏邑中、有窣堵波、羅漢化波你尼仙後進之處。如來去世垂五百年、有大阿羅漢、自迦濕彌羅國遊化至此、乃見梵志捶訓稚童。時、阿羅漢謂梵志曰: 何苦此兒? 梵志曰: 令學聲明論、業不時進。阿羅漢逌爾而笑。老梵志曰: 夫沙門者慈悲爲情、愍傷物類、仁今所笑、願聞其說。阿羅漢曰: 談不容易、恐致深疑、汝頗嘗聞波你尼仙製聲明論、垂訓於世乎? 婆羅門曰: 此邑之子、後進仰德、像設猶在。阿羅漢曰: 今汝此子、卽是彼仙、猶以强識、翫習世典、唯談異論、不究眞理、神智唐捐、流轉未息、尙乘餘善、爲汝愛子。

— [전략] 비마천사(毘摩天祠)에서 동남쪽으로 1백 50리를 가다 보면 오탁가한다성(烏鐸迦漢荼城)에 이르게 된다. 성의 둘레는 20여 리이며 남쪽은 신도하(信度河)에 접해 있다. 성에 사는 사람들은 풍요로우며 재물과 보화가 넘쳐난다. 여러 지방의 진귀한 물건들이 대부분 이곳에 모인다. 오탁가한다성에서 서북쪽으로 20여 리를 가다 보면 사라도라읍(娑羅覩邏邑)에 이른다. 이곳은 「성명론(聲明論)」을 지은 파니니(波儞尼) 선인이 태어난 곳이다. 아주 먼 옛날에는 문자가 아주 많았지만 장구한 세월이 흐른 뒤 세계가 공허하게 황폐해졌다. 장수제천(長壽諸天)이 하늘에서 내려와

사람들을 교화하여 이로 말미암아 문적(文籍)이 생겨나게 되었다. 이 때 이후로 자원(字源)이 범람해지자 범왕(梵王)과 천제(天帝)는 수시로 규칙을 만들었다. 그런데 이도(異道)의 여러 선인(仙人)들이 각기 문자를 만들어내자 사람들은 서로 그 뜻을 서술하고, 앞 다투어 전해진 문자를 익히게 되었다. 그러나 배우는 자가 아무리 노력하여도 그 언어를 쓰고 자세하게 연구해 내는 일은 여간 어렵지 않았다.

한편, 사람들의 수명이 백세가 되었을 때에 파니니 선인이 세상에 났다. 그는 태어날 때부터 세상의 사물에 두루 통하였는데 시대가 경박한 것을 가슴 아프게 생각해서, 근거 없고 거짓된 것은 깎아내고 어지럽게 뒤섞인 것은 삭제하고 정리하여 바로잡고자 하였다. 그리하여 세상을 노닐며 도를 묻다가 자재천을[35] 만나게 되었다. 그가 마침내 술작(述作)의 뜻을 말하자 자재천이 말하였다. "갸륵한 일이다. 나도 마땅히 그대를 도우리라." 선인은 가르침을 받고서 물러갔다. 그리하여 이에 정밀하게 연구하고 깊이 사유하며 모든 언어들을 두루 모아서 선별하였다. 마침내 자서(字書)를 만들었는데 이 책은 천 개의 각 게송이 갖추어져 있으며, 게송은 32개의 말로 이루어져 있다. 고금의 모든 문자와 언어를 살펴서 총괄한 것이다. 그가 이것을 왕에게 진상하자 왕이 매우 진기하게 여겨서 두루 익히고 전할 것을 전국에 명하였다. 그리고 잘 외우고 쉽게 익히는 자에게는 1천 금전을 상으로 내렸다. 스승과 제자 사이에 서로 전수하여 당시에 성행하였다. 그런 까닭에 이 도읍에 사는 모든 바라문들은 학문이 뛰어나고 재주가 비범하였으며 사물에 두루 박식하도록 뛰어났다.

사라도라읍[36] 가운데에 솔도파(窣堵波)가 있는데 나한(羅漢)이 파니니 선인(仙人)의 후진을 교화하던 곳이다. 여래(如來)께서 세상을 떠나신 후 5백 년이 흘러 큰 아라한(阿羅漢)이 나왔는데 가습미라국(迦濕彌羅國)에서 유화(遊化)하다가 이곳에 이르렀다. 그런데 그는 범지(梵志)가[37] 어린 아이를 때리며 훈계하는 것을 보고서 범지에게 물었다. "무슨 까닭에 이 아이를 괴롭히십니까?" 범지가 답하였다. "성명론(聲明論)을 익히게 하였는데 학업이 일정하게 진전되지 않기 때문입니다." 아라한이 빙그레 웃자

35 '자재천'은 大自在天(Maheśvara), 즉 大千世界의 主神. 원래 인도 바라문교의 神으로 만물 창조의 최고의 神을 말한다.

36 한글대장경의 번역문에는 "파라도라읍"으로 잘못 기재되었다.

37 '梵志'는 범어로는 Brahmacārin이며 梵士라고도 쓴다. 淨裔·淨行이라고 번역한다. 바라문의 생활 가운데 4期의 하나로 제1기에 속하며 스승에게 가서 수학하는 동안을 말한다. 梵天의 법을 구하는 사람을 梵志라고 하니 여기서는 수업을 도와주는 助教를 말하는 것으로 보인다.

> 늙은 범지가 말했다. "무릇 사문이란 자비로써 중생을 위하고 만물이 다치는 것을 가슴 아파해야 합니다. 그런데도 그대는 지금 웃고 있으니 그 이유를 설명해 주십시오." 아라한이 말했다. "이야기가 쉽지 않을 것이니 자칫 깊은 의혹에 이르게 될까 두렵습니다. 그대는 일찍이 파니니 선인이 성명론을 지어 세상에 가르침을 남겼다는 이야기를 듣지 않았습니까?"라고 바라문이 답하였다. "이 고을의 아이들은 파니니 선인의 후진이며, 그의 덕을 추앙하여 상(像)을 세웠으니 그것은 지금도 있습니다." 아라한이 말했다. "지금 그대가 때리는 이 아이가 곧 그 선인입니다. 뛰어난 기억력으로 세상의 전적을 반복하여 탐독하였지만 그것은 다만 이론(異論)을 말한 것이었을 뿐 진리를 궁구하지는 못하였으며, 신령스러운 지혜를 헛되이 버려두고 정처 없이 흘러 다니면서 쉬지 못하다가 이제야 다른 선한 일 덕분에 이렇게 그대의 사랑스런 아이가 된 것입니다." [하략].[38]

이 기사에 의하면 파니니는 인도 간다라의 오탁가한다성(烏鐸迦漢茶城, Udakakhāṇda)[39]의 사라도라읍(娑羅覩邏邑)에서 태어났고 어려서부터 박학하여 문자를 배우고 언어를 연구하였으며 자서를 만들었다고 한다. 여기서 '자서(字書)'는 아마도 문법서인 파니니의 <팔장>을 말하는 것으로 보인다.

2.2.2.4. 천 개의 게송(偈頌)이 갖추어졌고 32개의 말로 이루어졌으며 고금의 문자와 언어에 적용될 수 있다고 한 것은 바로 그가 <팔장>에서 제시한 문법 규칙, 앞에서 언급한 수드라(sūtra)를 말한 것이다. 이 책을 왕에게 진상하였고 왕은 이를 나라의 문자 교과서로 삼았음을 알 수 있다.

또 파니니가 고향인 사라(娑羅, Śālārura)의 솔도파(窣堵波)에서 그가 저술한 <팔장>으로 후진을 교육하였고 그곳에 그를 기념하는 동상(銅像)이 있었음도 증언하고 있다. 또 그가 죽은 후에도 비가라론(毘伽羅論)의 교육은 계속되었으며 학교에서는 아동들을 매질까지 하면서 이 비가라론과 성명기론을 가르쳤음을 알 수 있다.

---

38 한글 번역은 한글대장경『대당서역기』(권3: 92~95)를 참고하였다.

39 烏鐸迦漢茶(Udakakhāṇda)는 인더스 강과 카블 강의 합류지점으로 옛날에 信度河의 渡船場으로 유명했다. 주4 참조.

실제로 현대의 서양언어학사에서 파니니(Pānini)에 대하여는 그렇게 많이 언급되지 않았다. 다만 그가 간다라(Gandhara) 사람이며 기원전 5~3세기 사람으로 그의 <팔장>만이 오늘날 전해 와서 고대인도의 음성학이 얼마나 발달되었는가를 알려줄 뿐이라고 하였다(Robins, 1997).

그런데 이『대당서역기』의 위에 소개한 기사를 보면 그의 출생지와 그가 활동한 지역을 분명하게 밝혀놓았다. 그리고 그의 사후에도 <팔장>은 면면하게 교육되었음을 알 수 있다. 그리고 이 책은 알렉산더 대왕이 인도를 침략할 때에 희랍에 전달되어 알렉산드리아 학파의 드락스(Thrax)에 전달되어 희랍문법을 정리하게 된다.

3) 성명기론(聲明記論)과 음성학

2.2.3.0. <삼장법사전>에서 비가라론(毘伽羅論, 毘耶羯刺諵)을 기론(記論)으로 한역(漢譯)하였다. 또 전술한 바와 같이 비가라론(毘伽羅論)은 범어 Vyākaraṇa의 한자 표기로 "분석하다"의 의미를 가져서 졸고(2016b)에서는 분석문법의 뜻으로 이해하였다. 즉, 문장을 분석하여 낱말과 형태, 그리고 음운으로 분석하여 각각 의미와 기능을 밝히는 문법이다.

이에 대하여 성명기론(聲明記論)은 인간의 발화음인 성명(聲明)을 기론(記論), 즉 비가라론의 방법으로 고찰하는 것이니 분석 음운론으로 보아야 할 것이다. 음절을 나누어 분절음, 즉 자음과 모음으로 나누고 이 분절음을 다시 변별적 자질로 나누어 의미 분화의 기능과 역할을 살피는 분야를 성명기론이라고 말한다.

원래 성명기론의 '성명(聲明)'은 전술한 바와 같이 5명(明, pañca-vidyā-sthāna)의 하나로 오명(五明)은 다섯 가지 학문이나 기예를 말한다. 앞에서 소개한 <남해기귀내법전>(권4)에 "[前略] 夫聲明者梵云攝拖苾駄, 攝拖是聲 苾駄是明, 卽五明論祉一明也. − [전략] 대체로 성명을 범어로 말하기를 '섭타필태(攝拖必駄)'라고 하는데 섭타(攝拖, śabda)는 성(聲)이고 필태(必駄)는 명(明)이라고 할 수 있다"라고 하였다.

성(聲)은 섭타(攝拖)의 범어(梵語) 'śabda'를 한자로 번역한 것이며 "인간의 언어음"이고 필태(必駄)의 'vidyā'는 "지식, 학문, 학술"을 말한다. 그러므로 '섭타필태(攝拖必駄)'는 "언어음의 연구"란 뜻이고 성명(聲明)

으로 한역(漢譯)되었고 바로 음성학임을 알 수 있다.

오명(五明)은 다시 내오명(內五明, 불교도로서의 학예)과 외오명(外五明, 세속 일반의 학예)으로 나누고 오명(五明)의 첫째인 성명(聲明)은 언어와 문자를 연구하는 학문으로 내오명에 속한다고 보았다.

오명(五明)의 둘째인 공교명(工巧明)은 모든 기술과 공업, 산수와 책력 등을 밝힌 것이고 셋째인 의방명(醫方明)은 의술을 밝힌 것이며, 넷째의 인명(因明)은 참과 거짓을 분별하는 논리학이었다. 마지막 다섯째의 내명(內明)은 자기 종파의 종지를 밝힌 것으로 불교는 3장 12부교가 내명이다.[40]

2.2.3.1. 『보행왕정론(寶行王正論)』의 「출가정행품(出家正行品)」 제오(第五)에 "如毘伽羅論, 先教學字母, 佛立教如此 約受化根性 - 예를 들면 비가라론으로 먼저 자모를 가르치고 배운다. 불교의 세움이 이러하니 간략하게 근성을 되도록 받아들이다"라는 기사처럼 비기라론을 통하여 먼저 자모, 즉 문자를 배우고 불교의 교리를 배운다고 하여 성명론, 즉 비가라론의 음성 연구는 범자(梵字)를 배우는 불가에서 가장 기초적인 교육이었다.

7세기 중엽에 인도 출신으로 『이구혜보살소문예불법경(離垢慧菩薩所問禮佛法經)』을 한역한 서역의 학승인 나제(那提, Nadii, 한어명 福生)는 성명학(聲明學)에 통달하였으며 그는 『유사자장엄왕보살청문경(唯師子莊嚴王菩薩請問經)』과 『아타나지주경(阿陀那智呪經)』을 한역(漢譯)하였다. 나제(那提)는 당(唐) 고종(高宗) 6년(655)에 장안(長安)으로 왔는데 불경의 경(經), 율(律), 론(論)의 1.500여부를 가져왔다.

나제(那提) 법사(法師)는 황제의 칙명(勅命)으로 현장(玄奘)과 함께 장안(長安)의 대자은사(大慈恩寺)에 거주하면서 불경의 한역에 몰두하였다. 따라서 그가 당(唐)에서 비가라론(毘伽羅論)과 성명학(聲明學) 즉 <팔장>을 전파하였을 것이다. 현장도 성명학을 배웠음은 <대당서역기>의 기사

40 五明에 대하여는 『瑜伽師地論』(권2)의 "何等名五明處? 謂內明處、醫方明處、因明處、聲明處、工業明處."라는 기사와 『御製秘藏詮』(권2)의 "瑜伽論云: 一內明處、二因明處、三聲明處、四醫方明處、五功巧明處、五地初得九地圓滿."이란 기사로 보아 그 순서는 유동적이었음을 알 수 있다.

에서 확인할 수 있다. 다만 성명학은 범자(梵字)의 교육과 관련하여 교육한 것이고 범자의 한 글자 한 글자에 대한 음운론적 연구를 포함한 것이다.

그리하여 이것이 불타(佛陀)의 가르침인가가 문제가 되었다. 즉,『대반열반경』(권5)에서는 부처가 비가라론(毘伽羅論)을 비밀한 지식으로 여겨 이를 숨기고 말하지 않은 것으로 오해하지 말기를 당부하는 다음과 같은 기사가 있다.

> 善男子, 譬如長者唯有一子, 心常憶念憐愛無已, 將詣師所, 欲令受學, 懼不速成, 尋便將還. 以愛念故, 晝夜慇懃教其半字, 而不教誨毘伽羅論, 何以故? 以其幼稚力未堪故. 善男子, 假使長者教半字已, 是兒卽時能得了知毘伽羅論不? 不也. 世尊. 如是長者於是子所, 有秘藏不? 不也. 世尊, 何以故? 以子年幼故. 不爲說不以秘悋, 而不現示. 所以者何? 若有嫉妒秘悋之心, 乃名爲藏. 如來不爾, 云何當言如來秘藏. 佛言: 善哉, 善哉! 善男子, 如汝所言. 若有瞋心、嫉妒、慳悋, 乃名爲藏. 如來無有瞋心、嫉妒, 云何名藏? 善男子, 彼大長者謂如來也. 言一子者謂一切衆生. 如來等視一切衆生, 猶如一子. 教一子者謂聲聞弟子. 半字者謂九部經. 毘伽羅論者, 所謂方等大乘經典. 以諸聲聞無有慧力, 是故如來爲說半字九部經典, 而不爲說毘伽羅論方等大乘. 善男子, 如彼長者子旣長大, 堪任讀學, 若不爲說毘伽羅論, 可名爲藏. 若諸聲聞有堪任力, 能受大乘毘伽羅論, 如來秘惜不爲說者, 可言如來有秘密藏. 如來不爾, 是故如來無有秘藏. 如彼長者教半字已, 次爲演說毘伽羅論. 我亦如是, 爲諸弟子說於半字九部經已, 次爲演說毘伽羅論, 所謂如來常存不變. ㅡ 선남자여, 어떤 장자가 외아들을 두고 항상 사랑하고 그리워서 스승에게 보내어 공부하게 하려다가 빨리 성취하지 못할까 염려하여 도로 데려다가 밤낮으로 반쪽 글자만 가르치고(半字教을 말함. - 필자주) 성명론(聲明論)은 가르치지 못하나니, 나이가 어려서 감당하지 못할까 두려워하는 연고니라. 선남자여, 그 장자가 반쪽 글자만 가르쳐도 그 아들이 능히 성명론을 알 수 있겠느냐?" "그렇지 않습니다. 세존이시여." "그 장자가 아들에게 비밀히 감추는 것이 있겠느냐?" "그렇지 않습니다. 왜냐 하면 아들의 나이가 어려서 말하지 않았을지언정, 아끼느라고 보이지 않는 것은 아니오니, 만일 아끼고 질투하는 마음이 있으면 멈춘다 하려니와, 여래는 그렇지 아니 하옵거늘, 어찌 여래의 비밀한 장이라 말하오리까?" "훌륭하고 훌륭하다. 선남자여, 그대의 말과 같이 미워하고 질투하며 아끼는 마음이 있으면 감춘다 하려니와, 여

> 래는 그런 마음이 없거늘 어찌 감춘다 하겠느냐. 선남자여, 장자는 여래를 비유한 것이, 외아들은 모든 중생을 비유한 것이니, 여래가 모든 중생을 외아들처럼 생각하느니라. 외아들을 가르친다는 것은 성문(聲聞 -성명론을 들은) 제자를 말함이요, 반쪽 글자는 아홉 종류 경전을 말함이요, 성명론이란 것은 방등(方等) 대승경전을 말함이니, 성문들이 지혜가 없으므로 여래가 반쪽 글자인 아홉 종류 경전만을 말하고, 성명론인 방등 대승경전은 말하지 아니하였느니라. 저 장자의 아들이 자라서 글을 배울 만하여도 성명론을 가르치지 않으면 장(藏)이라 하는 것과 같이, 성문들이 대승 성명론을 배울 만한 힘이 있어도 여래가 아끼고 가르치지 않는다면 여래는 비밀한 장이 있다고 말하려니와, 여래는 그렇지 아니하므로 여래는 비밀한 장이 없느니라. 그 장자가 반쪽 글자를 가르치고 다음에 성명론을 말하듯이, 나도 그와 같이 제자들에게 반쪽 글자인 아홉 종류 경전을 말하고, 다음에 성명론을 연설하노니, 그것이 여래가 항상 머물고 변하지 않는다 하는 것이니라(<대반열반경> 권5).

이 기사를 보면 성명학(聲明學)을 석가(釋迦)가 비밀리에 감춰둔 것이 아니고 반쪽 글자론 즉, 반자론(半字論)을 먼저 익힌 다음에 성명론(聲明論)을 말하고자 하였음을 알 수 있다. 반자론은 9부 경전이고 성명론이 대승경전과 같아서 제자들이 지혜가 있으면 성명론을 가르치고 그렇지 않으면 반자론(半字論)을 가르침을 비유적으로 말하고 있다. 여기서 성명학이 범자의 교육인 반자교(半字教)와 관련이 있음을 알 수 있다.

앞에서 살펴본 <대반열반경>의 기사를 보면 성명론에 앞서 배워야 하기 때문에 반자를 먼저 가르친 것이라 하였다. 여기서 반자(半字)란 무엇인가? 불경의 반만이교(半滿二教)는 반만교(半滿教), 또는 반만이자교(半滿二字教)라고도 하는데 반자론(半字論)과 만자론(滿字論)의 교육을 말한다.

반자교는 범자(梵字)의 모음인 마다(摩多)와 자음인 체문(体文)을 하나씩 가르치는 것을 말한다. 반면에 만자교(滿字教)는 체문과 마다가 결합된 음절 문자로서 범자를 가르치는 것이다. 따라서 반자(半字)는 마다와 체문을 각각 따로 이른 것임을 알 수 있다. 반면에 범자(梵字)는 음절 단위로 적히는 실담(悉曇)으로 훈민정음이 이를 본 받아 음절 단위로 우리말을 적은 것이다.

2.2.3.2. 반자론의 반자(半字)란 원래 범어의 산스크리트를 기록한 브라미(Brāhmi) 문자의 자모를 가리키고 만자교의 만자(滿字)는 자모를 합성한 음절문자 실담(悉曇)을 말한다. 비가라론에서 성명학은 글자의 자모를 가르치는 반자교(半字敎)이고 실담장(悉曇章)은 만자교(滿字敎)로서 범자의 교육을 말한다. 즉, 마다(摩多)와 체문(体文)의 교육인 반자교(半字敎)와 만자(滿字)인 실담(悉曇)의 교육인 만자교(滿字敎)를 분간한 것이다.

불가(佛家)에서는 이런 의미를 확대시켜서 반자교를 소승성문(小乘聲聞)의 9부경(九部經)을 말하고 만자교는 대승방등(大乘方等)의 경전을 망라한다고 비유한 것이다. 또 음운론과 문법으로 구별하는 것과 비슷하게 성명기론(聲明記論)은 음운을 연구하고 비가라론(毘伽羅論)은 문법 연구로서 음운의 결합으로 얻어지는 여러 언어 단위들을 연구하는 분야로 보았다.

원래 반자교(半字敎)는 범어 문자의 자모의 교육을 지칭했던 것으로 『대반열반경』(권8)에는 다음과 같은 기사가 있다.

> 迦葉菩薩復白佛言: 世尊云: 何如來說字根本? 佛言: 善男子、說初半字、以爲根本、持諸記論、呪術·文章·諸陰·實法, 凡夫之人學是字本、然後能知是法非法。迦葉菩薩復白佛言: 世尊所言字者、其義云何? 善男子有十四音、名爲字義。所言字者、名曰涅槃。常故不流、若不流者則爲無盡 : 夫無盡者、卽是如來金剛之身、是十四音名曰字本。- 가섭보살이 다시 여쭌 것에 대하여 부처님께서 말씀하셨다. "세존이시여, 어떤 것이 여래께서 말씀하신 글자의 근본입니까?" "선남자야, 처음에 반쪽 글자[半字]를 말하여 근본을 삼아 가지고 모든 언론과 주술과 문장과 5음의 실제 법을 기록하게 하였으므로, 범부들은 이 글자의 근본을 배운 뒤에야 바른 법인지 잘못된 법인지를 알 것이다." "세존이시여, 글자라는 것은 그 뜻이 어떠합니까?" "선남자야, 열네 가지 음을 글자의 뜻이라 이름하고, 그 글자의 뜻을 열반이라 한다. 그것은 항상 있는 것이므로 흘러 변하지 않는다. 만일 흐르지 않는다면 그것은 다함이 없는 것이며, 다함이 없는 것은 곧 여래의 금강 같은 몸이다. 이 열네 가지 음을 글자의 근본이라고 하는 것이다.[41]

41 한글대장경의 역문을 참조하였으나 오역은 수정한 것임.

불경의 이 기사에서 기본자라고 한 14음은 마다(摩多, 모음)의 14음을 말하는 것으로 보인다. 이에 대하여 『대반열반경』(권3)에서 다음과 같이 구체적으로 제시하였다. 즉, "아(噁, a: 짧은 음의 아), 아(阿, ā: 장음의 아), 이(億, i, 짧은 음의 伊), 이(伊, ī, 장음의 이), 우(郁, u: 짧은 음의 憂), 우(憂, ū, 긴 음의 우), 에(咽, e), 애(野, ai), 오(烏, o), 오(炮, ō, 긴 오), 아우(菴, 아마도 ü를 말함인 듯)"을 들었는데 『대반열반경』에서는 모두 11개밖에 찾을 수 없었다. 여기서 기본자라고 한 것은 모두 모음자를 말한다.

즉, 『대반열반경』(권3)에

[是十四音名曰字本] 噁者, 不破壞故. 不破壞者, 名曰三寶. 喩如金剛. 又復噁者, 名不流故. 不流者卽是如來. 如來九孔無所流故. 是故不流. 又無九孔, 是故不流. 不流卽常, 常卽如來. 如來無作. 是故不流. 又復噁者, 名爲功德. 功德者卽是三寶. 是故名噁. 阿者名阿闍梨. 阿闍梨者, 義何謂耶? 於世間中, 得名聖者. 何謂爲聖? 聖名無著, 少欲知足. 亦名淸淨, 能度衆生於三有流, 生死大海. 是名爲聖. 又復阿者, 名曰制度. 修持淨戒, 隨順威儀. 又復阿者, 名依聖人. 應學威儀進止、擧動, 供養、恭敬、禮拜三尊, 孝養父母, 及學大乘. 善男女等具持禁戒, 及諸菩薩摩訶薩等, 是名聖人. 又復阿者,名曰敎誨. 如言汝來, 如是應作, 如是莫作. 若有能遮非威儀法, 是名聖人. 是故名阿. 億者, 卽是佛法, 梵行廣大, 淸淨無垢, 喩如滿月. 汝等如是, 應作不作, 是義 非義, 此是佛說, 此是魔說. 是故名億. 伊者, 佛法微妙甚深,難得如自在天. 大梵天王法, 名自在.若能持者, 則名護法. 又自在者, 名四護世. 是四自在則能攝護大涅槃經. 亦能自在敷揚宣說. 又復伊者, 能爲衆生, 自在說法. 復次, 伊者, 爲自在故, 說何等是也. 所謂修習方等經典. 復次, 伊者,爲 斷嫉妒, 如除稗穢,皆 悉能令變成吉祥. 是故名伊. 郁者, 於諸經中, 最上最勝增長上上. 謂大涅槃. 復次, 郁者, 如來之性. 聲聞、緣覺所未曾聞. 如一切處, 北鬱單越, 最爲殊勝.菩薩若能聽受是經, 於一切衆, 最爲殊勝. 以是義故, 是經得名最上最勝. 是故名郁. 優者, 喩如牛乳諸味中上. 如來之性, 亦復如是, 於諸. 經中最尊最上. 若有誹謗, 當知是人與牛無別. 復次, 優者, 是人名爲無慧正念. 誹謗如來微密秘藏當知是人甚可憐愍, 遠離如來秘密之藏, 說無我法. 是故名優. 咽者, 卽是諸佛法性涅槃. 是故名咽. 野者, 謂如來義. 復次, 野者, 如來進止、屈申、擧動無不利益一切衆生. 是故名野. 烏者, 名煩惱義. 煩惱者名曰諸漏. 如來永斷一切煩惱. 是故名烏. 炮者, 謂大乘義, 於十四音, 是究竟義, 大乘經典, 亦復如是, 於諸經論最爲究竟. 是故名炮. 菴者, 能遮一切諸不淨物於佛法中能捨一切金銀寶物. 是故名菴. 阿者, 名勝乘義. 何以故? 此大乘典大涅

槃經於諸經中最爲殊勝, 是故名阿.

ㅡ[이 열네 가지 음을 글자의 근본이라고 하는 것이다]. 아(噁) [ɑ]는 파괴하지 못하기 때문이니, 파괴하지 못하는 것을 이름하여 삼보라고 한다. 그것은 마치 금강과 같다. 또 '아(噁)'는 흐르지 않기 때문이니 흐르지 않는 것은 여래이다. 여래의 아홉 구멍에는 흐를 것이 없으므로 흐르지 않으며 또 아홉 구멍이 없으므로 흐르지 않는다. 흐르지 않는 것은 항상하고 항상함은 곧 여래이다. 여래는 짓는 것이 없으므로 흐르지 않는다. 또 '아(噁)'는 공덕이라 하니 공덕은 곧 삼보이다. 그러므로 '아(噁)'라고 한다. 아(阿) [ɑ:]는 이름이 아사리(阿闍梨)이다. 아사리란 뜻은 무엇인가? 세간에서 성인이라 하니, 어째서 성인이라 하는가? 성인은 집착이 없으니 욕심이 없어 만족할 줄을 알기 때문에 청정이라고도 한다. 3유(有)에서 흐르는 나고 죽는 바다에서 중생들을 제도하므로 성인이라 한다. 또 '아(阿)'는 제도(制度)라고 하니, 깨끗한 계행을 지키고 위의를 잘 차린다. 또 '아(阿)'는 성인을 의지함이라 하니, 위의와 거동을 배우고 삼보를 공양하고 공경하여 예배하며, 부모에게 효도하고 대승을 배우는 것이다. 선남자·선여인으로 계율을 잘 지키는 이와 보살마하살을 성인이라 한다. 또 '아(阿)'는 가르침이라 이름하니, '너희들은 이런 일은 하고 이런 일은 하지 말라'고 말하고, 위의답지 못한 일을 못하게 하는 이를 성인이라 한다. 그러므로 '아(阿)'라고 한다. 이(億)[i]는 곧 부처님 법이다. 범행(梵行)이 넓고 크고 깨끗하여 때가 없음이 보름달 같다. 너희들은 이런 일은 하고 이런 일은 하지 말며, 이것은 옳은 것이며 이것은 옳지 않은 것이며, 이것은 부처님 말씀이며 이것은 마군의 말이다. 그러므로 이(億)라고 이름한다. 이(伊)[i:]는 부처님 법이 미묘하고 깊어서 얻기 어렵다는 것이다. 마치 자재천과 대범천왕의 법을 자재라고 하는 것과 같으며, 만일 이것을 보호하면 법을 보호한다고 하는 것이다. 또 자재라고 함은 세상을 보호하는 사천왕[四護世]이라 하니, 이 네 가지 자재는 『대반열반경』을 거두어 보호하며, 또 자재하게 선전하고 연설한다. 또 '이'는 자재하기 위하여 말하니, 그것은 방등경전을 닦아 익히는 것이다. 또 '이(伊)'는 질투를 끊으려는 것이니, 돌피를 뽑는 것 같아서 모두 길상한 일로 변하는 것이므로 '이(伊)'라고 한다. 우(郁)[u]는 모든 경전 중에 가장 높고 가장 훌륭하며 자꾸 늘어나는 것이니 곧 대열반이다. 또 '우(郁)'는 여래의 성품이어서 성문이나 연각은 듣지 못하는 것이다. 모든 곳에서 북쪽의 울단월이 가장 훌륭하듯이, 보살이 이 경을 들어 가지면 모든 중생에게 가장 높고 가장 훌륭하므로 '우(郁)'라고 한다. 우(優)[u:]는 마치 우유가 모든

맛 가운데 뛰어난 것이듯 여래의 성품도 그와 같아서 모든 경전 가운데 가장 높고 가장 으뜸이 되며, 만일 비방한다면 이 사람은 소와 다를 것이 없다. 또 '우(優)'는 이 사람을 지혜와 바른 생각이 없는[無慧正念] 이라 이름하며, 여래의 비밀한 법장을 비방하면 이 사람은 매우 불쌍한 것이다. 여래의 비밀한 법장을 떠나고 내가 없다는 법을 말하므로 우(優)라 한다. 에(咽)[e]는 부처님들 법의 성품인 열반이므로 '에(咽)'라고 한다. 아이(嘢)[ai]는 여래라는 뜻이다. 또 '아이(嘢)'는 여래의 나아가고 멈추고 굽히고 펴는 동작으로서 중생을 이익 되게 하지 않음이 없으므로 '아이(嘢)'라고 한다. 오(烏)[o]는 번뇌란 뜻이다. 번뇌는 루(漏)라고 하는 것이니, 여래는 모든 번뇌를 영원히 끊었다. 그래서 '오(烏)'라고 하는 것이다. 오우(炮)[ou]는 대승이란 뜻이다. 14음에서 이것이 나중이 되듯이 대승 경전도 이와 같아서, 모든 경과 논에서 가장 나중이므로 '오우'라고 한다. 에오(菴)[eo,ö]는 모든 부정한 것을 막는 것이다. 부처님 법에서는 온갖 금은과 보물을 버리므로 '에오(菴)'이라 한다. 아(阿)는 훌륭한 법이란 뜻이다. 왜냐하면 이 대승경전인 『대열반경』은 모든 경 가운데 가장 훌륭하므로 '아(阿)'라고 한다.

이를 보면 원래 14자의 모음 글자가 있다고 하였으나 이 불경에서는 첫 글자인 '아(噁, ɑ)'로부터 마지막의 '에오(菴, eo)'까지 모두 12개의 모음밖에 찾을 수가 없다. 오히려 당승(唐僧) 지광(智廣)이 편찬한 『실담자기(悉曇字記)』의 「실담장(悉曇章)」에서 보인 12개의 모음자가 더 알기 쉽다. 이에 대하여는 다음 제4장의 4.2.3.3.과 4.2.3.6.에서 다시 논의될 것이다.

2.2.3.3. 『대반열반경』(권3)에서는 모음의 글자에 이어서 자음의 체문(体文) 36자에 대하여 다음과 같이 언급하였다.

迦者, 於諸衆生,起大慈悲, 生於子想, 如羅睺羅, 作妙上善義. 是故名迦. 佉者, 名非善友. 非善友者, 名爲雜穢. 不信如來秘密之藏. 是故名佉. 伽者, 名藏. 藏者, 卽是如來秘藏, 一切衆生皆有佛性, 是故名. 伽者, 如來常音. 何等名爲如來常音? 所謂如來常住不變. 是故名. 俄者, 一切諸行破壞之相. 是故名俄. 遮者, 卽是修義. 調伏一切諸衆生故, 名爲修義. 是故名遮. 車者, 如來覆蔭一切衆生, 喩如大蓋, 是故名車. 闍者, 是正解脫, 無有老相. 是故名闍. 膳者, 煩惱繁茂,喩如稠林. 是故名膳. 喏者, 是智慧義, 知眞法性, 是故名喏. 咤者, 於閻浮提, 示現半身而演說法, 喩如半月, 是故名咤. 侘者, 法身具足, 喩如滿月, 是故名侘. 茶者, 是愚癡僧, 不知常與無常, 喩如小兒. 是故名茶. 祖者, 不知師恩, 喩如羝羊. 是故名祖. 拏者, 非是聖義, 喩如外道. 是故名拏. 多者, 如來於彼告諸比丘, 宜離驚畏, 當爲汝等說微妙法. 是故名多. 他者, 名愚癡義, 衆生流轉生死纏裹, 如蠶蜣蜋. 是故名他. 陁者, 名曰大施, 所謂大乘. 是故名陁. 彈者, 稱讚功德, 所謂三寶, 如須彌山高峻廣大, 無有傾倒, 是故名彈. 那者, 三寶安住, 無有傾動, 喩如門閫, 是故名那. 波者, 名顚倒義, 若言: 三寶悉皆滅盡, 當知是人爲自疑惑, 是故名波. 頗者, 是世閒災, 若言: 世閒災起之時, 三寶亦盡. 當知是人愚癡無智, 違失聖旨, 是故名頗. 婆者, 名佛十力, 是故名婆. 滼者, 名爲重檐. 堪任荷負無上正法, 當知是人是大菩薩, 是故名滼. 摩者, 是諸菩薩嚴峻制度, 所謂大乘大般涅槃, 是故名摩. 蛇者, 是諸菩薩在在處處, 爲諸衆生說大乘法. 是故名蛇. 囉者, 能壞貪欲、瞋恚、愚癡, 說眞實法, 是故名囉. 羅者, 名聲聞乘. 動轉不住, 大乘安固無有傾動. 捨聲聞乘, 精勤修習無上大乘, 是故名羅. 和者, 如來世尊爲諸衆生雨大法雨. 所謂世閒呪術、經書, 是故名和. 奢者, 遠離三箭. 是故名奢. 沙者, 名具足義. 若能聽是大涅槃經, 則爲已得聞持一切大乘經典, 是故名沙. 娑者, 爲諸衆生演說正法, 令心歡喜, 是故名娑. 呵者名心歡喜奇哉世尊離一切行, 怪哉! 如來入般涅槃, 是故名呵. 睆[42]者, 名曰魔義. 無量諸魔不能毁壞如來秘藏, 是故名睆.

— '가(迦)'는 모든 중생들에게 대자대비를 일으키는 것이다. 아들이란 생각 내기를 라후라(羅睺羅)와 같이하여, 묘하고 선한 뜻을 지으므로 '가(迦, ka)'라고 한다. '카(佉)'는 착하지 않은 벗이라 한다. 착하지 않은 벗은 잡되고 더러움을 이르며 여래의 비밀한 법장을 믿지 않으므로 '카(佉 kha)'라고 한다. 'ㅺ(伽)'는 장(藏)이라 이름한다. 장은 여래의 비밀한 장을 말한다. 모든 중생이 모두 불성이 있으므로 'ㅺ(伽, ga)'라고 한다. 'ᇧ하(恒)'는[43] 여래의 항상한 음이다. 무엇을 여래의 항상한 음이라 하는가? 여래는 항상 머물고 변하지 않으므로 'ᇧ하(恒, gha)'라고 한다. '아(俄)'는 온갖 행을 파괴하는 모양이다. 그러므로 '아(俄, nga)'라고 한다.

'자(遮)'는 곧 닦는다는 뜻이다. 모든 중생들을 조복하는 것을 닦는다 하며 그러므로 '자(遮, ca)'라고 한다. '차(車)'는 여래가 모든 중생들을 가

42 '睆'은 고려대장경 연구소에서 제공하는 정자본『대반열반경』에는 나오지 않는다. 한글대장경에서 찾은 것인데 한글대장경의 한자는 오자가 많아서 이것도 믿을 수가 없다.

43 이 한자는 고려대장경 연구소에서 제공하는 정자본『대반열반경』에는 나오지 않는다. 한글대장경에서 찾은 것인데 한글대장경의 한자는 오자가 많아서 이것도 믿을 수가 없다.

려 주는 것이다. 비유하면 큰 일산과 같으므로 '차(車, cha)'라고 한다. 'ᅏᅡ(闍)'는 곧 바른 해탈로서 늙는 모양이 없으므로 'ᅏᅡ(闍, ja)'라고 한다. 'ᅏᅳ하(膳)'는 번뇌가 성한 것이다. 빽빽한 숲과 같으므로 'ᅏᅳ하(膳, jha)'라고 한다. '냐(喏)'는 지혜라는 뜻이다. 참된 법의 성품을 알므로 '냐(喏, ɲa)'라고 한다.

'다(咤)'는 염부제에서 몸을 반쯤 나타내고 법을 연설하는 것이다. 반달과 같으므로 '다(咤, ta)'라고 한다. '타(侘)'는 법신이 구족한 것이다. 보름달과 같으므로 '타(侘, tha)'라고 한다. 'ᅋᅡ(荼)'는 어리석은 승려이다. 항상함과 무상함을 알지 못하는 것이 어린아이와 같으므로 'ᅋᅡ(荼, da)'라고 한다. 'ᅋᅳ하(袓)'는 스승의 은혜를 알지 못하는 것이다. 마치 숫양[羝羊]과 같으므로 'ᅋᅳ하(袓, dha)'라고 한다. '나(拏)'는 성인이 아니라는 뜻이다. 마치 외도와 같으므로 '나(拏, na)'라고 한다.

'다(多)'는[44] 여래가 저기에서 비구들에게 말하기를 "두려움을 떠나라. 너희들에게 미묘한 법을 말하겠다"라고 하므로 '다(多, ţa)라고 한다. '타(他)'는 어리석다는 뜻이다. 중생들이 생사에서 헤매기를 자기의 실로 몸을 얽는 누에와 같으므로 '타(他, ţha)'라고 한다. 'ᅋᅡ(陁)'는 크게 베풂이다. 이른바 대승이다. 그러므로 'ᅋᅡ(陁, ḑa)'라고 한다. 'ᅋᅳ하(彈)'는 공덕을 칭찬함이다. 이른바 삼보가 수미산처럼 높고 가파르고 커서 뒤바뀌지 않으므로 'ᅋᅳ하(彈, ḑha)'라고 한다. '나(那)'는 삼보가 편안히 머물러 기울어지지 않는 것이 문지방과 같으므로 '나(那, ņa)'라고 한다.

'바(波)'는 뒤바뀌었다는 뜻이다. 만일 삼보가 모두 없어졌다고 말하면 이 사람은 스스로 의혹하는 것이므로 '바(波, pa)'라고 한다. '파(頗)'는 세간의 재앙이다. 만일 세간의 재앙이 일어날 때에는 삼보도 끝난다고 말하면 이 사람은 어리석고 지혜가 없어 성인의 뜻을 어기는 것이므로 '파(頗, pha)'라고 한다. 'ᅑᅡ(婆)'는 부처님의 열 가지 힘[十力]을 이르는 것이다. 그러므로 'ᅑᅡ(婆, ba)'라고 한다. 'ᅑᅳ하(滼)'는 무거운 짐이다. 위없는 바른 법을 짊어질 수 있으며 이 사람이 대보살임을 알아야 한다. 그러므로 'ᅑᅳ하(滼, bha)'라고 한다. '마(摩)'는 보살들의 엄숙한 제도이다. 대승의 대반열반이므로 '마(摩, ma)'라고 한다.

'야(蛇)'는 보살들이 간 데마다 중생들을 위하여 대승법을 말하는 것이므로 '야(蛇, ya)'라고 한다. '라(囉)'는 탐욕·성냄·어리석음을 깨뜨리고 진실한 법을 말하므로 '라(囉, ra)'라고 한다. '라(羅)'는 성문승이 흔들리고

44 이 梵語의 발음은 한국어에서는 찾을 수 없다. [']를 붙여 그 음이 다름을 표시한다. 즉 "'ㄷ. 'ㅌ, 'ㅉ, 'ㄴ"와 같이 표음하였다.

머물러 있지 않으며, 대승이 편안하여 흔들리지 않는다. 그러므로 성문승을 버리고 위없는 대승을 부지런히 닦으므로 '라(羅, lɑ)'라고 한다. '화(和)'는 여래 세존께서 중생들에게 큰 법의 비를 내림이라 하니, 세간의 주문·술법의 경전이 그것이다. 그러므로 '화(和, vɑ)'라고 한다.

'사(奢)'는 세 가지 화살을 멀리 떠남이다. 그러므로 '사(奢, sa)'라고 한다. '스하(沙)'는 구족하다는 뜻이다. 이 『대열반경』을 들으면 곧 온갖 대승 경전을 듣고 지니는 것이므로 '스하(沙, shɑ)'라고 한다. '샤(娑)'는 중생들을 위하여 바른 법을 연설하며 마음을 즐겁게 함이다. 그러므로 '샤(娑, ʂa)'라고 한다. 'ᅇᅡ(呵)'는 마음이 즐거움이다. 신기하게 세존께서는 온갖 행을 떠났고, 특이하게 여래께서는 열반에 드시므로 'ᅇᅡ(呵, ɤa)'라고 한다.[45] 'ᅙ하(睆)'는 마군이란 뜻이다. 한량없는 마군들도 여래의 비밀한 법장을 깨뜨리지 못하므로 'ᅙ하(睆, ɤha)'이라고 한다.

이 기사에서 아(噁) 모음과 연결된 음절 문자로 '가(迦, ka)~ᅙ하(睆, ɤha)'의 36자를 들었다. 역시 여기서도 몇 글자가 빠져서 당승(唐僧) 지광(智廣)이 편찬한 『실담자기(悉曇字記)』의 <실담장(悉曇章)>에서 보인 체문의 35자가 더 분명할 것이다. 이에 대하여도 제4장의 4.2.3.3.~4.과 4.2.3.6.에서 자세하게 논의될 것이다.

2.2.3.4. 기원 전 4, 3세기경에 불타(佛陀), 즉 석가모니(釋迦牟尼, Śakyamuni)가 활동하던 시기에 어떤 언어가 사용되었는지는 아직 결론이 없고 여러 학설이 분분하다. 다만 불타가 베다(Vedic) 경전의 언어만이 아니라 교리의 포교를 위하여 많은 언어를 수용한 것은 틀림이 없는 것 같다. 따라서 순수한 베다 경전의 산스크리트어와 여러 방언을 수용한 불교 범어는 산스크리트어, 즉 원래의 범어(梵語)와 구별되어야 한다.[46]

불교에서 사용한 범어를 불교혼효범어(Buddhist Hybrid Sanskrit)라고 부르는 이유가 여기에 있다. 당시 석가(釋迦)가 태어난 가비라성(迦毘羅城)

45 이 발음도 우리말에 없다. 음성기호 [ɤ] 음이어서 [ㆁ]로 [ㅇ]를 붙여 표시한다.

46 釋迦가 활동하던 시기에 가장 강력한 언어로는 Māgadhī語가 있었다. 이 말과 주변의 방언을 조합하여 만든 Ardha-Māgadī(半마가디어)는 일종의 인공 언어였으며 당시 불교와 경쟁하던 자이나교의 Mahāvīra는 분명히 半마가디어를 사용하였다고 학계가 인정한다. 佛陀, 즉 釋迦도 이 언어를 사용하였을 것이라는 학설이 설득력을 얻고 있다.

과 그가 활동한 갠지스 강 유역에서 널리 사용되던 마가디어(Māgadhī), 그리고 그곳 주변의 방언을 이 마가디어에 융합시킨 반(半) 마가디어(Ardha-Māgadhī)가 불타를 비롯하여 그의 제자들이 사용한 언어로 추정된다.

이 언어는 현존하는 문헌이 없어서 이 인공어가 불타가 사용한 성어(聖語, lingua sacra)라는 주장과 불타의 설법은 여러 방언으로 번역된 것이라는 주장이 서로 대립하고 있어서 현재로는 확인하기 어렵다.

석가(釋迦)가 활동하던 시기에 이 지역에서 사용되던 문자는 브라미(Brāhmi) 문자였다.[47] 실담(悉曇)은 후대에 이 문자에서 발달한 것이다. 중국과 한국, 일본에 전달된 진언(眞言) 불경은 모두 브라미, 즉 범자(梵字)로부터 발달한 실담(悉曇) 문자로 기록된 것이다.

2.2.3.5. 범자(梵字)라고 불리는 브라미(Brāhmi) 문자에서 모음은 14자로 구분하였다. 졸고(2016b)에서는 <대반열반경>에서 글자의 근본이 14자의 모음자임을 석가(釋迦)의 설법으로 설명되었다고 보았다.

즉, 전술한 바와 같이 <대반열반경>(권8) 「문자품(文字品)」에서 불타(佛陀)와 가섭(迦葉) 보살과의 대화에서 14자가 글자의 근본이라면서 이 글자들에 대하여 자세하게 설명하였다. <대반열반경>에서 소개된 이에 대한 기사는 이미 앞에서 전문을 인용하고 우리말로 풀이하여 소개하였는데 이를 다시 정리하면 다음과 같다.

즉, "아(噁, a, 단음), 아(阿, ā, 장음), 이(億, i, 단음), 이(伊, ī, 장음), 우(郁, u, 단음), 우(憂, ū, 장음), 에(咽, e), 애(嘢, æ), 오(烏, o, 단음), 오(炮, ō, 장음), 에오(菴, 아마도 ö를 말함인 듯), 아(俄 ä)"을 들고 <대반열반경>에서는 모두 12개밖에 찾을 수 없었다고 하였다(졸저, 2019b: 157). 아마도 2개의 모음 글자는 이 불경에서 누락된 것으로 보인다.

<대반열반경>에서는 모음에 이어서 자음으로 '迦[ka], 佉[kha], 伽[ga], 呿[gha], 俄(nga)'로부터 "遮[ca], 車[cha], 闍[ja], 膳[jha], 喏[ɲa]"와 "咤[ta], 侘[tha], 茶[da], 祖[dha], 拏[na]", 그리고 "多[ṭa], 他[ṭha], 陁[ḍa],

47 브라미(Brāhmi) 문자와 이로부터 발달한 데바나가리(Devanagari) 문자에 대하여는 졸저(2012: 25~26)에서 카로스티(Kharoṣṭhī) 문자와 더불어 소개되었다.

彈[ḍha], 那[ṇa]" 및 "波[pa], 頗[pha], 婆[ba], 滼[bha], 摩[ma]"에 이어서 "奢[ṣa], 沙[ṣha], 娑[ẓa], 蛇[ẓha], 囉[ra], 羅[la], 和[va], 呵[ɤa], 睆[ɤha]"의 34개 자음자를 소개하였다. 여기서도 2자는 누락되었을 것이다.

앞에서 소개한 <대반열반경>(권8) 「문자품」에서 범자(梵字)에는 연구개음(velar)의 '迦[ka], 佉[kha], 伽[ga], 呿[gha], 俄(nga)'로부터 경구개음(palatal)의 "遮[ca], 車[cha], 闍[ja], 膳[jha], 喏[ɲa]", 치경음(alveolar)의 "吒[ta], 侘[tha], 荼[da], 袒[dha], 拏[na]", 치음(dental)의 "多[t̪a], 他[t̪ha], 陁[ḍa], 彈[ḍha], 那[n̪a]", 양순음(bilabial)의 "波[pa], 頗[pha], 婆[ba], 滼[bha], 摩[ma]"가 있었음을 밝혔다.

그리고 구강공명음을 수반하는 '倻[ya] 囉[ra], 羅[la], 和[va], 呵[ɤa], 睆[ɤha]'와 경구개권설음(palatal-retroflex)의 '奢[ṣa], 沙[ṣha], 娑[ẓa]'를 더 추가하였다. 그런데 아마도 여기에서도 '賖[ẓha]'와 '鎩[ɮa]'가 빠진 듯하다. 필자가 참고한 <대반열반경>은 고려대장경 연구소에서 제공한 것인데 많은 오자(誤字)와 탈자(脫字)가 있어 혼란을 주는 자료여서 확인하기 어렵다.

이렇게 소개된 36자를 정리하면 다음과 같다.

① 迦[ka], 佉[kha], 伽[ga], 呿[gha], 俄[nga]
② 遮[ca], 車[cha], 闍[ja], 膳[jha], 喏[ɲa]
③ 吒[ta], 侘[tha], 荼[da], 袒[dha], 拏[ṅa]
④ 多[t̪a], 他[t̪ha], 陁[ḍa], 彈[ḍha], 那[n̪a]
⑤ 波[pa], 頗[pha], 婆[ba], 滼[bha], 摩[ma]
⑥ 奢[ṣa], 沙[ṣha], 娑[ẓa], 賖[ẓha], 鎩[ɮa]
⑦ 倻[ya], 囉[ra], 羅[la], 和[va], 呵[ɤa], 睆[ɤha]

이것은 아마도 연구개(velar) 정지음(stops)의 [k, kh, g, gh, ng]로 시작하여 경구개파찰음(palatal-africative) [c, ch, j, jh, ɲ], 그리고 치경(alveolar) 정지음 [t, th, d, dh, n], 순치정지음(dental-stop) [t̪, t̪h, ḍ, ḍh, n̪], 순음(bilabial stop) [p, b, ph, bh, m], 경구개 마찰음(palatal-fricative) [s, sh, z, zh, lz], 그리고 반모음(semi-vowel) [y, w], 유음(liquid) [r, l], 유성 순치마찰음 [v], 성문음(glottal) [ɤ, ɤh]의 순서로 /아[ɑ]/와 결합된 음절들을 보여준 것 같다.

또 이들은 중국의 성운학(聲韻學)에서 아음(牙音), 설음(舌音), 치음(齒音), 순음(脣音), 후음(喉音)의 오음(五音)으로 분류된다. 그리고 전청(全淸), 차청(次淸), 전탁(全濁), 불청불탁(不淸不濁)의 사성(四聲)으로 다시 분류하게 되지만 한어(漢語)에 없는 [gh, jh, dh, bh, zh]는 이러한 분류에서 빠질 수밖에 없게 되었다.

2.2.3.6. 특히 유음(流音, liquid)에 대하여는 이 경전에서 다음과 같이 언급하였다.

> 魯、流、盧、樓如是四字, 說有四義.謂佛、法、僧及以對法.言對法者, 隨順世間, 如調婆達, 示現壞僧, 化作種種形貌色像, 爲制戒故。智者了達不應於此, 而生畏怖, 是名隨順世閒之行,以是故名魯、流、盧、樓。吸氣, 舌根隨鼻之聲。長短超聲, 隨音解義。皆因舌齒, 而有差別。如是字義能令衆生, 口業淸淨. 衆生佛性則不如是假於文字, 然後淸淨. 何以故? 性本淨故。雖復處在陰界入中, 則不同於陰入界也, 是故衆生悉應歸依諸菩薩等。以佛性故, 等視衆生,無有差別。是故半字於諸經書、記論、文章而爲根本。
>
> ― 로(魯, r^1)·류(流, r^2)·려(盧, l^1)·루(樓, l^2)의 네 글자는 네 가지 뜻이 있으니, 이른바 부처님·교법·승가와 대법(對法)이다. 대법이라 함은 조파달(調婆達)이 일부러 승단을 파괴하며 가지가지 형상을 변화시킴과 같은 것이다. 이는 계율을 제정하기 위한 것이므로 지혜 있는 이는 그렇게 알고 두려운 생각을 내지 말아야 한다. 이것은 세상을 따르는 행이다. 그러므로 르(魯)·르(流)·르(盧)·르(樓)라고 한다. 숨을 들이키는 소리[吸氣]는 혀의 뿌리가 코를 따르는 소리이다. 긴 소리·짧은 소리·두드러진 소리 따위로 음에 따라서 뜻을 해석하는 것이 모두 혀와 이로 인하여 차별이 있다. 이런 글자들이 중생의 구업(口業)을 깨끗하게 한다. 중생의 불성은 그렇지 않아서 문자를 빌린 뒤에야 깨끗해지는 것이 아니다. 왜냐하면 성품이 본래 깨끗한 것이므로 비록 5음·6입·18계에 있더라도 5음·6입·18계와 같지 않다. 그러므로 중생들은 모두 귀의하여야 하며, 보살들도 불성의 인연으로 중생들을 평등하게 보고 차별하지 않는다. 그러므로 반쪽 글자[半字]가 모든 경서(經書)와 기론(記論)과 문장의 근본이 된다.

이 기사에 의하면 유음(流音, liquid)의 /r, l/에 대하여 다른 자음과 구별하였음을 알 수 있다.

그리고 앞의 기사에 계속해서 "魯·流·盧·樓如是四字、說有四義。謂佛·法·僧及以對法。[中略] 吸氣舌根隨鼻之聲。長短超聲、隨音解義。皆因舌齒、而有差別。如是字義能令衆生、口業淸淨。衆生佛性則不如是假於文字、然後淸淨。ㅡ 로, 류, 로, 루의 네 글자는 네 가지 뜻을 말하는 것이니 이른바 부처, 교법, 승가와 대법이다. [중략] 숨을 들이키는 소리[吸氣]는 혀의 뿌리가 코를 따르는 소리이다. 긴 소리, 짧은 소리, 두드러진 소리 따위로 음에 따라서 뜻을 해석하는 것이 모두 혀와 이로 인하여 차별이 생긴다. 이런 글자의 뜻들이 중생의 구업(口業, 발화를 말함)을 깨끗하게 한다. 중생의 불성은 그렇지 않아서 문자를 빌린 뒤에야 깨끗해지는 것이다."라 하여 설근(舌根), 즉 혀의 뒷부분에서 나는 소리임을 밝혀놓았다.

이러한 <대반열반경>의 음운에 대한 설명은 현대 조음음성학에 비추어 전혀 손색이 없는 설명이다. 그리하여 모음(母音)과 자음(子音), 그리고 유음(流音)을 구별하여 음성학적 특징을 종교적인 해설을 곁들여 설명하였다. 현대의 조음음성학에서도 이러한 구별은 면면하게 계속된다.

위의 설명은 범자(梵字)의 하나하나를 반자(半字)로 하고 이를 먼저 교육한 다음에 자음과 모음의 결합인 음절문자의 범자를 교육하려는 것이다. 불경에 자주 등장하는 만자교(滿字教)는 자음과 모음을 연결하여 만든 만자(滿字), 즉 실담(悉曇)의 교육임을 알 수 있다. 비록 범자(梵字)의 교육에 필요한 반자(半字)에 대한 설명이었지만 이것이 중국에 들어와서 반절법(反切法)으로 대치되어 성운학(聲韻學)의 근간이 되었고 결국은 한글 창제에도 영향을 끼치게 된다.

2.2.3.7. 산스크리트어의 문법서인 비가라론(毘伽羅論)과 그의 음성학인 성명기론(聲明記論)은 불가(佛家)에서 외지(外智)에 속하는 것으로 본다. 외지(bāhyaṃ jnanam)는 외도(外道)의 지식이란 뜻으로 불법 이외의 사법(邪法)에서 얻은 지식을 말한다.

세친(世親)과[48] 관계가 있는 『금칠십론(金七十論)』에 "何者名爲智? 智有

---

48 世親은 唯識學 분야의 많은 저술을 남긴 佛僧 婆藪槃豆(Vasubandhu)를 말한다.

二種: 一外智, 二內智。外智者, 六皮陁分: 一式叉論, 二毘伽羅論, 三劫波論, 四樹底張履及論, 五闡陁論, 六尼祿多論。此六處智名爲外。 - 무엇이 지식인가? 지식에는 두 종류가 있는데 하나는 외지(外智)요 둘은 내지(內智)다. 외지란 여섯의 피타경(皮陁經), 즉 베다(Vedic) 경전을 이해하는 데 보조적인 학문으로 여섯 가지가 있다. 첫째는 식차론(式叉論), 둘째는 비가라론, 셋째는 겁파론(劫波論), 넷째는 수저장리급론(樹底張履及論), 다섯째는 천타론(闡陁論), 여섯째는 니록다론(尼祿多論)이다. 이 여섯을 외지라 한다."라고 하여 비가라론이 베다 경전을 이해하는 여섯 개의 보조 학문의 하나임을 말하고 있다.

이 기사로 보면 비가라론은 바라문의 베다(Veda) 경전과 불경을 이해하기 위하여 배우는 기본 지식이었음을 알 수 있다. 이렇게 기초지식인 비가라론과 성명학은 <팔장>으로 대표되며 고려대장경을 통하여 한반도에 수입되었다고 보는 것은 전혀 무리가 없는 추론이다. 서양 문법론에서 음운론을 형태론과 통사론에 덧붙여 삼부로 하는 것이 이로부터 연원(淵源)이 된 것이다.

이러한 불가의 범어 문법론, 즉 비가라론(毘伽羅論)은 신라시대부터 조선 전기에 이르기까지 면면하게 불가(佛家)의 학승(學僧)들에 의해서 계승되었던 것이다. 그리고 조선 초기에 신미(信眉) 대사 등에 의하여 세종에게 전달되어 새 문자의 창제의 기본 이론이 된 것이다.

4) 실담(悉曇)의 모음과 자음

2.2.4.0. 고대인도에서 사용되던 산스크리트어는 인도-유럽어족의 인도어파에서 가장 오래된 언어였다. 넓게는 고대인도의 아리아어(Arian)로서 베다(Vedic) 경전의 언어를 포함하며 좁게는 고전 산스크리트어(Sanskrit), 즉 범어(梵語)를 말한다.

산스크리트란 말은 전술한 바와 같이 saṁs-kr(완성하다)에서 온 saṁskrtam(완성된 언어)란 의미여서 당시 민간인들이 사용하던 prākṛt(속어)에 대하여 아어(雅語)의 의미로 붙인 이름이다. 한자로는 조물주인 Brahman을 범천(梵天)으로 번역한 것처럼 중국과 한국, 일본에서는 산스크리트어를 범어(梵語)라고 부른다. 또 그들의 글자인 산스크리트(Sanskrit), 즉 브라미(Brāhmi) 문자를 범자(梵字)라고 하였다.

기원 전 2천년 경부터 인도에 침입한 아리아(Arian)족은 펀자브(Punjab) 지역으로부터 동부의 갠지스(the Ganges)강 유역으로 확장하였다. 따라서 범어(梵語)는 인도 전역으로 퍼져나갔고 이 언어를 기록한 범자(梵字)도 고대인도에서 널리 사용되었다. 당연히 고대인도의 석가(釋迦)도 이 언어와 이 문자를 사용하였을 것으로 추정된다.

산스크리트어는 베다 경전의 언어일 뿐만 아니라 인도의 많은 종교에서 경전(經典)의 언어로 사용되었다. 특히 불경은 이 언어와 우리가 범자(梵字)라고 부르는 산스크리트 문자로 쓰였다. 고대인도의 가장 널리 사용되었고 강력한 언어인 산스크리트어는 인구어족의 고대 인도어파(Old Indic Branch of Indo-European Lang. Family)나 중세 인도어파(Middle Indic)의 특성을 가진 언어로서 불교도들이 사용한 산스크리트어를 특별히 불교범어(Buddhist Sanskrit)라고 부른다.

수많은 불교의 경전에 쓰인 산스크리트어는 많은 방언을 포함하고 있어서 불교범어(佛敎梵語)는 가끔 불교 혼효범어(Buddhist Hybrid Sanskrit)라고도 하여 베다 경전의 산스크리트어와 구별하기도 한다. 특별히 후대 불교의 경전에 쓰인 산스크리트 문자를 실담문자(siddhamātrkā)라고 한다. 실담(悉曇, siddhaṃ)은 '悉談, 悉檀, 悉旦, 悉馱, 七旦, 肆曇' 등의 한자로 전사하였다.

'실담'이란 말의 의미는 범어의 'siddh(완성하다의 어근)'에 과거수동분사 '-ṃ'을 붙여 만든 'siddhaṃ'이어서 "완성된 것"이란 뜻을 갖는다. 즉, 실담(悉曇, siddhaṃ)은 자음에 모음을 결합시켜 만든 음절문자를 말하며 졸고(2016b)에서는 여러 불경에 등장하는 반자(半字)에 대하여 만자(滿字)를 의미한다고 보았다.

불가(佛家)에서 범자의 교육을 반만이교(半滿二敎)라 하여 반자교(半字敎)와 만자교(滿字敎)로 나누었다. 자음과 모음의 알파벳 교육인 반자교에 대하여 실담(悉曇)의 문자 교육은 만자교라고 하였다. 만자교란 명칭은 자음과 모음이 결합하여 비로소 완성된 문자인 만자가 된다고 본 것이며 이를 교육하는 것이 만자교였다.

2.2.4.1. 원래 실담(悉曇)에서는 47자의 범자를 제시하였다. 이 가운데 12자는 마다(摩多, 모음)이고 체문(体文, 자음)은 35성(聲)으로 구분하였다. 당(唐)의 지광(智廣)이 편찬한 『실담자기(悉曇字記)』(권1)에서는 마다(摩多)와 체문(体文)을 해설하고 그 합성법을 18장(章)으로 나누어 설명하였다. 이에 의하면 마다 12음(音)과 체문 35성(聲)은 다음과 같다.

> 摩多 - 阿[a], 阿[ā], 伊[i], 伊[ī], 歐[u], 歐[ū], 藹[ä], 藹[ā̈], 奧[o], 奧[ō̃], 暗[am̥], 痾[ah]
>
> 体文 - 迦[k], 佉[kh], 伽[g], 哦[ng], 者[ts], 車[tsh], 社[z], 社[zh], 若[ɲ], 吒[t̥], 他[t̥h], 茶[d̥], 茶[d̥h] 拏[n̥] 多[t], 他[th], 陀[d], 陀[dh], 那[n], 波[p], 頗[ph], 婆[b], 婆[bh], 磨[m], 也[j], 囉[r], 羅[l], 縛[v] 奢[ś] 沙[ṣ] 紗[s], 訶[h] 濫[r], 叉[ch], 乞灑[kṣ][49]

오늘날의 알파벳으로 볼 수 있는 반자(半字)는 바로 범어의 문자의 교육이고 이것이 우선임을 이 불경에서 강조하고 있다.[50] <대반열반경>(권8)의 「여래성품(如來性品)」(第四之五)에서 이 반자교(半字敎)의 중요성을 계속해서 강조한다.

> 是故半字於諸經書、記論、文章而爲根本。又半字義皆是煩惱言說之本, 故名半字。滿字者乃是一切善法言說之根本也。譬如世閒爲惡之者, 名爲半人修善之者, 名爲滿人。如是一切經書·記論。皆因半字而爲根本。[中略] 善男子, 是故汝今應離半字, 善解滿字。迦葉菩薩白佛言: 尊我等應當善學字數。今我値遇無上之師, 已受如來慇懃誨勅, 佛讚迦葉: 善哉善哉, 樂正法者, 應如是學。
> - 그러므로 반[半]쪽 글자가 모든 경서(經書)와 기론(記論)과 문장의 근본이 된다. 또 반쪽 글자의 뜻은 모든 번뇌를 말하는 근본이므로 반쪽 글자라 하고, 완전한 글자는 모든 선한 법을 말하는 근본이다. 마치 세상에서 나쁜 짓 하는 이를 반쪽 사람이라 하고, 선한 일 하는 이를 완전한 사람이라 하는 것과 같다. 이와 같이 모든 경서와 기론(記論)은 다 반쪽 글자로

---

49 梵字가 전산 지원이 안 되어 제외하였다. 摩多 12음과 体文 35성의 발음 표기는 필자가 시도한 것이다.

50 앞의 2.2.1.5.에서 언어의 음운을 이해하는데 자모의 수, 즉 음운의 수효가 매우 중요하다고 하였는데 산스크리트어의 음운은 47개로 보아 悉曇의 字母로 體文(자음)의 35음, 摩多(모음) 12음을 정하고 47자모를 정하였다.

> 근본을 삼는다. [중략] 선남자야, 그대들은 지금 반쪽 글자를 여의고 완전한 글자를 잘 알아야 한다. 가섭보살이 부처님께 말씀드렸다. "세존이시여, 저희들은 마땅히 글자의 수를 잘 배우겠습니다. 저희들이 지금 위없는 스승을 만나서 여래의 은근한 가르침을 받았습니다." 부처님께서 가섭보살을 칭찬하였다. "훌륭하고 훌륭하다. 바른 법을 좋아하는 사람은 그렇게 배워야 한다.[51]

이러한 불경의 '반자(半字)'에 대한 설명은 이것이 범자(梵字)의 알파벳을 말하고 '만자(滿字)'는 이들이 결합하여 형성된 음절이거나 형태, 또는 단어, 문장임을 분명하게 알려준다.[52] 여기서 우리는 반자(半字)는 마다(摩多)와 체문(体文)이며 만자(滿字)는 실담(悉曇)문자라는 결론에 도달하게 된다.

그리고 반쪽 글자의 교육에서 벗어나 완전한 글자의 교육, 즉 실담(悉曇)의 교육으로 갈 것을 석가(釋迦)는 비유에 의거하여 설명하였다. 범자 교육의 단계를 말한 것으로 영어에서 알파벳을 배우고 다음에 낱말 단위와 구, 절, 그리고 문장을 배우는 것과 같다.

2.2.4.2. 앞에서 언급한 당대(唐代) 지광(智廣)의 <실담자기>에는 마다(摩多) 12자와 체문(体文) 15자로 모두 47자를 인정하였다. 그에 따라 범자(梵字)라는 브라미(Brāhmi)의 50자보다 후대에 유행한 실담(悉曇, siddhamātṛkā)의 47자를 배우게 되었다.

고대인도의 문법론이던 비가라론(毘伽羅論)과 그의 음성 연구인 성명기론(聲明記論)이 불경(佛經)을 통하여 아세아의 여러 나라에서 문자 제정과 그와 관련한 언어 연구에 지대한 영향을 끼쳤다. 예를 들면 비가라론과 성명기론에 의거하여 제정된 티베트의 서장(西藏) 문자와 원대

---

51 여기에 이어서 50자의 梵字에 대하여 설명하였는데 첫줄에 摩多 12音을 들고 다음 줄에 体文 34聲을 배열하였다. 迦[k]에서 시작하여 荼[dh]로 끝나며 다음에는 摩多 4자로 '魯, 流, 盧, 樓'를 추가하여 12음과 더불어 마다 16음을 채웠다.

52 『大唐西域記』(권2)에 "그 문자[梵字를 말함]를 상고해 보면 梵天의 제작이라고 한다. 原始를 則으로 하여 47言이나 된다."라고 하여 47자로 하였으나 『大莊嚴經』「示書品」에서는 '濫[r]'자를 제외하여 46자를 들었고 『金剛頂經』「字母品」에서는 阿[a]에서 시작하여 乞灑[ks]로 끝나는 50자를 들었다. 즉 16摩多에 34体文을 들어 역시 濫[r]을 제외하였다.

(元代) 파스파 문자를 들 수 있다.

서장(西藏) 문자는 기원 후 650년경에 토번(吐蕃)의 송첸감보(Srong-btsan sgam-po, 松贊干布) 대왕이 톤미 아누이브(Thon-mi Anu'ibu)를 인도로 유학시켜 비가라론과 성명기론을 배우고 돌아와서 티베트어를 표기할 수 있는 서장(西藏) 문자를 제정하였다. 이 문자는 성명기론으로 제정된 표음문자이어서 티베트의 토번어(吐蕃語)만이 아니라 주변의 여러 언어를 표기하는데 매우 편리하여 여러 언어가 이를 빌려 자국의 언어를 표기하였다(졸저, 2009: 142~149). 티베트에서는 지금도 이 문자를 사용한다(졸저, 2015: 61~69).

졸저(2015: 62~63)에서는 이 서장(西藏) 문자에 대하여 다음과 같이 소개하였다.

> 문자의 모습은 카시미르(Kashmir) 문자를 본떴고 라사르 성(城) 마루에서 수정한 다음 문자와 문법의 <팔론(八論)>을 만들었으며 왕은 4년간 이것을 배웠다고 한다. 카시미르 문자란 인도의 서북부 카시미르 지역의 언어인 카시미르 언어를 표기한 사라다(Sarada)[53] 문자를 말하는 것으로 8세기(世紀)경에 당시 갠지스 강 중류 지역과 동인도, 서북 인도, 카시미르 지역에 보급되었던 싯담마트리카(Siddhamātṛkā) 문자의 서부파(西部派)에서 만들어진 것이다. 카시미르의 카르코다카(Karkoṭaka) 왕조는 3세기에 걸쳐 이 지방을 지배하였고 이 세력에 의거하여 사라다 문자는 카시미르에서 펀자브, 서인도, 북인도에 퍼져나갔다.[54]

이를 보면 이 서장 문자가 싯담마트리카(Siddhamātṛkā) 문자, 즉 실담(悉曇) 문자를 본떠서 만들었으며 파니니의 <팔장>의 문법으로 티베트어를 분석하고 음운을 추출하여 문자화한 것임을 알 수 있다. 서장 문자는 30개의 자음 문자(sal-je süm-chü)를 제정하고 모음은 별도의 글자를 만들지 않고 자음자에 붙이는 구분부호(diacritical mark) 5개를 만들어 사

---

53 사라다(Sarada)라는 명칭은 카시미르 지역의 守護女神인 사라다 데뷔(Śāradā Devī)에서 온 것이다. '사라다'는 시바神의 부인 '파라웨디'를 말한다.

54 인도의 대표적인 문자 데바나가리(Devanagari script)와 티베트 문자가 자형(字形)을 달리 하는 것은 사라다 문자의 영향을 받았기 때문으로 생각한다. 사라다 문자에 대한 것은 졸저(2012: 80~81)를 참고할 것.

용하였다.

2.2.4.3. 이 서장(西藏) 문자 제정의 성공으로 중국의 북방 민족 사이에서는 새 국가가 건설되면 먼저 새 문자를 제정하는 전통이 생겨났다. 10세기 초엽에 거란(契丹)의 요(遼) 나라를 세운 태조(太祖) 야율아보기(耶律阿保機)는 나라를 세운지 14년째인 신책(神冊) 5년(920)에 돌려불(突呂不) 등에게 거란(契丹) 대자(大字)를 만들게 하였다. 그리고 몇 년 후에 태조(太祖)의 동생인 질랄(迭剌)이 거란 소자(小字)를 만든다. 후자는 위구르 문자의 영향을 받은 것으로 표음문자로 알려졌다.

거란(契丹)의 요(遼)가 망하고 여진(女眞)의 금(金)이 건국하자 역시 태조(太祖) 아구타(阿骨打)가 12세기 초에 여진 문자를 만든다. 즉, 『금사(金史)』(권73, 이하 <금사>) '완안희윤(完顔希尹)'조를 보면 천보(天輔) 3년(1119)에 여진자를 만들어 태조(太祖)가 이를 반포하였다는 기사가 있다. 이것이 여진(女眞) 대자(大字)이다. 역시 <금사>(권4)에 제3대 희종(熙宗)의 천권(天眷) 원년(元年, 1138)에 여진 소자(小字)가 제정되어 반포되었다는 기사가 있다.

2.2.4.4. 금(金)을 멸망시키고 이 지역을 차지한 몽골의 칭기즈칸은 위구르 문자를 빌려다가 몽골어를 적게 하였다. 칭기즈칸이 나이만(乃灣)을 정복하고 태양칸의 신하인 타타통아(塔塔統阿)를 포로로 잡아 그로 하여금 몽고어를 적게 하였더니 그는 위구르문자로 몽고어를 표기하였다고 한다(졸저, 2015: 92~94). 칭기즈 칸이 아들들에게 이 문자를 교육하게 하고 제국(帝國)의 문자로 인정하였다. 오늘날에도 내몽고에서는 이 문자를 사용한다.

남송(南宋)을 멸망시키고 중국의 전역을 정복하여 원(元) 나라를 건국한 쿠빌라이 칸, 즉 원(元) 세조(世祖)는 즉위 초에 파스파 문자를 제정하고 지원(至元) 6년(1269)에 반포하여 원(元) 제국(帝國)의 공용 국자(國字)로 삼았다. 역시 고대인도의 비가라론과 성명기론에 의거하여 제정된 이 문자는 조선 초기에 세종으로 하여금 훈민정음이라는 새 문자를 제정하는 직접적인 동기를 부여하였다.

5) 일본의 가나(假名) 문자

2.2.5.0. 일본의 가나(假名) 문자는 범자(梵字)에서 마다(摩多)의 모음자를 기본으로 한 것처럼 'a[ア], i[イ], u[ウ], e[エ], o[オ]'의 ア[a]행 모음 5자를 기본으로 하였다. 실담(悉曇)의 마다(摩多) 12자에서 이중모음의 2자를 제외하고 5자의 장음과 단음의 구별을 없앤 것이다.

그리고 이 5모음자에 'k, s, t, n, h, m, i계중모음, r, w계중모음'을 결합한 'カ[ka], サ[sa], タ[ta], ナ[na], ハ[ha], マ[ma], ヤ[ya], ラ[ra], ワ[wa]' 행의 순서로 45글자를 더하여 모두 50자를 정하고 끝에 음절 말(coda)에만 쓰이는 'ン[ng]'을 추가하였다. 일본의 가나문자 역시 범자(梵字)의 문자 체제를 따른 것으로 보지 않을 수 없다(졸고, 2020b).

현대 일본 가나문자의 교재인 고규온즈(五十音圖)는 바로 범자(梵字)의 50자에 맞추어 가나문자를 만든 것이다. 범자(梵字)에서는 기본 음운으로 14자의 모음을 정하고 이어서 36개의 자음으로 나누었기 때문이다. 일본의 헤이안(平安) 시대에 고쥬온즈(五十音圖)로 가나(假名) 문자를 정리한 기비노마기비(吉備眞備)는 아마도 이 50자의 범자(梵字)에 의거하여 이 가나문자 교재를 편찬한 것으로 보인다.

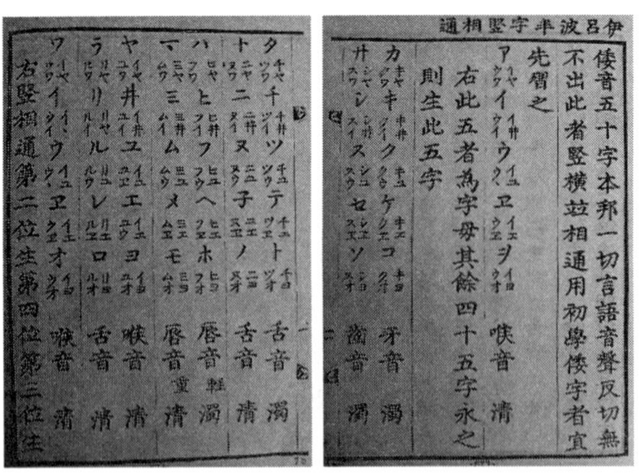

伊呂波半字竪相通

倭音五十字本邦一切言語音聲反切無不出此者竪横竝相通用初學倭字者宜先習之

ア イ ウ エ ヲ　喉音　清

右此五者爲字母其餘四十五字永之則生此五字

カ キ ク ケ コ　牙音　濁

サ シ ス セ ソ　齒音　濁

タ チ ツ テ ト　舌音　清

ナ ニ ヌ ネ ノ　舌音　濁

ハ ヒ フ ヘ ホ　唇音　濁

マ ミ ム メ モ　唇音　清

ヤ 井 ユ エ ヨ　喉音　清

ラ リ ル レ ロ　舌音　清

ワ イ ウ ヱ オ　喉音　清

右竪相通第二位生第四位第三位生

〔사진 2-1〕 이려파반자수상통(伊呂波半字竪相通)

앞의 [사진 2-1]에서 볼 수 있는 것처럼 조선 사역원(司譯院)의 왜학서(倭學書)인 『중간첩해신어(重刊捷解新語)』의 마지막 권10 하(下)에 부록된「이려파반자수상통(伊呂波半字竪相通)」(이하 <수상통>)은 일본의 가나문자 교재인 고쥬온즈(五十音圖)를 보인 것이다.

이 <수상통>은 사진의 오른 쪽에 쓰인 "倭音五十字, 本邦一切言語音聲反切, 無不出此者, 竪横竝相通用, 初學倭字者宜先習之. − 일본어 발음의[55] 50자는 우리나라(일본을 말함-필자)의[56] 모든 언어와 음성, 그리고 반절이 이것에서 나오지 않은 것이 없으니 <수상통>과 <횡상통>은 일본 글자를 배우는 사람들에게는 마땅히 먼저 이를 배워야 한다."라는 기사와 함께 다음과 같이 50음을 배열하고 이를 고대인도의 성명기론(聲明記論)과 실담학(悉曇學)의 이론으로 설명하였다.

앞의 [사진 2-1]에 보이는 "倭音五十字 云云"이후의 <수상통>을 보기 쉽게 정리하면 다음과 같다.

アイウエヲ　喉音

右此五字爲字母, 其餘四十五字永之則生此五字

カキクケコ　牙音　濁

サシスセソ　齒音　濁

タチツテト　舌音　濁

ナニヌネノ　舌音　淸

ハヒフヘホ　脣音 輕 濁

マミムメモ　脣音 重 淸

ヤイユエヨ　喉音　淸

ラリルレロ　舌音　淸

ワイウエオ　喉音　淸

첫 행의 5개 모음자 다음에 "右此五字爲字母, 其餘四十五字永之則生此五字 - 앞의 5자, 즉 '아, 이, 우, 에, 오'를 자모로 삼고 나머지 45자를

55 福井久藏 編(1939: 59)에 所收된「以呂波問辨」에서는 이 '倭音' 대하여 "[前略]然ニ貝原が倭漢名數ニ。倭音五十字ト標目ヲ出セルハ一笑ニ勘タリ。ソノ無稽コゝニ至レリ[下略] − 그러나 가이하라 아쯔노부(貝原篤信)가 <왜한명수>에 왜음 50자라고 제목을 붙인 것은 一笑에 붙일 만큼 황당무계하다"라고 하여 이로하(以呂波)에 많은 저술을 남긴 諦忍 禪師는 이 <수상통>과 <횡상통>을 폄하하였다.

56 이 글은 일본의 貝原篤信의《倭漢名數》(1689)에서 인용한 것이라 여기서 '本邦'은 일본을 말한다(졸저, 2017: 590).

읽으면 [모두] 이 5자에서 나오다"라는 설명이 있다.

이 말은 앞의 다섯 자를 자모로 하고 나머지 45자는 모두 이 다섯 자에서 나온다고 하였다. 앞의 2.2.3.2.에서 논의한 <대반열반경>(권8)에서 살펴본 바와 같이 기본자가 모음이며 범자(梵字)와 같이 14자가 아니라 5자로 하여 일본어를 표기한다는 뜻이다.

2.2.5.1. 조선 사역원의 왜학서에 부록된 <수상통>과 이어서 게재한 「이려파반자횡상통(伊呂波半字横相通)」(이하 <횡상통>)은 현재 일본에서 가나(假名) 문자의 기본 교재인 고쥬온즈(五十音圖)의 'ア, カ, サ, タ, ナ, ハ、マ, ヤ, ラ, ワ'를 말한다. 즉, 가나문자의 'ア, イ, ウ, エ, ヲ'를 세로로 한 것이라면 'ア, カ, サ, タ…'는 가로로 한 것이라는 뜻이다.

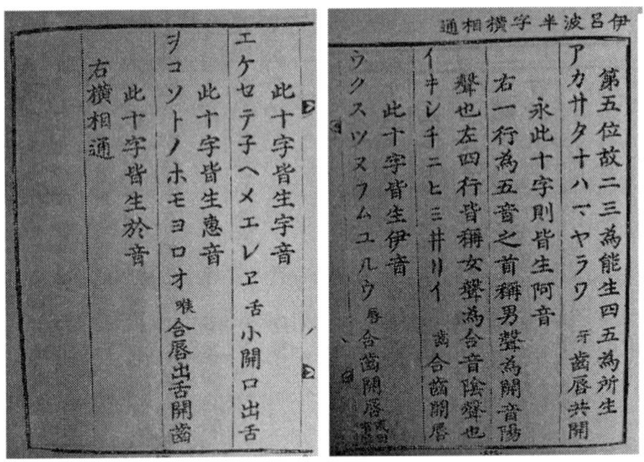
伊呂波半字横相通

第五位故二三為能生四五為所生
アカサタナハマヤラワ 牙 齒脣共開
永此十字則皆生阿音
右一行為五音之首稱男聲為開音陽
聲也左四行皆稱女聲為合音陰聲也
イキシチニヒ三井リイ 齒合齒開脣
此十字皆生伊音
ウクスツヌフムユルウ 脣合齒開脣

此十字皆生宇音
エケセテ子ヘメヱレヱ 舌小開口出舌
此十字皆生恵音
ヲコソトノホモヨロオ 喉合脣出舌開齒
此十字皆生於音
右横相通

〔사진 2-2〕 이려파반자횡상통(伊呂波半字横相通)

일본어의 가나 문자에서 'アイウエヲ、カキクケコ'를 <수상통>, 즉 세로로 연결되는 문자로 보았고 이에 대하여 'アカサタナハマヤラワ'와 같이 가로로 연결되는 문자는 <횡상통>이라 한 것이다.

앞의 [사진 2-2]에서 보이는 것처럼 <횡상통>에서 "アカサタナハマヤラワ 牙 齒脣共開永, 此十字則皆生阿音 – '아, 가, 사, 다, 나, 하, 마, 야, 라, 와'는 아음(牙音)이고 치아와 입술을 모두 열고 발음하며 이 열자는 모두 아(阿)음에서 나온 것이다"라고 하여 아 [a], 그리고 이것과 결합

된 것은 개구음(開口音)이고 이 자음들이 모두 아[a]에서 나온 것으로 보았다.

이 일본어 가나(假名) 문자의 <수상통>과 <횡상통>은 전혀 범자(梵字)와 실담(悉曇) 문자에 기대어 만든 것으로 우선 반자(半字)란 술어가 앞에서 언급한 것처럼 불경에 자주 등장하는 반만이교(半滿二教)의 반자교(半字教), 반자론(半字論)에 등장하는 반자(半字)를 말하므로 '이로하(伊呂波)'의 가나 문자를 반쪽 글자로 인식한 것이다.

이것이 나라(奈良) 시대에 기비노마기비(吉備眞備, 693/695~775)가 만든 고쥬온즈(五十音圖)와 같은 것인지는 알 수 없으나 현대 일본에서 사용하는 가나(假名)의 고쥬온즈는 여기에 'ん[n, ng]'를 더하여 51자임에도 불구하고 오십음도(五十音圖)라고 한 것은 전술한 범자(梵字)의 50자에 맞춘 것으로 볼 수밖에 없다.[57]

또 이 <수상통>과 <횡상통>을 통하여 무엇을 탁음(濁音)으로 하고 청음(淸音)으로 했는지 알 수 있다. 즉, 구강(口腔) 또는 비강(鼻腔)에서의 공명을 수반하는 음운은 청(淸)이라 하고 공명이 없는 순수 자음들은 탁(濁)이라 한 것이다. Chomsky·Halle(1968)에서 제시한 변별적 자질로 이를 표시하면 [+resonant]의 공명성(共鳴性)을 갖는 자질을 갖는 것은 청(淸)이고 그것이 없는 탁(濁)은 참자음(true consonants)을 가리킨 것이다.

2.2.5.2. 또 <중간첩해신어>의 권말에 첨부된 <횡상통>과 <수상통>에서 '아음(牙音), 치음(齒音), 설음(舌音), 순음(脣音), 후음(喉音)'이라고 구별한 중국 성운학(聲韻學)에서 말하는 '아설순치후(牙舌脣齒喉)'의 오음(五音)이 어디서 왔는지를 말해준다.

즉, 지음의 조음 위치에 따라 연구개(velar)에서 조음되는 음운을 아음(牙音)으로 보았고 치음(齒音)은 경구개의 위치에서 조음되는 경개구음

57 일본에서는 法隆寺에 전해지는 貝葉에 쓰인 悉曇字가 남아 있어 나라(奈良) 시대 이전부터 悉曇學이 발달한 것으로 보고 있으며 헤이안(平安) 시대에는 密教의 전래와 더불어 悉曇學이 크게 융성하였다. 弘法대사 空海가 『梵字悉曇字母并釋義』와 『大悉曇章』을 저술하여 일본에서의 悉曇學을 선도하였다. 이후 가마구라(鎌倉) 시대에도 悉曇學에 대한 많은 저술이 발표되었고 에도(江戶) 시대에도 이 문자에 대한 연구는 계속되었다.

(hard-palatal)을 말하며 설음(舌音)은 치경(齒莖)의 위치에서 발음되는 치경음(alveolar)이고 순음(脣音)은 입술에서, 후음(喉音)은 성문(聲門)에서 발음되는 순음(labial)과 성문음(laryngeal)을 말하는 것임을 알 수 있다.

따라서 앞의 2.2.3.3.에서 논급한 <대반열반경>의 36자가 '가(迦[ka])'행은 아음(牙音)이며 '다(咤[ta])'행과 'ᅊ(多[ṭa])'행은 설음(舌音)이고 '바(波[pa])'행은 순음(脣音), '사(賒[ṣa]')행은 치음(齒音), 그리고 '야(倻[ya])'는 후음(喉音), 또는 설음(舌音)이었음을 알 수 있다. 즉, 조음위치가 '연구개(velar), 치경(alveolar), 양순(labial), 경구개(hard-palatal), 성문(laryngeal)'의 순서에 따라 구별한 것임으로 모두 조음 위치에 따른 구별임을 말한다.

그리하여 중국 성운학에서는 이를 오음(五音)으로 분류하고 다시 전청(全淸)의 'k, t, p'와 차청(次淸)의 유기음 'kh, th, ph', 그리고 전탁(全濁)의 유성음 'g, d, b', 불청불탁(不淸不濁)의 비음(鼻音) 'ng, n, m'으로 구분한다. 다만 범어(梵語)에서만 변별적인 유성유기음의 'gh, dh, bh'는 한어(漢語)나 우리말, 그리고 일본어에 없는 음운이어서 성운학의 사성(四聲)에서는 이를 지칭하는 명칭이 없게 되었다.

2.2.5.3. 앞에서 살핀 <대반열반경>의 50자는 기원 전 4, 3세기의 마우리아(Maurya) 왕조로부터 5세기의 굽타(Gupta) 왕조까지 오랫동안 사용되어 오던 브라미(Brāhmi) 문자다. 브라미 문자는 인도의 서북단 기르기트에서 출토된 산스크리트의 불전(佛典)『근본설(根本說), 일체유부비나야파승사(一切有部毘奈耶破僧事)』에서 이 문자가 브라만(Brahman), 즉 범천(梵天)의 계시로 만들어진 문자로 소개되어 브라미(Brāhmi) 문자라는 이름을 얻었고 한자로 범자(梵字)라 불리게 되었다고 설명하였다.

이와 같이 불경에 쓰인 범어를 특별히 불교범어(佛敎梵語)고 하며 고전 산스크리트어로 알려졌다. 불교 경전만이 아니라 고전 산스크리트어로 쓰인 불교문학의 작품들이 존재하므로 초기 불경들은 모두 고전 산스크리트어로 작성되었고 브라미 문자로 기록되었을 것이다.

전술한 바와 같이 브라미 문자는 구조적으로 어두(語頭)의 자음(子音)과 모음(母音)이 하나의 단위로 인정되어 필요에 따라 이 둘이 결합한 문자가 된다. 이 자음과 모음이 결합된 단위를 악샤라(akṣara)라고 하는데 이런 단위별 문자 조합이 후대에 발달한 실담(悉曇)에서 그대로 전달된다. 현대 문자학에서 말하는 음절문자인 것이니 자음과 모음이 결합한 문자다(졸고, 2020b).

중국에 반입된 불경은 범자(梵字)에서 발달한 실담(悉曇, siddhamātṛkā) 문자로 쓰였을 가능성이 크다. 왜냐하면 브라미 문자에서 발달한 실담 문자는 6세기경부터 10세기에 걸쳐 인도의 갠지스 강 유역과 동부인도, 서북인도에서 널리 사용되었기 때문이다. 실담 문자에서는 모음으로 마다(摩多) 12자와 자음으로 체문(体文) 35자를 인정하여 47자를 교육하였다.

앞의 2.2.4.1.에서 살펴본 당(唐)의 지광(智廣)이 편찬한 <실담자기>(권1)의 「실담장(悉曇章)」에서는 모음의 마다 12음과 자음의 체문 35성을 더한 47자의 <실담장(悉曇章)>을 보였다. 따라서 일본의 가나(假名) 문자도 실담(悉曇)의 47자에 맞추어 'いろは 47'를 배우게 된다.[58]

조선 사역원에서 가나문자 교재로 홍치(弘治) 5년(1492)에 편찬한 『이로파(伊路波)』가 있다. 이 자료가 임진왜란 때에 일본으로 반출되어 현재는 일본 다카마쓰시(高松市)에 있는 가가와(香川) 대학 도서관의 간바라(神原) 문고에 소장되었다.[59]

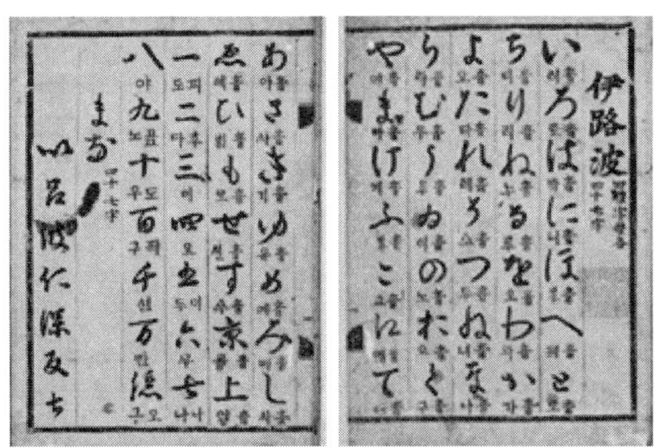

〔사진 2-3〕 일본 가가와(香川) 대학 소장의 〈이로파〉

58 <대반열반경>의 36 体文과 <悉曇章>의 35 体文 사이의 차이에 대하여는 졸고(2020b)에서 상세하게 논의되었다.

59 이 자료는 일본의 서지학자로 알려진 神原甚造씨가 수집하여 香川대학에 기증한 것이다. 이에 대하여는 졸저(2017: 516~519)를 참조할 것.

[사진 2-3]으로 보인 이 자료는 일본 가나 문자의 변천을 연구하는데 아주 중요한 자료다. 조선 사역원에서 간행한 이 책은 '이로파(伊路波)'라는 제목 밑에 "사체자모(四體字母) 각47자(各四十七字)"라 하여 '이로하 47자'의 가나 글자를 '히라가나(平仮名)', '마나(眞字) 1', '마나(眞字) 2' 그리고 '가타가나(片假字)'의 4체로 보인 것이다.

즉, 'いろは'의 /い[i]/에 대하여 'い, 以, 伊, イ'의 4체자와 /ろ[ro]/에 대하여 'ろ, 呂, 路, ロ', 그리고 /は[ha]/에 대하여 'は, 波, 葉, ハ'와 같이 가나(假名) 47자의 서로 다른 네 개의 자체(字体)를 보인 것이다.

첫 번째가 히라가나(平假名)의 자체이며 두 번째와 세 번째가 마나(眞字), 즉 한자이고 마지막 네 번째가 가타가나(片假名)이다. 이런 방식으로 47자의 이로하(以呂波) 글자를 제시하고 그 발음을 정음으로 표음한 것이 <이로파(伊路波)>란 사역원의 가나(假名) 문자 교재다.

2.2.5.4. 원래 '이로하 우타(いろは歌)'는 헤이안(平安) 시대에 활동한 홍법대사(弘法大師) 구가이(空海, 744~835)가 지은 것으로 알려졌다.[60] 또 일본의 가나 문자 연구에서는 한자의 편방(偏旁)을 떼여내어 문자로 사용한 것이기 때문에 어떤 한자에서 가나 글자가 왔는지를 살피는 것이 중요한 과제였다.

가나(假名, 假字) 문자의 자형(字形)은 홍법(弘法)대사가 통일한 것이라는 학설이 유력하다. 조선 사역원의 가나 문자 교재인 <이로파>에서 보여주는 가나 문자의 자형이 구가이(空海)가 통일한 자형과 유사한 점을 들어 이 자료의 중요성을 강조하였다(졸저, 2017: 515~8).

즉, 일본 운주(雲州)의 신문사(神門寺)에는 홍법(弘法)대사의 진적(眞跡)이라는 이로하(以呂波)가 있어 福井久藏 編(1939: 57~59)에 수록된 「이려파문변(以呂波問辨)」에서 옮겨서 사진으로 보이면 다음의 [사진 2-4]와 같다. 여기에 보인 가나문자의 자형은 전술한 <이로파>와 유사하고 <첩해신어>의 초간본과 도 비슷하다.

---

60 이러한 주장은 耕雲明魏(?~1429)의 『倭片假字反切義解』(1400?) 등의 오래 전의 자료에서도 있었다.

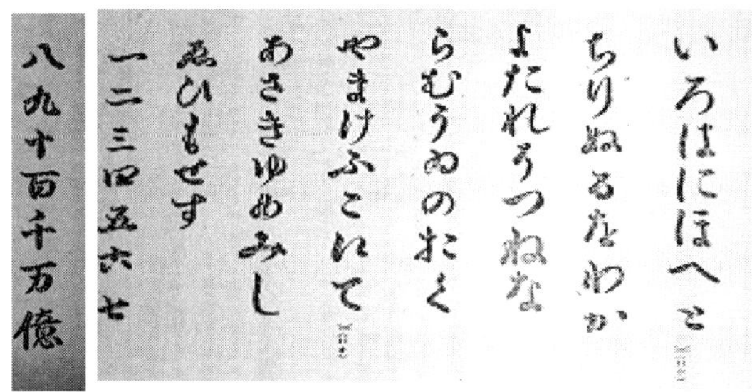

〔사진 2-4〕 홍법(弘法)대사의 이려파(以呂波)

특히 <이로파>에 보인 가나 문자의 자형은 역시 조선 사역원에서 편찬한『첩해신어(捷解新語)』에서도 그대로 반영된다. 임진왜란 때에 납치되었다가 쇄환된 후에 사역원의 왜학 역관이 된 강우성(康遇聖)이 짓고 안신휘(安愼徽)가 서자(書字)한 왜언(倭諺) 대자(大字)로 인쇄된 {원본}<첩해신어>의 가나문자 자체(字体)는 앞에 [사진 2-3]로 보인 <이로파>와 유사하고 [사진 2-4]의 홍법(弘法)대사의 이려파(伊呂波)와도 유사하다.

그리고 글자의 자체는 <첩해신어>의 제1차 개수(改修) 때까지 계속되어 쓰이다가 최학령(崔鶴齡)의 제2차 개수 때에 자형이 바뀐다. 그리하여 무진(戊辰, 1748) 개수본으로 알려진『개수첩해신어(改修捷解新語)』부터는 앞의 [사진 2-1]과 [사진 2-2]의 가나 자체와 비교할 수 있는 것처럼 새로운 가나 문자의 자체로 쓰였다. 따라서 홍법(弘法)대사의 '이로하우타(以呂波歌)'에서 통일된 가나 문자의 자형은 일본에서도(江戶) 중기까지 사용되었음을 알 수 있다.

즉, 전술한 <중간첩해신어>의 권두에 첨부된 이담(李湛)의 서문에 제2차로 개수할 때에 오사카(大坂, 大阪를 말함), 에도(江戶)에서 유행하는 가나 문자의 자형으로 고친다고 하였으니 아마도 에도(江戶) 시대에 들어와서 가나 문자가 바뀌기 시작하여 중기에는 이 새 자형으로 통일된 것으로 보인다. 그리고 제2차 <개수첩해신어>에서는 새로운 가나 문자로 교재를 편찬한 것이다.

2.2.5.5. '이로하우타(いろは歌)'가 전술한 고쥬온즈(五十音圖)와 같이 브라미의 범자(梵字)가 아니라 실담(悉曇)의 47자에 의거한 것임을 밝혀 놓은 전거가 있다. 일본 에도(江戶) 시대에 기노구니(紀伊國)에서 이름을 날리던 승려 젠조우(全長)가 겐분(元文) 원년(1736)에 간행한 『이려파자고록(以呂波字考錄)』의 [61] 서문에,

> 夫、いろはは吾朝の字書なり。唐土の說文に、同じ國字の字體を悉く書つらねたる故に。又四十七字は、日本の字母なり。天竺の摩多體文に似たり。此四十七字をもつて合字合聲すれば、あらゆる字を出生す。梵漢和三國の言葉數萬言をしるすといへども、音訓ともに字としてたらず、といふ事なし。これ字母なるにあらずや。されば日本にては、おさなきもの筆をとるのはじめには、まづ此字母を習ふをもつて、事とす。しかれども、日本人只是を和朝の作り字のようにのみおもひて、本字根源を知る人、世にまれなり。たまたましれる人もまた、本字の正俗僞字のたがひを、辨ぜざるもの多し。[下略] 福井久藏(1939: 4)
>
> — 이 '이로하'는 우리나라(일본을 말함- 필자주)의 자서(字書)이다. 당나라의 '설문'(<說文解字>를 말함 - 필자주)과 같이 나라의 글자 모양을 자세하게 써 보였기 때문이다. 또 47자는 일본의 자모이다. 천축의 마다(摩多)와 체문(体文)과 유사하다. 이 47자를 갖고 합자(合字)하고 합성(合聲)하면 온갖 글자를 나오게 한다. 범어(梵語)와 한어(漢語), 그리고 일본어 세 나라의 말의 수만 어를 기록한다고 말하지만 발음과 뜻을 함께 글자로서 모자라는 일이 없다. 이것을 자모라고 하지 않을 수 없다. 그렇다면 일본에서는 어린아이들이 처음으로 붓을 잡을 때에는 먼저 이 자모를 배워야 할 것이다. 그렇다 하더라도 일본인만이 이것을 일본에서 만든 문자처럼 생각하고 글자의 근원을 아는 사람은 세상에 드물다. 아는 사람이라도 본래 글자의 정속(正俗)과 위자(僞字)를 서로 구별하지 못하는 사람이 많다. [하략]

라고 하여 천축(天竺)의 범자(梵字)에서 모음의 마다(摩多)와 체문(体文, 본

61 福井久藏(1939)가 편집한 《以呂波字考錄》은 全長의 <以呂波字考錄>(2권), 諦忍의 <以呂波問辨>(1권), 滕孔榮의 <和翰名苑>(3권), 伴直方의 <以呂波歌考>(1권), 關根爲寶의 <假名類纂>(1권), 그리고 伴信友의 <假字本末>(2권)의 6권 10책을 모은 것이다. 필자가 주로 참고한 伴直方의 <以呂波歌考>은 無窮會가 소장한 手稿本을 영인한 것이다.

문에서는 體文)에 의거하여 '이로하 우타(いろは歌)'가 작성된 것임을 말하고 있다.

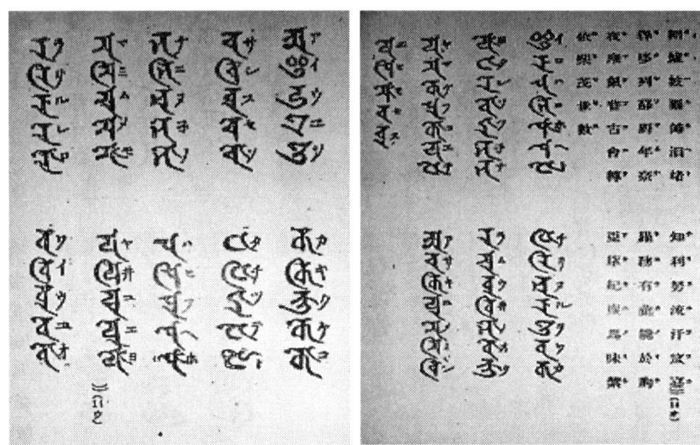

〔사진 2-5〕 범자로 쓰인 いろは歌[62]

실제로 일본 에도(江戶) 후기에 편찬된 『이로하문변(以呂波問辨)』에는 실담(悉曇) 글자로 쓰인 이로하(いろは)를 보였다. 즉, 福井久藏 編(1939: 60~61)에 수록된 <이로하문변>에 다음과 같은 문답이 오고간 다음에 실제 실담으로 쓰인 이로하(以呂波)를 앞의 [사진 2-5]와 같이 실었다.

여기에 실린 문답을 옮겨 우리말로 번역하면 다음과 같다. 번역은 필자.

> 問: ソノ梵字ト。本邦ノ神語ト。音ノ差別如何
>
> 그 범자와 우리나라(일본)의 신어와 음의 차이는 어떠한가?
>
> 答: 全ク異ナルフナシ。仍テ梵字ヲ以テ以呂波ヲ書ニ。障アルフナシ。無㝵自在ナリ
>
> 전혀 다른 것은 없다. 또 범자로 이로하를 쓰는데 장애는 없고 무애 자재하다.
>
> 問: 梵字ノ以品呂ト云モノ。終ニ末ダ見聞セザル所ナリ。望ムラクハ乞フ開示シ玉ヘ

62 福井久藏 編(1939: 60)에 所收된 「以呂波問辨」에서 인용함.

범자의 이품려(以品呂, 以呂波의 오자로 보임)라고 하는 것은 끝내 아직 보고 듣지 못하였으니 바라건대 제발 보여주시오.

答: イカニモ來請ノ如クセン。先神語四十七字ヲ以テ以呂波ヲ書シ。次ニ梵字四十七字ヲ以テ以呂波ヲ書シ。次ニ梵字ヲ以テ五十字門ヲ書メ拜瞻セシメン。敬ヒ愼テ拜覽スベシ
이렇게까지 요청을 하니 먼저 신어(神語) 47자로서 이로하를 적고 다음에 범자 47자로 이로하를 썼으며 다음에 범자로 50자를 썼으니 배첨(拜瞻)할 것. 경신(敬愼)해서 보아야 할 것임.

위의 문답에 의거하여 [사진 2-5]를 보면 오른 쪽의 한자로 적은 이로하(以呂波)는 신어(神語)로 쓴 것이라 하였고 그 다음은 범자(梵字)로 47자의 이로하(以呂波)를 적은 것임을 알 수 있다. [사진 2-5]의 왼 편의 것은 고쥬온즈(五十音圖)를 역시 범자로 쓴 것이다. 따라서 이로하(以呂波)와 고쥬온즈가 동시에 가나 문자 교재로 사용되었고 실담 문자로 발음을 표음하였음을 알 수 있다.

2.2.5.6. 앞의 [사진 2-5]의 오른 쪽에 보이는 이로하(以呂波) 47자를 신어(神語)라고 한 것은 <이로하문변>을 쓴 불승(佛僧) 체인(諦忍)이 일본의 가나 문자를 신대(神代) 문자로 인정하고 그로부터 나온 것으로 보았기 때문이다.

즉, <이로하문변>에서 범자로 쓰인 'いろは 우타(歌)'에 앞서 다음과 같은 문답이 있다. 우리말 번역에서 [ ] 안의 글자는 필자가 해독의 편의를 위하여 삽입한 것임.

問: 神代ニ文字アリシ道理。棠ニ至極セリ。若爾ラバ一字ナリモ、ソノ字殘リテ今ニ傳ルベシ。絶テ世ニ流ハラザルコ如何ゾヤ ― 신대(神代)에 문자가 있었던 것은 도리로 참으로 지극한 것이다. 만약 [가나 ニ의] '니(爾)'도 그 한 글자인데 그 남은 것이 이제 전해야 하지만 끊어져 세상에 쓰이지 않은 것은 어떤 일인가?

答: 舊キ神社ニハ。上古ノ神字于今殘 リテ。儼然トメ存在スルナリ。平岡 宮泡輪 宮ノ神字ノ記錄ノ如キ是ナリ。然シモ深密ニメ。通用シガタキ故ニ。世ニハ流行セザルナリ。末ノ世ニハ漢字及ビ以呂波字。

> 甚ダ省易ニメ。専用ニ尤便ナル故ニ。神字ハ深く藏シテ居ナリ。是自然ノ勢ナリ。止本邦ノミナラズ。異邦モ又上古ノ文字ハ通用セズ。 後世作ル所ノ新字盛ニ流行スルナリ[下略] ㅡ 옛날 신사(神社)에는 상고의 신자(神字)가 지금도 남아있으니 [니(爾)가] 엄연히 존재한다. 히로오카(平岡)의 아와미야(泡輪宮)에 신자(神字)의 기록이 이것이다. 다만 깊이 은밀하게 감춰져서 통용하기 어렵기 때문에 세상에는 유행할 수 없었다. 요즘 세상에는 한자 및 이로하의 글자가 생략하여 전용하기에 매우 편해서 신자(神字)는 깊숙이 숨게 된 것이다. 이런 자연적인 형세로 우리나라만이 아니라 다른 나라에서도 상고의 문자는 통용하지 않았고 후세에 만든 새 글자가 매우 많이 유행하게 되었다. [하략]

이 기사에 의하면 신어(神語)란 상고(上古)의 문자, 즉 신대(神代)에 사용한 가나 문자로 쓰인 말을 말하는 것으로 볼 수 있다. 따라서 [사진 2-5]의 오른 쪽에 보이는 '이로하(以呂波)'의 "イ圍, ロ爐, ハ坡, ニ爾, ホ餔, ヘ泪, ト堵"로 시작하는 47자는 상고, 즉 신대(神代)의 문자에서 온 것이라고 하였음을 알 수 있다.[63]

일본에서 이와 같이 범자(梵字)가 표음 문자로 쓰였음을 감안할 때에 한반도, 즉 신라와 고려, 조선 초기에 불가(佛家)에서 범자를 표음문자로 하여 향찰이나 이두문, 또는 구결을 표기하였을 가능성이 있다. 다만 이런 표기를 보이는 자료는 현재 전하는 것이 없다. 이러한 전통이 불가(佛家)에서는 면면하게 이어져 신미(信眉) 대사에게 전달되어 그가 세종에게 소개하였고 그로 인하여 새 문자의 제정에서 범자의 영향을 받게 되었을 것이다.

2.2.5.7. 일본에서 가나 문자의 교육은 브라미 문자의 50자를 모델로 한 고쥬온즈(五十音圖)로부터 실담(悉曇)의 47자를 근거로 한 이로하(いろは, 伊呂波)로 바뀐다. 즉, 일본의 가나 문자의 교육은 고즈온즈의

---

63 나머지 39자는 "チ知、リ利、ヌ努、ル流、ヲ汗、ワ窊、カ嘉, ヨ謈、タ哆、レ列、ソ蘇、ツ廚、ネ年、ナ奈, ラ羅、ム務、ウ有、ヰ彙、ノ能、オ於、ク朐, ヤ夜、マ摩、ケ氣、フ普、コ古、ェ會、テ轉, ア亞、サ挲、キ紀、ユ庾、メ馬、ミ味、シ紫, ュ依、ヒ棐、モ茂、セ世、ス數"이다.

50자로부터 먼저 중국 <천자문(千字文)>에 의거한 47자의 <아메쓰치노코토바(阿女都千ノ詞)>로, 그리고 이어서 <이로하 우타(いろは歌)>로 옮겨간다.

가나 문자를 학습하는 데나라이노우타(手習詞歌)에서는 <천자문>을 노래로 부르는 <아메쓰치노코토바>는 '아메쓰치(あめつち, 天地)'로 시작하여 <천자문>의 순서로 가나 문자를 대입시켜 노래로 부르는 방식의 교재다. 당시 일본의 아동들이 가나 문자를 교육할 때에 사용되던 교과서다.

졸저(2014: 368~370)에 의하면 나라(奈良) 말기(8세기 말)에 이 <아메쓰치노코토바>가 시작되었다고(大矢透, 1918) 소개하였으나 橋本進吉(1949)에는 데나라이노우타(手習詞歌)가 헤이안(平安) 초기(9세기 초)에 시작되었으며 헤이안 중기에 성황을 이루었다고 보았다. 따라서 실담이 유행한 이후에 편찬된 가나(假名) 문자의 교재임을 알 수 있다.

<아메쓰치노코토바> 이후에는 '이로하우타(いろは歌)'로 가나(假名) 문자의 교육이 이루어졌다. 다카다(高田與淸)의『마쓰노야힛기(松屋筆記)』(권 107)의 '데나라이(手習い)'조에 <나니하쓰(なにはつ, 難波津)>가 <아사카야마(アサカヤマ, 淺香山)>보다 먼저 유행한 이로하우타(いろは歌)였고 이 노래가 처음으로 시작된 것은 사가천황(嵯峨天皇, 809~823)시대였다고 하였다(졸저, 2014: 371). 따라서 데나라이노우타(手習詞歌)라는 가나 문자의 교재가 '이로하(いろは)' 이외에도 몇 개가 더 있었음을 알 수 있다.

'이로하우타(いろは歌)'가 가나문자의 교재가 된 것은 실담(悉曇)의 47자를 노래에 맞추어 가나(假名)로 바꾼 것이다. 고즈온즈(五十音圖)가 브라미(Brāhmi) 문자, 즉 범자(梵字)의 50음에 맞춘 것이라면 이로하 우타(いろは歌)는 실담(悉曇)의 47자에 맞춘 것이다. 이러한 구별은 자음(字音)과 자형(字形)보다는 자수(字數)에 의거한 것이다.

브라미 글자에서 발달한 실담으로 '이로하우타(いろは歌)'를 적은 것에서 후대에 가나 문자의 교재로 정착된 것으로 보인다. 일본의 가나(假名)문자가 얼마나 불경의 범자(梵字)와 실담(悉曇) 문자에 의존하여 제자(制字)되었는가를 보여주는 예라고 할 수 있다.

3. 중국의 성운학(聲韻學)

2.3.0.0. 중국은 유라시아 대륙의 동부의 중앙에 위치하여 오래 전부터 찬란한 문화를 영위하였다. 다만 언어가 주변 국가와 다르게 고립적 문법 구조를 가진 어근어(語根語, radical language)로서 언어의 문법 요소는 거의 어순(語順)에 의존하고 모든 낱말은 하나의 사전적 의미를 갖는 음절 단위로 되었다.

이러한 언어를 표기하기 위하여 표의 문자인 한자(漢字)를 사용하였다. 이 문자는 중국어의 낱말 하나하나를 표의화(表意化)시킨 문자다. 서로 다른 기호에 의해서 개별적인 형태소를 문자로 표시하는 독특한 문자 표기 체계가 기원전 20세기의 이전부터 발달하였다. 이 문자들은 각기 자생적인 기원을 갖고 있어 이를 탐구하는 연구가 자학(字學), 즉 문자학을 발달시켰다.

중국은 중원(中原)을 통일한 진(秦)나라 이후부터 주변 여러 민족에게 정치적으로, 그리고 문화적으로 막대한 영향력을 발휘하였다. 한(漢)나라에서는 동쪽으로 한반도를 점령하고 한사군(漢四郡)을 설치하여 통치하기도 하였다. 당(唐)나라 때에는 고구려와 백제를 침략하여 복속시키고 이곳을 일시 통치하기도 하였다. 이때에 많은 한자가 한반도에 전달되어 그것으로 자신들의 역사를 기록하기에 이른다.

서쪽으로는 토번(吐蕃)을 부마국(駙馬國)으로 삼아 역시 많은 한문화(漢文化)를 전하기도 하였다. 남쪽으로도 끊임없이 침략 전쟁을 일으켜 월남(越南) 등에 한자를 전달하고 북쪽의 흉노(匈奴)들에게도 중국 문화를 전파하여 한자로 자신들의 언어를 표기하게 이른다.

그러나 중국 주변에서 고립어가 아니라 교착적 문법 구조의 여러 민족들은 한자를 버리고 새로운 문자를 제정하여 사용하려고 끊임없이 노력하였다. 특히 중국 주변의 알타이제어를 사용하는 민족들은 한자가 교착어를 표기하기에 맞지 않기 때문에 새로운 문자를 제정하여 사용하려고 끊임없이 노력하였다.

최근에 중국에서도 한자를 버리고 새로운 문자를 사용하려는 움직임이 있었으나 원래 한자가 중국어에 최적화된 문자이어서 쉽게 버리지 못하고 비록 한자의 자체를 간략하게 한 행서(行書), 초서(草書) 등으로 약화(略化)시켜 사용하였고 최근에는 간체자(簡体字)를 개발하여 사용하지만 한자를 버리지는 못하였다.

2.3.0.1. 이러한 표의적인 문자 체계와 중국어 문법에서 고립적(孤立的)인 성격인 중국어를 기술하게 되어 독특한 언어 연구를 만들어내게 되었다. 그리하여 중국에서의 언어 연구는 한자(漢字)를 정리하는 일로부터 시작된다.

중국에서 한자의 자전(字典)을 편찬하는 일이 오래 전부터 있었고 이를 편찬하면서 각 글자의 의미와 발음을 고찰하게 되었다. 그리고 이것은 자연히 중국어의 의미와 음운을 연구하는 일로 발전하였다. 그리하여 중국어의 연구는 한자를 정리하여 이를 사전으로 만드는 일이 중심이 되었다.

한자에 대한 사전은 한자가 가진 세 가지 기능, 즉 형(形), 음(音), 의(義)에 따라 자서(字書), 운서(韻書), 유서(類書)가 있다. 자서(字書)는 자형(字形)에 의거하여 한자를 분류하고 그 의미를 밝힌 사전으로 후한(後漢)의 허신(許愼)이 편찬한 『설문해자(說文解字)』(58~147? B.C.)를 그 효시(嚆矢)로 본다. 이후에는 옥편(玉篇) 등의 이름으로 자서(字書)가 유행하였다.

운서(韻書)는 한자의 발음에 의거하여 글자를 배열하고 그 발음과 글자 모습, 그리고 뜻을 밝히는 사전이다. 운서는 새로운 중국에서 왕조(王朝)의 탄생과 더불어 새로 표준어를 정할 때마다 바뀌었다. 새 왕조를 건설한 부류의 언어를 기반으로 하는 흠찬(欽撰) 운서가 간행되고 그에 의하여 과거 시험을 보아서 통치계급의 물갈이를 꾀하였던 것이다. 현전하는 것으로 가장 오래 된 운서는 수대(隋代)의 육법언(陸法言)이 편찬한 『절운(切韻)』(601 A.D.)이다.

유서(類書)는 유사한 의미의 한자를 모아놓은 것으로 한자의 자전(字典)으로 가장 오래된 『이아(爾雅)』(6C? B.C.)가 있다. 이 유서는 주대(周代)에서 한대(漢代)에 걸쳐 여러 학자들에 의하여 편찬된 것이다. 후대에는 유서(類書)와 자서(字書)를 결합한다든지 운서(韻書)와 다른 부류를 결합시킨 자전(字典)이 유행하였다.

2.3.0.2. 중국어가 서양에 소개된 것은 14세기 초에 이탈리아의 여행가 마르코 폴로(Marco Polo)에 의한 것이 현재로서는 처음이다. 그리하여 중국의 언어 연구에 대하여 Ivič(1963)에서는 언급이 없고 Robins (1967)에서는 문예부흥 이후에 서양에서 중국어 대한 연구가 있었다고 기술하였다. 중국어는 16세기 중반에 후란시스 자비에르(Francis Xavier)가 제스위트(Jesuit) 선교사로 중국과 일본을 다녀와서 본격적으로 서양에 소개되었다.

이어서 다른 선교사들이 좀 더 중국어를 익숙하게 구사하여 올바르게 이 언어를 서양에 소개하였는데 예를 들면 마테오 리치(Mateo Rici) 등은 문법 체계 등 구체적으로 중국어를 서양에 소개하였다. 그리고 트리고트(N. Trigault, 金尼閣)에 의하여 서양의 언어와 비교되었으며 로마자로 전사되었다.

그러나 중국에서는 오래 전부터 언어와 문자에 대한 연구가 있었다. 이제 이에 대하여 고찰하여 보자.

1) 고대 중국의 시경(詩經) 연구

2.3.1.1. 중국에서 중국어의 연구는 고대희랍과 인도처럼 『시경(詩經)』이란 고전 서사시(敍事詩)의 언어 연구로 시작한다. 기원전 4~3세기경의 춘추시대에 유행한 <시경>의 중국어는 아름다운 운율로 읊어진다. 예를 <시경>의 첫 구절인 「주남관저(周南關雎)」에서 들어보자.

關關雎鳩 在河之洲	- 간간하고 우는 물수리와 비둘기는 강의 물가에 있도다.
窈窕淑女 君子好逑	- 요조숙녀는 군자의 좋은 짝일세.
求之不得 寤寐思服	- 구하려 해도 얻지 못하니 자나 깨나 생각에 빠져 있구나.
悠在悠在 輾轉反側	- 그윽하고 또 그윽하구나. 몸을 뒤척이기를 계속하네.

이 아름다운 시(詩)는 음악적인 각운(脚韻)을 갖고 있어 위의 두 구절은 밑줄 친 '鳩, 洲, 逑'는 /Vu/(V-vowel)의 운을 가졌고 밑의 두 구절은 밑

줄 친 '得, 服, 側'은 /Vk/의 운을 가졌다. 이러한 각운이 반복되어 이 시를 읊을 때에 매우 아름다운 음악적 효과를 낸다.

고대 중국에서 <시경>의 연구는 당연히 이러한 시운(詩韻)의 연구로부터 발달하였고 운학(韻學)이 발달되었다. 이것은 서역의 역경승(譯經僧)들에 의하여 한자음 표음의 반절(反切)이 고안된 다음 성운학(聲韻學)으로 발전한다. 중국에 와서 불경을 한역(漢譯)하려는 천축(天竺)의 역경승들은 인도의 성명기론(聲明記論)에서처럼 하나의 한자음을 음절 초의 자음과 나머지를 구별하여 두 한자로 표기하는 방법을 창안한 것이다.

즉, 그들은 '동(東)'이란 한자음을 '덕홍절(德紅切)', 즉 '덕(德, dé)'의 /d/와 '홍(紅, hōng)'의 /ōng/을 결합한 /dōng/으로 표음하는 방법을 고안하였다. '반절(反切)'은 원래 '번절(飜切)'로서 '飜'이 복잡하여 '反'을 대신 쓴 것으로 이러한 대자(代字)의 방법은 한자에서 흔히 있는 일이다. 따라서 '반절(反切)'은 "잘라서 고쳐 쓰다"란 의미이니 두 글자를 잘라서 한 글자의 발음으로 쓴다는 말이다.

즉, '東 德紅切'의 반절은 '東'이란 한 글자를 '德紅'이란 두 글자로 표음하는 것을 말한다. 졸고(2017b)에 의하면 후한(後漢) 명제(明帝) 때에 불경이 들어오기 시작하여 불경의 한역(漢譯)이 시도되었고 위진(魏晋) 남북조 시대에 반절법이 시작된 것으로 보았다. 중국에서는 위(魏)의 손염(孫炎)이 반절(反切)을 처음 사용한 것으로 보지만 이미 그 이전에 여러 한역(漢譯) 불경에서 반절이 사용된 흔적이 있다.

그리하여 반절 표음인 덕홍절(德紅切)에서 덕(德)을 반절상자(上字)로 하고 홍(紅)을 반절하자(下字)로 하여 반절상자를 성(聲)으로 하고 반절하자를 운(韻)으로 하는 성운학(聲韻學)이 발달한다. 중국에서의 언어 연구는 성운학의 한자음 연구를 중심으로 이루어진다. 그리고 많은 운서를 편찬하게 된다. 이에 대하여는 다음에 다시 논의하기로 한다.

2) 한자(漢字)의 연구와 자전(字典)의 발달

2.3.2.0. 중국에서 한자의 자전(字典)은 글자를 의미 단위로 분류하여 자형(字形)과 자음(字音), 그리고 자의(字義)를 알 수 있게 한 것이다. 유서(類書)의 시작은 주대(周代)에 주공(周公)의 저술로 알려진 『이아(爾雅)』(2c.

B.C.)로부터 시작한다.

모두 3권으로 된 <이아>는 <시경>과 『서경(書經)』 등에 수록된 한자를 모아 의미에 따라 모두 19편(篇)으로 나누어 자형(字形)과 자음(字音)을 밝히고 자의(字義)를 전국(戰國) 시대와 진(秦)과 한(漢) 시대의 용어로 해석한 자전으로 <이아>는 중국 최초의 자전(字典)으로 알려졌다.

후한(後漢) 때에는 허신(許愼)이 한자의 획수에 다라 분류한 『설문해자(說文解字)』(58~147? B.C.)를 저술하여 자서(字書)는 이것으로부터 시작한 것으로 본다. 이 자서에는 한자 9천여 한자를 수록하고 획(劃)과 부수(部首)에 따라 540부(部)로 분류하였다. 그리고 각 글자를 육서(六書)의 원리에 따라 자형(字形)을 분석하고 해설하였다. 모두 15권으로 되었다.

앞에서 언급한 운학(韻學)의 결과로 저술된 운서(韻書)는 춘추시대(春秋時代)에 심약(沈約)이 지은 『사성보(四聲譜)』가 있었다고 하나 오늘날 전하지 않고 반절법이 보급된 다음에 수대(隋代)에 육법언(陸法言, 이름은 慈)이 지은 『절운(切韻)』(601, 이하 <절운>)이 현전하는 운서 중에서 가장 오래된 것이다.

육법언과 안지추(顔之推) 등 8인이[64] 공편한 <절운(切韻)>은 서명에서 볼 수 있는 것처럼 한자의 발음을 반절(反切)로 표음하였는데 이후의 모든 운서는 자음(字音)을 반절법(反切法)으로 표음하게 된다. 그 전에는 이 한자는 저 한자와 같다는 직음(直音)의 방법으로 자음(字音)을 표음하였을 뿐이다.

2.3.2.1. <절운>은 그 이전의 여러 운서를 집대성한 것으로 여러 판본이 전하고 있다. 모두 5권으로 되었는데 1, 2, 3의 사본이 돈황(敦煌)에서 발견되어 대영박물관(British Museum)에 소장되었고 4의 사본은 투르판(Turfan, 吐魯番)에서 발견되어 프러시아 학사원에 소장되었다. 또 이를 수정 보완한 왕인구(王仁昫)의 『간류보결절운(刊謬補缺切韻)』도 돈황(敦煌)에서 발굴되어 파리국립도서관에 소장되었다

64 陸法言을 제외한 8인은 顔之推, 劉臻, 盧思道, 魏彦淵, 李若, 蕭該, 辛德源, 薛道衡이다. 이들이 陸法言의 집에 모여 운서를 정리했다는 기사가 <절운>의 서문에 실려 있다.

<절운>은 기왕의 여러 운서, 즉, 여정(呂靜)의 <운집(韻集)>, 하후해(夏侯該)와 양휴지(陽休之)의 <운략(韻略)>, 이계절(李季節)의 <운보(韻譜)>, 두대경(杜臺卿)의 <운략(韻略)>을 참고하여 수정한 것이라고 서문에 밝혀놓았다. 이로부터 <절운>이 여러 운서를 집대성한 것이라는 주장이 나온 것이다.

이후 <절운>의 한자음 표음과 편운(編韻)과 운목(韻目)의 분류 방법에 따른 많은 운서가 뒤를 이어 편찬되었다. 소위 절운계(切韻系) 운서에 들어가는 것으로 당대(唐代) 손면(孫愐)이 <절운>을 교정한 『당운(唐韻)』이 있다. <당운>은 손면의 소작만이 아니라 당대(唐代)에 간행된 모든 절운계 운서를 가리키기도 한다.

절운계 운서들은 송대(宋代)에 『대송중수광운(大宋重修廣韻)』(1008, 이하 <광운>)으로 집대성된다. <광운>은 북송(北宋)의 진팽년(陳彭年) 등이 황제의 명으로 받아 편찬한 칙찬(勅撰)운서로서 36성(聲)과 206운(韻)으로 정리하였는데 졸고(2018c)에 의하면 고대인도의 성명기론(聲明記論)에서 36 체문(体文)의 영향을 받아 36성으로 한 것으로 보았다.

즉, 앞에서 소개한 당(唐)의 지광(智廣)이 편찬한 <실담자기>에서는 범어(梵語)를 기록한 싯담마드리카(siddhamātṛkā) 문자, 즉 실담(悉曇)을 모음의 마다(摩多)와 자음의 체문(体文)으로 나누었고 이들이 결합하여 완성된 실담(悉曇, siddham)이 된다고 보았다. 여기서는 35 체문만을 인정하였으나 전술한 <대반열반경>에서는 36 체문을 인정하여 이것이 중국 운서의 36성모(聲母)가 된 것으로 보인다.

이렇게 범자(梵字)를 모음의 글자인 마다(摩多)와 자음의 체문(体文)으로 나누어 보는 반자론(半字論)과 이 둘의 결합으로 이루어진 실담(悉曇)은 만자론(滿字論)이라 하여 범자의 실담을 연구하는 학문으로 고대인도에서 널리 보급되었다. 또 불경에도 이러한 용어들이 여러 곳에서 찾아볼 수 있고 심지어 불타(佛陀)의 설법에도 이 용어들이 등장한다.

2.3.2.2. 서역에서 중국에온 역경승(譯經僧)들과 불경을 통하여 반자론(半字論)과 만자론(滿字論)은 중국에도 전달되었다. 그리하여 한자음을 반자론에서 마다(摩多)와 체문(体文)으로 나눈 것처럼 성(聲)과 운(韻)으

로 나누고 이 둘이 결합하여 하나의 한자음이 된다고 보았다. 예를 '동(東)'이란 한자음으로 들면 이 발음 [dōng]은 'IMVE/T'로 분석하여 볼 수 있다.

한자음의 이러한 인식은 현대의 복선음운론(複線音韻論, non-linear phonology)에서 수용되어 [표 2-1]의 오른 쪽 표와 같이 이해되었다. 즉, I(initial, 聲母), M(medial, 介音),[65] V(principle vowel), E(ending)과 T(tone, 聲調)로 보면 다음과 같은 도표가 가능하다.

〔표 2-1〕 한자음의 음절 구조와 현대의 복선음운론

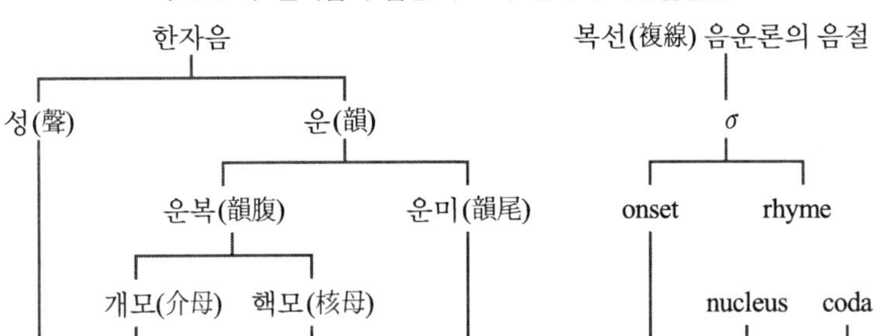

즉, 동(東) [dōng]의 'IMVE/T'는 "d(T), ∅(M), ō(V), ng(E)/low tone(T)"로 표시된다. '동(東)'은 평성(平聲)으로 저조(low tone)이기 때문이다.[66] 이러한 한자음의 분석과 표음은 위와 같은 한자음의 음절 인식에서 온 것이다.

후대에는 한자의 자전(字典)인 유서(類書), 운서(韻書), 그리고 자서(字書)가 서로 결합하여 편찬된다. 남당(南唐)의 서현(徐鉉)이 옹희(雍熙) 3년(986)에 <설문해자(說文解字)>를 교정하여 반절(反切)을 붙여서 간행하였다. 이를 <대서본(大徐本) 설문해자>라고 한다. 그의 동생인 서개(徐鍇)는 <설문해자 전운보(篆韻譜)>를 편찬하여 <소서본(小徐本) 설문해자>로 불

65 介音은 介母라고 하면 음절 초 자음(onset)과 主母音 사이에 들어가는 비음절 모음을 말함.

66 <몽고자운>의 런던 鈔本에는 그 첫 장에서 '東'을 平聲으로 표시하였다.

렀다. 자서(字書)와 운서(韻書)의 만남이다.

이후 자서와 운서를 결합시킨 많은 자전(字典)들이 편찬되었다. 원대(元代)의 음시부(陰時夫)의 『운부군옥(韻府群玉)』은 운서와 옥편, 즉 자서의 결합으로 한자를 배열하고 이를 풀이한 백과사전이다. 조선 선조 때의 권문해(權文海)가 지은 『대동운부군옥(大東韻府群玉)』은 이를 추종한 것이다.

2.3.2.3. 앞에서 논의한 북송(北宋)의 <광운>은 같은 시대의 정도(丁度) 등이 『예부운략(禮部韻略)』(1037)을 편찬하여 <광운>을 축소하였다. 이 운서는 과거시험을 관장하는 예부(禮部)에서 간행한 것이라 그 위력은 대단하였으며 이 땅에서도 몇 차례 이를 복각본으로 간행하였다. 또 원대(元代)에는 이를 파스파 문자로 번역하여 『몽고운략(蒙古韻略)』을 간행하였다.

북송(北宋)의 <광운>은 기본적으로 절운계(切韻系) 운서이어서 <당운(唐韻)>의 전통을 이어받았기 때문에 장안(長安)의 발음을 기본으로 하는 한자의 중고음(中古音)이었다. <광운>을 축소한 <예부운략>도 기본적으로 중고음이었다. 이것을 원대에 동북방언음, 즉 원(元)의 서울인 대도(大都) 북경(北京) 발음인 근대음(近代音)의 『고금운회(古今韻會)』가 원대(元代)에는 유행하였다.[67]

원대(元代)의 <고금운회>로 송대(宋代)에 편찬된 <예부운략>의 한자음을 수정한 『신간운략(新刊韻略)』이 세상에 나오자 이를 역시 파스파 문자로 번역하여 『몽고자운(蒙古字韻)』을 편찬한다(寧忌浮, 1992, 1994). 여기서 번역(飜譯)이란 한자음을 파스파 문자로 표음하였다는 말이다. 운서의 역(譯)은 의미의 언해가 아니라 발음의 전사를 뜻한다.

<몽고운략>과 <몽고자운>은 몽운(蒙韻)이란 이름으로 조선 전기(前期)의 여러 서적에 그 서명은 보이지만 정작 이 두 판본은 현재 전하는 것이 없다. 명(明)을 건국한 태조(太祖) 주원장(朱元璋)이 파스파 문자를

67 『古今韻會』는 元代에 黃公紹가 편찬하였다. 이 운서는 너무 방대하여 책으로 간행된 것 같지는 않고 그의 제자 熊忠이 간략화한 『古今韻會擧要』가 판본으로 간행되어 세상에 널리 알려졌다.

한족(漢族)의 한자(漢字) 문화에 항거하는 호원(胡元), 즉 오랑캐 몽골 문화의 잔재(殘滓)로 간주하고 이 문자로 쓰인 서적을 철저하게 파괴하였기 때문이다.

현전하는 것은 원말(元末)에 주종문(朱宗文)이 <몽고자운>을 증정한 {증정(增訂)}<몽고자운>(1308.)뿐인데 그것도 필사본으로 영국 런던의 대영도서관(British library)에 1부가 전할 뿐이다. <몽고자운>의 런던 초본(鈔本)으로 불리는 이 책은 졸저(2009: 101)에서 자세하게 소개되었다. 그에 의하면 청대(淸代)의 건륭(乾隆) 연간, 더 정확하게는 1737~1776년 사이에 필사된 것으로 보았다.

몽운(蒙韻)으로 불리는 이 한자(漢字)의 운서(韻書)들은 한자의 자음(字音)을 파스파 문자로 표음하였다. 마치 훈민정음을 제정하고 『동국정운(東國正韻)』을 이 글자로 한자의 자음을 표음한 것과 같은 맥락이다. 조선 초기에 세종이 새로운 표음 문자로 훈민정음을 제정한 것은 원(元)의 파스파 문자의 제정이 그 직접적인 동기가 된 것이다.

2.3.2.4. 원(元)을 건국한 세조(世祖) 쿠빌라이 칸(忽必烈汗)이 팍스파(hP'ags-pa) 라마(喇嘛, Lama)를 시켜 표음 문자인 파스파(八思巴) 문자를 제정하게 하고 이로서 한자음을 표음하여 앞에 든 몽운(蒙韻)들을 편찬하게 한 것이다. 이 운서를 통하여 몽고인들로 하여금 한자를 익혀서 한어(漢語)를 배우고 그들로 하여금 중국을 통치하려던 것이었다.

또 이것은 중국 변방 민족들이 나라를 세우면 새 문자를 제정하는 관례에 맞는 정책이기도 하다. 전술한 바와 같이 7세기 중반에 티베트의 토번(吐蕃)에서 송첸감보(松贊干布,) 대왕이 톤미 아누이브(Thon-mi Anu'ibu) 등 16인을 인도에 유학시켜 앞에서 소개한 비가라론(毘伽羅論)과 성명기론(聲明記論)을 배우고 돌아와서 티베트어를 표기할 수 있는 서장(西藏) 문자를 제정하게 하였다(졸저, 2009: 145~149).

10세기 초엽에 거란(契丹)의 요(遼) 나라를 세운 태조(太祖) 야율아보기(耶律阿保機)는 나라를 세운지 14년째인 신책(神冊) 5년(920)에 돌려불(突呂不) 등에게 거란(契丹) 대자(大字)를 만들게 하였다. 그리고 몇 년 후에 태조(太祖)의 동생인 질랄(迭剌)이 거란 소자(小字)를 만든다. 후자는 위구르 문자의 영향을 받은 것으로 표음문자로 알려졌다.

거란(契丹)의 요(遼)가 망하고 여진(女眞)의 금(金)이 건국하자 역시 태조(太祖) 아구타(阿骨打)가 12세기 초에 여진 문자를 만든다. 즉, 『금사(金史)』(권73) '완안희윤(完顔希尹)'조를 보면 천보(天輔) 3년(1119)에 여진자를 만들어 금(金) 태조(太祖)가 이를 반포하였다는 기사가 있다. 이것이 여진(女眞) 대자(大字)이다. 역시 『금사(金史)』(권4)에 제3대 희종(熙宗)의 천권(天眷) 원년(元年, 1138)에 여진 소자(小字)가 제정되어 반포되었다는 기사가 있다.

금(金)을 멸망시키고 이 지역을 차지한 몽골의 칭기즈칸은 위구르 문자를 빌려다가 몽골어를 적게 하였다. 칭기즈칸이 나이만(乃灣)을 정복하고 태양칸의 신하인 타타퉁아(塔塔統阿)를 포로로 잡아 그로 하여금 몽고어를 적게 하였더니 그는 위구르문자로 몽고어를 표기하였다고 한다. 칭기즈칸이 아들들에게 이 몽고-위구르 문자를 교육하게 하고 제국(帝國)의 문자로 인정하였다. 오늘날에도 내몽고에서는 이 문자를 사용한다(졸저, 2019b: 105~106).

이와 같이 북방 민족들 사이에 나라를 건국하면 새 문자를 제정하는 전통이 있었던 것이다. 이러한 전통은 드디어 몽골의 원 (元)에서 파스파 문자를 제정하게 된다. 그들은 새로 만든 문자로 관리의 임용시험을 보게 하여 이 문자를 보급하였다. 그러나 실제로는 자신들을 추종하는 세력들에게 이 문자를 가르치고 이들을 시험으로 뽑아 관리로 임명하여 통치계급의 물갈이를 기(企)하였던 것이다.

2.3.2.5. 송대(宋代)에 들어와서 앞에서 고찰한 절운계(切韻系) 운서를 집대성한 <광운>, 즉 『대송중수광운(大宋重修廣韻)』(1008)이 진팽년(陳彭年) 등에 의하여 편찬된다. 여기서 36성(聲)에 사성(四聲)을 합친 206운(韻)으로 정하였다.

그리고 성(聲)과 운(韻)을 종횡으로 배열시켜 음운을 체계적으로 표시하는 운도(韻圖), 또는 등운도(等韻圖)가 만들어졌고[68] 발화음의 조음

68 위에 보인 [표 2-1]의 '한자음 음절구조'에서 韻腹의 介母와 核母, 즉 攝, 또는 韻攝의 차이에 따라 韻圖를 만든다.

위치인 칠음(七音)과 조음방식인 청탁(淸濁)의 사성(四聲)으로 구분하는 자모도(字母圖)가 널리 유행하였다.[69] 이러한 자모도는 당(唐) 이후에 인도의 성명기론(聲明記論)이 들어 온 후에 일어난 일이다.

운경(韻鏡)이라고도[70] 불리는 이 자모도는 조선 전기의 여러 운서(韻書), 예를 들면 중종 때에 최세진(崔世珍)의 『사성통해(四聲通解)』에 게재된 <광운(廣韻) 36자모도(字母圖)>, <운회(韻會) 35자모도>, 그리고 <홍무운(洪武韻) 31자모도>에도 나타난다. 한자음의 음절 초 자음인 36성, 또는 35성, 31성(聲)을 칠음(七音)과 사성(四聲)으로 분류하여 도표로 보이는 방법이다.

<광운>은 원대(元代)에 망실되었다가 청초(淸初)에 고염무(顧炎武)가 명(明)의 궁정(宮庭)에서 발견하여 세상에 알렸다. 이것이 <명내부본광운(明內府本廣韻)>이다. 또 송대(宋代)의 정도(丁度)는 『예부운략(禮部韻略)』(1037)을 편찬하여 <광운>을 축소하였다. 정도(丁度)는 이에 그치지 않고 『집운(集韻)』(1062)을 편찬하여 <광운>을 개정하였다.

이어서 <광운>의 개정은 뒤를 이었는데 금대(金代)에 유연(劉淵)은 『임자신간(壬子新刊) 예부운략』(1252)을 편찬하면서 206을 107운으로 줄였고 이보다 앞서 남송(南宋)의 왕문욱(王文旭)은 <평수(平水) 신간 예부운략>(1229)을 만들어 106운으로 줄였다. 이 106운(韻)은 평수운(平水韻)으로 후대에 시문(詩文)의 기본 운율이 되었다.

2.3.2.6. 중국에서 요(遼), 금(金), 원(元)의 건국은 한족(漢族)이 아닌 북방 유목민족의 침략으로 중국에 세워진 국가다. 따라서 지배계급의 언어는 중국어가 아니었으며 수도(首都)역시 당(唐)의 장안(長安)이나 북송(北宋)의 개봉(開封)과 같이 중원(中原)이 아니었다. 그리고 원대(元代) 이후에는 중국어의 동북방언을 사용하는 북경(北京)이 중심이었다.

따라서 화북(華北) 지역의 북경 방언이 공용어가 되어 한아언어(漢兒

69 四聲은 平上去入의 聲調를 말하기도 하고 全淸, 次淸, 全濁, 不淸不濁의 淸濁을 말하기도 한다(졸고, 2020b).

70 北宋 때에 鄭樵의 『七音略』에 韻鏡이 들어있고 南宋의 司馬溫公의 『切韻指掌圖』도 韻鏡으로 간주한다. 모두 고대인도의 聲明記論에 따라 조음위치인 七音과 조음방식인 淸濁의 四聲을 縱橫으로 하여 만든 도표다.

言語), 즉 한어(漢語)라고 불리게 된다(졸저, 2004a, 2010).[71] 남송(南宋)과 원초(元初)에 활약한 황공소(黃公紹)는 <고금운회(古今韻會)>(1292)를 편찬하였으나 책으로 간행된 것 같지는 않고 그의 제자(弟子) 웅충(熊忠)이 이를 축소한『고금운회거요(古今韻會擧要)』(1292)가 정식 판본으로 간행되었다.

<고금운회>는 <광운>의 36성모(聲母)를 계승하였으나 206운은 점차 축소시켜서 원대(元代)에 간행되는 운서에 영향을 주었다. 즉, 원(元) 태정(泰定) 원년(1324)에 편찬하여 원통(元統) 2년(1334)에 간행한『중원음운(中原音韻)』은 강서성(江西省) 고안현(高安縣) 사람 주덕청(周德淸)이 사곡(詞曲)의 압운(押韻)을 모아서 만들었다.

이 운서는 구어(口語)를 기초로 하여 어떤 규범 운서의 영향을 받지 않고 독자적으로 편운(編韻)한 것이라 성모(聲母)는 26성(聲)으로 줄었고 운모(韻母)도 48운(韻)밖에 인정하지 않았다. 이것은 유생들이 시문(詩文)을 작성할 때에 기준이 될 운서는 아니지만 당시 한어(漢語)의 실상을 보여준다는 의미에서 중요한 운서로 보인다.

2.3.2.7. 명초(明初)에 역시 황제의 흠찬(欽撰) 운서로 간행된『홍무정운(洪武正韻)』은 명(明)의 건국과 더불어 태조 주원장(朱元璋)의 명을 받아 송렴(宋濂) 등이 편찬한 운서로 성(聲)을 31모로 줄였다. 당시 남경관화(南京官話)에 맞춘 것이 아니라 인위적으로 편운(編韻)한 것이다.

명(明) 태조는 원대(元代)에 북경(北京)의 한아언어(漢兒言語)로 한자음이 매우 오염(汚染)되었다고 보고 인위적으로 전대(前代) 운서에 맞추어 한자음을 교정하여 <홍무정운>을 편찬하였다. 이 운서는 훈민정음의 제정에 많은 영향을 끼친 운서의 하나이며 인위적으로 우리 한자음을 수정한 <동국정운>을 편찬하는 동기가 되었다.

전술한 <사성통해>, 아마도 신숙주의 <사성통고>에서 전재한 <홍무운 31자모도>는 세종이 새 문자를 제정할 당시에 기준으로 삼은 중국 한자음의 초성의 음운이었다. 훈민정음의 <언해본>에서 비록 한음(漢音)의 표음을 위한 것이라고 했지만 32자를 만들어 보이고 이에 대한

71 漢語는 元代에 들어와서 공용어가 되었고 淸代에 中原雅音, 또는 中州之音으로도 불렸다.

음가를 제시한 것은 홍무운(洪武韻)의 31자모와 관련이 있다(졸저, 2012: 300).

<홍무정운>은 조선의 <동국정운>과 같이 인위적으로 재구한 한자음이기 때문에 실제로 사용되지 않았다. 전술한 바와 같이 몽골의 원(元)에 의해서 잘못된 한자음을 바로 잡으려는 의도로 편찬한 것이 <홍무정운>이고 조선 초기의 <동국정운>도 이를 모방하여 실제로 사용되는 동음(東音), 즉 우리 한자음이 아니라 인위적으로 운서에 맞추어 재구한 한자음이었다.

명대(明代)의 운서로 난무(蘭茂)의『운략이통(韻略易通)』(1442)이 있어 24성모(聲母)를 인정하였다. 또 명말(明末)에 개봉(開封) 사람 여곤(呂坤)이 편찬한『교태운(交泰韻)』에서 고관화(古官話, old Mandarin)가 운서로 정리되었다. 이미 명(明)의 3대 황제 영락제(永樂帝)가 도읍을 북경(北京)으로 옮기면서 다시 이 지역의 한어(漢語)가 운서에 반영된 것이다.

명말(明末)에 중국에 온 프랑스 선교사 금니각(金尼閣, Nicolas Trigault)의『서유이목자(西儒耳目資)』에서 로마자로 중국어의 발음을 표기하기도 했다. <서유이목자>는 명(明)의 천력(天曆) 5년(1625)에 산서성(山西省)에서 한운(韓雲)을 조수로 하여 한자음을 수집하고 1626년에 서안(西安)에 가서 섬서성(陝西省) 사람 왕미(王微)의 검토를 거쳐 판본으로 인간하였다. 로마자 표기는 선배 마테오 리치(利瑪竇, Mateo Rici)와 기타 여러 사람의 것을 개량한 것이다.

중국 성운학에서 36성을 인정한 것은 아무래도 범자(梵字) 체문(体文)의 36자모에 의거한 것으로 보인다. 그러므로 후대에는 이 성모(聲母)들이 36에서 35성(<집운>), 그리고 후대의 운서에서 24성모로 준 것은 애초에 중국어의 음절 초 자음에 의거한 것이 아니라 범어(梵語)의 36 체문, 또는 실담(悉曇)의 35 체문에 의거한 때문으로 보인다.

3) 한자음의 반절(反切)과 반자론(半字論)

2.3.3.0. 한자의 발음을 한자로 표음하는 방법으로 반절(反切)이 등장한 것은 앞에서 논의한 바와 같이 중국 성운학(聲韻學)에서 음절을 2분법으로 이해한 것에서 연유한다. 즉 음절을 둘로 나누고 음절 초의 자

음(onset)에 해당하는 성모(聲母)와 나머지 부분에 해당하는 운모(韻母, rhyme)로 분해하여 각각을 다른 한자로 표음하는 방법이다.

앞에서 든 예의 '東'을 "德紅切"로 하여 '德[dé]'의 성(聲) [d]와 '紅[hōng]'의 운(韻) [ōng]을 결합하여 [dōng]으로 표음하는 방식이다. 이러한 반절의 표음 방식은 서역의 역경승(譯經僧)들이 고안하였으나 위진(魏晋) 시대에 손염(孫炎)이 이를 답습하면서 이후에 널리 한인(漢人)들에게도 보급되었다.

수(隋)나라 때에 이미 다량의 불경이 들어와서 불교의 전파와 더불어 널리 유행하였고 한역(漢譯)도 활발하게 이루어짐에 따라 반절(反切)의 한자음 표음도 널리 보급되었다. 드디어 전술한 바와 같이 수대(隋代)에 육법언(陸法言) 등은 반절(反切)로 한자음을 표음하는 운서(韻書) <절운(切韻)>(601, A.D.)을 편찬하였다.

이 운서의 서명이 '절운(切韻)'임을 보더라도 이 운서가 반절에 의거한 것임을 이해할 수 있는데 현전하는 중국의 운서 가운데 가장 오래된 것이다. 그러나 이러한 반절의 한자음 표음방식이 언제 어떻게 중국에서 시작되었는지는 아무도 언급한 바가 없다. 다만 졸고(2017c)에서 여러 예를 들어 반절(反切)의 시작과 그 발달을 고찰한 것이 거의 전부로 보인다. 실제로 반절의 시원과 그 보급을 고찰한 졸고(2017b)는 발표된 지 1년도 안 되어 일본과 중국의 한어(漢語) 전문 학술지에 소개되었다.[72]

2.3.3.1. 동진(東晋) 때에 활약한 인도의 승려 담무참(曇無讖)이 번역한 {북본(北本)}<대반열반경>의 한역(漢譯)에서 한자음의 표기를 고심한 흔적이 보인다. 그는 서인도 우선니(優禪尼, Ujjayanī)국[73] 바라문(婆羅門) 출신의 승려로서 중국에 와서 섭론종(攝論宗)의 개조(開祖)가 된 삼장법사

72 反切에 대한 필자의 연구 논문 "反切考," 『어문논집』(민족어문학회) 제81호(2017)는 일본에서 "反切考―「俗所謂反切二十七字」を解明するために―," 『中國語學 開篇』(東京: 好文出版) vol. 36(2018)로 게재되었고 중국에서는 "反切考 ― 理解 '俗所謂反切二十七字 ―," 張西平 主編『國際漢學』, 外語教學與研究出版社, 北京, 2018의 秋之卷으로 게재되었다.

73 優禪尼국은 서인도 Vindhya 산맥 북쪽에 인접해 있던 고대국가를 말한다.

(三藏法師) 진체(眞諦, 499~569)를 말한다.

진체는 범어명(梵語名)으로 'Paramārtha'이고 일명 'Gunarata'라고도 부르며 불가(佛家)의 유명한 『바수반두법사전(婆藪盤豆法師傳)』을 한역(漢譯)하였다. 중국 양(梁)나라의 무제(武帝)가 대동(大同) 연간(535~545)에 부남(扶南)에[74] 사신을 보내어 고승(高僧)과 대승(大乘) 경전을 구하자 진체(眞諦) 법사는 이에 응하여 중국으로 떠났다.

담무참(曇無讖), 즉 진체는 중대동(中大同) 1년(546)에 중국의 해남(海南)에 도착하였으며 불가의 경(經)·논(論)을 많이 가지고 태청(太淸) 1년(548)에 양(梁)의 서울 건강(建康, 현재의 南京)에 도착하여 양(梁) 무제(武帝)의 후대를 받았던 인물이다.

진체(眞諦)가 번역한 <바수반두법사전>은 유식학(唯識學) 분야의 많은 저술을 남긴 불승(佛僧) 바수반두(婆藪槃豆, Vasubandhu)의 전기다. 바수반두는 불경의 구역(舊譯)에서는 천친(天親), 신역에서는 세친(世親)이라고 번역되었는데 북인도 부루사부라국(富婁沙富羅國)의 브라만족 출신인 교시가(憍尸迦)의 둘째 아들이다.

진체는 그의 형인 아승가(阿僧伽), 즉 무착(無着)에 이끌려 대승 불교로 전환하였고 많은 업적을 남긴 인물인데 이 전기(傳記)에서 그의 이러한 이력을 잘 보여주고 있다. <바수반두법사전>에서는 특별히 다르게 발음되는 한자를 반절(反切)로 표음한 예가 보인다. 다음은 반절이 보이는 부분이다.

> [前略] 此阿修羅有妹名波羅頗婆底<知履反>, 波羅頗譯爲明, 婆底譯爲妃. 此女甚有形容. 阿修羅欲害毘搜紐天, 故將此妹誑之. [下略] – [전략] 이 아수라에는 이름이 바라파바디(波羅頗婆底){底는 知履의 반절이다}라고 하는 누이가 있었는데 바라파(波羅頗, varapa)는 밝다(明)로 번역하고 바디(婆底, pati)는 왕비라고 번역한다. 이 여인은 매우 아름다웠다. 아수라가 유천을 찾아 해하려고 하여서 이 누이를 유혹하고자 하였다.

---

74 扶南은 서기 2C~7C경에 인도차이나 반도 남동쪽의 메콩 강 하류에 있었던 고대 국가다. 扶南[Funan]이란 말은 '山'이란 뜻의 크메르어 'phnôm'의 음사로 보인다. 건국 시조는 女王 柳葉이며, 3세기 초에는 타이와 말레이 반도까지 세력을 확장하였다.

이 구절에 들어있는 '底 <知履反>'은 반절 표기로서 '底'의 발음이 '知'의 성(聲) [d]와 '履'의 운(韻) [i]이 결합하여 [di]로 발음한다는 뜻이다. 당시의 발음은 알 수가 없고 우리 한자음으로 하면 [저]이지만 아마도 당시 이 글자의 발음을 "知[d] + 履[i] = 底[di]"로 쓴다는 반절의 방법으로 표시한 것이다.[75]

이러한 한자음의 반절 표음은 후대에 더욱 발달하여 성운학(聲韻學)으로 발달하였고 수대(隋代)에 육법언(陸法言)이 <절운>(601년, 仁壽 1년)을 편찬하게 된다. 이 운서에서는 중국 한자음에 보이는 음절 초 자음을 범자의 체문에 맞추어 36성모의 반절 상자(上字)로 하고 이에 연속하는 206운을 반절 하자(下字)로 표음하는 방식으로 운서를 정리한 것이다.

반절상자(反切上字)를 성(聲)으로 하고 반절하자(反切下字)를 운(韻)으로 하여 한자음에서 성(聲)과 운(韻)을 논하는 학문이 바로 성운학(聲韻學)이다. 그리고 이 성운학의 결실이 바로 <절운>이다. 전술한 <대반열반경>에서 제시한 36 체문(体文)에 맞추어 36성모(聲母)라고 한 것이 당대(唐代)의 <당운(唐韻)>을 거쳐 송대(宋代)에 <광운(廣韻)>까지 이어진다.

2.3.3.2. 천축(天竺)의 역경승(譯經僧)들이 반절(反切)로 한자음을 표기하게 된 것은 아무래도 고대인도의 범자(梵字)나 실담(悉曇)의 교육에서 있었던 반자론(半字論), 반자교(半字教)의 영향을 받은 것으로 보아야 할 것이다. 반자론(半字論)의 이론에 의하면 한자(漢字)도 몇 개의 음운으로 된 음절 문자이며 이들을 조합하여 하나의 한자음을 표음한 것으로 이해한 것이다.

이러한 반절(反切)의 한자음 표기는 당대(唐代)에 들어와서 더욱 발달하였다. 당(唐)의 고승(高僧)으로 서역에 다녀와서 불경의 한역에 종사한 현장(玄奘, 602~664) 법사(法師)의 일대기를 적어 그의 제자 혜립(慧立)과 언종(彦悰)이 저술한 <삼장법사전>(권3)에서 다음과 같이 반절법(反切法)을 구사하여 어려운 한자의 발음을 표음하였다.

---

75 이것이 인도인 眞諦가 창안한 방법인지 후대에 漢人들이 보유한 것인지 확인할 길은 없다. 다만 이 불경에서는 이것 이외의 다른 반절표시가 없어 후대의 보유로 보기 어렵다. 만일 후대에 끼워 넣은 것이라면 이런 반절 표시가 한 군데에 국한되지 않았을 것이다.

① 諵 <音女咸反>, 湴[76] <音鞞僭反>
② 趵 <鞞約反>, 縐 <所芻反>
③ 底 <丁履反>,[77] 哆 <他我反>

이들은 후대에 발전된 반절법이다. 이러한 반절의 표기는 ①과 같이 '남(諵)'의 발음을 '여함반(女咸反)', 즉 "녀(女, n) + 함(咸, am) = 남(諵, nam)", 그리고 '밤(湴)'의 발음을 '비잠반(鞞僭反)', 즉 "비(鞞, p) + 잠(僭, am) = 밤(湴, pam)"으로 표기한다는 것이다. '남(諵)'이나 '밤(湴)'은 모두 범어(梵語)의 한역(漢譯)에서 발음으로 표기된 특수 한자들이다.

②의 한자들도 '박(趵), 추(縐)'와 같이 잘 사용하지 않는 벽자(僻字)들이다. 따라서 그 발음을 '박(趵, pak) = 비(鞞, p) + 약(約, ak), 수(縐, su) = 소(所, s) + 추(芻, u)'와 같이 반절의 방법으로 표시하였다. 자주 쓰이지 않는 한자의 발음을 반절(反切)로 표음한 것임을 알 수 있다.

③은 보통 발음과 달리 사용한 경우에 그 발음을 밝힌 반절이다. '저(底)'는 원래 [djə]이었으나 여기서는 "명(丁, d) + 이(履, I) = 디(底, di)의 발음을 표기한 것이고 '치(哆)'의 발음도 치(chi)가 아니라 '다(他, ta)'임을 보여준 것이다. 이와 같은 한자의 반절 표음은 범어(梵語)를 표음하기 위하여 특수하게 사용된 한자의 표음을 위하여 쓰인 것이다.

2.3.3.3. 불경의 한역(漢譯)에서 가장 어려운 것은 범어(梵語)의 음역(音譯)이다. <삼장법사전>(권3)에 다음과 같은 기사가 있다.

> 自此漸去, 至伊爛拏國, 伽藍十所, 僧徒四千餘人, 多學小乘說一切有部義. 近有鄰王, 廢其國君, 以都城施僧, 於中竝建二寺, 各有千僧, 有二大德, 一名怛他揭多鞠多 {此云如來密}, 二名羼底僧伽 {此云師子忍也}, 俱善薩婆多部。
> - [법사는] 이곳을 떠나서 이란나국(伊爛拏國)에 이르렀다. 이곳에는 가람이 10여 개나 되며 4천여 명의 승려들이 거의가 소승의 학설인 일체유부

76 전산 입력된 <삼장법사전>(권3)에서는 이 한자가 실현되지 않았다. 아마도 '蹦'일 수도 있는데 범어를 음역한 것이어서 어떤 한자인지 확인할 수 없다.

77 '底 <知履反>'은 이미 <파수반두법사전>의 漢譯에서 天竺人 眞諦(Paramārtha, 일명 Gunarata)가 보인 反切이다. 이로써 한자음 표기의 反切이 天竺人들이 시작하였으며 半字教의 영향을 받은 것으로 볼 수 있다.

를 배우고 있다. 근래에 이웃나라의 왕이 이 나라의 왕을 폐위시키고 도성(都城)을 승려들에게 보시하고 그 안에다 두 개의 절을 세워 각각 천 명의 승려를 살게 했다. 그 중에 두 사람의 대덕(大德)이 있었는데 한 사람은 달타게다국다(怛他揭多鞠多), {이 말은 '여래밀(如來密)'을 말한다} 두 번째 사람은 찬디승가(羼底僧伽) {이 말은 사자인(師子忍)을 말하다}이라 하는데 모두 살파다(薩婆多)부를 잘했다.

이 기사에 등장하는 '달타게다국다(怛他揭多鞠多)'와 '찬디승가(羼底僧訶)'는 범어(梵語)를 한자로 표음한 것이다. 즉, '달타게다국다(怛他揭多鞠多)'는 범어의 [Tathāgata-gupta](如來密)의 한자 표음으로 비구(比丘)의 이름이다.

또 '찬디승가(羼底僧訶)'는 범어(梵語)의 [kṣāntisaṁgha]를 한자로 대역(對譯)란 것으로 [kṣānti](인내하다)의 [ti]를 한자 '底'가 표음한 것이다.[78] 여기에 [samgha](僧伽), 즉 사자(師子)를 더하여 'kṣāntisaṁgha'은 '사자인(師子忍)'으로 사자(師子) 승의 "忍辱行 ― 참고 견디는 수행"을 말한다.[79] 모두 불가(佛家)의 승명(僧名)인 것이다.

이것은 범어의 [Prajnā]를 '반야(般若) ― 教訓'으로 한역하고 그리고 [sutra]를 '소달라(素怛羅) ― 心', [hrdaya]를 '흘리제야(紇哩第野) ― 經'으로 한역하여 "Prajnāhrdaya-sũtra"를 '반야심경(般若心經)'으로 적는 것과 같다. 한자로 범어(梵語)를 적고 뜻을 번역하여 붙인 이름이다.

이것은 송대(宋代)의 일이지만 불경의 한역(漢譯)에서 다음의 9단계를 거쳐 역문(譯文)이 이루어짐을 상기하게 된다. 불경 번역의 아홉 단계란 졸고(2012c)에 의하면 다음과 같이 이루어진다고 보았다.

① 역주(譯主) - 범문(梵文)의 원문을 낭송한다. 인도에서 온 승려가 하는 것이 보통임.

② 증의(證義) - 역주(譯主)의 왼쪽에 있어 역주와 함께 범문의 의미 내

78 '羼底僧訶(kṣāntisaṁgha)'는 "此云師子忍也- 이것은 師子의 忍辱行을 말하다"의 뜻으로 해석된다.

79 僧訶의 師子는 天竺의 승려로 성은 알 수 없으나 唐의 龍朔 초년(661 경)에 西涼府에 왔으며 山陽 龍興寺에 僧籍을 두고 자주 神異한 이적을 일으켰다. 唐 中宗 景龍 4년(710)에 薦福寺에서 82세로 적멸에 들었다(宋.『高僧傳』).

용을 토의함.

③ 증문(證文) – 역주(譯主)의 오른쪽에 있어 역주가 낭송하는 범문에 잘못이 없는지 검토함.

④ 서자(書字) – 범학승(梵學僧)이 역주가 낭송하는 범문을 한자로 표기한다. 범어에 대한 한자의 음성적 표기.

⑤ 필수(筆受) – 한자로 쓰인 범어(梵語)를 중국어로 번역한다.

⑥ 철문(綴文) – 단어단위로 한역(漢譯)하여 중국어 문법에 맞게 문장을 만들어 한문이 되게 함.

⑦ 참역(參譯) – 범문(梵文)과 한문(漢文)을 비교하여 잘못을 고침.

⑧ 간정(刊定) – 번역된 한문의 용만(冗漫)한 곳을 삭제하여 경전의 문장으로 바꿈.
범문의 표현은 자세하고 길게 되는 경향이 있지만 한문의 경전 문체는 고문과 같이 간결함.

⑨ 윤문관(潤文官) – 역문(譯文)의 한문이 적절하도록 윤색함.

金文京(2011: 190)에서 필자 초역.

이러한 과정을 거쳐 한역(漢譯)된 불경은 북송(北宋)과 거란(契丹)을 거쳐 고려에 유입된다.

4) 고려대장경의 한역(漢譯) 불경

2.3.4.0. 고려시대의 한역불경의 유입은 송(宋)과 요(遼) 대에 매우 성행하였다. 고려에서는 국초(國初)부터 학교를 설치하고 유학을 교육하였으며 과거제도가 실시되어 경서(經書)의 강독과 시문(詩文)의 작성을 시험하여 인재를 등용하였다. 따라서 고려의 유생(儒生)들은 중국의 운학(韻學)과 자학(字學)에 관심이 많았다.

한편 불교가 흥융하여 많은 사찰이 건립되었으며 다수의 학승(學僧)들이 불경을 학습하였다. 더욱이 승과(僧科)가 설치되어 몇몇의 불경은 유교의 경전만큼 자세한 강해(講解)와 심오한 주해가 있었고 그에 따라 일부 불경은 석독(釋讀)과 주석이 끊임없이 이루어졌다. 따라서 고려에서는 유학의 경서와 불가의 경전을 교육하기 위하여 상당한 수준의 한자를 알아야 하였으며 시문의 작성을 위하여 운학(韻學)의 지식과 운서(韻書)의 필요성이 더욱 증대되었다.

고려에서는 앞서 살펴본 바대로 송(宋)과 요(遼)로부터 많은 서적을 수입하였고 이를 고려에서 재간(再刊), 복각(覆刻), 중간(重刊)하였다. 『고려사』의 기록에 의하면 고려 선종(宣宗) 8년(1091)에 이자의(李資義) 등이 송(宋)에 다녀와서 송제(宋帝)가 고려에 좋은 책이 많으니 구서(求書)목록을 만들어 보내라는 명령을 내렸다고 한다(『高麗史』권10 「世家」10 宣宗 8년 6월 丙午조). 이 목록에는 127종 5천여 권의 서적이 들어있었으며 이 목록에 따라 송(宋)에 보낸 서적 가운데는 이미 중국에도 없는 이본(異本)이 있었다고 한다.[80]

고려는 요(遼)로부터도 적지 않은 서적을 구입하였다. 『삼국유사(三國遺事)』(권3) 「탑상(塔像)」(제4) '전후소장사리(前後所藏舍利)'조를 보면 "본조(고려) 예종(睿宗) 때에 혜조국사(慧照國師)가 조서(詔書)를 받들고 서방으로 유학하여 요(遼)나라 판본인 대장경 세 부를 사 가지고 와서 그 한 부가 지금의 정혜사(定慧寺)에 있다 {해인사(海印寺)에도 한 부가 있고 허(許) 참정(參政)댁에 한 부가 있다}."라는[81] 기사가 있어 요(遼)로부터 요판(遼版) 대장경을 구입하여 고려에 가져왔음을 알 수 있다.

문종(文宗) 16년(1062)에 요판 대장경이 고려에 들어 온 이래 다섯 차례에 걸쳐 대장경을 구입하였다(김한규, 1999: 495). 고려 예종(睿宗) 2년(1107)에는 요(遼) 천조황제(天祚皇帝)의 탄신을 축하하러 간 고려 사신 고존수(高存壽)에게 대장경을 하사한 일이 있고(『고려사』 권12 「世家」 제12 睿宗 2년 정월 戊子조) 예종 8년(1113) 2월에는 요의 사신 야율고(耶律固) 등이 『춘추석례(春秋釋例)』와 『금화영주집(金華瀛洲集)』을 고려에 요구하여 받아간 일이 있었다(『고려사』 권13 「世家」 13 睿宗 8년 2월 庚寅조).

---

80 예를 들면 陸游의 『渭南文集』(권27) 「跋說苑」에 宋의 어떤 文翰官署에 소장된 『說苑』 20권 가운데 「反質篇」 1권이 落帙되었는데 曾鞏이 이를 보완하고 고려에서 보내온 것으로 이를 완전하게 하였다고 한다(張東翼, 2000: 434).

81 원문은 "本朝睿廟時, 慧照國師奉詔西學, 市遼本大藏經三部而來。一本今在定慧寺。{海印寺有一本, 許參政宅有一本。}"이다. 이어서 "大安二年, 本朝宣宗代, 祐世僧統義天入宋, 多將天台敎觀而來。此外方册所不載, 高僧信士往來所賫, 不可詳記。 ㅡ 대안 2년, 고려 선종 시대에 우세 승통 의천이 송나라에 들어가 천태교에 관한 책을 많이 가지고 있다. 이밖에는 문헌에 기록된 것이 없으매 고승과 독실한 신자들이 [송나라를] 내왕하면서 가져온 서적을 자세하게 기록하는 것이 불가능하다"(『삼국유사』 「塔像」 '前後所將舍利'조)라는 기사를 참고할 것

2.3.4.1. 중국으로부터 이러한 대장경의 유입과 상호 교환은 급기야 고려에서 대장경을 간행하기에 이른다(졸고, 2012c). 초조(初雕)대장경의 간행이 완성된 것은 고려 선종(宣宗) 4년(1087)의 일이다. 중국의 대장경으로 가장 먼저 가장 먼저 간행된 북송(北宋)의 개보(開寶) 칙판(勅板, 971~983)이 고려에 도입된 것은 고려 성종 10년(991)의 일이다.

이것을 고려에서 판각(板刻)하기로 한 것은 현종(顯宗) 2년(1011)의 일이다. 그리고 현종 20년(1029)에는 상당한 수량의 대장경이 판각되었고 이를 경축하는 대장(大藏) 도량(道場)이 회경전(會慶殿)에서 대대적으로 베풀어졌다. 현종의 재위연간에 판각된 장경(藏經)은 의천(義天)의 『대각국사문집(大覺國師文集)』에 따르면 '근 5천축(軸)'에 이른다고 한다. 이 때에 판각된 것을 국전본(國前本)이라고 부른다.

후에 요(遼)에서 들여온 거란(契丹)의 대장경이 문종 17년(1063)에 도입되어 초조대장경의 국전본에 추가된다. 거란대장경은 그 뒤에도 고려 숙종 4년(1099)과 예종 2년(1107)에도 들어 왔지만, 그 거란대장경에 의해 초조(初雕)의 판각이 이루어진 것은 첫 번째의 수입 이후의 일로 본다.

그 판각은 북송의 개보판(開寶板)에 수록되어 있지 않거나, 본문에서 전도(顚倒)된 것, 착사(錯寫)한 것, 또는 누락(漏落), 오류(誤謬), 이역(異譯)을 가려내어 보족(補足)하거나 대체 또는 추가하였다. 이렇게 새겨낸 것을 초조(初雕) 대장경의 국후본(國後本)이라 한다.

이 밖에도 고려에 다른 경로로 전해진 송조(宋朝)의 대장경을 국전본과 국후본에 추가한 것이 있다. 이들은 역시 송(宋)의 개보판(開寶板)이나 거란대장경에 수록되지 않은 것을 보완, 또는 오류를 바로 잡는데 사용하였다. 이와 같은 사실은 재조(再雕) 대장경을 판각할 때에 수기(守其)법사가 면밀하게 고증한 바가 있어 알려지게 된 것이다.[82]

북송(北宋) 초기에 간행된 개보판 이외에 송(宋)에서 후대에 간행한 대장경을 송조(宋朝)대장경이라 한다. 『고려사』에 의하면 문종 37년(1083) 3월에 송조대장경이 들어와서 개국사(開國寺)에 안장(安藏)되었다고 한다. 개보(開寶)대장경에 비하여 송조대장경은 개보판에 누락된 부

82 守其法師의 『高麗國新雕大藏校正別錄』을 참고할 것.

분을 추가하고 새로 한역한 경전들이 포함되었다.[83] 추가된 경전의 권수를 의천(義天)은 전술한 그의 문집에서 "육천래권(六千來卷)"으로 표현하였다.

초조대장경은 몽골군의 침입으로 소실되었다. 고려 고종 18년(1231) 8월에 몽골군은 압록강을 건너 침범하기 시작하더니 내지로 침입하여 백성을 살육하고 유린하면서 그해 12월에는 개경(開京)의 사문(四門) 밖까지 쳐들어와 압박하였다. 사태가 이렇게 급박해지자 당시의 무신(武臣) 정권은 이듬해인 고종 19년(1232) 6월에 강화(江華)로 천도하여 몽골의 외침에 대항하였다. 고종 23년(1236) 6월에 있었던 제3차 침입에서 몽골군은 전라도와 경상도를 유린하여 대구 부인사(符仁寺)에 간직해온 초조(初雕) 대장경의 책판(冊版)을 모두 불태웠다.

2.3.4.2. 옛날 고려 현종(顯宗)이 거란(契丹)의 외침을 당해 거국적 발원으로 판각하여 그 침략을 물리쳤다고 생각하던 고려인들에게 초조대장경의 경판(經板)이 몽골군의 병화(兵火)로 일시에 소실된 것에 대한 충격은 이만저만이 아니었다.

그리하여 몽골군의 외침도 전과 같이 대장경을 판각하여 부처님의 가호를 비는 것이 최상의 방책으로 여겨서 다시 대장경의 간판을 추진하게 된다. 이렇게 두 번째로 판각한 것이 재조(再雕) 대장경이고 이것이 오늘날에도 전해지는 고려대장경이다.

재조대장경은 강화로 천도한 이후 고종 23년(1236)에 설치된 대장도감(大藏都監)의 본사(本司)에서 무신정권의 우두머리였던 최이(崔怡, 구명은 瑀)가 연재(捐財)하여 간판한 것이 있고 고종 30년(1243)에 남해(南海)의 대장도감 분사(分司)에서 정안(鄭晏, 구명은 奮)이 재물을 내어 판각한 것이 있다.

후자의 남해(南海) 분사(分司)에서 간판한 대장경판은 108.621판이어서 전자의 강화의 본사(本司)에서 판각한 45,675판에 비교하면 절대 다

83 송조대장경에 새로 수록된 경전으로는『開元釋教錄』과『續개원석교록』·『貞元新定釋教錄』·『續정원석교록』 등이 있고 새로 漢譯한 경전으로는『大中祥符錄』과『景佑新修法寶錄』 등이 있다.

수가 분사에서 판각하였음을 알 수 있다. 재조 대장경으로 간행한 책판 154,296판의 70%을 남해의 분사에서 간판한 것이다. 즉, 오늘날 전해지는 팔만대장경의 대부분이 남해(南海) 분사에서 판각한 것이다.

대장경 본문의 교정 작업은 대장도감의 수기(守其)법사가 중심이 되어 교정할 승려들을 동원하여 수행하였고 정자(正字)들이 교정 원고를 종이에 써서 판목에 붙이면 각수(刻手)들이 이를 새기는 방법으로 대장경판의 판각은 진행되었다. 이 작업은 고종 24년(1237)에 강화의 본사에서 책판을 내기 시작하여 고종 25년(1245)까지 계속되었다. 남해의 분사에서는 고종 30년(1243)부터 책판을 내기 시작하여 고종 35년(1248)까지 계속해서 책판을 간판하였다.

재조대장경에는 장외판(藏外板)의 보유(補遺)를 말미에 붙였다. 이 보유는 분사(分司)도감에서 새긴 7종 183권 4,623판과 본사(本司)도감에서 훗날 새긴 4종 16권 543판이 있다. 그밖에 고려 말과 조선 전기 사이에 새긴 4종 32권 1,186판을 앞의 것과 합치면 대장경판은 모두 160,648판이 된다.

이 장외판의 보유(補遺)는 조선 고종 2년(1865)에 재조대장경에 합쳐졌다. 남해의 대장경 분사(分司)에서는 앞에 언급한 대장경의 보유판 이외에도 고종 31년(1244)에 『금강명경(金剛明經)』을 간판하고 다음 해에는 『금강반야바라밀경(金剛般若波羅密經)』, 『화엄경보현행원품(華嚴經普賢行願品)』, 『천태삼대부보주(天台三大部補註)』 등을 간행하였다. 그리고 대장목록을 마지막으로 고종 35년(1248)에 분사도감이 운영을 마감한 후에도 이곳 관리들이 여업(餘業)으로 판각을 계속하였다고 한다(고려대장경 연구소 <재조대장경 소개> 참조).

제조대장경은 초조(初潮)의 인본(印本)을 바탕으로 본문에 교정을 가하였다. 교정을 담당한 수기(守其) 법사는 대장도감 설치이후 초조본(初雕本)에 오역이 심한 것, 경론(經論)이 누락된 것, 그리고 중요도의 인지가 낮은 것 등을 가려 교정과 게재 여부를 계속 검토하여 왔는데 그것이 분사도감의 후반기에 정리되어 재조대장경의 판각에서 삭제와 대체가 이루어졌다.

2.3.4.3. 고려의 무신(武臣) 정권에서 고종 36년(1249)에 강화로 천도를 주도한 최이(崔怡)가 죽고 그의 아들 최항(崔沆)이 그의 직을 계승하자 남해 분사에서 판각한 것과 강화 본사의 것을 모두 강화의 대장경판당(大藏經板堂)으로 옮겨 보관할 것을 계획하였다.

최항은 남해 분사(分司)의 정안(鄭晏)을 강화로 불러 문하성(門下省)의 참지정사(參知政事)로 임명하고 남해의 분사 대장경을 강화로 이송하여 본사의 것과 함께 봉안(奉安)할 것을 명하였다. 정안은 이 명을 제대로 수행한 것으로 보이며 고종 38년(1251) 9월에 대장경 봉안의 경찬회(慶讚會)를 개최하였다. 강화의 대장경판당은 서문(西門) 밖에 위치하였고 해로(海路)에 가까운 곳에 두어 언제라도 이송할 수 있게 하였다.

강화에서의 대장경판당을 관리하는 것은 선원사(禪原寺)가 담당하도록 하였으며 이때에 모아 놓은 장경판(藏經板)과 장외판(藏外板)의 보유를 합치면 앞에서 언급한 대로 모두 16만 648판이다. 하나의 목판에 전면과 후면의 두 판의 판각이 가능함으로 이를 수록한 판목의 수효는 모두 8만여 개가 된다. 팔만대장경(八萬大藏經)이란 명칭이 이렇게 생겨난 것이다.

조선 태조 때에 대장경판의 안전한 보관을 위하여 해인사(海印寺)로 옮기는 계획이 세워졌다. 태조 7년(1398) 5월에 강화에서 서울의 용산으로 옮겨오고 서대문 밖의 지천사(支天寺)에 임시로 두었다가 이를 해인사로 옮긴 것은 아마도 태조가 아들인 정종(定宗)에게 선위하기 이전으로 보인다.

왜냐하면 조선왕조의 제2대 정종 원년(1399) 정월 9일에 태조의 명으로 대장경을 인출하고 경상감사가 인경승(印經僧)들에게 음식을 주었다는 기사가 『정종실록』(권1) 정종 1년 1월 9일조의 기사에 보이기 때문에 태조가 재위할 당시에 대장경판이 해인사로 이송된 일은 이미 끝난 것으로 보아야 할 것이다.[84] 해인사에 보관된 고려대장경, 일명 팔만대장경은 국보 32호로 지정되었고 유네스코 세계 기록문화 유산으로 등

84 『정종실록』(권1) 정종 1년 1월 庚辰(9일) 조의 "○命慶尙道監司, 飯印經僧徒于海印寺。太上王欲以私財, 印成《大藏經》, 納東北面所畜菽粟五百四十石于端、吉兩州倉, 換海印寺傍近諸州米豆如其數。"라는 기사를 참고할 것.

재되었다.

2.3.4.4. 여기서 고려의 대장경판의 간행 대하여 이렇게 자세하게 고찰한 것은 이 대장경 속에 고대인도의 비가라론(毘伽羅論)과 성명기론(聲明記論)이 포함되어 이 땅의 학승(學僧)들로 하여금 이 문법과 음운 연구를 배우게 하였기 때문이다.

조선 초기 세종의 새 문자 제정에는 물론이고 고려시대에 한자 차자 표기에 보이는 우리말의 문법과 음운에 대한 연구는 실제로 고대인도의 비가라론(毘伽羅論)과 그의 성명기론(聲明記論)에 의거한 것이라 상당한 수준이었다. 훈민정음 <해례본>의 수준 높은 음성과 음운에 대한 이론은 여기에 근거한 것이다.

이에 대하여는 제3장과 제4장에서 구체적으로 논의할 것이다. 다만 제2장의 2. 고대인도의 범어(梵語) 문법과 <팔장>에 논의된 내용들은 거의 팔만대장경 안에 들어있는 불경에서 찾아낸 것이다. 따라서 여기에 서술된 것은 기왕의 논의에서 찾아보기 어려운 내용들이다. 그리하여 그동안 필자의 논의를 이해하기 어려웠고 또 많은 비판이 있었다.

특히 <대반열반경>(권3)의 「문자품(文字品)」에서 인용한 범자(梵字), 즉 브라미(Brāhmi) 문자의 모음의 마다(摩多) 14자와 자음의 체문(体文) 36자는 지금까지 어디에도 소개된 바가 없다. 따라서 이 문자의 자음 36자가 중국 성운학(聲韻學)의 36성모(聲母)가 되었다는 주장도 처음 있는 일이다. 앞으로 이에 대한 연구가 이어지기를 충심으로 바라마지 않는다.

4. 서양의 고전 문법

2.4.0. 앞에서 동양의 고대인도와 중국에서 언어 연구가 어떻게 전개되었는지 간략하게 살펴보았다. 의외로 이들의 언어 연구는 비록 지역에 따라 다르지만 실용적인 필요에 따라 매우 심오하게 이루어졌음을 알 수 있었다. 이제 문법이란 이름으로 시작된 서양의 언어학은 어

떻게 전개되었는지 살펴보기로 한다.

제2장의 모두(冒頭)에서 고대희랍의 전기에 방언간의 차이와 고대 문자의 사용에서 언어에 대하여 의식하고 이를 철학적으로 고찰하였음을 언급하였다. 여기서 철학적이란 과학적이란 말과 유사함을 들고 언어에 대한 실험적 연구가 있었음을 고찰하였다. 그리하여 희랍의 역사가로서 여행가이기도 했던 헤로도투스(Herodotus)는 인류의 원초 언어(primitive language)를 찾기 위한 실험적 연구를 소개하였다.

또 고대 희랍인들은 언어의 음성 형식과 의미 내용 사이의 관계에 관심을 갖고 이 두 사이에 자연설(physei)과 이와 상반되는 관습설(thesei)이 있음을 주장하였으며 이러한 논의는 언어의 본질을 살피려는 희랍인들의 철학적 연구의 결과라고 보았다. 그리하여 어원학(語源學, etymology)이 발달하였다. 그리고 자연설과 관습설의 논쟁은 언어의 본질을 살피려는 언어 이론의 발달을 가져왔다.

그러나 이런 언어의 본질에 대한 연구와 더불어 언어의 실태(實態)를 밝히려는 노력도 있어서 언어의 규칙성에 대하여 주목하고 연구하였다. 언어의 규칙을 존중하는 유추론(analogia)와 그에 대립하는 변칙론(anōmalia)이 있었는데 유추론에서는 언어의 여러 규칙, 즉 문법을 찾아 이를 고찰하는 문법학이 중심 연구가 되었다.

아리스토텔레스(Aristotle)는 어원학에 대하여 별로 관심이 없었고 희랍의 문법에 좀 더 주의를 기울였다. 즉, 유추론(類推論)에 기울어져있었던 것이다. 이후 희랍에서는 문법이 발달하였고 이러한 전통은 로마로 이어진다.

1) 고대희랍의 철학적 언어관과 희랍문법

2.4.1.0. 앞에서 한국어학이란 한국어를 언어학의 연구방법으로 고찰하는 것이라고 정의하였다. 특히 서양의 언어학적 연구 방법에 의거한 것만이 한국어학에 들어가야 한다는 여러 국어학사의 논저가 있다. 그러므로 한국어학사를 서술하기에 앞서 먼저 서양언어학사에 대한 간단한 조감이 필요하다.

서양의 정신사(精神史)는 크게 희랍적(Hellenism) 사고와 기독교적(Hebraism)

인 사고로 나누어 볼 수 있다. 먼저 기독교적인 사고에서 인류의 언어는 보통 신(神)이 인간에게 준 것이라는 언어신수설(言語神授說)이 유력하였다. 그리하여 기독교의 성경(聖經)은 "태초에 말(λωγος, lōgos)이 있었으니"로 시작하고 많은 민족의 신화와 전설에서 언어와 문자는 신(神)이 준 것으로 알려졌다.

그러나 희랍적 사고에서는 먼저 언어의 기원에 대하여 관심을 가졌다. 이 장의 모두에서 소개한 기원전 5세기경의 역사가이며 여행가였던 헤로도투스(Herodotus)는 인간의 언어가 자연음을 모방한데서 생겨난 원시원어(primitive language)에서 발달한 것으로 보았다. 즉, 언어의 의성어모방설(onomatopoetic theory)을 주장한 것이다. 이로부터 많은 언어의 기원설이 제기되었다.

희랍시대의 전기(前期)에는 음성과 의미의 관계에 관심을 갖고 앞에서 논의한 대로 이 둘 사이가 자연적 필연성이 있다고 보는 자연설(physei)과 그저 관습적으로 관계가 성리된 것이라는 관습설(thesei)이 서로 대립하였다. 자연설을 뒷받침하는 것으로 모든 언어에 들어있는 의성어(擬聲語)를 근거로 하였다. 이러한 철학적 논쟁은 궤변학파(sophist)에 의해서 유행하였는데 결과적으로 언어를 학문적으로 고찰하는 단초를 제공하였다.

2.4.1.1. 서양에서 희랍적 사고는 언어에 대한 문법 연구로 시작한다. 일찍이 소크라테스(Socrates), 플라톤(Plato), 아리스토텔레스(Aristotle)에 의하여 인정된 언어의 문법(grammar)은 중세시대를 거쳐 근대시대에 역사비교언어학이 언어과학(science of language)으로 발달하고 이어서 인문학의 하나로 언어학(linguistics)이란 학문이 정립되었다고 언어학사에 기술되었다.

플라톤(Plato)은 언어의 자연설(physei)를 신봉하였으나 언어의 실태를 연구하는 중요성을 인식하고 문장을 분석하여 체언(onoma)과 서술어(rhēma)로 구분하였고 후일 이것이 명사(名詞)와 동사(動詞)로 발전한다.[85]

---

85 onoma(*ονομα*)는 고대희랍어로 '이름'이란 뜻으로 "그에 대해 陳述되는 것"이을 의미한다. rhēma(*ρηεμα*)는 희랍어로 '말'이란 의미를 가졌고 "명사에 대하여 진

그의 제자인 아리스토텔레스(Aristotle)는 여기에 접속사(syndesmoi, ςυνδεςμοι)를 추가하였다.

신데스모이(syndesmoi)는 접속사, 관사, 대명사를 포함하는 문법 술어다.[86] 전술한 명사인 onoma와 동사인 rhēma는 독자적인 의미를 갖고 있지만 신데스모이는 오로지 논리적 사고 과정을 연결해 준다고 하였다. 이로부터 희랍의 품사분류(part of speech, μερος λωγου)가 시작된다.

이렇게 시작된 품사분류는 스토아(Stoa) 학파에서 관사(arthron)을 추가한 4품사를 거쳐 드락스(Dionysios Thrax)의 『문법기술(文法技術, *Téchnē Grammatikē*)』(Thrax, 2C., A.D.)에서 8품사로 연결되어 인구어의 품사 분류가 일단락된다. 물론 계속해서 품사 분류는 다른 연구가 이어지지만 일단 드락스(Thrax)의 주장을 알렉산드리아 학파가 수용하였고 이어서 라틴문법에서도 이를 받아드려 굴절적인 인구어의 품사분류가 완성된 것이다.

다만 드락스(Thrax)가 파니니의 <팔장>을 참고하였는지는 확실하지 않다. 시기적으로 보아 <팔장>(6c~3c B.C.)이 훨씬 앞서 편찬된 것이고 알렉산더(Alexander) 대왕의 세계 정복과 인도 침략으로 인도의 문화가 고대 희랍에 수입되어 알렉산드리아 학파에 영향을 주었을 가능성은 많다. 무엇보다도 <팔장>의 문법 서술과 드락스(Thrax)의 <문법기술>이 기본적으로 유사하다.

드락스(Thrax)의 문법은 로마 제국에서 라틴 문법을 창시한 봐로(Marcus Terentius Varro, 116~27 B.C.)의 뒤를 이어 도나투스(Aelius Donatus)의 『문법기예(技藝, *Ars Grammatica*)』(330 A.D.)와 프리스키아누스(L. Priscianus)의 『문법교정(文法教程, *Institutiones Grammaticae*)』(Priscian, 6c. A.D.)에서 그대로 계승되었다.

그리하여 서양의 굴절어 문법에서는 낱말을 8개의 품사로 분류하는 것이 일반화되었다. 팔품사론(八品詞論)은 중세 이후의 규범 문법, 즉 학교 문법으로 발전하고 현대의 여러 인구어 문법에서도 이를 추종한다.

술하는 것"을 말한다. 이러한 플라톤(Plato)의 생각은 主語와 述語의 고전적인 개념이 되었다.

86 syndesmoi가 복수인 이유를 알 수 있다.

한 때 아시아에도 전달되어 일본의 에도(江戶) 문법에서는 라틴 문법의 영향으로 일본어의 품사를 8품사로 추종한 경우가 있다.

2.4.1.2. 희랍 문법을 완성시켜 라틴 문법으로 이어지게 한 드락스(Thrax)는 알렉산드리아 학파에 속한다. 기원전 300년 이후의 시대, 우리에게는 헬레니즘 시대(Hellenistic age)로 알려진 이때에는 원래의 희랍 시민만이 아니라 희랍 제국(帝國)에 들어온 이민족들에게도 고전시대의 문헌, 특히 호머(Homer)의 일리아드(*Iliad*)와 오디세이(*Odyssey*)에 대한 강한 관심이 생겨서 이에 대한 연구가 성행하였다.

그러나 이 시대 두 고전 문학작품의 언어는 새로운 시민들에게는 물론이고 원래 희랍시민들에게도 이해하기 어려운 고전희랍어가 되어 버렸다. 그리하여 이에 대한 이해를 위하여 문헌학(philology)이 발달하게 되었다. 또 그들의 공통어이었던 코이네(Koinē)에 대한 문법연구가 뒤를 이어 이 언어의 정용법(正用法, correctness)이 확립되었다.

이러한 새로운 학문의 경향은 희랍 본토에서 성행하던 학문을 새로운 식민지로 옮겨 왔고 이렇게 새롭게 생겨난 학문의 연구자들을 알렉산드리아학파라고 불렀다. 여기에는 알렉산더 대왕이 정복한 페르시아, 이짚트, 인도의 문화가 유입되어 상당한 수준의 학문이 연구되었다. 이 학파에는 호머를 연구하던 아리스타르쿠스(Aristarchus, 200 B.C.)가 있었고 그의 제자인 드락스(Dionysius Thrax, 100 B.C.)로 이어진다.

드락스는 『문법기술(文法技術, *Téchnē Grammatikē, Τεχνη Γραμματικη*)』로 불리는 문법서를 저술하였는데 이 책은 불과 15쪽에 25절의 짧은 문헌이지만 희랍문법의 정수를 서술하였다. 드락스(Thrax)는 알렉산드리아 학파에 속하지만 희랍의 스토아학파의 영향을 많이 받았다. 또 그의 문법 기술은 고대인도의 비가라론(毘伽羅論) 문법, 즉 파니니 문법과 많이 닮았다.

그는 문법 기술의 최대 단위인 문(logos, λόγος)과 최소단위인 낱말(lexis, λεξις)을 구분하고 낱말 단위의 8개의 품사를 인정하여 서양 문법의 기본적인 품사 분류가 되었다. 이를 여기에 소개하면 다음과 같다.

명사(onoma, noun) - 격변화를 하며 사람 또는 사물을 나타내는 품사.
동사(rhēma, verb) - 격변화는 하지 않지만 시제, 인칭 및 수(數)에 의한 어미변화를 하며, [능동적으로] 수행하거나 [수동적으로] 받는 행위, 또는 작용을 나타내는 품사.
분사(metochē, participle) - 동사 및 명사의 특성을 나누어 가진 품사.
관사(arthron, article) - 격변화를 하지 않으며 명사에 앞에 있거나 또는 뒤에 있는 품사.[87]
대명사(antōnymiā, pronoun) - 명사에 대용(代用)되어 인칭에 의한 구별을 나타낼 수 있는 품사.
전치사(próthesis, preposition) - 낱말형성 및 통사법에서 다른 말에 전치(前置)하는 품사.[88]
부사(epirrhēma, adverb) - 어미변화를 하지 않으며 동사에 대하여 수식, 부가를 하는 품사.
접속사(syndesmos, conjunction) - 발화를 연결하고 해석상의 부족부분을 보충하는 품사.

輿津達朗(1976: 11~12), 필자 번역.[89]

이 8품사는 아폴로니우스(Apollonius Dyscolus, 100 A.D.)로 이어져 굴절어의 기본 품사로 인정되었고 라틴문법으로 전해지게 된다.

드락스는 이어서 기타 시제(時制, tense), 태(態, diathesis, διαθεζις), 성(性, génos, γενος), 파생(eidos, ειδξος), 복합(schēma, ςχημα), 격(ptōsis, πτωςις), 수(arithmos, αριθμος) 등의 굴절 형태와 그 기능이 논의되었다. 희랍 문법과 라틴 문법에서 굴절어인 인구어의 문법 체계가 이미 여기서 구비되었음을 알 수 있다.

드락스(Thrax)와 아폴로니우스(Apollonius)의 문법 이론과 체계는 로마 시대의 도나투스(Donatus)와 프리스키아누스(Priscian)에 전달되어 라틴 문법으로 확대된다. 전술한 도나투스의 <문법기예>와 프리스키아누

87 Thrax는 先行詞의 다음에 오는 關係代名詞도 여기에 포함시켰다. 冠詞와 관계대명사라는 것은 같은 형태론적 특성을 갖고 있었기 때문이다.

88 Thrax는 낱말형성 [복합]에 있어서 말의 전반부에 있는 것도 전치사로 보았다.

89 이들을 희랍어 원문으로 보이면 "ονμα(onoma), ρήμα(rhēma), μετοχή(metochē), αρθρον (arthron), αντώνυμια (antōnymia), πρόθεσις (próthesis), επιρρημα (epirrēna), συνδεσμος (syndesmos)"와 같다.

스의 <문법교정>은 드락스의 문법을 라틴어에 접목하여 이를 확대하고 완성시켰다는 평가를 받았다.

어떻게 보면 고대 인도의 파니니(Pānini) 문법이 드락스(Thrax)에 연결되고 그로부터 도나투스(Donatus), 프리스키아누스(Priscian)에게 전달되어 산스크리트어와 희랍어, 그리고 라틴어의 문법을 완성시켰다고 본다. 특히 희랍과 라틴문법의 두 문법은 오늘날 서양의 여러 언어에서 인구어 굴절 문법으로 면면하게 이어진다.

2.4.1.3. 이러한 분류는 변별적 기준에 있어서 매우 세련된 식별력이 알렉산드리아 학파에서 적용되었음을 알 수 있다. 이 가운데 어떤 특징들은 스토아 학파에서 주장된 것도 있지만 그들은 독립된 어류의 분류기준로 공식화하지는 못했다. 이 분류는 처음 5개가 굴절이 되는 것이고 나머지 3개는 굴절하지 않거나 불변의 것들이었다.

이렇게 분류된 어류(word class)는 각각 적용되는 언어범주가 있는데 Thrax(2C. B.C.)에서 이를 문법 속성(parepòmenna, παρεπόμενα)이라 불렀고 이것은 문장 속에서 이 어류들이 갖는 결과적 속성(consequential attributes)으로 보았다. 아리스토텔레스가 가졌던 이 어류들의 언어 속성(symbebēkota, συμβεβηκότα), 즉 우연한 속성(accident attributes)과는 차이가 있다.

Thrax(2C. B.C.)의 문법 속성에는 낱말의 형태에서 문법적으로 관련을 맺고 다르게 나타나며 굴절이나 파생 범주를 모두 포함한다. 먼저 5개의 문법 속성, ① Génos(γένος), ② Eîdos(Εἶδος), ③ Schēma(Σχῆμα), ④ Arithmós(Αριθμός), ⑤ Ptõsis(Πτῶσις)가 명사류에 적용된다. 먼저 ① Génos(γένος)은 영문법에서 성(gender)을 말하며 남성과 여성, 혹은 중성으로 구분하였다.

② Eîdos(Εἶδος)는 조어론의 유형(type)을 말하며 영문법의 파생이다. 원형과 파생형으로 나뉜다. 고전희랍어의 'gaiēios(γαιήιος, 땅의)'는 명사에서 파생한 것으로 원형은 'gē(γή)', 또는 'gaîa(γαῖα)'이다. 파생명사의 하위 부류에는 형용사의 비교급과 최상급이 있다. 예를 들면 고전희랍어의 'andreióteros(ανδρειοτερος braver)'와 'andreiótatos(ανδρειοτατος, bravest)'는 파생어다. 형용사의 기준으로 작용하던 형태가 명사류 내에서 스스

로 특정의 위치에 붙어 다른 어류의 것으로 분리해 낸 것이다.

③ Schēma(Σχήμα)는 영문법의 형태(form)를 말하며 단순 형태, 또는 복합 형태로 나눈다. 하나의 단순명사 어간 내에서 하나 이상의 명사 어근이 확인되면 복합 형태가 된다. 예를 들면 고전희랍어의 'Mémnōn (Μέμνων, steady)'은 단순 명사이지만 고유명사 'Αγαμέμνων(아가멤논, 일리아드에 등장하는 희랍군의 총수)'은 'αγα- 비상하게'가 접두(接頭)된 복합명사다.

④ Arithmós(Αριθμός)는 영문법의 수(number)로서 단수, 양수(dual), 복수가 있다. 고전희랍어의 두 눈(osse, ςοςςε), 두 다리(πούτ, feet)는 모두 양수(兩數)다. 만일 다리를 단수로 쓰려면 'όοεπ, foot'라고 하고 복수로 하려면 'πόοετ(feet)'가 되어야 한다.

⑤ Ptõsis(Πτώσις)는 영문법의 격(case)로 고전희랍어에는 주격, 호격, 대격, 속격, 여격의 5격을 인정하였다. 이것은 산스크리트어의 8격이나 라틴어의 6격보다 적은 것으로 명사에 주어진 것이다. 이 격의 명칭은 각각 의미론적 기능에 따라 주어진 것으로 예를 들면 여격(dative)은 'δοτικ(dotiké)'가 "~에 주는 것,(giving to)의 의미가 있다.

2.4.1.4. 흥미가 있는 것은 영어의 'accusative case'은 희랍어의 목적격, 즉 고전희랍어의 'aitiatikē ptōsis(αιτιτκή πτώσις)'를 라틴어로 옮기면서 'cāsus accūsātivus'로 하였다. 고전희랍어의 'aitiatikē(αιτιτκή)'는 '원인격, 목적격'이라는 뜻이었는데 바로(Varro, 1C B.C.)가 이를 오역(誤譯)하여 'aitiatikē'의 또 다른 뜻인 "고발하다"로 잘못 이해하여 라틴어의 'accūsātivus'로 한 것을 후세에 그대로 받아들인 탓으로 "고발 격"이 된 것이다.

원래 고전희랍어에서 'aitiatikē(αιτιτκή)'는 원인이란 뜻의 'αιτα(aitia)'에 의해서 생겨나는 행위를 받는 것을 의미한 것이었다. 따라서 라틴어로는 'casus causitivius(원인격)'이어야 했다. 그러나 로마시대의 바로(Marcus Terentius Varro)는 로마 문법을 창시한 사람이었지만 희랍어의 'aitiatikē(αιτιτκή)'를 "고발하다. 비난하다"란 뜻으로 잘못 알고 Varro(1C B.C.)에서 라틴어로 이렇게 번역한 것이 대격(accusative case)으로 굳어진 것이다.

스토아학파에서는 Ptõsis(Πτώσις)에 의하여 일어나는 어형 변화를 'klisis(κλισις)'라 하였고 드락스(Thrax, 2C. B.C.)에서 격(Ptõsis, Πτώσις)을 직격(直格, Ptõsis eutheia, Πτώσις εύθεια, 또는 Ptõsis orthē, Πτώσις όρθή)과 사격(斜格, Ptõsis plagiai, Πτώσις πλαγιαι)으로 구분하였다. 직격(cāsus rectus)은 주격(主格)을 말한다. 사격(oblique case)은 대격(對格, αιτιατή), 속격(屬格, γενική), 여격(與格, δοτική), 호격(呼格, κλητική)을 말한다.

호격을 주격과 같이 보아서 직격에 넣기도 한다. 예를 들면 라틴어의 "Quo va dis Domine? - 주여! 어디로 가시나이까?"에서 'Domine'는 호격이지만 주격과 같은 자격으로 쓰인 것이다.

2.4.1.5. Thrax(2C. B.C.)에서는 동사의 문법 속성(parepōmena)으로서 서법(tropos, τρόπος), 태(態, diathesis, διαθεζις), 시제, 인칭, 활용의 굴절 형태와 그 기능이 논의되었다. 희랍 문법과 라틴 문법에서 굴절어인 인구어의 문법 체계가 이미 여기서 구비되었음을 알 수 있다.

예를 서법(mood)에서 들어보면 드락스(Thrax, 2C. B.C.)는 희랍어의 서법으로 직설법, 접속법, 원망법(願望法), 명령법을 인정하였다. 그리하여 직설법은 "사실을 그대로 진술하는 서법", 접속법은 "이제부터 일어나려는 사실이나 기대되는 사실을 나타내는 서법", 원망법은 "순전히 말하는 이의 마음속에서만 생각되고 있는 사실을 나타내는 서법", 명령법은 "요구, 지시, 의뢰를 나타내는 서법"으로 정의하였다.

원망법은 기원 전후에 소멸되었는데 'λύο(lúo) -ㅡ풀다, 벗다, 해방되다'를 예로 하면 다음과 같은 서법이 가능하다.

> lúi -o-men - 우리들은 해방되었다. - 직설법
> lúi -o:-men - 우리들이 해방된다면 - 접속법
> lúi -oi-men - 우리들이 해방되기를 바라다 - 원망법

이 가운데 원망법은 코이네(Koinē)에서 소멸되었다. 드락스의 문법 이론과 체계는 로마 시대의 프리스키아누스(Priscian)에 전달되어 라틴 문법으로 확대된다. 후술할 프리스키아누스의 <문법교정>(Priscian, 500

A.D.)은 드락스의 문법을 라틴어에 접목하여 이를 확대하고 완성시켰다. 희랍과 라틴 문법를 완성시킨 두 문법은 오늘날 서양의 여러 인구어에서 굴절 문법으로 면면하게 이어진다.

2.4.1.6. 희랍문법에서 onoma와 rhēma라는 것은 문장의 중요한 구성요소, 즉 품사로서 특별히 중시되었지만 전술한 아폴로니우스(Apollonius)는 이 둘의 품사에 대하여 서로 보여주는 형태론적 특성, 즉 어미와 격변화에 주목하였다. 거기다가 그의 문법적 호응, 또는 관련(agreement), 예를 들면 단수 명사의 주어와 이에 관련된 동사의 단수어미로 호응하는 일을 분명하게 밝혔다.

같은 명사가 주어로서, 또는 목적어로서 취급되는 것을 밝혀주면서 문장 속에서 일어나는 지배(government)와 종속(dependence)과 같은 새로운 문법 개념을 알게 되었다. 현대 영문법의 타동사(transitive verb)도 당시 희랍어의 원의(原義)로 거슬러 올라갈 수 있다. 즉, "무엇인가 다른 것, 다른 사람에게 이르는 것(pass over to something or someone else)"을 의미하고 있다는 통사론적으로 보는 방식에 의거한 명명이라고 말할 수 있을 것이다.

이러한 새로운 시각에서 의거한 그의 문법 연구는 희랍 문법에서 통사론의 중요성을 일깨워주었다. 이런 의미에서 희랍의 문법 연구는 아폴로니우스에 의하여 완성되었다고 보는 것이다. 그리고 이런 문법 의식은 고대인도의 비가라론(毘伽羅論)의 영향을 받은 것으로 보인다.

앞의 2.2.1.2.에서 살펴본 것처럼 고대인도의 문법인 비가라론에서는 동사의 활용과 명사의 곡용을 알고 있었고 인칭과 수에 의한 어형변화를 인지하고 있었다. 성(性)과 수(數), 인칭(人稱)에 대한 것은 비가라론의 것을 그대로 수용한 느낌이 든다. 특히 산스크리트어에서 비가라론은 조격(造格)과 대격(對格)으로 시작하는 8격의 체계를 보였다.

2) 로마 제국의 실용적 라틴문법

2.4.2.0. 로마 제국(帝國)시대의 라틴어 교육에 대하여 알려진 것이 별로 없다. 고대 희랍인들의 언어 연구를 이어받고 로마 제국의 국교

가 된 기독교의 영향으로 보다 실용적인 언어 연구, 즉 라틴어의 교육과 그에 따른 문법 연구가 성황을 이루었을 뿐이다.

특히 로마의 문법 연구는 알렉산드리아 학파의 연구를 이어 받아 라틴어 교육과 더불어 그의 문법 연구가 실용적으로 이루어졌다. 로마시대에 최초의 문법 연구는 봐로(Marcus Terentius Varro, 116~27 B.C.)에 의하여 시작된다고 본다.

그는 최초의 로마 문헌학자 스틸로(L. Aelius Stilo)의 제자였으며 시저(Caesar)가 그를 공설 도서관의 책임자로 임명할 정도로 학식이 뛰어났었다. 그는 78세까지 490여 책을 저술하였으나 오늘날 전하는 것은 55권만이 알려졌을 뿐이다.

그의 라틴어 문법 연구는 오늘날 일부만 전하는 『라틴 문헌어론(De lingua latina libiri)』(25권, 이하 Varro, 1C. B.C.)을 통하여 알려졌으며 이 책은 라틴어로 쓴 최초의 문법서로 알려졌다. 오늘날 5~10권만 부분적으로 전하는 이 Varro(1C. B.C.)에서 라틴어의 어원학(etymology), 형태론(morphology), 통사론(syntax)에 대하여 논의하였다. 그리고 문법이란 "다수의 시인(詩人), 역사가, 웅변가(orator)의 언어 사용에 대한 조직적인 지식"이라고 정의하였다.

문법에 대한 이러한 정의는 알렉산드리아 학파의 드락스(Thrax, 2C. B.C.)의 정의, "문법이란 시인이나 운문 작가의 일반적인 언어 용법에 대한 실제적 지식"이라는 정의를 그대로 답습한 것이다. 그는 언어와 문법에 대하여 로마에서 최초로 탐구하기 시작한 사람으로 그의 스승인 스틸로(Stilo)와 같이 스토아학파의 영향을 받았으나 실용적인 면을 중시한 것은 알렉산드리아 학파의 교훈을 계승한 것이다.

2.4.2.1. 봐로의 Varro(1C B.C.)는 어원학보다는 형태론과 통사론에 많은 지면을 할애하였다. 그의 형태론에서 특별히 주목할 것은 파생형성(derivation formation)과 굴절형성(inflection)의 차이를 밝혔다는 점이다. 이것은 고대시대의 문법 연구에서 획기적인 일이다.

굴절(inflection)의 특징은 그로 인한 어형변화(paradigma)가 유루(遺漏, omission)가 적고 동일 방언 내에서 모든 화자에게 동일하게 나타난다는 점이다. 굴절에 의하여 어간(stem)에서 변화되는 것을 자연적 어형변이(dēclinātio nātūrālis, natural word form variation)라고 하였다. 왜냐하면 어간과 그 굴절형태들은 자연적으로 암시해 준다고 보았기 때문이다.

반면에 공시적 파생에 의한 파생어의 형성은 어근(root)에 따라, 또는 사람에 따라 그 사용과 수용(acceptability)의 정도가 다르다고 보았다. 파생어에 보이는 변이는 자발적 어형변이(dēclinātio voluntāria, spontaneous word form variation)이기 때문이라는 것이다. 즉, 굴절에 의한 어형 변화와 파생에 의한 것이 근본적으로 다른 점을 강조한 것이다.

그리고 형태론에서 이와 같은 굴절어와 파생어의 임의적이고 비 규칙적인 현상은 한 언어에서 많은 융통성을 주게 되고 개별 언어의 문법을 서로 다르게 한다고 보았다. 이로부터 로마 문법이 실용적이고 개별적인 언어의 관찰로부터 결과를 가져오게 하였다. 그런 사고는 품사 분류에서 두드러지게 나타난다.

2.4.2.2. 전술한 바와 같이 희랍에서의 품사분류(μερος λογου, part of speech)는 플라톤(Plato)의 2품사에서 아리스토텔레스(Aristotle, 320? B.C.)의 3품사, 그리고 스토아(Stoa) 학파의 4품사를 거쳐 알렉산드리아 학파의 드락스(Thrax, 2C. B.C.)에 의하여 8품사로 정착한다.

로마 문법을 시작한 봐로(Varro, 1C. B.C.)는 희랍인들처럼 격(格, case)과 시제(時制, tense)를 굴절에서 대조되는 낱말의 구별의 기준으로 하였다. 그리하여 이러한 굴절로 구분되는 4개 낱말의 부류를 정하였는데 이를 정리하면 다음과 같다.

격(格) 굴절을 하는 낱말 - 명사(형용사 포함)
시제(時制) 굴절을 하는 낱말 - 동사
격과 시제 굴절을 하는 낱말 - 분사
아무 것도 하지 않는 낱말 - 부사

이외에도 봐로(Varro, 1C. B.C.)의 문법에서 특이한 것은 희랍어의 5격(格)에 대하여 라틴어에서 6격(格)을 인정하였다는 점이다. 라틴어에서 형태론적으로 분명하게 구분되는 탈격(奪格, ablative case)은 그 이전에는 희랍어의 5격 체계에 맞추어 속격과 대격으로 보았다. 이 탈격은 라틴어에만 있는 것으로 보아 라틴격(Latin case), 또는 희랍어의 5격에 대하여 제6격(sixth case)이라고 불렀다.

원래 희랍어에서는 전술한 바와 같이 '주격, 대격, 속격, 호격, 여격'의 5격(πτώσις, ptōsis)을 구분하였고 드락스(Thrax, 2C. B.C.)애서는 주격(πτώσις ονοματικη)을 직격(直格, πτώσις εύθεια)이라 하고 나머지를 사격(斜格, πτώσις πλαγιαι)으로 구분하였다. 그리하여 대격(πτώσις αιτιατικη)[90], 속격(πτώσις γεικη), 여격(πτώσις δοτικη), 호격(πτώσις κλητικι)은 사격(斜格)이라 하였다.

바로(Varro, 1C. B.C.)도 주격(cāsus nōminātivus)을 대표형으로 잡고 이를 직격(直格, cāsus rectus)라 하였고 나머지의 5격을 사격(斜格, cāsus obliqūs)이라 하여 대격(cāsus accusativus), 속격(cāsus genitivus), 여격(cāsus dativus), 호격(cāsus vocativus), 그리고 그가 추가한 탈격(cāsus ablativus)을 사격에 넣었다. 희랍인들의 격 형태에 대한 연구를 추종한 것이다.

2.4.2.3. 로마 제국(帝國) 시대에서는 바로(Varro) 이후에 팔라에몬(Quintus Remmius Palaemon, 1C. A.D.)과 쿠인틸리아누스(Fabius Quintilianus, 35~? A.D.)의 문법 연구를 거친다. 특히 쿠인틸리아누스는 탈격의 조격적인 사용으로부터 이를 제7격으로 독립시키자고 제안했지만 다음에 소개할 프리스키아누스(Priscian, 500 A.D.)에 의하여 탈격의 조격적 사용은 잉여적(redundant)인 것으로 처리하여 격으로 인정하지 않았다.

이후 도나투스(Aelius Donatus)에 이르러 라틴문법은 규범문법으로 발전한다.[91] 그의 『문법 기예(技藝, Ars Grammatica)』(Donatus, 330 A.D.)는 라틴어 문법을 집성시킨 것으로 언어학사에서 인정한다. 이 책은 두 권으로 되어 「소기예(Ars Minor)」는 초보자들을 위한 것으로 8품사에 대하여 질의응답 식으로 편집되었다.

이어서 「대기예(Ars maior)」는 수사학의 결점과 장점(vitiátus et virtutes

---

90 'αιτιατικη'는 '原因, 告發'의 뜻이 있지만 Thrax는 원래 '원인'을 뜻하는 것으로 사용한 것을 Varro가 'accusātivus(고발)'로 잘못 번역하였다. 또 일본의 譯語에서 이 라틴어를 '對格(accusative)'으로 번역하여 오늘날 문법 용어로 굳어지게 되었다.

91 그는 St. Jerome의 스승이었다. 그는 聖書를 라틴어로 번역하여 聖人의 반열에 올랐다.

orátiónis)에 대하여 좀 더 포괄적으로 논하였다. 이 책은 중세시대에 중요한 학교 문법 교과서로 사용되었다. 그리고 희랍어의 8품사를 고쳐서 '명사, 대명사, 동사, 형용사, 접속사, 분사, 전치사, 감탄사'로 바꾸었다. 그리고 도나투스(Donatus)는 문법을 "올바르게 쓰고 말하는 기예(Ars recte scribendi recteque loquendi)"라고 정의하였다.

2.4.2.4. 도나투스(Donatus) 이후에 라틴어 문법을 완성시킨 로마시대의 프리스키아누스(L. Priscian)가 있다. 그가 저술한 『문법교정(*Istitutiones grammaticae*)』(Priscian, 500, A.D.)은 세계 3대 굴절어 문법서의 하나로 모두 18권으로 되었다. 오늘날의 저작물로 치면 수천 쪽에 해당하는 대저로 어떤 라틴 문법가들의 저작보다도 가장 많은 분량의 문법서이었다.

프리스키아누스는 콘스탄티노플(Constantinople)에서 라틴어를 가르치면서 <문법교정>을 썼을 것이다. 이 책, Priscian(500)의 첫 16권은 품사론에 대하여 매우 상세하게 다루었고 나머지 2권은 통사론에 관한 것이다. 그래서 첫 16권을 프리스키아누스 주저(Priscian major)라고 하고 나머지 17~18권은 부저(副著, minor)라고 부른다. 그는 도나투스와 더불어 가장 널리 알려진 문법가였으며 중세시대에는 그들의 저서가 모두 학교의 교과서로 사용되었다.

프리스키아누스(Priscian)가 활약하던 시대는 로마 제국이 가장 강성하던 Pax Romama의 시대가 차츰 끝나가던 시기였다. 지중해를 중심으로 희랍-로마 문화가 통일되었던 시대로부터 제국의 평화가 깨지고 서방 세계가 분열하던 시기였다. 그렇지만 이 시대는 중요한 두 가지 사실이 문명 세계에 계속해서 의미를 부여하게 된다.

하나는 기독교의 등장이다. 원래 기독교는 유태인들만의 작은 문화의 종교이었으나 로마 제국의 흥융과 더불어 지중해 전역으로 퍼져나가게 되었다. 그리하여 많은 유럽의 국가들이 기독교를 국가의 종교로 받아들였다. 이로부터 유럽 사회의 사상과 학문의 핵심이 된 희랍정신, 즉 헬레니즘(Hellenism)에 맞먹는 기독교 정신, 즉 헤브라이즘(Hebraism)이 생겨나게 되었다. 그리고 기독교 정신에 의거한 사고가 유럽 전역에서 유행하게 되었다. 헤브라이즘 사상은 성경에 근거를 둔다.

또 하나는 로마 제국(帝國)의 분열로 유럽의 세계가 동서(東西)로 갈린 것이다. 즉, 로마 제국의 분열은 서양 문화의 분열을 의미한다. 이런 상황에서 프리스키아누스는 동쪽의 콘스탄티노플에서 5세기 후반까지 라틴어를 교육하면서 라틴문법을 연구하였다. 그는 드락스(Thrax, 2C. B.C.)의 <문법기술(*Téchnē Grammatikē*)>를 라틴어로 번역하였다.

또 그는 스토아(Stoa) 학파가 희랍어를 음운(potéstas), 문자(figura), 이름(nōmen)으로 나누어 고찰한 것처럼 인간의 발화음과 그 음절 구조를 문자의 기술로 처리하였다. 즉, 문자(líttěra)는 문자의 명칭(nōmen)과 자형(字形, figúra), 음가(potéstas)로 나누어 보고 라틴어를 기술하였다.[92] 즉, 문자로 언어의 음성을 기술하면서 발음된 분절음의 단위와 음절 구조에 관심을 갖게 되었다.

굴절 형태의 변화형에서 보이는 문자들은 다른 서양의 고대 언어 연구에서와 동일하게 최소 변화형이고 또 최소 음운단위였다. 그들에게는 음운과 문자가 단일한 것으로 보았기 때문이다. 그리고 이러한 현상은 후대에도 많은 언어 연구에서 유사하게 나타난다. 동양의 중국에서 한자음을 형성하는 한 무리의 음절이 최종 단위로 인식되는 것도 같은 현상이다.

그리하여 이러한 발화음의 연구는 'De voce', 또는 'Orthographia'라고 불러 오늘날의 정서법으로 부르는 Orthography의 근거가 되었다. 특히 음절 구조(De syllaba, prosodia)에 관심을 갖고 문자를 음절 단위로 이해하려 한 것은 중국의 한자음 연구에서 발견되는 일이다. 전술한 바와 같이 중국의 성운학(聲韻學)에서는 한자를 자음(字音), 자형(字形), 자의(字義)로 나누어 고찰한 것을 떠오르게 한다.

2.4.2.5. 프리스키아누스(Priscian, 500)의 문법에서 품사의 분류는 희랍의 드락스(Thrax, 2C. B.C.) 문법과 품사 분류에 의거하였고 도나투스(Donatus, 300) 등의 초기 라틴문법가들의 이론을 이어 받아 관사(arthron)를 없애고 도나투스가 제안한 감탄사(interiection)을 독립된 품사로 인정하였다.

92 이러한 생각은 漢字를 形, 音, 義로 나눈 것과 유사한다.

프리스키아누스와 동시대의 라틴어학자들은 9품사나 그 이상의 품사 분류를 주장하였으나 그는 기본적으로 형태에 기반을 둔 분류를 채택하여 8품사를 유지하였고 각 개 품사에 대하여 의미와 기능에 의하여 정의 되었다. Piscian(500)에서 정리된 품사 분류와 그 정의는 다음과 같다.

명사(nōmen) - 오늘날의 명사와 형용사로 분류된 낱말을 포함하고 있다. 명사의 특성은 실체와 그의 특성을 나타내는 것이며 사람과 사물에게 통하는 공통성, 또는 고유성을 부여한다.
동사(verbum) - 동사의 특성은 수동적이거나 능동적인 행위를 나타내는 것이고 서법형(敍法形)을 갖지만 격굴절은 하지 않는다.
분사(participinum) - 파생적으로는 항상 원래의 동사에 환원이 가능한 어류(語類)들이지만 동사와 명사의 두 범주(시제와 격)를 겸비하고 있으며 이 겸비성이 다른 품사와 구분이 가능한 품사다.
대명사(prōnōmen) - 대명사의 특성은 고유명사에 대한 대용가능성(substitutability)이 있고 인칭에 있어서 지정가능성(specifiability)에 있다.[93]
부사(adverbium) - 부사의 특성은 동사와 더불어 문장에서 구조를 이루어 사용되고 동사에 통사적으로나 의미론적으로 종속되었다.
전치사(praepositiō) - 전치사의 특성은 격 굴절을 하는 낱말 앞에서 단독어로 사용되고 격 굴절이 없는 낱말 앞에서는 혼성되어 사용된다.
감탄사(interiectiō) - 감탄사의 특성은 동사와 통사론적으로 독립되고 느낌이나 마음의 상태를 가리키는 어류(語類).
접속사(coniuntiō) - 접속사의 특성은 어떤 다른 품사의 둘 또는 그 이상의 구성소를 문법적으로 결합시켜주면 그들 간의 관계를 나타내 준다.

이상은 興津達朗(1975: 17~18)에서 인용, 번역은 필자.

이러한 Priscian(500)의 8품사의 분류를 보면 그가 의미를 중시하는

93 이러한 대명사의 정의는 고유명사에 대한 대용으로 보면 적어도 1인칭 대명사에 관하여 라틴어에서 모순이다. 이렇게 주장된 대명사의 특성은 대명사를 명사에 대하여 anaphoric(전방조응적) 하게 보려는 어휘적 제한의 결여를 설명하기 위한 방법이었으며 성질(quality) 없이 사물을 가리키는 품사라는 전시대 Apollonius의 정의를 반복한 것에 불과하다.

실용주의자임이 잘 나타난다. 프리스키아누스는 명사에서 주격 단수형을, 그리고 동사에서 제1인칭 단수의 현재 직설 능동태를 규범(canonical), 또는 기본형(basic form)으로 삼았다. 그리고 이로부터 변화되는 한 무리의 변화형을 유도해 냄으로써 명사와 동사, 그리고 다른 굴절어의 어류(語類)들을 형태론적으로 기술(description)하여 정리하였다.

이렇게 굴절에 의한 낱말 변화의 제 단계는 형태의 분석과 관련이 없고 현대의 기술(記述)언어학에서도 발견할 수 없는 것이지만 생성문법론(generative grammar)에서는 이와 유사한 과정의 용어를 암시적으로 사용하고 있다. 생성문법론에서 상정하고 있는 기저형(underlying form)이 바로 그것이다.

2.4.2.6. 봐로(Varro)를 포함한 종래의 문법학자들이 격을 구별할 때에 기준으로 삼았던 의미와 기능 가운데 논리적으로 가장 기본적인 것만을 추출하였다. 그러나 프리스키아누스(Priscian)는 의미와 기능 가운데 빈도수가 제일 높은 것을 골라서 격(格)의 명칭을 붙이고 그에 대한 정의를 붙였다.

격의 결정은 형태론적, 또는 논리적 기준에 의하기보다는 그 격(格)이 문장 가운데서 수행하는 의미, 기능의 실태, 즉 빈도수에 의하는 것이 가장 확실하고 실제적이라고 프리스키아누스는 생각하고 Priscian(500)에서 라틴어의 전통적인 6격을 인정하였다.

시제(tense)에 대하여는 드락스(Thrax, 2C. B.C.)의 희랍어 동사 시제를 그대로 차용하였다. 그리하여 '현재(present), 과거(past), 미래(future)'로 나누고 과거는 4종의 의미론적 구별을 더하였다. 즉, 과거를 '미완료(incomplete), 완료(complete), 단순과거(aorist), 대과거(pluperfect)'로 나누어 결과적으로 6시제가 되었다.

서양의 고전문법에서 시제는 아리스토텔레스(Aristotle, 320? B.C.)의 4시제로 시작하였다. 그는 고전 희랍어의 시제(tense)를 현재, 과거, 미래와 부정(不定)과거(αοριστος, aorist)로 나누었으나 드락스(Thrax, 2C. B.C.)는 여기에 미완료(imperfect)와 과거완료(pluperfect)를 더하여 6시제를 인정하였다. 프리스키아누스(Priscian, 500. A.D.)는 이를 그대로 받아 들여 라틴어에서도 6시제로 하였다.

다만 라틴어의 완료시제는 상(相, aspect)으로 보았으며 완료와 부정과거(aorist)의 의미가 혼동되고 있음을 인정하였다. 이것이 드락스(Thrax, 2C. B.C.)의 것과 다를 뿐 나머지 모두 그의 것을 추종하였다. 다만 프리스키아누스(Priscian, 500. A.D.)는 라틴어의 미래완료의 사용과 그 의미를 오해한 것으로 보인다.

그는 미래 완료를 미래에 대한 가정이라고 보았고 그 예로 'scripserō (I shall have written)'를 들었다. 이것은 완료 가정의 어형 'scripserim(I wrote)'과 구별되는데 실제로 라틴어에서 어떤 가정법의 동사에서도 일인칭 어미 '-ō'를 보여주지 않는다.

프리스키아누스(Priscian, 500)의 형태론은 많은 실수와 오류가 있음에도 불구하고 드락스(Thrax, 2C. B.C.)와 아폴로니우스(Apollonius)의 희랍어 문법에 대한 체계적인 기술을 라틴어에 하나씩 적용시켰기 때문에 그의 형태론은 구체적이고 순서가 있으며 결정적이었다는 평가를 얻었다.

2.4.2.7. 프리스키아누스(Priscian, 500. A.D.)의 통사론은 그의 <문법교정>에서 마지막 2권에 국한되었다. 그는 라틴어에서 어순(word order)에 대하여 언급하면서 주어인 명사나 대명사가 동사 앞에 오는 것이 자연스럽다고 보았다. 그리고 이것을 실체(substance)가 그것이 수행하는 동작보다 선행하는 논리적 사고에서 그 근거를 찾았다.

프리스키아누스(Priscian, 500. A.D.)는 희랍문법가들이 고전희랍어에 적용했던 것처럼 동사를 같은 방법으로 분류했다. 즉, 능동(active - transitive)은 사격(斜格)과 결합하며 수동(passive)은 격과 무관하고 중립(neutral - intransitive)은 주격과 결합한다고 본 것이다. 또 형태론적으로 형식은 수동이고 의미와 통사론에서 능동, 또는 타동사이면서 수동동사의 시제와는 맞지 않는 이태(異態)동사(deponent verb)에 대하여 주의 깊게 고찰하였다.[94]

---

94 이태동사(deponent verb)는 희랍, 라틴문법에서 형태는 피동, 또는 중립이고 뜻은 능동인 동사를 말함.

주어(subject)와 목적어(object)란 술어는 프리스키아누스 시대에는 문법 용어로 사용되지 않았으나 서술(proposition)의 논리적 주체를 의미하는 주부(subiectum)란 술어가 일반화되었다. 그리고 종속절을 인정하여 관계대명사 'qui, quae, quod'와 그와 유사한 낱말들의 일차적인 통사적 기능으로 후속하는 문장을 종속시킨다는 것을 인식하였으며 동사나 절을 포함한다고 보았다.

그러나 라틴어에서 접속사의 하위분류에 종속이나 대등의 차이를 보이는 접속사의 문법적 차이는 설명되지 않은 채 남아 있었다. 그리하여 대등적인 'támen(nevertheless)'이 종속적인 'quam(although, however)'이나 'quamvis(how)'와 구별이 없이 분류되었다.

2.4.2.8. 프리스키아누스(Priscian)의 라틴어 문법 연구는 한 시대의 끝에 있는 것이 아니라 고대시대의 언어 연구를 중세에 연결시켜주는 다리의 역할과 같았다. 그의 <문법교정>(Priscian, 500. A.D.)은 가장 널리 사용된 문법서였으며 중세 라틴어 문법과 중세 언어 철학의 기초를 형성하였다.

봐로(Varro)와 같이 독창적이지는 못하였지만 프리스키아누스의 문법은 희랍 문법의 원리를 될 수 있는 대로 충실하게 라틴어에 적용시켰다. 그리하여 오랜 희랍-로마시대 문법 연구의 중요한 결실(fruit)이었고 그의 문법서는 라틴문법 연구의 종언(終焉)을 고하였다고 평가한다. 그는 어디까지나 라틴어의 학습에 도움이 되는 실용적인 목적으로 문법을 연구한 것이다.

프리스키아누스 이후에 동서로 갈라진 로마제국(帝國)에서 동(東)로마의 콘스탄티노플 학자들에게 희랍과 서(西) 로마는 인식의 저편으로 사라지게 되었고 곧 뒤를 이은 중세 암흑시대에서 문법가들은 고전적인 전통을 지키려는 중요한 수단으로 문법 연구를 계속하였다.

3) 중세시대의 사변문법

2.4.3.0. 로마가 멸망한 다음에 유럽은 분열하여 암흑시대에 들어간다. 서(西) 로마제국의 붕괴와 근대세계의 개화기라고 할 수 있는 르네상스, 즉 문예부흥 때까지의 약 900년간을 중세(中世, middle age)시대라고

말한다. 그 중에서도 전반의 약 450년간, 즉 기원 후 10세기(1,000, A.D.)를 암흑시대(dark age)라고 한다.

이 기간 동안은 동(東) 로마 제국(帝國)에서는 외적의 침입이 적지 않았지만 그래도 희랍의 고전 문화와 학문을 보존할 수 있었다. 그러나 서(西) 로마 제국은 북방으로부터 게르만 민족의 침략이 있었고 내정의 부패, 의식의 타락, 가치관의 변화와 전도가 계속되어 고전 문화의 전통과 권위는 그 제도와 더불어 땅에 떨어져 문화적으로 암흑시대가 계속되었다.

사람들은 이러한 혼란의 와중에서 오로지 유일한 안식을 기독교 속에서 찾으려고 하였다. 그리하여 기독교는 중세 사상의 기반이 되어 모든 분야를 지배하는 사상이 되었다. 연소자를 위한 교육기관이 교회에 의해서 건립되고 교회의 발달은 대학도 교회에 의해서 운영되기에 이르렀다. 그 결과 7교과(seven liberal arts)가 각 학교에서 기본 과목으로 설치되었다.

전술한 바와 같이 7교과는 초급 3과(trivium)로 '문법, 논리학, 수사학'이 있었고 상급 4과(quadrivium)로 '음악, 수학, 기하학, 천문학'이 설치되었다. 이 중에 언어의 연구인 문법은 가장 중요한 교과목으로서 라틴어의 교육을 위한 필요에 의한 과목으로서 중세 학문의 기초가 되었다.

기독교의 흥융(興隆)은 언어학의 성장과 발전에도 영향을 주었다. 성 제롬(St. Jerome)은 도나투스(Donatus)의 제자로서 성경을 라틴어로 번역하는 책임자였고 그의 서간문(書簡文, Epistulae, 5권)에는 번역이론에 들어 있었다. 그에 의하면 낱말 대 낱말의 번역보다는 의미 대 의미의 묘사가 정당하다는 주장을 펼쳤다.

2.4.3.1. 이 시대에는 러시아어와 다른 슬라브어를 표기하기 위하여 새로운 알파벳이 키릴 성인(St. Cyril)과 메토디우스 성인(St. Methodius)에 의해서 9세기경에 고안되어 키릴 문자(Cyrillic alphabet)로 불리었다. 이 문자는 기독교를 신봉하는 슬라브인들에 의하여 자신들의 언어를 기록하기 위하여 희랍의 문자를 차용하여 만든 것이다. 지금도 이 문자는 러시아어를 표기하는데 사용된다.

서양의 라틴어 교육은 로마의 통치시대에 이미 상당히 이루어졌지만 그 교육 방법에 대하여는 별로 알려진 것이 없다. 중세시대에 들어와서 기독교의 선교 사업과 수도원의 설립, 외국에 세워진 교회에서는 라틴어 교육과 그 문법을 가르치려는 새로운 원동력이 되었다. 유럽에서 기독교 교회들은 라틴어를 즐겨 썼고 교회의 공용어로서 라틴어는 유럽 각국에서 교육해야 하는 언어였다.

따라서 중세시대에 많은 라틴어 문법서가 편찬되었는데 영국에서 이미 라틴어 문법서가 저술되었다. 예를 들면 아엘프릭(Aelfric)이 저술한 『라틴어 문법과 회화(Latin grammar and colloquium)』를 예로 들 수 있다. 이 책은 『라틴어와 고대 영어 소사전(Latin-Old English Glossary)』과 함께 출판되었다.

이 책들은 고대영어를 사용하는 영국의 아이들을 위하여 1천부 가깝게 간행되었다. 여기서 고대영어(Old English)란 오늘날의 영어가 아니라 앵글로 색슨(Anglo-Saxon)의 언어를 말한다. 아엘프릭(Aelfric)은 옥스퍼드 주(Oxford shire)에 있는 에인샴(Eynsham) 수도원의 원장이었다. 그는 전술한 바 있는 프리스키아누스(Priscian, 500 A.D.)와 도나투스(Donatus, 330 A.D.)의 문법에 기초를 두고 라틴어의 문법을 고대영어로 설명하였다.

그는 비록 고대영어와 라틴어의 차이, 예를 들면 동일한 어휘로 대응되는 명사 사이에 나타나는 성(性)의 배분에 보이는 차이라든지 격체계 사이에 정확한 대응이 결여되었다는 것을 알고는 있었지만 고대영어에 프리스키아누스와 도나투스의 문법을 적용하는데 아무런 의심이나 논의를 하지 않았다. 이런 현상은 수세기 동안 계속되었다.

아일랜드에서도 기독교 교회의 설립과 더불어 라틴어 교육과 라틴학문이 쇄도하였다. 9세기경 스칸디나비아의 바이킹족 침략이 있기까지 아일랜드는 기독교 문화의 전초기지였고 유럽 대륙에 기독교와 라틴어 교육을 전파하는 중요한 지역이었다. 그리하여 아일랜드어에는 많은 라틴어가 차용되었다.

2.4.3.2. 중세시대의 언어 연구는 언어학의 역사에서 중세시대의 후반기의 언어 여구, 즉 기원후 1천년(1,000 A.D.)부터 문예부흥 이전까지,

즉 중세시대가 끝날 때까지의 언어 연구가 전반기에 비하여 더욱 중요하다.

기원후 1천년인 시기는 서양에서 스콜라 철학(Scholasticism)이 사상을 지배하던 시대였으며 이 철학 안에서 언어 연구는 중요한 위치를 차지했고 언어 연구에서 주목할 만한 업적이 산출되었다. 이 시대에는 인구의 대이동이 중지되었고 기독교와 로마 교회의 우월성은 도미닉(Dominic)과 프란시스코(Francisco) 수도회에 의하여 더욱 강력해졌다.

물론 반대론(antagonism)도 있었으나 모든 인간의 문화적 활동은 신(神)에 대한 봉사의 몫으로 통일하여 모든 지적인 욕구는 믿음의 연구에 종속되었다. 그리하여 라틴어의 교육과 그 문법의 연구도 기독교의 이해와 믿음을 위한 것으로 포장되어 성행하게 되었다. 프리스키아누스와 도나투스의 라틴어 문법서가 다시 해석되고 재 적용되었다.

2.4.3.3. 중세 시대의 언어 연구에서 가장 흥미 있고 의미 있는 발전은 아마도 사변문법(speculative grammar)이라고 하지 않을 수 없다. 스콜라 철학의 최성기(1200~1350)에 나온 많은 저서 속에서 거론된 사변(思辨)문법은 프리스키아누스(Priscian, 500 A.D.)와 도나투스(Donatus, 330 A.D.)의 라틴어 문법을 스콜라 철학의 체계 속에서 통합하여 산출한 것이다.

스콜라 철학은 아퀴나스 성인(St. Thomas Aquinas)과 같은 사상가가 기독교 신학에 플라톤(Plato)과 아리스토텔레스(Aristotle) 철학을 접목시켜 통합한 결과라고 할 것이다. 초기에는 신학적 색채가 강했지만 후대에는 철학적인 경향이 강해졌고 중세 유럽사회의 사상적 기반이 되었다. 그리하여 인간 학습의 모든 분파와 과목을 이 철학 안에서 통일하도록 도와주었고 철학적 이성(理性)과 종교적 계시(啓示)의 요구가 그 안에서 조화될 수 있었다.

스콜라 철학의 발흥(勃興)과 성장은 희랍어와 희랍 철학에 대한 이해에 의하여 이루어진다. 십자군 전쟁과 1204년에 콘스탄티노플의 함락은 이 시대에 아리스토텔레스 철학에 보이는 희랍적 배경에 흥미를 갖게 했으며 서양에서 많은 희랍의 논저들이 개방되었다. 14세기까지 희랍어가 유럽의 많은 대학에서 정규적으로 교육되었다.

스페인에서 주목할 만한 양의 희랍 철학서들이 아랍어와 유태어로 번역되고 주석도 달게 되었다. 그리고 이것을 통하여 나머지 서부 유럽의 여러 나라에 희랍 철학이 다시 소개되었다. 즉, 아랍이 스페인을 점령하고 있는 동안 아리스토텔레스의 철학서가 아랍어로 번역되었고 다시 라틴어로 번역되었는데 그 중심은 스페인의 톨레도(Toledo)였다.[95] 스콜라 철학자의 몇몇은 원본인 희랍어본보다는 라틴어 번역본이나 아랍학자들의 주석을 통해서 아리스토텔레스의 철학을 연구하였다.

2.4.3.4. 스콜라 철학의 언어관에서 프리스키아누스(Priscian, 500 A.D.)와 도나투스(Donatus, 330, A.D.)의 라틴어 문법 기술이 교육적으로 유용할지는 몰라도 논리적으로 불완전한 것으로 간주되었다. 몇몇 비평가들은 문법의 교육이나 주석에 곧 바로 나아가기보다는 더 깊은 연구를 시작했다.

그들은 로마 문법가들이 난순히 언어의 기술만 탐구할 것이 아니라 그들이 채용한 문법 요소와 범주에 대한 기초 이론과 합리화를 찾는데 초점을 두어야 한다고 생각했다. 예를 들면 12세기경에 콘슈의 기욤(Guillaume de Conches, William of Conches)은 로마 문법의 다양한 품사 분류가 어형론에서 근원적인 기준을 설정하지 못한 점을 지적하고 불만을 토로하였다.

또 어떤 사람들은 프리스키아누스와 다른 라틴 문법가들이 문자화된 자료의 단순한 관찰에서 얻은 타당성만을 이야기하고 이론의 설명적 타당성을 등한히 하였다고 비판하였는데 마치 오늘날의 변형생성문법가들이 블룸필드(Bloomfield)를 중심으로 이루어진 미국의 기술언어학에 대한 반대와 어쩌면 일맥상통하는 것처럼 보인다.

중세의 언어 이론은 당시에 일반적이던 철학적 사상에 상응하는 것이어서 무엇보다도 먼저 논리적 판단이 지적 반영되어야 한다고 주장하였다(Ivič, 1963, 김방한, 1982: 25). 유명한 스콜라 철학자의 하나로 알려진

95 톨레도(Toledo)는 로마 제국의 지배를 받았을 때에 스페인의 수도였다. 스페인의 중부의 Tagus 강 연안에 있는 도시다.

프랑스의 아벨라르(Pierre Abailard, Petrus Abelardus, 1079~1142)는 문법 연구에 스콜라 철학을 적용하는 것을 지지하고 권장하였다.

독일의 에르후르트의 토마스(Thomas von Erfurt)가 쓴 『스콜라철학의 문법(Grammatica Speculativa)』(1310)에서 그는 12세기 중엽에 피터(Peter Helias)가 행했던 프리스키아누스(Priscian, 500 A.D.)의 문법에 대한 논평을 소개하고 그 자신이 설정한 문법의 규칙을 철학적으로 설명하려고 노력하였다고 평가하였다. 그리고 피터와 그의 선배들은 언어학의 문제에 논리를 적용시킨 개척자라고 보기보다는 문법에서 혼란된 진술을 체계화시키려고 했던 최초의 문법가들이었다고 보는 것이 타당하다고 하였다.

이후의 문법 연구에서 철학자의 역할이 중요하게 여겨졌고 문법의 이론적 기초가 단순한 학생들을 위한 설명이 아니라 철학자의 영역이 되었다. 그리하여 "사물의 특정적 속성을 주의 깊게 관찰하여 문법을 발견하는 것은 문법가가 아니라 철학자다"라고 스콜라 철학자들은 생각하였다. 이러한 태도는 기저(基底)의 일반 문법(underlying universal grammar)이란 개념을 불러왔고 이것은 오늘날의 언어학에서도 계속해서 반복되는 과제가 되었다.

2.4.3.5. 영국에서 경험철학을 폈던 베이컨(Roger Bacon, 1214~1294)은 문법이 하나라고 주장하였다. 즉, 모든 언어에서 문법은 표면적으로는 서로 다름에도 불구하고 본질적으로는 동일하다고 본 것이다. 그리고 그 표면적 차이는 어형변화일 뿐이라고 선언하였다. 베이컨은 초기의 다른 사변문법가들과 같이 희랍어의 문법을 썼고 아랍어와 히브리어의 연구가 중요하다고 주장했다.

어떤 논리학자나 문법가들은 형식(form)과 그의 본질(matter)의 대립을 포함하는 형식적 가정과 본질적 가정의 차이에 대하여 깊이 논의하였다. 형식적 가정에서 낱말은 사람이나 사물을 대신하여 받아드려진 것이며 본질적 가정에서 낱말은 그 자체를 말한다고 보았다. 논리학자들은 후자를 메타언어(metalanguage), 또는 제2식 언어(second order language)라 부르고 전자를 대상언어(object language), 또는 제1식 언어(first order language)

라고 한다.

예를 들면 "Peter is the Pope(베드로는 교황이다)"는 대상언어(object lang)이고 "Peter is a name(베드로는 이름이다)"는 메타언어(metalanguage)라는 것이다. 후자는 본질적 가정에 의한 진술이고 전자는 형식적 가정에 의한 진술이라고 본 것이다. 그리고 이와 유사한 과제들이 스콜라 철학 시대에 언어학의 과제가 되었다.

2.4.3.6. 히스파누스(Petrus Hispanus)는 후일 교황이 되어 요한 21세(John XXI)가 되었는데 그는 『논리학 소전(小全, Summulae logicales)』에서 언어에 보이는 의시(意示, signifiātiō)와 대시(代示, suppositiō)의 차이에 대하여 언급하였다. 의시(意示)는 "낱말의 뜻"이라는 뜻으로 기호, 또는 낱말과 그것이 의미하는 것과 상호 관계라고 정의하였다.

반면에 대시(代示)는 이 의미의 상호 관계에 의해서 주어진 기호가 주어진 사물이나 인명, 사건 등을 대신해서, 또는 받아드려져서 실제로 활용하는 것이기 때문에 이를 대시(代示)라고 한다는 것이다. 즉, 언어에서 음성 작용을 말하고 글에서 문자를 말하는 것으로 낱말의 사물에 대한 지시(refer)를 말하는 것이다.

이 둘의 차이는 의미의 기호, 함축적 의미와 사전적 의미, 내적 의미와 외적 의미와 같은 이원적 대립을 보이게 된다. 결국은 형식과 본질에 귀착되는 논의라고 할 수 있다. 이러한 논의는 사변문법에서 중요한 과제의 하나였다. 즉, 음성(vox, sound)과 낱말(dictiō, word) 간의 차이는 스토아학파로부터 프리스키아누스에 이르기까지 논의되었다.

음성과 의미를 분리하여 고찰하는 것은 사변문법가인 마르베의 미셸(Michel de Marbais)에 의해서 강조되었다. 그리하여 그는 "낱말이란 그 자체에 실질이 있는 것 같은 소리와 형식이 있는 것 같은 의미를 포함하다(A word includes in itself its sound as it were its matter and its meaning as its form)"라고 하였다.

전술한 아퀴나스는 "음성은 무엇인가를 표시하기 위하여 존재하다(principaliter data ad significándum)"라고 하여 음성이 의미와 결합하지 않으면 음성은 하나의 인공물에 지나지 않음(significántĭa artĭfícĭaliter)을 강조하였다. 그러나 그의 이러한 현대적 발상은 후속적인 연구가 없이 중단되었다.

4) 양태(樣態)언어학

2.4.4.0. 사변문법에서 중요한 과제는 양태(樣態)언어학(modistic linguistics)의 도입이었다. 음성보다 의미가 중요시된 사변문법에서는 로마 문법에서 논의된 술어를 새롭게 설명하고 기술적인 용어를 많이 추가하였다. 많은 사변문법가들의 논문은 "De modis significandi(On the modes of signifying)"라는 주제를 가졌다.

희랍시대에 언어의 형태 분석을 위하여 기본단위로서 품사가 논리적 범주와 독립해서 굴절어인 인구어의 문법을 이루었고 로마시대에는 희랍 문법을 응용해서 라틴어를 분석하고 기술해서 로마 문법을 완성하였다. 이 희랍과 로마문법에서 품사 분류는 매우 중요한 역할을 담당하였다.

희랍어와 라틴어만이 연구대상인 중세시대에는 논의되지 않은 유럽 각국의 개별 언어들이나 아랍어와 기타 언어와의 접촉에서 발견되는 형태론적 절차의 차이에 관심을 갖게 된다. 특히 품사 분류에 있어서 형태론적 상위(相違)가 주목을 받게 되었다. 따라서 품사분류의 기준은 의미 중심으로부터 형태 중심으로 옮겨간다.

그러나 12세기 중엽 이래에 스콜라철학이 발달하면서 형태론적이고 기술적인 품사분류 방식보다 언어 전체에서 보는 품사의 위치 정립이 새로운 과제도 등장하게 된다. 따라서 품사 분류의 기준은 무엇인가? 문법적 범주(範疇)와 논리적 범주와는 어떤 관계에 있는가? 품사는 형태보다 의미에 기반을 두고 분류하는 것이 보다 명확하고 근본적인 분류가 되지 않을까? 등등의 문제가 제기되었다.

이러한 현상은 중세시대의 언어 연구가 로마의 실용적인 문법 연구보다 희랍의 철학적 경향을 다시 띠기 시작한 때문이다. 희랍 이래에 스콜라 철학에 이르는 철학적 과제는 진리(眞理)가 특정한 사물을 떠나서 보편성(普遍性)의 가운데에 있는가?(실재론 - realism), 아니면 사물을 대상으로 하는 인간의 의식(意識) 속에 있는가?(槪念論 - conceptualism) 하는 문제였고 이 과제와 관련하여 언어의 위치와 역할이 고찰되었다.

2.4.4.1. 사변(思辨)문법가들은 외재(外在)하는 진리가 인간에 의해서 이해되는 방법을 중시하고 그 파악의 방법, 즉 양태(modus)에 대한 고찰을 언어 연구의 초점으로 보았다. 이러한 태도를 보이는 사변문법가들을 양태론자(modistae)라고 불렀다. 이들은 아퀴나스(St. Thomas Aquinas)에 의해서 소극적 실재론(moderate realism)으로 분류되었다.

양태론(様態論)에 의하면 진리는 다음의 세 차원에서 고찰된다.

존재의 차원이라고 할 수 있는 modi essendi(존재의 양태) - 선험적으로 존재.
이를 인정하는 인간의 이해 능력의 modi intelligendi(이해의 양태) - 경험에 의함.
여기에서 언어로 표현되는 modi significandi(의미의 양태) - 사물 그 자체가 아니라 언어에 의해서 구현(具現)됨.

이를 다시 세분하면 언어의 양태는 다음과 같다.

modi intelligendi 이해의 양태
- modi intelligend active(인간의 이해력)
- modi intelligendi passive(이해의 대상)

modi sígnificandi 언어의 양태
- modi sígnificandi active(음성을 수반하는 낱말, 품사)
- modi sígnificandi passive(낱말에 의해서 표현되는 사물)

이에 의하면 인간의 심리가 사물들로부터 존재의 양태(modi essendi)를 추상하고 그들은 이해의 양태(modi intelligendi)로서 이해되며 언어는 이러한 추상성을 의미의 양태(modi sígnificandi)라는 수단으로 의미를 알게 되어 의사소통이 가능하다고 보는 것이다.

이러한 가정은 모든 인간의 언어활동에서 유사한 과정을 거치며 표면적인 차이가 있음에도 불구하고 모든 언어는 동일한 방법으로 의사소통을 하는 것이라는 생각이다. 그리하여 양태론자들은 존재의 양태가 이해력과 이해의 대상이 되어 모든 언어에서 같은 자료의 바탕이 된다고 생각한 것이다.

인간의 지식에 한해서 이해한다면 보편(普遍)은 구체적 대상의 현실적 특성을 추상화시켜 거기에서 떨어져 나간 인간의 정신(精神)에 의해서 고찰된다. 양태론자(modistae)는 정신이 사물로부터 존재의 양태를 추상화시키고 그것들은 이해의 양태에 의해서 고찰되며 언어는 이러한 추상물을 언어의 양태로 전달하면서 의사소통을 하는 것으로 보았다.

2.4.4.2. 이 양태론자들은 모든 언어의 품사 분류를 지배하는 어떤 규칙이 있고 나아가 모든 언어를 지배하는 보편문법(普遍文法)이 있다고 보았다. 많은 사변문법가들의 논문이 전술한 "De modis significandi(의미의 양태에 대하여)"임을 상기하게 된다. 그들이 가장 중요시한 것은 언어 의미의 차원이고 이해의 차원이나 존재의 차원이 아니었으며 단지 언어 차원의 투영으로밖에 보지 않았다.

여기서 스콜라 철학의 또 하나의 특색이 명목론(nominalism)임을 깨우쳐 준다. 그들은 "이성은 곧 언어다(ratio est oratio)"라고 생각하며 언어의 우위를 강조한다. 또 품사란 현실 세계에서 사물을 지시(指示)하고 분할(分割)하는 단위, 또는 기준이라고 보았다. 여기에 논리적 분석을 덧붙여서 보편문법을 확립할 수 있는 새로운 테두리를 짤 수 있지 않을까 생각하고 이를 근거로 하여 다음과 같은 품사의 논리적 정의를 붙였다.

> 명사(nomen) - 어떤 명확한 특성을 가진 존재자(물)의 양태에 의해서 의미를 나타내는 명사. 어떤 존재자(물)의 양태로서는 안정, 영속임.[96]
>
> 동사(verbum) - 진술되고 있는 실체와 분리되어 시간적 과정의 양태로

---

96 이에 대하여는 아퀴나스의『사변문법(Grammatica Speculativa)』의 8장 16절에 "Nomen est pars orationis significans permodum entis vel determinatae apprehensionis; modus entis est modus habitus et permentis."라는 정의를 참고할 것.

의미를 나타내는 품사.[97]

분사(participium) – 진술되고 있는 실체와 분리되지 않고 시간적 과정의 양태에 의해서 의미를 나타내는 품사.[98]

대명사(pronomen) – 명확한 특성을 갖지 않은 존재자(물)의 양태에 의하여 의미를 나타내는 품사.
명확한 특성이 없는 존재자(물)의 양태란 우선질료(material prima)인 것의 본성, 또는 양태에서 유래함.[99]

이상과 같이 양태론자들은 논리적 범주의 적용에 의하여 4품사(명사, 동사, 분사, 대명사)를 그 특성의 양태에 의하여 명확하게 분류하였다. 그러나 후속하는 부사, 접속사, 전치사, 감탄사는 기존의 통사론적인 방법으로 구분할 수밖에 없었다.

부사(adverbium) – 시간적 경과의 양태에 의해서 의미를 나타내는 품사(동사)와 더불어 구성되는 양태에 의해서 의미화가 이루어진 품사.

접속사(coniunctio) – 다른 두 개의 어구를 결합하는 양태에 의하여 의미를 나타내는 품사.

전치사(prepositio) – 격변화를 행하는 낱말과 더불어 통사론적으로 구성하고 어떤 행위에 관련시킨 양태에 의해서 의미를 나타내는 품사.

감탄사(interiectio) – 감정과 정서를 나타내는 양태에 의하여 동사, 또는 분사를 한정하는 품사.

전자의 4품사, 명사, 동사, 분사, 대명사는 논리적 범주에 의한 설명이 가능했지만 후자의 4품사 부사, 접속사, 전치사, 감탄사는 양태론보다 통사론적 특징으로 설명할 수밖에 없었다. 다만 전자는 어미의 굴절 변화를 하는 것이고 후자는 어미의 굴절이 없는 것임을 주목할 필

97 이에 대해서는 아퀴나스의 전게서 같은 곳에 “Verbum est pars orationis significans per modum esse distantis a substantia.”를 참고할 것.

98 이에 대해서는 아퀴나스의 전게서 33장 65절에 “Participium est pars orationis significans per modus esse indistantis a substantia.”를 참조할 것.

99 아퀴나스의 전게서 21장 37절에 “Pronomen est pars orationis significans per modum entis et indeterminatae apprehensionis; or §36:. modus inditerminatae apprehensionis oritur a proprietate, seu modo essendi materia prime”를 참고할 것.

요가 있다.

2.4.4.3. 양태론자들은 통사론의 영역에서 명사 + 동사의 결합을 기본형으로 보고 여기에서 주부 + 술부의 새로운 통사론적인 기능을 인정하였다. 그 외의 구문은 이 기본형을 구성하는 주부와 술부와의 관련에 의해서 생겨난 것으로 보았다.

이때에 동사에서 형용사가 분리되었는데 이것은 이러한 통사론적 분석의 결과라고 볼 수 있다. 지금도 라틴어에서 명사에 붙는 형용사는 실명사(nomen substantívum), 또는 형용사적 명사(nomen adjectivum)이라 하여 명사의 하위 구분에 지나지 않는다. 사변문법가들에게 명사라는 것은 통사적으로 독립할 수 있는 어류(語類)이고 형용사는 명사에 접속하는 것으로 나눌 수밖에 없었을 것이다.

자동사와 타동사의 구분도 통사구조의 범주로서 양태론자에서 구별되었다. 양태론에서 타동 결합(constrúctĭo transitíva)과 자동결합(constrúctĭo intransitíva)을 여러 개의 서로 다른 어류(語類)를 문법 구조의 여러 요소 간에 보이는 통합 관계에 적용시켰다.

예를 들면 "Sōcratēs legit librum(소크라테스가 책을 읽는다)"는 명사 + 동사 + 명사로 된 문장이며 최초의 명사 'Sōcratēs(- suppositĭum)'와 동사 'legit(- appositĭum)'와의 관계는 타동 결합(constrúctĭo transítiva)으로서 동사 'legit(그는 읽다)'는 2개의 명사와 각기 의존하면서 문 전체에서 중심적 역할을 하고 있다고 보았다.

그러나 'Sōcratēs albus(하얀 소크라테스)'는 자동결합(constrúctĭo intransitíva)으로 명사와 형용사의 일치를 보여준다. 명사(형용사 포함)와 사격(斜格)이 결합한 통사 구조, 예를 들면 'filius Sōcratēs(소크라테스의 아들)', 'similis Sōcratēs(소크라테스와 같다)' 등은 자동결합(constrúctĭo intransitíva)으로 간주한다.

이러한 주장의 근거는 자동구문이 단지 1항의 인칭범주를 포함함에 비하여 타동구조는 반드시 두 개의 인칭범주(동일 지시가 아닌 명사 또는 대명사)를 포함해야 한다고 본 것이다. 이러한 생각은 고전 라틴문법시대에 어순을 '명사 + 동사 + 목적어'로 본 것을 크게 뒤흔드는 발상의 전환이라고 할 수 있다.

5. 문예부흥과 19세기까지의 언어 연구

2.5.0.0. 서양사에서 문예부흥(Renaissance)은 전통적으로 근대세계(modern world)와 근대시대(modern age)의 시작으로 알려졌다. 현대 역사를 특징짓는 여러 자질들의 대부분이 이 시대에 출현하였고 현재까지 중단 없이 계속되고 있다. 이러한 현상은 언어의 연구에도 직접적으로 영향을 주었다.

그러나 문예부흥은 역시 복고운동(back looking movement)이었다. 즉, 희랍-로마의 고전주의 세계에 대한 전면적인 재발견과 재평가의 운동이었다. 따라서 문예부흥은 두 개의 상반된 사건이 동시에 일어나는 야누스(Janus)와 같은 얼굴을 가졌다. 하나는 굉장한 미래를 내다보는 얼굴이고 또 하나는 영광스러운 과거를 되돌아보는 얼굴이 있었다.

1492년 콜럼버스(Columbus)의 신대륙 발견은 유럽의 확산이 전 지구에 퍼지게 되었다. 갈릴레이(Galileo Galilei, 1564~1642)에 의하여 코페르니쿠스(Copernicus, 1473~1543)의 지동설(地動說)이 실증되면서 기독교가 가진 부동의 기반이 흔들렸다. 기독교에서 추종한 평안과 봉사의 생활에 회의를 갖게 되고 중세사회의 절대권위에서 '권위'를 속박으로 여기게 되었다.

1453년에 동로마 제국의 서울이던 콘스탄티노플이 오스만 터키에 의해서 함락되면서 이곳에 있던 많은 희랍학자들을 이탈리아로 몰아내었고 이들이 가져온 많은 전적(典籍)들은 이곳에서 희랍연구를 재흥(再興)시켰다. 결국은 이로부터 문예부흥은 일어나게 된 것이다.

1) 언어 연구에서 문예부흥

2.5.1.0. 암흑시대를 벗어나 문예부흥을 맞이한 시대에 언어의 연구는 좀 더 다양하고 복잡해졌다. 중세말기에 유럽에서 아랍어와 헤브라이어(Hebrew)가 연구되었고 14세기에 파리의 대학에서 이 두 언어가 공식적으로 수강 과목에 포함되었다. 전술한 베이컨(Roger Bacon)은 헤브

라이어의 문법서를 썼고 아랍어를 배웠다.

헤브라이어의 필요성은 구약성서의 언어로서 제롬 성인(St. Jerome, 345~420) 이래에 산발적으로 인식되었으나 이 시대에는 성경의 언어 때문에 헤브라이어는 라틴어, 희랍어와 같은 지위를 누리게 되었다. 스코틀랜드의 제임스 4세(James IV, 1473~1513)는 2.1.0.1.에서 언급한 헤로도투스의 삼메티쿠스(Psammetichus, 664~610 B.C.) 이집트 파라오(Pharaoh)의 원초 언어에 대한 실험과 같은 방법으로 아이들을 인간 격리 시켜 키웠더니 자라서 헤브라이어를 훌륭하게 구사해서 헤브라이어가 에덴동사의 원초 언어라는 증거로 삼았다.

그러나 이보다 200년 전에 신성로마제국의 호벤스타우펜(Hobenstaufen) 왕조의 프레데릭(Frederick) 2세의 실험은 결과가 달랐다. 아이들은 한마디 말도 못하고 일찍 죽었다고 한다. 아마도 이 실험이 보다 객관적이고 올바른 결과를 보인 것으로 보인다. 아무튼 문예부흥 시대에 헤브라이어, 희랍어, 그리고 라틴어가 세 언어의 인간(homo trilĭnguis)으로 인정을 받아 당시의 자랑스러운 언어 지식이 되었다.

이때의 주목할 만한 헤브라이어 어학서로 독일 로이힐린(Johannes Reuchlin, 1455~1522)의 『헤브라이어 초보(De rudimentis Hebraicis)』가 있다. 로이힐린은 위대한 고전학자이며 독일 르네상스의 지도자이기도 하다. 그로 인하여 서구학자들은 헤브라이어 문법학자들이 사용한 인구어와 근본적으로 다른 언어의 문법 조직에 대하여 주의를 기울이게 되었다.

2.5.1.1. 헤브라이어를 공부하는 학문이 발달한 것은 아랍어의 연구로부터 영향을 받았다. 이 두 언어는 같은 셈(Sem)어족으로 구조적으로 유사하기 때문이다. 아랍어는 이슬람교가 근동(近東), 북아프리카, 스페인으로 확산되어 아랍의 정치적 힘이 강해졌기 때문에 그 언어도 중요하게 여기게 된 것이다. 아랍어의 연구는 헤브라이어가 성경에서 시작된 것처럼 아랍어가 코란(Koran)의 언어였기 때문이다.

이슬람교의 성서(聖書, sacred book)로서 예언자 마호메트(Muhammad)에게 계시한 신(神)의 말씀으로 된 코란(Koran)은 아랍어를 통일시켰고 7세기부터 이슬람교의 확산으로 더욱 세력을 얻었다. 코란은 본문을 번역하는 것도 고치는 것도 전통적으로 금지되었기 때문에 코란을 배우려는 사람은 누구라도 아랍어를 배워야 했다. 이슬람교를 신봉하는 비아랍아권(圈)에서도 아랍어는 교육되었다.

말레시아나 인도네시아에서도 무슬림(Muslim) 학교가 세워졌고 여기서 아랍어를 가르쳤다. 다른 성서(聖書)들과 같이 코란도 언어의 해석과 주해가 있다. 아랍어는 이슬람 제국의 공인 언어로서 행정 요원들과 관리들에게 교육되었다. 당시의 아랍어는 중세시대의 라틴어와 같았고 서로마 제국에서 공식 언어로 인정되었다.

바스라(Basra)를 중심으로 아랍 세계에서는 철학학파가 있었고 아리스토텔레스의 영향으로 희랍 철학과 과학이 아랍에서 더욱 폭넓게 연구되었다. 따라서 아랍의 언어 연구는 희랍의 언어학을 바탕으로 이루어졌다. 메소포타미아의 여러 곳에 아랍어를 교육하는 문법학교가 세워져서 젊은 언어 전문가를 양성하였다.

코란의 아랍어를 순수하게 지키기 위한 목표로 문법 교육자를 양성하기 위한 것이었는데 이 아랍어의 문법에 희랍의 문법, 즉, 앞의 2.4.1.2.에서 소개한 바 있는 드락스(D. Thrax)로부터 영향을 받았는지는 확실하지 않다. 다만 드락스(Thrax, 2C. B.C.)의 문법서는 아르메니아어와 시리아어로 아주 일찍부터 번역되어 소개되었고 아랍인들에 의하여 연구되었다.

2.5.1.2. 아랍어의 연구는 8세기 말에 바스라(Basra)의 시바와이히(Abū Bishr Sibawaihi, 760~796?)에 의해서 절정에 이른다. 그는 아랍인이 아니고 페르시아 사람이었으며 운율 연구와 사전 편찬에 종사하던 알 칼릴(Al-Khalil)의 제자였다. 시바와이히의 저서로 알려진 'Al-Kitāb(the book)'이란 문법서가 있는데 아랍어의 문법 기술과 교육에 중점을 둔 문헌이다.

시바와이히의 'Al-Kitāb'은 드락스(Thrax, 2C. B.C.)의 『문법기술(*Téchnē Grammatikē*)』과 같이 선구자들의 문법 연구를 집대성한 것이고 오늘날 알려진 바로는 고전 아랍어의 실질적인 문법 체계를 수립하였다고 한다. 그는 품사 분류를 세 개의 어류(word class)로 명사, 동사, 그리고 비

굴절적인 첨사(particle)를 들었다. 이러한 분류는 희랍-로마의 고전 문법과 근본적으로 다르다.

동사 굴절은 석자로 이루어진 'tri-literal'의 어근에 기초를 두고 낱말의 변화형을 기술하였다. 즉, 'k-t-b'는 'kataba(he wrote)', 'kitab(book)'와 같이 변형한다.[100] 이와 같은 자음 중심의 어근(consonantal root)의 개념은 문예부흥 시대에 유렵의 문법가들 사이에 널리 알려졌고 전통적인 문법에서도 어근(root)을 수용하였다.

시바와이히는 고대 인도문법학파의 영향으로 아랍문자에 대한 음성학적 기술을 시도하였다. 이것이 서양으로 전달되어 서양 음성학으로 발전한다. 아랍문법학자들은 발화음의 조음(調音)이 성도(聲道)가 발성기관에 의해서 호기(呼氣)를 다양하게 폐쇄하여 여러 발음이 가능하다고 보았다. 이로써 조음기관과 발성의 메카니즘(mechanism)을 체계적으로 설명할 수가 있었다는 것이다(Robins, 1997: 98).

성도의 폐쇄를 일으키는 아랍어의 'maxrai'는 문자 그대로 '출구(出口)'를 의미하며 공기의 출구를 의미한다. 그것이 전방, 즉 입술 및 코에 이르기까지 여러 폐쇄와 협착으로 아랍어의 분절음을 전문 용어로 분명하게 설명하였다. 그리고 강세 자음과 모음의 연구개음화, 자음의 경구개음화 등을 올바르게 인식하고 적절하게 설명하였다. 고대인도의 발달된 성명기론(聲明記論)의 영향을 받은 것으로 볼 수 있다.

2.5.1.3. 문예부흥 시대에 언어 연구의 특기할 점은 다양한 언어의 등장이다. 희랍-로마시대로부터 중세시대까지는 언어에 대한 관심이 오로지 희랍어와 라틴어에 국한되었다. 중세 말기(末期)에 전술한 바와 같이 헤브라이어(Hebrew)가 성서의 언어로 주목을 받기 시작했고 코란의 언어로서 아랍어도 이슬람 세력의 확장이란 정치적 이유로 각광을 받았다.

새로운 언어에 대한 관심은 해외의 언어가 아니고 유럽 내부의 토착

100 이때에 삽입된 모음들은 자음에 내재된 것으로 본다. 필자가 김주원(2016)의 '내재된 모음'에 대한 연구를 졸고(2017b)에서 비판한 것은 이 논문에서 이러한 사실을 전혀 이해하지 못한 때문이다.

어(vernacular)에 대한 관심으로 시작되었다. 토착어가 고전어와 동등하게 공존한다는 것을 처음으로 공언(公言)한 것은 이탈리아의 작가 단테(Dante Alighieri, 1265~1321)일 것이다. 그는 자신이 태어난 지방의 방언으로 작품을 썼고 구어(口語)인 이탈리아어를 희랍어와 라틴어의 반열에 올려놓았다.[101]

이어서 스페인어, 프랑스어 등 다른 로망스(Romance)어들도 주목을 받게 되었다. 그리고 폴란드어, 러시아어 등 슬라브어의 연구도 시작되었으며 이러한 여러 민족의 언어가 등장하면서 국어(國語, national language)라는 의식이 생겨나게 되었다. 이 시대에 유행하던 민족주의의 산물이라고 할 수 있다.

스페인어의 첫 토착문법(native grammar)은 15세기에 나타나고 프랑스어와 이탈리아어의 토착문법이 16세기 초에 나타난다. 예를 들면 팔스그라브(John Palsgrave, 1485~1554)의 『프랑스어의 이해(L'eclaircissement de la langue française)』(1530)는 1천 쪽이 넘는 대저로 프랑스어의 정서법, 발음, 문법을 다루었고 특히 상세한 프랑스어 문법으로 유명하다. 같은 시기에 폴란드어와 고(古) 교회 슬라브어의 문법서가 출간되었다.

게르만 제어에 대한 연구도 주목할 만한데 그 중에서 투니우스(Fransiscus Tunius, 1589~1677)는 영어와 스칸디나비아 제어, 프러시아 제어, 네덜란드어, 고딕어를 연구하였다. 그러나 이들이 동일 계통의 언어라는 사실을 전혀 예상하지 못했다(Ivič, 1965: 30). 또 힉스(George Hickes, 1642~1715)는 고딕어와 앵글로색슨어의 문법을 출판하고 영어와 같은 계통의 언어에 대하여 관심을 표했다.

2.5.1.4. 이 시대의 언어 연구에서 중요한 변화는 언어관(言語觀)에서 일어났다. 희랍-로마시대 이후 라틴문법시대에는 언어는 자유롭게 놓아두면 타락한다고 보는 통념(通念)이 있었다. 그리하여 문법학자들은 이러한 언어의 타락을 막기 위하여 정서법과 규범문법을 항상 견지하

101 단테의 "De vulgari eloquentia(俗語論)"에서 neo-latin(Romance)어에 대한 본격적인 연구가 14세기 초에 이루어졌다. 그는 文語인 라틴어에 대하여 口語인 로망스 방언의 연구에 힘을 기울였다.

고 있어야 한다고 생각했다.

그러나 문예부흥시대에 들어와서는 언어의 변천은 타락이 아니라 단순한 변화로 보았다. 즉, 문헌에 남아있는 초기의 라틴어와 당시 사용하고 있던 로망스 제어를 비교하고 현재의 프랑스어, 스페인어, 아탈리아어가 라틴어의 허물어진 타락이 아니라 시간의 경과에 따른 달라진 변화형이라는 사실을 깨닫게 된 것이다.

예를 들면 라메의 삐에르(Pierre de Ramée, Petrus Ramus, 1515)는 품사분류에 있어서 오직 수(number)만을 기준으로 하여 어미변화를 하는 것과 하지 않은 것으로 형태를 구별하려고 시도하였다. 그리하여 먼저 명사, 대명사, 동사, 및 분사를 다른 품사들과 구분하였다. 이것은 고전시대의 문법가들이 품사분류의 중요한 기준으로 삼았던 격(格) 변화가 이 시대의 여러 언어에서 차례로 형태적으로나 기능적으로 소실되었기 때문이다.

오늘날 영어의 학교문법을 구축한 영국의 머레이(Lindly Murray, 1745~1826)는 그의 Murray(1775)『영어 문법』서 주격, 속격, 목적격의 셋만 인정하였다. 형태론적으로는 주격과 목적격이 같지만 실용주의에 입각하여 기능도 감안한 것이다. 희랍의 드락스(Thrax, 2C. B.C.)에 의하여 8품사가 확립된 인구어의 품사 분류는 몇 차례 변화와 발전을 거쳐 머레이(Murray)에 의해서 학교문법에 정착되었다.

2.5.1.5. 뿐만 아니라 해외에서 새로운 언어가 발견되어 유럽에 소개되면서 언어학계에 상당한 충격을 주었다. 16, 17세기에 이르러 유럽 이외의 먼 나라에서 새 언어가 속속 발견되었다. 그 가운데 아메리카 대륙의 원주민 토착어, 페르시아어, 중국어, 일본어들이 주로 기독교 선교사들에 의하여 유럽에 소개되었다.

16세기에 아메리카 및 필리핀의 언어를 조잡하게나마 기술한 자료가 스페인 선교사들의 보고로 유럽에 소개되었다. 18세기 말까지 지구상에 200여개의 언어가 존재하는 것으로 보고되었다. 이것은 독일의 철학자 라이프니츠(Leipnitz)의 권고를 받아 러시아 여왕 카데린 2세(Catherine II)의 지원으로 팔라스(P. S. Pallas)가 1787~1789년에 유럽과 아시아의 200여개 언어의 낱말을 비교하였다.

즉, 이 낱말의 비교하여 Pallas(1787~1789)『전 세계 언어의 비교 어휘(Linguarum totius orbis vocabularia - Comparativa Augustissimae cura Collecta)』가 상트 뻬제르부르그(St. Petersburg)에서 출판하였다. 이 사전은 1790~1791년에 러시아의 언어학자 미리예프스키(Teodor Jankovič Mirijevski)에 의해서 증보되었다. 이 증보판에서 아시아대륙과 아프리카대륙의 언어를 80여개 더 추가하였다.

이러한 전혀 새로운 언어에 대한 지식은 중세 유럽사회를 지배하던 유일한 공통어인 라틴어가 내부적인, 또는 외부적인 여러 원인으로 권위와 효용성을 상실하게 된다. 라틴어를 대표로 하는 언어의 보편화로부터 유럽의 토착어들과 미지의 새로운 언어의 발견 등으로 언어의 다양화를 찾는 시대에 들어가게 된다.

다양한 언어의 기술로부터 이 언어들에게 공통된 문법이 모색되었다. 이미 사어(死語)가 된 희랍어나 쇠퇴하고 있는 라틴어의 연구로부터 얻어낸 전통문법으로는 새로운 여러 언어를 기술하거나 정리할 수 없음을 깨닫고 새로운 문법의 이론 정립을 추구하게 된다.

2.5.1.6. 새로운 언어들의 발견은 언어에 대한 새로운 연구를 촉발시켰다. 그 가운데 현대 언어학에 중요한 영향을 끼친 영국의 경험주의 언어 연구와 프랑스의 합리주의 언어학을 소개하고자 한다.

16, 17세기는 영국이 해외에 진출을 가장 힘차게 하던 시기였다. 이 시기에 영국에서는 인간의 경험을 절대시하는 새로운 철학으로 경험주의(empiricism)가 생겨났다. 영국의 베이컨(Francis Bacon, 1561~1626)과 로크(John Locke, 1632~1704), 흄(David Hume, 1711~1776) 등이 경험주의 철학을 주도하였다.

이들에 의하면 인간의 지식이라는 것은 외계(外界)의 것을 감성(感性)에 의하며 파악하는 것이고 인간의 정신 활동이라는 것도 감성, 또는 경험에 기본을 둔 하나의 정리, 통합 작용에 지나지 않는다는 것이다. 특히 흄과 같은 극단적인 경험주의자에게는 모든 인간의 지식이 비록 그것이 논리에 의한 것이거나 선험적인 것이라도 경험에 의해서 그 진실이 증명된다고 보았다.

언어의 연구에서도 이러한 경험주의 사상의 영향으로 플라톤(Plato)으로부터 스토아학파(Stoicism)의 철학에 이르는 선험적인 전통문법의 테두리 설정, 예를 들면 품사분류나 기타 문법 범주의 설정이 과연 개개인의 관찰의 결과와 일치하는가를 확인해야 한다는 비판적인 안목이 생겨났다. 따라서 언어의 일반성보다 각 개별어의 고유 문법이 한층 중시(重視)하게 되었다.

영국의 경험주의 언어 연구에서 최대의 성과는 오늘날에 음성학이라고 부르는 언어음의 연구를 개발한 것에 있었다. 음성은 언어의 외형(外形)으로 가장 확실하게 관찰할 수 있는 부분이며 특히 인쇄기의 발명과 인쇄술의 발달은 문자와 발음을 구별하는 일이 의식화(意識化)되어 정서법(orthography)의 확립이 급선무가 되었다.

이것과 더불어 각 글자의 발음과 그 음의 특징을 탐구하는 음성학이 발달한 것이다. 이 음성학의 전통은 16~17세기에 걸쳐 많은 음성학자들을 배출하였고 그 전통은 지금도 영국에서 지켜지고 있다. 그리고 17세기 영국 철학, 즉 귀납주의, 심리주의 실용주의의 영향은 영국 문법학자들로 하여금 살아있는 구어(口語)에 관심을 갖게 하였는데 이 사실은 언어학사에서 매우 새로운 사실이다(Ivič, 1970: 30~41).

2) 경험주의와 합리주의 언어 연구

2.5.2.0. 문예부흥과 그 이후의 시대에 언어의 연구에 나타난 현저한 특색은 전술한 영국의 경험주의 언어 연구에 대항하여 유럽대륙에서 희랍-로마시대 이래 중세시대를 거쳐 계속된 철학적이며 사변적인 언어 연구가 합리주의(rationalism)적인 언어 연구의 형태로 나타난 것이다.

합리주의(合理主義)는 경험주의와 달리 인간 지식의 근원을 감성에 의한 경험에서 찾지 않고 인간의 이성(理性), 즉 합리성에 두는 것이다. 이러한 이성의 근거로서 우리가 태어나면서 갖고 있는 생득적(生得的, innate)인 여러 개념을 강조한다. 감성적 파악에 우선해서 생득적인 개념이 먼저 작용한다는 것이다. 이러한 현상이 인간의 인식을 결정하는 원점이라고 본다.

합리주의자들이 생득적 개념의 전형으로 들고 있는 것은 수(數)나 수자를 다루는 수학적 개념이나 논리적 개념들이다. 그리고 이러한 경험주의와 합리주의의 대립은 희랍시대로부터 중세에 이르기까지 언어의 본질에 대한 논쟁에서 있었던 전통을 이어받은 것이다.

전시대에는 언의 이해가 철학적 언어관에 초점을 둔 난해한 것이었음에 비하여 문예부흥 이후에는 인본주의(humanism)의 입장에서 인간의 이성 대 감성의 전통적인 논의를 새롭게 해석하여 이해하기 쉽게 하려고 하였다.

2.5.2.1. 경험주의가 영국을 근거지로 하였다면 합리주의는 유럽대륙, 특히 프랑스를 중심으로 발달하였다. 합리주의에 입각한 언어 연구는 역시 새로운 양상을 보여준다. 초기의 합리주의적 언어 연구를 시작한 독일의 라이브니츠(Gottfried Leibnitz, 1646~1716)는 세계어(lingua franca)로서 라틴어가 그 지위를 잃어버린 다음에 이에 대응하는 새로운 언어로서 신(神)이 인간에게 준 언어, 예를 들면 헤브라이어(Hebrew)가 아니고 인간에 의해서 만들어진 인공어(artificial language)라고 보고 이의 작성을 시도하였다.

이를 위하여 라이브니츠는 수학기호를 생각하였다. 그는 인간의 사고 형식, 능력은 인종과 민족을 넘어 공통성을 가졌고 만일 사고와 그 전달을 위하여 수학 기호와 같은 인공 언어를 작성할 수 있다면 자연언어가 가진 애매성, 난해성을 해소하고 유용하고 정확한 의사소통이 가능할 것이라고 믿었다.

당시에는 인공어를 세계어의 발명과 탐구는 라이브니츠(Leibnitz)에 한하지 않고 이 시대의 일반적인 경향이었다. 인공어와 인공 문자의 발상은 멀리 베이컨(Bacon)에게까지 거슬러 올라간다. 이러한 연구 경향은 만국음운문자(universal alphabet)의 제정으로 발전하여 후일 국제음성문자(International Phonetic Alphabet, IPA 기호)가 나오게 된다. 즉, 개별언어의 고유한 특징보다는 여러 언어에 공통하는 여러 특징들이 강조한 점이 이 시대의 합리주의 언어 연구에서 나타난 근본 태도였다.

2.5.2.2. 새로운 경험주의 언어 연구에 대립해서 전통의 문법 연구에 근거를 둔 합리주의 언어 연구를 유지하고 발전시키려는 노력으로 괄목할 성과를 오린 것은 뽀르 로얄(Port Royal)학파의 일반문법을 들 수 있다.

이 학파의 대표적인 업적으로 아르노를(Antoine Arnauld)과 랜스로(Claude Lancelot)의 공저인 『일반합리문법(Grammaire générale et raisonnèe)』(Lancelot·Arnauld, 1660)을 대표로 든다. 뽀르 로얄(Port Royal)은 프랑스 베르사이유 근처에 있는 수도원의 이름이다. 원래 이 수도원은 17세기 후반에 네덜란드의 신학자 얀센(Jansen)이 주창한 예정설(predestination)을 신봉하는 수도사들의 수도원으로 문학과 어학의 연구가 중심이었다.

Lancelot·Arnauld(1660)는 1753년에 영어로 번역되었는데 이에 의하면 관계대명사가 쓰인 문장에서 논리적 전제로 인간의 판단과 그에 근거하여 만들어진 실제 문장에는 몇 개의 명제가 있다는 것이다. 예를 들면 "Dieu invisible a créé le monde visible(The invisible God has created the visible world)"라는 진술(proposition) 속에는 세 가지 판단이 포함되었다는 것이다.

즉, 첫째 'Dieu est invisible(God is invisible)', 둘째 'il a créé le monde(he has created the world)'. 셋째 'le monde est visible(the world is visible)'라는 판단이 이 문장에 포함된 것으로 본 것이다. 그리고 이 세 판단 중에서 둘째의 판단이 가장 중요하며 또 본질적이라고 보았다. 따라서 이 진술이 모문(母文)이며 첫째와 셋째는 내포문(內包文)으로 삽입되어 결합한 것이라는 것이다.

첫째는 진술의 주어가 되고 셋째는 서술어가 되었다. 그런데 때로는 이 삽입 진술이 마음속에 머물러 있고 말로 표출되지 않는 경우도 있고 또 때로는 확실하게 겉으로 표시하는 경우도 있다. 이를 위하여 관계대명사의 존재가 도움이 되는 것이다. 따라서 앞의 진술을 "Dieu qui est invisible a créé le monde qui est visible(God who is invisible has created the world which is visible)."로 바꿔 쓸 수가 있다.

이러한 관계대명사에 대한 설명은 그 특성을 말한 것이지만 이것은 관계대명사가 들어 있는 진술이 또 다른 절(clause)의 주어, 또는 서술어의 일부가 될 수 있음을 말한 것이다. 또 모든 진술이 문장 속에서 표출되는 것이 아니고 일부는 마음속에 그대로 들어있을 수 있음을 설명한 것이다.

2.5.2.3. 20세기 후반에 촘스키(N. Chomsky)는 그의 Chomsky(1966a: 33~34)에서 이 예문들을 인용하고 변형생성문법(transformational generative grammar)의 기본 개념인 심층구조(deep structure)와 표면구조(surface structure)를 구별하였다. 촘스키는 그의 Chomsky(1966a)에서 자신이 데카르트(René Descartes, 1596~1650)적 언어 연구의 전통을 이어받은 것으로 인정한 것이다.

뽀르 로얄학파의 문법학자들은 공통적인 일반문법(general grammar)을 목표로 하여 연구를 발전시켰다. 희랍어, 라틴어, 헤브라이어, 그리고 근대 유럽의 여러 언어로부터 예를 구하여 이런 언어의 기저(基底)에 있는 보편적 언어 특성을 찾으려고 노력하였다. 그리고 이러한 생각은 현대 언어학의 옐름스레우(Hjelmslev)에 접목되었고(Hjelmslev, 1935, 1943) 오늘날의 촘스키에서 놀랄 정도로 재현되었다.

이 시대의 또 다른 특징은 언어기원설에 대한 논의가 다시 시작되었다는 점이다. 앞에서 언급한 것처럼 쟝 자크 루소(J. J Rousseau)와 폰 헤르더(J. G. von Herder)에 의하여 시작된 언어기원설은 19세기 역사비교언어학의 단초가 되었다(Rousseau, 1822 및 Herder, 1891).

3) 19세기의 역사주의와 비교언어학

2.5.3.0. 19세기에 들어와서 서양의 언어 연구는 구체적인 언어 자료인 개별언어가 주된 연구 대상이었다. 이러한 구체적인 언어 사실에 대한 활발한 관심이 19세기 언어학의 현저한 특색이었다. 이로 인하여 보편적이고 논리적 구조를 추구하려는 18세기 학문의 전통은 단절되었다.

18세기 말부터 싹터온 언어 연구의 역사주의는 19세기에 들어와서 크게 발달하고 1870년대와 1880년대를 풍미(風靡)한 소장문법학파의 활동 시기에는 역사주의가 없이는 언어학이 성립될 수 없다는 신념이 모든 언어 연구의 저변에 깔려 있었다. 소장문법학파의 중심인물이었던 파울(Herman Paul)은 이러한 주장의 대표자였다(Paul, 1880).

그리하여 이 시대에는 유럽 안의 여러 언어들이 서로 비교되고 그 역사를 살피는 언어 연구가 유행하였다. 따라서 이 시대를 역사비교언어학(comparative and historical study of languages)의 시대, 특히 인구어(印歐語, Indo-European languages)의 시대라고 말할 수 있다.

19세기 초엽에 시작된 역사비교언어학은 그 학문의 독자성과 객관성이 인정되어 언어 연구가 문법과 문헌학(文獻學, philology)으로부터 벗어나서 전술한 바와 같이 언어과학(science of language)으로 인정을 받기에 이른다. 비로소 인문과학의 하나로 언어학(linguistics)이 정립(定立)하게 된 것이다.

2.5.3.1. 역사비교언어학이 시작된 원인은 여러 가지가 있겠으나 그 하나는 산스크리트어의 연구라고 할 수 있다. 문예부흥시대에 인도의 고대 언어인 산스크리트(Sanskrit)어가 선교사들에 의하여 유럽에 전해졌다. 그러나 이때의 그 지식은 매우 단편적이고 부정확하였다.

18세기 말에 영국의 동인도회사 법률고문이던 존스(Sir William Jones, 1746~1794)가 인도에 가서 그곳의 문화와 역사, 그리고 고대어인 산스크리트어를 접하였다. 이 언어에 깊은 관심을 가진 존스는 이를 주의 깊게 관찰하고 연구하여 그 결과를 1786년 2월 2일에 "On the Hindus(힌두어에 대하여)"라는 제목으로 캘거타에서 열린 아시아학회(Asiatic Society)에서 강연하였다.

이 학회의 회장으로 선임되어 그 취임 연설이었지만 이 산스크리트어가 유럽의 여러 언어, 즉 희랍어, 라틴어, 게르만 제어들과 관련성(relationship)이 있음을 주장하여 이 언어들의 친족관계를 처음 공식적으로 인정하였다. 존스(Jones)는 이 강연에서 다음과 같이 인구어의 공통조어가 존재했을 가능성을 다음과 같이 시사(示唆)하였다.

> 산스크리트어는 그 오래된 정도가 어느 정도이든지 훌륭한 언어 구조를 가졌다. 희랍어보다도 완전하며 라틴어보다도 어휘가 풍부하고 문법도 정교하고 세련되었다. 그럼에도 희랍어, 라틴어와 비교할 때에 동사 어근 및 문법 형태에 있어서 아마도 우연하게 형성되었다고 보기 어려운

뚜렷한 유사성을 가지고 있다. 이 유사성의 뚜렷함을 살펴본다면 이 세 언어들은 반드시 어떤 공통원(共通源) -아마 현재에는 이미 존재하지 않는- 에서 발생한 것이라고 믿지 않을 수 없다. 고드(Goth)어와 켈트(Kelt)어도 아직 확실한 근거는 없지만 이주 이질적인 형태가 있더라도 산스크리트어와 동일 기원이라고 볼 수 있는 이유가 있다.

이 강연의 내용에는 유럽의 여러 고대어와 산스크리트어 사이에 하나의 공통어로서 원형(prototype)의 언어가 존재할 수 있음을 암시하고 비교방법의 발전에 의하여 이를 밝힐 수 있음을 강조하였다.

여기서 이미 인도-유럽어족(Indo-European language family)이 수립될 수 있는 가능성을 언급한 것이다. 이러한 존스의 강연은 성경의 창세기(創世記)에 언급된 바벨(Babel)탑의 전설과 연결되어 유럽의 동방 진출과 더불어 매우 활발하게 인도의 고대 언어가 연구되었다.

2.5.3.2. 물론 그 이전에도 인구어를 몇 개의 어족으로 나누어 보려는 가설은 이미 있었다.[102] 대표적인 예로 이탈리아의 스캘리거(Joseph Justus Scaliger, 1540~1609)는 모든 언어의 기원이 헤브라이어(Hebrew)에서 시작된 희랍어의 방언으로 생각하고 유럽의 여러 언어를 다음과 같이 구분하였다.

4개의 주요 어족(four major family) - 로망스 제어 , 희랍어, 게르만 제어, 슬라브 제어[103]
3개의 주변 어족(three minor family) - 기타 유럽의 제 언어(Finno-Ugric, Arabic)

스캘리거 다음으로 독일의 라이브니츠(Gottfried Wilhelm Leibniz, 1646~1716)는 헤브라이어를 아랍어족에 넣었고 핀어(Finnish)와 헝가리어의 역

102 그 시작은 단테의 "De vulgari eloquentia"에 이미 있었다. 그는 이 논문에서 유럽의 언어를 셋으로 나누어 북쪽의 게르만 제어, 남쪽의 라틴어, 기타 유럽과 아시아 전역의 희랍어로 나누었다.

103 이 네 언어는 神을 지칭하는 어휘에 따라 Deus language, Theós lang., Godt lang., Boge lang.로 나누었다.

사적 관계를 최초로 지적하였다. 그는 켈트-스키타이(Kelto-Scythian), 또는 야페트어(Japhetic)로 유럽 북부지역의 모든 언어를 망라하였고 유럽의 남부지역과 셈어(Semitic)를 아람어(Aramaic)로 묶었다.

앞의 2.5.1.5.에서 언급한 팔라스(Pallas, 1787~89)의 <전 세계 언어의 비교 어휘>에 영향을 받아 아델룽(Johan Christoph Adelung, 1732~1806)은 존스 이후에 여러 언어의 어휘를 단순하게 수집하고 이를 정리하여 계통적 어족으로 묶는 작업의 중간 단계에 있었다. 아델룽은 『미트리다테스(Mithridates oder Allgemeine Sprachen Kunde, mit dem Vater unser als Sprach probe in beinahe fünfhundart Sprachen und Mundarten) - 미트리다테스, 또는 일반언어학, 주의 기도문을 약 5백 언어 및 방언의 견본으로 하여』(이하 <미트리다테스>)를 간행하였다.[104]

Adelung(1806)의 <미트리다테스>는 1806년에 제1편을 출판한 다음에 제2권은 1809년에, 제3권은 1812~6년에, 그리고 제4권은 1817년에 출판하였다. 존스의 강연 이후에 이러한 여러 언어의 비교 연구는 19세기의 역사주의에 의한 언어 연구가 본격적으로 수행되었음을 보여준다.

2.5.3.3. 초기의 비교언어학은 라스크(Rask)와 보프(Bopp), 그리고 그림(Grimm)으로 시작한다. 덴마크의 언어학자인 라스크(Rasmus Kristian Rask, 1787~1832)는 서양언어학사에서 역사언어학의 창시자로 추앙받는다.

그는 일찍부터 스칸디나비아 여러 언어의 고어(古語), 즉 고대 노르드어(Old Norse)와 당시 독일어가 일련의 공통성을 갖고 있음에 관심을 갖고 비교 연구를 계속하였다. 그리고 이러한 언어의 연구에서 역사적 기준을 적용해야 함을 강조하였다.

그러던 중에 1814년에 실시된 덴마크 과학연구원의 현상논문에 응모하여 수상하는 영예를 얻었다. 당시의 현상 논문의 제목은 두 가지였는데 하나는 "고대 스칸디나비아 제어가 어떤 기원으로부터 성립되었다고 보는 것이 가장 정확한가? 역사적 견지에서 심사하여 적절한

---

104 Mithridàtes는 Pontus의 여러 왕들의 이름이다. 특히 Mithridàtes 6세는 Magnus(대왕)의 칭호를 받았으며 로마인들과 격전을 거듭하다가 패하여 자살하였다.

하나를 찾을 것"이고 둘째는 "스칸디나비아 제어의 모든 파생 관계 및 비교법을 확립시킬 수 있는 원리를 정리할 것"이었다.

라스크는 두 번째 제목을 택하여 "고대 노르드어와 아이스란드어의 기원에 대한 연구(An investigation on the origin of the Old Norse or Icelandic languages)"란 논문으로 당선되었다.[105] 라스크는 그의 논저 Rask(1818)에서 다른 언어로부터의 차용은 어휘에서 가장 일어나기 쉬움으로 두 언어에서 어휘의 유사성을 차용에 의한 것인가 아니면 계통적 유사인가를 신중하게 살펴야 한다고 주장하였다.

그리고 어휘보다는 문법이나 음성의 면에서 고찰하는 것이 보다 확실하다고 하면서 어미변화에서 일어나는 음운 대응의 중요성을 역설하였다. 라스크(Rask)의 이러한 주장은 역사비교언어학의 나아갈 길을 올바르게 제시한 것으로 평가되었다. 그리하여 그는 톰센(Vilhelm Thmsen)이나 에스페르센(Otto Jespersen)과 같은 쟁쟁한 경쟁자를 물리치고 당선의 영예를 안은 것이다.

다만 이 논문은 덴마크어로 쓰여서 유럽의 언어학계에 알려지는데 시간이 걸렸다. 또 그의 비교연구에는 산스크리트어가 들어있지 않았다는 결정적인 흠결이 있었고 인구어족(Indo-European Language family)에 대한 확고한 개념도 없었던 것으로 후세 역사가들은 평가하였다(Ivič, 1965: 39).

그리하여 역사비교언어학의 창시는 독일의 보프(Franz Bopp, 1791~1867)로 보는 역사가들이 많다. 특히 이비츠(Ivič) 여사는 1816년에 보프가 산스크리트어의 언어 자료를 다른 몇 인구어와 비교해서 쓴 논문이 유럽의 언어학계에 공표되었고 이 해를 기점으로 하여 비교언어학, 나아가서 조직적이고 독립된 과학으로서 언어학이 출발한 것으로 보았다.[106]

---

105 이의 덴마크어 원문은 Rask(1818)의 "Underśϕgelse om det gamle Nordiske eller Islandske Sprogs Oprindelse"이다.

106 이 논문은 "Über des conjugstion system der Sanskrit sprache in Vergleichung mit jenem der Grichischen, Lateinischen, Persischen und Germanischen Sprache."(1816)라는 제목이었다(Ivič, 1965: 38).

2.5.3.4. 보프(Bopp)는 인구제어의 상호 관련 문제가 독자적 연구 대상이 될 수 있음을 최초로 의식하여 역사비교언어학(historical comparative linguistics)이란 학문 분야를 개척하고 언어의 연구를 하나의 과학으로 정립(定立)하였다. 오늘날에는 언어학(linguistics)이 인문과학의 핵심 분야가 되었지만 그 이전에는 문헌학의 일부이거나 철학에서 다룬 것이 전부였다.

보프는 1812년부터 1816년까지 4년간 프랑스의 파리에 유학하였다. 당시 파리에는 현대동양어국립연구소(Ècole nationale des langue orientales vivantes)가 있어서 그곳에서 처음으로 페르시아어, 인도어, 아라비아어, 헤브라이어 등과 접하게 되었고 특히 고대인도의 산스크리트어에 깊은 관심을 가졌다.

이때에 연구한 결과가 후에 Bopp(1833~52)의 "Vergleichende Grammatik des Sanskrit, Zend, Griechisen, Lateinischen, Litauschen, Gothischen und Deutschen(Comparative grammar of Sanskrit, Zend, Greek, Latin, Lithuanian, Gothic and German)"(vol. 1~6, 1833~1852)로 결실을 맺는다. 그는 이 책에서 인도문법학파의 연구법을 이용하였다.

앞의 2.2.0.5.에서 언급한 파니니(Pāṇini)로 대표되는 인도문법학파들은 연성(連聲, internal samdhi)의 고찰에 의해서 어형성의 각 구성요소를 분석할 수 있었으며 이 요소들의 문법 형태, 범주, 기능 및 기원까지 용이하게 파악할 수 있음을 알고 있었다.

보프(Bopp)는 고대인도의 문법학파들이 이러한 연구를 그의 저서에서 아주 많이 소개하였다. 또 희랍어와 라틴어에 대하여도 <팔장>의 비가라론(毘伽羅論)에 의거하여 종래의 문법 연구와 다르게 분석적으로 고찰하였다.

즉, 라틴어의 "potést(he, she, it is able)"은 'pot + es + t'로 분석하고 't'가 3인칭 대명사, 'és'가 계사, 'pot'가 어근으로 'power'이며 이것이 "he is power"임을 재구하였다. 그리고 이것이 "he is able"의 의미로 변환된 것임을 밝혔다. 라틴어에서 'potéstās'는 사람이나 사물을 조종하고 지배하는 능력을 말하고 'potéstátis'(여성)가 "능력"이란 의미로 정착되었다.

2.5.3.5. 보프(Bopp)는 유럽의 고전어, 희랍어와 라틴어에서 이미 변화하여 바뀐 어형(語形)을 어근(語根)으로 보존하고 있는 산스크리트어를 분석하여 이를 활용하여 원형(原形)을 재구성하려고 시도하였다. 그리하여 음성적으로 보면 전혀 분석의 여지가 없었던 어형도 이러한 역사적 및 형태론적 분석으로 원형의 재구에서 눈부신 성과를 올렸다.

즉, 영어의 'genus(부류, 종)'은 라틴어와 희랍어에서 다음과 같은 어형 변화를 보인다.

	중성 단수 주격, 대격	속격	탈격	복수주격, 대격	속격
라틴어	genus	genĕris	genes	genera	generum
희랍어	génos	géneos	génei	génea	généòn
영어	genus				
산스크리트	ġanas	ġanasas	ġanasi	ġanassa	ġanasam

먼저 라틴어, 희랍어, 영어를 비교하면 어느 것이 원형인지 알 수가 없다. 여기에 산스크리트어를 비교하면 'ġanas'가 어근이며 라틴어의 경우는 어근의 마지막 '-s'가 모음 간에서 's > r'의 변화를 입었음을 알 수 있다. 희랍어의 경우는 같은 음운 환경에서 '-s'가 소실되었음을 나타낸다. 라틴어와 희랍어의 이른 시기에는 이 기원적인 '-s'가 유지되었을 것으로 추정된다.

이와 같이 "한 언어를 다른 언어로 해명하고 한 언어의 형태를 다른 언어의 형태로 설명하다(eclairer une langue par une autre, expliquer les formes de l'une par les formes de l'autre)"는 이때까지의 유럽에서 이루어진 철학적 언어 연구방법에서 볼 수 없었던 것이며 이로부터 보프가 비교언어학의 원리와 방법론을 확립하였다고 보는 것이다.

그리고 보프는 세계의 언어를 삼분(三分)하여 분류하였다.

> 첫째 어간(語幹)이 단음절로 합성력도 없고 유기성(organismus)도 문법도 없는 언어. - 중국어
>
> 둘째 어간이 단음절이지만 합성력이 있어 거의 이 방법으로 유기성과

문법을 성립시키는 언어. - 산스크리트어와 첫째 및 셋째에 속하지 않는 언어.

셋째 어간의 내부적 교체로 합성뿐 아니라 문법 형식을 일으키는 언어, 3자음으로 단어의 기본적 의미를 나타내는 언어. - 셈어

보프(Bopp)가 비교언어학에 공헌한 것은 라스크(Rask)가 음성 영역에서 눈부신 업적을 보인 것에 비하여 보프는 형태론 분야에서 공헌한 것으로 평가한다. 프랑스의 비교언어학자 메이에(Antoine Meillet)는 보프에 대하여 "콜럼버스가 아메리카 대륙을 발견한 것과 같이 보프는 비교문법학을 확립하였다. 콜럼버스는 자신이 인도에 도착한 것으로 생각하였고 보프는 인도-유럽어의 조어(祖語)를 재구할 것을 바라고 있었다."라고 평가하였다(Meillet, 1922).

아무튼 보프는 비교언어학, 더 정확하게 말하면 비교문법의 창시자라고 할 수 있다. 그리고 다음에 논의할 그림(Grimm)에 의하여 비교음운론이 시작되어 후일 슐라이허(August Schleicher)에 의해서 비교 언어학의 여러 방법이 집대성된다.

2.5.3.6. 대부분의 비교언어학 연구자들은 음운 비교를 시도했던 그림(Jakob Grimm, 1785~1863)을 전술한 라스크(Rask)를 제치고 비교음운론의 시조로 삼는다.[107] 독일의 동화작가로서 널리 알려진 그림 형제 중에서 형(兄)인 야콥(Jakob) 그림은 『독일어 문법(Deutche Grammatik)』을 1819년에 출간하였고[108] 1822년에 제1권의 재판이 나왔다.

이 재판(再版)에서 그림은 라스크의 전술한 저서를 읽고 많은 자료를 Grimm(1819)의 <독일어 문법>에 추가하였다. 제2권은 1826년에 출간하였고 제3권은 1831년에, 제4권은 1837년에 간행되었다.

이 책들에서 통사론을 제외한 문법론의 모든 분야를 포함하였다. 이 책에서 독일어의 강(stark) 변화와 약(schwach) 변화란 술어가 독일어의

---

107 Grimm은 Rask의 논문을 읽고 그의 <독일어 문법>(Grimm, 1819)의 재판(1822)에서 'von den Buchstaben(on the letter)'라는 긴 章을 추가하였고 그의 3판에서는 이를 'von den Lauten(sound)'로 바꾸었다.

108 Jakob Grimm이 말한 'Deutche'는 독일어만이 아니라 게르만 제어를 말한다.

굴절에서 사용되기 시작하였다. 또 음운론에서 모음 교체(ablaut)와 움라우트(umlaut) 현상 등의 술어가 그림에 의해서 만들어졌다.

그림(Grimm)은 전시대에 유행한 사변문법가들의 합리주의적 철학적 언어연구 방법에 대하여 실증주의적 경험론에 입각한 언어연구를 주장하였다. 즉, Grimm(1819)의 1822년 재판(再版)의 서문에서 "나는 문법에 있어서 보편적 논리의 제 개념에 대하여 반대한다. 이들 여러 개념들은 분명히 정의의 정확성과 통일성을 키우는데 도움을 주지만 관찰을 방해하고 있다. 관찰만이 나에게 있어서는 언어과학의 핵심이라고 생각한다."(Grimm, 1822; Waterman, 1963: 20)라고 하였다.

이 발언은 전술한 뽀르 로얄(Port Royal)학파로 대표되는 18세기 합리주의 언어 연구에 대하여 그림(Grimm)은 경험주의를 기본 태토로 하였음을 명확하게 한 것이다. 이것은 사변주의와 달리 관찰을 기본으로 하는 언어과학(linguistic science)의 방향을 나타내는 것이다. 그리고 이와 같은 과학적인 언어 연구의 태도는 그의 음운 규칙에서 잘 나타나고 있다.

그림의 법칙(Grimm's Gesetz)로 알려진 인구어 음운 변화의 규칙은 게르만 제어의 자음 변화가 다음의 두 단계로 변화됨을 전제로 한다.

① 인도-유럽 공통조어의 자음이 게르만 어군(語群)의 공통어로 변화할 때에 일어나 음운 교체 - 제1 음운 교체(erste Lautverschiebung)
② 게르만어군 내에서 고대고지 게르만어(Old high german)의 자음이 다시 변화할 때에 일어나는 음운 교체 - 제2 음운 교체(zweite Lautverschiebung)

이러한 음운 교체를 다룬 것은 전술한 Grimm(1819) <독일어 문법>의 제1권의 부제가 '문자 연구(Die Lehre von den Buchstaben, Study of the letter)'인 것으로 보아 그는 전시대의 언어학자들과 같이 '음성(Laut, sound)'과 '문자(Buchstaben, letter)'의 구별이 없었던 것으로 보인다.

2.5.3.7. 그는 앞에 든 ① 제1 음운교체의 예로 고대 희랍어를 고드어(Gothic)와 비교하였다. 고드어는 게르만 제어에서 가장 오래된 문헌에 나타나는 언어다. 그리고 이 두 언어의 비교 연구가 산스크리트어와의

비교에 맞먹는 중요한 연구라고 믿었다. 그리하여 고대희랍어와 고드어의 비교에서 다음과 같은 대응을 얻었다.

희랍어 - p, t, k, d, g, ph, th, ch
고드어 - f, th, x, t, k, b, d, g

이것은 고대희랍어의 무성정지음(voiceless stops)의 /p, t, k/가 고드어에서는 마찰음(spirant)의 /f, th, x/로, 유성음(voiced stops)의 /d, g/는 무성음(viceless stops) /t, k/로, 유기음(aspirates)의 /ph, th, ch/는 다시 유성음의 /b, d, g/로 순환하여 변화하는 것을 밝혔다.

여기서 /p, t, k/를 세음(細音, tenues - T), /b, d, g/를 중음(中音, mediae - M), 그리고 /f, θ, x/를 기음(氣音, aspirates - A)으로 하여 다음과 같은 변화의 공식을 만들었다.

인도-유럽 공통어	T	>	게르만 제어	A
상동	M	>	상동	T
상동	A	>	상동	M

이것이 유명한 그림의 법칙(Grimm's Gesetz)이다. 그런데 이 법칙에 대하여 일찍부터 예외가 등장하여 비교 연구를 한층 더 발전시킨다. 우선 제1의 법칙 T > A의 예외로는 라틴어의 '[t]'가 고드어에서 그대로 '[t]'로 나타난다는 점이다.

라틴어 'captŭs(married)'	>	고드어	'hafts'	t = t
상동 'spŭō(spit)'	>	상동	'speiwan'	p = p
상동 'ist(is)'	>	상동	'ist'	t = t
희랍어 'skótos(darkness)'	>	상동	'skadus(shadow)'	k = k

이러한 특정 어휘에서 앞에 언급한 T > A의 변화 규칙이 나타자지 않는 것은 음성적 환경에 의한 것으로 설명할 수 있다. 즉, 문제의 무성폐쇄음 /t, p, k/가 자음 뒤에 오는 경우 T > A의 변화는 일어나지 않는다는 것이다. 이것을 제1의 예외라고 한다.

반면에 인구어의 M이 게르만 제어에서 T로 변하는 M > T의 변화는 다음에서는 일어나지 않는다.

산스크리트	'bodhāmi (notice)'	>	고드어	'biudan (offer)'	b = b
상동	'duhitā (daughter)'	>	상동	'dauhtear (doughter)'	d = d
상동	'jaňghā (leg)'	>	상동	'ğagg (street)'	g = g

이것은 제2의 예외로서 인구어의 M이 게르만 제어에서 T로, 즉 M > T의 변화를 입지 않은 것이다.

그라스만(Hermann Grassman, 1809~1877)은 이 예외를 산스크리트어 이전의 단계에서 원인을 찾았다. 즉, 이 변화는 유기음 다음에 연속해서 나타나는 무성음을 이화(異化) 현상으로 인하여 유성음 M으로 변화한 것이기 때문에 그런 환경이 아닌 경우에는 M > T의 변화를 하지 않는 것으로 설명하였다.

2.5.3.8. 제3의 예외도 설명이 가능하다. 인구어의 무성음의 T가 게르만 제어에서 유기음 A로 바뀌는 현상의 T > A도 다음에서는 일어나지 않고 오히려 유성음의 M으로 변하는 T > M의 변화 유형을 보인다.

즉, 산스크리트어 'saptá (seven)', 고대희랍어에서 'hepta (7)'가 고드어에서는 'sibun', 고대 고지(高地)독일어에서는 'sibun', 현대영어에서는 'seven'이어서 'p > b'의 변화를 보이고 산스크리트어의 'pitā (father)' 희랍어의 'patér'는 고드어에서 'fadar', 고대 영어에서는 'fæder'이어서 't > d'의 변화를 보인다.

또 산스크리트어의 'śakuśrūs (mother-in law)', 희랍어의 'hekura'는 고대 영어에서 'sweger', 고대 고지(高地) 독일어에서는 'siwigur'이어서 'k > g'의 변화다. 즉, 인구어의 /p, t, k/가 게르만 제어에서 /b, d, g/로 변하므로 그림의 법칙인 인구어의 세음(細音)이 게르만 제어에서 기음(氣音)으로 변한다는 'T > A'에 어긋난다. 이것이 인구어의 음운 변천에서 보이는 제3의 예외인 것이다.

제3의 예외에 대하여 베르너(Karl Verner, 1846~1896)는 그의 "제1차 음운 추이의 예외(Eine Ausnahme der ersten Lautverschievung, Verner, 1877)"라는 논

문에서 이러한 예외가 악센트(accent)에 의하여 일어난다고 보았다. 즉, 그는 다음과 같이 그림의 제1차 음운 추이의 규칙을 수정하였다.

> ① 인구어 공통어의 악센트가 무성폐쇄음, 즉 T 앞에 올 때에는 그림의 법칙대로 유기음, 즉 A로 변한다. T > A
> ② 그러나 악센트가 뒤에 올 때에는 T > M, 즉 무성폐쇄음이 유성음으로 변한다. T > M

이것이 제3 예외에 대한 유명한 베르너의 법칙이다. 초기의 비교언어학은 앞에 든 세 사람, 그림(Grimm)과 그라스만(Grassman), 그리고 베르너(Verner)에 의하여 구축되었다. 물론 당시에 이 세 사람 이외에도 유럽 각국의 개별 언어를 가지고 작업한 언어학자들도 적지 않다. 중요한 몇 연구자와 저서를 소개하면 다음과 같다.

독일에서 쿠르티우스(Georg Curtius, 1820~1885)의 『희랍어 어원학 개요(*Grundzüger der griechischen Etymologie*)』와 조이스(Johann Kaspar Zeuss, 1806~1856)의 『켈트어 문법(*Grammatica Celtica*)』, 그리고 디에즈(Friedrich Diez, 1794~1876)의 『로망스어 문법(*Grammatik der romanischen sprachen*)』(1836~1844) 등이 있다.

그 외로 도보로브스키(J. Doborovsky, 1753~1829)가 체코인으로서 슬라브어의 비교 연구를 시작하였고 보스토코프(A. X. Vostokov)가 슬라브어의 음성 체계에 대하여 최초로 체계적인 연구를 시작하여 『슬라브어 연구(*Rassuždenie o slavjanskom jazyke*)』(Vostokov, 1820)을 출판하였다. 또 슬로베니아 사람 미클로시히(Franz Miklosich, 1813~1891)는 『슬라브어 비교문법(*Vergleichende Grammatike der Slavischen Sprachen*)』(Miklosich, 1870)을 출판하여 슬라브어 연구의 기틀을 마련하였다.

2.5.3.9. 그리고 언어의 내적 구조(inner structure), 즉 형태론의 유사성을 연구하는 것이 계통적 친족관계를 밝히는데 중요함을 역설하고 비교문법(Vergleichende Grammatik)이라는 술어를 시작한 슐레겔 형제, 즉 August Wilhelm Schlegel(1767~1845)와 Friedrich Schlegel(1772~1829)의 연구를 빼놓을 수가 없다.[109]

이 시대에 어원연구가 본격적으로 이루어졌다. 그 창시자로 포트(August Friederich Pott, 1802~1887)를 든다. 그는 어원연구가 현존 낱말의 원형이나 원래의 의미로 추구하는 것이 아니라 언어 자료의 보다 오래된 모습을 추구하는 것으로 변환해서 생각했다. 또 그는 Pott(1833~6)에서 인도게르만어(indogermanischen Sprachen)란 용어를 공식으로 사용하였다.

초기의 비교언어학자들은 본격적인 언어 분석의 방법을 개척하였을 뿐만 아니라 인구어 여러 언어의 자세한 정보를 제공하였으며 수집된 자료를 비교하여 평가하는 과학적인 방법을 추구하였다. 이로부터 일반언어학의 이론을 정밀화하여 언어 과학(science of language), 즉 언어학(linguistics)라는 학문을 인문과학의 하나로 인정하게 된다.

4) 진화론의 언어 연구와 훔볼트의 일반언어학

2.5.4.0. 19세기 중엽 생물학 분야에서 다윈(Charles Darwin, 1809~1882)에 의한 혁명적인 변화가 일어났다. 다윈의 진화론(進化論)은 지구상의 생물 전체에 관련된 보편적인 것이기 때문에 모든 분야에 영향을 끼쳤고 인간 활동의 연구에서도 이 진화론은 중요한 사상적 변화를 가져왔다. 이와 같은 다윈의 진화론을 언어연구에 도입한 언어이론을 생물학적 자연주의 언어 연구라고 한다.

또 독일의 언어학자 훔볼트(Wilhelm von Humboldt, 1767~1835)는 역사비교언어학이 주로 산스크리트어, 희랍어, 라틴어, 아랍어에 의존하여 언어를 비교 검토한 것을 비판하고 구조적으로 이질적인 언어를 포함한 다양한 여러 언어로부터 언어의 본질을 파악하려고 하였다. 그리하여 훔볼트의 언어연구는 피레네 산맥의 바스크(Basque)어나 자바(Java) 섬의 카비(Kawi)어와 같은 비인구어의 언어를 고찰하여 언어의 일반이론을 살피려고 하였다.

진화론에 의거하여 언어의 생물학적 자연주의 연구를 시작한 슐라이허(August Schleicher, 1821~1868)의 연구가 언어의 외부에 대한 연구라면

---

109 동생 Shlegel(1808)의 *Über die Sprache und Weisheit der Indier*(On the language and the learning of Indian)은 비교 문법의 기본을 보여준 것으로 알려졌다.

훔볼트의 언어연구는 칸트(Kant) 철학의 영향을 받아 언어의 내부에 대한 연구로 보았다. 이러한 새로운 언어연구를 훔볼트주의의 일반언어학(Allgemeine Sprachwissenschaft, generale linguistics)이라고 한다. 이러한 언어연구는 20세기의 언어 연구에 지대한 영향을 주었다.

훔볼트주의는 언어연구에서 심리주의 연구 방법을 가져왔다. 슈타인탈(Hermann Steinthal, 1823~1899)에 의하여 주도된 언어학의 심리주의 언어연구는 독일의 교육학자 헤르바르트(Johan F. Herbart)의 영향을 받아 인간 정신의 연상 현상을 문법연구에 도입하였다. 개별 언어의 문법이 다른 것은 그 민족어를 사용하는 언중(言衆)들의 민족정신(volksgeist)의 차이라고 보고 이러한 민족정신의 차이에 의하여 지구상의 여러 언어를 분류하였다.

19세기에 시작된 유럽의 새로운 언어학으로는 언어지리학(Sprachgeographie, linguistic geography)을 빼놓을 수 없다. 언어의 생물학적 자연주의의 연구에서 언어의 여러 분화(分化)가 계통수(系統樹)와 같이 나누어지는 것이 아니라 파도처럼 번지는 것이라는 파동설(Wellen theorie, wave theory)의 신봉자들에 의하여 언어지리학이 발달한 것이다.

이렇게 다양하게 언어를 연구하는 새로운 방안은 19세기 언어 연구의 특징이라고 할 수 있다. 특히 기존의 비교언어학을 비판하고 새로운 언어연구를 주창(主唱)한 소장문법학파(Jung Grammatiker)의 언어연구도 이 시대의 연구 특성을 잘 반영한 것이라고 할 수 있다. 이제 이 각각에 대하여 고찰하기로 한다.

2.5.4.1. 언어연구의 생물학적 자연주의는 전술한 바와 같이 다윈(Darwin)의 진화론을 언어의 역사적 연구에 적용한 것을 말한다. 인간의 언어도 동물이나 식물과 같이 태어나서 성장하며 나이를 먹으면 죽는다고 보았다. 즉, 언어는 인간으로부터 독립된 유기체로서 그 발전의 진로가 일반적인 생물 진화의 법칙에 의하여 결정된다는 생각이다.

전술한 독일의 슐라이허(Schleiher)는 라스크(Rask), 보프(Bopp), 그림(Grimm)의 언어 연구를 생물학적 자연주의 입장에서 집대성하였다. 슐라이허는 식물학자 다윈(Charles Darwin)과 철학자 헤겔(Friedrich Hegel, 1770~

1831)의 새로운 사상을 받아들여 비교언어학의 초기 연구를 통합할 수 있었다.

그의 대표적인 명저 Schleicher(1871)의『인구어 비교문법 개요(*Compendium der vergleichenden Grammatik der indogermanischen Sprachen*)』는 부제(副題)가 「인도게르만 조어의 음성과 형태론의 요약(Kurzer Abriss einer Laut und Formenlehre der indogermanischen Ursprache)」이라 하였다.

이 Schleicher(1871)에서 슐라이허는 몇 개의 특징을 공유하는 한 무리의 여러 언어들을 어족(language family)라고 보았고 마치 나뭇가지가 둘로 나뉘어 발전하는 것처럼 원시언어(Grund Sprache)에서 유사(有史)시대의 실재하는 여러 언어가 된다는 것이다. 그리하여 그는 언어의 계통수설(Stammbaum theorie, family-tree theory)을 주장하였다.

또 이것을 실재하는 언어의 증거로부터 동물과 식물의 계보(系譜)를 연구하는 것과 같이 유사 이전의 언어, 즉 조어(祖語, parent language)나 기어(基語, Ursprache)까지 찾아볼 수 있다고 보았다. 이와 같이 조어를 찾는 방법은 재구(reconstruction)라고 하였고 재구(再構)된 낱말은 *를 붙여 표시하였다. 그가 처음 시도한 이 표시 방법은 오늘날에도 계속해서 사용한다.

그리고 슐라이허는 Schleicher(1871)의 <인구어 비교문법 절요>에서 라스크(Rask), 그림(grimm), 그리고 보프(Bopp)에 의해서 확립된 비교언어학의 기초에서 중심 과제였던 음성학과 형태론과의 대립을 분명하게 지적하고 음운 연구의 부족한 부분을 형태론적 연구에서 보충할 수 있음을 강조하였다. 비교언어학에서 슐라이허의 공헌으로 볼 수 있는 것은 세계의 여러 언어를 형태론적으로 분류하고 이 언어들의 역사적 진화과정을 설명한 것이다.

즉, 중국어와 같이 어순(語順)이 문법적인 기능을 담당하고 낱말 자체의 형태는 전혀 문법적 기능을 갖지 않은 고립어(isolating language, 일명 radical language)가 있고 헝가리어나 터키어처럼 낱말 형성의 과정을 확실하게 알 수 있고 어근(語根)과 접사(接辭)와의 결합이 명료해서 접사가 독립된 의미를 갖고 있는 언어를 교착어(agglutinative lang.)라고 하였다.

한편 희랍어, 라틴어, 그리고 게르만 제어와 같이 어근과 접사가 구별되지 않고 함께 융합되어 있는 언어를 융합 굴절어(amalgamating inflectional lang.)라고 하여 지구상의 언어들을 이와 같은 세 가지 부류(type)로 분류하였다. 그리고 이 세 언어의 부류는 광물, 식물, 동물에 순서대로 대응된다고 보았다. 그리하여 고립어에서 교착어로, 그리고 굴절어로 진화하는 것이라고 주장하였다.

2.5.4.2. 이와 같은 언어의 분류에 적용된 삼분법(三分法, tri-partition)은 헤겔(Hegel)의 변증법(辨證法, dialekt)에 의거한 것이다. 가장 간결한 구조의 고립어를 정(正, thesis)이라고 한다면 형태적으로 복잡한 교착어는 그의 반(反, antithesis)이고 이 양자의 합(合, synthesis)이 굴절어가 된다고 보았다. 여기서도 슐라이허의 언어가치론과 단계적 진화의 개념이 보인다.

이 언어관에서 유사 이전의 언어와 유사 이후의 언어 상태에 대하여 다음과 같이 변증법을 적용하여 설명하였다. 산스크리트어, 희랍어, 라틴어는 고도로 발달된 굴절을 가지고 있었지만 현대의 유럽언어, 특히 영어에는 굴절이 적어졌다. 따라서 고대어는 현대어에 비하여 완성체에 가깝다는 것이다.

유사 이전의 언어는 발달한 굴절을 가진 이상적인 언어였으나 유시 이후에 언어가 '타락'의 길을 걸어왔다고 보는 것이다. 그가 조어(祖語)를 재구하는 것도 유사 이전의 이상적인 언어를 확인하기 위한 것이었다. 슐라이허의 계통수설은 당시 많은 관심을 불러 일으켰으며 찬반의 양론으로 나뉘어 토론하였다.

슐라이허의 제자인 슈미트(Johanes Schmidt, 1843~1901)는 스승의 계통수설에 의문을 품고 새로운 학설을 개진하였다. 슈미트는 언어의 여러 현상에서 나타나는 혁신은 슐라이허(Schleicher)가 생각한 것처럼 나뭇가지가 갈라지듯이 확산되는 것이 아니라 그 혁신의 방향은 물결의 파동처럼 퍼져나간다고 생각하였다.

혁신의 영향을 받은 언어의 영역은 클 수도 있고 작을 수도 있으며 이것은 우연한 현상이다. 따라서 A, B, C의 언어 영역에서 세 언어에 존재하는 특징들의 목록을 비교해 보면 삼자가 완전히 같거나 또 완전히 다른 경우는 없다. 즉, 새로 생긴 어떤 특징은 A영역의 경계를 넘어

B 영역을 포함하는 경우가 있고 또 C를 포함하는 경우도 있다.

2.5.4.3. 이렇게 언어의 개신(改新, innovation)이 물의 파동처럼 퍼져나간다는 그의 주장을 파동설(Wellen theorie, wave of innovation theory)이라고 불렀다. 슈미트는 그의 가설인 파동설(wave theory)을 증명하기 위하여 등어선(等語線, isogloss)의 개념을 도입하였다. 즉, 같은 언어의 개신을 보이는 몇 개의 등어선으로 게르만어파와 발토-슬라브어파(Balto-Slavic)를 한 어군(語群)으로 통합하고 희랍어와 산스크리트어를 한 어군으로 묶어놓았다.

계통수설에 대한 파동설을 Ivič(1963)에서는 온전히 다른 것으로 보아 네덜란드의 몽고어학자인 슈미트(Issac Jacob Schmidt)가 그의 스승인 슐라이허(Schleicher)의 이론을 전면적으로 부정한 것을 보았으나 실제로는 파동설이 계통수설의 약점을 보완한 것에 불과하다고 보아야 한다.

언어의 역사적 연구에서 생물학적 자연주의를 보급한 것은 독일인으로 옥스퍼드(Oxford) 대학의 언어학 교수였던 뮬러(Max Müller, 1823~ 1900)를 들 수 있다. 원래 슐라이허는 언어의 과거는 역사적 사실로 볼 것이 아니라 모든 자연현상에 공통된 자생적 성장과정으로 보아야 함으로 언어학은 자연과학에 속해야 한다고 생각하였다. 뮬러(Müller)는 이런 생각에 동조한 것이다.

그리하여 고립어는 가족어(family language)로서 서로 기질과 사상을 잘 알고 있는 가족(家族)의 구성원들이 아주 간단한 암시에 의해서 의사소통을 하는 언어로 보았다. 반면에 교착어는 유목어(nomadic lang.)로서 유목(遊牧)인들은 서로 만나고 헤어지는 사이에 어근만 완전히 보존하고 기타 요소들은 개별적으로 발달시킨 언어라는 것이다.

그러나 굴절어는 사회기 안정되고 질서가 유지되는 농경(農耕)사회에서 어근과 접사가 규칙적으로 통합하도록 발전된 언어이기 때문에 국가어(state lang.)라는 것이다. 오늘날의 언어 지식에 의하면 일고의 가치도 없는 백인 우월주의의 발상이라고 하지 않을 수 없다. 당시에도 많은 반대가 있었고 오늘날에는 거의 돌아보지 않는 주장이다.

2.5.4.4. 비교언어학의 전통은 전술한 라스크(Rask), 보프(Bopp), 그림(Grimm), 슐라이허(Schleicher) 등에 의해서 그 기반을 확립하였다. 그러나 이러한 언어학의 주류를 벗어나서, 그리고 시대를 넘어서 후세의 언어학자들에게 영향을 준 것은 독일의 훔볼트(Wilhelm von Humboldt, 1768~1835)였다.

다음으로 언어연구의 훔볼트주의를 살펴보기로 한다. 그의 심원한 일반언어학은 후대의 여러 언어학자, 폴(H. Paul), 소쉬르(F. de Saussure), 블룸필드(L. Bloomfield), 그리고 촘스키(N. Chomsky)에게 많은 영향을 끼쳤다. 훔볼트는 여러 개별 언어에서 수집한 언어 자료에 입각해서 언어 현상의 일반성을 찾아내려는 일반언어학(general linguistics)의 창시자로 알려졌다.

훔볼트(Humboldt)는 1820년 6월 29일에 베를린의 과학아카데미에서 행한 그의 강연이었으며 그가 죽은 후에 출판된『자바 섬의 카비어에 대하여(*Über die Kawi Sprache auf der Insel Java*)』(Berlin, 1836~1839)에서 자바 섬의 카비(Kawi)어를 연구하였다. 카비어는 고대에 자바 섬에서 살았던 원주민의 언어로서 13세기에 소멸되었으며 9세기에 기록된 언어 자료가 문헌에 남아있다(Humboldt, 1971).

이 연구로부터 훔볼트는 그의 Humboldt(1836~39)에서 카비어가 음운과 형태에서는 인도네시아어의 성격을 가졌지만 어휘는 산스크리트어의 것이 남아있음을 밝혔다. 이러한 연구를 통하여 인구어가 아닌 여러 언어에 대한 심층적인 연구가 있었고 그 연구 결과는『인간 언어의 구조적 변화와 인류의 지적 발달에 끼친 영향에 대하여』(*Über die Verschiedenheit des menschlichen Sprachbaus und ihren Einfluss auf die geistige Entwickelung des Menschengeschlechts*)라는 명저로 나타난다(Humboldt, 1836~39).

종래 비교언어학의 연구 대상이 인도-유럽의 언어에 국한되었다면 훔볼트는 구조적으로 아주 이질적인 언어를 포함하여 다종다양한 여러 언어로부터 언어의 본질을 통찰하려고 하였다. 전술한 바와 같이 슐라이허(Schleicher)가 언어의 자연적인 면, 즉 외부적인 연구였다면 훔볼트(Humboldt)는 언어의 정신적인 면, 즉 내부를 중요시하였다.

훔볼트는 중세 사변 문법적인 뽀르 로얄(Port Royal)학파의 일반문법에 비하여 인구어가 아닌 언어를 포함한 연구로부터 얻어낸 일반언어학이었다. 특히 언어의 역사적 연구만을 고집하지 않고 주어진 시점의 언어 자료를 철저하게 해명하려는 공시적 언어 연구를 추구하였다. 비록 분석적인 언어 연구를 수행하였으나 언어의 친족 관계는 전혀 고려하지 않았다. 또 조어(祖語)를 재구하지도 않았고 인구어가 다른 어족에 비하여 우수하다고 생각하지도 않았다. 이러한 언어 연구는 오늘날의 현대 언어학적인 생각과 일치한다.

2.5.4.5. 훔볼트(Humboldt)는 고전적인 스콜라학적인 보편문법을 반대하고 개개의 언어에 특유한 언어 사실로부터 귀납적으로 문법 규칙을 찾아야 한다고 주장하였다. 즉, 여러 언어의 다양성에서 찾아낸 언어의 본질은 "언어가 만들어진 것, 즉 작품(Ergon)이 아니고 행동(Energeia)이다"라고 본 것이다.[110]

그는 언어 가운데서 끊임없이 이루저지는 창조적 활동을 찾으려고 하였다. 이러한 창조력, 또는 창조성에 의해서 우리는 발화를 하는 것이고 타인의 발화를 이해하는 것이라고 보았다. 그리하여 언어의 구성요소로 보고 있는 발음, 어구, 문자, 문법 등을 이 창조적 견해로 본다면 언어 자료의 목록을 만드는데 지나지 않는 말하자면 사물(死物)이란 것이다.

이들은 언어활동 속에 들어가서야 비로소 소생하고 의사전달의 역할을 한다고 보는 것이다. 제한된 언어자료로서 여러 경우에 부응하는 무한한 언어활동을 이룰 수 있는 것은 언어의 이와 같은 창조성에 의한 것이다. 따라서 언어 분석을 아무리 면밀하게 시행하고 기술을 완전하게 하더라도 언어의 본질인 창조성을 이해하지 못한다면 언어를 파악하지 못한다는 것이다. 훔볼트가 언어를 행동(Energeia)으로 본 것은 언어의 원동력이 창조성에 있다는 생각이 저변에 깔려있기 때문이다.

훔볼트(Humboldt)의 언어에 대한 생각 가운데 또 하나 중요한 것은 언

---

110 이것은 "Die Sprache selbst ist kein Werk, ergon, sondern eine Tätikeit, enenrgia"라 하여 언어는 energeia(creative ability)이지 ergon(product)이 아님을 강조하였다.

어음(言語音)이 단순히 조음활동에 쓰일 뿐만 아니라 언어 구조와 신비하게도 밀접하게 연결되었다고 본 것이다. 언어의 발음 속에는 문법구조 및 의미구조, 더 정확하게 말하면 문법-의미구조가 존재한다고 본 것이다.

즉, 외부의 물리적인 음 연쇄(連鎖)의 형식에 대하여 내부언어형식(innere Sprachform)이 형성되어 있다는 것이다. 우리가 상대의 발화를 듣고 이해가 가능한 것도, 발화의 도중에서는 이해하기 어려운 것은 모두 이 내부언어형식과 관련되는 경우가 많다는 것이다. 내부언어형식으로 언어의 음성면과 의미면이 결합하여 이루어진 화자의 특정한 심리 구조를 이해할 수 있기 때문이다. 훔볼트는 이 내부언어형식의 해명은 형태론적 분석에 의하여 이루어진다고 보았다.

또 언어는 사고와 밀접한 관계가 있음을 강조하였다. 인간의 관찰, 사고, 경험 등이 언어를 달리하면 달라지는 것은 각개 언어가 가지고 있는 내부언어형식의 구성이 서로 차이가 있기 때문으로 보았다. 즉 개별언어의 차이는 그 민족정신(volksgeist)이 다르기 때문이며 이러한 생각을 언어 상대주의라고 한다.

훔볼트(Humboldt, 1836~39)의 이러한 생각은 당시에 헤르더(Herder, 1891) 등에 의하여 지지되었고 20세기에 들어와서 바이스게르버(Leo Weisgerber) 등에 의하여 더욱 심도 있게 논의되었는데 이들을 신 훔볼트학파(Neo-Humboldt)라고 한다. 이 사상은 미국으로 건너가 사피어(E. Sapir), 워프(Benjamin Lee Whorf) 등에 영향을 주었다.[111] 그리고 이러한 언어내적형식에 대한 연구는 의미학(Semasiology)이란 언어학의 하위 분야를 가능하게 하였다.

5) 다양한 연구방법과 소장문법학파

2.5.5.0. 언어학의 심리주의는 독일에 뿌리를 내린 훔볼트(Humboldt, 1836~39)의 이론이 슈타인탈(H. Steinthal, 1823~1899)에게 영향을 주었고 그

111 신 훔볼트학파에 속하는 연구자들로는 J. Trier, G. Ipsen, F. Dornsief, A. Jolles, W. Porzig, W. von Wartburg 등을 들 수 있다.

가 주도한 심리적 언어 연구가 유행하였다. 그는 교육학자로 새로운 교육론을 제기한 헤르바르트(Johann Friedrich Herbart, 1776~1841)의 사상에서 영향을 받았다. 즉, 인간의 정신에 '연상의 기구'라는 개념을 채용하여 언어 습득과 활용을 설명하였다.

연상의 기구란 외부로부터의 연상에 자극되어 사상(事象)이 인간의 주의 속에서 차례로 자발적으로 전개되는 것으로 무의식의 연상이 일어나고 다음에 차례로 사상(事象)이 나타나는 형상이라고 보는 것이다. 즉, 연상(聯想)심리학에 근거하여 언어를 이해하려고 한 것이다. 그리하여 최초로 심리학적인 문법론을 주창하였다.

슈타인탈(Steinthal)이 저술한『문법, 논리학, 심리학, 그 원리와의 상호관계(*Grammatik, Logik und Psychologie, ihre prinzipien und ihre verhältnise zu einander*)』(Steinthal, 1855)에서 심리학적인 관점에서 문법을 기술하려고 하였으며 문법에 논리적 보편성이 내재한다는 종래의 생각을 비판하였다.

즉, 언어가 인간정신(menschlichen geist)를 표현하는 기구라면 개인 언어가 개인 심리의 표현인 것처럼 전체의 언어는 집단 심리의 표현이 되어야 한다는 주장이다. 낱말의 의미는 엄밀하게 규정되어 있지 않으며 개개인이 낱말을 사용할 때에 자신의 개인적인 경험, 자기의 개인 심리를 낱말에 드러내게 된다는 생각이다 따라서 낱말은 그것이 실제로 사용되는 순간에 비로소 현실적인 의미를 갖는다는 것이다.

집단심리의 표현으로 보는 언어는 훔볼트의 민족정신(volks geist)이 주축이 된 민족심리학(völker psychologie)의 연구에 언어 연구로부터 얻은 지식을 활용하게 하였다. 라싸루스(M. Lazarus)는『민족심리학 및 언어학 연구지(*Zeitschrift für völker psychologie und Sprachwissenschaft*)』(1860~1890)를 이를 위하여 발간하였으며 이 연구지는 언어학에 있어서 심리학의 보급에 획기적인 공헌을 하게 된다.

2.5.5.1. 이와 관련하여 언의 유형(類型)은 포괄적으로 기술하게 되었고 이미 알려진 지구상의 언어들을 분류할 때에 언어학자들은 슈타인탈(Steinthal)의 심리적 기준에 의거하여 분류하였다. 즉, Steinthal(1850)의『언어의 분류(Classification der Sprachen)』에서 모든 언어를 8종으로 구별하

고 그 분류 기준은 실질(stoff)과 형식(form)이 구별되는 유무에 의거하여 다음과 같이 분류하였다.

무형식어(Formlose Sprachen) - 실질사나 형식사의 구별이 없는 언어.
형식어(Form Sprachen) - 실질사와 형식사가 구별되는 언어.

로 나누고 이들을 다시 다음과 같이 세분하였다.

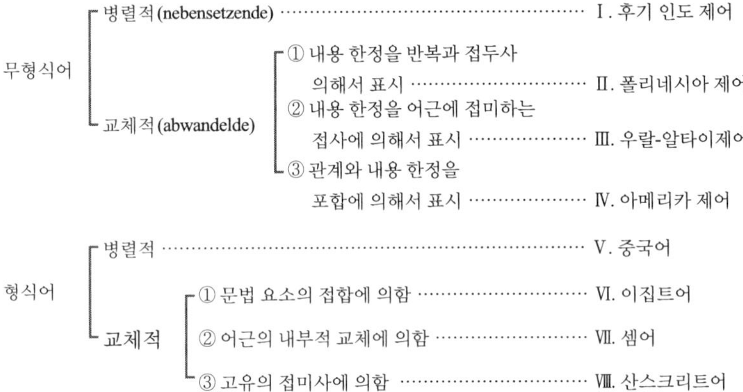

뿐만 아니라 민족 간의 정신적 친근성은 언어 구조에도 나타나서 친근한 언어 사이에는 민족성의 유사가 있을 수 있고 그 반대도 가능하다고 주장하였으며 후대의 학자들은 이를 증명하려고 여러 가지 시도를 하였다.

2.5.5.2. 그러한 시도 가운데 두드러진 학자는 분트(Wilhelm Wundt, 1832~1920)을 들 수 있다. 그는 세계 최초로 심리학 실험실을 세운 의사(醫師)였으며 심리학에 많은 업적을 쌓았다. 그는 민족심리학에 관심을 갖고 언어의 심리적 배경을 고찰하였다. 그는 심리학에서 중요한 개념인 통각론(統覺論)에 입각하여 언어를 고찰하려고 하여 슈타인탈(Steinthal)의 연상 심리학과는 달랐다.

통각론(apperceptionalism)은 인간의 지식이 감각으로부터 수용된 외부의 여러 가지 인상을 기반으로 확립된다는 심리학의 용어다. 통각(統覺, apperception)은 명각(明覺)으로도 번역될 수 있으며 이에 의하면 언어는 감각적 용인에 의해서 결정된 사상을 표현하는 것으로 보는 것이다.

분트(Wundt)는 슈타인탈(Steinthal)과 같이 민족심리학에 깊은 관심을 갖고 『민족심리학(*Völkerpsychologie*)』(전10권, Wundt, 1900~1920)을 간행하였다. 그 가운데 처음 두 권은 '언어(Die Sprache)'라는 제목을 붙여 언어 전반에 대하여, 주로 언의 지각에 대하여 관찰한 것을 기술하였다. 특히 '동화현상, 이화현상'을 연상 충동에 의한 인간 심리에 기반을 둔 결과로 보아서 음운 변화가 일정한 인간의 심리과정의 귀결로 보았다.

언어를 표상이나 표현운동의 심리적 활동에 귀속시켰으며 통사론에서는 전체의 개념, 의미론에서는 통각 개념(Apperzeption begriff)을 도입하여 언어 현상을 심리학적인 측면에서 이해하려고 하였다. 다음에 논의할 소장문법학자들이 언어를 원자론(原子論, atomic theory)에 입각하여 세분하여 파악하려고 하였다면 분트는 언어를 통합적으로 이해하였다. 물론 이러한 생각은 소장문법학자들에 의하여 반대되었지만 언어학사에서는 그들의 한계를 극복하는 방안이었다고 기술한다.[112]

이외에 언어학에서 심리주의를 주장한 학자들은 분트(Wundt)의 뒤를 이어 나타났다. 민족심리학까지는 주장하지 않았으나 언어 현상을 심리학적으로 이해하려고 하는 학자들은 독일에서 많았다. 가벨렌츠(Georg von der Gabelentz, 1840~1893)는 원초(原初) 언어라는 것은 존재하지 않으며 모든 언어는 그 자체가 완전한 것이라는 주장을 하였다.

슬라브어학자 뽀뜨베니아(A. A. Potbenja, 1835~1891)는 사고 기구와 언어 구조 사이에 깊은 관련이 있다고 보았고 마르티(A. Marty, 1847~1914)는 심리학의 기초 위에 일반언어학의 원리를 구축하려고 하였다. 언어 형식으로 표현되는 의미는 화자의 심리 상태를 표현하는 것이고 청자에

---

112 소장문법학자들은 언어를 형식화(Formalisiering)하여 파악하려 하였다면 분트(Wundt) 등의 심리주의자들은 인간의 심리작용으로 이해하였다. 이들은 H. Paul의 총장 취임사에서 "민족심리학의 제 문제(problem der Völker psychology)"에 대한 Wundt의 답변에 잘 나타난다. Paul은 언어활동을 話者와 聽者의 두 입장을 고려하였으나 Wundt는 주로 話者의 입장에서 파악하였다.

게 적절한 반응을 보이도록 하는 것이므로 궁극적으로 심리학의 영역이라고 주장하였다(Ivič, 1970: 55).

심리학적 언어 연구의 방법은 미국으로 전달되어 더욱 발전하였다. 따라서 19세기의 언어학은 다음에 논의할 소장문법학자로 대표되는 실증주의, 역사주의의 언어 연구와 앞에 든 분트(Wundt)와 마르티(Marty) 등의 심리학적 언어 연구가 주류를 이루었다고 볼 수 있다.

2.5.5.3. 19세기 말, 즉 1870년대에 독일의 라이프치히(Leipzig) 대학에 유능하고 진지한 한 그룹의 언어학자들이 나타났다. 그들은 쿠르티우스(Georg Curtius) 등과 같은 역사언어학자의 장로(長老)들이 주도하는 보수적인 언어연구 방법에 반대하고 새로운 방법을 제시하였다.

Karl Brugmann(1849~1919), Herman Osthoff(1847~1909), August Leskien (1840~1916), Berthold Delbrück(1842~1922), Herman Paul(1846~1932), Edwards Sievers(1850~1932) 등의 학자들은 서양언어학사에서 소장문법학파(Jung grammatiker), 또는 젊은이 문법학파라 부르며 앞선 비교언어학자들과 구별한다.

원래 소장(少壯), 또는 젊은이란 의미의 'Jung'이란 말은 보수적인 언어학자 짜른케(F. Zarnke)가 농담으로 명명한 이름에서 유래한다. 즉, 라이프치히 대학의 언어 연구자들이 주장하는 자신들과 적대적인 새로운 언어 연구자들을 과소평가하기 위하여 짜른케가 쓴 'Jung'이란 말을 라이프치히 대학의 새로운 언어 연구를 주장하는 사람들이 즐겁게 받아 들여 사용한 것이다. 새롭고 신선한 연구방법을 가졌다는 뜻으로 'Jung'을 환영한 것이다.

그들은 원자론(atomismus)에 입각하여 언어의 수많은 단위들, 즉 음운과 형태를 분석해 내었고 이들의 역사적 변천을 개별적으로 고찰하였다. 다만 이러한 개별적인 사항을 언어의 전체 체계 속에서 그 위치를 찾아보는 것이 아니라 오로지 그의 역사적 변천을 추적하는 것만을 중요한 일로 생각하였다

예를 들면 음운 /a/에 대하여 그 발달 과정을 고대(古代) 고지(高地)게르만 제어에서 신(新) 고지게르만 제어 시대까지 관찰하여 그 음운 변

화의 환경과 변화형을 추정하였다. 그리고 이러한 개별적인 언어 단위의 역사적 고찰을 언어 연구의 역사주의(historismus)라고 불렀다. 소장문법학자들은 언어학을 언어사로 파악하려고 한 것이다.

폴(H. Paul)은 언어학이 인류문화를 연구하는 학문으로 출발한다고 보았고 하나의 문화형을 이해하기 위하여 무엇보다도 그 문화형을 형성하는데 직접 영향을 끼친 역사적인 조건을 알 필요가 있다고 하였다. 이러한 확신은 "언어학에서 역사적이 아닌 것은 과학적인 것이 아니다"라는 선언을 하기에 이른다.

물론 이 선언은 후대에 많은 비판에 부딪히지만 소장문법학자들은 언어의 변화를 지배하는 법칙의 일관성을 굳게 믿었고 이 법칙들은 인간의 힘으로 통제할 수 있다고 생각하였다. 또 부르크만(K. Brugman)처럼 언어 변화의 여러 원인과 경향을 인간의 발음기관과 같은 생리구조에서 찾으려고 하였고 전술한 분트(W. Wundt)처럼 인간 심리에서 찾으려고 하였다.

2.5.5.4. 이와 같이 여러 방법으로 음운 변화의 규칙을 설명하려는 것은 라스킨(A. Laskin)의 "음운 법칙은 예외를 모른다(Die Lautgesetze kennen keine Ausnahme)"(1876)라는 논문을 낳게 하였다. 또 이러한 주장은 부르크만(K. Brugmann)과 델브뤼크(B. Delbrück)의 『인구어 비교문법 개요(*Grundriss der Vergleihenden Grammatik der indo-germanischen Sprachen*)』에서 일관되게 주장되었다. 이 책은 소장문법학자들 언어연구의 집대성이라고 할 수 있다.

소장문법학자들은 음운을 매우 중요시하고 강력하게 "예외 없는 음운 법칙(Ausnahmslose Lautgesetze)"을 신봉하면서 이를 파악하려고 모든 노력을 경주하였다. 음운법칙은 그 개념상 원래 은유(隱喩)의 일종으로 생각하였으나 이들에게는 자연의 법칙(natur gesetze)로 받아들이게 되었다.

이와 같은 법칙의 추구와 수립은 언어학을 정밀과학으로 바꿔놓았고 다른 인문과학과 어깨를 나란히 하면서 언어 현상을 기술할 뿐만 아니라 설명하기에 이르러 드디어 언어 과학(science of language)으로 인정받을 수 있었다. 그러나 음운법칙에 예외가 없다는 슬로건은 언어 현상을 자연 현상과 같이 동일한 법칙성을 갖고 있다는 기대 속에서 나온 것이다.

따라서 소장문법학자들은 언어를 인간의 다른 정신 작용으로부터 분리하여 자연 현상과 같은 외적 언어현상만을 다루게 되었다. 그러므로 내적 언어, 언어적 세계관, 민족정신 등의 개념은 제외되었고 음성을 위주로 하는 외적 언어만을 다루게 되었다.

그들은 그림(J. Grimm)의 통합적이고 창조적인 언어 연구에 비하여 분석적이고 비판적인 언어 연구 방법을 발전시켰다. 또 훔볼트(W. Humboldt)와 같이 언어 연구를 분석적인 철학 문제에 집중시키는 것에도 반대하고 구체적인 개별 과제에 몰두하였다.

그러므로 이 시대의 언어학이 철학적 연구 단계로부터 역사적 연구 단계로 이행하는 과도기라고 할 수 있다. 언어는 더 이상 총체적인 정신생활과 관련해서 관찰되지 않고 자연과학적 형성체처럼 관찰하게 되었다. 따라서 언어의 내용(Inhalt)에 대한 연구보다 형태(Form), 특히 음성(Laut)의 연구가 강조되었다.

소장문법학파의 연구자들은 훔볼트와 그 이후의 바이스게르버(Weisgerber) 등 신 훔볼트학파(Neo-Humboldtians)의 내용 중심 문법에서 발전한 언어 내적 형식에 관한 연구는 소홀하게 되었다. 파울(H. Paul)의『언어사의 원리(*Prinzipien der Sprachgeschichte*)』(Paul, 1880)에서 내적 언어 형식이란 개념 내지 명칭조차 취급하지 않은 것은 이 소장문법학파의 연구 경향을 보여준다.

2.5.5.5. 언어 변화의 계통수설과 파동설은 유럽에서 언어지리학을 발달시켰다. 새로운 학문으로서 언어지리학(Sprachgeographir, Linguistic geography)의 시작은 전술한 바와 같이 슐라이허(A. Schleiher)의 제자인 슈미트(Johannes Schmidt)가 계통수설(Stammbaum theorie)에 대하여 파동설(Wellen theorie)을 제창했던 때부터다.

슐라이허(Schleiher)의 계통수설은 한 언어가, 영어를 예를 들면 인구어 공통어로부터 분화된 게르만어가 또 분화되어 저지(低地) 게르만어(low German)를 거쳐 앵글로 색슨어, 즉 고대 영어가 되었다고 본다면 각 언어가 분화하여 독립된 다음에 서로 영향을 받아 변한 것을 설명할 수가 없다. 또 현대 영어가 계통적으로 직계인 게르만어는 물론 프랑스어, 이탈리아어, 산스크리트어 등으로부터 많은 영향을 받은 사실을 증명할 길이 없다.

반면에 슈미트(Schmidt)의 파동설은 언어의 파동을 중시하여 여러 언어가 일정 지역에 공존하는 한 하나의 언어에서 일어난 변화는 못에 돌을 던졌을 때 일어나는 파문(波紋)과 같이 언어의 계통을 묻지 않고 전파해서 가까운 여러 언어에 영향을 끼친다는 이론이다. 가까운 지역일수록 영향은 커진다는 것이다.

이 두 학설은 언어 발달의 서로 다른 면을 대상으로 하고 있는데 계통수설은 언어의 기원과 발달에, 그리고 파동설은 그 전파와 영향에 각기 초점을 둔 것이다.

2.5.5.6. 소장문법학파에서는 부르크만(K. Brugmann)을 필두로 방언에 대한 관심이 일찍부터 강했다. 예를 들면 인구어 공통조어를 켄툼계(Centum languages)와 사템계(Satem lang.)로 양분한다. 이것은 '백(百)'을 의미하는 라틴어의 'centum' 계통의 희랍어의 'hekatón', 고드어의 'hund', 게르만어의 'hundert'을 하나로 묶어 이를 서인구어(west Indo-European lang)라고 하였다.

같은 '백(百)'을 의미하는 아베스타어(Avesta)의 'satem' 계통으로 산스크리트어의 'śatam', 고대교회 슬라브어의 'sŭto'를 따른 언어들은 동인구어(east Indo-European lang)라 불렀다. 음성학적으로 보면 연구개음 [k]가 구개음화에 의해서 치찰음(齒擦音) [s]로 변한 것인데 이 두 음운의 대립이 두 지역으로 갈라지게 되었다고 본 것이다. 특히 슬라브어에서 'k > s'의 변화가 매우 심하게 나타났다.

로망스어학자인 디에즈(Friedrich Diez)는 언어 상호간의 관계와 그 변천에 관심이 많았고 라틴어에서 분화한 로망스 제어들은 그 변천과정을 증명할 많은 자료가 있었기 때문에 그 역사적 변천의 추론보다는 로망스 제언 사이의 상호 영향에 관심을 가졌다. 그리하여 디에즈는『로망스어의 문법(*Grammatik der romanischen Sprachen*)』(Diez, 1836~1844)을 저술하였다.

같은 로망스어학자로 쉬하르트(Hugo Schuchart, 1842~1927)와 포슬러(Karl Vossler, 1872~1949)도 소장문법학파의 연구방법, 즉 예외 없는 음운 대응의 법칙을 추구하기보다는 각 언어 사이에 일어나는 역사적 문화적 언어의 차용과 영향에 따른 언어 변화에 관심을 가졌다. 특히 쉬하르트(H. Schuchart)는 언어의 변화가 지리적 요인에 의해서 일어날 수 있음을 처음으로 주장하였다.

쉬하르트(Schuhardt)는 언어를 변화시키는 발단이 개인의 역할, 개인의 창조와 모방에 의하여 일반화된다고 보았다. 그리하여 언어의 혼합에 의한 변화에 관심을 가져서 크레올(Creole)과 피진(Pidgin)어의 연구에 몰두하였다. 크레올은 미국 루이지애나(Louisiana) 주(州)에 이주한 프랑스 사람들이나 남아메리카 서인도 제도의 모리셔스(Mauritius) 태생의 프랑스인과 스페인 사람들의 프랑스어로를 말하고 피진어는 중국인과 말레이인들이 사용하는 영어를 말한다.

2.5.5.7. 19세기 말부터 20세기에 걸쳐 유럽의 각지에서는 현지조사(field work)에 의한 각 언어의 방언 조사가 활발하였으며 현지조사에 의한 언어지리학의 방법론이 확립되었고 언어지도가 작성되었다. 이러한 연구에 공헌한 사람으로는 독일의 벵커(Georg Wenker, 1852~1911)와 프랑스의 질리에롱(Jules Gilliéron, 1854~1926), 그리고 이탈리아의 바르톨리(Matteo Giulio Bàrtoli, 1873~1946)를 들 수 있다.

언어지리학이 독일에서 큰 관심을 일으킨 것은 벵커(Wenker, 1926)의 독일어 방언 연구에 힘입은 바 크다. 그는 다음과 같은 예측을 가지고 독일어의 방언을 조사하였다.

① 소장문법가들의 주장대로 각 방언의 여러 현상은 조어로부터 시작된 언어 변화가 그 변화의 도착점에서 나타난 것으로 언어 자료로서 가장 확실한 것이기 때문에 방언 조사에 의해서 음운변화 법칙의 규범성이 입증될 수 있을 것이다.

② 언어의 순수성은 표준어와 같이 외부로부터 영향을 많이 받고 통제가 심한 언어보다 차라리 보수적인 방언에 잘 보존되고 있을 것이다.

그러나 실제로 조사 결과는 그의 예상과 정반대였다. 방언의 실태는 음운변화 규칙을 일률적으로 적용하기 어렵게 복잡하였다. 예를 들면 독일어 사용권과 프랑스어 사용권의 경계선은 확연하지 않았다. 또 방언에도 표준어 못지않은 여러 잡다한 요소가 혼입되어 있었다.

벵커(G. Wenker)의 조사 방법은 미리 준비한 40개의 조사용 문례(文例)를 전국 49,363개의 초등학교에 보내어 교사들에게 각각의 방언에 의해서 이 문장을 음성적으로 전사해 줄 것을 의뢰하였다.[113] 그리고 이 자료로 방언 차를 나타내는 제 특징을 지도상의 해당 기점에 기입하여 방언 지도(dialect atlas)를 작성하였다. 이것이 완성되었으면 독일에서 최초의 방언지도가 되었을 것이다.

지도에 그려진 등어선(isogloss)도 그 특징의 하나였으나 각 낱말이 보이는 등어선은 음운법칙의 결정과는 반드시 일치하지 않았다. 벵커(Wenker, 1876)가 시작한 독일어 언어지도(Deutscher Sprachatlas)는 1876년에 시작하였으나 1926에 그 일부가 출판되었을 뿐 전편은 지금까지 완결되지 못하고 있다.

벵커(G. Wenker)의 방언지도에 보이는 특성은 독일 전역에 걸친 것이라는 점이고 결점은 전사(轉寫) 작업이 비전문가인 초등학교 교사에 의해 이루어졌다는 점이다. 방언의 차이만 아니라 개인의 차이도 혼입되어 있었고 또 하나 치명적인 결함은 조사 목표가 어휘, 어형이 아니라 문장 음성이었다는 점이다.

2.5.5.8. 이보다는 늦었지만 1896년부터 프랑스의 질리에롱(Gilliéron)은 벵커(Wenker, 1876)의 조사 방법을 반성하고 그의 결점을 보완하기 위하여 귀가 잘 발달한 에드몽(Edmond Edmont)을 조사원으로 선택하여 그로 하여금 모든 조사를 담당하게 하였다. 이것은 조사의 일관성, 표기의 일관성에 의하여 정확성을 얻으려고 한 것이다.

에드몽은 자전거를 타고 전국을 일주하면서 그곳에서 자라고 교육을 받지 않은 원주민들을 대상으로 직접 말을 걸어서 화화 중에 방언

---

113 그 文例의 하나를 소개하면 다음과 같다. Im Winter fliegen die trocknen Blätter durch die Luft herum(In winter the dry leaves fly around through the air).

자료를 수집하였다. 5년의 세월에 걸쳐 639개 지역의 방언을 조사하였다. 질리에롱(Gilliéron)은 이 자료에 의거하여 1910년에 『프랑스 언어지도(*L'Atlas linguistique de France*)』(Gilliéron, 1902~10)를 완성하였다.

질리에롱의 유명한 모토는 "chaque mot a son histoire(각개 낱말은 독자의 역사가 있다)"이었으며 이것이 언어지리학의 기본 원리가 되었다. 언어지리학은 조사대상이 음성보다 오히려 낱말의 중요성을 강조한다. 낱말에는 음성으로는 알 수 없는 언어의 특징들, 어의(語義), 어감(語感), 어원(語源)을 갖고 있다. 낱말은 또 각 지방의 생활, 문화, 시대에 직결되고 그들의 변화와 더불어 분포상의 차이를 낳는다고 본 것이다.

이와 같이 어휘의 차원에서 살펴보면 낱말을 형성하고 있는 음성의 실태는 음운 법칙이 나타내는 것과 같이 일률적으로 계열적인 지배를 받는 것이 아니라 특정의 낱말을 구성하고 있는 음성으로서 개별적으로 취급되어 기술되어야 한다는 것이다. 따라서 언어지리학에 있어서는 언어 단위로서 낱말이 음성에 우선하게 된다.

2.5.5.9. 이탈리아아의 바르톨리(M. G. Bàrtoli)를 중심으로 하는 이탈리아어학파는 소장문법학파들이 주장하는 언어 변화의 획일성보다는 각개 언어의 개별성, 표현성을 중시하고 독자적인 언어지리학을 발달시켰다. Bàrtoli(1925)의 『새 언어학 서설(*Introductione alla Neolingistica*)』에서 방언에 대한 연구는 주로 소장문법학파의 음운의 변화에서 법칙을 비판하는 것으로 시작되었다.

이탈리아어학파의 크로체(Benedetto Croce, 1866~1952)는 그의 『표현의 과학으로서 미학과 일반언어학(*Estetica come scienza dell' espressionee lingistica generale* - Aesthetics as the science of expression and general linguistics)』(Croce, 1902)에서 일반언어학이란 것은 '표현(表現)'의 학문이며 표현은 미학(美學)의 분야라는 것이다.

또 바르톨리(Bàrtoli)는 프랑스의 질리에롱(Gilliéron, 1902~1910)에게서 실증적인 언어지리학을 배웠으며 크로체(B. Croce)와 더불어 신 언어학파(Neolinguistica)로 불린다. 이 학파는 인간은 언어를 물질적인 의미에서만이 아니라 의지, 상상, 사고, 감정 등 정신적인 의미에서 창조된다고 보고 언어는 창조자인 인간의 반영이라고 하였다. 그리하여 소장문법학파에 대항하여 신 언어학파를 결성한 것이다.

그들에 의하면 '말하는 사회(speaking society)'는 존재하지 않고 '말하는 사람들(speaking person)'만이 있을 뿐이라는 것이다. 이 말하는 사람들에 의해서 언어의 개신(改新)이 이루어지므로 개인 언어에 영향을 주는 모든 것이 언어의 변화에 영향을 준다고 보았다. 따라서 방언 연구에서도 역사적, 사회적, 지리적 기준에 의한 연구방법을 개발해야 한다고 역설하여 여기서 지역언어학(Areal linguistics)라는 술어가 생겨났다.

지역언어학은 언어의 역사적 연구와 언어지리학적 연구의 성과를 통합시키려고 노력하였다. 그들은 어떤 일정 지역에 공존하는 여러 언어, 또는 방언 형태의 분포를 유형화함에 따라 그들의 역사적 비교, 또는 역사적 관련을 밝힐 수 있다고 주장하였다.

6. 20세기의 공시적 언어학과 구조언어학

2.6.0. 20세기에 들어와서 언어 연구는 그 면목을 일신한다. 19세기 제기된 언어 연구의 여러 방법들이 이 시대에 비판되고 반성되었으며 새로운 방법이 모색되었다. 크게는 언어 연구의 역사적 연구 방법에 대하여 공시적 언어 연구 방법이 중요하다는 생각이 중심을 이루었다.

또 하나는 소장문법학파들이 중요하게 여긴 원자론에 입각한 분석적 방법보다 언어를 전체의 체계 속에서 파악하려는 구조주의적 언어 연구 방법의 등장이다. 이 방법에 의하면 음운의 연구는 각개 음운이 전체의 체계 속에서 파악되어야 하고 형태도 마찬가지였다. 여기서 음운 체계와 각개 형태의 격, 시제, 태, 서법 등이 모두 그 체계 속에서 파악하게 되었다.

이 구조주의 언어 연구에서 개별적 언어의 이해는 아무런 의미를 갖지 못하게 되었다. 뿐만 아니라 유사 이래의 고전적인 언어 연구와 19세기에서 문제가 되었던 언어의 외부 세계와 내부 세계에 대한 논의가 20세기에서도 다시 중요한 연구 방법으로 등장한다. 다음에 소개할 소쉬르(F. de Saussure)에 의하여 주장된 언어의 랑그(langue)와 빠롤(parole)의 구분은 바로 19세기에 논의됐던 언어의 내적 존재와 외적 존재의 해묵은 논의가 다시 재발된 것이다.

이러한 생각은 20세기 후반에 시작된 변형생성문법에서 기저구조(deep structure)와 표면구조(surface structure)로 발전한다. 그리고 19세기에 중요한 명제였던 음운변화의 규칙은 20세기 변형생성문법에서는 기저형(underlying form)에서 표면형(surface form)으로 바뀌는 규칙으로 변환되었다. 여기에는 다양한 규칙들이 존재하고 이 규칙들은 순서대로 적용되어야한다고 보았다.

이러한 언어 규칙들은 고전시대에 문법을 낳게 했고 고대인도에서 이미 논의가 됐던 것들이다. 아무튼 20세기 새로운 언어 연구를 현대언어학이라 하고 19세기의 역사비교언어학을 근대언어학으로 보려고 한다. 다만 이러한 구분은 피상적인 것이어서 우리의 한국어 연구에는 아직도 역사비교언어학의 방법도 있고 개별적인 형태의 역사적 연구도 있기 때문이다.

1) 프랑코-스위스학파의 공시적 언어 연구

2.6.1.0. 새롭게 등장한 20세기의 언어학은 소쉬르(Ferdinand de Saussure, 1857~1913)의 프랑코-스위스(Franco-Swiss) 학파, 또는 제네바(Geneva) 학파로 시작된다고 본다. 소쉬르(Saussure)는 프랑스에서 공부하고 스위스로 돌아가 제네바대학의 교수로 있으면서 종래 역사비교언어학과 상반되는 새로운 언어 이론을 강의하였다.

여기서 새롭다는 것은 19세기를 풍미(風靡)한 언어의 통시적(diachronic) 연구에 반하여 공시적(synchronic) 연구를 주창(主唱)하였기 때문이다. 그는 언어의 본질을 밝히려면 역사적으로 고찰하는 통시적 연구보다 어느 특정한 시기의 언어를 이해하는 것이 더 중요함을 역설하였다.

이것은 앞의 2.5.5.7.~9.에서 논의한 19세기의 언어지리학(linguistic geography)이나 언어방언학(dialectology)에서 예견되었던 언어 연구 방법이었다. 소쉬르의 사후에 간행된『일반언어학 강의(*Cours de la liguistique générale*)』(Saussure, 1916)에서 소쉬르는 언어의 공시적 연구를 강조했고 이런 경향은 동 시대의 다른 언어학파에도 깊은 영향을 주었다.

2.6.1.1. 소쉬르 그 자신은 역사비교언어학을 배우고 그 안에서 자랐다고 볼 수 있다. 그러한 그가 언어의 연구에서 역사주의를 버리고 공시적 연구의 우위를 주장한 것은 가히 혁명적이라고 보아야 할 것이다.

언어의 공시적 연구는 자연히 현실 언어의 구조에 관심을 갖게 되어 구조주의 언어 연구를 불러오게 되었다. 따라서 소쉬르(Saussure, 1916)를 공시적이고 구조주의에 입각한 현대 언어학의 시조로 보는 것은 여기에 이유가 있다.

소쉬르(Saussure, 1916)는 언어의 내부와 외부, 즉 랑그(langue)와 빠롤(parole)을 구분하는 것으로 시작한다. 빠롤이 음성으로 실현되는 실제 언어라면 랑그는 인간의 머리 속에 들어있는 실현되지 않은 언어라는 것이다. 빠롤은 개인차에 따라 천차만별의 변화가 있을 수 있지만 인간의 머리 속에 들어있는 랑그는 만인 불변의 동일한 것이며 이로 인하여 인간은 언어로 서로 의사소통을 할 수 있다는 것이다.

이러한 생각은 전시대에부터 계속해서 논의가 되어온 언어의 내부와 외부를 아우루르는 개념이다. 소쉬르는 언어학의 연구 대상은 당연히 랑그의 언어임을 천명하였다. 물론 문장의 구성에 관한 것은 빠롤에 속하는 것으로 하여 낱말과 낱말이 통합적으로 결합하는 것은 비교적 간단한 패턴이므로 이를 고찰하는 것은 언어학의 중요한 과제로 보지 않았다. 즉, 문법은 언어학의 중심 과제가 아니고 변두리의 학문으로 본 것이다.

빠롤(parole)이라는 것은 언어행동, 즉 발화(utterance) 자체를 가리키는 차원의 것에 사용되는 것이며 랑그(langue)라는 것은 언의 체계적인 면, 즉 개개 발화의 배후에 있으면서 그것을 규제하는 형태를 가리키는 것이다. 구체적 세계의 현상에서 그 배후에서 추상적인 형태가 있다는 생각은 한 걸음 더 나아가면 실질(substance)과 형식(form)이라는 대립 개념에 도달한다.

랑그와 빠롤 가운데 언어학의 직접적인 연구 대상은 랑그이었다. 빠롤과 랑그라는 개념은 오랫동안 음(音)과 낱말로 대립해서 논의해 왔던 것이다. 실제로 발화로 실현되는 빠롤과 그것을 지배하는 랑그의 개념은 앞의 19세기 언어학에서 논의한 언어의 외부와 그리고 내적 구조와 관련이 있는 언어 연구의 영원한 과제라고 할 수 있다.

2.6.1.2. 소쉬르(Saussure, 1916)가 언어의 내적 구조를 계열적(paradigmatic)인 것과 통합적(syntagmatic)인 것으로 나누어 본 것은 결과적으로 랑그의 세계에서 구조주의 연구를 촉발시켰다. 구조주의 언어학(structural linguistics)의 가장 큰 특색은 그 연구 태도가 항목 중심(item-centered)이 아니고 구조중심(structure-centered)의 태도가 저변에 깔려있다는 점이다.

예를 들면 음소(phoneme)나 형태소(morpheme)를 각각의 요소로 개별적으로 파악하지 않고 전체 속에서 이해하려는 것이다. 랑그의 세계인 음소나 형태소는 빠롤의 세계인 음성이나 낱말로 실현될 때에 일정한 규칙의 지배를 받는다는 생각이다. 언어의 각 요소를 원자론(atomism)의 시각에서 개별적으로 찾아내는 일에 끝나지 않고 그 요소들이 어떻게 서로 연관을 지어 존재하는 가를 살피려는 것이다.

이러한 생각은 언어학의 시야를 넓히는 결과를 낳게 되었다. 언어의 각 요소를 통시적으로, 역사적인 방법으로 이해하기 보다는 언어의 각 차원에서 공시적으로 존재하는 전체의 체계 속에서 각 개별 요소를 파악하고 이해하려는 태도를 구조주의 언어학이라 한다. 소쉬르의 언어학에서 랑그(langue)와 빠롤(parole), 특히 랑그를 이해하기 위하여 당연히 각 언어의 공시적 연구가 우선되어야 하면 거기서 추출된 각 요소를 전체 속에서 파악하게 된다.

2.6.1.3. 언어의 요소를 추출하기 위해서는 공시적인 언어의 기술(description)이 필요하다. 특정 시간의 언어를 공시적으로 분석하여 기술하면서 불변의 요소들을 추출하게 된다. 이 요소들은 그 각개 요소의 추출과 인식만이 아니라 전체 요소와의 관련을 따져서 정리하여야 제대로 파악할 수 있다는 생각을 소쉬르는 가졌던 것이다.

소쉬르(Saussure, 1916)의 이러한 생각은 고대인도문법학파가 산스크리트어에 대한 문법 연구에서 가졌던 방법이다. 전술한 파니니의 <팔장>에서 보인 고대인도문법학파들은 산스크리트어라는 공시적인 언어 현상을 분석하여 각개 요소를 추출하고 그것을 체계적으로 파악하려 하였다. <팔장>의 산스크리트어 문법을 비가라론(毘伽羅論)이라 하는 이유가 여기에 있다.

비가라론이 산스크리트어의 'Vyākaraṇa'를 한역(漢譯)한 것이라면 이 산스크리트어의 뜻은 "분석하다"여서 비가라론(毘伽羅論)을 졸저(2019b: 130)에서 '분석문법'이라 한 것은 이 말의 뜻에 근거한 것이다. 즉, 비가라론은 문장을 분석하여 각 단위의 요소들을 찾아내고 그것을 산스크리트어의 전체 구조 속에서 파악하려 하였다.

여기서 소쉬르가 산스크리트어에 많은 관심을 갖고 <팔장>의 비가라론 문법에 심취했었음을 상기하게 한다. 언어의 구조주의 연구 방법은 다른 많은 분야의 연구에도 영향을 끼쳤다. 다음에 논의할 언어학의 프라하학파를 비롯하여 아메리카 언어학의 구조주의는 모두 소쉬르의 언어 이론에서 발전한 것이다.

2) 프라하학파의 기능주의 언어 연구

2.6.2.0. 또 하나 공시적이고 구조주의 언어 연구를 목표로 모인 학파로 체코 프라하의 카렐대학 교수였던 마테지우스(Vilem J. Mathesius)가 주도하여 설립한 프라하학파를 들 수 있다. 졸고(1983)에서는 새로운 언어 연구의 프라하학파 설립에 대하여 다음과 같이 자세하게 언급하였다.

> [전략] 마테지우스는 프라하 카렐대학의 영어학 교수였으며 프라하언어학파를 창설하고 죽을 때까지 회장으로 있으면서 현대 언어학의 거장인 투르베츠코이(N. S. Trubetzkoy)와 야콥슨(R. Jakbson)을 비롯하여 트른카(B. Trnka), 봐헤크(J. Vachek) 등의 기라성 같은 언어학자들을 길러냈다. 그러나 그 자신은 불우한 시대에 태어나 전쟁과 병마의 질곡(桎梏)에 시달리면서 현대 언어학의 창시자로서 불멸의 업적을 남겼다. 그는 42세를 지나면서 심한 눈병을 얻어 무엇을 읽거나 쓰기가 거의 불가능하였고 대부분의 학문 연구는 보조가가 읽어주거나 자신이 구술한 것을 보조자가

> 필기하여 진행되었다. 50세를 넘기고 나서는 척추에 병이 생겨 병실에 갇혀 지내야 했는데 이러한 중병은 죽을 때까지 계속되었다. 더욱이 2차 세계대전 당시는 그의 집이 폭격에 파괴되어 부인과 함께 괴로운 피난길에 나서야 했으며 전쟁이 끝나기 전날인 1945년 4월 12일에 영면(永眠)하였다. 이와 같이 인간으로서 견뎌내기 어려운 역경을 헤쳐 나가면서 무한한 인내심과 자기희생적인 연구를 통하여 새 언어학의 발전에 위대한 공헌을 한 것이다.
>
> 주지하는 바와 같이 프라하 언어학파가 창설된 것은 오로지 마테지우스의 힘에 의한 것이었다. 그가 1911년 체코의 왕실학술협회에서 행한 언어현상의 잠재성(潛在性)에 관한 강연이 당시 그 협회의 의장이었던 쥬바티(J. Zúbatý)에 의해서 묵살되어 적어도 그때에 언어학계의 획기적인 혁명을 이룩할 그의 새로운 언어연구 방법은 사장(死藏)되었다.[114] 그 후에 마테지우스는 새로운 언어 연구에 대한 공통의 흥미를 갖고 우호적인 토의와 상호 적극적인 비판을 할 수 있는 모임을 갖고자 노력하였다. 그의 이러한 꿈은 10년을 지나서야 실현이 가능하였다. 즉, 1920년 후반에 그의 최초의 제자인 트른카(Bohumil Trnka)가 영어교사의 자격을 얻고 프라하에서 교편을 잡은 것을 계기로 해서 당시 프라하에 장기간 머물고 있던 슬라브어 학자인 야콥슨(Roman Jakobson)과 하브라네크(B. Havránek)의 두 사람, 미학(美學)을 전공한 모카로프스키(Jan Mokařovsky), 그리고 이란어 및 터키어 전문가인 리프카(Jan Rypka)를 창립 멤버로 하여 1926년에 프라하 언어학파를 결성하였다. [하략]

이로 보면 프라하 언어학파는 1926년에 성립되었는데 후에 독일의 음운론 연구자인 트루베츠코이(N. S. Trubetzkoy)가 가담하여 구조주의 언어 연구가 더욱 심화되었다. 마테지우스의 제자이며 충실한 추종자이기도 한 요세프 봐헤크(Josef Vachek)는 Vachek(1970)에서 스승이 현대 언어학에 끼친 영향으로 무엇보다도 마테지우스는 소쉬르와 함께 종래

114 Jakobson이 1920년대 프라하에 와서 이 강연의 옮긴 논문, Mathesius(1911a)을 읽고 이 논문이 만일 1911년에 모스크바에서 발표되었다면 언어학의 혁명이 일어났을 것이라고 단언하였다. 미국의 Hockett도 1960년대 후반에 영역된 이 논문을 읽고 "당시로서는 상상도 못 할 일"이라고 평가하였다. 당시 프라하에서는 소장문법학파의 전통이 너무 강해서 마테지우스의 새로운 언어학 연구 방법을 받아드리지 못하였다. Mathesius(1961)를 영역한 1875년의 역자 서문과 일본어판을 위한 Vachek의 서문을 참조할 것.

역사비교언어학의 연구 방법에 반기를 들고 언어학은 현실 언어에 대한 여러 사실을 비역사적인 공시적으로 연구되어야 한다고 주장한 최초의 언어학자라는 것이다.

2.6.2.1. 마테지우스(Mathesius, 1911a)는 언어의 공시적 연구를 주장한 최초의 논문이어서 실제로 소쉬르(Saussure, 1916)보다 먼저 세상에 나온 것으로 인정해야 한다. 마테지우스(Mathesius, 1911a)는 현실 언어의 잠재성을 강조했는데 이것은 실제 언어사회에 나타나는 언어행위의 공시적 '변동'을 중요시한 것이다. 이러한 변동의 중요성을 인정하는 언어 연구방법은 언어가 이것으로 발전을 가능하게하며 또 발전을 촉진시킨다는 것이다.

마테지우스(Mathesius, 1911a)의 언어 연구에서 둘째로 중요한 특징은 언어에 존재하는 여러 경향과 그에 의한 원리를 강조한 점이다. 언어에 존재하는 여러 경향들은 물리학의 여러 원칙처럼 영속적이고 자동적으로 작용하는 것은 아니지만 매우 명확하게 출현해서 통계적 방법으로 규칙화할 수 있다고 본 점이다.

마테지우스(Mathesius, 1929b)는 음성학에서도 통계적 방법을 사용하였는데 이러한 통계에 의한 언어 연구는 프라하학파에서 언어의 수량(數量) 연구가 활발하게 되었고 그러한 연구 결과를『프라그 수리(數理) 언어학연구(*Prague Studies in Mathematical Linguistics*)』(Series, 1966~1980)에 게재하여 모두 6권을 간행하였다.

2.6.2.2. 마테지우스(Mathesius, 1911a)에 의하여 주장된 셋째의 새로운 연구방법은 언어 연구가 역사적이고 계통적인 비교연구에 일방적으로 편중된 것으로부터 벗어나 여러 언어의 공시적인 비교연구를 중요하게 여겼다는 것이다. 이러한 공시적인 언어 비교는 언어의 친족관계와 상관없이 이루어질 수 있다는 것이다.

이것은 같은 프라하학파의 야콥슨(Jakobson)에 의하여 주장된 유형적 비교(typological comparison)와 달리 대조적(contrastive) 언어 비교를 주장한 것이다. 이로부터 오늘날 성황을 이루는 대조언어학(contrastive linguistics)

이 탄생하였다. 실제로 그의 Matesius(1907, 1912)은 영어와 체코어의 대조 연구였다.

마지막으로 마테지우스(Mathesius, 1911a)의 새로운 언어연구의 네 번째 특성은 언어가 가진 기능(function)을 중시한 것이다. 어떤 언어에 있어서 의사전달을 위한 여러 기능을 분석하고 그 기능에 상응하는 형식을 추출하는 것이 언어학의 핵심적 작업이라고 하였다. 즉, 명명단위(naming unit)를[115] 분석하기 위해 기능적 명명단위론(functional onomatology)과 기능적 통사론(functional syntax)의 기준이 필요하다고 보았다.[116]

기능적 명명단위론은 언어 밖의 현실에서 어떤 부분, 어떤 양상이 선택되어 명명될 것인가, 또 그 명명이 어떤 효과를 갖고 있는가를 특정 언어에서 확인하는 것이다. 반면에 기능적 통사론은 각 명명단위가 그 언어의 실제 문장 속에서 어떤 방법에 의하여 상호 관계를 맺는지 따지는 것이다.

이러한 기능적 명명단위론과 기능적 통사론에 의한 분석은 각개 언어에 대한 성격(character)을 밝혀준다. 그가 언어성격학(linguistic characterology)을 주창한 것은 이러한 연구 결과와 관련이 있다. 각 언어마다 독특한 성격을 가졌음은 대조언어학의 방법으로 잘 알 수 있다. 실제로 마테지우수는 영어와 체코어를 대조적 방법으로 비교한 것을 그의 사후 20년 가깝게 지나서 Mathesius(1961)로 출판하였다.

2.6.2.3. 마테지우스(Mathesius, 1961)는 언어의 품사분류와 각 단위의 기능적 분석(aktuálni členěni současné)을 엄격하게 구별하였다. 여기로부터 기능적 문분석(functional sentence analysis)이 나왔고 이 분석의 결과는 특정 언어의 문장에서 기능적 문구성(functional sentence perspective)이 될 것이다. 마테지우스를 기능적 구조주의(functional structuralism)의 신봉자로 보는

115 '명명단위'란 Mathesius의 용어는 체코어로 'Pojmenováni'인데 이 말은 일상적인 의미로 부르는 이름, 또는 명칭이란 의미여서 "이름을 붙이는 것", 또는 "붙여진 이름"이란 뜻이다. 이에 대한 영역은 'naming unit'이었다. Mathesius(1961)의 영역판 1975를 참조.

116 기능적 명명단위론(functional onomatology)과 기능적 통사론(functional syntax)에 대하여는 졸고(1983)에서 구체적으로 예를 들어 설명하였다.

이유가 여기에 있다.

그의 이러한 기능주의 언어 연구는 프라하학파의 야콥슨(R. Jakobson)이나 투르베츠코이(N. S. Trubetzkoy)에게 영향을 주어서 그들의 각종 언어 단위, 특히 음소의 정의에서 변별적 기능을 중시하게 된다. 즉, 야콥슨(Jakobson, 1975)의 음소에 대한 정의에서 "음소는 동시적(simultaneous)으로 일어나는 변별적 자질의 묶음(a bundle of distinctive features)"에 보이는 변별적 자질은 의미의 분화를 가져올 수 있는 음소의 기능으로 정의한 것이다(Jakobson·Halle, 1956). 또 투르베츠코이(Trubetzkoy, 1939)는 "지적 의의를 분화시키는 기능"으로 음소를 정의하였다.

특히 마테지우스의 제자인 봐헤크(Vachek, 1964)는 지적 의의(signification intellectuelles)를 분화시킬 수 있는 모든 음성적 대립(toute opposition phonique)을 음운론적 대립(opposition phonologique)으로 보고 이 대립의 각 항을 변별적 음소적 단위(unité phonologique distinctive)라고 하여 음소를 정의하였다. 모두 마테지우스에 의하여 주도된 프라하언어학파의 기능주의 언어학의 영향으로 볼 수 있다.

2.6.2.4. 유럽에서 20세기 공시적이고 구조주의 언어 연구를 시작한 언어학파로 위의 두 학파 이외에 코펜하겐(Copenhagen)의 루이 엘름스레우(Louis Hjelmslev, 1899~1965)를 중심으로 활약한 쾨벤하운(København) 학파를 들 수 있다.

고도로 추상화되고 매우 엄격한 정의와 체계를 주장한 이들의 언어학을 특별히 언리학(言理學, glossematics)이라 부른다. 언어의 형식소가 보여주는 의존관계를 기반으로 한 언어 연구이지만 덴마크어로 연구가 진행되었고 내용도 난삽하여 널리 알려지지 못했다.

이와는 별도로 영국의 퍼스(John Rupert Firth, 1890~1960)를 추종하는 학파도 있었다. 구조주의 연구에서도 추상적 구조보다는 표면적인 구조에 관심을 갖고 특히 구체적인 장면 속에서 어떻게 표면구조가 언어적 기능과 연결되는가를 분석하고 고찰하는 언어 연구 방법을 발전시켰다. 이러한 연구를 현대 언어학의 런던학파라고 부른다.

3) 미국의 구조주의 언어학

2.6.3.0. 유럽의 구조주의 언어 연구는 대서양을 건너 미국에도 영향을 주었다. 미국의 구조주의(structuralism) 언어학은 유럽의 그것과 별도로 전개되었다고 본다. 소쉬르(Saussure, 1916) 언어학의 영향을 받지 않았다고는 할 수 없으나 미국의 언어학은 여러 언어를 기술하며 그것으로부터 얻어낸 결과로부터 언어 이론을 발달시켰다는 점은 유럽의 언어학에서 찾아 볼 수 없는 경향이다.

미국의 언어학은 보아스(Franz Boas, 1858~1942)의 인류학적 전통에 의거하여 독자적으로 언어를 연구했다. 보아스는 『아메리카 인디언의 언어 편람(*Handbook of American Indian Languages*)』(Boas, 1911)를 출판하여 미국 인디언의 여러 언어를 인류학적인 측면에서 고찰하였다. 오늘날 미국의 인류학자, 그리고 언어학자들은 그들의 연구가 모두 보아스로 소급된다.

미국의 구조주의 언어학은 사피어(Edward Sapir, 1884~1939)와 블룸필드(Leonard Bloomfield, 1884~1939)에서 시작된 것으로 본다. 당시 미국의 구조주의 언어 연구에서 이 두 사람의 영향을 받지 않은 사람은 거의 없었다고 해도 과언이 아니다. 특히 이 두 사람이 활약한 30여년은 미국 언어학의 최성기라고 할 수 있었다.

그들의 연구는 음소론(phonemics)과 형태론(morphology)에 집중되어서 통사론(syntax)과 의미론(semantics)에서는 별로 업적을 남기지 못하였다. 아마도 언어 연구가 음운론에서 형태론으로, 그리고 통사론, 의미론으로 발전해간다는 생각이 당시 미국 언어학의 기저에 깔려있었던 탓으로 볼 수 있다. 결국은 이러한 연구 경향은 1950년 후반에 통사론 분야에서 변형생성문법론이 출발하게 되는 계기가 되었을 것이다.

미국 구조주의 언어학의 특색은 심리주의(mentalism)를 배척하고 물리주의(physicalism)에 입각해서 언어를 객관적으로 연구하려는 경향이 강한 것이다. 정신(mind)이나 의지(will)와 같은 개념을 버리고 검증 가능한 자료만을 분석하고 이를 구조적으로 기술(記述, description)하려는 욕구가 강했던 것이다.

또 한 가지 중요한 미국 언어학의 중요한 특색은 모든 언어는 평등하게 완전한 언어라는 생각이다. 언어학의 평등주의라고 볼 수 있는 이 생각은 거의 역사를 소급하여 생각할 수 없는 미국의 언어 상태로 말미암은 것이다. 아메리카 인디언의 언어를 연구하는 미국의 언어학자들이 가졌던 선입관은 유럽의 오랜 역사를 가진 언어들에 비하여 아메리카 인디언의 언어는 훨씬 차원이 낮은 언어일 것이라고 예상하였다.

그러나 이러한 선입관은 이들의 언어를 연구한 결과 사실이 아님을 알게 되어 모든 언어는 완전한 것이라는 언어의 평등주의가 생겨난 것이다. 오늘날의 언어 지식으로 보면 이것은 당연한 일이겠지만 산스크리트어, 고전 희랍어, 그리고 라틴어의 연구로 시작된 서양의 전통 언어학은 이 외의 다른 언어에 대하여 가졌던 편견에서 벗어나게 되었다.

2.6.3.1. 그리하여 미국 구조주의 언어학은 1924년에 미국 언어학회(Linguistic Society of America, LSA)를 결성하기에 이른다. 이 학회는 전술한 블룸필드(Bloomfield)와 사피어(Sapir)의 두 사람에 의하여 주도되는 미국 언어학의 본산이 되었다.

미국 언어학은 아메리카 인디언의 언어들, 즉, 그 역사를 알 수 없는 미국 대륙의 토착민들의 언어에 대한 연구이었기 때문에 자연스럽게 공시적 언어 연구 방법이 도입될 수밖에 없었다. 토착민들의 언어를 분석하고 그것을 기술하려는 미국의 언어학은 유럽 언어학의 영향을 받아 구조주의 연구 방법에 의존하게 되었다.

미국 구조주의(structuralism) 언어학은 사피어의 "언어의 음 패턴(sound patterns in language)"(Sapir, 1925)으로부터 시작되었다고 본다. 이 논문은 앞에서 언급한 미국 언어학회(LSA)의 기관지인 'LANGUAGE' 제1호(1925)에 게재되었다. 사피어(Sapir)는 전술한 보아스(Boas)의 직계 제자로 스승의 인류학적 언어 연구의 방법을 그대로 이어받았다.

이 논문을 쓰기 전에 그는 『언어(*language*)』라는 Sapir(1921)의 저서를 이미 출판한 바 있었다. 이 책은 모두 아메리카 토착민들의 언어를 연구한 결과로부터 얻은 인류학적 연구의 소산이었다. 그는 전술한 그의

Sapir(1925)에서 '음 조직의 패턴'이란 말을 처음으로 사용하였다.

그리고 모든 발화 음성은 이 패턴 속의 한 점(point)임을 강조하고 전체 패턴 속에서 음운들이 파악되어야 함을 주장하였다. 여기서 패턴(pattern)은 소쉬르(Saussure, 1916)의 체계(system)와 유사한 발상으로 음운 체계 속에서 언어음을 파악하려는 태도와 일맥상통하는 것으로 보인다.

사피어(Sapir, 1925)의 생각은 각 개별 언어는 각기 독특한 음 패턴을 가졌고 그로 인하여 언어는 다르게 되는 것으로 보았다. 따라서 각 개별 언어의 음 패턴 속에서 각개 음운은 고찰되어야 한다는 것이다. 그리고 이것들은 엄밀하게 과학적인 방법으로 분석되고 추출되어야 하며 전체 패턴을 수립하는 것이 우선되어야 함을 강조하였다.

2.6.3.2. 이런 경향은 블룸필드와 그의 제자들에게 강하게 나타났고 그들에 의하여 미국 구조주의 언어학은 주도되기 시작하였다. 이른바 블룸필드학파(Bloomfieldian school)의 탄생이다. 블룸필드(L. Bloomfield)는 심리학의 행동주의(behaviourism)에 의거하여 언어를 고찰하였다. 이에 대하여 비교적 온건했던 사피어(E. Sapir)와 그의 추종자들은 점차 미국 언어학계에서 주도권을 상실해갔다.

그리하여 방법론의 엄정한 선택과 검증 가능한 자료의 추구는 자료의 정밀한 연구에서 괄목할 업적을 이루었다. 특히 언어학의 도구(道具)를 정비하여 되도록 객관적인 언어 연구를 지나치게 추종하여 1950년대에 이르러서는 거의 포화상태에 이른다. 언어의 본질보다는 말초적인 세부 사항의 연구에 빠지게 된 것이다.

그러나 유럽의 제네바-프랑코 언어학파나, 프라하학파, 코펜하겐학파의 언어 연구와 같이 이론적인 연구보다는 미 대륙의 토착민의 연구와 같은 필드 워크(field work)에 의존하여 미지의 언어를 분석하고 이들의 구조를 살피게 되었다. 또 이러한 연구 경향은 자연히 언어의 이론적 연구가 소홀하게 되었고 이에 대한 반성과 새로운 이론의 정립을 위한 연구 방향으로 흘러가게 되었다.

미국 언어학의 특색을 든다면 스스로 언어의 과학적 연구를 표방했다는 점이다. 여기서 과학적이란 말의 뜻은 철저하게 경험주의적이란 말과 통한다. 그리하여 언어학을 자연과학과 같은 수준의 객관적인 연구로 보려고 하였다. 따라서 초기 미국 언어학에서는 의미론과 같은 객관적 검증이 어려운 분야를 없애려고 하였다.

특히 음소론과 형태론 중심의 언어 연구에 대한 비판으로 통사론 연구가 점차 본격화되기 시작하였다. 이로 인하여 변형생성문법연구라는 통사론의 연구가 주목을 받았다. 1957년에 촘스키(Noam Chomsky, 1931~)의 '통사론적 구조(syntactic structure)' (Chomsky, 1957)는 종래 음운론 중심의 연구에서 통사론 중심으로 옮겨가게 된다.

2.6.3.3. 신 블룸필드학파(Neo-Bloofieldian school)는 블룸필드의 *Language* (1933) 이후로부터 촘스키의 '*Syntactic Structure*' (1957)까지의 미국 구조주의 언어학을 말한다. 물론 촘스키(Chomsky, 1957) 이후에 발표된 Hill (1958), Hocket(1958), Sledd(1959) 등도 신 블룸필드학파로 본다.

블룸필드(L. Bloomfield)의 물리주의 언어 연구를 이어받은 신 블룸필드학파는 이를 근거로 하여 다양한 언어 레벨에서 발전을 기도하였다. 특히 음소론(phonemics)과 형태소론(morphemics)에서 뚜렷한 발전을 이루었다. 종래 문법이나 언어 연구가 문장에서 구절, 낱말, 형태소, 그리고 음소로 내려가는 하향적인 언어 분석이었다면 신 블룸필드학파는 음성으로부터 상부 구조로 올라가는, 즉 '밑에서부터 위로'의 연구가 특색이었다.

블룸필드(Bloomfield, 1933)의 <언어>에서 상술한 몇 가지 특색을 보인다. 첫째는 언어의 각 구조, 즉 레벨을 분리하여 고찰한 점이다. 앞에서 언급한 '밑에서 위로'라는 연구 태도는 하위 레벨의 언어 기술이 끝난 다음에 상위로 올라가는 것이 아니라 하위 레벨의 언어 기술이 끝나지 않는다면 상위 레벨의 언어 연구에 옮아가지 않는다는 태도를 말한다.

미국의 신 블룸필드학파의 연구에서 음소론(音素論)에 그 업적이 집중된 것은 바로 '밑에서 위로'라는 연구 태도의 결과라고 할 수 있다. 언어 연구의 최하위 레벨인 음성 연구를 우선하였기 때문이다. 그리고 형태론(形態論)의 연구에서도 많은 문제를 그대로 남겨놓았고 통시론(通時論)은 거의 돌아보지 않은 것은 바로 이러한 연구 태도에 기인한 것이다.

Chomsky(1957)의 <통사 구조>에 의하여 이러한 연구 태도는 비판되고 언어 연구의 중심을 문장으로 가져온 것은 결국 신 블룸필드학파의 '밑에서 위로'라는 연구 태도 때문이었다. 더욱이 이 학파는 의미론(意味論)에 대하여는 매우 소극적이었다. 신 블룸필드학파의 의미론에 대한 관심은 1957년 여름에 열린 언어학회(Linguistic Institute)에서 의미론에 관한 세미나가 열리고 그 결과 발표된 "Semiology: A linguistic theory of meaning"(Joos, 1964) 정도가 의미론에 대한 연구의 전부였다.

또 하나 신 블룸필드학파의 특색은 모든 것이 텍스트 중심이라는 것이다. 미국 구조주의 언어학이 아메리카 대륙의 원주민 언어를 기술하는 것으로 시작하였기 때문에 언어라는 것이 직접 관찰이 가능한 대상이 있었다. 따라서 모든 언어 연구는 이러한 연구 대상의 텍스트화(化)가 우선되어야 한다고 생각하였다. 말하는 사람과 듣는 사람 사이에 공기의 진동으로 전달되는 실체를 텍스트로 하여 연구가 이루어진다는 생각이 모든 신 블룸필드학파의 연구자에게 공통되었다.

2.6.3.4. 신 블룸필드학파는 철저하게 언어의 구조주의(structuralism)를 신봉하였다. 각개 요소가 언어에 존재하는 것이 아니라 하나의 구조적 유기체로서 언어의 각 요소가 존재한다고 보았다. 예를 들면 음소는 전체 음운 체계 내에서 파악되어야 한다는 것이다.

예를 한국어에서 들면 음운 'ㄷ'은 그 자체로서는 의미가 없고 'ㄷ:ㅌ', 'ㄷ:ㄸ'와 대립하여 '달(月), 탈(假面), 딸(女息)'의 의미 분화를 가능하게 하는데 그 존재의 의미가 있다는 것이다. 그리하여 무성무기음과 유기음, 성문긴장음의 세 계열이 하나의 체계를 이루어 'ㅂ:ㅍ', 'ㅂ:ㅃ', 'ㄱ:ㅋ', 'ㄱ:ㄲ', 'ㅈ:ㅊ', 'ㅈ:ㅉ'의 대립을 가능하게 한다고 보는 것이다.

이러한 언어의 구조는 두 가지로 나눌 수 있다. 하나는 계열적인 면이며 또 하나는 통합적인 면이다. 통합적인 면은 언어 형식의 연쇄(chain)와 관련이 있는데 여기서 언어의 연쇄란 어떤 언어 형식의 앞과 뒤에 어떤 언어 형식이 오는가 하는 문제다. 계열적인 면은 언어 형식의 선택(choice)에 관련이 있다.

즉, 계열적으로 보면 위의 예에서 'ㅂ, ㄱ, ㅈ'는 무표(無標, unmarked) 계열이고 'ㅍ, ㅋ, ㅊ'는 유기음(aspirates) 계열이며 'ㅃ, ㄲ, ㅉ'는 성문긴장음(glottal tension) 계열이다. 구조적으로 보면 한국어의 자음 체계는 무표 계열, 유기음 계열, 성문긴장음 계열이 서로 구조적으로 대립한다.

연쇄는 구조(structure)와 관계하고 선택은 체계(system)와 관계한다. 여기서 언어를 구조와 체계로 나누어 볼 수 있다. 신 블룸필드학파에서는 구조, 체계, 또는 패턴(pattern)이란 용어가 자주 쓰이지만 그 개념의 규정은 확실하지 않고 학자에 따라 다르다. 그러나 연쇄와 선택으로서 이해하면 이들을 파악하기는 쉽다.

연쇄로 이해하는 구조와 별도로 선택을 기반으로 하는 체계로 보는 것이 일반적이고 신 블룸필드학파의 연구 대상은 연쇄로 이해하는 언어 구조의 연구였으며 선택을 기반으로 하는 언어 체계는 부차적이거나 배경적인 것으로 본 것 같다. 20세기에 쏟아져 나온 미국의 언어 연구를 이렇게 한 마디로 정의하기는 어려우나 전체적인 분위기는 언어의 구조에 대한 연구가 우선이었고 그 체계적 파악은 다음의 문제였던 것 같다.

2.6.3.5. 미국 구조주의 언어학에서 특기할 만한 것은 음성학의 발달이었다. 미지(未知)의 언어였던 아메리카 인디언의 언어 연구로부터 시작한 미국의 언어학으로서는 당연한 일일지도 모르지만 파이크(Kenneth L. Pike, 1912~2000)를 중심으로 하는 미국의 음성 연구는 눈부신 바가 있었다.[117]

Pike(1943)의 <음성학>은 전술한 바와 같이 그의 문법소론(tagmemics)에서 에틱(etic)과 이믹(emic)의 구별을 주장하였다. 말하자면 phonetic의 'etic'과 'phonemic'의 'emic'을 구분한 것으로 단순 음성의 에틱과 음운으로 이해해야 하는 이믹을 구별한 것이다. 이것은 파이크의 이론이지

117 필자가 현역으로 Pike의 이론을 이용하여 강의할 때에는 그도 생존해 있었다. 그가 2000년 말에 작고한 것을 알려준 미국 미네소타대학의 박종원 교수에게 감사한다.

만 멀리 사피어(Sapir)에 소급되는 생각이었다. 어쩌면 소쉬르의 랑그와 빠롤과도 연결될 수 있을 것이다.

에틱(etic)의 음성은 인간의 언어에 나타나는 물리적, 음향적 현상일 것이고 이믹(emic)의 음운은 어떤 언어의 체계 속에서 파악되는 분석된 음성들을 말할 것이다. 에틱이 구조(structure) 속에 존재한다면 이믹은 체계(system) 속에서 그 존재를 찾아야 할 것이다. 파이크는 에틱의 음성 연구에 몰두하여 Pike(1943; 1947; 1948) 등의 많은 업적을 남겼다. 특히 Pike(1948)의 <성조어>에서는 'tonemic'이란 술어를 사용하여 성조(tone)도 이믹의 존재로 파악하였다.

에틱과 이믹의 두 관점에서 언어를 파악하는 태도는 널리 알려지지 않았다. 에틱의 관점에서 보면 언어음은 혼돈 상태일 수 있고 이믹의 관점에서 보면 특정 언어나 특정 문화를 넘어서 몇 개의 언어와 문화에 존재하는 것으로 이해된다. 언어음을 에틱의 관점에서 조직하려면 연구자가 음성에 대한 이믹의 처리가 필요할 것이다. 또 이믹의 입장에서 조직하려면 인간의 내부 반응을 기준으로 해야 할 것이다.

앞의 2.2.1.0.의 각주 7)에서 소개한 것처럼 emic에서 보면 우리말 '안다'의 'ㄷ'이나 '다리'의 'ㄷ'은 서로 같지만 etic에서 보면 이 둘은 서로 달라서 '다리'의 'ㄷ'은 [t]이고 '안다'의 'ㄷ'은 [d]이어서 다르다. emic은 언어활동을 인간 활동이나 문화 체계 속에서 파악하여 개개의 단위가 구조의 전체 속에서 이루는 역할이나 의미의 면에서 기술하는 것을 말한다. 반면에 etic은 언어 행동을 관찰하고 자료를 수집해서 개개의 물리적 특성을 분석하여 기술하는 방법을 말한다.

2.6.3.6. 신 블룸필드학파가 객관적인 언어 기술을 위해 가지고 있던 가장 강력한 무기는 분포(distribution)일 것이다. 이 술어의 개념은 어떤 언어 요소가 일어나는 여러 가지 환경(environment)의 총화(總和)를 말한다. 여기서 환경이란 연구 대상의 언어 요소가 직전이나 직후에 오는 다른 요소를 말한다.

어떤 언어 요소가 한 문장 속에서 언어 요소로서 구실을 하기 위하여 반드시 갖춰야 할 특질은 '대립(對立, opposition)'이라는 성질일 것이다. 다른 요소와 대립하는 많은 언어 요소는 어떤 요소가 분포하는 환경을 만든다. 특정 언어 안에서 대립하는 요소들은 그 언어 안에서 대립하지 않는 요소를 빼낸 것이라고 보아도 좋다.

대립하지 않는 요소는 두 가지 경우가 있는데 하나는 같은 환경에서 절대로 나타나지 않는 요소들을 말한다. 이런 경우를 보통 상보적 분포(complementary distribution)라고 한다. 다른 요소와 대립하지 않은 또 하나의 요소는 같은 환경에서 일어나도 다른 반응이나 의미상의 차이를 일으키지 않는 요소들 끼리를 말한다. 이러한 요소들을 자유변이(free variation)의 관계에 있다고 한다.

한국어의 음운 [t]는 '다리[tari]'에서는 [t]이지만 '모두[modu], 안다[anda]'에서는 [d]로 실현된다. 따라서 한국어에서 /t/와 /d/는 상보적 분포이고 자유변이가 아니다. 한국어에서는 모음 간, 또는 비음의 아래와 같은 유성적인 환경에서 한국어의 /t/는 자동적으로 /d/로 변하기 때문이다.

그러나 한국어의 음운 /ㄷ/과 /ㅌ/은 상보적 분포도 아니고 자유변이의 관계도 아니다. 이런 경우 /ㄷ[t]/와 /ㅌ[th]/는 대립이라고 하고 이러한 대립적 관계에 있을 때에 서로 다른 음운으로 인정된다. 그리하여 한국어에서 '달(月)'과 '탈(假面)'은 서로 의미를 분화한다. 반면에 영어에서는 [t]와 [th]의 두 음은 상보적인 분포를 보이고 하나의 음운으로 인식된다.

한국어에서 '딸(女息)'도 마찬가지로 '딸'의 [t']도 'ㄷ[t], ㅌ[th]'와 대립적이며 자유변이의 관계에 있지 않다. 그리하여 '또[t'o, and]'와 '도[to, also]'가 구별되고 '토[tho, 吐]'와도 의미를 나눈다. 그리하여 한국어에서 'ㄷ[t], ㄸ[t'], ㅌ[th]'는 '도'(역시를 나타내는 조사)와 '또(又)', '토(吐)'와 같은 최소대립의 쌍(minimal pairs)을 찾을 수 있다.

신 블룸필드학파에서 언어의 분포와 그에 따른 대립과 환경의 연구는 언어 연구에서 객관성을 가져오는 중요한 요인으로 생각하였다. 따라서 이에 의존한 연구들이 뒤를 이었다. 물론 이 개념들은 음운론에서 널리 사용되었지만 형태론과 통사론, 나아가서 의미론의 분야에서도 널리 이용되었다.

2.6.3.7. 또한 신 블룸필드학파에서 언어의 역사적 연구 방법은 회고(回顧)와 전망(展望)의 방법을 구사하였다. 어느 시대의 언어를 정밀하게 기술(description)하여 그 전 시대와 후 시대의 언어를 회고하고 전망하는 방법을 계발하였다. 단순하게 언어의 역사를 회고하는 것에서 그치지 않고 앞으로의 발전을 전망하는 것이다.

이 방법은 한국어의 역사를 살피는데 매우 유용한 방법이다. 한국어는 한글의 발명을 위하여 15세기의 한국어가 정밀하게 기술되었는데 이로부터 그 이전의 언어 연구와 후대의 언어연구를 회고와 전망의 방법으로 살펴볼 수가 있었다. 20세기의 한국어 연구는 15세기의 한국어의 연구로부터 그 이전의 고대한국어와 그 이후의 근대한국어를 고찰하는 것이 매우 유용하기 때문이다.

그리하여 신라시대의 언어를, 특히 향가(鄕歌)의 해독에서 15세기의 한국어로 재구하는 일이 자주 있었고 이에 대한 비판도 없지 않았다. 그러나 이러한 연구 방법은 향가를 해독할 때에 현대적 편견(偏見)을 해소하는데 매우 많은 도움을 주었음도 간과해서는 안 될 것이다. 적어도 현대한국어와 다른 언어를 향가가 표기했다는데 동의할 수 있었기 때문이다.

4) 20세기 초엽의 러시아 언어학

2.6.4.0. 제정(帝政) 러시아는 레닌이 이끄는 볼셰비키의 2월 및 10월 혁명에 의하여 멸망하고 1918년부터 러시아 공산당이 통치하는 소련(蘇聯), 즉 소비에트 사회주의 연방국가가 되었다.

이러한 혁명의 와중에서 인문과학의 하나인 언어학도 근본적인 변화를 겪었는데 이렇게 변모된 러시아의 언어학은 소쉬르(Saussure, 1916)에 의하여 창도(唱導)된 서방세계의 언어학과 매우 다르게 되었다. 그리하여 다음에 논의할 보드앵 드 꾸르뜨네의 카잔(Kazan)학파와 모스크바의 포르뚜나또프(Fortunatov)학파, 모스크바 언어학 서클, 뻬제르부르그학파, 그리고 마르크시즘 언어학에서는 서방 세계의 언어학과는 매우 다른 언어 연구가 있었다.

본서에서는 모스크바 포르뚜나또프 학파와 모스크바 언어학 서클에 대해서는 졸저(2019a: 319~324)에서 소개된 것으로 대신하고자 한다. 원래 제2장은 이 책에서 추가된 것이어서 제한된 지면을 초과하고 있기 때문이다.

러시아의 언어학은 남한의 한국어학이나 언어학에 직접적인 영향을 끼치지는 않았다. 그러나 남북이 분단되어 서로 왕래가 끊기고 냉전의 엄혹한 시대에 서방세계와 단절된 북한에서는 구소련과 러시아 언어학의 영향을 주로 받았으며 남한과는 다른 언어 연구가 이루어졌다. 따라서 북한의 언어학을 살펴보기 위하여 구소련의 언어 연구를 살펴보지 않으면 안 된다.

남한의 한국어학이나 언어학에서 미국 언어학의 영향은 지나칠 정도로 많아서 이에 대한 언급은 오히려 췌언(贅言)이 될 수 있다. 실제로 현대 한국어 연구에서 각 분야, 예를 들면 음운론이나, 형태론, 통사론, 그리고 의미론에서 미국 언어학의 그림자가 없는 곳이 없을 정도다.

그러나 북한에서는 정치적 이유로 미국이나 서방세계와의 접촉은 거의 완전하게 끊어졌다. 반면에 구소련이나 러시아의 언어학은 북한의 언어 연구에 직접적으로 많은 영향을 주었다. 그럼에도 불구하고 이에 대한 연구는 거의 없는 것 같다. 이제 여기에서는 이에 대하여 지면을 많이 할애하여 좀 더 구체적으로 살펴보기로 한다.

2.6.4.1. 제정(帝政)러시아의 말기로부터 공산혁명을 거쳐 구소련과 러시아를 거쳐 변모해가는 동구권의 언어학에서 가장 중요한 것은 우리에게 잘 알려지지 않은 보드앵 드 꾸르뜨네(Jan Ignacy Nieisław Baudouin de Courtenay, Иван Александрович Бодуэн де Куртнэ, 1845~1929)의 카잔(Kazan) 학파를 먼저 들지 않을 수 없다.

제정러시아로부터 구소련에 걸쳐 현대 구조주의 언어학을 수립한 선각자로 알려진 프랑코-스위스학파의 소쉬르(F. de Saussure), 또는 프라하학파의 마테지우스(V. Mathesius), 투르베츠코이(N. S. Trubetzkoy), 야콥슨(R. Jakobson)과 이름을 같이할 수 있는 보드앵(Baudouin)을 들 수 있다.

보드앵(Baudouin)은 1845년 3월 13일 폴랜드 바르사와 근교의 작은 마을인 라지민(Radzymin)에서 태어났다. 러시아 문헌에서는 이반 알렉산드로비치 보드엥 데 꾸르뜨네(Иван Александрович Бодуэн де Куртнэ)라고 불리고 폴란드어로는 얀 이그나찌 니에치스와브 보드앵 드 꾸르뜨네(Jan Ignacy Nieisław Baudouin de Courtenay)라고 불린다. 아버지는 폴란드 제국(帝國)의 측량사(測量士)였으며 어머니는 지주의 딸이었다.

얀 이그나찌 니에치스와브(Jan Ignacy Nieisław)는 가톨릭교도의 이름이고 보드앵(Baudouin)이란 성은 프랑스의 것이다. 보드앵은 바르사와(Warszawa) 대학 문학부에 들어가 언어학을 전공하였고 1866년에 동 대학을 졸업하였다. 그 후 그는 여기 저기 전전하다가 러시아의 쌍크뜨 뻬제르부르그(Ст. Петервург)대학의 대학원에 입학하여 '14세기 이전의 고대 폴란드어에 대하여'라는 제목으로 석사학위를 취득하였다.

이어서 '레지아방언의 음운연구 시고'란 제목으로 쌍크뜨 뻬제르부르그대학(St. Petersburg University)에서 박사학위를 취득하였으나 폴란드인이기 때문에 러시아에서 교수직을 얻기가 어려웠다. 이후 시베리아의 볼가(Volga)강 중류에 위치하여 구소련의 타타르(Tatar)자치공화국의 수도였던 카잔(Kazan)의 카잔대학에 부임하여 비로소 정착하게 된다.

그는 여기서 카잔학파를 만들어 연구 활동을 계속하였으며 음소(Фонема)란 술어를 처음으로 사용한 논문을 발표하였다. 1881년에는 파리에서 개최된 언어학회에서 소쉬르(Saussure)와 만났다. 1883년 학교와의 마찰로 카잔을 떠나 도르파트(Dorpat)로 갔다. 1897년에는 쌍크뜨 뻬제르부르그(Ст. Петервург) 과학아카데미의 준회원이 되어 뻬제르부르그에 돌아왔으나 여전히 대학에서는 전임으로 받아드리지 않았고 시간강사로 근무할 뿐이었다.

1913년에는 1907년에 썼던 소수민족을 옹호한 논문 때문에 체포되어 재판을 받았고 학교에서 해고되었다. 1918년에 폴란드에 귀국하여 바르사와(Warszawa) 대학에서 활동하였고 1929년 11월 3일 고국에서 생애를 마쳤다.

2.6.4.2. 19세기 말부터 20세기 초에 활약한 러시아 형식주의자(formalist)들이 매우 진보적인 언어관을 갖고 있었던 것은 이미 널리 알

려졌다. 그리고 보드앵(Baudouin)의 참신한 학설이 러시아 새로운 문학 연구에서 형식주의 시학(詩學)의 성립에 결정적인 역할을 한 것도 주지의 사실이다.[118]

19세기말에는 러시아에서도 통시태(通時態)와 공시태(共時態)의 언어 연구가 주목되었고 보드앵(Baudouin, 1888, 1889)의하여 이미 1880년대에 공시태의 연구가 우선되어야 함이 주장되었다. 보드앵의 애제자(愛弟子)였고 일본에 러시아 구조주의 언어학, 특히 구조방언학을 전수한 뽈리봐노프(E. D. Polivanov)는 공시적 언어연구의 창시자로서 인정되는 소쉬르 유저(遺著)인 『일반언어학강의』(Saussure, 1916)에 대하여 Polivanov (1928: 34)에서 다음과 같이 전혀 새로운 것이 없다고 극언을 퍼부었다.

> 많은 사람들에 의해서 무엇인가 일대 발견인 것처럼 받아들이고 있는 소쉬르의 유저(遺著)는 옛날 우리의 보드앵 및 보드앵 학파가 이미 자기 장중(掌中)의 것처럼 알고 있었던 것이었음에 비하여 일반언어학적인 문제의 제기와 그 해결에 있어서 이 책에서는 문자 그대로 하나도 눈에 새로운 것이 보이지 않는다. 桑野隆(1979: 13)의 번역에서 인용. 역문의 번역은 필자.

이것을 액면 그대로 받아 드릴 수는 없지만 당시 카잔학파가 이미 공시적이고 구조주의적인 언어 연구를 시도하고 있었음을 말해준다. 실제로 보드앵(Baudouin)과 그의 제자들은 공시적(共時的)인 언어 연구의 타당성을 인정하고 있었고 그러한 방법의 언어 연구가 적지 않았다.

러시아 형식주의의 언어학 방법론은 당시로서는 매우 진보적이었으며 '일상 언어와 시적(詩的) 언어의 구별'에 대하여 보드앵(Baudouin)이 갖고 있었던 '언어적 사고에 있어서 무의식적인 것과 의식적인 것의 구별'이라든지 '언어의 다기능성' 등에 대한 집요한 주장은 러시아 형식주의의 근간이 되었다(桑野隆, 1975).

그러나 뽀모르스카(K. Pomorska, К. Поморска)나 바흐친(Baxchin, M. M.

118 뽀모르스카는 그의 Pomorska(1968)에서 '오포야즈(詩的言語硏究會)'가 전개한 문학이론의 기본적인 원천으로서 첫째 人文學의 一般方法論, 둘째 훗써얼의 現象學的 哲學, 셋째 근대언어학의 方法論, 넷째 近代藝術의 이론과 실천의 넷을 들고 있다.

Бахтин)은 러시아나 구소련의 언어학이 소쉬르의 언어학에서 영향을 받았다고 생각한다. 桑野隆(1979: 11)에서 인용한 Pomorska(1968: 19)의 이에 대한 언급은 다음과 같다.

> 소쉬르 및 러시아에 있어서 그의 신봉자들은 공시적 연구를 우선하였지만 그것은 어떠한 역사적 해석도 포함하지 않고 체계(system)로서 언어를 완벽하게 기술하는 것을 의미하였다. 기원론적인 문제에 대해서는 그 특유의 방법을 별도로 사용함으로써 맞서야 한다고 본다. 소쉬르적인 방법론의 두 번째 중요한 특징은 랑그와 빠롤의 구별, 즉 체계 전체와 개인 언어활동을 구별한 것이다. 桑野隆(1979: 11)의 번역에서 인용. 역문의 번역은 필자.

이 언급에 의하면 러시아 언어학자들은 언어의 공시적 연구라든지 체계적인 언어의 기술 같은 것을 소쉬르로부터 받아온 것으로 생각하고 있음을 알 수 있다.

1920년대에도 이러한 생각이 널리 퍼져있었는데 예를 들면 바흐친(Baxchin, Mikhail M. Бахтин)은 그가 쓴 글 가운데 "우리나라의 언어학적 사고를 대표하는 사람들의 태반은 소쉬르 및 그 제자들 -바이이와 세쉬에-의 결정적인 영향 아래에 있다"(Boloschinov, 1928)라고 하여 보드앵(Baudouin)의 영향을 인정하지 않았다.

그러나 소쉬르(Saussure)의 이론이 칼쩨프스키(S. I. Karcevskij)에 의하여 러시아에 소개된 것은 1917년 3월의 일로서 그 이전에 쉬크로프스키(V. B. Shkrovskji)의 『말의 復活』(1914)이나 쉬크로프스키와 야쿠빈스키(L. P. Jakubinskji), 그리고 뽈리봐노프(E. D. Polivanov) 등에 의하여 편찬된 『시적언어논집(*Поэтика, Poetica*)』 제1호(1916) 및 제2호(1917)가 소쉬르의 영향을 받았다고 볼 수는 없다.

보드앵(Baudouin)이 카잔 대학으로 옮긴 다음 그곳에서 강의를 들은 제자들, 특히 폴란드 출신의 끄루제우스키(Nikolai Kruszewski, 1851~1887)와 다른 제자들, 예를 들면 부리치(S. K. Burič) 등과 함께 발전시킨 언어학 사상을 카잔학파(Kazan school)라고 한다.[119] 이들의 언어학 사상은 비록

119 이들은 모두 보드앵 드 꾸르뜨네의 강의에 매료되어 모여든 학생들이었다. 보

그것이 1870년대의 것이지만 그 내용에 있어서는 매우 진보적이어서 먼 뒷날인 금세기에 이르러서야 그들의 학설을 이해할 수 있을 만큼 전혀 새롭고 신선하며 독특한 체계를 보여준다는 평가를 얻었다(Ivič, 1963: §186).

보드앵(Baudouin)과 끄루제우스키(Kruszewski)의 두 사람이 활약한 카잔(Kazan)은 러시아에서 변두리에 속하며 학문 활동을 하기에는 적합하지 않은 곳이다. 쌍크트 뻬쩨르부르그(Ст. Петервург)에서 수학하고 카잔 대학으로 부임한 보드앵이 학위를 받으려고 이곳에 온 끄루스제우스키(Kruszewski)를 만난 것은 참으로 행운이었다고 할 수 있다.

이 두 사람의 대화에는 그 때까지 논의된 일이 없는 언어에 대한 많은 문제가 들어있었으며 일반언어학에 대한 정밀하고 새로운 이론을 세워나갔다. 그러나 이들이 하나의 학파로서 그 사상을 정리할 수가 없었다. 왜냐하면 보드앵은 폴란드의 민족주의자로 인식되어 러시아 정부의 박해가 계속되었고 급기야 카잔 대학의 교수직을 사임하게 되어 카잔(Kazan)을 떠나게 되었기 때문이다.

또 그의 제자이며 그와 더불어 새로운 언어이론을 수립해나가던 끄루스제우스키(Kruszewski)도 젊은 나이에 요절하였다. 실로 그의 스승인 보드앵(Baudouin)의 회상이 없었다면 그의 이름은 영원히 망각되었을 것이다.[120]

2.6.4.3. 보드앵(Baudouin)의 제자였던 3인의 언어학자들, 칼쩨프스키

드앵의 강의에 대하여는 부리치(Burich)가 "학문으로 쏟아 붓는 격렬한 정열, 스스로 모두가 한 마음이 되어 다른 사람도 자기와 같이 무아의 경지에 도달하게 하는 능력, 이러한 특징도 역시 또 천부적인 재능이 풍부함을 증명하는 것이다. 그리고 그것에 의해서 멀리 떨어진 카잔 대학의, 청강생에게도 수자로 들어가지 않는 미미한 문학부에서 비교적 단기간에 보드앵 드 꾸르뜨네를 둘러싼 [중략] 젊은 학자들이 자립된 완전한 하나의 학파가 탄생할 수 있었던 이유도 설명이 가능한 것이다"(Burich, 1897: 48~49)라고 하여 얼마나 보드앵의 강의가 열정적으로 이루어졌으며 학생들을 감동시켰는지를 말하고 있다.

120 끄루스제우스키에 관하여는 Jakobson의 "The Kazan School of Polish Linguistics and Its Place in the International Development of Phonology,"(Jakobson, 1970, II: 389~428)와 Baudouin(1888: 837~849)의 "미꼬라이 끄루스제우스키, 그 생애와 업적(Mikolaj Kruszewski, jgo zucie i prace naukowe)," 및 Prace filologicane, III, Fasc.,1(1889), pp.116-175 등을 참조할 것.

(Karcevskij), 쉬크로프스키(Shkrovskji), 뽈리봐노프(Polyvanov)와 후에 추가된 바흐친(Baxchin)에 의하여 주도된 뻬쩨르부르그(Петервург)학파의 언어연구는 다음과 같은 특징을 가졌다.

첫째는 독일의 훔볼트(Humboldt)가 최초로 주장한 바와 같이 언어라는 것은 에르곤(ergon)이 아니라 에네르기아(energeia)이며 언어는 언어현상에서 추출되어 확립된 각종의 응고한 규칙이 집성된 것이 아니라 끊임없는 프로세스, 끊임없이 계속되는 운동으로 보았다(Jakubinskji·Ivanov, 1932: 41).

이것은 보드앵의 영향이 잘 나타난 것으로 바흐친이 자신의 친구인 볼로쉬노프(Boloschinov, 1929)의 이름으로 발표한『마르크시즘과 언어철학』에서 "언어·말의 리알리티(reality)라는 것은 언어의 상호 작용에서 생겨나는 사회적 산물인 것이다. [중략] 언어는 분명히 구체적인 의사소통 속에서 생겨나며 역사적으로 생성되어 가는 것이다"(桑野隆 譯, 1976에서 인용)라고 하여 언어의 역동성과 역사성을 강조하고 있다.

이런 점에서 뻬쩨르부르그학파는 바흐친(Baxchin)과 같은 사상을 갖고 있었다. 이들의 스승인 보드앵(Baudouin)은 언어의 심리적인 면과 동시에 사회적인 면을 중요시하였지만 제자들에게는 언어활동을 사회적인 것으로 간주하려는 태도가 분명해졌다. 물론 개중에는 언어의 심리적인 면에 비중을 두려는 사람도 없지 않았다.

예를 들면 1910년대에 쉬체르바(Л. В. Щерьа)는 오히려 스승인 보드앵보다 더 선명하게 심리주의의 경향을 띠고 있었다. 또 초기의 야쿠빈스키(Jakubinskji)는 언어의 심리적 요인과 사회적 요인을 대등하게 보았으나 1920년대 후반부터는 사회적 요인을 강조하게 되었으며 이윽고 다음의 2.6.6.0.에서 소개한 마르주의(Marrism)의 색채조차 언뜻 보이게 되었다. 다만 뽈리봐노프(Polivanov)만은 처음부터 언어의 사회성에 비중을 두었다.

2.6.4.4. 뻬쩨르부르그학파 언어연구의 중요한 특징은 언어의 변천에 대하여 언어내적 요인(변화의 제 법칙)과 언어외적 요인(사회적·경제적)의 구별이었으며 이들과 더불어 각 요인의 상호관계가 주목되었다는

점이다. 특히 뽈리봐노프는 이런 점에 대하여 마르주의자들과 다투게 되어 드디어 비운의 죽음을 맞게 된다.[121]

또 하나의 특징은 언어적 사고에 있어서 의식적인 것과 무의식적인 것을 철저하게 구분하려는 태도다. 이것 역시 보드앵의 생각으로 소급되며 이러한 태도는 러시아 형식주의에서 시적 언어와 일상 언어가 구별되는 결과를 낳게 하였다.[122] 주로 야쿠빈스키(Л. П. Якубинский)에 의하여 주도된 이러한 철저한 구별은 그의 스승인 보드앵의 방법을 계승한 것으로 베르그송(Henri Louis Bergson)의 유심론(唯心論)에서 말하는 'automatism(자동현상)'과 얽혀있다.

보드앵은 소장문법학파와는 달리 국제인공어의 가능성을 인정하였으며 그 배경에는 "언어는 스스로 내부에 폐쇄된 유기체가 아니며 불가침의 우상도 아니다. 그것은 도구(道具)이며 활동(活動)이다"(Baudouin, 1963: 140)라고 하는 보드앵의 언어관이 있었는데 이 언어관은 언어 도구설을 신봉하는 것이었다.

보드앵은 자연발생적인 일정한 소산(所産)이 우리들이 의식적으로 내세운 목적에 잘 맞지 않을 경우에 인간은 스스로 그 도구의 제작 목적에 맞도록 해야 하는 권리가 있고 또 의무도 있다고 하였다. 그리하

121 뽈리봐노프는 러시아의 시월혁명 이후 유물론적 언어이론가로 자처하여 권력을 잡은 마르(Marr)주의자들의 언어진화론에 반대하였다가 결국은 그들의 공격을 받아 1929년에 모든 직위에서 해직되었다. 그러나 이후에도 계속해서 마르주의에 반대하자 마르학파의 고발로 인하여 1937년 3월에 체포되었고 그 이듬해 1월 25일에 獄死하였다.

122 좋은 예로서 이 학파의 야쿠빈스키가 실용언어와 시적언어를 구별하려는 노력을 들 수 있다. 그는 '詩語의 音에 대하여'(Jakubinskji, 1919)이란 소논문에서 "언어현상은 화자가 스스로 어떤 목적의 언어적 소재를 이용하는가에 따라 분석하여야 한다. 만일 화자가 언어적 소재를 순수하게 실용적인 의사소통의 목적으로 쓰고 있다면 우리들은 실용언어의 체계를 다루고 있는 것이 되고 그곳에서는 언어적 표상(音, 형태론적 부분, 기타)들이 자립해서 가치를 갖지 못하며 모두 하나의 의사소통을 위한 수단에 지나지 않는다. 그렇지만 실용적인 목적이 뒤로 물러나 있고 언어적 결합이 그 자체로 가치를 갖고 있는 다른 언어체계도 있을 수 있다. 현대의 언어학은 전혀 실용언어만을 고려하였다. 그러나 다른 체계의 연구도 또한 커다란 중요성을 나타낸다. 이 소논문에서 필자는 시인이 시를 지을 때에 취급하는 언어체계에 대하여 그 심리음성학상의 특성을 약간 지적하려고 한다. 필자는 이러한 체계를 '시적언어'라고 이름을 붙였다"(Jakubinskji, 1919: 37)라고 하여 日常言語와 詩的言語를 분리하여 고찰할 것을 제안하였다.

여 "언어는 인간으로부터 분리되어 떨어져 있지 않고 항상 인간과 함께 있는 이상 인간인 우리들은 언어를 다른 심리적 활동의 여러 분야에서 찾으려 하기 보다는 완전히 그것을 지배하고 자신의 의식적인 간섭에 의존하는 것으로 하지 않으면 안 된다"(Baudouin, 1963: 140~151)라고 생각하였다.

2.6.4.5. 뻬쩨르부르그학파는 의식적인 사고에서 언어가 무의식적인 것과는 달리 하나의 도구적인 역할을 한다고 본 것 같다. 이것이 후일 유물론적(唯物論的) 언어도구관(言語道具觀)으로 발전하여 구소련의 마르크스 언어학에서 가장 중요한 원리가 된다. 그리고 북한에도 영향을 주어 이른바 언어 도구설이 북한의 언어 연구에서 주목을 받게 된 것이다.

또 다른 특징은 언어의 기술과 언어의 기능적인 면을 구별하려는 태도다. 이것은 당시에 처음으로 논의가 시작된 음소(音素)의 정의와 관련을 갖고 있다. 예를 들면 쉬체르바(Щерьа, Shčerba)가 1912년에 발표한 "질(質)과 량(量)의 점에서 본 러시아어의 모음(母音)"이란 논문에서 "음소라고 불리는 것은 의미적 표상과 연합하여 말을 구별하려는 [중략] 주어진 언어에서 최소의 일반적인 음의 표상을 말한다."(Shčerba, 1974: 121)라고 하여 '의미를 구별해 주는 최소의 언어단위'라는 기능적인 음소의 정의가 포함되었다.

음운의 변천에 대하여도 "언어음(言語音, 相)의 역사라는 것은 한편으로 의식으로부터의 어떤 음(상)의 구별이나 어떤 음소의 소멸에 돌아가는 것을 말하며 또 한편으로는 어떤 종류의 뉴앙스를 자각하거나 어떤 새로운 음소의 출현에 귀착하게 하는 것을 말한다."(Shčerba, 1974: 123)라고 하여 음운의 변천도 그 기능의 변화로 보았던 것이다.

쉬체르바(Shčerba)가 활동하던 1912년대에는 아직 Trubeztkoy(1939)의 『음운론 원리』와 같은 음소의 기능적 관점을 보여주는 정의가 나오지 않은 때이므로 매우 선구적인 언어의식을 보여준다고 하겠다. 우리가 구소련의 언어학을 무시할 수 없는 것은 이러한 선구적인 언어 연구가 있었기 때문이다.

2.6.4.6. 뻬쩨르부르그학파를 말할 때에 가장 어려운 점은 소쉬르(Saussure)와의 영향 관계다. 앞에서 모스크바 언어학 서클이 주로 소쉬르의 영향 아래에 있었음을 언급한 바 있다. 그러나 뻬쩨르부르그학파는 초기에 보드앵의 제자들에 의하여 창도(唱導)되었기 때문에 소쉬르의 영향을 직접적으로 받았다고 보기 어렵다. 그러나 후일에 이르러서는 뻬쩨르부르그학파에도 소쉬르의 열풍이 불기 시작하였다.

소쉬르의 공시적인 연구는 비단 언어학만이 아니고 민족학·민속학에도 영향을 주었다. 이에 대하여는 야콥슨(Roman Jakobson)에 의하여 후일 여러 차례 지적되었으나 러시아의 민속학자인 보가트레프(П. Г. Богатырев)가 자신의 『자칼파체의 주술행위(呪術行爲)·의례(儀禮)·신앙(信仰)』(1929)에 대한 1969년판 서문에서 소쉬르의 영향이 러시아에서는 언어학만이 아니었음을 말하고 있다(Bogatyre·Jakobson, 1966).

즉, 이 책의 서문에서 "스위스의 언어학자 소쉬르의 공시적(정태적-synchrony) 언어 연구방법은 러시아 학자들에게 뚜렷한 영향을 주었다" 고 기술하였다. 이와 같이 모스크바로부터 퍼져나간 소쉬르의 언어학은 러시아 전역에 공시적 언어연구 방법의 열풍을 불게 하였다. 그러나 이에 대한 뻬쩨르부르그학파의 태도는 매우 복잡하다.

전술한 바와 같이 이 학파를 창도한 뽈리봐노프는 소쉬르에게는 어떠한 신기한 점도 있지 않다는 태도를 보인 반면 쉬체르바는 그의 Shčerba(1957: 94~95)에서 처음으로 접한 소쉬르의 언어학을 다음과 같이 평가하였다.

> 1923년에 레닌그라드(뻬쩨르부르그를 말함)에서 소쉬르의 『일반언어학강의』를 손에 넣었을 때에[중략] 우리들은 소쉬르의 학설에서 우리에게 이미 친숙한 여러 명제와 많이 일치하는 점이 있는 것을 보고 매우 놀랐다. 체계로서의 언어와 활동으로서의 언어(아마도 소쉬르의 랑그와 빠롤을 말하는 것으로 보임-필자)를 구별하는 것은 소쉬르처럼 명료하고 심화된 것은 아니지만 보드앵에게도 고유한 것이었다. [중략] 더욱이 소쉬르에게 가장 특징적인 '공시(共時)언어학의 우위(優位)'는 보드앵의 학문 활동 전체에서 볼 수 있는 기초의 하나였다. 소쉬르가 강조한 언어의 기호적 성격에 대해서도 '의미화 내지는 형태화'라는 개념과 병행한 것으로 들

수가 있다. 이 개념에 의하면 '의미화 내지는 형태화'시킨 것, 즉 어떠한 기능을 가진 '기호(記號)'가 된 것만이 언어학적 사실로 간주될 수 있다. 세부적인 점에서 일치를 찾는다면 음상론(음운론을 말함)과 형태론에 있어서 제로에 대한 학설을 위시하여 상당한 수효에 이를 것이다. 桑野隆 譯(1979: 51~52)의 번역에서 인용함.

같은 뻬쩨르부르그학파에 속해있던 뷔노그라도프(В. В. Виноградов) 등도 쉬체르바와 동일한 의견을 발표하였다(Baudouin, 1963: 12). 실제로 보드앵은 '살아있는 언어'에 관심을 갖고 현대 언어연구의 중요성을 강조해왔다. 그 예로 러시아 형식주의(formalism) 이전에 활약했던 신 언어·문학연구회를 들 수 있다. 이 연구회는 보드앵의 영향 아래에 있던 붸세로프스키(А. Н. Веселовский)에 의해서 창설되었는데 그는 보드앵과 매우 친한 사이였으며 서로 편지를 주고받으면서 학문을 교류하였다.

이 연구회의 설립목적은 현대의 살아있는 언어와 문학의 연구를 종합해서 살펴보려는 것으로 1895년에는 보드앵의 제자인 부리치(С. К. Бурич, Burich)를 우두머리로 하는 언어학부문을 새롭게 설치하였다. 보드앵도 1901년에 뻬쩨르부르그에 옮겨와서는 바로 이 연구회에 직접 가담하여 가장 능동적인 회원이 되었고 그의 제자 쉬체르바도 이 활동에 참가하였다.

2.6.4.7. 보드앵은 그의 카잔 언어학 시대에 벌써 현대 언어의 연구를 집요하게 주장하였다. 그리하여 그는 "살아있는 식물상(植物相)이나 동물상(動物相)을 전면적으로 연구한 생물학자만이 고생물학적(古生物學的) 흔적의 연구에 몰두할 수 있다. 살아있는 언어를 연구한 언어학자만이 사어(死語)의 특성에 관해서 가설을 세울 수가 있다"(Baudouin, 1963: 349)라고 하여 역사언어학은 현대 언어학의 연구에 의하여 정밀화될 수 있음을 주장하였다.

따라서 뻬쩨르부르그학파의 사람들은 소쉬르의 이론으로부터 혁명적인 언어 연구방법을 찾아내기보다는 오히려 자신들의 은사(恩師)였던 보드앵의 선구적인 언어연구를 새삼스럽게 깨닫는 것으로 만족한 것 같다. 보드앵의 이론에서 심리주의(心理主義)의 안개를 헤쳐 버리면

굳이 소쉬르의 학설이 필요하지 않다고 생각한 것이다.

그러나 그들에게 있어서 심리주의와의 투쟁이 그렇게 쉽지 않았으며 심리주의와 교체하여 바로 속된 사회학의 파도가 몰려온 것이다. 이런 점에서는 야콥슨(Jakobson)을 대표로 하는 모스크바 언어학 서클이 뻬쩨르부르그학파보다 먼저 심리주의를 극복하는데 성공했다고 생각한다. 모스크바 쪽이 먼저 이러한 성과를 올린 것은 그들에게 보드앵의 영향이 간접적이었다는 점도 있겠지만 야콥슨 스스로가 말한 바와 같이 후서얼(Edmund Husserl)의 현상학(現象學)에서 더 많은 영향을 받은 것으로 지적되고 있다.

야콥슨(R. Jakobson)은 이에 대하여 다음과 같이 언급하였다.

> 과학체계 최상위의 위치에 현상학적(現象學的) 태도가 승격하여 자연주의적인 어프로치를 파헤치기 시작하였을 때에 언어학에서는 언어체계, 언어의 내적 구조, 언어의 여러 층위 사이에 존재하는 관계 등의 여러 문제에 대하여 드디어 적극적으로 관심을 보임으로써 이러한 경향을 반영하였다. 형태(形態)에 대하여 이론적으로 설명한 정의(定義)가 유행이 되었고 초점은 형태와 기능(機能)의 관계로 옮겨갔으며 음운론에 있어서도 자연과학의 개념이 차례로 언어학적 기능의 분석으로 그 자리를 양보하지 않을 수 없게 되었다. 따라서 언어변화에 있어서 내적 법칙의 문제가 역사언어학에서도 우선되었던 것이다(Holenstein, 1976: 3).

이 글에서 볼 수 있는 것처럼 언어연구에서 현상학적인 경향이 구조주의, 기능주의, 공시적 연구 등에서 나타나고 있음을 말하고 있다.

또 야콥슨은 여기에서 끝나지 않고 소쉬르의 『일반언어학강의』(Saussure, 1916)를 읽고 감명을 받은 것은 "정말로 관계(關係)의 문제였다. 그것은 사물 그 자체보다도 그들의 관계에 주목하라는 점에서 분명히 부락크(Braque), 피카소(Picasso) 등의 입체파(cubist) 화가들에서 볼 수 있는 특징적인 화법(畵法)과 통한다."(Jakobson, 1975: 51)라고 하여 선험적 환원(還元)을 거쳐 얻어진 순수의식(純粹意識)을 본질(本質)에서 기술(記述)하려는 후서얼(Husserl)의 현상학의 그림자를 볼 수 있다.

5) 바흐친(Baxchin)의 마르크스주의 언어학

2.6.5.0. 다음은 바흐친(Бахтин)의 언어학 비판과 마르크시즘 언어학에 대하여 논의하고자 한다. 공산주의를 창시한 마르크스(Karl Heinrich Marx, 1818-1883)는 인간의 의식이 언어의 형태로 나타난다는 사변문법학파의 견해를 갖고 있었다.

그리하여 마르크스·엥겔스(Marx·Engels, 1845~46)에서 마르크스는 "언어는 그 기원이 의식과 마찬가지로 오래되었다. 언어는 곧 사람을 위하여 존재하는 또 오직 그럼으로써만이 나 자신을 위하여서만 존재하는 실천적이며 현실적인 의식이다. 그리고 의식과 마찬가지로 언어도 오직 다른 사람들과 접촉하려는 요구, 그러한 간절한 필요로부터 오직 발생한다."(Marx·Engels, 1845~46, 우리말 역, 1957: 23) 『독일 이데올로기』(김민수, 1985: 10에서 재인용)라고 하여 언어는 인간의 의식과 함께 생겨났으며 인간의 사회적 접촉을 위하여 발생된 것으로 보았다.

마르크스와 더불어 공산주의의 이론을 완성한 엥겔스(Friedrich Engels, 1820~1895)도 인간이 사회를 이루면서 언어가 발생되었고 언어가 음성언어로 발전한 것은 인간의 사회적 접촉을 위한 목적이 있었기 때문으로 보았다.

즉, 엥겔스(Engels, 1935)의 <자연변증법>에서 음성언어가 발전하는 과정에 대하여 "간단히 말하면 형성 중에 있던 인간들은 서로 무엇인가를 말할 필요가 있는 단계에 도달하였다. 필요는 기관을 만들어 냈다. 즉 원숭이의 발전하지 못한 인후(咽喉)는 완만하기는 하나 그러나 끊임없이, 음조의 변화에 의하여 부단히 음조를 더 변화시키면서 개조되어 갔으며 구강 기관들은 점차로 유성음을 발음하는 것을 하나하나 배워갔다"(우리말 번역, 1966: 53에서 인용)라고 하여 필용에 의하여 음성언어가 발전한 것으로 보았다. 이러한 유물론적 언어관은 러시아혁명 이후에 구소련에서 중요한 언어관으로 모든 언어연구의 기본이론이 되었다.

1917년 러시아혁명의 지도자였던 레닌(Lenin, Владимир Ильич Ленин, 1870~1924)은 마르크스와 엥겔스의 이론을 좇아 Lenin(1924)에서 "언어는 인간 교제의 가장 중요한 수단이다. 언어의 통일과 그 자유로운 발전은 현대 자본주의에 상응하는 진실로 자유롭고 광범한 상품 유통과 모든 개별적 계급에로의 주민의 자유롭고 광범한 집결의 가장 중요한 조건의 하나다"(우리말 번역『민족자결에 관하여』, 조선노동당, 1958: 496, 김민수, 1985: 100에서 인용)라고 하여 언어는 인간 교섭의 수단임을 강조하고 있다. 이러한 공산주의적 언어관은 구소련의 멸망에 이르기까지 일관되게 유지되었다.

2.6.5.1. 소비에트 사회주의 혁명을 전후한 1910~20년대의 러시아에서는 언어의 사회적 특징에 비상한 관심을 가진 일군(一群)의 연구자들이 나타났다. 이들의 대부분은 러시아 형식주의를 주창한 사람들로서 사회의 혁명사상과 연관되어 나타났기 때문에 학문적 경향이라기보다는 당시의 시대상황이 낳은 하나의 정열이었다.

러시아혁명이 무르익은 1920년대에 예술가들의 좌익전선(左翼戰線)인 레흐(Леф)가 결성되었고 이 가운데 언어를 프롤레타리아(proletarian) 공산 혁명의 도구로서 역시 혁명적인 개혁의 대상으로 보려는 레닌(Lenin)의 견해에 추종하는 한 무리의 언어학자들이 있었다. 이들의 언어연구를 하나의 경향으로 보고 '사회언어학적 연구(Социально-лингвистические исследованиа, Social-linguistic studies)'라고 부르고자 한다.

사회언어학적 연구는 물론 오늘날 사회언어학과는 다른 것으로 러시아 사회주의 혁명 당시에 러시아에서 이루어진 급진적인 좌파 언어 연구자들을 말한다. 이들은 혁명이전의 모스크바 언어학 서클이나 뻬쩨르부르그학파의 언어학자들을 망라하게 된다. 이 시대는 이론보다는 혁명의 수행이라는 정열이 앞섰으며 새로운 시대에의 커다란 몸부림이었다.

아직도 사회주의 국가체제를 유지했던 1989년에 구소련에서 공간된『사회언어학적 연구』의 벽두에 다음과 같은 글이 실렸다.

> 이미 금세기 초두에 언어의 수평적 구분(지역적 구분)과 수직적 구분(사회적 구분을 말함)이라는 견해를 보드앵은 개진(開陳)하였다. 그의 저서 가운데는 언어적 사실의 사회적 피제약성(被制約性)에 관한 구체적인 연구도 포함되어 있다. 한편으로는 언어의 발달·기능화, 또 한편으로는 사

> 회적 과정(過程)·현상 등에 대한 것으로 이 쌍방의 관계를 연구함에 있어서 뽈리봐노프, 야쿠빈스키, 세리시체에프, 뷔노크르, 지르문스키, 기타 등등의 20세기 전반에 걸출한 언어학자들의 저서가 발표되었다.『사회 언어학적연구』(*Социально-лингвистические исследования*, Москва, 1989: 3).

이로 보면 구소련에서는 이들의 연구를 매우 높게 평가하고 있었던 것으로 보인다. 이들의 언어연구는 언어기술학(言語技術學)이라고 부를 수밖에 없는 미래 지향적인 새로운 시대의 새로운 언어를 목표로 한 것이다. 전술한 레흐(Леф)에 모여든 언어학자들은 인간의 생활과 문화의 모든 분야에서 혁명이 이루어져야 하며 그를 위하여 언어도 함께 개혁되어야 한다는 생각이었다.

즉 트레챠코프(С. М. Третьяков)는『어디서 와서 어디로 가는가 -미래주의 전망-』에서 "미래주의자의 최대 강령이 생활 속에서 융해되어 새로운 생활양식에 부응하는 언어의 의식적 재구성에 있다면 언어 연구에 종사하는 미래주의자의 최소 강령은 자신의 언어소재를 오늘의 실천적 과제에서 도움이 되게 하는 것에 있다"(Trečakov, 1923: 202)라고 공언하였다.[123]

이와 같은 혁명 전후 러시아의 언어연구는 공산 혁명에 수반되는 사회 개혁의 수단으로서 언어를 도구화하고 민중을 선동 선전하는 기술(技術)로서의 언어연구가 자리를 잡게 된다. 이것은 언어의 연구가 고대 로마시대의 수사학(修辭學)으로 전락되는 것과 같은 현상이었다.

전술한 뻬쩨르부르그학파의 언어학자였던 야쿠빈스키(Л. П. Якубинский)는

> 학문의 임무는 현실을 연구만 하는 것이 아니고 그것을 개조(改造)하는데 있는 것이다. 언어학은 학교에서의 언어교육이라는 실천적인 연구를 위하여 이론적 기초를 제공하여 왔고 또 지금도 그것을 제공하는 있는 이상 얼마간 그 임무를 수행하여 왔다고 말할 수 있다. 그것의 중요성, 즉 응용적 가치는 대중을 앞에 두고 연설하는 말이나 공중을 향한 글과 같이 일상생활 속에서 존재하고 있어서 그 생활로부터 조건이 붙여졌고

123 Trečakov(1923: 202)를 桑野隆 譯(1979a)의 번역을 참고하여 인용하였음.

> 기술적으로 여러 가지 형태의 조직이었던 언어활동에 주의를 기우린다면 훨씬 증대할 것이다. 말의 기술(技術)이라는 것은 말의 기술학(技術學)을 암시한다. 그리고 이 말의 기술학이라는 것은 현대의 과학적인 언어학이 스스로 뱃속에서 만들어내지 않으면 안 되는 것이고 또 그렇게 하도록 현실이 시키고 있는 것에 지나지 않는다(Jakubinskji, 1924: 71~73).[124]

라는 언급 속에서도 분명히 나타나고 있다.

2.6.5.2. 러시아 혁명 이후에 일어난 새로운 언어연구 경향은 바흐친(Baxchin)에 와서 일단 정리되고 체계화된다. 바흐친의 생애는 여기에 소개하는 것이 새삼스러울 정도로 널리 알려졌다. 여기서는 Frank(1990)의 『바흐친의 생애와 사상』(여홍상 역, 1995)에서 그의 생애에 대하여 중요한 부분만 간추려 보기로 한다.

1895년에 태어난 미하일 바흐친(Михаил Михайлови́ч Бахтин, Mikhail Mikhaîlovich Baxchin, 1895~1975)은 오랜 러시아의 귀족 집안이었다. 그의 조부는 은행을 설립했고 부친도 은행업에 종사하였다. 부모들은 교양이 있고 자유분방한 사람들이었으나 자식들에 대하여는 사려 깊고 수준 높은 교육을 받도록 하였다.

그에게는 세 명의 누이와 한 명의 형이 있었는데 형인 니콜라이(Николаи)는 영국에 망명하여 버밍햄(Birmingham)대학의 언어학 교수를 지냈다. 바흐친 형제는 어려서부터 독일어를 비롯한 유럽의 여러 언어를 교육받았고 특히 독일어 교사로부터 고전에 대한 흥미를 배우게 되어 두 형제가 모두 고전(古典)에 관심을 갖게 되었다.

바흐친이 희랍과 로마 등의 고전문학에 대하여 해박한 지식을 가진 것은 이 때의 교육에 힘입은 바가 많다. 그의 형인 니콜라이는 영국의 옥스퍼드(Oxford)대학에 유학을 갔는데 철학자 루드비히 비트겐슈타인(Ludwig Josef Johann Wittgenstein)과 친구였다고 하며 그로부터 많은 영향을 받았다고 한다(Frank, 1990, 여홍상 역, 1995: 19).

바흐친은 1914~18년에 뻬쩨르부르그 대학에서 공부했으며 여기서

---

124 Jakubinskji(1924) 논문을 일본어로 번역한 일어역, 桑野隆 譯(1975)를 참고함.

그의 평생의 스승인 젤린스키(F. Zelinsky)를 만난다. 폴란드 계 고전학자 젤린스키는 당시 국제적으로 고전학자로서 명성을 떨치고 있었다. 또 바흐친은 평생 부버(Martin Buber, 1878~1965)를 존경했고 그를 그 시대의 유일한 철학자로 생각하였다고 한다.

1918년에 대학을 졸업한 바흐친은 네벨(Неебежл)이란 시골 마을과 비테부스크(Витбстк)의 고등학교에서 교편도 잡았고 강연이나 경제 자문, 때로는 회계사의 일도 하면서 생계를 꾸려나갔다. 어릴 때부터 골수염(骨髓炎)을 알았기 때문에 환자로서 연금을 받기도 하였는데 그의 정규수입은 이것뿐이었으며 현실적인 부인의 절약으로 근근이 살아갈 수가 있었다.

4년 후 바흐친은 뻬쩨르부르그(Петервург, Petersburg)로부터 이름이 바뀐 레닌그라드(Ленинград, Leningrad)로 이주하였다. 이곳은 그가 대학시절을 보낸 곳으로 그와 생각을 같이 하는 음악가, 작가, 자연사가, 문학가, 그리고 다양한 학자들이 모여들어 하나의 그룹을 형성하였다.

클라크와 홀퀴스트, Clark & Halquist(1984)에서는 이 그룹의 활동을 다음과 같이 묘사하였다.

> 바흐친 그룹은 결코 고정된 조직이 아니었다. 그들은 단지 친구들로서 집단으로 만나서 서로가 생각하는 바를 토론하기를 좋아했고 철학적인 관심을 공유하고 있었다. [중략] 이들이 다루었던 주제는 광범위했으며 프루스트, 베르그송, 프로이드와 신학적인 문제를 포함하였다. 때로는 한 사람이 단른 참석자를 위하여 강연을 하기도 하였으며 그 가운데 가장 유명한 것은 바흐친이 1925년에 8번이나 행한 칸트의『판단력 비판』에 대한 8번의 연속 강의였다. Clark·Halquist(1984: 103)의 여홍상 역(1995: 22~3)에서 인용.

이를 보면 바흐친의 사상은 러시아의 시월혁명 이후 소련의 통치이념이었던 마르크스주의와 거리가 있다. 특히 신학(神學)에 대한 관심은 유물론적인 마르크스-레닌 사상과는 상치되는 것이다. 당시 러시아 정교를 신봉하는 그룹인 부활(voskresenie)이 있었으며 이 그룹의 일원인 페도토프(Georgey P. Fedotov)의 증언에 의하면 이 그룹에서는 혁명적 마르크스주의는 유태-기독교의 종말론적 한 분파로 보았으며 공산주의적 이상을 초대 교회에서 찾으려고 하였다.

2.6.5.3. 러시아의 시월혁명은 러시아의 차르(Царь) 체제하에서 국가로부터 통제를 받던 교회를 해방시켰으나 얼마 후 러시아정교의 교부(敎父)들은 다시 교회에 대한 국가의 일시적 권한을 인정하게 되었으며 이를 반대하는 요셉분파가 생겨났다. 요셉파는 교회가 다시 국가에 의하여 통제되는 것을 원치 않았으며 이를 반대하기 위하여 비밀회합이 자주 열렸다.

바흐친도 이 회합에 참여하였고 급기야는 요셉분파로 몰려 1928년 체포되어 북극의 솔로베츠키(Solovetsky) 섬에 수감(收監)되는 형을 받았다. 그러나 톨스토이(Aleksei Tolstoy)와 고리끼(Maxim Gor'kii) 등의 구명운동이 있었고 당시 계몽인민위원이던 루나차르스키(Анатол Руначарскы)의 호의를 얻어 4년간 카자흐스탄으로 유배형을 받았다. 루나차르스키는 그 자신도 문학가로서 바흐친의 학문적 재능을 높이 평가하고 있었다.

그는 카자흐스탄의 유배지에서 서고(書庫)지기도 하며 회계사의 일도하고 집단농장의 간부에게 경제를 교육하기도 하면서 6년간을 보낸다. 1936년에 그는 유럽계 러시아의 한 시골 사범학교에서 교편을 잡게 되었다. 1년 후 숙청을 두려워하여 일시 사직하고 모스크바에 돌아와 박사 학위 논문을 집필하였다.

어릴 때부터 앓던 골수염이 1923년부터 더욱 악화되어 결국 1938년에 다리를 절단하였다. 2차 대전 중에는 모스크바 근처의 고등학교에서 외국어를 교육하였고 전쟁이 끝난 다음에 다시 먼저의 사범학교로 돌아왔으며 이 학교가 대학이 되어 1961년에 은퇴할 때까지 여기에서 러시아어 및 외국문학의 교수로서 근무하였다.

이러한 전력이 있기 때문에 그가 체포된 이후의 많은 저서가 다른 사람의 이름으로 간행되었다. 특히 체포 직후에는 그의 제자이기도 하며 친구인 볼로쉬노프(В. Н. Волошинов)와 메드베제프(П. Н. Медьецев)의 이름을 빌려 그의 저서를 간행하였다.[125] 1929년 도스토예프스키(Fyodor

M. Dostoevskii)의 연구서가 겨우 그의 이름으로 간행되었으나 이미 1928년에 볼로쉬노프의 이름으로 그의 업적이 간행되기도 하였다(Boloschinov, 1928).

1940년에 그는 학위논문인 라블레(François Rabelais)에 관한 논문을 제출하였지만 논문 심사는 전쟁이 끝난 이후로 미루어졌고 이 논문의 공간(公刊)은 1965년에 모스크바에서 이루어졌다(Baxchin, 1965). 이 논문은 교수들의 격렬한 논쟁이 있은 후에 결국 심사에서 떨어졌고 국가가 개입하기에 이르렀다. 그는 1975년에 80세의 나이로 세상을 떠나게 된다.

2.6.5.4. 러시아 볼셰비키(Bolsheviki)[126] 혁명시대에 활약한 바흐친은 혁명의 소용돌이 속에서 불운한 생애를 살았으며 체포와 유배, 숙청의 공포 속에서 살아간 혁명의 희생양이기도 하다. 그리하여 바흐친을 마르크스주의 비판자로 보려는 견해가 정설인 것처럼 알려졌지만 본서에서는 당시 시대상황으로 보아 소련 혁명의 와중에서 마르크스주의 이론에 입각한 언어연구를 가장 본격적으로 전개한 언어학자로서 이해하고자 한다.

바흐친은 볼로쉬노프의 이름으로 간행한 Boloschinov(1929)의 *Марксизм и Философиязыка* -Основные проблемы социологического мотода в науке о языке-(『마르크스주의와 언어철학 -어학에 있어서 사회학적 방법의 기본적인 제 문제-』, 이하 <마르크스주의와 언어철학>)에서 기존의 언어이론을 포함한 아리스토텔레스 이래의 전통적인 언어의 연구 방법을 비판하고 마르크스주의에 입각한 언어연구의 새로운 방안을 제시하였다.

---

125 예를 들면 V. N. Boloschinov(1929)의 『*Марксизм и Философия языка~Основные проблемы социологического мотода в науке о языке~*(마르크스주의와 언어철학)』과 『프로이트주의: 마르크스주의 비판(*Freudianism, A Marxist Critic*)』(1976), 그리고 P. N. Медьецев의 『문학연구의 형식적 방법』(1928) 등을 들 수 있다.

126 'Bolsheviki'는 러시아어로 '다수파'란 의미로 러시아 사회민주 노동당의 좌파들을 말한다. 레닌을 지도자로 삼았다. 이에 반대하는 멘셰비키(Mensheviki)는 볼셰비키에서 분열된 우익적 소수파를 말하며 민주적 투쟁과 부르주아(bourgeois)의 혁명을 표방하였다.

그의 언어철학은 위의 책에서 종합되었으며 여기서 개진된 그의 이론은 구소련의 언어학자들에게 계승되어 스탈린(Stalin, 1950)에게 영향을 주었다. 비록 혁명시대에 투옥된 경험이 있어 바흐친의 이론은 매우 조심스럽게 젊은 학자들에 의하여 수용되었고 그 출판도 많은 제약을 받았지만 소련에서 그 이론의 본질은 1975년까지 중심적 언어 사상이었다.

그의 저작물들이 그의 친구이기도 하며 또 제자이기도 한 볼로쉬노프(Волошинов)와 메드베제프(Медьецев)의 이름으로 발표된 것이 많다. 그러나 이들 저서에 바흐친이 어떤 식으로, 그리고 어느 정도 기여했는지는 분명히 밝히기 어렵다. Boloschinov(1929)의 『마르크스주의와 언어철학』은 1930년에 제2판이 나왔지만 내용상의 변화는 없고 오자(誤字)가 정정되었다든지 제본 스타일의 변경 등으로 페이지수가 바뀌었을 뿐이다.

이 책에서 바흐친은 먼저 이데올로기적 형성물에 관한 마르크스주의 학문의 기초 그 자체, 즉 '과학론, 문예학, 종교학, 도덕학' 등의 기초 그 자체는 매우 긴밀하게 언어철학의 문제와 서로 얽혀있다고 보았다. 일체의 이데올로기(ideology)적 소산은 물체나 생산용구, 소비재와 같이 자연 및 사회의 현실적인 일부분일 뿐만 아니라 이러한 현상과는 다르게 그 외부에 존재하는 다른 현상을 비쳐서 굴절시키기도 하는 것이다.

모든 이데올로기적이란 것에는 의미가 갖추어져 있다. 이데올로기라는 것은 그 외부에 존재하는 무엇인가를 보여주기도 하고 형용(形容)하기도 하며 그것을 대리하는 역할을 갖는다. 즉 '기호(記號)'가 되는 것이다. "기호가 없는 곳에는 이데올로기도 없다"라는 것이 바흐친의 선언이었다. 그리하여 그는 "일체의 이데올로기라는 것에는 기호적 의미가 갖추어져 있다"라고 하였으며 또 "기호로 되었다는 점에서는 어떤 이데올로기적 현상도 공통이다"라고 보았고 "말은 우수한 이데올로기적 기호"라고 결론하였다.

그는 전술한 <마르크스주의와 언어철학>(Boloschinov, 1929)의 제1장에서 '이데올로기적 기호(記號)와 의식(意識)', '말의 이데올로기적 중립성'

에 대하여 논하고 제2장에서는 '토대(土臺)와 상부구조(上部構造)와의 관계에 대한 문제'를 다루면서 사회와 언어와의 관계를 심도 있게 다루었다. 제3장에서는 '언어철학과 객관적 심리학'이란 제목으로 심리학의 견지에서 본 언어 문제를 다루었고 내적기호(內的記號=내적 언어)에 대하여 많은 지면을 할애하여 고찰하였다.

Boloschinov(1929)에서 바흐친에 의하여 주장된 마르크스주의 언어학의 갈 길은 제2부에서 논의되었는데 제1장에서는 주로 언어에 대한 주관적 견해와 객관적 견해의 장단점을 살피고 통시언어학과 공시언어학의 문제점을 다루었다. 앞에서 소개한 소쉬르(Saussure)의 랑가주(langage), 랑그(langue), 빠롤(parole)에 대하여 언급하면서 이를 변증법적 이론으로 설명하였다.[127]

여기서 당연히 언어의 의미에 관한 문제가 제기되었다. 제3장에서는 단일한 일정의 의미는 전체로서 '발화'에 속한다고 보아 이를 '테마(theme)'라고 명명하였다. 제4장에서는 이 '테마'의 의미론적 고찰이 구체적으로 고찰되었으며 의미와 인식의 문제 등이 거론되었다.

제3부에서는 '간접화법과 직접화법 및 그 변형'이란 제목으로 언어 연구에서 표현의 문제를 다루었는데 주로 문체론적인 연구가 중심을 이루었다. 해방 후에 북한에서 왜 문체론이 그렇게 많이 이루어졌는지 이를 통하여 알 수 있다. 여기서 '문체론'은 의미론과 상응하는 어휘였다.

북한의 조선어연구에서 서양언어이론의 도입은 제정러시아로부터 구소련에 걸쳐 발달한 러시아 전통적인 언어학과는 별도로 이데올로기 언어연구로 시작된 마르크스주의 언어학이 영향이 컸던 것을 알 수 있다. 더욱이 북한 정권 수립 초기에는 마르주의(Marrism) 언어학도 당

127 러시아에서 소쉬르의 <일반언어학강의>가 번역된 것은 뻬첼숀(Печелшон- 그는 바흐친에 의하여 소쉬르 신봉자의 대표자로 불렸다)이 <出版과 革命> 1923년 제6호에 '일반언어학'이란 소논문을 실어 Saussure(1914)의 <일반언어학강의>의 개요를 짧게 소개하였다. 이 때에 'langage'는 'речь', 'langue'는 'язык', 'parole'은 'слово'로 번역하였다. Saussure(1914)가 정식으로 러시아로 번역된 것은 1933년의 일로서 이 때에는 'langage'는 'речевая деятельность', 'langue'는 'язык', 그리고 'parole'은 'речь'로 번역되어 그대로 굳어지게 되었다.

시 젊은 소련파 공산주의자들에 의하여 소개되었다.

2.6.5.5. 바흐친의 언어·문학·철학이론이 서방세계에 알려진 것은 그가 죽은 이후의 일이었다. 바흐친은 당시의 언어철학, 즉 일반언어학의 유파(流波)를 크게 둘로 나누어 생각하였다. 그 첫째는 훔볼트(Wilhelm von Humboldt, 1767-1835)에서 포슬러(Karl Vossler, 1872~1947)에 이르는 「개인주의적 주관론」의 언어관을 가진 언어연구의 경향이다. 이들은 다음과 같은 4개의 기본명제를 갖고 있었다.

> ① 언어라는 것은 활동이며 개인의 발화행위에 의하여 끊임없이 창조되는 프로세스, 즉 에네르게이야(energeia)이다.
> ② 언어창조의 법칙이라는 것은 개인심리학의 법칙이다.
> ③ 언어창조는 창조예술과 같으며 의미가 있는 창조다.
> ④ 기성의 소산(ergon), 안정된 체계(어휘, 문법, 음운조직)로서의 언어는 말하자면 생기를 잃어버린 지층이며 언어창조의 응고한 용암이다. 언어학자는 이것으로부터 기성의 도구로서의 언어를 실용적으로 가르치기 위한 추상적 구조물을 만든다.
>
> (Boloschinov, 1929: 59, 일어역 桑野隆 譯, 1979a: 72~73의 번역 참조)

이에 대하여 데카르트(René Descartes), 라이브니쯔(Gottfried W. Leibniz)에서 시작되어 소쉬르(F. de Saussure)에 이르는 제2의 유파는 「추상적 객관론」의 언어관을 갖고 있었으며 이들은 다음과 같이 기본 명제를 정리할 수 있다.

> ① 언어라는 것은 기본적으로 동일한 제언어형태의 체계이고 개인의식은 그것을 기성의 것으로 찾아 내어 의문을 품을 수가 없다.
> ② 언어의 법칙이라는 것은 주어진 폐쇄적 언어체계 내에서 言語記號間의 관계에 대한 특수한 언어학적 법칙이다. 이러한 법칙들은 모든 주관적 의식에 대하여 객관적인 것이다.
> ③ 특수한 언어적 관계는 예술적이거나 인식적인, 또는 기타 어떠한 이데올로기적 가치와 아무런 공통점도 있지 않다. 어떠한 이데올로기적 동기도 언어현상을 근거로 붙이지 않는다. 말과 그 의미 사이에는 의식으로서 이해하고자 하는 자연적인 관계라든지 예술적

인 관계가 하나도 존재하지 않는다.

④ 개인의 발화행위는 언어의 편에서 규범적으로 동일한 형태의 우연한 굴절이나 변화, 혹은 단순한 왜곡(歪曲)에 지나지 않는다. 그러나 개인의 발화에서 이러한 행위야말로 언어형태의 역사적 변화, 그 자체의 언어체계에서 본다면 비합리적이고 무의미한 변화를 설명하는 것이다. 언어의 체계와 그 역사 사이에는 관련성도 동기의 공통성도 존재하지 않는다. 그들은 서로 아무런 연관도 없는 것이다.

Boloschinov(1929: 69~70), 일어역 桑野隆 譯(1989: 85~86) 참조.

그리고 바흐친은 이어서 "여기에서 명백한 것처럼 상기의 언어철학사상의 제2 유파에 보이는 네 개의 기본명제가 제1 유파의 기본명제에 대응되는 안티테제(antithese)가 되었다"(Boloschinov, 1929: 70)라고 하여 제1 유파와 제2 유파를 구별하는 기준을 말하고 있다. 바흐친의 이러한 2분법은 프로이드 심리학에서도 「주관(主觀) 심리학」과 「객관(客觀) 심리학」이라는 형태로 채용되었다.

이러한 주장은 언어학에만 제한한다면 소쉬르(Saussure)의 연원을 멀리 데카르트(René Descartes, 1596~1556)까지 소급한다는 점에서 위력을 발휘할 것이다. 그는 "합리주의 전체에서 특징적인 것은 언어가 약속에 근거하고 있으며 자의적(恣意的)이라는 생각이다. 또 언어체계와 수학적 기호 체계와의 대조도 그 특징의 하나로 꼽을 수 있다."라고 하여 기호는 그것이 반영하는 현실, 혹은 그것이 산출하는 개인에 대하여 존재하는 관계가 아니고 이미 받아들여져서 인정된 폐쇄 체계 내에서 기호 대 기호의 관계가 수립된다는 것이라고 하여 수학적 사고법을 가진 합리주의자들의 관심을 끌게 되었다.

바꾸어 말하면 그들이 흥미를 자아내는 것은 대수학(代數學)에 있어서도 같은 모양으로 기호를 가득 채우고 이데올로기적인 의미와는 전혀 관계없이 받아드린 기호체계(記號體系) 그 자체의 내적논리에 지나지 않는다."(Boloschinov, 1929: 70, 桑野隆 譯, 1989: 86~87)라고 하여 바흐친(Baxchin)은 소쉬르의 밑바탕에 있는 철학적 기초를 분명하게 밝히고 있다.

의미의 문제에 대하여도 "의식은 사회적 교류의 과정에서 조직된 집단에 의해서 만들어진 기호의 물질성 안에서 형성된다. 의식에서 기호성 -이데올로기적 적용- 을 배제한다면 아무것도 남는 것이 없을 것이다. [중략] 기호의 물질성을 벗어나서 영혼은 없는 것이다. [중략] 그 실존적인 특성으로 인하여 주관적인 영혼은 유기체와 외부 세계의 두 영역을 분리하는 경계선에 국한되어있다"(Boloschinov, 1929: 13~26, 일어역 桑野隆 譯, 1989: 17~22)라고 하여 언어 의미의 연구에서 마르크스주의의 이론이 번뜩이고 있다.

이어서 "[전략] 말은 훌륭한 이데올로기적 현상이다. 언어의 현실성은 기호로서의 기능에 진력(盡力)시키는 것이다. 말에는 이러한 기능과는 관계가 없으며 이러한 기능에 의하여 산출되는 것은 하나도 없다. 말이란 가장 순수하고 매우 정밀한 사회교통의 매체인 것이다"(Boloschinov, 1929: 18, 일어역 桑野隆 譯, 1989: 22)라고 하여 바흐친은 언어가 기호로서 단수한 의사소통의 도구로 보려는 유물론적 언어관을 보여준다.

그리고 종래 언어철학의 주요한 결점에 대하여 언어학자, 문체 분석자, 현상학자들이 공유한 결점은 언어 혹은 의식과 그 대상 혹은 그 주제 사이에 직접적인 관계가 있다고 전제한 것이 가장 두드러진 잘못으로 보았다. 그리고 말하는 실제 상황 속에서 의미는 파악되어야 한다는 생각을 갖고 있었다. 이것 역시 종래의 언어학을 근본부터 바꾸려는 혁명적인 발상에서 비롯된 것이다.

바흐친 학파는 소쉬르에 대하여도 같은 공격을 가하였다. 바흐친의 평생에 걸친 언어연구에서 얻어낸 신념은 언어학, 특히 소쉬르의 언어학은 담화(談話) 분석의 적절한 모델이 될 수 없다는 것이다. 담화의 연구는 소위 과학적 분석의 목표를 지향하는 데카르트적인 전제에서 고안된 랑그(langue)의 추상성에 근거하기 보다는 실제로 쓰는 언어, 즉 빠롤(parole)에 초점을 맞추어야 한다고 보았다.

2.6.5.6. 볼로쉬노프의 이름으로 간행된 <마르크스주의와 언어철학>(Boloschinov, 1929)에서 바흐친은 소쉬르(F. de Saussure)와 포슬러(Karl Vossler)에서 시작된 현대 언어학의 서로 다른 언어 연구의 경향에 대하여 다음과 같이 구별하였다.

게르만어 편에서 영향력이 있는 포슬러 학파는 낭만주의 전통과 훔볼트(Wilhelm von Humbold)의 사상에서 그 연원을 찾을 수 있으며 역동적이고 역사적 삶을 구성하는 언어의 개인적 활용을 강조한다. 이것은 바로 소쉬르의 빠롤(parole)의 중요성을 말하는 것이다. 그러나 이러한 주관적이고 개인적인 전제(前提)를 바흐친은 비판하였다.

그러나 포슬러(Vossler) 학파가 가진 역사에 대한 관심과 언어학이 문체론(文體論)과 구별됨을 강조한 것은 가치가 있는 시도라고 인정하였다. 특히 Vossler(1904)에서 주장한 언어학의 실증적이고 이상적인 연구 방법을 두둔한 것이다. 이에 비하여 소쉬르(Saussure)의 추상적 객관주의에 대하여 바흐친은 더욱 신랄한 비판을 퍼부었다. 언어에 관한 사회성과 역사성의 모든 문제를 단순히 랑가주(langage)란 추상적인 언어로 묶어서 처리하려고 했다는 점에서 이의(異義)를 제기하고 반대하였다.

또 언어를 공시적인 언어체계인 랑그(langue)와 개별화자의 언어사용인 빠롤(parole)로 양분하는 것은 제한적인 타당성만을 가질 뿐 담화를 분석하는데 많은 장애를 주며 특히 랑그(langue)의 추상성은 오해를 불러올 수 있다고 비판하였다. 언어학을 규범에 따라 동일한 형식으로 구성된 안정된 공시적인 체계라는 탈(脫) 역사적인 개념에 고정시킴으로써 소쉬르는 다른 언어학자와 문헌학자들과 공유하는 관점을 철저하게 파괴하려고 하였다는 것이다.

소쉬르에게 있어서는 문헌학자(philologist)들의 언어연구란 현재 쓰고 있는 언어가 사회생활 속에서, 또는 언어의 관용적인 어투에 의하여 변화를 겪는 모습을 연구하는 것이 아니라 죽은 언어를 재구성하고 이를 집대성하여 교육하는 데에만 적절한 전제를 근거하여 세워진 언어의 기초적인 이론이라고 바흐친은 그의 공시론 위주의 연구태도를 매도하였다.

그는 "러시아의 두 언어학파, 즉 포르뚜나도프 학파와 소위 카잔 학파(보드앵과 끄루제프스키의)는 우리들이 윤곽을 보여준 언어철학 사상의 제2 유파의 범주에 완전히 들어간다."(Boloschinov, 1929: 72)라고 하여 이 두 언어학파가, 특히 후자가 구조주의 언어학의 선구(先驅)였음을 인정하였다.[128]

그러나 바흐친은 제1·제2 유파가 모두 잘못되었다고 보았다. 먼저 제2유파는 "화자에 있어서 언어형태가 중요한 것은 안정되고 항상 자기와 동일한 신호(信號)로서가 아니고 끊임없이 변화하기 쉽고 탄력성이 있는 기호(記號)로서 필요한 것이다. [중략] 신호라는 것은 내적으로 고정된 단일한 것이며 현실적으로 다른 어떤 것으로도 대신할 수도 없고 어떤 것을 반영하지 않으며 굴절시키지도 않는다. 어떤 일정한, 또는 부동의 대상이나 어떤 행위를 지시하는 기술적 수단에 지나지 않는 것이다. 신호는 어떤 경우에도 이데올로기적인 영역에 속하지 않고 기술적 장치의 세계, 넓은 의미의 생산용구에 속한다."(Boloschinov, 1929: 81~82)라고 하여 언어를 기호로서, 그것도 기술적 수단이며 생산 용구로 본 것이다.[129] 이것은 Benveniste(1964)의 생각과 혹사하다.

2.6.5.7. 제2유파의 추상적 객관론에서 주장된 언어는 규범적으로 동일한 제형태의 체계였으며 이것은 죽은 언어를 해독하고 그것을 학습하는 경우에만 해당되는 이론적으로, 또는 실천적으로 정당화된 추상화라고 보았다. 제2 유파에서 주장된 언어체계는 "언어현상을 그 현존과 생성 가운데 이해하고 설명하기 위한 기초가 될 수 없다. 반대로 그것은 언어가 살아서 생성하는 현실이라든지 그 사회적인 기능에서 멀어지게 된다."(일어역 桑野隆 譯, 1989: 122)라고 선언하였다.

이어서 "추상적 객관론의 기초가 된 것은 역사의 올바른 이해를 근거로 하기에는 가장 무력한 합리주의요 기계론적 세계관을 전제로 한 것이기 때문이다. 그러나 언어라는 것은 완전히 역사적인 현상이다." (일어역 桑野隆 譯, 1989: 122)라고 하여 추상적 객관론이 주장한 공시적 연구의 우월성을 비난하였다.

반면에 제1유파의 개인주의적인 주관론도 비판하였다. 이에 대하여 바흐친은 "개인주의 객관론이야말로 말의 진정한 현실을 파악하는데

---

128 바흐친이 카잔학파의 보드앵 드 꾸르뜨네를 비롯하여 뻬쩨르부르그학파를 일괄해서 생각하는 것은 문제가 있는 것 같다. 기능의 다중성을 둘러싼 논쟁에서 이 두 학파는 서로 다른 견해를 갖고 있기 때문이다. 뻬쩨르부르그학파의 경우는 훔볼트의 영향 아래에 있다고 본다.

129 Boloschinov(1929)의 인용문은 일어역 桑野隆 譯(1989: 100~101)의 번역을 참고함.

성공한 것은 아닐까? 그렇지 않으면 진리는 가운데 있어서 제1 유파와 제2 유파의 사이, 개인주의적 주관론의 테제와 추상적 객관론의 안티테제의 사이에서 타협하여 존재할까? 진리는 중용에 있지 않으며 테제(these, 正)와 안티테제(antithese, 反)의 사이에서 타협하는 것도 아니다. 진리는 그들의 저편에 존재하는 것으로 테제도 안티테제도 부정한 것, 즉 변증법적인 신테제(synthese, 合)에 있다"(일어역 桑野隆 譯, 1989: 123)라고 하여 개인주의적 주관론은 하나의 테제에 불과함을 말하고 있다. 개인주의적 주관론은 언어가 사고나 의식의 매체로서 언어를 상정하며 독백적인 발화도 현실로 인정되었다.

2.6.5.8. 바흐친은 언어의 개인성과 창조성도 중요하다고 생각하였으나 그와 못지않게 언어의 사회성이나 상호작용을 중시하였다. "말의 행위는, 혹은 좀 더 정확하게 그의 소산은(발화) 엄밀한 의미로서 개인적인 현상이라고 결코 인정할 수 없으며 또 말하는 사람 자신의 개인적인 심리, 또는 정신심리학적 조건으로는 설명할 수 없다. 발화는 사회적 현상이기 때문이다. [중략] 개인의 언어는 말하는 상대를 향한 것이며 말이라는 나와 다른 사람과를 연결하는 교량이다"(Boloschinov, 1929: 102, 일어역 桑野隆 譯, 1989: 123~124)라고 하여 언어의 사회성을 중시하였다.

그는 언어(=말, langage)의 진정한 현실이 되는 것은 언어형태의 추상적 체계도 아니고 고립한 독자적 발화도 아니며 그 현실의 심리·생리적 행위도 아니다. 발화로 실현되는 언어적 상호작용에 의하여 사회적으로 일어난 일로 보았다. 즉 언어의 사회적 효과가 궁극적인 언어작용으로 본 것이다.

이로부터 그는 언어연구가 다음과 같은 순서로 이루어져야 한다고 주장한다.

(1) 언어적 상호작용의 구체적 조건과 관련된 언어적 상호작용의 형태와 타잎.
(2) 긴밀하게 연결된 상호작용의 제요소로서의 개별적인 발화, 개별적인 말의 운용의 제형태, 즉 언어적 상호작용에 의하여 규정된 생활

이나 이데올로기적 창조물에 있어서 말의 운용의 여러 양식.

(3) 이것을 기초로 하여 언어형태를 그 통상적인 언어학적 해석에 있어서 재검토할 것.

Boloschinov(1929: 114), 일어역 桑野隆 譯(1989: 135-136)에서 인용.

바흐친은 이러한 순서로 언어가 실제로 생성된다고 보고 "말의 현실로 된 것은 언어형태의 추상적 체계도 고립한 발화도 그를 실현하기 위한 정신생리학적인 행위도 아니며 발화에 의해서 실현된 언어적 상호작용이라고 하는 사회적 사건이다. [중략] 사회적 교통이(토대를 기초로 하여) 생성하며 그 안에서 언어적 의사소통이라든지 상호작용이 생성하고 상호작용 속에서 말의 운용의 제형태가 생성된다. 그리하여 이후자가 결국은 언어형태의 변화를 반영하는 것이다"(일어역 桑野隆 譯, 1989: 145~147)라고 주장하였다.

이와 같이 언어의 상호작용을 중시하는 태도는 '대화(對話)'에 의하여 언어의 진정한 역할이 이루어진다고 보게 되며 의미도 대화 속에서 결정된다고 보는 것이다. 그는 "이렇게 하여 우리들은 발화 가운데에서 분리 가능한 의의(意義)적 요소의 각각, 또는 전체로서의 발화를 응답이 있는 능동적인 콘텍스트에 옮긴다. 모든 이해는 대화적이다. 이해는 대화에서 한편의 말이 다른 말에 대치(對峙)해서 있는 것처럼 발화에 대치하여 있다. 이해라는 것은 화자의 말에 대치하고 있는 말을 찾으려는 것이다"(桑野隆 譯, 1989: 158)이라 하여 독백이 아니고 대화로서의 말을 파악하려 했던 언어학사상 매우 독특한 방법을 제시하였다.

이와 같은 생각은 당연히 언어의 외언(外言, 발화되는 말)과 내언(內言, 머리 속에 잠재된 말)의 구별을 가져오고 내언에 대한 설명을 필요로 하게 된다. 이에 대하여 바흐친 "내언(內言)은 말의 마이너스 음(音)이 아니라 그 구조와 기능에 있어서 전혀 특수하고 독자적인 기능으로 간주해야 한다. 내언의 첫째로 중요한 것은 그 전혀 다른 통사구조다. 외언에 비하면 내언은 외견상 단속성, 단편성, 생략성을 갖는다."(Bugodski, 1956; 일어역: 柴田義松 外 譯, 1964)라고 하여 내언(內言)의 특성에 대한 연구가 대화(對話)를 이해하는 첩경임을 강조하였다.

2.6.5.9. 또 하나 바흐친에게서 특징적인 것은 마르크스주의적 기호학을 창시하였다는 점이다. 요즘에는 언어학과 기호학의 관계가 문제가 되고 있는데 바흐친은 자연의 물체, 생산수단, 혹은 소비물과는 달리 이데올로기적 소산에는 '기호성(記號性)'이 마련되었다고 보는 것이다.

즉, "모든 이데올로기적인 것은 의미를 갖고 있다. 다시 말하면 어떤 것이 그 외부에 존재하는 무엇인가를 표시하고 묘사하며 그에 의하여 변한다면 그것은 '기호'라고 할 수 있다. 기호가 없는 곳에는 이데올로기도 없다"(Boloschinov, 1929: 18; 일어역 桑野隆 譯, 1989: 14~15)라고 하여 모든 이데올로기는 기호로 표시된다고 본 것이다.

그가 생각하는 기호의 주요한 특징은 어떤 물질적 사물과 의미와의 결합이다. 이것은 소쉬르가 생각한 "언어라는 것은 기호의 체계이며 그곳에서는 의미가 청각영상(聽覺映像)과의 합일(合一) 이외에는 본질적인 것은 없고 또 그와 같은 기호의 두 부분은 같이 심리적이다"(Saussure, 1972: 32)이라 하여 언어학을 포함하는 기호학(記號學)을 사회심리학의 일부분으로 보았으며 따라서 일반심리학의 한 부문으로 생각하였다.

바흐친은 이에 대하여 "모든 기호적·이데올로기적 현상은 소리, 물체, 색깔, 몸의 움직임 등으로서 무엇인가 물질 속에서 구체화된다. 이러한 의미로서 기호의 현실성은 충분히 객관적인 것이며 유일한 일원론적인 객관적 연구방법으로 받아드릴 수가 있다. 기호라는 것은 외적 세계의 현상인 것이다"(Boloschinov, 1929: 17)라고 하여 기호의 심리학적 접근을 강하게 반대하였다. 역시 기호연구의 유물론적 접근으로 볼 수 있고 그런 의미에서 바흐친의 마르크스주의적 언어관을 확인할 수 있다. 바흐친은 '이데올로기적 기호의 철학으로서 언어철학'을 주창한 것이다.

6) 마르주의(Marrism) 언어학

2.6.6.0. 다음은 구소련의 언어학계에 특이하게 등장하여 여러 물의를 일으킨 마르주의(Marrism) 언어학에 대하여 고찰하고자 한다. 구소련에서 엔. 야. 마르(N. Ja. Marr, Николаи Якоблевич Mapp, 1864~1934)의 신기(新

奇)한 언어연구를 마르주의 언어학이라고 부른다.

러시아혁명 이후 수년 동안은 전술한 포르뚜나또프(Fortunatov)학파의 전통이 계속되었으나[130] 혁명의 새로운 기운이 언어학에도 불어 닥쳤다. 마르주의 학파는 이 새로운 이데올로기의 사조에 의한 언어연구를 주도하였으며 후세에 이러한 언어학의 연구 경향을 마르주의라고 부르게 되었다.

마르(Н. Я. Марр, N. Ja Marr)는 포페(N. Poppe)의 『*Reminiscences*(回想錄)』(Poppe, 1983)에서 다음과 같이 회고되었다.

> 내가 대학에서 공부를 시작하면서 만난 학자 가운데에 니콜라이 야코블레비치 마르가 있다. 그는 아르메니아어와 그루지아어에 정통한 뛰어난 문헌학자로서 유명하였다. 그는 스코틀랜드 출신의 정원사(庭園師)와 구르지아인 여성과의 사이에 태어나서 구르지아어를 구르지아인처럼 말하였다. 그에게 있어서는 그것이 모국어였기 때문이다. 1920년대 후반에 '신언어학(新言語學)'의 창시자로서 유명하게 되었다. [중략] 구르지아인을 어머니로 가진 혼혈아(混血兒)이며 구르지아어를 매우 잘 말한다고 하여 마르는 스탈린과 아는 사이가 되었고 스탈린과 모국어로 대화하였다. 그가 스탈린에게 매우 사랑을 받은 것은 틀림이 없다.[131]

엔. 야. 마르(N. Ja. Marr)는 소장문법학파의 전통 속에서 수학하였으며 코카사스제언어의 역사적 연구에 전념하였다. 후일에 일반언어학에도 관심을 가졌으나 오늘날에 그의 이론은 별로 인정되지 않는다. 오히려 구소련의 언어학에서도 이제는 이단(異端)으로 평가될 뿐이다.

---

130 러시아에서 볼쉐비키 혁명이 일어나기 직전에 모스크바대학의 비교문법학 교수였던 F. F. 포르뚜나또프(Fortunatov, Филив Федрович Фортунатов1848~ 1914)는 보드앵 드 쿠르뜨네와 같은 시대의 역사언어학자로서 비록 카잔학파와 같은 수준의 언어관은 아니었으나 당시로서는 매우 진보적인 사상을 갖고 있었다. 포르뚜나또프의 언어연구는 매우 실천적이었으며 주로 현실의 언어자료를 연구했지만 학문적 통찰력을 갖고 있었다. 그는 언어의 通時態와 共時態의 구별이 필요함을 인식하고 있었으며 심리학적 방법을 원용하지 않고 直觀에 의하여 올바른 언어분석의 기준을 세웠다(Ivič, 1970).

131 이 부분은 Poppe(1983)를 일본어로 번역한 下内充·板橋義三 飜譯(1990), 村山七郎 監修,『ニコラス·ポッペ 回想錄』(三一書房, 東京)의 69~70쪽을 참고하여 필자가 번역하였다.

마르(Marr)는 비인구어(非印歐語) 자료를 접하고 이로부터 자극을 받아 여러 언어의 상호관계, 특히 언어의 기원에 관심을 갖게 되었다. 언어의 기원에 대한 마르의 생각은 이탈리아의 언어학자 트롬베티(Trombetti, 1905)에 의하여 제창된 일원기원설(一元起源說, Monogenesis)과 일치한다.[132]

2.6.6.1. 마르는 오늘날 존재하는 언어의 유형은 모두 하나의 기본 언어에서 발생한 것으로 보았고 모든 언어는 단계적 언어변화에 의해서 발전하며 시간이 경과함에 따라 높은 단계의 언어로 발전한다고 주장하였다. 이것이 소위 언어 발전의 단계론(段階論)으로서 오늘날에도 최고의 발전단계에 도달한 언어와 그렇지 못한 언어 사이에는 현저한 유형적 차이가 있다는 것이다.

따라서 제 언어 간에는 명확한 계층적 서열이 있으며 현존하는 언어들은 상위와 하위로 구분되는 계층 서열에 의하여 구분할 수 있다고 하였고 인구어가 그 최고의 발전단계에 있는 언어들이라고 본 것이다 (Ivič, 1963의 번역; 김방한, 1982: §199~§202).

1924년에 마르는 자신을 언어학에 있어서 마르크스주의의 투사라고 선언하였다. 1926년에 그는 자신의 초기 저술에서 주장한 생각들을 포기하였으나 언어의 일원기원설이나 야페트설(Japhetic theory)에 관한 주장을 단념한 것은 아니다.[133] 오히려 언어는 분명하게 계급적 특성을 가진 사회적 경제적 상층구조라는 생각을 덧붙였다.

---

132 트롬베티(Alfredo Trombetti)는 20세기 초에 이탈리아에서 활약한 신언어학(Neo-linguistics)의 추종자로서 세계의 모든 언어는 하나의 공통 언어에서 발전했다는 가설을 세웠는데 이것이 후일에 유명한 일원기원설(monogenesis)이다. 이 이론은 Trombetti(1905)의 "언어의 일원기원설(L'unita d'origine del linguaggio)"에서 주장된 것으로 후세에 커다란 비판을 불러일으켰다.

133 야페트설(Japhetic theory)은 언어발전의 段階說에서 햄·샘어족(Hamitic-Semitic)보다 하위의 발전단계에 있는 언어를 야페트어군(Japhetic group)이라 하고 모든 언어는 동일한 발전단계를 거쳤기 때문에 야페트어군의 언어를 연구함으로써 인구제어의 선사시대의 모습을 재현할 수 있다고 주장하였는데 이러한 마르의 생각을 야페트설이라고 한다. 이 이론은 야페트어군이 어떤 언어들인가에 초점이 모아진다. 마르는 처음에는 코카서스제어만을 야페트어군으로 보았다가 후일에 점점 확대하여 교착적인 문법구조의 언어를 포함시켰다. Ivič(1963), 김방한(1982: §201-202).

그에 의하면 언어의 발전에서 보이는 각 단계는 각기 사회적 경제적 정황에 의하여 좌우되며 언어의 구조는 사회의 구조 및 그 경제적 기반과 더불어 변화한다고 주장하였다. 언어의 여러 범주들은 다른 모든 형태의 상층구조와 같이 현실의 사회적 관계를 반영하는 것이기 때문에 언어발전은 어느 단계에서는 다음 단계로 항상 혁명적으로 비약하여 진행한다는 것이다.

또한 문화형태와 문화수준의 변화에 따른 새로운 이데올로기는 직접 새로운 언어체계의 창조를 유도한다고 보았다(Ivič, 1963, 김방한, 1982: §203). 모든 언어는 혼합과 결합에 의하여 발생하며 언어는 국가와 같은 정치단체의 흥망성쇠와 보조를 같이 한다는 생각을 가졌다.

여러 언어의 부단한 혼합이 언어발전의 보편적 원리를 제공한다는 주장이다. 이러한 마르(N. Ja. Marr)의 생각은 스탈린(Stalin)의 후광(後光)을 입고 구소련의 언어학을 지배하고 모든 언어의 이론적 연구에 군림하게 되었다. 따라서 그로부터 적지 않은 폐해가 생겨났다. 마르는 고전문법에서 중요한 테마였던 조어(祖語)의 재구는 무가치한 허구(虛構)에 지나지 않는 것이며 이러한 술어와 개념은 완전히 폐지시켜야 한다고 생각하였다. 이로 인하여 구소련에서는 한동안 고전적 비교문법의 연구가 쇠퇴하였고 언어사의 연구가 몰락하게 되었다.

마르의 학설에는 마르크스-엥겔스의 계급이론이 가미되었다. 그리하여 민족어라는 것은 존재하지 않으며 있는 것은 계급어(階級語)뿐이라고 보았다. 어떤 문화에도 착취자와 피착취자의 두 문화층이 있는 것처럼 언어도 혼합과정에서 생겨나므로 착취계급의 언어와 피착취계급의 언어라는 두 개의 공존하는 언어를 갖고 있으며 피착취자의 언어는 착취자의 언어를 언젠가는 정복하기 마련이라고 주장하였다(Ivič, 1963, 김방한, 1982: §205).

2.6.6.2. 1934년 마르(Marr)가 죽은 뒤에는 '언어·사상연구소'를 중심으로 그의 이론이 전개되었다. 이 때의 지도자는 메쉬챠니노프(I. I. Meščaninov, *И. И.* Мещанинов)였으며 마르의 이론은 주로 이들에 의하여 1930에서 1940년 사이에 완성되었다. 마르주의 언어학으로 인하여 구

소련에서 고전적인 언어학의 전통이 일시적으로 중단되게 하였으며 서방세계나 다른 곳의 주요한 언어학 사조와도 단절되게 하였다.

구소련의 언어학은 마르주의에 의하여 언어연구에 심대한 손실을 입었고 그 피해는 근본적으로 그릇된 하나의 학설을 무리하게 발전시키려고 함으로써 일어난 손실 이상의 것이었다. 러시아로부터 전승된 언어학의 전통은 이들에 의하여 단절되고 파기되었으며 또한 그 이론들이 왜곡되었다. 다만 단어의 의미 문제를 사회생활과 관련하여 고찰하고 구소련내의 비인구어자료에 대하여 관심을 갖게 하였다는 점은 긍정적인 평가를 받을 수 있을 것이다.

2.6.6.3. 마르주의(Marrism) 언어학은 구소련의 최고 정치 권력자 스탈린(Stalin, 1950)에 의하여 비판되어 비로소 그 이론의 부당성이 공개적으로 논의되고 혁파(革罷)되었다. 뽈리봐노프(Polivanov)에 대한 무자비한 마르학파의 탄압을 보아 온 구소련의 언어학자들이 자신들만으로 이러한 사태를 개선할 수 없음을 깨닫고 구소련의 최고 수뇌부에 도움을 요청한 것이다.

언어는 특유한 현상이어서 기층이나 상부구조와 직접 관련되지 않는다는 주장은 다음과 같은 견해를 유도할 수 있고 이것으로 마르주의의 기초를 이루고 있는 모든 사상들이 분쇄되었다. 즉, 언어가 인간의 사회적 계급과 직접적으로 관련을 맺지 않는다는 생각은 다음과 같은 견해를 가능하게 한다.

① 각 기층에는 상층구조가 있고 그것은 기층과 불가분하게 결합되어 있어서 기층의 파괴와 더불어 상부구조가 소멸한다. 러시아에서 혁명 후에 자본주의가 폐지되고 사회주의가 수립되었다. 그러나 그 언어는 새로운 단계에 들어서지 않았다.

② 각 상부구조는 그 자신의 기층에 따른다. 이것은 언어의 경우 각 계급이 그들 자신의 언어를 가져야한다는 것을 의미한다. 그러나 현대 유럽제국에서 자본가난 프롤레타리아나 동일한 언어를 사용하고 있다.

③ 상부구조와 기층은 시간적으로 연결되어 있다. 즉 상부구조는 기층

보다 오래 지속하지 못한다는 것을 의미한다. 그러나 뿌쉬킨(Пушкин)이 사용한 러시아어는 봉건제도나 자본주의보다 오래 살아있다.

④ 상부구조는 인간의 생산 활동과 직접 연결되어 있지 않다. 그러나 언어는 연결되어 있다. 기층은 변하지 않아도 문명의 새로운 성과는 사회생활에 새로운 말을 가져다준다.

Ivič(1963), 김방한(1982: 109) 참조.

이러한 생각은 마르크스주의 쪽에서 마르주의자들을 공격하는 논거로 들었으며 이에 의하여 마르주의의 운명은 판가름 나게 되었다. 드디어 스탈린 자신이 Stalin(1950)으로 마르주의를 공격하게 되었고 이 학파는 종언을 고하게 된다.

2.6.6.4. 마르주의 언어학에 대하여 1950년 5월에 구소련의 일부 언어학자들이 통렬한 비판을 가하였다. 그 해 6월에 구소련의 최고 통치자인 스탈린이 종래의 태도를 바꾸어 마르주의를 스스로 비판하기에 이른다. Stalin(1950)은 그 동안의 언어학을 비판하고 마르주의도 반(反)마르크스주의적이며 마르크스주의를 이해하고 적용하는 것을 그르쳤고 언어의 본질에 대한 이해를 잃고 있다고 지적하였다.

스탈린이 1950년 6월 20일에『프라우다』지에 발표한 "마르크스주의와 언어학의 제 문제"(Stalin, 1950)에서 언어는 상부구조가 아니며 본질적으로 언어는 계급적이지도 않다는 것이다.[134] 스탈린의 마르주의 비판은 김민수(1985: 104~109)에서 그의 논문(Stalin, 1950)을 북한에서 번역한『스탈린 선집』(1965)으로부터 인용하여 상세하게 논의되었다.

그 가운데 해당부분을 다시 인용하면 다음과 같다.

> 소위 <바꾸 강의>(바꾸에서 엔.야.마르가 한 강의)…실패작으로 인정된 <강의>를 충분히 가치 있는 참고서인 듯이 함으로써 대학생들을 기만하였다는 것을 의미한다. 만일 내가 메싸니노브 동지와 기타 언어학 활동가들의 성실성을 믿지 않았더라면 나는 그러한 행위가 해독행위와 다른

134 스탈린의 이 논문은 그 이전에『프라우다』지에 12회에 걸쳐 게재하여 자유토론을 거친 것으로 논문의 원제목은 "Марксизм и ьопросы языкознания(맑시즘과 언어학의 제문제)"이다.

> 것이 없다고 말하였을 것이다.
>
> 천만에 엔. 야. 마르의 <마르크스주의>를 집어 치우라. 그는 기껏 해서 <프로문학파>나 <로씨아 프로 작가 협회원>과 같은 마르크스주의를 단순화하고 비속화하는 자에 불과하였다.
>
> 엔. 야. 마르는 언어를 상부구조라고 하는 그릇된 비 마르크스주의적인 정의를 언어학에 도입하여 자신을 혼란시키고 언어학을 혼란시켰다.
>
> 엔. 야. 마르는 마르크스주의와는 인연이 없는 불손하고 오만하고 건방진 태도를 언어학에 끌어들였는데 그러한 태도는 엔. 야. 마르 이전의 언어학이 가지고 있던 모든 것을 무근거하게 분별없이 부인하는 결과를 초래하였다.
>
> 엔. 야. 마르는 비교-력사적 방법을 <관념론적>이라고 요란스럽게 비난하고 있다. 그러나 비교-력사적 방법은 비록 중요한 부족점을 가지고 있지만 그래도 엔. 야. 마르의 실제 관념론적인 4요소 분석보다는 훌융하다고 말할 필요가 있다.
>
> 『스탈린 선집』(1965) 3(pp. 401~409), 김민수(1985: 104~109)에서 재인용. 맞춤법은 원문대로.

이러한 스탈린의 마르에 대한 비판은 30년간 구소련의 혁명의 언어학으로 군림하던 마르주의 종언을 고하는 것이었다. 스탈린은 언어의 기원은 물질적 생산력과 결부하여 설명하였는데 사람이 살기 위하여 생산하고 생산하기 위하여 손이 있으며 생산 수단으로서 도구가 발명되는 것인 것처럼 언어도 사회적 교섭의 도구로서 발전시켜온 것으로 보았다.

즉, 언어는 사회적 교섭의 도구며 사회적 공동작업에 불가결한 요소로서 생산과정의 필수적인 보조물로 보려는 것이다. 따라서 언어는 사회적 기초 위에 생산관계에 의해서 구조되는 정치·법제·종교·예술과 같은 상부구조 형태는 아니라는 것이다. 오히려 사회적 생산을 가능하게 하는 중요한 유대적(紐帶的) 요소로서 그 기초 구성의 필수조건이라는 것이다. 이에 대하여 스탈린은 다음과 같이 말하였다.

> 언어는 사회가 존재하는 전 기간을 통하여 작용하는 사회적 현상의 하나이다. 언어는 사회의 발생 발전과 함께 발생 발전한다. 또한 언어는 사회의 사멸과 함께 사멸한다. 사회를 떠나서는 언어가 없다.

> 언어는 사람들이 서로 교제하고 사상을 교환하며 호상간의 리해를 달성하는 수단이며 도구이다. 사상을 교환하는 것은 항시적이며 사활적인 필수조건이다. 그것은 사상교환이 없이는 자연력과의 투쟁에서나 필요한 물질적 부를 생산하는 투쟁에서 사람들의 협동 동작을 조직할 수 없고 사회의 생산활동에서 성과를 달성할 수 없으며 결국은 사회적 생산의 존재 자체가 불가능하기 때문이다.
>
> 우리말 역(1965)『스탈린 전집』3(pp. 418~419), 김민수(1985)에서 재인용. 맞춤법은 원문대로.

2.6.6.5. 또 스탈린은 언어는 전 민족적인 것이어서 비록 그 사용에 있어서 지역적·계급적인 방언의 차이는 나타날 수 있지만 계급적으로 다른 언어가 존재하지는 않는다는 전통적인 언어 정의를 재확인하였다.

그리고 언어의 2대 구성요소인 문법구조와 기본어휘는 변화하지 않음을 역설하여 마르가 주장한 이른바 사요소설(四要素說)을 부정하였다. 언어구조는 그 문법조직과 기초어휘가 몇 세대를 걸쳐 이룩된 역사의 소산이며 결국 언어는 역사적 산물이고 사회적 필요성에 의한 것이라는 종래 역사언어학적인 언어관으로의 회귀를 보인다.

> 씨족어로부터 종족어에로, 종족어로부터 준민족어로, 준민족어로부터 민족어에로의 가일층 발달에 관하여 말한다면 발달의 모든 단계마다 어디서나 사회의 인간 교제수단으로서의 언어는 사회에 공통적이고도 유일하였으며 사회적 지위에는 관계없이 사회의 성원들에게 평등하게 복무하여 왔다.
>
> 마르크스는 최고의 형태로서의 유일한 민족어의 필연성을 인정하였는데 이 최고형태에 최저 형태로서의 방언이 종속되는 것이다. 레닌의 말을 인증하고는 레닌이 자본주의 하에서의 두 가지 문화, 부르조와 문화와 프롤레타리아 문화가 존재한다는 것을 인정하였다는 것, 자본주의 하에서의 민족 문화의 구호는 민족주의적 구호라는 것을 상기시키군 한다. 이 모든 것은 옳으며 레닌은 여기에서 전적으로 정당하다. 그런데 여기 어디에 언어의『계급성』이 있는가?
>
> 이 동지들의 오유(誤謬를 말함-인용자)는 그들이 언어를 문화와 동일시하고 혼동하는 데 있다. 그러나 문화와 언어는 두 개의 서로 다른 산물인

> 것이다. 문화는 부르조와적일 수도 있고 사회주의적일 수도 있지만 교제의 수단으로서의 언어는 항상 전 인민적인 언어이므로 부르조와 문화에도, 사회주의 문호에도 복무할 수 있다.
>
> 우리말 역(1965)『스탈린 전집』 3(pp. 408-418), 김민수(1985)에서 재인용. 맞춤법은 원문대로.

그리고 사회를 구성하고 구성원들을 연결하는 것은 언어의 역할이며 한 사회에서 하나의 언어가 존재한다고 보아 마르주의자들이 갖고 있던 언어의 계급성을 부정하였다. 그리하여 스탈린은 언어를 "첫째 교제 수단으로서의 언어는 항상 사회에 유일적이며 그 성원들에게 공통적이다.

둘째 방언과 통용어의 존재는 전 인민적 언어의 존재를 부정하는 것이 아니라 오히려 확증하며, 방언과 통용어는 전 인민적 언어의 곁가지로서 전 인민적 언어에 종속되었다. 셋째 언어의『계급성』에 관한 정의는 그릇된 비 마르크스주의적 정의다"(전게『스탈린 선집』 같은 부분)라고 하여 언어는 전 인민에게 공통된 것으로 어떠한 계급성도 없다고 주장한 것이다.

2.6.6.6. 뿐만 아니라 스탈린은 언어가 상부구조에 속한다고 본 마르주의자들의 오류를 지적하였다.

> 토대란 사회의 일정한 발전 단계에 있어서의 사회의 경제 제도이다. 상부구조 - 이것은 사회의 정치적, 법률적, 종교적, 예술적, 철학적 견해들과 그에 상응하는 정치적, 법률적 및 기타의 기관들이다.
>
> 언어는 이러한 면에서 상부구조와는 근본적으로 다르다. 언어는 소여의 사회 내부에서 이런 또는 저런 토대, 낡은 또는 새로운 토대에 의하여 생겨난 것이 아니라 수세기에 걸친 사회의 력사 및 토대의 력사의 전행정에 의하여 생겨난 것이다. 그것은 어떤 한 계급에 의해서가 아니라 사회 전체에 의하여, 사회의 모든 계급들에 의하여, 수백 세대의 노력에 의하여 창조되었다. 그것은 어떤 한 계급의 요구가 아니라 사회 전체의, 사회의 모든 계급들의 요구를 만족시키기 위하여 창조되었다. 바로 그렇기 때문에 그것은 사회에 유일적이고 사회의 전체 성원들에게 공통적인 전

인민적 언어로서 창조된 것이다. 그러므로 인간 교제의 수단으로서의 언어의 복무적 역할은 한 계급에만 복무하고 기타 계급에는 불리하게 하는데 있는 것이 아니라 사회 전체, 사회의 모든 계급들에게 동일하게 복무하는 데 있다.

우리말 역(1965)『스탈린 전집』3(pp. 401~409), 김민수(1985)에서 재인용. 맞춤법은 원문대로.

이러한 주장에서 마르주의자들이 강조하던 상부구조에 속하는 언어의 계급성은 부정되며 이러한 주장은 중대한 오류라고 선언하였다. 즉 스탈린은 "첫째 마르크스주의자는 언어를 토대 위에 서 있는 상부구조로 간주할 수 없다. 둘째 언어를 상부구조와 혼동하는 것은 엄중한 오유를 범하는 것을 의미한다."(『스탈린 선집』3 위와 같은 곳)라고 하여 마르주의 잘못을 지적하였다.

다만 스탈린의 이러한 마르주의의 비판은 그 자신의 창의적인 의견이 아니라 뽈리봐노프(Plivanov) 등에 의하여 이미 비판된 것이며 바흐친(Baxchin) 등이 러시아혁명 직후에 주장된 것이다. 물론 이것은 초기 마르크스-엥겔스에 의하여 주장된 유물론적 언어관에 근거하는 것이다. 이러한 구소련의 언어관은 스탈린에 의하여 공식화되었고 구소련의 위성국들에게 지대한 영향을 끼쳤다.

7) 20세기 후반의 후기 구조주의 언어학

2.6.7.0. 20세기 서양의 언어학은 촘스키(Noam Chomsky, 1928~)를 분기점으로 하여 그 이전과 이후로 나누어진다.[135] 촘스키가 1957년에 발표한『통사구조(*Syntactic Structure*)』(Mouton, The Hague, 이하 <통사구조>로 약칭)는 불과 116쪽의 소책자였다. 29세의 청년이 쓴 이 책은 미국에서 간행해 줄 출판사가 없었지만 유럽의 전통 있는 출판사에서는 이 책의 가치를 간파하여 간행하였다.

이 작은 책에서 주장한 언어연구 방법이 이른바 20세기의 후기 구조주

135 1970년대 이후의 한국어 연구에서도 촘스키의 영향을 받지 않은 연구를 필자와 주변의 연구자들이 농담으로 BC의 논문으로 불렀다. 즉, 'Before Chomsky'란 의미로 본 것이다.

의 새로운 언어 연구를 가져온 혁명적인 변형생성문법론(transformational generative grammar)이다. 여기서 언어 이론이 아니고 문법론이라고 한 것은 '문법(grammar)'이 종래의 의미와 달리 '언어이론'의 뜻으로 쓰인 것이다. 이 명칭에서 언어에 적용되는 여러 규칙들이 마치 문법처럼 비친 것이다.

변형과 생성은 또 다른 의미가 있다. 같은 의미의 문장이 여럿 가능한 것은 같은 내용의 문장이 여러 형태로 변형(transform)하기 때문이라는 것이다. 또 이러한 변형을 지배하는 규칙들이 있고 이 규칙들은 문법으로 본 것이다. 또 의미를 가진 문장을 생성(generate)할 때에도 일정한 규칙의 지배를 받는다는 것이다. 이러한 규칙들, 즉 변형하고 생성하는 규칙들을 찾아내는 것이 언어학의 과제로 삼은 것이다.

촘스키(Chomsky, 1957)의 변형생성문법론은 19세기의 언어 연구를 혁명적으로 바꾸었다. 우선 음운이나 형태 중심의 '밑에서 위로'라는 언어 연구의 모토가 사라진 것이다. 그리하여 그동안 등한하였던 통사론이 언어 연구의 중심이 되어 '위로부터 밑으로'의 언어 연구가 살아난 것이다. 그리고 또 금기로 여겼던 의미의 기준도 등장하였으니 소위 '언중(言衆)의 직관(intuition)'이 문법의 중요한 기준이 되었다.

2.6.7.1. 촘스키의 역저인『통사구조(*Syntactic Structure*)』(1957)가 출판되었을 때에 미국의 언어학계는 경악(驚愕)을 금치 못하였다. 당시 미국의 저명한 심리학자였던 매클레이(Howard Maclay)는 1930년대 이후의 미국 언어학을 개관하면서 <통사구조>에 대하여 "트라우마(trauma)가 생길 정도의 이례적인 것이었다. [중략] 도저히 이해할 수 없을 정도였다" (Maclay, 1971: 163)라고 충격을 받았음을 밝혔다.

또 영국에서 언어학사로 유명한 로빈스(R. H. Robins)는 "촘스키의 <통사구조>가 공간되어 언어의 기술과 분석은 가슴이 두근거릴 정도의 큰 소동에 빠졌다"(Robins, 1971: 33)라고 하여 이 책이 얼마나 파격적인 내용이었는가를 말해주고 있다. 특히 라이온즈(John Lyons)는 촘스키의 <통사구조>에 대하여 "짧으면서 전문적인 색채가 비교적 엷은 책이지만 언어의 과학적인 연구에 혁명을 불러일으켰다"(Lyons, 1970a: 1)라고 평가하였다.

촘스키(Chomsky, 1957)에 의해서 창도(唱導)된 변형생성문법은 이제까지 어떤 시대의 언어 연구와 비교해도 독특하고 혁신적이었다. 또 어느 언어 연구보다도 강력해서 20세기 후반에는 이 연구방법이 세계의 언어학계를 석권(席捲)하게 된다. 따라서 변형생성문법론은 20세기 언어 연구의 대미(大尾)를 장식했다고 해도 과언이 아니다. 인류가 인지(認知)의 발달과 더불어 언어 연구의 혁명을 가져온 것이다.

다만 변형생성문법론은 초기의 이론을 여러 번 수정하였다. 촘스키 자신에 의하여 주요 내용이 수정된 것이 무려 9차례나 된다. 이제는 어느 정도 정착한 이론으로 인정되지만 한 때는 1년이 멀다하고 수정에 수정을 거듭하였다. 그리하여 불안정한 상태의 언어 이론으로 지탄을 받기도 했다. 여기서는 촘스키의 변형생성문법론을 중심으로 서양에서 일어난 20세기 후반의 언어 연구를 고찰하고자 한다.

2.6.7.2. 촘스키는 구조주의 언어학 속에서 자라났다. 지도교수가 미국 구조주의 언어학의 거장(巨匠)인 해리스(Z. S. Harris)였으며 그의 지도 아래에 펜실베이니아(Pennsylvania)대학에서 작성된 촘스키의 석사논문인 "Morphophonemics of Modern Hebrew"(Chomsky, 1951)는 구조주의 언어학의 색채가 매우 강한 논문이었다.

당시 그가 추종했던 미국 구조주의 언어학은 데이터에서 추출이 가능한 요소를 간결하게 분류하는 방법에 지나지 않았지만 촘스키는 "인간의 언어로 될 수 있는 모든 것"이 가진 특징을 엄밀하게, 그리고 형식적으로 규정하는 것을 언어학의 목표로 삼았다. 즉, 문법적 조작으로서 언어를 실제로 생겨나게 하는 것과 생겨나지 못하는 것을 될 수 있는 대로 명확하게 구별하는 것이 언어학의 중요한 과제였다.

그러다가 그의 박사학위논문인 Chomsky(1955b)의 "Transformational Analysis"와 전술한 Chomsky(1957) 이후로 그는 구조주의 언어학과 결별하고 새로운 언어 연구를 시작하였다. 그의 연구를 후기 구조주의 언어학(post-structural linguistics)으로 보는 이유가 여기에 있다. 그는 초기 구조주의 언어학에서 등하하게 여겼던 사피어(E. Sapir)의 언어 연구로 회귀한 감이 있다.

그가 할레(Halle)와 공저한 *The Sound Patterns of English*(Chomsky·Halle, 1968)는 사피어의 'sound patterns'(Sapir, 1925)를 이어받은 것이다. 이것은 언어의 음성(sound)이 결코 물리적 현상만으로 파악할 것이 아니라 그 배후에 있는 개념적인, 음성의 심리적인 투영을 강조한 것이다. 이것은 오히려 Sapir(1933)의 "La réalité psychologique des phonèmes(The psychological reality of phonemes)"의 음성 인식을 좇았다고 볼 수 있다.

2.6.7.3. 변형생성문법은 미국 구조주의가 표방한 구조 중심적(structure centered)인 연구에서 벗어나지 않았다. 이런 점에서 촘스키의 언어 연구가 신 블룸필드학파의 전통을 이어받았다고 볼 수 있다. 그리고 이 연구를 후기구조주의(post-structuralism)로 보는 이유가 여기에 있다.

촘스키가 구조주의 언어학의 연구 방법, 특히 표면적인 언어 구조를 잘라내서 분류를 하는 작업의 잘못을 깨달은 것은 그가 1953년에 대서양을 건널 때의 일이라고 회상하였다(Chomsky, 1979). 흔들리는 배안에서 뱃멀미를 하면서 구상한 거대한 통사 구조에 대한 그의 생각은 1년 반도 안 돼서 1천 쪽이 넘는 Chomsky(1955a)의 <언어이론의 논리적 구조>로 나타났다.

그리고 1년이 지나서 드디어 <통사구조(*Syntactic Structure*)>(Chomsky, 1957)가 출판되어 미국 구조주의 언어학에 대한 그의 혁명이 시작된 것이다. 이 책에서 그는 그동안의 언어 연구에서 문(文)을 외측에서 그 표면적인 형식을 분석해갔으나 그는 문(文)을 내측에서 생성해간다고 보았던 것이다. 이로부터 음운 연구로부터 문장 연구로 언어 연구의 초점이 옮겨갔다.

그의 연구를 변형생성문법(transformational generative grammar)으로 부르는 이유는 변형(transform)과 생성(generate)의 개념이 그의 언어 연구의 주축임을 말한다. 변형(變形)이란 어떤 원형(原形)이 있고 그로부터 바뀐다는 뜻이다. 여기서 원형은 불변의 요소를 말하고 변형은 어떤 규칙의 지배 아래에 바뀌는 현상을 말한다.

논리학(論理學)에서 '변형(變形)'은 실질이 변하지 않고 표현이나 정식(定式)에서 모습을 바꾸는 것을 말한다. 낮은 차원에서 불규칙성이나 변이형들이 보다 높은 차원에서는 규칙성이나 동일성으로 환원할 수 있음을 말한다. 변형생성문법에서 변형은 반드시 이것과 일치하지는 않지만 매우 유사한 개념이다.

하나의 의미를 가진 문장은 여러 가지로 변형할 수 있으며 이때에는 반드시 일정한 규칙이 따르게 된다. 이러한 규칙을 문법(grammar)이라고 한 것이다. 또 하나의 의미를 표현하기 위하여 여러 문장을 생성할 수 있다. 물론 여기에도 규칙이 따르는데 이것도 문법이라는 것이다. 변형생성문법이란 이와 같이 문장을 변형하거나 문장을 생성해내는 규칙, 즉 문법의 연구를 말한다.

여기서 당연히 문제가 되는 것은 '문법의 구조'라고 할 수 있다. 인간이 스스로 언어를 발명하여 사용하는 동안 그 안의 이를 지배하는 규칙, 즉 문법을 마련하여 언어를 설계하였다. 따라서 이러한 언어의 해명은 설계된 문법의 구조를 살핌으로써 가능하다고 본 것이다. 언어를 통하여 인간정신의 역할을 살핀다는 원대한 목적이 변형생성문법의 이론에 들어있었다.

이로 인하여 이러한 언어 연구는 구조주의 언어학과는 달리 심리학, 생리학, 사회학, 철학, 수학, 전자공학 등의 여러 분야에서도 관심을 갖게 되었다. 그리하여 인문학의 중심에 다시 언어학이 그 중심 자리를 잡게 되었다. 특히 현대의 인공지능 연구에서 언어의 생성은 당면한 초미(焦眉)의 과제이기도 하기 때문이다.

2.6.7.4. 이러한 변형생성문법의 연구에는 당연히 인간의 언어 습득의 문제, 보편문법의 문제 들이 거론되었다. 그리고 언어능력(competence)과 언어운용(performance)의 논의가 뒤를 이었다. 언어운용에서는 변형 이전의 언어 차원에 대한 논의에서 또한 당연하게 심층구조와 표면구조에 대한 논의를 불러일으키게 되었다.

어린 아이들의 언어 습득 과정을 종래의 경험론에 의한 것이 아니라 합리론에 입각해서 아이들의 언어 습득이 유전적이며 생득적(生得的)임을 갈파하였다. 또 인간정신이 만국 공통이라고 본다면 보편문법(universal grammar)도 가능하다고 보았다. 그리하여 인류의 모든 언어에 적용할 수 있는 다음과 같은 보편문법을 제시하였다.

〔표 2-2〕 보편문법[136]

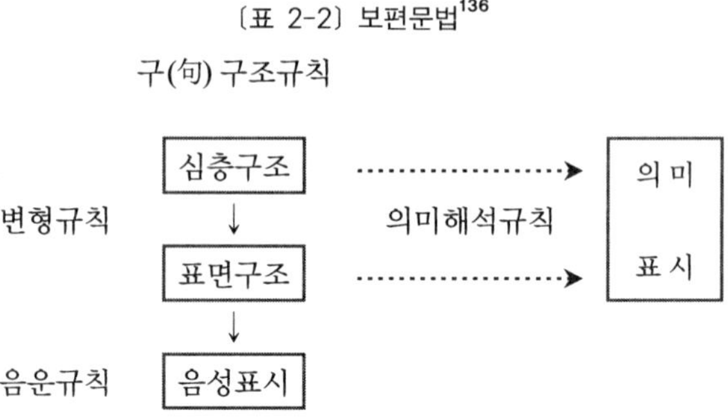

이러한 보편문법에 의하면 언어의 가장 근저(根底)에 구 구조규칙이 있어 이것으로 언어의 심층구조(deep structure)가 형성되며 이 심층구조에 변형규칙(transformational rule)이 적용되어 표면구조(surface structure)가 형성된다고 보았다. 그리고 이 언어의 표면구조에 음운규칙(phonological rule)이 적용되어 음성 표시로 언어가 발화된다고 본 것이다. 한편 심층구조와 표면구조에서 의미해석규칙(semantic interpretational rule)이 적용되어 언어의 의미 표시(semantic representation)가 된다는 것이다.

이들의 상호 관계에 대하여는 Chomsky(1965: 16)에서 다음과 같이 밝혀두었다.

> [문법의 음운부문(phonological components)이 문(文)의 음성형식을 결정하는 것에 대하여] 의미부문은 문의 해석을 결정한다. 즉, 이 부문은 통사부문(syntactic components)에 의해서 생성된 구조를 어떤 의미 표시에 연결시켜주는 것이다. 따라서 음운부문, 의미부문은 둘 다 순수하게 해석적(interpretive)이다. 두 부문은 모두 형식소(formative), 그 내재적 특수성 및 문(文) 중에서 그들 형식소의 상호 관계에 관해서 통사부문에 의해서 주

---

136 이 술어는 구 구조규칙(phrase structure rule), 변형규칙(transformational rule), 의미해석규칙(semantic interpretation rule), 음운규칙(phonological rule), 심층구조(deep structure), 표면구조(surface structure), 음성표시(phonetic representation), 의미표시(semantic representation)이다.

> 어지는 정보를 이용한다. 그러므로 문법의 통사부문으로서는 각각의 문(文)에 대해서 그 문의 의미해석을 결정하는 심층구조(deep structure)와 그 문의 음운해석을 결정하는 표면구조(surface structure)를 지정하지 않으면 안 된다. 이 가운데 심층구조는 의미부분에 의해서 해석되고 표면구조는 음운부문에 의해서 해석된다. 필자 번역.

이러한 촘스키의 의미부문(semantic components)에 대한 주장은 종래의 의미론과는 거리가 있었다. 그리하여 한 때 Chomsky(1965)의 표준이론(Standard Theory)에서 의미에 대한 많은 논의가 있었다.

2.6.7.5. 위에서 주장된 촘스키의 보편문법은 Aspect로 약칭되는 Chomsky의 *Aspect of the Theory of Syntax*(Chomsky, 1965)에서 정리된 것이다. 촘스키의 Aspect는 그가 몇 차례 시행착오를 거친 초기의 이론을 종합하였다. 그리고 이 책이 변형생성문법론을 가장 잘 보여준다고 생각해서 출판된 지 얼마 안 되어 이 책의 이론을 표준이론(standard theory)으로 불렀다.

그러나 이를 보완하기 위하여 1972년에 확대표준이론(extended standard theory)을 발표하고(Chomsky, 1972a,b) 뒤를 이어서 1970년대 중반에 증보확대표준이론(revised extended standard theory)이 나오게 된다(Chomsky, 1975a, b). 이후 계속해서 촘스키는 자신의 이론을 수정하여 발전시킨다.

그리하여 Chomsky(1981, 1982)의 지배구속이론(government and binding theory)으로 한 걸음 나아가고 Chomsky(1986)의 장벽이론(barriers theory)에서 한층 더 발전한다. 그리고 1990년대에 최소주의 이론(theory of minimalism)으로 그의 이론은 다시 수정되었다. 촘스키는 끊임없이 자신의 이론을 수정하고 보안하였으며 또 발전시켰다.

이러한 그의 생각은 언어학의 경계를 넘어 인접학문에도 지대한 영향을 끼치게 되었다. 촘스키가 20세기의 후반에 혜성과 같이 나타나서 이 시대 언어학의 대미(大尾)를 장식했다고 보는 이유가 여기에 있다.

언어학사로 본 20세기까지의

한국어 연구사

제3장

고대시대 한반도의 언어와 문자

제3장 목차

3.0.0. 앞의 제1장 서론에서 한국어 연구사의 서술에는 언어학의 이론에 의거하여 본격적으로 우리말을 연구하지 못하던 시대의 한국어의 연구도 포함되어야 함을 여러 차례 강조하였다. 특히 훈민정음 창제와 같이 과학적이고 체계적(體系的)인 한국어의 연구를 수반하였을 경우는 물론이고 그 이전에 우리 선인(先人)들이 언어에 대한 의문이나 관심, 그리고 그를 문자로 표기하려는 여러 가지 모색도 한국어학사에서 논의할 필요가 있다고 주장하였다.

실제로 고대시대에 우리 선인들이 갖고 있던 한국어에 대한 다양한 의식이나 우리말을 표기하려는 끊임없는 노력은 후일 훈민정음을 발명하는 원동력이 되었으며 이 시대에 쌓아 온 우리말 연구의 기본 정신은 오늘날의 한국어 연구에서도 밑바탕을 이루고 있다. 따라서 이 시대는 한국어의 연구에 있어서 찬란한 새 아침을 준비하는 신 새벽의 여명(黎明)과 같은 시기라고 할 수 있다.

3.0.1. 또 제2장 간추린 동, 서양 언어학사에서 인류가 어떻게 언어를 의식하고 이를 학문으로서 고찰하였는가를 살펴보면서 한국어의 연구에서도 시대적으로 동양의 다른 언어 연구가 도입되었을 가능성을 살펴보았다. 그리고 모든 학문은 하루아침에 갑자기 이뤄지는 것이 아님을 강조하였다.

특히 그동안 우리가 등한하게 보았던 고대인도의 언어 연구가 불경을 통하여 한반도에 도입되어 한글 창제의 기반이 되었음을 필자의 최근 논저에서 주장되었다(졸고, 2016b; 졸저, 2019b). 훈민정음 <해례본>에서 설명된 각 글자에 대한 음운론적 해설은 15세기의 어떠한 언어학으로도 설명할 수 없고 오직 불경 속에서 찾아낸 비가라론(毘伽羅論)의 성명기론(聲明記論)으로만 그 설명이 가능함을 역설하였다.

필자는 졸고(2016b)에서 훈민정음 <해례본>의 「제자해(制字解)」와 다른 해례에서 논급된 음성학 내지는 음운론의 이론들이 대부분 불경 속에 전해지는 성명기론으로 설명해야 가능함을 주장하였다. 이것은 고대인도의 음성 연구 이론이 불경 속에 들어 있어 이 땅에 전달되었기 때문이다.

또 제2장에서 고대인도의 비가라론(毘伽羅論)이란 문법이론이 알렉산더 대왕의 인도 침입으로 고대희랍에 전달되었고 급기야 알렉산드리아 학파의 드락스(Thrax)는 이 이론으로 그의 Thrax(2C. B.C.)에 의해서 희랍문법이 완성되었다고 보았다. 반면에 같은 고대인도의 언어이론이 한반도에 전달되어 한글이란 표음문자의 제정에 이론적 근거가 되었던 것이다.

한글이 우수한 문자인 것은 영명하신 세종대왕이 사상 유례가 없는 문자를 독창적으로 발명하셨기 때문이 아니라 이러한 우수한 음성학의 이론에 근거하여 문자를 제정하였기 때문이다. 한글을 신화적으로 설명하기 보다는 이쪽이 훨씬 납득하기가 쉽다. 따라서 고대시대에 한반도의 언어 연구는 어떻게 진행되었는지 살펴볼 충분한 가치가 있다.

다음에 그 에 대하여 좀 더 구체적으로 살펴보기로 한다.

1. 시대의 개관(概觀)

3.1.0.0. 이 시대는 아득한 선사(先史)시대부터 역사가 기록된 삼국시대(三國時代), 그리고 삼국이 통일된 통일신라시대, 고려시대의 한국어 연구에 관하여 이 장(章)에서 살펴보고자 한다. 우리 민족의 가장 오래된 정사(正史)인 『삼국사기(三國史記)』, 그리고 불가(佛家)의 입장에서 서술한 『삼국유사(三國遺事)』에서는 우리 민족의 시작을 기원전 24세기에 건국한 단군조선(檀君朝鮮)[1] 조선으로 서술하고 있으나 실제로는 고구려

---

1 檀君朝鮮에 대하여는 『三國史記』와 『三國遺事』를 참고하고 '朝鮮'이란 명칭의 유래에 대하여는 여러 가지 의견이 있다. 즉, 申采浩와 鄭寅普는 '조선'이 같은 음을 지닌 만주어의 '珠申'에서 온 것으로 보았으며(申采浩, 『朝鮮上古文化史』, 351~369; 鄭寅普, 『朝鮮史硏究』, 51-52) 원래 만주어로 '珠申'은 '所屬'을 의미하는 것으로 '肅愼'도 이의 轉音으로 보기도 한다(『滿洲源流考』). 소속을 의미하는 珠申으로부터 의미가 傳訛하여 '管境'을 뜻하게 되었고 이로부터 '珠申'은 國號를 의미하게 되었다고 보았다. 朝鮮과 肅愼은 동일한 뜻을 지닌 호칭으로 보아서 같은 '珠申'으로부터 온 것이라는 견해다. 그러나 양주동은 고대 朝鮮族은 태양 숭배의 신앙을 가졌고 이 민족이 이동하면서 도처에 '붉'이나 '새'의 지명을 남겼으므로 '朝'를 '붉'으로 '鮮'을 '새'로 해석하여 조선은 '붉새'의 훈차표기임을 주장하였다(梁柱東, 1942: 380-391). 李丙燾(1977)에서는 『三國遺事』 '古朝鮮' 조에 나오는 '朝鮮'과 '阿斯

(高句麗), 백제(百濟), 신라(新羅)의 삼국이 정립(鼎立)한 삼국시대에 이르러 비교적 믿을 만한 역사의 기록을 찾을 수 있다.

물론 단군(檀君) 조선, 기자(箕子) 조선,[2] 위만(衛滿) 조선 등 고조선(古朝鮮)에 관한 기록이 아주 없는 것도 아니어서 그 시대의 표기수단의 발달이라든지 고조선인(古朝鮮人)들의 언어 의식도 이 장에서 다룰 수 있다. 즉, 중국으로부터 이주해온 기자(箕子)에 의하여 건국된 기자조선(箕子朝鮮)의 경우에도 그것이 사실이라 한다면 많은 중국문물이 그와 함께 들어왔을 것이다.[3]

특히 중국의 진(秦)과 한(漢)이 교체되는 시기에 연왕(燕王) 노관(盧綰)의 부하 위만(衛滿)이 고조선의 준(準)왕을 축출하고 세운 위만조선(衛滿朝鮮, 194~108 B.C.)은 왕검성(王儉城)에 도읍을 정하였으며 한(漢)과 결약하여 주위의 여러 부족국가를 지배하였다. 따라서 위만조선 때에는 많은 중국의 문화가 유입되었을 것으로 보인다.[4]

達'에 대하여 전자는 국가 이름이고 후자는 수도의 명칭이지만 결국은 같은 의미로서 '朝鮮'은 '阿斯達'의 중국식 模寫 표기라고 주장하였다.

2 기자조선은『史記』(권38) '宋微子世家'에 殷이 멸망할 때 周武王이 賢人 箕子를 朝鮮의 王으로 封했다는 기록에 의거하여 그 존재를 인정하고 있으나 중국의 正史로서 본격적인 朝鮮의 역사를 기록한『史記』(권115) '朝鮮列傳'에 箕子에 관한 사실이 전무한 점을 들어 그 존재를 의심하는 사학자들도 없지 않다.

3『東國通鑑』권1 '箕子朝鮮'에 "箕子率中國五千人 入朝鮮 其詩書禮樂醫巫陰陽卜筮之流 百工技藝皆從而往焉 旣至朝鮮 言語不通 譯而知之(하략) ― 기자가 중국인 오천을 거느리고 조선에 들어왔다. 시, 서, 예, 악, 의, 무, 음양, 복무 따위와 백가지 공예 및 기술이 모두 따라 왔다. 조선에 이르러 언어가 통하지 않아 번역하여 알았다"라는 기사를 참고할 것.

4『삼국유사』권1 '衛滿朝鮮' 조에 "前漢朝鮮傳云: 自始燕時, 常略得眞番朝鮮, {師古曰: 戰國時燕國始略得此地也} 爲置吏築障, 秦滅燕屬遼東外徼, [中略] 燕王盧綰反入匈奴, 燕人魏滿亡命, 聚黨千餘人, 東走出塞. [中略] 王之都王儉, ― <전한>「조선전」에 이르기를 '처음 연 나라 때부터 일찍이 진번과 조선을, {師古가 말하기를 전국시대에 연 나라가 처음으로 이 땅을 공략해 얻었다고 함} 공략하여 관리를 두고 장새를 쌓았는데 진나라가 연 나라를 멸하고 요동의 외경(外境)에 소속시켰다. [중략] 연왕 노관이 배반하여 흉노로 들어가니 연 나라 사람 위만(魏滿 - 衛滿)이 망명하여 무리 천여 명을 모아서 동으로 달아나 [중략] 왕이 되고 왕검성에 도읍하였다"와 司馬遷의『史記』(권115)「조선열전」(제55)에 "朝鮮 {潮仙二音, 括地志云: 高驪都平壤城. 本漢樂浪郡王險城. 又古云朝鮮地也.} 王滿者, 故燕人也. {案漢書, 滿燕人. 姓衛, 擊破朝鮮而自王之. 自始全燕時, {註略} 嘗略屬眞番, {註略} 朝鮮, {註略} 爲置吏. 築障塞, 秦滅燕屬遼東外徼. 漢興, 爲其遠難守, 復修遼東故塞. 至浿水爲界,

또 전한(前漢)의 무제(武帝)가 위만조선을 멸망시키고 그 영토에 낙랑(樂浪), 진번(眞番), 임둔(臨屯), 현토(玄菟)를 설치한 한사군(漢四郡, 108 B.C.~313 A.D.) 때에도 적지 않은 중국의 문물(文物)이 한사군의 세력이 미치는 한반도의 한강 이북에 유입되었을 것으로 보인다. 이 때에 중국어와 토착어와의 접촉이 있어 언어에 대한 새로운 의식이 생겨났을 것이다.

또 중국 한자(漢字)가 본격적으로 전래되어 사용되면서 외래 문자의 표기에 있어서 여러 가지 문제점이 대두되어 여러 가지 언어 연구가 있었겠지만 자료의 부족으로 현재로서는 이 시대의 한자 표기에 대하여 자세한 언급이 불가능한 형편이다. 따라서 삼국시대부터 비교적 사실(史實)에 입각한 역사의 서술이 가능하다.

3.1.0.1. 대체로 신라의 시작을 B.C. 57년으로 보고 고구려의 건국은 B.C. 37년, 그리고 백제의 건국을 B.C. 18년으로 볼 때에 삼국은 대체로 서력기원(紀元)을 전후한 시기에 이루어졌음을 알 수 있다. 그렇다면 우리가 살펴 볼 수 있는 선조들의 언어에 대한 관심이나 의식의 역사적 기록은 기껏해야 2천년을 넘지 못한다.

거기다가 삼국시대에 관하여 기술한 것은 아주 단편적이고 지엽적이어서 우리말의 연구사를 제대로 서술하기에는 역부족이라는 느낌마저 갖게 된다. 그나마 남아있는 자료도 우리의 문자에 의한 것이 아

{註略} 屬燕, 燕王盧綰反, 入匈奴, 滿亡命. [註略} 聚黨千餘人, 魋結蠻夷服而東走出塞, 渡浿水, 居秦空地上下障. {註略} 稍役屬眞番, 朝鮮蠻夷及故燕齊, 亡命者王之, 都王險. {註略} ㅡ 조선의 {潮·仙 2음이다. <괄지지>에 말하기를 고려가 평양성에 도읍하였는데 이는 본래 한의 낙랑군 왕검성(王險城)이다. 또 옛날에 이르기를 조선의 땅이라고도 하다} 왕 만(滿)은 옛 연(燕)나라 사람이다. {<한서>에 의하면 만(滿)은 연(燕)나라 사람으로 성은 위(衛)이며 조선을 격파하고 스스로 왕이 되었다}. 처음 연나라의 전성기부터 일찍이 진번과 조선을 공략하여 복속시키고 관리를 두어 국경과 요새에 성을 쌓았다. 진(秦)이 연(燕)을 멸한 후에는[그 곳을] 요동 外徼(요)에 소속시켰으며 한(漢)이 일어났을 때에는 그 곳이 멀어 지키기 어려우므로 다시 요동의 옛 요새를 수리하고 패수(浿水)를 경계로 하여 연(燕)에 부속시켰다. 연왕 노관(盧綰)이 반역하여 흉노로 들어가자 만(滿)도 망명하였다. 천여인의 무리를 모아 상투를 짜고 오랑캐의 복장으로 동쪽으로 도망하여 [요동의] 요새를 나와 패수를 건너 진의 옛 빈 터인 상하장(上下障)에 살았다. 점차 진번과 조선의 만이(蠻夷) 및 옛 연(燕)·제(齊)의 망명자들을 복속시켜 거느리고 왕이 되었으며 王險에 도읍을 정하였다."라는 기사를 참조할 것.

니고 거의 모두가 한문이나 한자를 빌려 차자(借字)표기한 것이기 때문에 이 시대의 한국어 연구사는 참으로 피상적인 기술밖에 이루어질 수 없다.

다만 남한에서 최근 발굴한 백제의 유적들과 북한에서 이루어지고 있는 고구려 유적의 발굴이 삼국시대 고구려와 백제의 언어생활을 규지(窺知)할 수 있는 자료를 조금씩 찾아내고 있어 앞으로 이러한 연구에 기대하는 바가 적지 않다.

신라의 삼국통일은 신라와 당나라의 연합군이 백제를 멸망시키고 (663 A.D.) 이어서 고구려를 망하게 함으로서(668 A.D.) 이루어졌다. 그러나 발해(渤海)가 건국하여(699 A.D.) 한민족의 남북 분단은 계속되었다. 통일 시라시대에 들어와서도 사정은 그렇게 다르지 않으나 비교적 삼국시대보다 더 많은 자료와 정확한 기록을 구할 수 있어 다른 분야와 같이 한국어학사에서도 비교적 신빙성 있는 기술이 가능하다.

남한의 여기저기에서 발견되는 통일신라시대의 비문(碑文)을 비롯한 금석문(金石文) 자료와 극소수이지만 몇 개의 문헌 자료들이 남아있어 이 시대의 우리말과 그 표기에 관하여 여러 가지 정보를 제공해 주고 있다.

3.1.0.2. 고려의 건국은 개성(開城)으로 도읍을 정하여 언어와 문화의 중심지가 한강(漢江) 이북으로 바뀌는 중요한 변화를 가져왔다. 고려시대에 들어와서는 통일신라에 비하여 비교적 많은 문헌자료를 이용할 수 있으며 이 시대의 변화된 언어를 반영하는 외국 자료도 있어서 비교적 상세한 연구가 가능하다.

특히 고려 초기에 작성된 <삼국사기(三國史記)>와 <삼국유사(三國遺事)> 등의 자료와 그 외에 고려시대의 많은 자료들, 그리고 조선시대 작성된 고려조에 관한 여러 기록과 연구들은 이 시대의 한국어 연구에 대하여 어느 정도 구체적인 윤곽을 살펴 볼 수 있게 한다.

20세기 말에 잇달아 발견되는 고려시대의 석독구결(釋讀口訣) 자료들은 이 시대의 차자표기(借字表記)가 지금까지 알고 있던 것과는 매우 다르고 복잡하며 그 전통이 훈민정음 창제 이후 한글표기에까지 영향을 끼쳤음을 알 수 있다.

이 시대의 모든 기록은 한문으로 되었고 당시 한국어의 표기도 한자의 발음과 뜻을 빌리는 차자표기의 방법이 주종을 이루고 있다. 따라서 이 시대의 한국어와 한국어연구는 한문 자료, 즉 중국어 자료와 차자표기의 양대 자료를 중심으로 고찰할 수 있다. 이 장(章)에서는 주로 삼국시대에 우리 선인들이 가졌던 우리말에 대한 의식으로부터 시작하여 고려 말과 조선 건국초기까지에 우리말의 차자표기에 대한 연구를 살펴보고자 한다.

1) 시대의 특징

3.1.1.0. 전술한 바와 같이 고조선이나 부여(扶餘)와 삼한(三韓), 그리고 한사군(漢四郡, 108 B.C.~313 A.D.) 등 삼국시대 이전의 역사에 대하여는 자료의 부족으로 상세한 서술이 어렵다. 다만 국내외 사적(史籍)에 전해지는 단편적인 기록에 의거하여 당시의 사정을 추측할 뿐이다.

삼국시대에 들어와서 비로소 역사의 서술이 어느 정도 가능하게 되었는데 삼국의 국가 형성을 보면 고구려가 태조 대(太祖代, 53~146 A.D.), 백제는 고이왕대(古爾王代, 234~286 A.D.), 신라는 나물왕대(奈勿王代, 356~402 A.D.)에 봉건적인 국가형태가 이루어져 삼국의 역사적 발전에서 차이가 있다. 중국의 문물의 유입도 삼국이 서로 다른 양상을 보인다.

B.C. 6~5세기의 공자(孔子)와 B.C. 4~3세기의 맹자(孟子)에 의하여 수립된 유학(儒學)은 위만조선(衛滿朝鮮)이나 한사군(漢四郡) 시대에 이미 이 땅에도 유입되었으며 한문(漢文)도 함께 전래되었다. 따라서 삼국시대에는 한자(漢字)가 지식층에게는 널리 알려진 문자였던 것으로 보인다.

예를 들어 고구려에는 국초에 작성된『유기(留記)』(100권)와 태학박사(太學博士) 이문진(李文眞)이 쓴『신집(新集)』(5권, 600 A.D.)이란 고구려 역사의 기록이 있었다고 하고 백제에서는 박사 고흥(高興)의『서기(書記)』(375 A.D.)가 있었으며, 신라에서도 진흥왕(眞興王) 6년(545 A.D.)에 대아찬(大阿湌) 거칠부(居柒夫) 등이 편찬한『국사(國史)』가 있었다고 한다. 모두 한문으로 자국의 역사를 기록한 것이다.

이러한 역사서가 편찬되었다는 기사를 보면 삼국시대에 한자와 한문이 어느 정도로 일반화되었음을 알 수 있다. 적어도 한문(漢文)을 이해하는 지식층이 있었고 당시에 그들은 한자로 문자 생활을 한 것으로 보인다. 특히 고구려는 중국의 한족(漢族)과 인접하여 있으면서 한사군을 병합(倂合)하는 등 삼국 가운데 중국의 선진 문물을 가장 먼저 수입하였다.

3.1.1.1. 뿐만 아니라 한자와 한문을 교육하는 학교도 설치되어 운영되었고 불교(佛敎)의 전래는 한문으로 쓰인 불경(佛經)을 읽지 않을 수가 없었다. 따라서 불교의 유입은 유경(儒經)의 고문(古文)이 아니라 불경(佛經)은 통어(通語)를 기반으로 한 변문(變文)으로 되어서 이러한 변체 한문을 익히지 않을 수가 없었다.[5] 고구려, 백제, 신라의 학교 설치와 불교 전래를 예를 들어보자.

고구려에서는 소수림왕(小獸林王) 2년(372 A.D.)에 중국식의 교육기관인 태학(太學)을 설치하고 이어서 경당(扃堂)이라는 사숙(私塾)도 생겨나서 한문과 유학을 교육하였다. 백제도 일찍부터 중국의 한문과 유교를 수입하였으며 근초고왕(近肖古王, ?~375 A.D.) 때에는 아직기(阿直岐)와 왕인(王仁)이 일본에 한자와 유교 경전을 전달하였다.

또 백제에서 침류왕(枕流王) 1년(384 A.D.)경에 학교를 설치하였으며 박사 및 학사제(學士制)를 운영하여 오경박사(五經博士), 의학사(醫學士), 역학사(曆學士)의 직제를 두었다. 그리하여 제25대 무령왕(武寧王) 대에는 단양이(段楊爾), 고안무(高安茂) 등의 오경박사(五更博士)를 일본에 보내어 유학을 전파시킨 바가 있다.

신라는 이보다 늦게 진덕여왕(眞德女王) 5년(651 A.D.), 또는 신문왕(神文王) 2년(682 A.D.)에 국학(國學)을 설치하고 중국의 경전을 교육하였다. <삼국사기>(권38) 「잡지(雜志)」 '국학(國學)'조에 '주역(周易), 상서(尙書), 모시(毛詩), 예기(禮記), 춘추(春秋), 좌씨전(左氏傳), 문선(文選)' 등을 가르쳤다는 기사가 있다.[6] 이러한 교육을 통하여 한문과 한자를 사용하는 지

---

5 중국어의 역사에서 春秋戰國시대까지는 東周의 서울인 洛陽의 언어를 기반으로 하는 雅言이 학문의 언어였으며 진 이후의 서북방언이 공통어가 되어 이를 通語, 또는 凡通語라 부른다. 이에 대하여는 졸고(2003b)와 졸저(2011: 31~32)를 참고할 것.

식층이 적지 않게 형성되었을 것이다.

한편 후한(後漢) 영평(永平) 10년(67 A.D.)에 중국에 들어 온 불교는 삼국에도 전파되었다. 소수림왕(小獸林王) 2년(372 A.D.)에 전진(前秦)에서 승려 순도(順道)가 불상과 불경을 갖고 고구려에 온 것을 시작으로 하여 2년 후에는 다시 진(晉)에서 불승 아도(阿道)가 들어와서 본격적으로 불교를 전파하였다.

소수림왕은 초문사(肖門寺)와 이불란사(伊弗蘭寺)를 지어 이 두 승려를 거주케 함으로써 소수림왕(小獸林王) 5년(375 A.D.)에는 불교가 고구려에서 공인되었다. 단시일에 고구려 왕실에 의해서 불교가 이렇게 환영을 받은 것은 마침 고구려 국민의 사상통일에 불교가 필요했을 뿐 아니라 불교가 가진 호국(護國)적인 요소가 고구려의 왕실에 크게 영합되었기

---

6 신라에서 國學의 설립은『三國史記』권8「新羅本紀」제8 '神文王 二年'조에 "二年春正月. 親祀神宮, 大赦, 夏四月置位和府令二人, 掌選擧之事. 五月太白犯月, '六月立國學 置卿一人,' 又置工匠府監一人, 彩典監一人 ― 신문왕 2년 춘 정월에 친히 신궁에 제사하고 크게 사면하다. 여름 사월에 위화부를 설치하고 '령(令)' 2인을 두어 선거의 일을 관장하게 하다. 5월에 태백성이 달을 침범하다. '6월에 국학을 세우고 '경(卿)' 1인을 두다' 또 공장부를 설치하고 '감(監)' 1인과 '채전감(彩典監)' 1인을 두다."라는 기사 가운데 '6월에 국학을 세우고 卿 1인을 두다'에서 신문왕 2년(882)에 국학이 창립된 것으로 보았으나 이보다 앞서『삼국사기』권38「雜志」7, 職官 上, '國學'조에 "國學屬禮部, 神文王二年置, 景德王改爲大學監, 惠恭王復故. 卿一人, 景德王改爲司業, 神文王七年改爲卿, 惠恭王復稱卿, 位餘他卿同, 博士 {若干人, 數不定}, 助敎 {若干人, 數不定}, 大舍二人. 眞德王五年置, 景德王改爲主簿, 惠恭王復稱大舍. 位自舍知至奈麻爲之, 史二人, 惠恭王元年加二人, 敎授之法, 以周易·尙書·毛詩·禮記·春秋·左氏傳·文選, 分而爲之業. ― 국학은 예부(禮部)에 속하고 신문왕 2년에 설치하였다. 경덕왕이 대학감(大學監)으로 하였으나 혜공왕이 옛날과 같이 국학으로 하고 경(卿) 1인을 두었다. 경덕왕이 경(卿)을 사업(司業)으로 바꿨는데 혜공왕이 다시 경(卿)이라 칭하고 지위를 다른 경(卿)들과 같이 하였다. 박사 {약간인, 수 부정}, 조교 {약간인, 수부정}, 대사(大舍) 2인을 진덕왕 5년에 두었는데 경덕왕이 주부(主簿)로 바꿨다. 혜공왕이 다시 대사(大舍)라고 부르고 지위는 사지(舍知)로부터 나마(奈麻)에 이르게 하였다. 사(史) 2인을 혜공왕 원년에 2인를 추가하였다. 교수의 방법은 주역, 상서, 모시, 예기, 춘추, 좌씨전, 문선을 나누어서 공부하게 하다."라는 기사가 있어 眞德女王 5년(651)에 이미 國學이 있었고 大舍 2인을 두었음을 알 수 있다. 신문왕 2년의 일은 국학을 하나의여 국가기관으로 독립시켜 예부에 속하게 하였으며 감독자를 '卿'으로 승격시켰음을 말하는 것으로 보인다. 또 景德王 6년(747)에는 諸業에 博士와 助敎를 두었으며 그 명칭도 大學監으로 고쳤으나 惠恭王 12년(776)에 다시 본 이름으로 돌아갔다. 주로 중국의 경전, 즉 周易, 尙書, 毛詩, 禮記, 春秋, 左氏傳, 文選, 論語, 孝經 등을 교육하였다(졸저, 2014: 15~19).

때문이다.

백제는 고려보다 12년 후인 침류왕(枕流王) 1년(384 A.D.)에 중국의 동진(東晉)으로부터 인도의 승려 마라난타(摩羅難陀)가 처음으로 불교를 전하고 한산(漢山-지금의 廣州)에 절을 세워 10여명의 백제 사람을 승려로 삼은 데서 불교는 전파되기 시작하였다. 백제 성왕(聖王, 523~553 A.D.) 때에 겸익(謙益)이 인도에서 불경을 전래한 이후 크게 융성하여 일본에까지 불교를 전파하였으며 무왕(武王, 600~640 A.D.) 때에 왕흥사(王興寺)와 미륵사(彌勒寺)를 세워 전성기를 마지 한다.

신라는 가장 늦어서 눌지왕(訥祇王, 417~458 A.D.) 때에 불교가 들어왔으며 법흥왕(法興王) 14년(527 A.D.)에 비로소 불교를 공인하게 된다. 물론 학교의 설치와 불교의 전래만으로 문화 유입의 선후를 측정하기는 어렵지만 대체로 중국으로부터의 문물은 고구려에 가장 먼저 전해졌고 다음으로 백제, 그리고 신라의 순서로 전파되었다.

이것은 지정학적(地政學的)인 이유도 있었겠지만 세 나라 국민의 성격과도 관련이 있을 것이다. 즉, 대륙에서 여러 이민족과 겨루면서 국가를 발전시켜 온 진취적인 고구려의 민족성에 비하여 한반도의 동남부에서 비교적 평화롭게 사로(斯盧)를 중심으로 서서히 국토를 확장시켜 온 신라(新羅)는 보수적인 성향을 보일 수밖에 없었다. 더욱이 신라는 화랑도(花郎道)같은 국수주의적인 토착 종교로부터 외래 사상의 유입에 적지 않은 저항이 있었던 것으로 보인다.

3.1.1.2. 가야(伽倻) 제국(諸國)을 병합한(AD. 42?~562) 신라가 이어서 삼국을 통일하고 한반도를 지배하며 융성하다가 고려에 멸망할 때까지의 약 250여년을 통일신라시대(676-936 A.D.)라고 부른다. 이 시대에 삼국의 언어 가운데서 신라어가 공용어로 등장하게 되었고 모든 문화가 경주(慶州)를 중심으로 하여 발전하게 되었다.

통일 신라 이후에 중국으로부터 문물의 유입은 더욱 성황을 이루어 문화국가로서의 면목을 일신하였다. 외래 사상인 유학(儒學)과 한문을 교육하기 위하여 신문왕(神文王) 2년(682 A.D.)에는 국학(國學)을 독립시켜 예부(禮部)에 소속시켰으며 경서(經書)를 교육하였다. 원성왕(元聖王) 4년

(AD. 788)에는 독서출신삼품과(讀書三品出身科)라는 일종의 과거제도를 실시하였다.[7]

뿐만 아니라 당(唐)나라에 유학생(留學生)을 파견하여 중국의 학문을 연수하게 하였으며 이들에 의하여 당(唐)의 문화가 본격적으로 신라에 도래하게 되었다. 불교를 학습하려는 승려(僧侶)도 적지 않게 당(唐)에 유학하여 많은 불경과 함께 불교의 유입도 성황을 이루었다. 따라서 이 시대에는 유학(儒學)이 본격적으로 유입되어 발전하였고 불교도 크게 융성하였다.

불교의 전래와 함께 수입된 불경가운데는 앞의 제2장 2.2.1.0.~6.에서 논의한『팔장(八章, *Aṣṭâdhyâyī*)』이라는 파니니(Pāṇini)의 산스크리트 문법서(梵語文法書)가 포함되어 있었다. 불경에서는 성명(聲明), 또는 성명업(聲明業)이라고도 불렸던 이 범어문법은 고대 인도의 문법가들이 베다(Veda) 경전의 산스크리트어를 이해하고 이 언어의 변화, 즉 경전 언어의 타락을 방지하기 위하여 만든 굴절어 문법이다.

<팔장>은 기원전 6-3세기경에 파니니가 인도 문법가들의 문법을 집대성한 것으로서 산스크리트어의 음운, 형태, 통사에 관련된 규칙 약 4천개를 8장으로 나누어 작성한 인류 최고의 문법서다. 이 문법은 산스크리트어의 곡용과 활용, 조어법, 그리고 문장의 형성과 의미의 파생 등에 작용하는 모든 규칙들을 짧은 잠언(箴言)으로 설명한 수드라(sūtra, 糸·經)로 요약하였으며 이 문법에 사용되는 특수한 용어도 같은 방법으로 설명하였다.

이 문법서는 전문가를 위한 것으로 일반인은 해설이 없이는 이해할 수 없었으며 실제로 기원전 2세기경에 파탄잘리(Patañjali)가 저술한『대주해서(大註解書, Mahābhāṣya)도 이에 대한 주석(註釋)의 하나로서 가장 널리 알려진 것이다. 비록 산스크리트어로 쓰여서 서방 세계에는 잘 알려지지 않았지만 당시로서는 믿을 수 없도록 수준 높은 문법서였다.

이 문법서는 언어의 최소단위와 최대단위를 설정하고 모든 단어를 넷으로 분류하여 정리하였다. 그리고 낱말과 낱말이 결합할 때에 일어나는 음운의 변화를 해명하였으며 낱말이 모여 문장을 이루는 조건을

7 牘書出身三品科에 대하여는 졸저(1990a: 54)를 참고할 것.

셋으로 나누어 설명하는 등 현대 언어학에 비추어 보아도 손색이 없는 이론을 갖추고 있다.

그리하여 미국의 언어학자 브룸필드(L. Bloomfield)는 이 문법서를 '인간 지성이 이룩한 최고의 기념비'라고 극찬하였다(Bloomfield, 1933: 11). 이 문법은 알렉산더 대왕의 인도 침략으로 희랍에 전해졌고 알렉산드리아 학파의 드락스(Thrax, 2C. B.C.)에 의하여 희랍문법으로 정리하게 된다(본서 제2장 2.4.1.1.~3 참조).

그리고 19세기 초기에 서양의 언어연구에 영향을 주어 역사비교문법이 생겨났고 언어학이란 학문이 성립된 것이다. 즉, 비교언어학의 창시자로 알려진 프란쯔 보프(Franz Bopp, 1791~1867)는 이 산스크리트 문법을 연구하여 1816년에 인도-유럽제어의 비교문법론을 최초로 제창하게 된 것이다. 그리고 20세기에 들어와서 공시적 언어 연구의 기틀을 마련해 주었다.

3.1.1.3. 이 문법은 파니니 음성학이라고 불리는 음운연구도 있었는데 고대 인도의 음성연구가 이미 기원후 3세기경에 중국에 유입되었다. 즉, 위(魏, 220~265 A.D.)의 손염(孫炎) 등이 사용하던 '반절법(反切法)'은 고대인도 음성학의 영향을 받은 것이며 이등(李登)의 『성류(聲類)』(10권)도 같은 것으로 보인다. 그리고 남북조(南北朝) 시대(440~589 A.D.)에는 고대인도 음성학의 영향을 받아 운서(韻書)의 편찬이 성행하였고 중국에서 성운학(聲韻學)이 본격적으로 시작되었다.

고대 인도의 문법은 당나라의 승려인 현장(玄奘, 600~664 A.D.)이 인도의 승려인 계현(戒賢, Śilabhadra, 尸羅跋陀羅, 529~645 A.D.)에게서[8] 『유가론(瑜伽論)』 등과 함께 『비가라론(毘伽羅論)』을 배웠는데 이 '비가라론(毘伽羅論)'은 '기론(記論)'이라고도 하면 바로 범어문법론, 즉 고대 인도의 산스크리트어 문법론을 말하는 것이다.

즉, 불경에서 산스크리트어의 음운과 문법, 훈고(訓詁) 등을 다루는

8 戒賢법사는 三摩呾吒國의 왕족으로 어려서부터 학문을 좋아하고 풍도가 있어 사람들로부터 존경을 받았다. 護法菩薩로부터 법문을 듣고 깨다름을 언어 세상에 명성을 떨쳤다. 玄奘의 스승으로 婆羅門의 종족임.

것을 '섭타필태(攝拖苾馱, śabda-vidyā)'라고 하고 이를 '성명(聲明)'으로 번역하였으며 그 문법을 총칭하는 '비가라론(毘伽羅論)'이라 하고 음성, 즉 성명의 비가라론을 '성명기론(聲明記論)'라고 하였다.

성명기론(聲明記論), 또는 성명업(聲明業)으로 불리는 비가라론(毘伽羅論) 문법의 음성학은 불교에서 오명(五明-pańca vidyā-sthānāni)의[9] 하나로 성명(śabda-vidyā)의 '성(聲, śabda)'은 '음성, 언어'라는 의미의 산스크리트어를 한자로 표기한 것이고 '명(明, vidyā-학문)'과 결합하여 '음성에 관한 학문', 즉 음성학이라 번역할 수 있고 이것을 비가라론에서 다룰 때에 이를 성명기론(聲明記論)이라 하였다.

그러나 산스크리트어와 중국어의 문법 구조는 매우 다르기 때문에 중국에서 이 비가라론(毘伽羅論)의 문법학에서 다루는 조어론이나 문장론, 의미론 등은 별로 발달하지 못하고 성명기론의 음성학만이 중국어의 음운 연구, 특히 한자음 연구에 이용되었다. 이러한 한자음 연구를 운학(韻學), 또는 성운학(聲韻學)이라 부르며 당(唐)과 송(宋)에 이르러 이 운학은 더욱 발전하였고 우리나라에도 많은 영향을 끼쳤다.

이 문법은 티베트(Tibet, 西藏)에 영향을 주어 티베트어 문법을 낳게 하였다. 즉, 7세기 중엽에 불교를 본격적으로 수입한 티베트에서는 불경의 유입과 함께 성명기론도 들어오게 되었다. 그리하여 제2장의 2.2.1.7.에서 소개한 것과 같이 토번(吐蕃)의 송첸감포(Srong-btsan sgam-po, 松贊干布) 대왕이 그의 신하(臣下)였던 톤미 아누이브(Thon-mi Anu'ibu)와 함께 16인을 인도로 보내어 성명기론을 배우고 돌아와서 티베트어를 기록할 수 있는 서장(西藏) 문자를 제정하였다.

이보다 2세기 뒤에는 톤미 삼보다(Thon-mi Sam-bho-ṭa)가 역시 인도에

---

9 불가에서 五明(pańca vidyā-sthānāni)의 '明(vidyā)'은 '지식, 학문' 정도의 의미를 갖고 있으며 五明은 다섯 가지의 학문 영역을 말한다. 첫째 성명(śabda-vidyā)은 언어학, 특히 문법학을 말하며 둘째 因明(hetu-vidyā)의 '因(hetu)'은 원인, 이유의 뜻을 가졌으므로 인명은 주장과 그 이유와의 관계를 고찰하는 학문, 즉 論理學을 말한다. 셋째 內明(adhyātma-vidyā)은 원래는 形而上學이었으나 중국, 한국, 일본 등지에서는 다른 종파·학파와 상이한 자파 고유의 학문, 즉 教理學을 말한다고 본다. 넷째 醫方明(vyādhi- cikitsa-vidyāsthanā)은 넓은 의미의 醫學을 말하며 이 가운데는 藥學, 呪術 등이 포함된다. 다섯째 工巧明(śilpa-karma-sthāna-vidyā)는 건축, 공예 등의 造形學을 말한다. 제2장 2.2.2.0.을 참조.

유학하고 돌아온 다음에 『팔론(八論)』이란 티베트어 문법을 저술하였다. 9세기경에 발달한 이 티베트어 문법은 파니니 문법의 8장에 따라 8부(部)로 나누어 서장어의 문법을 설명하였다고 하나 오늘날 전해지는 것은 삼십송(三十頌, sam-ču-pa)과 첨성법(添性法, rtag-kyi ḥjug-pa)의 2종만 완결된 것이 남아 있을 뿐이고 나머지는 모두 실전 되었다고 한다(山口瑞鳳 1976). 서술 방법은 파니니의 『팔장』과 같이 간결한 운문으로 규칙을 만들어 설명하였다.[10]

고대 인도문법이 어떻게 이 땅에 전래되었는지는 아무런 기록이 남아있지 않다. 그러나 불경의 경문이나 게송(偈頌, gāthā)에 곡조를 붙여 부르는 범패(梵唄)가 신라에서 유행한 점, 그리고 진언(眞言, mantra)이 불경의 도래와 함께 이 땅에서도 사용된 점 등을 보면 이에 대한 연구가 전혀 없었다고 보기 어렵다.

다만 자료가 부족하여 더 이상의 사실을 파악하기 어렵고 한국어가 산스크리트어와는 역시 문법이 구조적으로 서로 다르며 또 중국을 거쳐 이 문법을 수입하였으므로 직접 우리말의 문법이나 음운연구에 미쳐 이용할 수 없었을지 모른다. 다만 통일 신라 이후 발달한 이두(吏讀)와 구결(口訣)의 표기방법은 산스크리트어를 한자의 중국어 발음과 뜻을 빌려 표기하던 방법과 깊은 관련이 있는 것으로 보인다.

3.1.1.4. 고려시대에 들어와서 유학(儒學)은 더욱 발달하고 불교도 더욱 흥융하였으며 외국 문물의 수입은 비단 중국만이 아니라 아라비아의 사라센문화에 이르기까지 다양하게 변하였다. 더욱이 고려 말에는 원(元)을 통하여 서역의 여러 나라의 문물도 황해와 예성강(禮成江)을 거쳐 고려의 서울인 개경(開京)에 모여들었다. 따라서 고려는 신라보다 훨씬 국제화되었고 학문과 문화가 다변화되었으며 당시로는 매우 수준 높은 문화를 향유할 수 있었다.

고려는 건국초기부터 학교를 세우고 교학에 힘썼다. 태조는 경학(京學)과 서경학(西京學)[11]을 설립하고 학보(學寶)를 설치하였으며 광종(光宗)

10 아마도 이로 인하여 초기에 그가 西藏 문자를 제정한 것으로 알려진 것 같다.

11 『高麗史』를 보면 太祖 13년(930 A.D.)에 西京(지금의 평양)에 학교를 처음 세웠으며

은 과거제도를 실시하였다.[12] 성종(成宗)은 최고의 국립대학인 국자감(國子監)을 설립하고 문종은 국자감 학생들로 하여금 성적표를 작성하게 하여 학업에 열중하게 하므로 써 학문이 크게 발전하였다.

문종(文宗) 7년(1063)에 해동공자(海東孔子)라 불리는 최충(崔沖)이 사립학교인 구재학당(九齋學堂)을 설립하여 학생을 모으고 교육에 전념하자 사학(私學)이 잇달아 일어났다. 최충의 문하생을 문헌공도(文憲公徒), 또는 최공도(崔公徒)라고 하며 이를 비롯한 12공도가 있어 사학이 크게 발전하였다.

사학이 발흥하면서 그와 비례하여 관학(官學)이 침체하자 예종(睿宗)은 최충의 구재(九齋)를 본떠서 주역을 전공하는 여택재(麗澤齋)를 비롯하여 상서(尙書)의 대빙재(待聘齋), 모시(毛詩)의 경덕재(經德齋), 주례(周禮)의 구인재(求仁齋), 재례(載禮)의 소응재(昭膺齋), 춘추의 양정재(養正齋), 그리고 무학(武學)의 강예재(講藝齋)의 7재를 두어 각기 전문가로 하여금 강좌를 담당하게 하였다. 이후로 관학(官學)도 발달하게 되었다.

또한 궁내에는 청연각(淸讌閣)과 보문각(寶文閣)이란 학문연구소를 설치하여 학사(學士)를 선발하고 도서를 수집하여 경사(經史)를 연구하게 하여 왕실학문소가 시작되었으며 훗날 집현전의 전통이 되었다. 고려의 충선왕(忠宣王)은 원(元)으로부터 돌아올 때에 서적 4천여 권을 갖고 왔으며 고려의 학자들과 원나라의 학자들을 교유하게 하여 경학이 크게 진흥하게 되었다.

3.1.1.5. 이 땅에서 실시된 과거(科擧)제도의 연원(淵源)은 전술한 신

秀才 廷鶚을 書學博士를 삼았다는 기록이 있다. 이어서 별도로 學院을 설치하여 六部(평양의 6부를 말함)의 생도를 모아 교육하였으며 태조가 학문이 크게 발전한다는 말을 듣고 비단을 내려 學寶를 삼게 하고 장학의 뜻을 나타내었다고 한다(『高麗史』 권74, 「志」 28).

12 고려조 4대의 光宗은 중국 後周의 歸化人 翰林學士 雙冀의 獻議를 받아 드려 唐의 제도를 본뜬 과거제도를 마련하였으며 광종 9년(958 A.D.)에 쌍기를 知貢擧(시험관)로 삼아 실제로 과거를 실시하였다. 이것을 東堂監試라고 하며 현종 15년(1024)에 鄕試(일명 擧子試라고도 함)가 설치되어 初試로서의 鄕試와 殿試로서의 東堂監試가 있어 2단계 과거법이 마련되었다. 그러나 德宗 즉위년(1032)에 國子監試가 설치되어 覆試, 또는 會試의 역할을 함으로써 鄕試(初試), 國子監試(覆試), 東堂監試(殿試)의 3단계 과거법을 갖추게 되었다(졸저, 1990a).

라시대의 '독서출신삼품과(讀書出身三品科)'에서 찾을 수 있지만 중국의 과거제도를 도입하여 본격적으로 인재를 선거(選擧)하고 관직에 등용한 것은 고려 광종대(光宗代)의 일이다. 즉, 고려 광종 9년(958)에 후주(後周)의 귀화인(歸化人)인 쌍기(雙冀)의 헌의(獻議)에 따라 당제(唐制)를 모방한 과거제도를 마련하였고 실제로 그 해에 쌍기가 지공거(知貢擧)가 되어 과거를 실시한 것이 이 땅에서 이루어진 최초의 과거라고 할 수 있다.

당시 쌍기는 한림학사(翰林學士)로서 최초의 과거를 주관하는 지공거(知貢擧)가 되어 진사(進士)와 명경(明經), 그리고 의업(醫業), 복업(卜業)의 과거를 실시하여 진사(進士) 갑과(甲科)에 최섬(崔暹) 등 2인를 합격시켰고 명경과(明經科)에 3인, 복업과(卜業科)에 2인을 선거(選擧)하였다. 이후 광종대(光宗代)에만 3차에 걸쳐 과거를 실시하여 39명의 합격자를 내었으며 고려 말까지 총 252회의 과거가 실시되어 모두 6,700여인의 급제자를 내었다(졸저, 1990a: 54~64).

고려 초기에 궁중(宮中)에서 실시된 과거는 '동당감시(東堂監試)'라는 별명을 갖고 있었으며 몇 차례의 개정을 거쳐 인종(仁宗) 14년(1136)에 일단 그 제도가 완성된다. 고려 성종(成宗)대에 전술한 바 있는 국자감(國子監)이 설치되고 덕종(德宗) 원년(1032)에는 이 곳에서 실시하는 '국자감시(國子監試)'가 생겨나서 과거의 응시자들, 즉 거자(擧子)들은 이를 거쳐 동당감시에 응시하게 함으로써 동당감시는 그 격이 한 층 높아졌다.

고려 현종(顯宗) 15년(1024)에 벌써 지방에서 실시하는 향시(鄕試), 즉 거자시(擧子試)가 있어서 조선조 문과(文科)의 과거에서 볼 수 있는 향시(鄕試), 회시(會試), 전시(殿試)의 과거 삼층법(三層法)이 이때에 그 기틀을 잡은 것이다.

그리하여 국자감(國子監)과 대학(大學), 사문(四門) 및 최충(崔沖)의 구재학당(九齋學堂) 등의 사학(私學)에서 유학(儒學)을 교육하여 과거에 응시할 거자(擧子)들을 양성하였고 기타 율(律), 서(書), 산학(算學) 등은 국자감에서 교육하여 과거에 응시하게 하였다. 그 결과 유학을 비롯한 제반 학문이 발달하였고 의학(醫學) 등의 기술도 크게 흥융하였다.[13]

---

13 고려조의 과거제도는 儒學의 文科만이 아니라 '醫業, 卜業, 地理業, 律業, 明書業,

3.1.1.6. 고려의 불교는 건국초기부터 국가의 보호를 받아 유교와 더불어 크게 발달하였다. 개경(開京)에는 흥왕사(興王寺)를 비롯하여 수많은 사찰이 창건되고 사원(寺院)에는 전지(田地)와 노비가 급여되었다. 뿐만 아니라 면세(免稅), 면역(免役)의 특전이 주어지고 급기야 광종 때에 과거제도에는 승과(僧科)가 설치 시행되었다. 그리하여 사찰에서는 경전의 연구와 불교 교리의 교육이 크게 융성하였고 많은 불경이 간행되었다.

고려 말에는 중국 송대(宋代)의 성리학(性理學)이 수입되어 이에 의거한 언어의 연구도 점차 활발하게 되었다. 고려에 처음으로 주자학(朱子學)을 도입한 학자는 안향(安珦)으로 그는 충렬왕(忠烈王) 때에 원나라로부터 주자학, 즉 성리학을 도입하고 장학재단인 섬학고(贍學庫)를 설치하여 이를 장려하였다. 이후에 백이정(白頤正)이 또 주자서(朱子書)를 전래하여 널리 퍼지게 하였다. 처음에는 주자학이 사학에서 주로 발달하다가 고려 말에 이르러는 관학으로 인정되어 배불 운동(排佛運動)에 이용되었다.

이리 하여 고려는 중국의 운학적 연구 방법과 성리학적 연구라는 2개의 언어 연구의 축이 형성되었고 조선에도 이러한 학문의 전통은 계승되었다. 특히 고려에 들어와서 더욱 늘어난 차자표기의 수요는 한국어의 한자 차자 표기에 있어서 여러 가지 문제점이 대두되었고 중국어와 한국어의 차이점이 더욱 부각되었으며 이를 연구하는 학자의 수효도 점차 늘어나게 되었다. 실로 고려시대는 조선 전기에 훈민정음 창제라는 본격적인 한국어연구의 아침을 준비하는 찬란한 여명(黎明)의 시대라고 할 수 있다.

2) 고대(古代)의 한국어학 자료

3.1.2.0. 고대의 한국어를 보여주는 자료는 앞에서 언급한 것처럼 금석문과 소수의 문헌자료, 그리고 외국의 사서(史書) 등에 소개된 단편

明算業, 三禮, 三傳, 何論' 등의 雜科도 있어 醫學, 占卜, 法律, 書字, 算術, 禮節, 論理學 등에 대하여도 상당한 수준의 교육이 있었다. 고려시대의 과거에 대하여, 특히 의학, 점복, 산술 등의 雜業과 雜科에 대하여는 졸저(1990a: 53~95)을 참조할 것.

적인 자료가 있다. 고대인은 일찍이 한자의 형(形), 음(音), 의(義)의 세 요소를 살려 독특한 차자표기 방안을 고안하였다.

이러한 차자표기 방안에 대하여는 다음절에서 다시 논의하겠지만 한문과 한자를 이용한 차자표기 방법으로 고대인들은 어느 정도 자신의 언어를 표기하였고 비문과 같이 금석에 새긴 것과 일본 정창원(正創院)의 신라 장적(帳籍)처럼 특수한 용도의 종이에 쓰인 고문서가 오늘날 전해진다. 먼저 삼국시대와 통일신라의 자료 가운데 중요한 것만 정리하여 보면 다음과 같다.

금석문

고구려 - 점제현(秥蟬縣) 신사비(神祀碑, 85 A.D.)
고구려 동수묘(冬壽墓) 묵서명(墨書銘)(357 A.D.)
고구려 진묘지(鎭墓誌)(406 A.D.)
광개토왕비문(廣開土王碑文)(414 A.D.)
평양성 성석(城石) 석각문
제1호 성석(566 A.D.), 제2호(569 A.D.), 제3호(569 A.D.) 제4호(? A.D.)[14]

백제 - 무령왕(武寧王) 및 왕비묘지석(墓誌石)(642? 경 A.D.)
사택지적비문(砂宅智積碑文)(642 경 A.D.)

신라 - 영일(迎日) 냉수리(冷水里)의 신라비(新羅碑)(443 A.D.)
울주(蔚州) 천전리(川前里) 서석(書石)(5~6세기 A.D.)
단양(丹陽) 신라 적성비(赤城碑)(551 A.D.)
임신서기석(壬申誓記石)(552 또는 612 A.D.)
진흥왕 순수비(巡狩碑)(561~568 A.D.)
남산(南山) 신성비(新城碑, 591 A.D.)
감산사(甘山寺) 미륵보살(彌勒菩薩) 조성기(造成記) (719 A.D.)
감산사(甘山寺) 미륵상(彌勒像) 화광(火光) 후기(後記)(719 A.D.)

14 평양성 성석 석각문은 고구려 長壽王(413~491 A.D.) 때에 쌓은 평양성의 城石으로 보는 경우와 陽原王 8년(552 A.D.)에 시작하여 平原王 28년(586 A.D.)에 이르기까지 평양에 長安城을 쌓은 城石으로 보는 경우가 있다. 전자의 경우라면 제1호는 '丙戌 十二月'이란 기록이 있어 장수왕 34년(丙戌, 446 A.D.)의 것이거나 평원왕 8년(丙戌, 566 A.D.)으로 볼 수 있다. 제2,3호는 장수왕 37년(己丑, 449 A.D.), 또는 평원왕 11년(己丑, 569 A.D.)일 것이고 제4호는 불명이다.

감산사 아미타상(阿彌陀像) 화광 후기(719 A.D.)
관문성석비(關門城石碑)(722 A.D.)
상원사 종기(鐘記, 725 A.D.), 무진사(无盡寺) 종명(鐘銘)(745 A.D.)
갈항사(葛項寺) 조탑기(造塔記)(785~798 A.D.),
영태(永泰) 2년명(銘) 석조비로사나불조상기(石造毘盧遮那佛造像記)(766 A.D.)
영천(永川) 청제비(菁堤碑) 정원명(貞元銘)(798 A.D.)
선림원(禪林院) 종명(鐘銘)(804 A.D.)
창녕(昌寧)의 인양사비(仁陽寺碑)(810 A.D.)
중초사(中初寺) 당간(幢竿) 석주기(石柱記)(827 A.D.)
선방사(禪房寺)탑 지석명(誌石銘)(879 A.D.)

문헌자료
고문서
『문관사림(文館詞林)』의 '무위백제왕조(撫慰百濟王詔)' 1수(645 A.D.)[15]
『화엄경권(華嚴經卷)』 발기(跋記)(754 A.D.)
일본 정창원(正創院)의 신라 장적(815 A.D. 경)[16]

서적
혁련정(赫連挺)의 『균여전(均如傳)』(1075 A.D.),
김부식(金富軾)의 『삼국사기』(1145 A.D.),
이규보(李奎報)의 『동국이상국집(東國李相國集)』(1241 A.D.),
일연(一然)의 『삼국유사』(1285 A.D.),
이승휴(李承休)의 『제왕운기(帝王韻紀)』(1287 A.D.),

15 <文館詞林>은 중국 漢나라 때부터 唐에 이르기까지의 詩文을 모은 책으로 唐의 許敬宗이 勅命을 받아 지었다고 함. 모두 천권이었으나 그 후 散逸되어 4권만이 현전하고 있음.

16 正倉院은 일본 奈良에 있는 東大寺의 창고로서 1933년에 보관 물품을 정리하였다. 이 때에 이곳에 소장된 13매의 經秩 가운데『華嚴經論』의 책갑을 수리할 때에 발견된 신라 西原京(지금의 淸州) 지방 4개 촌의 민정문서가 정창원의 新羅帳籍으로서 발견 후에 사진으로 촬영한 다음에 다시 원상태로 붙였기 때문에 현재는 사진본만 이용할 수 있다. 이 고문서는 楷書체로 쓰였으며 모두 62행으로 되었다. 내용은 當縣沙害漸村과 當縣薩下知村, 그리고 촌명 미상과 서원경 등 4촌에 대한 촌의 둘레, 煙戶數, 인구, 전답, 麻田, 栢子, 楸子, 뽕나무 등의 나무그루 수와 소, 말의 수효까지 적은 촌락의 생태조사로서 3년간의 증감이 기록된 것이다. 문서의 작성연대는 구구하며 신라의 律令 정치를 연구하는데도 중요한 자료가 된다.

이제현(李齊賢)의 『역옹패설(櫟翁稗說)』(1342 A.D.)
노사신(盧思愼) 등의 『삼국사절요(三國史節要)』(1476 A.D.)

이 자료 가운데 금석문은 기록으로서 가장 정확하나 그 양은 많지 않다. 위에 열거한 가운데 중요한 것만을 소개하기로 한다.

3.1.2.1. 광개토왕비문(廣開土王碑文)은 고구려 장수왕(長壽王) 2년(414 A.D.)에 부왕인 광개토대왕(廣開土大王)을 기념하기 위하여 세운 비석으로 평양으로 천도하기 이전에 고도(古都)인 국내성(國內城) 부근에 세운 것이며 현재의 만주 집안현(輯安縣) 동강비석가(東崗碑石街)에 있다.

높이 6.27m의 응회암(凝灰岩)으로 된 자연석을 그대로 썼으며 비신(碑身)의 사방 전면에 44행 1800여자의 한자를 전한(前漢)의 예서체(隸書體)로 써서 새겼다. 1875년에 발견되었으며 마멸이 있어 완전한 해독은 불가능하지만 내용은 대체로 고구려 왕통(王統)의 성스러움과 광개토왕이 일생동안 세운 공적에 대하여 서술하였다. 한문 가운데 고구려 이두(吏讀)로 보이는 한자 표기가 있어 고구려의 차자표기를 알 수 있게 하는 중요한 자료다.

평양성(平壤城) 성석(城石) 석각문(石刻文)은 고구려 양원왕(陽原王) 8년(552 A.D.)에 시작하여 평원왕(平原王) 28년(586 A.D.)에 이르기까지 평양에 장안성(長安城)을 쌓으면서 그 쌓던 성석(城石)에 조각한 명문(銘文)을 말하는 것으로 지금까지 4개가 발견되었다.

제1호와 제2호는 기축(己丑)년(569 A.D.) 5월 21일과 5월 28일이라는 서각(書刻) 연월일이 석각문(石刻文)의 모두에 새겨져 있으며 제3호는 1913년 평양 경재리의 대동강변 성벽(城壁)의 성석에서 발견된 것으로 역시 석각문 서두에 '병술 십이월(丙戌十二月)'이란 기록이 있어 평원왕 8년(566 A.D.)의 병술(丙戌)년에 서각된 것으로 추측된다.

제4호는 가장 늦게 1964년 평양의 서문거리에서 발견된 명문(銘文)으로 제3호와 같은 해에 서각된 것으로 보인다. 고구려의 인명, 관명이 한자의 차자표기를 보이고 있어 고구려의 이두를 이해하는데 중요한 자료가 된다. 이 외에도 북한에서는 룡오리(龍吾里) 산성(山城)의 성석문도 발굴하여 소개하였다.[17]

3.1.2.2. 제1호부터 4호에 이르는 평양성 성석 석각문을 옮겨보면 다음과 같다.

> 제1호 "己丑年五月二十一日 自此以下向東十一里 物省小兄俳□百頭□節矣"
> 제2호 "己丑年五月二十八日 始役西向十一里 小兄相夫若牟利造作"
> 제3호 "丙戌十二月 漢城下後部 小兄文達節 自此西北行涉之"
> 제4호 "卦婁盖切小兄加群自此東廻上□里四尺治"

이 가운데 제4호를 해독하여 보면 먼저 '卦婁'는 고구려의 5부 중의 하나인 계루부(桂婁部)의 '계루'인 것 같고 '盖切'은 'ᄀᆞᄉᆞ - 部'를 표음한 것으로 보인다. '소형(小兄)'은 고구려의 벼슬 이름이고 '가군(加群 - 더무리)'는 인명으로 고구려의 고유명사 표기에 의한 차자표기로 볼 수 있겠다. 따라서 그 의미는 "[평양성의] 계루부 사람 소형 벼슬의 더무리가 이로부터 동쪽으로 돌아 10리 4척을 맡다"라는 의미로 해독된다.

롱오리 산성(山城)의 성석 석각문도 "乙亥年八月 前部 小大使者 於九婁治城六百八十四里 ― 을해년 8월 전부(南部, 灌奴部를 말함)사람 소대사자(관직명) 어구루(於界留로도 표기되는 고구려 장군의 이름)가 6백8십4리의 성을 담당하였다"라는 의미로 해석된다. 롱오리(籠吾里) 산성은 평안북도 태천군(泰川郡) 서성면(西城面) 산성리(山城里)·송귀리(松貴里)에 소재한 고구려의 산성이다.

임신서기석(壬申誓記石)은 경주 견곡면(見谷面) 금장리(金丈里)에서 1934년에 발견된 것으로 길이 34cm, 두께 약 2cm, 폭은 약 12,5cm의 검은 오석(烏石)에 두 화랑(花郞)의 맹서를 새긴 것이다. 내용으로 보아 신라에 국학(國學)이 신설된 성덕왕(聖德王) 31년(732 A.D.)의 임신년(壬申年)이

---

17 平壤城 城石 석각문은 고구려 平原王 때에 築造한 평양성의 城石에서 발견된다. 제1호 성석은 1766년 평양시 평천구역에서 발굴한 것으로 고구려 평원왕 己丑년, 즉 30년(569 A.D.) 5월에 평양성을 신축할 때에 석각한 것이며 제2호는 조선조 후기에 역시 평양시 평천구역의 평양성 外城에서 발굴된 것으로 성석의 서각년대는 제1호와 같다. 제3호는 1913년 평양시 경재리에서 발굴된 것으로 평원왕 丙戌년, 즉 8년(566 A.D.)에 서각된 것이다. 제4호는 1964년에 평양의 서문거리, 즉 지금의 평양시 중구역 남문동에서 발견된 곳으로 석각 년대는 제3호와 같다(김병제, 1984: 38~39).

거나 그보다 60년 이후의 것으로 보는 경우도 있지만 차자표기의 단계로 보아서는 이보다 이른 시기, 즉 한자의 차자표기가 시작된 진흥왕(眞興王)대의 임신년(552 A.D.)이거나 진평왕(眞平王)대의 임신년(612 A.D.)으로 추정된다. 이 자료는 신라 차자표기의 발달 과정을 보여주는 아주 귀중한 자료라고 할 수 있다.

다음으로 진흥왕 순수비(巡狩碑)는 현재 4개가 남았다. 경남 창녕 읍에 있는 창녕비(昌寧碑)는 모두 643자의 한자가 새겨져 있고 진흥왕 22년(561 A.D.)에 세운 것이다. 이외에 서울 북한산에 있는 북한산비(北漢山碑 568 A.D., 240자), 함경남도 함주군에 있는 황초령비(黃草嶺碑, 568, A.D., 420자), 함경남도 이원군에 있는 마운령비(摩雲嶺碑, 568 A.D., 460자) 등이 있다. 한문과 함께 한자의 차자표기가 있어 신라의 초기 이두 모습을 볼 수 있다.

3.1.2.3. 신라의 금석문 자료 가운데 감산사(甘山寺)의 미륵상(彌勒像)과 아미타상(阿彌陀像)의 화광(火光) 후기(後記)가 흥미를 끈다. 이것은 오늘날 알려진 유일한 설총(薛聰)의 유문(遺文)으로 알려진 것으로 이두 형태의 향찰(鄕札)로 되었으며 이를 김민수(1980: 49~50)에서 옮겨보면 다음과 같다.

감산사 미륵상 화광 후기

亡妣官肖里夫人年六十六 古人成之 東海欣支邊散之 – 돌아가신 어머니 관초리부인이 나이가 66세에 돌아가시어 동해의 흔지(欣支-斤烏支, 迎日)[바다] 가에(유골을)흩어 뿌렸다.

감산사 아미타상 화광 후기

開元七年歲在己未二月十五日 奈麻聰撰奉教 沙門釋京融 大舍金驟源□□□ 亡考仁章一吉飡年四十七 古人成之 東海欣支邊散也 後代追愛人者此善助在哉 金志全重阿飡敬生已前此善業造 歲□十九 庚申年四月二十二日長逝爲□之 – 개원 7년(719 A.D.) 해인 기미년 2월 15일에 나마 벼슬하는 총이 임금의 명을 받들어 짓는다. 사문인 승 경융과 김취원이 임금의 명을 받아 썼다(□□□부분은 '書奉教'로 보임). 돌아가신 아버지의 이름은 인장(仁章)으로 일길찬의 벼슬에 있었고 나이 47세에 고인이 되어 동해의 흔지(欣支-

迦日) 바닷가에 흩어 뿌리다. 이는 후대에 추모하여 사랑하는 사람(김지전을 말함)이 이룩한 얼마나 좋은 일인가. 중아찬 벼슬에 있는 김지전이 삼가 생전에 이 좋은 일을 만들었구나. [김지전은] 나이(6)9세 경신년(720 A.D.) 4월 22일에 장서(長逝)하시다.[18]

이 글은 설총이 50대에 지은 것으로 추정되며 아미타상의 후광에 쓰인 것은 김지전(金志全)이 죽은 경신년(庚申年, 720 A.D.)에 추가로 기입한 것으로 두 기록이 모두 부분적으로 이두식 향찰을 섞어 쓴 한문 문장이다. 설총은 한문으로 글을 짓는 속문(屬文)에 능하여 많은 글을 지었으나 오늘날 전해지는 것은 없는 것으로 알려졌다.

즉, <삼국사기>(권46), 「열전」 6 '설총'조에 "薛聰 [中略] 又能屬文, 而世無傳者. 但今南地或有聰所製碑錄, 文字缺落不可讀, 竟不知其何如也. - 설총은 또 속문에 능하였는데 세상에 전해지는 것이 없다. 다만 지금 남쪽 땅에 혹시 설총이 지은 비문의 기록이 있는지 모르는데 문자가 없어진 것이 있어서 읽을 수 없었으며 끝내 그것이 어떠한 것인지 알 수 없다"라는 기사가 있다.

이에 의하면 설총은 한문으로 글을 잘 지었고 그가 지은 것이 남쪽 땅에 혹시 비문으로 남은 것이 있을지도 모른다고 했는데 이 화광의 후기가 그것이라는 주장이 있다(김민수, 1980: 47~48). 이와 같이 설총은 한문과 향찰 표기에 능했을 뿐만 아니라 구결에도 능했던 것으로 알려졌다.

3.1.2.4. 위의 자료 가운데 가장 중요한 것은 말할 것도 없이 국내의 문헌자료다. <삼국사기(三國史記)>는 김부식이 고려 인종 23년(1145)에 고구려, 백제, 신라의 역사를 50권으로 편찬한 것이다. 오늘날에는 실전된『구삼국사(舊三國史)』와 기타 김대문 및 최치원의 저술을 참고하여 중국식 전기체로 엮은 한반도 고대 삼국의 정사(正史)다. 삼국의 인명,

18 이 火光의 後記에 대하여는 <삼국유사>(권3) 「塔像」 제4의 '南月山{亦名甘山寺}' 조에 "寺在京城東南二十許里, 金堂主彌勒尊像火光後記云: 開元七年己未二月十五日, 重阿喰金志誠, 爲亡考[下略] {古人成之以下 文未詳其意 但存古文而已不同}"이라 하여 원래 '古人成之' 이하의 문장은 알 수 없다고 하였다.

지명, 관직명, 제도명 등이 차자표기로 기록되어 삼국시대의 어휘를 다수 찾아볼 수 있다.

<삼국유사(三國遺事)>는 고려 명승 일연(一然) 선사(禪師)가 충렬왕 11년(1285)에 고구려, 백제, 신라의 야사(野史)를 5권으로 편찬한 것으로 전래하는 여러 기록을 참조하여 삼국에 전해오는 설화나 전설로 전해오는 역사를 신라와 불교를 중심으로 엮은 것이다. <삼국사기>보다는 백십여년 늦게 편찬된 것이나 삼국시대의 인명, 지명, 관직명, 제도명 등이 다수 차자표기로 기록되었고 특히 통일 신라 이전부터 전해오는 향가 14수를 전재하여 삼국시대의 귀중한 문장 자료를 얻을 수 있다.

『동국이상국집(東國李相國集)』은 이규보(李奎報)가 고려 고종 28년(1241) 이전에 저술한 53권 14책의 방대한 문집으로서 권3의 '동명왕편(東明王篇)'이 실전된 <구삼국사> '동명왕 본기(本紀)'의 유문(遺文)으로 알려져 유명한 것이며 그와 관련된 인명과 지명, 관직명 등이 수록되었다.

『제왕운기(帝王韻紀)』는 이승휴(李承休)가 고려 충렬왕 13년(1287) 이전에 저술한 것으로 2권 1책으로 되었다. 중국과 우리나라의 역사를 칠언시(七言詩)로 읊은 것으로 하권 전반부에 기재된 동국국왕(東國國王) 개국연대(開國年代)에는 삼국시대의 것이 서술되었다. 역시 인명, 지명, 관직명, 제도명이 차자표기로 기록되었다.

『역옹패설(櫟翁稗說)』은 익재(益齋) 이제현(李齊賢)이 고려 충혜왕(忠惠王) 복위(復位) 3년(1342)에 저술한 수필집으로 전·후집 4권 1책으로 되었다. 오늘날 볼 수 있는 것은 숙종 19년(1693)에 허경(許熲)이 목판본으로 간행한 것이다. 그가 수집한 이문기사(異聞奇事) 가운데 삼국시대의 인명이나 지명, 관직명 등이 수록되었다.

끝으로 『삼국사절요(三國史節要)』는 노사신(盧思愼), 서거정(徐居正), 이파(李坡), 김계창(金季昌), 최숙정(崔淑精) 등이 조선 세조 때부터 착수하여 성종 7년(1476)에 완성한 역사서로서 14권 7책으로 되었다. 삼국의 역사를 간결한 편년체(編年體)로 엮은 책으로 삼국 및 통일신라의 고유명사가 차자표기 되어 실려있다.

3.1.2.5. 이 외로 국외의 자료가 많이 이용되는데 주로 중국의 사서

(史書)가 주종을 이루며 기타 일본 등의 역사 기록을 볼 수가 있다. 중국의 자료로는 기원전 1세기경에 한(漢)의 사마천(司馬遷, 102~91 B.C.)이 저술한 『사기(史記)』(130편)의 ‘조선열전(朝鮮列傳)’을 비롯하여 후한(後漢)의 반고(班固, 58~75 A.D.)가 편찬한 『한서(漢書)』(120권)의 ‘왕망전(王莽傳), 지리지, 조선전’이 있다.

그리고 진(晉)의 진수(陳壽, 265~297 A.D.)가 편한 『삼국지(三國志)』(65권)의 ‘위지(魏志), 동이전(東夷傳)’, 송(宋)의 범엽(范曄, 420~479 A.D.)이 편한 『후한서(後漢書)』(120권)의 ‘동이전(東夷傳)’, 양(梁)의 심약(沈約)이 편한 『송서(宋書)』(100권, 488 A.D.)의 ‘이만전(夷蠻傳)’, 양(梁)의 소자현(蕭子顯, 502~549 A.D.)이 편한 『남제서(南齊書)』(59권)의 ‘동남이전(東南夷傳)’, 북제(北齊)의 위수(魏收)가 편한 『위서(魏書)』(114권, 551 A.D.)의 ‘고구려전, 백제전’ 등에서 고조선, 한사군, 그리고 삼국에 관한 역사적 사실(史實)을 찾아볼 수 있다.

그리고 당(唐)의 <이십사사(二十四史)>에도 삼국에 관한 기록이 남아 있다. 예를 들면 영고덕분(令狐德棻) 등이 편한 『주서(周書)』(50권, 628 A.D.)의 ‘이역전(異域傳)’, 위징(魏徵) 등이 편한 『수서(隋書)』(85권, 629 A.D.)의 ‘양제기(煬帝記), 고려전, 백제전, 신라전’에서 고대 한반도에 관한 기사가 있다.

또 요사렴(姚思廉)이 편한 『양서(梁書)』(56권, 632 A.D.)의 제이전(諸夷傳), 방교(房喬) 등이 편한 『진서(晉書)』(130권, 644 A.D.)의 ‘사이전(四夷傳)’, 이정수(李廷壽, 650~683 A.D.)가 편한 『남사(南史)』(80권)와 『북사(北史)』(100권)의 ‘동이전(東夷傳) 등에 삼국에 관한 기록이 많이 남아있다.

이 외에도 당 이후에 후진(後晉)의 유구(劉昫, 936~942 A.D.) 등이 칙명을 받들어 편찬한 『구당서(舊唐書)』(200권)의 ‘동이전(東夷傳)’과 송(宋)의 구양수(歐陽修)·송기(宋祁) 등이 편한 『신당서(新唐書)』(225권, 1060)의 ‘동이전(東夷傳)’, 그리고 ‘예악지(禮樂志), 지리지, 북적전(北狄傳)’에도 삼국과 통일신라, 고려에 대한 기록이 남아있다.

그리고 일본에서 편찬된 『고사기(古事記)』(3권, 711 A.D.)와 『일본서기(日本書記)』(30권, 720년 A.D.) 등에도 삼국에 대한 기록이 남아있다. <고사기>는 일본의 건국의 유래와 제1대 신무(神武)로부터 33대 추고(推古)까지의 역사, 주로 신화, 전설, 가요, 계보 등을 기록한 일본에서 가장 오래된 서적이다.

<일본서기>는 일본의 나라(奈良)시대에 편찬된 일본 최초의 칙찬(勅撰) 사서(史書)로서 후대에 여러 차례 필사되었지만 30권을 완존(完存)하는 고사본(古寫本)은 16세기말의 사본이며 소위 영정본(永正本)이라고 불리는 16세기 초의 필사본(內閣文庫 소장)이 가장 오래된 것으로 알려졌다. 물론 그 이전에도 부분적으로 필사한 것이 많이 남아있고 일본 경장(慶長) 4년(1599)과 경장 15년(1610)에 목활자로 간행한 것도 있으며 이들을 교합(校合)한 것이 후대에 많이 간행되었다.

일본의 이러한 두 사서(史書)에는 신라를 비롯한 삼국과의 관계를 많이 기록하였고 그 가운데 인명, 지명, 관직명 등이 고대 일본 한자로 기록되어 삼국시대의 고유명사 등에 관한 기록을 확인할 수 있다.

2. 삼국시대 언어의 인식과 표기

3.2.0. 다음으로 위와 같은 사서(史書)의 기사로부터 고대 우리 선조들이 가졌던 언어에 대한 의식을 살펴보기로 한다. 삼국시대 이전의 우리 선인들이 언어에 대하여 어떠한 관심을 가졌는지는 명확한 기록이 없어 확인할 수 없으며 이 절(節)에서 논의할 수 있는 것은 역사가 기록된 삼국시대, 주로 통일신라시대의 고대인들이 가졌던 언어의식이고 그나마 기록의 편린(片鱗)을 통하여 찾아보기로 한다.

1) 고대 한국인의 언어관

3.2.1.0. 인류가 언어에 대하여 의식을 갖는 가장 일반적인 형태는 자신들이 쓰고 있는 말의 어원에 대하여 의문을 갖는 것이다. 고대 희랍의 철학자들이 언어에 대하여 관심을 가진 것은 자신들이 사용하고 있는 단어들이 어디에서 왔으며 왜 이러한 의미를 갖게 되었는가 하는 것이었다.

즉, 말에는 자연이 부여한 어떤 의미가 있다는 생각을 희랍인들은 많이 갖고 있었으며 이러한 생각을 제2장의 2.1.0.3.에서 언급한 대로 언어의 자연설(Physis)이라고 한다. 이런 생각에 가장 접근하는 예로서는 의음어(擬音語), 또는 의성어(擬聲語)를 들 수 있고 실제로 의음어, 또는 의성어라는 영어의 'onomatopoeia'는 희랍어 "ονομα(onoma - name) + ποιεϊν(poiein - to make)"에서 온 말로서 그 뜻은 "말을 만들다"라는 의미다.

고대인들은 자신이 사용하고 있는 말의 '원래의 모습'(prōtai fōnai, πρώται φωναί)[19]을 어원(語源)에서 찾으려 하였고 이러한 인간 심리가 고대인들로 하여금 어원에 대하여 관심을 갖게 한 것이다. '어원의식'은 인간이 말을 사용하면서 그 본래의 의미를 생각하는 일종의 반성작용이라고 하겠다.

고대인의 언어의식은 제한된 문헌에서 찾아야 하지만 그들의 어원은 일찍부터 신화와 전설 속에서 발달하였으며 그 가운데 일부가 문자로 정착되어 문헌에 남게 되는 것이다. 고대시대에 우리 선조들이 자졌던 어원의식은 주로 <삼국사기>와 <삼국유사>에서 찾을 수 있으며 이 문헌에서 어원은 고유명사 다음에 협주로 처리되었다. 이 문헌에 나타난 어원설은 대개 역사적 서술과 관련이 있지만 다만 그것이 전설의 기록인지 역사를 서술하면서 논리성을 부여하기 위한 것인지는 분명하지 않다. .

<삼국사기>와 <삼국유사>에 등장하는 삼국의 고유명사에 나타난 어원을 찾아 몇 개만 예를 들어 보이면 다음과 같다. 다만 번거로움을 피하기 위하여 <삼국사기>는 <사>로, <삼국유사>는 <유>로 표기하기로 한다.

3.2.1.1. 고대 한국인들도 어원에 관심이 많았다. 이것은 동, 서양을 막론하고 인류가 언어를 인식할 때에 항상 먼저 의식되는 것이 말의 근원에 대한 것이기 때문이다. 먼저 고구려에서 관심을 가졌던 어원에

---

19 'prōtai fōnai(πρώ ταιφ ωνά)'는 Epicurus(342~270 B.C.)의 술어다. 그는 자연설과 관습설의 중도적 입장에서 말의 형태는 자연스럽게 만들어지지만 관습에 의해서 수정된다고 보았다. 말의 '원래의 모습'(prõtai fõnai, πρώ ταιφ ωνά)을 어원에서 찾을 수 있으며 본래 의성어(onomatopoeia)였던 것이 후에 다채로운 변화를 거친다고 보았다. 앞의 제2장 2.4.1.0.의 고대희랍의 철학적 언어관과 희랍문법을 참조할 것.

대하여 살펴보기로 한다.

① 주몽(朱蒙), 추모(鄒牟)

始祖東明聖王, 姓高氏, 諱朱蒙 {一云鄒牟, 一云象解} {年甫七歲, 嶷然異常, 自作弓矢射之, 百發百中. 扶餘俗語, 善射爲朱蒙, 故以名云.} - 시조 동명성왕의 성은 고씨요 휘는 주몽, 혹은 추모 혹은 상해(衆牟의 오자?)라고도 한다. {나이 일곱에 남달리 뛰어나 스스로 활과 화살을 만들어 쏘는데 백발백중이었다. 부여의 속어에 활 잘 쏘는 사람을 주몽이라고 한 까닭에 그렇게 이름을 지었다} - <사>(권13) 「고구려본기(高句麗本紀)」 1, '시조 동명성왕(始祖 東明聖王)'조. ※'{ }'는 협주(夾註)를 표시함. 이하 같음.

② 소문(蘇文)

"蓋蘇文 {或云蓋金}, 姓泉氏. 自云生水中, 以惑衆, 儀表雄偉, 意氣豪逸. - 개소문 {혹은 개금} 성은 천씨인데 자칭하기를 수중에서 나왔다고 하여 여러 사람을 미혹하게 하였다. 의표가 웅위하고 의기가 호일하였다." <사>(권49), 「列傳」 9 '蓋蘇文' 조.

"有蓋蘇文者, 或呼蓋金, 姓泉氏, 自云生水中, 以惑衆. - 개소문이라는 자는 개금이라고도 불리는데 성은 천씨이고 스스로 물속에서 나왔다 하여 여러 사람을 미혹하게 하였다 -," 『신당서』 '동이전 고려' 조.

"十五聰明神武, 時武陽王聞其賢, [中略] 徵入爲臣, 自稱姓蓋, 名金, 位至蘇文, 乃侍中職也. - 15세에 총명하고 신기로운 무예를 갖추었다. 그 때에 무양왕이 그의 어짐을 듣고 [중략] 불러들여 신하를 삼았더니 자칭 성을 개(蓋)라하고 이름을 금(金)이라 하였으며 지위가 소문(蘇文)의 자리에 이르렀다. 이는 곧 시중의 직위이다." <유>(권3), '보장봉노(寶藏奉老)' 조.

이로 보아 천개소문(泉蓋蘇文)은 개금(蓋金)이라 하였음을 알 수 있다. 이에 대하여는 <일본서기>(권24)에 "去年[中略] 秋九月, 大臣伊梨柯須彌殺大王, 並殺伊梨渠世斯等 - 지난 해 [중략] 구월 가을에 대신 이리가수미가 대왕을 죽이고 이리거세사들을 함께 죽이다"라는 기사가 있어 '이리(伊梨)'는 '천(泉)'을 의미하는 일본어이고 '가(柯)'는 '개(蓋)'의 음차로 보인다.

따라서 '柯 = 渠 = 蓋'의 차자 표기가 있었음을 알 수 있다. '수미(須彌)'는 금(金)을 의미한다. 따라서 이리가수미(伊梨柯須彌)의 천개금(泉蓋

金), 즉 천개소문(泉蓋蘇文)이 왕을 죽이고 다른 신하들도 함께 죽인 사실을 기록한 것임을 알 수 있다.

3.2.1.2. 다음은 백제에서 유행하던 어원을 찾아보겠다. 고구려보다 어원을 말한 것이 적어 겨우 하나의 예만을 찾을 수 있다.

① 서동(薯童)

"第三十武王名璋, [中略] 小名薯童, 器量難測, 常掘薯蕷, 賣爲活業, 國人因以爲名. – 제30대 무왕의 이름은 장이다 [중략] 어린 때의 이름은 맛 아이이라고 하였으며 그의 기량은 헤아릴 수 없이 크고 넓었다. 항상 마를 캐서 팔아 먹고살았으므로 나라 사람들이 그로서 이름을 삼았다." <유>(권2) '무왕(武王)'조.

3.2.1.3. 다음은 신라의 어원에 관한 기사를 찾아보기로 한다.

① 박혁거세(朴赫居世)

"只有大卵剖之, 有嬰兒出焉. [중략] 辰人謂瓠爲朴, 以初大卵如瓠, 故以朴爲姓. – 다만 큰 알이 있어 쪼개니 어린 아기가 있다가 나왔다. [중략] 진한 사람들은 호(瓠)를 '박(朴)'이라 하므로 처음에 큰 알이 박과 같다 하여 박으로써 성을 삼았다" <사>(권1), 「신라본기(新羅本紀)」 1, '시조혁거세거서간(始祖赫居世居西干)' 조.

"身生光彩, 鳥獸率舞, 天地振動, 日月淸明, 因名赫居世王. {盖鄕言也. 或作弗矩內王, 言光明理世也.} – 몸에서 광채가 나고 새와 짐승이 따라 춤추며 천지가 진동하고 일월이 청명하므로 인하여 그를 혁거세왕이라 하였다. {아마 우리말일 것이다. 혹은 불구내왕이라고도 하였는데 밝게 세상을 다스린다는 말이다.}"<유>(권1). '신라시조(新羅始祖)' 조.

② 신라(新羅), 서라벌(徐羅伐)

"國號徐羅伐 – 나라의 이름은 서라벌이다" <사>(권1). 「신라본기(新羅本紀)」 1, '시조혁거세거서간(始祖赫居世居西干)' 조. "群臣上言: 始祖創業已來, 國名未定, 或稱斯羅, 或稱斯盧, 或言新羅. 臣等以爲, 新者德業日新, 羅者網羅四方之義, 則其爲國號宜矣. – 여러 신하가 아뢰기를 "시조가 창업한 이래로 나라 이름이 정하여지지 않아서 혹은 '사라'라고 하고 혹은 '사로'라고 하고 혹은 '신라'라고 부르니 신들이 생각하건대 '신(新)'은 덕업이

날로 새롭다는 뜻이 있고 '라(羅)'는 사방을 망라한다는 뜻이 있으니 이것으로 국명을 삼음이 옳습니다'라고 하였다" <사>(권4) 「신라본기(新羅本紀)」 4, '지증마립간(智證麻立干)' 4.

"國號徐羅伐, 又徐伐. {今俗訓京字云徐伐 以此故也} 或云斯羅, 又斯盧. – 나라 이름을 서라벌 또는 서벌이라 하다 {요즘 '경(京)'자의 속된 훈이 서벌이라고 한다} 혹은 사라라고 하고 또 사로라고도 한다" <유>(권1) '신라시조(新羅始祖)' 조.

이와 같은 고유명사에 대한 어원의 장황한 기록은 단순한 어원의 탐구라기보다는 신화나 전설의 모티브를 많이 갖고 있다는 점이 다르다고 할 것이다. 물론 '혁거세(赫居世)'에 대한 '불거내(弗居內)'라든지 '경(京)'에 대한 '서라벌(徐羅伐), 서벌(徐伐)', 그리고 '소문(蘇文)'에 대한 '금(金)'과 같이 당시의 어원적 어휘를 보여주는 것도 있지만 대부분은 그 모티브가 신화나 전설에 있으므로 종합적인 설화 속에서 고대의 어원은 발생하고 전개되어 갔음을 알 수 있다. 또 이들은 통치자의 문자인 한자로 차자 표기됨으로써 그 권위(權威)를 더 하게 되었다.

3.2.1.3. 다음은 김대문(金大問)이 인식한 어원에 대하여 살펴보기로 한다. 어원에 대한 설명이 누구의 것인지는 명시되지 않으며 일반적으로 어원은 설명자의 이름을 밝히지 않는 것이 보통이지만 신라의 어원에는 김대문(金大問)의 어원에 관한 설명이 많고 이것은 <삼국사기>와 <삼국유사>에 모두 나타난다. 예를 들면 다음과 같다.

① 차차웅(次次雄) – 무(巫)

"次次雄, 或云慈充, 金大問云: 方言謂巫也. 世人以巫事鬼神尙祭祀. 故畏敬之, 遂稱尊長者爲慈充. – 차차웅은 혹시 자충이라고도 한다. 김대문이 이르기를 이것은 우리말에 무당을 말하는 것으로 세상 사람들이 무당은 귀신을 섬기고 제사를 숭상하기 때문에 두려워하고 공경한다. 드디어 이 말이 존장자를 칭하게 되어 자충이 되었다" <사>(권1). 「신라본기」 1, '남해차차웅(南解次次雄)' 조.

"{次次雄 或云慈充 金大問云 方言謂巫也 世人以巫事鬼神尙祭祀 故畏敬之 遂稱尊長者爲慈充} – 위와 유사함. <유>(권1) '제이 남해왕(第二 南解王)'

조. 여기서 '차차웅(次次雄) > 자충(慈充) = 존장자(尊長者)'의 의미 변화가 있었음을 알 수 있다.[20]

② 니사금(尼師今) - 치리(齒理)

"金大問則云: 尼師今方言也, 謂齒理. 昔南解將死, 謂男儒理壻脫解曰: 吾死後汝朴昔二姓, 以年長而嗣位焉. 其後金姓亦興, 三姓以齒長相嗣, 故稱尼師今 - 김대문이 말하기를 '니사금'은 방언으로 '치리(齒理-닛금)'을 말한다. 옛날에 남해왕이 장차 죽으려 할 때 아들인 박유리와 사위인 석탈해에게 말하기를 내가 죽은 후에 너희 박·석 두 성 가운데 연장자가 이 왕위를 이으라고 하였다. 그 후에 김씨 성도 흥하여 세 성이 나이 많은 것으로 왕위를 서로 이어가니 이 때문에 니사금이라 하였다" <사>(권1), 「신라본기」 1. '유리니사금(儒理尼師今)' 조.[21]

"金大問云: [中略] 或云尼師今, 言謂齒理也. 初南解王薨, 子弩禮讓位於脫解, 解云: 吾聞聖智人多齒, 乃試以餠噬之, 古傳如此. - 김대문이 이르기를 혹은 '니사금'이라고도 하였으니 요즘 말로 '치리(齒理-닛금)'를 말하는 것이다. 처음에 남해왕이 돌아가셨을 때에 아들인 노례가 탈해에게 양위하려고 하니 탈해가 말하기를 '내가 듣기에는 지혜로운 성인은 치아가 많다'고 하였다. 이에 떡을 씹어서 시험하였다. 예로부터 전하기는 이와 같다" <유>(권1) '제이 남해왕(第二 南解王)' 조.

"脫解云: 凡有德者多齒, 宜以齒理試之, 乃咬餠驗之. 王齒多故先立, 因名尼叱今, 尼叱今之稱. 自此王始 - 탈해가 말하기를 '덕이 있는 자는 이가 많다고 하니 마땅히 닛금으로서 시험하자' 라고 하여 떡을 물어 시험하였다. 왕의 치아가 많은 탓으로 먼저 임금이 되었으며 '닛금'이라 이름하였다. '닛금'이란 칭호는 이 왕부터 시작되었다" <유>(권1) '제삼 노례왕(第三 弩禮王)' 조,

이 기사로부터 '니사금(尼師今) > 닛금(尼叱今, 叱은 사이ㅅ을 표기함) > 임금'의 변화가 있었음을 알 수 있다.

---

20 자충(慈充)으로부터 오늘날에 쓰이는 '스승'이 나왔다는 주장은 믿기 어렵다. 자충』스승의 음운 변화를 추적하기는 그렇게 쉽지 않기 때문이다.

21 <삼국사기>의 전문을 소개하면 다음과 같다. "初南解薨, 儒理當立. 以大輔脫解素有德望, 推讓其位, 脫解曰: 神器大寶, 非庸人所堪. 吾聞聖智人多齒, 試以餠噬之. 儒理齒理多, 乃與左右奉立之, 號尼師今. 古傳如此. 金大問則云: 尼師今方言也. 謂齒理, 昔南解將死, 謂男儒理壻脫解曰: 吾死後汝朴昔二姓, 以年長而嗣位焉. 其後金姓亦興, 三姓以齒長相嗣, 故稱尼師今." <사>(권1). 「신라본기」 1, '儒理尼師今' 조.

③ 마립간(麻立干)

"金大問云: 麻立者方言謂橛也. 橛位誠操, 准位而置, 則王橛爲主. 臣橛列於下, 因以名之. – 김대문이 말하기를 마립이란 것은 방언으로 말뚝을 말하는 것이다. 말뚝의 위치가 나란하여 지위에 준해서 놓는다. 즉 왕의 말뚝이 주가 되고 신하의 말뚝은 아래에 벌려 있다. 때문에 이렇게 이름한 것이다" <사>(권3) '눌지마립간(訥祇麻立干)' 조.

"或曰麻立干(立一作袖), 金大問云: 麻立者, 方言謂橛也. 橛標准位而置, 則王橛爲主, 臣橛列於下, 因以名之. – 혹시 말하기를 마립간이라고 한다. 김대문이 이르기를 '마립'이라는 것은 방언으로 말뚝을 말한다. 말뚝의 표시는 지위에 준하여 놓였는데 왕의 말뚝이 주가 되고 신하들의 말뚝은 아래에 벌려놓았다. 이로 인해서 그렇게 이름한 것이다" <유>(권1) '제이 남해왕(第二 南解王)' 조.

이 기사로부터 '마립간(麻立干) > 마수간(麻袖干) = 궐(橛)'의 변화가 있었음을 알 수 있다.

3.2.1.4. 이와 같이 <삼국사기>와 <삼국유사>에 '김대문(金大問)'의 이름으로 유사한 어원 설명이 있다. 이것은 이 글이 김대문의 어떤 저술에서 인용된 것임을 알 수 있다. 실제로 그는 신라의 귀족 출신으로 성덕왕(聖德王) 3년(704 A.D.)에 한산주(漢山州)의 도독(都督-주지사)을 지냈다.

저술로 『계림잡전(鷄林雜傳)』과 『고승전(高僧傳)』, 그리고 소설적인 『화랑세기(花郎世記)』가 있으며 악지(樂志)로서 『악본(樂本)』이 있었고 지방지로서 『한산기(漢山記)』가 있었는데 모두 실전(失傳) 되었다. 아마도 <삼국사기>와 <삼국유사>가 모두 이 가운데 어떤 것, 예를 들면 『계림잡전』 같은 것을 인용하였기 때문에 김대문의 기사가 다수 이 두 책에 전재된 것으로 보인다. 이 저술에서 김대문은 특별히 어원에 대하여 관심을 갖고 속설어원(folks etymology)을 전개한 것이다.[22]

22 김대문이 갖고 있던 어원에 대한 관심과 그것을 설화로서 해명하려는 언어속설은 인간이 가진 언어에 대한 기본적인 반성의 감정에서 시작된다. Robins(1997)는 인간의 이런 현상에 대하여 다음과 같이 말한다. "그러나 말을 할 수 있다는 것이 신의 선물임을 받아드린다 하더라도 세계의 대부분의 문명권에서는 언어의 활동 범위와 위력에 대하여 반성하려는 사람들이 몇 사람은 반드시 있었다. 이와 같이 언어를 자각하게 하는 것은 외국어의 화자와 접촉하거나 언어공동체

그러나 이 견해가 잘못되었을 수도 있으나 그것이 옳은지 틀렸는지는 중요한 것이 아니다. 김대문이 이렇게 언어에 대한 관심을 가졌다는 것은 신라인들도 다른 민족과 같이 어원에 관심을 가졌음을 말해주는 것이며 이러한 언어에 대한 관심은 신라어와 다른 언어들, 또는 방언적 차이에서 올 수 있으며 이는 다음에 논할 신라어의 기원이나 계통에 관한 관심과도 관계를 맺는다.

2) 최치원의 언어 계통

3.2.2.0. 언어에 대한 의식 가운데 또 하나 일반적인 것은 자신들이 사용하고 있는 언어가 어떻게 시작되었으며 어떻게 전래되어 왔는가를 찾으려는 생각이다. 고대인도인들이 리그베다의 경전언어인 산스크리트어를 실제 자신들이 쓰고 있는 프라크리트어로부터 오염됨을 방지하기 위하여 비가라론(毘伽羅論)이란 문법을 개발하였다.

고대희랍인들도 자신들의 언어와 주변민족의 언어와의 차이에 먼저 눈을 떴고 이어서 그들의 고전(古典)이었던 호머(Homer)의 문학 작품에 등장하는 언어의 계통에 대한 관심으로부터 고대 희랍인들의 언어에 대한 연구가 좀 더 깊어지게 되었다. 우리의 선조들도 똑 같이 자신들이 쓰고 있는 언어의 기원과 계통에 대하여 관심을 가졌다.

우리 민족은 남하(南下)하는 북방 민족이 여러 차례 만주의 남부와 한반도에 이주하여 왔으며 여러 부족으로 나뉘어 활거(割據)하였다. 일단 고조선으로 통일되었던 이 부족국가들은 다시 분열하여 한반도의 북부에 부여(扶餘)가 자리를 잡았고 남부에는 마한(馬韓), 변한(卞韓), 그리고 진한(辰韓)으로 나뉘었으며 그 안에서 각기 부족국가를 형성하였다.[23]

내부에서 방언이 분열하여 자신의 언어와 차이를 느낌으로서 자극이 되는 경우가 있다. 혹은 자기 자신과 자신을 둘러 싼 세계에 대하여 인간 고유의 활달한 호기심이 특별히 발동하는 경우도 있다. 이런 것에서 시작된 '言語俗說'은 언어 일반 내지는 그 민족어의 기원이나 공동생활에 있어서 언어의 위치에 대하여 억측, 또는 독단적인 견해를 피력한다(Robins, 1997: 19).

23 <삼국유사>(권1) '七十二國'조에 "通典云: 朝鮮之遺民, 分爲七十餘國. 皆地方百里 [中略] 馬韓在西, 有五十四小邑, 皆稱國. 辰韓在東, 有十二小邑, 稱國. 卞韓在南, 有十二小邑, 各稱國."이란 기사 참조.

이 가운데 신라는 진한의 고토에서 시작된 것으로 본다. 특히 신라말의 대학자였던 최치원은 마한이 고구려의 고토(故土)이고 신라는 진한에서 시작된 것으로 주장하였다. 이에 관한 기록을 찾으면 다음과 같다.

"先是, 朝鮮遺民, 分居山谷之間, 爲六村. [中略] 是爲辰韓六部. – 일찍이 고조선의 유민들이 산골짜기 사이에 나누어 살았으며 여섯 마을을 이루었다. [중략] 이것이 진한의 육부를 이룬 것이다" <사>(권1) '시조(始祖)' 조.

"前此, 中國之人, 苦秦亂, 東來者衆. 多處馬韓東, 與辰韓雜居, 至是寢盛, 故馬韓忌之有責焉. – 이전에 중국 사람들이 진나라의 난리에 시달려 동쪽으로 피한 자가 많았는데 마한의 동쪽에 많이 거처하였다. 진한과 함께 살았으며 이 때에 이르러 매우 왕성했으므로 마한이 이를 꺼리어 책망한 일이 있다." <사>(권1) '시조(始祖)' 조.

"韓魏略曰: 初右渠未破時, 朝鮮相歷谿卿以諫. 牛渠不用東之辰國, 時民隨出居者二千餘戶, 亦與朝鮮貢蕃 不相往來. – 한(韓)의 <위략>에 말하기를 처음에 우거(右渠-고조선의 마지막 왕)가 아직 격파되지 않았을 때 조선의 재상인 역계(歷谿) 경(卿)이 간언 하였으나 우거가 듣지 않아서 그는 동쪽의 진국으로 갔다. 이 때에 따라서 떠난 백성이 2천호나 되었으며 또한 조선, 공번(貢蕃, 진번을 말함)과 서로 왕래하지 않았다." 晉 陳壽의 『三國志』 '魏志 東夷傳'.

"後漢書云: 辰韓耆老自言, 秦之亡人來適韓國, 而馬韓割東界地與之, 相呼爲徒, 有似秦語, 故或名之爲秦韓. 有十二小國, 各萬戶稱國 – <후한서(後漢書)>에 이르기를 진한의 늙은이들이 스스로 말하기를 진(秦)나라에서 도망한 사람들이 한국(韓國)으로 오니 마한(馬韓)이 동쪽의 땅을 갈라 주었다. 서로 도(徒)라고 불렀으며 진나라 말에 비슷한 것이 있으므로 혹은 진한(秦韓)이라고 이름하기도 했다. 12개의 작은 나라가 있었으며 각기 만호(萬戶)가 되어 나라라고 칭하였다" <유>(권1) '진한(辰韓)' 조.

이 기사들을 보면 고조선이 망할 무렵 많은 유민(流民)이 진한으로 옮겨간 것으로 보이며 고조선의 역계(歷谿)를 따라 간 사람만도 2천여 호(戶)가 되었음을 알 수 있다. 또 진(秦)으로부터 도망한 사람들이 옮겨 살았기 때문에 발음이 유사한 진한(辰韓)으로 불렀다는 언어속설도 있음을 알 수 있다.

3.2.2.1. 이에 대하여 최치원(崔致遠)은 진한(辰韓)이 바로 신라의 전신임을 주장하면서 다음과 같이 신라의 계통에 대하여 언급하였다.

> "新羅崔致遠云: 馬韓麗也, 辰韓新羅也. - 신라 최치원이 말하기를 마한은 고구려이고 진한은 신라다." <유>(권1) '마한(馬韓)' 조.
>
> "又崔致遠云: 辰韓本燕人避之者, 故取. 涿水之名, 稱所居之邑里, 云沙涿漸涿等, {羅人方言, 讀涿音爲道[中略]} - 또 최치원이 이르기를 진한은 보래 연나라 사람들이 피난 온 것이다. 그러므로 탁수의 이름을 취해서 살고 있는 읍리(邑里)의 이름으로 '사탁(沙涿)', 또는 '점탁(漸涿)'이라 한 것이다. {신라의 방언으로 '涿(탁)'은 '道(도)'라고 읽는다}." <유>(권1) '진한(辰韓)' 조.

이 기사에서 최치원이 마한(馬韓)을 고구려의 고토로 본 것은 문제가 있지만 진한(辰韓)이 신라의 전신임을 말한 것은 적중한 것으로 보인다. 또 진한의 사람들이 고조선이 멸망할 때에 이주한 사람으로 보지 않고 연(燕)나라의 유민으로 본 것은 특이한 일이다. 위만조선(衛滿朝鮮)의 일을 견강부회(牽强附會)한 것은 아닌가 하는 의견이 있다.

아무튼 이러한 계통 의식도 Robins(1997)에서 언급한 언어에 대한 하나의 자각임에는 틀림없는 사실이며 이러한 언어속설도 다른 문화의 시작에서 흔히 발견되는 일이다.

3) 고유문자의 계발(啓發)

3.2.3.0. 고대인들의 언어에 대한 관심은 그 표기에서도 잘 나타난다. 의사소통에 있어서 언어가 가진 시간적, 공간적 제약을 극복하기 위하여 인간은 문자를 발달시켜 왔다. 즉, 몸짓과 음성은 가시거리와 가청거리에서만 동시적으로 의사 전달이 가능하기 때문에 거리가 떨어져 있다든지 시간적으로 선후가 있으면 몸짓이나 언어는 의사 전달의 기능을 잃게 된다.

이것을 극복하기 위하여 인간은 문자를 만들기 시작하였다. 초기의 것은 물론 그림과 같은 것이었다. 그것이 점차 간략화(簡略化)되고 기호화(記號化)하여 그림문자(繪畵文字, pictography)로 변하고 이것이 더욱 간략화, 기호화되어 표의문자(表意文字, ideography)로 발전한다. 여기에서 한 걸음 더 나아가 어떤 표의문자가 다른 의미의 같은 음절, 또는 음운을 표기하는 부호로 발달하면 음절(音節)문자, 음소(音素)문자로 발달하게 되어 표음문자(表音文字)가 된다.

원래 문자는 단순히 모든 백성들의 소유물은 아니었다. 현전하는 인류의 가장 오래된 문자로 알려진 수메르(Sumer) 문자는 통치를 위하여 만들어진 문자였다. 우리의 선인(先人)들이 사용하던 한문(漢文)도 지배자의 문자, 즉 통치자의 문자로 볼 수밖에 없다. 중국으로부터 온 지배족(支配族)의 문자로서 한자는 이용되었으니 위만조선(衛滿朝鮮) 시대의 한자가 그러했고 한사군(漢四郡)에서의 한자도 같은 역할을 한 것이다.

이를 본 받아서 삼국에서도 지배층과 귀족계급이 한자를 쓰게 되었으며 외래 종교인 불교도 같은 이유에서 한자를 사용하게 된다. 일반 백성들은 한자보다는 초기 단계의 그림문자나 문자 이전의 부호 같은 것을 사용하였을 것으로 추측된다. 예를 들어 남해도(南海島)에서 발견된 암각화(岩刻畵)가 일종의 회화문자일 수 있고 고구려 고분(古墳)의 벽화(壁畵)도 무엇인가 메시지를 전달하기 위한 것이라면 하나의 그림문자로 볼 수 있을 것이다.

그러나 인지가 발달하면서 좀 더 상징화된 기호를 표기에 사용하게 되었고 어떤 것은 거의 문자의 수준에 도달할 만큼 발달한 것도 없지 않았다. 그러나 중국의 선진 문화를 배경으로 하여 수입된 한자는 지배자의 문자로서 강력한 힘을 발휘하였으며 드디어 백성들의 고유문자들을 밀어내고 한문표기나 한자를 차자한 표기로 교체되게 되었다.

3.2.3.1. 『양서(梁書)』(629) '제이전(諸夷傳)' 신라 조에 "無文字, 刻木爲信 - 문자가 없고 나무를 새기어 편지를 삼았다"라고 하여 신라에는 원래 문자가 없었음을 분명히 하였다. 고구려와 백제도 건국 초기부터 역사를 기록하였지만 그것은 한문으로 표기한 것이다. 따라서 선사시대에는 물론 삼국시대에도 고유한 문자는 없었고 한문으로 번역하여

기록을 남겼을 뿐이다.

그러나 최근에 한반도의 각지에서 암각화(岩刻畵)가 발견되고 어떤 것은 시베리아의 고대인들이 남긴 선각화(線刻畵)와도 연결되는 모습을 보여준다. 이 선각화는 신석기시대 이전부터 철기시대에 이르기까지 유행했던 선사시대의 유적이므로 한문이 전래되기 이전에는 이러한 그림문자가 이 땅에서도 매우 유행한 것으로 보이고 그 흔적이 최근 암각화(岩刻畵)로서 여기저기에서 속속 발견되고 있다.

지배자의 문자로서 한자(漢字)가 수입되기 이전에 이 땅의 주민들도 어떤 종류의 표기 수단을 가지고 있었던 것은 다른 민족의 경우를 보더라도 능히 추측할 수 있다. 이러한 표기 방법을 훈민정음 창제 이전에 우리 선조들이 사용한 고유한 문자가 있었다고 보는 것이 소위 '고유문자설(固有文字說)'이다.

예를 들어 한별 권덕규(權悳奎, 1890~1950)선생은 權悳奎(1923)에서 "훈민정음이 그 이전의 조선 문자의 부흥"이라 주장하며 11종의 고유문자를 제시하였고 한결 김윤경(金允經, 1894~1969)선생도 "한글의 기원이 우리 고대문자에 있다"라고 주장하였으며 金允經(1938)에서 9종의 고유문자를 제시하였다.

그리고 퇴경(退耕) 권상로(權相老, 1879~1965)선생은 "우리의 고대에 문자가 꼭 있었는지 없었는지 알 수는 없지만 '글월'만은 있었던 것이 사실이다"라고 하면서 權相老(1947)에서 8종의 고유문자를 제시하였다. 이 외로도 이탁(李鐸)의 『국어학논고(國語學論攷)』(1958)에서도 이에 대하여 논한 바가 있다.

3.2.3.2. 최근에도 훈민정음 이전의 고유문자가 있었다고 주장하는 재야학자가 없지 않는데 여기서는 우선 權悳奎(1923: 162~171)에서 제시한 11종의 고유문자와 그 전거를 옮겨보기로 한다.

① 삼황내문(三皇內文)

진(晉) 갈홍(葛洪) 『포박자(抱朴子)』(內篇 권18 地眞)에 "昔黃帝東到靑丘, 過風山, 見紫府先生, 受三皇內文, 以劾召萬神 - 옛날에 황제가 동으로 청구

(靑丘)에 이르러 풍산을 지날 때 자부선생을 만나 삼황내문을 받았다" 라는 기사가 있다고 한다. 이것은 한치연(韓致奫)의 『해동역사(海東繹史)』 권1에서 <포박자(抱朴子)>를 인용한 것을 권덕규(1923)에서 소개한 것이다.

여기서 황제(黃帝)는 중국의 신화와 전설의 시대에 보이는 삼황오제(三皇五帝)의 하나로서 창힐(蒼詰)[24]로 하여금 문자를 만들게 한 신화(神話) 속의 인물이었으며 또 청구(靑丘)는 우리나라의 별칭이다. 따라서 이 땅에서 사용되던 삼황내문을 중국의 황제(黃帝)가 받아 간 것이며 이 문자는 원래 우리의 고유문자라는 것이다.

② 신지(神誌)의 비사문(秘詞文)

고조선 때에 신지(神誌)가 만들었다는 비밀스러운 문자로서 아마도 부호(符號)의 단계를 벗어나지 못한, 문자 이전의 기호로 보인다. 그러나 이에 대한 기록은 매우 많아서 이 비사문(秘詞文)은 선사시대에 널리 쓰인 것으로 보인다. 역시 權悳奎(1923)에 적혀있는 그 전거를 옮겨 보면 다음과 같다.

서거정(徐居正)의 『동문선(東文選)』(卷 120, '健元陵神道碑銘' 조)에 "書雲觀舊藏秘記, 有九變震檀之圖, 建木得子, 朝鮮卽震檀之說, 出自數千載之前, 由今乃驗. - 서운관(고제의 관상대)에 예로부터 비기(秘記)를 소장하고 있었는데 아홉 번 변하는 도표로서 '나무가 서서 아들을 얻으면('李'자의 파자) 조선, 즉 진단이 된다'라고 한다. 이것은 수천년전에 나온 것으로 지금에 이르러 효험이 있다." 라는 기사가 있다.

그리고 권문해(權文海)의 『대동운부군옥(大東韻府群玉)』(권13, 仙名)에는 신지(神誌)에 대하여 "神誌檀君時人, 自號仙人 - 신지는 단군 때의 사람이다. 스스로 선인이라고 불렀다"라는 설명이 있다. 또 『용비어천가(龍飛御天歌)』(卷3, 第15章 註)에 "局, 圖局也. 九變圖局, 神誌所撰圖讖之名也. 言東國歷代定都, 凡九變其局, 幷言本朝受命建都之事 - 국은 도국을 말한다. 아홉 번 변하는 도국은 신지가 찬술한 도참의 이름이다. 역대 우리

---

24 중국의 고대 삼황오제 시대에 황제(黃帝)의 좌사(左史)로 알려진 전설 속의 사람. 눈이 넷이며 새와 짐승의 발자국을 본떠서 글자를 만들었다고 함.

나라의 도읍을 정하는데 모두 아홉 번 그 도국이 변하며 지금의 왕조가 [하늘로부터] 명을 받아 도읍을 세우는 일도 함께 말하였다."라는 기사가 있다. 이것 역시 신지가 지은 도참(圖讖)의 그림이 있었음을 말하고 있다.

일연(一然)의 <삼국유사(三國遺事)>(권3) '보장봉노 보덕이암(寶藏奉老 普德移庵)'조에는 좀 더 구체적인 기사가 보인다. "又按神誌秘詞序云: 蘇文大英弘序幷註, 則蘇文乃職名, 有文證. 而傳云: 文人蘇英弘序, 未詳孰是 − 또 신지 비사문의 서에 의거하여 이르기를 '소문 대영홍'이 서(序)와 함께 주(註)를 썼다고 한다. '소문'은 관직의 이름이고 문증(文證)도 있다. 문인 소영홍(蘇英弘)이 서를 썼다고 하는데 사실인지 알 수 없다."에서 신지의 비사문이 문자임을 말하고 있다.

『세조실록(世祖實錄)』(권7) 세조 3년 5월 술자(戊子)조에도 "諭八道觀察使曰: 古朝鮮秘詞, 大辯說·朝代記·周南逸士記·誌公記 [中略] 等, 三人記錄, 修撰企所, 一百餘卷. 動天錄·磨虱錄·通天錄 [中略] 等文書, 不宜藏於私處, 如有藏者, 許令進上 以自願書冊回賜, 其廣諭公私及寺社. − 팔도 관찰사에게 임금이 알려 말하기를 고조선의 '비사(秘詞)'는 대변설, 조대기, 주남일사기, 지공기 [중략] 등이 있는데 삼인이 기록하여 수찬할 것을 계획한 바 있다. 일백여권으로 동천록, 마슬록, 통천록 [중략] 등의 문서는 사사로운 곳에 소장하기는 옳지 않으니 소장하고 있는 자는 진상할 것을 명령하고 서책으로 되돌려 받기를 원하면 이를 허락한다. 널리 공사(公私)와 사사(寺社)에 알리노라."라는 기사가 있어 비사문으로 저술한 문헌이 적지 않음을 말하고 있다.

이상의 기사를 보면 고조선 때에 신지가 비사문이라는 문자를 만들어 꽤 많은 저술을 남긴 것으로 보이며 주로 도참(圖讖)의 예언서로 유명하였음을 알 수 있다. 그리하여 조선 왕조에서는 이에 관련된 서책을 회수하기 위하여 여러 가지 방법을 동원하였고 민간인이 이를 소지하는 것을 금지하였다.

또한 일제 식민지 시대에는 한국과 일본이 하나의 조상을 가졌다는 '일선동조(日鮮同祖)'의 기만적인 식민지 정책을 수행하기 위하여 고조선(古朝鮮)에 관련된 자료는 모두 인멸(湮滅)시킨 바가 있다. 이와 같이 조선조와 일제 식민지 정책의 탄압을 받아 신지의 비사문(秘詞文)에 관한 것은 오늘 날 거의 찾아 볼 수 없게 되었다.

③ 법수교비문(法首橋碑文)

『평양지(平壤誌)』에 "平壤法首橋有古碑, 非諺非梵非篆, 人莫能曉 [中略] 癸未(宣祖 16년)二月, 掘覓石碑之埋于法首橋者. 出而視之, 則折爲三段. 碑文非隷字, 如梵書樣, 或謂此是檀君時神誌所書云, 歲久遺失. – 평양의 법수교에 옛 비석이 있는데 언문도 아니고 범자도 아니며 전자도 아니어서 사람들이 알 수가 없었다. [중략] 계미년 2월에 법수교에 묻은 석비를 파내어 꺼내어 보니 3단으로 나누어 쓰인 비문은 전자(篆字)가 아니었다. 범자(梵字)와 모습이 같았으며 혹 말하기를 단군 때에 신지가 쓴 것이라고 한다. 세월이 오래되어 잃어버렸다."라는 기사가 있다.

<평양지>는 지방지 가운데 연대가 가장 오랜 것으로 조선 명종(明宗) 때의 문신 윤두수(尹斗壽)가 평안도 관찰사로 있을 때에 작성한 것을 임진왜란 직전인 선조 23년(1590)에 간행하였다. 원본(9권 4책)에다가 영조 6년(1730)에 그의 후손인 윤유(尹游)가 추가한 것을 헌종 3년(1837)에 합본하여 간행한 『평양속지(平壤續誌)』(5권 4책)가 있으며 또 철종 6년(1855)에 간행한 『평양속지』(2권 2책)도 있어 모두 16권 10책의 인본이다.

일명 『서경지(西京志)』라고도 하며 원지에는 강역(疆域), 분야, 연혁, 부방(部坊), 풍속, 산천, 사묘(祠墓), 공서(公署), 학교, 고적, 병제(兵制), 역체(驛遞), 토산(土産), 토전(土田), 공부(貢賦), 원정(院亭), 사우(寺宇), 호구(戶口), 인물, 효열(孝烈), 고사(古事), 문담(文談), 시문 등을 기록하였다. 속지도 원지와 비슷한 내용으로 되었다. 權悳奎(1923)의 것이 이 가운데 어느 것을 인용하였는지는 분명하지 않으나 철종 6년에 간행된 <평양속지> 권3 '잡지(「雜志」)'에 이와 유사한 기록이 보인다.

④ 왕문문자(王文文字)

『문화유씨보(文化柳氏譜)』에 "王文書文字, 而如篆如符, 文卽受兢之父 – 왕문이 문자를 썼는데 전자 같기도 하고 부호 같기도 하였다. 왕문(王文)은 왕수긍(王受兢)의 아버지다."라는 기사가 있다. 이를 보면 BC. 12

경의 부여(扶餘) 사람으로 알려진 왕수긍(王受兢)의 아버지 왕문(王文)이 문자를 사용하였음을 알 수 있고 이 글은 그 시대에 어떤 문자가 있었음을 시사한다.

⑤ 수궁(手宮)문자

일본 북해도 소준(小樽)의 수궁묘혈(手宮墓穴)에 조각된 문자로 7세기 초에 숙신족(肅愼族)의 이민 추장(酋長) 묘(墓)에서 발견된 것이며 고대 토이기(土耳其) 문자를 변형하여 숙신어(肅愼語)를 적은 것이다.

⑥ 남해(南海) 석각문(石刻文)

이 것은 경남 남해군 이동면 양하리의 지면 암석에 새겨진 암각화(岩刻畵)로 종전에는 '서불과차문(徐市過此文)'의 한문 비문(碑文)이라고 알려졌다. 이것은 진시황(秦始皇)의 사신(使臣) '서불(徐市)'이 불로초(不老草)를 구하려고 이곳을 지나갔다는 전설에서 연유한 것이다.

그러나 이것은 일종의 선각화(線刻畵)로서 鄭寅普(1947: 322-326)에서는 "임금이, 또는 將相大人이 사냥 길을 나가 山獸, 飛鳥를 射獲하고 魚類를 넘어가 기를 꽂다."라고 해석한 바 있다. 또 일부 연구에서는 '관 쓴 군왕이 시종을 거느리고 가마 위에서 사냥을 보는 것'으로 해석한 사람도 있으며 부족의 명칭을 그려 놓은 일종의 문양(文樣)으로도 보는 견해도 있다.

⑦ 각목문(刻木文)

『양서(梁書)』(권54) 「제이전(諸夷傳)」에 "新羅者, 其先本辰韓種也. [中略] 與高驪相類, 無文字, 刻木爲信 - 신라는 그 선조의 근본이 진한의 종자였다. [중략] 고구려와 더불어 서로 같은 부류였고 문자가 없었으며 나무를 깎아 서신으로 하였다." 라는 기사가 있다. 이 기록은 신라에는 원래 고유문자가 없고 각목(刻木)의 방법으로 통신하였음을 알려준다.

⑧ 고구려문자

『삼국사기』(권11) '헌강왕(憲康王)' 조에 "憲康王十二年春, 北鎭奏: 狄國

人入鎭, 以片木掛樹而歸. 遂取以獻, 其木書十五字云: 寶露國與黑水國人. 共向新羅國和通. - 헌강왕 12년 봄에 북진에서 주하기를 '오랑캐나라 사람이 진(鎭)에 들어와 나무 조각을 나무에 걸어놓고 돌아가서 나아가 가져다 받쳤다. 그 나무 조각에 보로국(寶露國)이 흑수국(黑水國) 사람들과 함께 신라에 가서 화통 하려고 한다는 15자가 쓰였다."라는 기사가 있다. 이 기사로서 적국인(狄國人)이 고구려에서 사용하는 문자로 나무에 글을 써서 신라의 북진(北鎭)에 보냈음을 알 수 있다.

⑨ 백제문자

『삼국사기』(권24) '근초고왕(近肖古王)' 조에 "近肖古王三十年, [中略] 古記云: 百濟開國已來, 未有以文字記事, 至是得博士高興, 始有書記. 然高興未嘗顯於他書, 不知其何許人也. - 근초고왕 30년(375 A.D.) [중략] 옛 기록에 이르기를 백제는 개국 이래 문자로 기사한 일이 없다. 이에 이르러 박사 고흥을 얻어 비로소 기록하기 시작하였다. 그러나 고흥(高興)은 다른 책에 나타난 일이 없어 어떤 사람인지 알 수 없다."라는 기사가 있다. 이 기사는 백제에서도 문자가 없었으며 박사 고흥이 한문으로 기사하기 시작하였음을 말한다.

⑩ 발해(渤海)문자

『구당서(舊唐書)』(권199 下), 「열전(列傳)」 149, '북적발해말갈(北狄渤海靺鞨)'조에 "風俗與高麗及契丹, 頗有文字及書記 - 풍속은 고려 및 거란과 같다. 문자가 있어 기록하였다."라는 기사와, 『고려사』(권1) 「세가(世家)」(권1)에 "太祖八年 [中略] 唐武后時, 高句麗人大祚榮走保遼東, 睿宗封爲渤海郡王. 因自稱渤海國, 并有扶餘肅愼等十餘國. 有文字禮樂官府制度 - 태조 8년(925) [중략] 당나라 측천무후 때에 고구려 사람 대조영이 요동으로 달아나 보전하므로 예종(睿宗)이 발해군왕으로 봉하였다. 인하여 자칭 발해국이라 하다. 부여, 숙신 등 10여국이 함께 있었다. 문자가 있었고 예악과 관부의 제도도 있었다."라는 기사가 있다. 이 기사들은 발해가 자신의 독특한 문자를 갖고 있었음을 시사하고 있다.

⑪ 고려문자

이덕무(李德懋)『청비록(淸脾錄)』(권3) '한송정곡(寒松亭曲)' 조에 "高麗張延祐興德縣人, 顯宗朝踐歷華要, 官至戶部尙書。又名晉山。其時樂府有寒松亭曲、嘗有人書此曲於琵琶底, 琵琶漂流至江南, 江南人未解其詞。光宗時晉山奉使江南 {案似是吳越錢氏時}, 江南人問其曲意, 晉山作詩釋之曰 : 月白寒松夜, 波安鏡浦秋, 哀鳴來又去, 有信一沙鷗。案此說則, 高麗時別有國書, 以釋方言。如新羅吏讀, 本朝訓音而未可考也。 - 고려 장연우는 흥덕현 사람이다. 현종 때에 화려한 요직을 거쳤고 벼슬이 호부상서에 이르렀으며 또 이름을 진산(晉山)이라 한다. 그 때의 악부(樂府)에 '한송정곡'이라는 곡조가 있었는데 일찍이 한 사람이 비파의 밑에 이 곡을 써 놓았다. 이 비파가 중국의 강남으로 표류하였는데 강남사람들이 그 가사를 해독하지 못하였다. 광종 때에 진산이 강남의 사신으로 가게 되어 {이는 오월(吳越) 전씨(錢氏)의 시대인 것으로 생각된다} 강남사람들이 이 곡의 뜻을 물었다. 진산이 시를 지어 이를 풀이하였는데 '달은 한송정의 밤에 하얗게 빛나고 가을 파도는 경포대에 잔잔하구나. 슬피 울며 오고가는 한 마리의 갈매기가 계절의 소식을 전하도다.'라고 하였다. 고려 때에 별도로 나라의 글자가 있어 방언으로 풀어 읽어 신라의 이두와 같았다. 지금 조선왕조의 새김과 발음으로는 고찰할 수가 없다"라는 기사가 있다.

이 말은 고려 때에 별도로 나라의 글자가 있어 신라의 향찰과 같이 우리말을 풀어서 썼던 것으로 생각된다. "지금의 훈과 음으로는 가히 고찰할 수가 없다"라고 하여 한송정(寒松亭)곡을 쓴 고려문자가 중국의 강남인이 알아볼 수 없는 문자임을 말하고 있다. 고려에서도 신라 향찰과 같은 별도의 차자표기를 갖고 있음을 시사하고 있다.

3.2.3.3. 이상 權悳奎(1923)에서 고유문자라고 주장한 11종의 문자와 그 전거를 살펴보았다. 이 외로 金允經(1938)에서는 '향찰(鄕札)'을 고유문자로 보았고 權相老(1947)에서는 '천부경문(天符經文)'과 '현묘결문(玄妙訣文)'을 고유문자로 하였다. '향찰'은 뒤에서 다시 논의하겠으나 혁련정(赫連挺)의 『균여전』에 "鄕札似梵書連布, 彼土難諳 - 향찰은 범어의

글자를 잇달아 펴놓은 것 같아서 중국에서는 알기 어렵다."라는 기사를 근거로 하여 고유의 문자로 본 것이다.

'현묘결문'은 이의백(李宜白)의 『오계집(悟溪集)』에서 "字若梵篆不可識, 余問冊名. 老人曰: 此冊凡三卷, 名曰玄妙訣. 東方流來道書, 上古桓雄聖仙, 創造十餘章. 其後解慕潄仙, 刪述作四十章 [下略] - 글자는 범자나 전자와 같으나 알 수 없다. 내가 책이름을 묻자 노인이 말하기를 '이 책은 모두 3권으로 되었고 이름은 현묘결(玄妙訣)이다'라고 하다. 동방으로 흘러 들어온 도교의 책으로서 상고에 환웅이라는 성스러운 신선이 십여 장을 새로 만들었고 그 후에 해모수라는 신선이 이를 수정하여 40장으로 하였다."라는 기사를 근거로 한 것이다.

또 탐라문자(耽羅文字)가 있었음을 주장하는 사람도 있다. 한치윤(韓致奫)의 『해동역사(海東繹史)』와 박지원(朴趾源)의 『연암집(燕岩集)』에 인용된 송(宋) 심괄(沈括)의 『몽계필담(夢溪筆談)』에는 중국 곤산현(崑山縣)의 해상에 표류한 제주 사람에 관하여 쓴 글이 있었다.

이 글 가운데 "言語不可曉. 試令書字, 字亦不可讀. 行則相綴如雁行久之, 出一書示人乃漢字. 唐天授中告勅, 屯羅島首領陪戎副尉制 - 언어를 알 수가 없고 시험삼아 글자를 쓰게 시켰으나 글자 역시 해독할 수가 없었다. 글자가 서로 이어지는 것이 기러기가 날아가는 것 같았다. 한 자를 써서 내어 보이니 한자였다. 당나 천수(天授)년간에 칙령으로 알리기를 둔라도의 수령에게 융부위를 주는 제도를 만들었다."라는 기사가 있어 둔라도(屯羅島)에 거주하는 사람들을 취조한 결과로 말은 알아들을 수 없었으며 글씨를 쓰게 해도 해독하지 못했음을 말하고 있다. 한자를 써서 보였다는 기사에 의하여 둔라도, 아마도 탐라도(耽羅島)에 사용되는 문자가 있다고 주장하게 된다.

이 문자들에 대한 전거를 살펴보면 ① 삼황내문과 ② 신지비사, ③ 법수교 비문, ④ 왕문 문자는 문자 이전의 부호, 또는 원시적인 상형문자인 것으로 보이며 ⑦ 각목문도 문자 이전에 원시인들이 사용했던 계(契), 결승(結繩)과 같은 대용문자로 보인다. ⑤의 수궁문자와 ⑩의 발해 문자는 외국문자이고 기타의 ⑧ 고구려 문자와 ⑨ 백제 문자, 그리고 ⑪ 고려 문자는 모두 향찰과 같은 각자 독특한 한자 차자표기의 문자를 말하는 것으로 보인다.

그러나 1980년대 중반에 단군 시대의 가림다문(加臨多文), 또는 가림토(加臨土) 문자가 고유문자로 존재했었다는 주장이 재야 학자들에 의하여 제기되었다. 원래 가림다문은 고조선의 3대 단군인 가륵(嘉勒)이 삼랑(三郞) 을보륵(乙普勒)에게 명하여 지었다는 38개의 문자다. 이 문자로부터 일본의 '아비류문자(阿比留文字)'나 훈민정음의 "字倣古篆"에 나오는 '고전(古篆)'까지도 이 문자와 연결시키고 있다.

그러나 이에 대하여 확실한 아무런 전거도 없으며 오늘날 아무 곳에서도 그 흔적을 찾을 수가 없어서 상술한 다른 고유문자들과 함께 전설 속에 있었던 문자들로 생각된다. 다만 어떤 형식의 문자 등 고대시대에 한자 이외의 문자가 이 땅에서 사용되었을 가능성은 충분하다. 특히 신지(神誌)의 비사문(秘詞文)은 비록 문자의 단계에 이르지 못하였더라도 부호(符號)로서 문자의 역할을 한 것으로 보이며 훈민정음 이전까지 상당한 기간 이 땅에서 사용된 것 같다.

4) 우리말의 한자 표기

3.2.4.0. 위에서 훈민정음 이전에 이 땅에 실제로 존재했었거나 그럴 가능성이 있는 여러 문자에 대하여 살펴보았다. 그렇지만 우리말의 본격적인 문자표기는 한자가 유입된 후의 일이다. 한자는 위만조선(衛滿朝鮮, 194~108 B.C.)을 비롯하여 한사군(漢四郡, 108 B.C.~313 A.D.) 등 중국의 유민이 이 땅으로 들어올 때 다수 유입되었을 것이다.

삼국시대에 고구려(37 B.C.~668 A.D.)는 이미 건국 초기부터 한자를 사용하였다는 기록을 남기고 있다. 고구려의 유민에 의하여 건국된 백제도 초기부터 한자를 사용하였으나 신라는 이 두 나라에 비하여 가장 늦게 한자를 받아드린 것으로 보인다. 지증왕(智證王) 4년(503 A.D.)에 신라는 국호와 왕명을 한자로 바꿨다는 기록이 있다.

한자의 전래는 문자와 더불어 중국어의 발음, 및 문법의 수입을 의미한다. 초기의 한문표기는 우리말을 중국어로 번역하여 기록하는 방식이었다. 즉, 앞에서도 들었지만 오늘날 남아있는 금석문 가운데 초기의 한문표기를 보여주는 자료가 있다.

3.2.4.1. 평안남도 용강(龍岡)의 점제현(黏蟬縣) 신사비(神祠碑, 85? A.D.)의 비문과 영화(永和) 13년(357 A.D.)의 연기(年記)를 갖고 있는 황해도 안악(安岳)의 고구려 동수묘(冬壽墓) 묵서명(墨書銘),[25] 태화(泰和) 4년(369 A.D.)의 연기(年記)가 새겨진 백제의 칠지도명문(七支刀銘文)(일본 奈良 石上神宮 소장), 개로왕(蓋鹵王) 18년(472 A.D.)의 연기가 있는 백제의 송위국서(送魏國書), 그리고 서기 5~6세기경에 작성된 것으로 보이는 신라 울주(蔚州) 천전리(川前里의) 암각문 등의 한문은 우리말을 중국어로 번역하여 한문으로 기록된 것이다.

점제현(秥蟬縣, 또는 黏禪縣, 黏磾縣?)은 본래 낙랑군(樂浪郡)의 속현(屬縣)이었으며 점제현 신사비(神社碑), 일명 점제비(秥磾碑)는 우리나라 최고(最古)의 비석으로 평남 용강군 해운면(海雲面)에 소재한다. 이 비문은 높이 1.51m, 너비 약 1.1m가 되는 화강암 비석에 한자가 예서체(隷書体)로 음각 되었으나 상부와 첫 줄이 마멸되어 약 59자 정도가 판독이 가능하다.

점제현(黏蟬縣) 신사비(神祠碑)의 내용은 토속 산신(山神)에게 풍년과 백성의 안녕을 비는 것이며 이 비석의 발견으로 점제현의 위치가 용강(龍岡)이고 열수(列水)가 대동강을 지칭함을 알게 되었다.[26] 이와 같이 당시 사용되는 고대 언어를 한문으로 바꾸어 표기할 때에 인명, 지명, 관직명 등의 고유명사 표기가 문제가 된다. 예를 백제의 칠지도 명문에서 찾아보자.

---

25 고구려의 古墳 冬壽墓는 황해도 안악군 龍順面 柳順里에 있으며 안악 제3호 고분이라고도 한다. 土墳으로서 높이 약 7m, 밑 분의 1변이 약 33m이고 方臺圓形의 모습으로 만들어졌다. 墳壟의 밑에는 墓道와 墓室이 있는데 묘실은 2실, 2측실 1회랑에 18개의 石柱가 있는 복잡한 구조로 되었다. 석실에는 벽화가 있어 그들의 생존 시에 호화로운 생활을 재현하였다. 원문은 "永和十三年十月戊子朔二十六日, □□使持節都讀諸軍事, 平東將軍護撫夷校尉, 樂浪□昌黎玄菟帶方太守, 都鄕侯幽州遼東平, 郭導鄕敬上里, 冬守字□年六十九薨官"으로 되어 음독으로 익힌 한문을 그대로 표기하였고 문법형태는 표기하지 못한 상태다.

26 秥蟬碑에 판독이 가능한 59자의 비문을 옮겨 보면 다음과 같다.( )는 복원한 글자임. "(元)(和)(二)年四月戊午, 秥蟬(浡)(興)□建丞屬國會(議),(爲)(衆)(修)(秥)(蟬)神祠刻石辭日: (昆)平山君, 德配代嵩, 威如(雷)(電)(福)佑秥蟬. 興甘風雨. 惠(潤)土田,(百)(姓)壽考. 五穀豊成, 盜賊不起,(妖)(邪)(蟄)臧. 出入吉利, 咸受神光."

① 백제 칠지도(七支刀) 명문(銘文)

> "泰和四年九月十六日丙午正陽, 造百鍊鐵七支刀. 世辟百兵, 宜供公侯王, □□□□作, 先世以來未有此刀, 百濟王世子奇生聖音. 故爲倭王旨造, 傳示後世 – 태화 4년 9월 16일 병오의 한낮에 백번 단련한 쇠로 칠지도를 만들다. 이는 백병을 물리칠 수 있으므로 마땅히 왜왕에게 줄만하다. □□□□가 이를 만들다. 선세 이래로 이러한 칼이 없었던 바, 백제 왕세자 기생성음(奇生聖音)이 왜왕 지(旨)를 위하여 만들었으니 후세에 전하여 보이도록 하라".

이 명문에 쓰인 인명 '기생성음(奇生聖音)'은 백제어로 된 사람 이름의 의미를 번역한 것이어서 실제로 호칭되는 발음과는 달랐을 것이다. 더구나 이 칼을 만든 장인(匠人)의 이름과 같이 의미를 가진 한자로의 번역이 불가능한 것은 그나마 □□□□와같이 공란으로 남아있다. 아마 이 부분은 적당한 한자를 빌려 발음대로 표기하였겠지만 자신이 없어 분명하게 새기지 못하였는지 닳아 없어졌다. 신라에서는 이 경우에 전차음(全借音)의 차자표기 방법으로 표기하였을 것이다.

② 광개토대왕(廣開土大王) 비문

고구려에서는 일찍부터 신라의 이두(吏讀)와 같은 차자표기를 발달시킨 것으로 보인다. 예를 광개토대왕(廣開土大王)의 비문(碑文, 414 A.D.)에서 찾아보기로 한다.

> 因遣黃龍來下迎王, <u>王於忽本</u>東崗, 黃龍負昇天 – 인하여 황용을 보내어 아래로 내려와 왕을 맞이하게 하였다. <u>王於忽本</u> 동쪽언덕에서 황용이 업고 하늘로 올라가다. 밑줄 필자.

광개토왕의 비문에 보이는 이 구절은 한문으로 되었으나 밑줄 친 부분은 전혀 한문으로서는 해독이 되지 않아서 의미가 통하지 않는다. 이것은 일종의 고구려 향찰로서 '王於忽本 - 왕을 성 밑의'로 해석할 때 "왕을 성 밑 동쪽 언덕에서 황용(黃龍)이 업고 승천하다"라는 의미가 된다. <삼국사기> 「지리지」에 나오는 고구려 지명에 의하면 '忽'은 '城'

의 의미를 가졌다.

위만조선과 한사군 등에서 지배자의 문자로 도입된 한자는 삼국에서도 같은 역할을 위하여 필요하였다. 특히 이름과 그에 얽힌 전설, 그리고 직위는 지배자의 권위를 높이기 위해서 한자 표기가 필요하였고 통치자의 입장에서 지배하에 있는 지역의 명칭도 한자 표기가 필요하였다. 이와 같이 통치를 위하여 도입된 한자표기는 먼저 고유명사의 표기를 위하여 여러 방안이 모색된다. 이와 같은 차자표기의 초기 단계를 가장 많은 자료를 남긴 신라를 중심으로 살펴보기로 한다.

3.2.4.2. 먼저 고유명사의 차자표기에 대하여 살펴보면 신라에서는 지증왕(智證王, 500~513 A.D.) 때에 복제와 왕호를 중국식으로 개정하고 한자로 표기하기 시작하였다. 지명도 한자를 빌려 기록하다가 경덕왕(景德王, 742~764 A.D.) 때에 한당식(漢唐式)의 2자(字) 지명 표기로 바꾸었다. 인명표기를 예를 들어 살펴보자.

> 猒髑, 異次-厭(싫어하다)
>
> "異次頓 {或云處道}" <사>(권4) '法興王 15년' 조.
>
> "姓朴, 字猒髑 {或作異次, 或云伊處, 方音之別也. 譯云猒也, 髑·頓·道·覩·獨等皆隨書者之便, 乃助柤也. 今譯上, 不譯下. 故云猒髑, 又猒覩等也 – 성이 박, 자가 염촉 {혹은 이차, 혹은 이처라 하니 방언음이 다르기 때문이다. 번역하여 염(猒-싫어하다)이라는 뜻이다. 촉(髑), 돈(頓), 도(道), 도(覩), 독(獨) 등은 다 글을 쓰는 사람에 따라 편한 것을 취한 것이니 조사, 곧 도와주는 말이다. 이제 윗 글자는 번역하고 아래 자는 번역하지 않으니 그러기 때문에 염촉(猒髑), 염도(猒覩) 등으로 하는 것이다" <유>(권3) '염촉살신(猒髑滅身)' 조. { }은 협주를 말함. 이하 같음.

이 예는 불교를 위하여 순교한 이차돈(異次頓)의 인명 표기를 예로 하여 신라에서 고유명사의 표기에서 어떻게 한자를 차자해서 표기하는가를 보여준 것이다. 원래 '이차돈(異次頓)', 또는 '이처도(伊處道)'는 모두 한자의 발음을 빌려 표기한 것으로 신라어로 '세상을 싫어하는 사람' 정도의 뜻을 가진 이름이었다.

실제로 '잊-'라는 동사 어간이 15-6세기경 까지 쓰였던 것으로 "늘근

驥馬ㅣ 머리 드로믈 이처 ᄒᆞ며(老驥倦驤首)"(초간본『두시언해』 권22, 55장), "惡-이쳐 오"(『類合』下 2장) 등에서 '잋-(惡, 厭)'의 쓰임을 볼 수 있다.[27] 반면에 '염촉(猒髑)'은 위 글자 '염(猒)'이 '잋-(惡, 厭)'의 의미를 나타내고 아래 '촉(髑)'이 '잋-'의 음절 말의 'ㅊ'을 표기한 것이다.

따라서 후자는 모든 한자를 발음만 빌려 기록하는 전차음(全借音)의 차자 방법이고 전자는 위 글자만 뜻을 빌리는, 즉 반만 뜻을 빌리고 반은 음을 빌리는 반차의(半借義)의 차자 방법이라 할 수 있다. 또 이를 역상불역하(譯上不譯下 - 앞의 글자는 번역하여 뜻으로 읽고 다음 글자는 번역하지 않고 발음으로 읽는다)의 방법이라고 한다.

3.2.4.3. 이를 보면 고유명사의 차자표기는 발음만을 빌리는 전차음의 방법과 반은 뜻글자를 빌리는 반차의의 방법이 있음을 알 수 있는데 신라의 인명표기에서는 후자의 방법을 선호한 것으로 보인다.

위의 예에서 '猒髑'을 먼저 쓰고 '혹작(或作)' 이하의 차음(借音)과 역운(譯云) 이하의 차의(借義)로 나누어 표기한 예를 보였으며 '이차(異次)'의 한역은 '염(厭)'이고 '염촉(猒髑)'의 '촉(髑)'은 조사(助辭)라고 하여 '염촉' 표기에 대하여 설명하였다. 따라서 우리는 여기서 차자표기의 기본적인 두 가지 방법을 살펴볼 수 있다.

하나는 모두 음차(音借)하여 전차음의 글자로만 표기하는 방법으로 앞에서 예를 들은 "赫居世"와 "弗居內"의 표기에서 후자의 표기를 말한다. 또 하나는 위 글자는 번역하고(譯上) 아래 글자는 번역하지 않는(不譯下) 방법, 즉 반차의(半借義)의 표기 방법으로 전자의 '혁거세(赫居世)'와 같은 표기다.

'이차돈(異次頓)'의 차자표기를 예로 하면 전차음(全借音)의 방법은 '잋-'을 "異次, 異處, 伊處"로 표기하는 것이고 반차의(半借義)의 방법은 '이차돈'를 "猒(잋-) + 助辭(髑, 頓, 道, 覩, 獨)"로 표기하는 것이다. 후자의 경우는 역상(譯上)의 '염(猒)'과 불역하(不譯下)의 '촉(髑)'을 교묘하게 배합하여

27 근대한국어에 들어오면 '잋-'은 의미가 변한다.『첩해신어』(A.D. 1676 간행)의 "ᄇᆡ예 이치여 오오니"(권2 2장)와 "ᄇᆞᄅᆞᆷ의 이치여 이제야 왓ᄉᆞᆸᄂᆡ"(권1 12장)에 보인는 '이치-'는 '시달리다'의 의미가 되었다. 현대한국어에서는 전혀 사용하지 않게 되었다.

표기한 것으로 고유명사의 표기만이 아니고 다른 차자표기에서도 이 방법은 매우 생산적으로 이용되었다.

이 표기법은 국어가 가진 문법적 특징, 즉 교착적인 문법구조와 고립적인 문법구조를 가진 중국어와의 차이점을 인식한 다음에 한자를 빌려 이를 표기한 것으로 매우 유용한 방법이라고 아니할 수 없다. 구문 구조가 의미부와 형태부로 나뉘는 우리말과 의미부만 있고 문법은 어순에 의하는 중국어와의 차이를 인식한 것이다.

즉, 한국어는 의미부인 어간과 문법부인 어미가 뚜렷하게 구별되는 언어로서 표의문자인 한자로서 한국어를 표기할 때에 이보다 더 이상적인 방법을 고안해 낼 수 없었는지도 모른다. "역상불역하(譯上不譯下)"의 표기, 즉 반차의(半借義)의 차자 표기는 표의문자인 한자를 가지고 다음과 같이 효과적으로 한국어를 표기한다.

> 吾肹(나ᄒᆞᆯ), 心未(ᄆᆞᅀᆞᄆᆡ), 月良(ᄃᆞ래), 夜矣(바ᄆᆡ)
> 慕理尸(그릴), 行乎尸(녀올), 折叱可(것거), 有如(있다)
> 去隱春(간봄), 執音乎手(자ᄇᆞ온 손), 去奴隱處(가논 곳), 好尸日(조ᄒᆞᆯ 날)

따라서 한자의 차자표기의 방법에는 전차음과 같은 음독표기(音讀表記), 반차의(半借義)의 혼합표기(混合表記), 그리고 전차의(全借義)라고 할 수 있는 석독표기(釋讀表記)가 있을 수 있으며 이 술어가 오히려 널리 알려졌다. 이러한 고유명사의 표기는 신라에서 인명(人名)만이 아니고 지명(地名), 관직명(官職名)의 표기에 쓰였으며 점차 일반명사의 표기에도 확대되었다.

3.2.4.4. 지명의 예를 들어 고유명사 차자표기의 방법을 살펴보면 다음과 같다.

> ① 동래(東萊) – 거칠군
>
> "東萊郡, 本居柒{漆}山郡, 景德王改名, 今因之. – 동래군은 본래 거칠산군이었다. 경덕왕이 개명하여 지금 그렇게 되었다." <사>(권34), 「雜志」 3, 「地理」 1 '동래군(東萊郡)' 조.

또 "居柒夫, {或云荒宗}, 姓金氏, 奈勿王五世孫. – 거칠부 {혹은 황종이라 이른다} 성은 김씨이며 내물왕의 오세손이다." <사>(권44), 「列傳」 4, '居柒夫' 조를 참고하면 '거칠(居漆=居柒)'이 '거칠다(荒)'의 의미로 쓰인 전차음의 표기임을 알 수 있다.

② 문현(文峴) – 글바위

"文峴縣, 一云斤尸波兮. – 문현현은 일명 글(斤尸) 바위(峴) 현이다." <사>(권37), 「雜志」 6, 「地理」 4. '文峴縣'조. 여기서 '文', '峴'은 석독자이고 '斤尸波兮'는 음독자의 표기다. 이렇게 음독자로 쓰였던 지명이 신라 경덕왕 16년(757)에 중국식으로 2자의 한자명으로 개명하였다.[28]

③ 사포(絲浦) – 실개(谷浦)

"絲浦, 今蔚州谷浦也 – 사포(絲浦-실개)는 지금의 울주 곡포(谷浦-실개)다." <유>(권3). 이 기사에서 '絲'의 새김은 '실'이고 '곡(谷)'의 새김도 '실'임을 알 수 있다. 중세어의 '시내'(溪)는 '실(谷) + 내(川) = 시내'의 합성으로 이루어진 낱말임을 알 수 있다. '포(浦)'는 그 새김이 '개'였다.

④ 신평(新平) – 사평(沙平)

"新平縣, 本百濟沙平縣 – '신평(新平)'은 본래 백제의 지명으로 '사평'이었다." <사>(권36), 「雜志」 」 5, 「地理」 3, '新平縣'조. 이 기사로 '신(新)'은 백제어로 '사(沙)'였음을 알 수 있다. 즉, "新良縣, 本百濟沙尸良縣 – 신량현은 본래 백제에서 살량현이었다." <사>(권36), 「雜志」 5, 「地理」 3 '新良縣'조. 이로부터 신(新) = 사(沙)의 대응을 확인할 수 있다. 현대한국어의 '새'와도 관련이 있다.

⑤ 석산(石山) – 돌악뫼(珍惡山)

"石山縣, 本百濟珍惡山縣 – 석산현은 본래 백제에서는 돌악뫼현이었

---

28 <삼국사기>(권34), 「雜志」 3, 지리1, '尙州'조에 "沾解王時, 取沙伐國爲州. 法興王十一年, 梁普通六年初, 置軍主爲上州. 眞興王十八年州廢. 神文王七年唐垂拱三年復置. 築城周一千一百九步. 景德王十六年改名尙州, 今因之 [下略] – 첨해왕 때에 사벌국을 취하여 주를 삼다. 법흥왕 11년, 양(梁) 보통(普通) 3년(522)에 처음으로 군주(軍主)를 두고 상주(上州)로 하였다. 진흥왕 18년에 주(州-上州를 말함)를 폐하였다가 신문왕 7년, 당 수공(垂拱) 3년(687)에 다시 설치하였다. 성은 둘레가 1,109보로 쌓았고 경덕왕 16년(757)에 상주(尙州)로 개명하여 오늘에 이른다."라는 기사가 있어 경덕왕 16년에 지명의 정리가 있었음을 알 수 있다.

다." <사>(권36), 「雜志」 5, 「地理」 3, '石山縣'조. 이 기사에서 '석(石)'의 새김이 '진악(珍惡)'으로 표기된 것으로 보이며 '진(珍)'은 '[tur]'로 읽혔던 것으로 "馬突一云馬珍"(<사>권37, 잡지 6, 「地理」 4)의 예에서 알 수 있다. 따라서 '珍惡'은 '[turɔk]'의 표기로 볼 수 있다.

⑥ 수입(水入) - 매이(買伊)

"通溝縣, 本高句麗水入縣 - 통구현은 보래 고구려의 수입현이었다." <사>(권35), 「雜志」 4, 「地理」 2, '通溝縣'조. 그리고 "水入縣 {一云買伊縣} - 수입현은 일운 매이현이라고 했다." <사>(권37). 「雜志」 6, 「地理」 4, '水入縣'조. 이 기사의 이 두 예에서 고구려어의 '수(水)'는 '매(買)'로 대응되며 '입(入)'은 '이(伊)-'로 대응됨을 알 수 있다. 즉, '물이 들어오는' 고장의 이름을 '수입현(水入縣)'이라고 쓰고 고구려어로는 '매이현(買伊縣)'으로 읽었으며 나중에 한문식 이름인 '통구현(通溝縣)'으로 바꿨음을 알 수 있다.

⑦ 연(鉛) - 내물(乃勿)

"鴨淥以北逃城七 鉛城本乃勿忽 [下略] - 압록갈 이북에는 도성이 일곱이 있는데 연성은 본래 내물홀이었다." <사>(권37). 「雜志」 6, 「地理」 4. 이 기사로 '忽'이 고구려에서 '城'을 의미하며 '연(鉛)'의 고구려어 새김이 '내물(乃勿)'이었음을 알 수 있다.

3.2.4.5. 다음은 관직명의 예를 들기로 한다.

⑧ 파진(波珍), 해(海), 파미(波彌) - 바돌, 혹은 바롤

"[前略] 四曰, 波珍飡, 或云海干, 或云波彌干 - [전략] 네 번째는 파진찬, 혹은 해간, 혹은 파미간이라 한다." <사>(권38) 「雜志」 제7, '職官 上'조. 이 기사의 '波珍飡'에 보이는 '珍'은 위에서 살펴본 바와 같이 그 새김이 '돌'이었음으로 이는 '바돌'의 표기임을 알 수 있고 '海干'은 석독하여 역시 '바돌한'의 표기임을 알 수 있다. '波彌干'은 '波爾干'의 오자인 것으로 보면 '바리', 또는 '바ᄅᆞ'의 표기로 보인다. 중세한국어에서도 '바ᄃᆞ'와 '바ᄅᆞ'가 쌍형 어간으로 존재했음은 주지의 사실이다.

⑨ 주다(酒多), 각간(角干), 각찬(角粲), 서발한(舒發翰), 서불한(舒弗邯) - 서불한, 쁠한

"酒多 後云角干 - 주다는 후에 쁠한으로 부른다." <사>(권1), 「新羅本紀」

제1, '祇摩尼師今 元年' 조. 그리고 "或云角干, 或云角粲, 或云舒發翰, 或云舒弗邯 – 혹은 쓸한, 혹은 쓸찬, 혹은 서발한, 혹은 서불한으로 부른다."(<사> 권38, '職官 上')[29].

이 예에서 '酒 - 수블'[30], '角 - 스블 > 쓸 > 뿔', '舒發 - 서발', '舒弗 - 서블'이 모두 유사한 발음을 전사한 것으로 '으뜸'이란 의미가 있으며 "多 - 한, 干 - 간, 粲 - 찬, 翰·邯 - 한"도 유사한 발음의 전사임을 알 수 있다.

3.2.4.6. 이상의 고유명사 표기의 예를 보면서 몇 가지 문재 점을 생각할 수 있다. 첫째는 전차음자(全借音字), 즉 음독자의 자유로운 선택이다. 앞에 든 예 가운데 '이차돈(異次頓)'의 '잋-(厭)'에 대하여 음독 표기는 "異次, 伊處"로 표기되고 그 차이는 "方音之別 - 방언음에 의한 구별"로 보았다.

그리하여 신리 제3대 유리왕의 '유리'의 경우는 "儒理, 孺理, 琉璃, 類利, 累利, 儒留, 儒禮" 등과 같이 한 이름에 대하여 여러 한자의 표기가 있었으며 신라의 국명도 "徐羅伐, 徐那伐, 徐耶伐, 徐伐, 斯盧, 斯羅, 新盧, 新羅, 鷄林" 등과 같이 서로 상이한 표기가 보인다. 이것은 이차돈의 예처럼 "方音之別", 즉 방언의 발음 차이에 의한 것도 있으며 유사한 발음의 여러 한자 가운데 어떤 글자를 빌리는가 하는 것은 전술한 "皆隨書者之便 – 모두 글 쓰는 사람의 편의에 따라"에 의한 것으로도 볼 수 있다.

그리하여 때로는 유사 글자에 의한 혼동이 있을 수 있다. 예를 들면 "說者曰: 未與彌聲相近, 尸與力形相類, 乃托其近似而相迷也. – 설명하는 자가 이르기를 '未'와 '彌'는 소리가 서로 가깝고 '尸'와 '力'은 글자 모양이 유사하다. 그러므로 비슷하기 때문에 서로 혼동된다."(<유> '未尸郞' 조)라는 기사로부터 고유명사의 차자표기에서 발음이 서로 같거나

29 <삼국사기>(권38), 「雜志」 제7, '職官 上'에 "大輔, 南解王七年以脫解爲之. 儒理王九年置十七等, 一曰: 伊伐飡 {或云伊伐干, 或云于伐飡, 或云角干, 或云角粲, 或云舒發翰, 或云舒弗邯} [下略] – '대보'로는 남해왕 7년에 '탈해'를 삼았다. 유리왕 9년에 17등급을 두어 그 하나를 '이벌찬' {혹은 '이벌간', 혹은 '우벌찬', 혹은 '각간', 혹은 '각찬', 혹은 '서발한', 혹은 '서불한'이라 함}이라 불렀다"라는 기사 참조.

30 『鷄林類事』에 "酒曰酥孛" 참조. '孛'는 같은 책에 "火曰孛"로 보아 '불, 또는 블'로 읽혔음을 알 수 있다. 따라서 '酥孛'은 [수블]로 읽혔을 것이다.

형태가 같은 한자가 자주 혼동되어 표기되었음을 알 수 있다.

음독 표기보다 반차의(半借義)의 차자표기, 즉 혼합표기가 선호된 것은 전차음(全借音) 표기에 이러한 불편이 있었기 때문으로 볼 수 있다. 즉, 소리를 빌리는 경우 유사한 발음의 많은 한자 가운데 어느 것을 선택하여 표기할 것인가 하는 문제가 있었고 문자 선택의 자의성을 배제하기 위하여 일부 글자(주로 앞에 자)의 뜻을 빌려 표기하는 반차의 방법이 자주 이용된 것이다.

따라서 이 혼합표기의 방법은 교착적 문법 구조의 우리말에 보이는 문법적 특징, 즉 의미부의 어간이 어휘적 의미를 나타내고 어미는 문법적 의만을 나타내는 곡용과 활용의 형태론적 절차를 나타내는 표기의 유용성도 있었고 음독자 선택의 자의성 때문에 역시 "역상불역하(譯上不譯下)"의 혼합표기 방법이 유행한 것으로 생각된다.

5) 차자표기의 발달

3.2.5.0. 지배자의 문자로서 한자가 도입되어 한 동안 지배층에서만 사용되다가 신라에 들어와서 한자는 더욱 일반화되고 백성들 사이에서도 한자를 사용하게 되었을 때에 한자를 갖고 우리말을 그대로 표기하려는 욕망이 생겨나게 되었다.

물론 한자는 표의 문자이기 때문에 문법적 의미만을 갖는 형태부들, 즉 조사나 어미는 표기하지 않는 방법이다. 이러한 형태부의 표기를 위하여 한자를 빌어다가 쓰기 시작하였다. 주로 한자의 발음과 새김을 빌어 우리말을 표기하는 방법을 개발한 것이다.

한자 차자표기의 초기 모습을 보여주는 것이 앞에서 살펴본 '임신서기석(壬申誓記石)'의 차자표기다. 우리말을 의미부만 한자를 빌려 표기하는 방법은 이로부터 시작한 것으로 보인다. 이후 점차 형태부의 표기로 나아가게 된다.

3.2.5.1. 신라 진흥왕(眞興王)대, 또는 진평왕(眞平王)대의 임신년(552, 또는 612)에 작성된 것으로 추정되는 임신(壬申) 서기석(誓記石)은 신라어의 의미부, 즉 어간만을 한자의 뜻을 빌려 표기하되 그것도 신라어의

어순에 맞추었다. 아래에 전문을 옮겨보면 다음과 같다.

> 壬申年六月十六日, 二人幷誓記. 天前誓: 今自三年以後, 忠道執持, 過失无誓. 若此事失, 天大罪得誓. 若國不安大亂世, 可容行誓之. 又別先辛未年七月二十二日大誓. 詩尙書禮傳倫得誓三年. ― 임신년 6월 16일에 두 사람이 함께 맹세하여 기록한다. 하느님 앞에 맹세한다. 지금으로부터 3년 이후에 충도(忠道)를 집지(執持)하고 과실이 없기를 맹서한다. 만일 이 일(서약)을 잃으면(어기면) 하느님에게 큰 죄를 얻을 것이라고 맹세한다. 만일 나라가 편안치 않고 크게 세상이 어지러우면 가히 모름지기 [忠道를] 행할 것을 맹세한다. 또 따로 앞서 신미년 7월 22일에 크게 맹서하였다. 시, 상서, 예전을[31] 윤득(차례로 습득)하기를 맹세하되 3년으로 하였다. 이기문(1963a) 참조.

신라의 두 화랑이 서로 맹서한 글을 새긴 이 돌을 임신서기석(壬申誓記石)이라고 부르고 이 서기석 쓰인 한자 차자표기를 서기체(誓記體) 표기라고 한다. 이 글은 비록 한자로 기록되었지만 어순은 전혀 신라어에 맞춘 것으로 이것이 한문이었다면 "천전서(天前誓) - 하늘 앞에 맹서하다"와 같은 표현은 없었을 것이다.

또 "금자삼년이후(今自三年以後) ― 지금으로부터 삼년 이후에"는 한문이라면 "自今三年以後"로 표현되었을 것이다. 또 "과실무서(過失无誓) ― 과실이 없기를 맹서한다."도 그 어순이 한문이라면 "誓无過失"로, 그리고 "약차사실(若此事失) - 만약에 이 일을 잃으면"도 "若失此事"로 되어야 한다. 한문이 아니라 신라어에 맞추어 한자를 삽입한 것이다.

이러한 서기체 표기 방법은 경북 영일군 신광면 냉수리에서 발견된 '냉수리(冷水里) 신라비(新羅碑)'(443 A.D.)에서도 그러한 표기를 보인다. 이 비의 내용은 글자의 마모(磨耗)가 심하여 완전한 해독은 불가능 하지만 왕의 교시로 삼마능(麻村) 절거리(節居利)에서 재물을 얻고 여타의 것은 관여하지 말라는 뜻을 가진 것으로 보인다.

6세기 이후에 들어오면 서기체 표기는 더욱 많아진다. 앞에서 예로 든 감산사(甘山寺) 미륵보살 조성기(造成記, 719 A.D.)를 비롯하여 같은 절

---

31 『禮記』와 『左傳』을 말함인 듯.

의 아미타불상(阿彌陀佛像) 조성기(720 A.D.), 영태(永泰) 2년명(銘) 석조(石造) 비로자나불(毘盧遮那佛) 조성기(766 A.D.) 등도 모두 우리말 어순에 한자를 대응시켜 표기한 것이다.

신라의 한자 차자표기에서 서기체(誓記體) 표기가 갖는 의미는 매우 크다. 우선 한자가 더 이상 지배자의 통치를 위한 권위적 문자가 아니라는 점, 그리고 일반 백성도 사용할 수 있는 실용적인 문자가 되었다는 점, 일반인들의 무분별한 사용으로 그 표기가 혼란되어간다는 점에서 이 차자표기는 주목을 끈다.

그리고 비록 형태부는 표기하지 못하였지만 의미부만이라도 신라어를 전면적으로 표기였고 이러한 노력은 결국 향찰(鄕札)의 표기를 낳게 한 것으로 볼 수 있다. 이러한 한자로 신라어의 어순(語順) 맞추어 표기하고 여기에 형태부, 즉 조사와 어미를 표기한 것이 바로 향찰의 차자표기 방법이기 때문이다.

3.2.5.2. 다음은 향찰문(鄕札文)의 발달을 살펴보기로 한다. 향찰의 표기는 임신서기석의 표기와 같은 문체, 즉 서기체(誓記体)의 표기에서 한 걸음 나아가 한자의 발음과 뜻을 빌려 신라어를 표기하는 방법으로 기본적으로는 한문의 문장 표현에서 한국어로는 표기되지 않는 형태부와 이에 준하는 부분을 차자 표기하는 방법이다.

예를 들면 1926년에 발굴된 경주 서봉총(瑞鳳塚) 은합우(銀合杅, 451 A.D.)에 다음과 같은 명문(銘文)이 발견된다.

> 延壽元年, 太歲在卯三月中, 太王敬造合杅, 用三斤六兩. — 연수 원년(451 A.D.로 보임) 태세는 신묘년 3월에 눌지(訥祗) 태왕이 경건하게 합우(合杅)를 만들었는데 3근 6량을 썼다.[32]

여기에 보이는 "三月中"의 '중(中)'은 신라어의 처격에 해당하는 부분을 한자의 뜻으로 차자하여 기록한 것이다. 6세기에 들어오면 이러한 향찰표기는 더욱 활발해진다. 남산 신성비(新城碑, 591 A.D.)의 일부와

32 '合杅'는 큰 잔을 말함.

무진사(无盡寺) 종기(鐘記)의 일부, 그리고 갈황사(葛項寺) 조탑기(造塔記, 758 A.D.)의 일부를 소개하여 향찰표기의 초기 모습을 예로 들고자 한다.

① 南山新城作節, 如法以作, 後三年崩破者, 罪教事爲聞教令, 誓事之. ㅡ남산 신성비

② 天寶四載乙酉, 思仁大角干爲賜, 夫只山村无盡寺鐘成教受內成記. 時願助在衆, 邱僧村宅方, 一切檀越幷, 成在 願旨者, 一切衆生, 苦離樂得教受. ㅡ 무진사 종기

③ 二塔. 天寶十七年戊戌中, 立在之. 娚姉妹三人業以. 成在之. 娚者靈妙寺言寂法師在旀, 姉者照文皇太后, 君嬭在旀, 妹者敬信大王嬭在也.ㅡ 갈황사 조탑기

위의 예에서 밑줄 친 부분이 향찰(鄕札)로서 이 한자의 뜻과 음, 주로 뜻을 빌어 신라어의 형태부와 그에 준하는 부분을 표기한 것이다. 대체로 고유명사 표기의 방법을 일반 어휘의 표기로 확대한 것이다.

우선 ①의 '절(節)'은 '-디위'로 풀이 되며 '이(以)'는 조격의 '-로', '자(者)'는 주제격의 '-은/는', '교(教)'는 사역형의 존대법 '-이신-', '위(爲)'는 'ᄒᆞ-'의 어간을 표기한 것으로 보인다. '령(令)'은 사역형으로 '시켜'의 의미를 갖고 '지(之)'는 종결의 형태를 표기한 것이다. 따라서 위의 ① 문장을 현대어로 풀이하면 "남산 새 성을 지을 제 법대로 만들었다. 후 삼년 무너지는 것은 죄주실 것을 시키도록 맹서하다"는 정도의 의미를 갖는다.

②의 예는 좀 더 발달된 향찰의 사용을 보인다. 먼저 '위사(爲賜)'가 'ᄒᆞ-'의 존대형으로 'ᄒᆞ샤'인 것으로 보이고 '성교수내(成教受內)'는 '이루-(成)'의 사역 존대 관형형으로 '일우샨'의 뜻이며, '병(幷)'은 '함께', '성재(成在)'의 '재(在)'는 '있다'의 '겨-'로 보여 "이루겨다-이루었다", '교수(教受)'는 존칭의 종결로서 '-쇼셔'의 뜻을 표기한 것으로 보인다.

따라서 ②의 문장을 현대어로 풀이하면 "천보(天寶) 4년(745) 을유(乙酉) 김사인(金思仁) 대각간께서 부지산(夫只山) 마을에 있는 무진사(无盡寺)의 종을 일우신 성기(成記)라. 때에 원하여 도와준 여러분, 신승촌택방(邱僧村宅方), 일체단월(一切檀越)이[33] 함께 이루었다. 원하는 바는(願旨者)

일체중생(一切衆生)이 고통에서 벗어나 즐거움을 얻으소서."라는 의미가 될 것이다.

③의 예는 인명과 관직명을 제외하고는 거의 향찰로 이루어졌다. '중(中)'은 앞에서 살핀 바와 같이 처격의 표기이고 '입재지(立在之)'의 '재(在)'와 '지(之)'도 위에서 각각 존재의 선어말 '-겨-'와 종결의 어말 '다-'로 읽은 바가 있으므로 "세우겨다 - 세웠다"로 해독됨을 곧 알 수 있을 것이다. '이(以)'도 조격의 '-로'이었음을 이미 살펴보았고 '성재지(成在之)'가 "일우겨다 - 이루었다"임도 곧 알 수 있다. '며(旀)'가 유일하게 음차(音借)되어 연결어미 '-며'의 표기임을 안다면 '재며(在旀)'가 "겨며-이며"인 것도 곧 알게 된다.

따라서 ③의 문장은 현대어로 "두 탑은 천보(天寶) 17년(758) 무술(戊戌)에 세웠다. 오라버니와 누이, 누이동생 세 사람의 일로 이루었다. 오라버니는 영묘사의 언적법사이시며 누이는 조문 황태후 군내(君嬭-王母)이시며 누이동생은 경신대왕(원성왕)의 이모(姨母)이시다"라는 의미가 될 것이다.

이 세 예로부터 우리는 시대를 지날수록 향찰의 사용이 문법형태로부터 명사, 동사어간, 부사 등의 표기로 점점 확대되어 감을 볼 수 있다. 한문에는 어순이나 문맥으로 표현되어 어휘나 형태로 나타나지 않는 한국어의 문법 형태와 그에 준하는 어휘, 즉 계사(繫辭), 그리고 심지어는 체언과 용언의 어간이나 부사까지도 이와 같이 한자의 뜻과 발음을 빌려 표기하는 것이 향찰임을 알 수 있다.

향찰은 고려시대에 더욱 발달하였고 고려후기에 원대의 이문(吏文)이 들어오자 '이두(吏讀)'로 불리면서 널리 보급되었다. 조선시대에 초기에 간행된 김지(金祇)의 『대명률직해(大明律直解)』(1395)에서는 이두표기가 완성된 모습을 보인다.

3.2.5.3. 원래 이두(吏讀)이란 명칭은 신라시대의 기록에는 보이지 않는다. 고려 후기에 저술된 이승휴의 『제왕운기(帝王韻紀)』(1295 경)에 '이서(吏書)'라는 이름이 보이고 상술한 『대명률직해』의 발문(跋文)에는 '이

33 '檀越'은 施主라는 의미이니 모든 '시주들'의 뜻이다.

도(吏道)'라고 하였으며 최만리(崔萬理)의 훈민정음 반대 상소문(『세종실록』, 1444)과 정인지의 『훈민정음』 후서(後序)({해례}『훈민정음』, 1446)에 '이두(吏讀)'라는 명칭이 나타난다.

또 『선조실록』(권 88)에는 '이도(吏刀)'라는 표기도 보이는데 모두 신라시대에 설총(薛聰)의 소작으로 보았다.[34] 이 가운데서 오로지 한국어의 형태부, 즉 곡용 조사나 활용 어미만을 표기하기 위한 차자표기를 특별히 구결(口訣)이라 한다.

구결(口訣)은 원래 한문으로 된 문장을 우리말로 읽으면서 한문에는 나타나지 않은 형태부, 즉 조사나 어미, 또는 구절과 구절, 문장과 문장을 연결하는 계사 등을 끼워서 읽는 '입겻, 또는 입겿'에서 온 말로 이를 이두식으로 표기한 것이 바로 구결(口訣)이다. 따라서 이두는 한국어를 한자로 표기한 경우에 쓰이는 술어이고 구결은 한문을 읽을 때에 끼워 읽는 우리말, 즉 토(吐)를 지칭하는 술어이어서 서로 용법이 다르다.

예를 들면 『여씨향약(呂氏鄕約)』(AD. 1517)에 "凡鄕之約四伊尼(ㅣ니) 一曰德業相勸伊五(이오) 二曰過失相規伊五(이오) 三曰禮俗相交伊五 四曰忠難相恤伊羅(이라) 衆伊(이)推一人有齒德者爲也(ᄒᆞ야) 爲都約正爲古(ᄒᆞ고) - 대개 향약은 넷이니 하나는 덕 있는 일을 서로 권하는 것이고 둘은 과실을 서로 규제하는 것이고 셋은 예절과 풍속은 서로 교환하는 것이고 넷은 어려운 일은 서로 구휼하는 것이라. 무리들이 나이가 들고 덕망이 있는 한 사람을 뽑아서 도약정이라 하고 -"에서의 '이니(伊尼), 이오(伊五), 이라(伊羅), ᄒᆞ야(爲也), ᄒᆞ고(爲古)' 등과 같이 구절과 구절을 연결하는 우

34 李承休의 『帝王韻紀』 권下에 "弘儒薛侯製吏書, 俗言鄕語通科隷 – 큰 선비 설총이 이서(吏書)를 만들었다."라는 기사와 『大明律直駭』의 跋文에 "我本朝三韓時, 薛聰所製方言文字, 謂之吏道. – 우리나라 삼한시대에 설총이 우리말의 문자를 만들었는데 말하기를 이도(吏道)라고 한다."라는 기사, 그리고 『세종실록』 권 114 '최만리의 반대상소문'에 "新羅薛聰吏讀, 雖爲鄙俚, 然皆借中國通行之字, 施於語助. – 신라 설총의 이두는 비록 속되고 쌍스러운 것이지만 그러나 모두 중국에서 통행하는 글자를 빌려서 말의 조사로 하는 것이다."라는 기사와 『훈민정음』 정인지의 후서에 "昔新羅薛聰始作吏讀, 官府民間至今行之. – 옛날에 신라의 설총이 이두를 시작하여 관청과 민간인들이 지금에 이르기까지 행하고 있다." 등의 기사에서 吏書, 吏讀 吏道, 吏刀가 모두 설총의 소작으로 기록하였다. 그러나 이 명칭은 후대의 것으로 여기서는 다만 한자의 차자 표기를 말한 것이다.

리말과 '衆伊-무리들이'의 '이(伊)'와 같이 조사, 또는 어미를 한자의 음과 뜻을 빌려 표기한 것을 말한다. 한 마디로 구결은 한문을 읽을 때에 끼워 읽는 입겿이라 말하고 이두는 우리말을 기록할 때에 차자하여 표기하는 것을 말한다.

이 구결은 한문이 일반화된 다음에 발달한 것으로 경덕왕대(742~765)에 한림(翰林)을 지낸 설총(薛聰)이 구결을 정리한 것으로 보인다. 설총은 주지하는 바와 같이 원효(元曉, 617~686)의 아들로서 한문의 속문에 능할 뿐 아니라 향찰에 능통하여 구결을 집대성하였다.

즉, 『삼국사기』(권46), 「열전(列傳)」(6), '설총(薛聰)' 조에 "薛聰字聰智. 祖談捺奈麻. 父元曉, [中略] 聰, 性明敏, 生知道理. 以方言讀九經, 訓導後生, 至今學者宗之. - 설총의 자는 총지(聰智)이고 조부는 담날(談捺) 나마(奈麻)이며 아버지는 원효(元曉)다. [중략] 설총은 성격이 명민하여 태어나면서 도리를 깨달을 정도다. 방언으로 구경을 읽어 후생을 가르쳤는데 오늘에 이르도록 배우는 사람들의 본받음이 된다."라는 기사가 있어 위의 시실을 말한다.

3.2.5.4. 이를 보면 설총이 중국의 경전에 구결을 붙여 이를 신라어로 풀어읽는 방법을 계발(啓發)했음을 알 수 있다. 신라어로 구경(九經)[35]을 읽었다는 것, 즉 "以方言讀九經"의 진정한 의미는 얼마 전까지 정확하게 이해하지 못하였다.

그러나 최근 고려시대의 석독(釋讀) 구결 자료가 발굴되고 그 해독이 세상이 알려지면서 불경이나 유학의 경전에 구결을 붙여 이를 우리말로 풀어 읽는 방법이 오래전부터 있었음을 알 수 있게 되었다. 즉, 한문을 우리말로 완전히 풀어 읽는 방법을 개발한 것이다. 앞에 든 "以方言讀九經"은 신라 말로 구경(九經)을 풀어 읽었다는 뜻이다.

그러나 구결의 방법을 발달시킨 것은 비단 설총(薛聰)만이 아닌 것으로 보인다. 서거정의 『동국통감(東國通鑑)』에는 "其時强首薛聰輩通曉義理, 以方言講九經, 訓導後學. - 그 때에 강수(强首)와 설총의 무리가 의미

35 '九經'은 중국 유학의 경전 9종을 말하는 것으로 '易, 書, 詩, 禮記(大學, 中庸), 春秋, 孝經, 論語, 孟子 爾雅'를 말한다.

와 이치를 모두 깨달았으며 신라 말로 구경(九經)을 강론하여 후학을 훈도하였다."라는 기록이 있어 구결을 계발한 사람이 설총만이 아니라 강수(强首)도 있었음을 알 수 있다.

강수는 일명 우두(牛頭)선생이란 별명을 가졌던 일이 있으며 아마도 '强首(센 머리)'와 '牛頭(쇠머리)'가 동일한 신라어의 차자표기로 보인다. 따라서 강수(?~692) 때에도 어느 정도의 구결이 사용되었고 설총 때에 이를 집대성한 것으로 이해할 수 있다.

설총이 향찰로서 신라어를 표기하고 구결로서 중국의 유학 경전을 풀이하여 읽는 방법은 당시의 귀감이 되었을 뿐 아니라 후세에도 '전세부절(傳世不絶 - 후세에 끈임 없이 전해짐)'이라 하여 고려조에 계승되었음을 알려주는 기사가 있다.

즉, <삼국유사> 권4 '원효불기(元曉不羈)' 조에 "公主果有娠, 生薛聰. 聰生而睿敏, 博通經史, 新羅十賢中一也. 以方音通會華夷方俗物名, 訓解六經文學, 至今海東業明經者, 傳受不絶. 曉旣失戒生聰 已後易俗服, 自號小姓居士 ― 공주가 과연 임신하여 설총을 낳았다. 설총은 태어나면서 예민하여 경전과 사서에 박통하였음으로 신라 십현(十賢)의 하나가 되었다. 신라의 발음으로 중국과 신라의 풍속, 물명을 깨우쳤으며 육경의 문학을 풀어 가르쳤으므로 오늘에 이르기까지 해동(海東)에서 명경(明經)을 업으로 하는 자들이 전수하여 끊기지 않았다. 원효는 이미 계를 어겨 설총을 낳았으므로 이후에는 속세의 옷으로 갈아입고 스스로 소성거사라 불렀다."라는 기사에서 설총이 향찰로서 중국과 신라의 방속물명을 기록하고 구결로서 육경(六經)의 문학을 깨우친 전통이 후세 끊임없이 이어갔음을 알 수 있다.

3.2.5.5. 실제로 구결은 고려시대에 크게 발달하여 불교의 경전을 석독(釋讀) 구결의 방법으로 한문을 우리말로 풀어 읽은 예들이 『구역인왕경(舊譯仁王經)』을 비롯하여 오늘날 계속해서 발견되고 있다.[36] '입

36 『삼국유사』 등의 기사에 보이는 "以方言讀九經 ― 신라 말로 구경을 읽었다"라든지 "以方音通會華夷方俗物名 ― 신라의 발음으로 중국과 신라의 방속 물명을 모두 깨우쳤다", 또는 "六經訓解文學 ― 육경의 문학을 풀어서 가르쳤다" 등의 기사는 설총이 한문 문장을 신라어로 釋讀(풀어 읽음)하였음을 말하는 것이다. 옛날 경

겿, 입겿', 또는 '구결(口訣)'이란 명칭은『월인석보(月印釋譜)』'序(天順 3년, 1459, 己卯 7월 7일)'에 "哉징는 입겨체 쓰는 字쫑ㅣ라"라는 서문의 주에 '입겿'으로 나타나다.

그리고『월인석보』의 권두(卷頭)에 있는 언해본『훈민정음』의 주해에, "而는 입겨지라"(2앞), "矣는 말 뭇는 입겨지라"(2앞, 뒤)가 있고 역시 같은 곳에 전재된『석보상절』의 '수양대군(首陽大君) 서(序)'(正統 12년, 1447, 7월 25일)의 주에 "之는 입겨지라"(1앞), "焉은 입겨지라"(6뒤)와 같은 예에서 '입겿'이 보인다.

그리고『능엄경언해(楞嚴經諺解)』의 김수온(金守溫) 발문에 "恭惟我主上殿下, [中略] 萬機之暇, 特徹乙覽, 親加口訣, 正其句讀 ― 황공하게도 주상전하께서 [중략] 만기의 잠간 짬을 내어 특별히 이를 열람하시고 친히 구결을 더하여 구독하기를 바르게 하다"라 하여 '구결(口訣)'이란 명칭이 처음 나타나고 이를 "上이 입겨츨 드르샤"와 같이 '입겿'으로 언해되었다.

구결은 일명 '토(吐)'라고 하였으며 "이두의 방법으로 단 토"라는 의미의 '이토(吏吐)'를 비롯하여 "토를 달다"에서 온 '현토(懸吐)', 그리고 "언문식으로 읽는다"는 '언독(諺讀)', "언문으로 단 토"라는 '언토(諺吐)'도 있었다. '토'라는 술어는 조선시대에 들어와서 유행한 것으로 보인다.

즉,『세종실록』권 49, '세종 10년 윤 사월 을해(世宗十年 閏四月 己亥)'조에 "上語卞季良曰: 昔太宗命權近, 著五經吐. {凡讀書, 以諺語節句讀者, 俗謂之吐} 近讓之不得, 遂著詩書易吐. ― [세종 10년(1428) 윤4월 기해에] 상

전의 교육은 한문으로 된 문장을 音讀하고 이를 다시 석독하는 방법으로 이루어졌다. 예를 들어 柳希春의『眉巖日記』에 임금의 經筵에서 경학을 공부하는 모습을 기록하였다. 안병희(1977: 21~34)에서 옮겨보면『眉巖日記草』제1책 '丁卯十月初五日' 조 "晴 朝講, [中略] 上讀前受一次, 玉音琅琅. 臣以經筵上番, 進講大學正心章, [中略] 音讀二度, 釋一度. 上即音讀一度, 釋一度畢. ― '정묘년(1567) 시월 초닷새'조에 "맑음. 아침에 강의. [중략] 임금이 먼저 한번 읽다. 임금의 목소리가 낭낭하였다. 신이(유희춘) 경연의 상번으로서 대학의 정심장을 강의하였다. 음독하기를 한 번, 석독하기를 한 번 하다. 임금이 음독 한 번, 석독 한 번으로 끝마치다."와 같다. 따라서『대학』의 한문 문장을 음독하고 풀이한 다음에 석독하였음을 알 수 있다.

이 변계량에게 말하기를 '옛날 태종 때에 권근에게 명하여 오경의 토를 달도록 하였다' {대저 독서할 때에 우리말로 구절을 읽는 것을 속되게 토라고 한다} 근래에는 사양하여 [토를] 달지 않는데 이제 시전(詩傳)과 서전(書傳), 주역(周易)의 토를 달게 하라"라는 기사에서 '토'란 매우 오래전부터 한문을 읽을 때에 붙여 읽던 것으로 주로 한문 구절이 바뀔 때에 붙이는 입겿, 즉 구결을 말하는 것임을 알 수 있다. 따라서 토는 좁은 의미의 구결과는 조금 다르나 대체로 구결의 범주에 들어가고 다만 '이두'와는 확실하게 구별된다고 하겠다.

3.2.5.6. 이 구결은 한문이 한층 더 보급된 조선시대의 후기에 더욱 일반화되었으며 오늘날에도 일부에서는 쓰이고 있다. 예를 들면 조선조 후기까지 훈몽교과서로서 가장 일반적이었던『동몽선습(童蒙先習)』에는 토가 붙어 있었다. 즉, "父母天性之親. 生而育之, 愛而敎之, 奉而承之, 孝而養之. 於是聖人首出繼天立極."이란 한문 구절은 "父母天性之親是羅, 生而育之爲古, 愛而敎之爲旀, 奉而承之爲古, 孝而養之爲飛尼, 於是聖人伊, 首出爲舍, 繼天立極爲時尼 – 부모는 천성의 친이라. 낳아 기르고 사랑ᄒᆞ며 가르치며 봉이승지ᄒᆞ고 효이양지ᄒᆞ나니 이에 성인이 수출ᄒᆞ샤 계천입극 ᄒᆞ시니" 와 같이 밑줄 친 구결(-토)를 붙였다.

이것은 "是羅-이라, 爲古-ᄒᆞ고, 爲旀-ᄒᆞ며, 爲古-ᄒᆞ고, 爲飛尼-하ᄂᆞ니, 伊-이, 爲舍-ᄒᆞ샤, 爲時尼-ᄒᆞ시니"와 같이 구절을 연결시켜주는 어미나 문법형태를 차자하여 표기한 것이다. 한문의 원문은 한자의 동음(東音-전통한자음)대로 음독하고 구결(음독 구결, 또는 토)은 본문에 삽입하는 형식을 취한 것이다.

이 가운데 석독하는 '爲- ᄒᆞ, 飛- ᄂᆞ'는 변음토착(變音吐着)이라 한다. 즉, 소리를 바꿔서 토를 달다'라는 이두(吏讀)이다. 후대에 한문과 한자가 일반화되었을 때에 이러한 '변음토착'은 매우 괴로운 한자 표기가 아닐 수 없었다.

후대에 세종의 둘째 따님인 정의(貞懿) 공주가 일르 훈민정음으로 표기하는 언토(諺吐)를 개발하여 세종으로부터 크게 칭찬을 받았다는 기사가 <죽산안씨대동보(竹山安氏大同譜)>에 전해 온다(졸저, 2015: 183~6).

6) 향찰(鄕札) 표기

3.2.6.0. 다음으로 신라시대의 향찰(鄕札)에 대하여 살펴보기로 한다. 향찰(鄕札)이란 한자로 우리말을 표기할 때에 사용된 한자를 말한다. 처음에는 구결(口訣)과 같이 한문이 아닌 우리말의 형태부 표기에만 쓰이던 향찰은 차자표기법이 발달함에 따라 신라어를 한자를 빌려 전면적으로 표기하려는 욕구가 생겨났다.

즉, 한자가 더 이상 지배자의 통치문자가 아니라 백성의 문자로 일반화되었기 때문에 이를 우리말 표기의 글자로 인식하게 된 것이다. 이에 이르러서는 일반 백성들이 자신의 말을 기록하려는 자생적인 욕망에서 생겨난 것으로 여항(閭巷)의 노래와 같이 생활주변의 것을 표기함으로부터 시작되었다.

한자의 석(釋 - 새김)과 발음으로 실사(實辭)까지도 완전하게 표기하려는 노력은 신라의 통일을 전후한 시기에 향가를 표기하는데 많이 이용된 것으로 보이며 진성여왕(眞聖女王) 2년(888 A.D.)에는 이 향가를 모은 향가집 『삼대목(三代目)』이 각간(角干) 위홍(魏弘)과 대구화상(大矩和尙)에 의하여 편찬되었으나 오늘날 전해지지 않는다.[37]

그러나 『삼국유사』(1285)에 14수의 신라 향가가 전해져 불완전하나마 그 모습을 찾아볼 수 있다. 이것이 신라시대의 옛 기록을 옮긴 것인지 아니면 고려시대 당시의 차자표기로 기록하였는지 확실하지 않으나 일단 신라시대의 차자표기로 보아 이러한 향가의 표기를 '향찰(鄕札)'이라 부른다.

3.2.6.1. '향찰(鄕札)'이란 명칭은 혁련정(赫連挺)이 지은 『균여전』(1075)의 '제팔 역가현덕분(第八譯歌現德分)'에 소수된 최행귀(崔行歸)의 서문에 처음 나타난다. 향찰(鄕札)은 당인(唐人 - 중국인)에 대한 향인(鄕人 - 신라인), 당언(唐言 - 중국어)에 대한 향언(鄕言, 鄕語 - 신라어), 당악(唐樂 - 중국 음

---

37 『삼국사기』 권 11 '眞聖女王 二年' 조에 "春二月, [中略] 王素與角干魏弘通, 至是常入內用事, 乃命與大矩和尙, 修集鄕歌, 謂祉三代目云. 及魏弘卒, 追諡爲惠成大王 ー [중략] 왕이 평소 각간 위홍과 통하더니 이에 이르러는 늘 입내(入內)하여 일하게 하고 이에 명하여 대구화상과 더불어 향가를 수집하여 편찬케 하였고 그것을 가리켜 『삼대목』이라 하였다. 위홍이 죽자 추시(追諡)하여 혜성대왕이라 하였다" 라는 기시를 참조할 것.

약)에 대한 향악(鄕樂 - 신라 음악), 당약(唐藥 - 중국 약)에 대한 향약(鄕藥 - 신라 약) 등에 맞추어 당문(唐文 - 한자)에 대하여 향찰(鄕札), 즉 '신라의 글'이란 의미로 쓰인 것이다.

가장 대표적인 예를 두 개만 들어보기로 한다.

① 서동요(薯童謠, AD. 579-631)
善化公主主隱
善化公主님은

他密只 嫁良置古
놈그스지 얼어두고[38]

薯童房乙 夜矣卯乙 抱遣去如
맛둥방올 바미 몰 안고가다 양주동(1942) 역
<유>(권2) '武王'조.

② 두솔가(兜率歌)(월명사의 생애)
今日 此矣 散花 唱良 巴寶白乎隱花良 汝隱
(龍樓此日散花歌 挑送靑雲一片花)
오늘 이에 산화 불러 보보술본 고자 너는,

直等隱心音矣 命叱使以惡只
(殷重直心之所使)
고든 ᄆᆞᅀᆞᄆᆡ 命ㅅ부리이악

彌勒座主 倍立羅良
(遠邀兜率大僊歌)
미륵좌주 모리셔벌라. 김완진(1980) 역

<유>(권5) '월명사(月明師)'조.( )은 一然이 해석한 七言絶句의 漢詩임.

---

38 향가의 해독은 여러 형태가 있다. 薯童謠의 "他密只嫁良置古"의 해독만을 보더라도 서로 다르다.
남(애)그스기 얼여두고(小倉進平, 1929) 놈 그스기 얼어두고(梁柱東, 1942)
놈 모릐 어러두고(池憲英, 1947) 놈 몯ᄋᆞ 얼아두고(李鐸, 1956)
남 그스기 오랴도고(몸바쳐 두고)|(金善琪, 1967~8)

3.2.6.2. 서동요(薯童謠)는 <삼국유사>(권2) '무왕(武王)'조의 기사에 소수된 '서동설화(薯童說話)'와 더불어 널리 알려진 향가다. 백제 무왕(武寧王, 또는 武康王)이 지룡(池龍)의 아들로서 태어나 마(薯蕷)를 캐어 팔아 살아가다가 지략으로 신라 진평왕의 셋째 딸인 선화공주를 얻어 일약 백제의 왕이 된다는 영웅설화와 함께 전해지는 향가로서 혜성가(彗星歌)와 더불어 삼국시대의 것이다.

① 서동요(薯童謠)를 현대어로 풀이하면 "선화공주님은 남 몰래 짝 맞추어 두고 맛동 서방을 밤에 알을 안고 가다"이며 서동(薯童)이 선화공주(善花公主)를 손에 넣으려고 두 사람이 연애관계에 있음을 소문내기 위하여 노래한 것이다.

② 두솔가(兜率歌)는 당시 신라에서 유행하던 산화가(散花歌)와는 다른, 월명사(月明師)가 지은 미륵청불(彌勒請佛)의 향요(鄕謠)로서 아마도 궁궐의 동궁(東宮)에서 행해진 제천의식(祭天儀式) 가운데 월명사가 미륵불(彌勒佛)의 하생(下生)을 기원하며 부른 향가다. 현대어로는 "오늘 이에 散花불러 솟아나게 한 꽃아 너는, 곧은 마음의 命에 부리워져 미륵좌주(彌勒座主) 뫼셔 나립(羅立)하라"로 풀이할 수 있다.[39]

3.2.6.3. 이 두 예에서 신라 향가의 향찰표기를 살필 수가 있다. 구결이나 후대의 이두와는 달리 이 향찰은 우선 문장 단위로 표기되었다는 점이 다르고 ①에서 "善化公主主隱"의 '主隱-님은'과 같이 한자의 석(釋-새김)과 발음을 빌려 표기한 경우도 있지만 ②에서는 "今日此矣 - 오늘 이익"의 '今日 - 오늘'과 같이 어휘 전체의 의미를 빌린 것도 있다.

그런가 하면 ①의 "嫁良置古 - 얼어두고"에서 '嫁 - 얼, 置-두'와 같이 실사의 어간은 새김을 빌린 전차의(全借義)의 차자이고 '良 - 어/아, 古 - 고'와 같이 어미, 또는 조사는 전차음(全借音)의 한자를 빌리는 경우가 많으며 더러는 석(釋), 즉 새김을 빌린 것도 있다.

---

39 月明師는 能俊의 문인으로서 四天王寺에 있으면서 달 밝은 밤에 피리를 불며 큰 길로 다닐 때마다 달이 그를 위하여 길을 밝혔음으로 그 길을 月明里라고 하고 그의 이름도 月明이라고 했다 한다. 景德王 19년(760 A.D.) 4월에 두 해가 나타나서 열흘이 지나도 사라지지 않으므로 왕이 月明師를 불러 兜率歌를 지어 부르게 한 다음에 없어졌다고 한다.

또한 ①의 "善化公主主隱 - 선화공주님은"의 '선화공주'는 그 뜻과 발음도 모두 빌린 형태이며 ②의 "直等隱心音矣 - 고둔 ᄆᆞᄉᆞᄆᆡ"의 '直等隱 - 고둔, 心音 - ᄆᆞᅀᆞᆷ'처럼 고유명사 표기에서 살펴본 반차의(半借義)의 혼합표기도 있다.

물론 후자의 경우는 '역상불역하(譯上不譯下)'의 고유명사 표기 방법에서 온 것이며 양주동(1965)에서는 '直等隱 - 고둔, 心音 - ᄆᆞᅀᆞᆷ'과 같이 뒤에 오는 전차음의 한자가 어간음절의 말음을 표시하는 것을 의자말음첨기법(義字末音添記法)으로 불렀고 김완진(1980)에서는 '훈주음종(訓主音從)'의 방법이라 하였다. 새김으로 읽는 앞의 한자가 중심이고 뒤에 음독(音讀)하는 한자는 부수적인 것이라는 뜻이다.

대체로 향찰표기에서 실사는 전차의(全借義)의 석독 표기, 또는 반차의(半借義)의 혼합표기를 주로 사용하였다. 즉, 조사나 어미와 같은 문법형태는 전차음, 음독표기의 방법을 택하였으나 앞에 오는 전차의, 음독하는 한자는 낱말의 중심이 된다. 물론 그렇지 않은 경우도 많은데 이에 대하여는 향후 많은 연구가 필요하다.

3.2.6.4. 문법형태를 나타내는 구결자들은 대체로 규정된 한자가 있는 것으로 보인다. 예를 들어 주제격(主題格)은 '隱 - 은/는'으로 표기되었고 주격은 '伊, 是 - 이, ㅣ', 목적격은 '乙 - ㄹ, 肹 - ᄒᆞᆯ', 처격은 '中, 良中 - 애/의, 아히, 또는 속격의 '矣, 衣 - 의/의', 속격은 처격과 같되 '叱-ㅅ'이 폭 넓게 사용되었다. 호격에 '也 - 야/여, 下 - 하'가 있고 많은 후치사들이 사용되었다. 활용어미도 규정된 것으로 보이나 아직 전모를 파악하지 못하고 있다.

이러한 향찰표기의 전통은 고려에 들어와서 석독 구결의 방법이 발달하매 급속하게 쇠퇴되었다. 특히 고려 후기에 중국 몽골의 원(元)에서 시작된 이문(吏文)의 방법이 도입되어 이 땅에서도 이문(吏文)이 유행함에 따라 이러한 향찰의 표기는 점차 사라지게 되었다. 다만 향찰 표기는 이두(吏讀)라는 명칭으로 일부에서 사용되었다.

그리하여 향찰의 표기 전통은 고려를 거쳐 조선시대에까지 연결된다. 조선시대에 편찬된 『시경석의(詩經釋義)』에 향가와 같은 차자 표기를 찾을 수가 있다. 16세기 후반에 간행된 것이다. 이에 대하여는 다음의 3.3.2.4.에서 다시 살펴보기로 한다.

3. 고려시대의 언어와 문자 연구

3.3.0. 고구려, 백제, 신라의 삼국시대를 거쳐 한반도에서는 200여 년간 신라의 통일시대가 이어진다. 고구려의 일부가 발해(渤海)를 건국하여 신라와 남북으로 대치하기도 하였으나 발해의 영역은 한반도에 이르지 못하였다. 따라서 통일 신라는 고구려와 백제의 문화를 이어받아 발전시키게 된다.

그러나 한반도에서 고구려의 북방 문화와 신라의 남방 문화는 여전히 대치하고 있었다. 또 수도는 여전히 한반도의 동남쪽에 치우진 경주(慶州)에 있어서 신라의 통일시대에 한반도는 하나의 문화로 통일되지는 못하였다. 신라의 호족이었던 왕건(王建)이 한반도 북방 문화를 계승하여 고려를 건국하고 한반도의 중심부에 있는 개성(開城)을 수도로 삼아 남북 문화를 흡수 통일하였다.

따라서 고려시대에 이르러 한반도는 비로소 고구려, 백제, 신라의 삼국 통일이 완수되었다고 본다. 그러면 이 시대의 언어와 문자에 대한 연구는 어떠하였을까? 이제 이에 대하여 살펴보기로 한다.

1) 고려시대의 우리말 자료

3.3.1.0. 고려시대에도 우리말 자료는 한자의 차자표기 자료가 주종을 이룬다. 다만 이 시대는 전시대에 비하여 양적으로나 질적으로 매우 많고 좋은 차자표기 자료가 남았다. 이들 차자표기 자료는 '구역인왕경(舊譯仁王經)'의 석독 구결이 세상에 알려지기까지 몇 사람의 선각자를 제외하고는 관심이 없었다. 그리하여 세상에 알려지지 않은 자료는 물론이며 이미 알려진 것도 별로 돌아봄이 없었다.

그러나 구역인왕경이 발견되고 고려시대의 독특한 차자표기가 각광을 받으면서 이 시대의 차자표기자료들이 한국어연구자들의 비상한 관심을 끌게 되었다. 이 책에서는 세종의 새 문자 제정 이전과 이후로 나누어 시대를 구분하였으므로 이 시대의 자료는 비록 조선시대의 것이지만 세종 이전의 자료와 그 이후라도 고려에 관한 것을 망라한다.

이 자료가운데 중요한 것을 간추려 보면 다음과 같다.

금석문과 고문서

자적선사능운탑비(慈寂禪師凌雲塔碑)(941)
성주석불좌상배명(星州石佛坐像背銘)(967)
송광사노비문서(松廣寺奴婢文書)(1281)외 다수[40]

국내문헌

균여전(均如傳)(1075)
향약구급방(鄉藥救急方, 13세기경), 重刊本(1417)
태조실록(太祖實錄, 1413)
정종실록(定宗實錄, 1426)
태종실록(太宗實錄, 1431)

---

40 이승재(1992b: 21~23)에서 고려시대의 구결 자료를 옮겨보면 다음과 같다.
자적선사능운탑비(慈寂禪師凌雲塔碑, 941), 성주석불좌상배명(星州石佛坐像背銘, 967), 교리마애석불(校里磨崖石佛, 977), 개심사석탑기(開心寺石塔記, 1010), 정토사오층석탑조성형지기(淨兜寺五層石塔成形止記, 1031), 보현사석탑기(普賢寺石塔記, 1044 추정), 통도사국장생석표(通度寺國長生石標, 1085), 밀양국장생석표(密陽國長生石標, 1085), 울주국장생석표(蔚州國長生石標, 1085), 나주서문내석등기(羅州西門內石燈記, 1093), 승정경렴석관명(僧正景廉石棺銘, 1102), 천북관세음사종명(川北觀世音寺鐘銘, 1107), 양오층석탑조성기(密陽五層石塔造成記, 1109), 양등사반자(楊等寺飯子, 1160), 표충사함은향완(表忠寺含銀香垸, 1177), 태화이년명반자(泰和貳年銘飯子, 1201), 고령사반자(高嶺寺飯子, 1214), 이의사반자(利義寺飯子, 1224), 수선사사원현황기(修禪社寺院現況記, 1221-1226), 복천사반자(福泉寺飯子, 1238), 수정사반자(修定寺飯子, 1240), 상서도관첩(尙書都官貼, 1262), 송광사노비문서(松廣寺奴婢文書, 1281), 광산김씨김진호구단자(光山金氏金稹戶口單子, 1333), 함창김씨병자년준호구(咸昌金氏丙子年准戶口, 1336), 청주목관문서(淸州牧官文書, 1349), 감은사반자(感恩寺飯子, 1351), 해남윤씨노비문서(海南尹氏奴婢文書, 1354), 백암사첩문(白巖寺貼文, 1357), 경주사수호장행안(慶州司首戶長行案) 기일(其一, 1361), 기이(其二, 1379), 이자수정안(李子脩政案, 1366), 백문질자녀분금문서(白文質子女分衿文書, 1371), 밀양박씨임자년준호구(密陽朴氏壬子年准戶口, 1372), 이자수고신(李子脩告身) 기일(其一, 1376), 기이(其二, 1382), 장성감무관첩문(長城監務官貼文, 1378), 남씨노비문서(南氏奴婢文書, 1382), 유종혜고신(柳從惠告身) 기일(其一, 1383), 기이(其二, 1387), 장전소지(張戩所志, 1385), 고려말국보(國寶)호적문서(1390-1391).
이 각각의 자료에 대한 해설은 이승재(1992b: 21-54)를 참조할 것.

응골방(鷹鶻方, 高麗版), 현전판(1444)
고려사(高麗史, 1451)
고려사절요(高麗史節要, 1452)
악학궤범(樂學軌範, 1493)의 고려가요
악장가사(樂章歌詞, 중종~명종 연간)의 고려가요

국외문헌
계림유사(鷄林類事, 1103-1104), 중국
이중력(二中曆, 12세기 초), 일본
선화봉사고려도경(宣和奉使高麗圖經, 1124), 중국
조선관역어(朝鮮館譯語, 15세기), 중국

고려시대의 금석문과 고문헌에 대하여는 아직 정리된 것이 없고 상술한 이승재(1992b: 21~23)에 개별적인 소개가 있을 뿐이다. 그에 의하면 고려시대의 이두자료로서 50여종을 들었고 대부분 제작 년대가 파악된 것이다. 그러나 이에 관한 연구는 아직도 진행 중이다. 앞으로의 연구가 주목된다.

국내문헌이 이 시대 언어와 문자의 연구에서 핵심적인 역할을 한다. 물론 국외 문헌에 이 시대의 한반도에서 수행한 언어와 문자의 연구를 알려주는 정보가 없는 것은 아니나 그 양은 매우 적고 또 신빙성도 떨어진다. 이제 이 각각에 대하여 살펴 보기로 한다.

3.3.1.1. 이 시대의 한국어를 연구하는데 중요한 자료는 역시 국내외 문헌자료다. 그 가운데에서 특히 주목할 만한 것은 <균여전(均如傳)>이라고 할 수 있다. <균여전>은 고려 문종 29년(咸雍 11, 1075)에 혁련정(赫連挺)이 편찬한 것으로 원명은 『대화엄수좌원통양중대사균여전(大華嚴首座圓通兩重大師均如傳)』이다.

이 책은 신라 신덕왕 6년(917 A.D.), 또는 고려 태조 6년(923 A.D.)에 태어나서 고려 광종 24년(973 A.D.)에 열반한 고려 명승 양중대사(兩重大師) 균여(均如, 917~973 A.D.)의 전기로서 모두 1책으로 되었다. 균여 대사는 황주(黃州) 출신으로 속성은 변(邊)씨다. 15세에 출가하여 불도를 닦고 불경을 주해(註解)하여 불교의 대중화에 노력하였다.

균여(均如)는 가야산 해인사(海印寺)의 승려들이 남북악(南北嶽)으로 갈리어 화엄교(華嚴敎)의 대립이 심하였을 때에 북악(北嶽)의 법통으로 양파를 통합하여 이들의 대립을 완화시켰다. 학덕이 높아 광종(光宗)의 총애를 받았으며 왕이 귀법사(歸法寺)를 창건하여 그를 주지로 임명하였다. 광종 9년(958 A.D.)에는 과거의 시관(試官)으로서 왕륜사(王輪寺)의 승과(僧科)를 주재하여 유능한 승려를 많이 배출하였다.

고려 문종 때에 진사시(進士試)에 합격하고 문명을 얻은 혁련정(赫連挺)이 균여 대사의 일대기를 쓴 것은 광종 때의 일이다. 이 <균여전>은 합천(陜川) 해인사의 판장(板藏) 속에서 발견한 고승전(高僧傳)으로서 매우 희귀한 문헌이다. 균여대사의 일생을 10단으로 구분하여 서술하였는데 신라시대의 인명과 지명, 제도명 등이 차자 표기되었다.

그리고 무엇보다 중요한 것은 균여대사가 지은 향가 11수가 제7 가행화세분자(第七歌行化世分者)에 수록되었고 최행귀(崔行歸)가 이를 한시(漢詩)로 번역한 역가(譯歌) 11수와 논설이 제8 역가현덕분자(第八譯歌現德分者)에 실렸다. 따라서 운문이지만 신라말기로부터 고려초기의 언어로서 문장으로 된 것을 이 자료에서 찾아 볼 수 있다.

고려 초기에 균여(均如) 대사의 보현십원가(普賢十願歌) 11수는 향찰 표기의 완숙한 경지를 보여준다. 이에 대하여 다음 절에서 상론하기로 한다.

3.3.1.2. 중간본『향약구급방(鄕藥救急方)』(3권 1책)은 영락(永樂) 정유(丁酉), 즉 태종 17년(1417)에 최자하(崔自河)가 의흥군(義興郡)에서 윤상(尹祥)의 발문(跋文)을 붙여 간행한 의학서로서 발문에 의하면 고려 고종 23년 경(1236)에 대장도감(大藏都監)에서 간행한 원본이 있었으나 판이 낡고 책을 보기가 힘들어 다시 중간한 것이라고 한다.

내용은 향약으로 위급한 병을 치료하는 방문(方文)을 설명한 것인데, 상, 중, 하 3권의 방문(본문)의 여러 곳에 보이는 약 70여개의 동식물명과 또 권말의 부록으로 부재된 '방중향약목초부(方中鄕藥目草部)'(이하 '鄕藥目'으로 약칭함)에 열거된 약 180여개의 식물명을 고유명사 표기의 차자 방법으로 고유어의 이름을 표기하였다.

상권은 18목(目), 중권은 25목, 하권은 12목으로 나누어 방문을 실었으며 후인이 알아보기 쉽도록 난상(欄上)에 항목의 차례를 수자로 기입하였다. 부록은 향약목(鄕藥目) 12면과 윤상의 중간에 따른 발문(跋文), 그리고 중간에 관여한 교정자와 각수(刻手)의 함명(銜名)이 있다. 따라서 고려시대의 어휘와 차자표기 연구에 귀중한 자료가 되는데 일본의 궁내성(宮內省) 서능부(書陵部)에 유일본이 전하고 있다.

이 자료는 세종 13년(宣德 6년, 1431)에 간행된 『향약채취월령(鄕藥採取月令)』의 필사본(서울대도서관 소장)이나 세종 15년(1433)에 유효통(兪孝通), 노중례(盧重禮), 박윤덕(朴允德) 등이 편찬하고 인조 11년(崇禎 6년, 1633)에 간행한 중간본의 『향약집성방(鄕藥集成方)』(85권, 250여항의 어휘가 소수됨, 고려대 소장), 선조 4~6년(1571-1573)에 간행된 것으로 추정되는 『촌가구급방(村家救急方)』(誠巖古書博物館 소장), 그리고 성종 20년(1489)에 원간본이 간행된 『구급간이방언해(救急簡易方諺解)』(현전본은 권1이 서울대 일사문고본에, 권2가 안동의 金永倬氏의 소장본으로 16세기의 중간본임) 등의 의학서와 비교할 수 있다.

3.3.1.3. 『태조실록(太祖實錄)』(1권 15책)은 태종 8년(1408)에 태조가 죽자 이듬해인 태종 9년 8월 28일에 하윤(河崙, 1347~1416), 유관(柳寬, 초명은 柳觀, 1346~1433), 정이오(鄭以吾, 1354~1434), 변계량(卞季良, 1369~1430) 등에게 명하여 태조 재위 7년간의 정령(政令), 기타의 사실을 기록하게 하였다.

이들은 태종 13년(1413) 3월에 『태조실록』을 찬진하였는데 너무 중복되고 번란한 부분이 많아서 세종 24년(1442) 9월에 신개(申槩, 1374~1446), 권제(權踶, 1387~1445), 안지(安止, 1377~1464), 남수문(南秀文, 1408~1443) 등이 기사를 개수하였으나 세종 30년(1448)에 정인지(鄭麟趾) 등이 이를 다시 개수하였고 문종 원년(1451)에도 간단한 수정이 있었다.

『정종실록(定宗實錄)』(6권 1책, 인본)은 세종 6년(1424)에 변계량(卞季良), 유회(尹淮) 등이 편찬자가 되어 『태종실록(太宗實錄)』과 함께 정종의 재위 2년간의 실록을 작성한 것으로 세종 8년(1426)에 완성되었다. 『태종실록』(36권 16책)은 세종 5년(1423)에 변계량(卞季良) 등이 『정종실록』과 함께 편찬을 건의하고 그들의 주도하에 세종 13년(1431)에 완성되었다.

그 후 정도전(鄭道傳)의 난(亂)과 박포(朴苞)의 난(亂)에 관한 기사의 착오로 인하여 세종 24년(1442)에 개편된다.

3.3.1.4. 『고려사(高麗史)』는 조선조가 개국한 직후 태조 원년(1392)에 정도전(鄭道傳, ?~1398), 정총(鄭摠, 1358~1397)에게 어명으로 그들의 주관 하에 고려의 역대실록을 참고하여 고려의 역사를 서술하게 하였다. 이 책은 태조 4년(1395)에 일단 완성되었으나 고려 말에 이루어진 편년체(編年體)의 사서(史書)에 너무 경도되었고 매우 조잡하여 다시 태종이 유신(儒臣)에게 명하여 교정하도록 하였다.

그 교정본이 하윤(河崙)의 주도하에 태종 14년(1414)부터 인행(印行)이 시작되었으나 그가 죽은 후에 중단되고 말았다. 세종 원년(1419) 9월부터 변계량(卞季良), 유관(柳寬) 등이 다시 이를 수정하여 세종 3년(1421) 정월에 끝을 맺었다. 그러나 이것도 역시 불충분하다고 하여 세종 5년(1423)에 유관(柳寬), 윤회(尹淮, 1380~1436) 등이 다시 고치기 시작하여 그 이듬해 8월에 완성하였는데 이를 『수교고려사(讐校高麗史)』라고 한다.

그러나 이도 또한 결함이 있다고 하여 세종 20년(1438)에 권제(權踶, 1387~1445), 신개(申槩) 등이 이를 다시 수정하고 세종 24년(1442)에 인쇄에 돌렸으나 그들의 서술에도 잘못이 있다하여 두 사람은 처벌을 받고 인쇄된 책은 배포가 금지되었다. 그 후 세종 31년(1449)에 왕명으로 사국(史局)을 열고 김종서(金宗瑞, 1390~1453), 정인지(鄭麟趾, 1396~1478) 등으로 하여금 기전체의 고려사를 편찬하게 하여 문종 원년(1451)에 완성하였다.

이것이 오늘날 전하는 『고려사』이며 그 다음 해인 문종 2년(1452)에 남수문(南秀文) 등이 편년체로 된 『고려사절요』를 편찬하였다. 이로서 60여년간 끌어오던 고려사의 편찬 사업이 마감을 짓게 된 것이다. 이 두 자료는 고려 시대의 역사와 문화를 알려주는 기본 자료가 된다.

3.3.1.5. 다음으로 국외에서 출판된 문헌 자료에 대하여 살펴보기로 한다. 『계림유사(鷄林類事)』(1103~4)는 고려 숙종 8년경에 송(宋)의 손목(孫穆)이 고려에 와서 수집한 당시의 언어 약 356개를 송대(宋代) 개봉음(開

封音)의 한자로 기록한 귀중한 고려어의 자료다.

본래 <계림유사(鷄林類事)>는 토풍(土風), 조제(朝制), 방언(方言)의 3권과 부록으로 표문집(表文集)이 있었으나 오늘날에는 이 가운데 방언부와 토풍, 조제의 일부분만이 전한다. 명(明)나라 때에 편찬된『설부(說郛)』(백과사전과 같은 것으로 현전하는 것은 민국판임)와 청(淸)의 세종 때에 편찬된『고금도서집성(古今圖書集成)』에 수록되었다.

이 <계림유사>는 일찍부터 우리나라에 알려져 조선 선조 때의 권문해(權文海)가 편찬한『대동운부군옥(大東韻府群玉)』과 영조 때의 한치윤(韓致奫)이 지은『해동역사(海東繹史)』, 이익(李瀷)의『성호사설(星湖僿說)』, 이의봉(李義鳳)의『고금석림(古今釋林)』등에 인용되었다.

이 <계림유사>는 명(明)의 회동관(會同館)에서 편찬한 소위『십삼관(十三館) 화이역어(華夷譯語)』가운데 하나인 '조선관역어(朝鮮館譯語)'와 비교된다. 이 자료는 중국의 북경 한어음(漢語音)으로 조선조 초기의 언어를 기록한 것이다. 따라서 이 양자의 표기는 전혀 다르게 된다.

계림유사	조선관역어	
天曰漢捺(*하ᄂᆞᆯ)	天 哈嫩二(하ᄂᆞᆯ)	添
二曰途孛(*두ᄫᅳᆯ)	二 都卜二(두ᄫᅳᆯ)	移
花曰骨(*곧)	花 果思(곳)	華
鷄曰喙 音達(*ᄃᆞᆯ)	鷄 得二(ᄃᆞᆯ)	解
皮曰渴翅(*갗)	皮 과尺(가죽)	必
弟曰丫兒(*아ᅀᆞ)	弟 阿自(아ᅀᆞ)	迭
口曰邑(*입)	口 以(입)	谷
白米曰漢菩薩(*ᄒᆡᆫᄇ ᄉᆞᆯ)	米 色二(ᄡᆞᆯ)	你

이러한 차이는 우리말의 변천에 따른 것도 그 원인이 있겠지만 <계림유사>의 한자음은 송대 개봉음(開封音)이고 '조선관역어'의 한자음은 북경 한어음(漢語音)의 한자음으로 기록하였음을 실증적으로 보여준다.

중국에서 편찬된 문헌 자료로『선화봉사고려도경(宣和奉使高麗圖經)』(40권)을 들 수 있다. 이 자료는 송(宋)나라 서긍(徐兢)이 고려 인종(仁宗) 원년(1123)에 송의 사신(使臣) 노윤적(路允迪)을 따라 고려에 와서 당시 고려의 서울인 개성에서 약 1개월간 머물면서 보고들은 바를 기록한 것이다. 역시 당시 고려어의 편린을 찾아볼 수 있다.

3.3.1.6. 이중력(二中暦, 또는 二中歷)은 일본 가마쿠라(鎌倉) 시대의 말기, 즉 일본 건구(建久, 1190~1198) 말년에 만들어진 일종의 백과사전으로서 편자는 미상이고 필사본 13권(일본 尊経閣문고 소장)으로 되었다.

헤이안(平安)시대에 있었던 『장중력(掌中歷)』과 『회중력(懷中歷)』에 의거하여 이를 재분류하고 편집하여 '이중력(二中暦)이란 이름을 얻었으며 가마쿠라 시대 이후에 계속해서 증보되었다. 지금의 형태는 일본 분안(文安, 1444~8)시대에 이루어졌으며 일본의 왕실, 관직 등으로부터 서적과 예능에 이르기까지 지식인들이 가져야 할 기본적인 상식을 기재하였다.

권1은 신대력(神代歷)의 6항목을 시작으로 마지막 권13 예능력(藝能歷)의 6항에 이르기까지 모두 81항에 달하는 주제에 대하여 간단한 설명과 예를 들었다. 이 가운데 '역언력(譯言歷)' 부에 고려어(高麗語), 귀하국어(貴賀國語), 천축어(天竺語). 파사국어(波斯國語)의 수사(數詞)가 가타가나(片仮名)로 기록되어 고려시대의 수사를 규지할 수 있다.

2) 고려시대의 차자(借字)표기

3.3.2.0. 신라시대의 차자표기는 위만조선(衛滿朝鮮)이나 한사군(漢四郡) 등에서 통치(統治) 수단으로서 한문을 사용하던 관례를 모방하여 지배자의 문자로서 권위를 가진 한자를 빌려 직위, 인명, 지명, 관명 등 고유명사를 기록함으로써 통치자의 직위와 이름, 지명 등에 권위를 부여하려는 의도로 사용되었다.

이 고유명사의 차자표기는 한동안 이런 의미로만 사용되다가 한자가 더 보급되어 일반화되자 문장의 표기에도 사용하게 되었는데 신라어 어순에 맞추어 의미부만 기록하는 전술한 서기체(誓記體) 표기로 발전하였고 이어서 활용과 곡용의 어간 및 어미의 문법형태까지도 기록하는 향찰(鄕札), 구결(口訣)의 방법을 고안하였다.

향찰(鄕札)은 이러한 차자표기 방법을 모두 동원하여 신라어의 문장을 전면적으로 기록하는 방법이었으며 한문과는 달리 통치 수단이거나 문자의 권위를 갖지 못하고 단순한 표기수단으로서 토착 종교의 제천의식(祭天儀式)에서 부르는 신가(神歌)나 서민(庶民)들이 애창하는 속요(俗謠)의 표기에 주로 사용되기에 이르렀다.

고려조에 들어와서는 한문이 더 일반화되어 한자는 통치문자로서 더 이상의 권위를 갖지 못하고 차자표기와 같이 단지 표기의 수단으로만 간주하기에 이르러 일반인의 문자생활에서 사용되기 시작한다. 따라서 형찰과 이두의 방법과 함께 한문 문장에 토를 달아 읽는 구결(口訣)의 표기 방법이 더욱 발전하였다.

소위 석독구결(釋讀口訣)이라고 불리는 독특한 차자표기 방법은 신라의 설총(薛聰)에 의하여 집대성(集大成)된 다음에 고려조에 들어와서는 유학(儒學)의 경전과 불경(佛經)의 강독에서 크게 유행하게 되었다. 최근 석독구결 자료가 잇달아 발견되고 새로운 해독의 방법이 발굴되면서 이에 대한 연구가 매우 성황을 이루고 있다.

그러나 신라에서 성황을 누리던 향찰(鄕札)의 표기도 고려 초기에는 더욱 완숙한 우리말의 표기를 보여 주며 이두표기도 고려 후기에 완성되어 『대명률직해(大明律直解)』, 『양잠경험촬요(養蠶經驗撮要)』 등에 이르러서는 향찰에 못지않게 한국어를 전면적으로 표기하는데 성공하였다. 우선 먼저 고려 초기의 향찰 표기에 대하여 살펴보기로 한다.

3.3.2.1. 이 시대에는 향찰(鄕札)을 계승하여 당시 고려 말을 전면적으로 표기한 예가 있다. 신리시대에 주로 토속(土俗) 신앙에서 애용되던 향찰의 표기는 신라 말과 고려 초기에는 불교의 찬송(讚頌)에도 이용되게 되었다.

즉, 혁련정(赫連挺)의 『균여전(均如傳)』에 소전(所傳)된 균여 대사의 '보현십원가(普賢十願歌)' 11수는 향찰로 표기된 찬불가(讚佛歌)였다. 즉 고려시대에 들어와서 향찰 표기도 비로소 한문과 같이 동등한 문자로서의 지위를 획득한 것이다. 더욱이 균여(均如)의 향가를 한문으로 번역한 최행귀(崔行歸)는 향찰이 중국인에게 읽혀지질 수 없음을 한탄하기에 이르러 그동안 향찰이 가지고 있던 문자의 비속성(卑俗性)은 거의 사라진 것으로 보였다.

즉, 『균여전』의 '제팔역가현덕분자(第八譯歌現德分者)'에서 균여의 보현십원가를 한시로 번역하면서 전개한 논설에서

> 然而詩搆唐辭, 磨琢於五言七字. 歌排鄕語, 切磋於三句六名. 論聲則隔若參商, 東西易辨, 據理則敵如矛楯 强弱難分. 雖云對衒詞鋒, 足認同歸義解, 各得其所于何不臧. 而所恨者, 我邦之才子名公, 解吟唐什, 彼土之鴻儒碩德, 莫解鄕謠, 矧復唐文如帝網交羅. 我邦易讀, 鄕札似梵書連布, 彼土難諳. – 그러나 시는 당사(唐辭-한문)로 이루어져서 오언칠자(五言七字)로 다듬어졌고 가(鄕歌)는 향어(鄕語-신라어)로 배열하였으므로 삼구육명(三句六名)으로 꾸몄다. 소리로 논하면 서쪽별과 동쪽별처럼 떨어져 있으므로 동(東=新羅)과 서(西=中國)는 쉽게 분별할 수 있으나, 이치에 의거하면 창과 방패처럼 실력이 맞섬으로 강약을 분간키 어렵다. 사봉(詞鋒 - 필봉)으로서 서로 자랑하나 의해(義解 - 뜻의 해석)에는 함께 귀착됨을 족히 인정하게 된다. 저마다 그 곳을 얻었으니 좋지 않은 것이 있으랴? 그러나 한스러운 것은 우리의 재자와 명공은 당시(唐詩)를 읊을 줄 알지만 중국의 홍유(鴻儒 - 큰 선비)와 석덕(碩德 - 학문과 덕망이 높은 사람)은 향가를 이해하지 못한다. 하물며 당문(唐文 - 한문)은 제석(帝釋)의 그물이 잘 짜인 것 같아서 우리나라 사람도 쉽게 읽지만 향찰은 범서(梵書 - 산스크리트문자)가 잇달아 펼쳐진 것 같아서 중국에서는 알기 어렵다. 그리하여 양(梁)과 송(宋)의 구슬 같은 작품은 자주 동방으로 흘러들어 왔지만 진한(秦韓 - 신라)의 비단 같은 문장은 서방으로 전해가는 것이 드물었다.

라고 하여 향가(鄕歌)가 당의 시(詩)와 비견되는 훌륭한 작품이며 이를 표기한 향찰도 범자(梵字)와 같은 표음 문자로서 좋은 것이지만 다만 중국인들이 이를 이해하지 못하여 균여대사의 보현십원가(普賢十願歌)와 같은 좋은 찬불가(讚佛歌)가 중국에 알려지지 못함을 탄식하였다.

3.3.2.2. 특히 균여의 향가가 당시(唐詩)나 정관(貞觀 - 당 태종 때)의 사(詞)와 부(賦)를 능가할 만 하다고 극찬하였다. 이 부분을 『균여전』 '第八'에서 옮겨보면 다음과 같다.

> [前略] 伏惟我首座, 名齊玄玩, 作三千受戒之師, [中略] 十一首之鄕歌, 詞淸句麗. 其爲作也, 號稱詞腦, 可欺貞觀之詞. 精若賦頭, 堪比惠明之賦. 而唐人見

處, 於序外以難詳, 鄕士聞時, 就歌中而易誦. 皆沾半利, 各漏全功. 由是, 約吟於遼浿之間, 飜如惜法, 減詠於吳秦之際, 孰謂同文, 況屬師心. 本齊佛境, 雖要期近俗 沿淺入深. 而寧阻遠人, 捨邪歸正 [中略] 宋曆八年周正月日謹序. ─ 업드려 생각컨대 우리 수좌 균여대사는 현온(玄玩)과 나란히 3천 제자가 게를 받은 스승이 되었고 [중략] 11수의 향가는 문장이 맑고 구절이 아름답다. 그 작품 됨이 사뇌(詞腦)라 부르지만 정관(貞觀)의 사(詞)를 나무랄 만하고 정교하기는 부(賦)의 첫 머리와 같으니 혜명(惠明)의 부(賦)에 비교하여 감당할 수 있다. 그러나 당나라 사람들이 보는 것은 서문뿐이고 그 외는 잘 알기 어려우나 우리나라 사람이 들을 때에는 노래로서 쉽게 외운다. 모두가 반 밖에 이익을 얻지 못한 것으로 각기 완전한 효과를 얻지 못하였다. 이로 인하여 요하(遼河)와 패수(浿水 - 대동강)의 중간에 있는 동국에서는 음송이 줄어들어 법을 아끼는 것 같이 번역하고 오(吳)와 진(秦)에서도 영가(詠歌)가 감해졌으니 누가 같은 글을 쓴다고 하겠는가? 하물며 대사의 마음은 본디 부처의 경지와 같으니 비록 세속과 가깝게 하기 위하여 얕은 곳을 따라서 깊은 곳을 들어감을 기약하였지만 어찌 그 쪽 사람들(중국인)이 사(邪 - 잘못된 것)를 버리고 정(正)으로 돌아감을 막을 수 있겠는가? [중략] 송력 8년(967) 정월에 삼가 서문을 쓰다.

이 예문을 보면 향가는 '사뇌가(詞腦歌)'라고도 불렸음을 알 수 있으며 한자의 음과 새김을 빌려 기록한 것이기 때문에 중국인은 겨우 서문(序文)밖에는 읽지를 못하고 신라인도 노래로 외워버리기는 하지만 그 심오한 뜻을 깨닫지는 못한다고 한탄하였다. 그럼으로 둘 다 균여대사의 찬불가(讚佛歌)를 온전하게 이해하지는 못한다는 것이다.

서문의 이 기사는 향찰표기의 한계, 즉 표음문자로써 향찰의 특징을 말한 것이다. 먼저 향찰은 우리 선조들의 소작인 차자표기이기 대문에 요하(遼河)를 넘어 가면 중국인들은 읽지 못하며 패수(浿水) 이남에서는 신라인들도 그 표음성 때문에 노래로서 가창될 뿐이지 그 의미는 분명하게 깨달을 수가 없다는 것이다.

특히 '얕은 곳을 따라서 깊은 곳에 들어가다'는 말은 표음적인 표기로부터 표의적인 표기로의 전환을 의미한다고 보아야 할 것이다. 따라서 최행귀(崔行歸)의 역가(譯歌)는 한자가 일반화된 고려 시대의 지식인들에게도 유용한 것이었으며 따라서 그의 한시로서의 번역은 비단 중국인을 위한 것만이 아니고 한문을 상용하는 고려의 식자층(識字層)을 위한 것이기도 하다.

또 이 예문을 보면 앞의 절(節)에서 삼국시대나 통일신라시대의 사뇌가(詞腦歌)에 쓰인 향찰 표기의 애매함이 벌써 이 시대에 문제가 되었음을 알 수 있다. 여기서 우리는 고려시대 향찰표기가 전에 비하여 훨씬 정제되고 규범화되었음을 추찰할 수가 있다.

3.3.2.3. 이제 보현십원가(普賢十願歌)에서 두 개의 향가를 예를 들어 전대의 것과의 차이를 살펴보기로 한다.

① 예경제불가(禮敬諸佛歌)
心未筆留 - ᄆᆞᅀᆞᄆᆡ 부드로
慕呂白乎隱佛體前衣 - 그리ᄉᆞᆯᄇᆞᆫ 부텨 알ᄑᆡ
拜內乎隱身萬隱 - 저ᄂᆞ온 모마ᄂᆞᆫ
法界毛叱所只至去良 - 法界 업ᄃᆞ록 니르거라.
塵塵馬洛佛體叱刹亦 - 진진마락 부텻 찰이
刹刹每如邀里白乎隱 - 찰찰마다 모시리ᄉᆞᆯᄇᆞᆫ
法界滿賜隱佛體 - 法界 ᄎᆞ신 부텨
九世盡良禮爲白齊 - 구세 다ᄋᆞ라 절ᄒᆞᄉᆞᆲ져
歎曰身語意業无疲厭 - 아야, 身語意業无疲厭
此良夫作沙毛叱等耶 - 이렁 ᄆᆞᄅᆞ 지ᅀᅡ못다야

김완진(1980) 역

② 광수공양가(廣修供養歌)
火條執音馬 - 블 즐 자ᄇᆞ마
佛前灯乙直體良焉多衣 - 佛前燈을 고티란ᄃᆡ
灯炷隱須彌也 - 燈炷ᄂᆞᆫ 須彌여
灯油隱大海逸留去耶 - 燈油ᄂᆞᆫ 大海 이루거야
香焉法界毛叱色只爲於 - 香ᄋᆞᆫ 法界 업ᄃᆞ록 ᄒᆞ며 [41]
香良每如法叱供乙留 - 香아마다 法ㅅ供ᄋᆞ로

41 이 두 구절은 양주동(1942)에서 "手焉法界毛叱色只爲於 - 소ᄂᆞᆫ 法界ᄆᆞᆺ도록 ᄒᆞ며"와 "手良每如法叱供乙留 - 소내마다 法ㅅ供ᄋᆞ루"으로 되었으나 두 구절의 첫 글자인 '手'가 '香'의 오독이었음이 밝혀졌다. 김완진(1978b).

法界滿賜仁佛體 - 法界 ᄎᆞ신 부텨
佛佛周物叱供爲白制 - 佛佛 온갓 供 ᄒᆞᅀᆞᆸ져.
阿耶 法供沙叱多奈 - 아야, 佛供ᄉᆞᆺ 하나
伊於衣波最勝供也 - 뎌를 니버 最勝供이여.

김완진(1980) 역

이 두 향가는 보현십원가(普賢十願歌)의 서시(序詩)인 예경제불가(禮敬諸佛歌)와 제3의 광수공양가(廣修供養歌)로서 균여의 보현십원가 가운데 대표작으로 알려진 것이다. ①과 ②의 예에서 신라시대의 향가와 비교하면 적지 않은 한자어, 즉 부처(佛體), 법계(法界), 진진(塵塵 - 티끌), 찰찰(刹刹 - 寺刹), 구세(九世), 예(禮), 등주(燈炷), 등유(燈油), 수미(須彌) 등이 혼효(混淆)되어 쓰였음을 볼 수 있다. 이것은 이러한 한자어가 이미 당시에 일반적으로 쓰이고 있음을 말하는 것이다.

3.3.2.3. 또 하나는 신라의 향찰표기에서 사용되던 역상불역하(譯上不譯下). 반차의(半借義), 즉 훈주음종(訓主音從)의 표기 방법이 매우 정리되어 사용됨을 볼 수 있고 문법형태도 일정한 한자, 주로 전차음(全借音)의 한자를 반복해서 사용했음을 볼 수 있다.

뿐만 아니라 그 표현이 훨씬 격조가 있어 훌륭한 수사법으로 보이며 전체적인 향가의 구성도 모구 10구체의 모습을 보여준다. 이것은 단일 작가의 향가라는 점에서 이해될 수 있고 또 최행귀의 역시(譯詩)를 읽은 중국인들이 이를 부처의 소작으로 생각할 정도의 불심(佛心)을 잘 나타낸 수작(秀作)이라고 아니할 수 없다.[42]

---

42 혁련정의 『균여전』 第八에 "右歌詩成, 彼人爭寫. 一本乃傳於西國, 宋朝君臣見之曰: 此詞腦歌主, 眞一佛出世. 遂使禮師, 師容貌異常, 非世人之敬信. 故我君臣恐彼西使輕之. 又未委客人之所懷, 將不許見, 容認此意, 潛服往詣總持院, {院是師常居處, 在歸法寺也.} 先見象胥, 譯情求謁. 師整三衣將迎, 先觀我君臣心念, 忽然遁去. 客人聞之曰: 何處得見佛? 因泣下數行. ― 앞의 노래가 시로 이루어지자 저쪽 사람들이 다투어 베꼈는데 한 책이 서쪽 나라에 전하니 송나라의 군신이 이를 보고 말하기를 '이 사뇌가의 주인은 참으로 부처님 한 분이 세상에 나온 것이다'라고 하였다. 드디어 사신을 보내어 균여대사에게 예를 하게 하였는데 대사의 용모가 이상하여 세상 사람들이 존경하고 믿지 않음으로 고려의 군신들은 서쪽에서 온 사신도 대사를 가볍게 볼 것을 두려워하였고 또 객지 사람의 품은 뜻을 알 수 없어

①을 현대어로 번역하면 "마음의 붓으로/ 그리온 부처 앞에/ 절하는 몸은/ 법계 없어지도록 이르거라./ 티끌마다 부첫 절이며/ 절마다 뫼셔 놓은/ 법계 차신 부처,/ 구세(九世) 내내 절하옵저./ 아아, 신어의업무피염(身語意業無疲厭 - 몸과 말과 마음으로 배우는데 피곤하고 싫어함이 없이)/ 이리 종지(宗旨) 지어 있노라"(/은 구절의 단락 표시, 이하 같음)와 같으며(김완진, 1980: 163~164) 부처님께 예불하는 수도자의 마음을 진솔하게 읊은 좋은 작품이다.

한편 이에 대한 최행귀의 역시(譯詩)는 내용이 조금 다르다. 이를 필자가 번역하면 다음과 같다.

以心爲筆畵空王 - 마음으로 붓을 삼아 부처님을 그려
瞻拜唯應遍十方 - 십방(十方-모든 곳, 모든 방향)으로 두루두루 첨배하리라.
一一塵塵諸佛國 - 낱낱의 티끌조차 모두 부처님의 나라,
重重刹刹衆尊堂 - 겹겹의 절들이 모두 부처님을 모신 집이라.
見聞自覺多生遠 - 다생(多生- 여러 번 세상에 태어남)에 부처님께 보고 들어 스스로 깨달으니,
禮敬寧辭浩劫長 - 영겁(永劫 - 영원한 세월)토록 예경(禮敬)함을 엇지 사양하랴.
身體語言兼意業 - 몸과 말씀과 겸하여 마음의 공부로서,
總無疲厭此爲常 - 모두 피곤과 싫증이 없이 이를 일상의 일로 삼겠노라.

②의 <광수공양가(廣修供養歌)>는 보현십원가의 제3의 노래로서 이 시가를 현대어로 풀이하면 "불줄 잡고/ 불전등(佛前燈)을 고치는데/ 등주(燈柱)는 수미(須彌)이요/ 등유(燈油)는 대해(大海) 이루었네/ 향(香)은 법계(法界) 없어지기까지 하며/ 향(香)에마다 법공(法供)으로/ 법계(法界) 차신 부처/ 블블(佛佛) 온갓 공(供) 하옵저/ 아아, 불공(佛供)이야 많지만/ 저

만나볼 것을 허락하지 않았다. 송나라의 사신은 이 사정을 알고 옷을 바꿔 입고 총지원 {이 원에서 대사가 항상 거처하였다}에 가서 먼저 역관으로 하여금 만나서 사정을 말하고 알현하기를 청하였다. 대사가 삼의를 갖추고 장차 마중하려다가 먼저 우리 군신의 내심을 생각하고 홀연히 숨어서 어디로 가버렸다. 송사가 이를 듣고 말하기를 '어디서 부처님을 뵐 수가 있으리오?'하고 눈물 몇 줄기를 흘렸다"라는 기사가 있어 균여 대사의 보현십원가가 얼마나 훌륭한 찬불가였는지 알 수 있다.

를 체득(體得)하여 최승공(最勝供)이여"와 같을 것이다(김완진, 1980: 173).

이에 대한 최행귀의 역가(譯歌)는 필자가 번역하여 보면 다음과 같다.

至誠照明佛前灯 – 지성으로 부처 앞의 등불을 켜서 밝히니
願此鄉籠法界輿 – 이 향롱(香籠)이 법계를 일으키기를 바라옵나이다.
香似妙峯雲雲愛雲帝 – 향기는 묘하게 산봉우리의 구름이 첩첩한 것 같고
油如大海水洪澄 – 기름은 큰 바닷물같이 넓고 깨끗하도다.
攝生代苦心常切 – 고(苦)를 섭생(攝生)으로 대신코저 마음은 늘상 간절하고
利物修行力漸增 – 이물(利物)[43]과 수행으로 힘이 더욱 증대하네,
餘供取齊斯法供 – 공물(供物)로 제결(齊潔)하여 이 불법을 넓히오니
直饒千萬揔難勝 – 천만이나 넉넉하여 도무지 이겨 쓰기 어려우이.

이와 같은 향찰의 표기는 향가가 다른 문학 장르에 의해서 밀려나고 차자표기에서도 이두와 석독 구결 등의 발달로 말미암아 점차 쇠퇴되었다. 고려 중엽에 오면 향가는 '도이장가(悼二將歌)'[44], 그리고 '정과정곡(鄭瓜亭曲)'과 같이 변해 간다.

3.3.2.4. 그러나 여항(閭巷)에서는 아직도 향찰 표기가 있었던 것으로 조선시대의 『시경석의(詩經釋義)』에 이런 표기의 흔적이 남아있다. 『시경석의』는 남풍현(1994)에 소개된 새로운 차자표기 자료로서 『주자집전(朱子集傳)』에 소재된 '시경(詩經)'의 본문 가운데 난해한 부분을 우리말로 해석한 것으로 16세기 후반에 미암(眉巖) 유희춘(柳希春)에 의하여 향찰표기와 유사한 차자표기로 기술된 것이다.

예를 들면 다음과 같다.

① 葛覃三, 氏月女告爲也歸飛乙告爲羅乎羅.
② 卷耳二, 底嵬亦伊陟古者爲尹. ○ 我伊阿職罍亦伊去士乙酌爲也.

---

43 利物은 佛家의 용어로서 畜生, 즉 인간 세계를 가리킴.

44 '悼二將歌'는 고려 睿宗 15년(1120)에 평양에서 八關會가 열렸을 때에 여기에 참석한 왕이 開國功臣인 金樂과 申崇謙의 두 장군을 위하여 지은 향가의 변용으로서 8구체로 되었다. 『平山申氏壯節公遺事』에 전한다.

이를 해독하면 우선 ① "葛覃 三"은『시경』의 주남(周南) 편 '갈담(葛覃)'의 제3장을 말하며 실제로『시경언해(詩經諺解)』'갈담'편 제3장의 본문과 언해에 보이는 "言告師氏, 言告言歸. 薄汚我私, 薄澣我衣. 害澣害否, 歸寧父母. ― 師氏씌 告ᄒᆞ야 歸홈을 告ᄒᆞ라 호라 잠깐 내 私를 汚ᄒᆞ며 잠깐 내 衣를 澣홀디니 어ᄂᆡ를 澣ᄒᆞ며 어ᄂᆡ를 마람즉 ᄒᆞ뇨 도라 가 父母를 寧호리라."의 밑줄 친 난해한 부분을 풀이하여 차자 표기한 것이다.

이에 대하여 "氏月女告爲也歸飛乙告爲羅乎羅 ― 氏ᄃᆞ려 告ᄒᆞ야 歸를 告ᄒᆞ라 호라"의 전사로 해독된다(남풍현·김두찬·윤승준, 1995: 136)는 주장도 있다.『시경언해(詩經諺解)』에서 이 부분은 "言告師氏, 言告言歸 - 사씨씌 告ᄒᆞ야 歸홈을 告ᄒᆞ라 호라"(언해문의 밑줄 친 부분)로 언해되었다. 이를 보면 '月女 - ᄃᆞ려', '爲也 - ᄒᆞ야', '飛乙 - 를', '爲羅 - ᄒᆞ라', '乎羅 - 호라'와 같이 석독과 음독의 한자를 차자하여 풀이한 말을 전사하고 있다.

②의 "卷耳二"는 역시『시경』'주남(周南)'의 '권이(卷耳)' 제2장이란 뜻이며 역시『시경언해(詩經諺解)』의 "陟彼崔嵬, 我馬虺隤, 我姑酌彼金罍, 維以不永懷 - 뎌 崔嵬(최외-돌이 쌓인 높은 산)예 올오려 ᄒᆞ나 내 ᄆᆞㄹ이 虺隤(훼퇴-병들다)ᄒᆞ란대[45] 내 아직 뎌 金罍(금뇌-금 술잔)옛 거슬 브어 뻐 기리 싱각디 아니 호리라"의 밑줄 친 부분을 차자표기하여 "底嵬亦伊陟古者爲尹 ○ 我伊阿職罍亦伊去士乙酌爲也"와 같이 전사한 것이다.

'底嵬亦伊'는 "뎌 嵬예"로 언해되어 '底 - 뎌', '亦伊 - 예'의 대응을 보여준다. '뎌 - 底'는 원칭 지시대명사 '저'의 표기이며 '예-亦伊'는 'ㅣ' 모음 다음의 처격 조사로서 '亦-여, 伊-ㅣ'의 대응 차자를 보인다. "陟古者爲尹 - 陟고쟈 ᄒᆞ나(오르고자 하나)"[46]의 '陟古者'는 "오르고쟈"의 전사로서 '古-고', '者-쟈'는 음차한 한자들이고 '陟-오르다'는 석독(釋讀)한 것으로 향찰표기에서 가장 일반적인 훈주음종(訓主音從), 또는 역상불역하(譯上不譯下)의 표기를 보여준다. '爲尹 - ᄒᆞ나'의 '爲 - ᄒᆞ'와 '尹 - 나'의

45 『시경』의 周南 卷耳의 '我馬虺隤'는「傳」에 "虺隤病也 ― 훼퇴는 병이다",「疏」에 "虺隤者病之狀 ― 훼퇴는 병든 모습이다"이라는 주석을 보면 '내말이 병들어서'의 의미로 해석된다.

46 『朱子集傳』에 "陟者昇也 ― 陟은 昇(오르다)이다"라는 주를 참고할 것.

대응에서 '尹'은 '那(나)'의 약자(略字)로서 석독과 음독이 혼합된 것이다.

다음 "○ 我伊阿職礨亦伊去士乙酌爲也"의 '我伊 - 내'도 훈주음종의 표기로서 '我 - 나', '伊 - ㅣ(주격)'의 표기다. 다음의 '阿職-아직'은 모두 음독자이며 '礨亦伊 - 礨예(술잔에)'의 '亦伊 - 예'는 앞에서 살펴보았고 '去士乙 - 거슬(것을)'은 모두 음차자들이다. 즉 '去(거) + 士(ᄉ) + 乙(ㄹ) = 거슬'의 전사를 보인 것이다. 마지막의 '酌爲也 - 작ᄒᆞ야(술을 부어)'는 이미 우리말로 바뀐 '酌 - 작'에 '爲也 - ᄒᆞ야'를 붙인 차용어의 표기다. 이러한 향찰(鄕札) 표기식의 차자표기는 조선 후기에도 면면하게 이어졌으며 후에는 이두표기와 혼효되어 그 구별이 어렵게 되었다.

표기법은 문자체계와 그 운용상의 규칙으로 이루어진다. 이기문(1963: 2)에 의하면 "표기법은 언어의 문자화의 전역, 즉 문자체계와 그것의 언어표기에서의 운용에서 일어날 수 있는 모든 문제를 포괄하는 것이다"에서 천명한 바와 같이 문자의 체계도 중요하지만 실제 표기에서의 운용도 무시될 수 없는 것이다.

향가(鄕歌) 해독(解讀)의 시작은 일본인 학자 오구라 신페이(小倉進平)에 의해서 시도되었다. 그는 향찰(鄕札), 이두(吏讀), 구결(口訣)의 개념 규정을 시도하였고 이두를 해독하고 정리하는 과정에서 이두의 합리적인 해석에 주안점을 두었다.

즉, "한자를 類에 따라 彙集하여 그 사이에 존재하는 사용상의 異同을 고려하여 가장 온건하다고 생각되는 해석법을 취한 일"(小倉進平, 1929a: 7)이란 그의 향가 해독상의 네 가지 원칙 가운데 첫째 항은 우선 차자의 사용법을 추출하려는 것이었다. 그리하여 그에게는 향찰표기에 보이는 차자표기 문자의 체계를 수립하는 일에는 실패하였거나 미쳐 거기에 이르지 못하였다는 후세의 평을 받고 있다.

3.3.2.5. 양주동(1942)에서는 이러한 오구라(小倉進平)의 한계를 극복하고 향가의 표기에 보이는 차자표기법의 윤곽을 규명하였다. 그는 '차자(借字)'라는 명칭을 새로 만들어 한자와 구별하였고 이 용어는 구어를 표기하기 위하여 발음이나 새김, 또는 그 둘을 모두 빌린 한자들을 말한다고 하였다. 그는 차자법(借字法)의 방법을 (A)계열과 (B)계열

로 나누고 다음과 같이 차자의 방법을 구분하였다.

(A) 계열 ⁻ 1. 의자(義字) 1) 음독(音讀)
2) 훈독(訓讀)
3) 의훈독(義訓讀)[47]
2. 차자(借字) 1) 음차(音借)
2) 훈차(訓借)
3) 의훈차(義訓借)[48]

(B) 계열 ⁻ 1. 정차(正借) ⁻ 한자의 원음과 훈(訓)을 그대로 빌린 것.
2. 전차(轉借) ⁻ 한자의 원음과 훈을 비슷하게 빌린 것.
3. 통차(通借) ⁻ 한자의 원음과 훈의 통음(通音)·통훈(通訓)을 빌린 것.
4. 약차(略借) ⁻ 한자의 원음과 훈의 일부를 빌린 것.
5. 반절(反切) ⁻ 한자 두 자의 음과 훈을 반절한 것.
6. 희차(戱借) ⁻ 의(義), 음(音), 훈(訓)을 짓궂게 빌린 것.

이와 같은 구분은 차자표기법의 여러 가지 방법을 정리한 것으로 차

---

47 音讀은 한자를 음으로 읽으면서 그 뜻도 원음대로 사용하는 것이니 '薯童謠'에서 "善花公主"의 '公主'는 차용어이고 '善化'는 한자를 빌려 우리말 속에서 조어한 이차적 차용어이다(남풍현, 1981: 11). 오늘날 한자어로 분류하는 어휘들이 이 부류에 속한다고 할 수 있다. 訓讀은 '去-' 를 '가-'로 읽고 '春'을 '봄'으로 읽는 것과 같이 한자를 우리말로 새기어 읽되 문맥에서 그 한자의 원의를 무시하지 않고 사용하는 것이다. 이것은 중국어와 한국어를 별개의 언어로 하여 二言語對應의 범위 안에서 사용되는 차자표기다. 義訓讀은 '何如'를 '엇디'로 읽고 '今日'을 '오ᄂᆞᆯ'로 읽는 방법이다. 이 때에는 한자 하나하나의 대응, 예를 들면 '何 - 엇, 如 - 디', '今 - 오, 日 - ᄂᆞᆯ'의 대응은 아무런 의미를 갖지 않는다.

48 音借는 한자를 음으로 읽되 그 원의를 무시하고 표음기호로서만 사용하는 것이다. '薯童謠'의 "薯童房乙"의 '乙'처럼 우리말의 [ㄹ]음 표기에 쓰이고 그 원의는 무시되는 것을 말한다. 訓借는 한자를 훈으로 읽되 역시 그 원의는 무시하고 우리말의 표음부호로 사용하는 것이다. 즉 '安民歌'에 "民是愛尸知古如 ― 민이 ᄃᆞᄉᆞᆯ 알고다"의 '是'가 그 訓에 따라 '-이'로 읽히지만 그 원래의 뜻과는 전혀 다른 것이다. 義訓借는 義訓讀이 차자의 뜻을 어느 정도 살려서 사용하는 것에 반하여 그 뜻을 전혀 무시하고 사용하는 것을 말한다. '처용가'의 "奪叱良乙何如爲理古 ― 아ᅀᆞ놀 엇디ᄒᆞ릿고"의 '何如'를 '엇디'로 읽을 때의 '如'는 그 뜻이 살아있지만 상술한 '安民歌'의 "知古如 ― 알고다"의 '如'는 본래의 의미는 전혀 남아있지 않다. 이러한 차자를 義訓借라고 한다.

자(借字)도 하나의 문자로 보고 이를 체계화시키려는 노력의 일단을 볼 수 있다. 그러나 문자의 체계와 그의 실제적인 운용에서는 서로 차이가 나는 것으로 위와 같은 여러 가지 차자 방법을 어떻게 적용하느냐에 따라 한 글자가 십여 개로 읽히게 되었다.

이러한 해독의 방법과 기준은 오구라(小倉進平)보다는 차자표기 문자의 체계화라는 면에서는 매우 발전한 것이지만 그 문자의 실제 운용에서 일어나는 여러 가지 변이형의 상이한 표기를 별도의 문자로 이해함으로써 '일자십여음(一字十餘音)'의 비합리적인 해독을 가져오게 되었다.

3.3.2.6. 이에 대한 반성은 이숭녕(1955)에서 제기되어 소위 향가해독에서 '일자일음주의(一字一音主義)'를 주창하게 되었다. 그는 "한자음으로 국어음을 표기한다 함은 어족(語族)이 다르고 음운체계가 다른 만치 완전한 것이 못되기 때문에 여기 융통성있는 변모된 독법도 허용될 것이지만 거기에는 자연한 한계가 존재할 것이어서 일자(一字)에 십여음(十餘音)을 단다는 그러한 태도는 있을 수 없는 일이다"(이숭녕, 1955a: 158)라고 하여 그 때까지의 향가 해독에 보이는 불합리성을 비판하였다.

그리하여 "衣,矣-의/의, 等-달/들, 둔/든, 良-랑/렁, 라/러"와 같이 대립모음간의 융통만을 인정하여야 한다고 하였다. 그러나 주제격 '-은'의 경우는 보통 '隱'자로 표시되는데 양주동(1942: 257~258)에서 '焉'자가 대용되는 경우에는 중세한국어로 하면 '-은/-는'이 올 자리에 해당됨을 밝혔다.

그러나 이외에 "憂音-시름, 夜音-밤, 心音-ᄆᆞᅀᆞᆷ"에서 '音'자는 '음/음, ㅁ'으로 읽으면서 『도천수관음가(禱千手觀音歌)』의 제2구의 "二尸掌音毛乎支內良 – 두ᄫᅳᆯ 손ᄇᆞᄅᆞᆷ 모도ᄂᆞ라"의 '掌音'에서는 '솑바당'(양주동, 1942; 지헌영, 1947)과 같이 '音'을 '앙/엉, ㅇ'으로 읽는다든지 『헌화가(獻花歌)』의 "花肹折叱可獻乎理音如 – 고ᄌᆞᆯ 것거 바도림다"의 '獻乎理音如'에서는 '音'을 '받ᄌᆞᆸ오리이다'(양주동, 1942), '받자오리이다'(지헌영, 1947)와 같이 '-이-'로 읽는 것은 일자일음(一字一音)의 원리에서 벗어난다고 보아야 할 것이다.

이 '일자일음의 원칙'을 지켜나감에 있어서 남풍현(1981)에서는 차자체계를 양주동(1942)의(A) 계열에서 파악해야만 한다고 주장한다.(A) 계열에서 의자(義字)는 한자와 분리되어 독자적인 문자로 인정될 수 없기 때문에 결과적으로는 음독자만이 차자표기의 문자로서 체계화 시킬 수 있다는 것이다.

그리하여 '차자(借字)'라는 넓은 의미의 술어에 대하여 실제로 우리말 표기를 위하여 빌린 글자를 '가자(假字)'라고 하고 앞의 의자(義字), 즉 한자로서의 기능을 갖고 있으며 우리말의 표기에 이용된 것을 '독자(讀字)'라 하여 다음과 같은 차자체계의 기본형을 제시하였다.

一. 讀(字)	二. 假(字)
1. 音讀(字)	1. 音假(字)
2. 訓讀(字)	2. 訓假(字)

따라서 한자를 빌려 우리말을 기록하는 차자체계는 음독자(音讀字), 음가자(音假字), 훈독자(訓讀字), 훈가자(訓假字)의 4 부류가 있고 이는 각각 음독(音讀), 음가(音假), 훈독(訓讀), 훈가(訓假)의 방법으로 차자한 것이다.

예를 들면 "수미(須彌), 불공(佛供)" 등의 한자어들은 독자(讀字)들로서 한자의 뜻과 발음을 그대로 가져다 쓴 것이어서 음독의 방법을 따른 음독자(音讀字)들이다. 그리고 "春 - 봄, 去 - 가-, 何如 - 엇더, 今日 - 오늘"로 읽는 것은 훈독의 방법을 이용한 것으로 모두 훈독자(訓讀字)들이며 여기에 쓰인 한자들은 원래의 의미를 잃지 않았다.

그러나 "乙 - ㄹ. 衣, 矣 - 의/의, 阿耶 - 아야" 같은 것은 한자의 발음을 빌려 우리말을 기록한 기호로서 원래 한자의 뜻과는 아무런 관계가 없다고 볼 수 있으며 이를 음가(音假)의 방법이라 하고 이들을 음가자(音假字)라고 하였다.

마지막으로 훈가(訓假)의 방법은 "民是愛尸知古如 - 민이 다솔 알고 다-"(『안민가』)의 '是 - 이'나 '如 - 다', 그리고 "剪草 - 騾耳草(라귀플)"(『향약구급방』)에서 '騾耳(라귀-나귀)'의 '耳-귀'는 모두 그 뜻을 빌려 우리말을 기록하였으나 한자 원래의 뜻과는 전혀 관계가 없다. 따라서 이러한 한자의 차자를 훈가자(訓假字)라고 한다는 것이다. 이에 의하면 우리말 표기에 동원된 한자는 다음과 같이 분류될 수 있다고 보았다.

음독자(音讀字) - 차자(借字)를 음으로 읽고 그 원뜻도 살림
음가자(音假字) - 차자를 음으로 읽되 표음부호로만 씀.
훈독자(訓讀字) - 차자를 훈으로 읽고 그 원뜻도 살림.
훈가자(訓假字) - 차자를 훈으로 읽되 표음부호로만 씀.

남풍현(1981: 15)

예를 들어 '처용가'의 "東京明期月良 夜入伊遊行如可 - 東京 볼기 ᄃᆞ라라 밤드리 놀니다가-"의 첫 두 구절을 해독한 예에서 위의 차자방법에 따라 차자의 방법을 살펴보면 다음과 같다.

1. 東京 - 음독 + 음독 - 동경
2. 明期 - 훈독 + 음가 - 밝긔
3. 月良 - 훈독 + 훈가 - ᄃᆞ랄아
4. 夜入伊 - 훈독 + 훈독 + 음가 - 밤들이
5. 遊行如可 - 훈독 + 훈독 + 훈가 + 음가 - 놀니다가

그리고 김완진(1978b) 등에서는 향가에 대한 원전의 엄격한 비평이 있어야 하며 향가 해독에 있어서도 상술한 '일자일음(一字一音)의 원칙' 이외에 '훈주음종(訓主音從)의 기준', '맥락일치(脈絡一致)의 기준', '율조적(律調的) 기준' 등을 추가하였다(김완진, 1980).

3.3.2.7. 먼저 훈주음종의 표기방법은 "川理=나리, 心音=ᄆᆞᅀᆞᆷ, 慕理=그리-, 改衣=가ᄉᆡ-" 등에서 보는 것과 같은 양주동(1942)의 말음첨기(末音添記)나 반차의(半借義), 혼합(混合)표기, 역상불역하(譯上不譯下) 등으로 불리는 차자표기를 '훈주음종(訓主音從)'의 방법으로 명명하였다.

이 표기는 앞에서 살펴본 바와 같이 향가표기에 있어서 기본 모델이라고 할 만한 것으로 읽는 사람으로 하여금 그 말의 뜻을 파악하게 함과 동시에 그 어형을 짐작하게 하여 다른 유의어와 구별시켜주는 효과를 준다. 고대 이집트의 상형(象形)문자 표기나 근동(近東)의 고대 수메

르(Sumer)문자들이 이와 같은 모델을 갖고 있었던 것은 이러한 표기가 초기의 문자표기에서 매우 일반적인 현상이었음을 알 수 있다.

기타 맥락일치(脈絡一致)의 기준과 율조적(律調的) 기준에 의한 향가 해독의 방법은 전부터 널리 알려졌던 것으로 향가가 정형율(定形律)을 가진 시가(詩歌)임을 감안할 때 당연히 고려되어야 할 방법이라고 아니할 수 없다. 물론 이것으로 차자표기의 한자 차용방법을 모두 밝혔다고는 보기 어렵다. 실제 향가를 해독하기 위하여 더 많은 차자표기의 방법을 살펴보아야 하고 아직도 다양한 차자표기의 방법을 밝히려는 노력은 계속되고 있다.

삼국시대부터 발달한 한자의 차자표기는 고려시대에 들어와서 거의 완벽하게 정리된다. 한자가 일반화되어 널리 사용된 때문이다. 다만 한자로 표기하기 어려운 조사와 어미는 신라에서 널리 사용된 음독(音讀)과 석독(釋讀)의 방법으로 표기하는 방법이 더욱 발전되었다. 그러나 이두(吏讀)라는 용어는 고려 후기에 들어와서 생겨났다. 고려 후기의 이승휴의 『제왕운기(帝王韻紀)』(1295 경)에 '이서(吏書)'라는 이름이 보일 뿐이다.

이 시대에 간행된 『향약구급방』(<향약>으로 양칭)과 전술한 후대의 의학서들, 즉 『향약채취월령(鄕藥採取月令)』(<월령>으로 약칭), 『향약집성방(鄕藥集成方)』(<집성방>으로 약칭), 『촌가구급방(村家救急方)』(<촌가>으로 약칭), 『간이방언해(救急簡易方諺解)』(<간이방>으로 약칭) 등과 비교하면 이 시대의 한자의 차자표기가 얼마나 구체적안 표기를 보여주고 있는 가를 알 수 있다.

먼저 '닭의 볏(鷄冠)'과 '두루미 냉이(葶藶子)'는 이 의학서들에서 다음과 같은 차자표기를 보인다.

<향약> 鷄冠 - 鷄矣碧叱(上, 9, 鄕藥目),
<간이방> 鷄冠血 - ᄃᆞᆰ의벼셋피(권1, 55b), ᄃᆞᆯᄀᆡ벼셋피(권1, 58b)
鷄冠上刺血 - ᄃᆞᆯᄀᆡ벼슬ᄣᅵᆯ어피(권2, 91b)

<향약> 葶藶子 - 豆衣乃耳(中, 17, 下, 4), 豆音矣薺(鄕藥目)
<월령> 豆音矣羅耳(8월),

<집성방> 豆音矣羅耳(79, 31a)
<간이방> 葋葶藶 - 드 두르믜 나ᅀᅵ(권1 7a)
<촌가> 두룸의나이

이에 의하면 <향약>의 "鷄冠 - 鷄矣碧叱"은 '*돌기볏'의 차자표기임을 알 수 있다. 여기서 '矣'는 음차자(全音借)로서 '의/ᄋᆡ'의 표기이며 유정체의 속격을 표기한 것이다. '碧'도 음차자로서 우리의 전통 한자음은 '벽'이지만 여기서는 '벼'를 표음한 것이고 차자의 취음(取音)할 때에 말음의 'ㄱ'을 탈락시킨 약음차(略音借)로서 '木(목)'으로 '모'를 표음하는 경우와 같다.

'叱(질)'은 신리시대부터 'ㅅ', ㅈ의 표기에 사용한 음차자이며 이 두 음운은 음절말에서 중화되어 그 변별력을 잃어버린다. 이러한 방법으로 동식물명을 표기한 차자표기의 방법은 신라의 교유명사 표기의 전통을 그대로 이어 받은 것이다.

또 <향약>의 '葶藶子 - 豆衣乃耳, 豆音矣薺'는 '*두르믜 나ᅀᅵ(薺苨)'의 표기임을 알 수 있으며 이는 "葶藶大薺 - 드루믜 나ᅀᅵ"(『四聲通解』 下 49), "두르뫼 나이 ᄡᅵ - 葶藶"(『重訂方藥合編』 8)의 '두르믜 나ᅀᅵ, 두르뫼 나이 - 두루미 냉이'에서 이를 확인할 수 있다.

이외에도 "兎絲子 - 鳥移麻(*새삼), 柴胡 - 山叱水乃立(*묏믈나리), 麥門冬 - 冬沙移(*겨슬사리), 黃芩 - 精朽草, 所邑朽斤草(*숍 서근 플), 薺苨 - 獐矣加次(놀ᄋᆡ 갖), 吉梗 - 道羅次. 刀ㅅ次(*도랒), 郁李人 - 山叱有賜羅次(묏이ᄾᆞ랏), 螃螬 - 夫背也只(부븨야기), 鉛 - 那勿(나ᄆᆞᆯ)" 등의 표기에서 신라의 고유명사 표기에 보이는 반차의(半借義), 즉 혼합 표기가 적지 않게 보인다.

'역상불역하(譯上不譯下)'의 반차의(半借義), 즉 훈주음종(訓主音從, 또는 末音添記法)의 표기방법은 鳥移麻(*새삼)의 '鳥伊 - 새', 山叱水乃立(*묏믈나리)의 '山叱 - 묏', 所邑朽斤草(*숍 서근 플)의 '朽斤 - 서근(썩은)' 등에서 볼 수 있으며 전차음(全借音)의 음독 표기도 所邑朽斤草(*숍 서근 플)의 '所邑 - 精(숍, 속)', 豆音矣薺(*두르믜 나ᅀᅵ)의 '豆音矣 - 드르믜', 吉梗의 '道羅次·刀ㅅ次(*도랒)', 鉛의 '那勿(*나믈 - 鉛, 납)' 등에서 볼 수 있다.

『향약구급방』에 쓰인 전차음의 음독자(音讀字)들은 신라의 향찰에서 쓰던 것들이란 점에서 이 자료의 차자표기가 신라의 전통을 그대로 전

승하고 있다는 결론을 얻을 수 있다.[49]

3) 석독구결(釋讀口訣)의 발달

3.3.3.0. 원래 구결(口訣)이란 전절에서 살펴본 것과 같이 한문을 읽을 때에 한문에는 표현되지 않는 조사와 어미 등의 문법형태와 구절과 구절을 연결하는 접속사의 표기를 위하여 발달한 것이다. 이 구결의 표기는 한문이 일반화 되면서 더욱 발달하였고 통일 신라에 이르러 한문을 신라어로 읽는 소위 '석독구결(釋讀口訣)'로 발전하여 강수(强首), 설총(薛聰) 등에 의하여 집대성되었음을 앞의 절에서 살펴보았다.

그리하여 <삼국사기> 권46, 열전 6, '설총(薛聰)' 조에 "以方言讀九經 - 신라어로 구경을 읽다"나 <삼국유사> 권4 '원효불기(元曉不羈)' 조에 "以方音通會華夷方俗物名 - 신라의 발음으로 중국어와 신라어의 물명을 모두 깨우치다" 등의 기사가 의미하는 바가 바로 석독구결을 그가 정리하였음을 말한 것으로 이해하였다.[50]

고려시대에 실제로 사용한 것으로 보이는 석독구결의 자료들이 발견되어 한국어학계를 흥분시켰다. 그 하나가 1973년 12월에 충남문화재위원회가 발굴한 문수사(文殊寺-충남 서산군 운산면 소재)의 금동여래좌상(金銅如來坐像)에서 복장품(腹藏品)으로 발견된 구역인왕경(舊譯仁王經)의 목판본 낙장(落張) 5장(2, 3, 11, 14, 15엽)의 표기를 들 수 있다.

3.3.3.1. 원래 '인왕경(仁王經)'은 서역의 역경승인 구마라즙(鳩摩羅什, Kūmārajiva, 350~409 A.D.)이 번역한 이른바 구역(舊譯) '불설인왕경반야바

---

49 위의 에에서 볼 수 있는 "가(加), 근(斤), 只(기), 乃(나), 도(刀), 두(豆), 라(羅), 리(立), 부(夫), 사(沙), 소(所), 이(耳), 야(也), 의(矣), 이(伊), ㅁ(音), ㅂ(邑), ㅅ(叱), ㅈ(次)" 등의 鄕札들은 신라에서 많이 쓰이던 것이다.

50 이승재(1992: 34)에 의하면 "薛聰이 '以方言讀九經'했다는 기록에서 '方言'이 口訣에 가까운 것인지 吏讀에 가까운 것인지 문제가 된다."라고 하여 초창기에는 구결과 이두가 서로 구분되지 않았을 가능성이 많다고 보았다. 여기서 방언을 신라어 내지는 고려어, 즉 우리말이라고 보고 구경을 이로서 읽을 것은 분명히 석독구결을 말하는 것으로 향찰과는 구별되는 것이다. 물론 향찰에 쓰인 차자표기가 구결에도 그대로 쓰이지만 이 둘의 차이는 글자의 차이가 아니라 한문의 번역인가 우리말의 차자표기인가를 묻는 용도의 차이이기 때문이다.

라밀경(佛說仁王經般若波羅密經)'의 2권과 불공(不空, Amoghavajra, 705~774 A.D.)이 번역한 신역(新譯) '인왕호국반야바라밀다경(仁王護國般若波羅密多經)' 2권의 두 종류가 있는데 모두 석가모니(釋迦牟尼)가 당시 16국의 국왕에게 설법한 경문으로 재해(災害)를 막고 만복(萬福)을 달성한다는 내용이다.

이 불경이 전래된 것은 신라 진흥왕 12년(551 A.D.)이며 고려에서는 현종 11년(1020)에 국가에서 이 호국경(護國經)을 숭상하는 행사까지 베풀었다. 민간에서도 매우 애용하는 불경의 하나였으며 고려 원종 5년(1264)에 102부를 간행한 일도 있다.

문수사(文殊寺)에서 발견된 『구역인왕경(舊譯仁王經)』의 5장은 14세기초에 목판본(木版本)으로 간행한 것으로 보이며 한문으로 된 불경의 원문 사이에 붓으로 써 넣은 구결이 있다. 이 구결은 신라에서 발견된 향찰문과는 달리 한문 원문의 좌우에 약자(略字)로 된 구결을 삽입하였으며 구결 끝에 권점을 찍은 것도 있다.

이 구결에 대한 해독은 남풍현(1975: 3~47)과 심재기(1975: 19~35), 그리고 남풍현·심재기(1976: 1~68)에서 해독되었다.

3.3.3.2. 이에 의하면 원문은 한문을 중국어의 어순(語順)에 맞추어 배열하였고 번역문은 우리말로 석독하는데 풀어 읽는 순서에 맞도록 문법형태를 구결로 써 넣었다. 풀어 읽는 한국어와 한문의 어순이 다른 경우에는 구결을 좌우로 달리 써 넣거나 수자, 또는 권점을 찍는다. 그럼 이 가운데 "復有他方不可量衆"의 한 구절을 들어 그 구결의 삽입과 해독을 보면 다음과 같다.

ソ7　ヒ　　　　ノ寸　　－우측 삽입 구결
復　有　他方不　可　量　衆。　－원문
ヒナ分　　矢リㅌヒ　ヒソ7　－좌측 삽입 구결

이 구결들은 모두 약자를 사용하였음으로 이를 어순에 맞도록 우측 삽입 구결을 먼저 읽고 역독(逆讀) 표시의 '。', 그리고 다음에 좌측 삽입 구결을 읽어야 하는데 이 순서대로 약체구결을 정자로 옮겨보면

"ソ７ - 爲隱, ㅌ- 叱, ノ寸 - 乎音, ㅌナか - 叱在旀, 矢リㅌㅌ - 知是飛叱, ㅌソ７ - 叱爲隱"와 같다.

이것은 세로로 썼을 때에 위편의 것이 우측에 삽입한 구결이고 아래편의 것이 좌측에 삽입한 구결이며 권점은 위편(-좌측)의 '乎音' 다음과 원문의 '衆' 다음에 있어 역독(逆讀)할 것을 표시한 것이다. 이러한 구결의 표기는 이 한문을 우리말로 풀어 읽기 위한 것으로 우측(상단의 것)에 구결이 있으면 먼저 읽고 권점이 있을 경우에 거꾸로 올라가서 읽은 다음에 좌측(하단의 것)에 구결이 있는 것은 다음에 읽는다.

따라서 위의 것을 이러한 방법에 맞추어 읽어서 순서대로 옮겨보면 다음과 같다.

復ソ７ 他方ㅌ 量ノ寸 可ㅌソ７ 不矢リㅌㅌ 衆有ㅌナか

여기에 쓰인 구결의 약자를 정자로 바꾸고 해독하면 다음과 같이 된다.

復爲隱 他方叱 量乎音 可叱爲隱 不知是飛叱 衆 有叱在旀
또ᄒᆞᆫ 타방ㅅ 혜아룜 가ㅅᄒᆞᆫ 안디이ᄂᆞᆺ 무리 잇겨며

이를 현대어로 풀이하면 "또한 다른 사람이 혜아림이 가하지 않는(불가한) 군중이 있었으며"의 뜻이다. 이와 같은 석독 구결은 고려시대에 매우 발달한 것으로 최근에 많은 자료가 발견된다. 그 중에『유가사지론(瑜伽師地論)』같은 것은 그 양에 있어서 <구역인왕경>의 낙장 몇 개에 비할 바가 아니다.

3.3.3.3. 이러한 <구역인왕경>의 석독(釋讀)구결의 발견으로 한반도에서는 13세기 이전에 이러한 한문 독법이 있었음이 분명해졌다. 그 이전에는 한문을 그대로 읽고 구결이나 토를 붙여 읽는 방법밖에 없는 것으로 인식하고 있었다. 반대로 일본에서는 훈독의 방법밖에 없었다.

위의 자료에 의하면 한자 아래의 좌우(左右)에 구결을 붙여 어순을 표시하였다. 즉, 우하(右下)에 구결을 붙인 한자를 먼저 읽어가다가 역

독점(譯讀點)이 있으면 되돌아가서 읽는다. 그리고 이어서 좌하(左下)에 구결이 있는 것을 풀어 읽는다. 이렇게 한문을 우리말로 풀어 있는 방법은 매우 오래 전부터 있었던 것으로 보인다.

이러한 석독(釋讀) 구결에 의하여 한문을 우리말로 읽는 방법은 이미 신라에서 발달한 것으로 보이는 증언이 있다. 앞의 3.1.2.3.에서 인용한 『삼국사기』(권46), 「열전(列傳)」(6), '설총(薛聰)' 조에 "薛聰字聰智. 祖談捺奈麻. 父元曉, [中略] 聰, 性明敏, 生知道理. 以方言讀九經, 訓導後生, 至今學者宗之."의 '以方言讀九經, 訓導後生 — 신라어로 [방언은 이런 뜻임] 구경을 읽어 후생을 가르쳤다'에서 구경(九經)을 신라어로 읽었다는 기사가 있다. 이것은 <구역인왕경>의 석독 구결 방법이 이미 신라 때부터 있었음을 말한다.

그러나 12~13세기 자료로 보이는 <구역인왕경> 이후에 『유가사지론(瑜伽師地論)』, 『화엄경(華嚴經)』, 『합부금광명경(合部金光明經)』, 『화엄경소(華嚴經疏)』, 『자비도장참법(慈悲道場懺法)』에도 같은 구결이 발견되어 한문을 우리말로 해석하여 읽는 구결문(口訣文)이 있었음을 깨닫게 하였다(張景俊, 2021: 145). 일본에서는 한문을 일본어로 풀어 읽는 것이 일반화되었으나 한반도에서는 <구역인왕경>의 자료가 나올 때까지 이러한 사실을 알지 못하였다.

3.3.3.4. 한국에서 2000년 7월에 『유가사지론(瑜伽師地論)』에 한글이나 구결이 아니라 점(點)이나 선(線)으로 한자의 특정한 위치에 각필(角筆)로 기입(記入)한 구결이 발견되었다.[51] 여기서 기입한 점과 선은 상술한 석독(釋讀) 구결과 같은 역할을 하는 것임이 발견되어 학계를 놀라게 하였다.

원래 각필(角筆)의 점선(點線)으로 한문을 읽기 쉽게 토를 다는 것은 小林芳規(1994)에서 밝힌 바와 같이 이미 돈황(敦煌)의 불교 문헌에서 발견되었고 일본에서는 일찍부터 훈점(訓點)으로 알려져 있으므로 이러

51 2000년 7월 초순에 일본의 廣島대학 명예교수인 小林芳規 교수가 내한하여 角筆口訣을 조사하던 중에 발견되었다. 이때의 조사 결과가 小林芳規·西村浩子(2001)로 韓日 학계에 소개되었다.

한 각필의 점선(點線)으로 한문 불경에 토를 달아 읽는 법이 동아시아 여러 민족 사이에 널리 퍼져있던 방법이었음을 일깨워주는 자료여서 학계의 비상한 주목을 받았다.

특히 일본의 오고토점(ォコト點)과 같은 역할을 하는 이 구결은 각필구결(角筆口訣)이라고 명명되었다. 앞의 3.3.3.2.에서 살펴본 바와 같이 한자(漢字)의 좌우(左右)에 구결을 붙여 한문을 우리말로 풀어있는 역할을 하였는데 <유가사지론>의 각필로 기입한 점선(點線)은 이와 같이 한문을 우리말로 풀어있도록 붙여진 것이다. 즉, 이때의 각필로 기입한 선(線)과 점(點)은 한문에 붙인 토(吐)와 같아서 점토구결(點吐口訣), 또는 문자가 아니라 부호를 사용한 구결이란 의미의 부호(符號)구결이라고도 불렸다.[52]

따라서 고려시대의 구결은 <구역인왕경>과 같이 주로 구결자(口訣字)를 붙인 자토(字吐)구결과 의 <유가사지론>과 같이 점토(點吐)구결이 있게 된 것이다. 전술한 바와 같이 일본에서는 역시 한문에 훈점(訓點)을 붙여 풀어 읽는 방법이 발달했다. 이와 비교하면 자토(字吐)는 가나점(假名點)과 같고 점토(點吐)는 오고토점(ォコト點)과 같은 역할을 하는 것으로 밝혀졌다.

그러나 일본의 훈점(訓點)에서는 가나점(假名點)과 오고토점(ォコト點)을 한 문장에서 병용(倂用)하는 것이 일반적이지만 한반도에서는 자토(字吐)구결과 점토(點吐)구결은 완전히 분리되어 자토(字吐)구결에서는 선(線)과 점(點)을 사용하지 않으며 점토(點吐)구결에서는 글자를 전혀 사용하지 않는다. 또 일본에서는 붓이나 각필(角筆)을 모두 사용하는 반면에 한반도에서는 점토(點吐)구결이 각필(角筆)만 사용하는 차이점이 있다.

아마도 한반도에서 사용되던 석독(釋讀)구결의 방법이 일본에 건너가서 독자적으로 발전한 것으로 보인다. 일본에는 신라에서 건너간 석독구결 표시의 불경이 몇 질 소장되었다.[53] 현재 학계에 소개된 각필구

52 남풍현(2000)에서 '點吐口訣'이란 용어가 제안되어 학계가 받아드리게 되었다. 또 이승재(2005)에서는 符號口訣을 제안하였다.

53 예를 들면 신라의 승려인 表員이 편찬한『華嚴文義要訣』에 朱筆로 點吐구결을 기

결(角筆口訣) 자료들은 거의 모두 고려시대의 것이다. 아마도 고려에 들어와서 이러한 부호구결이 사찰을 중심으로 일반화된 것으로 보인다.

4. 학문의 발달과 성운학의 보급

3.4.0.0. 고려시대에는 전술한 바와 같이 유학(儒學)이 발달하고 불교가 융성하여 관학(官學)과 사학(私學), 그리고 사찰(寺刹)에서의 교육이 매우 활발하였다. 고려 태조(太祖)는 교학에 힘을 써서 학교의 설치에 주력하였으며 성종(成宗)은 국자감(國子監)을 세우고 광종(光宗)은 과거제도를 실시하는 등 고려는 건국 초기부터 학문의 진흥을 위하여 노력하였다.

특히 문종(文宗) 때에는 최충(崔冲)의 구재학당(九齋學堂)을 비롯하여 12공도(公徒)의 사학(私學)이 크게 발흥하였고 이에 자극을 받아 관학(官學)인 국자감(國子監)도 전문 분야를 설치하는 등 교육을 강화하였음을 위에서 살펴보았다. 특히 청연각(淸讌閣)과 보문각(寶文閣)을 설치하여 왕립 학술기관을 궁궐 안에 설치한 것은 유학(儒學)도 군주(君主)의 비호(庇護)를 받아 발전하는 계기가 되었다.

불교도 초기부터 국가의 비호를 받아 크게 발전하였고 많은 사찰이 창건(創建)되었으며 승과(僧科)가 설치되어 많은 학승(學僧)을 배출하게 되었다. 그리고 불경의 간행과 이의 주석(註釋)이 성행하였으며 전술한 바와 같은 구결(口訣)을 붙여 불경을 석독(釋讀)하는 방법 등이 매우 유행하였다. 유학과 불교에 대한 고려조의 끊임없는 진흥책은 학문과 문화의 발전에 크게 기여하게 되어 정치적으로는 외세의 침입과 내란이 계속되는 불안한 시대였으나 사회는 상당한 수준의 학문과 문화를 향유하게 되었다.

3.4.0.1. 고려에서는 최고 학부인 국자감(國子監)을 비롯하여 대학(大

입한 것이 일본의 東大寺에서 간행되었고 일본 東大寺에 소장된『華嚴經』(節略本)에는 角筆로 口訣字와 符號를 기입하였다(張景俊, 2021: 146).

學)과 사문(四門)의 설치는 유학을 크게 발전시켰을 뿐만 아니라 여타의 분야에서도 인재를 배출하였다. 또 광종(光宗) 때부터 시작된 과거제도, 즉 동당감시(東堂監試)와 국자감시(國子監試)의 시험에는 '의(醫), 복(卜), 지리(地理), 명법(明法), 명서(明書), 명산(明算)' 등의 제업(諸業)이 설과되어 이 분야의 전문인을 선발하였다.[54]

고려 말에는 십학(十學)을 설치하고 각 분야의 인재를 해당 관청에서 교육하기에 이른다. 즉『고려사』(권77),「지(志)」제31,「백관(百官)」2,"제사도감각색(諸司都監各色)의 '십학(十學)'조에

> 恭讓王元年, 置十學, 敎授官分隷, 禮學于成均館, 樂學于典儀寺, 兵學于軍候所, 律學于典法, 字學于典校寺, 醫學于典醫寺, 風水陰陽等學于書雲觀, 吏學于司譯院. – 공양왕 원년에 십학을 두고 교수관을 나누었다. 예학은 성균관에, 악학은 전의시에, 병학은 군후소에, 율학은 전법소에, 자학은 전교시에, 의학은 전의시에, 풍수음양학 등은 서운관에 이학은 사역원에 각각 나눈다.

라는 기사가 있어 공양왕 원년(1389)에 학문과 기술의 분야를 10으로 나누어 "예학(禮學), 악학(樂學), 병학(兵學), 율학(律學), 자학(字學), 풍수학(風水學), 음양학(陰陽學), 이학(吏學),"의 10학(실은 9학)의 교수를 8사(司)에 나누어 각기 해당 관리를 교육하게 하였음을 알 수 있다.

즉, 예학(禮學)은 성균관(成均館)에 교수를 두어 교육하게 하고 악학(樂學)은 전의사(典儀寺)에서, 병학(兵學)은 군후소(軍候所)에서, 율학(律學)은 전법소(典法所)에서, 자학(字學)은 전교시(典校寺)에서, 의학(醫學)은 전의시(典醫寺)에서, 풍수(風水) 음양(陰陽) 등의 학은 서운관(書雲觀)에서, 이학(吏學)은 사역원(司譯院)에서 각기 교육하였음을 알 수 있다.[55]

여기서 주목할 만한 것은 '이학(吏學)'이 사역원(司譯院)에 소속된 점이다. 사역원(司譯院)은 원(元)이 건국되어 중국어가 북경(北京) 한어음(漢

---

54 고려시대의 과거제도와 諸業의 雜科 科試에 대하여는 졸저(1990)를 참고할 것.

55 『고려사』의 이 부분에 대하여『增補文獻備考』에서도『고려사』의 十學이 八司에 나누어져 있고 '풍수음양학'을 둘로 나누어도 9학에 불과함을 들어 十學에 미치지 못하므로 의심을 가졌음을 들어 아마도 역학(譯學)이 빠진 것으로 보았다(졸저, 1990a: 45). 譯學은 漢語와 몽고어를 교육하는 통역의 학문이었다.

語音)을 중심으로 하는 북방음(北方音)이 공용어가 되자 이 언어를 별도로 학습하기 위하여 한문도감(漢文都監)을 두고 통역을 전담하는 하급관리를 양성하였다.

이 한문도감은 공양왕(恭讓王) 3년(1391)에 한어도감(漢語都監)으로 바뀌었고 여기에서 교육받은 역관들은 '역설(譯舌)'라는 이름으로 불리는 전문 통역관으로서 중국에 파견되는 사신(使臣)이나 또 중국에서 오는 사신들을 접대하는 미천한 일을 담당한 것으로 보인다(졸저, 1990: 46~48). 그러나 역관, 특히 귀족들이 역어(譯語)의 일을 담당할 일이 많아져서 귀족의 자제들에게도 한어를 교육할 필요가 있었다. 이를 위하여 설치한 것이 통문관(通文館)이다.

즉 『고려사(高麗史)』(권76), 「지(志)」 30, 「백관(百官)」, '통문관(通文館)' 조에

> 通文館, 忠烈王二年始置之. 令禁內學官等參外年未四十者, 習漢語. 時舌人多起微賤, 傳語之間, 多不以實, 懷肝濟私. 參文學事金坵, 建議置之. 後置司譯院, 以掌譯語. - 통문관은 충렬왕 2년에 비로소 설치하였다. 금내학관[56]에게 명하여 참외(參外, 정7품 이하)로 나이가 40세 미만인 자에게 한어를 학습하게 하였다. 그 때는 설인(舌人, 역관)들이 미천한 사람이 많아서 말을 통역할 때에 서실대로 하지 않는 경우가 많고 간사한 마음을 품거나 사사로운 이익을 위한 경우가 있었다. 참문학사(參文學事) 김구가 건의하여 설치하였으며 후일 사역원이라 하였다.

라는 기사가 있어서 통문관(通文館)이 충렬왕(忠烈王) 2년(1276)에 설치되었고 후일 사역원(司譯院)으로 바뀌었음을 알 수 있다.

3.4.0.2. 통문관(通文館)을 설치한 것은 사신(使臣)의 신변(身邊) 잡사(雜事)를 도와주는 미천한 직책이 아니라 실제 외교를 담당할 수 있는 고급관리의 양성을 목적으로 한 것이다. 따라서 이들은 한문(-고문)은 물

56 금내학관(禁內學官)은 고려시대에 궁궐 안에 있는 "秘書, 史館, 翰林, 寶文閣, 御書, 同文院" 등의 文官들을 말한다. 여기에 "式目, 都兵馬, 迎送" 등의 武官을 합하여 禁內九官이라고 한다(졸저, 1990: 46).

론이며 구어인 한어(官話)와 문어인 이문(吏文)의 지식을 함께 학습하게 된다. 이문(吏文)은 원대(元代)에 시작된 한문(漢文)의 변체로서 몽고어에 맞추어 한문을 변용한 것이다.

즉, 몽골의 원(元) 제국(帝國)은 국가경영이 매우 독특하였다. 몽고인들에 의하여 정복된 원(元) 제국이 중원(中原)의 한족(漢族)들과 색목인(色目人)들을 통치하는 방법은 몽고인을 관(官)으로 하여 서정(庶政)을 감독하고 실제 백성들의 관리는 원(元)에 추종하는 한인(漢人)과 색목인을 리(吏)에 임명하는 관리(官吏) 제도에 의한 것이었다.

국가의 주요 정책의 결정은 몽고인의 황제(皇帝)와 단사관(斷事官)으로 불리는 몽고인의 자르구치(札魯忽赤, Jarghuchi), 그리고 행정관인 다르구치(達魯花赤, Darguchi)가 관(官)이고 그들이 한인(漢人)이나 다른 색목인(色目人)의 리(吏)를 감독하고 통치하였다. 관리(官吏) 제도가 이때에 완성된 것이다.[57] 당시 한인(漢人)들이나 색목인(色目人)들은 통역을 담당하는 게레메치(怯里馬赤, Kelemechi), 또는 문서를 번역하는 비치에치(必闍赤, Bichechi)의 리(吏)가 되어 몽고인의 관(官)에게 문서로 보고하고 그의 결정을 따르게 되었다.

이때에 몽고인의 관(官)에게 올리는 한인(漢人)이나 색목인들의 리(吏)가 올리는 문서는 한문(漢文)이 아니라 몽고어에 맞추어 변용된 변체 한문의 이문(吏文)이었으며 원(元) 제국(帝國)은 주변의 조공 국가들이 받치는 외교문서도 이러한 이문(吏文)으로 작성할 것을 요구하였다. 이러한 원(元)에 받치는 이문(吏文)을 배워서 사대문서(事大文書)를 작성하는 분야가 바로 이학(吏學)이었다.

---

57 자르구치(札魯忽赤)는 원래 札兒忽剌禿孩(Jarghu-la-tokuhai)에서 온 말로 'Jarghu(札兒忽)'는 "사물을 결단하다"의 뜻이며 'la(剌)'는 접속사이고 'tokuhai(禿孩)'는 "명령하다"의 뜻이다. 따라서 '札魯忽赤'는 "일을 결단하여 명령하는 사람"의 뜻으로 "斷事官"이라고 번역된다. 庶務를 결정하여 官治와 刑政의 우두머리가 되어 지위는 三公보다 높아 漢의 大將軍과 같다. 다르구치(達魯花赤, Darguchi)는 각 기관의 首長을 말한다. 'Darguchi(達魯花赤)'의 'Daru(達魯)'는 본래 몽고어의 동사로서 "壓迫하다. 鎮壓하다"의 뜻이며 'ga(花, 加)'는 '首長'을 가리키고 'chi(赤)'는 "사람"을 말한다. 각급 기관이나 학교, 군대의 우두머리를 모두 일률적으로 'Darga(達魯花)'라고 한다. 감독관, 또는 命令權者를 지칭하는 것이니. 이들이 官이다(졸저, 2012b: 136~7).

전술한 공양왕(恭讓王)의 '십학(十學)'에서 이학(吏學)을 사역원에서 교육한 것은 바로 외교문서의 실용문인 이문(吏文)을 배우도록 이를 교육한 것이다. 졸고(2006)에서는 조선의 이문(吏文)과 구별하기 위하여 이를 한이문(漢吏文)이라 하였다. 조선 왕조에 들어오면서 이 한이문(漢吏文)의 교육은 승무원(承文院)에서 이루어진다.

3.4.0.3. 특히 한국어학사에서 주목할 일은 고려 말에 역학(譯學)이 발달하기 시작하였다는 점이다. 수(隋), 당(唐), 송(宋)대의 한문교육은 바로 중국어의 교육을 의미한다. 따라서 최치원(崔致遠)과 같이 신라에서 한문을 학습하고 중국에서 활약한 경우를 볼 수가 있었던 것이며 중국에서 실시한 과거에 응시하는 경우도 있었다.

예를 들면 당(唐)의 빈공과(賓貢科)에 음시하여 합격한 신라인도 적지 않다. 즉, 최해(崔瀣)의 『동인문선(東人文選)』에 의하면 당(唐)의 장경(長慶, 821-824 A.D.)년간에 당(唐)의 신라빈공과(新羅賓貢科)에 '두사(杜師)'란 제목으로 김운경(金雲卿)이 합격하여 예방(禮榜)에 오른 이래로 당말(唐末)까지 56인이 급제하였다고 한다.

그리고 오대(五代) 때에는 후량(後梁)과 후당(後唐)에서도 31인의 신리인의 급제자를 내었으며 송대(宋代)에도 매번 별시(別試)의 빈공과(賓貢科)에 고려인의 이름이 올랐다고 한다(졸저, 1990: 53~57). 따라서 이 시대의 한문교육은 바로 중국어의 교육으로 볼 수가 있고 그들은 중국 본토에서도 그것으로 언어생활을 할 수가 있었다.

그러나 몽고족의 중국 및 동북아시아의 정복과 원(元)의 건국은 북경(北京) 한어음(漢語音)이 중국어의 표준어가 되게 하였다. 이 언어는 교착어와의 접촉으로 많이 변화된 한어(漢語)였다. 한자음에 있어서도 전통 운서음(韻書音)과 한어음(漢語音)과의 차이를 가져오게 하였다. 『훈민정음』 권두에 있는 세종의 어제서문(御製序文)에 "國之語音이 異乎中國ᄒᆞ야 與文字로 不相流通ᄒᆞᆯᄊᆡ - 나라 말 소리가 중국과 달라 문자가 서로 통하지 않기 때문에"의 경지에 이른 것이다.

여기에서 한문의 한자음과는 다른 한어음(漢語音)이 있게 되었고 중국인과의 접촉에서 통역이 필요하게 된 것이다. 뿐만 아니라 한문 문체도 우아한 고문(古文)로부터 실용적이고 한어(漢語)의 구어(口語)에 맞춘 한이문(漢吏文)이 발달하여 행정문서의 작성에는 이 문체가 이용되었다. 이로부터 아마도 고려시대에 이미 이러한 이문(吏文)의 변체 한문이 널리 사용하게 된 것으로 보인다.

고려에서 한어(漢語)를 본격적으로 교육하기 시작한 것은 충렬왕(忠烈王) 2년(1276)에 참문학사(參文學士) 김구(金坵)의 건의로 통문관(通文館)을 설치하고 전술한 금내학관(禁內學官) 가운데 40세 미만인 자에게 한어(漢語)를 가르친 때부터라고 할 수 있다. 통문관(通文館)은 후일 사역원(司譯院)으로 개칭하였으며 이곳에서는 아마도 한어와 몽고어를 교육한 것으로 보인다. 이와는 별도로 한문도감(漢文都監)을 두어 한어(漢語)를 교육하였는데 이것은 공양왕(恭讓王) 3년(1392)에 한어도감(漢語都監)으로 명칭을 변경한다(졸저, 1990: 46).

3.4.0.4. 또 고려에서는 국초부터 문서감(文書監)을 두어 사대교린의 문서를 취급하게 하였으며 후일 문서응봉사(文書應奉司)로 개칭되어 조선 시대의 승문원(承文院)의 전신이 된다. 그리하여 원(元)과 명(明)에 보내는 사대(事大)의 외교문서를 이곳에서 전담하여 작성하였는데 이 문서들은 이문(吏文), 즉 한이문(漢吏文)으로 작성되었다. 고려에서는 이를 교육하기 위하여 충혜왕(忠惠王) 원년(1340)에 '이학도감(吏學都監)을 두었다.

통문관(通文館)의 전통을 이어받은 사역원에서는 단순한 언어의 통역만을 담당하는 역관(譯官)의 양성을 위한 것이 아니라 사대교린(事大交隣)의 실무를 맡을 외교관의 양성이었으며 따라서 한어(漢語)와 더불어 이문(吏文)도 함께 교육되었다. 그리고 단순한 한어의 교육은 한어도감(漢語都監)에서 이루어진 것으로 보이며 이들에게는 역어(譯語)라는 이름의 관직이 주어졌다.

그리하여 고려시대부터 외국어를 교육하기 위한 언어연구의 학문으로 역학(譯學)이 발달하였고 한문에서 행정문서의 작성에 사용되는 이문의 연구가 활발하였으며 이를 이학(吏學), 또는 한이학(漢吏學)이라 하였다. 고려에서는 이와 같이 통문관(후일 사역원), 한문도감(한어도감의 전신) 등의 외국어 교육기관을 설치하여 운영하였고 젊은 관리들에게 의무적으로 한어(漢語), 즉 북경(北京) 중심의 동북방언을 배우게 하였다.

따라서 언어의 교육과 그를 위한 교재 등의 계발(啓發)이 매우 왕성하였을 것으로 보이며 우리말과 해당 언어와의 비교도 없지 않았을 것으로 추측된다. 이에 따라 역학(譯學)과 한이학(漢吏學)이 매우 발달하였을 것으로 보인다. 즉 외국어의 교육과 고문이 아닌 새로운 한이문의 학습이 이루어진 것이다.

그러나 그에 대한 자료가 오늘날 하나도 전하는 것이 없어 어떻게 언어의 교육이 이루어졌고 어떤 교재가 있었으며 해당 언어와의 비교는 어떠하였는지 전혀 알 수가 없다. 다만 조선시대에 들어와서 사역원의 외국어 교육과 교재를 통하여 이때의 상황을 어렴프시 추측할 뿐이다. 그리고 이 때에 축적된 역학의 연구 결과가 후일 훈민정음 창제와 관련된 한국어연구에 크게 영향을 주었을 것으로 미루어 짐작할 뿐이다.

1) 성리학(性理學)·성운학(聲韻學)의 도입과 한자음 연구

3.4.1.0. 먼저 성리학(性理學)의 도입에 대하여 살펴보기로 한다. 이 시대의 학문에서 가장 중요한 변화는 성리학(性理學)이 도입되어 이 땅에서도 이에 의한 학문의 연구가 성황을 이루었다는 점이다. 성리학이란 '성명의리지학(性命義理之學)'의 준말로서 심성의 수양을 과거 어느 유학보다 철저히 하면서 동시에 규범, 법칙 및 자연 법칙으로서 인간의 이(理), 또는 성(性)을 깊이 연구하여 그 의미를 완전하게 실현하려는 유학의 하나다.

성리학은 그 발흥시기와 대표적인 학자 및 경향에 따라 '송학(宋學), 명학(明學), 정주학(程朱學), 육왕학(陸王學), 성리학(性理學), 이학(理學), 도학(道學), 심학(心學)' 등으로 불리고 또한 '신유학(新儒學, Neo-Confucianism)'이라고도 한다. 이를 세분할 경우에는 '송학, 정주학, 성리학, 이학, 도학'이 한 계통이 되고 '명학, 육왕학, 심학'이 또 한 계통을 이룬다. 사상적으로는 도교(道敎)와 불교, 특히 불교의 영향을 많이 받고 그것을 극복하려는 의도에서 발흥한 것이기 때문에 불교적 사상과 체계를 닮은 유학이라고 볼 수 있다(윤사순, 1987).

3.4.1.1. 성리학이 이 땅에 들어온 시기는 정확하게 말하기 어렵지만 송(宋)에서 성리학이 발흥하기 시작할 무렵, 즉 고려 인종(仁宗, 1122~1146) 때부터인 것으로 알려졌다. 당시 고려에서는 송(宋)으로부터 다수의 서적을 수시로 수입하였고 사신의 파견과 함께 윤언이(尹彦頤) 같은 학자가 중국에 다녀왔으며 중국에서 파견되는 사신 가운데는 유학자들이 적지 않았다.

뿐만 아니라 전술한 최충(崔冲)의 구제학당(九齋學堂)의 재명(齋名) 중에는 '성명(誠明), 솔성(率性)' 등 성리학자들이 심성(心性)의 수양을 위하여 주로 사용하는『중용(中庸)』의 용어가 들어있다. 그리고 고려 예종(睿宗, 1105~1122) 때는 왕의 경연(經筵)이 성대함을 "三綱五常之敎와 性命道德之理가 만당에 가득하다"고 표현하였는데 이 때의 '성명도덕지리(性命道德之理)'는 성리학의 근본이념을 말하는 것으로 이미 이 시대에 성리학의 학풍이 불기 시작하였음을 말하고 있다.

그러나 성리학이 '송학(宋學)', 또는 '정주학(程朱學)'으로 학문적인 체계를 이룩한 것은 주희(朱熹 - 朱子)의 연구가 있은 다음의 일이다. 따라서 주자학(朱子學)은 고려 충렬왕(忠烈王) 이후에 본격적으로 도입되었다고 보아야 한다. 그 이전에는 주자학이 아직 온성도지 않았기 때문이다.

고려 충렬왕 16년(1290)에 원의 연경(燕京)에서 10년간 유학하고 돌아온 회헌(晦軒) 안향(安珦, 初名 安裕, 1243~1306)에 의해서『주자전서(朱子全書)』가 수입되었고 백이정(白頤正)은 충선왕(忠宣王, 1308~1313)을 따라 연경에 10년간 머물다가 돌아오면서 성리학 관계의 서적을 많이 구해왔다. 그리고 권부(權溥) 등이 주자(朱子)의『사서집주(四書集註)』등을 전파한데 이어서 과거(科擧)에서까지 그것을 채택함으로써 고려에서 수많은 주자학도가 생겨났다.

성리학의 입문서인 주희(朱熹)·여상겸(呂相謙)의『근사록(近思錄)』(14권, 1175)이 고려 공민왕 20년(1371)에 이인민(李仁敏)이 진주(晉州)에서 송판(宋版)을 중간하였고[58] 익재(益齋) 이제현(李齊賢, 1287~1367), 목은(牧隱) 이색

58 고려에서 宋版을 중간한『近思錄』한 질(4권)이 현제 경북 봉화군 내경면에 사는

(李穡, 1328~96), 포은(圃隱) 정몽주(鄭夢周, 1337~92), 야은(冶隱) 길재(吉再, 1353~1419) 등의 성리학자가 배출되었다.

조선 왕조에서도 초기에 정도전(鄭道傳, ?~1398), 권근(權近, 1352~1409), 김종직(金宗直, 1431~1492) 등의 성리학자가 있었으며 이들에 의하여 성리학은 국가를 통치하는 학문적, 사상적 배경으로 삼게 되어 이 학문은 수용의 단계에 들게 되었고 곧 조선 왕조의 국시(國是)가 되었다.

세종 2년(1419)에 설치된 집현전(集賢殿)에서는 『성리대전(性理大全)』을 수입하여 세종 10년(1428)에 조선 판을 50부 간행하였다는 기록이 있다. 실제로 『훈민정음(訓民正音)』이나 『동국정운(東國正韻)』 등에는 『성리대전(性理大全)』 권7~13에 수록된 소옹(邵雍)의 '황극경세서(皇極經世書)'가 도처에서 인용되었고 이 책에 수록된 '정성정음도(正聲正音圖)'와 '황극경세성음창화도(皇極經世聲音唱和圖)'에 근거한 등운학(等韻學)이 크게 성행하였다.

실로 훈민정음의 창제는 이 성리학의 이론에 의거하고 후일 신미(信眉) 대사로부터 전수된 불가(佛家)의 성명기론(聲明記論)에 의거하여 전대미문의 과학적인 표음 글자가 제정되었다. 이에 대하여는 제4장에서 다시 살펴보기로 한다.

3.4.1.2. 이 시대에는 성리학의 도입과 함께 중국의 성운학(聲韻學)이 유입되어 한자음 연구가 성황을 이룬다. 고려 초기부터 학제가 강화되고 과거제도가 실시함에 따라 한자음 연구의 중요성이 인식되기 시작하였다. 중국에서는 표의문자인 한자의 발음을 정리하기 위하여 많은 운서가 간행되었으며 이로부터 소위 한자의 발음을 연구하는 운학(韻學)이 발달하였다.

표의(表意) 문자인 한자(漢字)는 원래 '형(形), 음(音), 의(義)'의 세 부분으로 이루어졌다. '형(形)'은 한자의 획과 같은 자체(字體)를 말하며 '음(音)'은 이 글자의 발음을 말한다. '의(義)'는 이 글자의 뜻으로 예를 들

권정우(權廷羽)씨에게 소장되어 전하고 있다(보물 262호). 이 책은 원래 조선 中宗 때에 名臣 權撥이 가지고 있던 것으로 영조 20년(1744)에 왕이 권발의 후손 權萬에게 명하여 진상케 하였으며 정조 18년(1794)에도 임금이 보았다는 사연이 책에 적혀있다.

어 '東'자는 '東'(日+木)'이란 자체(字體)와 '동쪽'이라는 의미, 그리고 '동[dong]'이란 발음이 있다.

한자의 자전(字典)은 자형(字形)을 기준으로 한자를 배열하고 그 뜻을 찾는 자서(字書)가 있고 자의(字義), 즉 뜻에 따라 한자를 분류 배열한 유서(類書)가 있으며 발음에 따라 한자를 배열한 운서(韻書)가 있다. 즉, 한자의 '형(形), 음(音), 의(義)'의 세 부분에 따라 글자를 배열하고 그 글자의 자형과 자의(字義), 자음(字音)을 정리한 세 종류의 자전(字典)이 있었던 것이다.

자서(字書)로는 후한(後漢) 허신(許愼, 58?~147? A.D.)의 『설문해자(說文解字)』(14권+1권)를 그 시작으로 본다. 자의(字義)에 따른 유서(類書)는 주공(周公)의 작으로 알려졌으며 전한(前漢)의 학자들이 공편한 『이아(爾雅)』(19편)가 그 효시(嚆矢)라고 할 수 있다. 자음(字音), 즉 글자의 발음에 따라 한자를 배열하고 그 뜻을 풀이한 것은 운서(韻書)라고 하며 이를 연구하는 분야를 운학(韻學)이라 한다.

운서의 시작은 매우 오래 전부터의 일로 보이나 오늘 날에 볼 수 있는 운서는 불교가 전래된 이후의 것이다. 서역(西域)의 역경승(譯經僧)들이 한자의 발음을 학습하기 위하여 반절시킨 반절(反切)을 중국에서도 받아들여 한자의 발음을 두 개의 서로 다른 한자로 표음하는 반절법(反切法)을 발전시켰다.

이렇게 반절에 의하여 한자음의 음절 초 자음과 후속하는 '모음 + 자음'으로 나누어 후자를 반절하자(反切下字), 전자를 반절상자(反切上字)로 보고 범자(梵字)의 체문(体文)과 같은 수효의 36자를 반절상자로 정한 다음에 이를 대운(大韻)으로 하고 나머지를 소운(小韻)으로 분류하는 방법의 운서(韻書)가 유행하였다. 현전하는 가장 오래된 운서는 수대(隋代) 육법언(陸法言)이 저술한 『절운(切韻)』(601 A.D.)이다. 서명으로 보아도 반절에 의한 운서임을 알 수 있다.

표의문자인 한자는 그 발음을 이해하는 것이 매우 중요하였는데 반절법이 없었던 초기에는 '무슨 자의 발음은 무슨 자와 같다' 와 같이 표시할 수밖에 없었다. 즉, 『설문해자(說文解字)』에 "辛讀若愆, 又縕讀與聽同 — 辛(신)은 愆(건)처럼 읽는다. 또 縕(정)은 聽(청)과 더불어 같이 읽는다." 와 같이 '독약(讀若), 독여동(讀與同)'로 표음하는데 이를 '직음(直音)'의 표음 방법이라고 한다.

그러나 표음문자인 범자(梵字)로 쓰인 불경을 한자로 번역하면서 한자의 발음을 두자로 표음하는 소위 반절(反切)의 표음법이 발달하였다. 이 반절법의 발달은 인도의 실담(悉曇)의[59] 영향을 받은 것으로 한자의 발음을 성(聲 - 어두 자음)과 운(韻 - 모음과 받침)으로 나누어 분류하고 이 순서에 따라 한자를 배열하는 운서(韻書)가 생겨났다.

3.4.1.3. 물론 인도의 파니니 음성학에서는 자음과 모음을 구분하는 음소의 개념도 있었음으로 한자의 운(韻)을 운복(韻腹, 어중 모음)과 운미(韻尾, 어말 자음)로 재분류하였으며 성운학에서는 운복도 모음의 종류에 따라 1등운(等韻)부터 4등운까지 구별하였다. 운학에서는 이와 같이 음절을 3분하여 어두자음인 성(聲)과 음절 핵인 운복(韻腹), 그리고 음절 말 자음인 운미(韻尾)로 분류하였지만 중국에서는 시경(詩經) 이후에 전통적으로 작시(作詩)상의 운율에 중요한 역할을 하는 운(韻), 즉 운복과 운미를 합친 것에 관하여 관심이 많았다.

그리고 이 전통은 인도의 실담(悉曇)의 영향에도 구애되지 않고 어두자음인 대운(大韻)의 성(聲)과 작시(作詩) 상 중요한 소운(小韻)으로 2등분하는 반절(反切)이 각광을 받았다. 반절법은 '동(東)'의 발음을 "德紅切 - 德(d-é) + 紅(h-ong) = 東(dong)"과 같이 2자로서 발음을 표기하는 방법이다.

이 "東-德紅切"의 '德[d]'을 반절(反切) 상자(上字)라고 하고 '紅[ong]'을 반절 하자(下字)라고 하는데 이 때의 반절 하자 '홍(紅 - hong)'은 사성(四聲)까지도 표시하여 '동(東)'자가 평성(平聲 - 제1성)임을 알 수 있게 한다. 이로부터 운학(韻學)은 반절 상자인 성(聲)과 반절 하자(下字)인 운(韻)을 연구하는데 중점을 두었고 그 명칭도 '성운학(聲韻學)', 또는 '음운학(音

59 梵字, 즉 브라미(Brāhmi)에서 발달한 悉曇문자는 싯담마트리카(siddhamātṛkā) 문자를 말한다. 자모를 悉曇(siddham, 또는 siddhirastu)이라고 하며 12 摩多(모음)와 35 體文(자음)의 47자로 되었는데 이를 한자로 표기한 것이 悉曇이다. 아동들이 범자를 배울 때에 가장 초보적인 교과서가 '悉曇章'으로서『舊唐書』「天竺國傳」에 "其人皆學悉曇章 - 그곳 사람들은 모두 '실담장'을 배운다."라는 기사가 있다. 이에 대하여는 앞의 제2장 2. 고대인도의 범어 문법을 참고할 것.

韻學)'으로 부르게 되었다.

원래 성운학(聲韻學)의 전신인 운학(韻學)의 방법에 의거한 초기의 운서는 위(魏, 220~265 A.D.)의 이등(李登)이 편한 『성류(聲類)』(10권)와 진(晉, 265~316)의 여정(呂靜)이 편한 『운집(韻集)』(5권)이 있었다고 하나 오늘날 전하지 않는다. 더욱이 남북조(南北朝) 시대(5C-6C)의 초기에 중국어의 사성(四聲)이 중요함을 인식하여 송(宋, 420~479 A.D.)의 주옹(周顒)이 『사성절운(四聲切韻)』을 편찬하고 재(齋, 479~502 A.D.)의 심약(沈約)이 『사성보(四聲譜)』를, 그리고 북제(北齊, 550~577 A.D.)의 양휴지(陽休之)가 『운략(韻略)』을 편찬하였다고 하나 역시 실전되어 전하지 않는다.[60]

3.4.1.4. 대체로 중국에서는 기원후 3세기부터 6세기에 이르기까지 운서의 편찬과 성운학의 연구가 활발하였던 것으로 볼 수 있다. 이러한 연구를 종합하여 7세기 초에 수(隋)나라의 육법언(陸法言)이 안지추(顔之推) 등 8인과 함께 『절운(切韻)』(5권)을 편찬하였다. 전술한 바와 같이 서명으로 보안 반절(反切)에 의한 운서임을 알 수 있다.

이 때가 수(隋)나라 문제(文帝)의 인수(仁壽) 원년(601)으로서 이 운서가 현전하는 최고(最古)의 중국 운서다. 이것은 그 전에 전래되던 여러 운서를 집대성한 것으로 판본이 몇 종류가 있는데 돈황(敦煌)에서 발견된 3종의 사본(寫本)이 있고(大英博物館 소장) 투르판에서 발굴된 1본은 프러시아 학사원(學士院)에 소장되었다.

<절운>은 그 후에 언어의 변천과 운학의 발달로 계속해서 개편되었으며 그 가운데 중요한 것만 들어보면 당(唐)의 손면(孫愐)이 현종(玄宗) 10년(751)에 개편한 『당운(唐韻)』(5권)과 왕인후(王仁煦)가 수정 증보한 『간류보결 절운(刊謬補缺 切韻)』(5권, 역시 敦煌에서 발굴되어 프랑스 파리국립도서관에 소장됨)이 있으며 손면(孫愐)의 것 이외에 당(唐)대에 간행된 여러 종류의 '절운계(切韻系) 운서'가 있어 이들도 '당운(唐韻)'이라 부른다.[61]

---

60 陽休之는 北齊 사람으로 자는 子烈이다. 벼슬이 魏의 中書侍郎에 이르고 天統 년간(565~569)에는 吏部尙書에 올랐다. 北周의 武帝가 北齊를 평정하자 上開府 和州 刺史가 되었으나 隋의 開皇(581~600) 초기에 파직되다. 저서로『幽州人物志와 문집이 있다.

61 唐代에는『切韻』계 운서가 많이 필사되었다. 이들을 모두 '唐韻'이라 부르기도

이 운서들은 한자를 먼저 사성(四聲)으로 분류하고 이를 다시 대운(大韻 - 聲)과 소운(小韻 - 韻腹과 韻尾를 합친 것)으로 점차 세분해 가는 방법으로 한자를 배열하여 그 '형(形), 음(音), 의(義)'를 찾아보게 하였다. 이러한 방법으로 만들어진 '절운계 운서'의 결정판은 『대송중수광운(大宋重修廣韻)』(5권)이며 이 운서는 보통 <광운(廣韻)>으로 약칭한다.

북송(北宋) 때에 진팽년(陳彭年), 구옹(邱雍) 등이 대중상부(大中祥符) 원년(1008)에 편찬한 <광운>은 반절(反切)하자(下字), 즉 운모(韻母)를 206운(韻)으로 분류하였다. 이 시대에는 운학(韻學)의 한 분야인 등운학(等韻學)이 발달하여 반절(反切) 상자(上字), 즉 자모(字母)가 정리되었다.

2) 범자(梵字)와 실담(悉曇) 문자의 영향과 성운학

3.4.2.0. '성(聲)'으로 알려진 대운(大韻)은 처음에 당말(唐末)의 승려인 수온(守溫)이 범어(梵語)를 중국어로 번역하면서 범자(梵字), 즉 브라미(Brāhmi)의 문자의 36개의 음절 초 자음에 따라 30자모(字母)를 설정하였으며(졸고, 2020c) 송대(宋代) 사령운(謝靈雲)의 『십사음훈서(十四音訓敍)』에서 범어(梵語)의 자음을 한자로 대응시켜 여러 갈래로 쓰이던 반절 상자를 36자모로 정리하였다.

졸고(2020c)에 의하면 기원 전 4, 3세기경에 불타(佛陀), 즉 석가모니(釋迦牟尼, Śakyamuni)가 활동하던 시기에 어떤 언어가 사용되었는지는 아직 결론이 없고 여러 학설이 분분하다고 한다. 다만 불타가 베다(Vedic) 경전의 언어인 산스크리트어만이 아니라 교리의 포교를 위하여 프라크리트어(prākṛt) 등 많은 언어를 수용한 것은 틀림이 없는 것 같다. 따라서 순수한 베다 경전의 산스크리트어와 여러 방언을 수용한 불교 범어는 산스크리트어, 즉 원래의 범어와 구별되어야 한다.[62]

하고 또 孫愐이 교정한 것만을 <唐韻>이라 부르기도 한다. 손면의 <唐韻>은 前序와 後序가 있는데 전서는 開元 연간(713~741)에 쓴 것이고 후서의 간기는 당 현종 때의 天寶 10년(751)의 간기를 갖고 있다.

62 釋迦가 활동하던 시기에 가장 강력한 언어로는 Māgadhī語가 있었다. 이 말과 주변의 방언을 조합하여 만든 Ardha-Māgadī(半마가디어)는 일종의 인공 언어였으며 당시 불교와 경쟁하던 자이나교의 Mahāvīra는 분명히 半마가디어를 사용하였다고 학계가 인정한다. 佛陀도 이 언어를 사용하였을 것이라는 학설이 설득력

불교에서 사용한 범어(梵語)를 불교혼효범어(佛教混淆梵語, Buddhist Hybrid Sanskrit)라고 부르는 이유가 여기에 있다. 당시 석가가 태어난 비가라성(迦毘羅城)과 그가 활동한 갠지스 강 유역에서 널리 사용되던 마가디語(Māgadhī), 그리고 주변의 방언을 이 언어에 융합시킨 반(半) 마가디어(Ardha-Māgadhī)가 불타를 비롯하여 그의 제자들이 사용한 언어로 추정된다.

이 언어는 현존하는 문헌이 없어서 이 인공어가 불타(佛陀)가 사용한 성어(聖語, lingua sacra)라는 주장과 불타의 설법은 여러 방언으로 번역된 것이라는 주장이 서로 대립하고 있어서 현재로는 확인하기 어렵다. 그러나 석가가 활동하던 시기에 이 지역에서 사용되던 문자는 브라미(Brāhmi) 문자였다.[63] 실담(悉曇)은 이 문자에서 발달한 것이다. 중국과 한국, 일본에 전달된 진언(眞言) 불경은 모두 브라미 문자로부터 발달한 실담 문자로 기록된 것이다.

브라미 문자는 기원 전 4, 3세기의 마우리아(Maurya) 왕조로부터 5세기의 굽타(Gupta) 왕조까지 오랫동안 사용되었기 때문에 불타의 설법을 소개한 초기의 불전은 이 문자로 쓰였을 가능성이 크다. 브라미 문자는 인도의 서북단 기르기트에서 출토된 산스크리트의 불전(佛典)『근본설(根本說), 一切有部毘奈耶破僧事』에서 이 문자가 브라만(Brahman), 즉 범천(梵天)의 계시(啓示)로 만들어진 문자로 소개되어 브라미(Brāhmi) 문자라는 이름을 얻었고 한자로 범자(梵字)라 불리게 되었다고 설명하였다.

이 문자는 기원전 3세기경에 세워진 아소카왕(Asoka, 阿育王)의 비문은 이 브라미 문자로 쓰였으며 따라서 산스크리트어로 된 초기 불경도 브라미 문자로 적혔을 것이다. 앞에서 불교범어가 있어 고전 산스크리트어로 쓰였음을 지적하였으나 불교 경전만이 아니라 고전 산스크리트어로 쓰인 불교문학의 작품들이 존재하므로 초기 불경들은 모두 고전 산스크리트어로 작성되어 브라미 문자로 기록되었을 것이다.

브라미 문자는 구조적으로 어두(語頭)의 자음자(子音字)와 모음자(母音

을 얻고 있다(졸고, 2020c).

63 브라미(Brāhmi) 문자와 이로부터 발달한 데바나가리(Devanagari) 문자에 대하여는 졸저(2012b: 25~26)에서 카로스디(Kharoṣṭhī) 문자와 더불어 소개되었다.

字)가 하나의 단위로 인정되어 필요에 따라 이 둘이 결합한 문자가 된다. 이 자음과 모음이 결합된 단위를 악샤라(akṣara)라고 하는데 이런 단위별 문자 조합이 실담(悉曇)에서 그대로 전달된다(졸고, 2020c). 현대 문자학에서 말하는 음절문자인 것이니 자음과 모음이 결합한 문자다.

3.4.2.1. 범어(梵語)의 번역에서 얻어 낸 한자의 36자모를 중국어에 맞추어 36자모로 고친 것은 금(金)의 한도소(韓道昭)가 편한『오음집운(五音集韻)』(1212)에서 정식으로 나타난다. 즉, 졸고(2016b)에 의하면『대반열반경(大般涅槃經)』(권8)「문자품(文字品)」에 소개된 14자의 마다(摩多)와 36자의 체문(体文)을 소개하고 불타(佛陀)와 가섭(迦葉) 보살과의 대화에서 14자의 마다가 글자의 근본이라면서 이 글자들에 대하여 자세하게 설명하였다.

여기에 소개된 "아(噁, a, 단음), 아(阿, ā, 장음), 이(億, i, 단음), 이(伊, ī, 장음), 우(郁, u, 단음), 우(憂, ū, 장음), 에(咽, e), 애(野, æ), 오(烏, o, 단음), 오(炮, ō, 장음), 에오(菴, 아마도 ö를 말함인 듯), 아(俄 ä)"을 들고 <대반열반경>에서는 모두 12개밖에 찾을 수 없었다고 하였다(졸저, 2019b: 157).

<대반열반경>에서는 모음에 이어서 자음으로 '迦[ka], 佉[kha], 伽[ga], 呿[gha], 俄(nga)'로부터 "遮[ca], 車[cha], 闍[ja], 膳[jha], 喏[ɲa]"와 "咤[ta], 侘[tha], 荼[da], 袓[dha], 拏[na]", 그리고 "多[ṭa], 他[ṭha], 陁[ḍa], 彈[ḍha], 那[ṇa]" 및 "波[pa], 頗[pha], 婆[ba], 滼[bha], 摩[ma]"에 이어서 "奢[ṣa], 沙[ṣha], 娑[ẓa], 蛇[ẓha], 囉[ra], 羅[la], 和[va], 呵[ɤa], 晥[ɤuang]"의 34개 자음자를 소개하였다. 아마도 2자는 누락되었을 것이다.

졸저(2019c: 156~7)에서 이에 대하여 <대반열반경>(권8)「문자품」의 기사를 모두 인용하고 우리말로 번역하여 소개하였으므로 역시 여기서는 생략한다. 다만 범자(梵字)에는 연구개음(velar)의 '迦[ka], 佉[kha], 伽[ga], 呿[gha], 俄(nga)'로부터 경구개음(palatal)의 "遮[ca], 車[cha], 闍[ja], 膳[jha], 喏[ɲa]", 치경음(alveolar)의 "咤[ta], 侘[tha], 荼[da], 袓[dha], 拏[na]", 치음(dental)의 "多[ṭa], 他[ṭha], 陁[ḍa], 彈[ḍha], 那[ṇa]", 양순음(bilabial)의 "波[pa], 頗[pha], 婆[ba], 滼[bha], 摩[ma]"가 있었음을 밝혔다.

그리고 구강공명음을 수반하는 '倻[ya] 囉[ra], 羅[la], 和[va], 呵[ɤa],

睆[ɤha]'와 경구개권설음(palatal-retroflex)의 '奢[ṣa], 沙[ṣha], 娑[ẓa]'를 보였다. 그런데 아마도 여기에서 '賒[ẓha]'와 '鎩[ɮa]'가 빠진 듯하다. 필자가 참고한 <대반열반경>은 고려대장경 연구소에서 제공한 것인데 많은 오자(誤字)와 탈자(脫字)가 있어 혼란을 주는 자료여서 확인하기 어렵다.

이렇게 소개된 36자를 정리하면 다음과 같다.

① 迦[ka], 佉[kha], 伽[ga], 呿[gha], 俄[nga]
② 遮[ca], 車[cha], 闍[ja], 膳[jha], 喏[ɲa]
③ 咤[ta], 侘[tha], 荼[da], 袒[dha], 拏[ṅa]
④ 多[ṭa], 他[ṭha], 陁[ḍa], 彈[ḍha], 那[ṇa]
⑤ 波[pa], 頗[pha], 婆[ba], 滼[bha], 摩[ma]
⑥ 奢[ṣa], 沙[ṣha], 娑[ẓa], 賒[ẓha], 鎩[ɮa]
⑦ 倻[ya], 囉[ra], 羅[la], 和[va], 呵[ɤa], 睆[ɤha]

3.4.2.2. 그러나 당(唐)의 지광(智廣)이 편찬한 『실담자기(悉曇字記)』(권1)의 「실담장(悉曇章)」에서는 모음의 마다(摩多)와 자음의 체문(体文)을 해설하고 그 합성법을 18장으로 나누어 설명하였다.

여기에 소개된 마다 12음과 체문 35성을 더한 47자의 <실담장>은 다음과 같다.

摩多 – 阿[a], 阿[ā], 伊[i], 伊[ī], 歐[u], 歐[ū], 藹[e], 藹[ai], 奧[o], 奧[au], 暗[ɑṃ], 疴[ɑḥ]
体文 – 迦[ka], 佉[kha], 誐[ga], 伽[gha], 哦[nga],
者[tsa], 車[tsha], 惹[za], 社[zha], 若[ɲa],
吒[ta], 他[tha], 茶[da], 茶[dha] 拏[na],
多[ṭa], 他[ṭha], 陀[ḍa], 陀[ḍha], 那[ṇa],
波[pa], 頗[pha], 婆[ba], 婆[bha], 磨[ma],
也[ja], 羅[ra], 囉[la], 縛[va], 奢[śa], 沙[ṣa], 紗[sa], 訶[ha], – 遍口聲
濫[llam], 乞灑[kṣa] – 重字 – 졸고(2016: 9)

북송(北宋) 때에 이미 <광운>에 수정이 가해졌다. 즉 <광운>의 편찬자였던 구옹(邱雍) 등이 이를 간략하게 실용화 시킨 『예부운략(禮部韻略)』(5권, 1037)을 간행하여 상당한 인기를 얻었으며 정도(丁度) 등은 <광운>

을 증보하여 『집운(集韻)』(15권, 1039)을 편찬하였다. <광운>에서 규정한 대운(大韻) 36모와 소운(小韻) 206운의 전통을 깨뜨린 것은 역시 상술한 한도소의 <오음집운(五音集韻)>이다. 여기서는 대운(大韻) 36자모와 소운(小韻) 160운으로 개정하였는데 이후로부터 소운은 점차 줄어들게 되었다.

3.4.2.3. 금(金)의 왕문욱(王文郁)은 『평수신간예부운략(平水新刊禮部韻略)』(1229)에서 106운으로, 남송(南宋)의 유연(劉淵)이 편찬한 『임자신간예부운략(壬子新刊禮部韻略)』(1252)에서는 107운으로 규정하여 시운(詩韻)의 기준을 삼았다.

전자가 평수운(平水韻)으로서 대만(臺灣) 중앙도서관에 소장된 원(元) 대덕(大德) 10년에 간행된 『평수신간운략(平水新刊韻略)』(1306)의 운목이 106운이었고 이 편운의 방법을 이어 받은 원(元)의 음시부(陰時夫)가 편찬한 『운부군옥(韻府群玉)』(1270?)이 106운임으로 평수운이 최초의 106운이었음을 증명할 수 있다(강신항, 1970) 또 금(金)의 왕문욱이 편찬한 『임자신간 예부운략』은 한도소의 <오음집운>과 같이 반절상자를 36자모로 정리하였다.

당말(唐末)에 범자(梵字)의 번역에서 얻어진 반절(反切) 상자(上字)는 북송(北宋) 대에 36자모로 굳어졌고 금(金) 대에 들어와 36자모가 유행하자 이를 이용한 운도(韻圖)가 발달하였다. 운도는 세로에 36자모를, 가로에 사성(四聲)에 따른 운모(韻母)를 배열한 음운표로서 보통 '등운도(等韻圖)'라고 한다. 초기의 것으로는 편자 미상의 『운경(韻鏡)』(10세기경)이 있었고 남송(南宋)의 정초(鄭樵)가 지은 『통지(通志)』에 소재된 <칠음략(七音略)>(1162)이 있다.

남송의 사마광(司馬光)이 서(序)를 쓴 양중수(楊中修)의 『절운지장도(切韻指掌圖)(1297 이전)와 북송(北宋)의 소옹(邵雍)이 지은 『황극경세성음창화도(皇極經世聲音唱和圖)』를 간략화한 남송(南宋) 채원정(蔡元定)의 『성음창화도(聲音唱和圖)』도 초기의 운도에 들어간다.

원대(元代)에 들어와 언어의 중심지가 연경(燕京), 즉 지금의 북경(北京)으로 바뀌게 되어 이에 맞춘 새로운 운서가 속속 간행되었다. 그 대표적인 것이 원(元)의 황공소(黃公紹)가 편찬한 『고금운회(古今韻會)』, 또는 그의 제자인 웅충(雄忠)이 이를 요약한 『고금운회거요(古今韻會擧要)』(30권, 1297)가 있고 주덕청(周德淸)이 원 태정(泰定) 원년(1324)에 편찬한 『중원음운(中原音韻)』이 있다.

<중원음운>은 <광운> 이후의 전통적인 운서 체계를 탈피하고 오로지 북경 한어음(漢語音)에 맞춘 혁신적인 운서로서 3성(聲), 48운(韻), 26자모(字母)만을 인정하였다. 이것은 전통적인 4성(聲), 평수운의 106운과 36자모 체계와 크게 다른 것으로 <중원음운>에 이르러 비로소 북경 한어음(漢語音)이 현실적으로 운서에 반영되었다고 볼 수 있다.

3.4.2.4. 북경의 한어음(漢語音)을 운서음으로 인정한 예로 『몽고자운(蒙古字韻)』을 들 수가 있다. 몽고의 칭기즈 칸(成吉思汗)이 스텝을 정복하던 태조(太祖) 원년(1206)에 내만(乃蠻 - Naiman)을 정복하고 태양칸(太陽汗)의 부(傅-스승)이었던 외올인(畏兀人) 타타퉁가(Tatatunga, 塔塔統阿)를 잡아 포로로 데려와 외올자(畏兀字 - 고대 維吾爾의 문자)로 몽고어를 기록하는 정서법을 만들게 하였다.

그리고 이를 태자(太子)인 오고타이(Ögötai - 窩闊臺, 후에 元의 太宗으로 追贈)와 제한(諸汗)에게 가르쳤다. 이것이 몽고-위구르(蒙古畏兀字) 문자로서 표음문자이며 후일 몽골 제국(帝國)의 국자(國字)가 된 것이다. 지금도 내몽고(內蒙古)에서는 한자와 더불어 이 문자를 사용하고 있다.

그러나 이 문자는 중국 한자음을 표기하기에 매우 적절하지 않았으므로 쿠빌라이 칸(Khubilai Khan - 忽必烈汗, 元의 世祖)은 토번(吐蕃)에 원정했을 때에 팍스파(ḥP'ags-pa, 八思巴)라는 라마승(喇嘛僧)을 포로로 데려와서 그로부터 선진국의 여러 문화를 배웠다. 쿠빌라이 칸은 그를 매우 총애하여 헌종(憲宗)이 죽고 쿠빌라이 칸이 대한(大汗)에 올라 원(元) 세조(世祖)가 되자 팍스파를 국사(國師)로 임명하고 정교(政敎)의 고문 역할을 시켰다.

쿠빌라이 칸이 한족(漢族)의 남송(南宋)을 멸하고 원(元)을 세우자 팍스파에게 명하여 한자를 표음할 수 있는 표음문자를 만들게 하였다. 그는 세조의 명을 받아 서장문자(西藏文字)를 근거로 하여 몽고신자(蒙古

新字)를 만들었는데 이것이 소위 '팍스파' 문자, 또는 '파스파(八思巴)' 문자라고 불리는 음소문자다.[64] 원 세조는 이를 지원(至元) 6년(1269)에 공포(公布)하여 공문서의 정문(正文)으로 쓰게 하였다(졸저, 1990: 136~237).

파스파 문자가 완성된 시기는 현재 정확하게 알 수 없으나 羅常培·蔡美彪(1959: 9)에서 주장한 것처럼 지원(至元) 6년보다 조금 이른 시기의 일로 보인다. 현전하는 '경조로중양만수궁비(京兆路重陽萬壽宮碑)'의 탁본 가운데 파스파자로 몽고어를 기록하고 이를 한문으로 번역한 쿠빌라이 칸이 성지(聖旨)가 있는데 지원(至元) 5년(1268) 12월에 작성된 것이라고 한다(졸저, 2009: 153). 따라서 파스파 문자는 이보다는 먼저 제정되어 시험하다가 지원(至元) 6년에 조령(詔令)으로 반포한 것으로 보인다.

3.4.2.5. 이 파스파 문자를 발음부호로 하여 만든 운서는 절운계(切韻系) 운서인 <예부운략(禮部韻略)>을 파스파 문자로 표음하여 간행한『몽고운략(蒙古韻略)』이 처음으로 보인다. 그러나 <몽고운략>이 원(元)의 공용어인 북경(北京)의 한어음(漢語音)을 반영하지 못하였기 때문에 원대(元代) 황공소(黃公紹)가 편한 <고금운회(古今韻會)>를 근거로 하여 한자음을 수정하고 이를 파스파 문자로 표음하여『몽고자운(蒙古字韻)』을 간행한다(졸저, 2009).

그러나 오늘날 전해지는 것은 이를 원(元) 대덕(大德) 5년(1301)에 주종문(朱宗文)이 증조하고 수정한 {증정(增訂)}『몽고자운(蒙古字韻)』(大英博物館 소장) 뿐이다.[65] 신숙주의『사성통고(四聲通攷)』에서 <몽고운략>을 언급하였고 여러 차례 '몽고운(蒙古韻)'을 참고하였다는 기록이 있어 파스파 문자로 된 몽고운서는 훈민정음의 제정에 관여한 학자들에게 매우 유용한 표음 운서였음을 알 수 있다.

또 <몽고자운>은 대체로 전술한 <고금운회>, 또는 그 제자가 이를

---

64 티베트어에서 팍스파 라마 'འཕགས་པ་བླ་མ་' (ḥP'ags-pa bLa-ma)를 '팍바 라마'로 읽을 수는 없다(송기중, 2016). 요즘은 한자의 '八思巴'를 漢語音으로 읽어 '파스파'로 읽기도 한다. 필자는 사람 이름은 팍스파로, 문자 명칭은 파스파 문자로 한다. 티베트어로는 같은 것이지만 필자는 인명은 티베트어의 ḥP'ags-pa를 팍스파로, 문자 명칭은 八思巴 한자의 현대 한어음인 파스파로 하고자 한다.

65 朱宗文은 元代 信安 사람으로 字는 彦章이라고 함. {增訂}『蒙古字韻』을 지음.

간략하게 축소한 <고금운회거요(古今韻會擧要)>의 편운(編韻) 체제에 맞춘 것으로 4성, 107운, 36자모 체계를 보인다. <몽고운략>이 당송대(唐宋代) 통어(通語)의 음운에 따른 것이라면 <몽고자운>은 원대(元代)의 한어(漢語) 음운을 반영한 것이다.

이와는 별도로 『설문해자(說文解字)』 이후에 발달한 문자학(文字學)은 양(梁)의 고야왕(顧野王)이 엮은 『옥편(玉篇)』(30권)에 이르러 크게 발달하였으며 자서(字書)로서 그 쓰임이 일반화되었다. 이 『옥편』은 당(唐)의 손강(孫强)에 의하여 증보되었고 이를 다시 송(宋)의 진팽년(陳彭年) 등이 중수(重修)하여 세상에 널리 퍼지게 되었다. <옥편(玉篇)>이란 이름의 자서(字書)가 일용사전으로 그 편의성이 인정되면서 '옥편(玉篇)'은 특정한 명칭으로부터 자서의 대명사가 되었으며 이후에 이러한 자서가 꾸준히 발달하였다.

그리하여 송대(宋代) 서현(徐鉉)이 지은 『교정설문(校定說文)』(30권, 986)과 그의 아우인 서개(徐鍇)가 지은 『설문계전(說文繫傳)』(40권) 및 『설문해자운보(說文解字韻譜)』(5권) 등의 자서가 뒤를 이었다. 특히 <설문해자운보>에 이르러서는 운서와 옥편이 결합되는 자전(字典)이 유행하기에 이르렀다. 서개(徐鍇)의 <설문해자운보>는 한자들을 부수(部首)와 획수(劃數)에 따라 분류했을 뿐 아니라 사성(四聲)으로도 나누어 편차(編次)하여 운서(韻書)와 자서(字書)를 결합하였다.

그리하여 이후에는 운서에는 옥편을 색인으로 붙이고 자서에는 운도(韻圖)를 편람으로 보충하였다. 원대(元代) 음시부(陰時夫)의 『운부군옥(韻府群玉)』이 그 대표적인 자전의 예라고 할 수 있다. 현전하는 중종 때에 최세진(崔世珍)이 편찬한 『사성통해(四聲通解)』에서 이러한 운서의 모습을 규지(窺知)할 수 있다.

3) 고려의 성운학(聲韻學)과 운서 간행

3.4.3.0. 이와 같은 중국의 성운학(聲韻學) 및 등운학(等韻學), 그리고 문자학(文字學)의 발달은 고려에도 지대한 영향을 주었다. 고려(高麗)에서는 국초(國初)부터 학교를 설치하고 유학을 교육하였으며 과거제도가 실시되어 경서(經書)의 강독과 시문(詩文)의 작성을 시험하여 인재를

등용하였음은 앞에서 살펴 본 바가 있다. 따라서 유생(儒生)들은 중국의 운학(韻學)과 운서(韻書)에 관심이 많았다.

한편 불교가 흥융(興隆)하여 많은 사찰(寺刹)이 건립되었으며 다수의 학승(學僧)들이 불경을 학습하였다. 더욱이 승과(僧科)가 설치되어 몇몇의 불경은 유교의 경전(經典)만큼 자세한 강해(講解)와 심오한 주해(註解)가 있었고 그에 따라 일부 경전은 석독(釋讀)과 주석(註釋)이 끊임없이 이루어졌다. 따라서 고려에서는 유학의 경서와 불가의 경전을 교육하기 위하여 상당한 수준의 한자를 알아야 하였으며 시문(詩文)의 작성을 위하여 운학적 지식과 운서의 필요성이 더욱 증대되었다.

3.4.3.1. 실제로 고려의 충숙왕(忠肅王) 2년(1330)에는 이미 '율시사운(律詩四韻)' 100수와 『소학(小學)』 및 『오성자운(五聲字韻)』을 통한 후에 과거에 응하도록 하였다(『고려사』(권73) 「選擧」 一, '忠肅王17年' 조). 이를 보면 당시에 운서와 자서가 얼마나 중요한 것인지 알 수 있으며 이를 위하여 유교의 경서, 불경과 함께 다수의 운서, 옥편들이 중국으로부터 수입되었다.

뿐만 아니라 이와 같은 한자의 학습을 필요로 하는 인원이 많아지매 따라 중국으로부터 운서(韻書)와 자서(字書), 그리고 유서(類書)의 수입에만 의존할 수 없게 되어 이 땅에서도 자전(字典)을 간행하기에 이른다. 고려에서 간행된 중국의 자전 가운데 목판본으로 간행된 『용감수경(龍龕手鏡)』(4권)이 있다.

이 책은 요(遼)의 학승(學僧)인 행균(行均, 幽州人)이 요의 성종(聖宗) 15년(997 A.D.)에 <설문(說文)>과 <옥편(玉篇)>, 그리고 불경에서 한자를 추려 편찬한 자전으로 한자 26,433자를 242부의 편방(偏旁)으로 나누어 배열하고 한 부내(部內)의 글자를 또 사성(四聲)으로 나누었으며 자음을 반절(反切)로 표음하였다. 불경에 수록된 한자가 많이 수록되어 승속(僧俗)간에 널리 유행한 것으로 보인다.

그리하여 북송(北宋)에서 재간되었고 일본에서도 간행되었는데 송판(宋版)은 송(宋) 익조(翼祖)의 이름인 '경(敬)'과 동음인 '경(鏡)'을 휘(諱)하여 희녕연간(熙寧年間, 1068~77)에 『용감수감(龍龕手鑑)』으로 서명을 바꿨다. 조선 명종 18년(1563)에 황해도 귀진사(歸眞寺)에서 간행된 것은 송판(宋版)인 『용감수감』의 서명을 따르고 있다.

고려판 『용감수경(龍龕手鏡)』(4권)은 간행연대가 분명하지 않으나 '경(鏡)'자를 기휘(忌諱)하지 않은 것으로 보아 전술한 희녕(熙寧) 연간 이전에 간행한 것이다. 원래 이 책은 고려 현종이 요(遼)의 침략을 피하여 몽진(蒙塵)하였던 나주목(羅州牧)에서 간행하였다. 즉, 『고려사』(권4) 「현종(顯宗)」 一, '신해' 조에 "二年, 春正月乙亥朔, 契丹主入京城, 焚燒大廟宮闕民屋皆盡, 是日王次廣州. - 2년(1011) 정월 을해 초하루에 거란의 우두머리가 서울에 들어와 대묘와 궁궐, 그리고 민가를 모두 불태워 없애니 이날 왕이 광주로 떠나다."라는 기사가 있다.

그리고 『고려사』(권57), 「지리(地理)」 二, '나주목(羅州牧)' 조에 "顯宗元年, 王避丹兵, 南巡至州留旬日. 丹兵敗去, 王乃還都, 九年陞爲牧 - 현종 원년(1010)에 왕이 거란병을 피하여 남쪽으로 가다가 나주에 열흘간 머물렀다. 거란병이 패하여 돌아가매 왕이 이에 도성에 돌아왔다. 현종 9년(1019)에 나주목으로 승격하다."라는 기사가 있어 현종이 광주를 거쳐 나주까지 피난하였으며 이후에 나주(羅州)는 목(牧)으로 승격한 것을 알 수 있다.

따라서 이 책은 나주가 목으로 승격하고 난 현종 9년(1019) 이후에, 그리고 '용감수경(龍龕手鏡)'을 '용감수감(龍龕手鑑)'으로 바꾼 희녕(熙寧) 연간(1068~77) 이전에 간행되었음을 알 수 있다. 김민수(1990: 95)에서는 고려판 <용감수경>이 서기 1070년대에 복간되었을 것으로 추정하고 초주대장경(初雕大藏經)이 마무리될 무렵에 지방판(地方版)으로 간행된 것이라고 보았다.

앞에서 살펴 본 『신간배자예부운략(新刊排字禮部韻略)』(5권)도 고려 충렬왕 26년(1300)에 고려의 매계서원(梅溪書院)에서 간행하였음을 고려판의 권수에 보이는 "元 大德 四年 梅溪書院 刊 - 원의 대덕 4년(1300)에 매계서원에서 간행하다."라는 간기에 의하여 알 수 있다. 원래 '예부운략'은 과거 시험을 관장하는 예부(禮部)에서 시와 부(賦)를 작성할 때에 운율을 맞추는 운을 정하기 위하여 <광운>을 축약하여 제작한 운서다.

당시 시문(詩文)의 기본운율인 평수운의 『평수신간예부운략(平水新刊

禮部韻略)』(1229)을 저본으로 하였기 때문에 매우 인기가 있었다. 이 시대에는 작시의 기준이 이미 평수운의 106운이었기 때문이다.

3.4.3.2. 그리고 송대(宋代)에 진팽년(陳彭年) 등이 편찬한 『대광익회옥편(大廣益會玉篇)』(1013)이 조선 초기에 이 땅에서 복간되었다. 조선판(朝鮮版)은 태종 14년(永樂 12, 1414)에 광근서당(廣勤書堂)에서 간행하였다. 이 『회옥편(會玉篇)』(4책)은 권두에 신공(神珙)의[66] "사성오음구롱반뉴도(四聲五音九弄反紐圖)"가 포함되었는데 이 반뉴도(反紐圖)가 바로 전술한 등운도(等韻圖)의 모형임으로 이와 함께 조선조에 운도가 도입되었으며 등운학(等韻學)이 발달하였음을 확인할 수 있다.[67]

원대(元代)의 웅충(熊忠)이 그의 스승인 황공소(黃公紹)의 <고금운회(古今韻會)>를 축약하여 <고금운회거요(古今韻會擧要)>를 작성하였다. 이 <고금운회거요>가 세종 16년(宣德 9, 1434)에 경상도 밀양(密陽)에서 복간되었다. 『고금운회』는 전부터 널리 알려졌던 운서로서 밀양판(密陽版, 12책)의 간행은 조선조 초기에 지방에까지 이 운서가 보급되었음을 말하는 것이며 훈민정음 창제 이후에 이는 신문자로 번역되어 『동국정운(東國正韻)』의 저본이 된다.

이와 같은 운서(韻書)와 자서(字書)의 수입과 복각본(覆刻本)의 간행은 이 땅에 중국의 성운학과 문자학의 유입을 가져오게 하였고 이에 대한 상당한 수준의 연구가 이곳에서도 이루어지게 되었다. 그러나 이에 만족하지 않고 실제로 고려시대에는 이 땅에서 한자의 운서를 자체적으로 편찬하기에 이른다.

3.4.3.3. 고려조에 편찬된 『삼운통고(三韻通考)』(1권 1책)은 아직 편찬

---

66 神珙은 唐代 西域에서 온 沙門으로서 陳彭年 등의 會玉篇에 그의 저술인 『四聲五音九弄反紐圖』가 실려 있고 그 서문에 『元和韻譜』가 인용되었음으로 元和(806~820) 이후의 사람으로 추정하고 있다. 그의 五音聲論에 "喉, 舌, 齒, 脣, 牙"의 五聲을 나눈 것은 고대인도의 聲明記論에 의거한 것으로 중국에서 자모의 聲類를 분류한 최초의 것으로 본다.

67 『會玉篇』은 한자 약 2천9백자를 542개의 部首로 분류하고 주석으로 反切에 의한 字音과 간략한 字義 및 異體字를 붙인 대표적인 字書의 하나다. 이 책의 권두에 神珙의 "四聲五音九弄反紐圖"와 "玉篇廣韻指南"이 수록되어 귀중한 자료가 된다.

자(編纂者)와 저작 년대가 분명하지 않으며 조선에서는 이 때문에 혹은 일본에서 제작된 것으로 본 경우도 있다.[68] 그러나 『증보문헌비고(增補文獻備考)』에 "敎曰: 我東韻書之最先出卽三韻通考. 遵行已久 - 임금이 말씀하시기를 '우리나라에서 운서로서 가장 먼저 나온 것은 곧 <삼운통고>이다.' 사용된 지 이미 오래되었다."라는 기사와 반계(磻溪) 유형원(柳馨遠)의 『반계잡식(磻溪雜識)』에는 이 책의 내용으로 보아 '『홍무정운(洪武正韻)』보다 앞섰다고 보았다'(李德懋의 『盎葉記』 권7)라는 기사가 있다.

또 일본에서 간행된 고칸시렌(虎關師鍊, 1278~1346)의 『취분운략(聚分韻略)』(일명 『三重韻』, 1307)이 고려본 <삼운통고>의 체제를 본떴다는 기록이 있어 일본에서의 유입설은 와전된 것이다.[69] 이수광(李睟光) 등이 주장한 일본인의 저작설에 대하여는 상술한 이덕무의 『앙엽기(盎葉記)』(권7, 『青莊館全書』 소수)에는 "案芝峰則似以爲倭人所撰, 而僿說所論有若我國本有者, 中間失之, 復從倭得之, 然蓋未詳其來歷也 - 지봉 이수광이 이 책을 왜인의 소찬으로 생각한다고 본 <성호사설>의 소론은 우리나라에 원래 있었던 것이 중간에 잃어버려서 다시 일본으로부터 얻은 것임을 말하는 것 같으나 그 내력은 미상이다."라고 보았던 주장이 옳은 것으로 생각된다.

아마도 <삼운통고>는 고려시대의 운학을 전공한 사람이 평수운의

---

68 朴斗世의 『三韻補遺』의 권두에 실린 숙종 28년(康熙 41, 1702)의 서문에 "三韻通考不可何人所編, 或曰傳自日本, 而古今通用, 蓋要覽也. ― <삼운통고>는 누구의 편찬인지 알 수 없다. 혹은 일본에서 왔다고 말하기도 한다. 옛날이나 오늘날에도 통용되어 모두 중요하게 참고한다."라는 기사와 李睟光의 『芝峰類說』(권7)에 "三韻通考出於倭國 ― <삼운통고>는 왜국에서 나왔다."라는 기사 참조.

69 虎關師鍊(고칸시렌, 1278~1346)은 일본 가마쿠라(鎌倉)시대 후기에 활약한 고잔(五山)의 學僧이다. 이름은 시렌(師鍊)이고 자(字)는 고칸(虎關)이다. 저서로는 『元亨釋書』(1324, 30권)를 비롯하여 시문집인 『濟北集』(20권), 『佛語心論』(『楞伽經)의 주석, 18권), 『禪儀外文集』(2권, 四六文의 작법)과 어록으로 『十禪支錄』, 『續十禪支錄』(3권)이 있다. 일본에서 만들어진 최초의 운서 『聚分韻略』(5권)도 그의 저작으로 일본 德治 2년(1307)에 간행되었으며 무로마찌(室町) 시대(1392~1573)에 벌써 12판을 거듭했다고 하며 뒤에 '三重韻'으로 이름을 바꿨다. 일본에 전하는 조선본 『삼운통고』의 권말에 虎關師)의 『三重韻』이 『삼운통고』에 근원이 있다는 忠陳의 증언과 서명이 있고 일본 蘭語學의 시조인 아오키 곤요(青木昆陽,, 1698~1769)의 『昆陽漫錄』(1763~1768)에도 같은 내용이 실렸다. 일본 『國史大辭典』(吉川弘文館, 1979)과 『國書人名辭典』(岩波書店, 1993~ 1995), 및 小倉進平(1935) 참조.

106운 체재의 『예부운략(禮部韻略)』을 대본으로 하여 편찬한 것으로 전술한 <중원음운>보다 앞서서 3운 체재를 고안한 운서로 볼 수 있다(김민수, 1987: 92, 및 1990: 95). 청대(淸代)의 사립부(謝立夫)가 편한 『삼운통고(三韻通考)』(1716)라든지 또 그의 저본이 된 소장형(邵長衡)의 『고금운략(古今韻略)』(1696)도 모두 고려본 <삼운통고>의 영향을 받은 것이다.

<삼운통고>는 표면상으로는 소운(小韻)을 110운으로 분류하였지만 실제로는 평수운 106운을 취하고 있기 때문에 <예부운략(禮部韻略)>과 편운의 방법이 일치한다. 따라서 과거에 응시하는 수많은 유생(儒生)들에게는 필수의 운서였으며 간편한 수진본(袖珍本 - 소매 속에 넣을 정도의 적은 책, 일종의 포켙북)으로도 간행될 정도로 애용되었다.

조선 후기에 들어와서 전술한 바 있는 박두세(朴斗世)가 이를 개편하여 『삼운보유(三韻補遺)』를 만들고 다시 김제겸(金濟謙) 등이 이를 증보하여 경종(景宗) 년간(1720-1724)에 『증보삼운통고(增補三韻通考)』를 편찬한다.

3.4.3.4. 이외에도 현전하지는 않지만 『동국운략(東國韻略)』이 있었다. 태종 16년(1416) 4월에 당시 좌의정이었던 하륜(河崙)이 편찬하여 올린 것을 인간(印刊)하여 반포(頒布)하라는 왕의 명이 있었다는 『태종실록』(권31, 태종 16년 丙申, '四月丁丑')의 기사가 있다. '동국(東國)'이란 이름이 앞에 얹힌 것으로 보아 우리 한자음의 운서였을 가능성이 있으나 그 후에 잊혔는지 『동국정운(東國正韻)』의 신숙주(申叔舟) 서문에는 일찍부터 우리는 운서를 저술하지 않았다고 쓰고 있다.

이와 같이 운서를 우리 손으로 저술할 정도의 성운학과 문자학에 깊은 연구가 있었으며 이것은 고려조보다 과거제도를 더 확충시킨 조선시대의 초기에 더욱 그러하였다. 즉, 고려의 귀족계급이 일시에 영락(零落)하고 새로운 인재가 과거에 의하여 속속 등용되면서 과거의 비중이 그 어느 때보다도 커졌으며 이를 준비하기 위하여 한문의 교육이 더욱 성황을 이루었다. 한문의 교육과 더불어 성운학(聲韻學)은 물론이며 새로운 유학인 성리학(性理學)도 발달하게 된다. 이러한 학문적 바탕 위에 훈민정음은 창제된 것이다.

5. 이두(吏讀)와 이문(吏文)

3.5.0.0. 한반도에서는 역사 이전부터 중국 대륙으로부터 한문과 한문(漢文)을 수입하여 자신들의 언어를 기록하였다. 한자는 중국어를 기록하기 위하여 개발된 표의(表意) 문자이며 한문도 고립어인 중국어를 표기하기 위하여 발전된 문어(文語)다. 따라서 한반도의 교착적 문법 구조의 언어를 한자와 한문으로 기록하는 데는 많은 문제가 있었다.

왜냐하면 한반도의 토착어는 중국어와는 문법구조가 다른 교착적(膠着的)인 언어이어서 이 언어를 고립적인 문법구조의 중국어로 번역하여 한문으로 기록하기에는 매우 어려움이 따랐다. 특히 발음 중심의 고유명사를 표기하거나 한문에서는 어순(語順)으로 처리되는 조사(助詞)와 어미(語尾) 등 형태부의 표기에는 한자와 한문이 적당하지 않았다. 따라서 이와 같은 고유명사 표기와 형태부의 표기로부터 한자의 음과 새김을 빌려 표기하는 방법이 삼국시대부터 유행하게 되었다.

그러나 이러한 차자표기 방법은 모두가 한반도에서 창작된 것이라고 보기 어렵다. 이미 중국 주변의 여러 민족들은 아주 오래전부터 이러한 차자표기 방법을 사용한 흔적이 있기 때문이다. 적어도 이러한 차자표기의 방법은 다른 민족들의 한자표기에서도 있었고 이것이 우연하게 한반도에서도 사용되었는지 아니면 서로 영향을 받았는지 현재로서는 가늠하기 어렵다. 다만 이러한 차자표기는 삼국 가운데 신라를 중심으로 발전하였다.

3.5.0.1. 한문(漢文)이란 중국어를 한자로 적은 것을 말한다. 그러나 이때에 중국어란 정의하기 어렵다. 중국어란 시간으로 보아도 수천년의 역사가 있고 지리적으로 보아도 방언(方言)으로 보기 어려운 다른 언어들이 사용되고 있었기 때문이다. 따라서 "한문(漢文)이란 동주(東周)의 수도 낙양(洛陽)의 말을 한자로 적은 것"이라고 일단 정의할 필요하다.

당시 낙양(洛陽)의 말을 아언(雅言)이라 하여 중원(中原)의 표준어로 삼았다. 공자(孔子)는 『논어(論語)』에서 자신은 산동(山東) 사람이지만 아언을 배워서 『시경(詩經)』을 읊을 때나 『서경(書經)』을 강의를 할 때, 그리고 예(禮)를 행할 때에는 아언(雅言)을 쓴다고 하였다.[70] 아언(雅言)이 당시에 학문과 행정의 표준어였음을 알 수 있다.

이 시대에 이 지역의 중국어를 한자로 적은 것이 사서오경(四書五經)의 한문이고 보통 고문(古文)이라 부른다. 범어(梵語)가 베다(Vedic) 경전의 언어이기 때문에 변함없이 오래 그대로 유지된 것처럼 한문의 고문(古文)은 유교 경전의 문체이기 때문에 다른 많은 한문 문체보다 그 권위가 인정되었고 오래도록 그 문체가 유지되었다. 그러나 한문에는 고문(古文)만이 있는 것이 아니었다.

3.5.0.2. 우선 주(周)가 망하고 춘추전국(春秋戰國)시대를 거치면서 중원에서 언어의 중심지가 변하였다. 춘추시대에는 열국(列國)이 각기 도읍(都邑)의 언어를 표준어로 하였으나 전국(戰國)시대에는 7개국의 언어만이 인정되었고 진(秦)의 천하 통일과 도읍을 함양(咸陽)으로 정하면서 언어 중심지가 낙양(洛陽)으로부터 서북지방으로 옮겨 갔다.

한(漢)과 당(唐)의 수도였던 장안(長安)은 천여 년 동안 행정과 학문, 문예(文藝)의 중심지였다. 중국어의 역사에서 통어(通語), 또는 범통어(凡通語)라고 불리는 이 장안의 중국어는 비록 유경(儒經)의 언어가 아니어서 권위는 없었지만 문예(文藝)의 언어로서 오래 동안 중원에서 통용되었다. 따라서 이것 역시 한문(漢文)으로 간주한다.

북송(北宋)이 건국하여 언어 중심지가 변량(卞梁)으로 바뀌었지만 오래 동안 유지된 통어(通語)가 여전히 공용어의 위치를 차지하였다. 그러다가 몽골의 원(元)이 건국하고 수도를 연경(燕京), 즉 오늘날의 북경(北京)으로 정하자 언어의 중심은 이곳으로 옮겨 갔고 이곳 주변의 동북방언이 공용어의 위치를 차지하게 된다.

북경(北京)은 북방민족의 나라였던 요(遼)와 금(金)의 오경(五京)의 하나로 일찍부터 발전하던 도시였다. 그리고 이 곳에 정착하고 있던 한

---

70 『論語』「述而篇」에 나오는 "子所雅言, 詩, 書, 執禮, 皆雅言也. – 공자는 雅言에 대해 설명할 때가 있었다. <詩經>과 <書經>을 읽을 때. 禮를 집행할 때는 雅言을 사용하다"를 참고할 것.

족(漢族)들과 북방민족인 알타이어족의 민족들과 어울려 살면서 낙양(洛陽) 중심의 아언(雅言)과는 물론 장안(長安)의 통어(通語)와도 다른 북경(北京) 중심의 새로운 중국어를 만들어내었다. 중국어의 역사에서 한아언어(漢兒言語), 또는 줄여서 한어(漢語)라고 불리는 이 새로운 중국어는 통어(通語)와는 서로 대화가 불가능할 정도의 다른 언어였다.[71]

1) 원대(元代)의 한아언어(漢兒言語)와 한이문(漢吏文)

3.5.1.0. 한문(漢文)이란 중국의 언어를 한자라는 표의문자로 기록한 것이다. 언어학적인 용어에 의하면 중국어는 구어(口語)를 말하고 한문은 문어(文語)를 말한다. 모든 자연언어는 구어(口語)가 있은 다음에 이를 기록한 문어(文語)가 있기 마련이다.

즉, 살아있는 언어를 문자로 기록할 때에는 문자가 가진 여러 가지 제약에 의하여 약간의 변화를 입게 된다. 뿐만 아니라 문어(文語)는 독자적인 발달을 하면서 상당한 기간이 지나면 구어(口語)와는 매우 다른 언어가 된다. 한문(漢文)도 구어인 중국어를 모태로 하여 생겨난 문어이었으나 그 후에 독자적 발전을 거듭하였다.

그런데 여기서 중국어가 어떤 언어인가는 전술한 바와 같이 그렇게 간단하게 정의할 수 없다. 우선 역사적으로 중국어는 몇 천 년의 변화를 거듭한 것이어서 각 시대별로 매우 다른 언어의 모습을 보여준다. 또 하나 중국어는 지역적으로 많은 방언을 갖고 있다. 실제로 방언(方言) 이상의 차이를 보이는 언어도 여럿이 있다.

뿐만 아니라 중원(中原)의 공용어는 패권(覇權)을 잡은 민족의 언어나 정치 중심지의 방언에 의하여 수시로 변하였다. 여기서 우리는 '한문(漢文)이 중국어를 한자(漢字)로 기록한 문어(文語)'라는 정의가 매우 애매함을 깨닫게 된다. 또 한자음의 정음(正音), 즉 표준음이 수시로 바뀐 이유를 알 수 있다.

---

71 元代 北京중심의 漢兒言語에 대하여는 졸저(2004a)와 졸저(2010:375~497)에서 논의하였다.

3.5.1.1. 우리가 보통 한문(漢文)이라고 부르는 것은 선진(先秦)시대에 고문(古文)을 말한다. 보통 사서삼경(四書三經)으로 불리는 초기 유교 경전의 한문을 고문이라고 말하는데 이 문어는 동주(東周)의 수도인 낙양(洛陽)의 언어를 기본으로 하여 형성된 것이다.[72] '아언(雅言)'이라고 불리는 주대(周代)의 공용어가 선진(先秦) 때까지는 학문(學文)의 언어이었고 주(周)의 행정언어이기도 하였다.

고문은 간결성과 암시성을 특징으로 하는 기록과 의사전달이 주된 목적으로 형성된 문장어이었다.[73]그러나 이러한 고문(古文)은 시대의 변화에 따라 바뀌게 된다. 춘추전국시대에 각국의 언어가 독자적으로 발전하였고 진(秦)의 천하 통일 이후에 함양(咸陽)과 장안(長安)의 언어가 새로운 공용어로 부상하게 되었다.

보통 '통어(通語)'라고 부리는 이 새로운 언어는 그동안 중원(中原)의 공용어로 사용되었던 아언(雅言)의 권위에 도전하였다. 그러나 유교 경전의 언어이었던 아언의 고문(古文)은 다른 종교의 경전 언어처럼 매우 보수적이었고 다른 언어로의 변화를 받아드리지 못하였다. 따라서 장안(長安)의 언어를 기반으로 하는 통어(通語)는 비록 천여년을 통용하였지만 유교 경전의 언어를 바꾸지는 못하였고 시문(詩文)의 언어로 발전한다.

즉, 고문(古文)의 간결성(簡潔性)과 암시성(暗示性)으로부터 장식성(粧飾性)이 추가된 통어(通語)를 바탕으로 생겨난 새로운 문어(文語)는 육조(六朝) 시대에 이르러 더욱 장식성이 두드러지게 나타났다. 이렇게 변형된 한문을 '변문(變文)'이라고 부른다. 이 한문으로 많은 문학작품이 저술되었다. 변문의 시작을 당대(唐代) 중기 이후 불경 번역문에서 찾는 학자도 있다.

문법구조가 다른 범어(梵語)를 번역하면서 그 문법에 이끌렸고 특히

---

72 B. Karlgren(高本漢, 1940)에서는『詩經』이전 시기를 '太古 漢語',『詩經』이후부터 東漢시기까지를 '上古 漢語', 六朝 시기부터 唐末까지를 '中古 漢語', 宋朝 시기를 近古 漢語, 元明 시기를 '老官話'로 구분하였다(蔣紹愚, 1994).

73 古文은 先秦시대에 만들어진『論語』,『孟子』,『莊子』,『荀子』,『韓非子』등의 諸家의 議論文에서 기틀이 잡혔고 漢代에 賈誼의『治安策』,『過秦論』등의 論策文과 左丘明의『春秋左氏傳』, 司馬遷의『史記』등에서 서사문으로 발전하였다.

불승(佛僧)들의 속강(俗講)에서 고문(古文)의 아언(雅言)과는 다른 통어(通語)가 사용되었다. 이 때에 불교의 교리(教理)를 대중에게 전파하기 위하여 곡조를 붙일 수 있는 운문(韻文)과 교리를 설명하는 산문(散文)을 혼합하여 연창대강(連唱帶講)하는 경우가 있었는데 변문은 이와 같이 운문과 산문이 혼합된 것이 특징이다.

소박하고 간결하며 고립적 문법 구조인 고문(古文)에 비하여 변문(變文)은 시문(詩文)에 사용된 것이기 때문에 화려하고 장식적이다. 당(唐), 송(宋), 원(元) 이후에 발달한 평화(平話), 사화(詞話), 백화소설(白話小說), 보권(寶卷), 탄사(彈詞), 고자사(鼓子詞) 등이 모두 변문(變文)으로부터 나온 것으로 본다.[74]

3.5.1.2. 변문(變文)의 시작을 당대(唐代) 중기 이후 불경 번역문에서 찾는 학자도 있다. 문법구조가 다른 범어(梵語)를 번역하면서 그 문법에 이끌렸고 특히 불승(佛僧)들의 속강(俗講)에서 고문(古文)의 아언(雅言)과는 다른 통어(通語)가 사용되었다.

또 이러한 변문(變文)은 동 시대에 한자를 빌려서 자신들의 민족어를 기록한 이민족의 한문 표기에서도 나타난다. 그것은 한문 고문의 문법에서 벗어나 자신들이 언어에 맞추어 표기했기 때문이다. 이 변문은 주로 동북아 알타이제어의 한문표기에서 나타난다.

남송(南宋)시대에 금(金)의 사절(使節)로 회령(會寧, 지금의 吉林)에 간 홍매(洪邁, 1123~1201)는 거란(契丹)의 어린이들이 한시(漢詩)를 읽을 때에 우리의 이두문과 같이 여진어의 어순에 맞추어 읽는다고 하였다.

예를 들면 금(金)나라 사신으로 갔을 때에 자신을 영접한 부사(副使) 비서소감(秘書少監) 왕보(王補)가 퇴고(推敲)의 고사로 유명한 당대(唐代) 가도(賈島)의 '제이응유거(題李凝幽居)'의 절구(絶句) "鳥宿池中樹, 僧敲月下門"을 "月明裏和尙門子打, 水底裏樹上老鴉坐"라고 읽어 웃음을 금치 못했는데 왕보(王補)는 금주(錦州)사람으로 거란인(契丹人)이었다는 기사가

---

74 淸의 光緒25년(1899)에 중국 甘肅省 敦煌의 千佛洞 石室에서 2만여 권의 장서가 발견되었다. 그 가운데 佛經의 俗講 교재로 보이는 變文으로 된 사본이 다수 포함되었다. 이것이 소위 敦煌 變文 자료로서 盛唐(8세기 후반)부터 宋 太宗 2년(977)의 것이 가장 새로운 것이라고 한다. 따라서 變文은 唐代 中葉부터 발달한 것으로 본다.

있다(『夷堅志』「丙志」 第18 '契丹誦詩' 조).[75]

물론 이와 같은 '거란송시(契丹誦詩)'를 변문(變文)에 넣지는 않는다. 오히려 이것은 우리의 이두문과 같은 것으로 쓰기는 한자로 쓰였지만 읽기는 아마도 여진어로 읽었을 것이다. 당시 중국 대륙과 그 주변의 여러 민족이 그들의 다양한 언어를 한자로 기록하였으며 그 가운데는 고문(古文)의 문장구조와 일치하지 않는 일종의 변문(變文)도 적지 않았던 것으로 보인다.

전술한 중당(中唐) 이후에 발달한 변문들은 고문에서 조금 일탈(逸脫)한 것이지만 그 문법구조는 중국 상고어(上古語), 즉 고문(古文)의 그것에 맞춘 것이다. 그러나 수(隋), 당(唐)을 거치면서 통어(通語)의 세력은 더욱 커져 이 언어를 모태로 한 새로운 문어(文語)가 등장하였으니 그것이 백화(白話), 또는 백화문(白話文)이다. 보다 구어적(口語的)인 이 새로운 문체는 산문에 쓰였으나 일부는 문학작품의 언어가 되었다. 당, 송에 이르러 구어적인 이 문체로 고문의 유교 경전들이 주석된다.[76]

3.5.1.3. 원대(元代)의 한이문은 원 제국(帝國)의 공용어인 북경의 한아언어(漢兒言語)을 기반으로 만들어진 문어(文語)로서 물론 변체 한문이다. 중국어의 역사에서 가장 특기할 만한 일은 몽고족에 의하여 건립된 원(元)의 건국으로 인하여 언어 중심지가 동북방(東北方)의 북경(北京)으로 옮겨진 것이다.

쿠빌라이 칸(忽必烈汗), 즉 원(元) 세조(世祖)가 연경(燕京), 지금의 북경(北京)에 도읍을 정할 때에 이 지역은 동북아의 여러 이민족이 한족(漢族)

---

75 淸格爾泰(1997)에서는 이 "月明裏和尙門子打, 水底裏樹上老鴉坐 - 달 밝은 가운데 화상이 문을 두드리고 물 밑 나무 위에 갈가마귀가 앉았다"에 해당하는 몽고어 "saran-du xoošang egüde toɤsixu-du naɤur taxi modun-du xeriy-e saɤumui"를 들면서 중국사신 洪邁가 듣기에는 우스운 중국어 語順이지만 契丹語로는 당연한 것이고 이 어순은 몽고어와도 일치함을 주장하였다. 물론 이것은 우리말의 어순과 이와 일치하며 아마도 우리의 吏讀文도 이와 같이 '우스운' 중국어의 하나이었다. 이러한 현상은 고립적인 중국어 문법에 의한 한문과 교착적 문법 구조의 契丹文이나 吏讀文의 차이에서 생겨난 것이다.

76 이러한 儒敎 經典의 註釋은 後漢시대 鄭玄의『十三經奏疏』까지 거슬러 올라가지만 唐·宋代 通語에 의한 經典의 주석은 朱子에 의해서 본격적으로 이루어진 것으로 볼 수 있다.

과 각축을 벌리던 곳이어서 여러 언어가 혼용되었다. 13세기 초에 몽고족이 세력을 얻어 이 지역의 패권을 차지하면서 몽고어가 많이 혼입된 형태의 중국어가 등장하게 되었는데 이것이 종래 몽문직역체(蒙文直譯体), 또는 한문이독체(漢文吏牘体)로 불리던 한아언어(漢兒言語)다.[77]

이러한 한아언어(漢兒言語)는 비단 원대(元代)만이 아니라 그 이전부터, 즉 요대(遼代)와 금대(金代)에도 있었던 것 같다. 金文京 외(2002: 372)의 설명에 의하면 다음과 같다.

> 금(金)의 왕족은 몇 마디라도 '한어(漢語)'를 말할 줄 알았지만 몽고의 왕족이나 귀족은 일반적으로 한어를 알지 못하였으며 또 배울 생각도 없는 것 같았다. 그렇기 때문에 특히 칸(汗)의 명령과 같이 중요한 사항은 칸(汗)이 말한 몽고어로 번역하여 기록할 필요가 생겨났다. 거기에는 원래 엉터리 중국어이었던 '한아언어(漢兒言語)'를 사용하는 것이 가장 간편하였고 또 정확하였을 것이다. 만일 정규 중국어, 혹은 문언(文言, 古文이나 후대의 백화문 등)으로 번역하려고 생각하면 의역(意譯)에 의하여 의미의 어긋남이 없을 수가 없게 된다. 더구나 이것을 읽는 사람들이 거란인(契丹人), 여진인 등 한아언어를 사용하고 있을 '한인(漢人)'들이었다. 이리하여 '한아언어'는 구어(口語)에서 문장어(文章語)가 되었다. 소위 '몽문직역체(蒙文直譯体)'라는 한문이 바로 그것이다. 일문에서의 번역은 필자.

이 언어는 종래의 아언(雅言)이나 통어(通語)와는 의사소통이 불가능

77 '漢兒言語'는 필자에 의하여 세상에 알려진 元代 北京지역의 口語로서 실제 이 지역의 공통어이었다. 元代 高麗에서는 이 언어를 학습하는 '漢語都監'을 두었고(졸저, 1988b) 이 언어를 학습하는 <老乞大>, <朴通事>를 편찬하였는데 조선 太宗조에 간행된 것으로 보이는『老乞大』가 최근 발견되어 소개되었고 필자에 의하여 이것이 漢兒言語를 학습하던 교재이며 거의 原本으로 추정되었다(졸저, 2002, 2004a). <原本老乞大>의 발견과 이것이 漢兒言語의 교재라는 주장은 중국과 일본의 중국어 역사를 전공하는 많은 연구자들에게 충격적인 것이었을 것이다. 이미 中宗조에 崔世珍에 의하여 소개된 바 있는 元代 漢兒言語와 그 교재의 존재에 대하여는 졸고(1999b, 2000b, 2003c, 2004a)에 의해서 여러 차례 주장되었고 이제는 많은 중국어 연구자들에게 사실로 받아들이고 있는 것으로 보인다(金文京 외, 2002). 한아언어에 대한 졸고(1999b)는 일본어로 동경에서, 졸고(2000b)는 한국어로 서울에서, 그리고 졸고(2003c)는 영어로 ICKL에서 발표한 것이며 졸고(2004a)는 중국어로 北京에서 발표되었다.

할 정도의 다른 언어이었던 것이다. 김문경 외(2002: 369~370)에서는 북송(北宋)의 허항종(許亢宗)이 선화(宣和) 7년(1125)에 금(金) 태종(太宗)의 즉위식에 축하의 사절로 다녀오면서 쓴 여행기 『허봉사행정록(許奉使行程錄)』을 인용하면서 어떻게 이런 언어가 생겨났는지를 소개하였다.

즉, 허봉사(許奉使) 일행이 요(遼)의 황룡부(黃龍府, 지금 하얼빈에서 남서쪽으로 약 100km 지점) 부근을 지날 때의 기록으로 "거란(契丹)이 강성했을 때에 이 부근으로 여러 민족을 이주시켰기 때문에 여러 나라의 풍속이 섞여있어서 서로 말이 통하지 않았는데 '한아언어(漢兒言語)'를 써서 처음으로 의사가 소통했다는 기록이 있다"(『三朝北盟會編』 권20)고 하여 이 지역에 이주해온 여러 이민족들이 한아언어로 의사를 소통했음을 지적하였다.

실제로 북경(北京)지역에 모여 살게 된 동북아 여러 민족들이 일종의 코이네(Koinē)로서[78] 한아언어(漢兒言語)를 사용하였고 이것은 종래 중원(中原)의 공용어이었던 장안(長安)의 언어를 기본으로 한 통어(通語)와는 매우 다른 엉터리 중국어이었던 것이다. 그리하여 이것을 따로 학습하는 일도 생겨났다.

즉, 몽고 제국(帝國)의 제2대 대칸(大汗)인 태종 오고타이(窩闊大)가 몽고인 서기관(必闍赤人)의 자제에게는 '한아언어'와 그 문서를, 그리고 한인(漢人)의 자제에게는 몽고어를 학습시키라는 성지(聖旨)를[79] 내린 것은 이 한(漢)·몽(蒙) 관리들이 몽고어와 그를 번역할 한아언어와 그 문어(文語)를 서로 학습하여 의사소통에 지장이 없도록 할 목적으로 내린 것이었다.

---

78 코이네(κοινή, Koinē)는 알렉산더대왕 이후 지중해 지역을 석권한 대 희랍제국의 공용어로서 아티카 방언을 기본으로 한 것이다. 이로부터 大帝國의 공용어를 '코이네'라고 한다.

79 이 오고타이(窩闊臺) 大汗의 聖旨는 北京의 地誌인 『析津志』(『析津志輯佚』, 北京古籍出版, 1983)에 실려 있으며 元 太宗 5년(1233)에 내린 것이다. 그 내용은 燕京(元의 首都)에 '四教讀'이란 학교를 설립하고 그곳에서 몽고인 必闍赤의 子弟 18인과 중국인의 자제 22인을 함께 起居시키면서 몽고인의 자제에게는 '漢兒言語·文書'를, 중국인의 자제에게는 몽고어와 弓術을 교육하게 하라는 것이었다. 여기서 '漢兒言語'는 당시 漢人들의 口語를 말하며 또 '文書'는 文語인 漢吏文을 말하는 것으로 이해할 수 있다. 金文京 외(2002) 참조.

3.5.1.4. 한아언어(漢兒言語)는 앞에서 언급한 '거란송시(契丹誦詩)'와 같이 몽고어의 어순에 맞추고 몽고어의 조사와 어미를 삽입한 상태의 언어로서 졸저(2004a)에서 필자는 일종의 크레올로 보았고 金文京 외(2002)에서는 이를 '호언한어(胡言漢語)'라 불렀다.[80] 원(元)에서는 이 언어를 공용어로 하여 고려가 중국과의 교섭에서 사용하게 하였다. 따라서 고려에서는 원(元)이 건국한 이후에 한어도감(漢語都監)을 두어 이 언어를 별도로 교육하게 되었다.[81]

원대(元代)에 공용어가 된 한어(漢語)는 원(元) 제국(帝國)에서 공용하는 구어(口語)였으며 이것 역시 한자로 기록하여 새로운 문어(文語)가 생겨났는데 이것을 이문(吏文)이라고 불렀다. 당시 통치 계급은 몽고인들이었으며 한인(漢人)들은 이들을 보좌하는 서리(胥吏)였다. 그러나 이 한인(漢人)들은 새로운 중국어인 한어(漢語)를 사용하였고 이 말을 한자로 적어 그들의 통치자들에게 보고할 수밖에 없었다.

원(元)의 국가경영은 매우 독특하였다. 몽고인들이 통치하는 원(元) 제국(帝國)이 중원(中原)의 한족(漢族)들과 색목인(色目人)들을 다스리는 방법은 앞의 3.4.0.2.에서 언급한 바와 같이 통치자인 몽고인을 관(官)으로 하여 서정(庶政)을 감독하고 실제 백성들의 관리는 원(元)에 추종하는 한인(漢人)과 색목인을 리(吏)에 임명하는 관리(官吏) 제도에 의한 것이었다.

따라서 당시 한인(漢人)들이나 색목인(色目人)들이 출세하는 길은 통역을 담당하는 게레메치(怯里馬赤, Kelemechi), 또는 문서를 번역하는 비치에치(必闍赤, Bichigchi)가 되어 몽고인의 자르구치(札魯忽赤, Jarghuchi)나 다르가치(達魯花赤, Dargachi)를 보좌하는 길뿐이었다. 그리고 이들이 작성하는 행정이나 법률 문서는 자신들의 한어(漢語)를 한자로 적을 수밖에

---

80 金文京 외(2002: 370~371)에 '胡言漢語'에 대하여 "南宋人이 '漢人', '漢兒'라고 말하는 경우 그것은 반드시 北方의 金나라 治下에 있는 중국인을 가르친다. 따라서 '漢語'도 북방에서 사용되는 중국어를 의미하지만 그 언어는 南宋人에게는 奇妙한 말로 들린 것 같다. 南宋의 저명한 철학자 陸九淵(1139~93)의 『象山語錄』(卷下)이나 禪僧의 傳記集인 『五灯會元』(卷16) '黃檗志因禪師' 조 등에 엉터리, 이상한 말이라는 의미로 '胡言漢語'라는 말투가 보인다"라고 기술하였다.

81 고려시대의 '漢語都監' 및 '吏學都監'의 설치와 운영에 대하여 졸고(1987, 1990)를 참고할 것.

없었다. 이러한 독특한 한문 문체를 서리(胥吏)들의 문체라고 하여 이문(吏文)으로 불렀다.

또 이렇게 한인(漢人)의 서리(胥吏)들이 작성한 문서는 이문으로 작성되었고 몽고인 통치자인 자르구치(斷事官)나 다르가치(行政首班)에게 올리는 보고서는 이문(吏文)으로 할 수밖에 없었다. 한 때 일본학자들은 이러한 문서에 쓰인 이문(吏文)을 한문(漢文)의 몽문직역체(蒙文直譯体), 또는 한문이독체(漢文吏牘体)라는 이름을 붙이기도 했다(吉川幸次郎, 1953; 田中謙二, 1961, 1962, 1965). 그러나 이러한 명칭은 실제로 한아언어(漢兒言語), 즉 한어(漢語)의 존재를 미처 알지 못한 탓이다.[82]

3.5.1.5. 졸고(1999b, 2002d, 2004a)로 세계 학계에 보고한 <원본(原本) 노걸대(老乞大)>는 원대(元代)의 한아언어(漢兒言語)를 학습하는 고려 역관들의 중국어 학습교재였다.[83] 이 한어 교재가 세상에 알려지면서 원대(元代)의 법률 문서에 사용된 독특한 한문 문체가 실제로는 당시 구어로 사용되던 한아언어(漢兒言語)를 한자로 적은 문어(文語)였음을 세계 학계가 인정하게 되었다. 당시로서는 대단한 자료의 발굴이었다.

특히 졸고(2006)에서는 몽문직역체(蒙文直譯体), 또는 한문이독체(漢文吏牘体)라고 부르던 원대(元代)의『원전장(元典章)』,『지정조격(至正條格)』등을 비롯한 많은 법률 문서들의 한문체가 실제로 당시 원(元)에서 공용어로 사용하던 구어(口語)의 한어(漢語)를 한자로 기록한 문어(文語)였음을 밝혔다.

더욱이 원(元)에서는 주변의 조공(朝貢) 국가들에게도 이러한 이문(吏文)으로 외교 문서를 보내게 하여 고려에서는 이학도감(吏學都監)을 설치하고 이 이문(吏文)을 교육하였다(졸저, 2014: 23). 그리고 이러한 한이문(漢吏文)의 영향을 받아 고려 후기, 조선 전기에 우리말에 맞도록 한문을 변용시킨 이문(吏文)을 고안하여 발전시켰다.

---

82 蒙文直譯体와 漢文吏牘体에 대하여는 졸저(2014: 34~39)에서 吉川幸次郎(1953)와 田中謙二(1964)의 설명을 들어 자세하게 논의하였다.

83 졸고(1999b)는 일본어로 일본의 중국어학 전문지에 실린 것이고 졸고(2004a)는 중국어로 北京外大에서 간행하는 漢語 教學의 動態에 실린 것이다.

고려에서 자체적으로 우리말 어순에 맞도록 이문(吏文)을 만들어 사용하였는지는 현재 자료가 없어 알 수 없다. 그러나 조선 전기에는 몽고어에 맞춘 원대(元代)의 이문(吏文)에 맞도록 한문 문체를 고친 이문 형식의 문체가 발견된다. 졸고(2006a)에서는 이를 원대(元代)의 이문(吏文)과 구별하기 위하여 조선이문(朝鮮吏文)이라 하였다.

따라서 원대(元代)의 한어(漢語)에 근거한 이문(吏文)은 한이문(漢吏文)으로 불렀다. 조선시대에 발달한 이문은 조선어에 근거한 것이므로 조선이문(朝鮮吏文)으로 부를 수 있었다. 따라서 한이문과 조선이문은 몽고어와 조선어의 문법 구조가 유사하므로 근본적인 문장 구조는 동일하다. 다만 몽고어의 형태부들이 조선어와 다르기 때문에 그런 면에서 서로 다르다.

2) 몽문직역체(蒙文直譯体)와 한문이독체(漢文吏牘体)

3.5.2.0. 원대(元代)의 구어(口語)인 한아언어(漢兒言語)를 기반으로 하여 형성된 문장어를 '몽문직역체(蒙文直譯体)'와 '한문이독체(漢文吏牘体)'로 나누어 생각한 학자가 있다. 즉, 田中謙二(1964)에서는 그 논문 모두(冒頭)에

> <원전장>, 정확하게는 「대원성정국조전장(大元聖政國朝典章)」에 수록된 문서의 스타일은 크게 나누어서 한문이독체(漢文吏牘体)와 몽문직역체(蒙文直譯体)의 2종으로 나누어진다. 전자는 행정·사법의 실무에 종사하는 서리(胥吏)의 손으로, 적어도 북송(北宋) 때에는 거의 완성된 법제문서용(法制文書用)의 문체이다. 이에 대해서 후자는 몽골족이 지배하는 원(元) 왕조의 특수 정황 아래 발생하였고 몽고어로 쓰인 법제문서를 역사(譯史, 飜譯官)가 중국어로 번역할 때에 사용한 문체를 가르친다. 몽문직역체라는 말은 임시로 지은 이름에 지나지 않고 이것도 역시 한자로 쓰인 일종의 한문(漢文)이다. 다만 이들 2종의 문체는 통상의 중국문과 조금씩 양상을 달리 하기 때문에 일반적으로 <원전장> 문장은 난해하다고 하여 살아있는 사료를 많이 가지고 있지만 지금도 충분하게 활용하지 못하고 있다(田中謙二, 1964: 47). 필자번역.

라고 하였다. 이러한 주장은 한문이독체가 북송(北宋) 때부터 시작되었

고 몽문직역체는 원대(元代)에 발생한 것으로 보았으나 필자는 후자가 원대(元代) 북경(北京)지역의 구어인 한아언어를 그대로 기록한 것이고 전자는 이를 문어화(文語化)한 것으로 본다.

이에 대하여 吉川幸次郎(1953)에서는 원대(元代) 이독문(吏牘文)의 대표적 자료인 <원전장>의 문체에 대하여 다음과 같은 언급한 것은 비록 그가 한아언어의 존재를 몰랐다 하더라도 당시 현실을 꿰뚫어본 것이다.

> [前略] かくきわめて僅かではあるが、あたかも元曲の白のごとく、口語の直寫を志した部分が存在する。なぜこれらの部分たけ口語を直寫しようとするのか。それは恐らく、いかなる言語に誘導されての犯罪であるかが、量刑に關係するからであり、その必要にそなえる爲であろうと思われるが、要するに吏牘の文が、必要に応じてはいかなる言語をも受容し得る態度にあることを、別の面から示すものである。[後略] — [전략} [<원전장>에는] 아주 정말 적기는 하지만 마치 <원곡(元曲)>의 '白'과 같이 구어(口語)를 그대로 적으려고 한 부분이 존재한다.[84] 그것은 아마도 어떤 언어로 유도된 범죄인가가 형량을 정하는데 관계됨으로 그러한 필요에 대비하기 위한 것일 수도 있다고 생각된다. 요컨대 이독(吏牘)으로 된 문장이 필요에 응하기 위하여 어떤 언어라도 수용할 수 있는 태도라는 것을 다른 면에서 보여준 것이다.

이 언급은 원대(元代) 이독문(吏牘文)이 사법(司法)에서 사용될 때에는 죄인의 공초(供招)라든지 소송의 소장(訴狀)에서 사실을 파악하기 위하여 그들이 사용하는 구어(口語)를, 그것이 어떤 언어이든지 그대로 기록하려고 한 부분이 있다는 것이다.[85]

---

84 吉川幸次郎(1953)은 <元典章>에서 사건 관계자의 회화를 본래의 회화대로 기록하려고 한 부분은 거의 刑部조에만 보이지만 간혹 戶部에도 보인다고 하였다.

85 吉川幸次郎(1953)에는 당시 口語를 <元典章>에 그대로 기록한 예를 몇 개 들었는데 그 중 하나를 소개하면 다음과 같다. <元典章>(권) 「殺親屬」 제5의 예로 妻를 죽인 범인의 供招가 있는데 皇慶 元年(1312) 6월 12일 池州路 東流縣으로 饑饉을 피하여 온 霍牛兒가 乞食의 동무인 岳仙과 싸움하여 여지없이 얻어맞았는데 그것을 본 妻가 "你喫人打罵。做不得男子漢。我每日做別人飯食。被人欺負。— 당신은 사람들에게 얻어맞고 욕을 먹네. 사내로서 자격이 없어. 내가 매일 다른 사람의 밥을 얻어먹으니(?) 사람들로부터 바보라고 하지."라고 한데 격분하여 처를 죽였

여기서 어떤 언어라는 것은 두말할 것도 없이 당시 북경(北京) 지역에서 코이네로 사용되던 한아언어(漢兒言語)이며 원대(元代) 이독문(吏牘文)에는 이러한 구어(口語)를 한자로 적어 몽문직역체(蒙文直譯体)란 이름으로 잠정적으로 규정한 것이다.

3.5.2.1. 그러나 후대의 학자들은 요시가와(吉川幸次郎)와 다나까(田中謙二)의 이러한 잠정적 용어를 마치 실제로 한문(漢文)에 그러한 문장체가 존재하는 것처럼 신봉하여왔다. 이것은 모두가 한아언어(漢兒言語)의 존재를 미처 이해하지 못한 결과라고 할 수 있다.

필자는 지금까지 논의한 원대(元代)에 사법(司法)이나 행정에서 주로 사용한 한문이독체(漢文吏牘体)를 '한이문(漢吏文)'으로 보고자 한다. 다시 말하면 지금까지 일본인 학자들에 의하여 주장된 '한문이독체', '몽문직역체'라는 한문의 변문(變文)은 실제로 원대(元代) 이문(吏文)으로 당시 쓰이고 있는 구어(口語)를 직사(直寫)한 것을 말하는 것이다.

몽문직역체에 비하여 한문이독체는 한아언어의 직사에서 좀 더 문어화한 것이다. 특히 '한문이독체(漢文吏牘体)', 즉 원대 이후 발달한 중국의 '이문(吏文)'을 전술한 바와 같이 조선시대에 한반도에서 널리 쓰이던 조선이문(朝鮮吏文)과 구별하여 '한이문(漢吏文)'으로 부르고자 한다.[86]

다는 심문 내용에 나오는 문장이다. 이것은 구어체로서 古文과는 매우 다른 문장이며 형식을 갖춘 漢文吏牘体와도 다름을 지적하였다. 실제로 이 문장구조는 필자가 漢兒言語의 자료로 소개한『原本老乞大』의 그것과 일치한다. 蒙文直譯体란 당시 北京지역에서 실제 口語로 사용되던 漢兒言語를 말한다. 졸저(2004a; 2010: 375~497) 참조.

86 成三問의 <直解童子習序>에 의하면 조선시대 초기에는 漢吏文을 承文院에서 교육하여 事大文書 작성에 임하게 하였고 司譯院에서는 구어, 즉 漢兒言語를 학습하여 통역을 담당하게 하였다는 기사가 있다. 즉 그 序文에 "[前略] 自我祖宗事大至誠, 置承文院掌吏文, 司譯院掌譯語, 專其業而久其任. [下略] ― [전략] 우리 조종으로부터 사대에 지성이시매 승문원을 두어서는 이문을 맡기시고 사역원을 두어서는 언어의 통역을 맡기시어 그 업을 한갓지게 하고 그 직을 오래게 하시니 [하략]"라는 기사에 의하면 사역원에서는 구어를 배워 통역을 담당하고 承文院에서는 吏文, 즉 漢吏文을 학습하였음을 알 수 있다. 본문의 해석은 洪起文(1946)을 참고함.

3.5.2.2. 지금까지 한문이독체(漢文吏牘体)의 원대(元代) 문장어가 고문(古文)과 다른 문체를 보일 때에 이를 한이문(漢吏文)으로 본 경우가 없었다. 그러나 조선 초기까지 원대(元代)에 시작된 이문(吏文), 즉 한이문(漢吏文)을 시험하는 한이과(漢吏科)가 있어서 어떤 교육이었는지 가늠할 수 있다.

즉, 『세종실록』(권47) 세종 12년 경술(庚戌) 3월조의 기사에 상정소(詳定所)에서 제학(諸學)의 취재(取才)에 사용할 과시서(科試書)를 규정하여 등재하였는데 이것으로 한이문의 교육이 어떻게 시행되었는지 알 수 있다. 또 여기에 한이과(漢吏科)의 과시 방법이 상세히 설명되어 있어 한이문의 교육과 평가를 알 수가 있다.

상정소(詳定所)에서 정한 제학(諸學) 취재(取才)의 과시서(科試書) 가운데 한이학(漢吏學)의 출제서로는 '서(書), 시(詩), 사서(四書), 노재대학(魯齋大學), 직해소학(直解小學), 성재효경(成齋孝經), 소미통감(少微通鑑), 전후한(前後漢), 이학지남(吏學指南), 충의직언(忠義直言), 동자습(童子習), 대원통제(大元通制), 지정조격(至正條格), 어제대고(御製大誥), 박통사(朴通事), 노걸대(老乞大), 사대문서등록(事大文書謄錄), 제술(製述): 주본(奏本)·계본(啓本)·자문(咨文)'을 들었다.

한이학(漢吏學)의 취재에 사용된 출제서를 보면 대부분 한이문(漢吏文)을 학습하는 교재였다. 즉, 위의 취재서 가운데 '서(書), 시(詩), 사서(四書)'는 선진(先秦)시대의 고문(古文)을 시험하는 과시서이고 <박통사(朴通事)>, <노걸대(老乞大)>는 당시의 구어(口語)인 한아언어(漢兒言語)를 학습하는 교재이며 나머지는 한이문(漢吏文)을 학습하는 교재임이 분명하다. 이 각각에 대하여 소개하면 다음과 같다.

3.5.2.3. 먼저 <노재대학(魯齋大學)>은 원(元)의 허형(許衡)이 편찬한 『노재유서(魯齋遺書)』 3권의 <대학직해(大學直解)>를 말하는 것으로 사서(四書)의 하나인 <대학(大學)>을 당시 원대 한아언어(漢兒言語)로 풀이한 것이다. 또 <성재효경(成齋孝經)>은 원대(元代) 북정(北庭) 성재(成齋)가 편찬한 『효경직해(孝經直解)』을 말한다.[87]

---

87 『成齋孝經』은 精文研(1986: 484)에 "明의 陳璘이 지은 책. 兒童의 教訓을 위하여 지

<대원통제(大元通制)>는 원(元)의 건국초기부터 연우연간(延祐年間, 1314~1320)에 이르기까지 원대(元代)의 법률제도를 집대성한 책으로 원(元) 황경(皇慶) 1년(1312)에 인종(仁宗)이 아산(阿散)에게 개국 이래의 법제 사례를 편집하도록 명하여 지치(至治) 3년(1323)에 완성된 원대(元代) 유일한 체계적 법전『대원통제(大元通制)』를 말한다. 물론 사법(司法) 문헌이므로 한이문으로 작성되었다. 또 <지정조격(至正條格)>은 원(元) 지정(至正) 6년(1346)에 전술한 <대원통제>를 산수(刪修)한 것이다.

<어제대고(御製大誥)>은 명(明) 태조(太祖)가 원대(元代)의 악풍(惡風)을 바로잡기 위하여 관민의 범법 사례를 채집하여 이를 근거로 홍무(洪武) 18년(1385) 10월에 '어제대고(御製大誥)' 74조를 반포하였으며 이듬해 다시 '어제대고속편(御製大誥續編)' 87조(1권)와 '어제대고삼(御製大誥三)'의 47조(1권)를 만들었는데 이를 통칭하여 <어제대고(御製大誥)>라고 한다.

<사대문서등록(事大文書謄錄)>은 조선시대 승문원(承文院)에서 중국 조정과 왕래한 문서를 모아놓은 것으로『세종실록』의 기사(권51, 세종 13년 1월 丙戌조, 동 권121, 세종 30년 8월 丙辰조)와『단종실록』(권13, 단종 3년 1월 丁卯조)의 기사에 의하면 5년마다 한 번씩 서사(書寫)하고 10년마다 한 번씩 인쇄하여 출간하였다고 한다(정광 외: 2002) 참조.

3.5.2.4. 따라서 '노재대학(魯齋大學), 직해소학(直解小學), 성재효경(成齋孝經), 소미통감(少微通鑑), 전후한(前後漢)'은 '대학(大學), 소학(小學), 효경(孝經), 통감(通鑑), 전한서(前漢書), 후한서(後漢書)' 등의 경사서(經史書)를 한아언어(漢兒言語)로 풀이한 것이고 '이학지남(吏學指南), 충의직언(忠義直言), 대원통제(大元通制), 지정조격(至正條格), 어제대고(御製大誥)'은 그동안 한문이독체(漢文吏牘体)라고 불러왔었던 원대(元代)에 발생한 새로운 문어(文語), 즉 한이문(漢吏文)으로 작성된 것이며 이 가운데 '이학지남(吏學

은 것이다"라는 설명이 있어 정광 외(2002: 18)의 주3에서 "『成齋孝經』은 元代의『直解孝經』을 明代 陳璘(號 成齋)이 당시 북경어로 주석한 것이다. [중략] 精文研(1986) 참조"로 보았다. 그러나 이것은 잘못된 것으로『直解孝經』은 元代 北庭成齋 小雲石海涯(自號 酸齋, 一名 成齋)의 작이며 일본에 전해지는『孝經直解』는 그 서명이 '新刊全相成齋孝經直解'이며 卷尾에는 '北庭成齋直說孝經終'으로 되었고 서문의 말미에 '小雲石海涯 北庭成齋自敍'로 되었다.

指南)'은 이러한 한이문을 학습하는 참고서다.[88]

그리고 '충의직언(忠義直言), 대원통제(大元通制), 지정조격(至正條格), 어제대고(御製大誥)'는 앞에서 살펴본 <원전장>과 같은 부류의 책으로 원대(元代)의 법률, 조칙(詔勅), 상소(上疏) 등의 행정문서를 모은 문헌이다. 또 '노걸대, 박통사'는 구어인 한아언어(漢兒言語)를 학습하는 교재인데 이 언어가 한이문이란 문장어의 모태이었음은 앞에서 누차 언급하였다.

그러면 위에서 한이문, 즉 한문이독체(漢文吏牘体)와 몽문직역체(蒙文直譯体)의 교본으로 본 '노재대학(魯齋大學), 직해소학(直解小學), 성재효경(成齋孝經), 소미통감(少微通鑑), 전후한(前後漢)'을 중심으로 한이문이 어떠한 한문인가를 살펴볼 수 있다. 이들 한이문 교재 가운데 필자가 자유로인 이용할 수 있는 <성재효경(成齋孝經)>을 예로 하여 한이문의 정체를 찾아보기로 한다.

3) 〈성재효경(成齋孝經)〉의 몽문직역체

3.5.3.0. 앞에서 살펴본 바와 같이 <성재효경(成齋孝經)>은 원대(元代) 소운석해애(小雲石海涯)가 고문(古文)의 <효경(孝經)>을 당시 북경(北京) 지역의 구어(口語)인 한아언어로 풀이한 것으로 노재(魯齋, 元의 許衡)가 <大學>을 당시 북경어로 직설(直說)한 것을 본뜬 것이다.[89] 이 책의 저자 소운석해애(小雲石海涯)는『원사(元史)』(권143)에

> 小雲石海涯家世, 見其祖阿里海涯傳, 其父楚國忠惠公. 名貫只哥, 小雲石海涯. 遂以貫爲氏, 復以酸齋自號. [中略] 初襲父官爲兩淮萬戶府達魯花赤, [中略] 泰定元年五月八日卒, 年三十九. 贈集賢學士中奉大夫護軍, 追封京兆郡公, 謚文靖. 有文集若干卷, 直解孝經一卷, 行于世. - 소운석 해애의 가세(家世)

---

88 『吏學指南』에 대하여는 정광 외(2002)를 참조할 것. 元 大德 5년(1301)에 徐元瑞가 편찬한 <吏學指南>을 조선 세조 4년(1458) 경에 경주에서 복간하였는데(奎章閣 소장) 정광 외(2002)에서는 이 책을 영인하여 공간하면서 상세한 해제와 색인을 붙였다.

89 이에 대하여는 일본에 전해지는 『新刊全相成齋孝經直解』의 권두에 붙은 自敍에 "[前略] 嘗觀魯齋先生,取世俗之□直說大學. 至於耘夫竟子皆可以明之. 世人□之以寶, 士夫無有非之者於以見. 云云 [下略]"라는 기사를 참조할 것. □부분은 훼손되어 글자가 보이지 않는 부분임. 일본에 전해지는 <孝經直解>에 대하여는 太田辰夫·佐藤晴彦(1996) 참조.

> 는 그 조부 아리해애의 전기를 보면 아버지가 초국의 충혜공(忠惠公)으로 이름이 관지가(貫只哥)이었으며 그리하여 소운석(小雲石) 해애(海涯)는 '관(貫)'으로 성을 삼았다. 또 자호(自號)를 '산재(酸齋)'라 하였다. [중략] 처음에는 아버지의 관직을 세습하여 '양회만호부 다루가치(兩淮萬戶府達魯花赤)'가 되었다. [중략] 태정 원년(1324) 5월 8일에 돌아갔다. 나이가 39세 집현학사(集賢學)士 중봉대부(中奉大夫) 호군(護軍)을 증직(贈職)하였고 경조군공(京兆郡公)으로 추증되었다. 시호(諡號)는 문정(文靖)이며 문집 약간 권과 <직해효경> 1권이 있어 세상에 유행하였다.

이 기사를 보면 소운석해애(小雲石海涯, 1286~1324)가 『직해효경(直解孝經)』 1권을 지어 세상에 유행시켰는데 그는 원래 위구르인으로 한명(漢名)을 관운석(貫雲石)이라 하였으며 <효경(孝經)>을 당시 북경어, 즉 한아언어(漢兒言語)로 알기 쉽게 풀이한 것이 <직해효경>임을 알 수 있다. 그는 관산재(貫酸齋)란 이름으로 악부산곡(樂府散曲)의 작자로도 널리 알려졌다.

3.5.3.1. 『직해효경』은 당시 매우 인기가 있었던 것으로 전대흔(錢大昕)의 『보원사(補元史) 예문지(藝文志)』(권1)와 김문조(金門詔)의 『보삼사(補三史) 예문지(藝文志)』에 "小雲石海涯直解孝經一卷 – 소운석 해애 직행효경 1권"이란 기사가 보이며 예찬(倪燦)의 『보요금원(補遼金元) 예문지(藝文志)』와 노문초(盧文弨)의 동일한 서명에 "小雲石海涯孝經直解一卷"이란 기사가 보인다. 명대(明代) 초굉(焦竑)의 『국사경적지(國史經籍志)』(권2)에는 "成齋孝經說 一卷 -성재효경설 1권"으로 기재되었다(長澤規矩也·阿部隆一, 1933).

관운석(貫雲石)의 <성재효경>은 그의 자서(自敍) 말미에 "至大改元孟春旣望, 宣武將軍, 兩淮萬戶府達魯花赤, 小雲石海涯, 北庭成齋自敍 - 지대 개원 맹춘 15일에 선무장군 양회만호부 다루가치, 소운석 해애, 북정 성재 자서"라 하여 지대(至大) 원년(1308) 정월(正月) 15일에 자서를 썼음을 알 수 있다. 그는 허형(許衡)의 『노재대학(魯齋大學)』과 같이 <효경(孝經)>을 당시 한아언어로 풀이하여 직설한 것으로 필자가 소개한 『원본(原本)노걸대』(이하 <원노>로 약칭)와 <효경직해>(이하 <효해>로 약칭)는 당시 북경어를 동일하게 반영한다.

<직해효경>이 <원본노걸대>와 같이 한아언어의 문체를 갖고 있는 예를 <효경>의 직해에서 찾아보면 다음과 같다.

『新刊全相成齋孝經直解』「孝治章 第八」

원 문: 治家者不敢失於臣妾 而況於妻子乎 故得人之懽心 以事其親

직해문: 官人每 各自家以下的人 不着落後了 休道媳婦孩兒 因這般上頭 得一家人懽喜 奉侍父母呵 不枉了有 麽道 ‒ 관인들은 각기 자신의 아랫사람을 홀대하지 않는다. 아내나 아이들에게 는 말할 것도 없다. 이러한 차례로 일가 사람들의 기쁨을 얻어 부모님에게 시중을 들면 굽힘이 없다고 말할 것이다.

이 예문에서 직해문의 밑줄 친 ① 每와 ② 上頭, ③ 呵, ④ 有, ⑤ 麽道는 모두 몽고어의 영향으로 한문에 삽입된 것이다. 이제 이들을 고찰하여 <직해효경>이 <원본노걸대>(이하 <원노>로 약칭)와 같이 당시 구어인 한아언어로 직해(直解)한 것임을 살펴보기로 한다.

3.5.3.2. 먼저 '매(每)'에 대하여 살펴본다. 이 직해문의 "官人每"에 보이는 '每'는 명사의 복수접미사로 후대에는 '每 > 們'의 변화를 보였다. 조선 중종 때의 최세진『노박집람(老朴集覽)』에서는 <원노>에 '每'가 사용되었음을 알고 있었고 이에 대하여 다음과 같이 언급하였다.

每: 本音上聲, 頻也. 每年, 每一箇. 又平聲, 等輩也. 我每, 咱每, 俺每 우리, 恁每, 你每 너희. 今俗喜用們字.(單字解 1 앞) ‒ '매(每)'의 본음은 상성(上聲)이고 '빈번하다'이다. '每年 - 해마다', '每一箇 - 하나씩과 같다'. 또는 평성(平聲)으로 읽으면 '等輩(같은 무리)'와 같은 의미를 나타낸다. '我每(우리들)', '咱每(우리들, 청자 포함)', '俺每(우리들), 恁每(당신들), 你每(너희들)' 등으로 쓰인다. 지금은 일반적으로 '們'자를 즐겨 쓴다.

이 해설에 의하면 '每'가 복수접미사임을 말하고 있고 <노걸대>의 신본(新本), 즉 산개본(刪改本)에서는 이미 '每'가 '們'으로 바뀌었음을 증언하고 있다. 실제로 <원로>의 '每'는 <산개(刪改)노걸대>(이하 <산노>)[90]

---

90 고려 말에 편찬된 <原本老乞大>를 조선 성종 14년(1483) 경에 漢人 葛貴 등이 刪改

와 <번역노걸대(飜譯老乞大)>(이하 <번노>)에서는 '們'으로 교체되었다.

別人將咱每做甚麼人看(<原老> 2앞)	別人將咱們 做甚麼人看(<飜老> 上 5 뒤)
漢兒小厮每 哏頑(<原老> 2 앞)	漢兒小厮們 十分頑 漢兒(<飜老> 上 7 앞)
俺這馬每不曾飲水裏(<原老> 9 앞)	我這馬們不曾飲水裏(<飜老> 上 31 앞)

복수의 의미로 '們'이 사용되기 시작한 것은 송대(宋代)부터이었으며 '懣(滿), 瞞, 門(們)' 등의 형태로 나타난다. 원대(元代)에 이르러서도 '們'이 부분적으로 사용되었으나 대부분은 '每'로 바뀌었다. 그러다가 명대(明代) 중엽부터 다시 '們'의 사용이 많아지기 시작하였다.

이처럼 송(宋)·원(元)·명대(明代)에는 '們 > 每 > 們'의 형태로 반복되는 변화의 과정을 거쳤으며 그 원인에 대해서는 정확히 밝혀지지 않고 있다. 주목되는 것은 원대(元代)에 이르러 동북 방언이 공용어로 되면서 '每'가 통용되었지만 남방계 관화(官話)에서는 여전히 '們'을 사용하였으며 원대 이후에는 또한 북방계 관화에서조차 '每'가 점차 사라지게 되었다는 것이다(呂叔湘, 1985: 54). 따라서 <효해>가 <원노>와 같이 북방계 한아언어를 반영함을 알 수 있다.

3.5.3.3. 다음은 '상두(上頭)에 대하여 살펴본다. 직해문의 "因這般上頭"에 나오는 '上頭'는 후치사로서 이 시대의 한아언어에서만 사용되고 후일에는 '上頭 > 因此上(-까닭에)'으로 바뀌었다. 『노박집람(老朴集覽)』(이하 <노람>)에 "上頭: 젼ᄎ로, 今不用.(累字解 2 앞)- '上頭'는 '까닭으로'라는 의미로 현재는 사용하지 않는다."라는 주석이나 "因此上, 猶言上頭.(累字解 2 뒤) - '因此上'은 '上頭'(까닭으로)와 같은 의미이다."라는 주석은 '上頭'와 '因此上'이 같은 의미였음을 말하고 있다.

'因此上'은 원인을 나타내는 접속사의 형태이며 '上頭'는 '上'에 '頭'가 첨가된 형태로서 원인을 나타낸다. 모두 몽고어의 영향을 받은 후치사의 형태로 분석된다. 『원조비사(元朝秘史)』의 대역문에는 '禿剌(tula)'로 대응되는데 이를 余志鴻(1992: 6)에서 옮겨보면 다음과 같다.

한 것을 <刪改老乞大>라고 하며 이것이 <飜譯老乞大>와 『老乞大諺解』의 저본이 되었다. '原本'이나 '刪改', '飜譯'이란 서명은 없고 그저 '老乞大'로 표시되었다.

注音: 騰格裏因 札阿隣 札阿黑三 兀格 忝貼昆 禿剌(『元朝秘史』206-567)
對譯文: 天的 神告 告了的 言語 明白的 上頭
意譯文: 天告你的言語 明白的上頭(『원조비사』206, 앞013)

따라서 <효경직해>(이하 <효해>)에 자주 쓰인 '上頭'는 몽고어 '禿剌(tula)'에 대응되어 삽입된 것이다. 이 예는 <효해>의 직해문을 몽문직역체(蒙文直譯体)라고 보는 것을 이해하게 한다.

3.5.3.4. 다음으로 직해문의 "奉侍父母呵"에 나오는 '가(呵)'는 역시 후치사로서 몽고어에 이끌려 삽입된 것이다. 후대에는 '呵 > 時(-면)'로 변화되었는데 이에 대하여 <노람>에서는 "時: 猶則也. 古本用呵字, 今本皆易用時字. 或用便字.(單字解 5 앞) -'시(時)'는 '칙(則)'과 같다. 고본(古本)에서는 '가(呵)'자를 사용하였는데 금본(今本)에서는 모두 '시(時)'자로 바꾸거나 또는 '편(便)'자를 사용하였다."[91]라고 하여 고본(古本)의 '가(呵)'를 금본(今本)에서 '시(時)'로 교체하였음을 밝히고 있어 <원노>에서는 '가(呵)'이었음을 알 수 있다.

예를 <원노>에서 찾아보면 다음과 같다.

身已安樂呵, 也到. ㅡ 몸이 편안하면 도착하리라.(<原老> 1 앞)
既恁賣馬去呵, 咱每恰好做伴當去. ㅡ 이제 네가 말을 팔러 간다면 우리들이 벗을 지어 가는 것이 좋다. <원노> 3 앞.[92]

---

91 『老朴集覽』에는 '呵'에 대한 <音義>의 주석을 옮겨놓았다. 이를 인용하면 "音義云: 原本內說的[呵]字, 不是常談. 如今秀才和朝官是有說的, 那箇[俺]字是山西人說的, [恁]字也是官話不是常談. 都塗(弔)了改寫的, 這們助語的[那][也][了][阿]等字, 都輕輕兒微微的說, 順帶過去了罷. 若緊說了時不好聽. 南方人是蠻子, 山西人是豹子, 北京人是태子, 入聲的字音是都說的不同. ㅡ <음의(音義)>에 의하면 원본에서 사용한 '呵'자는 일상용어가 아니라고 하였다. 현재는 秀才나 조정의 관리 중에 그 말을 사용하는 사람들이 있다. 그 '俺'자는 山西人이 사용하는 말이며 '恁'字 역시 官話로서 일상용어가 아니므로 모두 지워버리고 고쳐서 쓴 것이다. 어조사인 '那', '也', '了', '阿' 등 글자들은 가볍게 발음하여 지나가야 하며 만일 발음을 분명히 할 경우 듣기가 좋지 않다. 南方人은 '蠻子', 山西人은 '豹子', 北京人은 '태子'라고 하는데 이들은 入聲字의 發音을 각기 다르게 한다."라고 하였다.

92 이들은 <번노>에서는 모두 '呵 > 時'로 교체되었다.
身已安樂時 也到(<飜老> 上 2 앞)

여기서 '가(呵)'는 어기조사(語氣助詞)로 분석될 수도 있겠으나 예문이 보여 주는 바와 같이 가정의 의미를 나타내는 후치사 형태로 보는 것이 더욱 타당할 것이다. 이것은 몽고어에서 그 흔적을 찾아 볼 수 있는데 『원조비사』에 의하면 '阿速'(-[b]asu/esü)의 대역문으로 '가(呵)'가 사용되었고 이 몽고어는 한국어의 '-면'과 같이 가정의 의미를 나타내고 있으며 '[b]'는 모음 뒤에서만 사용된다(余志鴻, 1992: 3).

3.5.3.5. 다음으로 '유(有)'에 대하여 검토한다. 졸저(2004a; 2010: 487~491)에서 <원노>의 특징으로 몽고어의 시제와 문장종결을 나타내는 'a-(to be)', 'bayi-(to be)'를 '유(有)'로 표기하였고 이것이 원대 한아언어(漢兒言語)의 영향임을 최세진은 『노박집람』에서도 밝힌 바 있음을 소개하였다.

즉, 『노박집람』의 '한아인유(漢兒人有)'조에 "元時語必於言終用有字, 如語助而實非語助, 今俗不用. — 원대(元代)의 언어에서는 반드시 말이 끝나는 곳에 '有'자를 사용하는데 어조사(語助辭)인 듯하나 실은 어조사가 아니다. 지금은 세간에서 사용하지 않고 있다"(「老集」 上 1앞)라고 하여 어조사(語助辭)처럼 사용되는 문장 종결어미의 '유(有)'가 원대 언어에 있었으나 최세진 당시에는 더 이상 사용되지 않음을 말하고 있다.

몽고어의 동사 'bui̯(is), bolai̯(is), bülüge(was)'와 모든 동사의 정동사형(all finite forms of the verbs)인 'a-(to be)', 'bayi-(to be)', 그리고 동사 'bol-(to become)'은 모두 계사(繫辭, copula)로 쓰였다.[93] 따라서 <원노>에 쓰인 문장종결의 '유(有)'는 몽고어의 'bui̯, bolai̯, bülüge, a-, bayi-, bol-'가 문장의 끝에 쓰여 문장을 종결시키는 통사적 기능을 대신하는 것으로 몽고어의 영향을 받은 원대 북경어의 특징이라고 보았다(졸저, 2004: 518~519).

<효해>의 직해문에서 '유(有)'가 사용된 용례가 많으며 그 가운데 몇 개를 추가하면 다음과 같다.

你旣賣馬去時 咱們恰好做火伴去(<飜老> 上 8 앞)

93 이에 대하여는 Poppe(1954: 157)의 "The Simple Copula' "The verbs bui̯ "is," bolai̯ "is," bülüge "was," and all finite forms of the verbs a-"to be," bayi- "to be," and bol- "to become" usually serve as copula."라는 설명을 참조.

㉠ 원문: 夫孝德之本也, <孝解> 「開宗明義章 제1」
직해문: 孝道的勾當是德行的根本有.(효행이라는 것은 덕행의 근본이다)

㉡ 원문: 敬其親者 不敢慢於人, <孝解> 「天子章 제2」
직해문: 存着自家敬父母的心呵, 也不肯將別人來欺負有.(스스로 부모를 존경하는 마음을 갖고있는 사람은 다른 이를 업신여기지 않는다)

㉢ 원문: 君親臨之厚莫重焉, <孝解> 「聖治章 제9」
직해문: 父母的恩便似官裏的恩一般重有.(부모의 은혜는 마치 천자의 은혜만큼 무겁다)

㉣ 원문: 宗廟致敬不忘親也 修身愼行恐辱先也, <孝解> 「感應章 제16」
직해문: 祭奠呵 不忘了父母有, 小心行呵 不辱末了祖上有.(제를 지내는 것은 부모를 잊지 않으려는 것이다. 수신하여 행동을 조심하는 것은 선조를 욕되게 함을 두려워하기 때문이다)

이 예문의 직해문 끝에 쓰인 '유(有)'는 志村良治(1995: 384)에서는 入矢義高(1973)의 주장에 따라 원대(元代) 초기부터 사용되기 시작하였으며 확정적인 의미를 나타낸다고 주장하였다. 한편 太田辰夫(1991: 179)에서는 '유(有)'자의 이러한 용법은 원대(元代)에서 명초(明初)에 걸친 자료들에서 많이 찾아 볼 수 있는데 실제 구어체에서 사용되었던 것임에 틀림이 없다고 하였다.

그리고 원곡(元曲)에 이르러서는 더 이상 사용되지 않았으나 '一壁有者 – 한 쪽에서 기다리고 있다'와 같은 관용어적 용법은 원곡에서도 찾아 볼 수 있으며 따라서 '유(有)'는 어휘적 의미가 없는 문장 말 종결어미였을 것으로 추정이 된다고 하였다.

<원노>에서는 문장 말에 '유(有)'가 대량으로 사용되었음을 발견할 수 있다. 이것은 <노람>의 해설과 같이 바로 원대의 대도(大都)지역의 언어임을 보여주는 유력한 근거라 할 수 있다.[94] <원노>에 나오는 예를

94 『元朝秘史』의 경우를 살펴 보면 '有'는 '-UmU'에 대응되는데 다음과 같은 예문에서 보여 주는 바에 의하면 과거에서 현재까지(미래까지 지속 가능한) 지속되는 시제를 나타낸다고 하였다(余志鴻, 1988).
貼額周 阿木'載着有'(『元朝秘史』 101, 948) 迭兒別魯 梅'顫動有'(『元朝秘史』 98, 947)

두 개만 들어보자.

ⓜ 我也心裏那般想著有.(나도 마음에 이렇게 여기노라)(<原老> 3뒤)

ⓑ 您是高麗人却怎麽漢兒言語說的好有.(너는 고려인인데 어떻게 漢兒言語로 잘 말하느냐)(<原老> 1앞)[95]

이 예문들을 보면 '유(有)'가 문장의 종결어미로서 과거완료 시상(時相)을 보여주는 것으로 보인다.[96]

3.5.3.5. 다음의 '마도(麽道)'는 <효해>만이 아니고 원대(元代)의 성지(聖旨)나 그를 새긴 비문(碑文)에서도 발견된다. 이것은 몽고어의 'ge'e(말하다)'를 표기한 것으로 몽한대역(蒙漢對譯) 한아언어 비문을 보면 몽고어의 "ge'en, ge'eju, ge'ek'degesed aju'ue"를 대역한 것이다.

즉, '마도(麽道)'는 "~라고 말씀하셨다"에 해당하는 몽고어를 대역한 것이다. 예를 대덕(大德) 5년(1301) 10월 22일의 상주문(上奏文)에서 찾으면 다음과 같다.

> 大德五年十月二十二日, 奏過事內一件:
> 陝西省官人每, 文書裏說將來. "貴(責)赤裏愛你小名的人, 着延安府屯田有, 收拾贖身放良不蘭奚等戶者麽道. 將的御寶聖旨來有, 教收拾那怎生?" <u>麽道</u> '與將文書來' <u>麽道</u>, 奏呵, '怎生商量來' <u>麽道</u> – 대덕 5년 10월 22일에 상주(上奏)한 안건 하나: 섬서성 관인들이 문서로 전해 와서 "귀적(貴赤, 弓兵)의 아이니(愛你)라고 하는 사람이 연안부(延安府)의 둔전(屯田)에 와서 '속량금으로 평민적을 회복한 보론기르(不蘭奚, 옛 南宋 지구에서 몽고군에 포로로 잡혀 와서 노예로 일하는 사람을 말함. '孛蘭奚'로도 씀)를 돌아가라'고 <u>말한</u> 어보성지(御寶聖旨)를 휴대하고 있습니다만 돌아가게 시키면 어떨까요?" <u>라고 하는</u> 문서를 보내 왔다고 상주(上奏)하였더니 "어떻게 상담하였는

莎那思塔 木'聽得有'(『元朝秘史』 101, 948)

95 『飜譯老乞大』에서는 이 '有'가 없어진다.
我也心裏這般想着.(<飜老> 上 11앞)
你是高麗人, 却怎麽漢兒言語說的好?(<飜老> 上2앞)

96 몽고어의 "ge'ek'degsed aju'ue(말 하고 있다)"가 '說有, 說有來'로 표시되는 예를 들 수 있다(田中謙二, 1962).

가?" 라고 하여. 밑줄 친 부분은 '麽道'를 번역한 곳.

이 예를 보면 밑줄 친 '마도(麽道)'가 3번 나오는데 모두가 인용문 형식을 취하고 있다. 물론 <원노>에는 이러한 인용문이 없기 때문에 '마도(麽道)'는 사용되지 않는다. 필자는 <효해>의 이러한 문체가 <원노>의 한아언어로부터 문어(文語)로써 한이문(漢吏文)으로 발전해 가는 과정을 보여주는 것으로 본다. 여기서 <노걸대>의 한아언어는 구어(口語)로서 일상회화에 사용되는 언어이었고 <효해>의 직해문은 문어(文語)의 모습을 보이는 것으로 장차 이문(吏文)으로 발전한 것이다.

이와 같이 <효해>에는 보통 한문(漢文)에서 사용되지 않는 '每, 上頭, 呵, 有, 麽道' 등의 어휘를 사용하였으며 문장 구조도 고문(古文)과는 상당한 차이를 보인다. 그러나 <효해>가 조선 전기에 시행된 한이과(漢吏科)의 출제서임으로 이러한 한문, 다시 말하면 한이문(漢吏文)을 실제로 학습하였고 이것으로 사대문서를 작성하였음을 알 수 있다.

4) 〈원전장(元典章)〉의 한문이독체

3.5.4.0. 위에서 언급한 『세종실록』(권47) 세종 12년 3월 경술(庚戌)조의 기사에는 상정소(詳定所)에서 한이과(漢吏科), 즉 한이문(漢吏文)을 시험하는 출제서로 '충의직언(忠義直言), 대원통제(大元通制), 지정조격(至正條格), 어제대고(御製大誥)'가 있었다.

이들은 <원전장(元典章)>과 같은 부류의 책으로 원대(元代)의 법률, 조칙(詔勅), 상소(上疏) 등의 행정문서를 모은 문헌이었다. 吉川幸次郎(1953)에서는 <원전장(元典章)>, 즉 『대원성정국조전장(大元聖政國朝典章)』(60권)과 『신집지치조례(新集至治條例)』(不分卷)의[97] 한문 문체를 고찰하였다.

그리고 이 자료에 보이는 한문은 몽문직역체(蒙文直譯体)로 보이는 것도 없지는 않지만[98] 대부분은 한문이독체(漢文吏牘体)로 보인다고 하였

97 약칭하여 <元典章>이라고 하는 이 자료는 正集에 2,400餘例, 新集에는 200餘例의 勅令, 判決例를 모아놓은 방대한 元代의 法律集이다.

98 <元典章>에서 蒙古語直譯体를 보이는 예로 제19 戶部의 「房屋」에 "관리가 房屋을 사는 것을 禁함"이란 條에 "至元二十一年四月. 中書省奏過事內一件. 在先收附了江南的後頭. 至元十五年行省官人每. 管軍官每. 新附人的房舍事產. 不得買要呵.

다.[99] 예를 들어 <원전장>(권42) 「형부(刑部)」 '잡례(雜例)' 가운데 "사람을 치어죽이고 시체를 옮긴 일"이란 제목에서 다음과 같은 예를 골랐다.

看碾子人李鎭撫家驅口閻喜僧狀招. 至元三年八月初八日. 本宅後碾黍間. 有小厮四箇. 於碾北四五步地街南作要. 至日高碾儘. 前去本家. 取墪碾油餅回來. 到碾上. 見作要小厮一箇. 在西北碾槽內. 手脚動但掙揣. 其餘三箇小厮. 碾北立地. 喜僧向前抱出小底. 覰得頭上有血. 抱於西墻下臥地. 恐驢踏着. 移於碾東北房門東放下. 倚定痲楷坐定. 手動氣出. 喜僧委是不知怎生碾着. 避怕本使問着. 走往阜城縣周家藏閃. 在後却行還家. 干證人殷定僧等三人狀稱. 崔中山於碾內弄米來. 俺三箇碾外要來. 趕碾的人無來. 法司擬. 旣是殷定僧等稱. 崔中山自來弄米. 別無定奪. 止據閻喜僧不合移屍出碾. 不告身死人本家得知. 合從不應爲. 事輕. 合笞四十. 部擬三十七下. 呈省准擬

내용은 방앗간을 지키는 사람으로 이진무(李鎭撫)의 노예인 염희승(閻喜僧)의 정초(狀招, 문초한 내용)인데 "지원 3년(1266) 8월 초팔일 이진무댁의 뒤편에서 기장을 맷돌에 돌릴 때에 남자 아이 4명이 맷돌의 북쪽 4~5보 되는 곳의 길 남쪽에서 놀고 있었다.

해가 높게 이르렀을 때에 맷돌이 잘 돌지 않아서 집으로 가서 맷돌에 칠 기름덩어리(油餅?)를 갖고 돌아왔더니 길가에 놀고 있던 남자 아이 하나가 서북쪽에 있는 절구 속에 넘어져 팔다리가 늘어져 움직이지 않고 나머지 세 명의 아이들을 방아의 북쪽에 서있는 것을 보았다. 염희승은 앞으로 나아가서 그 아이를 안아내었는데 머리에 피가 난 것을 보고 안아서 서쪽 담 밑으로 데려가서 땅에 뉘었지만 나귀가 [아마도 나귀가 맷돌을 돌리는 방아인 것으로 보인다] 밟을지 모르기 때문에 맷돌의 동북쪽에 있는 집 문 앞의 동쪽에 옮겨 내려놓았다. 염희승은

買要呵. 回與他主人者麽道. 聖旨行了來. 如今賣的人. 用着鈔呵. 沒人敢買. 生受有. 人待買呵. 怕聖旨有. 依着聖旨. 官人每不得買. 百姓每買呵. 賣呵. 怎生麽道. 闊闊你教爲頭衆人商量了. 與中書省家咨示來. 中書省官人每. 俺衆人商量得. 依已前體例. 官吏不得買者. 百姓每得買賣者麽道. 奏呵. 那般者麽道. 聖旨了也. 欽此.."(띄어쓰기, 구두점은 吉川의 것을 따름)를 들었다(吉川幸次郞: 1953). 역시 '每, 呵, 麽道' 등의 漢兒言語의 어휘가 쓰였다.

99 그는 <元典章> 자료의 예문 가운데 4분에 3인 蒙古語直譯体가 아니라고 주장하였다(吉川幸次郞, 1953: 1).

아이가 죽은 것이 맷돌에 치였기 때문이어서 관청에 잡혀갈 일을 걱정하여 부성현(阜城縣) 주가(周家)의 집으로 달려가 숨어서 집에는 돌아가지 않았다고 하였다.

이에 대하여 증인이 된 은정승(殷定僧) 등 3인의 아이들의 심문에 의하면 "최중산(崔中山, 맷돌에 치여 죽은 아이를 말함)은 맷돌 안에서 쌀을 갖고 놀고 있었고 우리 세 사람은 맷돌 밖에서 놀고 있었습니다. 맷돌을 들리는 사람은 없었습니다."라고 하였고 법사(法司)에서는 "이미 이것은 은정승 등의 말한 바와 같이 최중산이 스스로 와서 쌀을 갖고 놀다가 치인 것이라면 별로 정탈(定奪)할 것이 없음. 다만 염희승이 못되게 시체를 움직여 맷돌에서 끌어내었고 죽은 애의 본가에 알려서 알게 하지 않은 것은 확실히 범죄라고 판단한다. 가벼운 일이므로 40대의 태형을 쳐야지만 37대로 한다는 내용이다.[100]

3.5.4.1. 이 한문 문장은 당시의 구어(口語)를 그대로 채용한 것으로 보이는 어휘가 보이고 고문(古文)이라면 다른 단어를 사용하였을 것으로 보이는 어휘가 빈번하게 혼용되었다. 예를 들면 고문(古文)이라면 '남아(男兒)'라고 할 것을 '소사(小厮), 소저(小底)'라고 하고 "어린 아이들이 노는 것"은 '작희(作戲)'라고 해야 할 것을 '작요(作要)'라고 한다든지 운동(運動)을 '동단(動但)', "발버둥치는 것"을 '쟁췌(挣揣)', "서는 것"을 '입지(立地)'라고 하고 "보는 것"을 '견(見), 간(看)'이라고 하지 않고 '처득(覷得)'라고 하며 "어떻게 하든지"를 '여하(如何)'라고 하지 않고 '즘생(怎生)'이라 하는 것들이 바로 그런 예들이다.

이러한 예로부터 필자는 원대(元代)의 한문 이독(吏牘)이 '한아언어(漢兒言語)'라는 구어를 바탕으로 형성된 것으로 보는 것이다. 다시 말하면 한아언어가 구어(口語)라면 원대(元代) 이문(吏文)은 그에 의거한 문어(文

---

100 『南村輟耕錄』(권2) 「五刑」 조에 "大德中, 刑部尙書王約數上言: 國朝用刑寬恕, 笞杖十減其三, 故笞一十減爲七."이라 하여 3대를 감하는 제도에 의하여 40대의 笞刑을 37대로 한 것이다(梁伍鎭, 1998: 31). 明代 葉子奇의 『草木子』에 의하면 元 世祖가 인심을 얻으려고 모든 笞刑은 그 대수에서 3대를 감하였는데 한 대는 하늘이 감해주고 또 한대는 땅이 감해주면 마지막 한 대는 세조 자신이 감한다는 것이다(정광 외, 2002a: 91).

語)라 할 수 있다.

따라서 한이문, 즉 한문의 이독(吏牘) 문체는 어디까지나 중국어이며 문법적으로는 고문(古文)의 그것과 그렇게 크게 다르지 않다.[101] 왜냐하면 한아언어는 비록 어휘나 문법요소에서 몽고어의 영향을 받았지만 문법구조는 중국어이기 때문이다.

3.5.4.2. 이 한문의 이독(吏牘) 문체는 하급관리인 한인(漢人)이 통치자인 몽고인에게 올리는 일체의 행정문서에서 일괄적으로 사용되었다. 따라서 고전적 교양을 중시하던 옛 중국의 관습은 무너지고 실무의 지식과 기능이 중시되었다. 여기서 '사(士), 선비'보다는 실제 법률 지식이 풍부한 '서리(胥吏)'가 우대를 받았다.

전술한 바와 같이 몽고인의 통치를 받고 있는 원대(元代)에 한인(漢人)이 출세하는 길은 법률, 행정, 문서작성과 같은 실무 지식과 한이문에 정통하는 길밖에 없었다(宮崎市定, 1987). 여기서 필자는 원대(元代)에 유행하기 시작한 이독(吏牘)의 한문 문체를 한이문(漢吏文)으로 보려고 한다.

조선 전기에 한이과(漢吏科)를 개설한 것은 사대문서를 작성하는데 한이문에 정통한 인원이 필요하였기 때문이며 이 때의 출제서로 전술한 한이문 교재들이 선택된 것이다. 중국에서는 이러한 한이문을 학습하는 것을 '이도(吏道)'라고 하였으며 '이독(吏牘)'은 원래 한이문으로 쓰인 문서이었으나 점차 한이문 작성 자체를 말하게 된다.

즉, 일정한 공문서 서식에 의하여 작성된 이문을 이독(吏牘)이라 한 것이다. 전자에 대하여 한반도에서는 '이두(吏頭)'로, 후자에 대하여는 '이독(吏讀)'으로 한 글자를 고쳐서 술어로 사용하게 된 것으로 본다. 같거나 유사한 발음의 한자로 바꾼 것이다. 실제로 사역원의 교재 중에는 이와 같이 한 글자를 바꾼 것이 많다.

---

101 이에 대하여 吉川幸次郎(1953: 7)에서는 "元典章中の漢文の吏牘、その語法の基礎となっているものは、古文家の古文のそれとそんなに違ったものでない。口語的な語彙の混用から、語法的にも口語に近いものを多く含むと豫想するならば、この豫想はあたらない。語法の基礎となるものは、やはり大たいに於いて古文家のそれである。"라고 하여 元代의 한문 吏牘이 문법적으로는 古文 계통임을 강조하였다.

이러한 몽고어를 위한 한이문(漢吏文)은 우리말의 한문 표기에서도 적절하여 조선에서 이문(吏文)을 낳게 하였다. 조선에서는 한이문과 유사한 조선이문(朝鮮吏文)을 사용하였다. 그 예문을 졸저(2017: 659)에서 소개한 현계근(玄啓根)의 진시(陳試) 소지(所志)에 찾아보기로 한다.

3.5.4.3. 조선 영조 때 왜학역관이었던 현계근은 19세가 되던 건륭(乾隆) 갑자(甲子, 1744) 식년시(式年試)의 역과(譯科) 초시(初試) 한학(漢學)에 부거(赴擧)하여 합격하였다. 이 초시(初試)는 상식년(上式年)인 계해(癸亥, 1743) 가을에 시행되었을 것이나[102] 갑자년(甲子年) 5월에 부상(父喪)을 당하여 진시(陳試)할 것을 요청하였다.[103]

졸저(2017: 646~651)에 소개한 천녕(川寧) 현씨(玄氏) 고문서에 이때의 진시소지(陳試所志)가 남았는데 전형적인 조선이문으로 작성되었다. 이를 옮겨 적으면 다음과 같다.

> 譯科初試擧子喪人玄敬躋,
> 右謹言所志矣段, 矣身今甲子式年譯科初試, 以漢學擧子入格矣。五月分遭父喪是如乎, 依例陳試, 事後考次立旨, 成給爲只爲, 行下向敎是事。
> 礼曹 處分 手決 依法典
> 甲子十月 日 所志

이 예문을 보면 현계근(玄啓根, 初名 玄敬躋)가 갑자식년(甲子式年) 역과초시(譯科初試)에 한학(漢學), 즉 한어 전공으로 합격하였으나 부상(父喪)을 당하여 복시(覆試)에 부거(赴擧)함을 진시(陳試)하겠다는 것이며 법전(法典)에 의거하여 허가하여 과거를 주무하는 관서인 예조(禮曹)의 처분이 있었음을 알 수 있다.

여기에는 비록 한문 문법에 따랐으나 어미와 소자 등의 형태부가 이두로 첨가되었다. 즉, '-矣段(-의뚠), 矣身(이 몸), -是如乎(-이다온), -爲只爲

102 『增補文獻備考』(卷186) 「選擧考」3 '科制'3조에 "經國大典至是始, 命領行諸科三年一試. 前秋初試, 春初覆試殿試."라는 기사 참조.

103 陳試란 初試나 鄕試에 入格한 擧子가 親喪 등의 이유로 會試에 赴擧하지 못할 때 다음 科試의 會試에 應科할 수 있도록 연기함을 말하는 것이다.

(ᄒᆞ기샴), -下向敎是事(-하샤올 일)' 등은 구결 토로서 우리말로 풀어야 의미를 알 수 있다. 앞에서 논의한 한이문(漢吏文)의 형태부 표기와 매우 유사하다.

3.5.4.4. 이상의 고찰을 정리하면 조선의 이문은 원대(元代)에 유행하던 한이문(漢吏文)의 예를 따라 우리말에 맞도록 한문을 변형하여 만든 변체 한문으로 조선이문(朝鮮吏文)이라 부른다고 하였다. 그리고 이 이문(吏文)의 사용은 종전에 사용하던 한자로 우리말을 표기하는 향찰을 이찰(吏札)로 부르게 하고 한자로 우리말을 표기하는 것을 이두(吏讀)라고 하였다고 보았다.

이문(吏文)의 등장은 모든 변체(變體) 한문을 이문(吏文)으로 보고 우리말을 한자로 표기하는 일체의 행위에 이문의 '이(吏)'를 붙여 표시하기에 이른다. 그리하여 이두(吏讀), 이토(吏吐), 이찰(吏札), 이서(吏書) 등과 같은 술어가 난무하게 된다. 이에 대하여는 다음의 제5장 4. 공용문의 이문(吏文)과 이두문(吏讀文)에서 좀 더 자세하게 살펴볼 것이다.

제4장

조선전기의 한글 창제

제4장 목차

4.0.0. 앞 장(章)에서 한반도의 문자사용과 그 변천에 대하여 역사적으로 살펴보았다. 우리말을 표기하기에 매우 불편한 한문(漢文)이나 이문(吏文)으로부터 벗어나고 또 우리말을 표기하기에 알맞지 않는 한자 표기로 인하여 많은 시행착오를 거쳐야 했다.

삼국시대의 고유명사(固有名詞) 표기가 그러했고 신라시대의 향찰(鄕札) 표기가 그러했다. 그리고 고려시대에 들어와 한문이 일반화되면서 한문 문장에 구결을 토로 달아 읽는 방법도 생겼지만 역시 불편하였다. 한문을 완전히 우리말로 풀어 읽는 석독구결(釋讀口訣)을 사용하다가 한문 문장에 어미와 조사, 즉 형태부만 한자로 표기하는 송독(誦讀) 구결을 발전시켰지만 불편한 것은 여전하였다.

특히 고려 후기에 원대(元代)의 한이문(漢吏文)의 영향으로 조선의 건국 초기부터 우리말에 맞는 조선이문(朝鮮吏文)을 계발하여 사용하였으나 여전히 우리말의 표기에는 불편하기 짝이 없었다. 조선이문도 결국은 그 문장 구조가 우리말과 다른 한문 문법에 따라야 했기 때문이다. 이로부터 우리말을 전면적으로 표기하려는 욕구는 더욱 강해질 수밖에 없었다.

4.0.1. 뿐만 아니라 당송(唐宋)을 통하여 유입된 한자와 한문은 중국에서 오는 사신(使臣)을 비롯하여 중상(中商)들과의 교역에서도 서로 소통하게 하였다. 왜냐하면 이 시대의 한자음은 모두 중국의 역사에서 통어(通語)의 발음이었고 문장도 통어에 기반을 둔 것이기 때문이다.

그러나 몽골의 원(元)이 건국하면서 도읍(都邑)을 당시로는 동북방언을 사용하는 북경(北京)으로 정하고 그곳의 말인 한아언어(漢兒言語)를 공용어로 하면서 이 중국어와는 한문을 통하여 배운 것으로는 통하지 않게 되었다. 당송(唐宋)의 통어(通語)와 원대(元代)의 근대한어(近代漢語)와는 통역이 필요할 만큼 서로 다른 언어였기 때문이다.

따라서 우리 한자음과 원대(元代) 한어(漢語)의 한자음은 많이 다르게 되었고 훈민정음 서문에서 말한 "國之語音, 異乎中國, 與文字不相流通 – 나라의 말소리가 중국과 달라서 문자로 서로 통하지 않다"의 경지에 이른 것이다. 원대(元代) 고려후기부터 한어(漢語) 역관을 따로 양성해야했던 것은 이러한 중국 공용어의 변화에 있었다.

4.0.2. 우리말을 표기하는 고유문자의 욕구와 변화하는 한자음의 정확한 표음을 위한 표음문자의 필요성은 드디어 훈민정음으로 불리는 새로운 문자의 제정을 불러오게 된다. 전시대의 다양한 한자 표기의 개발과 그 사용으로부터 고유문자의 필요성이 인식되었고 중국어와 한자음의 차이를 극복하기 위한 표음문자가 시급하게 필요했던 것이다.

새로운 문자의 제정을 위하여 필연적으로 여러 음성, 음운의 연구 이론이 필요했고 우리말에 대한 철저한 음운 분석과 문법적 해석이 필요했다. 세종은 새 문자의 필요성을 인지하고 그를 위하여 여러 학자와 이론을 수합하였고 여러 차례 시행착오를 거쳐 드디어 한자음을 정밀하게 표음할 수 있고 겸하여 우리말도 표기할 수 있는 문자를 제정하게 된다.

또한 이것은 새 나라를 세우면 새 문자를 제정한다는 북방민족의 전통에 맞는 것이다. 따라서 전 시대는 가장 과학적이고 우리말 표기에 적합한 새로운 문자의 제정을 가져오게 한 찬란한 새벽을 여는 여명(黎明)과도 같은 시기였다. 만일 이 시대에 우리말 표기를 위하여 우리말의 음운과 문법에 대한 피나는 노력이 없었다면 한글이라는 우리의 자랑스러운 문자는 세상에 나오지 못했을 것이다.

이 장(章)에서는 훈민정음이라는 이름으로 제정된 우리의 글자인 한글의 발명에 대하여 그 동안 이에 대하여 고찰한 다른 여러 연구자들의 시각과 다르게 살펴보기로 한다.

1. 시대의 개관(概觀)

4.1.0.0. 주지하는 바와 같이 조선 왕조는 역성(易姓) 혁명에 의하여 건국되었다. 고려의 무신(武臣)이었던 이성계(李成桂)가 위화도(威化島)에서 회군(回軍)한 이래 세력을 키워 고려의 우왕(禑王)을 내어 쫓고 공양

왕(恭讓王)을 세운 다음 이를 3년 만에 또한 폐위(廢位)시키고 스스로 왕위에 올라 조선왕조를 세운 것이다.

그러나 아직도 고려의 유신(遺臣)들의 저항은 계속되어 두문동(杜門洞) 사건(1392)이 있었고 고려 왕가(王家)의 몰살(1394)과 두 번에 걸친 왕자(王子)의 난(1398, 1400), 조사의(趙思義)의 난(1402) 등이 계속되었다. 견디다 못한 태조(太祖)는 7년을 채우지 못하고 둘째 아들인 정종(定宗)에게 왕위를 물려주고 함흥으로 낙향한다. 이성계의 다섯째 아들이 방원(芳遠)이 등극하여 제3대 태종(太宗)이 된 다음 조선왕조는 비로소 왕권이 수립되고 국가의 기반이 다져졌다.

조선 태조(太祖) 이성계는 건국 초기부터 고려의 교육제도를 본받아 육학(六學)을 설치하여 양가(良家) 자제로 하여금 각 분야의 전문 지식을 학습하게 하였다. 즉, 『태조실록』(권2) 태조 2년 10월 조에 "設六學, 令良家子弟肄習, 一兵學、二律學、三字學、四譯學、五醫學、六算學。 - 육학(六學)을 설치하여 양가 자제에게 명하여 학습하게 하였다. 하나는 병학(兵學)이오 둘은 율학(律學)이오 셋은 자학(字學)이며 넷은 역학(譯學)이고 다섯은 의학(醫學)이고 여섯은 산학(算學)이다"라는 기사가 있어 학문을 6개 분야로 나누어 각 기관에서 교육하게 하였음을 알 수 있다.

이것은 고려의 공양왕(恭讓王)이 설치한 십학(十學)의 전통을 이어받은 것이다. 태종(太宗)은 이 육학(六學)에 '유학(儒學), 이학(吏學), 음양풍수(陰陽風水), 악학(樂學)'을 추가하여 십학을 두었는데 태조 때의 병학(兵學)을 무학(武學)으로 명칭을 바꿔 '유학(儒學), 무학(武學), 이학(吏學), 역학(譯學), 음양풍수(陰陽風水), 의학(醫學), 자학(字學), 율학(律學), 산학(算學), 악학(樂學)'을 두었으며 이것은 고려 공양왕의 십학(十學)에 비하여 역학과 산학이 추가된 것이다.[1]

뿐만 아니라 유학은 삼관(三館 - 조선 초기의 예문관, 성균관, 춘추관을 말함)

---

1 태종의 십학에 대하여는 『태종실록』(권12), 태종 6년 11월 辛未 조에 "置十學, 從左政丞河崙之啓: 一曰儒, 二曰武, 三曰吏, 四曰譯, 五曰陰陽風水, 六曰醫, 七曰字, 八曰律, 九曰算, 十曰樂, 各置提調官. [下略] - 십학을 두다. 좌정승 하륜의 啓에 따라 십학을 두다. 하나는 유학, 둘은 무학, 셋은 이학, 넷은 역학, 다섯은 음양풍수, 여섯은 의학, 일곱은 자학, 여덟은 율학, 아홉은 산학, 열은 악학으로서 각각 제조관을 두었다."라는 기사를 참조할 것. 졸저(1990a: 50)에서 재인용.

의 7품 이하의 관원에게, 그리고 기타 9학은 4품 이하의 관원에게 고시(考試)하여 출척(黜陟)의 근거로 삼았음으로 학문과 기술이 크게 발달하였다.

특히 사대문서 작성에 필요한 한이문(漢吏文)의 교육은 승문원(承文院)에서 담당하였고 역학(譯學)은 사역원(司譯院)에서 담당하였으며 한이과(漢吏科)와 통사과(通事科)를 두어 이문(吏文)의 연구인 이학(吏學)과 외국어의 학습인 역학(譯學)이 크게 발흥하였다. 이러한 언어와 문자에 대한 연구가 축적되어 세종 때에 이르러 훈민정음의 창제라는 언어학적 대사업이 이루어진 것이다.

4.1.0.1. 태종의 뒤를 이어 왕위에 오른 세종(世宗)은 즉위 초부터 학문의 진작(振作)에 뜻을 두어 집현전(集賢殿)을 설치하여 제학(提學) 이상은 재상이 겸임하게 하여 하였으나 부제학(副提學) 이하는 전임의 녹관(祿官)을 임명하여 학문 연구에 전념하게 하였다.

그리하여 젊고 재주가 있는 문사(文士)들이 모여들어 집현전을 구성하게 되었다. 집현전의 가장 중요한 임무는 임금을 위한 경연(經筵 - 임금과 경학을 강론하는 일종의 세미나)과 서연(書筵 - 세자와 경학을 논함), 및 종학(宗學 - 왕족을 교육하는 것)을 준비하는 것이었으며 고제(古制)를 상고하여 임금의 자문(諮問)에 응하거나 왕실의 중요한 서적의 편찬에도 관여하였다.

원래 연구기관이었던 집현전은 왕의 자문에 응한다든지 경연을 통하여 자주 임금과 접촉하면서 정치에 깊게 관여하게 된다. 그리하여 세종 20년(1438) 이후에는 언론 내지 정치 기관으로 변모하게 되었으며 수구적(守舊的)이며 사대사상과 유학(儒學)에 심취한 원로대신들과 세종과의 갈등 속에 휘말려들게 된다.

새 문자 제정에 대한 최만리(崔萬理) 등의 반대도 이런 배경에서 이루어진 것이다. 세종 32년이 지나면 집현전의 학자들이 대거 정계로 진출하고 단종(端宗) 때에는 수양대군(首陽大君)의 계유정난(癸酉靖難)에 동조하게 된다. 그러나 수양대군이 등극하여 세조(世祖)가 되면서 왕권이 강화되자 집현전의 젊은 학자들이 중심이 되어 세조의 왕권 찬탈(簒奪)

에 반대하여 단종(端宗)의 복위(復位)를 도모하였다. 그러나 이 시도는 실패로 돌아가고 사육신(死六臣)의 이름만 남기게 되었으며 이를 모의한 집현전은 폐지하게 되었다. 그 대신 예문관(藝文館)이 그 역할을 대신하게 되었다.

4.1.0.2. 세종의 새 문자 제정은 한자에 중독된 유신(儒臣)들의 방해를 피하여 가족 중심으로 이루어졌다. 특히 몽골의 원(元)에서 파스파 문자를 제정하여 한자 문화에 대항한 것을 기억하는 명(明)의 감시를 피하기 위하여 새 문자의 제정은 은밀하게 진행될 수밖에 없었다.

그러다가 어느 정도 새 문자의 윤곽이 들어난 세종 26년(1444) 2월 16일에 이 문자로 <운회(韻會)>를 번역하라는 왕명을 내린다.[2] 그동안 비밀리에 진행되던 새 문자가 드디어 표면에 나타난 것이다. 이에 놀란 유신들은 4일 후인 2월 20일에 최만리(崔萬理)의 반대 상소가 올라온다. 이 때에는 한자음의 표음을 위한 발음기호로서 훈민정음이란 이름으로 새 문자를 불렀다.

훈민정음을 제정하고 나서 세종(世宗)은 『동국정운(東國正韻)』을 편찬하기 위하여 <운회>를 번역하였으나 둘째 따님 정의(貞懿)공주가 변음토착(變音吐着)의 난제(難題)를 훈민정음으로 해결하자 우리말의 전면적인 표기가 가능함을 깨닫게 되었다. 즉, 전술한 변음토착(變音吐着)한 구결(口訣)을 훈민정음으로 대신하여 문제를 해결한 것이다.

구결(口訣)을 새 문자로 적을 수 있음을 보고 그동안 한문의 토(吐)였던 우리말의 어미와 조사가 새 문자로 적을 수 있게 되자 세종은 이 문자로 우리말을 전면적으로 표기할 수 있음을 알게 된 것이다. 그리하여 수양대군으로 하여금 신미(信眉) 대사와 김수온(金守溫)과 함께 『증

2 『세종실록』(권103), 세종 26년(1444) 2월 丙申 조의 기사에 보이는 "命集賢殿副校理崔恒等, [中略] 指議事廳, *以*諺文譯韻會 - 집현전의 부교리 최항 등에게 명하여 의사청(議事廳)에서 언문으로 운회를 번역할 것을 지시하다."에 보이는 '韻會'의 번역을 논의한 '議事廳'은 '諺文廳'의 전신이 아니라 국사를 논의하는 곳이다. 『세종실록』에는 議事廳에서 국사를 논의하였다는 기록이 여러 곳에서 보인다. 아마도 세종이 국사를 논의하는 의사청으로 최항, 박팽년, 신숙주, 이선로, 이개, 강희안 등을 불러 운회의 번역을 명한 것으로 보인다.

수석가보(增修釋迦譜)』를 언해하여『석보상절(釋譜詳節)』을 짓도록 명하였다.

그리고 세종 스스로도 새 문자의 표기를 확인하기 위하여『월인천강지곡(月印千江之曲)』을 저술하였다. 이 때에 사용한 새 문자를 언문(諺文)이라 불렀다. 물론 훈민정음과 동일한 문자이지만 언문은 우리말 표기에 사용할 때에 붙인 이름이고 훈민정음은 한자음의 개정에 쓰일 때에 붙인 이름이다.

두 책을 간행하기도 전에 <석보상절>과 <월인천강지곡>을 합편하여『월인석보(月印釋譜)』를 간행하면서 제1권의 권두에 훈민정음의 어제서문과 예의(例義)를 언해한 <언해본>을 첨부한다. <월인석보>는 세종 28년(1446) 10월에 간행되었을 것으로 추정되는 <구권(舊卷)>과 세조 5년, 천순(天順) 3년(1459)에 간행된 <신편(新編)>이 있다.[3]

4.1.0.3. 이와는 별도로 새 문자의 이론적 해설서인 {해례}『훈민정음』을 편찬하게 하여 세종 28년 9월 상한(上澣)에 완성하였다. 이것이 소위 <해례본> 훈민정음이라고 불리는 새 문자의 해설서다. 집현전(集賢殿) 부제학(副提學)인 최만리(崔萬理)의 반대 상소를 의식하여 세종은 편찬자로 집현전의 젊은 학사들을 대거 편찬자에 넣게 하였고 집현전의 대제학(大提學)인 정인지(鄭麟趾)로 하여금 후서(後序)를 쓰게 하였다.

그리고 <해례본>의 권두에 있는 세종의 어제서문(御製序文)과 예의(例義) 부분의 3장반을 언해하여 18장으로 한 {언해}「훈민정음」(이하 <언해본>)을 전술한 바와 같이 <월인석보>의 권두에 첨부하였다.[4] 그러나 이 <언해본>은 <해례본>의 권두 부분을 그대로 언해한 것이 아니라 정치음(正齒音)과 치두음(齒頭音)을 구별하는 5자를 더 추가하여 모두 32자의 글자를 보였다. <해례본>의 28자와는 구별되며 더욱이 <언해본>의 판

3 그동안 학계에서는 세종 5년에 간행된 {新編}『月印釋譜』만을 인정하였으나 정통 12년(1447), 세종 29년에 개성 佛日寺에서 제작한 <월인석보>의 玉册이 있어 세종 생존 시에 간행된 <월인석보>도 있었음을 확인할 수 있다」(졸저, 2021: 289~296).

4 훈민정음의 <언해본>은 '훈민정음'이란 서명의 단행본으로 간행되어 고려대 도서관에 소장된 것이 있고 <월인석보> 新編의 제1권 권두에 附載된 <세종어제훈민정음>도 있다(졸고, 2013b).

심(版心)은 '정음(正音)'이어서 훈민정음과는 다른 문자 체계를 보인다.

졸저(2015)에서는 훈민정음의 <언해본>이 <해례본>과 달리 우리말만이 아니라 후일『홍무정운역훈(洪武正韻譯訓)』으로 정리될 한자의 정음(正音)까지 표기할 수 있는 문자 체계를 보인 것으로 보았다. 단순하게 <해례본>의 예의(例義)를 언해한 것이 아니라고 본 것이다. <언해본>에 보인 초성 32자는 다음의 4.3.2.1.~2.에서 논의할 몽운(蒙韻)의 파스파 문자로 표음한 한자음 대운(大韻), 즉 반절상자(反切上字)의 32자를 옮겨 온 것이다.

4.1.0.4. 한편 세종 28년 10월경에 <석보상절>(이하 <석보>)와 <월인천강지곡>(이하 <월인>)의 원고가 완성되자 이를 합편하여『월인석보(月印釋譜)』(이하 <월석>)를 간행하면서 제1권의 권두에 <훈민정음>이란 이름의 <언해본>를 부재(附載)하였다.

즉, 세종 생존 시에 {구권(舊卷)}<월석>에는 '훈민정음'이란 이름으로 제1권 권두에 첨부하였고 세종 때에 간행된 {신편(新編)}<월석>에는 '세종어제훈민정음'이란 제목으로 역시 제1권 권두에 부재(附載)하였다(졸고. 2013b; 2020a).[5]

세종은 이후에 새 문자의 보급을 장려하고 보급하기 위하여 언문청(諺文廳)을 설치하였다. 그리고 문종(文宗) 때에는 따로 정음청(正音廳)을 설치하여 신문자의 보급에 더욱 박차를 가하였다. 이들 관서에서는 유경(儒經)의 언해를 담당하여 세종 생존 시에 이미 유교의 경전을 언해(諺解)한 것으로 보인다.

즉,『세종실록』세종 30년 3월 28일 조의 기사에 "驛召尙州使金鉤, 鉤爲尙州未半年. 時集賢殿奉敎, 以諺文譯四書, 直提學金汶主之. 汶死集賢殿鹿鉤, 故特召之. 尋拜判宗簿寺事. - 역(驛)에 명하여 상주목사 김구(金鉤)

5 '訓民正音'이란 제목의 <언해본>은 세종 생존 시의 {구권}<월석>에 첨부되었던 것을 후대에 따로 떼여 단행본으로 한 것이 고려대 도서관의 육당문고에 소장되었고 '世宗御製訓民正音'이란 제목을 붙인 <언해본>은 세종 5년에 간행한 {신편}<월석>의 제1권 권두에 첨부되었다. 그 초간본 {신편}<월석>이 서강대에 소장되었다. '훈민정음'과 '세종어제훈민정음'의 <언해본>은 모두 필사되어 단행본으로 일본에 전한다(졸고, 2020a).

를 부르다. 김구는 상주에 간지 반년도 채 못 되었다. 이 때에 집현전에서 임금의 말씀을 받들어 언문으로 사서를 번역하였으며 직제학 김문(金汶)이 이를 주재하였다. 김문이 죽자 집현전에서 김구를 충원하려 함으로 특별히 부른 것이다. 자리를 찾아 종부사의 판사로 임명하다."라는 기사가 있어 집현전에서 사서(四書)를 신문자로 언해하였음을 알 수 있다.

또 서거정(徐居正)의 『필원잡기(筆苑雜記)』(권1)에 "世宗大王好學, [中略] 四經五經音解, 同時撰修 세종대왕은 학문을 좋아하여 [중략] 사경(四經)과 오경(五經)을 발음으로 해석하여 이 날에 동시에 편찬하다."라는 기사와 『증보문헌비고(增補文獻備考)』(권245)에 "經書音解, 世宗朝命儒臣設局撰次, 以便句讀 경서를 음해(音解)한 것은 세종 때에 유신들에게 명하여 실시하였고 국(局)을 설치하여 차례로 편찬하다."라는 기사에 의하면 사서(四書)만이 아니라 오경(五經)도 언해되었음을 알 수 있다.

4.1.0.5. 반면에 세조(世祖)는 조카의 왕위(王位)를 찬탈(簒奪)하면서 많은 충신을 살해한 일을 후회하여 불교에 귀의(歸依)하려는 생각이 커져서 유신의 반대를 무릅쓰고 숭불(崇佛) 정책을 썼으며 많은 불경을 언해하여 간행하였다.

세조 7년(1461)에는 간경도감(刊經都監)을 설치하여 불경의 언해사업을 전담하게 하였으며 성종(成宗) 2년(1471)에 폐지될 때까지 이곳에서는 『능엄경언해(楞嚴經諺解)』(10권, 1461), 『법화경언해(法華經諺解)』(7권, 1462)를 비롯하여 다수의 불경을 언해하여 간행하였다.

언문청(諺文廳), 정음청(正音廳), 간경도감(刊經都監)은 훈민정음의 제정과 보급, 그리고 그의 발전을 위하여 설치한 기관으로써 『용비어천가(龍飛御天歌)』의 한문 가사(歌詞)의 언해와 불경의 언해, 그리고 새 문자를 이용한 제반 저술의 편찬과 간행을 담당하여 훈민정음의 보급에 크게 기여하였다.

세조 때(1455-1468)에는 세조 자신이 대군(大君) 시절에 <석보>를 신미(信眉)와 김수온(金守溫) 형제와 같이 저술함으로써 훈민정음의 편의성을 이미 깨닫고 있었으며 실제로 문자의 보급에도 참여한 바 있어 세종의 새 문자 정책에 깊이 동조하고 이를 한층 더 강화하였다. 그리하여 <동국정운>의 한자음이 현실적으로 통용되기 어려웠음에도 불구하고 부왕(父王)이 정한 것임으로 그대로 유지하게 하였으며 상술한 간경도감에서 불경을 언해하여 간행할 때에도 한자의 교정음을 그대로 쓰게 하였다.

특히 세종의 저술한 <월석>를 새로 수정하여 신편(新編)으로 간행하면서 그 권두에 훈민정음의 언해를 '세종어제훈민정음'이란 제목으로 첨부하였다. 왜냐하면 만일 세종 때에 간행되는 <월석>에 '어제서문'을 붙이면 이 서문이 세조의 것이 되기 때문이다. 그리하여 {구권}<월석>에 첨부되어 세종 생존 시에 세상에 나온 언해본의 <훈민정음>을 그 첫 장만 수정하여 <세종어제훈민정음>으로 고쳐서 {신편}<월석>의 권두에 첨부한 것이다.

특히 주목할 것은 세조대에 편찬된 것으로 기록된『초학자회(初學字會)』의 간행이다.『세조실록』(권14) 세조 4년 10월의 기사에 보인 것처럼 최항(崔恒)과 한계희(韓繼禧) 등이 시작하고 이승소(李承召)가 언해를 마친 <초학자회>가 세조 6년경에 간행되었다. 여기에 세종의 둘째따님인 정의(貞懿)공주가 작성한 <언문자모>가 권두에 부재되었다.

<초학자회>는 실전(失傳)되어 오늘날 전하지 않으나[6] 이것을 저본으로 하여 중종(中宗) 때에 최세진(崔世珍)이 편찬한『훈몽자회(訓蒙字會)』가 있어 그 모습을 규지(窺知)할 수 있다. 이 책은 어린이들의 어휘 학습서로서 유서(類書)의 형태였으며 우리 한자음, 즉 동음(東音)을 기록하였고 권두에 신문자로 한자음을 표기하는 방법을 소개한 <언문자모(諺文字母)>가 부재되었다.

예를 들면 초성(初聲)의 자모(字母)에 대하여 <훈민정음>의 예의(例義)에서 "ㄱ, 牙音, 如君字初發聲. - ㄱ은 어금니에서 나는 소리며 군(君)자의 첫 소리와 같다."와 같이『동국정운(東國正韻)』의 운목(韻目)자로 그 음가를 설명하지 않고 'ㄱ 其役(기역)'과 같이 초성으로 쓰인 한자 동음(東音)의 예로 '其-기'와 종성(終聲, 받침)의 예로 '役-역'을 들어 그 음가를 보였다.

---

6 <초학자회> 일부 낱장이 발견되어 소개되었다(홍윤표, 2017b). 그러나 진품인지 판단하기 어렵다.

세조 때에 한자 학습의 교재였던 <초학자회>에서 시작하여 중종 때의 <훈몽자회>에 이르기까지 한자음 표기를 위한 훈민정음은 <언문자모>에 의하여 널리 보급될 수 있었다. 졸저(2015: 434~438)에서 <언문자모>가 한글 보급에 끼친 영향에 대하여 자세하게 기술하였다.

4.1.0.6. 성종 때(1469~1494)에도 계속해서 신문자의 보급 운동은 이루어졌다. 우선 간경도감(刊經都監)이 폐지된 대신에 홍문관(弘文館)이 설치되고 육성되어 세종대의 집현전(集賢殿)과 유사한 학문 활동이 있었다.

그리하여 신문자의 보급뿐만 아니라 전통 문화와 우리 역사의 정리 사업이 잇달았으며 국가적 사업으로 노사신(盧思愼) 등의 『삼국사절요(三國史節要)』(1476)와 서거정(徐居正) 등의 『동문선(東文選)』(1478), 『동국통감(東國通鑑)』(1484), 『동국여지승람(東國輿地勝覽)』(1486) 등의 거질이 편찬되었다.

신문자의 보급에도 힘을 기우려 유윤겸(柳允謙) 등의 『두시언해(杜詩諺解)』(1481) 초간본과 윤호(尹壕) 등의 『구급간이방(救急簡易方)』(1489), 성현(成俔) 등의 『악학궤범(樂學軌範)』(1493) 등이 간행되었다. 『두시언해』와 『악학궤범』은 우리말의 시문(詩文)을 새 문자로 기술한 것이어서 실용문만이 아니라 문예문(文藝文)의 기록에도 새 문자가 이용되었다.

4.1.0.7. 연산군(燕山君)의 재위기간(1494-1506)은 폭정(暴政)으로 모든 분야가 침체되었고 특히 새 문자는 언문금압(諺文禁壓) 사건으로 심각한 탄압을 받게 된다. 연산군이 황음무도(荒淫無道)하여 정사를 돌보지 않고 환락에 몰두할 뿐 아니라 무오사화(戊午士禍, 1498)와 갑자사화(甲子士禍, 1504)를 일으켜 무고한 중신들을 많이 살해하였다. 이에 민심이 이반되어 여러 반역의 움직임이 있었으며 결국 중종반정(中宗反正)에 의하여 폐위되었다.

이 와중에서 언문 투서(投書) 사건이 있었는데 연산군 10년(1504)에 언문으로 쓰인 연산군의 폭정을 규탄하는 무명장(無名狀)이 신수영(愼守英)의 집에 던져졌다. 신수영은 연산군의 처남으로 이 투서 사건을 연산군에게 보고하였고 연산군은 분노하여 "且今後諺文, 勿敎勿學, 已學

者, 亦令不得行用. 凡知諺文者, 令漢城五部摘告, 其知而不告者, 幷隣人罪之. ― 또 이제부터는 언문을 가르치지도 배우지도 말 것이며 이미 배운 사람도 실제로 쓸 수 없다. 한성의 오부에 명령하여 언문을 아는 사람을 모두 적발하여 고하게 하고 이를 알면서도 고하지 않는 사람은 그 옆 집 사람에게 죄를 주라."(『燕山君日記』 권54, 연산군 10년 7월 戊申 조의 기사)라는 가혹하기 짝이 없는 조치를 내렸다.

그리고 이어서 "朝士家所藏諺文口訣書冊, 皆焚之. 如飜譯漢語諺文之類, 勿禁. ― 조정 사대부의 집에 소장된 언문과 구결로 된 서책은 모두 불태우라. 중국어를 번역한 언문은 금하지 않는다."라 하여 마치 진시황(秦始皇)의 분서갱유(焚書坑儒)를 연상하는 언문의 대대적인 탄압이 있었다. 그러나 이것은 일시적인 분노에 의한 것이고 역서(曆書)와 제문(祭文) 등의 일상적인 글을 언문으로 번역하여 사용하였으며[7] 연산군 자신도 '악장(樂章)'을 언문으로 지었다.

즉, 『연산군일기(燕山君日記)』(권60), 연산군 11년 12월 갑신(甲申) 조에 "下御製樂章于承政院曰: '徽功偉德爲舍音道, 于里慈圍舍叱多. 隆眷深仁爲舍音道, 于里慈圍舍叱多. 履福長綏爲舍, 享億春是小西'. 爲舍音道、于里、舍叱多、是小西、皆語助方言。[中略] 承旨等啓: '此出於誠孝, 可以被之管絃. ― 임금이 손수 지은 악장을 승정원에 내려 주며 말씀하시기를 '휘공위덕(徽功偉德 - 아름다운 공적과 큰 덕)ᄒᆞ샴도 우리 자위(慈圍)샷다.[8] 융권심인(隆眷深仁 - 큰 은혜와 깊은 어짐)ᄒᆞ샴도 우리 자위(慈圍)샷다. 이복장수(履福長綏 - 복을 누리고 길이 평안함)ᄒᆞ샤 억춘(億春 - 긴 세월)을 누리시소서'의 '爲舍音道 - ᄒᆞ샴도, 于里 - 우리, 舍叱多 - 샷다. 是小西 - 시소서'는 모두 우리말의 어조사라고 하시다. 승지(承旨) 등이 계하여 말하기를 '이것은 효성에서 나온 것이니 가히 관현(管絃)으로 연주할 만하다'라고 아

7 『燕山君日記』(권56), 연산군 10년 12월 병인(丙寅) 조에 "命兵曹正郎曺繼衡, 以諺文飜譯曆書. - 병조정랑 조계형에게 명하여 역서를 언문으로 번역하게 하다."라는 기사와 같은 책(권59), 연산군 11년 9월 병신(丙申) 조에 "傳曰: 今卒宮人祭文, 以諺文飜譯, 令醫女讀之. - 전하여 말하기를 이제 죽은 궁인의 제문을 언문으로 번역하여 의녀로 하여금 읽게 하라." 라는 기사 참조.

8 '자위(慈圍)'는 '자위(慈闈)'를 말하는 것으로 王后를 말함. '闈'는 궁중의 대문 옆에 있는 작은 문을 말하는데 왕후의 거처를 상징한다. 여기서는 燕山君의 생모인 廢妃 尹氏를 말하는 것으로 보인다.

되다."라는 기사를 보면 연산군 자신은 어려운 한문보다 언문이나 이두를 즐겨 쓴 것으로 보인다.

그리고 『연산군일기』(권62), 연산군 12년 6월 기유(己酉) 조에 "新採興淸運平等, 御前言語, 間或不知尊稱. 御前當用言語, 用諺文飜譯, 印頒諸院. — 새로 채용한 흥청(興淸)과 운평(運平) 등이 임금 앞에서 말할 때 간혹 존칭을 알지 못하는 수가 있었다.[9] 어전에서 써야 하는 말을 언문으로 번역하여 인쇄하여 각 원에 나누어주다."라는 기사가 있어 연산군 때에도 여전히 궁중(宮中)에서 언문이 활용되고 있었음을 말한다.

연산군(燕山君) 시대 주목할 것은 동국정운식의 교정(校訂) 한자음이 현실음으로 바뀌어 표기되기 시작했다는 점이다. 연산군 2년(1496)에 간행된 『육조법보단경언해(六祖法寶壇經諺解)』(3권 3책)와 『시식권공언해(施食勸供諺解)』(2권 1책)는 이제까지 발견된 것 중에서 동음(東音)의 한자음을 기록한 최초의 자료다. 이후 교정한자음인 동국정운음은 자취를 감추게 된다.[10]

4.1.0.8. 중종 때(1506-1544)에는 연산군의 폭정과 중종반정(中宗反正)의 후유증이 가시지 않았고 조광조(趙光祖)에 의한 도덕정치가 잠깐 있었으나 역시 수구 세력에 의하여 도태됨으로써 이 시대에도 사화(士禍)와 당쟁(黨爭)이 연속되는 혼란한 정치가 계속되었다.

그리하여 학문은 쇠퇴하고 문화는 퇴폐적으로 흘렀다. 그러나 명(明)과의 외교 교섭이 자자지고 바다 건너 일본이 전국을 통일하여 세력을 키우면서 호시탐탐 한반도를 넘보면서 대마도(對馬島)를 통하여 조선과의 접촉이 빈번해졌다. 이와 같은 국제 정세 속에 사역원(司譯院)의 외국어 역관들이 중요한 위치를 갖게 되었다.

그 가운데 최세진(崔世珍)은 한어(漢語) 역관으로서 중국어 학습과 이

---

9 興淸과 運平은 연사군 때에 王命으로 採紅使, 採靑使들로 하여금 전국에서 모아드린 妓女를 말한다.

10 『六祖法寶壇經諺解』는 唐의 佛僧으로 불가에서 六祖라 일컫는 惠能의 어록을 적은『六祖法寶壇經』>을 언해한 책으로 목활자의 인본으로 간행됨.『施食勸供諺解』는 佛供에 필요한 眞言勸供과 三壇施食文으로 된『施食勸供』을 언해한 책으로 연산군 2년에 仁粹大妃의 명으로 400부를 목판본으로 간행하였음.

문(吏文)의 연구에 훈민정음을 이용하면서 새 문자에 대한 깊은 연구와 중국어와의 비교에도 관심을 갖게 되었다. 중종 때에는 실로 최세진에 의하여 훈민정음에 대한 연구가 중흥(中興)하게 된다. 최세진은 세종 이후 한국어의 표기, 한자음, 문법, 중국어와의 비교 등에 관하여 가장 광범위한 연구를 수행하였다.

최세진에 의하여 세종대의 훈민정음 연구가 다시 세인의 관심을 끌게 되었고 다른 유학자(儒學者)들에게도 이러한 연구의 필요성을 인식시켜 주었다. 그러나 최세진은 일개 역관(譯官)이었으며 중인(中人)이었다가 동반(東班)으로 천전(遷轉)하여 유신(儒臣)의 대접을 받았지만 여전히 집안은 한미(寒微)한 것으로 기록되었다.

따라서 최세진은 양반 사대부(士大夫)들과 유학자들의 질시(疾視)를 사게 되어 그의 학문에는 한계가 있었다. 주로 그는 세종대의 정음연구를 수정하고 정리는 방법을 취하게 되었다. 그러나 이러한 연구도 민족의 수난인 임진왜란(壬辰倭亂)을 겪으면서 다시 위축되고 말았고 한동안 그 연구의 맥이 끊기게 되었다.

4.1.0.9. 이 시대의 한국어연구는 한 마디로 말하여 새 문자의 창제와 그에 관련한 한국어의 음운 연구가 주종을 이루었다. 성리학(性理學)과 성운학(聲韻學)의 방법으로 이 시대의 한국어 음운은 깊이 있게 연구되었고 고대인도의 성명기론(聲明記論)에 의거하여 과학적으로 제정한 표음문자로 우리말을 정밀하게 기술(記述)되었다.

뿐만 아니라 경서와 불경의 번역에 의하여 한국어와 한문과 한어(漢語), 및 범어(梵語) 등과 비교되었으며 그에 의하여 한국어의 형태, 통사에 대한 연구도 저급한 수준의 것이지만 없지 않았고 어휘의 연구와 어휘집의 편찬도 적지 않았다. 사역원에서는 한어(漢語)를 비롯하여 몽고어와 일본어, 여진어 또는 만주어를 교육하고 교재를 편찬하면서 이들 언어와도 비교되었다. 역관 문법이라고 할 수 있는 우리말의 기술(記述) 문법이 이때에 태동(胎動)되었다.

따라서 이런 의미에서 한국어연구가 이 시대에 이루어졌다고 볼 수 있으며 한국어의 음운, 문법, 어휘 및 표기에 대한 연구가 본격적으로 이루어졌다고 할 수 있다. 어떤 분야는, 예를 들면 음운의 연구가 당시 우리말의 음운 기술은 오늘날의 발달된 서양언어이론으로 보아도 결코 손색이 없거나 그보다 더 앞선 것이 이 시대에 이루어졌다.

이 때의 우리말이 얼마나 정밀하게 기술되었는지 한국어의 역사적 연구는 이 시대의 한국어를 기점으로 하여 회고적(回顧的) 방법으로 고대한국어가 고찰되고 전망(展望)의 방법으로 근대한국어가 연구되기에 이른다. 1960년대까지 한국어사의 연구라면 거의 모두가 훈민정음에 의하여 전사(轉寫)된 이 시대의 한국어를 연구하는 것이었다. 이 시대야 말로 이 땅에서 본격적인 한국어학이 시작된 때라고 보아야 할 것이다.

2. 세종의 새 문자 창제의 배경

4.2.0.0. 다음으로 세종의 새 문자 창제에 대하여 살펴보기로 한다. 신라로부터 고려에 이르러 학문은 크게 진작되었고 사회는 국제화되어 중국의 원(元)을 통한 서양문물도 도입되었다. 그리고 주변 국가와 민족이 자신들의 언어를 표기하는 표음문자의 제작에 깊은 영향을 받았으며 고려시대를 풍미(風靡)한 불교사상의 자유분방한 학문관은 학문과 기술의 여러 분야에 관심을 갖게 하였다.

더욱이 전술한 바 있는 불경의 성명기론(聲明記論), 또는 성명업(聲明業)으로 불리는 고대 인도의 음성학은 신미(信眉) 대사를 비롯한 조선 초기의 학승(學僧)들에 의하여 세종의 새 문자 제정에 이론적 근거를 제시하였다. 특히 실담(悉曇)의 연구와 그에 의한 자음과 모음의 음운 인식은 오늘날의 언어학적 지식으로도 놀라울 정도의 과학적이고 체계적이었다.

고려시대에 한반도에는 다양한 문화가 유입되었다. 특히 고려 후기에는 몽골의 원(元)으로부터 중국은 물론이고 유럽과 인도, 아랍의 문명도 수입되어 여러 분야에서 괄목할 만한 변화를 가져왔고 또 다양한 언어와 접촉하게 되었다. 이것은 세계주의(cosmopolitanism)를 표방한 원(元) 제국(帝國)의 영향이라고 보아야 한다.

몽골의 원(元)은 우리말과 유사한 교착적 문법 구조의 몽고어가 지배족의 언어였으며 이 말을 기록하는데 한자는 매우 불편하였다. 그리하여 원(元) 제국의 태조였던 칭기즈칸(成吉思汗)은 위구르 문자를 들여다가 몽고어를 기록하게 하였다. 그러나 이 문자로 한자음을 표기하기는 거의 불가능하였다. 중국의 송(宋)을 멸하고 원(元)을 새운 세조 쿠빌라이 칸(忽必烈汗)은 티베트 불교의 라마인 팍스파로 하여금 한자음과 몽고어를 표기할 표음 문자를 만들게 하였다.

이것이 바로 파스파 문자다. 몽고인들은 이 글자로 한자음을 표기하여 『몽고운략(蒙古韻略)』을 편찬한다. 세종이 훈민정음을 제정하고 이 문자로 <동국정운>을 편찬한 것과 같은 발상이다. 원대(元代)에 제정된 파스파 문자는 고려후기에 이 땅에 들어와서 역관들의 몽고 교육은 물론 식자들의 한자음 이해에 크게 도움을 주었다.

4.2.0.2. 세종은 이러한 파스파 문자의 효용성을 잘 알고 있었다. 그리하여 우리도 한자음을 표음하는 문자의 필요성을 인식하고 가까운 가족과 주변의 여러 관련학자들을 불러 모아 새 문자를 제정하기 시작한다. 다만 세종 때에는 이미 몽골의 원(元)은 망하고 오아(吳兒)의 명(明)이 건국되어 호원(胡元)의 잔재(殘滓)로 파스파 문자를 지목하고 철저하게 퇴출시켰기 때문에 세종도 이 문자와의 관련은 되도록 자제하였다.

신생(新生) 조선에서 파스파 문자와 같은 새 문자를 제정하는 것은 명(明)으로서 바람직한 일이 아니었다. 더욱이 몽고의 본거지로 물러나서 호시탐탐 명(明)을 노리는 북원(北元)과의 관계를 의심하여 명(明)의 조선에 대한 감시의 눈은 매섭기 짝이 없을 때라 새 문자의 제정은 비밀리에 가족 중심으로 이루어질 수밖에 없었다.

우리말의 연구는 이 새로운 문자를 제작하고 이로서 이 말을 표기할 때에 생기는 여러 문제를 고찰하면서 비로소 하나의 학문으로서 정착한 것으로 볼 수 있다. 우리말의 학술적 연구를 한국어학이라고 한다면 훈민정음의 창조와 그에 관련된 우리말의 연구는 이 때에 비로소 그 단초(端初)를 제공했다고 할 수 있다. 그럼 먼저 세종의 새 문자를 창제하게 된 배경을 살펴보기로 한다.

1) 주변 민족의 문자 제정과 사용

4.2.1.0. 고대시대의 동북아(東北亞)에서는 한자(漢字)가 가장 강력하고 거의 유일한 문자였다. 설령 간혹 다른 민족이 발전시킨 문자가 있었다 하더라도 거대한 선진 중국 문화를 등에 업은 한자에 밀려 잠시 시용되다가 소멸될 수밖에 없었다.

그러나 불교의 전래와 더불어 중국에 들어온 범자(梵字)는 우월한 고대 인도문화를 배경으로 하는 표음문자이었고 표의(表意)문지인 한자와는 여러 가지로 대조되는 문자였다. 거기다가 불교문화를 등에 업고 있어서 한자의 권위에 눌려 지내던 주변 민족들의 문자생활은 범자(梵字)를 접하면서 점차 변화를 입게 되었다.

특히 고립어인 중국어를 표기하기 위하여 발전된 한자(漢字)는 중국 북방민족들의 교착적인 문법 구조를 가진 언어를 표기하기에 매우 불편하였다.[11] 이런 때에 표음문자로서 불경으로 도입된 산스크리트 문자, 즉 범자(梵字)는 이 북방민족들의 언어를 표기하는 편리한 표음문자로 다가왔다.

중국의 역사에서 언어의 대립은 교착적인 언어의 북방민족과 고립적인 언어의 남방 오아(吳兒)로 나뉘게 된다. 졸저(2015)에서 중국의 남북 대립을 다음과 같이 표현하였다.

> 역사가 시작되기 전부터 중국에서는 북방민족과 남방문화가 충돌(衝突)하여 왔다. 중국의 역사에서 신화(神話)와 전설(傳說)의 시대인 신농씨(神農氏) 때에 난을 일으켜 황제(黃帝)와 탁록(涿鹿)의 들에서 싸우다가 패전하여 포살(捕殺)된 치우(蚩尤)는 북방민족을 대표한다. 어떤 학자는 치우(蚩尤)가 동이(東夷)의 상징으로 보기도 한다. 반면에 황제(黃帝)는 황하(黃河)를 중심으로 발달한 남방문화를 대표한다고 한다. 북방민족들은 유목(遊牧) 민족이었고 교착어(膠着語)를 사용한다. 따라서 농경(農耕) 문화를 발달시켰고 고립어(孤立語)를 구사하는 황하(黃河) 이남의 오아(吳兒)들과 북방민족은 서로 대립된다. 중국의 역사는 바로 이와 같은 남방문화와 북방민족의 투쟁사(鬪爭史)라고 할 수 있다. 졸저(2015: 28).

---

11 중국어가 言語類型論에서 孤立語인 것에 대하여는 졸저(2012: 33)에서 상세하게 논의하였다.

한자(漢字)는 중국어와 같이 고립어(孤立語)를 표기하도록 고안된 문자다. 그러기 때문에 교착어(膠着語)를 사용하는 북방민족들 사이에는 한자가 아닌 자신들의 언어를 기록할 문자의 필요성을 오래전부터 절실하게 느껴왔다. 이런 필요성을 가장 이른 시기에 실현시켜 표음문자를 제정한 것은 티베트의 서장(西藏) 문자라고 볼 수 있다.

물론 그 이전에 고구려나 발해(渤海)에서 한자를 변형시킨 전혀 다른 문자로 언어를 기록한 흔적은 있으나 오늘날에 남아있는 자료가 부족하여 이에 대한 연구가 지지부진하였다. 따라서 현재의 연구 성과로 본다면 티베트의 토번(土蕃) 왕국에서 기원후 649년에 제정한 서장(西藏)문자가 북방 민족들이 한자를 벗어나서 만든 최초의 표음 문자로 볼 수 있다.

4.2.1.1. 티베트 문자, 즉 서장(西藏) 문자는 7세기 중엽에 토번(吐蕃)의 송첸감보(Srong- btsan sgam-po, 松贊干布) 왕이 당시 대신(大臣)이었던 톤미 삼보다(Thon-mi Sam-bho-ṭa)를 인도에 파견하여 고대인도의 음성학을 배우게 하고 그에 의거하여 티베트어를 표기하기 위하여 만든 표음문자로 알려졌다(김민수, 1990).

그러나 톤미 삼보다는 9세기에 활약하던 실제인물이므로 7세기 중반의 송첸감포 왕과는 시대적으로 맞지 않으므로 필자는 톤미 아누이브(Thon-mi Anui'v)가 실제로 이 문자를 제정하였다고 본다. 즉, Bu ston rin chen grub(1729~33)에 의하면 송첸감보 왕은 톤미 아누이브를 포함함 16인을 인도에 파견하여 판디타 헤리그 셍 게(Pandita lHa'i rigs Sen ge) 밑에서 인도 문법과 성명기론을 배우고 돌아와서 서장(西藏) 문자를 만들었다고 한다(졸저, 2012b: 79~80).

중국 측 자료인 『구당서(舊唐書)』 「토번전(吐蕃傳)」에 티베트에는 "문자는 없고 나무를 조각하거나 끈을 묶어서 약속을 한다."고 하였으며 7세기 초에 처음으로 당(唐)을 방문한 토번 왕조의 재상(宰相)인 갈 통찬(mGar-stong-rtsan)이 "문자를 알지 못하지만…"이라고 한 것으로 보아 토번(吐蕃) 왕조의 초기, 즉 송첸감보 왕 이전에는 문자가 없었던 것을 알 수 있다.

다만 송첸감보(Srong-btsan sgam-po) 왕이 죽은 지 6년째인 서기 655년에는 분명히 티베트어를 기록하는 문자가 있었다는 기록이 돈황(敦煌) 출토의 티베트 문헌에서 확인할 수 있다(졸저, 2019b: 109~112). 따라서 송첸감보 왕이 톤미 아누이브 등의 신하들을 인도에 파견하여 비가라론(毘伽羅論)과 그의 성명기론(聲明記論), 그리고 범자(梵字)의 문자교육, 즉 만자교(滿字敎), 반자교(半字敎)를 배우게 하였을 것으로 추측된다.

그들이 돌아와서 토번(吐蕃)의 티베트어를 표기하기에 적합한 문자로 만든 것이 서장(西藏) 문자다. 이 문자의 모습은 카시미르(Kashmir) 문자를 본떴고 티베트 라사르 성(城)에서 수정한 다음에 송첸감보 왕에게 받쳤다. 왕은 4년간 이것을 배웠다고 하며 이들은 고대인도의 파니니가 편찬한『팔장(八章)』을 본 받아 <팔론(八論)>을 저술하였다고 한다.[12]

여기서 말한 카시미르 문자란 인도의 서북부 카시수미르 지역의 언어인 카시미르 언어를 표기한 사라다(Sarada)[13] 문자를 말하는 것으로 8세기경에 당시 갠지스 강 중류 지역과 동인도, 서북 인도, 카시미르 지역에 보급되었던 싯담마트리카(Siddhamātṛkā) 문자의 서부파(西部派)에서 만들어진 것이다(Narkyid, 1983).

이 문자는 언어를 표기하는데 매우 유용해서 티베트어만이 아니라 주변의 여러 민족의 언어도 표기할 수 있었다. 즉, 서장(西藏) 문자는 티베트어의 음절 초 자음을 30음으로 보고 30자를 음절 문자로 제정하였다. 물론 이 30자 중에는 모음으로 보아야하는 글자도 포함되었다(졸저, 2009: 145~9). 다만 모음자는 따로 만들지 않고 구분부호를 자음자에 붙여 표기하였다.

이 문자는 매우 과학적이어서 티베트만이 아니라 네팔, 시킴, 부탄 등의 히말라야 산맥의 남록(南麓)에서도 사용하였다. 이로부터 북방민족 사이에는 국가를 건설하면 문자를 만드는 전통이 생겨났다.

---

12 西藏문자와 그 제정의 경위와 문자에 대하여는 졸저(2012: 78~88)에서 자세하게 논의되었다.

13 사라다(Sarada)라는 명칭은 카시미르 지역의 守護女神인 사라다 데뷔(Śāradā Devï)에서 온 것이다. '사라다'는 시바神의 부인 '파라웨디'를 말한다(졸저, 2009: 144).

4.2.1.2. 이러한 새 문자 제정의 전통은 토번(吐蕃) 왕조를 대신하여 중국의 북방지역에서 세력을 키우고 국가를 차례로 건설한 유라시아 동북부의 여러 유목민족 사이에서도 그대로 유지되었다. 티베트의 토번 왕조 이후에 중국의 화북(華北) 지역을 석권한 거란(契丹)의 요(遼)나라에서도 새로운 문자를 제정하여 사용하였다.

거란(契丹)에서는 10세기경에 요(遼)의 태조 야율아보기(耶律阿保機)가 나라를 세우고 바로 한자를 변형시킨 3천여자의 거란대자(契丹大字)를 만들어 신책(神冊) 5년(920 A.D.)에 반포하였다. 그리고 황제(皇弟)인 질랄(迭剌)은 위구르(Uighur)문자를 모방하여 표음적인 거란소자(契丹小字)를 만들어 사용하였다. 7세기경의 서장(西藏) 문자에 이어서 10세기에 거란(契丹)문자가 제정되어 사용된 것이다.

이 문자의 제정에 대하여는 졸저(2012)의 『훈민정음과 파스파 문자』에서 다음과 같이 서술하였다.

> 거란문자(契丹文字, Khitan script)는 대자(大字, large)와 소자(小字, small)가 있다. 서기 916년에 요(遼) 태조 야율아보기(耶律阿保機)가 나라를 세운 뒤에 얼마 되지 않은 신책(神冊) 5년(920 A.D.) 정월(正月)에 거란대자(契丹大字)를 만들기 시작하여 9월에 완성하고 이를 반행(頒行)하라는 조칙(詔勅)을 내렸다고 한다.[14] 이때에 요(遼) 태조를 도와 거란대자(契丹大字)를 만든 사람은 돌려불(突呂不)과 야율노불고(耶律魯不古)인 것 같다. 즉, 『요사(遼史)』(권75) 「돌려불전(突呂不傳)」에 "突呂不, 字鐸袞, 幼聰敏嗜學事, 太祖見器重。及制契丹大字, 突呂不贊成爲多。未几爲文班林牙, 領國子博士, 知制誥。 - 돌려불은 자(字)가 탁곤(鐸袞)이며 어려서 총민하고 학문하는 일을 좋아하므로. 태조[遼 太祖 耶律阿保機를 말함]가 그릇이 무거움을 알았다. 거란문자를 지을 때에 도와서 이룬 것이 많았고 문반에 들어가 한림(林牙)에 이르지는 못하였으나 국자학 박사, 지제고를 지냈다."이라는 기사(記事)가 이를 말한다. 또 동서(同書, 卷75) 「야율노불고전(耶律魯不古傳)」조에 "耶律魯不古, 字信貯, 太祖從侄也。初太祖制契丹國字, 魯不古以贊成功, 授林牙, 監修國史。 - 야율노불고는 자(字)가 신저(信貯)이고 태조의 종질(從姪)이다. 처음에 태조가 거란 국자(國字)를 만들 때에 도와서 성공시켜

14 『遼史』(권2) 「太祖紀」에 "神冊、春正月乙丑、始制契丹大字。[中略] 九月壬寅大字成、詔頒行之。"이란 기사 참조.

> 서 임아(林牙)를[15] 주고 국사(國史)를 감수(監修)하게 하였다."라는 기사를 보면 그가 태조(太祖)의 신문자 제정(制定)을 도운 것임을 알 수 있다. 이들이 태조(太祖)를 도와 만든 문자는 신책(神冊) 5년에 요(遼) 태조의 조칙(詔勅)으로 반포되었는데 이 거란국자(契丹國字)가 바로 '거란대자(契丹大字, Khitan large script)'이다. 졸저(2012: 94~95).

이 기술에 의하면 거란(契丹) 대자(大字)는 요(遼) 태조가 신하인 돌려불(突呂不)과 야율노불고(耶律魯不古)를 시켜 만들어 신책(神冊) 5년(920 A.D.)에 반포하였음을 알 수 있다. 이어서 거란 소자(小字)에 대하여 졸저(2012)에서는 다음과 같이 기술하였다.

> 거란소자(契丹小字)는 이보다 몇 년 후에 요(遼) 태조의 황제(皇弟)인 질랄(迭剌)이 위구르의 사절(使節)들을 만나 그들의 표음적인 위구르 문자를 배워서 만든 문자다. 즉 원대(元代) 탈탈(脫脫)이 찬수(撰修)한 『요사(遼史)』(권 64) 「황자표(皇子表)」에 "迭剌, 字云獨昆。[중략] 性敏給, [중략] 回鶻使至, 無能通其語者。太后謂太祖曰, '迭剌聰敏可使'遣迓祉。相從二旬, 能習其言與書, 因制契丹小字, 數少而該貫。 - 질랄은 자(字)가 독곤(獨昆)이다. [중략] 성격이 총민하고 원만하였다. 위구르(回鶻)의 사신이 도달하였는데 그 말에 능통한 사람이 없었다. 태후(太后)가 태조(太祖 - 遼의 太祖 야율아보기를 말함)에게 말하기를 '질랄(迭剌)이 총민하니 가히 쓸 만합니다'하니 [그를] 보내어 [使臣들을] 맞이하게 하였다. 서로 상종하기를 20일간 하여서 능히 그 말과 글을 배워 거란(契丹) 소자(小字)를 제정하였는데 글자 수는 적으나 모두 갖추고 꿰뚫었다."라고 하여[16] 위구르(回鶻) 사신들에게 위구르 문자를 배워 거란소자를 지었음을 말하고 있다. 졸저(2012: 97~98).

따라서 거란 소자(小字)는 대자(大字)보다 조금 후대에 제정되었고 좀 더 표음적인 문자였음을 알 수 있다. 거란 대자와 소자는 요대(遼代)에 계속해서 함께 사용한 것으로 보인다. 즉, 대자(大字)가 불편하여 이를 없애고 소자(小字)를 제정한 것이 아니라 이 두 문자는 일정기간 병용(倂用)된 것으로 보인다.

---

15 遼나라의 관직으로 翰林에 해당함.

16 淸格爾泰 외 4인(1985: 4)에서 재인용함.

중국의 사서(史書)에는 거란문자를 시험하는 제도를 소개하고 있다. 이 문자들은 요(遼)가 멸망할 때까지 사용되었다. 오히려 요(遼)가 망한 이후에도 이 문자는 계속해서 사용된 것 같은데 금대(金代)에 들어와서 거란문자의 사용을 폐지하는 "詔罷契丹字 – 거란 문자를 파하는 조명"의 조칙(詔勅)이 금(金) 명창(明昌) 2년(1191)에 내려질 때까지 300년에 걸쳐 계속해서 사용되었다.

다만 거란문자를 기록한 서책이나 문서는 오늘날 거의 없다. 명대(明代)에 요(遼), 금(金), 원(元) 등 북방민족이 독자적인 문자를 제정하여 사물이나 역사를 기록한 자료들을 대부분 폐기(廢棄)하였다. 한자문화를 보전하기 위하여 오아(吳兒)의 명(明)이 얼마나 철저하게 이러한 이문자(異文字)의 기록물을 파괴하였는지는 졸저(2009)에서 파스파 문자의 기록을 예로 하여 상세하게 살펴보았다.

4.2.1.3. 12세기에 금(金)을 건국한 태조 아구타(阿骨打)가 완안희윤(完顔希尹, 본명 谷神)[17]으로 하여금 거란소자에 의거한 여진대자(女眞大字)를 만들게 하여 천보(天輔) 3년(1119)에 반포하였다. 그 후 희종(熙宗)은 역시 완안희윤(完顔希尹)으로 하여금 천권(天眷) 1년(1138)에 표음적인 여진소자(女眞小字)를 만들게 하여 사용하였다. 이 문자들은 표의문자와 표음문자를 혼효시킨 우리의 이두표기와 같은 방법의 표기법을 가졌다. 거란(契丹)과 여진(女眞)의 문자는 모두 한자를 변형시킨 문자였다.

여진족의 동여진(東女眞) 안출호(安出虎)의 완안부(完顔部) 추장(酋長)이었던 아구타(阿骨打)가 송화강(松花江) 유역의 영고탑(寧古塔, Ningguta) 지역에서 주변 여러 부족을 통합하여 요(遼)를 멸하고 나라를 세워 금(金)이라 하였으며 황제에 올라 태조(太祖)가 되었다.[18]

---

17 完顔希尹은 金 太祖 때의 사람으로 본명은 谷神이며 謚號는 貞憲이라 한다. 金 太祖의 명을 받아 한자의 楷書와 契丹 문자의 제도 및 본국의 언어를 고려하여 女眞文字를 만들었다. 벼슬은 左丞相과 儀同三司를 지내다. 『金史』(권73) '完顔希尹' 조 참조.

18 이때의 여진족과 金이 몽고에 멸망한 이후의 여진족을 구분한다. 몽고족에 멸망한 여진족들은 만주로 쫓겨나 海西衛, 建州衛, 野人女眞으로 나뉘어 16세기 말까지 살다가 建州衛의 누르하치가 이들을 통합하고 後金을 세웠으며 中原까지 정복한 다음 淸을 건국하여 중국을 차지하였다.

그는 통치를 위한 문자가 없어 완안희윤(完顔希尹)에게 명하여 한자의 해서체(楷書字)를 변형하여 표음적인 여진자(女眞字)를 만들게 하였는데 이것이 여진대자(女眞大字)인 것이다. 이 문자의 제정에 대하여 졸저(2012)에서는 다음과 같이 기술하였다.

> 즉, 『금사(金史)』(권73) 「완안희윤전(完顔希尹傳)」에 "太祖命希尹撰本國字備制度, 希尹依漢人楷字, 因契丹字制度, 合本 國語, 制女眞字。天輔三年八月字書成, 太祖大悅命頒行之。 - 태조(아구타를 말함 - 필자)가 희윤(希尹)에게 명하여 이 나라의 글자를 제도에 [맞추어] 편찬하라 하니 희윤이 한인의 해서자(楷書字)에 의거하여 제도에 따라 거란자를 이 나라의 말에 맞도록 여진자를 고쳐 만들었다. 천보(天輔) 3년(1119) 8월에 문자가 이루어져서 태조가 크게 기뻐하고 반행(頒行)할 것을 명하다."라는 기사가 있어 위의 사실을 확인할 수 있다.
>
> 이 기사에 의하면 한자의 해서자(楷書字)에 의거하고 거란자(契丹字)에 맞추어 만들어진 여진대자(女眞大字, Jurchen large script)가 천보(天輔) 3년(1119)에 완성되어 칙명(勅命)으로 반포(頒布)되어 국자(國字)로 사용되었음을 알 수 있다. 졸저(2012: 108).

이로부터 여진대자(大字)의 제정에 대하여 대략을 알 수 있다. 이어서 여진 소자(小字)의 제정에 대하여는 역시 졸저(2012: 109)에서 다음과 같이 기술하였다.

> 후에 제3대 희종(熙宗, 在位 1135~1149)이 다시 만든 여진자는 여진소자(女眞小字)라고 불렀는데 역시 『금사(金史)』(권4) '희종(熙宗) 천권(天眷) 원년(元年) 정월(正月)'조에 "頒女眞小字。皇統五年五月戊午, 初用御製小字。 - [천권(天眷) 원년(1138) 정월에] 여진소자를 반포하였다. 황통(皇統) 5년(1145) 5월 무오(戊午) 일에 임금이 만든 소자(小字)를 처음 사용하였다."라는 기사가 있어 천권(天眷) 원년(元年, 1138)에 여진소자(女眞小字)를 만들어 반포하였고 황통(皇統) 5년(1145) 5월에 처음으로 왕이 만든 소자를 사용하였음을 알 수 있다. 이것이 여진소자(女眞小字, Jurchen small script)이다.

여진 대자(大字)와 여진 소자(小字)의 구별은 아직 분명하지 않다. 한때 천회(天會) 12년(1134)에 섬서성(陝西省)의 당(唐) 건릉(乾陵)에 세운 비문(碑文)에 쓰인 「대금황제도통경략낭군행기(大金皇弟都統經略郎君行記)」의 문자를 여진대자(大字)로 판단하고 『여진관역어(女眞館譯語)』 등의 자료에 있는 문자를 여진 소자(小字)로 추정하였다.[19]

그러나 여기에 쓰인 문자는 거란문자임이 밝혀졌다. 그리고 현전하는 여진문자의 자료들은 대부분 여진대자였다. 그런데 『금사(金史)』의 기록에 "策用女眞大字, 詩用女眞小字 – 책(策)에는 여진대자를 쓰고 시(詩)에는 여진소자를 썼다."라는 기사에 근거하여 만일에 여진문(女眞文)의 시(詩)가 있으면 여진소자로 쓰였을 것임을 추정하였다.

다행히 1960년대에 「오둔양필시각석(奧屯良弼詩刻石)」이 발견되어 여진소자(女眞小字)로 쓰인 시(詩)를 찾을 수가 있었는데 여기에 쓰인 여진자들은 모두 『여진관역어(女眞館譯語)』의 것과 크게 다르지 않았다.[20] 이로부터 여진대자(女眞大字)와 소자(小字)의 구별이 비로소 가능하게 되었다.

4.2.1.4. 거란의 요(遼)와 여진의 금(金) 다음으로 중앙아시아 스텝지방을 석권하고 대제국(大帝國)을 건설한 몽골의 칭기즈칸(成吉思汗)이 도입한 외올자(畏兀字, 위구르 문자를 말함)가 있다. 13세기 중엽에 시작된 이 문자는 흔히 몽골-위구르 문자로 불리면서 당시 한자와 달리 표음문자로 각광을 받았다.

이 문자는 원래 위구르인들이 사용한 문자로 위구르인(Uighurs)이라고 불리는 민족은 일반적으로 Finno-Ugric, Baraba, Tatars 및 Huns 족을 말한다. 이 가운데 전통적으로 위구르 족으로 불리는 종족이 8세기 중엽에 돌궐(突厥)을 쳐부수고 몽골 고원에 위구르 가한국(可汗國)을 세웠다. 칭기즈칸(成吉思汗)이 일어나기 이전의 일이다.

그러나 이 나라는 9세기 중엽에 이르러 키르기스(Kirgiz)족의 공격을

19 이러한 주장은 淸代 道光 연간에 劉師陸으로부터 시작되어 麟慶 등의 淸代 학자들에 의하여 이어졌다. 그러나 1962년에 당시 內蒙古大學 교수이었던 金光平이 "從契丹大小字到女眞大小字 – 거란대·소자로부터 여진대·소자에 이르기까지"란 논문을 발표하면서 전게한 「郎君行記」의 문자가 契丹文字임을 밝혔다(金光平·金啓綜, 1980).

20 여진소자로 쓰인 '奧屯良弼詩刻石'은 졸저(2012: 110)에 사진으로 수록되었다.

받아 궤멸(潰滅)하였고 위구르 족은 남쪽과 서쪽으로 나뉘어 패주(敗走)하였다. 남쪽으로 도망간 위구르 족은 당(唐)으로의 망명이 이루어지지 않아서 뿔뿔이 흩어졌다. 서쪽으로 향한 위구르 족의 일부가 현재 중국의 감숙성(甘肅省)에 들어가 그곳에 왕국(王國)을 세웠다가 11세기 초엽에 이원호(李元昊)의 서하(西夏)에 멸망하였다.

한편 현재의 신강성(新疆省) 위구르 자치구에 들어간 별도의 일파는 9세기 후반 당시의 언자(焉者), 고창(高昌), 북정(北庭)을 중심으로 한 지역에 '서(西) 위구르 왕국(王國)'으로 일반에게 알려진 국가를 건설하였다. 이 가운데 하나가 다음에 설명할 나이만(乃蠻)으로 보인다. 이 나라도 13세기 전반 몽골족의 발흥(勃興)에 의하여 멸망의 길을 걷게 되었고 결국은 사라지게 되었다(龜井 孝·河野六郎·千野榮一, 1988: 739). 우수한 문명을 가졌던 이 나라는 몽고 문화에 지대한 영향을 주었다.

위구르 문자는 원래 아람(Aramaic) 문자로부터 파생한 소그드(Sogdian) 문자에서 온 것이다. 소그드 문자는 소그드인(人)의 활동과 더불어 고대 소그디아나(Sogdiana)로부터 중앙아시아 일대, 그리고 중국 본토에서도 소그드인들에 의하여 사용되었다. 위구르인(人)들은 소그드와의 교류에 의해서 소그드 문자를 도입하여 사용하였는데 현재 중국 신강성(新疆省) 위구르 자치구와 감숙성(甘肅省) 등지에 위구르 문자로 쓰인 문헌들을 남겨놓았다.

위구르 문자는 모두 18개 문자로 맨 처음의 aleph(희랍문자 alpha에 해당함)로부터 17번째의 tau에 이르기까지 소그드 문자의 배열순서와 대부분 일치하고 맨 마지막의 resh만은 위구르인들이 따로 만든 것이다. 모두 표음문자로 음소 단위의 문자를 마련하였다. 몽고가 중앙아시아의 스텝지역을 통일하기 이전에 이 문자는 나이만(Naiman), 케레이츠(Kereits) 등에서 사용되었다.

몽고의 칭기즈 칸은 나이만(乃蠻)을 정복하고 위구르인(畏兀人) 타타통가(塔塔統阿)를 포로로 하여 몽고-위구르 문자를 만들게 하여 몽고의 전통문자가 되게 하였다. 『원사(元史)』에 의하면 1203년에 위구르족의 나이만(乃蠻)을 공략한 칭기즈 칸이 나이만에서 태양 칸의 재상이었던 타타통가를 포로로 잡았다. 그가 국쇄(國璽)를 가지고 있는 것을 보고 추궁한 결과 도장의 사용과 문자의 용법을 알게 되어 그로부터 위구르 문자를 배우게 하였으며 이 문자로 몽고어를 기록하게 하였다고 한다(졸저, 2019b: 105~6).

『장춘진인서유기(長春眞人西遊記)』에는 1222년에 구처기(丘處機)가 칭기즈 칸에게 장생(長生)의 술(術)을 가르쳐줄 때에 옆에서 그것을 아리센(阿里鮮)이라는 서기가 위구르 문자로 기록하였다는 기사가 있다. 당시에 몽고군은 위구르인이나 위구르 문자를 알고 있는 서역인(西域人)을 서기로 등용하였으니 아마도 아리센은 그 가운데 하나일 것이다. 이후 위구르 문자는 몽고인들도 배워 알게 되었다.

1224년, 또는 1225년에 만든 것으로 보이는 칭기즈칸의 비문(碑文, Chinggiskhan's stone)이 몽고 위구르자의 가장 오랜 자료가 된다. 고려 후기에는 통문관(通文館), 후대의 사역원(司譯院)에서 몽고어를 학습하는 몽학(蒙學)의 교재들은 모두 이 몽고-위구를 문자로 몽고어를 표기한 것이어서 한반도에서도 이 문자를 많이 알고 있었다.

4.2.1.5. 또 13세기의 후반에 원(元) 세조(世祖)는 팍스파(八思巴)로 하여금 몽고-위구르 문자와는 다른 새 문자를 만들게 하여 이를 파스파(八思巴)문자로 불렀다.[21] 이 문자는 그 모양이 방형(方形)이어서 일명 사각문자(四角文字, Dörbörjin-帖兒月眞)로도 불리고 몽고전자(蒙古篆字), 몽고 자양(字樣)이라고도 하였다.

이 문자는 앞에서 말한 서기 650년대를 전후한 시기에 톤미 아누이브(Thon-mi Anui'v)가 인도에서 파니니 음성학을 배우고 돌아와 만든 서장(西藏-티베트)의 유두체(有頭體, dbu-čan) 문자를 팍스파 라마가 개량한 것으로 음절 단위로 몽고어를 기록하게 한 음소문자였다.[22] 팍스파(八思巴) 라마는 자신의 모국인 티베트의 서장(西藏) 문자에서 글자를 증감(增

---

21 이 문자를 만든 八思巴 喇嘛는 西藏문자로 'འཕགས་པ་བླ་མ་'로 적기 때문에 이를 팍스파로 읽고 八思巴 문자는 이 한자가 현재 '파스파'로 읽히기 때문에 파스파 문자로 적는다. 착오가 없기를 바란다. 팍스파 라마에 대하여는 졸저(2019b: 113~114)에서 자세하게 소개하였다.

22 有頭體문자는 일종의 음소문자로 전형적인 유두체문자는 인도의 굽타(Gupta) 문자 같은 것을 말한다.

減)하고 자양(字樣)을 개정하여 몽고신자(蒙古新字)를 만든 것이다

이렇게 만들어진 파스파 문자는 원(元) 세조(世祖), 즉 쿠빌라이 칸(忽必烈汗)에 의하여 지원(至元) 6년(1269)에 황제의 조령(詔令)으로 반포한다. 보통 파스파자(八思巴字), 몽고신자(蒙古新字), 국자(國字)라고 하여 몽고-위구르 문자(畏兀字)와 구별한다. 원래 몽골어로는 *dörbelǰn üsüg*, 외국어로는 영어 *ḥPags-pa script*, 프랑스어 *écriture carrée*, 독일어 *Quadratschrift*, 러시아어 *квадратная письменность*, 한어(漢語)로 파스파(八思巴)로 불린다(Poppe, 1957: 1).

그러나 최근의 영어에서는 '*ḥPags-pa*'의 구분부호(diacritical mark)를 모두 없애고 팍스파 문자(Phags-pa Script)로 통일하여 부른다(졸저, 2009). 다만 현대 중국의 부통화(普通話)로 '八思巴'는 '파스파'로 발음되므로 동양에서는 '파스파' 문자로 통일하여 부르는데 본서에서도 파스파 문자로 한다.

파스파 문자는 중국 전통의 절운계(切韻系) 운서에서 인정한 36성모(聲母)를 서장(西藏) 문자의 30자모(字母)에 의거하여 새 기호로 만들어 대응시키는 방법으로 새 문자를 제정하였다. 그리고 유모(喩母)에 속한 모음 7자를 추가로 제자하고 이를 36자모와 합하여 모두 43자의 파스파 문자로 간주하였다. 이로부터 원대(元代) 성희명(盛熙明)의 『법서고(法書考)』와 도종의(陶宗儀)의 『서사회요(書史會要)』에서 43자의 파스파 문자라고 소개되었다.[23]

파스파 문자에서 중세몽고어의 7개 모음을 표음하기 위하여 모음자 7자를 제정하고 이를 유모(喩母)에 속한 것으로 본 것은 그동안 세계의 파스파 문자를 연구하는 학계에서 미처 살펴보지 못한 것으로 졸고(2011b)에서 처음으로 밝혀내었다. 그동안은 Poppe(1957)의 연구를 대표로 하는 서양연구자들에 의하여 파스파자는 8개의 모음자를 제정한 것으로 보아왔다.

이 파스파자의 7개 모음 글자는 훈민정음 제정에서 중성자(中聲字) 11

23 그러나『法書考』와『書史會要』에 제시된 파스파자는 43자에서 한 자가 모자란 42자였다. 왜냐하면 36자모에 이미 포함된 喻母 /ꡖ, ꡝ[ɑ]/가 7자 속에 다시 포함되어 이중으로 계산되었기 때문이다(졸고, 2011b).

자 가운데 기본자와 초출자(初出字)의 7개 /ᄋᆞ, 으, 이, 오, 아, 어, 우/와 일치한다(졸저, 2009: 261). 또 훈민정음의 중성자를 단독으로 쓰거나 앞에 초성(初聲)의 자음이 없을 때에 욕모(欲母) /ㅇ/를 붙여 쓰는 것은 파스파 문자에서 모음자들을 유모(喩母)에 속하는 것으로 본 것을 따랐기 때문이다(졸고, 2018b). 훈민정음이란 이름으로 제정된 한글이 얼마나 파스파 문자의 정서법에 의거했는지 알려주는 대목이다.

4.2.1.5. 이와 같이 중국을 제외한 주변국가에서는 건국초기에 자신의 언어를 표기하는데 적당한 새 문자를 만들어 공포하는 일이 많았다. 특히 중국어와 다른 교착적 문법구조의 언어를 사용하는 북방민족이 국가를 건설했을 때에 이러한 현상은 두드러지게 나타난다.

그러나 한자의 영향권을 완전히 벗어나기는 어려웠던 것으로 대체로 한자를 변형시킨 문자들이 대부분이었다. 전술한 거란(契丹)과 여진(女眞)의 문자가 그러했고 월남(越南)에서도 한자를 변형시킨 자남(字喃, Chu nŏm)을 14세기경부터 발달시켜 자국의 언어를 기록하였다. 일본에서도 한자로 일본어를 표기하던 만엽가명(萬葉假名, 망요가나)을 더욱 간략하게 하여 가타가나(片假名)와 히라기나(平假名)로 발전시켜서 일본어를 기록하였다.

조선은 건국초기부터 주변국가의 언어와 문자에 대하여 관심을 갖고 역관의 양성소인 사역원(司譯院)을 강화하여 외국어 교육을 장려하였다. 그리하여 세종 대에는 임금과 신하가 주변 국가의 언어와 문자에 상당한 지식을 갖고 있었다. 원(元) 제국(帝國)의 세계주의(cosmopolitanism)가 고려 후기에 한반도에도 깊은 영향을 주었기 때문이다. 훈민정음은 이런 사상의 영향 아래에서 만들어진 것이다.

신숙주(申叔舟)의 『보한재집(保閑齋集)』에 수록된 「이승소비명(李承召碑銘)」에 의하면 "世宗, 以諸國各製字, 以記國語, 獨我國無之, 御製字母二十八字. - 세종은 여러 나라가 각기 글자를 마들어 나라의 말을 기록하는데 홀로 우리나라만 없어서 자모 28자를 임금이 만들었다."라고 하여 이 사실을 분명하게 밝혔다.

이 기사에 의하면 앞에서 살핀 주변국가의 문자 제작에 관하여 세종이 익히 알고 있었고 그에 자극되어 새 문자를 창제하였음을 알려준다. 더욱이 세종 때에 실시한 역관(譯官)들의 취재(取才)에서는 몽고의 몽고-위구르(畏兀) 문자와 더불어 파스파(八思巴) 문자의 시험도 있어서 이 두 표음문자는 당시 널리 알려진 것이었음을 알 수 있다(졸저, 1990a: 40).

뿐만 아니라 전술한 바와 같이 원의 건국이후에는 고려 말부터 새로운 중국어, 즉 원대(元代) 이후에 공용어로 등장한 한어(漢語)의 학습이 중요한 과제가 되었다. 성삼문(成三問)도 『직해동자습(直解童子習)』의 서문에서 한어(漢語) 학습의 어려움을 역설하면서 "[前略] 號爲宿儒老譯, 終身由之, 而卒於孤陋. [中略] 我世宗文宗慨然念於此, 旣作訓民正音, 天下之聲, 始無不可盡矣. 於是譯洪武正韻, 以正華音, [下略] - [전략] 이름난 유학자나 노련한 역관이라도 종신토록 그대로 가다가 고루한대로 마치게 된다. [중략] 우리 세종과 문종대왕께서 이에 탄식하는 마음을 가져 이미 만든 훈민정음이 천하의 모든 소리를 나타내지 못하는 것이 전혀 없어서 이에 홍무정운을 번역하여 중국어의 발음을 바로 잡았다. [하략]"라고 하여 한어(漢語) 학습을 위하여 표음문자가 필요함을 세종과 문종이 이미 절실하게 느끼고 있음을 알려주고 있다.

2) 한자음의 반절(反切)과 성운학(聲韻學)

4.2.2.0. 전술한 바와 같이 조선 왕조 초기부터 각 분야에 걸친 국가교육에 의하여 상당한 수준의 학문적 체계가 서 있었고 한자음을 위한 반절(反切)에 관한 연구와 그로부터 발달한 성운학(聲韻學)에 대하여 깊은 연구가 있어서 세종 때에는 세계에서 가장 높은 수준의 언어학적 지식을 축적하고 있었다.

당시 세종과 집현전(集賢殿)학자들은 반절법(反切法)과 성운학 그리고 파스파 문자를 비롯한 여러 언어의 문자를 이해하고 있었으며 그 표기법이라든지 제자의 원리들을 파악하고 있었다. 그리하여 우리말을 표기할 수 있는 문자가 필요함을 느끼고 그러한 문자를 제정하게 된다.

『홍무정운역훈(洪武正韻譯訓)』(단종 3년, 1455)에 신숙주가 쓴 서문에 "我世宗莊憲大王, 留意韻學, 窮硏底蘊, 創製訓民正音若干字. 四方萬物之聲, 無不可傳 - 우리나라 세종 장헌대왕께서 운학에 뜻을 두시어 깊이 연구하시고 훈민정음 약간의 글자를 창제하시니 사방 만물의 소리가 전할 수 없는 것이 없게 되었다."라고 하여 세종 자신도 운학에 조예가 깊었음을 알 수 있다.

뿐만 아니라 집현전의 소장학자들은 세종의 신문자 창제의 의도와 방법론을 깊이 인식하고 이해하였으며 그들도 끊임없는 연찬을 거듭하였다. 그리하여 상술한 <홍무정운역훈>의 신숙주 서문에 다음과 같이 서술하였다.

> 臣等學淺識庸, 曾不能鉤深(臣責)顯揚聖謨. 尙賴我世宗大王天從之聖, 高明博達無所不至, 悉究聲韻源委, 而斟酌裁定之, 使七音四聲一經一緯, 竟歸于正. 吾東方千百載, 所未知者, 可不浹旬而學, 苟能沉潛反復, 有得乎是則聲韻之學, 豈難精哉 - 신들이 학문이 얕고 학식이 모자라서 일찍이 깊은 이치를 연구하고 차지 못하여 임금님의 의도를 현양하지 못하고 오히려 하늘이 내신 성인이신 세종대왕의 고명하고 널리 통달하여 도달하지 않는 바가 없는 지식에 의뢰하는 바가 되었고 성운의 연원에 대한 모든 연구도 위탁하여 [우리가 못하는 바를] 짐작하여 재정하여 주셨다. 칠음(七音)과 사성(四聲)을 하나는 날줄로, 하나는 씨줄로 하여 마침내 바른 곳에 돌아가게 하였다. 우리 동방 국가에서 천백년 동안 모르던 것을 열흘이 못되어 배울 수 있게 되었으니 진실로 침잠하여 반복해서 생각한다면 성운학인들 어찌 연구하기가 어렵겠는가? 강신항(1980: 33)의 번역 참조.

이 기사를 보면 세종 때에 임금과 신하가 일치하여 성운학(聲韻學)에 몰두하였음을 알 수 있다. 그러면 성운학(聲韻學)이란 무엇인가? 반절(反切), 칠음(七音)과 사성(四聲)은 무엇인가? 이에 대하여 먼저 살펴보지 않을 수 없다.

4.2.2.1. 중국의 성운학(聲韻學)은 고대인도에서 불교를 전파하기 위하여 중국에 온 서역(西域)의 역경승(譯經僧)들의 의하여 계발(啓發)된 반절(反切)에서 온 것이다(졸고, 2018a). 따라서 성운학에 대하여 살펴보려면 먼저 반절에 대하여 살펴보아야 한다.

범자(梵字)에 익숙한 서역의 역경승들은 자음의 체문(体文)과 모음의 마다(摩多)로 된 범자(梵字)와 같이 한자(漢字)도 첫 자음과 그에 후속하는 요소로 나누어 배우려 하였다. 음절 초의 체문, 즉 자음(子音)과 마다의 모음(母音)을 포함한 나머지를 구분하여 두 글자로 한자를 표기하는 방법을 고안한 것이다.[24] 이렇게 한자음을 둘로 나누어 보는 것을 번절(飜切)이라 하는데 '번(飜)'의 한자가 너무 복잡하여 '반(反)'으로 대용한 것이 반절(反切)이다.

예를 들면 '동(東)'의 한자음 [dōng]을 '덕(德, [dě])'의 첫 음 '[d]'와 '홍(紅, [hǒng])'의 두 번째 음 '[ǒng]'으로 나누고 이를 결합하여 덕홍절(德紅切)의 두 글자 '德'과 '紅'의 발음 [d + ǒng = dǒng]으로 표음하는 방법이다. 이때에 '德'을 반절상자, '紅'을 반절하자라고 한다. 이렇게 하나의 한자를 두 개의 한자로 표음하는 방법이 반절법(反切法)이다.

반절은 서역의 역경승들에 의하여 후한(後漢) 이후에 고안되어 위진(魏晋) 남북조(南北朝) 시대에 유행하였고 이후에 중국의 모든 운서에서 반절(反切)로 한자의 자음(字音)이 표음되었다. 따라서 반절(反切)이란 한자음의 표음을 말한다. 그러나 동양(東洋) 삼국(三國)에서 '반절'에 대한 연구가 거의 없었다.

그런 의미에서 졸고(2017b)의 "반절고(反切考)"는 처음으로 반절(反切)의 연원(淵源)과 변천(變遷)을 밝힌 논문이다. 이 논문은 2018년 7월에 일본어로 번역되어 일본의 중국어학 전문학술지인『개편(開篇)』에 실렸고 같은 해 9월에는 조서형(曺瑞炯) 중국 사회과학원 박사가 중국어로 번역하여『국제한학(國際漢學)』에 실었다.

한자를 자음(字音)에 따라 분류하고 반절로 한자음을 표기하는 운서(韻書)는 위진(魏晋) 남북조(南北朝) 시대 이후에 중국에서 발달하였다. 현전하는 운서로는 수대(隋代)에 육법언(陸法言)이 편찬한『절운(切韻)』(601 A.D.)이 가장 오래된 것이다. 이 운서는 <절운>이란 서명(書名)에서 볼 수 있는 것처럼 반절(反切)에 따라 한자를 분류하여 그 발음 표음하고 자의(字意)와 자형(字形)을 알려주던 운서다.

한자는 표의문자이기 때문에 자형(字形)과 자의(字意)만이 아니라 자음(字音)도 따로 표시하여야 한다. 표음문자의 경우는 글자가 바로 발음

---

24 'vowel'을 母音으로 번역해서 일본과 한국에서 사용하는 것은 모음이 범어의 摩多(matrē, mother)를 번역한 것이다(졸고, 2020b).

을 보여주지만 표의문자는 글자가 발음보다는 뜻을 많이 반영하기 때문에 자음(字音)을 별도로 배워야 한다. 초기에는 이 한자의 발음을 저 한자의 발음과 같다는 직음법(直音法)으로 표음하는 길밖에 없었으나 서역의 역경승들이 반절법(反切法)을 고안하여 사용한 다음부터는 중국인들도 반절(反切)로 한자의 자음(字音)을 표음하기 시작하였다.

이후의 모든 절운계(切韻系) 운서들은 반절로 한자음을 표음하였고 <절운> 이후의 운서에서는 오로지 이 반절의 방법으로 한자음을 표음하였다. 그리고 반절법의 연구는 반절상자를 성(聲)으로 하고 반절하자를 운(韻)으로 나누워 분류하는 성운학(聲韻學)으로 발전한다. 그런 의미에서 고대인도의 반자론(半字論)과 만자론(滿字論)에 입각하여 반절(反切)을 고찰한 졸고(2017b)는 전술한 바와 같이 이 방면의 획기적인 연구라고 할 수 있다.

이렇게 반절법(反切法)에서 발달한 중국의 성운학(聲韻學)은 한반도에서도 널리 알려진 한자음의 연구였으며 역시 반절법도 이 땅에서 사용한 유일한 한자음 표음 방법이었다. 그리하여 세종이 동국정운식 한자음을 표음하기 위하여 제정한 훈민정음은 반절(反切)로도 불리게 되었던 것이다. 즉, 『훈몽자회(訓蒙字會)』의 권두에 첨부된 「언문자모(諺文字母)」의 부제(副題)가 "俗所謂反切二十七字 - 속되게 말하는 반절 27자"인 것은 언문 자모를 한자음 표기를 위한 반절로 본 것이다. 언문에서 글자를 초성(初聲)과 중성(中聲)으로 나누는 것이 반절의 방법과 유사하기 때문이다.

4.2.2.2. 반절법의 발달은 성운학(聲韻學)에서 칠음(七音)과 청탁(淸濁)의 사성(四聲)으로 음운을 분류하는 방법이 유행하게 되었다. 칠음의 근거가 되는 오음(五音)은 '아음(牙音), 설음(舌音), 순음(脣音), 치음(齒音), 후음(喉音)'과 같이 발화음의 조음위치를 말한다. 여기에 반설음(半舌音)과 반치음(半齒音)을 더하여 칠음(七音)이 된 것이다(졸고, 2020b).

훈민정음의 초성(初聲)도 사성(四聲)과 칠음(七音)으로 분류하였다. 즉 훈민정음 예의(例義)를 보면 초성에 대하여 아설순치후(牙舌脣齒喉)음으로 나누고 전청(全淸), 차청(次淸), 불청불탁(不淸不濁), 전탁(全濁)의 사성(四

聲)으로 구분하였다. 즉, 예의(例義)의 첫 소리는 /ㄱ/인데 아음(牙音)이라 하고 이어서 병서(並書)하면 /ㄲ/이라 하고 다음에 /ㅋ/, /ㆁ/을 더하여 /ㄱ, ㄲ, ㅋ, ㆁ/이 아음(牙音, 엄소리)이라고 하였다.

그리고 해례(解例)의 「제자해(制字解)」에서 이를 다시 청탁(淸濁)으로 나눌 수 있다고 하여 /ㄱ/은 전청, /ㅋ/은 차청, /ㆁ/은 불청불탁, /ㄲ/은 전탁이라 하였다. 즉, 청탁의 사성(四聲)과 칠음(七音)으로 훈민정음의 초성, 즉 자음을 분류하여 글자를 제정한 것이다.

청탁(淸濁)의 사성(四聲)과 칠음(七音)으로 발화음(發話音)을 구별하는 것은 남송(南宋)의 정초(鄭樵)가 쓴 『통지(通志)』에서 깊이 논의되었다. 정초(鄭樵)의 이론은 '기일성문도(起一成文圖)'를[25] 비롯하여 새 문자 제정자들이 많이 참고한 문헌이다. 여북해야 훈민정음 <해례본>의 정인지 후서(後序)에는 정초의 「육서략(六書略)」에서 한 구절을 그대로 인용되었겠는가?[26] 성운학에 기초하여 발전시킨 정초(鄭樵)의 이론은 훈민정음의 제정에서 상당한 영향을 끼쳤다.

사성(四聲)은 원래 평상거입(平上去入)의 성조(聲調)를 가리켰지만 성운학에서는 전청, 차청, 전탁, 불청불탁의 조음방식을 말하기도 한다. 전청은 평음(平音), 즉 무기(無氣) 무성음(無聲音)으로 현대 음성학에서 말하는 무징표(unmarked) 계열의 음성이다. 차청은 유기음(aspirate), 전탁은 유성음(voiced)이고 불청불탁은 비음(nasal), 또는 구강공명음(resonant)을 말한다. 현대 음성학에서도 조음방식에 따른 음성의 분류에 쓰이는 술어들이다.

칠음(七音)을 경(經)으로 하고 청탁의 사성(四聲)을 위(緯)로 하여 <광운>에서 정한 반절상자(反切上字)의 36성(聲)을 자모도로 그리는 운도(韻圖)의 방식은 운경(韻鏡)으로 발전하는데 龍宇純(1990)에 전재된 '운경서작(韻鏡序作)'에 다음과 같이 사성(四聲)을 설명하고 있다.

---

25 '起一成文圖'는 '기형성문도'로 읽어야 하지만 본서에서는 관습대로 '기일성문도'로 한다.

26 훈민정음 <해례본> 말미의 鄭麟趾 後序에도 "[前略] 雖風聲鶴唳, 鷄鳴狗吠, 皆可得而書矣. [下略]"라는 구절이 들어있는데 아마도 이 구절은 鄭樵의 「六書略」에서 따온 구절일 것이다.

> [前略] 先朝中有七音序略, 其要語曰 '七音之作, 起自西域, 流入諸夏. 梵僧欲以此教傳天下, 故爲此書. [中略] 華僧從而定三十六爲字母, 輕重淸濁不失其倫, 天地萬物之情, 備於此矣. 雖鶴唳風聲鷄鳴狗吠雷霆經耳, 蚤虻過目, 皆可譯也, 況於人言乎?[下略] - [전략] 옛 나라에서 <칠음서략>이[27] 있었는데 그 중요한 말은 "칠음의 시작은 서역에서 일어나 중국으로 유입된 것이다. 범승들이 이 가르침을 천하에 전하고자 하였는데 그러므로 이 책을 지었다. [중략] 중국의 승려들은 이를 따라서 36자모를 정하고 경중과 청탁의 순서를 잃지 않았으니 천지 만물의 뜻이 여기에 모두 구비되었다. 비록 귀에 울리는 학 울음이나 바람 소리, 닭 울음, 개 짖음, 천둥소리와 눈에 보이는 벌레들을 모두 옮길 수 있으니 하물며 사람의 말이야?" [하략]

이 기사에서 밝힌 바와 같이 불경을 중국에 전하고 그를 번역하여 불교를 전파하려는 서역의 승려들이 중국어와 한자를 학습하기 위하여 중국의 음운을 조음위치와 조음방식으로 나누어 고찰한 것에서 칠음(七音)과 사성(四聲)이 유래되었음을 말한다. 고대인도의 성명기론(聲明記論)에 의거한 음성의 분류라고 할 수 있다(졸고, 2016b).

또 아설순치후(牙舌脣齒喉)의 오음(五音)에서 왜 칠음(七音)이 되었는가 하는 질문에 대한 전게한 龍宇純(1990: 22)에서 다음과 같이 언급되었다.

> [前略] 又曰舌齒一音, 而曰二何耶? 曰五音定於脣齒喉牙舌, 惟舌與齒遞有往來, 不可主夫一, 故舌中有帶齒聲, 齒中而帶舌聲者. 古人立來日二母, 各具半徵半商, 乃能企其秘. 若來字則, 先舌後齒, 謂之舌齒, 日字則先齒後舌, 謂之齒舌, 所以分爲二, 而通五音曰七, 故曰七音[下略] - [전략] 또 묻기를 설음과 치음은 하나이거늘 어찌하여 둘이라 하는가? 답하기를 오음은 순치후아설음인데 설음과 치음은 왕래가 있어 하나로 하기는 불가하다. 그러므로 설음 가운데 잇소리를 띄는 것이 있고 치음 가운데 혓소리를 띄는 것이 있어서 옛 사람들은 '래(來)'와 '일(日)'의 두 자모로 하여 각기 반치, 반상을 갖추게 한 것은 그 비밀이 여기에 있다. 만약에 래(來)모라면 혓소리가 먼저 나고 다음에 잇소리가 나므로 말하기를 설치음(舌齒音)이라고 하고 일(日)모는 잇소리가 먼저 나고 다음에 혓소리가 나니 치설음(齒舌音)이라 하여 둘로 나누게 되니 다섯 음이 일곱이 되어 칠음(七音)이라고 한다.

---

27 <七音序略>은 宋代 鄭樵의 저작인 <七音略>의 서문을 말한다.

이 기사를 보면 예부터 발음위치에 따른 오음(五音)이 있었음을 알 수 있다. 다만 래모(來母)와 일모(日母)를 설치음(舌齒音)과 치설음(齒舌音)으로 구분하여 자모도(字母圖)에서 별도로 취급하였으므로 이 두 자모를 위하여 반설음(半舌音)과 반치음(半齒音)을 오음(五音)에 추가하여 칠음(七音)으로 한 것이다.

4.2.2.3. 조음위치의 칠음(七音)과 조음방식의 사성(四聲)을 경(經)과 위(緯)로 하여 자모(字母)를 도식(圖式)으로 이해하는 방식은 당대(唐代) 이후에 매우 활발하게 중국 성운학(聲韻學)에서 이용되었는데 이를 운경(韻鏡)이라 하였다. 즉, 현전하는『운경(韻鏡)』의「조운지징(調韻指徵)」에 다음과 같은 기사가 있다.

> [前略] 聲音者經緯之機杼也. 縱爲經, 橫爲緯, 經疏四聲, 緯貫七音. 知四聲則, 能明乘降於闔闢之際, 知七音則, 能辯淸濁於毫釐之間, 欲通音韻, 必自此始. [下略] ― 말소리는 경위가 [베틀의] 북과 같다. 세로를 경(經)으로 하고 가로를 위(緯)로 하여 경은 사성을 트이게 하고 위는 칠음을 꿰뚫게 한다. 사성을 알면 능히 입을 열고 다무는 사이에 오르내림을 분명하게 하며 칠음을 알면 능히 청탁의 작은 차이를 구별할 수 있어 음운에 통하고자 하면 반드시 이로부터 시작해야 한다.

이러한 기사를 보면 사성(四聲)이 평상거입(平上去入)의 성조(聲調)를 말하는 것만이 아니라 소리의 청탁(淸濁)도 가리키는 것임을 알 수 있다. 즉, 여기서 사성(四聲)은 전청, 차청, 전탁, 불청불탁의 조음방식을 말한 것이다.

3) 고대인도에서 성명기론(聲明記論)의 유입

4.2.3.0. 고대 인도의 음성학은 불경에 포함되어 전해진다. 불가(佛家)에서는 원래 오명(五明)의 하나인 성명(聲名),[28] 즉 섭타필태(攝拖苾馱,

28 원래 聲明記論의 '聲明'은 5명(明, pañca-vidyā-sthāna)의 하나로 五明은 다섯 가지 학문이나 기예를 발한다. 여기서 '明(vidyā)'은 배운 것을 분명히 한다는 뜻이다.『瑜伽師地論』(권2)의 "何等名五明處? 謂內明處、醫方明處、因明處、聲明處、工業明

śahdavjdyā)는[29] 음성으로 의미를 전달하고 깨닫게 되는 인간 능력의 하나를 말한다. 이를 한역(漢譯)하여 성명학(聲明學), 또는 성명기론(聲明記論)이라고 한다.

원래 고대인도의 범어(梵語), 즉 산스크리트어는 베다(Veda) 경전의 언어였기 때문에 특별한 대우를 받았고 매우 높은 수준의 문법연구가 있었다. 이러한 범어의 문법 연구를 비가라론(毘伽羅論)라고 한다(졸고, 2016b). 이 문법은 앞의 제2장 2.2.1.0.~6.에서 살펴본 바와 같이 파니니(波你尼)의 『팔장(八章)』에서 종합하여 정리되었다.[30] 이 문법서에는 범어의 통사론(統辭論)과 형태론(形態論), 그리고 음운론(音韻論)이 포함되었다.

비가라론(Vyakaraṇa)은 한역(漢譯)하여 기론(記論)이라 하는데 성명(聲明), 즉 언어음에 대한 비가라론의 연구를 성명기론(聲明記論)이라 한다. 파니니의 <팔장>에는 비가라론(毘伽羅論)의 문법론과 함께 성명기론의 음성 연구도 함께 팔만대장경(八萬大藏經) 속에 포함되어 고려에 들어왔고 여말(麗末) 선초(鮮初)에 많은 학승(學僧)들이 이를 배워 알고 있었다.

4.2.3.1. 고대인도에서 사용되던 산스크리트어는 제2장의 2.2.4.0.에서 살펴본 바와 같이 인도-유럽어족의 인도어파에서 가장 오래된 언어였다. 넓게는 고대인도의 아리아어(Arian)로서 베다(Vedic) 경전의 언어를 포함하며 좁게는 고전 산스크리트어(Sanskrit), 즉 범어(梵語)를 말한다.

석가(釋迦)가 활동하던 시기에 이 지역에서 사용되던 문자는 브라미

處."라는 기사와 『御製秘藏詮』(권2)의 "瑜伽論云: 一內明處、二因明處、三聲明處、四醫方明處, 五功巧明處、五地初得九地圓滿。"이란 기사가 있어 역시 다섯 가지의 학문과 기예를 말함을 알 수 있다. 五明에 대하여는 졸저(2019b: 137~138)에 샤 상세하게 논의되었다.

29 『南海寄歸內法傳』(권4)에 "[전략] 夫聲明者梵云攝拖苾駄, 攝拖是聲 苾駄是明, 卽五明論衹一明也.- [전략] 대체로 성명을 범어로 말하기를 '섭타필태'라고 하는데 攝拖(śabda)는 聲이고 必駄(vidyā)는 明이라고 할 수 있다"라는 언급을 참고할 것. 이 불경은 당나라 義淨 법사가 기원후 670년경에 인도를 비롯하여 南海의 여러 곳을 돌아보고 尸利佛逝國 에 머물면서 자신이 순례했던 여러 나라의 견문 내용을 정리한 경전이다.

30 <八章>과 毘伽羅論에 대하여는 졸고(2016b)와 제2장에서 자세하게 논의되었다.

(Brāhmi) 문자였다.[31] 실담(悉曇)은 이 문자에서 발달한 것이다. 중국과 한국, 일본에 전달된 진언(眞言) 불경은 모두 브라미 문자로부터 발달한 실담 문자로 기록된 것이다. 제3장 3.4.2.0.에서 살펴본 바와 같이 범천(梵天)의 계시(啓示)로 만들어진 문자로 소개되어 브라미(Brāhmi) 문자라는 이름을 얻었고 한자로 범자(梵字)라 불리게 되었다.

브라미 문자는 구조적으로 어두의 자음자(子音字)와 모음자(母音字)가 하나의 단위로 인정되어 필요에 따라 이 둘이 결합한 문자가 된다. 이 자음과 모음이 결합된 단위를 악샤라(akṣara)라고 하는데 이런 단위별 문자 조합이 실담(悉曇)에서 그대로 전달된다(河野六郎·千野榮一·西田龍雄, 2001: 851). 현대 문자학에서 말하는 음절문자이니 자음과 모음이 결합한 문자다.

4.2.3.2. 범자(梵字)라고 불리는 브라미(Brāhmi) 문자에서 모음은 14字로 구분하였다. 『대반열반경(大般涅槃經)』에서 글자의 근본이 14자의 모음자임을 석가(釋迦)의 설법으로 설명되었다고 한다(졸고, 2016b).

즉, <대반열반경>(권8) 「문자품(文字品)」에서 불타(佛陀)와 가섭(迦葉) 보살과의 대화에서 모음의 14자가 글자의 근본이라면서 이 글자들에 대하여 자세하게 설명하였다. <대반열반경>에서 소개된 이에 대한 기사는 이미 졸고(2016b)와 본서의 2.2.3.2.에서 전문을 인용하고 우리말로 풀이하여 소개하였음으로 여기서는 생략한다.

다만 여기에 소개된 모음 글자로는 앞의 제3장 3.4.2.1.에서 소개한 것처럼 "아(啞, a, 단음), 아(阿, ā, 장음), 이(億, i, 단음), 이(伊, ī, 장음), 우(郁, u, 단음), 우(憂, ū, 장음), 에(咽, e), 애(野, æ), 오(烏, o, 단음), 오(炮, ō, 장음), 에오(菴, 아마도 ö를 말함인 듯), 아(俄 ä)"가 있으나 <대반열반경>에서는 모두 12개밖에 찾을 수 없었다고 하였다. 아마도 필자가 참고한 <대반열반경>에 탈자(脫字)가 있었던 것 같다.

제2장 2.2.3.3.에서는 모음에 이어서 자음의 체문으로 36자가 있었다는 <대반열반경>(권8) 「문자품」의 기사를 인용하고 역시 우리말로 번

---

31 브라미(Brāhmi) 문자와 이로부터 발달한 데바나가리(Devanagari) 문자에 대하여는 정광(2012b: 25~26)에서 카로스디(Kharoṣṭhī) 문자와 더불어 소개되었다.

역하여 소개하였다. 다만 범자(梵字)에는 연구개음(velar)의 '迦[ka], 佉[kha], 伽[ga], 呿[gha], 俄(nga)'로부터 경구개음(palatal)의 "遮[ca], 車[cha], 闍[ja], 膳[jha], 喏[ɲa]", 치경음(alveolar)의 "吒[ta], 侘[tha], 茶[da], 袓[dha], 拏[na]", 치음(dental)의 "多[ṭa], 他[ṭha], 陁[ḍa], 彈[ḍha], 那[ṇa]", 양순음(bilabial)의 "波[pa], 頗[pha], 婆[ba], 滼[bha], 摩[ma]"가 있었음을 밝혔다.

이 36자는 중국 성운학(聲韻學)에서 전통적인 36자모의 근거가 되어 전술한 <광운>과 그 계통의 운서에서 36자모로 나타난다. 또 여기에 소개된 36자에 앞에서 제시한 모음자 14자를 더하면 모두 50자가 된다. 이로부터 일본의 가나(假名) 문자가 고주온즈(五十音圖)라는 이름을 얻은 것 같다. 이 문자들은 고대인도의 성명기론(聲明記論)에 의거하여 조음위치와 조음방식에 따라 분류한 음운들을 표기하였다.

그리고 이로부터 영향을 받은 중국 성운학(聲韻學)에서 아설순치후(牙舌脣齒喉)의 조음위치에 따른 오음(五音)의 구별과 조음방식에 따른 사성(四聲), 즉 전청, 차청, 전탁, 불청불탁에 의하여 문자를 구별하였다.[32] 서양의 조음음성학이 <팔장>에서 보여준 비가라론의 음성연구인 성명기론의 영향을 받아 발전한 것이기 때문이다(졸고, 2016b).

4.2.3.3. 중국에 불경이 들어와서 한역(漢譯)된 최초의 불경은 서기 67년경의 후한(後漢) 명제(明帝) 때의『사십이장경(四十二章經)』으로 본다(졸고, 2016b). 고려대장경에 수록된 <사십이장경>의 서두에는 이 불경이 전래된 설화를 옮겨놓았다.

그에 의하면 꿈속에서 불타(佛陀)를 접한 후한(後漢)의 명제(明帝, 57~75 A.D.)가 불법을 구하기 위해 중낭장(中郞將) 채음(蔡音)과 박사 진경(秦景) 등을 천축(天竺)에 파견했으며 그들은 대월지국(大月氏國)에서 천축의 고승(高僧) 가섭마등(迦葉摩騰)과 대월지국의 승려 법란(法蘭)을 만나서 이 사실을 털어놓았다고 한다.

중국의 황제(皇帝)가 불경을 얻으려고 하다는 사실에 감동하게 된 가섭마등과 법란의 두 고승은 후한 영평(永平) 10년(67 A.D.)에 다라수(多羅

---

32 四聲은 전술한 바와 같이 平上去入의 四聲이기도 하지만 聲韻學에서는 전청, 차청, 불청불탁, 전탁을 말하기도 한다

樹) 잎에 새긴 불경 <사십이장경>과 불상(佛像)을 백마 네 필에 싣고 낙양(洛陽)에 도착하였다. 황제는 이들에게 거처를 마련하고 불경과 불상을 싣고 온 백마를 사육하기 위하여 백마사(白馬寺)를 지었는데 이것이 중국 최초의 불교 사찰이다.

이곳에서 불교를 전파하던 가섭마등(迦葉摩騰)과 법란(法蘭)은 <사십이장경>을 한역(漢譯)하였으며 이것이 현존하는 최초의 한역(漢譯) 불경으로 알려졌다. <사십이장경>은 불교의 요지를 42장에 걸쳐 간략하게 설명하고 있어서 붙여진 이름이며 부처의 교훈집이다. 이후 불경의 한역은 중국에서 후한(後漢)시대로부터 원대(元代)에 이르기까지 1천여년간 계속되었으며 한역(漢譯)된 불경의 수효만도 수천 권에 달한다.

4.2.3.4. 후한(後漢) 영평(永平) 10년(67 A.D.)에 가져온 <사십이장경> 등의 불경은 비록 다라수(多羅樹) 잎에 새긴 것이지만 범자(梵字), 즉 브라미(Brāhmi)의 문자로 적은 것으로 보인다. 왜냐하면 실담(悉曇)은 그 시대에 아직 유행하지 않은 문자였기 때문이다.

일본에서는 제2장의 2.2.5.0.에서 소개한 바와 같이 견당사(遣唐使)로 중국에 다녀온 기비노마기비(吉備眞備, 693/ 695~775 A.D.)가 범자(梵字)에 의거하여 고쥬온즈(五十音圖)를 만든 것으로 보아 실담(悉曇)의 47자는 아직 일본에서 유행하지 않았던 때로 보아야 할 것이다.

기비노마기비(キビノマキビ)는 일본의 영구(靈龜) 2년(716 A.D.)에 견당(遣唐) 유학생으로 선발되어 당(唐)에 가서 오랫동안 그곳에 체류하고 돌아왔으며 천평승보(天平勝寶) 4년(752 A.D.)에 일본의 견당(遣唐) 부사(副使)로 다시 중국을 방문한 바 있다. 그가 범자의 50자에 의거하여 오늘날에도 쓰이는 가나의 고쥬온즈(五十音圖)를 만들었다. 그러나 일본에서는 곧 실담(悉曇)의 47자에 의거한 이로하(伊路波) 47자가 이 글자의 교재로 널리 사용된다(졸저, 2017: 595~605).

즉, 실담(悉曇) 문자에서는 모음으로 마다(摩多) 12자와 자음으로 체문(体文) 35자를 인정하여 47자를 교육하였다. 그로부터 제2장의 2.2.5.0.에서 살펴본 바와 같이 가나 문자도 오십음도(五十音圖)보다 이로하(伊路波, 또는 伊呂波, 以呂波) 47자로 교육하는 것이 유행하였다.

조선 사역원에서도 일본어를 배우는 왜학(倭學)에서 가나 문자의 교재로 『중간첩해신어(重刊捷解新語)』의 권미에 첨부된 <이로하반자수상통(伊呂波半字竪相通)>과 <이로하반자횡상통(伊呂波半字横相通)>은 가나문자의 교재인데 고쥬온즈(五十音圖)의 51자보다 이로하 47자를 기본 교재로 하였다.[33]

4.2.3.5. 앞의 제2장 2.2.3.2.에서 거론한 <대반열반경>(권8) 「문자품(文字品)」에서는 반자(半字)의 모음자로 14자를 제시하였다. 그리고 '迦[ka]'로 시작하여 '睆[ɤha]로 끝나는 36개의 자음자와 더불어 '噁[a]'에서 '俄[ä]'까지의 모음자 14자를 합하여 모두 50자의 글자를 범자(梵字)로 제시하였다. 이 36자의 자음자가 중국에 들어가 36자모(字母)가 된 것임을 졸고(2016b)에서 주장한 바가 있다.

그러나 6세기 이후에 범어(梵語)를 기록한 싯담마트리카(siddhamātṛkā) 문자, 즉 실담(悉曇)에서는 47자의 글자를 제시하였다. 이 가운데 12자는 마다(摩多, 모음)이고 체문(体文, 자음)은 35자로 구분하여 모두 47개의 글자로 한 것이다. 앞의 <대반열반경>에서 제시한 모음 14자와 자음 36자의 50자와는 차이가 있다.

앞의 제2장 2.2.4.1.에서 소개한 당(唐)의 지광(智廣)이 편찬한 『실담자기(悉曇字記)』(권1)의 「실담장(悉曇章)」에서는 모음의 마다(摩多) 12자와 자음의 체문(体文) 35자를 정리하여 47자를 보이고 그 합성법을 18장으로 나누어 설명하였다.

여기에 제시한 마다(摩多) 12자와 체문(体文) 35자는 각각 반자(半字)로 불리었다. 불경에 자주 등장하는 전술한 반자교(半字教)는 범어의 알파벳의 교육으로 볼 수 있는 반자(半字), 즉 마다와 체문을 교육하는 것이고 이것이 가장 우선임을 여러 불경에서 강조하였다.[34] 반면에 실담(悉

---

33 일본어의 가나 문자 교재인 <伊路波>는 弘治 5년(1492)에 조선 司譯院에서 간행한 것이 일본 가가와(香川) 대학 도서관에 소장되었다. 이 자료에 대한 것과 일본 가나 문자 교재의 변천에 대하여는 졸저(2017: 515~518)을 참고할 것.

34 다음의 5.1에서 소개한 일본 가나문자의 <수상통>과 <횡상통>, 즉 五十音圖에서 '이로하(伊呂波)'를 모두 <伊呂波半字竪相通>, <伊呂波半字横相通>이라 하여 '半字'라 한 것은 바로 여기에 근거한 것이다.

曇)은 만자(滿字)로 보아 만자교(滿字敎)에서 교육된다.

또 전술한 <대반열반경>의 자음 36의 체문과 <실담자기>의 자음 35의 체문 사이에는 2자의 차이가 있다. 범자(梵字)의 경구개권설음 '奢[ʂa], 沙[ʂha], 娑[ʐa], 賒[ʐha], 錣[ɭza]'는 실담(悉曇)에서 '賒[ʐha], 錣[ɭza]'의 2자가 빠졌고 중자(重字), 즉 중자음(重子音) '濫[llam], 乞灑[kʂa]'가 추가되었다. 경구개권설음의 '[ʂa], 沙[ʂha], 娑[ʐa]'는 편구성(遍口聲)에 속하게 하였다.

4.2.3.6. 앞의 제3장 3.4.2.1.~2.에서 정리한 <대반열반경>의 50자와 <실담장>의 47자를 다시 여기에 옮겨 보면 다음과 같다.

<대반열반경>의 50자
摩多 14자
噁[a], 阿[ā], 億[i], 伊[ī], 郁[u], 憂[ū], 咽[e], 嘢[æ], 烏[o], 炮[ō], 菴[ö], 俄[ä], ?[ē], ?[ǣ]
体文 36자
① 迦[ka], 佉[kha], 伽[ga], 呿[gha], 俄[nga]
② 遮[ca], 車[cha], 闍[ja], 膳[jha], 喏[ɲa]
③ 咤[ta], 侘[tha], 茶[da], 祖[dha], 拏[ṅa]
④ 多[ṭa], 他[ṭha], 陁[ḍa], 彈[ḍha], 那[ṇa]
⑤ 波[pa], 頗[pha], 婆[ba], 潍[bha], 摩[ma]
⑥ 奢[ʂa], 沙[ʂha], 娑[ʐa], 賒[ʐha], 錣[ɭza]
⑦ 倻[ya], 囉[ra], 羅[la], 和[va], 呵[ɤa], 睆[ɤha]

<실담장>의 47자
摩多 12자
一 阿[a], 阿[ā], 伊[i], 伊[ī], 歐[u], 歐[ū], 藹[e], 藹[ē], 奧[o], 奧[ō], 暗[ɑm̥], 痾[ɑḥ]
体文 35자
一 迦[ka], 佉[kha], 誐[ga], 伽[gha], 哦[nga],
者[tsa], 車[tsha], 惹[za], 社[zha], 若[ɲa],
吒[ta], 他[tha], 茶[da], 茶[dha] 拏[na],
多[ṭa], 他[ṭha], 陀[ḍa], 陀[ḍha], 那[ṇa],

波[pa], 頗[pha], 婆[ba], 婆[bha], 磨[ma],
也[ja], 羅[ra], 囉[la], 縛[va], 奢[śa], 沙[ṣa], 紗[sa], 訶[ha], - 遍口聲
濫[llam], 乞灑[kṣa] - 重字

즉, <대반열반경>의 범자 36자의 경구개권설음 '⑥ 奢[ṣa], 沙[ṣha], 娑[ẓa], 賒[ẓha], 鎩[ɬa]'에서 마지막 '賒[ẓha], 鎩[ɬa]'의 2자를 빼고 ⑦로 구분한 "倻[ya] 囉[ra], 羅[la], 和[va], 呵[ɤa], 晥[ɤha]" 가운데서도 '晥[ɤha]'가 빠졌다. 범자(梵字)의 36자에다가 실담(悉曇)은 2자를 추가하고 3자가 빠져서 결국 35자 되었다. 모두 실담(siddhamātṛkā) 문자에서 변별적으로 본 음운의 글자들이다.

범자(梵字)와 실담장(悉曇章)의 체문(体文)과 서장(西藏) 문자, 파스파 문자, 훈민정음이 모두 /k/을 첫 글자로 하였다. 즉, 훈민정음에서는 첫 글자로 아음(牙音)에서 /ㄱ[k]/{君字初發聲}, /ㅋ[kh]/{快子初發聲}, /ㄲ[g]/{虯字初發聲}, /ㆁ[ng]/{業字初發聲}이라 하여 /k, kh, g, ng/의 4자를 순서대로 제시하였다.

범자(梵字)와 실담(悉曇)은 /ka, kha, ga, gha, nga/, 그리고 서장(西藏) 문자, 파스파 문자는 /ka, kha, ga, nga/의 순서로 글자를 배열하였다. 모두가 첫 글자는 연구개정지음의 /k/이었다. 그리고 이어서 경구개파찰음의 /tsa, tsha, za, zha, ɲa/, 치조정지음의 /ta, tha, da, dha, na/와 /ṭa, ṭha, ḍa, ḍha, ṇa/에 이어 양순음의 /pa, pha, ba, bha, ma/가 연결된다.

훈민정음에서는 아음에 이어서 설음의 /ㄷ[t], ㅌ[th], ㄸ[d], ㄴ[n]/, 순음의 /ㅂ[p], ㅍ[ph], ㅃ[b], ㅁ[m]/, 치음의 /ㅈ[ts], ㅊ[tsh], ㅉ[dz], ㅅ[s], ㅆ[z]/, 후음의 /ㆆ[ɦ], ㅎ[h], ㆅ[ɤ], ㅇ[Ø/의 순서로 제자(制字)한 것도 앞에서 살펴본 바와 같이 실담(悉曇) 문자나 티베트의 서장(西藏) 문자, 파스파 문자가 모두 유사한 순서로 글자를 만들어 분류한 것을 따른 것이다.

4) 한자 차자(借字)표기에 대한 불만

4.2.4.0. 세종과 당시 소장(小壯) 유학자(儒學者)들은 한자를 차용하여 우리말을 기록하는 이두(吏讀), 구결(口訣), 향찰(鄕札) 등의 차자(借字)문자 사용에 강한 불만을 가진 것으로 보인다. 한문이 일반화된 당시 유

학자들에게는 한자를 간략화한 구결자들이나 이두표기, 우리말 어순에 맞게 쓰는 향찰표기 등에 대하여 이를 매우 저속하게 생각한 것 같다.

이들의 이러한 의견을 표시한 것은 도처에서 발견되지만 그 가우데 가장 대표적인 것은 훈민정음의 <해례본>에 부재된 정인지(鄭麟趾)의 후서(後序)라고 할 수 있다. 그에 해당하는 부분을 옮겨보면

> [前略] 昔新羅薛聰, 始作吏讀, 官府民間, 至今行之. 然皆假字而用, 或澁或窒, 非但鄙陋無稽. 而已. 至於言語之間, 則不能達其萬一焉. [下略] − [전략] 옛날에 신라의 설총(薛聰)이 처음으로 이두를 만들어서 지금까지 관부 민간에서 쓰고 있으나 그것은 한자를 빌려 쓰는 것이기 때문에 혹 꺽꺽하고 막히어 비단 비루하고 근거가 없을 뿐만 아니라 말을 적는데 있어서는 그 만분의 일도 통달하지 못한다. [하략]

라고 하여 이두(吏讀) 표기의 불편함을 토로하였다.

실제로 당시의 문자생활은 양반 사대부(士大夫)의 경우에 한문(漢文)을 사용하였고 중인(中人) 계급들은 이문(吏文)를 사용하였으며 일반 백성들은 문맹(文盲)이 많았다. 가장 실용적인 문자생활을 영위할 중인(中人)들, 즉 아전(衙前), 이서(吏胥)들과 시문(詩文)을 주로 즐기는 사대부들과의 문자생활은 과히 하늘과 땅의 차이라고 할 수 있었다.

거기다가 두 계급이 모두 언문불일치(言文不一致)의 불편함을 통감하고 있었으며 문자를 모르는 백성들의 불편함은 또 대단한 것이었다. 실제로 지배계급인 양반 사대부와 백성들 사이에 있는 이서배(吏胥輩)들은 백성들에게도 여러 가지 폐해(弊害)를 주었으며 양반 사대부들에게도 이들은 결코 용이한 존재가 아니었다.

실제로 이문(吏文)는 중인(中人)들의 전용이 되어 사대부의 한문과 별개의 표기체계를 구축하고 있었다. 이러한 두 계통의 문자체계를 하나로 통일하여 지배계급의 직접 통치(統治)가 가능하도록 하려는 분위기가 조선 초기에 팽배한 것으로 보인다. 이러한 분위기 속에서 훈민정음은 발명된 것이다.

4.2.4.1. 한글 이전에는 이두(吏讀)로 적은 구결(口訣), 즉 입겿이 모두 한자(漢字)로 적은 것이다. 한자를 모르면 이두나 구결도 모두 읽을 수가 없었다. 더욱이 구결로 토(吐)를 달 때는 한자의 발음을 빌려 우리말의 어미와 조사를 기록하는 방법과 그 새김을 빌려 표기하는 방법을 썼다.

예를 들면 제3장의 3.2.4.6.에서 살펴본 바와 같이 '-ᄒᆞ고'를 '爲古'로 쓰거나 '-이라'를 '-是羅'라고 쓰는 경우를 말한다. '-古, -羅'는 발음을 빌렸으나 '爲, 是'는 뜻을 빌려서 소위 음독자(音讀字)와 석독자(釋讀字)가 섞여 있게 된 것이다. 후자의 '爲, 是'는 석독자이고 전자의 '-古, -羅'는 음독자로 토를 단 것이다.

여기서 '爲, 是'와 같이 석독자로 토를 다는 것을 변음토착(變音吐着)이라 하는데 이 말은 "발음을 바꿔서 토를 달다"라는 이두문(吏讀文)이다. '위(爲), 시(是)'를 'ᄒᆞ, 이'로 발음을 바꿔서 토를 달았다는 뜻이다. 우리 학계에서는 한동안 '변음토착(變音吐着)'이 무슨 말인지도 몰랐고 그것이 왜 문제가 되는지도 이해하지 못하였다(안병희, 2007).

변음토착(變音吐着)은 한자를 상용(常用)하는 유신(儒臣)들에게 매우 거추장스럽고 우스운 표기 방법이었다. 세종은 이를 해결하라고 동궁(東宮)과 대군(大君)들에게 지시하였으나 그들이 누이에게 부탁하여 세종의 둘째 따님 정의(貞懿) 공주가 이를 해결하였다고 한다. 그래서 부왕(父王)으로부터 상(賞)으로 노비(奴婢)와 전답(田畓)을 받았다는 기록이『죽산안씨대동보(竹山安氏大同譜)』에 전해진다.[35]

즉, 정의(貞懿) 공주는 한자를 훈민정음으로 바꿔서 토를 달았는데 예를 훈민정음의 <언해본>에 수록된 세종의 어제서문(御製序文)에서 찾아보면 "國之語音<u>이</u>, 異乎中國<u>ᄒᆞ야</u>, 與文字<u>로</u> 不相流通<u>ᄒᆞᆯᄊᆡ</u>"(밑줄 필자)와 같이 석독(釋讀), 음독(音讀)의 한자로 토를 달지 않고 밑줄 친 부분과 같이 훈민정음으로 토를 단 것이다.

만일 이두(吏讀)로 토를 달았다면 '國之語音<u>伊</u>, 異乎中國<u>爲也</u> 與文字<u>留</u>

35 그동안『竹山安氏大同譜』에 대하여 책의 존재를 부정하는 주장도 있었다(안병희, 2007). 필자는 이 책을 고려대 도서관에서 찾아내어 그 인용문을 확인하였다. 졸저(2015: 184).

不相流通爲乙沙"로 되었을 것이다. 이와 같은 구결을 훈민정음으로 훌륭하게 바꾸어 단 것이다. 필자는 단순한 변음토착의 문제만이 아니라 구결(口訣) 토(吐)로 자주 쓰여서 서민들에게 친숙한 한자들로 새 문자를 설명한 <언문자모>가 바로 공주의 고안(考案)이라고 생각한다. <언문자모>에서는 '기역(其役), 니은(尼隱)'과 같이 구결을 달 때에 사용한 이두(吏讀)로서 친숙하게 쓰던 한자들로 새 문자의 음가를 설명한 것이다.

또 이것은 <훈민정음>의 "ㄱ 如君字初發聲 ― ㄱ은 군(君)자의 첫 소리와 같다. ㄲ 如虯字初發聲 ― ㄲ은 규(虯)자 첫소리와 같다"라는 설명보다 훨씬 알기 쉽다. 특히 'ㅂ'에 대한 "ㅂ, 脣音, 如彆字初發聲 ― ㅂ은 입술소리이고 별(彆)자의 첫소리와 같다"에서 '별(彆)'은 "활 시울 뒤틀릴 별"이어서 여간한 벽자(僻字)가 아니다. 그런데 이것을 <언문자모>에서 '비읍(非邑)'이라 했을 때에 '비(非)'자나 '읍(邑)'자는 이미 이두에서 익히 쓰이는 글자들이라 알기 쉽다.

따라서 <언문자모>는 한글을 보급하는데 결정적인 역할을 하게 된다(졸고, 2017a). 오늘날의 한글 자모 순서가 '기역, 니은, 디귿, 리을, 미음, 비읍, 시옷, 이응'과 같이 된 것은 <언문자모>의 순서에 따랐다. 얼마나 한글의 보급에 <언문자모>가 도움을 주었는지 잘 말해주는 예라고 할 수 있다. 만일 이것이 없었더라면 한글도 다른 북방민족의 여러 표음문자처럼 일시적으로 사용하다가 버려진 문자가 되었을지도 모른다.

4.2.4.2. 한글의 발명에 대하여는 앞에 든 세종의 어제서문(御製序文)에서 "予ㅣ 爲此憫然ᄒᆞ야 新制二十八字ᄒᆞ노니 欲使人人ᄋᆞ로 易習ᄒᆞ야 便於日用耳니라 ―내 이ᄅᆞᆯ 爲ᄒᆞ야 어엿비 너겨 새로 스믈여듧자ᄅᆞᆯ ᄆᆡᆼᄀᆞ노니 사ᄅᆞᆷ마다 ᄒᆡᅇᅧ 수ᄫᅵ 니겨 날로 ᄡᅮ메 便安킈 ᄒᆞ고져 ᄒᆞᇙ ᄯᆞᄅᆞ미니라(내가 이를 위하여 불쌍하게 여겨서 새로 28자를 만들었으니 사람마다 시켜서 쉽게 익히게 하여 매일 [문자를] 사용하는데 편케 하고자 할 따름이라)"라고 한 것에 초점을 맞추어 세종이 백성들의 편안한 문자생활을 위하여 이 문자를 제정한 것으로 생각한다.

그러나 왕명으로 새 문자를 공표한 일도 없고 이를 정문(正文)으로 공용문서에 사용한 일도 없다. 새 문자 창제의 동기를 분명하게 밝힌 서문의 서두에 중국과의 한자음 차이에 대한 문제의 제기는 거의 돌아보는 연구가 없었다.

필자는 어제서문의 첫 번째에 언급한 "國之語音, 異乎中國, 與文字, 不相流通"이야말로 한글을 제정한 직접적인 이유라고 본다. 같은 한자인데 중국과의 발음 차이에 의하여 중국인들과 의사소통이 되지 않으니 한자음을 시정하려는 목표가 원래 한글의 제정 의도라고 본 것이다.

즉, 당시 한자의 중국어 발음과 우리의 발음이 차이가 남을 말한 것으로 이것을 바로 잡아야 한다고 세종은 생각하고 새 문자를 제정한 것이다. 새로 제정한 표음문자로 동국정운식 한자음을 표음하여 보급해야 한다는 일념으로 훈민정음을 제정한 것이다. 동국정운식 한자음은 당시 운서음에 맞추어 한자음을 교정한 것으로 인위적인 한자음이었다.

고려 전기(前期)까지 사서오경(四書五經)으로 배운 한문(漢文)으로 중국인과 소통이 가능하였다. 그러나 원대(元代) 이후 언어의 중심지가 된 북경(北京)의 한어(漢語)의 발음이 우리의 전통 한자음과 매우 달라서 이 말로 읽는 한문은 전혀 통할 수 없었다. 이 현상은 중국에서도 같았다. 원대(元代) 북경(北京) 중심의 한아언어(漢兒言語)로 변질된 중국의 공용어를 명(明)은 건국 초기에 이를 고치려고 노력하였다.

그리하여 몽골의 원(元)을 멸하고 오아(吳兒)의 명(明)을 세운 태조 주원장(朱元璋)은 『홍무정운(洪武正韻)』이란 인위적으로 수정한 한자음의 운서를 간행하여 원대(元代)에 오염된 것으로 보았던 한자음을 종래의 운서음, 즉 송대(宋代) <광운> 계통의 운서의 한자음으로 돌리려고 하였다. 그러나 제왕(帝王)의 힘으로도 일단 변화된 언어를 되돌릴 수는 없었다.

이러한 명(明) 태조의 인위적인 운서의 간행을 보고 세종은 역시 우리의 한자음을 인위적으로 전통 운서에 맞추어 수정한 <동국정운(東國正韻)>을 편찬한다. 이 운서에서 우리 한자음, 동음(東音)을 수정하여 전통 운서에 맞추려고 하였다. 그리하여 예전처럼 한문 학습에 의하여 중국과의 의사소통이 어느 정도 가능하게 하려던 것이다.

그리고 이 개정된 한자음이야 말로 백성들에게 가르쳐야 하는 바른 한자음, 즉 훈민정음(訓民正音), "백성들에게 가르쳐야 하는 바름 한자음"이었으며 이것의 발음기호로 한글을 제정한 것으로 본 것이다.[36] 이렇게 발음기호로 제정된 한글은 <석보상절(釋譜詳節)>과 <월인천강지곡(月印千江之曲)>, 그리고 이를 합편하여 <월인석보>를 간행하면서 우리말 표기에도 가능한 것이 입증되었다.

그리하여 우리말을 기록하는 언문(諺文)이란 이름을 얻었고 전통한자음, 즉 동음(東音)의 표기에도 이 문자가 사용되었는데 이때의 명칭도 언문(諺文)이었다. 다시 말하면 동국정운식 한자음을 표음할 때에는 훈민정음이었으며 『홍무정운역훈(洪武正韻譯訓)』과 같이 한어(漢語)의 표준음을 적을 때에는 정음(正音)으로 불렀고 우리말과 우리 한자음을 적었을 때는 언문(諺文)이었다. 표기 대상에 따라 그 글자의 명칭이 달라진 것이다.

3. 훈민정음의 제정

4.3.0.0. 훈민정음, 즉 언문이 어떻게 제정되었는가에 대하여는 아직도 확실하지 않고 미심한 부분이 적지 않다. 훈민정음은 전게한 『세종실록』(권103) 세종 25년(1443) 계해(癸亥)년 12월의 기사가 실록에 나타난 가장 이른 시기의 것이다.

원(元)나라 파스파 문자를 본받아 조선에서 새 문자를 제정(制定)하려는 것을 좋지 않게 보는 명(明)의 눈치를 보아야 하고 또 한문에 중독되고 새로운 한자음의 제정을 반대하는 유신(儒臣)들을 피하기 위하여 세종은 암암리에 가족들과 새 문자 제정의 작업을 수행하였다.

그리고 어느 정도 마무리하고 갑자기 이를 공표하여 세종 25년 12월

36 訓民正音에 대한 {신편}<월인석보>에 附載된 훈민정음의 <언해본>, 즉 <世宗御製訓民正音>에서는 "訓·훈民민正·졍音음·은 百·ᄇᆡᆨ姓·셩 ᄀᆞᄅᆞ·치시·논 正·졍ᄒᆞᆫ 소·리·라"하여 백성들에게 가르쳐야 하는 바른 소리, 즉 표준 발음이란 뜻이다.

에 "上親制諺文二十八字 [中略] 是謂訓民正音 – 임금이 친히 언문 28자를 짓다. [중략] 이것이 소위 말하는 훈민정음이다."라는 실록의 기사로 나타난 것이다. 다만 졸저(2019a: 260)에서 이 기사는 세종 당시의 것과 달라서 후일 세조 때의 실록청에서 <세종실록>을 간행할 때에 고친 것이라고 보았다.

즉, 임홍빈(2008, 2013)에서 이 기사가 날짜의 간지(干支)가 없어 나중에 추가된 것이라고 주장하였는데 필자도 '훈민정음 27자'로 되었던 기사를 '언문 28자'로 고쳐서 실록에 실었다고 추정하였다(졸고, 2017b). 왜냐하면 실록의 기사는 마음대로 추가할 수가 없고 실록의 근거가 된 일지(日誌)가 있었기 때문이다.

위의 <세종실록> 기사로부터 이 문자가 '훈민정음(訓民正音)'으로 불렸고 이제는 '언문(諺文)'이라고 한다는 뜻이기 때문이다. 이것은 원래 "上親制訓民正音二十七字"라고 한 것을 위의 기사로 바꾼 것으로 보았다. 왜냐하면 세종 25년 12월의 기사보다 불과 2개월 후인 세종 26년 2월조에 실린 최만리(崔萬理)의 반대 상소문에는 언문(諺文) 27자라고 하였기 때문이다.[37]

이 '언문 27자'는『훈몽자회』의「언문자모(諺文字母)」의 부제(副題)인 "俗所謂反切二十七字 – 속되게 소위 반절 27자라고 하는 것"에 보이는 '반절 27자'이기도 하다. 따라서 세종 25년 12월까지는 반절상자(反切上字), 즉 초성을 표기하는 문자로 27자를 제정한 것으로 본 것이다. 모음의 중성자(中聲字)들은 기본 3자와 초출(初出) 4자의 7자만 제정하여 유모(喩母), <동국정운>의 욕모(欲母)에 속한 것으로 보았다.

여기서 언급한 <언문자모>의 반절 27자는 먼저 반절에 대한 지식을 필요로 한다. 반절(反切)은 졸고(2017b)에서 밝힌 것처럼 중국에 온 서역(西域)의 역경승(譯經僧)들이 한자음을 표음하는 방법으로 고안된 것이다. 따라서 반절이란 한자음 표기를 말하는데 <언문자모>의 '반절(反切) 27자'는 언문이 한자음 표기에 사용되는 글자였었음을 알려주는 증

37 그동안의 통설에서는 이 최만리의 반대상소에 등장하는 '諺文二十七字'가 '二十八字'의 오자라고 하였는데 실록에서 오자를 인정하지 않는 엄격한 규율을 무시한 어처구니 없는 주장이다.

거다. 즉, 언문을 반절로 한 것은 이 글자의 시작이 한자음 표기를 위한 것이었을 분명하게 알려준다.

물론 반절 27자에 파스파 문자와 같이 유모(喩母)에 속하는 모음자 7자를 함께 만들어 <운회>를 번역하는데 사용하였다. 유모(喩母)는 훈민정음 <해례본>과 동국정운에서 욕모(欲母)가 되었고 신미(信眉)가 욕모(欲母) 7자에 재출자(再出字) 4자를 더하여 중성을 11자로 하였다. 우리가 중성자(中聲字)들을 단독으로 표기할 때에 욕모(欲母) /ㅇ/를 붙여 쓰는 것은 전에 이 중성자들이 욕모(欲母)에 속하였던 것임을 증언한다. 그렇지 않고는 왜 모음은 'ᄋᆞ, 으, 이, 오, 아, 우, 어'로 /ㅇ/을 붙여 쓰는지 설명할 길이 없다. 이에 대하여는 졸고(2017b)에서 자세하게 논의하였다.

4.3.0.1. 세종이 가족의 도움을 받아 새 문자의 제정을 도모하다가 세종 25년 12월 이후에는 몇몇 젊은 유신(儒臣)들의 도움을 얻어 <운회(韻會)>라는 운서(韻書)를 번역하면서 본격적으로 한자음 표기에 이 새 문자를 사용하는 방법을 모색하였다. 즉, 세종 26년 2월 병신(丙申, 16일)에 집현전(集賢殿) 교리인 최항(崔恒) 등으로 <운회>를 번역하게 한 것이 이 문자로 작업한 최초의 일이며 젊은 유학자들의 도움을 받기 시작한 첫 번째 사업으로 보인다.

이에 대하여는 『세종실록』(권103) 세종 26년 2월 병신(丙申, 16일)조에 다음과 같은 기사가 있다.

> 병신(丙申)일에 집현전 교리 최항, 부교리 박팽년, 부수찬 신숙주·이선로·이개, 돈녕부 주부 강희안 등에게 명하여 의사청에서 언문으로 <운회(韻會)>를 번역하게 하다. 동궁과 진양대군(수양대군을 말함-필자 주) 이유·안평 대군 이용으로 하여금 그 일을 관장하되 모두 임금의 품의하여 결단하도록 하였으므로 상을 거듭 내려 주고 내려주는 것이 넉넉하고 후하게 하였다(○丙申: 命集賢殿校理崔恒, 副校理朴彭年, 副修撰申叔舟、李善老、李塏, 敦寧府注簿姜希顔等, 詣議事廳, 以諺文譯韻會, 東宮與晉陽大君瑈, 安平大君瑢, 監掌其事。皆稟睿斷, 賞賜稠重, 供億優厚矣。).

이 기사를 보면 <운회>의 번역을 위하여 가족들 이외에도 세종을 추종하는 젊은 유신(儒臣)들로서 집현전의 최항, 박팽년, 신숙주, 이선로 등이 참가하였고 유일하게 돈령부(敦寧府)의 주부(注簿)인 강희안이 포함되었다.[38]

여기서 <운회>의 번역은 바로 원대(元代)의 『고금운회(古今韻會)』, 또는 『고금운회거요(古今韻會擧要)』라는 운서의 번역을 말하며 운서(韻書)의 번역이니 여기서 말한 역(譯)은 의미의 언해가 아니라 발음의 표음임을 알 수 있다. 그러나 '운회(韻會)'의 번역은 더 깊은 뜻이 있다. 일찍이 원대(元代) 초기에 파스파 문자를 제정하여 이 문자로 한자음을 표기한 『몽고운략(蒙古韻略)』을 편찬한다.

<몽고운략>은 송대(宋代) <광운> 계통의 운서인 『예부운략(禮部韻略)』을 파스파자로 표음한 것인데 <예부운략>이 <운회>의 한자음에 따라 수정하여 『몽고자운(蒙古字韻)』이 편찬된다. 통어(通語)의 <예부운략>은 원(元) 제국(帝國)의 공용어인 북경지역의 한아언어(漢兒言語)를 제대로 반영하지 못하였기 때문이다.

따라서 '운회(韻會)'의 번역은 바로 <몽고자운>의 한자음을 훈민정음으로 바꾸어 표음하는 것이다. 명(明)으로서는 파스파 문자로 번역된 <몽고자운>을 인정할 수 없었기 때문에 <운회>라고 한 것이다. 이로 인하여 세종이 새 문자를 제정하려고 한 것이 세상에 알려져 바로 유신(儒臣)들의 격렬한 반대에 부딪힌다. 즉, <운회>의 번역을 명한 날(16일)로부터 4일 후인 2월 경자(庚子, 20일)에 최만리(崔萬理)의 반대 상소가 올라온다.

전부터 세종이 암암리에 새 문자를 제정하고 있다는 소문은 들었으나 집현전의 젊은 학자들에게 이 문자로 <운회>를 번역하도록 명한 것으로부터 새 문자가 알려져서 그들은 바로 반대의 상소를 올린 것이다. 그리고 이 반대 상소에서 새 문자의 제정을 반대하는 가장 중요한 이유가 명(明)이 이것을 마땅치 않게 여기고 반대한다는 것이었다.

당시 유신(儒臣)들은 명(明)이 호원(胡元)의 잔재(殘滓)인 파스파 문자를 철저하게 파괴하고 이를 없애려고 하는 정책을 잘 알고 있었기 때문이

38 姜希顔은 비록 집현전의 학사는 아니나 역시 새 문자의 제정에 관심을 가진 신진 학자였음을 알 수 있다. 또 강희안은 信眉의 추종자이기도 하였다.

다. 또 자기들에게도 마땅치 않은 새로운 한자음을 정립하려는 조선의 제왕(帝王)을 일을 명(明) 황제(皇帝)의 힘을 빌려 제압하려는 뜻도 있었을 것이다.

실제로 한자 문화를 지키려는 한족(漢族)의 세력과 이에 저항하는 북방민족의 세력이 새 문자의 제정으로 한반도에서 부딪힌 것이다. 마치 동북아에서 황제(黃帝)와 치우(蚩尤)의 싸움이 후대에 면면하게 계속되는 것처럼 중국의 북방민족들은 한자 문화에 대항하고 자신들의 정체성을 지키기 위하여 나라를 세우면 새 문자를 제정하여 왔던 것인데 조선 초기에는 세종과 유신들의 투쟁으로 번진 것이다.

4.3.0.2. 그간에 조사된 여러 사료(史料)의 기사에 의하여 졸저(2015)에서는 훈민정음은 세종 25년(1443) 12월에 세종이 친제(親製)하였고 세종 28년(1446) 9월에 상한(上澣)에 새 문자에 대한 해설서인 훈민정음의 <해례본>이 편찬되었다고 보았다.

그리고 뒤를 이어 <해례본>의 일부를 언해한 훈민정음의 <언해본>이 편찬되어 세종 28년 10월경에 간행된 {구권(舊卷)}<월인석보>의 제1권 권두에 '훈민정음'이란 이름으로 첨부하였고 세조 때에 {신편(新編)}<월인석보>를 간행하면서 역시 제1권 권두에 '세종어제훈민정음'이란 제목의 <언해본>을 부재(附載)하였다. 후자는 현전하는 <월인석보> 제1권의 권두에 첨부되어 전해지며 전자는 따로 떼여내어 단행본으로 전하다가 고려대 도서관의 육당문고에 소장되었다(졸고, 2020a).

또 세종 28년 11월에 언문청(諺文廳)을 설치하여 시험적으로 <용비어천가(龍飛御天歌)>의 조국(肇國) 찬양의 한시(漢詩)를 언해하여 신문자로 기록하였다. 그리하여 세종 29년(1447) 2월에 <용비어천가>의 국문가사가 완성되었다. 같은 해 7월에는 원고로 남아있던 <석보상절>과 <월인천강지곡>이 돌아가신 소헌왕후(昭憲王后)의 1주기를 맞이하여 간행되었다.

4.3.0.3. 그리고 하급관리를 채용하는 이과(吏科)와 각종 취재(取才)에 훈민정음을 출제하여 이 문자의 보급에 주력하였다. 아마도 이 때

에『삼강행실도(三綱行實圖)』의 언해도 시도된 것으로 보인다. 이것은 이두(吏讀)조차 이해하지 못하는 어리석은 백성들을 교화(敎化)시키려는 세종의 깊은 뜻이 숨어있었던 것이다.

훈민정음이 창제된 2개월 후에 세종은 가장 먼저 운회(韻會)를 번역하도록 명하였으며 아마도 <몽고자운>에 의거하여 한자의 동음(東音)을 정리한 <동국정운(東國正韻)>이 세종 29년(1447) 9월에 완성되어 간행된다. 이로서 우리의 한자음이 일단 정리되었으며 동국정운의 운(韻)을 과거(科擧)의 작시(作詩)에 사용하도록 하여 이 한자음의 보급에 힘을 썼다.

한편 신숙주(申叔舟)·성삼문(成三問)과 한어(漢語) 역관들로 하여금 한자의 한음(漢音)에 대하여 연구하도록 하였으며 특히 명(明) 태조(太祖)의 흠찬운서(欽撰韻書)인 <홍무정운(洪武正韻)>을 훈민정음으로 번역하게 하였다. 이 번역 작업은 매우 방대하고 대단한 노력을 요구하는 것으로 <홍문정운>의 한자 하나하나의 발음을 정음으로 표음하고 그 뜻을 붙이는 것이었다. 훈민정음 <언해본>에 나오는 한음(漢音)은 바로 <홍무정운>의 한자음을 말하는 것이다.

신숙주(申叔舟)·성삼문(成三問) 등이 이를 위하여 여러 차례 중국을 방문하였으며 그것으로도 부족하여 조선에 오는 명(明)의 사신(使臣)들로부터 한자의 한음(漢音)을 확인하는 작업을 계속하였다. 그리하여 단종(端宗) 3년(1455) 4월에 <홍무정운역훈(洪武正韻譯訓)>이 비로소 완성되어 간행되었다.

이로부터 <홍무정운역훈>에 정음(正音)으로 표음된 홍무운(洪武韻)이 중국어의 표준음으로 규정되었으며 그동안 작시(作詩)의 기본이 되었던 예부운(禮部韻)을 홍무운으로 대체하려는 노력도 세조(世祖)년간에 있었다.

4.3.0.4. 지금까지 살펴 본 바에 의하면 훈민정음이 창제된 이후에 적어도 세 가지 표기 수단으로 이 문자가 사용되었음을 알 수 있다. 첫째는 고유어를 표기하는 문자로 쓰였으며 둘째는 한자의 동음(東音)을 정리하여 <동국정운>을 편찬하는데 그 발음 기호로 사용되었고 셋째

는 중국어를 학습하는데 있어서 한음(漢音)의 정음(正音), 즉 표준음을 정하여 표음하는 기호로 이용되었음을 알 수 있다.

첫째의 표기에 이용된 한글을 언문(諺文)이라 하였고 둘째의 표기는 훈민정음(訓民正音)이었으며 셋째의 표기를 위한 것이 정음(正音)이었다. 이러한 신문자의 사용은 결국 이 문자의 제정 목적이 여기에 있었음을 말하는 것이며 사용의 선후 관계를 살펴봄으로써 훈민정음 창제의 직접적인 동기를 살필 수 있다.

1) 새 문자 창제의 동기(動機)

4.3.1.0. 세종이 훈민정음을 창제하신 동기(動機) 대하여는 그동안 여러 가지 가설이 있었다. 대체로 세종의 어제서문(御製序文)에 나타난 애민(愛民) 정신을 새 문자 제정의 근본 동기로 보는 주장이 가장 강력하다. 대부분의 한글학자들은 이러한 주장을 금과옥조(金科玉條)로 믿고 있다.

또 하나 훈민정음 제정의 동기로는 한자에서 벗어나려는 중국 북방 민족의 새 문자 제정과 관련하려 보려는 주장이 있다. 주로 외국인의 한글 연구에서 이러한 주장은 많이 발견된다. 필자도 이러한 주장에 휩쓸려 생각하는 사람들이 많다. 그러나 이러한 생각은 필자의 연구를 제대로 이해하지 못한 때문이다.

그동안 필자는 세종이 훈민정음을 창제한 동기를 두 가지로 생각하였다. 하나는 훈민정음의 한문본과 언해본의 어제 서문에 나타난 표면적(表面的)인 동기요, 또 하나는 훈민정음의 사용을 추적하여 살펴본 이면적(裏面的)인 동기다. 이면적 동기에는 당시 동북아 여러 민족의 문자 제정과 사용을 감안하여 고찰한 것이다.

4.3.1.1. 먼저 세종의 어제서문에 나타난 표면적인 동기를 살펴보기로 한다. 훈민정음 창제의 동기에 대하여 <훈민정음>의 서문(어제서문과 정인지의 후서)에 나타난 표면적인 동기는

① 표음문자가 없어 불편한 백성들의 문자생활을 위하여

② 한자 차자 표기의 불편함을 극복하기 위하여
③ 우리 민족의 고유한 문자를 마련하기 위하여 [39]

라고 볼 수 있다. 이것은 <훈민정음>의 권두에 실린 세종(世宗)의 어제서문(御製序文)과 정인지(鄭麟趾)의 후서(後序)에서 강조한 훈민정음 창제의 중요한 목적이었다.

먼저 훈민정음(訓民正音)[40]의 <해례본>과 <언해본>, <한문본>에 실린 세종의 어제서문을 옮겨 보면 다음과 같다.

① 國之語音, 異乎中國, 與文字不相流通. − 나라의 말이 중국과 달라서 문자가 서로 통하지 않는다
② 故愚民, 有所欲言, 而終不得伸其情者, 多矣. − 그러므로 어리석은 백성이 말하고자 하는 바 가 있어도 종내는 그 뜻을 펴지 못하는 경우가 많다.
③ 予. 爲此憫然. 新制二十八字. 欲使人人易習. 便於日用耳.[41] − 내가 이를 불쌍하게 생각하여 새로 28자의 문자를 만들었으니 사람들로 하여금 쉽게 익혀서 매일 사용함에 편안하게 하고자 할 따름이다.[42]

39 세종의 훈민정음 창제의 표면적 이유로 강신항(1980: 37)에서는 "① 표기수단을 갖지 못했던 백성들에게 表記手段을 주기 위하여, ② 문자 없는 국가적 體面을 생각해서, ③ 吏讀 사용에 不便을 느끼어, ④ 世宗의 백성을 사랑하는 마음에서"의 4가지를 들고 있다.

40 '訓民正音'이란 이름의 책, 또는 내용 설명은 3종류가 있다. 하나는 세종 28년(正統 11년, 1446) 9월 上澣에 간행한 <解例本>이 있고, 둘째는 <月印釋譜> 제1권 권두에 부재된 <언해본>이 있다. 그리고 셋째는 『세종실록』(권113)의 세종 28년 9월조에 실린 것과 세종 때에 간행된 것으로 보이는 『排字禮部韻略』의 <한문본>이 있다. <해례본>을 <한문본>으로 보기도 하지만 여기에는 諺文의 예도 있어 이를 구별한다.

41 원본의 이 부분은 落張된 것을 후에 墨書로 補寫한 것인데 <實錄本>의 이 부분과 비교하면 제3행의 "人人易習"이 '人易習'으로 바뀌었고 마지막의 '矣'자가 '耳'의 誤寫였음을 알 수 있었다. '.'은 <해례본>에 붙은 권점을 표시한 것임.

42 훈민정음의 <언해본>인 <世宗御製訓民正音>의 이 부분을 옮겨보면 "國之語音이 異乎中國ᄒᆞ야 與文字로 不相流通ᄒᆞᆯᄊᆡ 故로 愚民이 有所欲言ᄒᆞ야도 而終不得伸其情者ㅣ 多衣라 予ㅣ 爲此憫然ᄒᆞ야 新制二十八字ᄒᆞ노니 欲使人人ᄋᆞ로 易習ᄒᆞ야 便於日用이니라. - 나랏 말ᄊᆞ미 中國에 달아 文字와로 서르 사ᄆᆞᆺ디 아니ᄒᆞᆯᄊᆡ 이런 젼ᄎᆞ로 어린 百姓이 니르고져 ᄒᆞᇙ 바 이셔도 ᄆᆞᄎᆞᆷ내 제 ᄠᅳ들 시러 펴디 몯ᄒᆞᇙ 노미 하니라 내 이ᄅᆞᆯ 爲ᄒᆞ야 어엿비 너겨 새로 스믈 여듧字ᄅᆞᆯ ᄆᆡᇰᄀᆞ노니 사ᄅᆞᆷ마다 ᄒᆡᅇᅧ 수ᄫᅵ 니겨 날로 ᄡᅮ메 便安킈 ᄒᆞ고져 ᄒᆞᇙ ᄯᆞᄅᆞ미니라." 띄어쓰기, 구두점은 필자.

훈민정음의 창제에 대한 세종의 어제서문(御製序文)은 위와 같이 ①, ②, ③의 세 부분으로 나누어 생각할 수 있다. 그러나 이 세 단락 가운데 ①부분과 ②부분은 문맥이 서로 통하지 않는다. 즉 "우리말과 중국어가 달라서 서로 문자가 서로 통하지 않는다는 말"(첫째 단락)과 "그렇기 때문에 어리석은 백성들이 말하고자 하는 것이 있어도 끝내 제 뜻을 펼 수가 없다"(둘째 단락)와는 의미가 연결되지 않는다.

억지로 해석하면 백성들이 중국어, 즉 한문으로 표현할 수가 없다는 의미로 볼 수 있으나 ①은 분명히 한자의 발음이 중국과 우리의 발음이 다르다는 뜻이고 둘째 단락은 백성들이 자신의 말을 자유롭게 표현할 문자가 없다는 뜻이 분명하다. 실제로 고려대 육당문고에 소장된 '훈민정음'이란 서명의 <언해본>은 첫 구절의 "國之語音이 异乎中國ᄒᆞ야"를 "나·랏:말소·리 中듀國·귁·과 달·라"로 언해하였다.

여기서 '나랏 말소리'는 우리의 한자음을 말하는 것으로 훈민정음 <언해본> 여기저기에 '소리'가 '음(音)'이나 '성(聲)'에 대응하는 언해임으로 '나랏 말소리'는 우리의 한자음, 동음(東音)을 지칭하는 것으로 보아야 할 것이다. 즉, 우리 한자음, 동음(東音)이 중국의 한음(漢音)과 다르므로 같은 한자가 서로 통하지 못한다는 뜻이다.

'국지어음(國之語音)'은 같은 언해본이지만 {신편}<월인석보>의 <세종어제훈민정음>에 "나·랏 :말ᄊᆞ·미 中듀國·귁·에 달·아"로 언해하였다. 여기서 '나·랏 :말ᄊᆞ·미'가 같은 언해본인 고려대 소장본에서는 '나·랏:말소·리'이어서 '國之語音'을 직역한 것이 된다.

졸고(2020a)에 의하면 고려대 소장본의 <언해본>인 '훈민정음'은 세종 생존 시에 간행된 {구권}『월인석보』에 부재(附載)된 것을 따로 떼여 단행본으로 한 것이어서 <세종어제훈민정음>의 '나·랏 :말ᄊᆞ·미'보다 원전(原典)에 가깝다고 보았다. 다만 이 부분은 후대 필사된 것이어서 표기법에 후대의 모습을 보이기 때문에 그동안 이러한 논의에 인용할 수가 없었다.

4.3.1.2. 다음의 ②는 ③에 의하여 그 뜻을 다시 확인할 수 있다. 다시 말하면 ②와 ③은 서로 뜻이 연결되지만 ①은 ②와 연결되지 않는다. 따

라서 ①과 ②사이에 적어도 한 단락 정도는 생략되었을 것이어서 후대에 이 부분을 삭제한 것으로도 생각할 수 있다. ①의 다음에 올 문구는 분명히 한자음의 명확한 정리, 즉 한음(漢音)과 동음(東音, 또는 國音)의[43] 차이를 밝혀야한다는 구절이 들어있어야 한다.

어떻든 훈민정음의 어제서문에 나타난 세종이 새 문자를 창제한 의도는 먼저 한자의 한음(漢音)과 국음(國音), 즉 동음(東音)의 차이를 밝힌 것에 방점이 찍힌 것으로 보지 않을 수 없다. 이러한 차이를 해소하기 위하여 <동국정운>을 만들어 한자음을 정리하고 그것을 백성들에게 가르쳐야 하는 올바른 한자음, 즉 '훈민정음(訓民正音)'이란 뜻이다. 이 한자음을 표기하기 위하여 새 문자를 만들게 되었다는 뜻이 행간 속에 묻어있다.

이에 대하여는 정인지(鄭麟趾)의 후서(後序)에 "蓋外國之語. 有其聲而無其字. 假中國之字以通其用. 是猶枘鑿之鉏鋙也 豈能達而無礙乎? 要皆各隨所處而安. 不可强誌使同也. - 대개의 [중국어를 제외한] 외국어가 말소리는 있으나 그를 기록할 문자가 없어서 중국의 글자를 빌려서 [자국어를 기록하는데] 통용하고 있다. 이것은 마치 모가 난 자루를 동그란 구멍에 끼는 것과 같아서 서로 어긋나서 맞지 않으니 능히 그 뜻을 통달하는데 장애됨이 없겠는가? 중요한 것은 모두가 각기 자기의 것에 따르는 바가 편안한 것이지 억지로 같게 할 수는 없는 것이다."([ ] 안은 필자가 문맥으로 보아 삽입한 것, 이하 같음)라는 표현이 있어 고립적인 언어구조의 중국어를 표기하는 한자로 교착적인 문법구조의 한국어를 표기하는 것은 아주 잘못된 일임을 역설하였다.

최만리(崔萬理)의 반대 상소문에 대한 세종의 비답(批答) 가운데도 이두(吏讀)처럼 한자를 빌려서 우리말을 표기하는 취지는 백성의 문자 생활을 도와주기 위한 것이며 그와 똑 같은 취지로 새 문자를 만들었는데 이두는 괜찮고 새 문자는 틀렸다는 것이 잘못된 것이 아닌가 하면

43 東音은 우리의 전통한자음을 말한다. 주로 唐代에 많이 유입되었는데 한자가 전래할 때에 당시의 중국어 발음도 함께 들어왔으나 세월이 지나면서 한자음은 우리말의 음운체계에 동화되어 변화되었다. 또 중국어의 발음도 시대의 변천에 따라, 또는 지방에 따라 바뀌게 되어 결국 같은 漢字라도 그 발음은 중국어와 한국어의 것이 서로 크게 차이가 나게 되었다.

서 이두보다는 훈민정음이 우리말을 기록하는데 훨씬 합리적인 문자임을 강조하고 있다.[44]

아무튼 이 어제서문은 세종이 애민(愛民) 정신으로 한자가 아닌 우리말 표기에 적절한 새 문자를 제정한 것으로 이해하여 모든 사람들이 이를 신봉하고 있다. 다만 이 서문이 갖는 깊은 뜻은 잘 이해가 되지 않아 수면 속에 갈아 안거나 무시되었다.

4.3.1.3. 또 하나의 이면적(裏面的)인 동기는 중국을 위요(圍繞)한 주변의 여러 국가가 모두 자신들의 언어를 기록하는 고유문자를 갖고 있음에도 불구하고 우리나라에만 그러한 문자가 없음을 자각하여 새 문자를 제작한 것이라고 본 것이다.

앞에서도 언급한 바 있지만 신숙주(申叔舟)의 『보한재집(保閑齋集)』(권7)에 부록된 「신숙주의 행장(行狀)」(姜希孟 撰)에 "上, 以本國音韻, 與華語雖殊. 其牙舌脣齒喉淸濁高下, 未嘗不與中國同. 列國皆有國音之文, 以記國語, 獨我國無之, 御製諺文字母二十八字. – 임금이 말하기를 본국의 음운으로 말하면 비록 중국어와 다르나 그 아음, 설음, 순음, 치음, 후음과 전청, 차청, 불청불탁, 전탁의 소리는 중국과 더불어 다르지 않다. 열국(列國)이 모두 그 나라의 소리에 맞는 문자가 있어 나라 말을 적는데 오직 우리나라만이 문자가 없어서 임금이 언문 28자를 지었다." 라는 기사가 있어 훈민정음의 창제가 다른 나라와 같이 우리도 고유의 문자를 독자적으로 개발하여 우리말을 기록하기 위한 것임을 밝혔다.

최만리(崔萬理)의 반대 상소문에는 이와 같은 독자적인 새 문자 제정

---

44 <세종실록>에 소재된 崔萬理 등의 새 문자 제정의 반대 상소문에 대한 세종의 답변으로 "[前略] 汝等云: 用音合字, 盡反於古. 薛聰吏讀. 亦非異音乎? 且吏讀制作之本意, 無乃爲其便民乎? 如其便民也, 則今之諺文亦不爲便民乎? 汝等, 以薛聰爲是, 以非其君上之事, 何哉? - 너희들이(최만리 등을 말함) 말하기를 발음으로 적고 글자를 모아쓰는 것이 전혀 옛것과 다르다고 하니 설총의 이두도 [한자와] 역시 발음이 다르지 않느냐? 또 이두를 만든 본 뜻이 백성을 편안하게 하기 위한 것이 아니었느냐? 백성을 편안하게 한다는 것은 서로 같아서 지금의 언문도 역시 백성을 편안하게 하는 것이 아니겠느냐? 너희들이 설총은 옳다 하고 지금 임금의 일은 틀렸다고 하니 어찌된 것이냐?"라는 기사가 실려 있어 세종의 애민정신과 함께 새 문자가 이두보다 합리적인 문자임을 암시하고 있다.

이 사대모화(事大慕華)의 외교 전략에 혹시 누(累)가 되지 않을까 걱정하고 있다. 즉, <세종실록>(권103) 세종 25년 2월조에 소재된 최만리 등의 상소문에 "我朝自祖宗以來, 至誠事大, 一遵華制, 今當同文同軌之時, 創作諺文有駭觀聽. [中略] 若流中國, 或有非議之者, 豈不有愧於事大慕華. [下略] – 우리나라는 조종 이래로 지성껏 중국을 섬겨왔는데 모두 하나같이 중국의 제도를 준수하고 이제 같은 문자, 같은 궤도(법률이나 제도가 같음을 비유함)를 사용하는 때에 언문을 창작하는 것은 보고 듣기에 해괴함이 있습니다. [중략] [이 사실이] 만약에 중국에 흘러 들어가 혹시 그르다고 하는 사람이 있으면 어찌 사대모화에 부끄러움이 없겠습니까?"라고 하여 새 문자의 창제가 독자적인 문자를 갖기 위한 것이었음을 시사하고 있으며 이 상소문에서는 오히려 세종의 이러한 자주적인 사상을 중국이 문제로 삼지나 않을까 걱정한 것이다.

4.3.1.4. 세종의 새 문자 창제는 원(元) 세조 쿠빌라이 칸(忽必烈汗)이 몽고어와 한자음의 표기를 위하여 파스파 문자를 창제한 것에 직접적인 영향을 받은 것으로 보인다. 원(元) 세조(世祖)가 팍스파(八思巴)란 라마승(喇嘛僧)에 의하여 제작된 파스파 문자는 몽고어를 비롯하여 중국어의 한자음을 표기하는데 성공한 표음문자였고 몽고인들에 의하여 몽고전자(蒙古篆字)로 불리면서 원(元)에서는 국자(國字)로 인정하여 지원(至元) 6년(1269)에 조령(詔令)으로 반포하였다.[45] 훈민정음보다 꼭 172년 전의 일이다.

전술한 바와 같이 중국에 온 서역(西域)의 역경승(譯經僧)들이 반절법(反切法)을 계발(啓發)하고 그에 따라 중국에서 성운학(聲韻學)이 발달하였다. 그리하여 한자를 발음에 따라 분류한 운서(韻書)가 자서(字書)나 유서(類書)에 비하여 널리 유행하였다.[46] 반절(反切)에 따른 운서로서는 현

45 『元史』(권6) 「世祖紀」에 "至元六年二月己丑, 詔以新製蒙古字, 頒行天下。 – 지원 6년 2월 기축(己丑)일에 새로 만든 몽고자를 천하에 반포하도록 조칙(詔勅)을 내리다"라는 기사에 의거하면 파스파 문자는 원 세조, 즉 쿠빌라이 칸에 의하여 至元 6년(1269)에 皇帝의 조령(詔令)으로 반포되었음을 알 수 있다(졸저, 2015a: 303).

46 한자의 발음에 따라 분류한 것이 韻書이고 部首의 劃數에 따라 분류한 것이 字書이며 의미에 따라 분류한 것을 類書라고 부른다(졸고, 2017b).

전하는 가장 오래된 것이 수대(隋代) 육법언(陸法言)이 편찬한 『절운(切韻)』(601)이다. 이후 당대(唐代)의 <당운(唐韻)>을 거쳐 송대(宋代)에 <광운>, 즉 『대송중수광운(大宋重修廣韻)』에서 집대성된다.[47]

이 <광운>은 송대(宋代)에 과거시험에서 기본 운서로 인정되었지만 너무 방대하여 과거시험을 관장하는 예부(禮部)에서 이를 간략화한 『예부운략(禮部韻略)』이 간행된다.[48] 이 운서를 원대(元代)에 파스파 문자로 번역하여 『몽고운략(蒙古韻略)』을 편찬한다. 여기서 운서(韻書)의 번역(飜譯)은 한자음을 파스파 문자로 표음한다는 뜻이다.

이 몽고운서는 표음문자인 파스파 문자로 한자의 발음을 적어놓았기 때문에 몽고인들만이 아니라 색목인(色目人)들을 포함한 주변의 여러 민족들이 한자교육에 널리 이용하였다. 조선에서도 이 몽운(蒙韻)이 이용되어 신숙주(申叔舟)의 『사성통고(四聲通攷)』를 이어받은 최세진(崔世珍)의 『사성통해(四聲通解)』에서 이 <몽고운략>의 서명이 '범례(凡例)' 26조의 첫 항에 보인다.

송대(宋代)의 <예부운략>은 원대(元代)의 황공소(黃公紹)가 중국 동북방언의 한자음을 정리한 『고금운회(古今韻會)』에 의하여 수정되어 『신간운략(新刊韻略)』이란 이름으로 간행되었다. 이 <신간운략>도 파스파 문자로 번역하여 『몽고자운(蒙古字韻)』이 편찬된다. 이 <몽고자운>은 원(元)의 지대(至大) 술신(戌申, 1308)에 주종문(朱宗文)에 의하여 증정(增訂)되었다.

그러나 명(明)이 몽골의 원(元)을 멸하고 나라를 세운 다음에 파스파 문자를 오랑캐 원나라, 즉 호원(胡元)의 잔재(殘滓)로 여기어 철저하게 폐절하였다. 그리하여 파스파 문자로 기록된 문헌은 현재 중국에서 찾아보기 어렵다. 단지 주종문(朱宗文)의 증정본(增訂本)을 청대(淸代) 건륭

47 <唐韻>은 唐代 孫愐이 지은 『唐韻』(751)을 말하기도 하고 唐代의 切韻系 운서를 말하기도 한다.

48 졸저(2015: 340)의 "『예부운략』은 과거시험을 관장하는 禮部의 간행이어서 표준적인 운서로 宋代에 널리 이용되었다. 『몽고운략』은 이 『예부운략』을 파스파 문자로 飜譯한 것, 즉 파스파 문자로 이 운서의 한자음을 표음한 것으로 본다. 이것은 『몽고운략』이 현전하지 않기 때문에 이 두 운서를 비교할 수 없는 지금의 형편에서는 하나의 추정이겠지만 유창균(1975)의 再構나 『사성통해』에 인용된 蒙古韻을 통하여 어느 정도 추정할 수가 있다."를 참조.

(乾隆)연간에 필사한 {증정}<몽고자운>의 초본(鈔本)이 현재 대영도서관(British library)에 소장되었을 뿐이다.[49]

<몽고운략>, <몽고자운>, {증정}<몽고자운>에서 수정된 한자음들이 조선 세종 때의 <사성통고>를 비롯하여 중종 때의 <사성통해> 등의 많은 운서에서 '몽운(蒙韻)'으로 부르면 자주 인용되었다. 다만 파스파자로 표음한 한자음을 한글의 정음(正音)으로 바꾼 것이 바로 '역(譯)'이라고 소개되었다. 한글은 동국정운식 한자음으로 표음할 때에는 훈민정음이고 한자음의 중국 표준음을 적을 때에는 정음(正音)으로 불렀음을 전술한 바 있다.

4.3.1.5. 훈민정음의 서문에 보이는 새 문자 제정의 표면적 동기와는 달리 새 문자를 맨 처음 사용한 것은 <운회>의 번역이었다. '운회(韻會)'는 원대(元代) 황공소(黃公紹)가 북경음(北京音)을 근거로 하여 한자음을 정리한 <고금운회(古今韻會)>(이 운서는 실제로 간행된 일이 없다)이거나 아니면 그의 제자인 웅충(熊忠)이 이를 줄여 간행한 『고금운회거요(古今韻會擧要)』를 말하는 것이다.

이 때의 번역 작업이 후일 <동국정운>으로 편찬되었음이 兪昌均(1966) 등에 의하여 밝혀졌다. 한자의 우리 발음, 즉 동음(東音)은 중국의 동북방언음을 표준어로 하는 북경(北京)의 한어음(漢語音)과는 전혀 달라서 원(元)과 교섭하기 시작한 고려 말부터 한문과 별도로 중국어를 따로 학습하지 않을 수 없게 되었다.

<동국정운>의 간행은 이러한 우리 동음을 북경(北京)의 한어음(漢語音)과 대비하여 정리한 것으로 이 때에 북방음의 표준 운서로서 <고금운회>, 또는 <고금운회거요>가 채택된 것이다. 그러나 <세종실록>의 <운회>는 <고금운회>, 또는 <동 거요>를 가르치지만 실제로는 이 운서로 한자음을 수정하여 파스파 문자로 표음한 <몽고자운>을 말한 것으로 이해해야 할 것이다. <고금운회>는 중국에서 그렇게 인정되는 운

49 이 {增訂}『蒙古字韻』에 대하여는 졸저(2009)에서 상세하게 논의하였다. 런던의 대영도서관에 소장된 원본의 필사본이라 보통 <蒙古字韻>의 런던 鈔本이라 불린다.

서가 아니었기 때문이다. 다만 명(明)의 눈치를 보아야 하기 때문에 <운회>라고 한 것으로 보인다.

4.3.1.6. 세종의 새 문자 창제에 가장 큰 영향을 준 원대(元代)의 파스파 문자도 처음에는 중국어를 학습하기 위하여 한자의 발음을 표음하려는 의도로 제작된 것이다. 그러나 이 문자가 몽고어를 표기하는 데에도 적합하기 때문에 결국은 몽고어도 표기하게 되었다. 파스파 문자로 표음한 중국 동북방언음의 운서는 여럿이 있었던 것으로 보이나 오늘날 남아있는 것은 원대(元代) 주종문(朱宗文)이 편찬한 {증정}<몽고자운(蒙古字韻)>를 청대(淸代)에 필사한 필사본(대영박물관 소장) 뿐이다.

실제로 세종 때에 시작하여 단종 3년에 완성한 <홍무정운역훈>이나 세종 때의 신숙주가 편찬한 <사성통고> 등에서 '몽고운(蒙古韻)'이 많은 참고가 된 것으로 보인다. 실제로 <사성통고>의 범례(凡例)에 "脣輕聲非敷二母之字, 本韻及蒙古韻混而一也.. 且中國時音亦無別, 今以敷歸非. – 입술 가벼운 소리인 '非[ㅸ]'와 '敷[ㆄ]'은 두 자모이나 사성통고운과 몽고운은 이들을 구별하지 못하고 하나로 하였다. 또 중국의 현재 발음도 역시 이들 구별하지 못함으로 이제 敷[ㅸ]는 非[ㅸ]로 합친다."라는 구절이 있다.[50]

또 같은 범례에 "入聲諸韻終聲, 今南音傷於太白, 北音流於緩弛. 蒙古韻亦因北音, 故不用終聲 [下略] – 입성의 모든 운에서 받침은 현재 남방음에서는 조금 이지러졌지만 아주 분명히 남아있고 북방음에서는 변하여 이완되었다. 몽고운도 역시 북방음임으로 받침을 쓰지 않는다."와 같은 구절에서 <사성통고>가 어느 정도 몽고운의 영향을 받았는지 알 수 있다. 여기서 '몽고운(蒙古韻)'이라는 것은 <몽고자운>이거나 그의 <증정본>일 것이다.

---

50 이 지적은 다음에 설명한 [표 4-2]의 '<사성통해> 권두의 <광운(廣韻) 36자모도' 에서 '非ㅸ, 敷ㅸ'와 같이 ㄱ정청과 차청이 모두 /ㅸ/로 나타난다.

2) 파스파 문자와의 관계

4.3.2.0. <몽고자운>이 실제로 어떠한 운서였는지 정확하게 알 수 없지만 전술한 {증정}<몽고자운>의 런던 초본에서 보인 것과 유사한 체재로 편찬된 것으로 보이며 우리의 <동국정운>과 <사성통해> 등에서 그 모습을 규지(窺知)할 수 있다. 兪昌均(1975)은 실제로 <동국정운>과 <사성통해> 등에 의거하여 중국에서 이미 실전된 <몽고운략>을 재구하였다.

鄭再發(1965)과 兪昌均(1994: 86~88)에 의하면 <몽고운략>은 원 세조 6년(1269)에 파스파 문자가 반포된 이후로부터 <고금운회거요>가 간행된 원(元) 성종(成宗)의 대덕(大德) 원년(1297) 이전에 이루어진 것으로 원 세조(世祖)가 파스파 문자를 보급하고 몽고인의 북경의 한어를 학습하는데 도움을 주기 위하여 편찬된 것이라 보았다.

그러나 졸저(2009: 56)에 의하면 <몽고운략>의 저본이 된 <예부운략>을 다시 수정하여 전술한 <신간운략(新刊韻略)>을 간행하였는데 이것에 맞추어 <몽고운략>을 수정한 <몽고자운>이 편찬되었다고 보았다.

즉, 寧忌浮(1994: 132)에서는 <몽고자운>과 <신간운략>과의 관계를 "蒙古字韻的單字幾乎? 完全錄自平水韻. 而且連單字次序都大體依照原樣子. - <몽고자운>의 홑 글자들은 몇 개인가? 평수운(平水韻)의 것을 완전히 수록한 것이다. 그리고 또 홑 글자의 연결하는 순서도 원래의 것에 의거한 것이 많다."라고 하여 <몽고자운>의 수록 한자가 평수운(平水韻), 즉, <신간운략>의 것과 같음을 지적하였다.

현전하는 <몽고자운>의 런던 초본은 주종문(朱宗文)이 증정하여 원(元)의 지대(至大) 무신(戊申, 1308)에 간행한 것을 청대(淸代) 건륭(乾隆) 연간에 필사한 초본(鈔本)이다.[51] 영국 런던의 대영박물관(British Museum)에 소장되었다가 현재는 대영도서관(British Library)으로 옮겨 수장(收藏)되었다. 필자가 1990연대에 이곳을 방문하여 복사한 것을 영인본으로 출판한 것이 졸저(2009)에 부록으로 수록되었다.

---

51 이 <몽고자운>의 런던 초본은 졸저(2009)에서 서지학적인 연구와 더불어 내용에 대하여도 고찰하였다.

이 <몽고자운> 런던 초본에 수록된 주종문(朱宗文)의 자서(自序)에 의하면 이 운서는 한자음의 학습을 위한 것이며 <고금운회>, 또는 <고금운회거요>에 의거하여 몽고운을 교정하였다고 하였다. 즉, 중국의 여러 방언에 의하여 서로 말이 통하지 못하고 한자음이 서로 다름으로 이를 바로 잡기 위하여 표준 한자음을 정한 것이라고 하였다.

상술한 鄭再發(1965: 32)에 의하면 <몽고자운>과 <고금운회거요>와의 관계는 매우 밀접해서 <운회>에서 한자의 오음(吳音-중국의 남방의 방언음)을 뺀 것이 몽고운이라고 하였다.[52] <고금운회거요>에서 반절(反切)로 표시된 한자의 북방음을 <몽고자운>에서는 파스파 문자로 표음한 것과 같이 <동국정운>에서는 훈민정음으로 표음하여 정리한 것이다.

4.3.2.1. 졸저(2009: 71)에서는 원(元) 세조 쿠빌라이 칸(忽必烈汗)이 파스파 문자를 제정하고 이를 국자(國字)로 하여 몽고인들의 한자 학습과 한인(漢人)들의 몽고어 학습에 이용하게 하였다고 한다. 그리하여 제로(諸路), 즉 각 성(省)에 학교를 세우고 몽고어와 한어(漢語)를 교육할 때에 <몽고운략>과 <몽고자운>, 그리고 {증정}<몽고자운>이 교재로 사용되었다고 보았다.

즉, 『원사(元史)』(권6) 「세조기」에 "至元六年七月己巳, 立諸路蒙古字學. ㅡ 지원 6년(1269) 7월 기사(己巳)일에 제로(諸路)에 몽고자학을 세우다."라는 기사로 알 수 있듯이 원(元) 세조가 각 로(路, 우리의 道에 해당함)에 몽고자학(蒙古字學)이란 학교를 세우고 파스파 문자와 한어를 학습했음을 알 수 있다. 이 학교에는 한인과 몽고인이 반반씩이었다고 한다(졸저, 2009: 161).[53]

---

52 鄭再發(1962: 32)에 의하면 <고금운회>와 <몽고운략>의 관계는 "韻會擧要 ㅡ 吳音 = 蒙古韻略"의 공식으로 표현하였다. 즉, <古今韻會擧要>에서 吳音을 뺀 것이 <蒙古韻略>이라는 설명이다.

53 이 蒙古字學이란 학교에는 元 帝國의 조정 百官과 怯薛台(kepüsel-tei, 황제의 호위무사)의 자제들과 몽고의 漢兒 官員(중국인)을 입학시켰다(졸저, 2009: 162). 漢兒, 즉 漢人들은 必闍赤(Bichechi, 書記官), 또는 怯里馬赤(Kelemechi, 通譯)가 되어 元 帝國의 庶政에 참여하였다.

이와 같이 원대(元代)에 학교의 교재였던 몽운(蒙韻), 즉 <몽고운략>과 <몽고자운>, {증정}<몽고자운>은 명(明)의 건국과 더불어 호원(胡元)의 잔재(殘滓)로 여겨 파스파 문자가 철저하게 파괴되었고 이 책들도 현재 중국에는 한 책도 전하는 것이 없다. 오로지 청대(淸代) 건륭(乾隆) 연간에 필사한 {증정}<몽고자운>의 초본(鈔本)이 영국 런던에 전할 뿐이다.

이 런던 초본에는 권두에 다음과 같은 파스파 문자에 의한 자모도(字母圖)가 실려 있다.

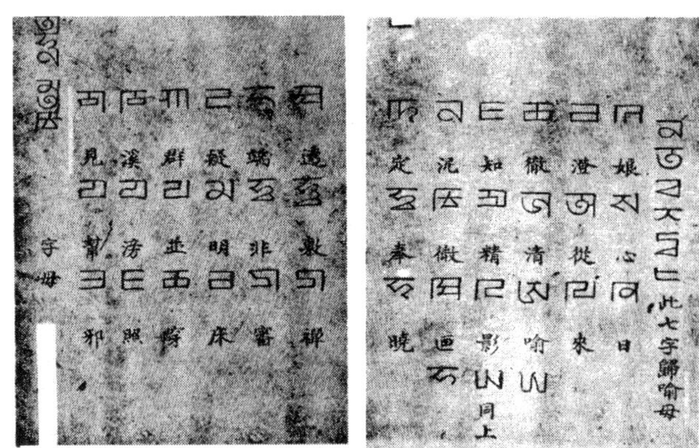

〔사진 4-1〕{증정}『몽고자운』 런던초본 권두의 자모(字母). 졸저(2009: 41)에서 재인용.

이를 보기 쉽게 도표로 정리하면 다음과 같다.

〔표 4-1〕{증정}『몽고자운』의 런던 초본에 소개된 「36자모도」

	牙音	舌音		脣音		齒音		喉音	半音	
		舌頭音	舌上音	脣重音	脣輕音	齒頭音	正齒音		半舌音	半齒音
全淸	見 ꡂ	端 ꡊ	知 ꡆ	幫 ꡎ	非 ꡤ	精 ꡒ	照 ꡆ	曉 ꡣ		
次淸	溪 ꡁ	透 ꡉ	徹 ꡅ	滂 ꡍ	敷 ꡤ	淸 ꡑ	穿 ꡅ	匣 ꡜ, ꡯ		
全濁	群 ꡀ	定 ꡈ	澄 ꡄ	並 ꡌ	奉 ꡰ	從 ꡐ	床 ꡄ	影 ꡖ, ꡝ		
不淸不濁	疑 ꡃ	泥 ꡋ	娘 ꡇ	明 ꡏ	微 ꡓ			喩 ꡗ, ꡭ	來 ꡙ	日 ꡔ
全淸						心 ꡛ	審 ꡚ			
全濁						邪 ꡕ	禪 ꡮ			

앞의 [표 4-1]의 자모도(字母圖)를 보면 당시 중국의 전통 운서, 즉 절운(切韻)계 <광운>에서는 구별되어 서로 다른 한자의 자모(字母)를 설정했으나 파스파자로는 구별을 하지 못하여 같은 글자로 표음한 것이 있다. 예를 들면 [표 4-1]에서 정치음(正齒音)의 전청(全淸)의 '조(照) /ꡄ/'와 차청(次淸)의 '천(穿) /ꡅ/', 그리고 전탁(全濁)의 '상(床) /ꡆ/'은 설상음(舌上音)의 '지(知) /ꡄ/, 철(徹) /ꡅ/. 징(澄) /ꡆ/'과 동일하다.

이와 같이 같은 자형(字形)의 발음 표기는 한자의 동북방언음, 즉 한어음(漢語音)에서 이 음운이 변별되지 않으며 역시 몽고어의 음운에서 구별되지 않는 것임을 말해준다. 이렇게 정치음(正齒音)과 설상음(舌上音)을 통합하면 <고금운회거요>의 자모도와 바로 일치하게 된다. 결국은 <고금운회>나 <동 거요>에 의거하여 한자음을 수정한 <몽고자운>의 자모와 같은 것이다.

반면에 후음(喉音)에서는 차청, 전탁, 불청불탁이 "匣 /[illegible], [illegible]/, 影 /[illegible], [illegible]/, 喩 /[illegible], [illegible]"가 있어 2종의 자형을 보여 준다. 따라서 이것은 한자의 자모를 "曉[[illegible]] - 合[[illegible]], 影[[illegible]] - 幺[[illegible]], 疑[[illegible]] - 魚[[illegible]]"의 둘로 잡을 수 있다. 이것은 <고금운회거요>의 33(+3)자모와 같은데 이를 아래에 정리하면 다음과 같다.

	淸音	次淸音	次淸次音	濁音	次濁音	次濁次音
角	見	溪		群	疑	(魚)
徵	端	透		定	泥	
宮	幫	滂		並	明	
次 宮	非	敷		奉	微	
商	精	淸	心	從		邪
次 商	知	徹	審	澄	娘	禪
羽	影	曉	(合)	匣	喩	(幺)
半徵商				來		
半商徵				日		

〔표 4-2〕〈고금운회거요〉의 자모도

이 [표 4-2]의 자모도에서 볼 수 있는 <고금운회거요>의 자모(字母)

체계는 앞의 [표 4-1]에서 볼 수 있는 <몽고자운>의 36자모와 후음(喉音) 전청의 영(影)과 차청의 효(曉)가 서로 바뀌었을 뿐이고 완전히 일치한다. 따라서 전술한 <세종실록>의 '운회'를 번역하려던 것은 <몽고자운>의 파스파자를 정음자(正音字)로 대응시켜 옮기는 작업이다.

즉, <운회>라고 한 <몽고자운>의 파스파자로 표음한 한자를 정음(正音)으로 대응하여 표음하면 북경(北京) 지역의 동북방언음, 즉 한어음(漢語音)이 되는데 이것이 <몽고자운(蒙古字韻)>이다. 이것이 앞에서 언급한 <세종실록>의 "以諺文譯韻會"이라는 <운회>의 번역이 갖고 있는 뜻이다. 다만 이 경우에는 종래 운서의 표음에 비하여 다음과 같은 문제점이 생긴다.

4.3.2.2. 언문으로 <운회>를 번역할 때에 생기는 문제점으로 첫째는 '탁음(濁音)'이 표음되지 않는다는 점이다. 이에 대하여는 '동국정운서(東國正韻序)'에 "我國語音, 其淸濁之變與中國無異, 而於字音獨無濁聲. ― 우리나라의 말소리에서 청음과 탁음의 구별이 중국과 다르지 않는데 한자음에서 탁음이 없을 뿐이다"라는 설명은 우리 한자음에는 탁음(濁音)이 없지만 바로 <몽고운략>에서는 파스파자로 표음한 탁음이 있어서 이에 의거해서 <동국정운>의 전탁(全濁)을 표음했다는 뜻이다.

둘째로 '차궁(次宮)'과 '차상(次'商)'의 계열, 즉 순경음(脣輕音)과 설상음(舌上音)이 없어진다는 점이다. 이에 대하여 역시 위의 '동국정운서'에 "如舌頭、舌上, 脣重、脣輕, 齒頭、正齒之類, 於我國字音未可分辨 - 설두음과 설상음, 순중음과 순경음, 치두음과 정치음 같은 것은 우리나라 한자음에서 구별되지 않는다."라고 하여 우리 한자의 동음(東音)에서는 설두음(舌頭音)과 설상음(舌上音)의 구별이 없고 순중음(脣重音 - 幫, 滂, 並, 明)과 순경음(脣輕音 - 非, 敷, 奉, 微), 치두음(齒頭音 - 精, 淸, 心, 從, 邪)과 정치음(正齒音 - 知, 徹, 審, 澄, 娘, 禪)의 구별도 없음을 밝혔다.

다만 훈민정음의 예의(例義)에서 순중음 /ㅂ,ㅍ,ㅃ,ㅁ/에 대하여 순경음 /ㅸ, ㆄ, ㅹ, ㅱ/을 제자(制字)한 것이라든지 <언해본>에서 치두음 /ᄼᄽᅎᅔᅏ/과 정치음 /ᄾᄿᅐᅕᅑ/을 구분한 것은 중국의 전통운서에 맞춘 것이다. 그나마 설두음(舌頭音)과 설상음(舌上音)은 이들을 구별하는 문자나 구분부호(diacritical mark)조차 만들지도 않았다.

셋째로 <몽고자운>의 자모도에서는 '魚(어)'모를 '喩(유)'모에, '幺(요)'모를 '影(영)'모에 통합시켰고 최세진(崔世珍)의 <사성통해>에서는 '匣(갑)'모를 '合(합)'모와 통합시켜 모두 3모를 줄였다. 그리하여 36자모 가운데 이 3모와 탁음(濁音) 9모, 순경음(脣輕音) 4모, 정치음(正齒音) 3모를 빼면 모두 17자모가 남는다(36-3-9-4-3=17).[54]

이 17자모가 훈민정음의 28자에서 볼 수 있는 초성(初聲) 17자이며 여기에서 우리 한자음에 없는 'ㆆ(影)'모를 마저 없애어 초성 16자모로 한 것이 세종의 최초의 원안(原案)이라는 주장이 있다. 즉, 최만리(崔萬理)의 반대 상소문에 보이는 "以爲二十七字諺文 ― 언문 27자로서"라는 기사와 최세진의 <훈몽자회(訓蒙字會)> 권두(卷頭) 범례에 부재된 '언문자모(諺文字母)'의 아래 협주(夾註)에 "俗所謂反切二十七字 ― 소위 속되게 부르는 반절 27자"라는 기사의 27자 가운데 중성 11자를 뺀 초성 16자가 세종이 최초에 만들었던 원안이라는 것이다(이동림, 1974).

그러나 이러한 주장은 옳지 않다. 'ㆆ'은 동국정운식 한자음에 널리 널리 사용될 뿐만 아니라 <홍무정운역훈>과 같은 한자의 한어음(漢語音) 표기에서도 자주 사용되었다. 다만 초성을 16자로 하고 중성을 11자로 하여 언문 27자에 맞추기 위하여 'ㆆ'을 일부러 뺀 것이다. 그래서 '속소위(俗所謂)'란 수식어를 얹은 것인데 실제로 반절 27자는 초성 27자를 말하지만 세간에서 속되게 초성과 중성을 합하여 반절(反切) 27자라고 한다는 것이다.[55]

4.3.2.3. <언문자모>에서 언문(諺文)을 전술한 바 있는 반절로 본 것은 훈민정음은 최초에 한자음을 정리하기 위하여 그 발음 기호로서 창제된 것으로 볼 수 있다. 왜냐하면 전술한 바와 같이 반절(反切)은 원래

54 正齒音은 원래 'ᄾ, ᄽ, ᅐ, ᅕ, ᅑ'의 5모이나 3모가 빠졌다고 한 것은 이 가운데 'ᄽ, ᅑ'는 탁음과 겹치기 때문에 결국은 19자모가 빠지고 17자모가 남는 셈이 된다.

55 아마도 여기서 反切을 半折로 본 때문이 아닌가 한다. 초성의 折半과 중성의 절반으로 反切을 이해한 것으로 보인다. 反切은 지금도 그렇지만 당시 일반인들에게 널리 알려지지 않은 술어였을 것이다.

한자음의 표음을 위한 것이기 때문이다. 그렇다면 이것은 훈민정음의 어제 서문에 나타나지 않은 이면적인 동기라고 할 수 있다. 그리고 이러한 가정은 훈민정음의 어제 서문에서 첫째 단락과 둘째 단락이 서로 문맥이 연결되지 않은 것을 설명할 수 있다.

고려대 소장의 훈민정음 <언해본>에 실린 어제 서문의 첫째 단락 "國之語音, 异乎中國, 與文字不相流通, ㅡ 나·랏:말소·리 中듕國·귁·과 달·라 文문字·ᄍᆞᆼ·와·로 서르 ᄉᆞᄆᆞᆺ·디 아·니ᄒᆞᆯ·ᄊᆡ."와 둘째 단락의 "故愚民. 有所欲言 而終不得伸其情者. 多矣. ㅡ ·이런 젼·ᄎᆞ·로 어·린 百·ᄇᆡᆨ姓·셩·이 니르·고·져 ·홇 ·배 이·셔·도 ᄆᆞ·ᄎᆞᆷ:내 제 ·ᄠᅳ·들 시·러 펴·디 :몯 ᄒᆞᇙ ·노·미 하·니·라"와는 문맥이 통하지 않는다.

즉, "나라의 발음이 중국과 달라서 문자가 서로 통하지 못하기 때문에"란 첫 구절과 다음에 이어지는 "이렇기 때문에 어리석은 백성들이 자기 뜻을 제대로 펼 수가 없는 사람이 많다"라는 구절은 서로 문맥이 맞지 않는다. 따라서 그 사이에 우리 한자음을 개정할 필요하다는 말과 우리말을 표기하기 위한 고유한 문자가 없다는 말이 각각 들어 있었다고 보아야 한다. 그리고 어떠한 이유에 의해선가 이 부분이 삭제된 것으로 보아야 할 것이다.[56]

적어도 첫 구절은 한자의 발음이 중국의 정음(正音)과 우리 한자음, 즉 동음(東音)이 달라서 같은 한자를 중국과 우리가 서로 다르게 발음함을 지적한 것이다. 이것은 주로 당대(唐代) 우리나라에 들어온 한자가 당(唐)의 장안(長安)의 발음이던 것이 중국에서 북경(北京) 중심의 한어(漢語)로 바뀌었고 또 우리말 음운의 변천으로 우리 한자음도 변하였기 때문에 서로 달라진 것이다.

중국어의 역사에서 중고어(中古語, Ancient Chinese)라고 불리는 장안(長安) 중심의 통어(通語)는 당대(唐代)에 신라에 들어온 한자의 원음(原音)이었다. 그러나 몽골의 원(元)이 건국되면서 수도였던 북경(北京) 중심의 근고한어(近古漢語, Post Middle Chinese)는 통역이 필요할 만큼 서로 다른 언어였다.[57] 따라서 중국에서의 한자음도 통어(通語)와 한어(漢語)의 발음

---

56 그 이유는 아마도 明의 눈치를 본 것 같다. 漢字音을 恣意로 고친다는 것은 明으로서는 받아드릴 수가 없었을 것이다.

이 서로 크게 달랐으며 우리 한자음, 즉 동음(東音)과도 매우 달랐다. 훈민정음에 대한 세종의 어제 서문에서 첫 구절 "國之語音, 異乎中國, 與文字, 不相流通"은 바로 한자음의 이런 상황을 말한 것이다.

4.3.2.4. 조선 중종 때의 <사성통해>에는 [표 4-1]과 유사한 3개의 자모도를 게재하였다. 그 첫째는 <광운(廣韻) 36자모도>이고 이어서 <운회(韻會) 35 자모도>, 그리고 <홍무운(洪武韻) 31자모도>가 있다.

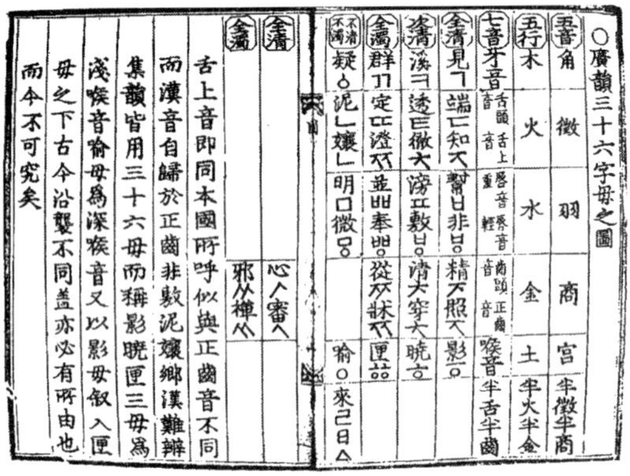

舌上音即同本國所呼似與正齒音不同而漢音自歸於正齒非敷泥孃鄕漢難辨集韻皆用三十六母而稱影曉匣三母爲淺喉音喩母爲深喉音又以影母叙入匣母之下古今沿襲不同蓋亦必有所由也而本不可究矣

〔사진 4-2〕〈사성통해〉 권두의 〈광운(廣韻) 36자모도〉

그 첫째 <광운 36자모도>를 먼저 소개하면 앞의 [사진 4-2]와 같다. 이것과 앞의 [사진 4-1]의 {증정}<몽고자운> 런던초본의 권두 '자모(字母)'의 36자모도를 비교하면 <사성통해>의 권두에 실린 <광운(廣韻) 36자모도>가 몽운(蒙韻)의 자모도에 의거한 것임을 알 수 있다.

특히 사진의 왼편에 설상음(舌上音)과 정치음(正齒音)에 대하여 언급하고 순경음 전청의 '非 ㅸ'와 차청 '敷 ㅹ'가 구별하기 어려움을 설명하였다. 그리고 후음(喉音)의 순서가 바뀐 것을 밝혀놓았다. 이 <광운(廣韻) 36자모>에 보이는 문제점을 지적한 것이다.

이 [사진 4-2]를 보기 쉽게 도표로 보이면 다음과 같다.

57 여기서 近古漢語란 宋元의 교체기로부터 淸代의 초기까지 중국어를 말한다.

〔표 4-3〕〈사성통해〉 권두의 〈광운(廣韻) 36자모도〉

五音	角	徵		羽		商		宮	半徵半商	
五行	木	火		水		金		土	半火半金	
七音	牙音	舌頭音	舌上音	脣音重	脣音輕	齒頭音	正齒音	喉音	半舌半齒	
全淸	見 ㄱ	端 ㄷ	知 ᅐ	幫 ㅂ	非 ㅸ	精 ᅎ	照 ᅑ	影 ㆆ		
次淸	溪 ㅋ	透 ㅌ	徹 ᅕ	滂 ㅍ	敷 ㅸ	淸 ᅔ	穿 ᅕ	曉 ㅎ		
全濁	群 ㄲ	定 ㄸ	澄 ᅏ	並 ㅃ	奉 ㅹ	從 ᅏ	牀 ᅑ	匣 ㆅ		
不淸不濁	疑 ㆁ	泥 ㄴ	孃 ㄴ	明 ㅁ	微 ㅱ			喩 ㅇ	來 ㄹ	日 ㅿ
全淸						心 ᄼ	審 ᄾ			
全濁						邪 ᄽ	禪 ᄿ			

[표 4-1]의 <몽고자운> 런던 초본에서 파스파자로 표시된 것과 [표 4-3]의 정음(正音)으로 표시된 것을 비교하면 역시 영모(影母)와 효모(曉母)의 위치만 바뀌었고 나머지는 완전히 일치한다. 심지어 정치음(正齒音)과 설상음(舌上音)의 동일한 파스파자 /ꡄ, ꡅ, ꡆ/가 <광운 36자모도>에서도 동일하게 /ᅐ, ᅔ, ᅏ/로 표음되었다.

다만 순경음(脣輕音)에서 [표 4-1]에 의하면 전청(全淸)의 '非 [ꡤ]'와 전탁(全濁)의 '奉 [ꡤ]'가 서로 같으나 <광운(廣韻) 36자모도>에서는 순음경(脣音輕)에 전청의 '非 [ㅸ]'와 차청의 '敷 [ㅸ]'가 서로 같아서 차이가 난다. 아마도 {증정}<몽고자운>의 런던초본에서 필사할 때에 착오를 일으켰을 수가 있다.

따라서 전술한 <세종실록>의 "以諺文譯韻會 - 언문으로 운회를 번역하다"의 <운회(韻會)>가 <고금운회>, 또는 <고금운회거요>로 수정한 <몽고자운>을 의미한다면 이 운서의 번역은 {증정}<몽고자운>의 파스파자로 전사된 한자음을 정음(正音)으로 바꾸는 작업이다. 이미 이 몽운(蒙韻)의 자모도와 <광운(廣韻) 36자모도>로 파스파자와 정음(正音)의 일대일 대응이 가능하기 때문에 번역은 매우 쉽게 이루어질 수 있었을 것이다.

4.3.2.5. 실제로 <사성통해>의 권두에는 <운회(韻會) 35자모도>도 함

께 게재되었다. 이를 여기에 옮겨보면 다음의 [사진 4-3]과 [표 4-3]과 같다. [표 4-3]으로 보인 <운회(韻會) 35자모도>는 <고금운회>에서 인정한 35개의 성모(聲母), 즉 음절 초 자음을 소개하였다. 역시 왼편에 '魚:疑 - ㆁ', '孃:泥 - ㄴ', '么:影 - ㆆ', '敷:非 - ㅸ'인 것에 대한 설명을 붙였다.[58] 즉, <운회>에서는 구분이 되었지만 몽운(蒙韻)의 <몽고자운>에서는 이러한 구분이 없었다는 설명이다.

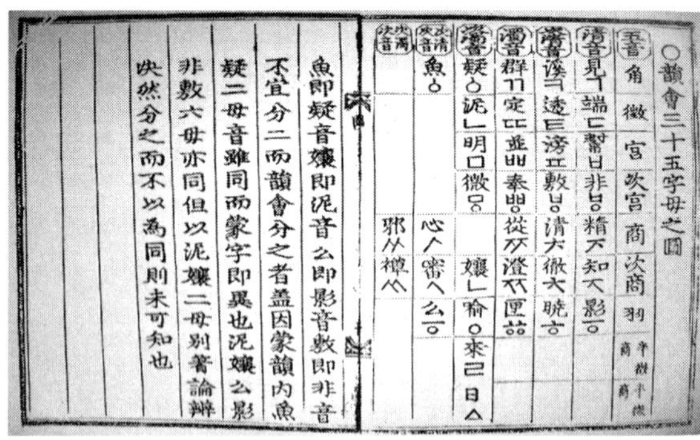
○韻會三十五字母之圖

魚即疑音孃即泥音么即影音敷即非音
不宜分二而韻會分之者盖因蒙韻內魚
疑二母音雖同而蒙字即異也泥孃么影
非敷六母亦同但以泥孃二母別著論辨
映然分之而不以爲同則未可知也

〔사진 4-3〕『사성통해』 권두의 〈운회(韻會) 35자모도〉

이것도 보기 쉽게 도표로 보이면 다음과 같다.

〔표 4-4〕『사성통해』 권두의 〈운회(韻會) 35자모도〉

五音	角	徵	宮	次宮	商	次商	羽	半徵商	半徵商
淸音	見 ㄱ	端 ㄷ	幫 ㅂ	非 ㅸ	精 ᅎ	知 ᅐ	影 ㆆ		
次淸音	溪 ㅋ	透 ㅌ	滂 ㅍ	敷 ㅸ	淸 ᅔ	撤 ᅕ	曉 ㅎ		
濁音	群 ㄲ	定 ㄸ	並 ㅃ	奉 ㅹ	從 ᅏ	澄 ᅑ	匣 ㆅ		
次濁音	疑 ㆁ	泥 ㄴ	明 ㅁ	微 ㅱ		孃 ㄴ	喩 ㅇ		
次淸次音	魚 ㆁ				心 ᄼ	審 ᄾ	么 ㆆ	來 ㄹ	日 ㅿ
次濁次音					邪 ᄽ	禪 ᄿ			

[표 4-3]의 <광운(廣韻) 36자모도>와 [표 4-4]의 <운회(韻會) 35자모도>

58 권혁준(2004)에서는 近古漢語 시대에 '么'모와 '合'모가 출현한 시대로 본다.

를 비교하면 앞의 <광운(廣韻) 36자모도>에서 같은 문자로 표시된 정치음(正齒音)의 '照/ㅈ/, 穿/ㅊ/, 狀/ㅉ/' 3자가 <운회(韻會) 35자모도>에서는 없어졌고 설상음(舌上音)의 '知/ㅈ/, 撤/ㅊ/, 澄/ㅉ/'이 그 자리로 갔다([표 4-3] 참조).

다만 순경음(脣輕音)의 전청(全淸) /非/, 차청(次淸) /敷/는 모두 /ㅸ/이고 니모(泥母)와 양모(孃母)도 모두 /ㄴ/이지만 그대로 남았다. 그리고 어모(魚母) /ㆁ/와 요묘(么母) /ㆆ/가 추가되어 겨우 1모가 줄어서 35자모가 된 것이다. 따라서 <운회(韻會) 35자모도>에서는 의모(疑母)와 어모(魚母)의 /ㆁ/, 니모(泥母)와 양모(孃母)의 /ㄴ/, 그리고 영모(影母)와 요모(么母)의 /ㆆ/이 같아서 모두 3쌍의 같은 한글 글자가 보인다.

특히 [사진 4-3]의 <운회(韻會) 35자모도> 왼편에서는 이에 대하여 "魚卽疑音、孃卽泥音、么卽影音、敷卽非音, 不宜分二. 而韻會分之者, 盖因蒙韻內魚疑二母, 音雖同而蒙字卽異也. 泥孃、么影、非敷六母亦同, 但以泥孃二母別著, 論辨決然分之, 而不以爲同則未可知也. - 어(漁)는 의(疑)음의 [ㆁ]이고 양(孃)은 니(泥)음의 [ㄴ]이고 요(么)는 영(影)음의 [ㆆ]이고 부(敷)는 비(非)음의 [ㅸ]이어서 마땅히 둘로 나눌 수 없지만 <운회>가 나눈 것은 모두 몽운(蒙韻) 때문이다. 몽운에서 어(魚)와 의(疑)가 비록 발음을 같으나 몽고 글자가 다르기 때문이다. 니(泥) : 양(孃), 요(么) : 영(影), 비(非) : 부(敷)의 6모도 역시 같다. 다만 니(泥) : 양(孃)의 [ㄴ], [ㅇ]은 분명하게 달라서 반드시 나뉘어야 하고 같아서는 안 되는데 알 수가 없다." 라고 설명하였다.

이것을 보면 광운(廣韻) 계통의 <예부운략>을 파스파자로 번역한 <몽고운략>과 이를 <고금운회>로 수정한 <몽고자운> 사이에 여러 차이가 있음을 알 수 있다. <광운(廣韻) 36자모도>에서는 니(泥) : 양(孃)을 [ㄴ], 비(非) : 부(敷)를 [ㅸ]로 보아 같은 음이라고 하였으나 <운회(韻會) 35자모도>에서는 여기에 어(魚) : 의(疑)를 [ㆁ], 영(影) : 요(么)를 [ㆆ]로 보아 동음이라 하여 추가한 것이 모두 몽운(蒙韻)에 문제가 있음을 지적한 것이다.

현재로서는 {증정}<몽고자운>의 자모도만 남아있지만 아마도 <몽고운략>이나 <몽고자운>에도 이러한 자모도가 있었을 것으로 보인다.

그리하여 <사성통해>에서는 물론 <사성통고>의 것을 전재하였겠지만 <몽고운략>의 자모도를 <광운(廣韻) 36자모도>, <몽고자운>의 자모도를 <운회(韻會) 36자모도>, 그리고 주종문(朱宗文)의 {증정}<몽고자운>의 자모도를 다음에 소개할 <홍무운 31자모도>라고 부른 것 같다. 모두 명(明)의 눈치를 보아 붙인 제목들이다.

4.3.2.6. 그리고 마지막 세 번째로 <사성통해>의 권두에는 <홍무운(洪武韻) 31자모도>가 더 첨부되었다. 졸저(2015a: 319~320)에서 훈민정음 <언해본>에 소개된 32 정음자(正音字)는 이것과 관련이 있다고 보았다. 먼저 <사성통해>의 <홍무운(洪武韻) 31자모도>를 사진으로 보이면 다음과 같다.

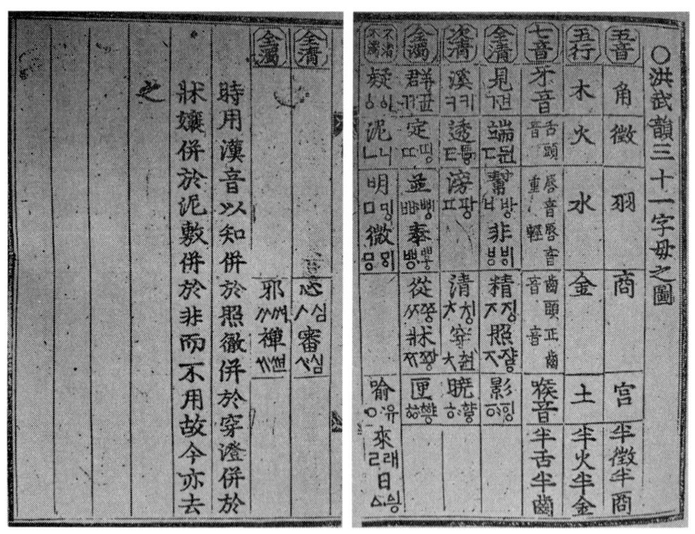

○洪武韻三十一字母之圖

五音	五行	七音	全清	次清	全濁	不清不濁	全清	全濁
角	木	牙音	見	溪	群	疑		
徵	火	舌頭音	端	透	定	泥		
羽	水	脣音重	幫	滂	並	明		
		脣音輕	非		奉	微		
商	金	齒頭音	精	清	從		心	邪
		正齒音	照	穿	牀		審	禪
宮	土	喉音	影	曉	匣	喻		
半徵半商	半火半金	半舌半齒				來 日		

時用漢音以知併於照徹併於穿澄併於牀孃併於泥敷併於非而不用故今亦去之

〔사진 4-4〕『사성통해』 권두의 〈홍무운(洪武韻) 31자모도〉

위의 사진을 보기 쉽게 도표로 보이면 다음과 같다.

〔표 4-5〕『사성통해』 권두의 〈홍무운(洪武韻) 31자모도〉

五音	角	徵	羽		商		宮	半徵	半商
五行	木	火	水		金		土	半火	半金
七音	牙音	舌頭音	脣音重	脣音輕	齒頭音	正齒音	喉音	半舌	半齒
全清	見ㄱ:견	端ㄷ 된	幫ㅂ 방	非ㅸ 빙	精ㅈ 징	照ㅈ·쟝	影ㆆ:힝		
次清	溪ㅋ 키	透ㅌ 틍	滂ㅍ 팡		清ㅊ 칭	穿ㅊ 춴	曉ㅎ:향		
全濁	群ㄲ 끈	定ㄸ·띵	並ㅃ:뼹	奉ㅹ 뽕	從ㅉ 쭝	狀ㅉ 쫭	匣ㆅ 향		
不淸不濁	疑ㆁ 이	泥ㄴ 니	明ㅁ 밍	微ㅱ 미			喩ㅇ 유	來ㄹ래	日ㅿ·싱
全清					心ㅅ 심	審ㅅ·심			
全濁					邪ㅆ 써	禪ㅆ·쎤			

<사성통해>의 권두에 첨부한 <광운(廣韻)>, <운회(韻會)>, 그리고 <홍무운(洪武韻)>의 세 자모도 가운데 이 <홍무운> 자모도가 가장 정세(精細)하게 작성되었다. 예를 들면 <광운>과 <운회>의 자모도에는 운목(韻目) 한자의 자음(字音)을 쓰지 않았는데 <홍무운> 자모도에는 각 운목의 한자음을 정음으로 표기하였다.

전술한 <몽고자운> 런던초본의 36자모도 [표4-1]과 앞의 [표 4-5]로 보인 <사성통해>의 <홍무운 31자모도>를 비교하면 정치음(正齒音)과 같은 파스파자로 표음한 설상음(舌上音) 전청, 차청, 전탁의 3자와 불청불탁의 '낭(娘)'모가 모두 삭제되었다. 이것은 설상음의 천청, 차청, 전탁이 정치음과 같고 불청불탁의 '낭(娘)'모는 설두음(舌頭音)의 불청불탁의 '니(泥)'모와 같이 정음(正音)의 /ㄴ/임으로 이를 합쳐서 설상음 4자를 모두 없애고 순경음(脣輕音)의 차청을 빼서 모두 5자가 줄게 되어 <몽고자운> 런던 초본의 36자에서 31자로 줄인 것이다.

이 <홍무운 31자모도>는 실제로는 <몽고자운> 런던초본의 「자모(字母)」에 열거한 32자모를 대부분 그대로 옮겨 놓은 것이다. 아무래도 <몽고자운>이란 말은 명(明)으로부터 금기시(禁忌視)된 서명이므로 당시 명(明) 태조(太祖)의 칙찬운서(勅撰韻書)인 『홍무정운(洪武正韻)』의 이름을 빌려 이렇게 표시한 것으로 볼 수 있다.

훈민정음 <언해본>에서 인정한 32자모는 <홍무운(洪武韻) 31자모>에서 빠져있던 순경음의 차청 /ㆄ/를 다시 인정한 것이다. 다시 말하면 세종 때에 시작하여 단종 3년에 완성된『홍무정운역훈(洪武正韻譯訓)』은 성모(聲母), 즉 초성(初聲)으로 31자만 인정하여 명초(明初)의 흠찬(欽撰) 운서인 <홍무정운>을 정음(正音)으로 번역한 것이다.

실제로 초기의 언문 자모, 즉 세종 25년 12월 말에『세종실록』(권103)의 기사에 등장하는 "諺文二十八字 - 언문 28자"는 원래 '언문 27자'였던 것을 후대에 고쳐서 실록이 편찬될 때에 붙인 것이다. <세종실록>의 이 기사가 후대의 추가됐다는 주장은 임홍빈(2006)에서 자세하게 논의되었다.

그리고 12월의 이 기사가 실린지 2개월 후인 세종 26년 2월에 최만리(崔萬理)의 반대상소문에는 '언문 27자'로 나타나는 것을 보아도 세종 25년 12월의 '언문 28자'는 실제는 '언문 27자'임을 알 수 있다(졸고, 2019a). 아마도 <초학자회(初學字會)>의 것을 옮겨 실은 <훈몽자회>의「언문자모(諺文字母)」에서 부제(副題)인 실린 "속소위반절이십칠자(俗所謂反切二十七字)"의 27자도 초기의 언문 27자를 말한 것으로 보인다(졸고, 2017b).

4.3.2.7. 훈민정음 <언해본>에서 소개한 정음(正音) 32자는 언문(諺文), 즉 훈민정음 27자에서 한음(漢音)의 표기를 위한 치음(齒音)의 5자, 즉 치두(齒頭)와 정치(正齒)를 구별하기 위하여 만든 5자를 제외하면 27자만 남는다. 종래 동국정운 23자모라고 하던 것이 실제로는 순경음 4자를 더한 동국정운 27자였던 것이다.

이것이 신미(信眉) 대사가 참가하기 이전에 만들어진 초성 27자였을 것이며 신미가 참여한 다음에 한자음 표기를 위한 전탁의 쌍서자와 순경음을 제외하여 17자로 줄이고 여기에 중성 11자를 더하여 훈민정음 28자로 한 것이다. 따라서 이때에는 모음을 표음하는 7자만 만들어 유모(喩母)에 속하게 하였다. 그러면 초기의 언문 27자를 도표로 보이면 다음과 같다.

다음의 [표 4-6]의 자모도는 아직 어디에도 분명하게 보여주는 자료는 없고 다만 상게한 [사진 4-2]와 [표 4-3], 그리고 [사진 4-3]과 [표 4-4]로부터 유추(類推)할 수 있을 뿐이다. 더욱이 <동국정운> 등에서 자주 보이는 '以影補來(이영보래)'는 이 자모도로서만 설명이 가능하다. 즉, 동국정운식 한자음 '發 벓'의 받침 'ㄹㆆ'을 이영보래(以影補來)라고 하는데 영모(影母) 'ㆆ'로 래모(來母) 'ㄹ'를 보충하여 '發 벓'이 입성(入聲)임을 표한다는 뜻이다.

〔표 4-6〕 초기의 언문 27자[59]

七音 / 四聲	牙音	舌音	脣音		齒音	喉音	半音	
			脣重音	脣輕音			半舌音	半齒音
全淸	見 ㄱ	端 ㄷ	幫 ㅂ	非 ㅸ	精 ㅈ	曉 ㅎ		
次淸	溪 ㅋ	透 ㅌ	滂 ㅍ	敷 ㆄ	淸 ㅊ	影 ㆆ		
全濁	群 ㄲ	定 ㄸ	並 ㅃ	奉 ㅹ	從 ㅉ	匣 ㆅ		
不淸不濁	疑 ㆁ	泥 ㄴ	明 ㅁ	微 ㅱ		喩 ㅇ	來 ㄹ	日 ㅿ
全淸					心 ㅅ			
全濁					邪 ㅆ			

[표 4-6]을 보면 훈민정음의 '예의(例義)'나 <동국정운>에서는 운목(韻目)의 한자를 모두 바꾸어 'ㆆ'는 읍모(挹母)로 하였고 'ㄹ'은 려모(閭母)로 하여 다음의 [표 4-7]로 하였기 때문이다. 따라서 '이영보래(以影補來)'는 훈민정음이나 <동국정운>에 의하면 '이읍보려(以挹補閭)'이어야 한다. 그럼에도 불구하고 'ㄹㆆ'을 이영보래(以影補來)라고 한 것은 위의 [표 4-6]과 같은 '언문 27자'가 애초에 있었음을 증언하는 것이다.

뿐만 아니라 [표 4-6]의 언문 27자를 보면 모두 전청자(全淸字)를 쌍서(雙書)해서 전탁자(全濁字)를 만들었다. 특히 후음(喉音)에서도 그러하다. 그러나 동국정운 23자모나 훈민정음을 보면 후음(喉音)에서만 차청자(次淸字) 'ㆅ'을 쌍서해서 전탁자를 만들었다. 이것은 다른 전탁자에 비하여 매우 특이하게 다른 일이다.

59 이 도표는 졸고(2019b)에서 재인용하였으며 이 字母圖에 의거하여 '東國正韻序'와 <사성통해> '凡例'에 등장하는 "以影補來"가 'ㄹㆆ'임을 알 수 있다. 그리고 이 논문에서 喉音의 次淸字를 雙書하여 全濁字를 만든 것이 아니라 애초에 全淸을 雙書한 것임을 알 수 있다고 하였다.

이것은 후음(喉音)의 순서가 원래 'ㅎ, ㆆ, ㆅ, ㅇ'에서 으로 'ㆆ, ㅎ, ㆅ, ㅇ'으로 바뀌었기 때문이다. 이에 대해서 훈민정음의 <해례본>은 장황한 해설을 붙였으나 중국 전통의 자모도인 [표 4-2]의 <광운 36자모도>에서는 '효모(曉母)'가 전청의 위치에 있어서 이에 대응하는 훈민정음의 '허모(虛母) ㅎ'은 전청이어야 한다.

[표 4-6]의 초기의 언문 27자에 의하면 중국 전통의 후음(喉音) 전청은 효모(曉母)이었고 이에 대응하는 훈민정음과 동국정운의 허모(虛母), 즉 'ㅎ'을 쌍서한 것이라면 역시 전청자(全淸字)를 두 번 쓴 것이 되어 다른 전탁자(全濁字)와 같이 전청자를 두 번 써서 전탁자를 만들 것이 된다. 이러한 사실은 [표 4-6]과 같은 '언문 27자'의 자모도가 있었음을 알려주는 중요한 예가 된다.

앞에서 언급한 이영보래(以影補來)도 이 자모도로서 설명이 가능하므로 초기에는 이러한 자모도(字母圖)에 근거하여 '언문 27자'의 반절상자 중심으로 작성한 자모도가 있었음을 인정하지 않을 수가 없다. 그리고 이 '언문 27자'는 비록 음가 표시의 한자는 바뀌었지만 훈민정음의 '예의(例義)'에서 전탁의 글자가 소개되었다.

그리고 순경음은 비록 그 운목(韻目)의 한자는 보여주지 않았지만 "O連書脣音之下, 則爲脣輕音。 - O를 순음 아래에 이어 쓰면 곧 순경음이 된다."라고 하여 'ㅂ, ㅍ, ㅃ, ㅁ' 아래에 'ㅇ'을 이어쓴 'ㅸ, ㆄ, ㅹ, ㅱ'과 같은 글자를 만드는 방법만을 설명하고 실제로 글자는 보이지 않았다. 전탁자보다 하나 더 낮추어 본 것이다.

4.3.2.8. 그리하여 그동안 학계에서는 훈민정음 <해례본>의 예의(例義)와 「제자해(制字解)」에서 초성으로 처음에 제시한 17자와 여기에 전탁자 6개를 더한 동국정운 23자모만을 인정한 것이다. 그러나 어디에도 동국정운 23자모란 규정은 없고 언문 27자, 반절 27자만이 나타난다. 이것은 순경은 4자를 더한 것을 말한다.

그러나 신미(信眉)가 세종의 새 문자 제정에 참가하고 나서 [표 4-6]의 운목(韻目) 한자를 모두 바꾸었다. 그 이유는 임홍빈(2006, 2013)에서 일부 소명한 바 있지만 현재로서는 <동국정운>의 운목자를 동원한 것으로 보인다(유창균, 1966). 이를 도표로 보이면 다음과 같다.

〔표 4-7〕 동국정운 27자[60]

七音 / 四聲	牙音	舌音	脣音		齒音	喉音	半舌音	半齒音
			순중음	순경음				
全淸	ㄱ(君)	ㄷ(斗)	ㅂ(彆)	ㅸ(非*)	ㅈ(卽)	ㆆ(挹)		
次淸	ㅋ(快)	ㅌ(呑)	ㅍ(漂)	ㆄ(敷*)	ㅊ(侵)	ㅎ(虛)		
全濁	ㄲ(虯)	ㄸ(覃)	ㅃ(步)	ㅹ(奉*)	ㅉ(慈)	ㆅ(洪)		
不淸不濁	ㆁ(業)	ㄴ(那)	ㅁ(彌)	ㅱ(微*)		ㅇ(欲)	ㄹ(閭)	ㅿ(穰)
全淸					ㅅ(戌)			
全濁					ㅆ(邪)			

[표 4-7]은 종래 동국정운 23자모에 순경음 4자를 추가한 것이다. 실제로 <동국정운>에는 전탁의 6자가 모두 사용되었고 순경음도 'ㅱ'과 같은 일부가 한자음 표음에 사용되었다. 따라서 종래의 23자모에 순경음 4자를 추가하여 27자로 보아야 한다. 다만 <동국정운>에서 순경음이 한자음의 표음에 일부만이 이용되었기 때문에 아마도 순경음을 뺀 23자모를 동국정운 23자모라고 한 것 같다.

그러나 순경음은 우리말 표기에 필요한 글자였다. 그리하여 훈민정음 <해례본> 「용자례(用字例)」에서는 전탁을 뺀 17 초성에서 'ㆆ'을 빼고 대신 순경음 'ㅸ'의 사용례를 보였다. 즉, 훈민정음 <해례본> <용자례>는 초성 'ㄱ, ㅋ, ㆁ/ ㄷ, ㅌ, ㄴ/ ㅂ, ㅍ, ㅁ, ㅸ/ ㅈ, ㅊ, ㅅ/ ㅎ, ㅇ/ ㄹ, ㅿ'의 17자를 "ㄱ, :감爲柿, ᄀᆞᆯ爲蘆, - '감'은 과일의 감(柿)이고 'ᄀᆞᆯ'은 갈대다." 라고 하여 /ㄱ/의 초성으로 쓰인 예를 두 개씩 보이고 그 뜻을 한자로 '시(柿), 로(蘆)'로 표시하였다.

이를 여기에 정리하면 다음과 같다.

---

60 *를 붙인 '非, 敷, 奉, 微'모는 훈민정음 <해례본>이나 <언해본>의 <例義>와 <制字解>에서 글자와 운목자를 보이지 않아서 초기의 언문 27자의 것을 옮겨 온 것이다.

ㄱ - :감(柿), ᄀᆞᆯ(蘆); ㅋ - 우·케(未舂稻), 콩(大豆); ㆁ - 러·울(獺), 서·에(流澌);
ㄷ - ·뒤(茅), ·담(墻); ㅌ - 고·티(繭), 두텁(蟾蜍); ㄴ - 노로(獐), 납(猿)
ㅂ - ᄇᆞᆯ(臂), :벌(蜂); ㅍ - 파(葱), ·ᄑᆞᆯ(蠅); ㅁ - :뫼(山), ·마(薯萸);
ㅸ - 사·ᄫᅵ(蝦), 드·ᄫᅴ(瓠)
ㅈ - ·자(尺), 죠·히(紙); ㅊ - ·체(籭), ·채(鞭); ㅅ - ·손(手), :셤(島)
ㅎ - ·부헝(鵂鶹), ·힘(筋); ㅇ - ·비육(鷄雛), ·ᄇᆞ얌(蛇)
ㄹ - ·무뤼(雹), 어·름(氷), ㅿ - 아ᅀᆞ(弟), :너ᅀᅵ(鴇)

여기서 주목할 것은 후음(喉音)의 전청(全淸) ‘ㆆ’ 대신 순경음 ‘ㅸ’을 순음(脣音)에 넣은 것이다. 여기서 ‘ㆆ’이 한자음 표음에만 사용되고 우리말 표기에는 사용되지 않았다는 통설이 나왔다. 실제로 ‘ㆆ’은 우리말 표기에는 사용된 예가 매우 드물다. <언문자모>의 반절 27자에서도 이 ‘ㆆ’을 빼고 초성을 16자로 하였다. 여기서 훈민정음의 글자들이 우리말 음운보다는 파스파 문자에 맞추어 제정되었다는 주장이 나왔다 (졸고, 2011a).

이어서 ‘ㆍ, ㅡ, ㅣ, ㅗ, ㅏ, ㅜ, ㅓ, ㅛ, ㅑ, ㅠ, ㅕ’ 등 11자의 중성자에 대하여 “中聲 ㆍ, 如ᄐᆞᆨ爲頤, ᄑᆞᆺ爲小豆, ᄃᆞ리爲橋, ᄀᆞ래爲楸. - 중성의 ‘ㆍ’는 ‘ᄐᆞᆨ’이 턱(頤)이고 ‘ᄑᆞᆺ’이 팥(小豆)이며 ‘ᄃᆞ리’가 다리(橋)인 것고 같다.”와 같이 중성의 글자 하나에 4개의 낱말로 예를 들고 글자 사용의 방법을 설명하였다. 이를 정리하면 다음과 같다.

ㆍ - ·ᄐᆞᆨ(頤), ·ᄑᆞᆺ(小豆), ᄃᆞ리(橋), ·ᄀᆞ래(楸);
ㅡ - ·믈(水), ·발·측(跟), 그력(雁), 드·레(汲器);
ㅣ - ·깃(巢), :밀(蠟), ·피(稷), ·키(箕);
ㅗ - ·논(水田), ·톱(鉅),[61] 호·ᄆᆡ(鉏), 벼·로(硯);
ㅏ - ·밥(飯), ·낟(鎌), 이·아(綜), 사·ᄉᆞᆷ(鹿);
ㅜ - 숫(炭), ·울(籬), 누·에(蚕), 구·리(銅);
ㅓ - 브ᅀᅥᆸ(竈), :널(板), 서·리(霜), 버·들(柳);
ㅛ - :죵(奴), ·고욤(梬), ·쇼(牛), 삽됴(蒼朮菜);
ㅑ - 남샹(龜), 약(鼅鼊), 다·야(匜), 쟈감(蕎麥皮);
ㅠ - 율믜(薏苡), 쥭(飯臿+木(주걱 초), 슈·룹(雨繖), 쥬련(帨);

61 아마도 鋸의 오자로 보인다.

ㅕ - 엿(飴餹), ·뎔(佛寺), ·벼(稻), :져비(燕),

4.4.2.9. 그리고 주목할 만한 것은 「용자례」에서 보인 종성(終聲)의 사용 예들이다. 'ㄱ'을 비롯하여 'ㆁ, ㄷ, ㄴ, ㅂ, ㅁ, ㅅ, ㄹ'의 8종성만 각기 두 개의 고유어 낱말을 2개를 들어 보였다. 이를 정리하면 다음과 같다.

ㄱ - 닥(楮), 독(甕); ㆁ - :굼벙(蠐螬), ·올창(蝌蚪);
ㄷ - ·갇(笠), 싣(楓); ㄴ - 신(屨), ·반되(螢);
ㅂ - 섭(薪), ·굽(蹄); ㅁ - 범(虎), :심(泉);
ㅅ - :잣(海松), ·못(池); ㄹ - ·돌(月), :별(星)

훈민정음의 <예의>에서는 원래 종성(終聲)은 "終聲復用初聲 - 종성은 초성을 다시 쓰다"라는 한 구절밖에 없었다. 그러나 앞에서 살펴본 <용자례(用字例)>에서 종성(終聲)에 대한 사용의 예는 'ㄱ, ㆁ, ㄷ, ㄴ, ㅂ, ㅁ, ㅅ, ㄹ'의 8자만을 보이고 "終聲ㄱ, 如닥爲楮, 독爲甕, [下略} - 종성 ㄱ은 '닥'이 닥나무와 같고 '독'이 옹기와 같다"와 같이 'ㄱ'이 받침으로 쓰인 두 개의 낱말을 들어 설명하였고 이어서 'ㆁ, ㄴ, ㅁ, ㅇ, ㄹ, ㅿ'의 순서로 용례를 보였다.

이것은 <해례본>의 <종성해(終聲解)>에서 "然ㄱㆁㄷㄴㅂㅁㅅㄹ八字可足用也. - 그러나 ㄱ, ㆁ, ㄷ, ㄴ, ㅂ, ㅁ, ㅅ, ㄹ의 8자만으로 족히 쓸 수 있다."라고 하여 우리말의 표기에 '팔종성(八終聲)'만을 인정한 것에 맞추어 8자만을 설명한 것이다. <예의>의 "종성은 초성을 다시 쓰다"에서 초성 17자를 모두 종성으로 쓸 수 있다고 하였으나 <종성해>에서는 8개의 종성만 인정한 것이다.

종성(終聲)의 위치, 음절 말(syllable final)에서 많은 자음(子音)들이 중화(neutralization)됨을 새 문자의 제정자들이 잘 알고 있었음을 의미한다. 이미 이것은 앞의 제2장의 2.2.1.4.에서 살펴본 바와 같이 비가라론(毘伽羅論)의 성명기론에서 연성(連聲, internal sandhi)의 이론으로 음절 말의 위치에서 일어나는 이러한 음운의 변화를 잘 알고 있었음을 말한다.

그리하여 훈민정음에서는 당시의 우리말은 음절 말에서 'k, ng, t, n, p, m, s, l'의 8개 자음만이 변별적이었음을 알고 있어서 이를 반영한 것이다. 현대 한국어에서는 'ㄷ{t], ㅅ[s]'의 구분도 없어져서 이 위치에서 7개의 자음만이 의미를 분화시킬 수 있다. 당시에 이러한 음운의 분석은 중국 성운학(聲韻學)만이 아니라 성명기론(聲明記論)도 많이 참고한 것을 보여준다. 얼마나 당시 우리말의 음운을 잘 연구하고 새 문자를 제정하였는지 알려주는 대목이다. 이것으로부터 한글이 과학적인 문자라는 이름을 얻게 된 것이다.

3) 훈민정음 제정의 경위(經緯)

4.3.3.0. 지금까지 알려진 여러 자료를 근거로 하여 훈민정음이란 이름의 새 문자 제정은 다음과 같은 경위(經緯)로 제정된 것으로 보인다. 먼저 <세종실록>에 나타난 새 문자의 창제에 관련된 제반 사업의 일정을 살펴보면 다음과 같다. 본서에서 특별히 추가하거나 중요한 부분은 고딕으로 표시한다.

세종 2년(1419) - 좌의정 박은(朴訔)의 계청으로 집현전 설치.

세종 13년(1431) - 설순(偰循)이 어명을 받아 『삼강행실도(三綱行實圖)』(한문본) 편찬.

세종 16년(1434) - 『삼강행실도』 간행.

세종 24년(1442) 3월 - 『용비어천가(龍飛御天歌)』의 편찬을 위한 준비.

세종 25년(1443) 12월 - 세종이 훈민정음 28자를 친제함.

세종 26년(1444) 2월 16일(丙申) - <운회(韻會)>의 번역을 명함.

세종 26년(1444) 2월 20일(庚子) - 최만리(崔萬理) 등의 반대 상소문.

세종 27년(1445) 1월 - 신숙주·성삼문 등이 운서를 질문하려고 요동에 유배된 유학자 황찬(黃瓚)에게 감.

세종 27년(1445) 4월 - 『용비어천가』(한문본) 제진(製進)

세종 28년(1446) 3월 - 소헌왕후(昭憲王后) 승하(昇遐).

세종 28년(1446) 병인(丙寅) - <석보상절>과 <월인천강지곡> 편찬 시작.

세종 28년(1446) 9월 - 해례본 『훈민정음(訓民正音)』 완성.

세종 28년(1446) 10월 - **『월인석보』 구권(舊卷) 간행(?), 권두에 훈민정음 <언해본> 부재(附載).**

세종 28년(1446) 11월 - 언문청(諺文廳) 설치.

세종 28년(1446) 12월 - 이과(吏科)와 취재(取才)에서 훈민정음을 부

	과함.
세종 29년(1447) 2월	-『용비어천가』 완성. 국조(國肇) 찬양의 한시(漢詩) 언해.
세종 29년(1447) 4월	- 각종 취재(取才)에서 훈민정음 시험 강화.
세종 29년(1447) 7월	-『석보상절』,『월인천강지곡』 별도 간행.
세종 29년(1447) 9월	**-『동국정운(東國正韻)』 완성.**
세종 29년(1447) 12월(?)	**- 개성(開城) 불일사(佛日寺)에서 <월인석보> 옥책 간행**
세종 30년(1448) 10월	-『동국정운』 보급.
문종 원년(AD. 1450) 10월	- 정음청(正音廳) 설치.
문종 2년(1452) 4월	-『동국정운』 한자음에 의한 과거시험 실시.
단종 원년(1452) 12월	-『동국정운』과『예부운략』의 한자운을 모두 과거에 사용하도록 함.
단종 3년(1455) 4월	-**『홍무정운역훈』 완성,**『홍무정운역훈』의 신숙주 서문에 "景泰六年仲春旣望 - 경태 6년(1455) 중춘(4월) 보름" 이라는 간기 참조.
세조 4년(1458)	- 최항(崔恒) 등의『초학자회(初學字會)』 편찬. 권두에 <언문자모> 첨부?
세조 5년(1459) 7월	**-『월인석보』 신편(新編) 간행. 제1권에 훈민정음 <언해본> 세종어제훈민정음 게재.**
세조 7년(1461)	- 간경도감(刊經都監) 설치.
세조 8년(1462) 6월	- 과거에 홍무운(洪武韻)을 예부운(禮部韻)과 함께 쓰게 함.

이상 졸저(2015: 225~227)에서 인용.

이와 같은 훈민정음이란 이름의 새 문자 제정의 경위를 보면 세종 25년 12월에 새 문자를 제정하고 세종 26년 2월에 <운회>를 번역할 때까지는 중국의 성운학과 원대(元代) 몽운(蒙韻)에 의거하여 앞의 [표 4-6]으로 보인 언문 27자였던 것이다.

그리고 이때까지는 모음의 글자도 몽운(蒙韻)에 의거하여 7자만 인정하였으니 중성(中聲)의 기본자 3자와 초출자(初出字) 4자였다. 또 이를 유모(喩母), 후대의 동국정운에서는 [표 4-7]에서 보인 바와 같이 욕모(欲母)에 속한 것으로 보았다. 이로 인하여 모든 중성(中聲)의 글자를 단독으로 쓸 때에는 /ㅇ/를 앞에 붙여 /ᄋᆞ, 으, 이, 오, 아, 우, 어/로 썼던 것이다(졸고, 2018b).

4.3.3.1. 이 7자의 모음자들은 전혀 파스파 문자의 7개 모음자에 의거하여 제정한 것이다. 앞의 [사진 4-1] '{증정}<몽고자운> 런던초본 권두의 자모(字母)'의 오른 쪽 끝에 "ꡞꡟꡦꡡꡦꡠ, 此七字歸喩母 - i. u, ü, o, ö, e - 이 7자는 유모에 돌아간다."라는 구절이 보인다.

이에 대하여 파스파 문자를 연구하는 세계 학계가 침묵하였으나 졸저(2009: 261)와 졸고(2011b)에서 [사진 4-1]의 오른 쪽에 보이는 6자의 모음과 유모(喩母)의 'ꡝ[ɑ]'를 포함하여 7자라고 한 것으로 파악하였다. 그리하여 파스파 문자에서는 [i. u, ü, o, ö, e, ɑ]의 7자를 모음자로 만들어 이를 유모(喩母)에 속한다고 보았다.

따라서 이 모음자들이 단독으로 사용될 때에는 유모(喩母) /ꡝ/를 앞에 붙여 쓰는 것을 밝혔다. 예를 들면 모음 [ö, ü]를 단독으로 쓸 때에는 모두 유모(喩母)를 앞에 써서 'ꡝꡦꡡ[ö], ꡝꡦꡟ[ü]'와 같이 쓴다.[62] 다만 Poppe(1957: 24)에서는 [ü]를 'ꡝꡦꡟ'로 하였으나 이것은 착오로 보인다. 아마도 [ü]를 'eu'로 본 것 같으나 <몽고자운> 런던초본에서는 'iu'라고 하였다.

이 파스파자들은 훈민정음으로 표음하는 것이 더 정확하다. 즉, 'ꡝꡦꡡ'는 'ㅇ + ㅓ + ㅗ = ᅌᅥᅩ(외)이고 'ꡝꡦꡟ'는 'ㅇ + ㅣ + ㅜ - ᄋᆛ(위)'로 볼 수 있다. 다만 파스파자의 ꡝꡦꡡ[ᅌᅥᅩ], ꡝꡦꡟ[ᄋᆛ]'는 하향(下向)이중모음으로 [eo, ö], [iu, ü]를 보았고 훈민정음의 [외], [위]는 상향(上向)이중모음으로 [oi], [ui]와 같이 본 것이다. 훈민정음 쪽이 훨씬 음성학 이론에 알맞다.

그러나 이것으로 보면 초기의 욕모(欲母), 즉 유모(喩母)에 속하는 훈민정음의 모음자는 파스파 문자로부터 영향을 받아 제정된 것이다. 졸저(2009: 261)에서는 파스파자의 유모(喩母)에 속한다는 7자와 훈민정음의 욕모자(欲母字) 7개를 다음과 같이 비교하였다.

---

62 파스파자를 연달아 쓸 때에는 옆으로 뉘었다. 이 글자들은 Poppe(1957: 24)에서 확인할 수 있다.

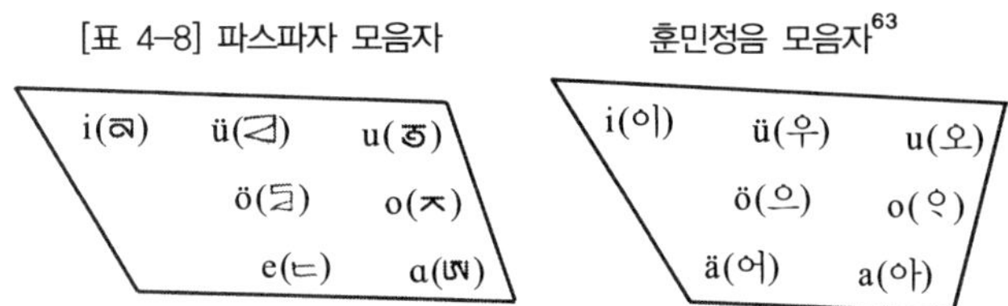

[표 4-8] 파스파자 모음자 훈민정음 모음자[63]

[표 4-8]을 보면 훈민정음에서 제정한 7개의 모음자는 우리말의 음운에 의거한 것이 아니라 파스파 문자의 7개 모음자에 이끌린 것임을 알 수 있다. 그리하여 한국어 음운의 역사적 연구에서 모음 체계에 관한 논의는 끝이지 않는다. 파스파자의 모음자에 의거하여 중세한국어의 모음을 7개로 보았기 때문이다.

특히 중성자(中聲字)의 기본자로서 첫 자에 해당하는 '아래 ᄋᆞ'의 모음은 파스파자의 유모(喩母) 'ꡝ'에 대응하여 제자한 것으로 이미 제정 당시에도 우리말과 한자음 표음에서 혼란을 겪었다. 그리고 오늘날 우스개 소리로 '아래 아 죽이기' 또는 '살리기'로 말해지는 '아래 ᄋᆞ'의 논란은 지금도 계속되고 있다.

4.3.3.2. 모음자인 중성자(中聲字)를 7개에서 11개로 늘리고 이를 유모(喩母)에 속한 것으로 보지 않고 초성(初聲)의 17자와 대등하게 본 것은 전술한 당대(唐代) 지광(智廣)이 편찬한 <실담자기>의 <실담장(悉曇章)>의 마다(摩多) 12자에 맞춘 것이다.

졸고(2018b)에서 주장한 바와 같이 원래 7자의 중성자를 <실담장>의 마다 12자에 맞추어 11자의 중성자를 인정하면서 재출자(再出字)라고 한 'ㅛ, ㅑ, ㅠ, ㅕ'를 더 추가한 것이다. 이것은 세종 26년경에 세종의 새 문자 제정에 참가한 신미(信眉) 대사에 의하여 제안된 것으로 보인다. 즉, 당승(唐僧) 지광(智廣)의 <실담자기>를 신미가 인용하여 중성을 11자로 한 것이다.

졸고(2019b)에 의하면 초기의 언문 27자는 반절상자의 대운(大韻), 즉

63 졸저(2009: 261)에서 재인용한 것이나 부분적인 수정이 있었다. 즉, 모음을 표시한 부등변사각형의 모습이 [ɑ]와 [a]의 위치에 따라 변한 것이다(졸고, 2011b).

성모(聲母)만을 글자로 표기한 것이고 중성(中聲)은 유모(喩母)에 속한 것으로 보았는데 신미(信眉) 대사가 훈민정음 제정에 참여하면서 반절하자(反切下字), 즉 소운(小韻)을 중성(中聲)과 종성(終聲)으로 구분하고 초성과 종성을 동일한 것으로 보았으며 중성을 초성과 대등하게 보았다는 것이다.

이러한 생각은 모두 범자(梵字)와 실담(悉曇)의 마다(摩多)와 체문(体文)의 구별에서 온 것이다. 즉, 고대인도의 이 두 문자에서는 전술한 바와 같이 모음의 마다와 자음의 체문으로 음운을 나누고 그에 해당하는 문자를 만들어 사용하였다. 그리고 이러한 모음과 자음의 구별은 중국 성운학(聲韻學)의 성(聲)과 운(韻)의 구별과는 다른 것이다.

중국의 한자음 연구에서 가장 중요한 역할을 했던 성운학(聲韻學)은 원래 서역(西域)의 역경승(譯經僧)들이 고안한 반절법(反切法)에서 발달한 것으로 이 표음의 방법은 전술한 바와 같이 '동(東)'의 발음을 덕홍절(德紅切)로 표음하는 방법이다. 이때의 '덕(德)'을 반절상자(反切上字)라고 하고 '홍(紅)'을 반절하자(反切下字)라고 하여 후자를 운(韻), 전자를 성(聲)으로 구분하여 한자음을 표음하는 방법이다.

반절상자는 대운(大韻)이라고 하고 반절하자는 소운(小韻)이라고 하여 두 부류로 나누지만 소운(小韻)은 다시 운복(韻腹)과 운미(韻尾)로 나눈다. 훈민정음에서는 운복을 중성(中聲), 운미를 종성(終聲)으로 다시 나눈 것이다. 따라서 초중종(初中終)의 3분법이나 중성(中聲)만을 따로 떼여 독립시킨 것은 중국의 성운학(聲韻學)의 방법과 매우 다르다.

훈민정음에서는 전술한 비와 같이 <예의>에서 "終聲復用初聲 ― 종성은 초성을 다시 쓴다."라고 하여 초성과 종성을 같은 글자로 표시하면서 이 둘이 같은 자음(子音)임을 보인 것이다. 모음을 표시하는 중성(中聲)을 따로 인정한 것은 범자(梵字)와 실담(悉曇)에서 이를 마다(摩多)와 체문(体文)의 둘로 나눈 때문이다.

4.3.3.3. 훈민정음이 파스파 문자와 기본적으로 다른 것은 반절하자(反切下字), 즉 운(韻)의 한 부분인 중성(中聲)을 반절상자(反切上字)의 성(聲)과 동등하게, 아니 더 중요하게 여기고 초성(初聲)과 대등하게 중성(中

聲)의 글자를 정한 것이다.

훈민정음의 <해례본> 「제자해(制字解)」에 "[前略] 盖字韻之要, 在於中聲, 初終合而成音. [下略] - [전략] 자운의 요체는 중성에 있으니 초성, 종성과 합하여 자음을 이룬다. [하략]"라 하여 중성이 초성, 종성과 합하여 자음, 즉 음절을 이루는 주체가 중성이라고 하였다. 오히려 초성이나 종성보다 더 중요한 음운으로 본 것이다.

이것은 중국 성운학에서 초성에 해당하는 성(聲)을 중시하여 대운(大韻)이라 하여 자운(字韻)의 중심으로 생각하고 중성(中聲)은 소운(小韻)의 일부로 한 것과 다르다. 중성은 운복(韻腹)의 한 부분인 유섭(紐躡)이며 종성(終聲)에 해당하는 운미(韻尾)를 합하여만 운(韻), 그것도 소운(小韻)이 될 수 있다. 또 이것은 한자음 표음의 반절법(反切法)과도 다른데 반절하자의 한 부분에 불과한 모음을 중성으로 따로 떼여 초성과 대등하게 본 것은 훈민정음의 중요한 특징이다.

전술한 <해례본>의 설명대로 중성을 자운(字韻)의 요체로 생각하여 결국은 초성과 종성, 그리고 중성으로 삼분(三分)한 것은 초성과 종성의 자음(子音), 그리고 중성의 모음(母音)으로 나눈 것과 같다. 이것은 전술한 바와 같이 범자(梵字), 또는 실담(悉曇)의 마다(摩多)에 의거하여 중성을 체문(体文)과 대등하거나 오히려 체문을 포용하는 것으로 본 것이다.

파스파 문자에서는 모음자를 제자(制字)하기는 하였으나 36 성모(聲母)의 자음(子音)과 같은 글자와 대등하게 보지 않고 유모(喩母)에 귀속시켰다(졸저, 2012: 187). 물론 이것은 파스파 문자의 모델인 서장(西藏) 문자처럼 모음자를 따로 만들지 않고 구분부호로 표시한 것보다는 한 걸음 나아간 것이다.

그러나 훈민정음의 중성처럼 모음을 대운(大韻)의 성(聲)과 대등하거나 그보다 더 중요한 음운으로 인식하지는 못하였다. 훈민정음이 파스파 문자보다 뛰어나고 생명력을 가진 것은 전혀 중성자(中聲字)의 제정 때문이라고 보는 이유가 여기에 있다.

4.3.3.4. 앞에서 범자(梵字)의 모음자인 마다(摩多)는 중국 성운학의 자운(字韻)과 다른 것임을 강조하였다. 중국 한자음의 연구인 성운학에

서는 반절상자, 즉 음절 초의 자음과 나머지 반절하자의 운(韻)으로 이분(二分)하여 성(聲)과 운(韻)이라 하였으나 범자의 실담에서는 자음과 모음으로 나누어 후자를 마다. 전자를 체문으로 나누었다.

즉, 앞에서 살펴본 바와 같이 <실담장(悉曇章)>에서는 모음인 마다(摩多, mata)와 자음인 체문(体文, vyaňjana)으로 나누어 문자를 만들었다. '마다'는 산스크리트어의 'mata', 즉 'mātr'를 한자로 전사한 것이다. 영어의 'vowel'을 '모음(母音)'으로 번역한 것은 이에 대한 범어(梵語)의 'mātr, mata'가 '어머니(母)'라는 뜻을 가졌기 때문이다. 근대에 일본의 번역가들이 이 뜻을 살려 'vowel'을 모음(母音)이라 하였고 우리가 이를 받아드린 것이다.

반면에 체문(体文)의 'vyaňjana'는 범어에서 "장식, 암시"란 뜻을 가졌으며 자음(子音) 문자를 의미한다. 모음의 마다(摩多)에 대하여 이를 장식한다는 의미로 부속 문자라고 한 것이다. 즉, 자음이 마다를 장식하여 뜻을 분할한다고 본 셈이다. 다만 한역(漢譯)에서 '체문(体文)'이라고 한 것은 성리학(性理學)에서 '체용(體用)'의 '체(体)'의 글자란 뜻에서 왔다.

중국 성리학의 체용론(体用論)에서의 '체(体)'는 사물의 본체, 근본적인 것을 가리킨다. 따라서 범어(梵語)와는 반대의 의미로 해석하여 사용한 것이다. 체용론에서 '용(用)'이란 사물의 작용 또는 현상, 파생적인 것을 가리키는 개념으로 사용되므로 원래대로 한다면 범자의 'vyaňjana'를 '용문(用文)'으로 했어야 한다.

그러나 중국 성운학에서 반절상자의 '성(聲)'을 대운(大韻)이라 하여 한자음에서 이를 중심의 음운으로 인식하였기 때문에 성(聲), 즉 초성을 음절의 본체로 이해하고 '체(體)의 글자(体文)', 체문이라고 부른 것이다. 범어와 한어(漢語)에서 음운 인식의 차이를 보여주는 대목이다.

근대시기에 일본 번역가들이 이를 자음(子音, consonant)으로 번역한 한 것은 이에 해당하는 범어(梵語)의 체문(体文)이 원래 'vyaňjana'이어서 이 글자들이 마다(mata)에 부속하는 것으로 본 <실담장>의 취지를 살린 것이다. 즉, 모음(母音)에 부속되는 음운으로 인식하려는 뜻에서 자음(子音)이라 한 것이다. 실담학(悉曇學)이 일본에서 얼마나 세력을 가졌는지 알려주는 대목이다.

4.3.3.5. 제2장의 2.2.3.6.에서 전술한 바와 같이 <대반열반경>(권8) 「문자품」에서는 마다(摩多)를 반자(半字)의 14자로 하였고 이것이 글자의 근본이라고 하였다. 즉, 앞의 4.2.3.3.에서 '噁[ɑ]'로 시작하여 '俄[ä]'로 끝난 14자의 모음자를 보였다. 2자는 번역문의 부실로 찾을 수 없었지만 모두 14인 것만은 확실하다. 이것은 바로 범자(梵字), 즉 브라미(Brāhmi) 문자의 모음 글자를 말한 것이다.

<대반열반경>에서는 마다(摩多)의 14 기본자 이외에도 '迦[ka]'로부터 '睆[ɤha]'까지 체문(体文) 36자의 자음(子音)의 글자를 보이고 이를 모음 14자와 결합하여 모두 50자라 하였다. 이 가운데 체문(体文)은 중국 성운학(聲韻學)에서 성(聲)으로 인식되어 한자음의 중심 부분이 되었다. 중국 한자음이 어두 자음, 즉 성(聲)에 의존하여 의미가 분화됨에 따라 이를 대운(大韻)이라고 한 것이다. 즉, 중국어에서 현대 음운론에서 말하는 어두 자음의 기능부담량이 매우 컸기 때문이다.

범자(梵字)의 문자 연구인 반자론(半字論)에서 어두 자음으로 소개된 36자는 전술한 바와 같이 <대반열반경>(권8)의 「문자품」에서 제시되어 앞의 4.2.3.3.에서 정리하였다. 또한 중국 성운학에서는 한자음의 36자모로 인정되어 송대(宋代)의 칙찬(勅撰) 운서인 『대송중수광운(大宋重修廣韻)』, 즉 <광운>에서는 36성(聲)과 206운(韻)을 인정하고 앞의 4.3.2.4.에서 보인 [사진 4-2]와 [표 4-3]과 같은 자모도를 그렸다.

즉, <광운>에서는 어두 자음, 즉 초성으로 36음을 정하고 이를 대운(大韻)이라 하여 문자를 배열하는 기준으로 삼았다. 이것이 동국정운에서는 27자모로 줄여 동국정운의 자모가 되었고 신미대사에 의해서 다시 줄여서 언문은 초성 17자로 정한 것이다. 그리고 체문 36자에 14의 마다(摩多)를 더한 50자는 일본의 가나(假名) 문자의 정서법인 고쥬온즈(五十音圖)의 근거가 되었다. 모두 범자(梵字)로부터 문자의 수효가 결정된 것이다.

4.3.3.6. 그러나 역시 제2장의 2.2.4.1.에서 언급한 당(唐)의 지광(智廣)

이 편찬한 <실담자기>(권1)의 <실담장>에서는 '阿[a]'로 시작하여 '痾[ɑḥ]'로 끝나는 모음자를 모두 12자만 보였다. 즉, 앞의 4.2.3.6.에서 보인 것과 같이 '阿[a], 阿[ā], 伊[i], 伊[ī], 歐[u], 歐[ū], 藹[e], 藹[ai], 奧[o], 奧[iu], 暗[ɑm̥], 痾[ɑḥ]'의 12자를 마다(摩多)로 하였다. 12개의 모음자만 인정한 것이다.

그리고 <실담장>에서는 체문(体文)으로 아설순치후음(牙舌脣齒喉音)의 아음(牙音), 설음(舌音), 순음(脣音), 치음(齒音), 후음(喉音)의 순서대로 '迦[ka], 佉[kha], 誐[ga], 伽[gha], 哦[nga]; 者[tsa], 車[tsha], 惹[za], 社[zha], 若[ɲa]; 吒[ta], 他[tha], 茶[da], 茶[dha] 拏[na]; 多[ṭa], 他[ṭha], 陀[ḓa], 陀[ḓha], 那[ṉa]; 波[pa], 頗[pha], 婆[ba], 婆[bha], 磨[ma]'의 25자를 보였다.

이어서 편구성(遍口聲)이라 하여 구강(口腔) 내에서 공명(共鳴)과 마찰을 수반하는 '也[ja], 羅[ra], 囉[la], 縛[va], 奢[śa], 沙[ṣa], 紗[sa], 訶[ha]'의 8자, 그리고 중자(重字)로 '濫[llam], 乞灑[kṣa]'를 더하여 모두 35자를 보였다.

실담(悉曇)에서는 마다(摩多) 12자와 체문(体文) 35자를 더하여 47자가 되는데 이것은 일본 가나(假名) 문자의 '이로하우타(歌)'에서 'いろは 47자'의 근거가 되었다. 따라서 <대반열반경>의 50자와 <실담자기>의 47자가 서로 글자의 수효가 다르다. 모음자인 마다(摩多)에서 2자가 줄고 자음자인 체문에서 1자가 준 것이다.

따라서 고대인도의 브라미(Brāhmi) 문자와 후대의 싯담마트르카(siddhamātṛkā) 문자가 글자의 수효에서 조금씩 서로 달랐음을 알 수 있다. 일본에서는 범자의 50자에 맞춘 고쥬온즈(五十音圖)로서 가나(假名) 문자를 학습하였으나 실담(悉曇)의 47자가 알려진 다음에는 '이로하(以呂波) 47'로 가나 문자를 배우게 된다. 즉, 일본에서 헤이안(平安) 시대 이후에는 고쥬온즈(五十音圖)보다 '이로하 47'가 유행하여 이것으로 가나문자를 학습하였다. 그러나 현대에는 다시 고쥬온즈로 돌아왔다.

4.3.3.7. 훈민정음에서는 모음의 중성자를 11자로 소개하였다. 즉, 기본자 'ᆞ, 으, 이'에다가 초출자(初出字) '오, 아, 우, 어'의 4자, 그리고 재출자(再出字) '요, 야, 유, 여'의 4자를 훈민정음의 <해례본>과 <언해

본>에서 제시하였다. 그러나 실제로는 <해례본>에서 29자의 중성자(中聲字)를 제자하여 제시하였다.[64]

졸고(2019a)에서 훈민정음의 <해례본>에서 중성자가 실제로 29자를 만들어 보였음에도 불구하고 중성(中聲) 11자만을 인정한 것은 신미(信眉) 대사가 전술한 <실담장(悉曇章)>의 마다(摩多) 12자에 맞춘 것이라고 주장하였다. 실제로 <악학궤범>의 서문을 썼던 성현(成俔)의 『용재총화(慵齋叢話)』(권7)에서는 "中聲十二字, 其字體依梵字爲之 – 중성 12자는 그 자체가 범자에 의거하여 만들었다"라 하여 중성을 12자로 보기도 하였다.[65]

세종이 새 문자를 제정하기 시작한 초기에는 파스파 문자가 모음자를 유모(喩母)에 속하는 것으로 간주하여 7자를 제자(制字)하였으며 훈민정음에서도 이에 맞추어 욕모(欲母)에 들어가는 7자를 만든 것으로 보인다. <운회>를 번역하던 초기의 36자모는 동국정운의 27자모와 달리 중국 전통의 36자모에 의거하여 유모(喩母)였던 것은 욕모(欲母)로 바꾼 것이다.

즉, 욕모(欲母)에 속하는 7자로 기본자 'ㆍ(天, 圓), ㅡ(地, 平), ㅣ(人, 立)'를 천지인(天地人) 삼재(三才)에 의거하여 제자하고 이들을 결합하여 초출자 'ㅗ(天+地), ㅏ(人+天), ㅜ(地+天), ㅓ(天+人)'의 4자를 더한 7자를 만들어 사용하였다.

유모(喩母), 즉 <동국정운>의 욕모(欲母)에 속한다고 보았기 때문에 이들이 단독으로 쓰일 때에는 'ᄋᆞ, 으, 이, 오, 아, 우, 어'와 같이 욕모의 /ㅇ/를 앞에 붙여 쓴다고 보았다(졸고, 2018b). 이렇게 보지 않고는 왜 훈민정음이나 언문에서 중성자(中聲字)를 단독으로 쓸 때에 /ㅇ/를 붙이는지 설명할 길이 없다. 초기의 모음 7자를 유모(喩母), 후대에 <동국정운>의 욕모(欲母)에 귀속시켰기 때문이다.

그러다가 신미(信眉) 대사가 실담(悉曇)의 마다(摩多) 12자에 맞추어 재

64 훈민정음 <해례본> 「中聲解」에는 중성 11자 이외에 'ㅘ, ㆇ, ㅝ, ㆊ, ㆎ, ㅢ, ㅚ, ㅐ, ㅟ, ㅔ, ㆉ, ㅒ, ㆌ, ㅖ, ㅙ, ㅞ, ㆈ, ㆋ'의 18자를 더 만들어 29자를 제시하였다.

65 <慵齋叢話>(권7)에는 "世宗設諺文廳, 命申高靈、成三問等, 製諺文初聲八字、中聲十二字, 其字體依梵字爲之."라는 기사가 있다.

출자(再出字) ‘ㅛ, ㅑ, ㅠ, ㅕ’를 더하여 11자를 중성으로 하였다. 그렇지 않고는 재출자 4자만이 훈민정음의 중성 11자에 들어갈 이유가 없기 때문이다. 전술한 바와 같이 훈민정음 <해례본>의 「중성해(中聲解)」에서는 모두 29개의 중성자(中聲字)를 만들어 보였는데 굳이 11자만을 따로 떼여 중성 11자로 한 것은 <실담장>의 마다(摩多) 12자를 염두에 둔 것으로 보지 않을 수 없다.

그리하여 전술한 성현(成俔)의 <용제총화>(권7)의 “製諺文初聲八字、中聲十二字, 其字體依梵字爲之”이나 지봉(芝峯) 이수광(李晬光, 1525~1628)의 『지봉유설(芝峰類說)』(1614, 20권 10책)의 권18에서 “我國諺書字樣, 全倣梵字 – 우리나라 언서, 즉 언문의 글자 모양은 모두 범자를 모방한 것이다”라고 하는 주장이 나온 것이다.

4) 훈민정음 〈해례본〉에 보이는 문자 체계

4.3.4.0. 훈민정음의 새 문자 제정에 대한 구체적인 설명은 {해례}<훈민정음>, 즉 훈민정음의 <해례본>에서, 특히 그 ‘해례(解例)’에서 이루어진다. 이 항(項)에서는 먼저 {해례}<훈민정음>에 대하여 소개하고 이어서 이 책의 해(解)와 예(例)에 보이는 새 문자에 대한 설명을 통하여 초성과 종성의 자음 문자와 중성의 모음 문자에 대하여 체계적으로 고찰하기로 한다.

앞에서 살펴 본 훈민정음 창제의 경위를 보면 실록에서 ‘훈민정음’이라는 이름이 두 곳에서 발견됨을 알 수 있다. 하나는 『세종실록』(권102) 세종 25년 12월 조에 “是月上親製諺文二十八字 [中略] 是謂訓民正音 – 이 달에 임금이 친히 언문 28자를 만들었다. [중략] 이것을 ‘훈민정음’이라고 부른다.”라는 기사에서 보이고 또 하나는 『세종실록』(권114) 세종 28년 9월 조에 “是月訓民正音成, 御製曰 [下略], – 이 달에 ‘훈민정음’이 완성되었다. 임금이 지으면서 말씀하시기를 [하략]”라는 기사에 나타난다.

여기서 전자의 ‘훈민정음’은 문자의 명칭을 말하는 것이고 후자의 것은 『훈민정음』이란 <해례본>의 이름을 말하는 것이다. 즉, 세종이 새 문자 28자를 만들어 훈민정음이란 명칭을 붙였으며 이에 대하여 집현전 학자들이 해설을 붙여 간행한 책이 <해례본>이라고 불리는 {해례}<훈민정음>이다. 따라서 세종 28년 9월조의 기사는 <해례본>이란 『훈민정음』이란 책의 완성을 실록에 남긴 것이다.

이 책은 조선 왕조시대에서 일찍이 실전되어 잊혔다가 그 한 권이 1940년에 경북 안동(安東)의 모 고가(古家)에서 발견되었다. 후대에 서화(書畵) 수집가인 간송(簡松) 전형필(全鎣弼)씨가 구입하였으나 일본인들의 훼손(毁損)을 두려워 공개하지 않다가 해방 후에 세상에 나온 것으로 현재 서울의 간송미술관(簡松美術館)에 소장되었다(정철, 1954).

이 책은 세종 28년 9월에 완성된 원본의 후쇄본으로 보이는데 첫 장은 떨어져 나간 것을 후일에 붓으로 보사(補寫)하여 붙인 것이다. 상주(尙州)에 한 질이 더 있다고 하나 아직 공개하지 않아서 원본의 모습을 보여주는 유일한 것이다. 이 상주본은 소장자가 공개하지 않아 여러 가지 억측만 난무할 뿐 실체는 아직 알 수 없다.

이 외에도 훈민정음은 『세종실록』(권114)에 소재된 소위 <실록본(實錄本)>이 있고 세종 때에 간행된 것으로 보이는 『배자예부운략(排字禮部韻略)』의 권두에 실린 것도 있어서 이를 <한문본>이라고 부른다. 또 <월인석보> 제1권 권두에 소재된 '세종어제훈민정음'이란 <언해본>이 있으며 '훈민정음'이란 이름의 단행본으로 간행된 언해본도 있어(고려대 소장본) 한 때 이것이 훈민정음의 원본이라는 주장이 있었다(朴勝彬, 1921).

4.3.4.1. 간송미술관 소장의 훈민정음 <해례본>은 '서문(序文), 예의(例義), 해례(解例), 후서(後序)'의 모두 4부분으로 이루어졌다. 즉, 책의 맨 앞에는 세종의 어제 서문(序文)이 있고 이어서 예의(例義)가 이어졌다. '예의(例義)'란 세종의 어제서문이 끝나고 이어지는 부분으로 정인지의 후서에 있는 '약게예의(略揭例義)'에서 온 것으로 간단하게 글자의 예와 한자로 그 발음을 보였다는 말에서 온 것이다.

즉, 정인지의 후서(後序)의 "殿下創制正音二十八字, 略揭例義以示之, 名曰訓民正音. – 전하께서 정음 28자를 창제하시어 간략하게 예를 들고 뜻(여기서는 발음)을 들어 보이셨으며 이름을 훈민정음이라 하셨다."의 '略揭例義'에서 가져온 <예의>는 훈민정음이란 언문의 요강(要綱)을 말한 것으로 훈민정음의 <한문본>과 <언해본>에 모두 들어있다.

훈민정음 <해례본>은 세종의 어제서문에 이어 <예의>가 있고 장을 바꿔서 제자해(制字解)로부터 합자해(合字解)에 이르는 5개의 해(解)와 하나의 용자례(用字例)가 있어 '해례(解例)라고 한 것이다. 그리고 권미(卷尾)에 정인지(鄭麟趾)의 후서(後序)로 끝이 난다. 따라서 이 책은 앞의 <예의>를 해석과 예문을 붙여 설명하는 형식을 취하였기 때문에 <해례>가 중심이 되어서 <해례본>이라 부른다.

전술한 실록본(實錄本)과 <배자예부운략>의 권두본의 훈민정음도 같은 <한문본>이나 <해례>가 빠졌고 <언해본>은 이 가운데 어제 서문과 예의의 석장 반을 언해하여 15장으로 한 것이다. 따라서 <해례>를 갖고 있는 것은 오로지 이 훈민정음의 <해례본> 뿐이다. 한글 연구자 중에는 이것을 원본(原本)이라 부르기도 하였다.

훈민정음의 <해례본>이 간행된 연대는 전술한 바와 같이 <세종실록> 세종 28년 9월의 기사와 <해례본>의 정인지 후서에 보이는 간기로 분명하게 알 수 있다. 실록의 기사는 세종 28년(1446) 9월조에 이 책이 완성되었음을 기록하였고 현전하는 간송(簡松)미술관 소장의 <해례본>에 실린 정인지의 후서에는 "正統十一年九月上澣 – 정통 11년(1446) 9월 상한(上澣)"이라는 간기를 남겨 <세종실록>의 세종 28년 9월에 완성되었다는 실록의 기사를 뒷받침한다.[66]

본서의 제6장 6.3.1.4.에서 살펴본 바와 같이 일제 강점기에는『세종실록』(권113) 세종 28년 9월조에 "○是月訓民正音成 – 이 달에 훈민정음이 완성되다"라는 기사를 "훈민정음이란 문자가 완성된 것"으로 오해하여 9월을 양력으로 환산하여 10월 말일을 가갸날로 정하고 기념하였다. 그러나 간송미술관의 <해례본>이 발견되면서 이것은 문자가 아니라 훈민정음이란 책의 완성임이 밝혀졌다.

다만 이미 선학(先學)들이 10월의 말일(末日)을 가갸날로 정하여 기념한 것을 없애기가 어려워 <해례본>의 간행을 새 문자의 반포(頒布)로 인정하고 이 책이 간행된 '9월 상한(上澣, 1일부터 9일까지)'을 양력으로 환산하여 10월 9일을 훈민정음의 반포일로 삼았으며 이 날을 한글날로

66 훈민정음의 <실록본>에도 鄭麟趾의 後序가 수록되었으나 간기는 생략되었다.

정하여 기념하는 것이다. 한글날이 얼마나 자의적으로 정해진 것인지 알려주는 대목이다.[67]

4.3.4.2. 훈민정음의 <예의> 부분은 세종이 친히 28자의 새 문자에 대하여 동국정운의 운목(韻目)의 한자를 예로 하여 그 음가를 밝힌 부분이다. 초성을 시작으로 하여 17자를 소개하고 이어서 중성(中聲) 11자, 그리고 종성(終聲)은 '종성부용초성(終聲復用初聲)'이라 하여 초성과 종성이 같은 글자임을 명시하였다. 먼저 초성의 문자 제정을 살펴보기로 한다.

<예의>에서는 "ㄱ牙音, 如君字初發聲, 竝書如虯字初發聲. ㅡ ㄱ은 어금니 소리로서 '군(君)'자의 첫 소리와 같다. 병서하면 '끃(虯)'자 첫 소리와 같다.", "ㅋ牙音, 如快字初發聲 ㅡ ㅋ은 어금니 소리로서 '쾡(快)'자의 첫 소리와 같다. ㆁ牙音, 如業字初發聲" 등으로 초성 17자 'ㄱ, ㅋ, ㆁ, ㄷ, ㅌ, ㄴ, ㅂ, ㅍ, ㅁ, ㅈ, ㅊ, ㅅ, ㆆ, ㆅ, ㅇ, ㄹ, ㅿ'의 자형(字形)을 보이고 음가를 <동국정운>의 운목(韻目) 한자로 음가를 설명하였다.

<해례본>의 「제자해(制字解)」에서는 "正音二十八字, 各象其形而制之 ㅡ 정음 28자는 각기 그 모습을 본떠서 만들었다"라고 하여 '상형(象形)'의 방법으로 문자를 제자(制字)하였음을 밝혔다. 이것은 그동안 우리 학계가 주장해 온 발음기관 상형설(象形說)이다.

ㄱ 象舌根閉喉之形 - 혀뿌리가 목구멍을 막는 모습을 본뜬 것.
ㄴ 象舌附上齶之形 - 혀가 입천장에 붙는 모습을 본뜬 것.
ㅁ 象口形 - 입의 모습을 본뜬 것.
ㅅ 象齒形 - 이의 모습을 본뜬 것.
ㅇ 象喉形 - 목구멍의 모습을 본뜬 것.

67 <훈민정음> 완성일을 한글날로 정하여 기념하는 것에 반대하는 의견도 있다. 김민수: "한글 반포(頒布)의 시기문제," <국어국문학> 第14호(1955), pp. 59~69,에서는 한글날을 <세종실록>의 기사대로 새 문자가 처음으로 창제된 세종 25년(1443년) 12월 말일을 양력으로 환산하여 1월 28일로 할 것을 주장하였다. 이러한 의견은 '9월 上澣', 즉 10월 9일은 새 문자를 頒布한 날이 아니라 한갖 <훈민정음>이란 책의 완성일이라는 주장이다.

이를 보면 초성의 기본자는 발음기관의 모습을 상형(象形)한 것이다. 다만 "ㅁ 상구형(象口形)"은 한자의 '입 구(口)'를 연상시킨다. 그 외는 모두 현대 음성학으로 보아도 전혀 손색이 없는 발음기관(發音器官)의 상형(象形)이라고 할 수 있다. 다만 전술한 정초(鄭樵)의 <육서략(六書略)>에 <기일성문도(起一成文圖)>에서 훈민정음 초성과 같은 부호들을 제시하였으나 <해례본>에서는 위와 같이 이를 발음기관을 상형한 것으로 보았기 때문에 <기일성문도>에서 가져왔다고 보기 어렵다.

또 기본자는 앞에서 4.3.2.8.의 [표 4-7]을 보면 주로 설음(舌音)과 순음(脣音), 치음(齒音), 그리고 후음(喉音)에서 불청불탁(不淸不濁)의 글자로 하였음을 알 수 있다. 다만 아음(牙音)과 치음(齒音)에서 전청(全淸)자를 기본자로 한 것은 치음의 경우에 불청불탁이 없었기 때문이며 아음의 경우는 'ㆁ'음이 후음과 매우 유사해서 후음의 기본자를 조금 변형시킨 이체자(異體字)로 대치하였다는 설명이 있다.

기본자로부터 인성(引聲)의 가획(加劃)으로, 즉 소리에 따라 획을 더해 가는 방법으로 나머지 글자들을 제자(制字)하였다. '인성가획(因聲加劃)'의 방법은 기본자를 최불려자(最不厲字), 즉 가장 거세지 않은 음의 글자로 정하고 여기에 소리가 거세짐에 따라 획을 더해 가는 것이다.

즉 'ㄱ → ㅋ', 'ㄴ → ㄷ → ㅌ', 'ㅁ → ㅂ → ㅍ', 'ㅅ → ㅈ → ㅊ', 'ㅇ → ㆆ → ㅎ'의 방법으로 제자(制字)하였음을 알 수 있다.[68] 이것은 훈민정음 제작자들이 불청불탁이 가장 약하고 다음은 전청, 그리고 차청의 순서로 소리가 거세진다고 보았다. 이것은 공명음 → 장애음 → 유기음의 순서로 소리가 거세지는 음운의 특징을 인식한 것으로 고대인도에서 발달한 성명기론(聲明記論)의 음성 인식에 영향을 받은 것으로 보인다.

그리고 'ㆁ, ㄹ, ㅿ'의 3자는 이체자(異體字)로서 인성가획(因聲加劃)의 방법에서 벗어난 것이라 하였으며 전탁은 병서(竝書)의 방법으로 제자할 수 있음을 보였다. 따라서 훈민정음 제자해에 설명된 초성자의 제자(制字)는 다음과 같이 정리할 수 있다.

---

68 牙音에서 불청불탁의 /ㆁ/를 기본자로 하여 引聲加劃하지 않은 것은 /ㆁ/이 喉音과 유사하여 異體字로 制字하였기 때문에 기본자로 삼을 수가 없었다. 이체자로 제자한 것은 /ㆁ/만이 아니라 /ㅿ/과 /ㄹ/도 그러하다(졸저, 2015: 274).

〔표 4-9〕 훈민정음 초성자(初聲字)의 제자(制字) 원리

七音	基本字	發音器官 象形	因聲加劃	異體字	雙書字
牙音	ㄱ	象舌根閉喉之形	ㅋ	ㆁ	ㄲ
舌音	ㄴ	象舌附上齶之形	ㄷ ㅌ		ㄸ
脣音	ㅁ	象口形	ㅂ ㅍ		ㅃ
齒音	ㅅ	象齒形	ㅈ ㅊ		ㅆ ㅉ
喉音	ㅇ	象喉形	ㆆ ㅎ		ㆅ
半舌音				ㄹ	
半齒音				ㅿ	

[표 4-9]를 보면 기본자 5자, 인성가획(引聲加劃)의 9자, 이체자(異體字) 3자, 모두 17자가 당시 우리말의 어두(onset)에서 변별적인 음운이었음을 말한다. 다만 쌍서자(雙書字)들은 유성음인 전탁의 표음 글자임으로 중국 전통 운서의 체계 맞추려는 동국정운식 한자음 표기에는 필요한 글자지만 우리말의 표기에서는 쓸 데가 없었다.

4.3.4.3. 다만 이미 이 때에 음소로서 기능하고 있는 어두(onset)의 된소리에 대하여 합용병서(合用竝書)의 방법으로 표음할 수 있음을 밝힌 것이다. 즉, 훈민정음 <해례본>의 <합자해(合字解)>에 다음과 같은 기사가 이를 말한다.

> 初聲二字三字合用竝書, 如諺語ᄯᅡ爲地、ᄧᅡᆨ爲隻、ᄢᅳᆷ爲隙之類。各自竝書, 如諺語혀爲舌, 而ᅘᅧ爲引, 괴ᅇᅧ爲我愛人, 而괴ᅇᅧ爲人愛我. 소다爲覆物, 而쏘다爲射之類 － 초성을 2자, 3자 합용하여 병서할 수 있으니 예를 들면 'ᄯᅡ'가 '地'가 되고 'ᄧᅡᆨ'이 '隙'이 되고 '소다'가 '覆物'이 되고 '쏘다'가 '射之'가 되는 것과 같다.

이 기사에 의하면 'ᄯ, ᄧ'과 같은 합용병서의 방법과 'ㆅ, ㅆ' 등의 각자병서(各字竝書), 즉 쌍서(雙書)의 방법으로 문자를 제정할 수 있음을 밝혔다. 이 병서(竝書)자들은 당시 변별적인 된소리의 표기를 위하여 필요했기 때문으로 제자한 것이다. 따라서 17자의 초성 글자 이외에도 다

음과 같은 어두 된소리를 표기하는 문자가 사용되었다.

ㅺ, ㅼ, ㅽ, ㅾ - ㅅ계 합용병서[69]
ㅲ, ㅳ, ㅶ - ㅂ계 합용병서
ㅴ, ㅵ - ㅄ계 합용병서

이 중에서 'ㅅ'계 합용병서는 된소리의 표기, 그리고 'ㅂ'계와 'ㅄ'계는 어두자음군(語頭子音群)으로 [p + 자음]과 [p + 된소리]의 표기로 보았다. 즉, 'ㅄ'은 [ps], 'ㅲ, ㅳ'은 [pk', pt']의 표음으로 알려졌다. 예를 들면 'ᄡᆞᆯ(米)' 'ᄣᆞᆯ(女兒)'과 같다. 후대에 이들은 모두 '쌀, 딸'로 된소리가 되었다.

이 외로도 순경음(脣輕音) 4자를 제자하였는데 역시 해례의 <예의>'에 "ㅇ連書脣音之下, 則爲脣輕音 - ㅇ를 입술소리 아래에 이어 쓰면 순경음이 되다"와 <제자해>에 "ㅇ連書脣音之下, 則脣輕音者, 以輕音脣乍合而喉聲多也 - ㅇ를 순음 아래에 이어 쓴 것은 곧 순경음이다. 가벼운 소리로서 입술이 잠간 다물어질 뿐이며 목구멍소리가 많다"라고 하여 순음 'ㅂ, ㅍ, ㅃ'에 ㅇ를 이어 써서 'ㅸ, ㆄ, ㅹ, ㅱ'을 만들면 순경음이 되어 입술을 잠간 다무는 순치음(脣齒音 - labial-dental)이 됨을 말하고 있다.

다만 이 순경음은 전술한 바와 같이 <해례본>에서 한자로 음가도 표시하지 않고 오로지 글자를 만드는 방식만 제시하였다. 그리하여 그동안 동국정운 23자모에 넣지 않았으나 본서에서는 이 글자들이 실제로 많이 사용되었고 <해례본>의 <용자례>에서는 'ㆆ' 대신 순경음의 'ㅸ'을 예로 들었기 때문에 이를 언문 27자에 넣어야 한다고 보았다.

그리고 <해례본> <합자해>에는 반설경음(半舌輕音)도 제자하였다. 즉 <합자해> 말미에 "ㅇ連書ㄹ下, 爲半舌輕音, 舌乍附上齶 - ㅇ를 ㄹ아래에 이어 쓰면 반설경음이 되어 혀가 잠깐 입천장에 붙는다"라는 기록이 있어 반설경음(半舌輕音) [ᄛ]도 음운으로 인식하여 문자를 제정하려고 하였다.

---

69 'ㅆ'을 ㅅ계 合用竝書로 보아 된소리로 볼 수 있는 경우가 있고 各字竝書로 보아 全濁으로 볼 수도 있다. '홀씨'에서는 된소리인 것 같고 한자음에서 <동국정운>(권2)의 '邪 쎵'(12뒤)는 전탁음 표기다.

4.3.4.4. 이상의 문자 제정에 의하면 당시 한국어의 어두음에는 다음과 같이 자음이 있었음을 알 수 있다.

ㄱ	ㅋ	ㆁ	ㅺ	ㄲ	
ㄷ	ㅌ	ㄴ	ㅼ	ㄸ	ㄹ
ㅂ	ㅍ	ㅁ	ㅽ	ㅃ	
ㅈ, ㅅ	ㅊ		ㅾ	ㅉ, ㅆ	ㅿ
(ㆆ)	ㅎ	ㅇ	ㅆㅎ	ㆅ	

이 가운데 위에서 보인 각자병서자(各字竝書字)들, 즉 "ㄲ, ㄸ, ㅃ, ㅉ, ㅆ, ㆅ" 등은 당시의 고유어 표기에 아주 제한적으로 쓰였으며 동국정운식 한자음의 교정이나 한음(漢音)의 표기를 위한 것이었다. 그리고 ( )의 'ㆆ'는 고유어 표기를 위한 것이 아니고 한자음의 교정이나 한음(漢音)의 발음 표기에서 'ㄹ'로 발음되는 입성자(入聲字)를 표음하기 위하여 만든 것으로 고유어 표기에는 사용되지 않았다.

따라서 이 초성자(初聲字)의 제정은 당시 우리말의 어두에서 변별되는 다음과 같은 자음(子音)을 표음하는 기호였던 것으로 보인다.

ㄱ(k)	ㅋ(kh)	ㆁ(ŋ)	ㅺ(k')	
ㄷ(t)	ㅌ(th)	ㄴ(n)	ㅼ(t')	ㄹ(r,l)
ㅂ(p)	ㅍ(ph)	ㅁ(m)	ㅽ(p')	
ㅅ(s)			ㅆ(s')	ㅿ(z)
ㅈ(ts)	ㅊ(tsh)		ㅾ(ts')	
	ㅎ(h)	ㅇ(ɦ)	ㅆㅎ(h')	

4.3.4.5. <예의>에 글자와 음가를 명기한 17자와 글자의 제정 방식과 자형만을 보인 전탁 6자, 그리고 글자의 제정 방식만을 소개한 순경음 4자를 모두 합하면 27의 초성자가 예의에서 설명되었다. 이것을 정리하여 보인다. 훈민정음의 초성(初聲) 17자는 다음과 같다.( )은 음가를 설명한 한자를 말한다.

아음(牙音)	- ㄱ(君)	ㅋ(快)	ㆁ(業)	ㄲ(虯)		
설음(舌音)	- ㄷ(斗)	ㅌ(呑)	ㄴ(那)	ㄸ(覃)		
순중음(脣重音)	- ㅂ(彆)	ㅍ(漂)	ㅁ(彌)	ㅃ(步)		
순경음(脣輕音)	- ㅸ(非*)	ㆄ(*敷)	ㅱ(*微)	ㅹ(*奉)[70]		
치음(齒音)	- ㅈ(卽)	ㅊ(侵)		ㅉ(慈)	ㅅ(戌)	ㅆ(邪)
후음(喉音)	- ㆆ(挹)	ㅎ(虛)	ㅇ(欲)	ㆅ(洪)		
반설음(半舌音)	-	ㄹ(閭)				
반치음(半齒音)	-	ㅿ(穰)				

위의 27자는 원래의 초성 17자에다가 6자의 병서자(竝書字)와 4자의 순경음(脣輕音) 글자를 더한 것으로 쌍서자(雙書字) "ㄲ, ㄸ, ㅃ, ㅉ, ㅆ, ㆅ"의 6자는 글자의 모습을 들어 보이지 않고 다만 병서(竝書)하여 글자를 만들 수 있다고 하고 글자의 음가를 보이는 한자를 제시하였다.

<예의>를 언해한 <언해본>에서 아음(牙音)의 예를 들면 "ㄱ·ᄂᆞᆫ 牙앙音흠·이·니 竝·뼝書셩ᄒᆞ·면 如셩虯끃ᇢ字·ᄍᆞᆼ初총發·벓聲셩ᄒᆞ·니·라"라고 하여 병서해서 'ㄲ'로 글자를 만드는 방법과 그 음가로 '규(虯)'자를 보였으며 남어지 5개의 쌍서자들도 모두 같다. 그러나 순경음은 문자의 제자(制字) 방식만 말하고 음가를 보이는 운목의 한자조차 없다.

즉, 순경음에 대하여는 <예의>의 말미에 부서(附書)한 연서(連書)의 방법에서 "ㅇ·ᄅᆞᆯ 連련書셩脣쓘音흠之징下:ᅘᅣᇰᄒᆞ·면 則·즉爲위脣쓘輕켱音흠·ᄒᆞ·ᄂᆞ니·라"라고 하여 순경음의 제자 방식만 알려주고 자형이나 그 음가를 표시하는 한자가 없다. 이로부터 종래의 동국정운 23자모에서 순경음을 포함하지 않은 것이다.

그렇지만 훈민정음의 <예의>에서는 초성 17자와 여기에 쌍서(雙書)의 전탁 6자, 그리고 순경음의 4자에 대하여 제자하는 방법을 모두 보였다. 따라서 종래 동국정운 23자모라고 한 것에 순경은 4자를 더하여 27자가 되어야 한다.

이것은 <예의>에서 언문 27자를 모두 인정하고 이에 대한 글자의 제자 방식을 보인 것으로 이해하여야 할 것이다. 이 글자들은 앞의

70 *를 붙인 한자는 例義에서 음가를 표시하는 한자를 제시하지 않았기 때문에 전술한 4.3.2.6.의 [표 4-6]에서 중국 전통의 36자모의 한자를 가져온 것이다.

4.3.2.7.의 [표 4-6]으로 제시한 '초기 언문 27자'와 비교할 수 있다.

4. 훈민정음 글자의 음성학적 이해

4.4.0.0. 훈민정음의 글자들에 대하여 해례(解例)에서는 '제자해(制字解)'와 '초성해(初聲解)'에서 성리학과 성운학의 이론, 그리고 고대인도의 성명기론(聲明記論)에 의거하여 그 제자(制字)의 원리와 발음의 특징 및 방법을 자세하게 설명하였다.

졸고(2016b)에서 한글이 불가(佛家)의 학승(學僧)들에 의하여 불가(佛家)의 비가라론(毘伽羅論)에서 음성 연구인 성명기론(聲明記論)에 의거하여 훈민정음의 표음 문자들이 음성학적으로 설명된 것으로 보았다. 비록 이름은 보이지 않지만 훈민정음 <해례본>의 여러 설명은 성명기론에서 나온 것으로 이해하였다. 왜냐하면 중국 전통의 성운학에 없는 내용이 <해례본>에 들어있기 때문이다.

그리하여 세종은 당대 최고의 유학자인 최만리(崔萬理)를 상대로 "또 너희들이 운서를 아는가? 사성(四聲), 칠음(七音)으로 구분되는 자모(字母)가 몇 개 있는가?(且汝知韻書乎? 四聲七音字母有幾乎?)"(『세종실록』 권102의 세종 26년 2월 庚子조)라고 호통을 친 것이다. 훈민정음의 제정에 이용된 이론은 불가(佛家)의 성명기론에서 논한 것이지 유학(儒學)의 성운학에서 거론한 것은 아니기 때문이다.

제2장에서 전술한 바 있는 성명기론(聲明記論)은 고대(古代)인도의 음성학으로서 기원 전 6~3 세기에 파니니(Pāṇini)가 저술한 *Aṣṭādhyāyī*(『八章』, 이하 <팔장>)에 포함되었다(졸저, 2015: 48~50). <팔장>은 그 일부가 서양에 전달되어 19세기의 조음음성학을 낳게 하였고 20세기 후반에 언어학계를 풍미(風靡)한 촘스키의 변형생성문법이나 생성음운론이 모두 이 <팔장>의 영향을 받았다고 한다(Robins, 1997). <팔장>에는 범어의 문법만 아니라 인간의 발화에 사용된 음성의 연구가 들어있었기 때문이다.

이 책은 비가라론(毘伽羅論, Vyākaraṇa)이라 하여 불경의 대장경 속에 들어있어 있었고 대장경 속에 포함되어 한반도에도 수입되었다. 대장경

(大藏經)은 불가의 경전(經典)을 집합하여 일컫는 말로 일체경(一切經)이라고도 하고 장경(藏經)이라고 약칭하기도 한다. 원래 불경 총칭하는 전통적인 용어는 삼장(三藏)으로 불가의 세 분야의 경전을 말한다.

4.4.0.1. 이 대장경은 여러 언어로 번역되어 불교의 전파에 이용되었다. 전통적인 팔리(Pāli)어의 삼장(三藏)과 대표적인 한역(漢譯) 대장경 및 티베트 대장경을 비롯하여 몽고어와 만주어로 번역된 대장경이 현존한다. 이 밖에 서하어(西夏語)로 번역된 대장경도 있었으나 지금은 거의 사라져 일부가 남아있을 뿐이다. 물론 한글 제정 이후에 우리말로 번역된 불경도 다수 전해온다.

한국의 고려대장경은 한역(漢譯) 대장경을 말한다. 대장경(大藏經) 또는 일체경(一切經)이라는 이름으로 불전(佛典)들이 방대한 규모로 집합되기 시작한 것은 중국에서부터지만 그 전통은 팔리어(語) 삼장(三藏)에서 유래한 것으로 본다. 그러나 더 거슬러 올라가면 석가모니 부처님의 설법을 종합하여 확정한 결집에서 비롯된다. 고려대장경은 전술한 중국에서의 한역대장경을 거의 망라하였고 이를 통하여 한반도에 대부분의 불경과 불제자(佛弟子)의 논저가 수입되어 불교의 연구에 이용되었다.

중국에서 최초의 대장경은 북송(北宋)의 태조가 칙령(勅令)으로 개보(開寶) 4년(971)에 간행을 하도록 지시하여 북송 태종의 태평흥국(太平興國) 8년(983)에 완성한 개보(開寶) 칙판(勅板)의 것을 말한다. 이후 거란(契丹)의 요(遼)에서도 대장경을 간행하였다.

고려대장경은 중국의 송(宋), 또는 요(遼)에서 작성되었거나 한역한 대장경을 모두 포함하여 간행한 것이다. 고려 현종(顯宗) 2년(1011) 경에 시작한 대장경의 간행 사업은 현종 20년(1029)에 거의 완성되었으며 그 후에 소강상태였다가 고려 문종(文宗) 때에 거란의 대장경이 수입되면서 이것도 포함시켜서 간행되었다.

고려 문종 때에 간행된 고려대장경을 초조(初雕)대장경이라 한다. 고려 후기에 몽골의 침입에 시달리던 고려는 몽골군의 재차 침입에서 대구 부인사(符仁)寺에 보관하던 초조대장경의 책판이 모두 소실되어 다시 대장경을 간행하게 되었다. 고종(高宗) 35년(1248)에 완성된 고려대장경을 재조(再雕) 대장경이라 부른다.

비가라론(毘伽羅論)의 음성 연구도 진(秦) 이후에 수(隋), 당대(唐代)에 한문으로 번역되어 자본론(字本論), 성명기론(聲明記論)이라 불렀으며 고려대장경에 포함되었다. 이 성명기론은 앞의 제3장 3.1.1.3.에서 소개한 바와 같이 불가(佛家)의 오명(五明) 가운데 언어의 음성을 연구하는 성명(聲明), 즉 섭타필태(攝拖必駄, śabda-vidyā)를 밝히는 것이다.

이 이론은 중국에 들어와서 성명학(聲明學), 또는 성명업(聲明業)으로 발전하여 중국 성운학(聲韻學)의 기반이 되었다. 그리고 고려의 대장경(大藏經)에 포함되어 한반도에 전달되었고 조선의 초기에 신미(信眉) 대사에 의하여 세종에게 전달되어 훈민정음 제정의 이론적 배경이 된 것으로 졸고(2018a)에서 주장하였다.

여기서는 이런 주장을 다시 검토하고 졸고(2016b)에서 소략하게 연구된 비가라론(毘伽羅論)과 파니니의 <팔장>이 대장경에 포함되어 고려에 도입된 사실들을 좀 더 구체적으로 밝혀보기 위한 것이다.

4.4.0.2. 이 <팔장>에서는 비가라론(毘伽羅論)의 문법서이지만 음운에 관한 연구도 들어있다. 파니니는 언어의 각 단위들이 체계적으로 파악되어야 한다는 생각을 2천 3~5백 년 전에 알고 있었던 것이다. 본서 제2장 2.2.1.4.에서 살펴본 바와 같이 언어의 추상적인 단위의 기본형으로 'sthānin'을 설정하고 여기에 형태음소론적인 변화의 규칙을 적용되면 내적 'saṃdhi(sandhi, 連聲)'에 의하여 실제 형태인 'ādeśa(代用)'로 전환된다고 보았다.

현대 언어학으로 보면 '형태소(morpheme)'로부터 형태음운론적인 변화에 의하여 실현되는 이형태(allomorph)의 개념과 같다. 또 음성은 조음음성학적인 관점에서 기술되었는데 음성 기술은 첫째 조음과정(processes of articulation), 둘째 분절음(segments), 셋째 음운론적 구조에서 분절음의 조립(syllables)으로 파악하였다. 즉, 변별적 자질, 음운, 음절 단위로 언어음을 인식한 것이다.

제2장의 2.2.1.4.에서 살펴본 바와 같이 먼저 조음 과정을 설명하기

위한 조음기관으로는 내구강(內口腔, intra buccal)과 외구강(外口腔, extra buccal)으로 나누고 외구강은 다시 성문(聲門, glottis), 폐(lungs), 비강(nasal cavity)으로 나누어 이들이 발음에 참여한다고 보았다. 이 세 기관에서 언어음의 유성(voiced)과 무성(voiceless), 유기(aspirates)와 무기(non-aspirates), 그리고 비음(nasal)과 비비음(non-nasal)의 구별이 이루어진다고 본 것이다. 훈민정음에서 전청(non-aspirates, voiceless)과 차청(aspirates), 전탁(voiced), 불청불탁(voiced, nasal)의 구분은 바로 비가라론의 이러한 구분에 의거한 것이다.

실제로 산스크리트어에서는 이러한 조음방식의 차이에 의하여 5항의 대립체계를 인정하였는데 순음(脣音)을 예로 하여 /b, p, b^h, p^h, m/의 유성, 무성, 유성유기, 무성유기, 비음의 대립을 인정하였다. 훈민정음에서는 이 가운데 유성유기를 인정하지 않은 4항 체계를 인정하여 동국정운식 한자음 표기에 사용하였다. 예를 들면 아음(牙音), 즉 연구개음(velar sounds)을 예로 하면 /ㄱ(君), ㅋ(快), ㄲ(虯), ㆁ(業)/의 4항, 즉 /k, k^h, g, ng/의 음운 대립을 인정하여 문자를 제자한 것이다.

비가라론(毘伽羅論)의 성명기론에서는 조음의 매카니즘에 관여하는 것으로 조음위치와 조음체로 나누어 후자를 'karaṇa'라고 하여 혀(tungue)와 아랫입술을 들었고 전자로는 'sthāna'라고 하여 '이, 잇몸, 경구개, 연구개'를 들었다.[71]

이를 근거로 하여 중국의 성운학(聲韻學)에서는 '아(牙), 설(舌), 순(脣), 치(齒), 후(喉)'의 5개 조음 위치를 구분하였는데 훈민정음에서는 여기에 '반설(半舌), 반치(半齒)'를 추가하여 7개의 조음위치로 나누었다. 오음(五音)인 '아설순치후(牙舌脣齒喉)'에 반설(半舌)과 반치(半齒)를 더하여 칠음(七音)으로 한 것은 앞의 4.2.2.2.에서 논한 바 있다.

훈민정음에서 아음(牙音)의 'ㄱ(君字初發聲)'을 첫 글자로 한 것은 지금까지 많은 한국어학자들이 주장한 바와 같이 발음기관의 순서, 즉 가장 깊숙한 곳에서 발음되는 'ㄱ[k, g]'를 우선한 것이 아니라 고대인도의 산스크리트 문자나 이를 모델로 한 티베트의 서장(西藏) 문자, 그리고 역시 서장 문자를 따른 파스파 문자에서 모두 첫 글자가 /k/로 시작

71 현대음성학에서의 조음체(articulator)와 조음점(point of articulation), 또는 조음위치(place of articulation)와 같다.

하는 것을 따른 것이다.

즉, 티베트의 서장(西藏) 문자는 그 문자의 시작을 /ka, kha, ga, nga/의 순서로 제정하였고 이를 모방한 원대(元代)의 파스파 문자도 동일한 방법을 취하였다(졸고, 2011a). 중국 성운학(聲韻學)에서 발음위치를 말하는 아설순치후(牙舌脣齒喉)의 순서대로 아음(牙音)이 첫 글자가 된 것이다.

내구강(內口腔)에서는 조음 위치로 전(front), 후(back)와 혀끝, 협착(狹窄)의 구분을 인정하여 4등급으로 나눴다. 예를 들면 전구강(前口腔)과 후구강(後口腔)에서 정지음과 비(鼻)자음이 생성되고 마찰 협착음, 반모음 협착음, 비(非) 협착음(모음 등)이 생성된다고 보았다.

훈민정음의 중성(中聲)에서는 전후(前後) 이외에 중앙의 위치를 인정하여 성심(聲深, 후설, back), 불심불천(不深不淺, 중앙, central), 성천(聲淺, 전설, front)의 3단계로 나누어 'ㆍ, 으, 이'를 기본자로 제정하였다.[72] 여기에 원순(round)과 비원순(unround)을 구별하는 '구축(口蹙)'과 '구장(口張)'을 두어 '오, 아, 우, 어'를 제자하고 중성을 조음 방식과 위치로 파악하였다.

4.4.0.5. 뿐만 아니라 <팔장>에서는 자음과 모음으로 이분(二分)한 것이 아니라 자음(子音)을 음절 초(onset)와 음절 말(coda)의 것으로 다시 나누어 3분하였다. 이러한 구분은 바로 한자(漢字)에서 하나의 발음을 하나의 음절로 이해하는 중국의 성운학(聲韻學)에서 유용하게 이용되었다.

그리하여 성모(聲母)의 음절 초 자음과 운미(韻尾)가 음절 말 자음이 구분되었고 성조의 사성(四聲)에서 입성(入聲)은 폐음절의 음절 말 자음(coda)을 가리키게 되었다. 훈민정음에서 모든 자모를 초성(初聲), 중성(中聲), 그리고 종성(終聲)으로 나눈 것을 떠오르게 한다.

이렇게 음운을 음절 단위로 인식하는 방법은 중국 성운학(聲韻學)에서 크게 발전하였다. 왜냐하면 모두 한자는 일음절(一音節) 형태로 인식하기 때문이다. 그리하여 성명기론에 입각한 중국 성운학에서는 음절

---

72 이것을 생성음운론의 위치 자질로 설명하려면 높이 자질에의 [±high, ±low] 표기처럼 [±back, ±front]와 같이 두 개의 자질을 인정하여 聲深은 [+back, -front], 不深不淺은 [-back, -front], 不淺은 [-back, +front]로 표기해야 할 것이다.

구조를 다음과 같이 이해하였다.

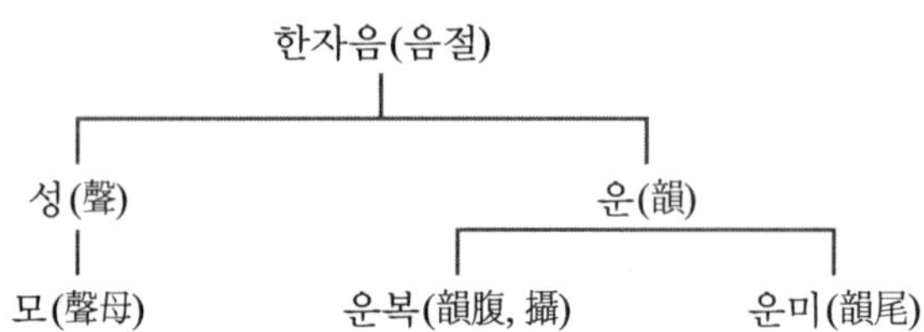

여기서 음절 초(onset), 즉 성모(聲母)의 수효는 흔히 자모(字母)로 불리면서 한 언어에 나타나는 자음의 음운 숫자로 이해된다. 이것은 앞에서 언급한 세종이 최만리(崔萬理)의 반대상소문에 내리는 비답(批答)에서 "[너희가] 사성(四聲) 칠음(七音)으로 분류된 자모의 수효가 몇 개인지 아느냐?(四聲七音字母有幾乎?)"(<세종실록> 권102의 세종 26년 2월 庚子조)라는 반문에서처럼 언어의 음운을 이해하는데 자모의 수, 즉 음운의 수효가 매우 중요함을 강조한 것이다.

이에 대하여 파스파 문자를 제정한 티베트의 팍스파 라마는 성모, 즉 자모(字母)를 36개, 운복(韻腹)의 섭(攝)을 유모(喩母)로 하여 7개를 만들어 모두 43개의 문자를 보였다. 그러나 당시 한어(漢語)에 구분되지 않은 순경음의 전청과 전탁을 하나의 문자로 하고 모음 표시의 유모(喩母)가 이중으로 포함되어 한자가 줄어서 파스파 문자에서는 실제로 모두 41개의 문자만을 만든 것이다.[73],

훈민정음에서는 이들을 초성(初聲)으로 보았고 운미(韻尾)의 자음을 종성으로 구분하여 초성, 중성, 종성의 3분법을 택한다. 그리고 모두 28개의 자모를 문자화하였다. 파스파 문자에서도 입성(入聲)이 성조(聲調)를 나타내지 않고 음절 말 자음으로 간주하여 성모(聲母) 36 가운데 6개만이 입성운미(入聲韻尾)에서 변별적임을 원대(元代) 주종문(朱宗文)의 {증정}<몽고자운>에서 '총괄변화지도(總括變化之圖)'로 밝혀놓았다(졸고, 2012a). 훈민정음에서와 같이 파스파자도 음절 초의 자음(onset)과 음

73 제2장 주26에『元史』(권202)의 '釋老八思巴'조의 기사를 들고 41개의 문자를 제정했음을 밝혔다.

절 말의 자음(coda)을 구별한 것이다.

1) 초성과 중성의 음성학적 이해

4.4.1.0. 초성은 전술한 바와 같이 27자를 제정하였다. 그리고 먼저 발음 위치에 따라 'ㄱ, ㅋ, ㄲ, ㆁ'와 같은 연구개음(velar sound)을 '아음(牙音) - 엄소리, 어금니 소리'라 하였고 'ㄷ, ㅌ, ㄸ. ㄴ'과 같이 치경음(dental-alveolar)은 '설음(舌音) - 혓소리'라고 하였으며 'ㅈ, ㅊ, ㅉ, ㅅ, ㅆ'와 같은 경구개(palatal)의 파찰음(affricate), 또는 마찰음(fricate)은 '치음(齒音) - 잇소리'이라 하였다.

그리고 'ㆆ, ㅎ, ㆅ, ㅇ'와 같은 후두음(laryngeal)은 '후음(喉音) - 목소리'라 하였고 설측음(lateral), 또는 설탄음(舌彈音, flapped)의 'ㄹ'은 '반설음(半舌音)', 유성구개마찰음(voiced palatal fricate)인 'ㅿ'은 '반치음(半齒音)'이라 하였다. 모두 성명기론(聲明記論)에서 언어음에 사용되는 음성으로 알려진 것이다.

이와 같이 초성(初聲)을 '아음(牙音), 설음(舌音), 순음(脣音), 치음(齒音), 후음(喉音)'의 오음(五音)과 반설음, 반치음의 칠음(七音)으로 나눈 것은 중국의 성운학(聲韻學)에서 온 것이지만 일부 음운의 설명은 중국 성운학에서 언급하지 않은 것도 있다.

즉, <제자해>에 "ㄱ, 象舌根閉喉之形. ― ㄱ은 혀뿌리가 목구멍을 막는 모습을 본뜬 것이다."라든지 "ㄴ, 象舌附上齶之形. ― ㄴ은 혀가 위 입천장에 닿은 모습을 본뜬 것이다"라는 조음 음성학적 설명을 고대인도의 성명기론(聲明記論)에서 가져온 설명이다. 나머지 'ㅁ 象口形, ㅅ 象齒形, ㅇ 象喉形'도 모두 조음음성학적 이해라고 볼 수 있다. 다만 '상구형(象口形)'의 입모습을 본뜬 것은 아무래도 한자의 입 구(口)자에서 온 것으로 바야 한다.

이와 같이 발음기관을 상형(象形)하여 글자를 만든 것은 정초(鄭樵)의 『통지(通志)』「육서략(六書略)」의 '기일성문도(起一成文圖)'에 훈민정음 초성의 글자와 같은 부호를 보였지만 한글을 독창적인 것으로 보는 이유가 여기에 있다. 특히 모음의 중성자(中聲字)에서는 천지인(天地人) 삼재(三才)를 조합하여 글자를 만든 것도 중국의 다른 문자에서 볼 수 없다.

4.4.1.1. 중성(中聲)의 11자는 첫 글자인 'ㆍ'에 대하 "ㆍ 如呑字中聲 ー ㆍ는 ᄐᆞᆫ(呑)자의 가운데 소리와 같다.", "ㅡ 如卽字中聲 ー ㅡ는 '즉(卽)'자의 가운데 소리와 같다.", "ㅣ 如侵字中聲 ー ㅣ는 침(侵)자의 가운데 소리와 같다."라고 하여 중성 11자 'ㆍ, ㅡ, ㅣ, ㅗ, ㅏ, ㅜ, ㅓ, ㅛ, ㅑ, ㅠ, ㅕ'의 자형과 음가에 대하여 한자음을 예로 하여 그 자형과 음가와 설명하였다.

훈민정음의 모음자, 즉 중성자(中聲字)는 전술한 바와 같이 기본자를 천지인(天地人) 삼재(三才)에 의하여 다음과 같이 제자(制字)하였다. 즉, 천지인(天地人)의 삼재(三才)에 따라 기본자를 'ㆍ(天圓), ㅡ(地平), ㅣ(人立)'의 3자로 하고 이를 각각 결합하여 'ㅗ(天 + 人), ㅏ(人 + 天), ㅜ(地 + 天), ㅓ(天 + 人)'의 4자를 더하여 초출자(初出字)라 하였다.

초기에는 이 기본자 3과 초출자 4를 더하여 7자를 제정하고 이를 유모(喩母), 즉 욕모(欲母)에 속한다고 보았다. 세종 26년경에 세종의 새 문자 제정에 가담한 신미(信眉) 대사에 의하여 재출자 4자를 초출자 4자에 천(天)를 한 번씩 더한 'ㅛ, ㅑ, ㅠ, ㅕ'를 추가하여 실담(悉曇)의 12자에 맞추어 모두 11자로 하였다.

또 이 글자들이 표음하는 모음을 서로 대립에 의하여 존재함을 음양과 오행으로 설명하였다. 현대 구조주의 언어학에서 가장 중요하게 여기는 핵심적인 이론이던 음운의 대립을 이미 500여년전에 간파하고 있었던 것이다. 그리고 중성(中聲)이라 하여 모음을 독립적인 존재로 인정하였고 음절 형성에 가장 중요한 요소로 보았다.

즉 아래아의 /ㆍ/는 천원(天圓)을, /ㅡ/는 지평(地平)을, /ㅣ/는 인립(人立)의 모습을 상형한 것으로 이 세 글자가 기본자가 되었다. 즉 '/ㅗ/'는 /ㆍ(天圓)/ + /ㅡ(地平)/의 결합이며 '아'의 /ㅏ/는 '/ㅣ(人立) + ㆍ(天圓)', '우'의 /ㅜ/는 '/ㅡ(地平)/ + /ㆍ(天圓)/', '어'의 /ㅓ/는 '/ㆍ(天圓)/ + /ㅣ(人立)/'의 결합이라고 설명하였다. 이들은 한 번씩 결합한 것이기 때문에 초생(初生)이라고 하고 이렇게 하여 만들어진 '/ㅗ, ㅏ, ㅜ, ㅓ/'의 4자를 초출자(初出字)로 보았다.

반면에 '/ㅛ, ㅑ, ㅠ, ㅕ/'의 4자는 결합하는 방법이 위와 같으나 천(天)을 한 번 더 결합하여 재생(再生)으로 보아 재출자(再出字)라 하였다. 또 이들은 생위(生位)와 성수(成數), 즉 '생겨난 오행의 위치'와 '만들어진 천지의 수'가 있다고 <해례본>에서 밝혀놓았다.[74]

그리고 종성에 대하여는 전술한 바와 같이 "終聲復用初聲 – 종성은 초성을 다시 쓰다"라고 하여 초성과 같은 자음임을 밝혔다. 이것은 전술한 바 있는 <실담자기(悉曇字記)>의 <실담장>에 의거하여 마다(摩多)를 중성으로, 체문(体文)을 초성과 종성으로 본 것이다. 초기에 초성만을 언문 27자로 한 것과 중성의 모음자를 유모(喩母), 즉 동국정운의 욕모(欲母)에 속하게 한 것과 매우 다른 모습이다. 신미(信眉)가 참여한 이후에 일어나 일이다.

4.4.1.2. 이렇게 만들어진 훈민정음의 초성과 중성의 글자들은 성명기론(聲明記論)의 조음위치와 조음방식에 따라 분류하고 성리학(性理學)의 이론으로 이 음운들의 대립 관계를 설명하였다. 즉, <해례본>의 <제자해>에서는 이 글자가 대신하는 각 음운의 특징을 조음음성학의 이론으로 설명하고 각 음운의 대립을 성리학의 음양(陰陽)과 오행(五行)으로 설명하였다.

성리학(性理學)에서 우주(宇宙) 만물을 형성하고 운행하는 음양(陰陽), 오행(五行)의 원리로 이 음운들의 서로 대립적으로 존재함을 밝혀주었다. 오행(五行)은 '수(水), 화(火), 목(木), 금(金), 토(土)'의 다섯 요소를 말한다. <해례본>의 <제자해(制字解)>에서는 오음(五音)의 특징에 따라 오행(五行)을 배정하고 각 글자가 표음하는 각 음운을 이 것으로 표시하였다.

즉, 가장 깊숙한 곳에서 조음되는 후음(喉音)을 오행의 수(水)에 배당하고 다음에 순차적으로 아음(牙音)을 목(木)에 배당하였으며 설음(舌音)을 화(火)에, 치음(齒音)을 금(金)에, 그리고 순음(脣音)을 토(土)에 배정하였다. 성(聲)의 특성과 오행의 특성을 비교하여 설명을 곁들였는데 이를 정리하면 다음과 같다.[75]

---

74 이에 대하여는 졸고(2002a)와 졸저(2015: 264~269)에 자세하게 소개되었다.

75 '制字解'에 "喉水而潤, 水也. 聲虛而通. 如水之虛明, 而流通也. 於時爲冬, 於音爲羽. 牙錯而長 木也. 聲似喉而實, 如木之生, 於水有形也. 於時爲春, 於音爲角. 舌銳而動,

〔표 4-10〕 초성(初聲)의 오음(五音)과 오행(五行)

조음 기관	조음기관의 특성	소리의 특성	오행(五行)의 특성	五行	四時	五音
喉	邃而潤	聲虛而通	水之虛明而流通	水	冬	羽
牙	錯而長	聲似喉而實	木之生於水而有形	木	春	角
舌	銳而動	聲轉而颺	火之轉展而揚揚	火	夏	徵
齒	剛而斷	聲屑而滯	金之屑瑣而鍛成	金	秋	商
脣	方而合	聲含而廣	土之含蓄萬物而廣大	土	季夏	宮

즉, 발음 방식에 따라 무표계열(unmarked)의 'ㄱ, ㄷ, ㅈ, ㅅ, ㆆ'를 전청(全淸)이라 하고 유기음(aspirates) 계열의 'ㅋ, ㅌ, ㅊ, ㅎ'를 차청(次淸)이라 하였으며 비음(nasal), 또는 유성음(voiced)이나 구강 공명음(oral resonant)을 불청불탁(不淸不濁)이라 하여 'ㆁ, ㄴ, ㅇ, ㄹ, ㅿ' 를 이에 소속시켰다.

이 외에 'ㄲ, ㄸ. ㅉ, ㅆ, ㆅ'와 같은 각자병서자(各自竝書字)는 유성음(voiced)으로서 전탁(全濁)이라 하여 그 제자의 방법과 운목(韻目)의 한자만을 소개하였다. 당시 우리말에서 유성음은 변별적이지 않았기 때문이다. 그리고 순음(labial)에서 유성음(voiced)인 순경음(脣輕音) 4자는 제장 방식만을 <예의>의 말미에 적었을 뿐이고 그 음가를 알려주는 한자도 없다.

4.4.1.3. 훈민정음의 모음자, 즉 중성자(中聲字)는 전술한 바와 같이 기본자를 천지인(天地人) 삼재(三才)에 의하여 다음과 같이 제자하였다. 훈민정음의 중성자(中聲字)는 역시 상형(象形)의 방법을 사용하여 제자

火也. 聲轉而颺, 如火之轉展, 而揚揚也. 於時爲夏, 於音爲徵. 齒剛而斷, 金也. 聲屑而滯, 如金之屑瑣, 而鍛成也. 於時爲秋, 於音爲商. 脣方而合, 土也. 聲含而廣, 如土之含蓄萬物, 而廣大也. 於時爲季夏 於音爲宮. – 목구멍은 물이고 축축하니 오행의 수(水)이다. 소리는 허하고 통해서 마치 물이 허하고 맑으며 흘러 통하는 것과 같다. 시절로는 겨울이고 오음으로는 우(羽)에 해당한다. 어금니는 어지럽고 길어 나무와 같다. 소리는 목구멍소리와 같으나 실체가 있다. 마치 나무가 물에서 생겨나 형체가 있는 것과 같다. 시절로는 봄이고 오음으로는 각(角)에 해당한다. 혀는 날카롭고 움직이니 불이다. 소리는 굴러서 날린다. 마치 불이 굴러서 활활 타오르는 것과 같다. 시절로는 여름이고 오음으로는 치(徵)에 해당한다. 치음은 단단하고 불어지니 쇠와 같다. 소리는 부서지나 걸린다. 마치 쇠가 가루가 되었따가 단련하여 무쇠를 이루는 것과 같다. 시절로는 가을이고 오음으로는 상(商)에 해당된다. 입술은 네모지고 합해지니 흙이다. 소리는 머금어지고 넓다. 마치 흙이 만물을 함축하고 광대한 것과 같다. 시절은 늦여름이고 오음으로는 궁(宮)에 해당한다."라는 설명을 참조할 것.

하였다. 해례(解例)의 제자해에서 밝힌 중성자의 제자(制字)는 기본 3자를 '천(天)·지(地)·인(人)' 삼재(三才)를 상형하여 제자하고 나머지들은 이 세 문자를 조합(組合)하여 제자하였다.

즉, 중성자의 첫째 기본자인 'ㅇ'는 하늘의 모습을 본떠서 둥글게 하였고 둘째 기본자는 'ㅡ'로서 땅의 평평한 모습을 본뜬 것이며 셋째 기본자는 'ㅣ'로서 사람이 서 있는 모습을 본뜬 것이다. 이 천지인(天地人) 삼재(三才)를 상형한 기본자 셋을 조합하여 초출자(初出字) 4개와 재출자(再出字) 4개, 도합 11개의 중성자를 만들었다.

즉, 천(天)을 상형(象形)한 'ㅇ'와 지(地)를 상형한 'ㅡ'를 조합하여 'ㅗ'를 제자하고 이어서 '인(人)'을 상형한 'ㅣ'에 'ㅇ'를 조합하여 'ㅏ'를 만들었고 이ㅗ 반대로 하여 각각 'ㅜ'와 'ㅓ'를 만들었다.

이 'ㅗ, ㅏ, ㅜ, ㅏ'가 초출자(初出字)이고 이어서 'ㅛ, ㅑ, ㅠ, ㅕ'를 제자하여 이를 재출자(再出字)라 하였다. 그리고 이 11개의 문자를 다시 2자, 3자 합용(合用)하여 무수한 중성자를 만들 수 있다고 하였으며 해례(解例)에서만도 모두 29개의 중성자를 만들어 보였다.

또 이들은 생위(生位)와 성수(成數), 즉 '생겨난 오행의 위치'와 '만들어진 천지의 수'가 있다고 하였는데 이에 의하면 <해례본>에서 제시한 중성자 11개는 각기 생위성수(生位成數)로 표시할 수 있어 'ㅣ: 獨無位數' ·: 天五, ㅡ : 地十, ㅗ: 天一, ㅏ: 天三, ㅜ: 地二, ㅓ: 地四, ㅛ: 天七, ㅑ: 天九, ㅠ: 地六, ㅕ: 地八'과 같이 표시하였다.이에 대한 설명을 <해례본>에서 옮겨보면 다음과 같다.

〔표 4-11〕 훈민정음 11개 중성자의 생위성수(生位成數)

字	制字	天地數	生位成數	八卦	비고
·	天圓	天五	生土之位		基本字
ㅡ	地平	地十	成土之數		
ㅣ	人立	無位	獨無位數		

字	制字	天地數	生位成數	八卦	비고
ㅗ	初生於天	天一	生水之位	乾	初出字
ㅏ	次之	天三	生木之位	巽	
ㅜ	初生於地	地二	生火之位	坤	
ㅓ	次之	地四	生金之位	震	

字	制字	天地數	生位成數	八卦	비고
ㆇ	再生於天	天七	成火之數	兌	再出字
ㅑ	次之	天九	成金之數	離	
ㅠ	再生於地	地六	成水之數	坎	
ㅕ	次之	地八	成木之數	艮	

<해례본>의 해례에서 보여준 이러한 중성에 대한 설명은 무엇을 말하고자 한 것인가에 대하여 우리는 그동안 아무런 해답을 갖고 있지 않았다. 그러나 위의 설명에서 "ㆍ: 天五, ㅡ: 地十, ㅣ: 獨無位數"라 하여 'ㆍ'는 하늘 5의 위치이고 'ㅡ'는 땅 10의 위치인데 'ㅣ'만은 혼자 위치의 수자가 없다."라는 설명에서 생위(生位)와 성수(成數)가 혹시 중성자, 즉 모음의 대립을 말하고자 한 것이 아닌가 한다.

왜냐하면 중세한국어의 모음조화에서 'ㆍ'와 'ㅡ'는 서로 대립되는 모음이었는데 위의 생위성수(生位成數)에서는 이를 각기 '천(天)'과 '지(地)'로 대립시켰으며 유일하게 모음조화에서 대립을 갖지 않은 모음은 'ㅣ'뿐인데 'ㅣ[i]'는 독무위수(獨無位數)라고 한 것은 이것과 대립되는 모음이 없음을 말하는 것으로 이해할 수 있기 때문이다.

그리고 ㅗ'와 'ㅜ'는 오행(五行)에서 '수(水) : 화(火)'로, 팔괘(八卦)에서는 '건(乾) : 곤(坤)'으로 대립시켰고 '/ㅏ/'와 '/ㅓ/'는 '목(木) : 금(金)'과 '손(巽) : 진(震)'으로 대립시켰다. '/ㆇ/'와 '/ㅠ/', 그리고 '/ㅑ/'와 '/ㅕ/'도 각기 '화(火) : 수(水), 태(兌) : 감(坎)'과 '금(金) : 목(木), 리(離) : 간(艮)'으로 대립시켜 다음과 같은 11개 중성자를 대립적으로 이해한 것이다.

> 기본자 - ㆍ(天) : ㅡ(地), ㅣ(人-獨無位數)
> 초출자 - ㅗ(水, 乾) : ㅜ(火, 坤), ㅏ(木, 巽) : ㅓ(金, 震)
> 재출자 - ㆇ(火, 兌) : ㅠ(水, 坎), ㅑ(金, 離) : ㅕ(木, 艮)

따라서 이것은 성리학(性理學)에서 대립을 체계적으로 설명하는 데 쓰이는 천지(天地), 음양(陰陽)과 오행(五行)의 대립을 이용하여 중성자 11개의 상호 대립을 설명한 것이다. 그리고 천(天)의 수인 'ᄋᆞ, 오, 아'는 양(陽)이라 하고 지(地)의 수를 가진 '으, 우, 어'는 음(陰)이라 하여 모음

6개를 두 계열로 나누었다. 여기서 말하는 음과 양은 무엇을 말하는 것일까?

앞의 4.4.1.3.에서 보인 [표 4-11]로 보면 <해례본>의 <제자해>에서 중성자에 대한 생위성수(生位成數)의 설명은 '천지(天地), 음양(陰陽), 오행(五行)'에 의한 대립만을 말한 것이 아니다. 주지하는 바와 같이 생위성수는 하도(河圖)와 낙서(洛書)에 찍혀있는 점의 수효와 위치를 말한다.

특히 하도(河圖)는 중국 삼황(三皇)시대의 복희씨(伏羲氏) 때에 황하(黃河)에서 용마(龍馬)가 가지고 나왔다는 55점의 그림으로 낙서(洛書)와 함께 주역(周易)의 기본이 된다. 이 하도에는 55점의 그림이 동서남북으로 나뉘어 찍혀있고 그 각각의 수가 차지한 위치가 생위성수(生位成數)로 알려졌다. 앞의 [표 4-11]은 하도(河圖)의 55점을 생위성수로 나타낸 것이다.

이것은 상술한 '천지(天地), 음양(陰陽), 오행(五行)'에 의한 대립을 방위, 즉 동서와 남북으로 다시 강조한 것이며 결국은 천(天)의 'ᄋᆞ, 오, 아, 요, 야'와 지(地)의 '으, 우, 어, 유, 여'가 서로 대립함을 보여준 것이다. 여기서 <해례본> '제자해'의 '起於ㅣ'라고 한 재출자들은 이미 훈민정음 제정자들이 ㅣ계 이중모음으로 인식하고 있었으므로 이들 '요, 야, 유, 여'의 4자를 제외하면 나머지 7자, 즉 'ᄋᆞ, 으, 이, 오, 아, 우, 어'는 훈민정음을 제정할 당시에 의식하고 있었던 7개의 단모음을 말한다. 이들 단모음(單母音)은 'ᄋᆞ~으, 오~우, 아~어'의 대립 쌍과 중립적인 '이'로 나눌 수 있다고 본 것이다.[76]

4.4.1.4. 구조언어학의 음운론의 입장에서 이러한 세 쌍의 대립은 어떠한 음운 대립을 말하는 것일까? 모음조화는 이른바 알타이제어의 중요한 특징으로서 여러 가지 형태의 모음조화가 있다. 즉 모음조화(vowel harmony)는 일종의 모음동화(母音同化) 현상으로서 서로 유사한 특

---

76 <해례본>의 生位成數가 <河圖>의 원리에서 나온 것으로부터 훈민정음의 河圖起源說이 중국의 연변학자들에 의하여 주장되기도 하였다. 1950년대에 연변대학에서 교편을 잡은 오봉협 선생이 '한글하도기원론'을 『교육통신』(大衆書院, 延邊) 잡지 2~6기(1950년 간행)에 연재하였다. 이것은 저자가 최현배 선생의 『한글갈』(1942)을 통하여 얻은 훈민정음 창제에 관한 지식을 '하도기원론'으로 敷衍한 것으로 민족의 자부심을 고취하기 위한 재야학자의 주장이었다(졸고, 2002a).

성의 모음끼리 결합하려는 현상이다.

알타이제어에서는 구개적(口蓋的)조화(palatal harmony), 순적(脣的)조화(labial h.), 복합(複合)조화(labio-palatal h.)가 있고 아주 드물지만 수평적(水平的) 조화(horizontal h.)도 발견된다고 한다.[77] 그러나 이러한 모음조화 가운데 알타이제어에서 가장 일반적인 현상은 구개적(口蓋的)조화인데 구개적조화란 전설 모음은 전설 모음끼리, 후설 모음은 후설 모음끼리 결합하는 모음동화(母音同化) 현상을 말한다.

그러므로 구개적(口蓋的)조화는 전후 대립의 모음체계를 갖고 있는 언어에서 전설모음과 후설모음이 서로 동화되는 현상이라고 할 수 있다. 위에서 살펴본 훈민정음 7개 중성자는 음양으로 나뉘어 천(天)의 수를 가진 'ᄋᆞ, 오, 아'는 양(陽)이고 지(地)의 수를 가진 '으, 우, 어'는 음(陰)이다. 그리고 인(人)의 수를 가진 '이'는 무위수(無位數)여서 중립이다.

이것은 'ᄋᆞ-으, 오-우, 아-어'의 대립을 말하고 'ᄋᆞ, 오, 아'는 같은 계열의 후설모음이며 반대로 '으, 우, 어'는 전설모음임을 말한다. 그리하여 전설모음은 전설모음끼리, 후설모음은 후설모음끼리 서로 결합하는 구개적 모음조화(palatal harmony)에 의한 모음체계임을 말한 것이다.

먼저 해례 '제자해(制字解)'에는 정음 28자에 포함된 중성(中聲) 11자(기본자 3 + 초출자 4 + 재출자 4)에 대하여 상형의 방법과 자형(字形), 그리고 성리학(性理學)에서 주장하는 상생(相生)의 이론에 의한 제자의 원리를 설명하였는데 이를 도표로 정리하면 다음과 같다.

〔표 4-12〕 중성(中聲) 기본자의 제자(制字) 원리

중성자	象形	字形	性理學의 相生 理論	生位成數之位
ᆞ	象乎天也	形之圓	天開於子也	天五 生土之位
ㅡ	象乎地也	形之平	地闢於丑也	地十 成土之數
ㅣ	象乎人也	形之立	人生於寅也	獨無位數者

77 모음조화와 그의 여러 유형에 대하여는 Spencer(1996: 177~180)의 설명을 참조할 것. 특히 터키어에서 전설 비원순모음(제1조), 전설 원순모음(제2조), 후설 비원순모음(제3조), 후설 원순모음(제4조)끼리 결합하는 "čekingen(shy)-제1조, köylü(villager)-제2조, ɑkıl(intelligence)-제3조, dokuz(nine)-제4조"와 같은 예는 복합조화의 전형이라고 할 수 있다(Ladefoged, 1975).

〔표 4-13〕 중성 초출자(初出字)의 제자 원리

중성자	取義	字形	相生理論	生位成數之位
ㅗ	取天地初交之義	天＋地	初生於天	天一 生水之位
ㅏ	取天地之用發於事物待人而成	人＋天	次之	天三 生木之位
ㅜ	取天地初交之義	地＋天	初生於地	地二 生火之位
ㅓ	取天地之用發於事物待人而成	天＋人	次之	地四 生金之位

〔표 4-14〕 중성 재출자(再出字)의 제자 원리

중성자	字形	相生理論	生位成數之位
ㅛ	天＋天＋地	再生於天	天七 成火之數
ㅑ	人＋天＋天	次之	天九 成金之數
ㅠ	地＋天＋天	再生於地	地六 成水之數
ㅕ	天＋天＋人	次之	地八 成木之數

이 외에 2자합용, 3자합용의 중성자를 제자할 수 있다고 하였다. 예를 들면 다음과 같다.

2자 합용 4자 - ㅘ(ㅗ + ㅏ), ㆇ(ㅛ + ㅑ), ㅝ(ㅜ + ㅓ). ㆊ(ㅠ + ㅕ)
1자와 ㅣ와의 상합자 10자 - ㅚ, ㅢ, ㅚ, ㅐ, ㅟ, ㅔ, ㆉ, ㅒ, ㆌ, ㅖ
2자 합용자와 ㅣ와의 상합자 4자 - ㅙ,ㆈ, ㅞ, ㆋ

이 가운데 기본 3자와 초출 4자, 재출 4자는 훈민장음 28자 안에 들어가는 것이고 나머지 2자 합용 4자와 1자와 ㅣ자 합용 10자, 그리고 2자 합용자와 ㅣ자와 상합한 4자의 모두 18자는 보완된 것으로 보았다. 그리하여 이 가운데는 실제로 고유어나, 한자음 정리, 한음(漢音) 표기에 전혀 사용되지 않은 것도 있다.

또 'ㅛ, ㅑ, ㅠ, ㅕ'는 "起於ㅣ－ ㅣ에서 나온 것"이라 하여 'ㅣ'가 선행하는 상향(上向) 이중모음임을 밝혀두었다. 이 외로도 'ᆝ, ᆜ'의 2음을 추가하였는데 <훈민정음> 해례의 '합자해(合字解)'에 "ᆝᆜ 起於ㅣ聲, 於國語無用. 兒童之言. 邊野之語或有.之 當合二字而用, 如ᄀᆝᄀᆜ之類, 其先縱後橫, 與他不同 － 'ㅣ'소리에서 시작한 'ᆝ, ᆜ'는 우리말에서는 쓰이

지 않고 어린이 말이나 변방의 사투리에 혹시 쓰인다. 마땅히 2자를 합용하여야 쓸 수 있으니 'ᆜ, ᆝ'와 같이 세로로 된 것을 먼저 쓰고 가로로 된 것을 나중에 쓰는 것이 다른 것과 다르다"라는 설명이 있어 아이들의 말이나 사투리에 'ᆜ, ᆝ'와 같은 이중모음이 있었음을 시사하고 있다.

그러나 이것은 <중성해(中聲解)>에는 보이지 않으므로 일부 방언에 나타나는 음성적인 현상으로 보아서 표준어의 음운으로 인식하지는 않았다. 다만 초기에 인정한 모음의 7자나 신미에 의하여 4자를 추가한 중성(中聲) 11자는 모두 우리말 모음에 의거한 것이 아님을 말해 준다.

4.4.1.5. <해례본>에서는 이와 같이 11자의 중성자를 제정한 원리와 그에 대한 음운론적 설명을 붙였다. 우선 이를 정리하면 다음과 같다.

〔표 4-15〕 중성자(中聲字)의 발성과 음운의 설명

		舌	脣	闔闢	聲
基本字	ㆍ	縮			深
	ㅡ	小縮			不深不淺
	ㅣ	不縮			淺
初出字	ㅗ	ㆍ同	口 蹙	闔	同出於ㆍ
	ㅏ	ㆍ同	口 張	闢	同出於ㆍ
	ㅜ	一同	口 蹙	闔	同出於一
	ㅓ	一同	口 張	闢	同出於一
再出字	ㅛ			闔	同出於ㅗ
	ㅑ			闢	同出於ㅏ
	ㅠ			闔	同出於ㅜ
	ㅕ			闢	同出於ㅓ

이 도표는 <해례본> 「제자해」에 "ㆍ 舌縮而聲深, [中略] 一 舌小縮而聲不深不淺, [中略] ㅣ 舌不縮而聲淺, [中略] 此下八聲 一闔一闢, ─ 'ㆍ'는 혀를 움츠리고 소리는 깊은 곳에서 나며 [중략} '一'는 혀가 조금 움츠리고 소리는 깊지도 얕지도 않으며 [중략] 'ㅣ'는 전혀 혀가 움츠러들지 않고 소리는 얕은 곳에서 난다. [중략] 그 다음의 여덟 소리는 하나가

합(闔 - 원순모음)이면 하나가 벽(闢 - 평순모음)이다"라든지 다음에 이어지는 "ㅗ與ㆍ同而口蹙, ㅏ與ㆍ同而口張, ㅜ與ㅡ同而口蹙, ㅓ與ㅡ同而口張 - 'ㅗ'는 'ㆍ'와 더불어 같으나 입이 오므라들며, 'ㅏ'는 'ㆍ'와 같으나 입이 벌려진다. 'ㅜ'는 'ㅡ'와 같으나 입이 오므라들고 'ㅓ'는 'ㅡ'와 같으나 입이 펼쳐진다." 등의 음성학적인 설명을 곁들였다.

이상의 중성자를 살펴보면 당시 우리말을 7개의 글자로 표음하였으며 이에 대한 이중모음까지 문자로 제정하여 11개의 중성자를 만들었다. 즉, 기본자(基本字) 3개와 초출자(初出字) 4개는 당시의 단모음 7개를 나타낸 것으로 보아서 한국어의 음운사(音韻史)에서 15세기 한국어의 모음이 7개로 보고 있다. 그로부터 15세기 한국어의 7모음 "ᄋᆞ, 으, 이, 아, 어, 오, 우"를 인정하였다(이기문, 1961).

그러나 졸고(2011b)에서는 훈민정음의 7모음이 우리말 모음체계에 맞춘 것이 아니고 파스파 문자의 유모(喩母) 7자, 즉 중세몽고어의 모음에 맞춘 7모음의 글자를 그대로 받아드린 것으로 보았다. 그리하여 '아래 ᄋᆞ'는 당시 우리말 음운에 없었으나 파스파 문자의 유모(喩母) /ꡖ/에 맞추어 제자한 것이라 한자음 표기에서도 혼란했고 우리말 표기에서 그러했다고 보았다.

2) 종성(終聲)의 의식과 그 표기

4.4.2.0. 훈민정음 제정자들은 언어의 음절 단위를 인식하고 우리말 음절의 말음. 즉 음절 말 자음(子音=coda)을 초성자로 표기하였다. 즉 훈민정음의 제정에 관련된 학자들은 중국 성운학의 이론에 입각하여 다음과 같은 음절 구조를 이해하고 있었다.

〔표 4-16〕 훈민정음의 음절 구조도(構造圖)

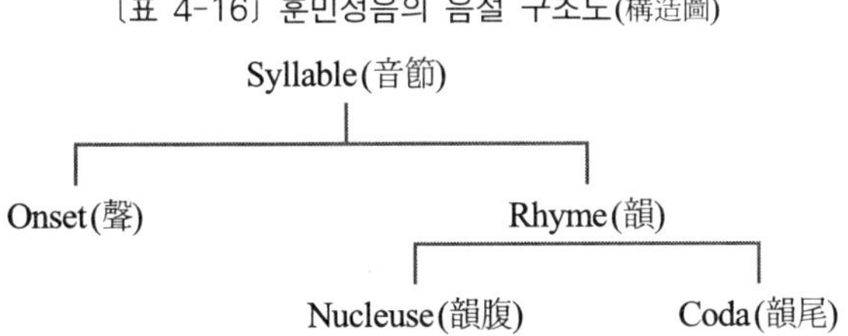

이것은 중국 성운학의 영향을 받은 것이기도 하며 고대시대부터 있었던 차자표기의 영향도 함께 받은 것이다. 즉, 중국의 성운학에서 반절법(反切法)이라 하여 성(聲-onset)을 반절 상자(上字)로 표시하고 대운(大韻)이라고 불렀으며 운(韻-rhyme)은 반절 하자(下字)로 표시하고 소운(小韻)이라 불렀던 것이다. 소운은 다시 운복(韻腹)과 운미(韻尾)로 나누어 운복을 섭(攝)이라 하였다.

고대시대의 차자표기에 보이는 훈주음종(訓主音從)의 표기라든지 역상(譯上) 불역하(不譯下)의 차자 방법이 모두 이에 의거한 것으로 하나의 형태소를 하나의 음절 단위로 인식하고 음절의 각 단위들 가운데 성(聲)을 표시하기 위하여 석독바(釋讀字)를 쓰고 운(韻)을 표기하기 위하여 음독자(音讀字)를 쓰는 훈주음종, 또는 의자말음첨기법(義字末音添記法)의 방법을 구사하였다.

결국 이 표기 방법은 성(聲)을 표기한 한자의 차자는 번역하여 읽고(-譯上) 운(韻), 또는 운미(韻尾)를 표기한 차자는 음독하는(-不譯下) 차자 표기법을 보인 것이다. 즉 '그려-'를 표음한 '慕閭-'나 '밤, ᄆᆞᅀᆞᆷ'을 표기한 '夜音, 心音'의 표기가 그 예로서 후자의 '음(音)'은 운미(韻尾)의 'ㅁ'을 표기한 것이며 전자의 '려(閭)'는 '그려-'라는 형태의 말음절(末音節) '-려'를 표기한 것이다. 이 두가지 전통이 훈민정음 제정자들에게 영향을 주어 그들은 음절을 세 단위로 인식하였다.

4.4.2.1. 훈민정음에서는 성(聲-onset)을 초성(初聲)이라 하고 운복(韻腹-nucleuse)을 중성(中聲)이라 하였으며 마지막 운미(韻尾-coda)를 종성(終聲)이라 하였다. 세종은 <예의>에서 "終聲復用初聲 - 받침소리는 초성을 다시 쓰다"라고 하여 모든 자음(子音)이 음절 말 위치에서 변별적으로 작용한다고 보아서 이 둘은 같은 자격의 음운, 즉 자음으로 처리하였다. 이 <예의>의 정서법에 입각한 <용비어천가>에서는 모든 초성(初聲)이 종성(終聲)으로 쓰였고 세종의 친제인 <월인천강지곡>에서도 그러한 표기가 일부 보인다.[78]

78 <월인천강지곡>은 훈민정음의 <해례본>이 간행된 후에 편찬된 것이지만 '붚(40), 높고(99), 앒(70), 곶(7, 42, 81), 낮(16), 맞나(178), ᄂᆞᆾ(49), 낱(40, 91, 92), ᄀᆞᇫ(26), 처ᇫ

그러나 해례를 지은 집현전 학자들은 "八終聲可足用 - 8개의 받침으로 족히 모두 쓸 수 있다"라고 하여 8개의 자음만이 음절 말에서 변별적으로 기능한다고 보았다. 후자는 한국어의 음절 말 불파화(不破化) 현상, 즉 음절 말 자음의 중화현상을 이해하고 있었으며 전자는 이를 인정하지 않고 모든 위치에서 자음이 변별적인 기능을 갖는 것으로 본 것이다.

즉, <해례본> 「종성해(終聲解)」에 "聲有緩急之殊. 故平上去其終聲, 不類入聲之促急. 不淸不濁之字, 其聲不厲. 故用於終則宜於平上去. 全淸次淸全濁之字, 其聲爲厲, 故用於終則宜於入, 所以ㅇㄴㅁㅇㄹㅿ 六字爲平上去聲之終, 而餘皆爲入聲之終也. 然ㄱㅇㄷㄴㅂㅁㅅㄹ, 八字可足用也 – 소리에는 느리고 빠름의 차이가 있다. 그렇기 때문에 평성, 상성, 거성의 받침은 입성의 촉급한 것과 다르다. 불청불탁의 자들은 그 소리가 거세지 않아 평성, 상성, 거성의 받침으로 쓰이는 것이 마땅하지만 전청이나 차청, 불청불탁의 자들은 그 소리가 거세어서 받침으로 쓰이면 입성이 된다. 그래서 'ㅇㄴㅁㅇㄹㅿ'의 6자를 평성, 거성, 상성의 받침으로 쓰고 나머지 모두는 입성의 받침으로 쓴다. 그러니 'ㄱㅇㄷㄴㅂㅁㅅㄹ'의 8자로서 가히 족하게 쓸 수가 있다"라는 기사가 있다.

이에 따르면 입성(入聲), 즉 폐음절(閉音節)의 경우 불청불탁자만이 받침에서 변별적이고 나머지 전청, 차청, 전탁의 글자들은 모두 입성(入聲)의 받침으로 쓰이기는 하지만 중화(中和)되어 이 위치에서 'ㄱ, ㄷ, ㅂ, ㅅ'만이 변별됨을 말하고 있다.

실제로 <해례본>의 <종성해>에서는 치음(齒音)의 'ㅅ, ㅈ, ㅊ, ㅿ'은 모두 'ㅅ'으로 표기될 수 있다고 하였으며 "엻의 갖(狐皮)"을 '엿의 갓'으로, "빗곶(梨花)"을 '빗곳'으로 표기할 수 있음을 예로 들었다. <종성해>의 이 예는 훈민정음의 치음 'ㅅ, ㅈ, ㅊ. ㅿ'이 음절 말 위치에서 모두 중화되어 대표음 'ㅅ'으로 소리가 남을 말하는 것이다.

---

(114), 즈ᇫ(129), ᄋᆞᇫ비(170)'와 같이 'ㅍ, ㅈ, ㅊ, ㅌ, ㅿ'등 8종성 이외의 종성을 표기하였다. 뿐만 아니라 어떤 <월인천강지곡>(陳錤洪氏 소장본, 通文館 영인본, 1961)에는 '곳→곶, 낫→낮, ᄌᆞᆺ→ᄌᆞᇫ, 낟→낱, ᄂᆞᆺ→ᄂᆞᆾ, 빗→비ᇫ, 첫→처ᇫ, ᄇᆞᆺ→ᄇᆞᇫ' 등과 같이 붓으로 교정한 것이 있으며 '붑→붚, 앏→앒, 놉→높'과 같이 획을 그어 교정이 불가능한 것은 상안법(象眼法)으로 교정하였다.( )은 장 표시.

훈민정음에서 인정한 고유어의 음절 말 자음에서 일어나는 중화(中和) 현상을 정리하면 다음과 같다.

〔표 4-17〕 15세기 한국어 음절 말 자음의 중화 현상도

ㄱ,	ㅋ,	ㄲ	—	ㄱ
ㄷ,	ㅌ,	ㄸ	—	ㄷ
ㅂ,	ㅍ,	ㅃ	—	ㅂ
ㅅ,		ㅆ	┐	ㅅ
ㅈ,	ㅊ,	ㅉ	┘	

그리하여 <해례본>의 <종성해>에서는 'ㄱ, ㆁ, ㄷ, ㄴ, ㅂ, ㅁ, ㅅ, ㄹ'의 8자만을 종성으로 인정하고 다음과 같이 예를 들었다.

종성(終聲) ㄱ 如닥爲楮 독爲甕
ㆁ 如굼벙爲蠐螬 올창爲蝌蚪
ㄷ 如갇爲笠 싣爲楓
ㄴ 如신爲履 반되爲螢
ㅂ 如섭爲薪 굽爲蹄
ㅁ 如범爲虎 심爲泉
ㅅ 如잣爲海松 못爲池
ㄹ 如ᄃᆞᆯ爲月 별爲星之類

따라서 훈민정음의 <해례본>의 <해례>에서는 <예의>와는 달리 8개의 종성만을 인정하였다. 현대한국어에서는 이 가운데 'ㄷ. ㅅ'의 구별마저 없어져서 모두 7개의 받침이 음절 말에서 변별될 뿐으로 '낫, 낮, 낯, 낟, 낱, 낳-'이 모두 중화되어 '낟[nat]'으로 실현될 뿐만 아니라 '있다'와 '잇다'가 구별되지 않는다.

3) 음절 의식과 성조의 표기

4.4.3.0. 앞에서 훈민정음 제정자들이 음절을 어떻게 의식하고 있었

는가를 살펴보았다. 실제로 훈민정음은 음소단위로 문자를 만들었으나 그 표기는 음절단위로 하였다. 즉, 훈민정음 <해례본>의 「합자해(合字解)」에 "初中終三聲合而成字 ㅡ 초성과 중성, 종성이 합하여 문자를 이루다"라고 하여 하나의 글자는 초성과 중성, 종성이 결합된 것을 말한다고 하였다.

이것은 '<예의>'에 "凡字必合而成音 ㅡ 모든 글자는 반드시 합해져야 발음을 이루다"와 같은 맥락으로 초성이나 중성, 그리고 종성만으로는 음가를 갖지 못한다는 말이 된다. 초성과 중성, 종성을 합자하여 음절단위의 문자를 만드는 방법은 붙여 쓰기(附書)라고 한다. 즉, <예의>에,

> ㆍㅡㅗㅜㅛㅠ附書初聲之下, ㅣㅏㅓㅑㅕ附書於右 - ㆍ, ㅡ, ㅗ, ㅜ, ㅛ, ㅠ 등은 초성 아래에 붙여 쓰고 ㅣ, ㅏ, ㅓ, ㅑ, ㅕ는 [초성의] 오른 쪽에 붙여 쓰라"라는 규정이나 <해례본>의 「합자해」에 "初聲或在中聲之上, 或在中聲之左. 如君字ㄱ在ㅜ上, 業字ㆁ在ㅓ左之類. 中聲則圓者橫者在初聲之下, ㆍㅡㅗㅜㅛㅠ是也. 縱者在初聲之右, ㅣㅏㅑㅓㅕ是也. 如呑字ㆍ在ㅌ下, 卽字ㅡ在ㅈ下. 侵字ㅣ在ㅊ右之類. 終聲在初中之下, 如君字ㄴ在구下, 業字ㅂ在어下之類. ㅡ 초성은 혹시 중성의 위에 있거나 혹은 중성의 왼 쪽에 있다. 예를 들면 군(君)자의 'ㄱ'은 'ㅜ'의 위에 있고 업(業)자의 'ㆁ'은 'ㅓ'의 왼 쪽에 있는 따위다. 중성의 경우는 둥그런 것과 옆으로 된 것은 초성의 아래에 있으니 'ㆍㅡㅗㅜㅛㅠ'가 그것이다. 세로로 된 것은 초성의 오른 쪽에 있으니 'ㅣㅏㅑㅓㅕ'가 그것이다. 예를 들면 '톤(呑)'자의 중성 'ㆍ'는 'ㅌ' 아래에 있고 '즉(卽)'자의 중성 'ㅡ'는 'ㅈ' 아래에 있고 '침(侵)'자의 중성 'ㅣ'는 'ㅊ'의 오른 쪽에 있는 따위와 같다. 종성은 초성과 중성의 아래에 있으니 예를 들면 '군(君)'자의 종성 'ㄴ'은 '구'자의 아래에 있고 '업(業)'자의 종성 'ㅂ'은 '어'자의 아래에 있는 따위와 같다.

라고 하여 초성과 중성, 그리고 종성을 조합하여 문자를 만들어 쓰는 방법을 명시하였다.

영어의 알파벳과 같이 횡(橫)으로 문자를 발음 순서대로 나열하여 쓰지 않고 중성 가운데에는 아래에 쓰는 것이 있고 또 모든 종성은 초성과 중성의 아래에 쓰게 한 것은 범자(梵字)나 한자(漢字)의 문자 구조

로부터 영향을 받은 것으로 보아야 할 것이다.

4.4.3.1. 그리고 전술한 바와 같이 모든 문자는 초성과 중성, 종성을 갖추어야 한다고 하여 모음의 문자나 개음절(開音節)의 문자도 초성과 종성을 붙였다. 그리하여 '입, 우케, 어름, 아ᅀᆞ'와 같이 모음으로 시작하는 음절에 초성 'ㅇ'을 붙인 표기가 <해례본>의 <용자례(用字例)>에 보인다.

또 "世·솅宗종御·엉製·졩"의 '세(世), 어(御), 제(製)'와 같이 실제로 받침은 없고 모음만으로 발음되는 개음절인 문자도 '솅종엉졩'와 같이 종성으로 'ㅇ'을 붙여 표기하였다. 원래 훈민정음 <해례본>「합자해(合字解)」에 "初中終三聲. 合而成字 - 초, 중, 종성이 합해야 글자를 이루다"에 맞추어 /ㅇ/를 덧붙인 것이다.

그러나 'ㅇ'종성에 대하여는 해례 '종성해'에 "且ㅇ聲淡而虛, 不必用於終. 而中聲可得成音也 - 또 'ㅇ'는 소리가 맑고 비어서 종성으로 반드시 쓸 필요가 없다. 그리고 중성만으로 가히 발음을 이룰 수가 있다"라고 하여 받침이 없는 개음절(開音節)은 중성만으로 끝낼 수 있음을 말하고 있다. 이에 의한다면 <용비어천가>의 "불휘 깊은 남ᄀᆞᆫ ᄇᆞᄅᆞ매 아니 뮐씨"에서 '불휘, ᄇᆞᄅᆞ매, 아니' 같이 종성이 없는 문자의 표기가 가능하고 앞에서 예를 든 "世宗御製"는 '세종어제'로 쓸 수 있다.

그러나 <동국정운(東國正韻)>의 한자음 교정이나 한음(漢音)의 표음에는 초, 중, 종성이 갖추어진 음절만을 인정하였다. 예를 들어 <동국정운>의 한자음 교정에서는 "歌 - 강, 拘 - 궁, 古 - 공"와 같은 표음을 보이고 한음(漢音)의 표기에서도 같다. 따라서 위의 "世宗御製"를 '솅종엉졩'라고 표음하게 된다.

다시 말하면 고유어를 표기하는 언문(諺文)의 경우는 '자음 + 모음 + 자음(CVC), 자음 + 모음(CV), 모음 + 자음(VC)'의 음절구조를 인정하지만 한자음의 교정을 위한 훈민정음(훈민정音)이나 한음(漢音)의 표준음을 표음하는 정음(正音)에서는 '자음 + 모음 + 자음(CVC)'의 음절 구조만을 인정한 것이다. 반드시 종성(終聲)을 표기해야 했던 것이다.

4.4.3.2. 훈민정음에서 또 하나 특기할 것은 성조(聲調)를 변별 음운으로 보고 음절 단위로 인식한 점이다. <예의>에서도 "左加一點則去聲, 二則上聲, 無則平聲, 入聲加點同而促急 – 왼 쪽에 한 점을 더 하면 거성(去聲)이고 둘이면 상성(上聲)이고 없으면 평성(平聲)이다. 입성(入聲)은 점을 더 하는 것은 같지만 빠른 뿐이다"라 하여 사성(四聲)에 따라 성조를 방점(傍點)으로 표시하였음을 알 수 있다.

다만 여기서는 사성 가운데 평성(平聲)과 상성(上聲), 그리고 거성(去聲)의 3성만 성조로 인정하고 입성(入聲)은 폐음절(閉音節)로서 성조와 무관함을 말하고 있다. 또 사성(四聲)은 앞의 4.2.2.2.에서 논한 바와 같이 전청(全淸), 차청(次淸), 전탁(全濁), 불청불탁(不淸不濁)을 말하기도 한다. 다만 방점으로 표시되는 사성(四聲)은 성조(聲調)를 말한다.

훈민정음의 <해례본>에서는 <예의>만이 아니라 <종성해(終聲解)>와 <합자해(合字解)>에서 성조에 대하여 설명하고 있다. 역시 평성(平聲)과 상성(上聲), 그리고 거성(去聲)을 성조로 보아 평성은 저조(低調-low tone), 그리고 거성은 고조(高調-high tone)로 보았다. 그리고 상성(上聲)은 상승조(上昇調-low-rising tone)로 규정하였으며 각기 왼 쪽에 방점(傍點, 또는 旁點)으로 그 성조를 표시하였다.

<해례본>의 <종성해>와 <합자해>에서 사성(四聲)을 성리학적 이론으로 설명하였고 그 음운론적 특징도 언급하였으며 고유어의 예도 들었는데 이를 정리하면 다음과 같다.

〔표 4-18〕 훈민정음 〈해례본〉의 사성(四聲)

사성	방점	성조의 특징	성리학적 이론	고유어의 예	종성의 특징
平聲	無點	安而和	春也 萬物舒泰	활(弓), 여ᇫ(狐)	不淸不濁之字, 其聲不厲, 故用於終則宜於平上去
上聲	二點	和而擧	夏也 萬物漸盛	:감(柹), :죵(奴)	
去聲	一點	擧而壯	秋也 萬物成熟	·ᄯᅡ(地), ·신(履)	
入聲	無定	促而塞	冬也 萬物閉藏	붇(筆), 닥(楮) :낟(穀), :깁(繒) ·몯(釘), ·옷(衣)	全淸次淸全濁之字, 其聲爲厲, 故用於終則宜於入

이 표에 의하면 당시의 훈민정음 제정자들은 입성을 성조로 인정하지 않고 평, 상 거성의 3성만이 우리말의 성조소로 생각하여 다음과 같이 사성을 인식하고 있었음을 알 수 있다.

평성 - 安(低) + 和(平) - 저조(low tone)　　무점 예. 활(弓), 여ᇫ(狐), 붇(筆), 닥(楮)
상성 - 和(平) + 擧(昇) - 상승조(rising tone)　2점 예. :감(柹), :죵(奴), :낟(穀), :깁(繒)
거성 - 擧(昇) + 壯(高) - 고조(high tone)　　1점 예. ·ᄯᅡ(地), ·신(履), ·몯(釘), ·옷(衣)
입성 - 促(急) + 塞(閉) - 폐음절　　무정(無定)

따라서 당시의 우리말은 고조(高調, high tone)과 저조(低調, low tone)의 두 평판조(平板調, level-pitch register system)를[79] 가진 성조어(聲調語, tone language)였으며 저조로부터 고조로 상승하는 일종의 전이 성조인 상승조(上昇調, rising tone)가 변별적으로 작용하였음을 알 수 있다. 이를 표로 보이면 다음과 같다.

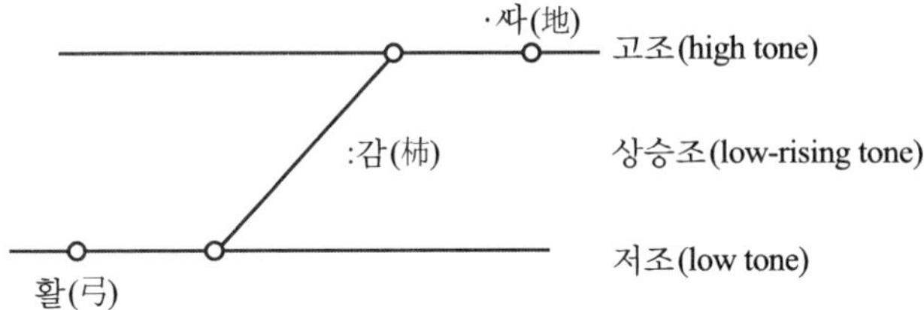

상승조(上昇調)였던 상성(上聲)은 후일 성조가 소멸된 다음에도 그 발음의 길이는 그대로 유지되어 15세기의 상승조 어휘들은 현대한국어에서는 대부분 장음(長音)으로 실현된다.

5. 한자음의 교정과 〈동국정운〉의 편찬

4.5.0.0. 훈민정음의 창제가 한자음의 정리나 한어음(漢語音)의 발음

79 聲調語에서 平板調(level-pitch register system)와 屈曲調(glide-pitch contour system)에 대하여는 Pike(1948)를 참고할 것.

전사를 목적으로 하였을지도 모른다는 가설이 있음을 위에서 살펴보았다. 실제로 신문자의 창제에는 한자음에 대한 연구와 깊은 관계가 있다.

조선 왕조 초기에는 중국의 성운학(聲韻學)에 의하여 한자에 대한 상당한 수준의 한음(漢音) 및 동음(東音)에 대한 연구가 있었고 이러한 연구 결과에 의하면 당시 우리 한자음은 상당히 혼란된 것으로 인식한 것으로 보인다.

신숙주의 '동국정운서(東國正韻序)'에 "字劃訛而魚魯混眞, 聲音亂而涇渭同流. 橫失四聲之經, 縱亂七音之緯, 經緯不交, 輕重易序 – 자획이 와전되어 어(魚)와 로(魯)가 서로 혼란되고 성음이 어지러워 서로 다른 경강(涇江)과 위수(渭水)가 함께 흐름과 같다. 횡(橫)으로 사성(四聲)의 경(經)을 잃고 종(縱)으로 칠음(七音)의 위(緯)가 어지러워져서 경(經)과 위(緯)과 서로 만나지 않고 경중(輕重)의 차례가 바뀌었다."라고 하여 우리 한자는 자획과 성음이 잘못되었음을 지적하였다.

특히 성음에서는 횡(橫)으로 사성(四聲), 즉, 청탁(淸濁)을 바로 잡고 종(縱)으로 칠음(七音)의 흐트러진 것을 올바르게 해야 하며 중성(中聲)에서 경중(輕重)이 바뀐 것을 고쳐야 한다는 것이었다. 즉, 횡으로 전청, 차청, 전탁, 불청불탁을 바로 잡고 종으로 아설순치후(牙舌脣齒喉)음과 반설(半舌), 반치(半齒)음을 바르게 해야 함을 지적한 것이다.

송대(宋代)에 성리학(性理學)과 함께 발달한 중국의 운학은 성음(聲音)을 기술하는데 있어서 종래의 방법을 따르지 않고 일정한 도식(圖式)을 만들어 그 안에 한자를 배열하여 발음의 미세한 차이까지 알아볼 수 있게 하였다. 이 도식의 구조가 가로, 즉 횡(橫)으로는 사성(四聲)을 표시하고 세로, 즉 종(縱)으로는 칠음(七音)을 표시하도록 하였으며 순음(脣音)에서 경중(輕重)을 분별하여 한자음을 표시하는 것이었다.

4.5.0.1. 신숙주의 서문에 지적된 것은 우리 한자음이 이 도식에 비추어 볼 때에 맞지 않음을 말하는 것이다. 송대(宋代)의 이러한 도식을 등운도(等韻圖)라고 하였으며 한자음을 등운도에 맞추어 기술하는 학문을 등운학(等韻學)이라 한다.

이 등운학은 고려 말과 조선 초기에 매우 성황을 이루었고 세종 시대의 한자음 연구는 등운학을 배경으로 한 것이다. 그리하여 훈민정음의 창제를 전후로 하여 등운학에 입각한 자모도(字母圖)가 발달하였다. 즉, 범자(梵字)의 36 체문(体文)에 맞추어 36성모(聲母)를 인정하고 이를 칠음(七音)과 사성(四聲)으로 분류하는 자모도가 유행하였다.

앞에서 [표 4-2~7]과 [표 4-11]에서 보인 바와 같이 <광운(廣韻) 36자모도>, <운회(韻會) 35자모도, 그리고 <홍무운 31자모도>가 모두 사성(四聲)과 칠음(七音)을 경위로 한 자모도(字母圖)들이다. 특히 명(明) 태조(太祖)의 칙찬(勅纂) 운서인 <홍무정운>의 편찬은 세종으로 하여금 한자음 정리에 대한 요구를 절실하게 하여 <동국정운>을 편찬하기에 이른다. 또 파스파 문자로 표음한 몽운(蒙韻), 즉 <몽고운략>, <몽고자운>, 그리고 {증정}<몽고자운>의 편이함을 따르고자 한 것이다.

1) 한자음의 교정

4.5.1.0. 한자가 이 땅에 들어올 때에는 자형(字形)만이 아니라 뜻과 발음도 함께 들어왔다. 자형과 자의(字義)는 변하지 않았으나 발음은 피아(彼我)가 모두 변하여 중국어의 한음(漢音)과 한국어의 동음(東音)이 크게 다르게 되었다.

특히 원대(元代) 북경(北京)을 중심으로 한 한아언어(漢兒言語)의 한자음은 한자의 한음(漢音)과 동음(東音)의 차이를 더욱 크게 하였고 이로 인하여 세종의 훈민정음 어제서문(御製序文)에서 "國之語音이 異乎中國ᄒᆞ야"로 표현된다. 그리고 세종이 훈민정음을 창제하여 맨 처음 <운회(韻會)>를 번역하게 한 것도 한자음에 보이는 북경(北京)을 중심으로 하는 중국어의 동북방언음과 우리의 동음(東音)과의 차이를 밝혀보려는 의도가 있었다.

원대(元代) 북방음(北方音)에 비하면 당시 우리의 한자음, 즉 동음(동음)은 전혀 다른 발음이었다. 그리하여 세종의 어제서문에 "與文字로 不相流通ᄒᆞᆯᄊᆡ - 문자와로 서르 사ᄆᆞᆺ디 아니 ᄒᆞᆯᄊᆡ"라는 탄식이 나온 것이다. 우리 한자음을 교정하여 어느 정도 중국 동북방언음에 유사한 발음으로 고치려는 노력이 우리 한자음의 교정으로 나타났으며 결국은 <동국정운>을 편찬하게 되었다.

4.5.1.1. 그러나 새로운 동국정운식 한자음의 교정이 동북방언음을 무조건 수용한 것도 아니며 또 당시 속음(俗音)이라 불리는 동음(東音)을 전혀 도외시한 것도 아니다. 동국정운식 한자음의 교정은 원대(元代)에 편찬된 <고금운회거요(古今韻會擧要)>을 기준으로 삼아 한어음(漢語音)과 우리 동음을 독자적인 방법으로 대조(對照)하여 새로운 체계의 한자음 표기를 시도한 것이다. 다시 말하면 우리 한자음에 대한 인위적인 교정이라고 할 수 있다.

<동국정운>에 권두에 실린 신숙주(申叔舟)의 서문(序文)에 의하면 이 운서(韻書)의 편찬이 고대 인도문법이나 라틴문법과 같이 언어의 변화를 막으려는 의도였음을 알 수 있다. 즉, 신숙주의 '동국정운서문'에는 우리 한자음이 변하여 중국의 원음과 매우 달라졌음을 주장하고 동음에서 바로잡아야 할 문제점을 지적하였는데 이를 차례로 살펴보면 다음과 같다.

첫째는 자모(字母)와 칠음(七音), 청탁(淸濁)의 사성(四聲)에서 일어난 변화를 들었다. 먼저 자모의 변화에 대하여는 동 서문에 "若以牙音言之, 溪母之字, 太半入於見母, 此字母之變也 – 만약에 어금니 소리를 예로 하여 말하자면 계모(溪母 - ㅋ)의 한자들이 반 이상이나 견모(見母 - ㄱ)에 들어갔다. 이것이 자모의 변화다"라고 하여 아음(牙音) 차청의 'ㅋ'이 전청의 'ㄱ'으로 변하였음을 지적하였다.

이것은 원래 한음(漢音)에서 '克'이 "큭 > 극"의 변화를 겪은 것이고 '困'도 "콘 > 곤"의 변화를 보인 것이다. 위의 서문은 사성(四聲)의 청탁(淸濁)에서 차청(次淸)이 전청(全淸)으로 변한 예를 아음(牙音)에서 찾아 예로 든 것이다. 청탁의 사성(四聲)이 앞의 4.2.2.3.에서 언급한 바와 같이 조음방식에 의한 구별임을 상기하게 한다. 한자음에서 유기음이 평음으로 바뀐 예들이다.

다음 칠음(七音)의 변화로는 "溪母之字, 或入於曉母, 此七音之變也 – 계모(溪母 - ㅋ)의 글자가 혹시 효모(曉母 - ㅎ)에 들어간 것은 칠음의 변화다"라 하여 "酷 콕 > 혹, 欽 큼 > 흠"과 같은 변화를 지적하였다. 전자는 같은 아음(牙音)내에서 차청(次淸)이 전청(全淸)으로 변한 것이고 후자는 아음에서 후음(喉音)으로 변한 것이다. 역시 앞의 4.2.2.3.에서 언급한 바와 같이 칠음(七音)은 조음위치를 말하기 때문에 'ㅋ > ㅎ'의 변화는 조음위치의 변화로 본 것이다.

4.5.1.2. 청탁(淸濁)의 변화로는 역시 전게한 '동국정운서문'에 "我國語音, 其淸濁之辨, 與中國無異. 而字音獨無濁聲, 豈有此理? 此淸濁之變也 – 우리나라의 말소리에서 청음(淸音)과 탁음(濁音)을 분별하는 것이 중국과 더불어 다르지 않는데 [우리] 한자음(東音)에만 홀로 탁성(濁聲 - 유성음)이 없으니 어찌 이치에 맞겠는가? 이것이 청탁의 변화다."라 하여 '極 끅 > 극, 食 씩 > 식, 貧 삔 > 빈, 談 땀 > 담, 雜 짭 > 잡"와 같이 전탁이 전청으로 변한 것을 청탁의 변화라고 하였다.

이것은 한어음(漢語音)에서 유성음과 무성음의 구별이 있지만 우리 한자음에서는 이 구별이 없어서 모두 전청(全淸, 무성음)으로 표음하는 것을 지적한 것이다. 우리말과 한어(漢語)의 음운론적 차이를 밝힌 것으로 이들이 얼마나 깊은 음운론적 지식을 가졌는가를 알려주는 대목이다.

다음으로 성조(聲調)의 사성(四聲)에 대하여는 "語音卽四聲甚明, 字音則上去無別, 質勿諸韻宜以端母爲終聲, 而俗用來母. 其聲徐緩, 不宜入聲, 此四聲之變也 - 말소리는 사성이 매우 분명한데 한자음에는 상성(上聲)과 거성(去聲)의 구별이 없다. 질운(質韻)과 물운(勿韻)의 여러 운(韻)들은 마땅히 단모(端母 - ㄷ)로서 종성(終聲 = 받침)을 삼아야 하는데 속되게는 래모(來母 - ㄹ)를 써서 그 소리가 느리어 입성이 되지 못한다. 이것이 사성의 변화다."라 하여 입성(入聲)의 글자에 'ㄹ' 받침을 써서 입성(入聲)의 특징인 촉급(促急)함을 나타내지 못함을 지적하였다.

즉, 입성(入聲)에서 "質 짇 > 질, 勿 묻 > 물"의 변화를 지적한 것이다. 이에 대하여는 "이영보래(以影補來 - 影母 'ㆆ'로서 來母 'ㄹ'를 보조하여 입성임을 표현하는 방법)"로서 이를 표음하였다. 이것을 예를 들어 설명하면 '發 벌 > 벓'의 표음으로 이 한자음이 입성임을 표시하도록 하였다. 다만 여기서 'ㄹㆆ'을 이읍보려(以挹補閭)라고 하지 않고 이영보래(以影補來)라고 한 것은 앞의 4.3.2.7.의 [표 4-6]에서 보인 바와 같은 초기의 27자모도가 있었음을 말한다.

4.5.1.3. 그리고 이러한 변화는 올바른 운서(韻書)가 편찬되지 않아서

일어난 것으로 보고 표준적인 운서를 마련하여 이러한 언어의 변화, 즉 타락을 방지하려는 의도가 <동국정운>의 편찬 목적임을 밝혔다.

즉 같은 '동국정운의 서문(序文)'에 "其音雖變, 淸濁四聲則猶古也. 而曾無著書以傳其正, 庸師俗儒不知切字之法, 昧於紐躡之要, [中略] 或依漢音, 或依俚語. 而字母淸濁四聲皆有變焉. - 그 자음은 비록 변하였어도 청탁과 사성은 옛날과 같으련만 일찍부터 책이 없어 [그 발음을] 바르게 전달하지 못하였고 어리석은 교사나 속된 선비들이 반절법(反切法)을 알지 못하였을 뿐 아니라 유섭(紐躡-운복)의 요체에도 어두워 [중략] 혹은 한음(漢音)에 의지하고 혹은 우리말 자음에 의지하여 자모와 청탁, 사성이 모두 변하게 되었다."라고 하여 일찍이 올바른 운서가 없기 때문에 전술한 자모(字母), 칠음(七音), 청탁(淸濁), 사성(四聲)의 변화가 일어난 것이라 하였다.

중요한 것은 중국 운서의 전통적인 36자모에 해당하는 초성이 우리 한자음에는 없기 때문에 23자모를 책정함을 밝힌 것이다. 예를 들면 중국 운서의 설두(舌頭)와 설상(舌上)의 구별이라든지 순중(脣重)과 순경(脣輕)의 구별, 그리고 치두(齒頭)와 정치(正齒)의 구별이 우리 한자음에서는 없음을 분명히 하였다.

즉, 신숙주의 '동국정운서문'에 "且字母之作, 諧於聲耳. 如舌頭、舌上、脣重、脣輕、齒頭、正齒之類, 於我國字音未可分辨. 亦當因其自然, 何必泥於三十六字母乎? - 또 자모를 지을 때에 [동음의] 성(聲 - 초성)에 맞추었을 뿐이다. 예를 들면 설두(舌頭)와 설상(舌上), 순중(脣重)과 순경(脣輕), 치두(齒頭)와 정치(正齒) 따위는 우리나라 한자음에서는 분별이 불가능함으로 역시 자연에 따름이 마땅하거늘 구태여 36자모에 억매일 필요가 있겠는가?"라 하여 우리 한자음, 즉 동음의 성(聲)에 맞추어 설두음(舌頭音)과 설상음(舌上音), 순중음(脣重音)과 순경음(脣輕音), 치두음(齒頭音)과 정치음(正齒音)의 구별을 하지 않았음을 말한 것이다.

따라서 중국의 전통운서에서 편운(編韻)한 것 가운데 합칠 것은 합치고 나눌 것은 나누어 23자모와 91운을 결정하였는데 이 모든 것을 세종의 재가에 의한 것임을 서문에서 밝혔다. 즉, 같은 서문에 "乃因古人編韻定母, 可併者併之, 可分者分之, 一併一分, 一聲一韻, 皆稟宸斷. 而亦各

有考據 於是調以四聲, 定爲九十一韻二十三字母. 以御製訓民正音定其音. 又於質勿諸韻, 以影補來, 因俗歸正 , 舊習譌謬至是而悉革矣. - 옛 사람이 운을 나누고 자모를 정한 것을 가지고 합칠 것은 합치고 나눌 것은 나누었는데 한 번 합치고 한 번 나누는 것과 한 성(聲)이나 한 운(韻)이라도 모두 임금께 아뢰어 결정을 받았으며 또 각기 상고하고 근거하는 바가 있다. 이에 비로소 사성(四聲)이 고르게 되었으며 91운 23자모를 정하였다. 임금이 지으신 훈민정음으로서 그 발음을 정하고 또 질(質), 물(勿)의 여러 운(韻)은 이영보래(以影補來)의 방법으로 속음을 바르게 하여 옛날의 잘못된 습관이 이에 이르러 모두 고쳐지게 되었다"라 하여 표준적인 한자음을 결정하고 이를 훈민정음으로 표기하였음을 밝혔다. 이 때에 결정된 23자모와 중국 전통 운서의 36자모, 그리고 훈민정음의 초성자를 비교하여 도표로 그리면 다음과 같다.

〔표 4-19〕 초기의 언문 27자모와 전통운서의 36자모 대조표

七音 / 四聲	牙音	舌音		脣音		齒音		喉音	半舌音	半齒音
		舌頭音	舌上音	脣重音	脣輕音	齒頭音	正齒音			
淸音	ㄱ (君, 見)	ㄷ (斗, 端)	知	ㅂ (彆, 幇)	ㅸ (非*)	ㅈ (卽, 精)	知	ㆆ (挹, 影)		
次淸音	ㅋ (快, 溪)	ㅌ (呑, 透)	徹	ㅍ (漂, 滂)	ㆄ (敷*)	ㅊ (侵, 淸)	徹	ㅎ (虛, 曉)		
濁音	ㄲ (虯, 群)	ㄸ (覃, 定)	澄	ㅃ (步, 並)	ㅹ (奉*)	ㅉ (慈, 從)	澄	ㆅ (洪, 匣)		
次濁音	ㆁ (業, 疑)	ㄴ (那, 泥)	娘	ㅁ (彌, 明)	ㅱ (微*)			ㅇ (欲, 喩)	ㄹ (閭, 來)	ㅿ (穰, 日)
次淸次音						ㅅ (戌, 心)	審	ㆆ (厶)		
次濁次音						ㅆ (邪, 邪)	禪	ㆅ (合)		

*표의 한자는 운목 한자가 없는 것.

이것은 동국정운의 23자모가 <고금운회거요> 등의 전통 중국운서의 대운(大韻), 또는 성(聲)이라고 불리는 36자모에서 설두(舌頭)와 설상(舌上)의 4모(母), 치두(齒頭)와 정치(正齒)의 5모, 그리고 순경음의 4모를

통합한 13자모를 뺀 것임을 알 수 있다.

그리고 앞의 [표 4-4]의 <운회(韻會) 35자모도>에서 아음(牙音), 즉 각(角)의 차청차음(次淸次音)의 '어(魚 - ㅇ)'와 후음(喉音), 즉 우(羽)의 '요(幺 - ㆆ)', 그리고 탁음(濁音) '합(合 - ㆅ)'모의 3자모를 없애어 모두 16자모를 줄여서 책정한 것임을 알 수 있다. 초기의 언문 27자모는 훈민정음 28자 가운데 초성 17자에다가 병서자(竝書字), 즉 쌍서자(雙書字) "ㄲ, ㄸ, ㅃ, ㅉ, ㅆ, ㆅ"의 6자와 순경음(脣輕音)의 4자를 더한 것이다.

4.5.1.4. 다음으로 운회(韻會)의 107운을 동국정운에서는 91운으로 줄였음도 신숙주의 서문에 언급되었다. 원래 <광운>에서는 206운이었으나 전술한 바 있는 <신간운략(新刊韻略)>에서는 107운으로 줄여 이를 평수운(平水韻)이라 하였다.

<예부운략>의 <몽고운략>이 <신간운략>으로 수정하여 <몽고자운>이 되었음을 전술한 바 있다. <동국정운>이 107운으로 한 것은 이것이 얼마나 몽운(蒙韻), 그 가운데 <몽고자운>의 영향을 받았는지 알려준다. 다만 <몽고자운>의 107운을 91운으로 줄였음은 {증정}<몽고자운>에서 107운을 다시 줄인 것에 의거한 것이다.

이 대운의 운목자(韻目字)들은 다시 사성(四聲)을 덧붙여 조화를 이루게 하였는데 동국정운의 대운은 평성에 26운, 상성에 25운 거성에 25운. 입성에 15운으로 도합 91운이었다. 이를 정리하면 다음과 같다.

[표 4-20] 〈동국정운〉 91 운목표

	1	2	3	4	5	6	7	8	9	10	11	12	13	14	15	16	17	18	19	20	21	22	23	24	25	26
평	揯	觥	肱	公	江	弓	京	根	昆	干	君	鞬	簪	甘	箝	高	鳩	紫	傀	佳	嫣	雞	孤	歌	拘	居
상	肯	礦		拱	講	重	景	懇	袞	笴	攥*	蹇	痒	感	檢	杲	九	紫	隗	解	軌	啓	古	哿	矩	擧
거	亘	橫		貢	絳	諍	敬	眼	侖	旰	攥	建	譖	紺	劒	誥	救	恣	儈	蓋	媿	廁	顧	箇	屨	據
입	亟	虢	國	穀	覺	匊	隔	訖	骨	葛	屈	訐	戢	閤	劫											

※ 攥*--攥+困

따라서 <동국정운>은 27자모의 대운(大韻)인 성(聲)과 91운의 소운(小韻)을 종횡으로 하여 각기 그 운에 맞는 한자를 배열하는 방법의 운서였으며 현실음과는 가리가 있는 인위적인 교정의 운이었다.

이러한 인위적인 언어의 교정이 오래 갈 수는 없는 것이어서 세종으로부터 세조에 이르기까지 훈민정음 창제와 관련된 역대 제왕(帝王)의 노력에도 불구하고 동국정운식 개신 한자음은 불과 30여년밖에 사용되지 않았으며 앞의 4.1.0.6에서 살펴 본 바와 같이 연산군(燕山君) 때에 다시 종래의 동음으로 돌아가게 된다.

2) 〈동국정운〉의 편찬 경위

4.5.2.0. '동국정운(東國正韻)'이란 "동국, 즉 우리나라 한자음의 올바른 발음"이란 의미를 갖는다. 이 운서가 편찬된 것은 세종 26년 2월에 새로 제정한 훈민정음으로 '운회(韻會)', 즉 <고금운회>, 또는 <동 거요>를 번역하는 데서부터 비롯한 것으로 본다.

송(宋) 나라 소무(昭武)에 살던 웅충(熊忠)이 그의 스승인 황공소(黃公紹)가 지은 <고금운회(古今韻會)>을 줄여서 대덕(大德) 원년(1297)에 개편한 것이 <고금운회거요>이다. 전술한 바와 같이 <예부운략>을 파스파 문자로 번역한 <몽고운략(蒙古韻略)>이 있고 이것을 <고금운회>로 을 수정한 <몽고자운(蒙古字韻)>이 있다.

<세종실록>의 기사에 등장하는 '운회(韻會)', 즉 <고금운회거요>는 <몽고자운>의 자음(字音) 체계에 따른 것이므로 파스파 문자로 표음된 몽운(蒙韻)의 한자음을 훈민정음으로 바꾸는 작업이므로 비교적 간단하고 편할 수 있다. 따라서 파스파 문자와 훈민정음의 글자를 대응 시키는 자모도(字母圖)가 필요했던 것이다.

그 결과로 앞의 4.3.2.4.~6.에서 보인 [표 4-3]의 '<사성통해> 권두의 <광운(廣韻) 36자모도>'와 [표 4-4]의 '<운회(韻會)> 35자모도', 그리고 [표 4-5]의 '<홍무운(洪武韻) 31자모도>'이다. <광운(廣韻) 36자모도>는 <몽고운략>의 36성모(聲母)를 도표로 그린 것이며 <운회(韻會) 35자모도>는 <몽고자운>의 자모도(字母圖)이고 <홍무운(洪武韻) 31자모도>는 {증정}<몽고자운>의 자모를 도표로 그린 것이다.

이 자모도는 중종 때의 최세진의 <사성통해>에 게재되었으나 모두 세종 때의 신숙주(申叔舟)가 편한 <사성통고(四聲通攷)>에서 전재한 것으로 보인다. 유창균(1966)에서 <고금운회거요>를 특히 <동국정운>의 저본(底本)으로 삼은 것으로 본 것에는 여러 가지 이유가 있겠지만 '고금운회'에서 반절법(反切法)에 의하여 표음한 것을 등운도(等韻圖)의 체계에 맞추어 우리 한자음을 신문자로 정리한 것이 바로 <동국정운>이란 운서로 보았기 때문이다.

4.5.2.1. 비록 <고금운회거요>에 표음된 반절을 훈민정음으로 번역하는 것으로 <동국정운>은 시작되었으나 이것은 결국 <몽고자운>, 또는 {증정}<몽고자운>에서 파스파 문자로 표음된 한자음을 훈민정음으로 전사(轉寫)하는 일이었다. 그러나 명(明)의 감시로 몽운(蒙韻)이란 이름을 들치기가 어려워 <고금운회>란 이름을 붙인 것이다.

다만 <고금운회>를 기반으로 하여 수정된 한자음의 <몽고자운>을 파스파 문자로 표음한 것의 훈민정음 전사이지만 우리나라 한자음의 표준(標準)을 정한다는 원대한 포부와 목적이 있었기 때문에 하나의 정음(定音)도 소홀하지 않았다. 그리하여 세종은 우선 다음 4가지 방법으로 표준 한자음의 기준을 삼았다.

1. 旁採俗習 - 속되게 익힌 한자음을 두루 수집할 것.
2. 博考傳籍 - 널리 전해지는 서적을 참고할 것.
3. 本諸廣用之音 - 가장 널리 쓰이는 발음을 기본으로 할 것.
4. 協之古韻之切 - 옛 운서의 반절에 잘 맞는 것.

이 4가지 기준에 따라 우리 한자음을 교정하고 이를 신문자로 표기한 것이 <동국정운>이며 이 책의 편찬에 참가한 학자들은 성삼문(成三問)과 신숙주(申叔舟)를 위시하여 최항(崔恒), 박팽년(朴彭年), 이선로(李善老), 이개(李塏), 강희안(姜希顔) 등이었다. 그리고 한어(漢語) 역관으로 조변안(曹變安)과 김증(金曾)이 참가하였다. 조(曹), 김(金) 두 역관은 한어음(漢語音)을 고증하였고 강희안은 교정(校正)과 서사(書寫)를 맡은 것으로 추정하였다(유창균, 1966).

4.5.2.2. <동국정운>이 가진 중요한 특징은 그 편찬의 형식에 있다.

원래 운서(韻書)라는 것은 중국의 남북조(南北朝) 시대 이래 '심음(審音)'과 '작시(作詩)'의 두 가지 실용적인 목적으로 편찬된 것이다.

'심음(審音)'이란 한자의 발음을 찾아보는 것이고 '작시(作詩)'란 시를 짓기 위하여 운율에 맞는 한자를 찾아보기 위한 것이다. 후자는 압운(押韻)의 사전이고 전자는 발음(發音) 사전인 셈이다. 따라서 중국의 운서는 대체로 이 두 가지 실용적인 목적으로 편찬되었다. 그리고 전술한 바와 같이 위진(魏晉) 남북조(南北朝)시대부터는 반절(反切)로 한자음을 표음하는 운서(韻書)가 유행하였다.

그러나 <동국정운>은 이러한 전통적인 운서 체재를 따르지 않았으며 독자적인 형식을 취하고 있다. 우선 표음에 있어서 반절법(反切法)을 버리고 신문자인 훈민정음으로 직접 발음을 기록한 점이 종래 운서와 다르다. 이것은 파스파 문자에 의하여 한자음을 기록한 몽운(蒙韻)의 영향을 받았기 때문이다.

그리고 글자 아래에 자의(字意)의 주석도 생략하였는데 이것은 <동국정운>이 글자의 뜻, 즉 자의의 해석을 목적으로 한 것이 아니라 자음(字音)의 표기가 목적이기 때문이다. 그리고 이렇게 표음된 동국정운식 한자음을 백성들에게 가르쳐야 하는 표준 한자음, 즉 훈민정음(訓民正音)으로 보았다.

4.5.2.3. <동국정운>은 그 자운(字韻)의 배열에 있어서 중국의 어떠한 운서와도 같지 않다. 보통 운서는 자운을 압운(押韻)을 주로 하여 배열하는데 <동국정운>은 훈민정음에서 규정한 27자모의 순서에 따라 배열하였다. 이것은 파스파 문자로 작성된 몽운(蒙韻)과도 다른 것으로 오늘날 전하는 {증정}<몽고자운(蒙古字韻)>의 런던 초본(鈔本)에서는 내부적으로는 파스파 문자의 순서에 따르지만 표면적으로는 압운의 순서에 맞추었다.

이것은 이미 우리말의 음운체계에 동화된 한자음이 중국어의 압운(押韻)과 맞지 않은 탓도 있고 이 운서가 작시(作詩)와는 무관한 우리의 표준 한자음을 정한다는 목표가 있었기 때문이기도 하다. 다시 말하면 국민교화(國民敎化)라는 관점에서 오로지 우리 한자음의 올바른 운(韻),

즉 훈민정음(訓民正音)을 심음(審音)하는 사전으로 편찬된 것을 말하는 것이다.

3) 중국 운서(韻書)와 한음(漢音)의 표음

4.5.3.0. 중국에서 운서(韻書)는 표의 문자인 한자의 발음을 표준화하기 위한 것이다. 중국은 광활한 영토에 걸쳐서 수많은 민족들이 공존하기 때문에 같은 중국어라도 방언(方言)이라고 보기 어려운 서로 다른 언어들이 혼재하였다. 따라서 표의문자인 한자도 그 발음이 달랐는데 이러한 한자음을 표준화하기 위하여 일찍부터 자서(字書)와 운서(韻書)가 발달하였다.

운서는 앞의 제2장 2.3.2.0에서 살펴본 대로 한자를 발음에 따라 분류하여 유사한 발음의 한자를 한데 모아 그 뜻과 글자의 모습을 보인 것이다. 즉, 글자의 획에 따라 정리한 자서(字書)와 의미에 따라 분류한 유서(類書)에 이어 발음에 따라 분류한 운서(韻書)가 있었다. 이것은 표의(表意) 문자인 한자를 정리하여 사전(辭典)으로 편찬하는 세 가지 방법이었고 한자를 사용하는 중국인들은 세 가지 방식의 언어 사전을 마련한 셈이다.

즉, 한자가 형(形), 음(音), 의(意)의 세 요소로 구성되어서 이 각각을 기준으로 하여 사전을 만든 것이다. 한 때는 옥편(玉篇)이란 이름의 자서(字書)가 유행하였으나 고전의 한자를 의미 별로 분류한 『이아(爾雅)』 이후에 유서(類書)도 많이 사용되었다.[80] 그러나 역시 발음에 따라 분류한 운서(韻書)는 자서(字書)와 결합하여 널리 보급되었다.

4.5.3.1. 전술한 바와 같이 운서는 한자음의 발음을 통일하고 표준음을 정하려는 목적으로 편찬되었기 때문에 국가사업으로 이루어진 경우가 많다. 그리하여 새로운 제국(帝國)이 생겨나면 먼저 한자의 표준음을 정하는 일로 흠찬(欽纂) 운서(韻書)을 간행하였다.

---

80 <爾雅>는 周公의 작으로 알려졌으나 실제로는 周代에서 漢代에 걸쳐 여러 학자들의 공동 저술한 類書로서 天文, 地理 등의 문항으로 한자를 분류한 字典의 시작으로 본다. 조선시대에의 『訓蒙字會』도 類書의 형식이다.

예를 들면 수(隋)나라가 중원(中原)을 통일하고 제국을 건국한 다음에 문제(文帝)가 육법언(陸法言) 등을 시켜 인수(仁壽) 원년(元年, 601)에 편찬한『절운(切韻)』이 그러하고 송(宋)의 대중상부(大中祥符) 원년(1008)에 진팽년(陳彭年) 등의『대송중수광운(大宋重修廣韻)』이 그런 목적으로 편찬된 것이다.

명(明) 태조 홍무(洪武) 8년(1375)에 송렴(宋濂) 등으로 편찬케 한『홍무정운(洪武正韻)』은 한자음의 혼란이 몽골의 원대(元代)에 일어났다고 보고 이를 되돌리려는 목적으로 편찬된 운서다. 이러한 운서(韻書)의 간행은 조국(肇國)의 기반을 다지는 제왕(帝王)의 사업이었다. 조선시대에 세종이 <동국정운>을 편찬한 것도 이러한 맥락으로 볼 수가 있다. 중국 운서의 간행은 한반도에서도 깊은 관심을 가졌다.

중국에서 소위 절운계(切韻系) 운서로는 전술한 수대(隋代)의 <절운>(601)을 비롯하여 당대(唐代)의 <당운(唐韻)>,[81] 송대(宋代)의 <광운(廣韻)>(1008), 정도(丁度) 등이 편찬한『예부운략(禮部韻略)』(1037)과『집운(集韻)』이 있다. 모두 <광운>에서 정한 36성(聲) 206운(韻)으로 한자를 나누어 배열하고 자형(字形)과 자의(字意)를 밝힌 자전이다.

그리고 이어서 금대(金代)에 유연(劉淵) 등이 편찬한『임자신간예부운략(壬子新刊禮部韻略)』(1252)과 왕문욱(王文郁)의『평수신간운략(平水新刊韻略)』(1229)이 있다. 이어서 원대(元代) 황공소(黃公紹)가 지은『고금운회(古今韻會)』(1292)와 그의 제자 웅충(熊忠)이 이를 간략화한『고금운회거요(擧要)』(1297), 북경(北京)의 음운에 맞춘 주덕청(周德淸)의『중원음운(中原音韻)』(1324)이 있다. 그리고 명초(明初)에 전술한『홍무정운(洪武正韻)』(1375)가 있다.

유연(劉淵)의 <임자신간예부운략>의 107운, 그리고 왕문욱(王文郁)의 <평수신간운략>에서 106운으로 줄기 시작하여 36성도 35성으로 줄고 주덕청(周德淸)의 <중원음운>에서는 24성(聲)으로까지 줄었다. 모두 고대인도의 범자(梵字)에서 36자모를 모방한 것에서 점차 중국 한자음의 초성(初聲)에 맞추어 줄인 것이다. <동국정운>에서는 27자모로 줄인 것도 이러한 중국 운서에서 성모(聲母)의 감축에 따른 것이다.

---

81 <唐韻>은 唐代에 편찬된 切韻系 韻書를 가리키기도 하면 唐의 孫愐이 지은『唐韻』을 말하기도 한다.

4.5.3.3. 중국의 운서는 한반도에서도 귀중한 한자음의 발음 사전이었다. 더욱이 흠찬(欽纂) 운서의 경우 중국의 표준음을 정한 것이어서 이를 배워야 중국에 보내는 사대문서(事大文書)의 작성을 제대로 할 수 있었기 때문이다.[82] 그리고 실제로 신라와 고려에서는 중국에서 설과(設科)하는 과거에 응거(應擧)하여 합격한 인사도 적지 않다. 모두 흠찬(欽纂) 운서로 중국의 표준한자음을 배웠기 때문에 가능한 것이다.

중국의 운서는 이 땅에서 그대로 복각(覆刻)하여 간행하는 경우가 많았다. 현재 남아있는 것만으로도 고려 충렬왕(忠烈王) 26년(1300)에 복각(覆刻)한 <신간배자예부운략>은 '대덕경자양월 매계서원간행(大德庚子良月 梅溪書院刊行)'이란 간기가 붙어있다. 원래 이것은 중국에서 복간(復刊)한 것을 조선 초기에 다시 복각(覆刻)한 것이라는 주장도 있다.

가장 많이 복각(覆刻), 또는 복간(復刊)한 중국 운서는 <예부운략(禮部韻略)>이다. 조선 세종 때에 이미 <예부운략>을 이 땅에서 복간한듯하지만 정확한 증빙은 찾을 수 없다. 중종 19년(1524)에 전술한 <신간배자예부운략>(5권)을 조선에서 복간하고 선조 7년(1574)에는 <예부운략>을, 그리고 광해군 7년(1615)에는 <배자예부운략>(5권 2책), 같은 책을 숙종 4년(1678)과 5년(1679)에 복간하였다.

그리고 연대를 알 수 없는 <배자예부운략>도 106운의 평수운(平水韻)을 좇은 운서여서 이 평수운이 매우 인기가 있었음을 알 수가 있다. 원대(元代)에 <예부운략>을 수정한 전술한 <고금운회거요>(30권)도 선조 6년(1573)에 복간되었고 <홍무정운>(16권 5책)도 영조 46년(1770)에 복간되었다.

---

82 이에 대하여는『世祖實錄』(권16) 세조5년4월 壬戌조에 "壬戌 [前略] 命示奏草于明使, 陳嘉猷讀了, 改數字云: "朝廷一體, 不敢不爾。" 朴元亨、金何問曰: "本國事大文書字體, 自古用《毛晃韻》, 今欲用《洪武正韻》, 難可遽改。" 嘉猷云: "《洪武正韻》時皆通用, 字畫楷正, 則雖非《正韻》亦無妨。 ㅡ 임술에 [전략] 임금이 명하여 주본(奏本)의 초고를 명나라 사신에게 보이게 하니, 진가유(陳嘉猷)가 이를 읽고 두서너 자를 고치면서 말하기를 '중국 조정과는 일체이니, 감히 이렇게 하지 않을 수가 없습니다.'하였다. 박원형(朴元亨)과 김하(金何)가 묻기를, '본국의 사대문서의 자체(字體)는 예로부터 모황운(毛晃韻)을 사용하였는데, 이제 <홍무정운>을 사용하려고 한다면 갑자기 고치기가 어려울 것입니다'하니, 진가유가 말하기를, '<홍무정운>은 현재 모두 통용하고 있는데, 자획만 바르다면 비록 <홍무정운>이 아니라도 또한 무방할 것입니다'하였다."라는 기사 참조.

중국 운서의 영향으로 우리나라에서도 자체적으로 중국 한자음에 관한 운서를 간행하였다. 특히 세종의 새 문자를 제정한 이후로 이 문자로 한자음을 표음한 운서가 뒤를 이었다. 먼저 전술한 <홍무정운역훈(洪武正韻譯訓)>에 이어 신숙주(申叔舟)의 『사성통고(四聲通攷)』가 간행되었고 이를 증보한 최세진의 『사성통해(四聲通解)』(1517)가 편찬되었다. 이 운서들은 한자의 중국 표준음을 밝히기 위한 것이다.

4.5.3.4. 이보다 앞서 이 땅에서 『삼운통고(三韻通考)』가 있었는데 이 운서는 전술한 평수운(平水韻)의 <예부운략>과 같으나 체재만 다르다. 한자음의 반절(反切)도 없고 정음으로 표음도 하지 않았으며 언제 편찬된 것인지 알 수 없으나 수록자나 자순(字順)은 <예부운략>과 동일하다.

전술한 <동국정운>은 우리 한자음을 인위적으로 수정한 것이다. 그러나 조선 후기에 한자의 동음(東音)을 운서로 보인 박성원(朴性源)의 『화동정음통석운고(華東正音通釋韻考)』는 이 <삼운통고>의 체재와 내용을 그대로 수용하였다. 다만 한자음을 반절(反切)이 아니라 정음으로 표음하였다.

반면에 조선 후기에 편찬된 홍계희(洪啓禧)의 『삼운성휘(三韻聲彙)』(2권, 1751)와 정약용(丁若鏞) 등의 『규장전운(奎章全韻)』(2권 1책, 正祖대)은 다른 체재와 내용으로 편찬된 한자의 중국 표준음을 위한 운서였다. 이외에 운도(韻圖) 형식으로 된 최석정(崔錫鼎)의 『경세정운(經世正韻)』과 『운해훈민정음(韻解訓民正音)』 등이 있다. 이에 대하여는 제5장에서 다시 살펴볼 것이다.

6. 최세진(崔世珍)의 정음(正音) 연구

4.6.0.0. 한국어 연구사에서 최세진(崔世珍)이 차지하는 비중은 매우 크다고 할 수 있다. 그의 업적은 훈민정음 창제에 관여한 집현전(集賢殿) 학자들에 필적(匹敵)하다고 보아도 과언은 아니다. 왜냐하면 한국어에 대한 과학적인 연구가 본격적으로 시작된 것을 훈민정음이란 새 문자

의 발명을 위하여 한국어를 연구한 것으로 생각하는 것이 한국어학계의 가장 온당한 견해다.

세종과 그 주변인물들이 한국어에 대한 면밀한 연구가 있은 다음에 이것을 표기하는 수단으로 언문(諺文)이란 새 문자를 창제하였다는 사실에 대부분의 한국어학자들이 공감하고 있다는 뜻이다. 그러나 언문의 창제에 직접 관여한 세종(世宗)과 문종(文宗), 집현전 학자들이 모두 세상을 떠나고 이들의 뒤를 이어 새 문자 보급에 노력한 세조(世祖)마저 저 세상으로 간 다음에 정음(正音)에 대한 연구는 급격하게 퇴조하였다.

특히 연산군(燕山君)의 폭압 정치 하에서 새 문자는 대단한 박해를 받았다. 그리하여 연산군(燕山君)에서 현종(顯宗)조에 이르는 약 200년간은 한국어학연구의 암흑기(暗黑期), 또는 침체기(沈滯期)로 일컫는다. 중종(中宗) 때에 들어와서 새 문자를 널리 보급하고 고유어나 한자의 동음표기, 그리고 중국어를 비롯한 외국어 발음표기수단으로 훈민정음을 다시 정리한 것은 역시 최세진(崔世珍)의 공이라고 아니할 수 없다.

따라서 한국어학사의 기술에서 최세진은 특별한 대접을 받았고 여러 차례 그의 생애와 학문에 대하여 논의가 있었다. 그러나 그의 업적에 비하여 생애에 관한 기사는 매우 소략하고 애매하여 그의 생애에 대한 많은 부분이 분명하지 않다.

특히 그의 생년(生年)과 향년(享年)이 제대로 알려지지 않아서 학계의 대표적인 한국어학사 연구서인 김민수(1987)에서는 그의 생애를 '1468~1542'로 보았고[83] 강신항(1994)에서도 "崔世珍(成宗 4年頃~中宗 37年, 1473?~1542)"라고 하여 그의 생년을 1473년경으로 추정하였다.[84]

83 김민수(1987: 126)에서는 "그의 생존연대에 대하여는 문헌의 기록이 희미하여 출생시기가 자세하지 않아 논란이 많았으나, 작고 시기는 『中宗實錄』에 의하여 중종 37년(1542)이라 적혀있으니 대략 1468?~1542년이라고 보아서 좋을 것이다"라고 하였고 김민수(1990: 142)에서는 "崔世珍(1465경~1542)은 미천한 譯官 최정발의 아들로 태어나서…"라고 하여 같은 저자의 책에서도 생년이 1468?, 또는 1465경으로 다를 정도로 그의 생년에 대하여는 이제까지 분명하지 않았다.

84 북한의 연구에서도 최세진의 생년에 대한 것은 별다른 진전이 없는 것으로 보인다. 북한의 대표적인 한국어학사로 알려진 김병제(1984)는 김일성대학의 김영황이 심사한 것으로 가장 널리 알려진 것인데 그 책에 "최세진(1470~1572)은 중국어와 리문(吏文)에 대한 연구가 깊었지만 조선말연구에서도 적지 않은 성과가 있는 학자다"라고 하여 최세진의 생년을 1470년으로 인정하였다.

4.6.0.1. 뿐만 아니라 그의 가계(家系)도 분명하지 않아서 역관(譯官) 최정발(崔正潑)의 아들, 또는 사역원(司譯院) 정(正) 최발(崔潑)의 아들로 보는가 하면 본관도 괴산(槐山) 최씨, 또는 직산(稷山) 최씨 등으로 이론이 분분하다.[85] 그리고 그가 문과(文科) 급제의 문신(文臣)인가 아니면 한이과(漢吏科) 출신의 역관(譯官)인가 하는 문제도 계속 논란이 되고 있다. 또 그가 다른 문신들로부터 끊임없이 핍박을 받은 것은 그의 인품에 문제가 있는 것인가 아니면 역관(譯官) 출신이기 때문인가, 또는 사대부이지만 그의 미천한 가계 때문인가 하는 문제도 많은 논의가 있었으나 아직 정설이 없다.

이에 대하여 방종현(1948)을 위시하여 이숭녕(1965), 강신항(1966a,b), 이숭녕(1976), 김완진(1994), 안병희(10997 및 1999a, b)의 괄목할 논저가 발표되었으나 여전히 그의 생애에 대한 논전은 계속되었다. 문화관광부가 1999년 10월의 인물로 최세진을 선정하였고 그의 생애와 업적에 대한 소개를 필자에게 부탁하여 졸고(1999a)를 씀으로써 필자도 이러한 논쟁에 휘말리게 되었다.

다행이 최근 그의 향년(享年)이 명기된 묘지명(墓地銘)이[86] 발견되어 적어도 그의 생년(生年)에 관한 사실만은 분명해 졌다. 그러나 미쳐 이를 보지 못한 졸고(1999a)에서는 그의 생년 추정에 2년간의 오류가 생기게 되었고 묘지명을 소개하면서 쓴 안병희(1999b)에서 이런 사실이 신랄하게 비판되었다.

4.6.0.2. 세종의 훈민정음 창제로 시작된 한국어의 연구는 세종 이후 문종(文宗), 단종(端宗), 세조(世祖)를 거치면서 그 전통이 면면하게 계승되었다. 그러나 세조 이후에는 신문자의 보급에 더 급급하여 깊은 연구보다는 이를 이용한 서적의 간행이 중심을 이루었다.

85 졸고(2017b: 159)에서 최세진의 후손임을 주장하는 槐山 崔氏 문중의 증언으로 그가 槐山 최씨임을 확인할 수 있었다.

86 墓地銘은 죽은 이의 이름, 官位, 行蹟, 자손의 이름, 그리고 生·死·葬의 연월일을 돌이나 陶板에 새겨 묘지에 넣는 글을 말함. 두 판으로 된 正方形의 돌이나 陶版에 한 쪽에는 銘을 새기고 한 쪽에는 誌文을 새겨 서로 합하여 棺앞에 눕혀놓는다. 墓誌라고 약칭하기도 함.

세조 원년(1456) 6월 2일에 일어난 단종(端宗)의 복위(復位) 사건은 세종 때의 어학연구에서 중추적인 인물들이 사육신(死六臣)으로 몰락하거나 거세되었으며 동년 6월 6일에는 집현전(集賢殿)이 폐지되어 새 문자 창제와 그와 관련된 학문의 연구가 중단되었다. 단종 2년에는 정음청(正音廳)도 혁파(革罷)되어 훈민정음 연구와 보급도 주춤하게 되었다.

성종(成宗)이 홍문관(弘文館)을 설치하고 학문을 중흥시키려 하였으나 학리(學理)의 연구보다는 문학을 발전시키는데 그치게 되었다. 연산군(燕山君)의 언문금압(諺文禁壓)에 이르러서는 그나마 신문자의 보급과 언해의 사업이 더욱 위축되었다.

그러나 중종(中宗)조에 들어와서는 조광조(趙光祖) 등에 의한 도학(道學)의 정치가 대두되었고 세조 때의 김종직(金宗直), 김굉필(金宏弼) 등에 의하여 구축된 사림파(士林派)의 학문이 다시 고개를 들었는데. 이러한 시대사조의 앞장을 선 사람이 서경덕(徐敬德)과 이언적(李彦迪)이었다. 이 두 사람의 학풍은 그대로 율곡(栗谷) 이이(李珥)와 퇴계(退溪) 이황(李滉)에게 계승되어 조선시대 성리학의 전성기를 맞이하게 된다.

이러한 학문의 풍토 속에서 최세진(崔世珍)이 등장하여 한어(漢語)와 한국어에 대한 연구가 중흥(中興)되었고 훈민정음에 대한 전면적이 재검토가 이루어졌으며 새로 제정된 문자가 계속해서 생명을 갖고 발전하는 계기가 되었다. 만일 이 시대에 최세진의 노력이 없었으면 훈민정음도 파스파 문자처럼 한 때 사용되었다가 후대에 사라져 버린 문자가 되었을지도 모른다.

1) 최세진의 생애와 가계(家系)

4.6.1.0. 최세진은 성종~중종 연간에 활약했던 한어(漢語) 역관으로서 집안이 한미(寒微)하여 그의 생애는 <중종실록>과 『통문관지(通文館志)』, 및 『역과방목(譯科榜目)』 등에서 그에 관한 기사로 조금씩 알려졌을 뿐이다.

세진(崔世珍)의 일생에 대하여 본격적으로 논의된 것은 방종현(1948)의 연구가 효시(嚆矢)라고 할 수 있다. 이어서 방종현(1954)에서는 최세진의 죽음을 애도하기 위하여 그와 동방으로 합격한 김안국(金安國)이 쓴 '최동지세진만사(崔同知世珍挽詞)'에서 "逆旅浮生七十翁 - 여관에 머물다가 가는 부평초 같은 인생 70"을 인용하여 최세진의 향년을 70으로 추정하였다.[87] 그러나 이 만시(輓詩)의 해석이 잘못된 것으로 우선 인용된 만사(挽詞)에는 많은 오자가 있었다.

4.6.1.1. 김안국의 '최동지세진만사'가 실린 『모재집(慕齋集)』(15권 7책)은 원간본과 중간본이 현전한다. 『모재집』은 최세진과 봉세자별시에 동방으로 합격한 김안국(호는 慕齋)의 시문집으로 선조 때에 유희춘(柳希春)이 간행한 것과 숙종 13년(1687)에 김구룡(金構龍)이 중간한 것이 있다. 유희춘의 원간본은 고려대학교 한적(漢籍)도서관의 만송(晩松)문고에 낙질본으로 문집(권1, 권3, 4) 3책과 시집(권1, 권3, 4집) 3책이 소장되어 모두 6책이 현전한다.

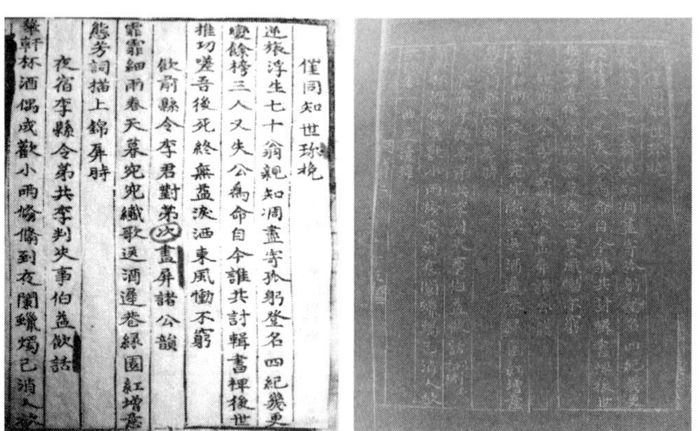
崔同知世珍挽
逆旅浮生七十翁親知凋盡寄孫躬登名四紀幾更
變餘榜三人又失公爲命自今誰共討輯書裨後世
推功嗟吾後死終無益淚洒東風慟不窮
飮前縣令李君對弟次畫屛諸公韻
霜霏細雨春天暮宛宛纖歌送酒遲巷綠園紅增
態芳詞描上錦屛時
夜宿李縣令弟共李判決事伯益飮話
華軒杯酒偶成歡小雨

〔사진 4-5〕『모재집』「시집(詩集)」(권3) 15앞 '최동지세진만(崔同知世珍挽)' 부분

방종현(1948, 1954: 144)에서는 이 만사(輓詞)의 "逆旅浮生七十翁"이란 구절을 최세진이 70세를 산 것으로 오해하고 그가 타계한 1542년(『중종실록』 중종 37년 2월의 기사에 의함)으로부터 역산하여 1473년(성종 4년)을 그의

87 전문을 이숭녕(1980)에서 재인용하면 다음과 같다(*은 誤字).
逆旅浮生七十翁　親知凋盡寄孤窮*　登名四紀幾更變　餘榜三人又失公
爲希*自今誰共討　輯書裨後世推公*　嗟吾後死終無益　淚洒東風慟不窮

생년으로 보았다. 이것이 그동안 학계에 통용되었으나 이숭녕(1976: 89~91)에서 『국조문과방목(國朝文科榜目)』의 한 이본(異本)에서 최세진에 관한 기사 가운데 '병오원(丙午員)'이란 기사에 착안하여 새로운 주장을 폈다.

즉, 『국조방목』의 '봉세장별시방목(封世子別試榜目)'에 "講肄習讀崔世珍 字公瑞 同知 丙午員 父正潑 [下略] - 강이습독관 최세진 자 공서, 동지, 병오원 부(父)는 정발(正潑) [하략]"이란 기사의 '丙午員'을 "병오생원(丙午生員)"으로 보아 최세진이 성종 병오(丙午, 1486)의 생원시(生員試)에 합격한 것으로 추정하고 최세진이 성종 4년(1473)에 출생하였다면 성종 병오의 생원시에 합격했을 때에는 나이가 불과 14세이므로 불합리하다고 주장하여 성종 4년에 출생했다는 종전의 가설에 이의를 제기하였다.

이어서 김완진(1994)에서는 중인(中人)으로서 최세진의 생애가 검토되었고 문과방목의 여러 이본의 기사와 그 신빙성에 관한 문제가 거론되었다. 그리고 안병희(1997)에서 김안국의 만사(輓詞)가 실린 『모재집(慕齋集)』에 대한 서지학적인 검토를 수행하면서 오자가 있음을 지적하면서 '역려부생칠십옹(逆旅浮生七十翁)'의 해석에서 70을 살다간 최세진을 말하는 것이 아니라는 견해를 피력하였다.

그 후에 졸고(1999a, 2000a)에서는 이 이본(異本)의 '병오원(丙午員)'이[88] 성종 병오(丙午, 1486)의 역과(譯科)에 합격하여 사역원(司譯院)에 출사(出仕)한 것을 말하는 것으로 보았다. 대체로 사역원의 역생들이 역과 복시(覆試)의 응과(應科)하는 연령이 보통 20세 전후임으로 이때로부터 역산하여 세조 11년(1465)경에 태어난 것으로 보았고 따라서 그의 향년을 77세로 추정한 것이다.

또 문제가 된 김안국의 '최동지세진만사(崔同知世珎挽詞)'(『慕齋集』, 권3 15장 앞)에 나오는 '부생(浮生) 70'은 김안국 자신을 가리키는 것으로 보고 다음과 같이 전문을 풀이하였다.[89]

---

88 김완진(1994)에 의하면 방종현 선생은 이 부분을 '丙午參'으로 보았고 또 다른 방목에서는 이 부분이 누락된 점을 분명히 하였다. 이 논고에서는 원전의 비판이 매우 중요함을 강조하였고 필자는 여기에 참으로 시사 받은 바가 많다.

89 필자가 졸고(1999a)를 쓸 때에는 안병희(1997)를 보지 못한 상태였다. 오자가 교정되지 않은 김안국의 輓詩를 몇 번이고 풀이하려다가 도저히 해석이 되지 않아서

逆旅浮生七十翁 - 잠깐 다녀가는 뜬구름 같은 인생 70의 노인이
親知凋盡寄孤躬 - 친한 이는 모두 살아져 이 몸만이 고독하게 남아있구나.
登名四紀幾更變 - 과거 급제에 이름을 올린 지 40년, 그 동안 몇 번이나 세상이 바뀌었는가?
餘榜三人又失公 - 동방 가운데 남은 것은 셋인데 또 공을 잃었으니
爲命自今誰共討 - 이제부터 사대문서를 지을 때에 누구와 더불어 토론하리오?[90]
輯書裨後世推功 - 그에게는 책을 지어 후세에 도움을 주는 공이 있으나
嗟吾後死終無益 - 슬프다! 나는 그보다 뒤에 죽으나 아무런 이익 됨이 없으니
淚洒東風慟不窮 - 눈물을 동풍에 뿌리며 소리 내어 울기를 그칠 수가 없도다.[91]

안병희(1997)에서는 이 만사(輓詞)의 전문을 해석하지는 않았으나 중요한 오자(誤字)에 대하여 언급하였고 안병희(1999a)에서는 최세진의 향년에 대하여는 76세로 추정하였으니 이 논문 역시 졸고(1999a)처럼 그 때까지 최세진의 묘지명(墓地銘)을 보지 못한 탓으로 정확한 생년을 밝

원문을 찾게 되었고 그 결과 몇 군데 오자가 있음을 알게 되어 이를 바로 잡은 다음에 겨우 해독이 가능하였다. 그러나 이미 오자가 있는 것에 대하여는 안병희(1997)에서 논의되었던 것이다.

90 "爲命自今誰共討"의 '爲命'은 외교문서의 작성을 말하는 것으로『論語』'憲問' 편에 "子曰: 爲命, 裨諶草創之, 世叔討論之, 行人子羽修飾之, 東里子產潤色之。- 공자가 말씀하시기를 위명, 즉 외교문서를 작성할 때에는 비심(裨諶)이 처음 짓고 세숙(世叔)이 이를 토론하고 역관 자우(子羽)가 이를 수식하고 동리(東里)의 자산(子產)이 이를 윤색하여 만들다"라는 구절이 있어 여러 단계를 거쳐 문서가 작성됨을 말하고 있다. 최세진은 한이문에 능통하여 늘 사대문서를 지을 때에 이를 주관하였음으로 世叔에 비견하여 '討論'하는 사람으로 본 것이다.

91 이 만시를 보면 대과의 방에 오른 지 40년(四紀)이란 글귀가 보여 역시 최세진의 죽음이 봉세자별시의 대과에 합격한 연산군 9년(1503)으로부터 40년 후인 중종 37년(1542)의 일임을 말하고 있다. 김안국이 생원시, 즉 初試에 합격한 것은 전술한『국조방목』의 기록에 의하면 연산군 辛酉 式年試(1501년 시행)의 일이다. 그는 성종 9년(1478)에 출생하였으므로 23세 되던 해의 일이며 大科에 합격한 것은 3년 후의 일로서 그의 나이 26세의 일이다. 당시 최세진은 36세로서 10년의 차이가 있었으나 同榜이 되었으며 이후 김안국은 承文院에 등용되어 博士, 副修撰, 副校理 등을 역임하면서 최세진과 오랫동안 같이 근무하게 되었다.

히지 못한 것이다.[92]

4.6.1.2. 20세기 말에 학계에 소개된 최세진의 묘지명은 신문(『조선일보』 1999년 10월 12일자, 사진 포함)에 소개된 바와 같이 과천의 한 아파트 기초공사에서 발굴된 2매의 백자도판으로 모두 90자의 명문(銘文)과 지문(誌文)이 적혀있다([사진 4-2] 참조).

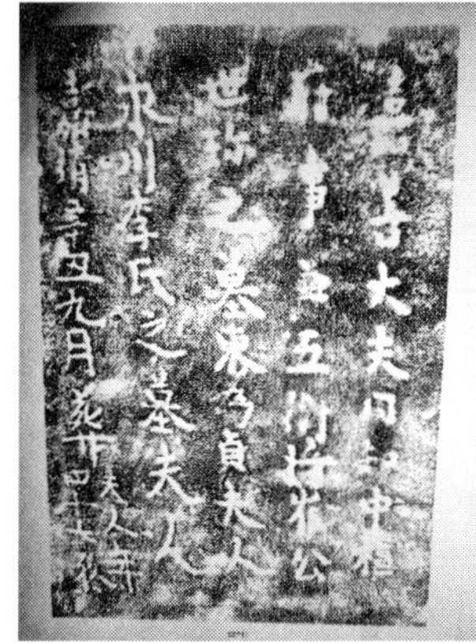

〔사진 4-6〕 최세진의 묘지명(墓誌銘)

이 묘지명은 안병희(1999b)에도 소개되었지만 여기에 옮겨보면 다음과 같다.

제1판 嘉善大夫 同知中樞府事 兼五衛將 崔公世珎之墓
東爲貞夫人 永川李氏之墓 夫人嘉靖辛丑九月葬 {夫人年四十七終}[93]

제2판 年至七十五 嘉靖壬寅以疾終 同年四月二十日葬于果川縣
午坐子向之原 夫人先公一年七月二十九日終([사진 4-6] 참조)

---

92 안병희(1999b)에서는 졸고의 생년 추정에 대하여 "정광(1999: 8)에서 77세를 산 것으로 기술하였으나 78세의 잘못이다. 만으로 나이를 계산한 것인지 모르나 생일이 분명하지 않으므로 어려운 데다가, 죽은 날짜가 2월 10일(辛酉)이므로 만으로 따지면 오히려 76세일 가능성이 큰 것이다"(p.50의 주4)라는 지적이 있었다.

93 { } 안의 글자는 雙行 夾註로 된 것임.

이 묘지명에 의하면 그가 가선대부(嘉善大夫, 종2품)에 중추부(中樞府) 동지사(同知事)와 오위장(五衛將)을 겸한 것이 가장 높은 벼슬이었음을 알 수 있다. 그리고 그가 나이 75세인 가정(嘉靖) 임인(壬寅), 즉 중종 37년(1542)에 병사하였음을 알 수 있다. 또 과천현(果川縣)의 남쪽 언덕에 묻었으며 부인은 영천(永川) 이씨로서 그보다 1년 먼저인 가정(嘉靖) 신축(辛丑, 1541) 7월 29일에 타계하였음을 알 수 있다.

이 묘지명으로 알 수 있는 사실들은 대부분 이미 실록 등을 통하여 알려진 것이나 그의 향년(享年)과 부인의 성(姓) 및 생몰(生沒) 년대는 이것을 통하여 비로소 분명히 알게 된 것이다. 이에 의거하면 최세진은 향년 75세로서 실록의 죽은 날로부터 역산하면 세조 14년(1468)에 태어난 것으로 확인된다.

4.6.1.3. 세조 14년, 즉 1468년 출생이라면 그는 19세에 역과(譯科) 복시(覆試)에 합격한 것이 된다. 조선후기의 일이기는 하지만 영조 신묘(辛卯, 1771)의 역과(譯科) 한학(漢學) 식년시에 응과한 유학기(劉學基)와 역시 그의 아들로 역과 한학에서 정조(正祖) 기유(己酉, 1789)에 응과한 유운길(劉運吉) 부자는 22세와 17세의 나이에 복시(覆試)에 합격한 일이 있다(졸저, 1990a: 120~130).

이에 의하면 최세진도 세조 11년(1465)에 태어났으면 19세에 역과 복시(覆試)에 합격하여 강이습독관(講肄習讀官)으로 사역원(司譯院)에 출사하였고 향년을 77세로 추정한 것이다. 다만 안병희(1999b: 61)에서 주장한 대로 최세진이 생원(生員)으로 소과(小科)에 합격하여 바로 승문원(承文院)의 강이습독관이 되었다는 추정은 납득하기 어렵다.

왜냐하면 승문원(承文院, 일명 槐院)은 조선 태종 10년에 설치된 기관으로서 사대교린(事大交隣)의 문서를 작성하는 곳이며 그 곳의 강이습독관은 한어(漢語)와 한이문(漢吏文)을 학습하고 실제로 사대문서를 작성하는 직책이기 때문에 한어에 능숙한 인사가 참여한다. 따라서 생원 소과에 합격한 인물이 바로 한이문(漢吏文)이나 한어(漢語)를 배우는 강이습독관(講肄習讀官)이 될 수는 없고 또 『문과방목』에 '병오원'으로 기록되지도 않는다.[94]

졸고(1999a, 2000a)에서는『통문관지(通文館志)』「인물(人物)」'최세진'조에 "崔世珍精於華語, 兼通吏文, 成廟朝中院科選補 [中略] 嘉靖丙戌以吏文庭試第一, 特陞堂上, 己亥又試第一, 陞嘉善, 南袞設吏文學官 [下略] - 최세진은 중국어를 잘 하였고 겸해서 이문(吏文)에도 능통하였다. 성종 때에 원과(院科)에 선발되어 보임하였다. [중략] 가정 병술에 이문정시에서 제1등이 되어 당상관으로 특별히 승진하였고 기해년에 역시 시험에서 제1등이 되어 가선대부로 승진하였다. 남곤(南袞)이 이문학관을 설치하였다. [하략]"이라 하여 성종 때에 원과(院科), 즉 사역원의 역과에 선발되었음을 밝히고 있다.

졸저(2017: 363~365)에서 밝힌 바와 같이 조선시대에는 중기부터 한이문의 학습을 권장하기 위하여 한이과(漢吏科)에 급제한 인물을 문과(文科)와 동방(同榜)으로 창명(唱名)하는 제도가 있었다. 이에 의하면 연산군 때에도 한어(漢語)와 한이문(漢吏文)의 학습을 권장하기 위한 한이과(漢吏科)를 문과와 병시(倂試)하여 문과 급제자와 동방의 영광을 준 것으로 보았다.

앞에 말한『통문관지』의 기사는 바로 이 제도에 의하여 최세진이 한이과에 부거(赴擧)하여 급제하고 문과와 함께 동방(同榜)에 창명(唱名)한 것을 말한 것이라고 주장하였다. 졸저(1990a: 69)에 인용된『통문관지』(권2)「권장(勸奬)」(제2) '과거'의 '한이과(漢吏科)' 조에 "{額數} 只三人 {放榜} 殿庭放榜, 賜紅牌遊街, 中廟朝崔世珍卽漢吏科出身也 - 액수, 즉 급제자 수는 다만 3인이고 {방방, 즉 방을 붙여 알리는 것은} 대궐의 뜰에 방을 붙여 알리며 홍패를 내려주고 거리에 유가한다. 중종조의 최세진은 바로 한이과 출신이다"라고 하여 최세진이 한이과(漢吏科) 출신임을 분명하게 말하고 있다.

4.6.1.4. 다만 최세진은 동반(東班)으로 천전(遷轉)하는 혜택을 입어 그만이 아니라 괴산(槐山) 최씨가 모두 동반으로 바뀌어 괴산 최씨들은

---

94 생원소과에 합격한 것으로『문과방목』에 '丙午員', 또는 '丙午參'으로 기록한 예는 찾기 어렵다. 본고의 발표에서 '병오원'이 "병오년에 관원이 되었음"으로 해석할 수 있다는 고문서 전문가인 안승준 선생의 지적을 참고할 수 있다.

더 이상 중인이 아니라 역과에 응과(應科)하지 않았을 뿐이다. 최세진의 동반(東班) 천전(遷轉)에 대하여는 졸저(1990)에 자세히 언급되었으므로 중복이 되어 구체적인 것은 피하겠으나 중요한 부분만을 다시 옮겨보면 다음과 같다.

이씨(李氏) 조선은 건국 초에 과거제도를 정하고 문과(文科) 이외에 무과(武科), 의과(醫科), 음양과(陰陽科), 한이과(漢吏科), 통사과(通事科)를 두었다. 한이과는 태조 원년 7월에 정한 과거법(科擧法)에는 없었으나 그 후에 과제(科制)를 개정할 때에 권근(權近)의 소청으로 개설된 것으로『증보문헌비고(增補文獻備考)』(권186)「선고과(選考科)」(2), '과제(科制)'에

> 權近上書曰: [中略] 漢吏之文, 事大要務不可不重, 今醫譯陰陽律等學。皆有科目, 而此獨無之, 誠闕典也。乞依前朝明科例, 文科試日幷試, 吏文之士許於正科, 同榜唱名, 其赴文科者, 有欲幷試吏文者, 正科內加其分數。 - 권근이 상서하여 말하기를 [중략] "한이문은 사대외교의 필요한 업무로서 중하게 여기지 않을 수 없습니다. 이제 의학, 역학, 음양학, 율학 등은 모두 과거가 있으나 한이학만은 홀로 없어 법전(『경세육전』을 말함)에 빠졌습니다. 바라건대 전조(고려 왕조를 말함)의 명과(明科) 례에 의거하여 문과 시험일에 함께 시험하고 한이문을 공부한 선비도 정과(正科)에 응과(應科)할 것을 허가하여 동방창명하기를 바랍니다." 문과에 부거한 자도 이문에 병시(幷試)하기를 바라는 자는 정과 내에 그 점수를 추가하다.

라는 기사가 있어 문과 시험일에 한이문과(漢吏文科)를 함께 시험하고 합격하면 문과 급제와 동방(同榜)에 창명(唱名)하는 제도가 있었음을 알 수 있다(졸저, 1990a: 68~70).

이것은 졸저(2019a: 245)에서 최세진이 문과 급제가 아님을 전제로 하는 것으로『국조문과방목』(奎 106, 권 5)의 연산군 9년 계해(癸亥) 8월에 실시한 봉세자별시에 제2등 2인에 대하여 "崔世珍同知, 精於吏文華語, {未登第以質正官朝天, 臺諫以非舊例爲言, 成廟曰: '我作古例何妨'} - 최세진은 동지 벼슬을 지냈고 한이문과 한어에 정통하였다. {과거에 급제하지 않고 질정관으로서 중국에 간 것에 대하여 대간들이 옛 예에 어긋난다고 말하니 성종이 말하기를 '내가 고례를 만들면 무엇이 방해가 되는가?'라고 하였다}"({ }안의 것은 협주임)"라는 기사가 있어 이 사실을

뒷받침한다고 하였다.[95]

그가 문신(文臣)이 아니며 문과 급제가 아닌 것은 『중종실록』 중종 4년 1월 정유(丁酉)조의 기사에 신분상의 하자를 들어 그가 승문원(承文院)에서 사대부의 유생들을 교육할 수 없으니 승문원 습독관(習讀官)의 직을 체임(遞任)하라는 대간의 간쟁(諫諍)으로도 확인된다. 또 『중종실록』 중종 12년 12월 정미(丁未)조의 기사에 "한어에 능통하여 가업을 잃지 않고 요행이 과거에 올라 벼슬길을 열었으며"라는 기사가 있어 그가 역관의 집안으로 가업을 이어받았고 요행으로 과거에 올랐음을 말하고 있다. 이문정시(吏文庭試)에 장원하여 문과 급제에 동방이 된 것을 말한 것이다.

모든 <국조문과방목(國朝文科榜目)>의 연산군 9년에 실시한 봉세자(封世子) 별시의 방목에서도 유독 최세진만이 부친을 제외한 조부, 증조부, 외조부 등이 누락되었고 본관도 불분명하다. 그가 한이과(漢吏科) 출신으로서 역관의 자제이기 때문에 겨우 사역원 정(正)을 지낸 부친의 이름만 올랐고 나머지는 삭제한 것이다.[96]

그가 문과에 합격한 것이 아니라는 무엇보다도 중요한 증거는 앞에서 언급한 새로 발견된 묘지명(墓誌銘)에 대과급제에 관한 기사가 없다는 것이다. 보통의 묘지명에는 반드시 적혀야 할 이 부분이 누락된 것

---

95 中宗이 舊例에 얽매이지 않고 최세진을 발탁하여 질정관으로 중국에 파견한 일은 매우 유명한 일로서 『중종실록』에도 등장하며 『통문관지』(권7) '人物' 최세진조에도 "[前略] 旣數年親講所業大加奬歎, 特差質正之官。言官啓曰: 以雜職而補質正之官, 古無比例. 上曰: 苟得其人, 何例之拘? 自予作古可也. 累赴京師。[下略] - [전략] 이미 여러 해 동안 [임금이] 소업을 친강할 때에 크게 칭찬하였다. 특별히 질정관으로 보내니 언관들이 말하기를 '잡직으로서 질정관을 보하는 것은 옛 일에 없었습니다'고 하니 임금이 말하기를 '진실로 그 사람을 얻었거늘 어찌 구례에 얽매이겠는가? 스스로 내가 고례를 만드는 것이 옳다'라고 하시다. 여러 번 북경에 가다"라는 기사가 있어 이미 성종 때에 중국어를 잘 하여 임금의 총애를 얻었으며 文臣이 갈 수 있는 質正官으로서 중국에 다녀왔음을 알 수 있다. 이후에는 사역원의 역관이 질정관으로서 중국에 가는 使行을 수행하는 것이 정식이 되었다(졸저, 1990a: 71).

96 역과에 응과할 때에도 四祖單子를 제출하고 역과 試券 오른 쪽 상단에 四祖를 기록하여 糊封하는 제도가 있어 역과에 응시하는 擧子들도 모두 家系를 밝히게 되었으나(졸저, 1990a: 110) 최세진의 경우는 文科榜目에 唱榜할 때에 문신들이 일부러 뺀 것으로 본다. 뿌리 깊은 雜科 출신자에 대한 차별의식의 발로라고 볼 수 있다.

은 그가 대과(大科)에 정식으로 급제한 것이 아니기 때문이다.

4.6.1.5. 그러며 최세진의 가계(家系)는 어떠한가? 부친은 최정발(崔正潑)인가 사역원 정(正) 최발(崔潑)인가 하는 문제가 생긴다. 『국조문과방목』에 등재된 최세진의 가계에서 유일하게 부친의 이름만 실렸다.

김완진(1994: 74~76)에 의하면 '문과방목'이란 제하의 역대 문과 합격자의 명단을 실은 문헌은 『문과방목(文科榜目)』(奎34, 宣祖 32~高宗 22)을 비롯하여 『국조문과방복(國朝文科榜目)』(奎106, 태조~영조 50), 『국조방목(國朝榜目)』(奎5202, 高麗 忠烈王~朝鮮 高宗), 『국조방목(國朝榜目)』(奎11655 貴重本, 太祖 1~高宗 31), 『국조방목』(서울대 古 4650, 太祖~英祖 19), 『국조문방(國朝文榜)』(서울대 古 4950, 太祖~純祖), 『국조방목(國朝榜目)』(서울대 想, 太祖~成宗)[97] 등 서울대학교 소장본만 7개를 헤아린다.

이 가운데 최세진에 관한 기사가 가장 자세한 것은 『국조문과방목(國朝文科榜目)』(奎106)으로서 그 부분을 옮겨보면 다음과 같다.

> 習讀 崔世珍, 公瑞, 父正潑, 曾, 外, 妻父
> 同知, 精於吏文華語
> 未登第以質正官朝天, 臺諫以非舊例爲言, 成廟曰: '自我作古何妨' 槐山人

이 외에 『국조방목(國朝榜目)』(奎5202)에는 "習讀崔世珍, 公瑞, 同知精於吏文 父 – 습독 최세진, 호는 공서, 동지 벼슬을 하다. 이문에 밝다. 부는"라는 기사밖에 없고 『국조방목』(奎11655, 貴重本)에는 "講肄習讀崔世珍, 公瑞, 同知, 父正潑, 丙午員 – 강이 습독의 최세진은 호가 공서, 동지 벼슬, 부는 정발, 병오의 원(員)"이란 기사가 있다. 나머지 방목에는 그나마 부명(父名)도 보이지 않는다. 여기서 최세진의 부(父)를 '최정발(崔正潑)'로 보거나 또는 '사역원의 정(正)을 지낸 최발(崔潑)'로 보기도 한다.

김완진(1994)에서는 『성종실록』 성종 13년 11월조의 기사에 "差通事司譯院副正崔潑, 云云 – 사역원의 부정(副正)인 최발을 통사로 보내다"에 등장하는 사역원의 부정(副正)인 최발(崔潑)을 말한 것으로 볼 수 있

---

97 '想'은 서울대 도서관의 '想白文庫本'를 말함.

다고 하였다. 방종현(1954)에서는 신숙주(申叔舟)의 '제역생최발 약운도(題譯生崔潑約韻圖)'에 나오는 역생(譯生) 최발(崔潑)로 생각하기도 하였다. 아마도 세조 때에 사역원의 역생(譯生)이었던 최발(崔潑)이 연산군(燕山君) 때에는 사역원의 부정(副正)을 거쳐 정(正, 정3품)까지 승진한 것으로 추측된다.

다만『통문관지』(권) 인물 '최세진'조의 기사에도 그의 부명(父名)에 대하여 기재된 바가 없고『국조방목』의 기사에 '父正潑'을 "사역원 정(正)의 최발"로 볼 수 있는가 하는 문제는 남아있다. 이것은『국조방목』의 최세진에 관한 기사가 한이과(漢吏科) 합격을 동방(同榜) 창방(唱榜)한 것으로 본다면 다른 합격자와는 별도로 기재되었을 가능성이 있다. 실제로『국조방목』의 기사가 동방(同榜)의 김안국(金安國)과 비교할 때에 매우 다른 것을 볼 수 있다.

최발(崔潑)이 최세진의 친부(親父)였다면 그는 분명히 역관이었고 그의 가업을 이어받은 최세진도 역관이 아니라고 할 수 없을 것이다. 특히『통문관지(通文館志)』의 '인물(人物)'조에 최세진 이름이 보이는 것은 그가 비록 연산군대에 문과와 동일한 시기에 시행된 한이과(漢吏科)에 급제하여 홍패를 받았지만 어디까지나 역관이기 때문이었다.『통문관지』의 '인물'난에는 결코 한 사람의 문신(文臣)도 그 이름을 볼 수 없다.[98]

즉, <통문관지>(권7)의 '인물' 조에는 조선 태종 때의 원민생(元閔生)을 비롯하여 수십 명의 역관(譯官)들이 그의 행장을 싣고 있다. 이 가운데 최세진도 들어 있으며 중종 때에 최세진과 함께 활약한 역관(譯官) 이화종(李和宗)의 이름도 최세진과 나란히 등재되었다. 여기에 실린 인물들은 하나같이 사대교린의 외교활동에 유공한 역관들이고 유신(儒臣)은 한 사람도 보이지 않는다.

4.6.1.6. 만일 최세진이 대과(大科)에 급제한 유신(儒臣)이었다면 <통문관지>의 '인물'난에 그의 이름이 들어 있을 수가 없다. 그와 동방(同榜)이었던 김안국(金安國)도 물론 이 명단에는 들어있지 않다. 만일 최세진이 사대부 출신인데 이『통문관지』의 '인물'조에 그의 이름이 들어

98 『통문관지』의 편찬과 제 異本에 대하여는 졸고(1992a)를 참조할 것.

있다면 괴산(槐山) 최씨 문중에서 그대로 있을 리가 없다.[99]

또 하나 최세진이 한이과(漢吏科) 출신의 역관이라는 증거는 그가 받은 관직이 모두 상호군(上護軍), 부호군(副護軍), 오위장(五衛將) 등의 군직(軍職)이었다는 사실이다. 즉, 졸고(1999a, b)에 의하면 중종 12년(1517) 11월에 <사성통해>를 완성하였을 때에 그의 벼슬은 사역원 한학교수 겸 승문원의 참교(參校, 종3품)로서 내섬시(內贍寺)의 부정(副正)을 겸임하였고 같은 해 12월 6일에 그는 내섬시 정(正, 정3품 당하관)으로 승진하였다고 하였다.

비록 직임은 내섬시 부정이든지 승문원 한학교수라 하더라도 녹봉은 서반직의 것을 받았다는 사실이다. 예를 들어 중종 32년(1537) 12월 15일에는 상호군(上護軍) 최세진이 『운회옥편(韻會玉篇)』과 『소학편몽(小學便蒙)』을 저술하여 임금에게 받쳤으며 중종은 이것을 높이 평가하여 상으로 안장이 갖추어진 말과 술을 지급하였고 첨지중추부사(僉知中樞府事)를 제수하게 하였다는 기사가 실록에 기재되었다.

또 중종 34년(1539) 5월 17일에는 부호군(副護軍) 최세진이 『대유대주의(大儒大奏議)』 2권과 『황극경세설(皇極經世說)』 12권을 임금에게 받치니 중종은 상으로 술을 내려주었고 품계를 올렸다는 기사가 있다. 그리하여 그는 승문원(承文院) 제조(提調, 종2품)로서 오위장(五衛將, 종2품)이 되었는데 이들 상호군(上護軍), 부호군(副護軍)이나 오위장(五衛將)은 모두 서반(西班)의 직책이다.

유신(儒臣)들 가운데 일시적으로 군직(軍職)의 녹봉을 받는 일이 있었지만 최세진과 같이 서반(西班)의 직함을 계속해서 받은 일은 없다. 만일 그가 역관이 아니고 대과급제의 문신이었다면 이와 같이 일관되게 군직의 녹봉을 받을 수가 없다. 조선조 후기의 일이지만 졸저(1990a)에서는 역관들에게 군직을 제수하는 조선조의 제도에 대하여 자세하게 언급하였다.

---

99 필자의 『한글의 발명』(서울: 김영사, 2015)이 간행되어 매스컴에 알려지자 槐山 최씨 문중 사람들이 필자의 연구실에 찾아와서 자랑스러운 문중의 조상인 최세진에 대하여 물었다. 그가 槐山 최씨임을 확인해준 일이다(졸고, 2017a).

4.6.1.7. 무엇보다도 중요한 것은『중종실록』에서 최세진을 역관으로 취급하였다는 것이다. 즉『중종실록』(권38) 중종 15년 3월 병오(丙午)조에 "임금이 이르기를 '[전략] 또 승문원의 일은 지극히 중대하므로 늘 검거해야 하니 이화종·최세진을 일시에 함께 북경에 보내는 것은 불가하다'라고 하시니 남곤(南袞)이 아뢰기를 '주청하는 일은 지극히 중대한 일인데 황제가 남경에 있으니 해당 부서에서 명을 청하자면 두 곳을 왕래하는 동안에 사신이 오래 북경(北京)에 머물러야 하고 따라서 사명(辭命)을 전달함에 있어서 언어가 소통되어야 하는 것이니 반드시 한어에 익숙하고 중국 조정의 일에 익숙한 자라야 할 것입니다. 이렇다면 이화종·최세진을 함께 보내지 않을 수 없습니다.'라고 하다. [하략]"라는 기사가 있다.[100]

이에 의하면 최세진은 당시 승문원에서 역관(譯官) 이화종(李和宗)과 함께 명(明)에 보내는 모든 사대의 문서를 검토하였으며 두 사람이 일시에 승문원을 비울 수 없을 정도로 그는 명(明)과의 접촉에서 중요한 인물이었음을 말하고 있다. 더욱이 이화종이 연로하여 은퇴한 다음에는 오로지 최세진 혼자 명(明)과의 접촉을 전담하게 되었다는 내용도 보인다. 이와 같이『중종실록』에서는 그를 유신으로 보지 않고 이화종 등과 같은 역관(譯官)의 부류로 보고 있는 것이다.

이상과 같이 최세진은 역관 출신의 중인가계(中人家系)로서, 전술한『국조방목(國朝榜目)』이나『국조문과방목(國朝文科榜目)』에도 그의 조부나 증조부, 외조부, 장인에 대한 기록은 남아있지 않다. 그는 부친을 따라 사역원에 입속(入屬)하여 한어를 학습하였고 앞에서 살펴본 바와 같이 성종(成宗) 때에 사역원에서 시행한 역과(譯科)에 선발되어 강이습독관(講肄習讀官)이 되었다. 그는 역과에 합격하여 사역원에 출사한 이후 한어 역관으로 활약하였으며 그가 질정관(質正官)이 되어 중국에 다녀온 일에 대하여는 많은 기록이 남아있다.

---

100 원문은 "[前略] 且承文院之事至重, 可常檢擧。李和宗、崔世珍, 似不可一時俱赴京也。袞曰: '今奏請之事, 至爲重大, 而帝在南京。該部請命, 必兩度往來, 其間使臣, 久留于京。辭命之傳達, 言語之相通, 必因鍊熟華語, 諳習中朝之事者然後可。李和宗、崔世珍, 不可不俱遣。' [下略]"(『중종실록』 권38 중종 15년 3월 조)

4.6.1.8. 이상의 논의로 최세진의 일생을 정리하면 다음과 같다.

세조 14년(戊子, 1468) - 譯官 崔潑의 아들로 태어남.

성종 17년(丙午, 1486) - 司譯院 譯科에 합격.

성종 17년(丙午, 1486)~燕山君 9년(1503) - 司譯院 講肄習讀官으로 한어 교육.

연산군 9년(癸亥, 1503) 8월 - 漢吏科에 장원급제하여 封世子 別試에 2등 2인으로 同榜唱榜.

연산군 9년(癸亥, 1503) 9월 - 甲子士禍로 罷榜, 즉 봉세자 별시의 합격이 취소됨.

연산군 12년(丙寅, 1506) 1월 - 匿名書 투척의 의혹을 받았으나 承旨 權鈞의 발명으로 무사함.

연산군 12년(丙寅, 1506) 3월 - 御前 통역의 공로로 紅牌를 還給받음.
罷榜이 취소되고 다시 사역원의 강이습독관이 됨.

중종 2년(丁卯, 1507) - 연산군의 辭位使와 중종의 承襲使를 수행하여 중국에 감.

중종 4년(己巳, 1509) 1월 - 喪中 作妾으로 臺諫의 탄핵을 받아 강이습독관을 면함.
이때에 <老乞大>, <朴通事>를 번역한 것으로 보임.

중종 10년(乙亥, 1515) 11월 - 사역원의 한학 교수, 承文院의 訓誨 겸 습독관으로 漢語와 漢吏文의 교육에 임함.

중종 12년(丁丑, 1517) - 승문원 參校, 사역원 한학교수에 재임명.
11월 - 『四聲通解』완성
12월 - 內贍寺 正에 임명되었으나 대간의 탄핵으로 파직. 禮賓寺의 副正으로 좌천

중종 13년(己卯, 1518) 4월 - 예빈시 부정으로 있는 최세진을 台諫이 탄핵함.
7월 - 奏請使와 聖節使의 사행을 수행하여 북경에 감.

중종 15년(庚辰, 1520) 4월 - 사역원 正에 임명됨. 다시 대간의 탄핵을 받았으나 무사함.

중종 16년(辛巳, 1521) - 연초에 북경에 감. 採女 사건으로 대간의 탄핵을 받았으나 영의정 南袞의 변호로 무사함.

중종 19년(甲申, 1524) 2월 - 『世子親迎儀註』와 『冊嬪儀註』의 번역을 명받음. 벼슬은 軍資監의 正.

중종 22년(丁亥, 1527) 4월 - 『訓蒙字會』를 완성함.

중종 25년(庚寅, 1530) 12월 -『皇極経世書集』을 진상함. 僉知中樞府事의 직에 있었음.

중종 31년(丙申, 1536) 12월 - 병환이 들어 출사를 못함. 그로 인하여 조정에서는 사대외교에 많은 차질이 생김.

중종 32년(丁酉, 1537) 12월 -『韻會玉篇』과『小學便蒙』을 저술하여 임금께 진상하여 鞍具馬와 술을 하사 받음. 벼슬은 上護軍.

중종 34년(己亥, 1539) 5월 - 승문원 提調로서『大儒大奏議』2권과『皇極経世說』12권을 진상함.

중종 35년(庚子, 1540) 10월 - 다시 병석에 누웠음.

중종 36년(辛丑, 1541) 6월 - 중국 南京의 지도인『京城志』와『女孝経』, 그리고 지도 한 축을 임금께 올림.

중종 37년(壬寅, 1542) 2월 10일 - 최세진 사망. 벼슬은 同知中樞府事에 五衛將이었음.

2) 최세진의 한어(漢語) 연구

4.6.2.0. 다음으로 최세진의 한어(漢語)와 한이문(漢吏文), 그리고 조선이문(朝鮮吏文)에 대한 지식이 과연 어떠했는지 살펴보기로 한다. 그는 평생 중국어를 통역하는 한어(漢語) 역관이었으며 한이문(漢吏文)으로 작성된 명(明)의 외교문서를 해독하고 또 명(明)과의 외교접촉에서 한이문으로 작성한 실용문서들을 저술하였다. 그리고 앞에서 살펴본 바와 같이 이문(吏文) 정시(庭試)에서 늘 장원으로 벼슬이 올랐다.

따라서 그는 한어(漢語)에 능통하였고 이의 실용문인 한이문(漢吏文)에도 일가견이 있었으며 조선이문(朝鮮吏文)의 학습 교재인『이문집람(吏文輯覽)』을 저술하였다. 졸고(2006a)에서 논의한 바와 같이 중국의 이문인 한이문(漢吏文)은 원대(元代)에 한인(漢人) 관리들이 시작한 공문서의 실용 한문이었으며 명대(明代)에도 한이문은 관리들의 실용문으로서 여전히 시용되었다.

원(元) 제국(帝國)의 통치제도는 독특하였다. 황제(皇帝)는 몽고인들을 국정(國政)의 감독관으로 임명하여 파견하였는데 이를 '관(官)'이라 하고 실제로 이들을 백성과 연결시켜 주는 하급관리의 한인(漢人)들을 '리(吏)'라 하여 관리(官吏) 제도로 백성을 지배하였다. 감독에 임하는

몽고인들을 단사관(斷事官)이라 하였다.[101]

원(元) 나라는 이러한 몽골인의 단사관(斷事官)이나 수장(首長) 밑에 한어(漢語)의 통역을 담당한 게레메치(怯里馬赤, Kelemechi)와 비치에치(閟闍赤, Bichechi)가 있었다. 후자는 필역(筆譯)을 담당하는 '서기(書記)'이며 전자는 말을 통역하는 '구역(口譯)'이었다. 몽골의 원(元)에서 한인(漢人)이나 기타 색목인(色目人)들이 출세하는 길은 몽고어를 학습해서 게레메치가 되던지 한이문까지 배워서 비치에치가 되는 길밖에 없었다.

원(元)은 중앙에는 몽고 국자학(國字學), 지방에는 몽고자학(蒙古字學)을 두어 한인과 기타 색목인들에게 몽고어와 몽고문자를 훈련시키고 이문(吏文)을 배우게 하여 리(吏)로 임명하여 단사관(斷事官)과 수장(首長)의 업무를 돕고 주로 한인(漢人)인 서민(庶民)들에게 서정(庶政)을 전달하였다(졸저, 2015: 106).

원(元) 제국(帝國)의 이(吏)들이 사용하는 변체한문을 이문(吏文)이라 하였는데 졸고(2006c)서 원대(元代)에 사용하던 이문을 한이문(漢吏文)이라 하고 이를 모방하여 고려 말과 조선 초기에 유행한 이문을 조선이문(朝鮮吏文)이라 하였다. 최세진은 한이문과 조선이문의 차이를 밝히고 이를 발달시키려고 노력하였다.[102]

최세진의 학문 활동은 앞에서 살펴본 바와 같이 역관으로서 '한어(漢語)'를 배우고 또 사역원의 훈회(訓誨)로서 이를 교육하였다. 그리고 '조선이문(朝鮮吏文)'를 '한이문(漢吏文)'과 비교하고 교육하고 보급하기 위하여 노력하였다. 더욱이 한자음의 표기에 유용한 한글을 보급하고 우리 한자음을 표준화하여 교육하는데 열심이었다.

4.6.2.1. 한어(漢語)란 원대(元代) 북경(北京)지역의 공용어이었던 한아언어(漢兒言語)를 말하는 것으로 종래 수(隋), 당(唐) 송(宋)의 통어(通語)와

101 斷事官에는 세 부류가 있었다. 하나는 자르구치(札魯忽赤, Jarghuchi)이며 그 다음은 비칙치(必闍赤, Bichigchi), 그리고 다르구치(達魯花赤, Darguchi)가 있었다. 이들 명칭의 유래와 각각의 역할에 대하여는 졸저(2015: 106~107)를 참고할 것.

102 현재로서는 고려시대에 사용한 吏文의 예를 찾지 못하였고 모두가 조선시대에 들어와서 이문의 예들이 발견된다. 따라서 朝鮮吏文이라 하였지만 아마도 고려 후기에도 이러한 한자 표기는 있었을 것이다.

는 매우 다른 중국어의 동북 방언이었다. 오늘날의 중국어에서는 보통화(普通話)가 된 이 한아언어는 한문으로 배운 중국어의 사서오경(四書五經)의 아언(雅言)이나 당대(唐代)의 통어(通語)와는 매우 달라서 별도로 학습하지 않으면 안 되었다.

원대(元代)에 처음으로 공용어가 된 한어(漢語)은 명초(明初)에 일시적으로 금릉(錦陵), 남경(南京)의 언어가 중심이던 남경관화(南京官話)가 되어 표준어로 사용되었으나 명(明)의 3대 황제인 영락대제(永樂大帝)가 북경(北京)으로 천도한 후에 다시 공용어가 되었다.

그리하여 명대(明代)에 북경관화(北京官話)의 자격을 얻었고 청대(淸代) 북경(北京) 만다린, 그리고 오늘날 보통화(普通話)가 바로 이 한어에서 발달한 것이다(졸저, 2004a; 2010: 496~7). 중국어의 역사에서 변방의 동북방언이던 한어(漢語)가 중원(中原)의 통어(通語)를 대신하여 전 중국의 공용어가 된 것이다.

한이문(漢吏文)은 유교 경전의 한문 문장인 아언(雅言)의 고문(古文)이나 진(秦) 이후에 문학작품의 언어인 통어(通語)의 변문(變文)과도 다른 한문 문장어로서 원대(元代)의 북경(北京) 지역의 한아언어(漢兒言語)를 기반으로 하여 형성되었으며 명대(明代)에도 행정, 사법의 공용문어로 사용되었다(졸고, 2006a).

한반도에서는 원(元)의 요구로 고려 후기부터 이 한이문으로 사대문서를 작성하였고 원(元)이나 명(明), 후대의 청(淸)에서 보내오는 외교문서가 모두 이 한이문으로 작성되었다. 뿐만 아니라 조선에서 보내는 사대문서도 모두 이 한이문(漢吏文)으로 작성하여야 하기 때문에 이에 대한 지식이 절대로 필요하였다.

조선에서는 구어(口語)인 한어(漢語)는 사역원(司譯院)에서 교육하고 문어(文語)인 한이문(漢吏文)은 승문원(承文院)에서 교육하였다. 사역원은 실제 중국인과의 접촉에서 통역을 담당하는 부서였다면 승문원은 사대문서를 작성하는 곳이었기 때문이다. 또 사역원의 역관들은 중인(中人)들의 몫이었다면 승문원의 한이문은 문신(文臣)들의 전공이었으나 중국과의 접촉이라는 상호 공통의 목적이었으므로 양자를 모두 공부하는 경우가 적지 않았다.[103]

---

103 예를 들면 졸고(2006b)에서는 文臣들도 漢語를 어느 정도 구사할 줄 알아야 보직

4.6.2.2. 최세진은 구어인 한어와 문어인 한이문에 모두 정통하였다. 먼저 한어 회화에 대한 그의 실력은 그가 사역원(司譯院) 훈회(訓誨) 겸 강이습독관(講肄習讀官)으로 있을 때에 사역원의 한어 회화 강독 교재인 『노걸대(老乞大)』(상·하)와 『박통사(朴通事)』(상·중·하)를 번역하고 이들의 주석서인 『노박집람(老朴集覽)』(1권)을 저술한 것으로 그 수준을 알 수 있다.

이 한어 교재의 번역은 내용의 언해와 함께 한자 하나하나의 한어 발음을 정음(正音)과 속음(俗音)으로 전사하는 것이었다. 즉, 한자의 좌우에 발음을 붙였는데 하나는 운서음(韻書音)이었고 하나는 실제 발음으로 알려졌다. 이 『노박집람』은 졸고(1999b)에서 원대(元代) 한어(漢語)를 반영한 {원본}『노걸대(老乞大)』와 비교되어 그 가치가 더욱 높게 인정되었다.

뿐만 아니라 중국어 표준발음 사전인 『사성통해(四聲通解)』도 편찬하였다. 훈민정음 제정 당시에도 이미 중국어 발음사전의 필요성을 인정하여 『홍무정운(洪武正韻)』을 역훈(譯訓)하였으며 이를 축약하여 신숙주(申叔舟)가 『사성통고(四聲通攷)』를 편찬한 바가 있다. <사성통해>는 위의 두 중국어 발음사전을 개정한 것으로 <노걸대>와 <박통사>의 번역에서 두 사전의 잘못이 많이 발견되어 새로운 발음 사전의 필요성을 절감하게 되었으며 이를 수정하여 <사성통해>를 편찬한 것이다.

세종 조에 시작되어 단종(端宗) 3년(1455)에 완성한 『홍무정운역훈(洪武正韻譯訓)』은 명초(明初)에 간행된 <홍무정음>을 정음으로 표음하고 뜻을 단 것이다. <홍무정운>은 편찬 당시에도 문제가 있는 운서였지만 최세진 시대에는 이미 무용지물에 가까울 정도로 옛 운서의 발음만을 보여주기 때문에 이를 개정하지 않을 수 없었다.

그리하여 최세진은 먼저 『속첨홍문정운(續添洪武正韻)』을 짓고 이어서 <사성통해>를 편찬하였다. 그리고 그 말미에 「번역노걸대박통사범례(飜譯老乞大朴通事凡例)」를 붙이면서 <홍문정운역훈>의 정음(正音)을 <사성

에 임명되었다고 주장하였다. 즉, 당시 산기 문고에 소장된 嘉靖本『老乞大』의 뒷표지에 쓰인 落書에는 <노걸대>을 통하여 한어를 학습하고 시험에 합격한 다음에 양주 목사로 보임되었음을 밝혀두었다.

통해>에서 수정하지 않을 수 없는 이유를 밝혔다.

즉, <노박범례>는 <노걸대>, <박통사>의 번역에서 왜 <사성통고>의 발음 전사를 따르지 않고 번역 <노걸대>·<박통사>의 오른 쪽에 붙인 주음과 같이 독자적인 한어 발음 전사를 보였는가에 대한 장황한 설명이었다(졸고, 1995b). 여기에서 최세진은 우리말과 중국어의 차이, 특히 성조의 차이에 대하여 깊이 있는 연구 성과를 보여준다.

4.6.2.3. 더욱이 예빈시(禮賓寺)에 근무할 때의 경험을 살려 그가 군자감(軍資監) 정(正)으로 있던 중종 19년(1524)에『세자친영의주(世子親迎儀註)』 및『책빈의주(冊嬪儀註)』를 저술하였다. 이 두 책은 궁중의 예절과 법도를 규정한 것으로 중국의 규범에 맞춘 것이어서 최세진의 한어 지식이 필요했던 것이다.

중종 22년(1527)에는 한자 교육서인『훈몽자회(訓蒙字會)』를 편찬하였으며 이 때의 벼슬은 충무위(忠武衛) 부호군(副護軍)에 품계가 절충장군(折衝將軍, 정3품 당상관)이었다. 중종 27년(1532)에는『번역여훈(飜譯女訓)』을 저술하여 임금께 바쳤는데 이 책은 교서관(校書館)에서 간행되었다. 중종 32년(1537)에는『운회옥편(韻會玉篇)』(2권)과『소학편몽(小學便蒙)』(4권)을 저술하여 임금께 받쳤으며 조선이문의 교육을 위한『이문집람(吏文輯覽)』을 저작하였다.

<운회옥편>과 <소학편몽>은 모두 한자 학습과 관련이 있는 것으로 최세진이 이를 편찬하여 임금에게 진상하면서 "우리나라에서는 <운회>는 있으나 <옥편>이 없기 때문에 상고하여 보기 어려우므로 신(臣)이 글자의 유(類)를 모아 <운회옥편>을 만들어 바칩니다. 만약 간행하도록 하신다면 글자를 상고하는데 보탬이 있을 것입니다. 그리고 우리나라에는 <소학>으로 자제를 가르치는데 내편(內篇)은 모두가 본받을 만한 성현의 일로 이루어졌지만 외편(外篇)은 아이들이 배우는데 긴요하지 않은 듯하고 또한 두루 읽을 수도 없기 때문에 신이 그 가운데 본받을 만한 일을 유(類)대로 뽑아 4권으로 만들어 바칩니다. 본편(本篇)에서는 더하거나 줄인 것이 없습니다. 간단하고 복잡하지 않으며 편리하고 쉬우니 만약 간행할 것으로 명하신다면 아이들이 배우는 데 보탬이

될 것입니다"(『중종실록』 권86, 중종 32년 12월 庚申조)라고 하여 이 두 책의 저술 목적을 밝히고 있다.

4.6.2.4. 실제로 이 두 책은 중종이 "사용하는 사람으로 쉽게 깨우칠 수 있게 하고 어린아이들이 배우는데도 매우 편리하게 되어서 최세진이 유념하여 책을 만든 것이 진실로 가상하다"(『중종실록』 같은 곳)라는 평가와 같이 한자 학습에 매우 편리한 자전(字典)이요 참고서였다.

<운회옥편>과 <소학편몽>을 저술할 때는 상호군(上護軍)의 벼슬을 지냈다. 최세진이 오위장(五衛將)이라든지 부호군(副護軍), 상호군(上護軍) 등의 군직(軍職)을 지내는 것은 조선조에서 역관들에게는 서반(西班)의 직을 제수하는 것이 관례였기 때문이다. 최세진은 동반(東班) 천전(遷轉)의 혜택을 받았으나 여전히 녹봉은 군직에서 받은 것 같다.

다만 앞에 든 그의 저서들은 양반 사대부가 저술할 책이지 역관이 할 일은 아니었다. 따라서 그는 동반천전(東班遷轉)의 혜택을 받은 다음에는 철저하게 문신(文臣)의 행세를 했음을 알 수 있다. 그리하여 실직(實職)에서 물러난 다음에 서책을 저술한 공로로 조정에서는 첨지중추부사(僉知中樞府事)를 제수 하였고 동지중추부사(同知中樞府事, 종2품)에 승진하였다. 이미 이때에는 동반(東班)으로 옮겨간 것으로 간주한 것이다.

최세진의 주된 임무는 한어(漢語) 역관으로서 사역원에서 한어를 교육하거나 중국에 가는 부경사신(赴京使臣)을 수행하고 조선으로 오는 명(明)의 사신을 접대하며 그 언어를 통역하는 것이었다. 특히 그는 중종 때에 어전통사(御前通事)의 임무를 오래도록 수행하여 그의 실력을 인정받았던 것이다.

사역원의 역관들은 통역의 임무만이 아니라 후배를 양성하는 외국어 교육의 임무도 함께 수행하였다. 그리하여 사역원에서는 많은 외국어 교재가 간행되었으며 최세진이 번역한 <노걸대>, <박통사> 등도 실제로 사역원의 한어 교재로서 편찬된 것이다.

최세진이 생존했을 당시의 중국어는 명초(明初)에 잠시 세력을 가졌던 남경관화(南京官話)로부터 영락제(永樂帝)가 북경(北京)으로 천도한 다음에 명대(明代)의 북경관화(北京官話)가 성립되는 시기였다. 우리가 보통 한문(漢文)이라고 부르는 것은 선진(先秦)시대에 고문(古文)을 말한다. 보통 사서삼경(四書三經)으로 불리는 초기 유교 경전(經典)의 한문을 고문(古文)이라고 말한다.

이 문어(文語)는 동주(東周)의 수도인 낙양(洛陽)의 언어를 기본으로 하여 형성된 것이다. 중국어의 역사에서 '아언(雅言)'이라고 불리는 주대(周代)의 공용어가 선진(先秦) 때까지는 학문의 언어이었고 주(周)의 행정언어이기도 하였다. 이를 바탕으로 한 고문(古文)은 간결성과 암시성을 특징으로 하는 기록과 의사전달이 주된 목적으로 형성된 문장어이었다.[104]

4.2.2.5. 그러나 이러한 고문(古文)은 시대의 변화에 따라 바뀌게 된다. 춘추전국시대에 각국(各國)의 언어가 독자적으로 발전하였고 진(秦)의 통일 이후 한당(漢唐) 시대에는 중국의 서북방언인 장안(長安)의 언어가 새로운 공용어로 부상하게 되었다. 보통 '통어(通語)'라고 부리는 이 새로운 언어는 그동안 중원의 공용어로 사용되었던 아언(雅言)의 권위에 도전하였다.

유교 경전(經典)의 언어이었던 고문(古文)은 다른 종교의 경전에서 볼 수 있는 것처럼 매우 보수적이었고 다른 언어로의 변화를 받아드리지 못하였다. 따라서 통어(通語)는 유경(儒經)의 언어를 바꾸지는 못하였고 이후에 시문(詩文)의 언어로 발전한다. 즉, 고문(古文)이 가진 간결성과 암시성으로부터 장식성이 추가된 통어(通語)를 바탕으로 생겨난 새로운 문어(文語)였다. 이 문어는 육조(六朝)시대에 이르러 더욱 장식성이 두드러지게 나타났다. 이렇게 변형된 한문을 '변문(變文)'이라고 부른다.

변문(變文)의 시작을 당대(唐代) 중기 이후 불경 번역문에서 찾는 학자도 있다. 문법구조가 다른 범어(梵語)를 번역하면서 그 문법에 이끌렸고 특히 불승(佛僧)들의 속강(俗講)에서 고문(古文)의 아언(雅言)과는 다른 통어(通語)가 사용되었다. 이 때에 불교의 교리를 대중에게 전파하기 위하

---

104 古文은 先秦시대에 만들어진 『論語』, 『孟子』, 『莊子』, 『荀子』, 『韓非子』 등의 諸家의 議論文에서 기틀이 잡혔고 漢代에 賈誼의 『治安策』, 『過秦論』 등의 論策文과 左丘明의 『春秋左氏傳』, 司馬遷의 『史記』 등에서 서사문으로 발전하였다.

여 곡조를 붙일 수 있는 운문(韻文)과 교리를 설명하는 산문(散文)을 혼합하여 연창대강(連唱帶講)하는 경우가 있었는데 변문은 이와 같이 운문과 산문이 혼합된 것이 특징이다. 소박하고 간결하며 고립적 문법 구조인 고문(古文)에 비하여 변문(變文)은 시문(詩文)에 사용된 것이기 때문에 화려하고 장식적이다.

당(唐), 송(宋), 원(元) 이후에 발달한 평화(平話), 사화(詞話), 백화소설(白話小說), 보권(寶卷), 탄사(彈詞), 고자사(鼓子詞) 등이 모두 변문으로부터 나온 것으로 본다.[105] 그러나 변문(變文)은 동 시대에 한자를 빌려서 자신들의 민족어를 기록한 이민족(異民族)의 한문 표기에서도 나타난다. 그것은 한문 고문의 문법에서 벗어나 자신들이 언어에 맞추어 표기했기 때문이다. 이 변문은 주로 동북아 알타이제어의 한문표기에서 나타난다.

3) 한자음 연구

4.6.3.0. 그의 학문 활동은 역관으로서의 한어(漢語) 연구와 한이문(漢吏文)과 조선이문(朝鮮吏文) 연구, 우리 한자음과 그 새김의 연구, 그리고 한자 교육으로 나누어 생각할 수 있다. 먼저 중국어 연구는 그가 승문원(承文院)의 훈회(訓誨) 겸 습독관(習讀官)으로 있을 때에 전술한 사역원(司譯院)의 한어(漢語) 강독 교재인 <노걸대(老乞大)>(상·하)와 <박통사(朴通事)>(상·중·하)를 번역하고 이들의 주석서인 『노박집람(老朴集覽』(1권)을 저술하였다.

이 한어 교재의 번역(飜譯)은 한자 하나하나의 중국어 발음을 정음(正音)으로 전사하는 것이었으며 좌우에 발음을 붙였는데 하나는 운서음(韻書音)이었고 하나는 실제 발음으로 알려졌다. 뿐만 아니라 중국어 발음 사전인 <사성통해(四聲通解)>를 편찬하였다. 훈민정음 제정 당시에 이미 중국어 발음 사전의 필요성을 인정하고 <홍무정운(洪武正韻)>을

105 淸의 光緖 25년(1899)에 중국 甘肅省 敦煌의 千佛洞 石室에서 2만여 권의 장서가 발견되었다. 그 가운데 佛經의 俗講 교재로 보이는 變文으로 된 사본이 다수 포함되었다. 이것이 소위 敦煌 變文 자료로서 盛唐(8세기 후반)부터 宋 太宗 2년(977)의 것이 가장 새로운 것이라고 한다. 따라서 變文은 唐代 中葉부터 발달한 것으로 본다.

역훈(譯訓)하였으며 이를 축약하여 신숙주(申叔舟)가 <사성통고(四聲通攷)>를 편찬하였음을 위에서 살펴보았다.

최세진의 주된 임무는 한어 역관으로서 사역원에서 중국어를 교육하거나 부경사신(赴京使臣)을 수행하고 내조(來朝)하는 명(明)의 사신을 접대하며 그 언어를 통역하는 것이었다. 특히 그는 중종의 어전통사(御前通事)를 오래도록 임무를 수행하여 그의 실력을 인정받았던 것이다. 사역원의 역관들은 통역의 임무만이 아니라 후배를 양성하는 외국어 교육의 임무도 함께 수행하였다. 그리하여 사역원에서는 많은 외국어 교재가 간행되었으며 최세진이 번역한 <노걸대>, <박통사> 등도 실제로 사역원의 한어(漢語) 교재로서 편찬된 것이다.

4.6.3.1. 외국어를 교육하거나 그 학습 교재를 계발할 때에는 당연히 자국어와의 대조(對照)연구가 선행된다. 최세진의 한어 연구는 주로 우리말과 중국어의 차이를 밝히고 중국어의 특징을 찾아내는 것이었다. 특히 당시에는 한문이 일반화된 상태이기 때문에 발음상의 차이가 중요한 연구 과제가 되었다.

실제로 <노걸대>, <박통사>의 번역은 그 발음을 훈민정음으로 주음(注音)하는 것이었으며 '노박범례(老朴凡例)'에서는 한어 주음(注音)의 기준과 원칙, 한어와 우리말의 차이 등에 대하여 언급하였다. <노걸대>와 <박통사>는 고려말에 편찬된 한어(漢語)의 회화용 강독 교재로서 중국을 여행할 때에 일어나는 여러 가지 상황을 설정하고 그에 해당하는 대화를 회화 교재로 엮은 것으로 사역원의 한어 교육에서 가장 중요한 교재였다.

전에는 오로지 한자로만 된 것이 있었을 뿐이나 최세진이 이를 번역하고 또 언해를 붙여 한어 학습에 사용하였으며 후대에 여러 번 개정되었다. 최세진의 번역은 이 교재에 쓰인 한자 하나하나에 정음으로 발음을 전사(轉寫)하였는데 한 자의 좌우(左右)에 이원적(二元的)으로 주음(注音)하였다. 예를 들면 다음의 [표 4-21]과 같다.

이러한 한자의 이원적 표음 방식은 후대의 모든 한학서(漢學書), 즉 한어 교재의 언해에서 답습되었다. 예를 들면 <노걸대>는 그 언의 변천에 따라 원대(元代) 한어(漢語)를 배우는 {원본}<노걸대>가 있었고 후대에 명초(明初)의 남경관화(南京官話)를 배우는 {산개(刪改)}<노걸대>가 있었다. 이 <산개본>은 원대(元代) 북경어(北京語)의 <노걸대>의 원본을 남경관화(南京官話)로 개정한 것이다.

〔표 4-21〕〈노박〉의 한자 주음(注音)

老	乞	大	上	朴	通	事	上
랗롼	·깅·키	따·다	썅·상	팡·포	퉁·퉁	·쏳·ᄉᆞ	·썅·상

그리고 후대에 북경(北京)의 만다린으로 신석(新釋)한 『노걸대신석(老乞大新釋)』이 있었고 이를 다시 북경관화(北京官話)로 수정한 『중간노걸대(重刊老乞大)』가 있었다. {산개}<노걸대>를 최세진이 번역한 것이 {번역(飜譯)}『노걸대』이고 후대 이를 다시 언해한 『노걸대언해(老乞大諺解)』가 있다. 그리고 신석본과 중간본도 모두 언해외어 『신석노걸대언해(新釋老乞大諺解)』, 『중간노걸대언해(重刊老乞大諺解)』가 있었다(졸저, 2002).

<박통사>도 동일하다. 다만 <박통사>는 중간본이 없을 뿐이다. 최세진은 <노걸대>와 <박통사>를 번역하면서 그 번역의 범례를 <사성통해>의 권미에 첨부하였다. 최세진이 <사성통해>(2권 2책)을 편찬한 것은 올바른 발음사전을 위한 것이었다. 이 운서의 편찬은 종래의 <사성통고(四聲通攷)>가 한어 학습에 매우 긴요한 책이었지만 주석이 없어 불편한 것을 보완하고 단어의 수효(실제는 한자의 수)도 2,636자를 보충하여 모두 13,124자로 늘렸다.

그리고 '금속음(今俗音)'이라 하여 북경 관화음의 변천에서 당시 통용되는 발음을 추가하였다. 특히 이 책의 하권 말미에 부재한 '노박범례(老朴凡例)'에서 한국어와 한어의 차이에 대하여 언급한 것은 매우 주목할 만하다

4.6.3.2. 먼저 '노박범례'의 협주에 "漢訓諺字, 皆從俗撰, 字旁之點, 亦依鄉語 - 한자의 해석을 쓴 언문의 글자는 모두 속되게 쓰이는 것에 따랐다. 글자에 붙인 방점도 역시 우리말에 의거하다."라 하여 최세진이

사용하고 있는 정음자가 훈민정음 제정 당시의 것, 예를 들면 동국정운식의 한자음에 사용된 글자가 아니고 그 후에 통용되는 속음이라고 불리던 것이며 방점(傍點)도 우리말의 성조 표시에 쓰인 것을 사용하였다는 의미로 보아야 할 것이다.

이 범례는 '국음(國音), 한음(漢音), 정음(正音), 속음(俗音), 언음(諺音), 방점(旁點)' 등으로 나누어 한자(漢字)에 대하여 재좌음(在左音)과 재우음(在右音)으로 나누어 이원적(二元的)인 주음을 하게 된 이유를 설명하였다(졸고, 1995b).

'노박범례'의 방점(旁點) 조를 보면 "在左字旁之點, 則字用通攷所制之字, 故點亦從通攷所點. 而去聲入聲一點, 上聲二點, 平聲無點. 在右字旁之點, 則國俗編纂之法而作字. 故點亦從國語平仄之乎而加之 – 왼 쪽에 있는 주음자의 방점은 <사성통고>에서 지은 글자를 쓴 것이다. 그럼으로 방점도 역시 사성통고의 소점에 따라서 거성, 입성은 1점이고 상성은 2점이며 평성은 점이 없다. 오른 쪽의 방점은 글자를 속되게 편찬하는 방법으로 만든 것이어서 방점도 역시 우리말의 평측에 따라 더 했다."라고 하여 이원적인 주음에서 왼 쪽의 주음은 사성통고의 작자(作字)와 방점(旁點)을 따른 것이며 오른 쪽의 주음은 당시에 통용하는 철자법과 방점법에 따른 것임을 알 수 있다.

특히 이 범례에서 우리말의 성조(聲調)에 대하여 한어(漢語)와 비교한 설명은 당시 한국어의 성조의 연구에 매우 중요한 자료로 이용되고 있다. 다만 아직도 '노박범례'에 대하여 많은 사실이 분명하게 밝혀지지 않고 있으며 이에 대한 연구가 앞으로 계속되어야 할 것이다.

4.6.3.3. 최세진은 한어 교재인 <노걸대>와 <박통사>의 발음만을 고찰한 것이 아니고 이 두 교재에 쓰인 어려운 말을 추려서 음과 의(義)를 단 어휘집으로 『노박집람(老朴輯覽)』을 편찬하였다. 이 책에서는 한어의 난해어(難解語), 또는 난해구(難解句)를 출전 순서와 자수(字數)별로 구분하고 뜻과 전거를 밝혔다.

특히 단자해(單字解)에서는 역학(譯學)에서 사용하는 문법과 그 용어의 설명이 있어 한국어연구에서 문법이 고찰된 초기 단계의 모습을 볼 수 있다. 리봉운의 <국문정리>에서는 역학의 문법연구를 도입하였으며 김민수(1980)에서는 이러한 연구를 역관문법이라 하여 별도로 취급하였으나 아직 이에 대한 연구는 거의 이루어지지 않고 있다.

더욱이 최세진이 가장 힘을 드려 연구한 한이문(漢吏文)과 이에 대한 연구서 『이문집람(吏文輯覽)』에 대하여도 아직 뚜렷한 연구가 없다. 중국에서는 원대(元代) 이후부터 행정문서 작성을 위한 한문 문체로서 이문(吏文)이 있었으며 이를 조선 왕조에서 쓰인 이문(吏文)과 구별하기 위하여 후자를 '조선이문(朝鮮吏文)'이라 하고 전자를 한이문(漢吏文)이라고 하였음을 앞에서 살펴보았다.

중국에 보내는 사대(事大) 문서는 대부분 한이문으로 작성되었으며 이를 위하여 조선 왕조에서는 승문원(承文院)에서 한이문을 별도로 교육하였다. 이 한이문에 대한 관심은 조선 후기에 내려올수록 높아졌는데 최세진은 구어(口語)인 한어(漢語)만이 아니라 문어(文語)인 한이문에도 일가견이 있어 승문원(承文院) 교회(敎誨)로서 이문을 교육하였고 이때의 교재로 <이문집람>을 편찬한 것이다.

<노걸대>와 <박통사>의 번역이 구어(口語)인 한어(漢語)의 교과서였다면 <이문집람>은 문어(文語)인 한이문(漢吏文)의 참고서였던 것이다. 그리고 <사성통해>가 문자와 발음의 사전이어서 최세진은 중국어 교육을 위한 제반 교재를 마련한 것으로 보인다.

4.6.3.4. 한어(漢語) 역관으로서의 최세진은 주로 한어와 한이문에 관한 연구가 주종을 이루었으나 말년에는 동반천전(東班遷轉)으로 인하여 사대부의 반열(班列)에 들면서 우리 한자음과 한자 교육에도 많은 관심을 가졌다. 그리하여 『훈몽자회(訓蒙字會)』를 편찬하여 우리 한자음 연구와 한자 교육에 하나의 기원을 이루었다.

이 책은 조선 왕조를 통하여 가장 많이 출판된 훈몽서(訓蒙書)로서 일본에까지 퍼져나갔다. 그리고 <훈몽자회>는 미암(眉巖) 유희춘(柳希春)의 『신증유합(新增類合)』과 같이 역관(譯官)의 소저가 아닌 유신(儒臣)의 저작에 해당하는 것이다. 실제로 그 자신이 『효경언해(孝經諺解)』와 같은 문신(文臣)의 저작을 간행한 일도 있었다.

<훈몽자회>는 <천자문(千字文)>과 <유합(類合)>과 같이 우리 한자음의 교육과 그 뜻을 배우기 위한 아동용 교재였다. 그리하여 서명도 '훈몽(訓蒙)'이란 이름을 붙였으며 <천자문>과 더불어 조선조에서 가장 널리 보급된 한자 교과서의 하나로서 일본에서도 명성을 얻어 그곳에서도 간행되어 널리 사용되었다. 이 책은 한자 3,360자를 전실자(全實字-실명자)와 반허자(半虛字)로 나누어 천문(天文), 지리(地理) 등의 항목별로 배열한 유서(類書)의 형태로 편찬된 것이다.

특히 <훈몽자회>의 권두에 실린 범례(凡例)는 최세진의 신문자 연구의 정수(精髓)로서 그의 언문에 대한 견해를 알 수 있게 한다. 그리고 전술한 바 있는 <언문자모(諺文字母)>을 이 책의 권두에 실어 세종이 창제한 새 문자 보급에 크게 기여하였다. <언문자모>는 협주(夾註)에 "俗所謂反切二十七字 - 속되게 소위 말하는 반절 27자"라 하여 훈민정음이 언문(諺文)이란 이름 이외에도 '반절(反切)'이란 이름으로 불리었음을 알 수 있다.

이 <언문자모>는 이 책의 범례에 "凡在邊鄙下邑之人, 必多不解諺文. 故今乃并著諺文字母, 使之先學諺文, 次學字會則庶可有曉誨之益矣. [下略] - 무릇 변방이나 시골 소읍의 사람들이 언문을 이해하지 못하는 수가 많아서 이제 언문자모를 함께 싣는다. 먼저 언문을 배우게 하고 다음에 훈몽자회를 배우면 깨우치고 이해하는데 모두 도움이 있을 것이다. [하략]"라 하여 전부터 있던 언문자모를 실어 언문을 깨우치게 하고 그로부터 훈몽자회를 배울 수 있게 하였음을 알 수 있다.

따라서 이 언문자모의 견해는 최세진의 소작이 아니다. <언문자모>는 전술한 바와 같이 세종의 둘째 따님인 정의(貞懿) 공주가 훈민정음의 보급을 위하여 후대에 간편한 이두자(吏讀字)를 써서 그 사용법을 설명한 것으로 앞의 4.1.0.5.에서 살펴본 것처럼 세조 때에 간행된 <초학자회>의 권두에 첨부된 것으로 추정하였다. 풀이의 간편성과 실제 문자생활을 영위하는 중인(中人)들의 이두 표기 방법으로 설명되어 새 문자의 보급에 크게 기여하였다.

이 <언문자모>가 정의(貞懿) 공주의 소작이라면 훈민정음 제정 당시까지 거슬러 올라가서 작성된 것으로 보이며 적어도 세조 때의 <초학

자회>의 권두에 부재되어 한자 교육에서 발음기호의 역할을 하였던 것이 아닌가 한다. <훈몽자회>에는 <초학자회>의 것이 많이 그대로 인용되었고 이 <언문자모>의 정서법은 순전히 우리 한자음, 즉 동음(東音)의 표기를 위한 것이기 때문이다.

또 <언문자모>의 부제(副題)가 '속소위반절이십칠자(俗所謂反切二十七字)'였다. 이것은 초기의 훈민정음에서 반절 상자로 27자를 정한 것을 그대로 답습한 것이다. 이것이 신미(信眉)가 참여하기 이전의 반절상자, 즉 초성으로 초기의 언문 27자이었을 때의 일이다. 그리고 모음의 중성(中聲)은 7자만 만들어 욕모(欲母)에 속하는 것으로 본 것을 그대로 따른 것이다.

물론 <언문자모>의 실제 내용은 초성 16자와 중성 11자를 더한 27자여서 반절법(反切法)과는 어긋나므로 '속소위(俗所謂)'라는 수식어를 앞에 붙인 것이다. 반절에서는 초성만으로 반절상자가 가능하지만 중성만으로는 반절하자가 될 수 없다. 반절법은 반절하자가 중성 + 종성이어야 하기 때문이다.

<초학자회>가 편찬되었을 즈음에 정의(貞懿) 공주는 세조로부터 많은 상(賞)을 받는다. 졸저(2021: 553)에서 소개한 것처럼 <세조실록>에 세조 4년 10월에 <초학자회>가 언해를 마치고 이 책이 세상에 나온 세조 6년경에 세조가 누님인 정의(貞懿) 공주에게 쌀 100석을 하사한다. 졸저(2021: 같은 곳)에서는 <초학자회>가 간행되고 거기에 첨부된 <언문자모>가 새 문자의 보급에 크게 기여하자 <세조실록>(권21) 세조 6년 9월 임인(壬寅)조에 쌀 백석을 공주에게 내렸다 하는 기사를 들고 이것은 이를 기리기 위하여 상을 내린 것으로 보았다.

4) 〈언문자모〉의 초성과 중성

4.6.4.0. <언문자모>는 범례(凡例)에 언급된 것처럼 <초학자회>에서와 마찬가지로 <훈몽자회>에서도 한자의 발음과 새김을 익히기 위하여 먼저 배워야 하는 언문(諺文)의 여러 글자들에 대한 자형과 음가, 그리고 그 정서법을 가르치는 교재다.

그런데 훈민정음의 28자가 아니라 반절(反切)의 27자라 하였고 초성

16자와 중성 11자를 더한 27자였다. 초성과 중성으로 나누는 것은 반절법(反切法)과는 상위(相違)한 것이다. 이것은 여항(閭巷)에서 반절(反切)을 제대로 이해하지 못하고 정음(正音)과 훈민정음(訓民正音)의 초성과 중성을 반절로 본 것에 대한 해명이다.

당시 여항(閭巷)에서 훈민정음을 속되게 부르는 명칭이 반절(反切)이지만 실제는 잘못된 것이라는 뜻으로 '속소위(俗所謂)'를 붙였다. 원래 반절(反切) 27자는 반절상자(反切上字)에 해당하는 초성(初聲)의 27자를 말하는 것으로 앞의 4.3.2.7.의 [표 4-6]으로 보인 초기의 언문 27자를 말한 것이다. 그러나 이미 훈민정음의 초성이 17자로 줄었고 중성도 7자에서 11자로 늘어서 실제 내용은 초성 16자와 중성 11자로 하였다.

즉, 후대에 초성 27자에서 순경음(脣輕音)의 4자를 제외하여 동국정운 23자모가 되었고 여기서 다시 전탁(全濁)의 6자를 제와하여 훈민정음 초성 17자가 되면서 초기의 언문 27자는 기억 속에 사라지게 되었다. 다만 초성 17자에 중성(中聲) 11자를 더한 훈민정음 28자가 27자로 와전된 것을 '속소위(俗所謂)'라고 표현한 것이다.

<언문자모>의 협주의 '반절 27자'는 훈민정음의 28자에서 초성 16자로 하여 'ㆆ'을 제외하고 여기에 중성 11자를 더한 것으로 보았다. 그리하여 <언문자모>에서는 'ㆆ'이 제외되었다. <훈몽자회>가 <초학자회>처럼 한자의 우리 발음, 즉 동음(東音)과 새김을 표음하는 것이므로 'ㆆ'은 고유어나 우리 한자음(東音)의 표기에는 불필요한 문자로 본 것이다.

4.6.4.1. <언문자모>에서는 '초성과 종성으로 슬 수 있는 8자'와 초성만으로 쓸 수 있는 8자, 그리고 중성 11자로 나누어 설명하였다. 종성(終聲)을 8자만 인정한 것이다. 먼저 '初聲終聲通用八字 - 초성과 종성으로 모두 쓸 수 있는 8자'라 하여 다음 8자의 초성의 예와 종성의 예를 보였다.

이것은 훈민정음의 <해례본> 「종성해(終聲解)」에서 "八終聲可足用 - 8개의 받침으로 족히 쓸 수 있다"의 8종성 체계를 따른 것으로 <예의(例義)>의 "終聲復用初聲 — 종성은 모든 초성을 다시 쓰다"와는 다른 태도다. 아마도 <해례본>이 나온 다음에는 8종성이 일반적이었던 것으로 보인다. 이 가운데 *표시한 '귿(*末), 옷(*衣)'는 원문자로 표시하여 "俚語爲聲 − 우리말로서 발음을 삼다"라고 하였음으로 '*末'은 '귿(=끝)', '*衣'는 '옷'으로 석독하였다.

〔표 4-22〕 초성종성 통용(通用) 8자

문자 / 성	ㄱ	ㄴ	ㄷ	ㄹ	ㅁ	ㅂ	ㅅ	ㆁ
초성	기(其)	니(尼)	디(池)	리(梨)	미(眉)	비(非)	시(時)	이(伊)
종성	역(役)	은(隱)	귿(*末)	을(乙)	음(音)	읍(邑)	옷(*衣)	웅(凝)

여기서 한 가지 주의할 점은 초성과 종성으로 통용(通用)하는 'ㆁ 異凝'의 설정에 대한 최세진의 견해다. 그는 <언문자모>의 끝부분에 "唯ㆁ之初聲, 與ㅇ字音俗呼相近, 故俗用初聲則皆用ㅇ音, 若上字有ㆁ音終聲, 則下字必用ㆁ音爲初聲也. ㆁ字之音動鼻作聲, ㅇ字之音發爲喉中, 輕虛之聲而已, 初雖稍異而大體相似也. [下略] − 다만 ㆁ초성은 ㅇ자와 더불어 속되게 발음하면 서로 비슷하다. 그러므로 속용으로 초성에 모두 ㅇ음을 쓴다. 만약에 앞 자에 ㆁ음을 종성으로 갖고 있으면 뒤 자도 반드시 ㆁ음을 써서 초성을 삼아야 한다. ㆁ자의 발음은 코를 울려서 소리를 만들며 ㅇ자의 발음은 목구멍 가운데서 가볍고 허(虛)하게 만든 소리일 뿐이다. 비록 처음에는 조금 다르지만 대체로는 서로 비슷하다."라고 하여 'ㅇ음'과 'ㆁ음'을 구별하여 'ㆁ음'은 종성으로만 쓸 수 있고 'ㅇ음'은 초성으로만 쓸 수 있음을 주장하여 'ㆁ'과 'ㅇ'을 혼용한 'ㆁ 이응(異凝)'을 인정하지 않았다(이기문: 1963: 84~85). 이러한 사정을 감안하면 <언문자모>는 최세진의 소작이 아님이 더욱 분명해진다.

특히 초성과 종성을 통용하는 8자는 종성, 즉 받침으로 8자 'ㄱ, ㄴ, ㄷ, ㄹ, ㅁ, ㅂ, ㅅ, ㆁ'의 8자만을 인정한 것으로 앞의 4.4.2.1.에서 언급한 한국어의 음절 말 자음의 중화 현상으로 8음, 'k, n, r, m, p, s, ng'만이 변별됨을 인정하여 8자를 설정한 것이다.

4.6.4.2. 다음으로 '初聲獨用八字 − 초성으로만 쓰는 8자'라 하여 훈

민정음 17개 초성 가운데 위에 적은 8개를 제외하고 우리 한자음에 불필요한 'ㆆ'모를 뺀 8개의 초성을 나열하였다. 이를 표로 보이면 다음과 같다.

〔표 4-23〕 초성 독용(獨用) 8자

문자 / 성	ㅋ	ㅌ	ㅍ	ㅈ	ㅊ	ㅿ	ㅇ	ㅎ
초성	키(*箕)	티(治)	피(皮)	지(之)	치(齒)	ᅀᅵ(而)	이(伊	히(屎)

이 [표 4-23]에서도 '*箕'와 같이 '*'표가 있는 것은 원(圓)문자로서 이두(吏讀)에 쓰이는 한자의 새김으로 표음한 것이며 따라서 '箕 키 기' 임으로 '키'를 표음한 것이다. 언문자모에서 제시한 초성자 가운데 종성과 통용하는 8자는 초성과 종성 모두의 보기를 들어 'ㄱ 其役. ㄴ 尼隱, 池*末, …'과 같이 2자의 예를 들어 초성과 종성으로 사용된 예를 들었으나 초성 독용(獨用)의 경우는 초성의 보기만을 들어 'ㅋ *箕, ㅌ 治, ㅍ 皮, …'와 같이 1자의 예만 보인다.

따라서 이들을 문자의 명칭으로 보기 어려우나 후대에는 이를 문자의 이름으로 삼아 'ㄱ - 기역, ㄴ - 니은, ㄷ - 디귿, ㄹ - 리을, ㅁ - 미음, ㅂ - 비읍, ㅅ- 시옷, ㆁ- 이응' 등으로 불리게 되었다. 다만 초성 독용의 8자는 끝에 '으 + 받침'으로 하여 'ㅋ - 키읔, ㅌ - 티읕, ㅍ - 피읖, ㅈ - 지읒, ㅊ -치읓, ㅎ - 히읗' 등으로 부르고 'ㅿ - ᅀᅵ, ㅇ - 이'의 둘만은 없어진 글자로 보았다.

원래 홍기문(1946)에 의하면 국역본 훈민정음에 보이는 "ㄱ는, ㅋ는, ㆁ는, ㄷ는, …" 등의 조사를 근거로 하여 훈민정음 창제 당시의 초성자의 명칭은 'ㄱ - 기, ㅋ - 키, ㆁ - 이, ㄷ - 디, …'이었다고 주장하였다. 그리하여 국역본 훈민정음의 "ㄱ 는, ㅋ 는, ㆁ는, ㄷ 는, ㅌ 는, ㄴ 는, …" 등은 "기는, 키는, 이는, 디는, 티는, 니는, …"으로 읽었을 것이라고 보았고 <언문자모>의 이 명칭은 오늘날과는 달리 초성과 종성의 사용 예만을 보인 것이라고 주장하였다.

그러나 범자(梵字)의 첫 글자들이나 티베트의 서장(西藏) 문자와 원대(元代) 파스파 문자의 첫 글자가 각기 'ka(가), kha(카), ga(까), nga(아)'이었으므로 훈민정음도 '가, 카, 까, 아'이었을 가능성도 있다. 훈민정음 제정 초기에 파스파 문자의 영향은 지대하였기 때문이다.

4.6.4.3. 여기서 주의할 것은 훈민정음 <예의>와 <언문자모>에서 초성의 배열순서와 다른 점이다. 그러나 초성과 종성에 통용하는 8자와 초성으로만 쓰이는 8자로의 구분한 것은 이미 성현(成俔)의『용재총화(慵齋叢話)』에 나오는 이야기임으로 <언문자모>의 창안으로 생각하기 어렵다.

즉, 앞에서 인용한 <용재총화>(권7)의 "世宗設諺文廳, 命申高靈、成三問等製諺文, 初終聲八字、初聲八字、中聲十二字, 其字體依梵字爲之. - 세종이 언문청을 설치하고 고령부원군 신숙주와 성삼문 등에게 언문을 짓게 하였다. 초성과 종성의 8자, 초성 8자, 중성 12자다. 그 자체는 범자(梵字)에 의지하여 만들었다."라는 기사에 이미 초성과 종성으로 통용하는 8자와 초성 8자, 중성 12자가 그것이다.

따라서 전부터 이미 세종의 훈민정음에서 문자를 초성과 종성에 통용하는 8자, 그리고 초성으로만 쓰이는 8자, 중성 12자로 보아 모두 28자로 하였다. 여기서 중성 12자는 앞의 4.2.3.6.에서 살펴본 바와 같이 <실담장(悉曇章)>의 마다(摩多) 12자에 의거한 것이다. 굳이 훈민정음 <예의>에서 중성 11자를 12자로 한 것은 <해례본>의 훈민정음 28자에 맞춘 것이다.

그러나 <언문자모>에서는 초성 16자와 중성을 11자로 하여 언문 27자로 하였다. 이것은 종래에 초성만의 언문 27자를 살리려는 뜻도 있을 것이다. 즉, 훈민정음에서는 오음(五音), 즉 '아(牙), 설(舌), 순(脣), 치(齒), 후(喉)'의 순서로 자모를 배열하고 같은 오음 안에서는 청탁(淸濁), 즉 '전청(全淸), 차청(次淸), 불청불탁(不淸不濁), 전탁(全濁)'의 순서로 배열하였다.

그러나 <언문자모>에서는 오음(五音)의 순서대로 하였으되 종성(終聲)으로 통용(通用)되는 것을 먼저 배열하고 청탁의 순서에서도 불청불탁(不淸不濁)의 것을 앞에 두었다. 그리하여 'ㄱ(아음 전청), ㄴ(설음 불청불탁), ㄷ(설음 전청), ㄹ(반설음 불청불탁), ㅁ(순음 불청불탁), ㅂ(순음 전청), ㅅ(치음 전청), ㆁ(아음 불청불탁)'의 순서가 되었다.

이것을 보면 훈민정음의 제자에서 최불려자(最不厲字)를 기본자로 하고 인성가획(因聲加劃)하는 방법을 연상하게 된다. 즉 초성자의 제자는 가장 거세지 않은 불청불탁의 글자를 기본자로 하여 오음(五音)의 기본자 5개를 정하고 각기 인성가획하는 방법으로 17자를 제자(制字)하였다. <언문자모>의 초성 배열에서도 같은 방법을 취하여 최불려자(最不厲字)인 불청불탁(不淸不濁)의 글자를 앞에 두고 인성(因聲)에 따라 전청, 차청의 순서로 초성의 글자를 배열한 것이다.

그 가운데 'ㆁ 아음(牙音) 불청불탁'을 맨 마지막으로 한 것은 이를 후음(喉音)으로 간주한 때문이다. 원래 'ㆁ'음은 후성(喉聲)이 많아서 그 글자의 모습도 후음의 'ㅇ - 欲母'와 유사하게 하기 위하여 인성가획의 방법이 아닌 이체자(異體字)로 만든 것이다. 이에 대하여 <해례본> <제자해>에

> [前略] 唯牙之ㆁ, 雖舌根閉喉聲氣出鼻, 而其聲與ㅇ相似, 故韻書疑與喩多相混用, 今亦取象於喉, 而不爲牙音制字之始. [下略] – [전략] 다만 아음의 'ㆁ'은 비록 혀뿌리가 목구멍을 막지만 기운이 코에서 나오니 그 소리가 'ㅇ'와 더불어 서로 유사하기 때문에 운서에서는 의(疑, ㆁ꼭지 있는)가 유(喩, ㅇ꼭지 없는)음과 많이 혼란되어 쓰여서 이번에 역시 목구멍을 상형(象形)하였으므로 아음의 글자에서 처음으로 삼지 않았다.

라고 하여 'ㆁ'음의 글자는 아음(牙音)의 불청불탁의 글자이지만 유모(喩母), 즉 동국정운의 '욕모(欲母) ㅇ'에 맞추어 제자(制字)한 이체자(異體字)임으로 아음의 첫 글자가 되지 못함을 밝혀두었다.

그리하여 아음(牙音)의 순서가 'ㄱ(全淸), ㅋ(次淸), ㄲ(全濁), ㆁ(不淸不濁)'가 되었음을 설명한 것이다. 즉, 앞에서 언급한 최불려자(最不厲字)의 불청불탁 'ㆁ'이 아니라 전청의 'ㄱ'을 첫 글자로 한 것임을 설명한 것이다. 이것은 여기에 인용한 <제자해>의 구절에 앞서서 다음과 같이 'ㆁ'가 이체자임을 말하고 있다.

> [前略] ㅋ比ㄱ, 聲出稍厲, 故加劃. ㄴ而ㄷ、ㄷ而ㅌ、ㅁ而ㅂ、ㅂ而ㅍ、ㅅ而ㅈ、ㅈ而ㅊ、ㅇ而ㆆ、ㆆ而ㅎ, 其引聲加劃之義皆同, 而唯ㆁ爲異. [下略] – [전

략] 'ㅋ'은 'ㄱ'에 비하여 그 소리가 조금 거세기 때문에 획을 더하다. 'ㄷ'은 'ㄴ'에 비해, 'ㅌ'은 'ㄷ', 'ㅂ'은 'ㅁ', 'ㅍ'은 'ㅂ', 'ㅈ'은 'ㅅ', 'ㅊ'은 'ㅈ', 'ㆆ'은 'ㅇ', 'ㅎ'은 'ㆆ'에 비해 거세서 소리에 따라 획을 더하는 뜻은 모두 같지만 오로지 'ㆁ'만은 다르다.

아음(牙音)에서 최불려자인 불청불탁의 글자가 아니라 전청의 글자를 첫 글자로 하였음을 설명한 것이다.

〔표 4-24〕 초성 및 종성의 자모 순서

五音 聲	牙音	舌音	脣音	齒音	喉音
初聲 終聲	ㄱ	ㄴ ㄷ ㄹ	ㅁ ㅂ	ㅅ	ㆁ
初聲 獨用	ㅋ	ㅌ	ㅍ	ㅈ ㅊ ㅿ	ㅇ ㅎ

또 초성 독용(獨用)의 경우도 'ㅋ(아음 차청), ㅌ(설음 차청), ㅍ(순음 차청), ㅈ(치음 전청), ㅊ(치음 차청), ㅿ(반치음 불청불탁), ㅇ(후음 불청불탁), ㅎ(후음 차청)'의 순서로 배열하였다. 이것은 앞에 보인 칠음(七音)과 청탁(淸濁)의 순서가 '아음 → 설음 → 순음 → 치음 → 후음'과 '불청불탁 → 전청 → 차청'이어서 청탁의 순서에서 훈민정음의 초성 배열과 조금 어긋남을 알 수 있다.

4.6.4.4. 언문자모에서 중성은 역시 그 음가를 이두(吏讀)에 많이 쓰이는 글자로 표시하였다. 그리하여 중성 11자를 다음과 같이 보였다.

〔도표 4-25〕 중성의 자모도(字母圖)

문자	ㅏ	ㅑ	ㅓ	ㅕ	ㅗ	ㅛ	ㅜ	ㅠ	ㅡ	ㅣ	ㆍ
차자	阿	也	於	余	吾	要	牛	由	*應	*伊	*思

이 도표에서 *가 붙은 '응(*應)'(不用終聲 - 받침은 쓰지 않음)과 '이(*伊)'(只用中聲 - 중성만 씀), 그리고 'ᄉᆞ(*思)'(不用初聲 - 초성은 쓰지 않음)는 이 3 중성,

즉 'ㅡ, ㅣ, ㆍ'음을 나타내는 적당한 한자가 없었기 때문에 자음이 있는 한자를 빌린 것이다.[106] 이것도 중성의 문자 이름이 국역본 훈민정음에서 "ㆍ 는, ㅡ는, ㅣ는, ㅗ는, ㅏ는, ㅜ는, ㅓ는, ㅛ는, ㅑ는, ㅠ는, ㅕ는."임으로 조사의 연결로 보아 'ᄋᆞ, 으, 이……'였다는 주장이 있다(홍기문, 1946: 48~52).

여기에서 주목할 것은 중성(中聲) 글자의 순서도 훈민정음과 다르다는 점이다. 즉 훈민정음에서는 '천(天), 지(地), 인(人)' 삼재(三才)를 상형(象形)하여 기본자 'ㆍ, ㅡ, ㅣ'의 3자를 만들고 이를 조합(組合)하여 모두 11자의 중성자를 제자하였다. 즉, 기본자로 3자를 천지인(天地人)에 맞추어 제자한 것이다.

그리고 이들을 동출음(同出音) 끼리 다시 합용(合用)하여 29개의 중성자를 만들었다. 따라서 훈민정음의 11자 중성(中聲)은 'ㆍ, ㅡ. ㅣ, ㅗ, ㅏ, ㅜ, ㅓ, ㅛ, ㅑ, ㅠ, ㅕ'이었으나 <언문자모>에서는 기본자 3개가 뒤로 물러났으며 그 순서도 'ㅡ. ㅣ, ㆍ'로 바뀌었다. 그러나 중성의 이러한 배열방법은 신숙주(申叔舟)의 <사성통고(四聲通攷)>에서 이미 있었던 것으로 언문자모에서 처음 시작한 것은 아니다.

이와 같이 초성과 중성의 자모 순서가 바뀐 것은 성현의 <용재총화(慵齋叢話)>에서 볼 수 있었던 자모의 3분법, 즉 초성종성통용 8자와 초성 독용 8자, 그리고 중성 12자의 구분과 관계가 있는 것으로 볼 수 있다. 중성의 경우는 장구(張口)의 중성자를 먼저 배열하고 축구(縮口)의 것을 다음에 배열하는 방법을 전부터 사용해왔던 것으로 보인다.

즉, <사성통고>의 범례에 "如中聲ㅏㅑㅓㅕ張口之字. 則初聲所發之口不變. ㅗㅛㅜㅠ縮口之字, 則初聲所發之舌不變 - 예를 들면 중성 'ㅏㅑㅓㅕ'는 입이 펴지는 글자들이어서 초성을 발음할 때에 입이 변하지 않고 'ㅗㅛㅜㅠ'는 입이 쭈그러드는 글자여서 초성을 발음할 때에 혀가 변하지 않는다'"라고 하여 장구지자(張口之字)인 'ㅏㅑㅓㅕ'와 축구지자(縮口之字)인 'ㅗㅛㅜㅠ'의 중성 순서가 이 때에 이미 결정된 것이다.

또 자형이 종(縱)으로 된 것을 앞으로 하고 횡(橫)으로 된 것을 뒤로 하였으며 기본자를 맨 마지막으로 하였다. 이는 음성학적으로 보면 개

106 '이(*伊)'도 초성이 /ㆁ/으로 欲母의 /ㅇ/이 아니기 때문에 '只用中聲'이라 한 것이다.

구도(開口度)에 따라 배열한 것으로 보는 견해도 있다. 그러나 전술한 바와 같이 고대인도의 성명기론(聲明記論)에서 이 모음들의 음성학적 특징을 정리한 것으로 원순(rounded)와 비원순(unrounded)의 모음을 구별한 것이다. 이를 정리하면 다음과 같다.

〔표 4-26〕 중성 독용(獨用) 11자의 순서

字形	縱	縱	縱	縱	橫	橫	橫	橫	橫	縱	橫
口形	口張	口張	口張	口張	口蹙	口蹙	口蹙	口蹙	不深不淺	聲淺	聲深
中聲字	ㅏ	ㅑ	ㅓ	ㅕ	ㅗ	ㅛ	ㅜ	ㅠ	ㅡ	ㅣ	ㆍ

4.6.4.5. 다음으로 "初中聲合用作字例 - 초성과 중성을 합용하여 글자를 만드는 예"에서는 초성과 중성을 결합하여 그자를 만드는 예로 다음과 같은 설명을 붙였다.

> 가갸거겨고교구규그기ᄀᆞ
>
> 以ㄱ其爲初聲, 以ㅏ阿爲中聲, 合ㄱㅏ爲作則가, 此家字字音也. 又以ㄱ役爲終聲, 合가ㄱ爲字則각, 此各字音也. 餘倣此. - ㄱ[其]로 초성을 삼고 아[阿]로 중성을 삼아 'ㄱ, ㅏ'를 합하면 '가'가 되는데 이것은 '가(家)'라는 한자의 자음이다. 또 ㄱ[役]을 종성을 삼아 '가 ㄱ'을 합하면 '각'이 되는데 이는 '각(各)'의 한자음이다. 나머지도 이와 같다.

이를 보면 초성과 중성을 합용하여 글자를 만든 예로 '가갸거겨고교구규그기ᄀᆞ'를 들고 초성과 중성을 합용하여 글자를 만드는 예를 "ㄱ(其) + ㅏ(阿) = 가(家), 가(家) + ㄱ(役) = 각(各)"와 같이 한자를 발음기호로 하여 설명하였다.

그리고 이어서 '初中終聲合用作字例 - 초성과 중성, 그리고 종성을 합용하여 글자를 만드는 예'에서 다음과 같은 설명을 붙였다.

> 간肝、갇笠*、갈刀*、감柿*、갑甲、갓皮*、강江
>
> ㄱㅋ下各音爲初聲, ㅏ下各音爲中聲, 作字如가갸例作一百七十六字, 以ㄴ下七音爲終聲作字, 如肝至江七字, 唯ㆁ之初聲, 與ㅇ字音俗呼相近, [下略] - '간(肝), 갇(*笠), 갈(*刀), 감(*柿), 갑(甲), 갓(*皮), 강(江)'과 같이 'ㄱ, ㅋ' 다

> 음의 각 음운을 초성으로 삼고 'ㅏ' 다음의 각 음운을 중성으로 삼아 글자를 만들면 '가, 갸'와 같이 176자가 되며 'ㄴ'아래 7음을 종성으로 삼아 글자를 만들면 '간(肝)'에서 '강(江)'까지 7자가 된다. 다만 초성의 'ㆁ'은 'ㅇ'자와 발음이 속되게 서로 비슷하다. *을 붙인 한자는 새김으로 읽음.

이 기사에 따르면 'ㄱ, ㅋ' 다음의 16자를 초성으로 하고 'ㅏ' 다음의 11자를 중성으로 하여 글자를 만들면 '가갸거겨고교구규그기ᄀᆞ, 나냐너녀노뇨누뉴느니ᄂᆞ, 다댜더뎌도됴두듀드디ᄃᆞ……' 등 176자(16 x 11)가 된다는 것이다.

그리고 이어서 초성과 중성, 그리고 종성을 합용하여 글자를 만든 예를 '간(肝), 갇(笠*), 갈(刀*), 감(柿*), 갑(甲), 갓(皮*), 강(江)'과 같이 보였는데 실제로는 '각(各)'이 앞에 있어서 '각(各),간(肝), 갇(笠*), 갈(刀*), 감(柿*), 갑(甲), 갓(皮*), 강(江)'이어야 한다. 여기서 맨 앞의 '각(各)'이 빠진 것은 앞에서 '가(家) + ㄱ(役) = 각(各)'으로 이미 그 예를 보였기 때문이다.

<언문자모>를 인용한 많은 논저에서 이러한 사실을 미처 깨닫지 못하고 잘못 해석한 경우가 없지 않다. 우리 선인(先人)들의 내용 설명이 얼마나 압축적이며 요령이 있었는지 알려주는 대목이다.

4.6.4.6. 끝으로 사성(四聲)의 표기도 <언문자모>에서 언급되었다. 같은 한자가 성조의 차이에 따라 하나 이상의 뜻이나 음(音)으로 사용될 때에 그 본뜻이나 그 본음(本音)이 아닌 것은 한자의 네 귀에 '돌임(圈點)'을 붙여 표시하는 '평상거입정위지도(平上去入定位之圖)'도 <훈몽자회>의 권두에 범례 및 <언모자모>와 더불어 소개되었다.

즉, <언문자모>의 말미에 평상거입(平上去入)의 방점과 그 성조의 특징을 설명하고 "[전략] 또 字·ᄌᆞ·들·히 본·뒷 소·리· 두·고 다·른 ·ᄠᅳᆮ 다른 소·리·로 쓰·면 그 달·이 ·쓰·ᄂᆞᆫ 소·리·로 그 ·ᄌᆞᆺ귀예 돌임 ·ᄒᆞ·ᄂᆞ니 [하략]"라는 기사를 덧붙인 다음에 <평상거입정위지도>가 첨부되었다. 이 기사는 한자가 자의(字意)가 달라지면 성조가 바뀌는 것을 설명한 것이다.

예를 들어 '行'은 평성일 때에 "녈 힝"으로서 '다니다'는 의미와 '힝'이란 발음으로 쓰인다. 이 때를 본음(本音), 본의(本義)라고 하고 "져·제

항"(평성)과 같이 다른 의미와 발음을 가질 때에는 글자를 '゜行'과 같이 좌측 하단에 권점을 붙이고 ":힝·뎍:힝"(거성)과 같이 뜻만 다를 때에는 '行゜'과 같이 우측 상단에 권점을 붙이는 방법이다.

실제로 같은 자가 여러 의미나 음으로 읽히는 예는 <훈몽자회>에서 33개나 찾을 수 있다. 물론 이와 같이 권점으로 의미나 성조의 차이를 표시하는 방법도 <용비어천가(龍飛御天歌)>, 훈민정음의 <해례본> 등에서 이미 사용한 바 있는 것이다. 따라서 <언문자모>가 <용비어천가> 한시(漢詩)의 언해와 훈민정음 <해례본>보다 먼저 작성되었음을 보여준다.

4.6.4.7. 이와 같이 <언문자모>의 새 문자에 대한 소개와 정서법의 설명은 매우 요령이 있고 간단하여 배우는 사람으로 하여금 쉽게 깨우칠 수 있었다. 신문자의 보급에 언문자모가 끼친 영향은 실로 대단하다고 할 수 있다. 최세진이 이를 <훈몽자회>의 권두에 첨부하여 언문을 익히고 그것으로 한자음을 배우게 하려는 목적은 바로 세종의 새 문자 제정의 이면적 목표를 수행한 것이다.

다만 이 <언문자모>가 누구의 소작이냐 하는 문제가 남아있다. 앞에서 '변음토착(變音吐着)'의 난제를 해결하여 구결(口訣)을 훈민정음으로 표기하매 세종은 이로부터 우리말을 훈민정음으로 표기할 수 있음을 깨닫게 해준 정의(貞懿) 공주가 이를 저술한 것으로 본다. 그녀는 독자적으로 세종의 새 문자를 서민(庶民)의 입장에서 깨우치기 쉽게 <언문자모>를 저술한 것이다.

그리고 앞에서 훈민정음과 <언문자모>가 상당한 차이를 보이는 것을 살펴보았다. <언문자모>는 한자음 표기를 위한 훈민정음과 달리 우리말 표기를 위한 글자를 마련하고 소개한 것이다. 당연히 한자음 표기를 위한 훈민정음과는 차이가 있을 것이다. 세종의 초기에 가족을 중심으로 새 문자를 제정할 때에 아마도 둘째딸이었던 정의(貞懿) 공주도 참가하였을 것이며 세종의 훈민정음과는 달리 우리말 표기의 언문(諺文)에 관심을 갖고 <언문자모>와 같은 정서법을 마련한 것이 아닌가 한다.

불가(佛家)에서도 이 언문자모를 '언본(諺本)'이란 이름으로 교육하였으니 융경(隆慶) 3년(1569)에 대선사(大禪師) 설은(雪訔)이 지은 『진언집(眞言集)』 권두에 이 '언본(諺本)'이란 이름의 언문자모가 실렸고 그의 중간본(重刊本)에도 계속해서 실렸다. 이것은 새 문자를 제정하고 이것으로 우리말과 동국정운식 한자음을 표기한 <월인석보>를 간행하면서 그 제1권 권두에 훈민정음의 <언해본>을 첨부한 것과 같은 맥락으로 보아야 할 것이다.

다만 최세진은 <언문자모>를 그의 <훈몽자회>에 첨부하여 한자의 동음(東音) 표기와 새김을 적는데 썼을 것이며 독자들도 이를 통하여 <훈몽자회>를 이해할 수 있었을 것이다. 그는 훈민정음이 창제된 지 80년 만에 혜성(彗星)과 같이 나타나서 세종 때에 이룩했던 한자의 원어 발음 전사와 우리 한자음 표기, 그리고 고유어의 기록에 쓰이는 새 문자에 대하여 종합적으로 재검토하였다.

실로 훈민정음은 최세진에 의하여 중흥(中興)되었고 앞으로의 발전이 보장되었던 것이다. 이후에 새 문자는 하나의 국자(國字)로서 외국어의 발음전사와 한자교육에 있어서 동음(東音)의 표기, 그리고 고유어의 기록에 이용되는 기틀을 마련한 것이다.

언어학사로 본 20세기까지의

한국어 연구사

제5장

조선후기의 정음(正音) 연구와 역학(譯學)

제5장 목차

5.0.1. 세종 때에 이루어진 새 문자의 제정과 그에 따른 우리말 음운에 관한 연구는 임진왜란(壬辰倭亂)과 병자호란(丙子胡亂)을 겪으면서 다른 언어와의 비교 연구로 번져나갔다. 한자음의 정음(正音) 연구는 우리말과 한어(漢語)의 비교 연구를 바탕에 둔 것인데 전술한 16세기에 최세진(崔世珍)의 여러 연구가 이러한 우리말 음운과 한어음의 비교 연구를 더욱 심화시켰다.

뿐만 아니라 전술한 바와 같이 우리말과 한어(漢語)의 비교 연구는 조선전기에 최세진의 한자음, 한자어(漢字語), 한어(漢語), 한이문(漢吏文) 등에 관한 연구에서 계속되었다. 그러나 이러한 연구들은 왜란(倭亂)과 호란(胡亂)을 겪으면서 더욱 활발하게 이루어졌다. 왜란과 호란에서 한반도는 많은 외국의 군인들이 들어오면서 많은 새 언어와 부딪히게 되었고 그로 인하여 많은 언어들에 관심을 갖게 되었기 때문이다.

특히 한어(漢語)와 한자의 한어음(漢語音)에 대한 연구가 활발하게 연구되면서 이 언어와 이 한자음의 표음에 사용된 정음(正音)에 대한 연구가 새 문자의 새로운 관심을 끌게 되었다. 우리말 표기의 언문(諺文)만이 아니라 한어음 표기의 정음(正音) 연구가 중요한 과제로 등장하게 되었다.

5.0.2. 조선 후기의 우리말 연구는 왜란과 호란으로 인한 여러 언어와의 접촉으로 우리말에 대한 새로운 인식에서 시작되었다. 7년에 걸친 임진왜란은 침략자인 왜병(倭兵)들 속에도 많은 외국인이 포함되었지만 조선을 구원하러 온 명군(明軍) 속에도 한인(漢人)은 물론 몽고인, 여진인들이 섞여 있었기 때문이다.

특히 병자호란 때에는 만주의 청인(淸人)들을 위시하여 동북아 여러 인종(人種)들이 침략군 속에서 들어있었고 따라서 한반도는 많은 언어들이 서로 부딪히게 되었다. 이로 인하여 조선전기에 제정한 새 문자로 이러한 언어들을 표음하게 되었다. 세종이 새 문자를 제정할 때에는 한자음과 우리말 표기에만 이용되었으나 조선후기에는 다른 언어와의 비교 연구에서 발음기호로 널리 이용되었다.

특히 한자의 중국 표준음을 표음하기 위한 정음(正音)에 대한 관심이 높아졌다. 전술한 바와 같이 훈민정음이 동국정운식 한자음 표기를 위한 것이었다면 정음은 한자의 중국어 발음을 표기하기 위한 것이어서 다양한 표기 체계를 발달시켰다. 이러한 정음의 표기 방식에 대한 관심이 생겨났고 그에 대한 연구가 이 시대에 이루어진다.

5.0.3. 고려후기에 설치된 통문관(通文館)은 후에 사역원(司譯院)으로 명칭을 바꾸고 한어를 비롯하여 몽고어, 일본어, 그리고 여진어를 배우게 하였다. 여기서 외국어를 학습한 역관(譯官)들은 외국어를 학습하면서 해당 외국어, 즉 중국어를 비롯하여 몽고어, 일본어, 여진어를 정음문자로 표음하여 학습하였다.

특히 병자호란 이후에는 사역원의 외국어 학습에 여진어 대신 만주어가 추가되었다. 그리고 일본어 연구도 임진왜란(壬辰倭亂) 이후에 한어(漢語)와 같이 실용적인 구어(口語)의 교육이 권장되었고 이를 위하여 『첩해신어(捷解新語)』라는 새로운 교재가 개발되었다. 병자호란 이후에는 만주어와 몽고어도 실용적인 구어 교육으로 변환되어 많은 새 교재가 편찬되었다.

이러한 역학서(譯學書)의 편찬에서 새 문자는 이 언어들의 표음에 긴요하게 사용되었고 처음부터 외국어인 중국어의 표기에 사용된 정음(正音)에 대한 연구가 성행하였다. 한자 이외에 몽고어의 몽고-위구르 문자, 일본의 가나문자, 그리고 만주어의 만주-위구르 문자들에 대한 관심이 증대되었다. 이러한 연구는 각각 분리되어 이루어진 것이 아니고, 정음 연구와 서로 연관을 맺으면서 수행되었다.

이와는 별도로 실증적인 학풍의 영향을 받아서 어원(語源)의 연구, 방언(方言의) 수집, 어휘집 편찬 등의 새로운 언어 연구도 이 시대에 활발하게 이루어졌다. 조선시대 후기의 한국어학은 실학사상(實學思想)의 발흥(勃興)과 함께 세종 때에 시작된 우리 문자의 연구, 즉 정음(正音) 연구를 주축으로 하여 이루어졌으며 한국어의 음운, 문법, 어휘 등의 분야에서 여러 현상들이 산발적으로 고찰되었다.

이 장(章)에서는 조선 후기의 이러한 학문 풍토에서 수행된 정음의 연구에 대하여 고찰하고 이 시대의 학문적 배경과 사역원(司譯院)의 외국어 연구를 비롯한 실증적인 학풍의 한국어 연구에 대하여 아울러 고찰하기로 한다.

1. 시대의 특징

5.1.0.0. 앞의 제4장(章)에서 조선전기에 훈민정음의 창제와 관련하여 한국어에 대한 연구가 본격적으로 이루어졌으며 문종, 단종, 세조를 거치면서 새 문자의 제정과 그 보급에 관련된 많은 사업이 활발하게 진행되었음을 살펴보았다.

이 시대에는 당시 한국어의 음운(音韻)을 문자화(文字化)하면서 한국어의 음운체계와 음절구조 등이 면밀하게 고찰되었고 고유어와 한자어를 완벽하게 표기할 수 있는 정서법을 마련하였다. 이렇게 훈민정음이라는 이름으로 제정된 새 문자는 우리말 표기의 표기법을 마련하게 되었는데 주로 당시 중요한 표기 수단이었던 한자의 올바른 표음과 그의 학습을 위한 것이었다. 또 이 문자로 중국의 표준음을 정확하게 표음하고 우리의 전통 한자음(東音)과의 차이를 밝히는데 중점을 둔 것이었다.

조선전기의 예종(睿宗)과 성종(成宗) 때에는 정치가 안정되고 유교 및 불교의 발달로 많은 서적이 간행되었다. 특히 새 문자를 이용한 문학 작품의 번역이 두드러졌는데 성종 12년(1481)에 조위(曹偉)와 유윤겸(柳允謙) 등이『두시언해(杜詩諺解)』를 편찬하였고 서거정(徐居正)를 비롯하여 노사신(盧思愼), 허종(許琮), 어세겸(魚世謙), 유순(柳洵), 유윤겸 등은『연주시격언해(聯珠詩格諺解)』,『황산곡시집언해(黃山谷詩集諺解)』를 이어서 간행하였다.

그리고 성종 24년(1493)에는 성현(成俔), 유자광(柳子光), 신말평(申末平), 박곤경(朴棍慶), 김복근(金福根) 등이『악학궤범(樂學軌範)』을 편찬하여 난숙한 문학의 전성기를 맞이한다. 앞에 언급한 한문의 언해와 더불어 문학 작품의 우리말을 새 문자로 표기하면서 언문(諺文)이 우리의 문자로 자리를 잡아가게 되었고 드디어 대한제국(大韓帝國)시대에 국문(國文)

으로 인정받게 된다.

5.1.0.1. 그러나 연산군(燕山君)이 등극한 후에 정치는 혼란되고 민생(民生)은 도탄(塗炭)에 빠졌으며 문화와 학문은 암흑기를 맞이하여 다른 분야와 마찬가지로 한국어의 연구도 침체되었다. 더욱이 연산군의 언문금압(諺文禁壓) 사건 이후 훈민정음에 대한 연구도 퇴조하여 새 문자 제정 이후에 면면하게 이어오던 한자음의 연구도 일시적이기는 하지만 공백기에 들어갔다.

그리하여 이 시기에 복잡한 동국정운식 한자음의 사용도 중지되어 세종 이후 꾸준히 추진되던 한자음의 교정도 막을 내리게 되었다. 그러나 중종 때에 전술한 바 있는 최세진 등에 의하여 훈민정음 연구가 중흥되었으며 서경덕(徐敬德)에 의하여 소옹(邵雍)의 『황극경세서(皇極經世書)』가 재론되었다. 따라서 조선전기에는 한국어와 그 표기에 관한 많은 연구가 있었으며 이러한 전통이 조선후기에도 그대로 이어받게 된 것이다.

조선후기는 임진왜란(壬辰倭亂)과 병자호란(丙子胡亂)을 거치면서 다른 모든 분야에서도 마찬가지였지만 한국어학도 매우 위축되었다. 그러다가 서서히 사회가 안정되고 문물이 풍부해지면서 한국어와 새 문자 연구의 전통이 고개를 들기 시작하였다.

왜란(倭亂)과 호란(胡亂)을 고비로 하여 새로운 모습을 보인 조선 후기의 문화는 전시대의 허화(虛華)하고 권위적인 모습보다는 실용적이고 서민적(庶民的)인 것이 선호되었고 이러한 사회적 요구가 실학(實學)과 양명학(陽明學)을 발달시켰다.

두 차례에 걸친 전란으로 위축된 한국어의 연구는 17세기 중엽에 이르러 양명학파의 유학자들에 의하여 부흥된다. 물론 임진왜란이 일어나기 전에도 중종 때에 화담(花潭) 서경덕(徐敬德, 1489~1546)에 의하여 소옹(邵雍)의 <황극경세서>에 소재된 '경세성음(經世聲音)'에 대하여 연구하기 시작하였다.

5.1.0.2. 이 전통은 조선후기에 발달한 실학시대의 학자로서 맨 처

음 한국어 연구의 업적을 남긴 최석정(崔錫鼎)의 『경세정운(經世正韻)』에서 계승되었다. 이 책에서는 소옹(邵雍)의 '황극경세성음창화도(皇極經世聲音唱和圖)'가 인용되어 한자음 연구에 이용되었다.

그런데 여기서 주목할 것은 이 시대에 어학연구의 실마리를 푼 학자들이 주로 우리나라의 양명학파(陽明學派)에 속하였다는 사실이다. 최석정도 그와 같은 계통을 이은 학자였고 그와 교분이 두터웠던 정제두(鄭齊斗)와 그 학통(學統)을 이은 이광사(李匡師) 등도 모두 양명학파(陽明學派)의 사람들이었다.

이들에 의하여 재흥(再興)된 정음 연구는 재래의 연구 방법을 답습하여 중국의 성운학(聲韻學)에 의한 연구를 계속하기도 하였고 당시의 실증적인 학풍의 영향을 받아 어원연구, 방언 수집, 어휘집 편찬 등의 새로운 연구 경향도 보여주었다.

2. 실학적(實學的) 정음 연구

5.2.0.0. 먼저 이 시대의 학문적 배경을 살펴보면 조선시대 중기부터 싹트기 시작한 실학사상(實學思想)은 조선학(朝鮮學), 즉 국학(國學)을 발달시켰다. 원래 조선학이란 조선 고전(古典)에 관한 학문으로서, 근세 조선에 나타난 실학파에 의해 문헌적 실증을 중요한 방법으로 삼아 이루어진 조선의 연구였을 뿐만 아니라, 자주적인 사상 체계 위에서 성립된 학문이었다. 이 조선학은 대략 다음 세 유파(流派)에 의해 전개되었다.[1]

첫째로는 이익(李瀷)을 도사(導師)로 하여 정상기(鄭尙驥)까지를 한데 묶은 학파로서, 남인(南人) 계통의 유형원(柳馨遠), 정약용(丁若鏞), 안정복(安鼎福) 등을 들 수 있다. 둘째로는 이이명(李頤命)과 김만중(金萬重), 홍대용(洪大容)으로부터 유행된 노론(老論) 계통의 학파로서, 김육(金堉), 박지원(朴趾源), 신경준(申景濬) 등이 이에 속한다.

1 근세 조선학의 세 학파에 대하여는 鄭寅普(1955: 32~33)에 실린 '近世 朝鮮學의 流派 대략 三派'의 논의를 참고할 것.

셋째로는 정제두(鄭齊斗)의 학풍을 이어 받은 소론(少論) 계통의 학파로서 최명길(崔鳴吉), 장유(張維), 최석정(崔錫鼎), 정동유(鄭東愈), 이긍익(李肯翊), 유희(柳僖) 등을 가리킨다. 모두 실학사상 속에서 언어와 문자를 포함한 조선학을 실증적으로 연구한 것이다.

5.2.0.1. 이들은 자주적 관점에서 국내외의 관계 문헌을 통하여 실증적으로 조선 문화의 전통을 파악하고 그 가치를 정립하려고 하였다. 이들의 연구 방법은 실학파(實學派)의 실사구시(實事求是), 또는 무징불신(無徵不信) 등의 학풍을 추구하였으며 각자의 저서에 유행적으로 인용서목(引用書目)을 첨기(添記)하는 등 이전과는 다른 연구 태도를 보였다.

조선시대의 지도 이념이었던 주자학(朱子學=性理學)과 송학(宋學)의 기본 조류의 하나인 역학(易學), 수리론(數理論)의 연구가 발달함으로써, 조선학에서는 이와 관련된 우리 문자의 연구, 즉 정음 연구가 중요한 연구 과제의 하나가 되었다. 이러한 학풍은 세종 시대에 이루어진 정음 연구의 전통을 조선학, 즉 국학(國學)과 함께 부흥시켰다.

그리하여 조선시대 후기 실학파의 저술에는 정음에 관한 연구가 없는 것이 없을 정도로 성행하였는데, 그 까닭은 정음이 유일한 민족의 문자임을 자각한 때문일 것이다. 세종이 창제한 훈민정음은 앞에서 살펴본 바와 같이 조선전기의 세조 이후에, 특히 연산군 이후에 그 연구가 거의 이루어지지 않았다.

그럼에도 불구하고 조선후기에 이르러서 정음(正音), 즉 우리말과 한자음을 표기하는 새로운 문자에 대한 자각이 생겨나서 정음과 언문(諺文)에 대한 연구가 이 시대에 널리 유행하게 되었다. 이제 이에 대하여 살펴보기로 한다.

1) 18세기까지의 정음(正音) 연구

5.2.1.0. 세종이 창제한 새 문자에 대하여는 연산군 이후 오랜 침묵을 깨고 광해군(光海君) 6년(1614)에 이수광(李睟光)의 『지봉유설(芝峰類說)』(20권 10책)에서 '정음기원(正音起源)'에 관한 연구가 비로소 나타난다.

뿐만 아니라 병자호란(丙子胡亂) 이후 1670년대에 최석정(崔錫鼎)과 정제두(鄭齊斗) 등에 의하여 문자, 음운에 관한 본격적인 연구가 시작되었고 한자음 연구와 더불어 정음문자의 자형(字形)과 제자원리, 그리고 기원(起源)에 대한 연구도 적지 않게 나타났다.

먼저 이수광(李晬光, 1563~1628)의 <지봉유설>(권18)에서는 "我國諺書字樣, 全倣梵字 － 우리나라 언문 글자의 모습은 모두 범자(梵字)와 비슷하다."라 하여, 한글의 '범자기원설(梵字起源說)'을 주장하였다. 이것은 앞에서 제4장의 4.3.3.7.에서 살펴본 성종 때에 성현(成俔)의『용재총화(慵齋叢話)』의 주장을 따른 것이다.

즉, <용재총화>(권7)에 "世宗設諺文廳, 命申高靈成三問等製諺文, 初終聲八字、初聲八字、中聲十二字, 其字體依梵字爲之 － 세종이 언문청을 설치하고 고령부원군 신숙주와 성삼문 등에게 언문을 짓게 하였다. 초성과 종성의 8자, 초성 8자, 중성 12자다. 그 자체는 범자에 의지하여 만들었다"라는 성현(成俔)의 견해를 이수광(李晬光)인 따른 것이다.

성현(成俔, 1439~1504)은 성종(成宗) 때 활약한 문신(文臣)으로 알려졌지만 세종이 새 문자를 제정할 때에 한참 수학할 나이었으므로 훈민정음의 제정에 대하여 익히 알고 있었을 것이다. 더욱이『악학궤범(樂學軌範)』(1493)에 서문을 쓰고 그 책에서 언문을 사용하면서 이에 대하여 범자기원설을 함부로 할 수는 없을 것이다.

비록 <용재총화>가 중종 20년(1525)에 간행되었지만 성현이 이 책을 집필한 때는 세종이 새 문자를 제정하고 나서 얼마 지나지 않은 때의 일이다. 당시 고위 문신(文臣)으로 문학에 이름을 날리던 그는 언문의 창제 경위를 비교적 소상하게 알고 있었다. 그러나 성현(成俔)의 주장을 이어받은 이수광의 이와 같은 자형(字形)의 기원에 관한 의견은 이후에 많은 논의를 불러 일으켜, 조선 후기에 다양한 정음문자의 기원설(起源說)에서 범자(梵字) 기원설이 늘 앞서 나타나게 된다.

또 이때에는 세종의 새 문자 제정에 영향을 준 여러 이론에 대하여 관하여 논의하게 되었다. 즉, 중국의 성운학(聲韻學)과 성리학(性理學), 그리고 정음(正音)으로 표기한 각종 운서(韻書)와 운도(韻圖)에 관하여 많은 연구가 뒤를 이었다.

5.2.1.1. 최석정(崔錫鼎, 1646~1715)은 인조반정(仁祖反正)의 공신(功臣) 최명길(崔鳴吉)의 손자로서 소론(少論) 계통의 학자이며 그 자신은 양명학자(陽明學者)가 아니라고 하였으나 당대 양명학(陽明學)의 거두였던 하곡(霞谷) 정제두(鄭齊斗)와 교분이 두터웠고 그와는 성운학에 대하여 토론한 일조차 있음으로 양명학의 영향을 적지 않게 받은 것으로 보인다.

그의 『명곡집(明谷集)』(34권 17책)에 「오음편운후서(五音編韻後序)」와 「운회전요(韻會箋要)」를 실어 중국 성운학에 대한 관심을 표하였다. 또 숙종 4년(1678)에 편찬한 최석정의 『경세정운(經世正韻)』(2권 2책)은 훈민정음의 원리와 역대운서에 대하여 연구하였으며 훈민정음과 한자음을 운도(韻圖)로 나타낸 것이다.

이 책은 훈민정음에 대한 최초의 본격적인 연구서로서 초성(初聲)은 청탁(淸濁)으로, 중성(中聲)은 벽흡(闢翕)으로, 그리고 종성(終聲)은 오음(五音)으로 기준을 삼아 각 음의 상관관계를 기술하였다. 그리고 이것을 기초로 하여 한자음을 운도(韻圖)로써 나타내어 도식화하였는데 이 운도는 소옹(邵雍)의 <황극경세서(皇極經世書)>를 보고 작성한 것이다.

정제두(鄭齊斗, 1649~1736)는 그의 『하곡전서(霞谷全書)』(약 20책)에서 문자와 음운에 관하여 고찰하였다. 정제두는 그의 정음연구에서 최석정의 영향을 많이 받은 것으로 보인다. 그의 <하곡전서>에 수록된 「하곡집(霞谷集)」(11책) 제3책에는 정음에 관하여 최석정에게 문의한 글이 실려 있고 반대로 최석정의 <명곡집(明谷集)>(권13) 서독(書牘)에는 하곡(霞谷) 정제두(鄭齊斗)에게 답한 글이 여러 편 실려 있다.

5.2.1.2. 학성(鶴城) 박두세(朴斗世)는 숙종 28년(1702)에 『삼운보유(三韻補遺)』를 간행하였는데, 이것은 전 시대의 『삼운통고(三韻通考)』를 80여 종의 문헌에서 어구(語句)의 출처를 밝히는 주석을 붙인 것이다.

김제겸(金濟謙)과 성효기(成孝基)는 경종 원년(1720)경에 『증보삼운통고(增補三韻通考)』를 편찬하였다. 박두세의 <삼운보유>는 당시 세인(世人)의 주목을 끌지 못하였으나 이 김제겸과 성효기의 <증보삼운통고(增補三韻通考)>는 대단한 인기를 얻어 판을 거듭하였다. 이 책은 얼핏 보아서는 종래의 <삼운통고>로 착각할 만큼 비슷하며, 난외에 <시전대전(詩

傳大全)>을 첨가한 것도 있다.

이익(李瀷, 1682~1764)은 남인(南人) 계통의 학자로서, 『성호사설(星湖僿說)』을 통해 전술한 언문(諺文)의 기원에 대하여 언급하였다. 이익의 <성호사설>(권16)에서는 정음 문자가 몽고의 파스파 문자에서 기원하였다고 보았으며, 성삼문(成三問) 등이 요동(遼東)을 13번 왕복하면서 명(明)의 황찬(黃瓚)에게 배운 것은 몽고자(蒙古字, 파스파 문자)임을 주장하였다.

이러한 이익(李瀷)이 주장한 정음(正音)의 파스파 문자 기원설은 유희(柳僖)에게 전달되었다. 즉, 졸저(2019b: 14)에서 서파(西陂) 유희(柳僖)의 「언문지(諺文志)」(1824, 『文通』, 전100권의 제19권)의 '전자례(全字例)'에서 "諺文雖刱於蒙古, 成於我東, 實世間至妙之物 – 언문은 비록 몽고에서 시작하여 우리나라에서 이루어졌지만 실제로 세간에 지극히 오묘한 것이다"라는 기사를 인용하고 언문이 몽고 글자, 즉 파스파 문자와 관련이 있음을 깨닫고 있었음을 밝혔던 것이다. 유희(柳僖)에 대하여는 다음의 '3) 19세기의 정음 연구'에서 다시 논의할 것이다.

이어서 「언문지(諺文志)」의 '초성례(初聲例)'에서 「훈민정음십오초성(訓民正音十五初聲)」라는 제목으로 "我世宗朝命詞臣, 依蒙古字樣, 質問明學士黃瓚以製 - 우리 세종께서 신하들에게 명하시어 몽고 글자에 의거하고 명의 학사 황찬에게 질문하여 지은 것이다"라고 하여 훈민정음이 몽고 자양(字樣), 즉 파스파 문자로부터 영향을 받았음을 밝히고 있다.

이것은 전술한 바 있는 이익(李瀷)의 <성호사설>에서 주장한 훈민정음의 몽고문자 기원설을 추종한 것이다. 명(明)이 건재할 때에는 그들이 멸한 몽골의 원(元)에서 제정한 파스파 문자나 그와 우리의 정음(正音)이 관련이 있다는 말을 할 수가 없었다. 따라서 명(明)이 망하고 만주족의 청(淸)이 선 다음에야 이런 주장이 나올 수가 있었던 것이다.

이렇게 세종이 창제한 새 문자가 이러한 여러 문자와 관련이 있다는 주장은 이미 선학(先學)들에 의하여 주장되었지만 오늘날의 우리 학계는 한글의 독창성에만 치중하여 다른 문자와의 관계를 인정하지 않는다. 오로지 '영명하신 세종대왕이 사상 유례가 없는 문자를 독창적으로 만드셨다'를 철석같이 믿고 있다.

어떤 한글 전문가는 모음을 따로 문자로 만든 것을 한글의 중요한 특징으로 생각하고 한글이야 말로 모음을 글자로 만든 최초의 문자라고 자랑하기도 하였다(김주원, 2016). 그러나 이러한 주장은 세계에서 가장 오래된 문자로서 기원전 수십 세기부터 사용되던 산스크리트 문자에 모음과 자음의 구별이 있었음을 전혀 모르고 하는 말이다.

5.2.1.3. 진사(進士)로서 음운학에 밝았던 포암(圃菴) 박성원(朴性源, 1697~1767)은 이 시대 선구적인 학자였던 전술한 명곡(明谷) 최석정(崔錫鼎)과 하곡(霞谷) 정제두(鄭齊斗)의 뒤를 이어 성운학과 정음 및 한어음(漢語音)의 연구를 계승하였다.

영조 23년(1747)에 『화동정음통석운고(華東正音通釋韻考)』(2권 1책)을 편찬하였는데 이것은 전술한 <증보삼운통고(增補三韻通考)>를 대본으로 하여 각 한자(漢字)에 화음(華音 - 중국어 표준음)과 동음(東音 - 한국어의 전통한자음)을 병기한 것이다. 화음(華音)은 역관(譯官) 이언용(李彦容)과 함께 붙인 것이며 동음(東音)은 그가 바로잡은 교정음(校訂音)이어서, 처음으로 중국어음과 우리 한자음을 겸용한 운서가 되었다.

이 책은 정조 11년(1787)에 정조(正祖)의 어제서(御製序)를 붙여 내각(內閣)에서 간행된 바가 있고 이를 축약한 그의 유고(遺稿) 『화동협음통석(華東叶音通釋)』이 정조 12년(1788)에 간행되기도 하였다.

박성원의 <화동정음통석운고(華東正音通釋韻考)>의 범례(凡例)와 권말(卷末)에 부재된 '諺文初中終三聲辨(언문초중종삼성변)'에서는 주로 정음 문자에 관하여 언급한 것이어서 한국어 연구사의 주요 문헌으로 연구되어왔다. 동 범례에는 '오음초성표(五音初聲表)''와 이에 대한 설명이 있고 '칠음출성(七音出聲)'이 실려 있다. 먼저 <오음초성표>를 옮겨 보면 다음과 같다.

[표 5-1] 오음초성표(五音初聲表)

五音初聲 "五音合二 變爲七音 - 오음에 이음이 합하여 칠음으로 변하다"					
角 牙音	ㄱ	ㅋ	ㅇ		
徵 舌音	ㄷ	ㅌ	ㄴ		變徵半舌音 ㄹ '洪武韻作 半徵半商'
商 齒音	ㅈ	ㅊ		ㅅ	
羽 脣音	ㅂ	ㅍ	ㅁ	◇	
宮 喉音	ㅇ	ㅎ			變宮 半喉音 ㅿ '洪武韻作 半商半徵'

이 [표 5-1]과 이 책의 범례에 의하면 순음(脣音)에 ‘◇’를 제자하고 “ㆁㅇ◇此三者, 出聲相近, 不必異制. 角羽宮三音, 並有此初聲. 故隨其音而小變字樣, 以別所屬. ‒ ㆁㅇ◇의 셋은 소리 내는 것이 서로 비슷해서 굳이 다르게 만들 필요가 없지만 각(角)음과 우(羽)음, 궁(宮)음의 삼음은 모두 이 초성을 갖고 있음으로 그 발음에 따라 글자의 모양을 조금 변화시키고 소속을 달리 한 것이다.”라고 하였다.

즉, ‘ㆁ ㅇ◇’의 3자는 서로 유사한 음가를 가졌으나 그 발음 위치가 하나는 아음(牙音)이고 또 하나는 후음(喉音)이며 박성원은 여기에 순음(脣音)의 유사한 음을 제자한 것으로 보인다. 그렇다면 이 ‘◇’는 종래의 ‘ᄝ’과 같은 음가의 글자로 본 것 같다.

이 외에 ‘ㅿ’와 ‘ᄫ’에 대하여도 언급하였는데 ‘ㅿ’를 반후음(半喉音)이라하고 이어서 “華音之ᅀᅮ者, 수우之間音. ᄫᅮ者, 부우之間音 ‒ 화음의 ‘ᅀᅮ’는 ‘수우’의 간음이고 ‘ᄫᅮ’는 ‘부우’의 간음”이라 하여 ‘ㅿ[z]와 같은 유성음을 무성음과 모음의 ‘간음(間音)‘으로 설명하였다.

유성음을 간음으로 보는 경우는 사역원의 외국어 교육에서 한국어에서는 구별이 되지 않는 어두의 유성음을 설명할 때에 사용한 예가 있다(예. <왜어유해>). 따라서 박성원의 이러한 유성음의 인식은 역학(譯學)으로부터의 영향을 받은 것이 아닌가 한다. 뿐만 아니라 이 책에서는 한자음의 구개음화 현상에 대하여도 언급하고 있다.

5.2.1.4. 다음으로 이조판서(吏曹判書)와 판중추부사(判中樞府事)를 지낸 바 있는 담와(淡窩) 홍계희(洪啓禧, 1703~1771)는 영조 22년(1746)에 『삼운성휘(三韻聲彙)』(3권 3책)를 편찬하여 영조 27년(1751)에 간행하였다.

이 책은 전술한 <홍무정운(洪武正韻)>, <사성통해(四聲通解)>, 기타 역대 내외 운서를 참고로 하여 상, 하 2권, 그리고 부옥편(附玉篇), 즉 부록으로 옥편 1권으로 되었다. 박성원의 <화동정음통석운고(華東正音通釋韻考)>와 같이 <삼운통고(三韻通考)>에 화음(華音)과 동음(東音)을 병기하였으나 같은 운의 한자를 한글의 가나다순으로 배열한 점이 다르다.

전체적인 형식은 <동국정운>과 유사하고 화음(華音)은 <사성통해>의 것을 따랐으며, 동음(東音)은 당시 행용(行用)의 발음을 표기하였다.

이를 정리하여 옮겨보면 다음과 같다.

〔표 5-2〕〈삼운성휘(三韻聲彙)〉의 '언자초중종성지도(諺字初中終聲之圖)'

初終聲通用八字	初聲獨用六字	中聲十一字	合中聲二字	重中聲 一字
ㄱ 君 初聲 役 終聲	ㅈ 卽 初聲	ㅏ 覃 中聲 ㅗ 洪 中聲	ㅘ 光 合中聲	
ㄴ 那 初聲 隱 終聲	ㅊ 侵 初聲	ㅑ 穰 中聲 ㅛ 欲 中聲		
ㄷ 斗 初聲 末* 終聲	ㅌ 呑 初聲	ㅓ 業 中聲 ㅜ 君 中聲	ㅝ 月 合中聲	
ㄹ 閭 初聲 乙 終聲	ㅋ 快 初聲	ㅕ 彆 中聲 ㅠ 戌 中聲		
ㅁ 彌 初聲 音 終聲	ㅍ 漂 初聲	ㅡ 卽 中聲		ㅣ 橫 重中聲
ㅂ 彆 初聲 邑 終聲	ㅎ 虛 初聲	ㅣ 侵 中聲		
ㅅ 戌 初聲 衣* 終聲		ㆍ 呑 中聲		
ㆁ 業 初聲 凝 終聲				

이 도표를 보면 홍계희(洪啓禧)는 훈민정음의 14 초성(初聲) 자모표와 언문자모의 종성(終聲) 표시 글자를 혼합하여 정음자의 음가를 나타내었음을 알 수 있다. 하나의 새로운 시도로 볼 수 있다. 홍계희(洪啓禧)는 이 책의 범례(凡例)와 발(跋)에서 그가 갖고 있는 정음에 대한 소견을 피력하였다.

특히 권두에 실린 <언자초중성지도(諺字初中終聲之圖)>는 세조 때에 최항(崔恒)과 한계희(韓繼禧) 등이 시작하고 이승소(李承召)가 언해를 마친 <초학자회>나 중종 때에 최세진의 <훈몽자회(訓蒙字會)>에 실려 있는 '언문자모(諺文字母)'의 영향을 많이 받은 것으로 보인다. 본서의 제4장 4.1.0.5.에서 <언문자모>는 정의(貞懿) 공주의 소작으로 <초학자회>의 권두에 실린 것으로 보았다.

고양군수를 지낸 실학자 흡재(翕齋) 이사질(李思質)은 영조 연간(1705~1776)에 편찬한 『한산세고(韓山世稿)』(권18)의 「훈음종편(訓音宗編)」에서 자형(字形)을 중심으로 한 훈민정음의 제자 원리를 전개하였다. 그의 훈민정음 자형에 관한 견해 가운데는 분명히 잘못된 '치두정치설(齒頭正齒說)'과 같은 것도 있지만, 이수광의 범자설(梵字說)을 부정하고 원방형설(圓方象形說)을 주창하여 우리의 관심을 끌게 한다.

즉, 훈민정음은 성음(聲音)에 근본하여 "天圓之象ㅇ(省體 ㆍ) – 'ㅇ'은 하늘의 둥그런 것을 본 뜬 것임(생략한 자체는 아래 ㆍ), 地方之象ㅁ(約形ㅡ) – 'ㅁ'은 땅의 평평함을 본뜬 것임(줄인 모양 ㅡ)"의 조화로 생성하였다고 본 것이다.[2] 이 외로도 '초성병서설(初聲竝書說)'과 '중성자부설(中聲字父說)', '치두정치설(齒頭正齒說)' 등을 주장하여 독특한 자형기원설(字形起源說)을 제창하였다.

5.2.1.5. 전라도 순창(淳昌) 태생으로 좌승지(左承旨)를 지낸 노론파(老論派)의 실학자 여암(旅菴) 신경준(申景濬, 1712~1781)은 다음에 설명할 이재(頤齋) 황윤석(黃胤錫)과 더불어 실학의 정음연구에서 가장 절정을 이룬 학자다.

여암(旅菴)은 영조 26년(1750)에 『운해(韻解)』를 편찬하였다. 이 책은 모두 5부로 나누어 첫째 '경세성음수도(經世聲音數圖), 둘째 율려창화도(律呂唱和圖), 셋째 훈민정음도해(訓民正音圖解), 넷째 한자음 및 운서 관계의 기사, 다섯째 부록으로 되었다.

보통 '훈민정음운해(訓民正音韻解)'로 널리 알려진 <운해(韻解)>에서 신경준은 한자음의 운도(韻圖)를 작성하고 그 표음을 위한 발음기호로서 정음의 음운도(音韻圖)를 작성하였으나 그 서설(序說)에 해당하는 훈민정음의 연구가 특히 관심을 끌었다. 신경준은 자신이 교정한 한자음을 운도(韻圖)로 표시하고 이를 표음한 훈민정음이 뛰어난 음성기호(音聲記

2 이러한 생각은 '아래 ㆍ'가 동그라미임을 말한 것으로 欲母/ㅇ/와 동일한 것을 말한 것이다. 실제로 파스파 문자에서는 모음자가 喩母에 속한다고 보고 모음자를 단독으로 쓸 때에는 喩母/ꡖ/를 앞에 쓰는 것처럼 훈민정음에서도 모음의 中聲을 단독으로 쓸 때에는 欲母/ㅇ/를 붙여 쓴다. 따라서 훈민정음의 '아래 ᄋᆞ'는 파스파자의 喩母에 맞추어 제자된 것이다.

號)임을 강조하면서 이를 '天下(천하)의 聲音大典(성음대전)'이라고 극찬하였다.

또한, 초성(初聲)의 오행(五行) 상형(象形)과 중성(中聲)의 원도(圓圖) 상형(象形)을 주장하고 음성학적 해석인 순설(脣舌) 상형(象形)도 시도하였다. 순설(脣舌) 상형은 정음 문자의 자형(字形)이 발음기관(發音器官)을 상형하였다는 <훈민정음> '해례'와 유사한 설명으로서 이미 이 책이 실전되어 '훈민정음해례(訓民正音解例)'를 보지 못했던 당시로서는 매우 독특한 견해로 주목되었다. 이로 인하여 후일에는 그가 정음 연구를 중흥(中興)시킨 사람으로 높이 평가되기도 하였다. 그러나 '훈민정음해례'가 세상에 알려진 오늘날에는 또 하나의 가설로서 가치를 가질 뿐이다.

정라도 고창(高敞) 태생의 실학자 이재(頤齋) 황윤석(黃胤錫, 1729~1791)은 거질의 문집인 『이제유고(頤齊遺稿)』(26권 13책, 간행은 그의 손자에 의하여 1829년)와 수학(數學)을 연구한 『이수신편(理藪新編)』(23권 13책)을 남겼다. 후자에는 권12에 '황극경세도(皇極經世圖)' 1편과 권20에 '운학본원(韻學本源)' 1편 등 중국 음운학에 관한 것이 수록되어 있다.

그리고 전자의 <이제유고>(권25) '잡저(雜著)'에서는 어원(語源)에 관하여 논의한 '화음방언자의해(華音方言字義解)' 1편을 싣고, 권26에는 정음에 관한 '자모변(字母辨)' 1편을 수록하였다. 그는 '운학본원(韻學本源)'에서 한자음의 본원(本源)을 밝히기 위하여 소옹(邵雍)의 '황극경세성음도(皇極經世聲音圖)'를 본뜬 운도를 작성하고, 이로부터 우리의 동음(東音)이 본원에서 많이 벗어났음을 지적하였다.

또한 정음문자가 매우 간결하여 범자(梵字)와 유사함을 지적하였다.[3] 이어서 '자모변(字母辨)'에서는 한자음의 화음(華音)과 동음(東音)의 차이를 대조하여 동음의 체계를 밝히려 하였다. '자모변'은 음운학의 소개

3 黃胤錫은 이 책의 '西域梵字悉曇章'에서 "至於梵字, 或云如來所製, 此未可知. 然我國正音淵源, 大抵本此, 而終不出於梵字範圍矣 – 범자(梵字)에 이르러서는 혹 말하기를 석가여래(釋迦如來)가 지은 것이라고도 하지만 이는 알 수 없다. 그러나 우리나라 정음의 연원은 대체로 여기에 바탕을 둔 것이니 끝내 범자의 범위를 벗어나지 못한다."라 하여 成俔과 李睟光의 뒤를 이어 정음의 '梵字起源說'을 다시 주장하였다.

와 자모(字母), 운모(韻母)의 세 부분으로 되어 있으며 간결한 서술이지만 그 내용은 정밀하고 깊이가 있다고 평가된다.

5.2.1.6. 본격적인 운서로서는 정조(正祖) 흠정(欽定)의 『규장전운(奎章全韻)』(1797, 2권 2책)을 들지 않을 수 없다. 이 운서는 서명응(徐命膺), 이덕무(李德懋) 등이 명(明)의 『음운집성(音韻集成)』에 의거하여 편찬한 것으로 체계가 서 있지 않던 종래의 운서를 바로잡고 시문(詩文)의 작시(作詩)에 표준음을 정하려는 의도로 정조(正祖)가 칙찬(勅纂)하게 한 것이다.

한자를 사성(四聲)에 따라 사단(四段)으로 배열하고 화음(華音)과 동음(東音)을 병기하였다. 한자음은 대체로 <화동정음(華東正音)>의 음계를 따랐으며 별로 고친 것이 없었으나 글자풀이는 다른 운서에 비하여 훨씬 자세하다. <삼운성휘(三韻聲彙)>처럼 가나다순으로 열거하여 이용에 편리하게 하였고 조선조에서 간행한 운서 가운데는 가장 정확하다는 평을 얻었다.

이 운서(韻書)는 1만 3천 3백 사십 오자를 실었으며 정조 21년(1797)에 간행하였고 그 후에 국내외에서 많이 중판되었으며 『어정시운(御定詩韻)』이란 이름의 수진본(袖珍本)으로도 간행되었다. 색인(索引) 겸 옥편(玉篇) 식으로 재편한 『전운옥편(全韻玉篇)』(2권)은 이 운서의 자매편이라고 할 수 있다.

이외에도 18세기 말에 정음에 대한 연구가 계속되었는데, 도교(道敎)를 전공한 금영택(琴榮澤)은 그의 『만우재집(晩寓齋集)』(권3) '언문자음기례(諺文字音起例)' 에서 훈민정음에 관한 연구를 남겼다. 그는 '성음(成音)'에 관련하여 낱자 'ㄱ, ㄴ, ㅏ, ㅓ'등을 획(劃), 또는 성(聲)이라 하고, 성음(成音) '가, 나, 다.....'등을 자(字), 음(音)으로 구별할 것을 주장하였다. <오음초성(五音初聲)>에서는 구개음화 현상에 대하여 언급한 것이 특기할 만하다.

이덕무(李德懋)는 정조 19년(1795)에 편찬한 『청장관전서(靑莊館全書)』(권54~61)에 수록된 '앙엽기(盎葉記)' 1권에서 훈민정음에 관하여 언급하고 훈민정음 <해례본>의 정인지(鄭麟趾) 후서(後序)에 보이는 고전문자(古篆文字) 기원설을 지지하고, 이를 '성문기일도(成文起一圖)'와 관련하여 실증적으로 입증하려고 노력하였다.

2) 불가(佛家)의 정음 연구

5.2.2.0. 이 시대의 정음연구는 불가(佛家)에서도 있었다. 전술한 바와 같이 세종 26년경에 신미(信眉) 대사가 훈민정음의 제정에 참여하면서 불경에 전해오는 고대인도의 비가라론(毘伽羅論)으로 우리말을 연구하였다.

그리하여 비가라론의 음운 이론인 성명기론(聲明記論)의 이론으로 당시 우리말의 음운을 정리하였다. 그리하여 성(聲)과 운(韻)이 아니라 자음과 모음을 따로 분리하여 11자의 중성자(中聲字)를 초성의 언문 27자에 추가함으로써 한자음만이 아니라 우리말 표기에도 이용할 수 있는 새로운 언문(諺文)으로 발전하였다.

신미(信眉)는 <실담장(悉曇章)>에 의거하여 훈민정음 중성을 욕모(欲母) 7자에서 11자로 늘리고 초성과 종성을 동일한 자음으로 인정하게 하였다. 그리하여 초기에 초성만의 언문 27자에서 우리말 표기에 불필요하다고 본 순경음 4자와 전탁의 쌍서자(雙書字) 6개를 제외하여 17자의 초성 글자만 인정하게 하였고 이를 중성 11자와 합하여 훈민정음 28자를 만드는데 결정적인 역할을 하였다.

원래 세종이 새 문자를 창제하고 이것으로 우리말의 표기를 시험하기 위하여 신미(信眉)와 그의 동생 김수온(金守溫)으로 하여금 <증수석가보(增修釋迦譜)>를 언해하여 수양대군과 <석보상절(釋譜詳節)>을 편찬하였다. 또 세종은 스스로 이 문자의 우리말과 동국정운식 한자음 표기를 확인하기 위하여 <월인천강지곡(月印千江之曲)>을 저술하였다.

이 두 책의 원고가 완성되자 이를 합편하여 <월인석보>를 간행하면서 훈민정음의 <언해본>을 제1권 권두에 첨부하여 새 문자를 익혀서 이 불경을 읽도록 하였다. 어쩌면 이것이 진정한 의미로 새 문자를 반포한 것과 다름이 없을 것이다. 이렇게 새 문자의 제정과 반포에 불가(佛家)에서 적극적으로 도왔던 것이다.

5.2.2.1. 조선후기에도 불가에서 이러한 전통을 이어받아 계속해서

새 문자를 배우고 보급하는데 노력하였다. 그리하여 유가(儒家)에서 정음(正音)에 대하여 연구를 계속한 것처럼 불가(佛家)에서도 언문(諺文)과 훈민정음(訓民正音), 정음(正音), 그리고 <언본(諺本)>이라고 한 <언문자모>에 대하여 끊임없는 연구가 지속되었다.

다만 불가에서는 유가와 달리 시문의 작성을 위한 한자음보다는 범자(梵字)로 쓰인 진언(眞言)의 발음 전사와 불경의 언해에서 새 문자로 우리말을 표기할 때에 일어나는 여러 문제들을 중심으로 연구되었다. 따라서 동국정운식 한자음 표음의 훈민정음이나 한자의 한어 표준을 정리하려는 정음 연구보다는 <언문자모>에 의한 새 문자의 정서법을 주로 고찰하였다.

<언문자모>는 불가(佛家)에서 언본(諺本)이란 이름으로 융경(隆慶) 3년(1569)에 설은(雪訔)이 지은 『진언집(眞言集)』의 권두에 실었으며 후대의 중간본에도 계속해서 실었음을 앞의 제4장 4.6.4.7.에서 밝혀두었다. <진언집>이란 한역(漢譯)한 한문의 불경이 아니라 범어(梵語)를 범자(梵字)나 실담(悉曇)으로 쓴 불경을 말한다.

5.2.2.2. 조선후기에도 범자(梵字)나 실담(悉曇)으로 쓰인 진언(眞言)의 전사와 언해를 읽기 위해서 정음과 언문이 필요하였기 때문에 전술한 바와 같이 <언문자모>는 자주 불가(佛家)의 <진언집>에 등장한다. 그 가운데 특기할만한 것은 송광사(松廣寺)의 승려로서 범어(梵語)를 학습한 용암증숙(龍巖增肅)과 그의 제자인 백암인숙공(白巖人俶公)은 종래의 진언(眞言)을 바로 잡아 『중간진언집(重刊眞言集)』을 편찬하여 정조 2년(1777)에 간행하였다는 것이다.

만연사(萬淵寺)에서 간판한 이 책은 종래의 <진언집(眞言集)>과 같이 권두에 "언본십육자모(諺本十六字母)"가 실려 있으며 주목할 만한 것은 전술한 <삼운성휘(三韻聲彙)>에서 주장된 "ㅘㅝ合中聲 ― ㅘ, ㅝ는 중성을 합한 것이다"을 "合中聲獨用二字 ― 중성을 합한 2자는 홀로 쓸 수 있다"라 하여 종래의 10개 중성에 'ㅘ, ㅝ'를 추가하였다.

여기서 10개의 중성이란 '아래 ㆍ'가 빠진 중성의 10자를 말하며 여기에 'ㅘ, ㅝ'를 합하여 12자로 한 것이다. 역시 불가 <실담장(悉曇章)>의 마다(摩多) 12자에 맞춘 것이다. 마다(摩多)에 대하여는 제2장 2.2.3.2.에서 범자(梵字), 즉 브라미(Brāhmi)의 문자에서는 14개의 모음을 표음하는 글자가 있었고 <실담장(悉曇章)>에서 마다(摩多)로 12자를 보였다.

그리고 <진언집>의 범례(凡例) 제5조에서는 'ㅿ ㅇ'를 'ㅇ'으로 통합하여 '初聲獨用六字 － 초성으로만 쓸 수 있는 6자'로 할 것을 주장하였으며 초. 중성 16자모만을 인정하였다. 이 견해는 정조 23년(1800)에 간행된 망월사(望月寺)판 <중간진언집(重刊眞言集)>에서도 동일하였다. 아마도 홍계희(洪啓禧)의 <삼운성휘(三韻聲彙)>의 영향을 받은 것으로 보인다.

3) 19세기의 정음 연구

5.2.3.0. 19세기에 들어와서도 유가(儒家)에서 문자와 음운에 관한 연구는 계속되었다. 현동(玄同) 정동유(鄭東愈)의 『주영편(晝永編)』(1806)은[4] 모두 2권으로 되었고, 권1에서는 포도아어(葡萄牙語) 등 외국어의 어휘 100여개가 수록되어 이채롭다.

정동유는 전술한 바 있는 정제두(鄭齊斗)의 학풍을 이어받은 소론파(少論派)의 실학자로서, 서양의 문자에 대하여도 언급하고 훈민정음이 세계적으로 훌륭한 표음문자임을 주장하였다. 그는 초성(初聲)이 23자모로서 족하며 받침에 대하여는 훈민정음의 "終聲復用初聲 - 종성은 초성을 다시 쓰다"를 주장하였다.

5.2.3.1. 19세기 최대의 정음(正音) 연구가로 유희(柳僖)를 들 수 있다. 정동유와 더불어 소론파(少論派)의 유학자인 서파(西坡) 유희는 매우 박학(博學)하여 『문통(文通)』 100권을 저술하였으며 이 가운데 권19 「언문지(諺文志)」는 정음 연구에 관한 것이다.

이 <언문지>는 그의 스승인 정동유(鄭東愈)와 더불어 정음에 대하여 강론하기를 수개 월만에 저술한 것이 있었으나 이를 분실하고 20년이 지난 순조(純祖) 24년(1824) 5월에 다시 한 책을 이룬 것이라고 그의 서(序)에서 밝히었다.

4 '晝永編'의 '晝永'은 "낮이 길다"는 뜻으로 여름철을 의미한다.

유희는 하곡(霞谷) 정제두(鄭齊斗)의 학풍을 이어 받은 것으로 보인다. <언문지>에는 하곡(霞谷)의 문인 가운데 하나인 원교(圓嶠) 이광사(李匡師)의 『원교집(圓嶠集)』에 언급된 운학(韻學)의 이론이 인용되었는데, 유희의 스승인 정동유가 원교(圓嶠)의 아우인 월암(月巖) 이광려(李匡呂)의 문하생이었기 때문이다.

<언문지>는 서(序), 초성례(初聲例), 중성례(中聲例), 종성례(終聲例), 전자례(全字例)로 나뉘어졌고 초성례에서 정동유의 23자모에 순경음(脣輕音) 2모 'ㅸ,ㆹ'를 추가하여 '유씨교정초성이십오모(柳氏校定初聲二十五母)'를 만들었다. 중성례에서는 '유씨교정중성(柳氏校定中聲)'으로 "정례(正例) 15형(形)"과 "변형(變例) 1형(形)", 도합 16형(形)을 인정하였다.

이것은 훈민정음의 11중성에 "ᅪ, ᅯ, ᆄ, ᆑ"의 4형을 추가하여 정례 15형을 만든 것이고 변례 1형은 "딴이ㅣ"를 첨가한 것이다. 종성례(終聲例)에서는 '유씨교정종성(柳氏校定終聲)'으로 "정례(正例) 6운(韻)", 즉 3평(平 - ㅇㄴㅁ)과 3입(入 - ㄱㄷㅂ)을 들었으며 변례(變例 - ㄹ) 하나를 더하여 모두 7종성을 인정하였다.

또한 문자의 기원과 관련하여, <언문지>에서는 '전자례(全字例)'의 "諺文雖瓶於蒙古, 成於我東, 實世間至妙之物 - 언문은 비록 몽고에서 시작되었으나 우리나라에서 완성되어 실지로 세간에서 지묘의 것이 되었다"라는 기사와 '초성례(初聲例)'의 "我世宗朝命詞臣, 依蒙古字樣 質問明學士黃瓚, 以製 - 우리 세종 조에 유신에게 명하여 몽고(蒙古) 자양(字樣)에 의거하고 명나라 학사 황찬에게 질문하여 만들었다"라는 기사를 통하여 이익(李瀷)의 몽고문자 기원설을 지지하였다.

이러한 이익(李瀷)과 유희(柳僖)이 주장한 정음(正音)의 몽고문자 기원설은 명대(明代)에는 금기시되었던 주장이었으나 만주족의 청(淸)이 건국하고 나서 비교적 자유롭게 거론하게 된 것이다. 병자호란(丙子胡亂) 이전에는 이러한 언급이 불가능하였기 때문이다.

5.2.3.2. 유희(柳僖) 이후 갑오경장(甲午更張)까지의 사이에는 단편적으로 우리 어음(語音)이나 문자에 대하여 언급한 학자가 몇 분 있을 뿐이다. 『언음첩고(諺音捷考)』는 헌종(憲宗) 12년(1846)에 시곡병부(詩谷病夫,

또는 石帆)가 우리말의 소리나 한자음을 구별하기 위한 편람(便覽)으로 만든 2권 1책의 필사본이다. 여기서는 'ㅏ'와 'ㆍ'의 음가를 구별하고, <훈몽자회(訓蒙字會)>부터의 자모수(字母數)의 변동, 초성자(初聲字) 명칭(名稱)의 변동 등을 언급하였다.

순조(純祖), 헌종(憲宗), 철종(哲宗) 연간에 생존한 이규경(李圭景, 1788~?)은 이덕무(李德懋)의 손자로서, 60책에 달하는 방대한 분량의 『오주연문장전산고(五洲衍文長箋散稿)』를 남겼다. 여기에는 '언문변증설(諺文辨證說)'을 비롯하여, 문자학과 중국 음운학 및 어휘 분야에 관한 40개 항목이 실려 있다.

정윤용(鄭允容)은 철종(哲宗) 7년(1856)에 10,800여자에 달하는 한자의 음과 석(釋)을 붙인 『자류주석(字類註釋)』(2권 2책)을 저술하였다. 수암(睡菴) 정윤용은 이 책의 첫 머리에 각종 자모도(字母圖)를 전재하고, 여기에 관련되는 자모(字母), 반절(反切) 등에 관하여 설명하면서, 훈민정음(訓民正音)의 우수함을 논하였다. 족숙(族叔)되는 정동유의 <주영편(晝永編)>을 참고로 한 면이 많다.

5.2.3.3. 강위(姜瑋)의 『동문자모분해(東文字母分解)』는 고종(高宗) 6년(1869)에 이루어진 것으로 자음자(子音字)와 모음자(母音字) 사이의 결합법(結合法)을 주로 계산한 것이다. 첫머리에서 초성(初聲)의 제자(制字)를 발음기관의 형상(形狀)과 운동의 상형설(象形說)로 설명하고 한글의 명칭을 기록하였다. 이어 초중성(初中聲) 합용표(合音表)를 만들어 세밀히 글자 수를 계산하였는데, 그 태도는 유희(柳僖)와 같다. 이 밖에 각자병서(各自竝書) 표기가 옳은 점 등을 주장하였다.

노정섭(盧正燮)은 『광견잡록(廣見雜錄)』(고종 22년, 1885)의 「연곡선생문집(蓮谷先生文集)」 (권13에 수록됨)에서 훈민정음 관계 기사를 비롯하여 자신의 의견을 개진하였다. 이들의 정음 연구는 앞서 언급한 바와 같이 문자 제정의 배경이론과 그것에 대한 자신들의 주장을 피력한 것으로 당시 정음(正音)이 식자(識者)들 사이에 얼마나 중요한 과제였는지를 말해 준다.

3. 역학(譯學)의 발흥(勃興)

5.3.0.0. 이와 같은 정음 연구와 함께 고려 말부터 발달한 역학과 역학자들에 의한 정음의 연구도 최세진 이후 면면하게 계승되어 왔으며 사역원(司譯院)의 외국어 연구도 한국어학의 발전에 크게 기여하였다.[5]

고려 충렬왕(忠烈王) 2년(1276)에 창설된 '통문관(通文館)'으로 소급할 수 있는 사역원은 조선의 건국초기부터 복치(復置), 운영되었으며 조선시대의 말기까지 사대교린(事大交隣)의 외교업무를 집행하는 역관(譯官)들의 관리와 교육을 담당하였다.

사역원(司譯院)에서는 역관들의 외국어 교육을 위하여 사학(四學)을 설치하고 중국어는 한학(漢學)에서, 몽고어, 일본어, 여진어는 각각 몽학(蒙學)과 왜학(倭學), 여진학(女眞學)에서 교육하였으며 여진학은 병자호란(丙子胡亂) 이후 만주어(滿洲語)를 교육하는 청학(淸學)으로 바뀌었다.

사역원의 사학(四學)에서는 역관(譯官)들의 외국어 학습을 위하여 초기에는 해당국의 훈몽서(訓蒙書)를 수입하여 학습하였으나[6] 왜란과 호란을 겪으면서 보다 실용적인 외국어 학습서의 필요성이 인식되었고 이에 따라 조선시대 후기에는 사역원에서 자체적으로 많은 외국어 학습서를 편찬하였다.

이러한 외국어 교재를 사역원 역서(譯書) 또는 역학서(譯學書)라고 불렀다. 즉, 한어(漢語)의 학습의 한학서(漢學書), 몽고어 학습의 몽학서(蒙學書), 일본어의 왜학서(倭學書), 여진어의 여진학서(女眞學書), 또는 만주어의 청학서(淸學書)를 모두 총칭하여 역학서(譯學書)라 부른다. 이 역서(譯書)들은 당시 역관(譯官)들만이 아니라 여러 지식층에서 관심을 가졌던

---

5 조선시대 司譯院에서 실시한 譯官들의 외국어 교육과 그 獎學에 대하여는 졸고(1990a; 2014)를 참조하고 그곳에서 편찬한 외국어 학습 교재, 즉 譯學書에 대하여는 졸저(2017)을 참고할 것.

6 예를 들면 중국어를 학습하기 위하여 중국의 훈몽서였던 <小學>을 太祖 때에 歸化人 偰長壽가 당시 한어로 번역하여 편찬한 <直解小學>을 교재로 이용하였다. 이 외에도 한어 漢學書 <童子習>, 몽고어의 蒙學書 <王可汗>, <高難加屯>, 일본어의 倭學書 <伊路波>, <童子習> 여진어의 <千字文>, <小兒論>, <三歲兒> 등의 譯學書는 오늘날 대부분 실전되었으나 그 서명으로 보아 모두 훈몽교과서로 보인다. 졸저(2014) 참조.

것으로 보인다.

5.3.0.1. 사역원의 외국어 교육은 오늘날의 교육방법과 비교하여도 손색이 없는 체계적이고 철저하였다. 사역원에서는 5~6세의 어린 아이를 입교(入校) 시켜서 언어의 조기교육을 실시하였으며[7] 교과서도 문자서(文字書)와 강독 교재, 어휘집을 자체적으로 편찬하여 교재로 삼았다. 강독 교재는 회화 위주의 실용적인 것이었으며 역관의 실제 임무와 관련된 것을 내용으로 하는 등 언어교육의 효율성을 기하였다.

사역원(司譯院)의 외국어 교재는 훈민정음 창제 이후에 표음문자로 번역되었다. 여기서 '번역(飜譯)'이란 뜻은 '언해(諺解)'와는 달리 단지 훈민정음이란 신문자로 해당 외국어의 내용을 해석하는 것만이 아니라 그 발음을 전사하는 것을 의미한다. 따라서 표의(表意)문자인 한자로 쓰인 중국어의 경우에도 당시의 발음을 정확하게 알 수 있다.

비록 표음(表音) 문자인 몽고-위구르 문자(蒙古畏兀字)와 일본의 가나(假名) 및 청(淸)의 만주-위구르 문자, 즉 만주자(滿洲字)로 기록된 몽고어의 교재를 비롯하여 외국어로 쓰인 모든 역학서가 정음으로 표음되었다. 중국어, 몽고어, 일본어, 그리고 만주어의 교과서를 통하여 당시 해당언어의 정확한 발음을 정음의 표기에 의해서 다시 한 번 확인할 수 있다.

더욱이 외국어 교재 자료들은 살아있는 생생한 구어(口語)를 대상으로 한 것이어서 해당 언어의 역사 연구에 매우 귀중한 자료가 된다. 그리고 해당 언어의 연구를 통하여 당시 사용된 훈민정음의 음가(音價)를 이 외국어 교재의 연구를 통하여 시대적으로 확인할 수도 있다.

따라서 역학서에 쓰인 정음 문자의 음가에 대한 연구는 사역원의 외국어 교재와 같은 역사적 자료를 연구하는데 절대적으로 귀중하다. 예를 들면 다음에 언급할 홍치(弘治) 5년(1492)에 간행된『이로파(伊路波)』에서는 일본의 가나문자 하나하나의 발음을 훈민정음으로 주음(注音)하

7 졸저(1990a)에 의하면 조선 후기에 왜학역관으로 이름을 날린 玄啓根(兒名 玄敬躋)은 만5세의 어린 나이에 사역원에 入屬하였다고 한다. 조선시대의 외국어 교육에서 조기 교육에 대한 좀 더 자세한 것은 졸저(2014)를 참고할 것.

였다. 따라서 당시 훈민정음의 음가를 일본의 가나문자를 통하여 확인할 수 있고 또 반대로 가나문자의 음가도 훈민정음 문자로 확인할 수 있다.

5.3.0.2. 한편 언문(諺文)으로 기록된 대역(對譯) 한국어들은 경서언해나 불경언해, 그리고 다른 언해자료나 언문표기 자료에서 볼 수 없는 당시 생생한 한국어의 모습을 보여준다. 이와 같은 이유로 조선 사역원의 외국어 교재 자료들은 한국어의 연구에서도 귀중한 자료이며 해당 외국어의 역사적 연구에도 매우 중요한 자료가 된다.

예를 들면 1990년대 말에 발견된 고려 말~조선 초기에 간판(刊板)한 원대(元代) 한어(漢語)의 {원간(原刊)}<노걸대(老乞大)>는 몽고어의 영향을 받은 6백여년전 북경(北京) 지방에서 통용되던 한아언어(漢兒言語)의 모습을 생생하게 보여준다.

앞으로 이 자료는 조선 중기에 개편된 명초(明初)의 남경관화(南京官話)를 반영한 <노걸대(老乞大)>와 <박통사(朴通事)>, 그리고 조선 후기에 수정(修訂)된 청대(淸代) 북경(北京) 만다린(Mandarin)의 『노걸대신석(老乞大新釋)』, 『박통사신석(朴通事新釋)』과 더불어 중국어의 역사적 연구에 크게 기여할 것이다.[8]

조선시대의 외국어 학습 교재의 연구를 통하여 이 시대의 문화적 교류를 살펴볼 수 있다. 사역원의 외국어 교재들은 역관들의 실무 수행에서 필요한 해당국의 언어와 문화를 교육하기 위하여 선택된 것이다. 따라서 주변 민족의 문화를 이해할 수 있는 내용을 역학서에서는 집중적으로 수용할 수밖에 없다. 한어 교재인 <노걸대>와 <박통사>는 당시 중국의 생활을 보여주도록 교재 내용을 편집하였다.

이 한어 교재의 연구에서, 특히 <노걸대>의 원간본(原刊本)에서는 지금까지 잘 알려지지 않은 원대(元代) 대도(大都), 즉 북경의 서민 생활을

8 고려 말~조선 초기에 간판한 元代 漢語의 {原刊}<老乞大>에 대하여는 鄭光·南權熙·梁伍鎭의 "新資料 高麗版 元代漢語 <老乞大>에 대하여"(<國語學會 冬季硏究會>, 1998년 12월)를 참조할 것. 이 자료는 2000년에 필자의 해제와 색인, 원문을 붙여 경북대학교 출판부와 北京의 北京外國語大學 부설 출판사인 外硏社에서 영인본으로 출판되었다.

그대로 보여준다. 그 한 예로 {원본}<노걸대>에서 당시에 사용되던 지폐 중통초(中統鈔)의 사용에 대한 여러 가지 대화를 통하여 이 시대의 화폐 사용에 대한 많은 지식을 줄 뿐만 아니라 그로 인하여 일어나는 많은 사회적 문제까지 알 수 있다. 그 외에 당시의 복식이라든지 음식 등을 소개하여 이 시대의 문화적 특징을 잘 보여준다.

5.3.0.3. 원(元)이 건국하여 중국의 동북지역에서 사용되는 한아언어를 공용어로 하였기 때문에 몽고의 원(元)과 접촉할 때에 이 언어와 몽고어가 필요하게 되었다. 이에 대하여는 역시 졸저(2002, 2010)에서 상세하게 다루었으나 여기서는 설장수(偰長壽)의 사역원 설치에 대한 부분만을 다시 살펴보기로 한다.

고려에서는 이 두 언어를 교육하기 위하여 충렬왕 2년(1276)에 통문관(通文館)을 설치하고 금내학관(禁內學官)으로 첨외(添外)의 관직에 있거나 40세 미만인자에게 한어(漢語)를 교육하였다.[9] 이때에는 몽고어도 함께 교육한 것으로 보인다. 왜냐하면 처음 설치된 통문관에서는 한어와 몽고어를 교육하였기 때문이다.

즉, 고려의 전신이었던 태봉(泰封)의 궁예(弓裔)는 사대(史臺)를 두어 제방(諸方)의 역어(譯語)를 담당하게 하였으며[10] 고려가 건국한 뒤에도 역어의 교육은 계속되었을 것이다. 고려 후기에는 통문관을 설치하여 한어를 비롯한 외국어의 국가적인 교육이 실시되었으며 이것이 후일 사역원(司譯院)으로 개명되어 역어를 관장하였다. 즉『고려사』(권76)「백관」「지(志)」(1) '통문관(通文館)'조에

> 通文館, 忠烈王二年始置之。令禁內學官等參外、年未四十者習漢語, 時舌人多起微賤, 傳語之間多不以實, 懷奸濟私, 參文學事金坵建議置之。後置司譯院以掌譯語。- 통문관은 충렬왕 2년에 처음으로 설치하였다. 금내학관

9 『고려사』(권76)「志」(제30) '通文館'조에 "通文館, 忠烈王二年始置之。令禁內學官等, 添外年未四十者習漢語。{禁內學官: 秘書、史館、翰林、寶文閣、御書、同文院。}"이란 기사 참조.

10 『三國史記』(권46) '弓裔所制官號'조에 "史台掌習諸譯語"라는 기사와 同(권50)「列傳」'弓裔'조에 "又置史台, 掌習諸譯語"라는 기사 참조.

> 등의 첨외, 즉 칠품 이하의 관리로 나이가 40세 미만인 자들에게 한어를 배우도록 명하였다. 당시에 역관들이 미천한 신분에서 나온 사람들이 많아서 통역을 할 때에 사실대로 전하지 않고 간사하고 저에게 이롭게 하였다. 참문학사 김구가 건의하여 설치하였는데 후에 사역원을 두고 역어를 관장하게 하다.

이라 하여 충렬왕 2년(1276)에 참문학사(參文學事) 김구(金坵)의 건의로 통문관(通文館)을 처음 설치하고 금내학관(禁內學官) 중에서[11] 참외(參外)의 벼슬(7품 이하의 관리)에 있는 40세 미만인 자에게 한어를 학습하게 하였음을 알 수 있다.

여기서 한어(漢語)라는 말에 주목할 필요가 있다. 당시 고려의 지식인들은 모두 한문을 배웠고 특히 문신(文臣)들은 유교(儒教)의 경전을 통하여 중국 선진(先秦)시대의 아언(雅言)의 고문(古文)을 학습했으며 당송(唐宋)의 여러 문학작품을 통하여 통어(通語)에 능숙하였다.[12] 따라서 북송(北宋) 때까지도 고려의 지식인들은 중국인들과 의사소통이 가능하였다. 고려 전기에 문신(文臣)들이 중국에서 온 사신(使臣)들과 통역이 없이 소통하였음을 알려주는 많은 기사가 사료(史料)에 전한다.

그러나 원(元)이 중국을 통일하고 중원(中原)에 몽고의 제국(帝國)을 세우면서 북경(北京)을 서울로 하였다. 따라서 이때부터 북경어를 기반으로 하는 중국의 동북지방의 방언이 국가 공용어로 자리를 잡는다. 이 동북지방의 말은 이미 거란(契丹)의 요(遼)와 여진(女眞)의 금(金) 때에 중국의 동북지방에서 통용되던 언어였으므로 원(元) 제국(帝國)의 공용어로서 손색이 없었기 때문이다.

---

11 禁內學官은 秘書, 史館, 翰林, 寶文閣, 御書, 同文院의 文官을 말하며 式目, 都兵馬, 迎送을 합하여 禁內九官이라 하였다. 주3의 「高麗史」(권76) 「志」(권제31) 「百官」(2) '通文館'조 참조.

12 중국어의 역사에서 '雅言'이란 先秦시대 東周의 서울인 洛陽의 말을 기반으로 한 언어로 四書五經의 儒經이 모두 이 말로 저술되었다. 그에 비하여 '通語'란 漢과 唐의 수도였던 長安의 말을 기반으로 하는 언어로 유교 경전의 雅言에 비교하여 권위가 떨어지지만 많은 유경이 이 말로 주해되었으며 또 많은 문학작품이 通語로 저술되어 고려의 지식인들에게는 익숙한 언어였다. 서양인들의 중국어 역사에서 후자를 Ancient Chinese(中古語)라고 부르고 전자를 上古語(Archaic Chinese)라고 한다.

종래 여러 문헌에서 한아언어(漢兒言語)라고 불리던 이 말은 실제 중국어의 역사 연구에서 실재하는 언어로 인정되지 못하다가 필자가 고려 말에 편찬된 것으로 보이는 <원본노걸대>를 발굴하여 학계에 보고하여 정식으로 그 언어의 존재를 논의하기 시작하였다.[13] 그 전까지는 일본의 중국어 전문가, 예를 들면 요시가와(吉川幸次郎), 다나카(田中謙二) 등은 한아언어(漢兒言語)가 몽문직역체(蒙文直譯体)라는 일종의 변체의 한문 문체로 보았다(졸고. 1999b).

한아언어(漢兒言語)로 불리던 한어(漢語)는 전술한 아언(雅言)이나 통어(通語)와는 완전히 다른 언어였다. 문법이나 어휘에도 차이가 나지만 한자의 발음은 전혀 달라서 새롭게 배워야 했다. 한어(漢語)가 중국 동북(東北) 지방의 언어를 기반으로 하였기 때문에 음운에 있어서도 차이가 있었고 이 지역에서 같이 살던 알타이제어의 영향을 받아 문법에서도 변화가 있었다.[14] 이 한어(漢語)가 오늘날의 중국의 통용어인 보통화(普通話)로 연결되지만 이 말은 고립적 문법구조에서 많이 벗어난 교착어와의 혼효어(混淆語)적인 성격을 가졌다.

이렇게 새로 생겨난 원(元) 제국(帝國)의 공용어인 한어(漢語)는 북경(北京)의 한아언어를 기반으로 한 것이어서 종래 장안(長安)의 언어를 기반으로 한 통어(通語)와는 많이 달랐다. 따라서 원(元)과의 접촉이 많았던 고려 후기에는 이들과의 접촉에서 한어(漢語)를 통역하는 역관을 따

13 漢兒言語에 대하여는 정광 외(1999)를 위시하여 졸고(1999b,c, 2000b, 2002d, 2004a)를 참고할 것. 졸고(1999b)는 일본인을 위하여 일본에서 간행되는『中國語學硏究 開篇』(일본 早稻田大學 中國語學科)에 실린 것이고 졸고(1999c)도 일본의 오사카시립대학에서 일본의 중국어 연구자들에게 강연한 것이다. 졸고(2000b)는 한국의 연구자를 위하여 서울의『진단학보』에 실린 것이며 졸고(2002d)는 서양학자들을 위하여 영어로 *Pathways into Korean Language and Culture*(Seoul)에 실었고, 졸고(2004a)는 중국에서 중국 연구자를 위하여 北京에서 중국어로 간행된 논문이다. 이러한 필자의 노력으로 漢兒言語, 즉 漢語의 존재가 점차 세계 학계의 인정을 받게 되었다.

14 알타이제어(Altaic languages)란 용어는 요즘 알타이어족설이 비판을 받으면서 잘 쓰지 않는다. 라이든대학의 교수로서 일본어학의 대가인 Maritine Robeets 여사는 Johanson·Robeets eds(2009)의 'Introduction'을 쓰면서 Altaic languages를 Transeurasian languages(유라시아제어)로 대체하여 사용하였다. 필자는 Robeets 여사를 학회에서 만나 알타이제어에 대하여 여러 가지 의견을 나누었다. 그 자리에는 알타이어족의 가설을 가장 앞장서서 부정하는 Alexander Vovin 교수도 있었다.

로 두지 않을 수 없다.

즉, 고려 후기에는 한문도감(漢文都監)이나 한어도감(漢語都監)에서 미천한 계급에게 한어를 교육하여 역설(譯舌)로[15] 삼았고 통문관(通文館)의 설치 이후에 비로소 양가자제(良家子弟)를 교육하여 한어 역관(譯官)으로 활동하게 한 것이다.

5.3.0.4. 고려 후기에 원(元)과의 교섭이 자자지면서 고려에서는 한문도감(漢文都監)을 두어 한어(漢語)를 학습시켰고 공양왕 때에는 이를 한어도감(漢語都監)으로 개칭하였다.[16] 여기서는 한어의 교육을 전담하였으며 통문관의 후신인 사역원에서는 한어보다는 이문(吏文), 즉 한이문(漢吏文) 교육에 치중한 것으로 보인다.[17]

즉, 『고려사』(권77) 「백관」(2) '제사도감각색(諸司都監各色)' '십학(十學)' 조에

> 恭讓王元年置十學, 敎授官分隷。禮學于成均館, 樂學于典儀寺, 兵學于軍候所, 律學于典法司, 字學于典校寺 醫學于典醫寺, 風水陰陽等學于書雲觀, 吏學于司譯院。 - 공양왕 원년에 십학을 두고 교수관을 나누어 배치하였다. 예학은 성균관에, 악학은 전의시에, 병학은 군후소에, 율학은 전법사에, 자학은 전교시에, 의학은 전의시에, 품수음양학 등은 서운관에, 이학은 사역원에 두다.

이라 하여 공양왕 원년(1389)에 예학(禮學), 악학(樂學), 병학(兵學), 율학(律學), 자학(字學), 의학(醫學), 풍수음양학(風水陰陽學), 이학(吏學)의 십학(十學)을 두고[18] 교수관을 각사(各司)에 분예(分隷)하였는데 이학(吏學)은 사역

---

15 譯舌은 譯官을 얕잡아 부르는 말이다. 『고려사』의 도처에 譯舌이란 호칭이 보인다.

16 『高麗史』(권77) 「志」(권제31) 「百官」(2) '諸司都監各色'조에 "漢文都監, 恭讓王三年改漢語都監, 爲漢文置敎授官"이란 기사 참조.

17 漢吏文은 중국의 元에서 漢兒言語로 기반으로 시작한 吏文을 말한다. 교착적 문법 구조의 주변 언어에 영향을 받아 고립적인 중국어의 한문을 변형시킨 것이므로 조선에서도 그 편의성이 인정되어 우리말에 근거한 吏文을 만들어 사용하였다. 필자는 후자를 전자와 구별하기 위하여 朝鮮吏文이라 하고 元代의 것을 漢吏文이라 부를 것을 제안하였다(졸고, 2006a).

원이 담당하였음을 알 수 있다.

여기에 등장하는 이학(吏學)을 이문(吏文)의 교육으로 본다면 졸고(2006a)에서 논의한 한이문(漢吏文)이란 중국에 보내는 사대문서에 사용된 독특한 한문체로 원대(元代)의 공문서에 널리 사용된 것이다. 즉, 원대(元代)의 『대원통제(大元通制)』, 『지정조격(至正條格)』 등에 사용한 문장은 한문의 고문(古文)이나 백화문(白話文)과도 다른 독특한 문체였으며 주로 행정문서에 사용되었기 때문에 이문(吏文)이란 이름을 붙인 것이고 졸고(2006a)에서는 조선의 이문과 구별하기 위하여 한이문(漢吏文)이라 불렀다.[19]

고려에서는 국초부터 문서감(文書監)을 두고 사대교린의 문서를 관장하도록 하였다. 후일 이것이 문서응봉사(文書應奉司)로 개칭되어 조선 승문원(承文院)의 기원이 되었으며 또 별도로 충혜왕 원년(1340)에 이학도감(吏學都監)을 두고 한이문(漢吏文)을 교육하였다.[20] 사역원에서도 이문에 대한 지식이 필요할 때가 있었으므로 한이문(漢吏文)의 교육도 실시되었다.

---

18 『高麗史』에 언급된 禮學 등의 十學은 成均館 等 八司에 나누어져 있고 風水陰陽學을 둘로 나누어도 九學에 불과하다. 이에 대해서 『增補文獻備考』에서도 "臣謹按麗史十學教授分隷干各司, 而所臚列者, 只是八司。雖以風水陰陽分爲二學, 猶不滿十學之數, 可疑。"라 하여 같은 의문을 가졌는데 역학이 빠진 것이 아닌가 한다.

19 졸고(2006a)에 따르면 漢兒言語가 口語라면 漢吏文은 文語라고 한다. 즉, 元에서 罪人을 잡아 문초하면 그들은 자신들의 口語인 漢兒言語로 자백하고 이 供招를 그대로 한자로 적은 것에서 한이문은 시작되었다고 본 것이다. 따라서 漢吏文은 元 帝國의 법률관계 문서에서 많이 사용되었다. 뿐만 아니라 元은 주변의 朝貢 국가에 보내는 문서도 이 한이문으로 작성하였으며 이것이 定式이 되어 중국의 사대문서를 이해하기 위하여 고려와 조선에서는 漢吏文을 별도로 학습하지 않을 수 없었다.

20 『增補文獻備考』(권221) 「職官考」 '承文院' 조에 "高麗置文書監進色, 掌事大交隣文書, 有別監。後改稱文書應奉司, 有使副使判官, 皆以他官兼。本朝國初仍麗制, 太宗九年改置知事僉知事、檢討官、校理、修撰官、書記, 而各有權知。十年改置承文院, 置判事、知事、僉知事各一員, 校理、副校理、正字、副正字 各二員。十五年增置博士, 著作各二員。[下略](30앞 8~35앞 10行)"라고 한 기사로부터 承文院의 전신이 고려의 文書監進色임을 알 수 있다. 또 『高麗史』에 의하면 忠惠王 元年(1340)에 吏學都監을 두고 忠穆王 4年(1348)에 永山君 張沆, 僉議參理 金允臧 등 判事 7人과 副使 3人, 判官 3人, 綠事 4人을 두어 吏學을 진흥시켰음을 알 수 있다(『高麗史』 권37 「世家」 권제37 '忠穆王 4年' 조와 『고려사』 권77 「志」 제31 「百官」 2 '諸司都監各色' 조).

고려에서는 사역원이 통문관의 전통을 이어받아 단순한 역관의 양성이 아니라 금내학관(禁內學官)의 40세 미만인 자에게 한어(漢語)를 교육하기 위하여 시작된 것이므로 한문(古文)과 이문(實用文), 그리고 한어(會話)까지 할 수 있는 외교관의 양성이 그 목적이었다. 반면에 단순한 통역을 담당하는 역관은 한어도감(漢語都監)에서 배출되었다.

5.3.0.4. 이와 같은 사역원의 조직과 제도의 전통은 조선 건국 초기에 그대로 계승되었다. 조선에서는 건국초기 즉 태조 2년(1393) 9월에 사역원(司譯院)을 설치하고[21] 화언(華言), 즉 중국어를 이습하게 하였는데 이때에도 역어와 한이문을 동시에 교육한 것으로 보인다. 『태조실록』(권6) 태조 3년 11월 을묘(乙卯, 19일)조의 기사에 설장수(偰長壽)가 사역원을 설치해야 하는 목적과 기대되는 효과에 대하여 언급한 것이 소개되었다. 즉, 이 실록의 기사에

> 司譯院提調偰長壽等上書言: 臣等竊聞, 治國以人才爲本。而人才以敎養爲先, 故學校之設乃爲政之要也。我國家世事中國, 言語文字不可不習。是以肇國之初, 特設本院, 置祿官及敎官敎授生徒, 倚習中國言語音訓文字體式, 上以盡事大之誠, 下以期易俗之效。[下略] — 사역원 제조 설장수 등이 상서하여 말하기를 "신들이 듣기로는 나라를 다스리는데 인재를 근본으로 삼아야 한다고 합니다. 그러므로 학교를 설치하는 것은 정치의 요체라고 할 수 있습니다. 우리나라는 대대로 중국을 섬기기 때문에 그 언어와 문자를 배우지 않을 수 없습니다. 나라를 세우던 초기에 특별히 [사역]원을 설치하고 녹관과 교관, 교수, 생도를 두어 중국의 언어와 발음, 뜻, 그리고 체식을 배우게 하였으니 위로는 사대의 정성을 다 한 것이요 아래로는 그 효과가 쉽게 하기를 기대한 것입니다"라고 하다.[22]

라 하여 설장수(偰長壽)가 사역원의 제조(提調)로 있으면서 조선을 건국한 태조에게 사역원(司譯院)을 설치하여 중국의 언어, 음훈(音訓), 문자, 체식(體式)을 비습(俾習)시키도록 상서하였음을 알 수 있다.[23]

---

21 『태조실록』(권4) 太祖 2年 9月 辛酉 조에 "置司譯院, 俾習華言"이란 기사 참조.

22 여기서 '體式'이란 漢吏文을 말한다고 보았다(졸고, 2006a: 32~33).

사역원이 설치된 태조 2年 10월에 병학(兵學), 율학(律學), 자학(字學), 역학(譯學), 의학(醫學), 산학(算學)의 육학(六學)을 두어[24] 양가자제로 하여금 이들을 이습(肄習)하게 하였으며 이중 역학의 교육은 이보다 1개월 전에 설치된 사역원에서 담당하였을 것으로 보인다. 여기서 역학은 말할 것도 없이 중국어와 몽고어를 학습하여 통역의 일을 맡는 역관의 양성을 말하는 것이다.

태종 6년(1406)에는 상술한 육학(六學) 이외에 하륜(河倫)이 올린 계(啓)에 의하여 유학(儒學), 이학(吏學), 음양풍수(陰陽風水), 악학(樂學)의 4학을 추가하여 십학(十學)을 설치하였다. 이것은 고려 공양왕 때의 십학(十學, 실은 八學)에 역학(譯學)과 산학(算學)이 추가된 것이며 태조 때의 육학(六學)에서 병학(兵學)이 무학(武學)으로 바뀌었다.[25]

태종 때의 십학(十學)에 추가된 이학(吏學)도 초기에는 사역원에서 교육되었을 것이나 태종 10년(1410)에 승문원(承文院)이 설치되자 이학(吏學)은 승문원에서 교육되었다. 즉, 『반계수록(磻溪隨錄)』(권15) 「직관지제(職官之制)」(上) '승문원(承文院)'조에

> 掌事大交隣文書及通習漢語吏文。[中略] 文官五品以下, 每冬會本院講漢語{二書}, 或吏文皆定所業, 吏文則無過二十人, 漢語勿限數。五分以上賞加一階, 不通者降一階, 其無故不參者罷職。[下略] — [승문원은] 사대교린의 문서와 한어 및 이문의 교육을 관장한다. [중략] 문관 가운데 5품 이하의 관리는 겨울마다 승문원에 모여 한어를 {2책, <노걸대>와 <박통사>를 말함-역자 주} 강독하고 이문은 그 배우는 것이 정해져서 20인을 넘지 않으

---

23 사역원의 제조인 설장수가 다른 雜學의 겸직인 提調들처럼 사역원의 정책과 인사문제에 대하여 최종적인 권한 행사를 할 수 있었다고 볼 수 있다(정다함, 2008: 131). 더욱이 초창기의 사역원은 거의 그에 의하여 설계되고 운영되었다.

24 『太祖實錄』(권2) 太祖 2年 10月조에 "設六學, 令良家子弟俾習, 一兵學, 二律學, 三字學, 四譯學, 五醫學, 六算學"이란 기사 참조.

25 『太宗實錄』(권12) 太宗 6年 11月 辛未조에 "置十學, 從左政承河崙之啓也。一曰儒、二曰武、三曰吏、四曰譯、五曰陰陽風水、六曰醫、七曰字、八曰律、九曰算、十曰樂, 各置提調官。其儒學只試具任三館七品以下, 餘九學勿論時散自四品以下, 四仲月考試, 第其考下以憑黜陟。"라는 기사가 있어 太宗代의 十學이 儒, 武, 吏, 驛, 陰陽風水, 醫, 字, 律, 算, 樂을 말하며 儒學은 三館의 七品 이하에게, 그리고 나머지 九學은 四品 이하에게 고시하여 黜陟의 근거로 삼았음을 알 수 있다.

> 나 한어는 제한된 수효가 없다. 5분 이상의 점수를 얻으면 상으로 한 등급 올리고 이유 없이 불참하는 자는 파직한다. [하략]

라는 기사가 있어 승문원에서 매년 겨울에 한어와 이문을 오품(五品) 이하의 문관에게 교육하였음을 알 수 있다.[26]

세종 때에는 유학(儒學), 무학(武學), 한이학(漢吏學), 자학(字學), 역학(譯學), 음양학(陰陽學), 의학(醫學), 악학(樂學), 산학(算學), 율학(律學)의 십학(十學)이 있었다. 이때에도 역학(譯學)은 사역원에서, 한이학(漢吏學)은 승문원이 중심이 되어 교육을 하였으나 사역원에서도 이문을, 승문원에서도 한어를 교육하였다는 기록이 보인다.[27]

또 이학(吏學)을 시험한 한이과(漢吏科)와 한어(漢語)를 시험한 통사과(通事科)에서도 구어(口語)인 한어와 문어(文語)인 이문이 서로 교체되어 출제된다는 기록이 실록에 전해지므로 사역원에서도 이문(吏文)의 교육이 있었고 승문원에서도 <노걸대>, <박통사>를 통한 한어의 교육이 있었음을 알 수 있다.

그러나 예종(睿宗) 원년(1469)에 편찬된 『경국대전(經國大典)』에서는 한이과(漢吏科)가 없어지고 역과(譯科) 한학(漢學)만이 남게 되어 역관 양성을 위한 한어교육이 사역원의 임무가 되었고 이학(吏學)은 점차 문신(文臣)의 여기로서 승문원에서 이를 교육하게 된 것이다.[28] 한이과가 일시

---

26 『經國大典』(권1) 「吏典」 「正三品衙門」 '承文院' 조에 "承文院掌事大交隣文書, 並用文官, [中略] 吏文習讀官 二十員, [下略]"이라는 기사와 同(권3) 「禮典」 '奬勸' 조에 "承文院官員, 每旬提調講所讀書"라 하여 經史類와 譯語類 이외에 吏學指南, 忠義直言, 童子習, 大元通制, 至正條格, 御制大誥, 吏文謄錄 등의 吏學書가 나열되었다. 또 같은 조의 '寫字'에 "漢語吏文寫字特異者雖犯罪作散, 除重犯私罪外仍仕。"라는 기사가 있어 承文院에서 吏文의 교육을 얼마나 중요하게 여겼는지 알 수 있다.

27 『世宗實錄』(권47) 世宗 12年 庚戌 3月 '諸學取才' 조에 吏學과 譯學 漢訓의 經書 및 諸藝數目이 등재되었는데 吏學은 經史類 이외에 <朴通事>, <老乞大>의 漢語 교재가 포함되었다. 또 具允明의 『典律通補』(1786) 「禮典」 '漢語吏文' 조에 "漢語吏文: 臣令槐院抄二十九歲以下人習漢語, 三十九歲以下人習吏文並, 四十九許頃本院褒貶。坐起三處、考講三處。[下略]"라 하여 承文院의 문신들에게 吏文을 학습시켰음을 알 수 있다.

28 『磻溪隧錄』(권25) 「속편」 '言語' 조에 "四學及各州縣學, 每三朔一講漢語, [中略] 若我莊憲大王一新百度有意, 於是就設承文院。令文官始出身者必讀漢語吏文。又撰四聲通攷以卞其音, 又今凡百名物皆稱以漢語, 至今尙有傳習者。"라는 기사가 있

설치되었으나 조선에서는 『경국대전』의 보수성은 매우 강해서 대전(大典)에 등재되지 못한 제도는 연속되기 어려운 탓인지 조선 후기에는 역과 한학만이 존속되었다.

1) 귀화인 설장수(偰長壽)와 사역원

5.3.1.0. 조선의 건국 초기에 사역원을 설치하는 일의 주역은 위구르 귀화인 설장수(偰長壽)이었다. 전통적으로 위구르 족으로 불리는 종족이 8세기 중엽에 돌궐(突厥)을 쳐부수고 몽골 고원에 위구르 카한국(可汗國)을 세웠다.

그러나 이 나라는 9세기 중엽에 이르러 키르기스(Kirgiz)족의 공격을 받아 궤멸(潰滅)하였고 위구르족은 남쪽과 서쪽으로 나뉘어 패주하였다. 남쪽으로 도망간 위구르족은 당(唐)으로의 망명이 이루지지 않아서 뿔뿔이 흩어졌다. 서쪽으로 향한 위구르족의 일부가 현재 중국의 감숙성(甘肅省)에 들어가 그곳에 왕국을 세웠다가 11세기 초엽에 이원호(李元昊)의 서하(西夏)에 멸망하였다.

한편 현재의 신강성(新疆省) 위구르 자치구(自治區)에 들어간 별도의 일파는 9세기 후반 당시의 언자(焉耆), 고창(高昌), 북정(北庭)을 중심으로 한 광대한 지역에 '서(西) 위구르왕국'으로 일반에게 알려진 위구르족의 국가를 건설하였다. 원래 위구르족의 근거지가 된 고창(高昌)은 투루판 분지에 있었다.

기원 전 2세기경에 거사전국(車師前國, 혹은 車師 前王朝)와 거사후국(車師後國, 혹은 車師 후왕조)이 오늘날의 교하고성(交河古城)을 중심으로 투루판(吐魯番)의 분지를 장악했다.[29] 이 거사족(族), 즉 옥(玉)의 부족은 4세기까

어 世宗 대에 文官에서 이제 벼슬길에 나아간 사람들에게 반드시 漢語와 吏文을 읽게 하였음을 알 수 있다. 漢文에 익숙한 文臣들은 吏文을 쉽게 이해할 수 있었을 것이다.

29 車師(거사)국은 '車師'를 혹은 '姑師'라고 부르기 때문에 '차사'로 읽지 않고 '거사'로 읽은 것이다. 車師前國은 거사前部라고도 불리고 투루판의 서쪽, 즉 交河城 지역을 다스리던 車師族의 국가였으며 車師後國은 거사後部라고 하며 투루판 분지의 務塗谷을 다스리던 나라였다. 後漢 때에 車師의 전, 후국과 東且彌, 卑陸, 浦類, 移支를 합하여 車師六國이라 하였다. 唐代에 멸망하였다.

지 이 지역에서 평화롭게 살았다.[30] 그러나 흉노(匈奴)계의 후예로서 탁발(拓拔)의 선비(鮮卑)족이 세운 북위(北魏)에서 쫓겨나 북량(北涼, 397~439)을 세운 저거몽손(沮渠蒙遜)에 의해서 고창국(高昌國)이 세워진다(『晉書』권129, 『魏書』권99, 『北史』권97 참조). 기원 후 448년의 일이다.

그러나 이렇게 세워진 고창(高昌)국도 3대째인 저거무건(沮渠茂虔)이[31] 북위(北魏) 태무제(太武帝)의 침략을 받아 살해되고 나서 실질적으로는 한족(漢族)의 지배를 받다가 7세기 전반에는 북방 초원의 서돌궐(西突厥)로부터 침략을 받았으며 곧 당(唐)에 복속하게 된다. 당(唐)은 고창(高昌)을 서주(西州)로 개명하고 이곳에 안서(安西) 도호부(都護府)를 설치하여 군대를 주둔시켰다.

당(唐)이 안록산(安祿山)의 난으로 휘청거릴 때에 위구르족이 이곳으로 밀려들어와서 거처를 마련한다. 그들은 독실한 불교신자들이었으며 고도의 문명을 가져 역사에서 유명한 천불동(千佛洞) 사원을 세우기도 한다. 이 위구르의 고창(高昌)국도 13세기 전반 몽골족의 발흥(勃興)에 의하여 멸망을 길을 걷게 되었고 결국은 사라지게 되었다(河野六郎·千野榮一·龜井 孝, 1988: 739). 이것이 『원사(元史)』에 등장하는 나이만(乃蠻)이며 우수한 문명을 가졌던 이 나라는 몽고 문화에 지대한 영향을 주었다. 몽고 제국의 세계주의가 이들을 모두 수용하였기 때문이다.

몽고인들의 한 지파가 세운 원(元) 제국(帝國)에서도 위구르인들은 대단한 활약을 한 것으로 보인다. 원(元)이 명(明)에 의하여 패망하게 되자 몽고인들은 자신들의 근거지로 돌아가 북원(北元)을 세우고 명맥을 유지하였지만 다른 민족들, 특히 위구르인들은 명(明)과 고려로 많이 망명하였다. 당시 명(明)이 중화(中華) 사상을 부르짖으며 호원(胡元)의 잔재(殘滓)를 타파하는데 열중하였지만 고려는 몽고의 세계주의를 그대로 유지하고 있었기 때문이다.

설장수(偰長壽)도 고려 때에 원(元)의 쇠망으로 고려에 귀화한 위구르인이었다. 그는 이 시대에 고려 귀화한 다른 중국인들과 함께 조선왕

30 우리말의 '구슬'은 '車師, 姑師'로 표음된 'kus'로부터의 차용으로 본다(졸고, 2015).

31 沮渠茂虔은 일명 沮渠牧犍으로도 불린다. 北涼의 시조인 沮渠蒙遜의 第3子로서 北涼의 哀王이다. 魏나라 太武帝의 親征으로 멸망한다.

조의 건국 초기에 중국 명(明)과의 교섭에서 많은 역할을 하였다. 특히 그는 고려인들과 조선인들에게 원대(元代)에 등장한 새로운 중국어, 한아언어(漢兒言語)의 교육에 많은 공을 세웠다.

조선 건국 초기에 사역원(司譯院)을 설치하고 새로운 중국어와 몽고어를 교육하는 일을 도맡아 담당하였던 설장수를 통하여 조선시대에 어떻게 외국어 교육이 시작되었으며 그로 인하여 사역원의 외국어 교육은 어떤 특색을 갖게 되었는지 이제부터 고찰하고자 한다.

5.3.1.1. 색목인(色目人) 설장수는 위구르인으로 고창(高昌) 사람이다.[32] 고창(高昌)은 앞에서 고찰한 바와 같이 위구르인들의 본거지로 9세기 후반에 신강성(新疆省)에 들어간 위구르인들의 조상이 정착한 곳이다. 조선 전기의『정종실록』(권2) 정종 1년 10월 을묘(乙卯, 19일)조의 기사에 '판삼사(判三司事) 설장수의 졸기(卒記)'가 있어 그의 생애를 대체로 이해할 수 있고 백옥경(2008)에서 그의 가계와 생애에 대하여 고찰된 바가 있다.

기왕의 연구에서 몇몇의 착오 내지 오해가 없지 않지만 실록의 졸기(卒記)에 의하면 설장수의 아비인 백료손(伯遼遜)이 원(元)의 지정(至正) 기해(己亥, 1359)에 가족을 이끌고 고려에 귀화하였다. 당시 고려의 공민왕은 전에 원(元)의 조정에서 그와 친분을 맺은 바가 있어 그를 우대하고 고창백(高昌伯)을 수여했다가 다시 부원후(富原侯)로 높였다고 한다. 그에게 아들이 다섯이 있으니 그 첫 아들이 설장수(偰長壽)이고 이어서 연수(延壽), 복수(福壽), 경수(慶壽), 미수(眉壽)가 있었다(『고려사』 권112, 「열전」 제25 '諸臣'조).

백료손(伯遼遜)의 4대조인 아린테무르(岳璘帖穆爾)는 위구르인으로 고창(高昌), 즉 투르판의 설연하(偰輦河)에 살았다. 몽고군에 의하여 고창국

---

32 『고려사』(권112) 「열전」(권제25) 「諸臣」 '偰遜' 조에 "長壽, 字天民. 恭愍時, 以慶順府舍人, 居父憂, 王以色目人, 特命脫衰赴試. 遂登第, 官累判典農寺事. －[설] 장수는 자가 천민이다. 공민왕 때에 경순부의 사인(舍人)이었는데 부친의 상을 당하였다. 왕이 색목인으로써 특별히 탈상하여 시험을 보게 하였다. 합격하여 관직이 전농시(典農寺) 판사에 올랐다"라는 기사가 있어 그가 色目人으로 치부되었음을 알 수 있다.

이 멸망할 대에 칭기즈칸(成吉思汗)에 복속하고 그의 아들 하라보화(哈剌普華)가 원 세조, 즉 쿠빌라이 칸(忽必烈汗)을 따라 남송(南宋)을 정벌할 때에 군공(軍功)을 세워 관직에 임명되면서 원(元)의 중신(重臣)이 되었다.

이때에 고창(高昌)에 흐르는 고향의 강 이름인 설연하(偰輦河)의 설(偰)을 성(姓)으로 삼았다. 그리하여 하라보화(哈剌普華)의 두 아들인 문질(文質)과 윤질(倫質)이 설씨(偰氏) 성을 사용하였고 이후 후손들이 모두 이 성을 쓰기 시작하였다. 그리하여 백료손(伯遼孫)도 설손(偰遜)이 되었으며 원(元) 순제(順帝) 때에 진사(進士)가 되어 환로(宦路)에 나아갔다.

후에 설손은 한림(翰林) 응봉문자(應奉文字)와 선정원(宣政院) 단사관(斷事官)을 거쳐 단본당(端本堂)의 정자(正字)가 되어 황태자에게 경(經)을 가르쳤으나 승상 하마(哈麻)에게 미움을 받아 단주(單州)의 지방 유수(留守)로 쫓겨났다. 후에 좌승상(左丞相) 하마가 실각하자 일시 대도(大都)로 돌아갔으나 다시 대녕(大寧)으로 물러나 그곳에 머물다가 홍건적(紅巾賊)이 대녕(大寧)을 침범하자 병란(兵亂)을 피하여 동으로 와서 고려에 망명한 것이다.[33]

5.3.1.2. 설손의 장자인 설장수는 원(元) 지원(至元) 6년(1340)에 태어나 원(元)에서 살다가 아비를 따라 고려에 귀화한[34] 후에 공민왕 11년(壬寅, 1362)에 고려의 진사과(進士科)에 합격하여 환로(宦路)에 나아가니 나이 22세의 때이다.

이후 이성계의 무리와 더불어 우왕(禑王)과 창왕(昌王)을 몰아내고 공양왕을 세우는 일에 공을 세워 충의군(忠義君)에 봉해졌다. 고려가 망하던 임신(壬申, 1392)에 지공거(知貢擧)가 되어 과거를 주도하기도 하였다. 그 해 여름에 이성계의 역성(易姓) 혁명에 동참하지 않아 일시 원악도

---

33 백옥경(2008: 9)에 설장수의 家系圖가 있어 그가 岳璘帖穆爾를 시조로 하는 哈剌普華의 5대 후손이며 偰長壽에게는 偰耐, 偰衙, 偰振의 세 아들이 있음을 밝혔다.

34 외국인이 고려나 조선에 망명, 또는 이민하는 경우에 이를 向化, 投化, 歸化라고 불렀다. 이 책에서는 向化와 投化를 주로 일본인이나 여진인 등에게 붙여 부르고 漢人들에게는 歸化로 부르고자 한다. 일본인의 경우는 渡來人, 漢人이나 여진인, 그리고 북방민족들은 東來人으로 한다. 이러한 이민족의 명칭에 대하여는 백옥경(2009: 201~202)를 참고할 것.

(遠惡島)에 유배되었다가 이태조가 다시 그를 불러 검교문하시중(檢校門下侍中)을 제수하고 연산(燕山) 부원군에 봉하였다.

고려 말에 설장수는 명(明)에 보내는 사신으로 파견된다. 그가 우왕(禑王) 13년 5월에 명(明)에 사신으로 갔을 때에 명 태조 주원장(朱元璋)은 그를 고가(故家)의 자손이라 남다른 대우를 하였다(『고려사』권136 「열전」 49, '신우' 4). 조선에서도 정종(定宗)이 등극하자 이를 고하기 위하여 명(明)에 파견하는 사신(使臣)으로 설장수가 파견되었으나 역시 명(明)에서도 명 태조 주원장이 돌아가매 중로(中路)에 진향사(進香使)가 되어 명(明)에 다녀왔다. 이후 여러 차례 명(明)에 파견되는 사행에 참가하게 된다.

원(元)이 쇠망의 길로 들어섰을 때에 그의 아비 설손(偰遜)은 고려로 귀화하였지만 설손의 동생인 설사(偰斯)는 6년 후에 명(明)에 귀의(歸依)하여 명 태조의 휘하에서 병부원외랑(兵部員外郞)과 상보사(尙寶司)의 관원으로 등용되었다. 설장수의 숙부인 설사(偰斯)는 공민왕 18년(1369)과 19년(1370)에 고려의 사신으로 온 일도 있다.

이러한 이력으로 설씨(偰氏) 가문은 고려와 조선, 그리고 명(明)에서 모두 환영을 받게 되었다. 설장수(偰長壽)도 명(明) 혜제(惠帝)의 건문(建文) 원년(1399) 6월에 중국에 다녀오고 그 해 10월에 병으로 돌아가니 향년 59세였다(『정종실록』, 권2, 정종 1년 10월 9일자 기사, 설장수 졸기).

설장수는 위구르인으로 원(元)에서 관직을 얻어 복무한 설손(偰遜)의 장자(長子)다. 따라서 가정에서 위구르어를 배웠을 것이며 원(元)에서 자랐으므로 제국(帝國)의 공용어인 한아언어(漢兒言語)에 능통하였을 것이다. 한아언어는 요(遼)와 금(金) 시대에 중국의 동북지방에서 유행하던 방언으로 중국어와 주변 여러 민족의 언어가 혼효된 일종의 크레올(Creole: 졸고, 2006a)이며 잡탕 중국어였다.

이 언어가 원(元) 제국(帝國)의 공용어가 되었으나 오아(吳兒)의 한족이 원(元)를 멸망시키고 명(明)을 건국하면서 수도를 금릉(錦陵), 즉 지금의 남경(南京)으로 정하자 원대(元代)의 한어(漢語)는 오랑캐 원나라의 말, 즉 호언한어(胡言漢語)로 불리면서 철저하게 순화(醇化)시킬 대상이 된 것이다.

그러나 명(明)의 영락제(永樂帝)가 수도를 다시 북경(北京)으로 옮기면서 이 지역의 통용어였던 이 한어(漢語)는 다시 세력을 얻었으며 후에 이 말은 청(淸)의 만다린을 거쳐 북경관화(北京官話)로 굳어져 오늘날의 부통화(普通話)의 기반이 된 것이다. 중국어의 역사에서 이 시대의 한어(漢語)를 중세 한어(Middle Chinese)로 부르는 이유가 여기에 있다.

이 언어는 사서오경(四書五經)의 언어였던 동주(東周) 낙양(洛陽)의 아언(雅言), 즉 상고어(Archaic Chinese)와는 전혀 다른 별개의 언어였으며 진(秦) 이후 한(漢)을 거쳐 당(唐)에 이르기까지 오래 동안 통용되던 장안(長安)의 통어(通語), 즉 중고어(Ancient Chinese)와도 매우 다른 언어였다. 따라서 원대(元代)에는 유교의 경전을 이 한아언어로 풀이하는 작업이 유행하였다.

5.3.1.3. 그런 와중에서 설장수가『소학』을 한아언어로 풀이한『직해소학(直解小學)』을 저술하여 조선 사역원의 한어 교재로 사용하였다. 즉,『정종실록』(권2) 정종 2년(1399) 10월 19일(을묘) 세 번째 기사에 실린 설장수의 졸기(卒記)에 "所撰直解小學行于世, 且有詩藁數帙。- [설장수가] 찬술한 직해소학이 세상에 간행되었고, 또 시고(詩藁) 여러 질이 있다"라는 기사가 있어 그가 <직해소학>을 편찬하였음을 알 수 있다.

이 책은 현전하는 것이 없어 분명하지는 않지만 중국의 유명한 유교 경전이며 아동의 훈몽서이던 <소학(小學)>을 원대 한아언어로 풀이한 것으로 보인다. <직해소학>은 원대(元代) 노재(魯齋) 허형(許衡)의『직해대학(直解大學)』을 본떠서 만든 책이다.[35] 원대(元代)에 박학다식하여 노재(魯齋)선생으로 불리던 허형(許衡)의 <직해대학>은 역시 유교의 경전에서 사서(四書)의 하나로 불리는『대학(大學)』을 원대 한아언어로 풀이한 것이다.

설장수가 그에게 많은 영향을 준 허형(許衡)의 <직해대학>을 본떠서 <직해소학>을 찬술한 것은 그가 제조(提調)의 직에 있던 고려의 사역원(司譯院)에서 한아언어를 고육하기 위한 것이다. 이러한 유교 경전을 당

35 魯齋 許衡은 河內 사람으로 학자로 魯齋先生으로 불렸으며 字는 仲平이다. 元 世祖 때에 國子 祭酒로 불려가서 후일 中書省의 中書左丞을 지냈다. 박학다식하여 다방면에 관심이 있었으며『魯齋心法』,『魯齋遺書』를 남겼고『直解大學』을 찬술하였다.

대 한어로 풀이한 것은 설씨(偰氏) 집안이 비록 위구르의 고창(高昌)국 사람들이지만 일찍부터 한(漢) 문화에 동화되어 유교의 경전을 읽고 공부한 때문이다.[36]

위구르족의 고창(高昌)에서 귀화한 설장수의 가계는 백옥경(2008)에서 상세하게 논의되었다. 설장수의 조부인 설철독(偰哲篤)이 고창(高昌)에서도 일찍이 한화(漢化)된 가문으로 유명한 고창 염씨(廉氏)의 월윤석호독(月倫石護篤, 1301~1341)과 혼인하였다. 이 여인은『효경』과『논어』등을 읽고『여효경』,『열녀전』등을 외었다고 한다(蘇啓慶, 1999: 29).

또 설장수의 모친인 조씨(趙氏)도 성격이 엄하고 법도가 있었다(『태종실록』권29, 태종 15년 3월 壬寅 '설미수의 졸기')고 하여 이미 이 가문은 한족(漢族)에 동화되어 유가(儒家)의 인물로 자녀를 교육하였음을 알 수 있다. 설장수의 집안은 원대(元代)에 가장 한화(漢化)되어 과거에 많이 합격한 명문가였고 설손(偰遜)의 후손들도 모두 고려에서 과거에 급제하여 현달(顯達)하게 된다.

전게한 바 있는『정종실록』(권2) 정종 1년 10월 19일의 기사인 '판삼사사(判三司事) 설장수의 졸기(卒記)'에 "판삼사사 설장수가 졸하였다. 휘(諱)는 장수요, 자는 천민(天民)이었다. 그 선조는 회골(回鶻, 위구르를 말함) 고창(高昌) 사람이었다. 지정(至正) 기해(己亥,1359)에 아비 백료손(伯遼孫)이 가족을 이끌고 피난하여 동래(東來)하니, 공민왕이 옛 지우(知遇)라 하여 전택을 주고 부원군(富原君)으로 봉하였다. 임인(壬寅, 1362)에 공(公)의 나이 22세에 진사과(進士科)에 합격하여 벼슬이 밀직제학(密直提學)에 이르고, 완성군(完城君)에 봉해졌으며 추성보리공신(推誠輔理功臣)의 호(號)를 하사 받았다"라는 기사가[37] 있어 그가 원대(元代)의 한어는 물

36 이 가문은 高昌에 살던 때부터 중국 문화에 同化되어 유교 경전을 읽고 元에서 실시한 과거에 문중의 여럿이 급제하였다. 설장수의 父와 祖父도 모두 元의 과거에 응과하여 급제한 바 있고 그로 인하여 벼슬에 나아갔다. 이에 대하여는 백옥경(2008)을 참고 할 것.

37 원문은 "○判三司事偰長壽卒。諱長壽字天民, 其先回鶻高昌人。至正己亥父伯遼遜挈家避地于我國, 恭愍王以舊知, 賜田宅封富原君。壬寅公年二十二, 中同進士科, 仕至密直提學, 封完城君, 賜號推誠輔理功臣。丁卯, 以知門下府事, 奉表赴京, 奏免起取流移人戶李朶里不歹等, 仍蒙許襲冠服。庚午夏, 以高麗王氏復位定策功, 封忠義君。"(『정종실록』권2 14엽 뒤)와 같다.

론 그 이전의 통어(通語), 즉 당송(唐宋)의 한문에도 능통하였음을 알 수 있다.

5.3.1.4. 그러나 그는 원래 위구르인이어서 가정에서는 위구르어를 세습언어(heritage language)로 상용하였을 것으로 추정된다. 비록 설장수의 5대조인 아린테무르(岳璘帖穆爾)가 몽고의 칭기즈 칸에 복속하고 4대조인 하라보화(哈剌普華)가 원(元)의 쿠빌라이 칸에게 귀의(歸依)하였으며 또 다시 그의 아비 백료손(伯遼孫)이 고려에 귀화하였더라도 집안에서는 위구르어를 그대로 계승하여 세습언어로 사용하였을 것이다. 그리고 이 가문을 통하여 나라를 잃은 위구르 민족의 고단한 여정을 여실하게 볼 수 있다.

따라서 그는 위구르어와 원대(元代)의 한아언어, 그리고 고려어를 모두 습득한 다언어(多言語) 사용자로 보이며 그가 <직해소학>을 저술한 것은 고려 충렬왕 2년(1276)에 원(元)의 한아언어와 몽고어를 학습하기 위하여 교재로 편찬한 것이다. 그가 위구르어를 배운 것은 그가 위구르인의 집안에서 양육되었으며 그의 모친도 위구르인이므로 그는 위구르어를 세습언어(heritage language)로 사용하였을 것은 자명한 일이다.[38]

고려에서는 충렬왕 2년에 통문관(通文館)을 설치하고 역설(譯舌)을 양성할 때에 한아언어의 교재를 편찬하였는데 설장수가 편찬한 <직해소학>도 그 언어를 교육하기 위한여 편찬한 것으로 보인다. 실제로 통문관은 사역원으로 개명하여 조선에서도 계속해서 역관 양성의 기관으로 존치(存置)되었다. 그리고 조선 전기에 사역원의 한어 교재로 <직해소학>이 <노걸대>, <박통사>와 함께 본업서(本業書)의 하나로 사용되었다는 기사가『경국대전』이나『통문관지』등에 명기되었다.

즉,『세종실록』(권47) 세종 12년 3월 18일(戊午)의 기사에 상정소(詳定所)에서 제학(諸學) 취재에 대한 계문(啓文)이 있다. 여기에서 한훈(漢訓, 한

38 계승, 또는 세습언어(heritage language)는 최근 언어교육학에서 새로 등장한 술어다. 외국에 移民하여 다른 언어권에 살게 되었을 때에 집안에서 사용하는 가족들의 원래 사용하던 언어를 이렇게 부른다. 최근 학술회의에서 손성옥(2015)에 소개되어 Campbell(1984)에서 그 술어의 참 뜻을 확인하였다. 적절한 술어를 찾게 되어 고맙게 생각한다.

학을 말하며 한어의 교육을 뜻함)과 한이학(漢吏學)의 출제서로 <직해소학>의 서명이 보인다. 또, 『경국대전』(권3) 「예전」 '역과초시(譯科初試)'의 '강서(講書)'조에 배강(背講)을 해야 하는 본업서 3책의 하나로 <노걸대>, <박통사>와 함께 <직해소학>이 있다. 따라서 당시 역과 한학의 기본 출제서이며 한어 교육의 기초 교재였음을 알 수 있다.

5.3.1.5. <직해소학>은 『대학』을 당시 한아언어로 풀이하여 노재(魯齋)가 <직해대학>을 편찬한 것과 같이 훈몽교재인 송대(宋代)에 편찬된 <소학>을 당시 한어로 풀이한 것이다.[39] 원대(元代)에는 이와 같이 유교 경전을 한아언어로 풀이하여 아동 교육의 교재로 사용하는 일이 많았다.

그 대표적인 것으로 『직해효경(直解孝經)』을 들 수 있다. 이 책은 현전하기 때문에 '직해(直解)'라는 서명의 경전이 어떤 것인지 알 수 있다. 이에 대하여는 졸고(2006a)와 졸저(2014)에서 이미 상세하게 논의되었으나 여기서는 <직해소학>이 어떤 교재인지를 이해하기 위하여 이를 다시 한 번 재론하고자 한다.

<직해효경>은 일명 <성재효경(成齋孝經)>이라고도 불리는데 역시 위구르인의 북정(北庭)[40]에서 성재(成齋)라는 호(號)의 소운석(小雲石) 해애(海涯, 1286~1324)가 유교 경전의 하나인 『효경(孝經)』을 한아언어로 풀이한 때문이다. 즉, 일본에 전해지는 『신간전상성재효경직해(新刊全相成齋孝經直解)』의 권두에 붙은 성재(成齋)의 자서(自敍)에

> [前略] 嘗觀魯齋先生取世俗之□直說大學, 至於耘夫竟子皆可以明之, 世人□之以寶, 士夫無有非之者於以見 云云. [下略] ― [전략] 일찍이 노재선생이 세속적으로 쓰이는 구어로 <대학>을 직접 풀이한 것을 보면 밭가는 농부나 아이들까지도 모두 분명하게 알 수 있으니 세상 사람들이 이를 보배

39 『小學』은 宋代에 아동용 교과서로 朱子의 가르침을 받아 劉子澄이 지은 것이다. 교육 받은 인간이 해야 할 일, 즉 灑掃, 應對, 進退에서의 예법과 善行과 嘉言을 고금의 여러 책에서 뽑아 편찬한 것이다.

40 北庭은 앞에서 고찰한 新疆省에 들어간 위구르인들이 정착한 곳이다. 칭기즈 칸의 몽고군에 정복되었다.

로 여기며 선비들도 이를 보고 틀렸다는 사람이 없었다. 운운 [하략][41]

라는 기사가 있어 <직해효경>이 전술한 노재(魯齋) 허형(許衡)의 <직해대학>을 본 따서 한아언어로『효경(孝經)』을 풀이한 것임을 알 수 있다.

<직해효경>을 편찬한 소운석(小雲石) 해애(海涯)는 호가 성재(成齋)이며 위구르인으로 북정(北庭)이 몽고군에 멸망한 이후에 원(元)에 귀의한 후에 성을 관(貫)으로 하여 관운석(貫雲石)이라 하였으니 이에 대하여『원사(元史)』(권143)에 다음과 같이 소개되었다.

> 小雲石海涯家世, 見其祖阿里海涯傳, 其父楚國忠惠公, 名貫只哥, 小雲石海涯, 遂以貫爲氏。復以酸齋自號。[中略] 初襲父官爲兩淮萬戶府達魯花赤。[中略] 泰定元年五月八日卒, 年三十九. 贈集賢學士中奉大夫護軍, 追封京兆郡公, 謚文靖. 有文集若干卷, 直解孝經一卷, 行于世。 – 소운석 해애의 가세는 그 조부 아리 해애의 전기를 보면 아버지가 초국(楚國)의 충혜공(忠惠公)으로 이름이 관지가(貫只哥)였으며 그리하여 소운석 해애는 '관(貫)'으로 성을 삼았다. 또 자호(自號)를 '산재(酸齋)'라 하였다. [중략] 처음에는 아버지의 관직을 세습하여 '양회만호부 다르가치(兩淮萬戶府達魯花赤)'가 되었다. [중략] 태정 원년(1324) 5월 8일에 세상을 떠났다. 나이가 39세 집현학사 중봉대부(中奉大夫) 호군(護軍)을 증직(贈職)하였고 경조군공(京兆郡公)으로 추증되었다. 시호는 문정(文靖)이며 문집 약간 권과『직해효경』1권이 있어 세상에 유행하였다.[42]

이 기사를 보면 소운석 해애가 <직해효경(直解孝經)> 1권을 지어 세상에 유행시켰는데 그는 원래 위구르인으로 한명(漢名)을 부친의 성(姓)을 따라 '관(貫)'으로 하여 관운석(貫雲石)이라 하였음을 알 수 있다.[43] 그리

41 □분분은 원서가 훼손되어 해독하지 못한 부분임. 아마도 '語'자로 보인다. 이상은 졸저(2014: 42)의 것을 수정 보완함.

42 졸고(2006a)에서 수정하여 재인용함.

43 『직해효경』은 당시 매우 인기가 있었던 것으로 錢大昕의『補元史藝文志』(권1)와 金門詔의『補三史藝文志』에 "小雲石海涯直解孝經一卷 – 소운석 해애가 지은 직해효경 1권"이란 기사가 보이며 倪燦의『補遼金元藝文志』와 盧文弨의『補遼金元藝文志』에도 "小雲石海涯孝經直解一卷 – 소운석 해애의 효경직해 1권"이란 기사가 보인다. 明代 焦竑의『國史經籍志』(권2)에는 "成齋孝經說一卷 – 성재의 효경해설 1권"으로 기재되었다(長澤規矩也, 1933).

고『효경』을 당시 북경어, 즉 한아언어로 알기 쉽게 풀이한 것이 <직해효경>임을 아울러 알 수 있다. 그는 자호(自號)인 관산재(貫酸齋)란 이름으로 악부산곡(樂府散曲)의 작자로도 널리 이름을 떨쳤다.

설장수(偰長壽)가 한아언어의 교재로 찬술한 <직해소학>도 이와 유사한 것으로 추정된다. 다만 이 책이 오늘날 전하지 않아 실제로 어떤 교재였는지 확인할 수 없으나 앞에서 언급한 허형(許衡)의 <직해대학>이나 관운석의 <직해효경>과 같을 것이다. 그리고 이 교재는 원대(元代)의 공용어인 한아언어(漢兒言語) 학습을 위한 것이었으며 명대(明代)의 남경관화(南京官話)로 수정되지 않을 수 없다.

이와 같은 한어(漢語)의 수정에 대하여는 이미 졸고(2006a)와 졸저(2014: 31~39)에서 자세히 검토되었다. 그에 의하면 성종 14년(1483)에 명(明)의 사신(使臣)으로 온 한인(漢人) 갈귀(葛貴) 등에 의하여 <노걸대>와 <박통사>가 산개(删改)될 때에 <직해소학>도 함께 수정되었다고 한다.[44]

5.3.1.5. 위구르인으로서 고려에 귀화한 설장수가 조선의 건국과 더불어 사역원을 복치하고 당시 조선과의 통교(通交)에서 필요한 외국어를 교육할 때에 당연히 그의 영향을 받게 될 것이다. 그렇다면 그로 인하여 사역원의 여러 교재에서 위구르문자가 애용된 것은 아닌가 한다.

당시 한어(漢語)의 표기에 사용된 한자(漢字)는 동아시아의 가장 강력한 문자이며 이미 이 땅에서도 상용되는 문자이므로 이를 교육하는 것은 문제가 없었다. 그러나 몽고어와 일본어, 그리고 여진어의 교육에서 어떤 문자가 교육되었을까? 몽고어는 원(元)의 국자(國字)로 제정한 파스파 문자가 아니라 몽고-위구르 문자로 몽고어 교재가 편찬된 것으로 보아도 아무런 무리가 없다.

왜냐하면 설장수가 사역원을 복치(復置)할 때에는 원(元)이 이미 망하고 명(明)이 건국되어 호원(胡元)의 잔재(殘滓)인 파스파 문자를 철저하게 폐절시켰기 때문이다. 그리고 오늘날 남아 있는 몽고어 교재들은 비록

44 『성종실록』(권158) 성종 14년 9월 20일(庚戌)의 기사에 "先是, 命迎接都監郎廳房貴和, 從頭目葛貴, 校正老乞大、朴通事。至是又欲質直解小學"이는 기사가 있어 이 사실을 알 수 있다.

그것이 임진왜란과 병자호란 이후에 다시 편찬된 것이라 하여도 모두 몽고-위구르문자로 표기되었기 때문이다.

일본어 교육에서도 한자를 변형시킨 가나문자로 쓰인 교재를 사용하였을 것임은 자명한 사실이다. 왜냐하면 현전하는 왜학서들이 모두 가나문자로 작성된 것이며 졸저(1988b)에서 밝힌 바와 같이 당시 사역원의 왜학 교재는 일본 무로마찌(室町) 시대에 테라코야(寺子屋) 등의 사립학교에서 사용하던 아동용 교과서를 수입한 것이기 때문이다(졸저, 1988b).

5.3.1.6. 그러나 조선전기에 사역원 사학(四學)의 하나였던 여진학의 교재들은 어떤 문자로 작성되었을까? 이 문제에 대하여 논의한 경우가 아직 없었기 때문에 아무도 이에 대하여 정답을 줄 수가 없다. 주지하는 바와 같이 사역원의 여진학은 함경도 이북의 야인(野人)들, 즉 여진족의 언어를 교육하였다. 그러나 이 여진학은 병자호란(丙子胡亂) 이후에 만주어의 청학(淸學)으로 교체되어 오늘날 전해지는 여진학서, 즉 여진어 학습서는 하나도 없다.

다만 여진학서였던 『팔세아(八歲兒)』와 『소아론(小兒論)』이 후일 만주어 학습의 청학서로 재편되어 현전하기 때문에 이를 통하여 여진학서, 즉 여진어 교육의 어학 교재에 대하여 어렴프시 유추할 수 있다. 그러나 여진학서가 어떤 문자로 작성되었는지는 아무도 언급한 바가 없었다.

졸고(2018c)에서는 여진학서인 <팔세아>와 <소아론>을 만주어 학습의 청학서(淸學書)로 바꿀 때에 여진학서의 문자를 권점(圈點) 등만 교정했다는 기사를 통하여 여진학서는 여진문자, 즉 여진-위구르 문자로 작성되었다고 주장하였다. 이 문자는 여진어를 표기했을 뿐이지 실제는 몽고-위구르 문자와 같은 것이다.

전술한 바와 같이 조선 초기에 고려의 사역원을 조선에 복치(復置)할 때에 그 주역(主役)은 위구르 귀화인 설장수(偰長壽)였고 그는 위구르 문자에 정통하였기 때문에 사역원의 몽고어 학습의 몽학(蒙學) 교재들을 모두 몽고-위구르 문자로 작성하였다. 이미 칭기즈 칸이 위구르 문자를 들여다가 몽고어를 기록하게 하였고 이후 이 몽고-위구르 문자는 몽고어와 주변 언어의 표기에 널리 사용되었으며 설장수의 조부가 원(元)에 있을 때에 이 문자를 사용하였다.

조선 사역원의 여진학은 졸저(2014: 430)에서는 세종 12년까지는 여진학이 사역원에 정식으로 설치되지 않았다고 보았다. 왜냐하면 세종 12년 3월 경술(庚戌)조에 제시한 제학(諸學)의 취재(取才)에 역학(譯學)에서는 한어의 한학(漢學), 몽고어의 몽학(蒙學), 일본어의 왜학(倭學)만이 그 시험 방식이 소개되었고 여진어의 것은 없었기 때문이다.

여진학이 정식으로 사역원의 사학(四學)으로 정해진 것은『경국대전(經國大典)』(1469)에서의 일이다. 그러나 여진학은 <경국대전> 이전에 이미 설치된 것으로 보인다. 즉,『세종실록』(권98) 세종 24년(1442) 11월 갑자(甲子)조에

> 한학(漢學)·몽학(蒙學)·왜학(倭學)의 통사(通事)들은 차례대로 승진하는데, 유독 여진 통사(女眞通事)만은 다만 9품 체아(遞兒)로써 서로 제수(除授)하고 승진하지 못하니 옳지 못합니다. 청하옵건대, 7품의 전(前)에서 가자(加資)하여 행직(行職)이라 일컬어 차하(差下)하고, 마땅히 6품에 임명하게 되면 한 명의 6품 체아(遞兒)를 주고 직(職)에 준하여 차하(差下)하소서. 그대로 따르다.(漢、蒙、倭學通事, 以次陞遷, 獨女眞通事, 只以九品遞兒, 互相除授, 不得陞遷, 未便。 請於七品之前, 加資稱行差下, 至當拜六品, 則給一六品遞兒, 準職差下。" 從之。)

라는 이조(吏曹)의 계청(啓請)이 있다. 이에 의하면 이때에 이미 여진어 통사가 있어 9품의 체아직(遞兒職)으로 여진통사가 있었다고 말한다. 따라서 사역원(司譯院)에 여진학은 이 이전에 설치되었음을 알 수 있다.

2) 사역원의 위구르 문자

5.3.2.0. 조선시대의 몽고어 교재와 여진어, 만주어 교재는 전술한 바와 같이 모두 위구르 문자로 작성된 것이라고 주장하였다. 그것은 위구르 귀화인 설장수(偰長壽)가가 조선 건국 초기에 사역원을 설치할 때에 주역이었고 당시 유일하게 표음문자로 널리 널리 알려진 위구르

문자가 사역원 몽고어와 여진어 교재에서 사용되었다고 보았다.

그러면 몽고어와 만주어 표기에 사용된 위구르문자는 무엇인가? 위구르문자(Uighur script)는 페니키아문자(Phoenician) 계통인 아람(Aramaic) 문자에서 파생한 소그드(Sogdian) 문자의 하나다.[45] 고대(古代) 소그디아나(Sogdiana)로부터 중앙아시아 일대, 그리고 중국 본토에 이르기까지 활동하던 소그드인들이 사용하던 소그드 문자를 이들과 교섭하던 위구르인들이 도입하여 이 문자로 여러 문헌을 작성하였다.

따라서 문자학계에서는 위구르 문자가 소그드 문자와 같이 북서 셈(Northwest-Semitic) 문자에 속한다고 보며 그 글자도 aleph, beth, gimel의 순서로 시작되어 첫째와 둘째 글자가 희랍어와 라틴어, 그리고 영어의 알파벳과 유사하다.

5.3.2.1. 위구르 문자가 소그드 문자에서 온 것이고 문자의 배열순서는 같지만 그 글자의 음가와 정서법은 서로 달랐다. 거기다가 소그드 문자는 오른쪽에서 왼쪽으로 횡서(橫書)하였지만 위구르 문자는 한자의 영향을 받았는지 주로 종서(縱書)로 썼다. 초기의 위구르 문자는 횡서한 것도 있었다고 하지만 남아있는 위구르 문헌들은 거의 모두 종서된 것이다. 다만 한문과 다르게 왼 쪽에서 바른 쪽으로 행을 이어갔다.

위구르 문자는 처음에는 소그드 문자와 거의 같은 정서법을 가졌으나 시대의 변천에 따라 문자의 자형과 음가, 그리고 사용법이 달라졌다. 다음의 [사진 5-1]에서 보이는 것처럼 12) samech의 /s/와 16) schin의 /š/의 자형이 동화되어 본래의 /š/를 표음하기 위하여 오른 쪽 옆에 2점을 찍었다. 또 3) gimel /γ/과 6) cheth /x, q/의 자형이 어말(語末)의 위치에서만 구별되었는데 6) cheth의 아랫부분을 길게 하고 3) gimel의 윗부분을 짧게 하였으나 서서히 gimel의 형태로 바뀌어 갔다.

5) zain /z/는 소그드 언어에서는 11) nun /n/과 구별하기 위하여, 또는 /ž/를 표음하기 위하여 1점, 또는 2점을 붙였다. 위구르어에서도 초기

---

45 더 정확하게 말하자면 페니키아-아람문자(Phoenician-Aramaic script)로부터 발달한 문자다.

문헌에는 /z/에 점을 더 하기도 하고 /ž/를 분명하게 표음하기 위하여 2점을 붙이기도 했다. 1) aleph /a, ä/와 11) nun /n/의 자형은 초기 문헌에서 변별하기가 어려웠다. 더욱이 어중(語中)의 위치에서 6) cheth, 3) gimel과의 구별도 어려웠다. 그로부터 11) nun의 자형에 점차 1점을 붙이게 되었다.

위구르 문자는 원래 다음자성(多音字性)의 커다란 문자였다. 문자간의 구별도 비교적 확실했었는데 후기에 들어와서 초서체의 문자가 발달함에 따라 문자간의 구별이 매우 애매해져서 사본에 의하면 aleph, nun, gimel의 돌기 부분이 생략되어 1본의 봉선(棒線)이 여러 개의 문자를 대신하기도 한다. 예를 들면 /s--l/, /bwr--n/이 /saqal/ '수염', /burxan/ '부처'와 같이 한 줄의 선이 /aqa/, /xa/을 표기한다(河野六郎·千野榮一·西田龍雄, 2001: 120).

〈表〉ウイグル文字の音価

名称	転写	ウイグル音	語頭	語中	語末
1 aleph	'	ä			
	'	a, ä			
aleph+aleph	''	a			
2 beth	·β	v, w, f			
3 gimel	γ	γ			
4 vau	w	o, u, ö, ü			
aleph+vau	'w	o, u			
aleph+vau+jod	'wy	ö, ü			
5 zain	z	z			
点付加	ž	ž			
6 cheth	x	x, q			
点付加	q	q			
7 jod	y	y			
	y	y, ï, i, e			
aleph+jod	'y	ï, i, e			
8 caph	k	k, g			
9 lamed	δ	d, ð			
10 mem	m	m			
11 nun	n	n			
点付加	n	n			
nun+caph	nk	ŋ			
12 samech	s	s			
13 pe	p	b, p			
14 tzaddi	c	č			
15 resh	r	r			
16 schin	š	š			
点付加	š	š			
17 tau	t	t			
18	l	l			

[사진 5-1] 위구르 문자의 알파벳 순서.[46] 졸저(2019b: 102)에서 재인용.

5.3.2.2. 후기의 위구르 문자는 한자의 영향을 받아 문자로서는 분석이 불가능하게 하나의 문자가 하나의 의미를 표하기도 한다. 이 시대에는 위구르 불경에서 한자를 섞어 쓴 위구르 문장이 발견된다. 한

46 이 표는 河野六郎·千野榮一·西田龍雄(2001: 119)에 소개된 庄垣內正弘(1993)에서 작성된 것이다. 이미 故人이 된 庄垣內正弘씨는 필자와 오랜 知人으로 생전에 고대 위구르 문자에 대하여 많은 教示를 주었다.

자는 음독과 석독(釋讀)이 있지만 대체로는 석독(釋讀)하였다. 석독 한자에다가 위구르어의 접사(接辭)가 덧붙여서 마치 우리 한문과 한글이 섞여 쓰인 문장과 같다.

당시 위구르에는 위구르 한자음이라는 것이 있었던 것 같은데 역시 우리가 별도의 한자음을 가졌던 것과 같다. 위구르 문자는 소그드 문자를 차용하여 사용하여서 초기에는 소그드의 언어적 특색을 많이 가졌으나 한문 불경을 대량으로 번역하면서 한자 표기의 영향을 받게 되었다. 일반인들의 속된 문서에는 개인적인 특징이 들어난 치졸한 표기가 많이 남아있다.

SOGDIAN				UIGHURIC			
Finally	Medially	Initially	Transcription	Finally	Medially	Initially	Transcription
			a,ä				a,ä
			i,ī				ī,i
			o,ö u,ü				o ö u ü
			γ,q,x				γ,q,x
			g,k				g,k
			i,j				i,j
			r				r
			l				l
			t				t
			d				d
			č				č,ğ
			s				s
			š				š
			z,ž				z
			n				n
			b,p				b,p
			v				w,f
			w				
			m				m
			h				

[사진 5-2] 소그드 문자와 위구르문자의 대비표[47]

소그드 문자에는 해서체(楷書体)와 초서체(草書体)가 있는데 위구르문자는 해서체를 차용하였으나 현재 중국의 신강성(新疆省) 위구르 자치구와 감숙성(甘肅省)에 남아 있는 위구르문헌에는 극소수지만 초서체의 소그드문자로 쓰인 것도 있다.

이 문자는 초기(9~11세기)와 후기(13~14세기) 문헌으로 나눌 수가 있으며 문자의 형태와 목록이 많이 다르다. 초기의 소그드문자를 도입해서 위구르어를 기록하던 때의 문자 모양은 두 문자가 크게 다르지 않았으

47 Poppe(1965: 66)에서 인용함.

나 후기 문헌에 보이는 위구르문자는 초기의 소그드 문자와 많이 달라서 확연하게 구분된다.

5.3.2.3. 몽고인들은 칭기즈 칸(成吉思汗)이 등장할 때까지 문자를 알지 못했다. 『원사(元史)』에 의하면 1203년에 위구르족의 나이만(乃灣)을 정복하고 포로로 잡은 타타퉁가(塔塔統阿)로 하여금 칸의 자식들과 신하들에게 위구르문자를 교육하게 하여 몽고어를 기록하였다고 한다.

또 『장춘진인서유기(長春眞人西遊記)』에는 1222년에 칭기즈 칸에게 장생(長生)의 술(術)을 가르쳐줄 때에 위구르인의 아리선(阿里鮮)이란 서기(書記)가 이를 위구르문자로 기록했다는 기사가 있어 위구르인이 사용하던 이 문자가 이때부터 점차 몽고인들도 사용하기 시작한 것으로 본다.

1224년이나 1225년에 만들어진 칭기즈 칸의 돌(Chinggis Khan‘s Stone)이 현재로서는 몽고어를 위구르문자로 쓴 가장 오래된 것으로 알려졌다.[48] 몽고인들이 차용하여 쓴 위구르문자를 몽고-위구르(蒙古畏兀) 문자라고 한다. 차용한 것이기 때문에 몽고어를 기록하기에 적당한 문자가 아니어서 후대에 다른 문자로 교체하려고 끊임없이 노력하였으나 모두 실패하고 현재 내몽고의 교육 문자로 사용한다.[49]

사역원에서 사용한 조선 초기의 몽고어 교재들은 <경국대전>에 "왕가한(王可汗), 수성사감(守成事鑑), 어사잠(御史箴), 고난가둔(高難加屯), 황도대훈(皇都大訓), 노걸대(老乞大), 공부자(孔夫子), 첩월진(帖月眞), 토고안(吐高安), 백안파두(伯顏波豆), 대루원기(待漏院記), 정관정요(貞觀政要), 속팔실(速八實), 장기(章記), 하적후라(何赤厚羅), 거리라(巨里羅)" 등 모두 16종의 서명이 등재되었다.

이보다 앞선 『세종실록』(권47) 세종 12년 3월 경술(庚戌)조에 수록된

48 이 칭기즈 칸의 돌(Chinggis Khan's Stone)은 러시아 列寧格勒의 亞洲博物館에 소장되었다고 함. 이에 대하여는 졸저(2015:100) 및 村山七郎(1948)과 Laufer(1907)을 참고할 것.

49 몽고인들은 元代에 이미 이 문자의 결함을 알고 파스파 문자를 만들어 사용하였으나 元 帝國의 멸망과 함께 소멸되었다. 후에도 소욤보 문자(Soyombo script), 봐긴드라 문자(Vagindra script) 등으로 불리는 몽고-위구르 문자의 변형을 만들어 사용하였으나 끝내 문자로 정착하지 못하였다.

상정소(詳正所)의 계문(啓文)에는 위의 16종에서 "왕가한, 수성사감, 어사잠, 고난가둔, 황도대훈"이 빠져서 이 몽학서(蒙學書)들이 후대에 추가된 것임을 알 수 있다.[50] 특히 <세종실록>의 기사에는 "書字: 偉兀眞, 帖兒月眞"으로 되어서 몽고 문자의 서자(書字) 시험에 '위올진(偉兀眞)', 즉 몽고-위구르 문자와 '첩아월진(帖兒月眞)', 즉 파스파 문자의 시험이 있었음을 말한다.

<왕가한(王可汗)> 등의 몽학서들은 오늘날 전하는 것이 없어 확인할 수 없으나 서명으로 보아 몽고인들의 훈몽서로 보이며 모두 몽고-위구르 문자로 작성된 것으로 알려졌다. 왜 이 몽학서들이 파스파 문자가 아니고 위구르 문자로 쓰인 것으로 보느냐하면 조선 초기에 사역원이 설치되었을 때는 호원(胡元)의 잔재(殘滓)로 파스파 문자를 폐절시키려는 명(明)의 정책이 치열하게 전개된 때였으므로 이 문자로 작성된 서적을 조선에서 사용하기 어려웠을 것이다.

다만 세종 12년에 상정소(詳正所)에 정한 사역원의 교재로 서자(書字) 교재인 '첩아월진(帖兒月眞)', 즉 몽고어의 'dörberjin'로 표시된 파스파 문자의 학습서가 있었다. 그러나 몽고어로 사각(四角) 문자로 알려진 '첩월진(帖月眞)'의 파스파 문자는 <경국대전>에서는 이미 그 서명이 보이지 않아 이 문자의 교육이 이미 폐절되었음을 알 수 있다.

오늘날 남아 있는 몽학서들은 병자호란(丙子胡亂) 이후에 새롭게 편찬된 것이지만 모두 몽고-위구르 문자로 작성되었다. 그러나 한동안 전란(戰亂)에 남아있던 초기의 몽학서들이 그때에도 함께 사용했다는 기록이 있어서 호란(胡亂) 이후에 편찬된 <몽어노걸대(蒙語老乞大)>와 <첩해몽어(捷解蒙語)>와 같이 몽고-위구르 문자로 작성되었을 것임이 틀림이 없다. 몽고어를 위구르 문자로 표기하는 전통은 이미 조선 건국 초기에 위구르 귀화인 설장수(偰長壽)에 의하여 확립되었기 때문이다.

5.3.2.4. <경국대전>에 규정된 사역원의 사학(四學)에는 여진어를 교

50 몽학서의 이름 가운데 몇몇은 한자 표기가 다르다. 즉 '土高安, 賀赤厚羅'는 한자를 하나씩 바꿨고 '帖月眞'은 '帖兒月眞'으로 표기되었다. 모두 몽고어를 음독 한자로 표기한 것임을 알 수 있다.

육하는 여진학이 포함되었다. 그러면 이 여진학서들은 어떤 문자로 작성되었을까? 지금까지는 막연히 금(金)에서 제정한 여진문자로 작성되었을 것으로 믿어왔다. 그러나 이 문자는 금(金)에서 제정하였지만 요(遼)의 거란(契丹) 문자에 눌려 금(金)에서도 제정된 훨씬 후대에 사용하였고 금(金)의 멸망과 더불어 문자는 즉시 폐절된다.

여진족은 고유한 문자를 갖지 않았다가 아구타(阿骨打)가 여진족의 세력을 모아 금국(金國)을 건국하고 금(金)의 태조가 된 다음에 거란문자에 의지하여 한자와 유사한 표의문자를 만들었으며 후일 이를 보완하는 문자를 만들었다.

즉, 이 여진문자는 금(金) 태조 천보(天輔) 3년(1119)에 왕의 명으로 완안희윤(完顔希伊, 한자명 谷紳)으로 하여금 한자와 거란문자를 절충하여 만든 문자가 있고 금(金) 희종(熙宗)이 천권(天眷) 원년(1138)에 다시 여진자를 만들어 희윤(希伊)의 것과 병행토록 하였는데 후자를 여진소자(女眞小字)라고 하고 전자를 여진대자(女眞大字)라고 불렀다.

이 여진자의 해독은 아직 이루어지지 않았다. 오히려 그동안 여진자로 알려진 것도 실제는 거란(契丹) 문자임이 밝혀지기도 하였다(金光平·金啓綜, 1980). 여진자의 자료로 확인된 것으로는 현재 길림성(吉林省) 부여현(扶餘縣) 서가점향(徐家店鄕)의 석비외자촌(石碑崴子村)에 있는 「대금득승타송비(大金得勝陀頌碑)」가 유명하다.

이 비문은 이곳에서 금(金)의 태조 아구타(阿骨打)가 거란의 요(遼)에 대항하여 거병할 것을 선서한 것이다. 금(金)의 5대 황제인 세종(世宗)이 대정(大定) 25년(1185)에 조종(祖宗)의 전승(戰勝)을 기념하여 이와 같은 비를 세운 것인데 양각(陽刻)한 것은 한문이고 이에 대한 여진어를 여진문자로 써서 음각(陰刻)하였다.

이와 같은 여진문자는 함경북도 경원(慶源)에 여진자로 된 비(碑)가 있어 이 글자가 실제로 이 지역에 거주한 여진족들이 사용하였음을 보여준다.[51] 이 여진자를 고려에서 학습하였음은 <고려사>(권22) 고종 12년 을유(乙酉)조에 "六月辛卯, 王如奉恩寺, 東眞人周漢投瑞昌鎭, 漢解小字

51 이 여진자의 비문은 국립중앙박물관에 소장되었다. 이 사실과 당시 함북 경원지역은 고려의 영토 안에 있지 않았음을 알려준 김동소 교수에게 감사를 드린다.

文書, 召致于京使人傳習, 小字之學始此 – [고종 12년(1225)] 6월 신묘에 왕이 봉은사에 갔다. 동진(東眞)[52] 사람 주한(周漢)이 서창진에 투항하였다. 주한이 [여진]소자의 문서를 알아 서울로 초청하여 사람들로 하여금 배우게 하였는데 소자의 학습은 이로부터 시작되었다."라는 기사가 있다.

이것은 서창진(瑞昌鎭)에 투항한 동진(東眞)사람 주한(周漢)이 여진 소자의 문서를 해독하므로 서울로 초치(召致)하여 사람들에게 여진문자를 가르치도록 하였고 이로부터 소자(小字)를 배우게 되었다는 내용이다. 여기서 소자(小字)가 앞에서 말한 여진소자를 지칭한다면 고려 고종 12년(1225)부터 여진문자가 이 땅에서 학습되었음을 알 수 있다.[53]

5.3.2.5. 조선에서는 여진학이 다른 한(漢), 몽(蒙), 왜학(倭學)의 삼학(三學)에 비하여 늦게 사역원에 설치되었다. 즉, 조선에서 사역원은 태조 2년(1393)에 설치되었고 이때부터 몽고어 교육, 즉 몽학도 설치었으며 태종 13년(1413)에는 일본어의 왜학이 설치되었으나 여진학은 『경국대전』(1469)이 간행되었을 때 비로소 그 이름이 사역원에 보인다.

따라서 적어도 세종 12년(1430)까지는 여진학이 사역원에 설치되지 않은 것이다. 즉, 『세종실록』(권47) 세종 12년 3월 18일의 기사에 보이는 상정소(詳定所)의 제학(諸學) 취재(取才)에서 역학(譯學)으로는 한학(漢學), 몽학(蒙學), 왜학(倭學)만이 보이고 여진학(女眞學)은 없다. 따라서 이때까지는 여진어 교육이 이루어지지 않은 것으로 보아야 한다(졸저, 2014).

다만 『경국대전』 이전에도 사역원에서 여진어를 교육한 것으로 보이는 기사가 실록에 전한다. 즉, 『세종실록』(권64) 세종 16년 6월 경오(庚午, 25일)조에

---

52 東眞은 고종 2년(1215)에 여진족의 浦鮮 萬奴가 만주의 遼陽에 세운 나라. 고종 21년(1234)에 몽고에 멸망하였다.

53 金 太祖의 女眞大字와 熙宗의 女眞小字는 金代에 女眞語 표기에 널리 사용되었으며 金 世宗(1161~1187)에는 이 文字로 中國의 經史類의 서적을 번역하고 女眞大學을 세워 학문적 발전을 도모하였다. 高麗에서는 元代 이전에 이들과의 접촉이 빈번하였음을 여러 史籍의 기록을 통하여 알 수 있다.

○庚午禮曹啓: "解女眞文字者, 不過一二人, 將爲廢絶。 侍朝人及咸吉道女眞子弟中解女眞文字者, 選揀四五人, 屬於司譯院, 定爲訓導, 兼差通事之任。" 從之。 - 경오일에 예조에서 아뢰기를, "여진 문자를 이해하는 자가 불과 1, 2인이어서 장차 폐절(廢絶)하게 되겠사오니, 시조인(侍朝人-관리를 말함) 및 함길도의 여진인 자제 중에서 여진 문자를 이해하는 자 4, 5인을 추려 뽑아서 사역원에 소속시켜 훈도(訓導)로 삼으시고, 겸하여 통사(通事)로 임명하도록 하옵소서"하니, 그대로 따랐다.

라는 기사로 보아 조관(朝官)으로 있는 우리나라 사람이나 함길도에 사는 여진족의 자제 중에서 여진문자를 해독하는 사람을 뽑아서 사역원의 훈도(訓導)나 통사(通事)의 임무를 겸하게 한다는 내용이다. 이를 보면 이때에도 사역원에서 여진어 및 여진문자의 교육이 있었음을 알 수 있게 한다.

<경국대전>(권3) 「예전」 '사역원'조에 한학, 몽학, 왜학과 더불어 여진학이 있어 사역원의 사학(四學)이 완비되었는데 여진어를 배우는 교재로는 대전의 같은 곳 '역과(譯科) 사자(寫字)'조에 "千字, 天兵書, 小兒論, 三歲兒, 自侍衛, 八歲兒, 去化, 七歲兒, 仇難, 十二諸國, 貴愁, 吳子, 孫子, 太公, 尙書" 등 15종의 여진어 학습서를 들었다.

그러나 이 여진학서는 오늘날 전하는 것이 없어 어떤 문자로 여진어를 기록하였는지 알 수가 없다. 다만 앞에서 살펴본 바와 같이 아마도 몰고-위구르 문자로 작성되었을 것으로 보인다. 또 이 가운데 <소아론>과 <팔세아>가 만주어 학습의 청학서가 되어 그 내용을 알 수 있고 조선 사역원에서 사용하던 만주문자의 <천자(千字)>가 프랑스 파리국립도서관에 전해진다.

5.3.2.6. 여진어 학습의 여진학이 만주어의 청학(淸學)으로 바뀐 것은 강희(康熙) 정미(丁未, 1667)의 일이다. 『통문관지』(권1) 「연혁」 '관제(官制)'에 "康熙丁未女眞學改稱淸學 - 강희 정미에 여진학을 청학으로 개칭하다"라는 기사가 있다. 그러나 실제로는 청학(淸學), 즉 만주어의 교육이 이보다 훨씬 전부터 이루어졌다고 보아야 한다.

즉, 『역관상언등록(譯官上言謄錄)』의 숭정(崇禎) 10년(1637) 정축(丁丑) 12월

초 5일의 기사를 보면 의주부윤(義州府尹) 임경업(林慶業)이 청학(淸學) 역관(譯官)과 이문학관(吏文學官)의 필요함을 계주(啓奏)한 상소문이 실렸다.

그에 의하면 청학(淸學) 역관으로 서울에 있는 자는 단지 약간 명뿐이어서 나누어 보내 주기는 어렵지만 사역원 여진학관(女眞學官) 중에서 '稍解淸語者 - 청나라 말을 조금 아는 자'를 선택하여 보내주기를 바란다는 상소가 있어 본원(本院 - 사역원)에서 어떻게 하였으면 좋겠는가를 물었으며 그대로 시행하라는 내용이어서 이미 숭정(崇禎) 정축(丁丑, 1637)에 여진학에서 청학(淸學), 즉 만주어를 교육하고 있었음을 알 수 있다.[54]

따라서 청(淸) 태조 누르하치(努爾哈赤)가 만주족을 규합하여 후금(後金)을 세우고(1616) 중원을 정복한 다음에 청(淸) 태종이 후금(後金)을 청(淸)이라 고친(1636) 이후 명(明)나라를 완전히 멸망시키는(1662) 사이에 두 차례(1627, 1636)에 걸친 침략을 받은 조선에서는 만주어에 대한 필요가 급격하게 증대되었다.

비록 사역원에서는 명(明)이 완전히 망한 후인 강희(康熙) 정미(丁未, 1667)에 비로소 여진학을 청학(淸學)으로 개칭하였으나 전술한 <역관상언등록>의 기사를 보면 그 이전부터 여진어를 대신하여 만주어의 교육이 이루어지고 있었음을 알 수 있다.

사역원 여진학에서 만주어를 교육하는 방법은 이미 『경국대전』(권3) 「예전」 '역과(譯科)'조 올라있는 여진어 교재를 만주문자로 바꾸어 만주어 학습서로 하였을 것임은 추측하기 어렵지 않다.[55] 그렇다면 『경국대전』에 등재된 <천자(千字)>를 비롯한 15종의 여진학서는 어떤 문자로 기록된 것일까? 오늘날 이들 여진학서가 하나도 전해지지 않아서 분명히 알 수 없지만 세 가지 가능성이 있다.

---

54 [前略] 況臣不解文字, 多事之地不可無吏文學官, 亦令該曹從速下送事。據曹粘目內 淸譯在京者 只若干人 似難分送。司譯院女眞學中, 稍解淸語者, 擇送爲白乎旀, 吏文學官定送事段, 前例有無, 自本曹詳知不得, 令本院處置何如? 啓依允。(『譯官上言謄錄』崇禎 10年 丁丑(1637) 12月 初5日條).

55 『經國大典』(권3) 「예전」 「諸科」 '女眞學'조에는 女眞語를 배우는 譯學書로 "千字、天兵書、小兒論、三歲兒、自侍衛、八歲兒、去化、七歲兒、仇難、十二諸國、貴愁、吳子、孫子、太公、尙書 등 15種을 들고 있다.

첫째는 여진문자(小字 또는 大字)로 기록된 것, 둘째는 한문으로만 기록된 것, 셋째는 다른 표음문자로 여진어를 기록한 것이다. 첫째와 둘째의 가능성은 이들의 서명(書名)으로 미루어볼 때 대부분 중국의 경사류(經史類) 내지는 병서(兵書)라는 점에서 가능할 수 있으나 사역원 역학서의 성격을 살펴보면 대부분이 실용회화를 위한 발음중심의 학습이라는 점에서 첫째, 둘째보다 셋째의 가능성이 큼을 알 수 있다.

5.3.2.7. 주지하는 바, 이 시대의 표음문자로는 중국, 몽고, 만주 및 한반도에서 널리 알려진 것으로 위구르문자와 원대(元代)에 제정된 파스파 문자를 들 수 있다. 파스파자는 몽고어 이외의 언어를 표기하는 데 사용된 예를 찾기 어렵지만 위구르문자는 다른 여러 언어의 표음적 표기에 사용되었으며 후일의 만주문자도 이 위구르문자를 약간 변형시킨 것이다.

여기에서 전술한 바와 같이 사역원의 여진학서에 사용된 표음문자가 혹시 몽고어의 표기에 사용됐던 몽고외올자(蒙古畏兀字), 즉 몽고-위구르 문자가 아닐까 하는 의구심을 갖게 된다. 프랑스 파리 국립도서관에 소장된 <천자(千字)>는 원래『경국대전』의 여진학서에 있던 여진어 교재의 서명이나 후대에 사역원에서 만주어 학습에 실제로 사용된 책으로 보인다.

이 책은 한자의 <천자문>을 상하 이단(二段)으로 나누어 상단(上段)에는 만주문자로 천자(千字)의 중국어 발음을 쓰고 하단(下段)에는 한자로 천자(千字)를 썼으며 상·하 곳곳에 붉은 글씨의 한글로 발음을 적어 놓았다.[56]

만주문자는 청(淸) 태조 누르하치(努爾哈赤)가 에르데니(額爾德尼) 등을 시켜 몽고외올자(蒙古畏兀字)를 차용하여 만주어를 기록한 것으로 만력(萬曆) 27년(1599)에 제정하여 공표한 문자다. 후에 청(淸) 태종이 숭정(崇禎) 5년(1632)에 몇 개의 문자를 더 첨가하고 권점(圈點)을 붙여 수정하였으며(Ligeti, 1952) 다하이(達海) 박사 등에 명하여 많은 중국의 서적을 만주어로 번역하여 이 문자로 기록하게 하였다.

56 이 資料는 國會圖書館에 그 Microfilm이 소장되어 있다.

이 문자는 몽고-위구르 문자와는 서로 다르지만 만주문자 이전의 여진학서가 몽고-위구르문자로 기록되지 않았는가 하는 가정을 하게 되는 것은 한자를 변개시켜 만든 여진자(大字, 小字)가 때로는 몽고문자와 함께 쓰인다는 기사가 있기 때문이다. 즉 『성종실록』(권241) 성종 21년 6월 무자(戊子, 7일)조의 5번째 기사에

○兵曹奉旨, 下書于建州右衛酋長羅下。王若曰, 爾管內童約沙, 今年春來寓我滿浦江外之地, 邊將雖反覆開諭以不可留之意, 而頑不聽命, 結廬耕田, 遷延不去。 是不有我國也, 以我國之勢, 逐偸生假息之虜, 有何難焉? 第以約沙窮困來歸, 不卽迫逐, 今姑隱忍以聽其自去耳。 皇朝天覆海涵, 罔間內外, 皆爲臣妾, 爾亦受天子之命, 爲本衛長, 所管部落, 皆天子之編氓, 不能存撫, 使之流移, 事若上聞, 豈無咎乎? 且我國事朝廷, 益虔不懈, 今使爾衛之人, 停留境上, 迫近我邊, 氷合無礙, 則往來不難, 跡似交通, 上國必加譴責, 其在彼此, 豈可爲安? 爾兵曹體此意, 明曉彼人, 期於勒還。 今將事理, 備錄以示, 爾豈不知是非利害之機? 其亟還約沙, 無貽後悔。用女眞字、蒙古字, 翻譯書之。 - 병조에서 교지를 받들어 건주 우위 추장(建州右衛酋長) 나하(羅下)에게 하서(下書)하니 “왕은 말하노라. 너희 관내의 동약사(童約沙)가 금년 봄에 우리의 만포강(滿浦江) 바깥 땅에 와서 사는데, 변장(邊將)이 비록 반복해서 머물 수 없다는 뜻으로 개유(開諭)하였으나, 완악(頑惡)해서 명을 듣지 아니한 채 집을 짓고 밭을 갈면서 지체하고 떠나가지 않는구나. 이것이 우리 나라의 소유가 아니라 하나, 우리 나라의 위세로 투생(偸生)하여 임시로 사는 오랑캐를 쫓는 데 무슨 어려움이 있겠는가? 단지 동약사가 곤궁하여 돌아온 것을 즉시 핍박하여 쫓지 아니한 것은 우선 꾹 참고 스스로 떠났다는 것을 들으려는 것일 뿐이다. 황조(皇朝)는 하늘을 덮고 바다를 담을 만큼 내외에 막힘이 없어서 모두 신하가 되었고, 너 또한 천자의 명을 받아 본위(本衛)의 추장(酋長)이 되었으므로, 관할하는 부락이 모두 천자의 편맹(編氓 - 백성을 말함-필자 주)인데, 능히 어루만지지 못하고 흘러다니게 하였으니, 일이 위에 들리게 된다면 어찌 나무람이 없겠는가? 또 우리 나라는 중국 조정을 섬겨 더욱 삼가서 게을리하지 않는데, 지금 너희 위(衛)의 사람이 경계상에 머물러 우리의 변경과 가깝게 붙어 있으므로, 어름이 얼어 막힘이 없으면 왕래하는 데 어렵지 아니하여, 그 자취가 마치 교통한 것과 같으니 중국에서 반드시 견책을 더할 것이라, 우리와 너희들에게 있어서 어찌 편안함이 되겠는가?’라고 하고, 그대 병조(兵曹)에서는 이 뜻을 본받아 그들에게 분명히 깨닫게 하여 반드시 쇄환할 것을 기약하라.

> 지금 사리를 가지고 갖추어 기록하여 보이기를, '너희들이 시비(是非)와 이해의 기미를 알지 못하겠는가? 빨리 동약사를 쇄환하여 후회를 끼침이 없도록 하라.'고 하라."하였다. 여진 문자와 몽고문자로 쓴 것을 번역하여 썼다.

이 기사를 보면 병조(兵曹)에서 건주우위(建州右衛) 추장(酋長)에게 여진자와 몽고자로 번역한 글을 보냈음을 알 수 있다.

실제로 여진어를 기록하는데 사용한 몽고-위구르문자를 몽고여진자(蒙古女眞字)로 불렀던 예가 있다.『성종실록』(권261) 성종 23년 1월 경인(庚寅, 19일) 8번째 기사에 "○右承旨權景禧啓曰: '諭都骨兀狄哈之書, 已用蒙古女眞字飜譯, 何以處之?' 傳曰: '予亦思之久矣。今不可輕易傳送' [下略]" – 우승지 권경희가 아뢰기를, '도골올적합(都骨兀狄哈)에게 효유할 글을 이미 몽고여진의 글자로 번역하였는데 어떻게 처리해야 하겠습니까?'하자, 전교하기를, '나도 또한 오랫동안 생각해 왔으나 지금 경솔히 전달할 수는 없겠다'라고 하다. [하략]"는 기사가 있어 몽고여진자로 번역한 유서(諭書)를 여진인들에게 보내려고 하였음을 알 수 있다. 당시 사역원에서는 원(元)의 데르베르진(帖兒月眞, 파스파문자)뿐 아니라 몽고의 위올진(偉兀眞-위구르 문자)에 대해서 잘 알고 있었음을 추측하기가 어렵지 않다.[57]

5.3.2.8. 여진어 교재들이 위구르문자로 쓰였다는 보다 신빙성 있는 증거는 여진학서를 청학서, 즉 만주어 학습서로 바꾸는 과정에서 발견된다. 병자호란 이후 급격히 그 필요성이 강조된 만주어의 학습은『경국대전』(권3)「예전」'여진학(女眞學)'조에 등재된 15종의 여진어 교재 중에서 왜란(倭亂)과 호란(胡亂)을 거치고 남아있는 5책의 여진학서, 즉 <구난(仇難)>, <거화(去化)>, <상서(尙書)>, <팔세아(八歲兒)>, <소아론(小兒論)>에 의하여 실시되었다고 한다.

즉,『통문관지』(권2)「과거」'청학팔책(淸學八冊)'조에 "初用千字文、兵書、小兒論、三歲兒、自侍衛、八歲兒、去化、七歲兒、仇難、十二諸國、

57 『세종실록』(권47) 세종 12년 3월 18일(무오)의 기사에 諸學取才 譯學을 蒙訓이라 하여 蒙學書가 기록되어 있으며 書字로 '偉兀眞'과 '帖兒月眞'의 이름이 보인다.

貴愁、吳子、孫子、太公尙書並十四冊。兵燹之後, 只有仇難、去化、尙書、八歲兒、小兒論五冊。故抽七處寫字, 以准漢學冊數。 － 처음에는 <천자문>, <병서>, <소아론>, <삼세아>, <자시위>, <팔세아>, <거화>, <칠세아>, <구난>, <십이제국>, <귀수>, <오자>, <손자>, <태공상서>의 모두 14책이다. 전란 이후에 다만 <구난>, <거화>, <상서>, <팔세아>, <소아론>의 5책만 남았다. 그러므로 7곳을 추첨하여 사자하게 하는데 한학의 책수(冊數)에 준한다."라는 기사가 있다.

이 기사로부터 여진학서였으나 병란 이후에 남은 5책, 즉 <구난(仇難)>, <거화(去化)>, <상서(尙書)>, <팔세아(八歲兒)>, <소아론(小兒論)>만을 가지고 만주어를 교육하였으며 역과 청학(淸學)의 시험에도 이 책을 출제서로 사용하였다는 것이다. 그러나 이 5책은 여진어를 학습하는 책이며 내용은 다하이(達海) 박사 등이 권점(圈點)을 붙여 만든 신(新) 만주문자가 아니라 앞에서 가정한 바와 같이 몽고여진자, 즉 몽고-위구르 문자로 표기되었을 가능성이 있다.

여진어와 만주어가 서로 별개의 언어이며(Grube, 1896; Benzing, 1956) 문자 또한 달랐으므로 이 5책의 여진학서를 만주어의 학습에 사용하게 되면 어음(語音)과 문자에서 중요한 차이가 노정될 것이다. 실제로 이에 대해서『통문관지』(권7)「인물」'신계암(申繼黯)' 조에

> 申繼黯平山人, 女眞學舊有國典所載講書, 而與淸人行話大不同, 淸人聽之者莫解。秋灘吳相國允謙 以公善淸語, 啓送于春秋信使之行, 十年往來專意硏究, 盡得其語音字劃。就本書中仇難、巨化、八歲兒、小兒論、尙書等五冊, 釐正訛誤, 至今行用於科試。出啓辭謄錄官至僉樞. － 신계암은 평산 사람이다. 여진학은 옛 대전의 여진학에 강서가 실려 있는데 청나라 사람들과 대화할 때에 매우 달랐다. 추탄(秋灘) 오상국 윤겸(允謙)이 신계암이 청나라 말을 잘 하므로 춘추의 사행에 보내도록 장계를 하여 10년 동안 왕래하면서 이것에만 전념하여 연구하게 하여 그 말과 발음, 글자를 모두 알게 하였다. 이 [여진학서의] 책 가운데 <구난>, <거화>, <팔세아>, <소아론>, <상서> 등의 5책을 취하여 잘못된 것을 고쳐서 지금 과거시험에 사용하도록 하였다.『계사등록』에서 나온 것이고 그의 벼슬은 중추원 첨지사(정3품)에 이르다.

라는 기사가 있어 전날의 여진학서로 배운 말이 청나라 사람들과의 대화에서는 매우 다른 언어임을 말하며 청인(淸人)이 들어도 이해하지 못하였음을 알 수 있다.

그리고 신계암이 10년 동안 청(淸)을 왕래하면서 만주어의 어음(語音)과 만주문자의 자획(字劃)을 모두 배우고 여진학서 가운데 <구난(仇難)>, <거화(巨化, 去化)>, <팔세아(八歲兒)>, <소아론(小兒論)>, <상서(尙書)>를 만주어와 신 만주문자로 고쳐서 역과 청학에 쓰게 하였다는 것이다.

우리는 이 기사를 통하여 우리는 여진어와 청어(淸語), 즉 만주어가 서로 다른 언어임을 알 수 있을 뿐 아니라[58] 여진학서에 사용된 문자와 만주문자가 서로 자획이 다름을 알 수 있다. 만일 여진학서가 한자나 앞에서 살펴 본 여진문자(女眞大字나 小字)라면 만주문자와 비교될 때 전혀 이질적인 이 두 문자를 단지 자획(字劃)이 다르다고만 말할 수 있겠는가?

이것은 앞에서 말한 몽고여진자로 불린 몽고-위구르문자와 만주문자와의 관계로 이해할 때 비로소 합리적인 설명이 될 수 있다. 이에 대해서 『역관상언등록(譯官上言謄錄)』의 숭정(崇禎) 12년(1639) 5월 11일조의 기사가 매우 많은 암시를 던져준다. 즉, 그 기사는,

> 司譯院官員以都提調意啓曰: 女眞學傳習之事, 其在于今時, 他學尤重, 自前流來番書未知出自何代, 而淸人見而怪之, 全未曉得。彼中方今行用之書, 卽前汗所著, 而音則淸音, 字則與蒙書大略相似 而點劃實異, 曉解者絶無。彼此相接之時, 無以通情。都提調吳允謙時, 具由入啓, 多方勸奬。本學中有才申繼黯, 春秋信使之行, 連續差送俾無, 與淸人來往問難, 語音精熟, 然後及學其書。繼黯專意硏究, 于今十載, 方始就緖。傳來冊本中 所謂巨化、仇難、八歲兒、小兒論、尙書等五冊, 以淸語寫出, 而淸旁註質之。上年勅使時, 從行淸人無不通曉, 以此可知其不誤也。[下略] ㅡ 사역원의 관원이 도제조의 뜻으로 장계하여 말하기를 "여진어를 배우는 일은 오늘날에 있어서 다른 언어를 배우는 것보다 매우 중요한데 전부터 내려오는 책들은 어느 시대로부터 나

58 만주어는 주로 淸代의 언어를 말하지만 현대에는 文語만이 남아있고 소수의 만주족과 솔릉, 다구르族에 의해서 이 滿洲文語가 사용되고 있다. 女眞語는 징기스칸 이전부터 明代까지 만주지역에서 사용되었다. 女眞語는 고대 만주어의 한 方言으로 간주된다(Cincius, 1949; Grube, 1896; Benzing,1956; 渡部薰太郞,1935).

> 온 것인지 알 수 없으며 청나라 사람들이 보아도 이상하다고 하면서 전혀 알지를 못합니다. 그 가운데 현재 사용하고 있는 책은 전 임금 때에 지은 것으로 발음은 청나라 말이고 글자는 몽고글자와 대체로 같지만 점획(點劃)이 실로 달라서 아는 사람이 하나도 없고 피차가 서로 접할 때에 뜻이 서로 통하지 않습니다. 오윤겸이 도제조였던 때에 이런 사정을 갖추어 장계하여 여러 방법으로 [여진어의 공부를] 권장하였습니다. 여진학 가운데 재주가 있는 신계암을 봄가을에 보내는 사행에 연속해서 보내어 빠지지 않았으며 청인과 내왕하여 어려운 것을 묻고 말과 발음이 익숙하게 된 다음에 이 [여진학의] 책들을 배우게 하였습니다. 계암이 뜻을 오롯이 하여 연구한지 이제 10년이 되어서 비로소 가닥을 잡기 시작하였습니다. 전래되어오는 책 가운데 소위 말하는 <거화>, <구난>, <팔세아>, <소아론>, <상서> 등의 다섯 책을 청나라 말로 베껴내고 옆에 주를 달아 질문하였습니다. 지난 해 칙사가 왔을 때에 청나라 사람들을 따라 다니며 통하여 알지 못하는 것이 없었으니 이는 틀림이 없었음을 알 수가 있습니다. [하략]"라고 하다.

와 같은데 이 기사에 의하면 당시 여진어를 배우는 교재들이 어느 시대에 만들어진 것인지 알 수 없고 청인(淸人)이 보아도 전혀 해독하지 못한다는 내용이다.

이것은 여진학서와 청학서가 전혀 다른 것임을 말하는 것이다. 그리고 그 중에서 현재 쓰고 있는 것도 전한(前汗)[59] 시대에 지은 것이어서 발음은 비록 청음(淸音, 만주어음)이나 문자는 몽고 글자와 대체로 같지만 점획이 달라서 해독하는 사람이 전혀 없었다는 내용이다.

이것은 병란 이후에 남아있던 5책의 여진학서, 즉 <거화(去化)>, <구난(仇難)>, <팔세아(八歲兒)>, <소아론(小兒論)>, <상서(尙書)>를 이제 사용하고 있는 책(方今行用之書)라 부른 것으로 보면 신계암 이전에는 이 5책의 여진학서를 갖고 청어(淸語), 즉 만주어를 학습한 것임을 알 수 있다.

5.3.2.9. 신계암(申繼黯)이 청학서를 고치기 이전의 5책에 사용된 만주문자는 청(淸) 태조가 몽고-위구르 문자를 빌려 만든 옛 만주 글자, 즉 여진-위구르 문자로 쓰였음을 말한다. 이때의 만주문자는 청(淸) 태

59 小倉進平은 이때의 前汗을 淸 太祖로 보았다(小倉進平·河野六郞, 1964:611).

종이 이를 수정하고 권점을 붙여 만들기 이전의 것이다.

따라서 이 5책은 전한(前汗, 淸 太祖) 시대의 소저(所著)로 본 것이며 발음은 만주어이지만 문자는 몽서(몽고-위구르자)와 대체로 같고 청(淸) 태종이 수정한 만주문자와는 점획(點劃)이 다르다고 본 것이다.[60]

청(淸) 태종 이후의 신 만주문자에 의한 청학서는 위의 기사대로 신계암에 의해 수정되었다. 조선에서도 이 새 만주자를 배워서 익혔는데 그 시작은 신계암(申繼黯)이다. 그는 10년간 연속으로 청(淸)나라에 가는 춘추신사(春秋信使)에 차송(差送)되어 만주어의 어음(語音)과 문자를 연구하고 앞에 든 5책의 여진학서를 만주어와 새 만주문자로 바꾼 다음부터 본격적으로 만주어 교재로 사용하기 시작한다는 뜻이다.

이 5책 가운데 <구난(仇難)>, <거화(去化)>, <상서(尙書)>는 사역원에서 청학서로 새로 편찬된 <삼역총해(三譯總解)>와 <청어노걸대(淸語老乞大)>에 의해서 교체된다.[61] 이 새로운 두 청학서는 강희(康熙) 갑자(甲子, 1684)부터 과거시험에도 사용하였다. <팔세아>와 <소아론>만이 후대의 만주어 교재로 계속해서 사용되었고 오늘날에도 그 판본이 전한다. 다만 <구난>, <거화>, <상서>는 오늘날 실전되어 전하지 않는다.

이 사실은 전술한 『통문관지』(권2) 「과거」 '청학팔책(淸學八冊)' 조와 『수교집록(受敎輯錄)』[62] 에서 확인되는데 『수교집록』(권3) 「예전」 '권장(勸奬)' 조에 "蒙學則舊業守成事鑑、伯顔波豆、孔夫子、待漏院記之外, 添外新飜老乞大。淸學則舊業八歲兒論之外, 添外新飜老乞大、三譯總解, 仍

60 淸 太祖 누르하치(努爾哈赤)가 에르데니(額爾德尼)를 시켜 몽고 위구르문자를 빌려 만든 만주문자는 萬曆 27년(1599)에 공표하였다. 이것은 無圈點 만주자라 한다. 이것이 만주어를 표기하는데 부족하여 청 太宗 홍타이시가 崇禎 5년(1632)에 문자의 개혁을 다하이(達海)박사 등에게 명하였다. 그는 몽고문자의 옆에 圈과 點을 붙여 몇 개의 문자를 추가하였다. 이 만주문자가 有圈點 만주자라고 하며 보통 만주문자라 하면 이것을 가리킨다. 辛亥革命(1911)로 淸이 망한 이후에는 사용되지 않고 현재는 19세기에 新疆省에 주둔하고 있던 만주족의 후예인 시보(錫伯)족이 일부 사용할 뿐이다.

61 <三譯總解>는 만주어의 『淸書 三國志』를 발췌하여 그 발음을 정음으로 쓰고 뜻을 언해한 것이며 <淸語老乞大>는 조선 성종 때에 刪改한 <노걸대>를 만주어로 번역하여 교재로 한 것이다. 그러나 과연 <청서삼국지>를 발췌한 것인가 아니면 <한문본 삼국지>를 번역한 것인가에 대하여는 논란의 여지가 있다.

62 『受敎輯錄』은 李畬의 서문에 康熙 37년(肅宗 24, 1698) 戊寅 三月의 간기가 있다.

爲定式教誨使之。通行於科擧與試才之時。{康熙癸亥承傳} – 몽학은 옛날에 <수성사감>, <백안파두>, <공부자>, <백안파두>, <공부자>, <대루원기>로 배웠으나 그 외로 <신번노걸대>로 첨가하고 청학은 옛날에 <팔세아>, <소아론>으로 배웠으나 <신번노걸대>, <삼역총해>를 추가하기로 정하고 교회들로 하여금 과거와 취재의 시험에서 통행하게 하다. {강희 계해부터 전하다}"라는 기사로 청학(淸學)은 강희(康熙) 계해(癸亥, 1683)부터 <팔세아>, <소아론>[63] 이외에 <신번노걸대>(<청어노걸대>를 말함)와 <삼역총해>를 정식으로 과거와 취재의 시험에 사용키로 결정하고 강희(康熙) 갑자(甲子, 1684)부터 이 두 청학서를 처음 쓰기 시작하였음을 알 수 있다.[64]

따라서 역과 청학의 과거 시험에 <팔세아>, <소아론> 이외에 <청어노걸대>, <삼역총해> 등 4종의 교재에서 7곳을 추첨하여 외워 쓰게 하고(寫字) 한학과 같이 『경국대전』을 번역하게 하여 역어(譯語)를 시험하게 하였으니[65] 모두 8개의 문제가 출제되게 규정한 것이다. 이러한 기사들을 살펴보면 만주어로 된 청학서들 가운데 원래 여진학서였던 <팔세아>, <소아론>을 신계암이 새 만주자로 고쳐 만주어 교재로 사용하게 한 것임을 말한다. 즉 몽고 글자와 같은 옛 만주자로 된 것을 고쳤다는 뜻이다.[66]

3) 조선후기 사역원의 역학서 편찬

5.3.3.0. 조선시대 후기의 역학서(譯學書)에는 왜란(倭亂)과 호란(胡亂)으로 인하여 해당언어의 구어(口語)를 학습하는 것이 중요함으로 깨달

63 『受教輯錄』의 '八歲兒論之外'는 "八歲兒、小兒論之外"를 가르친다.

64 『通文舘志』「科擧」'淸學八册'조에 "康熙甲子始用新飜老乞大、三譯總解, 而前册書中仇難、去化、尙書訥於時話, 改並去之。"라는 기사 참조.

65 『通文舘志』상게 부분에 "八歲兒、小兒論、老乞大、三譯總解四册, 抽七處寫字, 大典飜語同漢學。"이라는 기사 참조.

66 이 논문을 미리 읽은 만주어 전문가의 한 분이 신계암이 10년을 고생하여 여진학서를 청학서로 고쳤다고 하는데 단순히 옛 만주자를 권점을 붙인 신 만주자로 고치는데 이렇게 많은 시간이 거렸을 것인가라고 지적하였다. 아마도 문자만이 아니라 언어도 여진어에서 만주어로 바꿔야 했을 것이며 그로 인하여 시간이 걸린 것이 아닌가 한다.

게 되었다. 그리하여 실용적인 회화 위주의 학습서가 유행하였으며 시일이 지나면서 전시대의 것을 수정하고 보완하는 작업이 계속되었다.

임진왜란 때에 왜군에게 납치되었다가 쇄환(刷還)된 강우성(康遇聖)은 일본어 회화 교재인 『첩해신어(捷解新語)』를 편찬하였다. 이 책은 일본어 학습의 효용성이 인정되었다. 그 후 여러 차례 수정하여 개수(改修), 중간(重刊), 문석(文釋)의 이름을 붙여 간행하였다. 그리고 다른 역학서(譯學書)의 편찬에도 기여하게 된다.

병자호란(丙子胡亂) 이후에 새롭게 추가된 몽고어의 몽학서 『첩해몽어(捷解蒙語)』는 <첩해신어>에서 그 서명을 가져온 것이다. 또 만주어의 청학서로 『삼역총해(三譯總解)』가 추가로 편찬되고 한학서인 <노걸대>를 만주어로 번역한 『청어노걸대(淸語老乞大)』가 만주어 교재로 출판되었다.

중국어의 한어(漢語) 교재도 면목을 일신하여 기본 교재인 <노걸대>와 <박통사>가 청대(淸代) 북경의 만다린으로 번역되어 『노걸대신석(老乞大新釋)』, 『박통사신석(朴通事新釋)』으로 편찬되었다. 이에 맞추어 청학서와 왜학서, 그리고 몽학서에서 교재가 수정, 보완되어 신석(新釋), 중간(重刊) 등의 이름을 원래의 서명(書名)에 추가하여 간행하였다.

5.3.3.1. 고려 말에 편찬된 것으로 알려진 중국어 회화학습서 <노걸대(老乞大)>, <박통사(朴通事)>(이하 <노박>으로 약칭)는 원대(元代) 북경(北京) 주변의 한어, 즉 중국어의 동북방언님 한아언어(漢兒言語)를 학습하는 교재였다. 원(元) 제국(帝國)과의 교섭으로 어쩔 수 없는 일이었다.

<노박>은 졸저(2017: 281)에 의하면 지정(至正) 7년(丙戌, 1346)경에 중국을 여행한 고려 역관에 의하여 편찬되었으며 현전하는 {원본}<노걸대>는 조선 태종 때에 간행된 곳으로 추정한다(정광·남권희·양오진, 1999). <노박>의 본문에 지정(至正) 병술(丙戌)을 지목하는 내용이 많이 들어있기 때문이다. 특히 고려 명승(名僧) 보우(普愚) 화상이 원(元)의 대도(大都)에서 설법(說法)한 이야기가 <박통사>에 등장하는데 보우 화상이 원(元)을 방문한 시기가 지정(至正) 병술년(1346)의 일이기 때문이다.[67]

67 최세진의 {번역}<노걸대>(上 74앞 9행~75뒤 1행)에 "南城永寧寺裏, 聽說佛法去來 –

졸저(2017: 295~6)에서는 지정(至正) 병술(丙戌)에 원(元)으로 교역하러 간 복수의 고려 역관(譯官)들이 공동으로 저작하여 통문관(通文館)이나 사역원(司譯院)의 한어(漢語) 교재로 사용하다가 조선시대에 들어와 정식으로 간행된 것이 아닌가 하였다. 즉, 1999년 겨울에 발굴되어 학계에 소개된 {원본}<노걸대>(이하 <원노>로 약칭)에는 "伴當恁從那裏來, 俺從高麗王京來, 如今那裏去, 俺往大都去(<원노> 1앞2~3행)[68]라는 구절이 있어 '고려(高麗)'이라든지 원(元)의 '대도(大都)'라는 나라 이름과 지명으로 보아 고려 후기, 즉 원대(元代)에 만들어진 것으로 볼 수 있다.

또 이어서 이 책의 본문에 "如今朝廷一統天下, 世間用著的是漢兒言語"(<원노> 2앞 5~6행)라는 구절의 '일통천하(一統天下)'가 몽고의 쿠빌라이 칸(忽必烈汗), 즉 원(元) 세조(世祖)가 남송(南宋)을 멸망시키고 중원(中原)을 통일한 것을 내용에 넣었다. 다른 연구에서는 위 '朝廷一統天下'를 명(明)이 원(元)을 멸(滅)하고 중원을 통일한 것을 말한다고 보기도 하였으나 다음에 연결되는 "世間用著的是漢兒言語 – 세간에 사용되는 것을 '한아언어(漢兒言語)'이다"라는 말과는 맞지 않는다. 한아언어는 원대(元代)의 공용어였기 때문이다.

그러나 명(明)이 건국하고 금릉(錦陵), 즉 남경(南京)이 언어의 중심지가 되자 이를 명초(明初)의 표준어인 남경관화(南京官話)로 이 교재를 수정하지 않을 수 없었다. 특히 명 태조 주원장(朱元璋)은 원대(元代)에 변질된 한어(漢語)를 돌이키려고 노력하였다. 조선에서도 원대(元代)의 한아언어보다 남경관화를 따르게 되었다. 실제로 중종 때에 최세진이 번역한 <노박>은 남경관화를 반영한 {산개(刪改)}<노박>이었다.

5.3.3.2. <노박>의 한어를 남경관화를 바꾼 것은 <조선왕조실록>의 기사에 의하면 성종(成宗) 때의 일로 보인다. 즉, 『성종실록』 성종 11년

南城永寧寺뎌레 블웝 니ᄅᆞᆫ 양 드르라 가져, 一箇見性得道的高麗和尙 – ᄒᆞᆫ 見性得道ᄒᆞᆫ 고렷 화샹이, 法名喚步虛 – 즁의 일후믈 블로ᄃᆡ 보헤라 ᄒᆞᄂᆞ니"에 등장하는 고려 僧侶 '步虛和尙'은 고려의 명승 '普愚'를 말한다(민영규, 1966).

68 중종 때에 최세진의 번역본에서는 이 부분이 "我從高麗王京來 - 내 高麗 王京으로셔브터 오라"(<번노>上1앞2~3행)이고 영조 37년(1761)의 간기를 갖고 있는 <老乞大新釋>에서는 이 부분이 "我朝鮮王京來"와 같이 '朝鮮'으로 바뀌었다.

(1480) 10월 을축(乙丑, 19일)조의 기사에 "此乃元朝時語也, 與今華語純異, 或有未解處。卽以時語改數節, 皆可解讀。請令能漢者刪改之[中略] 選其能漢語者冊改老乞大、朴通事 ― [명나라 사신을 따라온 대경이 <노걸대>와 <박통사>를 보고 말하기를], '이것은 바로 원(元)나라 때의 말이므로, 지금의 중국말[華語]과는 매우 달라서, 이해하지 못할 데가 많이 있다'고 하고, 즉시 지금의 말로 두어 구절을 고치니, 모두 해독할 수 있었습니다. 청컨대 한어에 능한 자로 하여금 모두 고치게 하소서. [중략] 한어에 능통한 자를 선발하여 <노걸대>와 <박통사>를 산개하다"라는 기사가 있어 이 시기에 <노걸대>와 <박통사>의 한어를 남경 관화로 고친 것을 알 수 있다.

이에 대하여 최세진의 『노박집람』에는 그 범례에 "質問者, 入中朝質問以來也。兩書皆元朝言語, 其沿舊未改者今難曉解。前後質問, 亦有抵捂姑幷收, 以祛初學之碍。間有未及質問, 大有疑碍者, 不敢强解。宜竢更質。― [『노박집람』에서] '질문(質問)'이란 것은 중국에 들어가 질문해 온 것이다. 두 책은 모두 원나라의 말이어서 옛 것을 따른 것은 고치지 않으면 이제는 깨닫기 어렵다. 전후 질문에 또 어긋나는 것이 있어 초학자의 어려움을 덜어주기 위하여 모두 수록한다. 더러는 미처 질문하지 못한 것도 있지만 크게 의심스럽고 막히는 것은 억지로 해석하지 않았다. 마땅히 다시 질문하기를 기다릴 것이다"라고 하여 <노박> 양서가 본래 원대(元代)의 한어(漢語)로 되어서 구본(舊本)의 내용이 수정되지 않은 부분은 최세진 당시에도 그 뜻을 이해하기가 어려웠음을 말하고 있다.

이 기사에 의하면 <노박>의 한어가 원대(元代)의 언어임을 분명하게 밝혀두었다. 또 같은 내용이 『성종실록』(권22) 성종 11년(1480) 10월 을축(乙丑)조에

> 御書講侍讀官李昌臣啓曰: 前者承命質正漢語於頭目戴敬, 敬見老乞大朴通事曰: 此乃元朝時語也. 與今華語頓異, 多有未解處, 卽以時語改數節, 皆可解讀. 請令能漢語者盡改之 [下略] ― 임금과의 서연(書筵)에서 시독관 이창신이 계하여 말하기를 "전자에 명을 받들어 두목 대경으로 하여금 질정하게 하였는데 대경이 <노걸대>, <박통사>를 보고 말하기를 '이것은 원조(元朝) 때의 언어이서서 알지 못하는 곳이 많습니다'하고 즉시 여러 절을

고쳐서 모두 해독할 수 있었습니다. 청하옵건대 한어에 능한 자로 하여금 모두 고치게 하십시오"라고 하다.

라는 기사가 있는데, 이 기사에 따르면 명(明)의 칙사(勅使)를 수행하여 고려에 온 두목 대경(戴敬)이 <노박>을 보고 이것은 원대(元代)의 한어(漢語)여서 알 수 없다고 하였다는 것이다. 두목(頭目)은 사행(使行)을 따라온 상인들의 우두머리를 말한다.

5.3.3.3. 북경(北京) 주변의 한아언어로 된 {원본}<노박>을 명초(明初)의 남경관화(南京官話)로 고친 것은 성종 때에 명(明)의 사신(使臣)과 함께 온 갈귀(葛貴)로 보인다. 전게한 『성종실록』(권22) 14년(1483) 9월 경술(庚戌)조에

> 先是命迎接都監郎廳房貴和, 從頭目葛貴, 校正老乞大、朴通事, 至是又欲質直解小學, 貴曰: 頭目金廣妒我, 疑副使聽讒, 故我欲先還, 恐難讎校, 若使人謝改正朴通事、老乞大之意, 以回副使之心, 則我亦保全矣. - 이에 앞서 임금이 영접도감의 낭청인 방귀화에게 명하여 두목 갈귀로 하여금 <노걸대>, <박통사>를 교정하게 하였는데 이 때에 이르러 또 <직해소학>을 질정하려고 하니 갈귀가 말하기를 "두목 김광이 나를 투기하고 부사가 참소하는 말을 들을까 의심스러워서 먼저 돌아가려 하니 [<직해소학>을] 교정하기가 어려울 듯합니다. 만약에 사람을 시켜서 <노박>을 교정한 것을 사례하게 하여 부사의 마음을 돌릴 수 있다면 나도 또한 보전할 수 있을 것입니다"라고 하다.

라는 기사가 있어 중국인 두목 갈귀(葛貴)가 <노박>을 먼저 교정하고 이어서 <직해소학>도 교정하려고 하였음을 알 수 있다.

그리고 전게한 『성종실록』(권122) 성종 11년(1479)에 이창신(李昌臣)의 계청(啓請)에서 "한어에 능한 자를 선발하여 <노박>을 산개하라(上曰: 且選其能漢語者, 删改老乞大朴通事)"는 성종의 명에 따라 <노박>의 수정이 시작되었음을 알 수 있다. 그리고 3년 후인 성종 14년(1483)에 갈귀(葛貴)가 <노박> 원본의 본문 가운데 내용이 불분명하거나 시의(時宜)에 맞지

않는 것을 삭제하여 개정하는 작업을 하였으며 그로 인하여 '산개(刪改)'라는 이름을 얻은 것이다.

이렇게 명대(明代)에 수정된 <노박>은 청대(淸代)에 다시 북경 만다린으로 수정되어 신석(新釋)이란 이름을 얻어 간행된다. 즉, 성종 때에 산개(刪改)된 <노박>은 영조(英祖) 때에 북경(北京) 만다린으로 다시 신석되어 『노걸대신석(老乞大新釋)』(이하 <신노>), 『박통사신석(朴通事新釋)』(이하 <신박>)으로 간행된다. 이 <노박>의 신석에 대한 경위를 <신박>에 첨부된 홍계희(洪啓禧)의 서문에 밝혀 놓았다.

이 서문을 정광·윤세영(1998: 78~79)에서 옮겨 보면 다음과 같다.

> [前略] 余嘗言不可不大家釐正, 上可之。及庚辰銜命赴燕, 遂以命賤臣焉。時譯士邊憲在行, 以善華語名, 賤臣請專屬於憲, 及至燕館逐條改證別其同異, 務令適乎時便於俗。而古本亦不可刪沒, 故幷錄之, 蓋存羊之意也。書成名之曰老乞大新釋, 承上命也。旣又以朴通事新釋, 分屬金昌祚之意, 筵稟蒙允, 自此諸書幷有新釋, 可以無礙於通話。[中略] 上之三十七年辛巳八月下澣 崇祿大夫行議政府左參贊兼弘文館提學 洪啓禧謹書 ─ 내가 일찍이 대가(大家)에게 고쳐서 바로잡지 않을 수 없다고 말하매, 임금께서 이를 허락하셨다. 경진년(1760)에 명을 받들고 연경(燕京)에 감에 이르러 드디어 그 일을 천신(홍계희 지신을 낮추어 말함)에게 명하였다. 이 때에 역관 변헌이 사행 중에 있었는데 중국어를 잘 한다고 이름이 났으므로 내가 변헌에게 오로지 맡길 것을 청하였다. 연경의 연관(燕館-燕京, 즉 당시 북경에 있는 조선사행들의 숙소인 玉河館을 말함)에[69] 도착하여 [<노걸대>를] 조목조목 예문을 고치고 그 같고 다름을 구별하여 시의에 맞고 시속에 편리하도록 힘썼다. 그러나 고본을 역시 산몰(刪沒 - 校正하여 잘라냄)할 수 없어 모두 함께 기록하였

69 조선에서 간 부경사행들은 淸初에 외국 사행들의 숙소였던 會同館에 머물렀지만 康熙 28년(1689)에 淸과 러시아가 Nerchinsk 조약(尼布楚 條約)을 맺은 다음에 러시아 사절들이 북경에 왕래하기 시작하였고 雍正 5년(1727)에 Kiakhta 조약으로 북경의 회동관이 러시아 사절들의 숙소로 지정되자 淸은 玉河館을 따로 지어 조선사행을 머물게 하였다. 이로부터 고종 30년(1893)에 최후의 조공사행이 북경에 가기까지 玉河館이 조선 赴京使行의 숙소가 되었다. 雍正 5년은 영조 3년이므로 영조 36년(1760)에 북경으로 떠난 庚辰使行은 옥하관에 숙소를 잡았던 것으로 보아야 한다. 鄭光·尹世英(1998: 78~79)에서 필자가 회동관을 부연사행의 연관으로 본 것은 미쳐 옥하관이 조선사행의 숙소가 되기 이전으로 착각한 때문이다. 졸고(1987c)에서도 언급한 바와 같이 이를 바로 잡고자 한다.

> 으니 존양의 뜻(存羊之意 - 舊例와 虛禮를 일부러 버리지 않고 그대로 두는 것)을 나타낸 것이다. 책이 이루어져 이름을 '노걸대신석'이라 하였으니 임금의 명을 받든 것이다. 그리고 또 '박통사신석'을 김창조에게 맡길 것을 경연에서 임금에게 고하여 허락을 얻었다. 이로부터 모든 책(역서를 말함)에 '신석(新釋)'이 있게 되었으며 통화하는데 막힘이 없게 되었다. [중략] 금상 37년 신사년 8월 하한에 숭록대부 행 의정부 좌참찬 겸 홍문관 제학 홍계희가 삼가 쓰다.

이 서문을 보면 영조(英祖) 경진(庚辰, 1760)에 왕비 책봉의 주청사(奏請使)로 부연사행(赴燕使行)에 참가한 바 있는 의정부 좌참찬(左參贊) 홍계희의 청에 의하여 한어역관 변헌(邊憲) 등이 '구본<노걸대>(舊本老乞大)', 즉 전술한 <산노>를 영조 37년(辛巳, 1761)에 새로 수정하여 간판하였음을 알 수 있다.

변헌은 북경(北京)의 옥하관(玉河館)에서 한인(漢人)들에게 질문하여 그 동안의 <노걸대>를 조목조목 개증(改證)하였다. 그리고 구본과 같고 다른 것을 구별하였으며 이 교정본을 김창조(金昌祚)와 더불어 '<노걸대신석(老乞大新釋)>'이란 이름으로 기영(箕營)에서 간행하였음을 밝히고 있다.

이수(李洙)[70] 등이 정조 19년(1795)에 중간한 『중간노걸대(重刊老乞大)』는 현재 여러 곳에 소장되었다. 즉, 현재 한국 내에서는 서울대 규장각과 가람·일사(伽藍·一簑)문고, 연세대, 국립중앙도서관 등에 여러 이본이 소장되어 있고 국외에도 필자가 조사한 바에 의하면 동경(東京)의 동양문고(東洋文庫)와 동경대학(東京大學)의 오구라(小倉)문고, 그리고 고마자와(駒澤)대학 가나자와(金澤) 구장본(舊藏本) 등에 다수 소장되었다.

<중간노걸대>는 신석본에 비하여 오히려 <산개노걸대>의 중국어에 가깝도록 수정되었으며 이것은 신석본이 지나치게 북경 만다린의 구어체를 반영한 것에 대한 반발로 보인다. 특히 동경(東京)대학 오구라(小倉)문고 소장의 <노걸대> 1.2.3은 한어본 2권을 합철하여 1책을 만들고 언해본 2권을 합쳐 4권 3책이 한 질(秩)을 이룬 것이 있다. 다만 <박통사>는 신석 이후에 다시 수정되지 않았다. 이미 <신박>에서 충분히

70 初名은 李湛이었으나 후에 李洙로 개명하였다.

북경관화(北京官話)를 반영한 것으로 간주하였기 때문이다.

5.3.3.4. 이상 중국 한어(漢語)의 변천에 따른 <노걸대>의 개정을 정리하여 각기 맨 앞의 첫구절을 한께 보이면 다음과 같다.

원 본 伴當恁從那裏來? 俺從高麗王京來。如今那裏去? 俺往大都去。
산개본 大哥你從那裏來? 我從高麗王京來。如今那裏去? 我往北京去。
신석본 阿哥你打那裏來? 我從朝鮮王京來。如今那裏去? 我往北京去。
중간본 大哥你從那裏來? 我從朝鮮王京來。如今那裏去? 我往北京去。

여기에 보인 <노걸대>의 첫 구절은 중국의 한어(漢語)가 어떻게 변천하였는지 일목요연하게 보여준다. 우선 <원본노걸대>는 원대(元代) 북경(北京) 주변의 한아언어(漢兒言語)를 보이고 <산개노노걸대>는 명초(明初)의 남경관화(南京官話)의 특징을 보여준다.

'고려'에서 '조선'으로 바뀐 <신석노걸대>와 <중간노걸대>는 두말할 것도 없이 북경(北京)의 만다린과 북경관화(北京官話)를 보여서 현대 중국어와 큰 차이가 없다. 조선 사역원에서 편찬된 <노걸대>로 근세 중국어의 변화를 한 눈으로 볼 수 있게 되었다. 졸저(2017)에서는 이 각각의 중국어에 대하여 원문을 인용하여 그 특징을 살펴보았다.

5.3.3.5. 조선 중종 때에 최세진에 의하여 <노박>이 정음(正音)으로 번역되었다. 여기서 '번역'이란 내용의 언해가 아니라 <사성통해> 권두에 첨부된 '번역노걸대박통사범례(飜譯老乞大朴通事凡例)'(이하 <노박범례>)에서 밝힌 것처럼 <노박>의 한자음을 정음으로 표음한 것이다.

같은 <산개노걸대>와 <산개박통사>가 언해(諺解)되어 『노걸대언해(老乞大諺解)』와 『박통사언해(朴通事諺解)』가 있음에도 불구하고 최세진이 '번역(飜譯)'을 서명에 첨가한 것은 내용의 우리말 풀이보다는 한자의 한어음(漢語音) 표음에 역점을 두었기 때문이다(졸고, 1995b). 최세진의 <노박>의 번역은 내용의 언해보다 한자음의 표음을 위한 것이다.

후대에 편찬된 <노박>의 언해본은 <노박>의 번역본을 직접 참고하지 않은 상태에서 왜란(倭亂)과 호란(胡亂) 이후에 편찬된 것이며 이후에 몇 차례 언해의 수정이 이루어졌다. <노박>의 최세진 번역본이 전란 중에 망실되었기 때문이다. 다만『노박집람(老朴輯覽)』의 일부가 발견되어 언해에 이용되었음을 '노걸대언해서(序)'에서 밝혀두었다.

다만 이 때의 저본(底本)은 <산개노걸대>로서 명초(明初)의 남경관화(南京官話)를 반영한 것이다. 전란 중에 이것이 다시 변화된 한어(漢語)임이 밝혀져 영조(英祖) 때에는 본문마저 교정한『신석노걸대(新釋老乞大)』와『신석박통사(新釋朴通事)』가 편찬되었으며 이의 언해본도 같은 시기에 편찬되었다. 또 <노걸대(老乞大)>는 정조(正祖) 때에 중간본(重刊本)이 간행되기도 하였다.

중국의 한어(漢語) 학습에는 <노걸대>, <박통사> 이외에도『경서정음(經書正音)』의 '사서(四書)'와『오륜전비기(伍倫全備記)』등이 이용되었으나 갑오경장(甲午更張)으로 사역원이 폐지될 때까지 실용적인 회화 학습서로서 <노걸대>와 <박통사>의 중요성은 변함이 없었다.

5.3.3.6. 병자호란(丙子胡亂) 이후 조선에서는 만주어 학습의 필요성이 증대되었다. 그리하여 호란(胡亂) 직후에는 여진학서를 만주어 학습서로 개편하여 사용하였으나 곧 만주어 학습을 위한 교재가 사역원에서 편찬되었으며 이를 청학서(淸學書)라고 불렀다.

중요한 청학서(淸學書)로서 만문(滿文) 삼국지(三國志)인 'Ilan Gurun-i Bithe(세 나라의 책)'를 번역하여 <삼역총해(三譯總解)>란 이름을 붙여 간행한 것이 있다. 그리고 '한어(漢語) 노걸대(老乞大)'를 만주어로 번역한 <청어노걸대(<淸語老乞大)>, 그리고 여진학서를 청학서로 바꾼 <팔세아(八歲兒)>, <소아론(小兒論)> 등이 있었다.

이들은 주로 병자호란에 납치되었다가 쇄환된 '동환자(東還者)'들의 자문(諮問)을 얻어 사역원 청학 역관들이 편찬한 것이다. 다른 사역원의 역학서들처럼 저자는 불명이고 복수의 역관들이 참여하여 <청어노걸대>와 <삼역총해>는 저술되었다고 본다. 다만 <팔세아>, <소아론>은 원래 여진어의 학습서였으나 이를 만주어의 청학서로 수정한 것이다.

이 시대에 만주어의 학습과 더불어 주의를 끈 것은 몽고어의 학습이다. 병자호란 이후에 만주족과 더불어 같은 북방민족인 몽고족(蒙古族)

의 침략을 대비하여 몽고어의 학습이 사역원에서 다시 관심을 갖게 되었다.[71] 그러나 이것은 단순한 몽고(蒙古)의 발흥(勃興)에 대비하기 위한 것만이 아니라 아마도 청(淸)에 입공(入貢)하는 부경사행(赴京使行)이 중국의 여러 지역을 지나면서 교역을 할 때에 실제로 현지에서 몽고어가 상담(商談)에 사용된 일이 있기 때문인 것으로 보인다.

몽고어(蒙古語) 교재로서는 역시 한어노걸대(漢語老乞大)를 몽고어로 다시 번역한 『몽어노걸대(蒙語老乞大)』가 있고 호란(胡亂) 이후에 사역원에서 새로 편찬한 『첩해몽어(捷解蒙語)』가 주요한 몽고어의 회화, 강독 교재였다. 몽고어 어휘집인 『몽어유해(蒙語類解)』와 더불어 이들은 '몽학삼서(蒙學三書)'로 알려졌다.

5.3.3.7. 이 역학서(譯學書, 譯書로도 불림)들은 조선시대 후기에 활발하게 운용된 역과(譯科)의 과시서(科試書)로 국전(國典)에 규정되었으며 역관들이 이를 통하여 해당 외국어를 학습하였다. 뿐만 아니라 이 역서에서 역과의 문제가 출제되었음으로 매우 많은 노력을 기우려 이들을 편찬하였다.

또 이 교재들은 중국에 가는 부경사행(赴京使行)이나 일본의 통신사행(通信使行)이 있을 때마다 사행을 수행한 해당 역관에 의하여 현지에서 수정되었다. 따라서 이 교재들의 편찬과 수정을 통하여 한국어와 해당 외국어의 연구가 상당한 수준에 이르게 되었다. 청학서의 말미에는 만주어와 우리말의 비교 문법에 해당하는 여러 문법 형태들을 비교하였다.

역관들의 외국어를 학습하는 역서(譯書)에는 회화와 강독교재만이 아니라 낱말을 학습하기 위한 어휘집도 있었다. 병자호란 직후에 간행

71 사역원에서 몽고어를 학습하는 이유에 대하여 실록의 英祖 13년 5월 辛丑 조에 左議政 金在魯가 蒙學聰敏廳을 설치하자는 建議文에서 "蒙古種類, 最盛而强, 實有他日之深憂. 而其語音有古今之異, 故譯舌之誦習蒙書者, 遇蒙人 全不通言語 − 몽고 종류는 매우 강성해서 실로 다른 날의 깊은 걱정거리다. 그리고 그 언어의 발음이 고금이 달라서 역관 가운데 몽학서로 암기하여 익힌 자들이 몽고인을 만나도 전혀 언어가 통하지 않는다."(『英祖實錄』 卷44 英祖 13년 5월 辛丑)라는 기사로 보아 후일 몽고의 발흥에 대비한 것임을 알 수 있다. 강신항(1981: 116~117) 참조.

된 정양(鄭瀁)과 남이성(南二星)의 한어(漢語)『어록해(語錄解)』(1657)를 비롯하여 한어 역관 신이행(愼以行) 등이 사역원에서 편찬된 한어의『역어유해(譯語類解)』(2권, 1690)가 있다.

그리고 청학(淸學) 역관, 현문항(玄文恒) 등이 편찬한 만주어의『동문유해(同文類解)』(1748)가 있고 몽학(蒙學) 역관 이억성(李億成) 등이 편찬한 몽고어의『몽어유해(蒙語類解)』(1768)가 이어서 편찬되었다. 그리고 <몽어유해>의 보편(補編)이 청학(淸學) 역관 방효언(方孝彦)에 의하여 정조 14년(1790)에 간행되었다.

일본어의『왜어유해(倭語類解)』는 가장 늦게 간행된다. 원래 사역원에서는 새로운 교재를 간행하기 전에 반드시 현지에 가서 확인해야 하므로 영조 병술(丙戌, 1766)에 대마도에 치하(致賀)겸, 치위사(致慰使)로 갔던 현태익(玄泰翼), 이명윤(李命尹, 이상 당상역관)과 당하역관 현태형(玄泰衡)으로 하여금 이를 교정하도록 하였다. 그러나 이 통신사행(通信使行)이 탄 배가 파선하여 모두 물에 빠져 죽고 교정한 원고도 수몰(水沒)하였으므로 간행이 늦어졌다.

졸저(2017: 624~5)에 의하면 <왜어유해>는 이로 인하여 <동문유해>나 <몽어유해>와 같이 1760년대에 간행되지 못하고 1780년대 초에 왜학(倭學) 역관 한정수(韓廷修)에 의하여 새롭게 수정한 <왜어유해>가 편찬되었다고 보았다. 현전하는 판본으로는 한국의 국립도서관에 소장된 것이 있고 일본의 고마자와(駒澤)대학 탁족(濯足) 문고의 가나자와소사브로(金澤庄三郞) 구장본(舊藏本)에 한 권이 소장되었다.[72]

그리고 중국어, 만주어를 함께 수록하여 한국어로 풀이한『한청문감(漢淸文鑑)』은 15권 15책의 방대한 어휘집으로 사역원이 전력을 기우려 편찬한 것이다. 같은 취지로 역관 홍명복(洪命福) 등이 정조 2년(1778)에 한어(漢語)와 청어(淸語), 몽어(蒙語) 및 왜어(倭語)가 망라된 어휘집으로『방언유석(方言類釋)』(혹은 <方言集釋>으로도 불림)을 편찬하였으나 실용성은 없어서 인간(印刊)에 붙이지는 못하였다.

---

72 한국 국립도서관 소장본은 도서관의 허락을 얻어 졸편저(1988)에서 영인되었고 졸편저(2004)에도 재록되었다. 원래 金澤 舊藏本은 京都大學 文學部 國語學國文學 硏究室에서 영인 출판하였다.

이보다 10년 후에는 이의봉(李義鳳)이 『고금석림(古今釋林)』을 편찬하였는데 여기에는 한어(漢語)의 여러 방언과 그 역사적 변화형을 비롯하여 유가(儒家)와 도가(道家), 불가(佛家)의 여러 어휘와 동양 각국의 언어가 거의 수록되었다. 이와 같은 어휘집의 편찬은 후일 한국어의 사서(辭書)의 편찬에 많은 영향을 주었다.

4) 새로운 언어 의식의 대두

5.3.4.0. 다음으로 실증적 학풍의 영향을 받아 이루어진 이 시대에는 어원(語源) 연구, 방언(方言), 어휘집(語彙集) 편찬 등의 새로운 언어 연구 경향이 대두하였다. 이 시대에 많은 외국어와 접하게 되었고 전란으로 인하여 실제로 일반 백성들도 외국어와 부딪혀야 해서 새로운 언어의 의식이 지식인들 사이에 나타나게 되었다.

이러한 의식은 우리말의 여러 방언에 대한 새로운 인식이 생겨났다. 종래의 방언이나 이언(俚言)이라고 하면 대체로 중국어에 대한 우리말을 가리켰다. 그러나 근세에 들어와서는 조선학(朝鮮學)의 발달과 더불어 변야지어(邊野之語)인 우리 방언에도 관심이 생겼다.

5.3.4.1. 이원진(李元鎭)의 『탐라지(耽羅誌)』(1653)에는 제주도 방언이, 홍양호(洪良浩, 1724~1802)의 『耳溪外集』(권12, 18세기말)의 「북새기략(北塞記略)」 '공주풍토기(孔州風土記)'에는 함경도 방언이, 이덕무(李德懋, 1741~1793)의 『청장관전서(靑莊館全書)』(18세기 후반)의 '한죽당섭필(寒竹堂涉筆)'과 윤정기(尹廷琦)의 『동환록(東寰錄)』(1859)에는 경상도 방언과 전라도 방언이 채록되었다. 그러나 이들은 언문이 아니라 『계림유사(鷄林類事)』의 표기와 같이 모두 한자를 빌려 기록한 것이 특징이다.

이언(俚諺)에 대하여는 효종(孝宗) 때의 홍만종(洪萬宗, 1642~1725)이 지은 『순오지(旬五志)』(1권, 18세기)의 말미에 130여종의 이언(俚諺)을 수록하였다. 또 정약용(丁若鏞, 1762~1836)이 순조(純祖) 20년(1820)에 지은 『이담속찬(耳談續纂)』(1권, 1820)에도 210개의 이언(俚諺)과 170여개의 중국 속언(俗諺)을 실었다.

식물명(植物名), 동물명(動物名) 등에 관한 어휘집(語彙集)으로는 정조(正

祖) 22년(1798) 이성지(李成之)가 편찬한 『재물보(才物譜)』를 비롯하여, 순조(純祖) 2년(1802) 이재위(李載威) 등의 『물보(物譜)』, 순조(純祖) 6년(1806) 장혼(張混)의 『몽유편(蒙喩篇)』, 순조 14년(1814) 정약전(丁若銓)의 『자산어보(玆山魚譜)』, 역시 순조(純祖) 때에 유희가 편찬한 『물명고(物名攷)』(2권, 1820년경), 철종 6년(1855) 김병규(金炳圭)의 『사류박해(事類博解)』(필사본) 등이 있다.

5.3.4.2. 어의(語義) 및 어원연구(語源硏究)는, 어떤 과학적 근거 하에 논술한 것이 아니라 수필 식으로, 또는 민간언어원설(folks-etymology)에 의거한 것이 대부분이지만 새로운 과제의 등장으로 우리말에 대한 다양한 논의가 전개되었다.

전술한 이수광(李睟光)의 『지봉유설(芝峰類說)』에서도 어원설(語源說)을 찾을 수 있다. 그는 인간의 근본성정(根本性情)이나 외국어에서 어원을 찾았다. 전술한 이제(頤齊) 황윤석(黃胤錫)도 『이제유고(頤齊遺稿)』의 「잡저(雜著)」 중에 수록된 '화음방언자의해(華音方言字義解)'에서 27장이나 되는 많은 분량으로 한국어의 어원을 밝히려 하였다. 약 150항목의 어원을 논증하면서 내외 사서(史書)에 기재되어 있는 지명, 인명과 방언의 어휘들을 한자음의 변천에서, 또는 한어(漢語)나 범어(梵語)에서 그 어원 및 변천과정을 비교하는 방법으로 설명하였다.

다산(茶山) 정약용(丁若鏞)은 지봉(芝峰)보다 한걸음 더 나아가서 『아언각비(雅言覺非)』 3권에서 상당수의 어휘에 대한 어원을 탐구한 바 있다. '아언각비(雅言覺非)'라는 서명이 시사(示唆)하는 바와 같이 그는 당시의 말과 글에서 잘못된 것을 고증하여 바로 잡으려 하였으며 주로 한자어에서 어원을 찾고자 하였다.

이와 같은 태도는 조재삼(趙在三)의 『송남잡식(松南雜識)』(권3, 조선후기) 「방언류(方言類)」와 박경가(朴慶家)의 『동언고(東言考)』(2권 1책)에서도 발견된다. 박경가(朴慶家)가 1836년에 저술한 <동언고(東言考)>는 일종의 어원에 관한 저술로서[73], 내용은 고담(古談)·천도부(天道部)·지도부(地道部)

73 이 책은 隆熙 2년(1908)에 鄭喬가 증보하여 『東言攷略』이라는 이름으로 간행한 바 있다.

로부터 시작하여, 어류(魚類)·충(蟲)에 이르기까지 26 부문에 걸쳐서, 한국어 어휘의 어원을 한어 차용어(漢語借用語), 또는 한자음과 결부시켜 밝혀 보려고 하였다.

정조(正祖) 시대의 이의봉(李義鳳)은 일종의 사서(辭書)라고 할 수 있는 『고금석림(古今釋林)』 중의 「동한역어(東韓譯語)」에서 여러 어휘의 어원(語源)을 같은 방법으로 설명하였다. 「동한역어」는 <고금석림>의 가운데 한 항목이다. 주로 한자에 맞추어 어원을 찾으려 하였다.

예를 들면 "범 - 按今謂虎曰犯, 言其難犯也 - 이제 호랑이를 범이라고 하는데 범하기 어려우므로 그렇게 말한 것이다"라고 하여 우리말의 범이 한자의 범(犯)에서 온 것이라는 일종의 민간어원(民間語源)설을 든 것이다.

5.3.4.3. 이두(吏讀) 관계의 자료도 이 시대에 많이 발견된다. 정조 13년(1789)에 이의봉(李義鳳)이 '나려이두(羅麗吏讀)'(<古今釋林> 부록 권40)에 170종의 이두를 기록하였고 『삼학역어(三學譯語)』 말미에 부재된 '왜어구결(倭語口訣)'에도 60종의 이두를 모았다.

영조 37년(1761)경에 구윤명(具允明)이 편찬한 『전율통보(典律通補)』(권4)의 초고본(草稿本)에 이두의 '자류집람(字類輯覽)'으로 129종의 이두를 실었고 정조 10년(1786)의 수정본(修正本)에도 부록으로 실은 '이문(吏文)'에 130여항의 이두가 실렸다. 또 18세기 이후의 것으로 보이는 실명씨(失名氏)의 『이문잡례(吏文襍例)』에 약 240여항의 이두자의 독법을 정음으로 기록하였다.

순조 29년(1829)에 간행된 『이두편람(吏讀便覽)』에도 330항의 이두가 실렸으며 『유서필지(儒胥必知)』 제1권의 권말 '이두휘편(吏讀彙編)'에 230종의 이두가 기재되었다. 또 헌종 때에 이규경(李圭景)이 편찬한 『오주연문장전산고(五洲衍文長箋散稿)』의 「어록변증설(語錄辯證說)」에도 80종의 이두가 실렸다.

이들은 대부분 자수(字數)에 의하여 유집(類輯)한 것이거나 정음으로 독법을 보인 것, 또는 그에 대한 해석을 붙인 것이다. 비록 그 어원을 밝히거나 구체적인 독법을 보이지는 못하였지만 자주 쓰이는 이두(吏

讀)를 모아서 소개하는 수준이었다.

5.3.4.4. 유희(柳僖) 이후의 언문(諺文)에 대한 연구로 헌종 12년(1846)에 이름을 알 수 없는 석범(石帆)의 『언음첩고(諺音捷考)』가 있다. 글자 그대로 우리말의 음운과 문자를 빠르게 고찰한 것인데 '아래 、'와 구개음화되어 구분이 어려운 어휘를 뽑아 글 올바른 발음을 제시한 유취편람(類聚便覽) 형태의 자전(字典)이다.

전술한 <훈몽자회>의 <언문자모>에 보인 언문 글자의 명칭과 순서에 대하여 다른 각도에서 고찰하였다. 특히 'ㅇ'과 'ㆁ'의 명칭과 구별에 대하여 최세진과 다른 태도로 설명하였다. 그리고 중성자(中聲字)의 변동, 초성자의 명칭과 순서 등에 대하여 새로운 설명을 붙였다.

또 하나 간과할 수 없는 언문의 글자 연구로는 철종 7년(1856)에 간행된 정윤용(鄭允容)의 『자류주석(字類註釋)』을 들 수 있다. 당시에는 이미 쓰이지 않던 'ㅇ, ㆁ, ㆆ'의 음가에 대하여 고찰하고 'ㅿ'에 대하여도 'ㅅㆁ'의 간음(間音)이라는 종래의 주장을 되풀이하였다.

마지막으로 이 시대의 언문에 대한 연구로 노정섭(盧正燮)의 「광견잡록(廣見雜錄)」을 소개한다. 이는 그의 문집인 『연곡집(蓮谷集)』의 권18에 들어있었는데 언자(諺字)의 방언 차이와 합자례(合字例)에서 언문 글자의 음절 형성의 원리, 그리고 훈민정음의 자모도(字母圖)를 예시하였다. 그리고 <삼운성휘(三韻聲彙)>와 <광운(廣韻)>, <홍무정운(洪武正韻)>의 자모에 대하여 자신이 이해한 바를 소개하였으나 주로 정동유(鄭東愈)의 학설을 추종한 것이 많다.

이상 조선시대 후기의 한국어학에 대하여 운학자들의 정음 연구와 사역원 역관들의 외국어 학습, 그리고 한국어의 어원이나 방언, 및 어휘집 편찬, 이두 자료집 등을 중심으로 하여 살펴보았다.

이 시대의 한국어 연구는 개화기의 서양 학문과 접목되는 과정에서 많이 변질되고 부당하게 평가된 바가 적지 않다. 이 시대의 한국어연구에 대한 새로운 인식과 보다 철저한 실증적 연구가 수행되어야 하며 아울러 정당한 재평가가 필요하다.

4. 공용문의 이문(吏文)과 이두문(吏讀文)

5.4.0.0. 세종이 새 문자로 훈민정음을 창제하여 한자음과 우리말 표기에 사용하였다. 그러나 조선시대에는 이를 언문(諺文)이라 하여 어디까지나 한문(漢文)의 보조 문자로 사용하였다. 즉, 대한제국 시대에 고종의 조칙에 의하여 언문이 국가의 정문(正文)으로 국문(國文)이란 명칭을 얻기까지는 언문은 조선의 전시대를 통하여 한문의 보조 문자로서 암클이라 불리면서 아녀자들이나 사용하는 문자였던 것이다.

그러나 고문(古文)으로 불리는 한문은 우리말과 관련이 없는 문자여서 일부 양반 사대부의 유신(儒臣)들이나 불경의 해독을 위한 불가(佛家)의 학승(學僧)들만 사용하였지 일반인들은 비교적 우리말 문법에 맞추어 변형된 이문(吏文)을 사용하였다. 중국의 아언(雅言)에 의거한 한문의 고문(古文)은 일반인들에게 사용하기 어려운 외국어였기 때문이다.

고려 후기에 몽골의 원대(元代)에 발달한 한이문(漢吏文)을 본 따서 행정, 법률 등의 공문서에 사용하는 이문(吏文)을 만들어 사용하였다. 물론 그 이전에 한자의 석(釋), 새김과 발음을 빌려 우리말을 표기하는 향찰(鄕札)의 표기가 없었던 것은 아니나 이것은 한문과는 전혀 별개의 문자 표기여서 식자(識者)들이 받아들이기 어려웠다.

원대(元代) 몽고인들이 몽고어의 문법에 맞추어 한문을 변형시킨 이문(吏文)은 원(元) 제국(帝國)의 아전서리(衙前胥吏)였던 한인(漢人)이나 그들은 감독하는 몽고인들이 모두 받아들일 수 있는 한자 표기 방식이어서 크게 유행하게 된다. 이를 본받아 고려 후기에 우리도 원대(元代) 이문(吏文)과 같이 우리말 문법을 감안(勘案)한 이문을 만들어 사용하였다.

그러나 고려시대에는 이러한 이문의 흔적이 남아있지 않고 주로 조선 초기부터 후대에 이르기까지 사용되었기 때문에 필자는 이를 중국 원(元)의 이문(吏文)을 한이문(漢吏文)으로 부르고 고려 이후에 이 땅에서 사용되던 이문을 조선이문(朝鮮吏文)이라 불렀다(졸고. 2006a).

그리하여 조선시대에는 양반사대부는 한문(漢文)을, 중인 계급의 아전서리(衙前胥吏)는 이문(吏文)을 주로 사용하였고 언문(諺文)은 상민(常民)들이 쓰는 글자였다.[74] 문자의 사용에서 봉건적인 계급이 뚜렷했던 것이다. 그러나 국가의 공문서는 반드시 이문(吏文)로 작성되어야 해서 조선왕조의 문자는 한자로 된 이문이 국가의 정식 문자이었다.

즉, 조선왕조의 법전이던『수교집록(受敎輯錄)』(1698)「호부(戶部)」'징채(徵債)'조에 "出債成文, [中略] 諺文及無證筆者, 勿許聽理。 - 채무 증서를 만들 때에 [중략] 언문 및 쓴 사람의 증거가 없으면 심리하지 않는다."이라 하여 언문으로 쓴 것, 증인이 없거나 쓴 사람이 분명하지 않은 경우에는 채권(債券)의 효력을 인정하지 않았음을 알 수 있다.

따라서 언문으로 쓴 것은 국가의 문서로 인정하지 않는다는 뜻이다. 조선 왕조에서는 언문, 즉 한글이 국가의 문자가 아니었다. 또 고문(古文)인 한문(漢文)으로 작성된 채권(債券)이나 매매(賣買) 문서 등의 공용문서는 것의 발견되지 않고 거의 모두 이문(吏文)으로 작성되었다. 조선왕조에서는 오로지 조선이문(朝鮮吏文)만이 국가의 정식 공용문(公用文)이었다.

5.4.0.1. 또 조선이문(朝鮮吏文)은 이두(吏讀)와 자주 혼동된다. 조선이문은 앞의 제3장 3.5.1.0.~5.에서 논의한 바와 같이 원대(元代) 한이문(漢吏文)을 모방한 한자 표기로서 이두(吏讀)와 혼동되는 일이 자주 있었다. 졸고(2006a)에서는 이두(吏讀)는 우리말을 한자로 적은 것이고 이문(吏文)은 우리말에 따라 한문을 일정 형식으로 변경하여 굳어진 체식임을 밝혔다.

졸저(2012: 69)에 이문(吏文)이 이두문(吏讀文)과 구별된 사실을『세조실록(世祖實錄)』의 다음 기사에서 밝혀내었다.

> 吏曹啓 : 吏科及承蔭出身, 封贈爵牒等項文牒, 皆用吏文。獨於東西班五品以下告身, 襲用吏讀, 甚爲鄙俚。 請自今用吏文。從之。 - 이조에서 계하기를 이관(吏科) 및 승음(承蔭) 출신으로 작첩(爵牒) 등을 봉증(封贈)하는 문서에 모두 이문(吏文)을 사용하지만 홀로 동반(東班) 서반(西班)의 5품 이하 고신(告身)에서만 이두(吏讀)를 답습(踏襲)하여 심히 비루하고 속되었

74 졸저(2019b: 326)에서는 화란인 하멜(Hendric Hamel)이 쓴『표류기』에서 당시 조선의 문자생활은 양반 사대부는 漢文을 주로 쓰고 中人인 衙前胥吏들은 吏文을, 常民인 일반 백성들은 諺文을 사용한다고 증언하였음을 소개하였다.

습니다. 이제부터 이문을 사용하도록 청합니다. 따르다.

이 기사를 보면 이문, 즉 조선이문(朝鮮吏文)과 이두(吏讀)가 구별되며 같은 한자로 기록한 것이라도 이문이 이두보다 훨씬 격조가 있는 것으로 보았음을 알 수 있다. 여기에서 말하는 이문(吏文)은 한이문(漢吏文)에 근거하여 고려 말과 조선 전기에 마련하여 관청에서 사용하던 조선이문(朝鮮吏文)이며 이두(吏讀)란 한자의 음과 훈을 빌려 우리말을 기록하는 것을 말한다.[75]

그러나 이문은 후대에 이두문(吏讀文)과 혼용되어 양자의 구별이 애매하게 되었다. 또 1970년대 중반에 『구역인왕경(舊譯仁王經)』의 석독(釋讀) 구결 자료가 발견된 이래 구결(口訣)에 대한 관심이 높아져 구결문(口訣文)과의 구별도 있어서 혼란이 가중되었다. 여기서는 우선 이러한 술어의 정리로부터 한반도의 이문(吏文)에 대하여 고찰하고자 한다.

1) 이두(吏讀)의 표기

5.4.1.0. 한반도에서는 오래 전부터 중국의 문물을 받아들이면서 중국어를 배우고 한자를 익혀 한문으로 된 각종 문헌을 읽고 한문을 배우고 또 스스로 한자를 빌려 우리말을 기록하였다. 한문은 고립적인 문법구조를 가진 중국어를 표의문자인 한자로 기록한 것이기 때문에 이것을 읽을 때에는 우리말로 풀어 읽거나 교착적인 우리말의 문법구조에 따라 조사와 어미를 첨가하여 읽었다.

이런 한문 독법 가운데 전자를 석독(釋讀), 또는 훈독(訓讀)이라 하고 후자를 순독(順讀), 또는 송독(誦讀)이라 하며 이 때에 삽입되는 우리말의 문법요소, 즉 조사와 어미를 구결(口訣), 입겿이라 한다. 반면에 우리말을 한자로 기록하는 경우에는 먼저 중국어로 번역하여 한자로 쓰는 방법이 있다. 이것은 중국어를 기반으로 한 한문(漢文)과 다름이 없다.

---

75 朝鮮吏文의 전형을 보여주는 것으로 中宗 조 崔世珍이 편찬한 『吏文大師』가 있다. 이것은 조선 吏文의 학습서로서 漢吏文에 정통했던 최세진이 그것과 比肩되는 조선이문의 학습서로 편찬한 것이다(졸저, 2012: 69).

그러나 중국어로 번역하여 표기하는 경우 번역이 불가능하거나 어려운 것이 있는데 인명(人名), 지명(地名), 그리고 고유의 관직명(官職名)이 그러하다. 이 경우에는 한자로 번역하거나 발음대로 표기하는 방법이 있다. 예를 들면 신라 무장(武將) '거칠부(居柒夫)'를 '황종(荒宗)'으로, '나을(奈乙)'을 '나정(蘿井)'으로, '서불감(舒弗邯), 서발한(舒發翰)'을 '각간(角干)'으로 적는 방법이다. 앞에 든 것은 실제 신라어를 한자를 빌려 발음대로 표기하고 뒤의 것은 이를 중국어로 번역한 예이다.

이와 같이 고대국어의 고유명사를 표기하는 방법에서 한걸음 나아가서 우리말의 어순(語順)으로 한자를 나열하는 방법이 있는데 이것은 앞의 제3장 3.2.5.1.에서 살펴 본 임신서기석(壬申誓記石)의 표기 방법으로부터 발전한 것이다. 이렇게 우리말 어순에 맞추어 한자로 표기한 문장을 지금까지 '향찰문(鄕札文)', 또는 '이두문(吏讀文)'으로 불렀고 여기에 사용된 한자들을 '향찰(鄕札)', 또는 '이두자(吏讀字)'라고 보았다.[76]

후자의 '이두(吏讀)'는 원대(元代) 한이문(漢吏文)에 이끌려 이문(吏文)이란 용어가 생긴 다음에 이에 한문의 고문(古文)과 다른 문체의 한자 표기를 지칭하는 용어로 생겨난 것이다. 그 이전에는 향찰(鄕札), 즉 신라의 글자란 뜻으로 사용되었다. 따라서 이두(吏讀)는 향찰(鄕札)보다 후대의 용어이고 아마도 고려후기나 아니면 조선시대에 들어와서 생긴 술어로 보인다.

예를 들면 <삼국사기>나 <삼국유사>와 같이 고구려, 백제, 신라의 삼구시대의 기사(記事)나 고려시대의 <고려사>, <고려사절요> 등에는 이두(吏讀), 또는 이문(吏文)이란 용어가 한번도 나타나지 않는다. 이것은 조선시대에 들어와서 이문(吏文)이 발달하면서 그동안 향찰(鄕札) 등의 명칭으로 부르던 우리말의 한자 표기를 이두(吏讀)라는 명칭이 등장한 것으로 보기 때문이다(졸고, 2006a).

5.4.1.1. 이와 같이 우리말을 한자로 어순에 맞추어 표기하는 이두

76 이승재(1992b: 14)에서는 吏讀文은 문장으로서 創作文의 實用文에 해당하는 것으로 보아 文藝文의 鄕札文과 구별하였다. 또 口訣文은 창작문이 아니라 飜譯文으로 이두문과 구별하였다. 그러나 이두와 향찰은 동일한 것으로 고려전기까지 唐文에 대한 鄕札이란 명칭이 쓰인 것이다.

문(吏讀文)에는 중국어에 없는 고유명사나 문법요소와 같은 것을 한자의 뜻과 발음을 빌려 표기하는 경우가 있다. 예를 들어 갈항사(葛項寺) 조탑기(造塔記, 758)의 "二塔天寶十七年戊戌中立在之 − 두 탑은 천보 17년 무술에 세우겨다"의 '在之'는 시상(時相)과 문장 종결을 나타내는 문법부의 표기를 위하여 사용된 것이다.

이 때의 '在'나 '之'는 구결에서 시용하는 한자들이다. 그러나 중요한 차이는 이두(吏讀)가 한자로 우리말을 기록하는 데 사용된 것이라면 구결(口訣)은 한문을 읽을 때에 삽입되는 것이다. 따라서 이두문(吏讀文)은 문법구조가 우리말에 기반을 둔 것이며 구결문(口訣文)은 중국어의 문법구조에 따른 한문 문장에 우리말의 형태부, 즉 어미와 조사를 구결(口訣)이라 하여 삽입한 것이다.

또 하나의 차이는 구결(口訣)이 우리말의 어미와 조사, 즉 형태부를 기록하는 것에 국한되는 반면 이두는 고유명사를 표기하는 경우에 의미부를 기록하는 경우도 있다.[77] 그리고 '토(吐)'가 있다. 이것은 이두나 구결에서 특히 우리말의 형태부를 한자를 빌려 표기한 것을 말하는 것으로 '구결토(口訣吐)'라고 하고 이두로 토를 붙이는 경우가 있어 이를 '이토(吏吐)'라 부른다.

이토(吏吐)의 경우는 이두(吏讀)가 간혹 우리말의 의미부를 기록하는 경우가 있음으로 따로 독립되어 구별될 수 있지만 '구결토(口訣吐)'는 구결(口訣)이 대부분 형태부를 기록하는 것임으로 구별이 쉽지 않다.[78] 필자로서는 '토(吐)'가 한문이나 이두문의 불분명한 부분을 우리말로 분명하게 해주기 위하여 삽입되는 모든 요소를 말하는 것으로 본다.

77 吏讀와 口訣은 혼동한 예로 류렬(1983)을 들 수 있다. 그는 口訣에 대하여 "구결은 리두의 퇴화된 특수한 한 형태이다. 구결은 엄격한 의미에서는 조선말을 기록하는 서사수단이 아니다. 그것은 한갓 한문을 우리말식의 줄글로 읽기 위하여 덧보태는 문법적인 보충수단으로서의 일정한 토를 표기하기 위한 수단으로만 쓰이게 퇴화하여 굳어진 리두의 '화석' 형태에 지나지 않는다"(띄어쓰기 표기법은 원문대로, 류렬, 1983: 31)라고 하여 구결과 이두를 혼동하고 있다.

78 남풍현(1980)에서는 구결과 토를 구별할 것을 주장하고 '口訣=漢文+吐'라고 보았다. 그리고 이어서 "吐는 口訣에 소속되는 하나의 형식이지 그 자체가 체계적인 의사전달의 내용을 갖는 것은 아니다"라고 하여 구결의 방법으로 懸吐하는 것으로 보았다.

따라서 구결과 겹치는 경우가 많다.

5.4.1.2. 다음으로 이문(吏文)과 이두(吏讀)에 대하여 살펴보기로 한다. 이두문(吏讀文)이 바로 이문(吏文)이 아님은 지금까지의 논의에서 이해하였을 것이다. 즉, 한이문(漢吏文)과 같이 한반도에서도 한자를 이용하여 공문서의 작성에 유용한 한문 문체를 만들어 사용한 것이 이문이다.

이러한 조선이문(朝鮮吏文)이[79] 언제부터 정식으로 공문서의 공용문어가 되었는지는 아직 아무런 연구가 없다. 그러나 원대(元代)의 한이문(漢吏文)의 영향을 받아 조선이문이 이루어졌다면 고려 말이나 조선 초기의 일로 볼 수 있다. 실제로 '이문(吏文), 이두(吏讀)' 등의 용어는 조선시대에 들어와서야 문헌에 나타난다.

이 이문(吏文), 즉 조선이문이 조선시대의 공문서의 공용문어로서 모든 공문서는 이것으로 작성되어야 효력을 발생했다. 전게(前揭)한 『수교즙록(受敎輯錄)』(1698) 「호부(戶部)」 '징채(徵債)' 조의 "언문으로 쓴 것, 증인이 없거나 쓴 사람이 분명하지 않은 경우 채권의 효력을 인정하지 않다"를 보면 언문은 당시에 공용문이 아니고 이문(吏文)이 관공서에서 사용했음을 알 수 있다.

이문(吏文)이 이두문(吏讀文)과 구별된 사실은 『세조실록』(권8) 세조 3년 7월 갑술(甲戌) 조의 전게한 기사에 "이과(吏科) 승음(承蔭) 출신은 모두 이문으로 고신(告身)을 작성하지만 5품 이하의 고신에서는 이두문을 사용하다"를 보면 이두문(吏讀文)은 이문(吏文)보다 훨씬 낮은 수준의 한자 사용으로 보았다.

이 기사에서 말하는 이문(吏文)은 한이문(漢吏文)에 근거하여 고려 말과 조선 전기에 관청에서 사용하던 조선이문(朝鮮吏文)을 말하며 이두(吏讀)란 한자의 음과 훈을 빌려 우리말을 기록하는 것을 말한다. 조선이문은 한문에 의거하여 부분적으로 우리말 문법을 따른 것도 있지만 이두는 전혀 우리말의 어순과 문법에 따른다.

---

79 고려시대에도 吏文이 존재하였는지는 확인할 수 없다. 따라서 잠정적으로 漢吏文에 대하여 朝鮮吏文으로 구별한다(졸고, 2006).

조선이문의 전범(典範)을 보여주는 것으로 중종 때에 최세진(崔世珍)이 편찬한『이문대사(吏文大師)』를 들 수 있다. <이문대사>는 말할 것도 없이 조선이문(朝鮮吏文)의 학습서로서 한이문(漢吏文)에 정통했던 최세진이 그것과 비견되는 조선이문의 학습서로 편찬한 것이다.

5.4.1.3. 조선 초기의 이문(吏文)은 한이문(漢吏文)의 문체를 그대로 따른 것이어서 후대의 조선이문(朝鮮吏文)과는 구별되었다. 다만 <이문대사>에서 볼 수 있는 것처럼 투식(套式)이 있고 특수한 관용구를 사용하며 공문서에 사용하는 한문을 조선이문이라 부른 것이다. 그런데 이문의 특수 관용구는 놀랍게도 구결(口訣)에서 가져온 것이 많았다.

<이문대사>의 권두에 소개된 관용구 가운데 대부분은 이두로 된 것이다. 예를 들면 '右謹言所志矣段'는 소지(所志, 陳情書, 또는 告訴狀)의 서두에 붙는 관용구인데 통사구조가 우리말이고 '矣段'(-ᅌᅵ쏜)과 같은 이두 표기가 들어있다. 내용은 "앞으로 삼가 말씀드릴 소지라는 것은"의 뜻이다.

또 "右所陳爲白內等 ― 앞으로 말씀드리려고 하는 것은"도 고문서의 첫머리에 사용하는 관용구인데 여기에도 '爲白內等(ᄒᆞᄉᆞᆲᄂᆡ든)'과 같은 구결이 들어있다. 그러나 내용에 있어서는 한이문의 문체를 사용하는 것이 이두문과 구별된다. 예를 들어 <이문대사>에는 조선이문에 자주 쓰이는 사자성구(四字成句)가 다수 실려 있다.

> 合行牒呈 - 牒呈, 즉 공문서를 보내기에 합당하다는 뜻.
> 照驗施行 - 대조하여 시행하는 것.
> 他矣財穀 - 남의 재물과 곡식, 즉 타인의 재산.
> 夜間突入 - 밤에 무단으로 남의 집에 들어가는 것.
> 偸取恣意 - 偸取, 즉 남의 물건을 훔치는 것을 恣意로 한다는 것.
> 連名資生 - 겨우 목숨을 이어갈 정도로 살아가는 것.
> 現露辭緣 - 모두 드러난 내용.
> 依律施行 - 법률에 따라 시행함.[80]

---

80 <이문대사>에는 이 이외에도 吏文에 자주 쓰이는 四字成句를 많이 소개하였다. 필자가 고대 도서관 소장본으로 헤아려 본 결과 140여개가 넘었다. 개중에는 '物

이와 같이 사자성구(四字成句)를 많이 사용하는 한문 문체는 한이문의 특징으로서 조선이문이 이를 본받은 것이다. 吉川幸次郎(1953)에서는 <원전장(元典章)>의 한문 이독(吏牘)에 보이는 문체적 특징으로 긴장감을 들고 긴장을 유발하는 요인으로써 다음 두 가지를 들었다.

ⓐ 사자구(四字句), 또는 그 변형을 기본으로 하는 리듬.
ⓑ 어떤 종류의 구어적 어휘를 포함한 이독(吏牘) 특유의 말을 빈번하게 사용함.[81]

이에 의하면 조선이문도 한이문과 같이 사자구(四字句)를 기본으로 하는 문체적 리듬을 가졌고 구어적 표현을 가미하였으며 이문에만 사용되는 관용구를 빈번하게 사용하여 공문서로서의 권위와 긴장을 유발한 것으로 보인다. 이것은 조선이문이 전혀 한이문의 문체를 본받은 때문인 것으로 본다.

5.4.1.4. 조선 후기에 들어오면 이문(吏文)의 투식(套式)은 그대로 유지하였으나 이두 표기가 늘어난다. 예로서 앞에 든 현계근(玄啓根)의 진시(陳試) 소지(所志)를 예로 들면 다음과 같다. 이 소지(所志)는 건륭갑자(乾隆甲子) 식년시(式年試)의 상식년(上式年, 1743) 역과 초시(初試)에 합격하였으나 이듬해에 실시하는 역과 복시(覆試)에는 부친상(父親喪)으로 참여할 수 없어서 시험 응시를 늦춰달라는 진시(陳試)의 소지(所志)로서 1744년 10월에 작성된 것이다.[82]

故公文'과 같이 이두에 의한 것도 없지 않지만 대부분 漢吏文에서 사용되는 四字成句를 표제어로 하였다.

81 吉川幸次郎(1953)에서는 이를 포함한 한이문의 특징을 "元典章中の漢文吏牘の文體は、(1) 古文家の文語と文法の基本をおなじくしつつも、古文家の文語のごとく藝術的緊張をめざさない。(2) しかも吏牘の文をしての緊張をめざす。(3) 緊張を作る要素としては ⓐ 四字句もしくはその變形を基本とするリズム、ⓑ ある種の口語的語彙をふくむ吏牘特有の語の頻用、(4) しかしその緊張は、容易に弛緩をゆるすのであって、往往、更に多くの口語的要素を導入して、緊張をやぶる。(5) さればといつて緊張を全くくずし去ることはない。"로 정리하였다. 이와 같은 문체적 특징은 조선이문에도 그대로 적용된다.

82 譯科의 初試와 覆試, 그리고 倭學 譯官 玄啓根의 譯科 應試와 喪故에 의한 陳試에

원문

譯科初試擧子喪人玄敬躋[83]

右謹言所志矣段 矣身今甲子式年譯科初試 以漢學擧子入格矣 五月分遭父喪是如乎 依例陳試 事後考次立旨 成給爲只爲 行下向敎是事

禮曹 處分 手決 依法典

甲子 十月 日 所志

해석

역과 초시의 거자로서 상제인 현경제가

이제 삼가 소지로 말씀드릴 것은 이 몸이 이번 갑자 식년시 역과 초시에 중국어학으로 응시하여 입격하였으나 5월에 부친상을 당하였기 때문에 전례에 따라 시험을 연기하고 사후에 시험함. 이를 입증하는 문서를 만들어 주도록 분부를 내리옵실 일.

예조에서 법전에 의거하여 처분하고 수결을 둠.

갑자년(1744) 10월 일 소지

이 조선이문(朝鮮吏文)에는 모든 행정 소지(所志)의 모두(冒頭)에 붙는 관용구 "右謹言所志矣段"가 있고 "矣身(의 몸, 제가), 是如乎(이다온, 이라고 하는), 立旨(신청서의 말미에 이 사실을 입증하는 뜻을 부기한 관아의 증명)[84], 爲只爲(ᄒᆞ기ᄉᆞᆷ, 하기 위하여), 行下向敎是事(힝하아이샨일, 명령하옵실)" 등의 이두와 이두로 된 관용어가 쓰였다.

5.4.1.5. 이것을 한이문의 예를 상술한 <원전장>의 한이문과 비교하여 보기로 한다.

外頭城子裏有的畏吾兒每 · 哈迷里每, 一處合對證的, 合問的勾當他每的有呵, 所委的頭目·城子裏官人每, 一同約會問者, 交對證了斷者. − <원전장> 53,

---

대하여는 졸저(1990: 210)를 참조할 것.

83 玄敬躋는 玄啓根의 初名임(졸저, 1990a: 209).

84 '立旨'는 所志의 말미에 붙여 신청한 일을 관아에서 증명한다는 附記로서 토지문기나 노비문서 등에 사용되는 관용어이다. 예. 本文段 失於火燒是遣 立旨一張乙 代數爲去乎(安東 金俊植 宅 토지문기), 各別 立旨成給爲白只爲 行下向敎是事(海南 尹泳善 宅 <所志>). 장세경(2001: 432)

「刑部」 '都護府公事約會'조

– 행성(行省) 관리지구의 도시에 있는 위구르인들·하미리들이 다른 백성들과 함께 대증(對證)하려면 취조할 일이 생겼을 경우에 위임된 [위구르인과 하미리의] 수장(首長)·도시의 관리들이 함께 약회(約會)하여 취조하고 대증(對證)해서 처단하도록.

이 예문을 보면 한문의 문법에 부분적으로 한자의 뜻과 발음으로 고유명사를 썼으며 조사와 어미를 역시 같은 방법으로 추가하였다. 다음의 예는 어미와 조사를 어떻게 추가하였는지 좀 더 분명하게 보여준다.

遼陽行省與將文書來. '義州一箇劉義小名的人的女孩兒根底, 姓有的根底, 招到做養老女婿, 住了十年, 生了兩箇孩兒. 如今, 同姓的人做夫妻的體例無'麽道, 說將來呵, 云云 – <원전장> 18, 「戶部」 '同姓不得爲婚'조.

– 요양행성이 문서를 보내기를 "의주(義州)의 유의(劉義)라고 하는 사람의 딸이 유씨(劉氏) 성을 가진 사람을 맞아들여 양로(養老) 여서(女壻, 사위)를 삼아 살기를 10년에 두 아이를 낳았습니다. 지금 동성(同姓)이라 부부가 되는 법규는 없습니다."라고 하였다.

이 예문에서 '근저(根底)'는 졸저(2010: 469~471)에 의하면 몽고어의 여격(與格)과 탈격(奪格)의 후치사라고 한다. 『원조비사(元朝秘史)』의 몽고어 대역에서는 '阿察'(-ača/-eče)을 '處'로, '迭/突兒'(-dur/-dür)를 '行'으로 표기하고 번역에서는 '根前' 또는 '根底'로 표현하였을 때의 '근저(根底)'로서 여기서의 '女孩兒根底'는 "딸아이에게서"의 의미로 쓰인 것이다.

<원전장>의 '근저(根底)'는 <원조비사>에서는 '근전(根前)'이었던 것이 변한 것이다. '根底'와 '根前'의 차이에 대하여 『노박집람(老朴集覽)』에서는 "根底, 앒픠, 比根前稍卑之稱.(累字解 2 앞) - '根底'는 앞에 있는 '根前'보다 약간 속된 표현이다"라고 하여 이 시대에 이미 '根底'는 속어화(俗語化)하고 있음을 증언하고 있다.

또 위의 예문에 보이는 '마도(麽道)'는 전술한 바와 같이 졸저(2014: 50~55)에서 몽고어의 'ge'e(말하다)'를 표기한 것으로 몽한대역(蒙漢對譯)의 한아언어(漢兒言語) 비문(碑文)을 보면 몽고어의 'ge'en, ge'eju, ge'ek'degesed aju'ue'를 대역한 것이다. 즉, '麼道'는 "~라고 말씀하셨다"에 해당하는 몽고어를 대역한 것이다. 이와 같이 한이문(漢吏文)에서는 조사와 어미를 한문에 붙여 사용하였다.

이러한 독특한 한문의 변체인 한이문은 원(元)이 멸망한 다음에 명(明)에서도 그대로 유지되었고 오히려 발전한다. 이미 중국어가 원대(元代) 한아언어(漢兒言語)의 영향으로 상당한 변화를 입었기 때문이다. 명(明) 태조인 주원장도 한이문으로 작성된『대명률(大明律)』을 공표하여 호원(胡元)의 잔재(殘滓)로 파스파 문자를 척결한 것과는 다르게 한이문은 계승하여 사용하였다.

이것은 변체 한문인 한이문(漢吏文)이 비단 원대(元代)에 시작된 것이 아니고 그 연원(淵源)은 북방 민족이 중원을 정복하고 한족(漢族)을 다스리던 역사로부터 훨씬 이전부터 한문보다는 한이문을 조금씩 사용하여 발달시켰음을 알 수 있다. 굳이 몽골의 원(元)이 창의적으로 발달시킨 것으로 보기 어렵다.

특히 명(明)의 3대 황제인 영락대제(永樂大帝)가 도읍을 지금의 남경(南京)이었던 금릉(錦陵)으로부터 북경(北京)으로 천도하였기 때문에 이곳의 한어(漢語)가 명(明) 제국(帝國)의 공용어가 되었다. 그리고 이 한어를 문서로 작성할 때에 한이문이 역시 적절하였기 때문이다.

5.4.1.6. 따라서 <원전장>의 이 한이문과 조선이문의 현계근(玄啓根) 소지(所志)와 비교하면 조선이문은 한이문의 영향을 받아 형성된 것임을 알 수 있다. 그리고 한이문이 소위 몽문직역체(蒙文直譯体)로 알려진 한아언어(漢兒言語)를 기반으로 형성된 문어(文語)인 것처럼 조선이문은 신라시대의 향찰(鄕札)표기에 기반을 둔 이두문(吏讀文)을 기반으로 형성되었고 한이문(漢吏文)의 한문 문체를 수용하였음을 알게 한다.

그동안 이문(吏文)에 대하여 잘못된 논저가 적지 않아서 이에 대하여 많은 국어학도들이 잘못 이해하고 있었다. 마치 이문(吏文)이 우리의 고유한 한자 표기인 것처럼 오해한 연구가 이에 대한 연구의 대부분을 차지하였다. 그러나 이문(吏文), 이서(吏書), 이두(吏讀)라는 용어가 모두 고려 후기 이후, 조선시대에 사용되었다. 원대(元代)에 발달한 한이문

(漢吏文)의 영향으로 생겨난 용어이기 때문이다.

이 조선이문은 갑오경장(甲午更張, 1894)에서 한글을 공문서에 사용할 수 있다는 칙령(勅令)이 내려지기 전까지 조선시대의 유일한 공용 문어(文語)이었다. 몇 백년간 계속된 유일한 공용 문어인 조선 이문(吏文)에 대한 연구가 그렇게 많지 않은 것은 한국어연구의 발전을 위해서 참으로 안타까운 일이다.

2) 이두(吏讀) 명칭의 연원(淵源)

5.4.2.0. 이두(吏讀)는 앞에서 언급한대로 우리말을 중국어로 번역하지 않고 우리말 어순에 따라 한자로 기록하고 한자가 없는 조사와 어미는 한자의 발음과 뜻을 빌려 차자 표기하는 방법을 말한다. 한반도에서 '吏讀(이두)'란 명칭이 언제부터 사용되었는지 명확하지 않다.

지금으로는『세종실록』(권103) 세종 25년(1444) 2월 경자(庚子, 20일)조에 부재된 최만리(崔萬理) 등의 훈민정음 반대 상소문에 "吏讀行之數千年 而簿書期會等事 無有防礎者 - 이두가 행해진 지 수천 년에 문서를 기록하고 날짜를 정하는 등에 아무런 문제가 없는데-"라는 기사나 {해례}『훈민정음』(1446)의 권말(卷末)에 부재된 정인지(鄭麟趾)의 후서(後序)에 "薛聰始作吏讀, 官府民間至今行之 - 설총이 이두를 시작하여 관부와 민가에서 오늘에 이르기까지 행하고 있다"에 나타나는 '이두(吏讀)'가 가장 오래된 것으로 보인다.

그러나 전술한 바와 같이 조선시대 이전의 문헌에는 이두(吏讀)란 명칭이 보이지 않으므로 여기서 말하는 설총(薛聰)의 이두는 아마도 향찰(鄕札)을 말할 것이다. 따라서 향찰이란 한자 차자표기에 대한 술어는 이두(吏讀), 이찰(吏札)로 대체되었음을 알 수 있다.

5.4.2.1. 이두에 대하여 류렬(1983: 13)에서는 다음과 같이 정의하였다.

> 리두는 비록 한자로 씌여있으나 그것은 결코 한문이 아니며 따라서 한문으로는 제대로 읽을수 없는 어디까지나 조선말을 적어놓은 독특한 조선글의 하나였다. 조선말을 적어놓은 조선글의 하나이기는 하면서도

> 또한 한자를 전혀 모르고는 제대로 읽을수 없는 특수한 류형의 글이였다. [중략] '리두'라는 이름은 그 자체의 발전력사와 관련되여있으며 그 기능의 내용, 성격과도 관련되여있다. '리두'란 이름은 '吏讀, 吏頭, 吏道, 吏吐, 吏套' 등으로도 쓰이고 '吏札, 吏書' 등으로도 쓰이였다. 이 여러 가지로 쓰인 이름들은 모두가 그 첫 글자를 '官吏'를 뜻하는 '吏'자를 쓰고 있으며 그 둘째 글자는 대체로 '글자'나 '글'을 뜻하는 글자들이나 또는 그런 글자들과 그 음이 비슷한 글자를 쓰고있는 것이 특징적이다. 이것은 곧 이 이름들이 모두 '관리들의 글', '관리들이 쓰는 관청의 글'이라는 말이다. [하략](띄어쓰기, 맞춤법은 원문대로)

그리고 '이두'라는 명칭에 대하여는 류렬(1983)의 같은 곳에서 "그러므로 '이두'라는 이름은 7~8세기이후에 쓰이기 시작한 것이라 볼 수 있다. 그러나 '이두'의 발생, 발전 역사는 이보다 훨씬 오랜 이전부터 시작되었던 것이다"라고 하여 '이두'는 신라시대에 이미 사용된 것으로 보았다.

그러나 '이두(吏讀)'라는 명칭은 전술한 『세종실록』의 기사가 가장 앞선 것으로 『삼국사기』나 『삼국유사』는 물론 고려시대의 문헌에서도 '이두'라는 용어는 발견되지 않는다. 물론 신라시대에도 한자의 음훈(音訓)을 빌려 신라어를 기록하는 방법이 있었으며 설총(薛聰)이나 강수(强首)선생이 이를 정리하였다는 기록이 남아있지만 그것은 어디까지나 '향찰(鄕札)'이었지 이두(吏讀)라는 명칭으로 나타나지는 않는다.

따라서 한자의 발음과 새김을 빌려 우리말을 기록하는 방법은 멀리 삼국시대부터 있었으나 이를 '이두(吏讀)'라고 부른 것은 조선 초기의 기록이 현재로는 가장 이른 시기의 것이다. 현재로는 다음에 언급할 조선이문(朝鮮吏文)이 한이문의 영향으로 고려 후기에 생겨난 것이다.

그리고 그의 영향으로 한이문(漢吏文)의 독특한 문체인 '이독(吏牘)'을 '이두(吏讀)'로, 한이문을 학습하는 한이학(漢吏學)을 '이도(吏道)'로 한 것에 대하여 발음대로 '이두(吏頭)'로 바꾸어 적은 것으로 본다. 따라서 류렬(1983)의 "'이독(吏讀), 이두(吏頭), 이도(吏道), 이토(吏吐), 이투(吏套), 이찰(吏札), 이서(吏書)'는 각기 다른 뜻을 가진 술어로서 다음과 같이 설명할 수 있다.

이독(吏讀) - 한이문의 '이독(吏牘')에 해당하는 술어로 이두문을 표기하는 것 자체를 가르친다.
이두(吏頭) - 한이문의 '이도(吏道)'에 해당하는 술어로 이문(吏文)을 학습하는 것을 말한다.
이토(吏吐) - 이두(吏讀)로 된 어미와 조사, 즉 토(吐)를 말한다.
이투(吏套) - 이문류(吏文類)의 문체를 말함.
이찰(吏札) - 이두문에 쓰이는 차자(借字)된 한자들을 말함.
이서(吏書) - 이두로 쓴 문서, 또는 글월

따라서 이상의 술어는 한이문(漢吏文)의 영향으로 한반도에서도 조선이문(朝鮮吏文)이 생겨난 다음의 일이며 고려 말에서 조선 전기에 확립된 것으로 본다.

5.4.2.2. 여기서 이두(吏讀). 이두문(吏讀文), 이문(吏文)에 대하여 정리하고자 한다. 그동안 학계에서는 이 술어들을 매우 혼란스럽게 사용하고 있다. 앞에서 논의한 대로 이두(吏讀), 또는 이문(吏文)이란 술어는 고려 후기, 즉 원대(元代)에 한이문(漢吏文)이 성립된 이후에 사용되기 시작한 것으로 아마도 고려 후기에도 이 술어가 사용되었을 것이지만 현재로는 그런 자료를 찾아볼 수 없었다.

이두, 이문의 이(吏)란 한자가 쓰인 것은 제3장 3.5.1.4.에서 살펴본 바와 같이 원대(元代) 몽고인의 통치자에게 한인(漢人)의 서리(胥吏)들이 당시 원(元) 제국(帝國)의 공용어였던 한아언어(漢兒言語)를 그대로 한자로 써서 보고하던 문서로부터 그 이름이 붙기 시작한 것이다. 그리고 이러한 한문의 특이한 문체가 고려에 수입되어 사용되다가 조선 건국 초기부터 정식으로 사용된 것으로 보인다.

그리하여 필자는 고려 말에도 있었을 것이지만 이를 조선이문(朝鮮吏文)이라 부른 것이다. 조선 왕조를 통하여 대한제국(大韓帝國)시대까지 조선이문(朝鮮吏文)은 국가의 정문(正文)이었으며 조선이문은 대한제국 시대에 국문(國文)으로 대체되었다. 그러나 우리 학계에서 이에 대한 연구가 매우 소략한 것은 우리의 문자사용의 역사를 이해하지 못하는 대단히 잘못된 것이다.

5.4.2.3. 따라서 이두(吏讀), 이두문(吏讀文), 이문(吏文)은 다음과 같이 구별할 수 있다. 이두(吏讀)는 한자를 빌려 우리말을 표기하는 것을 말한다. 이때에 사용된 한자는 신라시대에 향찰(鄕札)로 불렸고 고려 후기부터 이찰(吏札)이라고 한 것이다.

또 이두문(吏讀文)은 한자, 즉 향찰 또는 이찰(吏札)로 우리말을 적은 글을 말한다. 그러나 신라 향가(鄕歌)와 같이 순수한 이두문(吏讀文)은 남아있는 자료가 별로 없다. 요즘까지 이두문이라고 불리는 것이 대부분 조선이문을 말한다.

조선이문(朝鮮吏文)은 고려 후기부터 발달한 한이문(漢吏文)식의 변체한문으로 한문과 같이 한어의 문법을 기반으로 하지만 더러는 우리말의 문법을 반영하기도 하였고 이두(吏讀)로 구결(口訣)을 단 것이 특징이다. 그래서 이를 이두문(吏讀文)으로 부르기도 한 것이다.

그러나 조선이문은 우리말을 그대로 한자의 음과 새김으로 기록한 이두문는 전혀 다르다. 조선이문은 어디까지나 한문 문장 구조가 기본이고 부분부분 우리말 어순에 맞추어 문체를 변형시킨 것도 있는 일종의 변체 한문이다. 그리고 거기에 이두나 구결로 토(吐)를 단 것이다. 원대(元代) 한이문의 영향을 받아 한반도에서 자체적으로 개발한 것이다.

3) 조선이문(朝鮮吏文)의 발달

5.4.3.0. 앞에서 중국에서 원대(元代) 이후에 발달한 한이문(漢吏文)과 조선시대의 공용문서의 정문(正文)이었던 이문(吏文)과의 관계를 살펴보았다. 한이문은 원대(元代) 북경(北京)지역에서 이주해온 북방민족들이 공통어(코이네)로 사용하다가 원대(元代) 몽골 제국(帝國)의 공용어가 된 '한아언어(漢兒言語)'를 기반으로 하여 형성된 문어(文語)라고 보았다.

따라서 이 한아언어(漢兒言語)는 고립적인 문법구조의 중국어에 주변 민족의 교착적인 언어가 혼효(混淆)된 일종의 크레올 언어로서 이를 한자로 적어 법률, 행정 문서에 오래 전부터 사용되었기 때문에 종래 우리가 알고 있는 고문(古文)과는 매우 다른 문어(文語)이었다. 이것은 몽고어와 같은 교착어를 사용하는 원(元)의 통치자들이 용이하게 받아드릴 수 있는 유용한 한문의 문체였다. 따라서 이렇게 생겨난 한이문(漢吏文)은 주변 여러 민족의 한문 표기에 지대한 영향을 주었다.

한반도에서는 고려후기 이후에 원대(元代) 한이문의 영향으로 이문(吏文)이 생겨나서 역시 법률, 행정에 사용되었다고 보았다. 조선시대에는 건국 초기부터 중국의 한이문에 의거하여 정식으로 이문(吏文)이 형성되었다. 그러나 오래 전부터 몇몇 특수한 관용어와 고유명사 등의 어휘 표기에만 향찰(鄕札)을 사용하였다. 조선시대에 향찰과 같은 표기를 이두(吏讀)로 부르면서 이문(吏文)과 이두문(吏讀文)이 혼용되었다.

5.4.3.1. 우리말을 향찰(鄕札)과 같은 한자로 우리말을 표기하는 것을 이두(吏讀)라고 부르지만 이문(吏文)과는 분명하게 구별된다. 중국 한이문의 바탕이 된 한아언어가 주변민족의 교착적 문법구조를 수용한 것처럼 한반도의 이문(吏文)도 우리말 어순에 의거한 이두문(吏讀文)을 수용한 것이다. 한아언어가 중국어의 문법을 유지한 것처럼 한이문도 어디까지 무장구조는 한문의 고문과 같은 것이었다.

고려 후기부터 사용되었을 이문(吏文), 이두(吏讀)라는 용어는 모두 한이문(漢吏文)의 이(吏)에서 온 것이다. 또 이두(吏讀) 표기에 사용된 한자는 중국어를 표기하는 한자가 아니라 신라시대에는 이를 향찰이라 불렀고 고려후기 이후에는 이찰(吏札)이라 불렀다. 조선이문에는 이찰로 우리말의 어미와 조사를 표기한 구결(口訣)을 붙였는데 이로부터 후대에는 이문과 이두문의 구별이 어렵게 되었다.

이문(吏文)이 비록 중국의 한이문(漢吏文)에 영향을 받아 형성되었다고는 하나 이두(吏讀)를 수용하였고 후대에는 이두문과 혼동될 정도로 우리말 어순에 맞춘 문장 표기를 보였기 때문에 우리말의 연구에 필요한 자료로 생각한다. 이에 대하여는 앞으로 더 많은 연구가 필요하다. 다만 조선시대 500여년의 공문서의 정문(正文)이었던 이문(吏文)에 대한 연구가 국어학에서 매우 소홀하게 된 것은 온당하다고 보기 어렵다.

앞으로 이문(吏文)에 대한 새로운 인식이 생겨나기를 바라며 한국어학계에 만연한 편협하고 비타협적인 생각에서 벗어나기를 바라는 마음 간절하다. 한국어학은 국어, 즉 우리말과 글에 대한 어떠한 것도 연구대상으로 삼아야 하기 때문이다.

5.4.3.2. 조선이문(吏文)에 의한 우리말 문장의 본격적인 표기는『대명율직해(大明律直解)』에서 볼 수 있다. 이 책은『대명율(大明律)』(30권)을 조선이문으로 직해한 것으로 당시의 실정에 맞게 우리의 한문체인 조선이문으로 명(明)의 법률을 풀이하였다.

<대명률>은 명(明) 태조 주원장(朱元璋)이 아직 오왕(吳王)이었을 원(元) 지정(至正) 27년(1367)에 후일 좌승상(左丞相)까지 오른 이선장(李善長)을 중심으로 당률(唐律)을 손질하여 이률(吏律) 18조, 호률(戶律), 63조, 예률(禮律) 14조, 병률(兵律) 32조, 형률(刑律) 150조, 공률(工律) 8조, 도합 285조로 된 율(律)과 145조의 영(令)을 완성하여 한이문으로 작성하고 <율령직해(律令直解)>라 하여 공표하였다.

다음 해에 주원장이 명(明)의 황제에 오른 다음에 형부상서(刑部尙書) 유유겸(劉惟謙)에게 명하여 이를 정리하여 홍무(洪武) 7년(1374)에『대명률(大明律)』30권을 간행하였다. 후에 이를 부분적으로 수정하여 홍무(洪武) 20년(1387)에 다시 간행하여 명(明) 제국(帝國)의 법령을 완정하였다. 이 책은 처음부터 원대(元代) 사법(司法) 문헌이 그러했고 <율령직해>라고 한 것으로 보아 고문(古文)이 아니라 한이문으로 작성되었다.

<대명률직해>는 조선 태조(太祖) 때에 조준(趙浚)이 한이문과 조선이문에 정통한 고사경(高士褧), 김지(金祗)로 하여금 명(明)의 흠찬(欽撰) 법률서인 <대명률(大明律)>을 조선이문으로 직해하게 하고 정도전(鄭道傳)과 귀화인 당성(唐誠)으로 하여금 이들 다시 윤문(潤文)하게 하여 태조 4년(1395)에 인간한 것으로 후대에 여러 차례에 걸쳐 개판하였다.

현전하는 판본으로는 홍문관(弘文館)의 구장(舊藏)본으로 서울대학교에 소장된 판본과 비변사(備邊司)의 구장본으로 조선총독부(朝鮮總督府)와 일본 내각(內閣)문고, 그리고 가나자와 소사부로(金澤庄三郎)의 소장본을 대교하여 교정(校訂)한 조선총독부(朝鮮總督府) 중추원(中樞院)의 활자간행본이 일제(日帝) 강점기에 간행되었다.

5.4.3.3. 또 후일에 안병희(1986)의 해제를 붙여 이상하(보경문화사)가

발행한 <대명률직해(大明律直解)>의 영인본은 16세기 중엽의 중간본이다. 조선총독부의 교정본이 17세기에 중간한 홍문관(弘文館) 구장본(舊藏本)이었음으로 보경문화사의 영인본이 훨씬 고본(古本)이다. 이 외에도 일본 나고야(名古屋)의 호사(蓬左)문고에도 임진왜란 때에 반출한 다른 도서와 함께 소장되었다.

이 교정본에서 예를 옮겨 보면 다음과 같다. 언해문은 필자가 구결(口訣)로 붙인 이두를 언해한 것이다. <대명률직해(大明律直解)>의 예. 언해문은 이찰(吏札)로 쓴 이토(吏吐)을 필자가 해독한 것임.

> [한이문] "凡奴婢毆家長者皆斬, 殺者皆凌遲處死, 過失殺者絞, 傷者杖一百流三千里"(권20, 「刑律」, '奴婢毆家長' 조)
> [조선이문] "凡奴婢亦, 家長乙, 犯打爲在乙良, 並只斬齊. 致殺爲在乙良, 並只車裂處死齊. 失錯殺害爲在乙良 絞死齊"
> [언해문] "凡奴婢이 家長을 犯打ᄒᆞ견을랑 다모기 斬ᄒᆞ졔, 致殺ᄒᆞ견을랑 다모기 車裂處死ᄒᆞ졔. 失錯 殺害ᄒᆞ견을랑, 絞死ᄒᆞ졔.

<대명률직해>의 한문은 고문(古文)이 아니라 한이문(漢吏文)에 가까운 변체한문이다. 중국의 명초(明初)에는 원대(元代)의 한이문(漢吏文)이 정문(正文)으로 사용되지 않았으나 그 효용성 때문에 널리 이용되었다. 그리고 이를 직해한 이문은 역시 조선이문으로 이두의 구결(口訣)을 붙였다. 조선이문의 정형적인 모습이라고 할 수 있다.

5.4.3.4. 또 다음은 태종 15년(1415)에 한상덕(韓尙德)이 원(元)의 사농시(司農寺)에서 편찬한 『농상집요(農桑輯要)의 권4 '양잠(養蠶)'조를 발췌하여 이문으로 번역한 『양잠경험촬요(養蠶經驗撮要)』(1권)의 일부다. 물론 원대(元代)에 간행된 『농상집요(農桑輯要)』는 말할 것도 없이 원대(元代)에 시작된 한이문(漢吏文)으로 작성되었다.

<양잠경험촬요>는 조선 태종 15년(1415)에 우대언(右代言) 한상덕(韓尙德)이 조선이문으로 직해한 것을 경상도 관찰사인 안등(安騰)이 경주에서 간행한 것인데 원본은 전하지 않고 후대의 개판본이 한 질이 전해져서 통문관(通文館) 주인이었던 고(故) 이겸로(李謙老) 옹(翁)의 산기(山氣)

문고에 소장되었었다. 우리는 여기에서 더욱 정제된 이문의 표기를 볼 수 있다.

<양잠경험촬요>의 예. 언해는 필자.

> [한문] 蠶陽物, 大惡水, 故食而不飮.
> [이문] 蠶段, 陽物是乎等用良, 水氣乙, 厭却. 桑葉叱分, 喫破爲遣 飮水不冬,
> [언해] 蠶ᄃᆞᆫ(ᄅᆞᆫ) 陽物이온ᄃᆞᆯ쓰아(여서) 水氣를 厭却(싫어하고) 桑葉ᄲᅳᆫ 喫破ᄒᆞ고 飮水안ᄃᆞᆯ(않음)

이와 같은 조선 이문(吏文)의 발달은 한문의 보급과 더불어 더욱 일반화되었고 문법형태의 표기를 최소한으로 하며 제한된 이두자(吏讀字)가 이들을 표기하게 하는 등 이두표기에 있어서 독특한 문자의 운용을 발달시켰다.

이상 논한 바와 같이 조선이문은 조선시대를 통하여 공문서의 정문으로 사용되었다. 그리하여 대한제국시대에 언문(諺文)이 국문(國文)이 되고 우리말이 국어(國語)가 되어 공문서에 사용되기까지 이문(吏文)은 국가 공용문으로 사용되었다. 또 일제 강점기에는 사발통문 등에서 문어(文語)로 쓰이기도 하였다.

제6장

개화기 이후의 근대적 한국어 연구

제6장 목차

6.0.0. 서구(西歐)식 근대적 한국어 연구는 서양의 문명이 한반도에 도입되기 시작한 19세기 후반부터 20세기 전반까지 약 한 세기에 걸쳐 이루어졌다. 비록 100년에 불과한 짧은 시기였지만 이때에 한국어 연구의 기반이 바뀌었기 때문에 한국어의 연구사에서 한 획을 그었다고 기술하지 않을 수 없다.

이 시대는 대한제국 시대와 일제 강점기(强占期), 그리고 조국 광복(光復) 이후 6.25 전쟁까지로 나누어 각 시대의 우리말 연구를 고찰하려고 한다. 개화기 시대의 근대적 한국어 연구를 다른 국어학사와 달리 일제 강점기 이후까지로 연장하여 보려는 것은 어떤 의미에서 일본인의 한국어 연구가 우리에게는 개화기의 계몽적인 성격을 보여주기 때문이다.

또 광복 이후의 6.25 전쟁까지를 이 시대에 함께 고찰한 것은 일제 강점기의 연구가 이 시대에 어떻게 부정되고 쇄신되었는가를 살피려는 것이다. 광복 이후에는 일제(日帝)의 잔재(殘滓)를 없애려고 피나는 노력을 경주하였다. 그러나 아직 일본인들의 계몽적인 연구 풍토가 졸연히 없어지지 않고 6.25 전쟁 이전까지 그대로 남아있었다고 보는 것이 옳다.

6.0.1. 따라서 엄밀한 의미의 현대 한국어학은 6.25 전쟁 이후에 시작되었다고 필자는 보고 있다. 한국어학은 19세기 후반부터 20세기 전반까지 서양의 학문을 수용하여 한국어학을 동양의 전통 언어학을 벗어나 근대언어학으로 전환되었다. 개화기 이후의 한국어학은 현대를 지향하는 과도기적 성격을 띠며 서양의 언어학, 특히 19세기 서양의 역시비교언어학의 영향을 받은 한국어 연구가 시작되던 시기였다.

이런 의미에서 개화기 이전의 전통적인 한국어 연구와 구별되며 20세기 후반의 서양의 공시적 언어학에 의거한 현대 한국어학과 차별된다. 따라서 이 시기는 한국어학의 계몽기에 해당된다고 필자는 생각하였다. 즉, 현대 한국어학의 전단계로 근대적 한국어 연구사의 시대로 보려는 것이다.

개화기 이후에 50여년간은 우리 민족이 서양의 근대 문명에 눈을 뜨던 시기이고 일제(日帝)와 세계열강들의 위협과 압박에서 벗어나려고 몸부림치던 시기였다. 그리고 종국에는 구미(歐美)의 자본주의와 동구(東歐)의 공산 세력이 한반도에서 부딪히기도 하였다. 이런 와중에서 우리 민족의 정체성을 찾으려는 노력이 모든 국학(國學)에서 중심 과제가 되었다.

따라서 이 시기의 모든 국학의 학문이 민족의 자각을 위한 연구가 주종을 이루던 시기여서 한국어학도 이러한 민족적 요구에 부응하는 연구가 거의 전부였다고 말해도 과언이 아니다. 이 장(章)에서는 이러한 국학의 분위기 속에서 우리말 연구는 어떻게 이루어지고 변천해 갔는지 고찰하기로 한다.

다만 제6장에서는 인용 연구자의 논저를 한자로 표시한 것과 한글로 표기한 것이 있어 독자들에게 혼란을 줄 수가 있다. 일제 강점기의 우리 이름은 한자로 쓰인 것이 많고 그것을 한글로 옮길 때에 착오가 있을지 몰라 참고문헌에 한자 이름을 그대로 썼다.

따라서 본문 중에서 어느 특정인의 논저를 표시할 때에 한자 이름 다음에 연도를 표시한 것은 <참고문헌>에서 찾기에 편리하도록 한 것이다. 다른 장에서 서양인의 논저를 알파벳으로 표기하고 연도를 괄호 안에 넣은 것과 같은 방식이니 독자 여러분의 양해를 구한다.

1. 시대의 개관

6.1.0.0. 우리나라의 근대화는 역사적으로 볼 때에 조선 후기에 싹트기 시작한 민족적 자아의식의 실현 의지와 전 제5장(章)에서 소개한 실학(實學) 사상의 보급으로 대대적인 국정(國政)의 개혁을 요구하는 국민의 열망에 따른 것이다.

거기다가 1876년에 일본과 강화도 조약을 체결하고 개항(開港)으로 인하여 외세의 유입이 본격화되었다. 그리고 내부적으로 임오군란(壬午軍亂)으로 민심이 동요하였고 개화파의 갑신정변(甲申政變)으로 개혁의 욕구가 어느 때보다도 강하게 표출된 시기였다. 드디어 갑오경장(甲午更張)으로 한반도는 구시대의 모든 체제를 과감하게 벗어던지게 되었다.

이렇게 시작된 한반도의 근대화는 실학을 토대로 한 배타적인 척사(斥邪)사상과 개방적인 개화사상이 서로 타협하게 되었다. 단순한 전통의 부정이나 서양화를 의미하지는 않았다. 척사사상은 외세에 맞서는 자주 의식으로 백성들의 지지를 받았고 개화사상은 서학(西學)의 영향으로 꾸준히 세력을 얻어갔다.

6.1.0.1. 한반도에서 19세기 후반에 벌어진 개화(開化) 운동은 이미 고종 17년(1880)의 개항(開港)에 따른 외세의 유입을 정부가 주도하여 실행되다가 1884년에 일어난 갑신정변(甲申政變)으로 일단 후퇴하였다. 그러나 고종 31년(1894) 2월에 일어난 전봉준(全琫準)의 동학란(東學亂)은 우리나라의 개화에 큰 촉진제가 되었다.

이태진·사사가와 노리카스 공편(2019: 20~21)에 다음과 같이 동학란에 출병한 일본군에 의해서 어떻게 대한제국의 내정개혁이 일어났는가를 밝혀주었다.

> 1894년 6월 初, 동학농민군이 '보국안민'의 기치로 봉기하자 청군(淸軍)과 일본군이 '천진조약'에 따라 동시 출병을 단행하였다. 청군(淸軍)이 동학 농민군의 활동지역에 가까운 아산만에 상륙한 것과 달리, 일본군은 인천을 거쳐 서울로 진입하여 조선 정부에 대해 '내정개혁'을 요구하였다. 농민군이 다시 일어나지 않도록 하려면 먼저 조선의 내정개혁이 필요하다는 구실로 저지른 불법적 수도 진입이었다. 조선 정부가 이를 내정간섭 행위로 간주하여 철군을 요구하자 일본 정부는 청나라에 대해 공동으로 내정개혁 추진을 제안하는 변통을 부려 시간을 끌었다. 청나라가 이를 받아들일 리가 없었다. 일본의 속셈은 조선의 '내란상태' 속에 청나라와 전쟁을 벌여 조선에 대한 중국의 전통적인 영향력을 없애고 그 자리를 일본이 차지하려는 것이었다. '내정개혁'은 어디까지나 명목이었다.

이처럼 고종 31년 6월에 동학란(東學亂)이 일어나자 청(淸)나라 위안스카이(遠世凱)는 청병(請兵) 요청을 강제하여 조선 정부는 이를 거절하다가 '동학군이 움직이지 않으면 하륙하지 않는다'는 조건부로 청군을 불렀다.[1] 일본군은 이 과정을 정탐하여 일본군이 먼저 조선에 도착하도록 하였다. 그리고 조선 왕궁을 강제로 점령하여 조선 정부에 대한 영향력을 강화할 목적으로 개혁을 강요하였다. 어쩔 수 없이 고종은 31년(1894)에 국정의 개혁인 갑오경장(甲午更張)을 착수하였다.

고종은 시간을 끌다가 그 해의 12월 12일에 홍범(洪範) 14조를 종묘(宗廟)에 고(告)하고 개혁을 시작하였다. 그리고 다음 날에 중외(中外)의 신민(臣民)에게 내리는 윤음(綸音) '윤음우 중외신민(綸音于中外臣民)'을 발표하여 홍범(洪範) 14조를 공표하였다. 이어서 윤음(綸音)을 뒷받침하는 '내무아문령(內務衙門令)'을 칙령(勅令)으로 내렸다. 이 칙령은 국한문(國漢文) 혼용으로 쓰인 최초의 공문서였다. 이렇게 고종의 국정(國政) 개혁은 이루어진 것이다.

그러나 고종의 국정(國政) 개혁은 피동적인 개혁만은 아니었다. 일본군이 왕궁을 점령하기 전에 이미 정부는 동학군(東學軍)의 요구에 따라 개혁을 위한 기구로 교정청(校正廳)을 설치하고 개혁안 12조를 구체적으로 결정하여 선포하였기 때문이다. 우리나라는 갑오경장으로 인하여 근대화가 추진된 동시에 일제(日帝)가 세력을 뻗치게 되었다.

고종의 국정(國政) 개혁은 고종의 홍범(弘範) 14조(1894. 12)와 <교육입국조서(教育立國詔書)>(1895.2)에 이은 을미(乙未) 개혁(1895.3)으로 이어져서 본격적인 개화의 길이 열렸다. 그러나 민비(閔妃)의 시해(弑害)와 고종의 아관파천(俄館播遷)으로 이러한 개화의 작업은 실패에 이르게 된다.

6.1.0.2. 이 보다 앞서서 1883년 7월에 최초의 영어학교인 <동문학(同文學)>이 문을 열었고 1886년 6월에는 신교육 기관인 <육영공원(育英公院)>이 설립되었다. 따라서 이를 통하여 새로운 서양문화가 도입되고 서학(西學)이 교육되기 시작하였다.

한편 1883년 10월에는 최초의 신문인 <한성순보(漢城旬報)>가 창간되

---

1 문제는 일본공사관의 첩보 작전이 여기에 개입한 사실이다. 遠世凱는 민영준(나중 이름 민영휘)을 카운트 파트너로 삼았는데, 민영준의 심복인 안경수가 일본 공사관 첩자였다. 민영준을 통한 遠世凱의 요구는 매일 저녁 일본 공사관에 보고되었다. 좌의정 명의로 청병 요청이 있자 일본 공사관은 이 사실을 안경수로부터 보고 받고 바로 히로시마 대본영에 통지하였다. 그리고 이 때 대기 중이던 일본 1개 여단(大島 여단, 8000명)은 인천으로 출동했다. 그래서 일본군 인천 도착이 청군 아산만 도착보다 빨랐고 이렇게 일본이 시작한 전쟁이 청일전쟁이다(이태진, 2000).

었으며 육영공원의 외국인 교사 헐버트(H.B. Hulbert)는 세계지리서인 『ᄉᆞ민필지(士民必知)』(1891)를 출판하고 유길준(兪吉濬)의 『서유견문(西遊見聞)』(1895)을 편찬하여 당시 개화사상을 전파하는 기폭제가 되었다.

이후에 서재필(徐載弼)이 이끈 독립협회(獨立協會)와 대한제국(大韓帝國)을 선포한 광무(光武) 개혁이 역시 개화의 촉진제가 되었다. 독립협회는 훗날 해산을 당하였으나 그 사상은 많은 학회 활동으로 계승되었고 애국(愛國) 계몽(啓蒙) 운동으로 발전하여 유사시에 국권 회복의 저력이 되었다. 이렇게 볼 때에 개화기의 근대 50년은 외침(外侵)에 저항하고 일제(日帝)와 투쟁하면서 민족의 뿌리를 지켜온 시기이기도 하다.

그러나 청·일 전쟁과 러·일 전쟁에서 연이어 승리한 일본은 1904년 8월에 한일(韓日)의정(議政)을 강압하여 고문(顧問) 정치를 감행하였다. 그리고 2차·3차의 협약을 조작하여 1910년 8월에 한일 병합(倂合)을 이끌어 내었다. 그리하여 이후 36년간의 일제 강점기가 이어지게 된다. 1945년 일제(日帝)의 패망으로 얻은 조국의 광복(光復)은 불과 5년을 못 넘기고 6.25 전쟁을 겪게 된다.

근대 한국어학은 1894년의 갑오경장(甲午更張)을 계기로 하여 건국된 대한제국(大韓帝國) 시대와 일제(日帝) 강점기, 그리고 조국 광복(光復)을 거치고 1950년 6.25 전쟁을 치루면서 외침(外侵)과 전란(戰亂)에 시달리는 50여년의 기간에 이루어진 우리말과 우리글에 대한 연구를 말한다.

이제까지 한국어의 연구사에서 주로 조국 광복(光復)을 기점으로 하여 시대를 나누었으나 1945년의 조국 광복으로부터 1950년의 6.25 전쟁의 5년간은 일제 강점기의 우리말 연구에서 크게 벗어나지 못하였다. 이 시기는 계속되는 국난(國難)으로 극심하게 우리 사회가 혼란되고 전쟁으로 온 국민이 가난에 쪼들리게 되어 학문이 발전하기에는 너무나 어려운 시기였다.

따라서 근대의 한국어학은 대한제국 시대와 일제 강점기, 그리고 조국 광복 이후로부터 6.25 전쟁까지의 우리말, 우리글 연구의 세 시기로 크게 구별할 수 있다. 그리고 비록 아주 짧은 시기이지만 조국 광복 이후에 시도된 한국어학의 새로운 연구 경향을 근대한국어학이라고 부를 수 있을 것이다. 이에 대하여는 이미 제1장 1.2.3.3.~4.에서 자세하게 논의하였다.

6.1.0.3. 대한제국(1894~1910) 시대의 우리말 연구는 비록 7년에 걸치는 짧은 기간이었으나 이 때에 비로소 우리말이 국어(國語)로 인정되었고 언문(諺文)도 비로소 국문(國文)이 되어 국가의 정문(正文)이 되었다. 앞의 제2장 2.5.1.3.에서 살펴본 것처럼 서양의 문예부흥시기(1596~1650)에 각 민족이 자민족의 언어를 국어(國語, national language)로 인식하던 것과 비교하면 우리는 2세기 정도 뒤에 이러한 의식이 생긴 것이다.

따라서 한국어학과 한국어 문법이란 학문도 이때에 비로소 그 기틀을 갖추게 된다. 앞의 제2장의 2.5.3.4.에서 밝힌 것처럼 Bopp(1816) 이후에 문헌학(philology)에서 언어과학(science of language), 즉 우리가 말하는 언어학(linguistics)이란 학문이 독립하여 독자적인 학문 분야로 발전한 것과 같이 우리도 이 시대에 우리말을 서양의 언어학에 의거하여 연구하는 한국어학(Korean linguistics)과 한국어 문법(Korean grammar)이 생겨난 것이다.

이 때의 한국어학과 한국어 문법은 주로 자주 의식에 입각한 국문 연구와 국어 교육에 필요한 학교문법의 확립에 집중되었다. 그러나 이 시기의 우리말 연구는 자주 의식의 확립에는 기여하였으나 한국어의 규범화를 이루는 데까지는 나아가지 못하였다. 다만 우리말의 문법 교재를 저술하면서 학교문법을 구축하는 작업은 꾸준히 이어갔다.

또한 이 시기에는 서양인의 한국어 연구가 비교적 활발하게 이루어졌다. 그들은 한반도에서 기독교를 전파하기 위한 선교사업을 위하여 우리말 연구가 필요했던 것이다. 한편 일본인의 한국어 연구는 장차 한반도를 점령하려는 불순한 의도로 시도되었기 때문에 그 성과물도 일제 침략을 정당화하는 것이 많았고 연구 방향도 한국어의 기원과 계통, 그리고 한자 차자 표기 등에 집중되었다.

6.1.0.4. 대한제국 시대에 우리말의 규범화 작업은 국가 공용어로서 위상이 높아진 우리말에 대한 연구로 시작된 것이다. 나라의 말, 즉 국어(國語)의 교육을 위하여 학교문법을 마련하지 않을 수가 없었기 때문이다. 한국어의 문법 연구는 이렇게 시작한 것이다.

문법은 연구태도에 따라 문법현상을 사실대로 체계화하는 이론문법과 옳고 그른 가치판단으로 바르게 교화하는 실용문법으로 나누어진다. 실용문법은 연구용도에 따라 일정한 기준에서 바로잡기 위하여 지시하고 명령하는 규범문법(規範文法)과 학교교육에서 바로 가르치기 위한 학교문법, 혹은 교과문법(教科文法)으로 양분된다. 규범문법과 학교문법은 같은 성격이나, 다만 전자는 문법의 내용을 본 것이며, 후자는 문법의 용도를 본 것이다.

학교교육에서는 바르게 말하고 쓰게 하려는 목표로 문법을 가르치므로, 언어사실보다 일정한 규범을 더 중요시하게 된다. 대한제국 시대의 학교문법은 그동안 한 번도 정식으로 학교에서 교육한 바가 없는 우리말의 규범을 마련하기 위하여 이 시기에 처음으로 시도된 것이다. 그리하여 이 시기에 규범문법의 성격을 갖고 각급 학교에서 우리말을 가르치기 위한 목적으로 학교문법이 등장하기 시작한다.

이 시기에 마련된 우리말의 학교문법은 일제 강점기(1910~1945)에 일본인 어용학자들이 대폭적으로 수정하였다. 또 이때의 한국어 연구는 일본인의 연구도 적지 않았는데 그들도 우리말을 학습하기 위한 규범문법의 성격을 가진 문법서와 우리말 교재를 편찬한 것이다. 반면에 한국인의 문법 연구는 주로 표준어의 설정을 위한 한국어 통일의 문제가 주된 연구 과제가 되었다.

이와 함께 우리말의 문법을 연구한 문법서의 저술이 활발하게 진행되었다. 특히 1930년대에 결성된 조선어학회에서 많은 연구 업적을 내어 후대의 연구로 이어졌다. 일제(日帝)가 1938년 3월에 제3차 교육령에 따라 강압적으로 일본어를 상용(常用)하게 하고 우리말을 말살하려는 정책을 편 다음부터 광복까지 약 7년간은 한국어학과 한글 연구는 수면 아래로 갈아 앉게 되어 한국어학 연구의 암흑기를 마지하게 되었다.

6.1.0.5. 대한제국 시대에 비로소 나라의 글자인 국문(國文)으로 인정된 한글은 일제 강점기에 다시 언문(諺文)이 되었다. 또 일본어가 국어로 자리를 잡게 되어 일본어와 일본 글자가 국어(國語)와 국문을 대신하

게 되었다. 그리고 우리말 연구는 일제 어용학자들의 언어연구 주제가 되었고 내국인 학자들에게는 우리 민족의 독립 정신을 고취시키는 방향으로 학문이 이루어졌다.

조국의 광복은 1945년 8월 15일에 일본이 태평양전쟁에서 패망하여 이루어진다. 갑자기 찾아온 해방의 소용돌이는 우리 사회를 극심한 혼란에 빠지게 되었다. 이 시대에는 북쪽의 소련군이나 남쪽의 미군의 군정(軍政) 통치도 그러했지만 좌우익의 대립으로 우리 사회는 전대미문의 사상 논쟁까지 생겨나 드디어 남북이 둘로 나눠지는 민족사의 커다란 참사가 일어났다.

미국과 소련으로 대표되는 자본주의와 공산주의의 대립은 전혀 이와는 관련이 없는 우리 민족의 분열을 가져왔고 국토의 분단까지 초래하였다. 그리하여 드디어 6.25 전쟁이라는 민족상잔(民族相殘)의 참극이 터지게 된다. 이런 혼란 속에서 한국학도 좌우로 나뉘어 비학문적이고 비상식적인 논란이 계속되었다.

이 시대의 한국어학은 일제 강점기의 왜곡된 우리말의 문법과 역사, 그리고 문자를 바로 잡으려는 노력으로 일관되었다. 다만 지나친 반일(反日) 감정으로 일제(日帝) 일본인 학자들의 연구를 무조건 비판하고 우리말과 글을 찬양하려는 국수주의적인 연구가 넘쳐나서 많은 논저가 합리성을 잃었다는 비판을 피하기 어려웠다.

이제 이 시대를 개화기 시기와 일제 강점기, 그리고 조국 광복 이후로 나누어 각 시대의 우리말 연구에 대하여 보다 구체적으로 살펴보면서 전시대와의 상호연관 관계를 살펴보기로 한다.

2. 대한제국 시대의 한국어 연구

6.2.0.0 대한제국(大韓帝國) 시대(1894~1910)의 우리말 연구는 전술한 바와 같이 유사 이래 처음으로 자주적 민족정신에 입각하여 우리말과 우리글을 연구하는 기틀을 마련하였다는 의미에서 비록 17년간의 짧은 기간이지만 한국어의 연구사에서 특별한 의미를 갖는다. 이 시대에 들

어와서 처음으로 우리말이 국가 공용어가 되었고 언문(諺文)이 국문(國文)이 되어 국가의 정문(正文)으로 사용하게 된 것이다.

본서의 제4장 4.3.3.0에서 살펴본 바와 같이 세종이 새 문자로 훈민정음을 제정하였으나 언문(諺文)이라 하여 어디까지나 한문(漢文)의 보조 자료였으며 조선시대에 우리말 표기에 사용에 쓰인 언문(諺文)도 정식으로 국자(國字)로 인정된 것이 아니었다. 조선시대까지는 서당(書堂)에서 한자와 한문을 배웠고 언문(諺文)은 안글, 또는 암클이란 글자 이름에서 알 수 있듯이 아녀자들이 집안에서 사용하는 글자였다.

조선왕조에서는 사대부의 유신(儒臣)들이 한문의 고문(古文)을 사용하여 장계(狀啓)나 상소(上疏), 실록(實錄) 등에서 썼지만 기타의 공용문서는 조선이문(朝鮮吏文)을 주로 사용하였다. 조선시대에는 전 기간을 통하여 한자가 중심이었다. 대한제국 시대에 들어와서 처음으로 언문(諺文)을 국문(國文)이라 하여 국가의 공용문서에 사용하게 한 것이다.

6.2.0.1. 앞의 제3장의 3.5.1.3.에서 논의한 바와 같이 원대(元代)에 유행한 이문(吏文)은 교착적인 문법구조의 몽고어 어순에 맞추어 한문을 변형시킨 새로운 한문의 변체(變體)로서 원(元) 제국(帝國)의 공문서에 사용되었다. 특히 사법(司法) 관계의 문서에서 사용되었고 하급관리들이 주로 썼던 변체 한문이어서 이를 이문(吏文)이라 불렀다(졸저, 2012: 38~65).

조선에서도 이를 모방하여 이문(吏文)을 만들어 사용하였는데 몽고어와 우리말이 같은 교착적 문법 구조의 언어이어서 이 둘은 서로 교감(校勘)하는 이문은 쓰기에 편리하였다. 그러나 원대(元代)의 이문은 몽고어에 맞춘 것이고 조선시대의 이문은 우리말에 맞춘 것이기 때문에 서로 달랐다. 따라서 필자는 후자를 조선이문(朝鮮吏文)이라 하고 원대(元代)의 이문은 한이문(漢吏文)이라 구별하였다(졸저, 2012: 65~75).

대한제국 시대에 들어와서 비록 국한문 혼용체이기는 하지만 우리말을 국문으로 명명된 언문으로 표기하여 국가의 정문(正文)을 삼은 것이다. 따라서 황제의 조칙(詔勅)을 비롯하여 모든 관공서의 문서가 이러한 국한문 혼용체로 작성되었다. 이로부터 비로소 우리말과 우리글이 국가의 국어(國語)와 국문(國文)으로 인정된 것이다.

6.2.0.2. 우리말이 국어로서 국가의 공용어가 되고 언문이 국문이 되어 국가의 정문이 되자 이에 대한 교육이 필요하게 되었다. 그때까지는 한자와 한문만이 학교에서 교육되었고 우리말과 우리 글자인 언문은 정식으로 교육되지 않았기 때문이다. 따라서 그에 대한 교과서도 전무한 상태였다.

언문에 대한 교육은 <월인석보> 제1권 권두에 부재(附載)된 {언해본}<훈민정음>이거나 <훈몽자회>이 권두에 첨부된 <언문자모>가 있었을 뿐이다. 따라서 정서법도 마련되지 않았고 글자의 음가도 제각각이어서 통일된 자모(字母)의 음가가 끊임없이 문제가 되었다. 사용자가 제멋대로 표기하여 조선시대의 언문 자료들은 그 표기가 천차만별의 혼란한 상황이었다.

우리말과 우리글이 이러한 사정은 대한제국 시대에 들어와 철자법을 정리하고 표준어를 정립하는 작업이 우선 필요하였고 이를 위하여 한국어에 대한 연구와 언문 글자에 대한 통일된 자체, 음가, 표기법이 우선적으로 필요하였다. 이런 필요에 의하여 이 시대에 한국어에 대한 언어학적 연구와 우리말 교육을 위한 문법 연구가 시작된다. 즉, 한국어학과 한국어 문법이 비로소 이 시대에 시작된 것이다.

1) 한국어학의 성립

6.2.1.0. 갑오경장(甲午更張)으로 국가의 제반 관제(官制)를 새로 정립한 대한제국(大韓帝國)에서는 1894년 6월 25일에 설치한 군국기무처(軍國機務處)에서 같은 해 6월 28일에 부서(部署)를 개혁하면서 종래의 언문(諺文)을 국문(國文)으로 고쳐 불렀다.

그리하여 국가의 공용문서에서 국문, 즉 한글을 위주로 하고 한문(漢文)과 국한문(國漢文)을 함께 상용하게 하였다. 1894년 7월에 학부(學部)의 편집국에서 간행한『국민소학독본(國民小學讀本)』은 국한문으로 되었고 이후 모든 각급학교(各級學校)의 교과서가 국한문으로 편찬되었다.

더욱이 대한제국 황제의 칙령(勅令)으로 발표한 제1호의 공문식 제14조에는 "法令、勅令, 總以國文爲本, 漢文附譯, 或混用國漢文 – 법령·칙령은 모두 국문을 기본으로 하고 한문의 번역을 부록하거나. 혹은 국한문을 혼용한다."라고 하여 국문, 즉 한글을 기본으로 쓰고 한문으로 번역한 것을 부서(附書)하며 혹은 국한문을 혼용하다고 하여 한글이 국가의 정문(正文)임을 분명하게 밝혔다.

이와 같은 1894년 11월의 고종 황제의 공문서에 대한 칙령(勅令)에 따라 1895년 1월 5일(음력)에 공표된 <내무아문령(內務衙門令)>은 국한문을 사용한 최초의 황제의 칙령(勅令)이었고 1895년 1월 29일(음력, 양력으로는 2월 12일)에 내린 장문의 조령(詔令)은 두 번째로 국한문 혼용으로 쓴 것이었다.

소위 을미(乙未) 개혁이라고 부르는 이러한 조치에 의해서 언문(諺文)이었던 한글이 국문(國文)으로 인정을 받는다. 그리고 이어서 국한문 혼용의 공문서가 발표되어 한글이 비로소 국가의 정식 문자임을 대한제국(大韓帝國)이 천명한 것이다.

6.2.1.1. 이러한 고종 황제의 칙령은 한글이 제정된 지 450년만의 일이로서 당시 국어(國語)와 국문(國文)이 우리말과 우리 글자인 한글임을 확인시켜주는 중요한 일이었다. 물론 이 칙령이 나오기 9년 전에 이미 김윤식(金允植), 강위(姜瑋) 등이 『한성주보(漢城週報)』(1886)를 국한문으로 발간하였다.

이 일은 국가의 공문서와 학교의 교과서가 한문이 아닌 우리말로, 그것도 국문으로 적은 것은 유사 이래 처음 있는 일로서 그가 의미하는 바는 매우 크다고 아니할 수 없다. 이렇게 확립된 우리말과 우리글은 1895년 5월에 개교한 한성(漢城)사범학교에서 처음으로 교육되기 시작하였다.

그리고 이어서 같은 해의 7월에 공표된 소학교령(小學校令)을 비롯한 여러 교육령에 따라 각급학교가 뒤를 이어 개교되었고 우리말과 우리글이 교육되었다. 이로 인하여 학교의 우리말과 우리글의 교사가 긴급하게 필요하게 되어 이에 대한 교육이 성황을 누리게 되었다. 주로 학교의 교과서를 편찬하기 위하여 우리글의 정서법과 문법이 교육되었으며 이를 위한 연구도 성행하게 된 것이다.

그러므로 이 시기에 중점적으로 이루어진 철자법의 제정이나 한국어 문법에 대한 연구는 거의 교과서를 편찬하기 위한 것이라고 할 수 있다. 이렇듯이 대한제국시대의 우리말과 우리글의 연구는 학교 교육을 중심으로 이루어진 것이 특징이다.

6.2.1.2. 한국어학이 성립된 시기는 한국어가 학문의 연구 대상으로 인식된 갑오경장(甲午更張) 이후의 일이다. 이때부터 우리말과 우리글에 대한 연구가 본격적으로 시도되었다. 오랜 세월에 걸쳐 한자(漢字)와 한문(漢文)에 억눌려 항상 뒤안길에 있던 우리말과 우리글이 국가의 정식 공용어와 공용문자가 되면서 드디어 이에 연구가 학문으로 인정받게 된 것이다.

마치 본서의 제2장 2.5.1.3.에서 살펴본 바와 같이 15세기에 유럽의 여러 민족어가 라틴어로부터 분리되어 각 개별언어가 국어(national language)로 인정되고 문법이 고찰되기 시작한 것과 같은 형상이다. 단테(Dante)가 라틴어가 아닌 이탈리아어로 작품을 썼으며 스페인어의 토착문법(native grammar)이 출판되었다.

따라서 갑오경장(1894)으로부터 경술국치(庚戌國恥, 1910)로 국권을 상실하기까지 7년은 비록 짧은 기간이지만 한국어의 연구사에서 중요한 의미를 갖는다. 이 시기에 한국어학의 학문적 기반이 다져졌고 하나의 학문으로 인정되었기 때문이다. 즉, 우리말과 우리글에 대한 개념을 제대로 이해하고 이를 연구하는 학문, 즉 한국어학이 자리를 잡은 것이다.

이러한 우리말과 우리글에 대한 이념을 바탕으로 한국어의 연구에 종사했던 연구자들로 지석영(池錫永), 유길준(兪吉濬), 김규식(金奎植), 김희상(金熙祥), 주시경(周時經, 초명은 周商鎬)을 들 수 있다. 이들은 각각 우리말 문법서를 저술하여 '문법'의 범주에 한국어의 음성, 음운에 대한 연구와 문법(품사론, 문장론)을 망라하였다. 서양의 문법(grammar)에 맞춘 것이다. 드디어 우리말의 학교문법이 시작된 것이다.

그리고 한국어 연구 단체인 '국어연구학회(國語硏究學會, 1908)'를 창립하여 우리말 연구자들이 함께 연구할 수 있는 모임을 마련하였다. 주시경(周時經)의 주도 아래 그의 제자들이 결성한 이 학회는 그동안 산발적으로 문자와 음운에 대하여 고찰하던 한국어 연구자들을 한데 모아 조직적으로 함께 모여 연구하게 이른다.

우리말과 우리글에 대한 올바른 이해와 인식을 가진 순수 민간 연구자들이 함께 모여 한국어에 대하여 학문 연구를 수행한 것은 비록 7년의 짧은 기간이지만 이 시기에 한국어학이 성립되었다고 보는 중요한 근거가 된다. 한국어학이 드디어 관제(官制)가 아닌 민간 주도의 학문으로 자리를 잡게 된 것이다.

6.2.1.3. 한국어학의 형성에 관여한 외적 요인으로 갑오경장이나 전술한 고종 황제의 공문서에 대한 칙령(勅令)과 같은 정치적 변혁을 들 수 있지만 이러한 요인만으로 한국어학이 성립할 수 있다고 보기는 어렵다. 국가와 더불어 민간 연구자들의 자발적인 도움이 없이는 하나의 학문이 정립할 수 없기 때문이다.

개화기 시대의 근대적 한국어학은 그동안 문자와 언어에 대한 조선시대의 전통적인 연구와 본서의 제3장에서 살펴본 '고대시대 한반도의 언어와 문자'를 고찰하던 한국어학의 여명기(黎明期)에 이룩한 업적과 전통을 이어받은 것이다. 특히 본서의 제4장과 제5장에서 살펴본 조선시대에 새 문자의 창제와 표기를 비롯하여 그를 위한 우리말의 음운과 문법에 대한 연구는 이 시기에 창설된 한국어학과 한국어 문법의 기반을 제공하였다.

그리고 개화기 시대에 물밀 듯이 유입된 서양인들, 주로 선교사들이지만 그들의 서양 전통 언어학에 의거한 한국어 연구가 결합하여 우리만의 독특한 한국어학이 탄생하였다. 비록 대한제국시대 7년간의 짧은 시기지만 이때에 우리의 전통적인 한국어 연구와 서양인들의 한국어 연구를 하나로 결합시켜 새로운 한국어학이 성립된 것이다.

따라서 한국어학이 성립된 것은 한국어가 학문적 연구 대상으로 인식된 갑오경장(1984) 이후라고 할 수 있다. 갑오경장으로 인하여 오랜 세월에 걸쳐 한자와 한문에 억눌려 동보지 않았던 한국어와 국문이 공용어와 공용 문자의 역할을 맡게 되면서 이에 대한 연구의 필요성이 제기되었고 비로소 본격적으로 이에 대한 연구가 이루어지게 된 것이다.

6.2.1.4. 갑오경장과 경술국치(庚戌國恥)에 의한 국권 상실에 이르기까지 비록 7년간의 짧은 기간이지만 이 시기의 한국어 연구는 한국어의 연구사에서 매우 중요한 의미를 지닌다. 왜냐하면 이 시기에 한국어학의 기초가 다져지고 그것이 하나의 학문으로 자리 잡았기 때문이다.

우선 이 시대에 한국어와 국문에 대한 개념을 제대로 잡고 그것이 우리 민족의 동질성(identity)을 밝히는 중요한 요소라고 의식하면서 한국어와 한글에 대한 연구의 자세가 가다듬어진 것이다. 그리고 이 언어에 대한 학문적인 연구가 시작된 것이다.

이러한 한국어와 한글에 대한 확고한 이념의 바탕에서 한국어 연구에 전념했던 연구자들은 각기 문법서를 저술하여 '문법(文法)'이란 이름 아래에 서양의 규범문법처럼 한국어의 음성, 음운 일반과 품사론, 통사론을 다루었다. 이로부터 본격적인 한국어학이 시작된 것이다.

2) 우리말과 우리글에 대한 국민적 자각

6.2.2.0. 조선시대의 문자 생활은 한문과 이문(吏文)이 중심이었고 언문(諺文)은 보조적 자료였다. 따라서 우리말을 그대로 표기하지 못하고 한문이나 이문으로 바꿔야 했기 때문에 구어(口語)와 문어(文語)가 일치하지 않았다. 이러한 언문(言文)의 불일치는 우리말을 표기할 때에 해결해야 하는 가장 중요한 과제였다.

언문(諺文)이 국문(國文)이 되어 우리말을 표기함으로써 비로소 이 시대에 구어(口語)와 문어(文語)가 일치할 수 있었다. 그러나 오랫동안 우리말 표기의 보조 자료로 사용된 언문은 공통적인 철자법도 없었고 통일된 정서법도 마련되지 않았다. 더욱이 훈민정음 제정 당시의 표기법은 조선 후기에 들어와서 극심하게 혼란되었고 또 표기 대상인 우리말도 표준어가 정해지지 않았다.

이렇게 언문일치(言文一致)와 국문의 정서법, 그리고 표준어의 정립을 위하여 이 시대에 일어난 것이 어문(語文) 통일(統一) 운동이다. 이 문제를 제기한 것으로 1896년 4월 7일자 <독닙신문>에 실린 서재필(徐載弼)의 '논설'이 있다. 또 지석영(池錫永)은 1896년 11월에 간행한 <대조선

독립협회보(大朝鮮獨立協會報)> 제1호에 "국문론"을 발표하여 앞에서 말한 문제를 공론화하였다.

6.2.2.1. 당시에 이미 순 우리말과 우리글로만 저술된 리봉운(李鳳雲)의 『국문졍리(國文正理)』(1897)의 서문에서 세계 각국이 다 제 나라 제 글을 쓰는데 우리가 우리 것을 소흘히 해서는 안 된다고 강조하고 국어, 국문의 애용이 곧 애국이라고 역설하였다.

즉, <국문졍리>의 서문에

> 대뎌 각국 사ᄅᆞᆷ은 본국 글을 슝샹ᄒᆞ야 학교를 설립ᄒᆞ고 학습ᄒᆞ야 국졍과 민ᄉᆞ를 못ᄒᆞᆯ 일이 업시 ᄒᆞ야 국부 민강ᄒᆞ것ᄆᆞᄂᆞᆫ 죠션 사ᄅᆞᆷ은 ᄂᆞᆷ의 나라 글ᄆᆞᆫ 슝샹ᄒᆞ고 본국 글은 아죠 리치를 알지 못ᄒᆞ니 졀통한지라 [중략] 문명의 뎨일 요긴ᄒᆞᆫ 거ᄉᆞᆫ 국문이ᄃᆡ 반졀 리치를 알 사ᄅᆞᆷ이 적기로 리치를 궁구ᄒᆞ야 언문 옥편을 ᄆᆞᆫᄃᆞᄅᆞ [하략]. 철자법, 띄어쓰기는 원문대로.

라 하여 한자보다 국문의 교육이 필요함으로 역설하였다. 특히 반절(反切)에 대한 연구가 필요함을 주장하였는데 국문과 반절은 서로 표기 대상이 달라서 후자는 한자 표기요 전자는 우리말 표기임을 깨닫고 있었다.

신해영(申海永)은 1897년 6월과 7월에 간행된 <대조선독립협회회보(大朝鮮獨立協會會報)> 15호와 16호에 "漢文字와 國文字의 損益如何"를 게재하여 국문 사용의 유용함을 강조하였다. 쥬상호(주시경)는 1897년 4월과 9월 25일, 28일자의 <독닙신문>에 '國文論'을 발표하여 같은 주장을 피력하였다.

즉, 당시 배재학당의 학생이었던 주상호의 첫 번째 '국문론'에서 ① 글자 수가 많은 한자를 버리고 쉬운 국문을 전용할 것. ② 문자 학습에 시간을 낭비하다가는 개인과 나라가 약해짐, ③ 한자를 학습하는 시간에 직업을 배워서 자주 독립의 기둥이 될 것을 주장하였다. 그리고 두 번째 발표에서는 보다 구체적인 국문 사용의 방법을 제시하였다(周時經, 1897).

두 번째 발표의 요지를 옮겨 보면 ① 문법을 만들어 바로 쓰고 보도록 교육할 것, ② 국문 옥편(玉篇)을 만들어 바른 고저음(高低音)을 표시하고 조선말이 되지 않은 한자어를 쓰지 말며 쉽게 번역할 것, ③ 말의 경계를 옳게 찾아서 "이것이, 손에--"로 쓰고 "이거시 소네--"로는 쓰지 말 것, ④ 글씨는 편리하게 좌에서 우로 써 내려갈 것 등을 주장하였다.

이로부터 한국어 문법서가 차례로 편찬되었다. 한자를 국문으로 표기한 한자 사전의 출판을 종용하였고 한자의 성조 표기와 우리말로 정착되지 않은 한자어의 사용을 금지하도록 하였다. 끝으로는 형태 단위의 표기를 주장하여 훗날 우리말 연구의 방향을 제시한 것이다.

6.2.2.2. 이능화(李能和)도 <황성신문(皇城新聞)>의 1906년 6월 1일자 신문에 '國文一定意見'을 게재하여 국문의 중요성과 편의성을 강조하였다. 역시 주시경도 1907년 1월에 간행된 <서우(西友)> 제2호에 '국어와 국문의 필요'를 실었다. 전술한 <독닙신문>의 주장을 반복한 것이다.

즉, 주시경은 <황성신문> 1907년 4월 1일~6일에 연재한 '필상자국문언(必尙自國文言)'에서 "自今 이후로는 국문을 천시하는 陋習을 變하여 我國文言의 法兵義를 극력 강구하고 字典 文典 讀本을 著成하여 더욱 精利한 文言이 되게 할뿐더러 我 전국 상하가 국문을 我國의 본체로 崇用하여 我國이 세계에 特立되는 특성의 表柄을 견지하고 자유만만세를 永享하기 伏乞하나이다"라고[2] 하여 우리말과 글에 대한 종래의 태도를 비판하고 새로운 어문연구의 필요성을 강조하였다.

이어서 박태서(朴太緖)의 '國文維持論(국문유지론)'(『夜雷』 제1호)이 1907년 1월에 발표되었고 한흥교(韓興敎)의 '國文과 漢文의 關係'가 1907년 3월에 간행된 <대한유학생학보(大韓留學生會學報)> 제1호에 게재되었으며 여규형(呂圭亨)의 '論漢文國文'이 1908년 1월에 간행된 <대동학회월보(大東學會月報)> 제1호에 실었다. 또 같은 <월보(月報)> 제4호(1908. 4)에 정교(鄭喬)의 '漢文과 國文의 辨別'이 실려 국문의 편의성이 주장되었다.

이종일(李鍾一)도 1908년에 간행된 <대한협회회보(大韓協會會報)> 제1~

2 강신항(1994: 185)에서 재인용하였음.

2호에 '論國文'을 게재하였고 유길준(兪吉濬)도 <황성신문(皇城新聞)> 1908년 6월 10일자 신문에 "小學敎育에 대흔 意見"을 발표하면서 국문 교육의 필요성을 역설하였다. 역시 <황성신문(皇城新聞)> 1910년 7월 24일~27일자에 이광수(李光洙)도 "今日 我韓用文에 대ᄒᆞ야"를 연재하면서 국문 사용의 필요성을 강조하였다.

전술한 李光洙(1910)의 논설에서는 "고유명사나 한문에서 온 명사, 형용사, 동사 등 국문으로 쓰지 못흔 것만 아직 한문으로 쓰고 그 밧근 모다 국문으로 ᄒᆞ쟈"라고 하여 국한문 병용의 철자법 개혁을 제안하였다.

6.2.2.3. 이러한 우리말과 글에 대한 국민적 자각은 어문통일운동(語文統一運動)으로 번져나갔다. 이 운동의 선구자는 유길준(兪吉濬)이었는데 그는 미국 유학에서 돌아와 대한제국의 학부대신(學部大臣)으로 있으면서 전술한 1894년의 고종 황제로 하여금 국한문 혼용의 공문서에 대한 칙령(勅令)을 발령하게 도왔다.

1895년에는 스스로 국한문 혼용체인 『서유견문(西遊見聞)』을 저술하여 국문 사용의 모범을 보였고 학부(學部)에서 편찬하는 교과서도 모두 국한문 혼용체로 하게 하였다. 이 외에도 서양 선교사가 1885년에 설립한 배재학당(培材學堂)을 비롯하여 전국의 설립된 국공립학교에서 우리말인 국어를 가르치게 하고 모든 교과서를 국한문 혼용으로 작성하게 하였다.

기독교의 선교 사업으로 성경(聖經)을 우리말로 번역하여 국문으로 표기하는 작업이 미국 선교사들에 의하여 시도되었다. 1885년에 대한제국(大韓帝國)에 온 미국의 선교사 언더우드(H. G. Underwood)와 아펜젤러(Appenzeller)의 두 목사(牧師)에 의하여 1900년에 <신약전서(新約全書)>가 완역되어 출판되었다.

전술한 바와 같이 서재필(徐載弼), 윤치호(尹致昊) 등이 1896년 4월 7일에 창간한 <독닙신문>은 이미 국문으로 기사가 작성되었다. 그리하여 띄어쓰기와 한글 전용을 최초로 시도하여 온 국민의 신문이 될 것임을 자처하였다.

즉, 1896년 4월 7일에 간행된 <독닙신문> 제1호의 1면에 실린 서재필(徐載弼, 1896)의 '논설'에서

> 국문으로만 쓰난 거슨 샹하귀천이 다보게 홈이라 또 국문을 이렇게 구절을 떼어쓴즉 아모라도 이 신문 보기가 쉽고 신문속에 잇는 말을 자세이 알어 보게 홈이라. 철자법, 띄어쓰기는 원문대로.

라는 기사는 이 신문이 왜 국문, 즉 한글을 전용하는지 분명하게 밝혔다. 그리고 띄어쓰기가 국문을 이해하기 쉽게 함을 강조하였다.

다만 <독닙신문>은 국문 정서법에 대하여 많은 문제가 있었고 이를 해결하기 위하여 대단한 고심을 한 것으로 보인다. 이 사실은 당시 이 신문의 교정원(校正員)이었던 주시경이 신문이 창간된 다음날 신문사 내에 국문동식회(國文同式會)를 조직하고 국문 철자법의 통일을 꾀한 것으로 알 수 있다.

한글 정서법은 훈민정음으로 창제된 당시에 지나칠 정도의 음성 위주의 표기를 보이다가 전술한 바와 같이 훈민정음 <해례본> 이후에 "팔종성가족용(八終聲可足用 - 8개의 받침만으로 가히 쓸 수 있다)"에서 <초학자회>와 <훈몽자회>의 <언문자모>에서 팔종성(八終聲)으로 굳어졌고 이후 조선후기의 언문 표기에서는 오로지 8개의 받침만 인정되었다.

뿐만 아니라 중국 성운학(聲韻學)과 원대(元代) 파스파 문자에서 된소리 계열의 음운이 없었기 때문에 훈민정음의 창제에서 된소리를 표기하는 글자를 만들지 않았다. 그리하여 된 ㅅ을 붙여서 'ㅺ, ㅼ, ㅽ, ㅆ, ㅆㅎ' 등으로 표기하거나 'ㅳ, ㅄ'과 같이 어두자음군으로 표기할 수밖에 없었다. 조선후기의 언문 표기는 그야말로 혼란이 극에 달하여 같은 문헌 안에서 여러 표기가 혼재하였다.

언문이 한문의 보조 표기일 때에는 이런 문제들이 별로 관심이 없었으나 언문이 나라의 글자인 국문이 되어 국가 공문서나 신문 잡지 등에 우리말 표기를 담당하면서 이 글자의 정서법이 초미의 관심사가 되지 않을 수 없었다. 다음은 이에 대하여 살펴보기로 한다.

3) 국문 정서법의 확립

6.2.3.0. 1895년의 을미(乙未)개혁으로 그동안 공문에 사용되던 한문과 이문(吏文)이 갑자기 국문으로 병경되었다. 실제로 <관보(官報)>를 비롯한 모든 공문이 국한문 호용으로 쓰였으며 국문(國文)에 대한 관심은 날로 높아졌다.

앞의 제5장에서 살펴본 바와 같이 전시대에 신경준(申景濬, 1750)을 비롯한 황윤석(黃胤錫, 1774), 정동유(鄭東愈, 1806), 유희(柳僖, 1824) 등 근대 이전의 실학자들이 훈민정음의 한글을 찬양하는데 그쳤지만 개화기 이후에 우리글의 연구자들은 언문을 국문(國文)으로 당당한 독립된 국가의 문자로 인식하고 연구하였다. 이로부터 정서법의 통일을 중심으로 하여 세종이 창제한 새 문자의 실제 사용법을 마련하려고 시도하였다.

1896년 4월에 최초로 국문 전용으로 창간한 <독닙신문>의 논설은 당시 한글의 문자론적 연구에 많은 영향을 끼쳤다. 그 해 11월에 지석영(池錫永, 1896)은 순 국문으로 된 "국문론"을 발표하여 국문 정서법의 통일을 주장하였다. 또 리봉운(李鳳雲, 1897)은 역시 순 국문으로 된 『국문정리(國文正理)』의 서문에서 전게한 바와 같이 반절의 이치를 모르는 것을 한탄하였다.

여기서 반절(反切)이란 언문의 사용법을 말한다. 즉 『훈몽자회』의 「언문자모(諺文字母)」의 부제(副題)가 "속소위반절이십칠자(俗所謂反切二十七字)"이므로 언문은 바로 반절(反切)이며 원래 한자음 표음을 위한 문자로 제정되었기 때문에 이러한 명칭으로 불렀던 것이다(졸고, 2017b).

6.2.3.1. 조선 초기에 세종이 새 문자를 창제한 다음에 조선시대에 우리말의 표기는 다음 5가지 방법이 있었다. 첫째는 한문의 고문(古文)을 사용하여 시부(詩賦)을 짓는 방법, 둘째는 이문(吏文)으로 공문서를 작성하는 방법, 셋째는 각종 언해문(諺解文)에서처럼 국한문 혼용체로 쓰는 법, 그리고 넷째는 고소설 등에서 볼 수 있는 것과 같은 순 언문으로만 된 것, 끝으로 다섯째는 이두(吏讀)로 우리말을 부분적으로 표기하는 것이 있었다.

다만 그 어느 것도 띄어쓰기는 없었고 된소리에 대한 글자를 제정하지 않아서 이에 대한 표기가 혼란하기 그지없었다. 된소리 표기는 표기자에 따라 서로 다른 혼란한 표기법을 보여주었다. 따라서 국문 철자법에 대한 관심이 생겨날 수밖에 없었는데 특히 순 언문만으로 된 넷째 표기 방법에 대한 관심이 컸었다. 개화기 이후에는 이러한 표기가 주류를 이루었기 때문이다.

당시의 언문 표기는 매우 혼란하였기 때문에 이를 통일하여 하나의 정서법을 마련하려는 노력이 있었다. 현재로서는 그 시작을 강위(姜瑋)의 『의정국문자모분해(擬定國文字母分解)』(1869)로 본다. 이 책은 <동문자모분해(東文字母分解)>로도 불리는데 자음과 모음의 글자 결합에 대하여 논의하면서 새로운 철자법을 모색하고 이를 통일하려 하였다.

뒤를 이어 리봉운(李鳳雲)의 『국문졍리』(1897), 권정선(權靖善)의 『정음종훈(正音宗訓)』(1906, 표지서명은 '音經')이 나왔다. 모두 새로운 국문 철자법을 제안하고 이를 통일하자는 주장을 펼쳤다. <국문졍리>에서는 '소리'와 '말본'으로 나누어 '소리'부분에서 철자법에 대하여 논의하였다.

6.2.3.2. 국문 철자법의 통일에서 가장 문제가 되었던 것은 '아래 ㆍ'의 인정 여부였다. 원래 이 글자는 졸저(2012: 321)에서 주장한 것처럼 파스파 문자의 유모(喩母) /ꡝ/에 대하여 <동국정운>의 욕모(欲母)로 /ㆍ/를 제정한 것이다. 따라서 이 글자는 우리말 음운에 맞춘 글자가 아니었다.

즉, 졸고(2018b)에서 주장한 것처럼 파스파 문자에서 유모(喩母) /ꡝ/를 모든 모음자의 첫 글자에 붙여 쓴 것처럼 훈민정음에서는 욕모(欲母) /ㅇ/를 모든 중성자(中聲字)에 붙여 /ᄋᆞ, 으, 이, 오, 아, 우, 어/로 쓰게 한 것이다. <동국정운>의 욕모는 파스파 문자의 유모(喩母)에 해당하며 욕모의 /ㅇ/는 아래 'ㆍ'의 글자자형과 유사하다.

즉, 훈민정음 해례의 <제자해>에서 천지인(天地人) 삼재(三才)를 표방하여 /ㆍ(天圓), ㅡ(地平), ㅣ(人立)/으로 하여 원래 아래 '아래 ㆍ'가 원(圓)이었기 때문에 'ㆍ = ㅇ'였다. 따라서 중성자(中聲字)에 붙는 /ㅇ/는 아래 ᄋᆞ와 같은 것이고 모든 중성자는 욕모(欲母)에 속함을 표시한 것이다(졸고, 2018b). 파스파자의 유모(喩母) /ꡝ/가 [ɑ]의 음가를 가졌던 것처럼 훈민정음 욕모(欲母)의 /ㆍ/도 [ɐ], 또는 [ɔ]의 음가를 가졌다.

'아래 ㆍ'는 초창기의 한자음 표기에서 혼란되었고 우리말 표기에서도 많은 혼동을 가져왔다. 그러나 세종이 훈민정음에서 중성(中聲)의 첫 번째 글자로 만든 '아래 ㆍ'를 없앨 수는 없었다. 이와 관련하여 지석영(池錫永, 1905)의 『신정국문(新訂國文)』에서는 '아래 ㆍ'를 단음(短音)의 'ㅏ'로 규정하여 단음과 장음(長音)의 구별을 주장하였다. 종래에 없었던 새로운 음운 인식이었다. 즉, 'ㅏ'는 장음, 'ㆍ'는 단음으로 처리한 것이다.

6.2.3.3. 주시경(周時經)은 1897년 4월과 9월에 두 차례에 걸친 "국문론"(周時經, 1897)을 발표하면서 국문 전용의 여러 방안을 제시하였다. 그가 두 번째 "국문론"에서 제시한 국문 전용의 방안은 매우 구체적이고 또 진보적이었다.

> 첫째 문법을 만들어 바로 쓰고 보도록 교육할 것.
> 둘째 국문 옥편(玉篇)을 만들어 바른 고저음(高低音)을 표시하고 조선말이 되지 않은 한자어를 쓰지 말며 쉽게 번역할 것.
> 셋째 말의 경계를 옳게 찾아서 '이것이, 손에 ---'로 쓰고 '이거시, 소네 ---'로 쓰지 말 것.
> 넷째 글씨는 편리하게 좌에서 우로 써내려갈 것.

이처럼 이 시대에는 국문의 사용을 권장하고 그 정서법을 통일하려는 욕구가 크게 작용하던 시대였다. 따라서 대부분의 연구가 국문의 올바른 정서법을 세워 통일하는 일에 집중되었다.

갑오경장에서 광무(光武) 개혁(1904. 8) 사이에는 국문의 권위를 높이기 위한 국문 표기의 구체적 방안이 제안되었다. 지석영(池錫永, 1905)의 <신정국문(新訂國文)>이나 이능화(李能和, 1906)의 <국문일정의견(國文一定意見)>은 그에 대한 구체적인 방안을 제시한 것이었다. 또 권정선(權靖善, 1906)의 <정음종훈(正音宗訓)>도 일종의 개혁안이었다.

그리하여 서재필(徐載弼, 1896)의 "논설", 지석영(池錫永, 1896), 쥬상호(周時經, 1897) 등의 "국문론", 이능화(李能和, 1906), 주시경(周時經, 1907a, b), 박태서(朴太緖, 1907), 지석영(池錫永, 1907), 이종일(李鍾一, 1908), 유길준(兪吉濬,

1908), 이광수(李光洙, 1910) 등의 논설은 모두 국문의 철자법을 바로 세워 통일하자고 역설한 것이다.[3]

주시경(周時經, 1897)은 전술한 두 차례의 '국문론'에서 '아래 ㆍ'를 '저음 ㅏ'로 규정하여 이 둘을 고음(高音)과 저음(低音)으로 구별하려 하였다. 또 그는 후에 周時經(1906)의 『대한국어문법』에서는 '아래 ㆍ'를 'ㅣ ㅡ'의 합음으로 수정하여 파란을 불러왔다. 당시 지석영은 이러한 'ㅣ ㅡ 합음'설에 의거하여 'ㅣ ㅡ'의 합음자로 '='를 제안하였다.

6.2.3.4. 당시 의학교(醫學校) 교장이었던 지석영(池錫永)은 표기법의 통일을 위하여 위와 같은 내용을 담은 『신정국문(新訂國文)』을 학부(學部)에 제안하였다. <신정국문>이 당시 학부대신(學部大臣)이던 민영철(閔泳喆)의 상소로 1905년에 공포되어 이 초안에 따른 새로운 철자법이 생겼다. 우리나라 최초로 국가가 인정한 국문 철자법인 것이다.

<신정국문>의 내용은 9개 항목에 걸쳐 오음(五音)의 명칭과 상형(象形) 제자(制字)의 원리를 설명하고 국문 철자법이 훈민정음 제정의 정신으로 통일되어야 한다고 주장한 것이다. 다만 중성 11자 중에서 '아래 ㆍ'를 '='로 바꾸고 'ㅂ 된소리'를 쓰지 말며 방점(傍點)은 1점(고조)과 무점(저조)만으로 고저(高低)를 표시하자고 하였다.

그러나 이렇게 갑작스럽게 지석영이란 개인의 철자법으로 국문 표기를 교정하라고 하자 이에 대한 많은 반발이 생겨났다. 특히 '아래 ㆍ' 대신 '='를 쓰라는 것에 대하여 반발이 있었다. 세종의 훈민정음에서 제자하지 않은 글자를 쓰자는 것에 대한 반대의 목소리가 커져서 이 초안은 결국 파기되었다.

그리고 이러한 혼란을 막기 위하여 대한제국에서는 국문의 철자법을 제대로 정립하기 위한 연구소를 설치할 필요를 느끼게 되어 <신정국문>이 공포된 지 2년 후인 1907년 7월 8일에 당시 학부대신이던 이재곤(李載崑)의 주청(奏請)으로 학부(學部) 안에 국문연구소(國文硏究所)를 설치하였다.

국문연구소는 학부(學部)의 한 기관으로 설치되었다. 학무국장(學務局

---

3 이 논설문의 제목은 모두 본서의 후미에 붙인 <참고문헌>에서 찾을 수 있다.

長) 윤치오(尹致旿)를 중심으로 어윤적(魚允迪), 이능화(李能和), 권보상(權輔相), 이억(李億), 이돈구(尹敦求), 주시경, 지석영 등이 연구소의 위원이 되어 정서법 확립을 위한 국문 글자에 대한 연구를 이어갔다.

이때에 연구소의 원원들이 협의 아래에 결정된 내용은 다음과 같다.

① 국문의 연원과 자체(字体), 발음(發音)의 연혁 - 가(可)
② 초성 가운데 'ㆁ, ㆆ, ㅿ, ◇, ㅱ, ㅸ, ㆄ, ㅹ' 8자의 부용(復用) 여부 - 부(否)
③ 초성의 'ㄲ, ㄸ, ㅃ, ㅆ, ㅉ, ㆅ' 6자 병서(並書)의 서법 일정 - 가(可), 단 'ㆅ'은 폐지
④ 중성 가운데 '아래 ㆍ' 폐지, '='자 제정의 여부 - 부(否)
⑤ 종성의 'ㄷ,ㅅ' 2자 용법 및 'ㅈ, ㅊ, ㅋ, ㅌ, ㅍ, ㅎ' 6자 종성 통용 여부 - 가(可)
⑥ 자모(字母)의 7음과 청탁의 구별 여부 - - 5음과 청(淸), 격(激), 탁음으로 구분
⑦ 사성표의 사용 여부 국어음의 고저 표기 - 사성표는 쓰지 않고 장음은 좌견(左肩) 1점
⑧ 자모의 음독 일정 - ㆁ 이응, ㄱ 기윽, ㄴ 니은, ㄷ 디읃, ㄹ 리을, ㅁ 미음, ㅂ 비읍, ㅅ 시읏, ㅈ 지읒, ㅎ 히읗, ㅋ 키읔, ㅌ 티읕, ㅍ 피읖, ㅊ 치읓, ㅏ 아, ㅑ 야, ㅓ 어, ㅕ 여, ㅗ 오, ㅛ 요, ㅠ 유, ㅡ 으, ㅣ 이, ㆍ ᄋᆞ
⑨ 자순(字順), 행순(行順)의 일정 - 초성은 아설순치후(牙舌脣齒喉)와 청격(淸激), 중성은 <자회(字會)>의 순
⑩ 철자법 - 훈민정음의 예의(例義)대로 모아쓰기

이러한 <국문의정안(國文議定案)>의 결정은 오늘날의 것과는 다르지만 당시로서는 대체로 무난하여 채택된 것이다. 이로써 <신정국문(新訂國文)>은 4년 만에 부결되고 <국문의정안>과 같은 새로운 국문 정서법이 마련된 것이다.

6.2.3.5. 그러나 이 <국문의정안>도 많은 문제점이 있어서 시대의 조류에 편승한 명분론에 따른 것이라는 평가를 면하기 어려웠다. 더욱이 정부의 무성의한 대처와 경술국치(庚戌國恥)로 인한 국권(國權)의 상실로 흐지부지 되었다.

이광수(李光洙, 1910)에서 지적한 바와 같이 당시 시대 상황에 맞추어 비현실적으로 결정한 철자법이어서 후일의 수정을 기다리지 않을 수가 없었다. 당시로서는 급격하게 이루어진 국문 사용의 수요에 따라 급조(急造)된 철자법이었음을 감안하지 않을 수가 없다. 그리고 국난(國難)에 따른 사회 혼란으로 더 이상 이에 대한 연구를 진행할 수 없었음도 염두에 두어야 할 사항이다.

이러한 미완성의 <국문의정안>은 이후의 우리말에 대한 여러 연구, 특히 음성과 음운의 연구 결과에 따라 1930년대에 <한글맞춤법통일안>으로 정리된다. 어쩔 수 없는 시대상황(時代狀況)이었음을 감안하지 않을 수 없다. 언문(諺文) 창제 이후 수백 년을 함부로 사용되던 국문의 정서법이 이 정도 정리된 것만으로도 선각자들의 노력에 박수를 보내야 할 것이다.

4) 새로운 국문법의 등장

6.2.4.0. 개화기 시대 이후에 한국어의 문법 연구도 면목을 일신한다. 갑오경장은 우리나라 연구자들에 의한 국어문법이 연구된 시발점이 되었다고 본다. 그 이전에는 서양의 선교사나 외교관들에 의하여 주로 한국어 학습을 위한 실용적인 목적으로 연구된 것이지만 갑오경장 이후에 비로소 한국인의 연구자들에 의하여 우리말의 학교문법이 본격적으로 연구되었다.

일부 일본을 통하여 영향을 받기도 하였지만 서양의 규범문법에 의한 우리말의 학교문법이 이 시대에 나타난다. 그 시작으로 전술한 리봉운(李鳳雲)의 『국문졍리(國文正理)』(1897)를 들지 않을 수 없다. 이 책에서 동사 '-하다'의 활용법으로 21종의 '어토(語吐)명목'에서 과거, 미래, 현재의 3시제와 명령을 들어 동사의 시제를 밝히려고 하였다. 이어서 음운론, 품사론, 문장론의 각 분야별 기술을 시도하여 서양 규범문법의 이론을 따르려고 하였다.

그 이전에는 종종 현대적인 의미의 문법 서술이 있었지만 제2장에서 살펴본 서양의 문법이론에 맞추어 체계적으로 고찰한 우리말의 문법이 없었기 때문이다. 그런 의미에서 리봉운(李鳳雲, 1897)의 연구는 서양 문법론에 맞추어 우리말의 문법을 고찰한 최초의 문법서로 보아야 할 것이다.

그 가운데 '어토명목(語吐名目)'은 21개의 문법 항목 아래에 각기 용례가 제시되었다. 이를 정리하여 옮겨보면 다음과 같다.

① 시칭성(時稱性) - 과거, 미래, 현재, 3시제를 따름.
② 서법성(敍法性) - 명령, 금지, 동사(動事), 문사(文辭), 의아(疑訝), 자위(自謂, 半辭), 문사(問辭), 답사(答辭), 9개의 서법을 인정함.
③ 접속성(接續性) - 연사(聯辭), 연고(緣故), 상대(相對), 3개의 접속형을 인정함.
④ 부사성(副詞性) - 반사(反辭), 어조(語助), 범위(範圍), 한정(限定), 형용(形容), 5개의 부사형을 인정함.
⑤ 감동성(感動性) - 찬양(讚揚), 1개의 감동사를 인정함.

이러한 분류는 형태 범주를 무시한 의미를 기준으로 한 분류로서 본서의 제5장 '3. 역학(譯學)의 발흥(勃興)'에서 논의한 역관(譯官) 문법에 근거한 것임으로 서양의 규범문법의 분류와는 거리가 있다고 본다.

거기다가 아직 부족하고 엉성한 부분이 많아서 본격적인 서양 규범문법의 도입은 학교 교육에서 우리말 문법을 가르치기 위한 필요에 의해서 이루어졌다. 이때에 우리말의 문법을 연구한 사람으로는 유길준, 주시경, 김규식, 김희상을 들 수 있다. 이들은 국내와 국외에서 우리말을 교육하기 위한 국어문법을 연구하여 유인물(油印物)의 형태로 서양 학교문법의 적용을 시험하였다.

6.2.4.1. 국어의 학교문법이 시작된 초기의 문법서로서 가장 뚜렷한 연구자는 유길준과 주시경이다. 1904년부터 1910년 사이의 17년간 다수의 국어 문법서가 유인물의 형태로 간행되었다. 갑자기 국어가 된 우리말의 교육을 위하여 급하게 우리말의 문법서가 필요해진 때문이다.

유길준(兪吉濬)은 일본 유학을 통하여 에도(江戶) 문법을 수학하고 이를 우리말 학교문법의 기술에 적용하였다.[4] 김규식(金奎植)은 미국 유학시절에 우리말의 문법을 서양의 학교문법에 의거하여 기술하였고 주시경과 김희상(金熙祥)은 배재학당에서 서양 문법을 배워 우리말 연구에 이를 기준으로 문법을 세웠다.

이런 제반 사정을 감안하면 대한제국 시대의 우리말 문법 연구는 19세기에 성황을 이루었던 서양인들의 문법 연구와 일본 난학(蘭學)자들에 의하여 에도(江戶) 문법을 통한 서양 문법, 특히 일본의 난어학(蘭語學)에서 도입된 라틴문법과 영문법을 통한 학교문법의 적용으로 우리말 문법 연구가 시작되었음을 알 수 있다.

서양 학교문법에 의한 우리말의 문법 연구는 유인본(油印本)으로 간행된 유길준(兪吉濬, 1906)의 『대한문전(大韓文典)』이 가장 이른 시기의 본격적인 문법서라고 본다. 유길준(1856~1914)은 일본 유학의 경험을 살려 일본의 에도(江戶) 문법에서 보여준 서양 규범 문법에 의거하여 우리말의 학교문법을 고찰하였다.

兪吉濬(1909)의 <대한문전>은 8차에 걸쳐 개고(改稿)하여 출판한 것이라고 그의 서문에서 밝히고 있다.[5] <대한문전>은 모두 3편으로 나누어 제1편 서론(緖論)에서는 '문전(文典)의 의의, 음운, 문자, 어음(語音)의 몽수 급 축약'에 대하여 논하였고 제2편 언어론(言語論)에서는 품사를 분류하여 '명사, 대명사, 동사, 조동사, 형용사, 접속사, 첨부사(添附詞), 감동사(感動詞)'에 대하여 언급하였다.

제3편 문장론(文章論)에서는 '문장의 의의(意義), 문장의 본원(本原), 문장의 부분(部分), 문장의 종류, 문장의 호응, 문장의 해부(解剖)'로 나누어 문장을 정의하고 문장을 구성하는 성분을 분석하였다. 문장을 구성하는 문의 성분을 본원(本原)이라 하여 "주어, 설명어, 객어(客語), 보족어(補足語), 수식어"를 들었다. 여기서 보족어는 오늘날 학교문법의 부사어(副詞語)와 같다.

이러한 내용으로 볼 때에 서양의 문법을 도입하여 최초로 우리말의

4 일본의 江戶문법은 17세기에 일본에 유입된 네덜란드의 蘭學에서 언어 연구인 蘭語學을 통하여 서양의 학교문법으로 설명되었고 그에 의거하여 일본어의 문법을 정리한 것이다(杉本勳, 1976~81).

5 崔光玉(1908)의 『大韓文典』은 兪吉濬의 제4차 개고본이라는 주장도 있다(강신항, 1994: 223).

학교문법을 정리한 것으로 유인물이지만 유길준(俞吉濬, 1906)의 <대한문전>으로 보아야 한다. 활자본으로 간행된 것은 최광옥(崔光玉, 1908)의 『대한문전(大韓文典)』이 처음이다. 현재 대한제국의 초기학제(1895.7~1906.8)에 따른 문법 교과서는 찾아보기 어렵고 현전하는 것은 개정 학제(1906.8~1911.8)의 교재뿐이다.

6.2.4.2. 유길준은 최초로 미국과 일본에도 유학하였고 군국기무처(軍國機務處)의 위원으로 갑오경장에 가담하여 대한제국의 내부대신(內部大臣)을 지냈다. 그는 아관파천(俄館播遷)으로 정부가 전복되자 일본으로 망명하였다가 12년 만에 귀국하였으나 벼슬과 남작(男爵)의 작위를 모두 사양하고 민중 교화에 몰두하였다.

유길준은 유학 시절부터 우리말의 문법에 관심을 가져 1904년과 1906년에 유인물로 <대한문전>을 펴냈고 1909년에 정식으로 『대한문전(大韓文典)』을 간행하였다. 특히 일본에서 집필하여 유인물로 펴낸 <대한문전>(俞吉濬, 1906)은 한국어 연구사에서 최초의 서양 문법에 의거한 문법서로서 그 역사적 의의가 매우 크다.

이 유인물은 총론(總論)과 언어론 및 문장론의 3편으로 나누어 언어론(言語論)에서는 품사론만 다루었고 총론에서 문전(文典), 즉 문법의 의의와 문자, 음운에 관한 것을 기술하였다. 이것은 문법에서 품사론의 독자성을 인정한 것이다. 품사는 라틴문법의 체제에 따라 한국어에 명사, 대명사, 동사, 형용사, 부사, 후사(後詞 - 조사), 접속사(조사와 어미), 감탄사의 8품사로 나누었다. 서양 규범문법의 8품사 체계를 답습한 에도(江戶) 문법을 따른 것이다. 이 문법서에서 관계대명사를 인정한 것 등이 그런 흔적을 보여준다.

유길준(俞吉濬, 1909)의 <대한문전>에서도 이와 유사한 주장을 이어갔으나 유길준(1906)에 비하여 내용을 증보하고 훨씬 체계적으로 서술하였다. 그리하여 종전의 후사(後詞)를 접속사에 포함시키고 부사의 명칭을 첨부사(添附詞)로 바꿨으며 조동사를 새로 독립시켰고 객어(客語)에서 표준 객어를 떼여 내어 보족어(補足語)를 설정한 점이 새로 수정한 예로 보인다.

6.2.4.3. 유길준의 문법은 상술한 바와 같이 일본의 난어학(蘭語學)에 의거한 에도(江戶) 문법의 영향을 많이 받았다고 본다. 일본에서 난학(蘭學)이란 단순한 홀란드(Holland), 즉 화란(和蘭)의 학문만이 아니라 서양학(西洋學) 전체를 의미한다. 18세기 전반에 '만학(蠻學), 홍모학(紅毛學)'으로 부르던 난학(蘭學)은 에도(江戶) 막부(幕府)의 말년에는 서양학을 가리키게 되었다.

이 가운데 난어학(蘭語學)은 단순히 화란어, 즉 네덜란드(Netherlands)의 언어를 연구하는 것이 아니라 서양의 언어학을 말하기도 한다. 난어학은 일본에서 17세기, 즉 에도(江戶) 막부가 시작하던 때부터 화란어를 학습하던 나가사키(長崎)의 일본인 통사(通詞)들에 의하여 시작되었다. 난어학(蘭語學)은 화란의 상관(商館)이 히라도(平戶)에서 나가사키(長崎)로 옮기면서 본격적으로 화란의 언어가 학습되었고 화란어 통사들이 배출되기 때문이다.

물론 히라도(平戶)에서도 외국어를 학습하지 않은 것은 아니지만 주로 포르투갈(Portugal)어가 사사로이 교육되었다. 그러나 나가사키의 데지마(出島)로 화란의 상관을 옮긴 다음에 이곳에서만 막부(幕府)의 감시 아래에 화란어가 정식으로 교육되었고 직업적인 화란어의 통사(通詞)가 배출되어 세습(世襲)되었다.

난어학(蘭語學)은 이러한 나가사키의 화란어 통사(通詞)들에 의하여 시작되었다고 한다. 그 가운데 대표적인 통사(通詞)로는 시즈키 다다오(志筑忠雄, 일명 中野柳圃, 1760~1806)를 들 수 있다. 시즈키는 화란어에 정통하였으며 그가 쓴 『난학생전부(蘭學生前父)』(필사본, 제작연대 미상)는 당시 대단히 인기가 있는 화란어 교재였다. 이 책에서는 조사(助詞)와 조동사(助動詞)를 중심으로 화란어와 일본어를 비교하였으며 『난어구품집(蘭語九品集)』(1806년 이전 성립)에서는 화란어의 9품사에 대하여 논의한 것이다.

이후 9품사로 분류한 화란어의 문법서가 뒤를 이어 일본에서 간행되었다. 뿐만 아니라 수많은 화란어의 문법서가 번역되거나 일본인의 화란어 전문가들에 의하여 저술되어 세상에 알려졌다. 뿐만 아니라 포르투갈어는 화란어보다 먼저 일본에 들어왔고 프랑스어도 들어와서 서양의 언어에 대한 학습서가 일본에서 수 없이 출판되었다.

나가사키의 통사(通詞) 중에 매년 에도막부(江戶幕府)에 참부(參府)하기 위하여 에도(江戶), 즉 동경(東京)에 왔으며 개중에는 의사(醫師)나 과학자, 언어학자들과 접촉하기도 했다. 그들과 접촉하여 에도(江戶)에서 난어학(蘭語學)을 발전시킨 학자로 먼저 아라이 하구세키(新井白石)를 들 수 있다. 그는 에도(江戶)시대를 대표하는 일본의 유학자(儒學者) 기노시다 준칸(木下順菴)의 문하생으로 스승인 기노시다는 어학에 관심이 있어 그의 제자이면서 아라이의 동문(同門)인 아메노모리 호우슈(雨森芳洲)는 대마도에서 조선어학을 연구하였다.

6.2.4.4. 그러나 많은 일본연구자들은 에도(江戶)에서 난어학(蘭語學)을 일으킨 사람으로 아오키 곤요(青木昆陽)을 든다. 아라이 하구세키가 썼다는 화란어의 메모장은 나가사키 통사(通詞)들의 것으로 보기 때문이다. 에도 막부(幕府)의 8대 소군(將軍)인 요시무네(吉宗)로부터 화란어를 연구하라는 명을 받은 아오키 곤요는 전술한 나가사키의 화란어 통사들로부터, 특히 시즈키 다다오(志筑忠雄, 일명 中野柳圃)에게 화란어를 배워서 그들의 지도자로서 활약하였다.

아오키 곤요(青木文藏로도 불림, 1698~1769)는 『화란문자략고(和蘭文字略考)』(1746, 필사본)에서 화란어의 문자와 철자법, 발음, 그리고 간단한 문법을 소개하였다. 이후에 야마지 유키요시(山路之徵, 1729~1778)는 『화란서언(和蘭緖言)』(1778, 후에 <蘭學緖言>으로 불림)을 써서 에도(江戶)에서 난학(蘭學)의 기초를 세웠다.

이 시대에 에도(江戶)의 마에노 료타쿠(前野良澤, 蘭化, 1723~1893)는 『난역전(蘭譯筌)』(1771, 필사본)에서 화란어의 문법을 소개하였는데 에도(江戶), 즉 동경에서 간행된 화란어의 문법서는 이것이 최초의 것으로 보인다. 그리고 오츠키 겐타쿠(大槻玄澤, 1757~1827)의 『난학계제(蘭學階梯)』(1795)가 있다. 또 후지야바시(藤林普山)의 『화란어법해(和蘭語法解)』(1815)는 정식 판본으로 간행된 최초의 화란어 문법서로서 많은 사람들이 참고하는 당시 최고의 문법 서적이었다.

이후 많은 난어학(蘭語學)의 연구서가 뒤를 이었다. 그리고 이를 참고하여 일본어의 문법을 연구하는 이른바 에도(江戶) 문법이 생겨난다. 요시오(吉雄俊藏)의 『육격전편(六格前篇)』(1814)에서는 화란어의 6격 체제에 맞추어 일본어의 격을 고찰하기도 하였다(服部紀子, 2017). 이렇게 난어학(蘭語學)에 의거한 에도(江戶) 문법은 바로 유길준에게 영향을 주게 된다.

6.2.4.5. 난어학(蘭語學)에 의한 에도(江戶) 문법은 오츠키 후미히코(大槻文彦, 1847~1928)에 의해서 시작된다. 그는 조부(祖父)인 전술한 난학자(蘭學者) 오츠키 겐타쿠(大槻玄澤)로부터 난어학(蘭語學)을 전수받고[6] 스스로 일본어의 사전인『언해(言海)』(1889~1891, 전 4책)를 편찬하였으며 일본어의 문법서인『광일본문전(廣日本文典)』(1897)을 간행하였다.

최초의 근대적 일본어 사전인『언해(言海)』의 편찬은 당시 서양의 열강(列强)이던, 영국, 미국, 프랑스, 독일, 이탈리아 등이 19세기~20세기에 걸쳐 언어 통일 운동과 그를 집대성한 사전의 편찬이 유행하였는데 이를 따른 것이다. 예를 들면 영국의 <옥스퍼드 영어사전>과 미국 웹스터(Daniel Webster, 1782~1852)의 <웹스터 대사전>, 프랑스의 <프랑스어 사전>, 본서의 제2장에서 언급한 독일의 그림(Grimm) 형제에 의한 <독일어사전> 등이 그렇게 간행된 것이다.

오츠키(大槻)의 <언해(言海)>에는 권두에『어법지남(語法指南)』이란 일본어 문법이 실려 있었다. 난어학(蘭語學)에서 서양의 라틴문법에 의하여 잘못된 문법으로 일본어를 억압하였다는 반성에서 시작한 이 <어법지남>은 서양문법에서 벗어난 일본어 문법을 추구하려는 목적이 있었다. 그는 후에『광일본문전(廣日本文典)』이란 독립된 일본어 문법서를 간행하여 이로부터 에도(江戶) 문법이 시작되어 일본어의 문법 연구에 한 획을 긋는다.

유길준은 일본에 유학할 때에 오츠키(大槻)의 <광일본문전>을 통하여 일본 문법을 배웠고 그의 오츠키(大槻) 문법에 의거하여 우리말 문법

6 大槻玄澤가 저술한 <蘭學階梯>는 당시 일본 蘭學의 학습에서 필수적인 교재였다. 그의 손자인 大槻文彦,는 開成所와 센다이(仙台)의 藩校인 養賢堂에서 영어와 수학, 蘭學을 배웠고 大學南校를 거쳐 1872년에 일본 文部省에 들어갔다. 문부성 報告課長의 명으로 일본어 사전을 편찬하기 시작하여 1889년 5월 15일부터 1891년 4월 22일에 걸쳐 <言海> 4책을 자비로 출판하였다. 이것이 일본 최초의 근대적 일본어 사전이다.

서인 <대한문전>을 편찬한 것으로 보인다. 그러나 아직도 오츠키(大槻)와 유길준(兪吉濬)의 두 문법이 가진 차이, 즉 일본어와 한국어가 가진 차이를 얼마나 반영하였는지 연구된 것이 없다. 이 두 문법서의 비교 검토가 필요함을 절감한다.

6.2.4.6. 이 시기의 문법 연구는 한힘샘 주시경(周時經, 1876~1914)의 연구를 주목하지 않을 수 없다. 주시경(1876~1914)은 광무(光武) 4년(1900)에 배재학당(培材學堂) 보통과를 졸업하고 한글 강습원, 상동(尙洞)청년학원에 국어문법과를 설치하고 국어문법을 교수하면서 우리말의 문법을 연구하였다.

앞에서 살펴본 바와 같이 주시경은 일찍부터 우리말과 글의 연구와 선양(宣揚)을 위하여 많은 활약을 하였다. 원래 그는 황해도 봉산(鳳山) 출신으로 배재학당의 보통과를 졸업하고 짧은 생애 동안 신문과 잡지 및 저술활동을 통하여 민족자존을 고양(高揚)하는 운동으로 우리말과 글을 연구하였다.

주시경은 여러 학교와 강습소에서 교육과 강연을 통하여 구국운동의 일환으로 우리말과 글의 중요성을 피력하였다. 그는 일제 강점기에 한민족의 긍지와 자존을 고취시키기 위하여 국수주의적 국어관을 피력하였지만 되도록 과학적인 우리말 연구에 몰두하였다. 그리하여 우리말을 분석하여 독특한 문법을 수립하고 이를 교육하는데 전력을 경주하였다. 그러나 영문법으로부터 시도되어 6년에 걸쳐 1898년에 탈고하였다는 그의 <국어문법>은 현재 전하지 않는다.

다만 후대에 유인물로 전하는 周時經(1906)의 <대한국어문법>만이 현재 참고할 수 있다. 이 문법서를 통하여 살펴보면 주시경 문법은 서양의 학교문법도 아니고 에도(江戶) 문법에 기댄 유길준의 문법과는 그 기본이 다른 자생적인 기술문법(記述文法)으로 우리말의 문법을 분석적으로 고찰하였음을 알 수 있다.

1898년에서 얼개가 잡힌 주시경의 국어문법은 후에 여러 강습기관의 강의를 통하여 계속해서 문법 체계와 용어를 가다듬은 다음에 『국어문전음학』(1908)과 『국어문법』(1910)으로 발전한다. 周時經(1908)의 국어 연구는 크게 소리갈(음성학), 기난갈(형태론), 짬듬갈(통사론)의 세 분야로 나누어 볼 수 있다. 그는 국어의 연구를 소리갈로 시작하였지만 중심은 문법론이었다.

周時經(1908)의 소리갈은 국문의 정서법을 위한 것이기도 하기 때문에 그가 문법에 힘을 기울였다고 보는 것이다. <국어문법>(周時經, 1910)의 개정판인『조선어 문법』의 초판(1911)과 재판(1913)에서 그의 문법은 조금씩 변해 간다. 그러나 갈말(술어)에서 약간의 변화가 있을 뿐 전체의 구성은 <국어문법>(1910)의 초판과 크게 다르지 않다.

周時經(1910)의 <국어문법>은 전술한 바와 같이 1898년에 얼개가 갖추어졌으며 다른 문법가들이 서양의 규범문법이나 일본의 에도(江戶) 문법을 추종한 것과는 달리 창의적인 면이 강하여 현대적 관점에서도 새로운 평가를 받고 있다. 그는 우리말의 의미론과 화용론에 바탕을 두고 통사론을 서술하였기 때문에 요즘의 한국어 문법이 지향하는 방향과 근본적으로 큰 차이가 없다.

周時經(1910)의 <국어문법>은 '① 국문의 소리, ② 기난갈, ③ 짬듬갈, ④ 기갈래의 난틀, ⑤ 기몸박굼, ⑥ 기몸헴, ⑦ 기뜻박굼'과 같은 7개 분야로 나누어 서술되었다. 여기서 '① 국문의 소리'는 국어의 음성학 내지는 음운론에 관한 것이므로 나머지 6개 분야가 문법에 해당된다. 서양의 규범문법이 음운론, 형태론, 구문론의 3부로 된 것을 본 받은 것이다.

다음의 ② 기난갈(형태론)의 '기'는 "낱말"을 말하면 '난'은 "나누는(分)" 뜻이라 '기난'은 낱말을 분석한다는 뜻이다. '갈'이 "학문, 배움"의 뜻으로 쓰인 것이니 '기난갈'은 주시경(1910)에서 "각 낫기의 바탕에 따르어 결에 되는 분별이 잇음을 이름"이라 하였으므로 품사 분류를 중심으로 하는 형태론임을 알 수 있다.

③ 짬듬갈을 ② 기난갈에서 분리하여 따로 서술한 것은 兪吉濬(1909)의 문법과 차이가 나는 점이다. 그는 기난갈의 품사론을 문장 구성과의 관계에서 파악하려고 하여 그의 문법의 핵심 부분이다. 현대문법에서 구문론에 해당하는 짬듬갈은 우리말의 문장 구성에 대하여 논하였다.

6.2.4.7. 대한제국 시대에 마지막으로 펴낸 周時經(1910)의 <국어문법>에서 주목할 것은 우리말을 국어(國語)라고 하고 우리 글자인 언문(諺文)을 국문(國文)으로 하여 독립국가의 언어와 문자를 인정하고 그런 바탕 위에서 우리말의 문법을 고찰한 점이다. 이후에는 국어가 조선어가 되었다.

앞에서 제2장의 2.2.1.0.으로 살펴본 바와 같이 인류 최초의 문법서인 파니니의 <팔장(八章)>이 분석문법이라 뜻의 비가라론(毘伽羅論, Vyākaraṇa)에서 언어를 분석하여 얻어낸 단위들이 결합하여 문장을 형성하는 법칙을 찾는 것이 문법이었던 것처럼 주시경도 철저하게 분석적 방법으로 우리말의 문법을 추구하려 하였다.

주시경의 분석적인 연구 방식은 언어에서 의미를 담는 '낱덩이', 즉 낱말이 기본이라고 보고 이를 기준으로 언어를 분석하여 단위를 정하고 그들이 문장 속에서 갖는 문법적, 또는 의미론적 기능을 찾았다. 의미를 기준으로 하여 분석해 낸 최소 단위로 낱말을 '기'라 하고 이들을 '씨'로 하는 품사를 분류하였다. 그리하여 周時經(1910)의 <국어문법>의 '기난갈'에서 9가지 '기난틀(품사)'을 제시하였다.

> 임 - 여러 가지 몬(物)과 일(事)을 이름하는 기를 다 이름이라. - 이름씨, 명사에 해당.
> 엇 - 여러 가지 어떠함을 이르는 기를 다 이름이라. - 어찌씨, 형용사
> 움 - 여러 가지 움직임을 이르는 기를 이름이라. - 움직씨, 동사
> 겻 - 임기(명사)의 만이나 움기(동사) 자리를 이르는 여러 가지 기를 다 이름이라. - 조사와 어미
> 잇 - 한 말이 한 말에 이어지게 함을 이르는 여러 가지 기를 다 이름이라. - 이음씨, 접속사
> 언 - 어떠한(임기)라 이르는 여러 가지 기를 이름이라. - 관형사
> 억 - 어떠하게(움기)라 이르는 여러 가지를 다 이름이라. - 부사
> 놀 - 놀라거나 느끼어 나는 소리를 이르는 기를 다 이름이라. - 감탄사
> 끗 - 한 말을 다 맞게 함을 이르는 여러 가지 기를 다 이름이라. - 종지사(어미)

맞춤법 띄어쓰기는 현대에 맞게 고침.

이러한 씨의 갈래를 보면 그의 품사분류는 형태론의 기준에서 어미와 조사를 분석하여 각각 품사로 인정한 것이다. 따라서 그의 품사 분류는 자립형태와 의존형태를 불문하고 각 형태를 품사로 나눈 것이다.

현전하는 주시경의 저술에서 찾을 수 있는 그의 품사 체계는 그만의 독특한 것으로 시간적으로 상당한 변천을 거쳐서 주시경(1914)의 <말의 소리>에서 정리된다. 이를 표로 보이면 다음과 같다.

〔표 6-1〕 주시경의 품사분류 변천표

周時經 1906	언분(言分)	명호(名號)	경각(警覺)	형명(形名)	형동(形動)	형용(形容)	동작(動作)	인접(引接)	간접(間接)	조성(助成)	7
1908	언체(言體)	명호(名號)		형명(形名)	형동(形動)	형용(形容)	동작(動作)	인접(引接)	간접(間接)	조성(助成)	7
1909	어체(語體)	명호(名號)	감동(感動)	형명(形名)	형동(形動)	형용(形容)	동작(動作)	관련(關聯)	접속(接續)	완구(完句)	9
1910	기난	임	놀	언	억	엇	움	겻	잇	끗	9
1914	씨난	임				엇	움	겻	잇	끗	6

이 [표 6-1]로 보면 주시경의 '기난틀', 즉 품사 분류는 상당한 변천을 거쳤음을 알 수 있다. 분류와 용어가 모두 변하였으며 7품사에서 시작하여 9품사로 이어졌다가 결국 최종적으로 6품사로 정리되었다. 다만 그의 문법은 周時經(1910)의 <국어문법>이 널리 알려져서 9품사로 학계에서는 보고 있다. 그러나 그의 최종 문법서인 周時經(1914) <말의 소리>에서는 6품사로 정리하였다.

특히 요소의 생략(속뜻)에서 영(零) 형태(zero morpheme)를 인정하여 구문의 기저에 해당하는 것을 찾아내었다. 더욱이 '늣씨'라는 이름으로 형태소(morpheme)을 인정한 것은 그가 상당한 언어학적 지식을 갖추었음을 알 수 있다. 그리고 그가 단순한 우리말의 학교문법이 아니라 이론문법을 추구하였음을 느끼게 한다.

6.2.4.8. 김희상(金熙祥)은 배재학당을 졸업하고 개성 호수돈 여학교의 교원을 역임하였다. 그는 1901년 학교에서 배운 영어 문법을 번역

하면서 1909년에 김희상(金熙祥, 1909)의 『초등국어어전(初等國語語典)』을 초등교육용 한국어 교재로 저술하였다. 이 책은 경술국치(庚戌國恥) 이후에 국어가 조선어로 바뀌면서 『울이글틀』(1927)로 서명을 고쳤다.

김희상(金熙祥, 1909)의 <초등국어어전>에서 품사분류로 토(吐)를 통합하여 7개로 나누었다. 그리고 문장의 구성에서 토가 중요한 구실을 하는 것을 강조하였다. 주어와 객어(客語)는 명사와 대명사임을 밝히고 설명어는 명사와 대명사, 그리고 동사와 형용사가 될 수 있음을 규정하여 부사와 감탄사는 아직 구문론에서 따로 기술하지 않았다.

金熙祥(1909)의 품사 분류로 보면 이 시대의 품사는 상당한 혼란을 보인다. 이 시대의 각 문법가들도 같은 문법가들도 전대의 문법서와 후대의 것이 서로 다른 품사 분류를 제시하였다. 우리말의 품사분류에서 백가쟁명(百家爭鳴)의 시대가 도래한 것이다.

김규식(金奎植)은 고아로 자라나 언더우드 학원에서 공부하고 미국에 유학하였다. 미국의 로녹(Roanoke) 대학을 마치고 1904년에 귀국하여 경신(儆新)학교 교장이던 언더우드(H. G. Underwood)의 비서 겸 이 학교 교원으로 근무하였다. 당시에는 대분이 한국어 문법가들이 그러했지만 언어학자라기보다는 정치가, 또는 민족 운동가였다.

김규식은 1908년에 『대한문법』을 저술하였으나 1910년 경술국치(庚戌國恥)로 국권을 빼앗기자 독립운동에 참여하기 위하여 1913년에 중국 상해(上海)로 망명하여 그곳에서 2년을 보냈다. 따라서 그가 편찬한 <대한문법>(1908)은 경신학교에 재직하면서 우리말 교육을 위한 학교 문법 교재로 편찬하였을 것이다.

그리고 상해로 망명하기 전까지 이곳 경신학교에서 교편을 잡으면서 이의 수정본으로 김규식(金奎植, 1912)의 『조선문법』(유인물)을 편찬하여 역시 교재로 사용한 것으로 보인다. 미국 유학시절에 배운 영어의 학교문법에 의거하여 한국어 문법을 저술하였기 때문에 다른 국내 문법학자, 특히 일본에서 공부하여 에도(江戶) 문법에 근거한 유길준(兪吉濬)이나 토종학자인 주시경(周時經)과는 상당히 다른 언어관을 가졌으며 언어에 대하여 진보적이 유전관(遺傳觀)을 가졌다. 특히 권두에서 한국어를 투란(Turanian) 어족이라 소개하였다.

다음에 다시 소개하겠지만 독일인으로 영국 옥스포드(Oxford) 대학 언어학 교수였던 뮬러(Max Müller, 1855)는 유라시아대륙의 극동지방에 산재한 교착적 문법 구조의 언어들을 한데 모두 모아서 투란어족(Turanian language family)이라 하였다. 인도 남부의 드라비다어(Dravidian)까지도 포함시켜서 하나의 어족(語族)이라기보다는 교착적(agglutination) 문법 구조의 모든 언어를 거의 모두 포함시킨 일종의 유형적 분류 방법에 의한 어족의 설정이었다.

실제로 Müller(1855)의 <극동지방의 언어들>에서는 유라시아 대륙 극동지방의 언어를 셈어(Semitic), 아리안어(Arian), 그리고 투란어로 나누어 아랍어를 셈어라고 하고, 인도의 제 언어를 아리안어로, 그리고 알타이제어와 극동의 여러 언어를 투란어로 나누었다. 이러한 뮬러(Müller)의 투란어족은 우랄-알타이어족설이 등장하기 이전까지 구미(歐美)에서 널리 회자(膾炙)되었다. 아마도 그가 미국에 유학할 때에 그곳에서 투란 어족설을 배웠을 것으로 보인다.

5) 외국인의 연구

6.2.5.0. 서양 열강의 동방 침략으로 중국의 일부로만 보았던 한반도의 언어에 대하여 19세기 중엽부터 외국 언어학자들의 관심을 끌었다. 특히 병인양요(丙寅洋擾, 1866)와 신미양요(辛未洋擾, 1871), 그리고 운양호(雲揚号) 사건(1875) 이후에 서양 외국인들과 일본인들의 우리말 연구도 구체화되기 시작하였다.

당시 외국인들은 한반도의 침략을 위한 목적으로 접근한 것이지만 표면적으로 서양인들은 선교를 위하고 일본인들은 선린(善隣)을 위한 것으로 위장하였다. 특히 조선의 쇄국(鎖國)이 풀린 1880년대에는 다수의 선교사, 외교관, 파병 군인들이 들어와 우선 우리말의 이해를 서둘렀다. 따라서 개중에는 개화기 이전의 연구도 있지만 편의상 이 시대의 우리말 연구에서 다루기로 한다.

6.2.5.1. 서양인들은 대체로 선교를 목적으로 우리말에 접근하였으므로 어휘를 수집하고 이를 번역하는 작업이 우선되었다. 그리고 한국

어를 학습하기 위하여 사전을 만들고 문법서를 저술하였으며 어학서를 출판하였다. 그러나 이들의 논저는 조선의 척사(斥邪) 정책에 의하여 초기에는 외국에서 간행되었다.

러시아 제국(帝國)의 푸칠로(Михаил П. Пуцилло, 1845~1889)는 연해주의 관리로서 이곳 한인(韓人) 교민들과 소통하기 위하여 『로조사전(露朝辭典)』(1874)를 간행하였다. 이 사전은 함경도 방언을 표제어로 하였으며 오류도 적지 않다. 이 책의 서문에서 왜 이 사전을 편찬하였는지 설명하고 있다. 표제어는 인쇄되었으나 한글의 우리말은 필사하였다.

프랑스 파리외방전교회의 리델 신부(Félix-Clair Ridel, 李福明, 1830~1884)는 『한불자전(*Dictionnaire Coréen-Français*)』(1880, Yokohama)를 간행하였다. 리델 신부는 프랑스 낭트(Nantes)에서 태어났고 1857년에 사제의 서품을 받았으며 1859년에 파리외방전교회에 가입하여 이듬해 7월에 조선 선교사로 임명되었다.

1861년에 조선에 입국하여 선교하다가 병인박해(丙寅迫害)로 중국으로 탈출하였다. 11년 만인 1872년에 다시 조선으로 돌아왔으나 7개월 만에 체포되어 추방되었다. 그는 이후에 일본에 머물면서 파리 외방전교회 소속 선교사들의 한국어 교육을 위하여 Ridel(1880)의 <한불자전>을 출판하였다. 그가 형인 루이(Louis) 리델에게 보낸 편지에 의하면 7,000개의 어휘를 수록하였으나 아직도 미흡하다고 토로하였다.

미국의 언더우드(Horace Grant Underwood, 元杜尤, 1859~1916)는 영어와 한국어의 사전인 『한영자전, 영한자전(*A Concise Dictionary of the Korean Language*)』(Pocket edition in two volumes, 1890, Yokohama)를 출판하여 미국 선교사들의 한국어 학습에 도움이 되도록 하였다.

언더우드(元杜尤)는 영국에서 태어났으나 1872년에 미국으로 이주하였고 뉴욕대학, 브런스윅 신학교(Brunswick Theological Seminary)를 졸업하고 1884년에 한국 최초의 장로교 선교사로 선정되어 제물포로 조선에 입국하였다. 그는 한국어를 학습하기 위한 사전의 필요성을 크게 느껴 5년여 동안 어휘를 수집하여 이 사전 2권을 출판한 것이다.

이어서 스콧(James Scott)의 『영한자전(*English-Corean Dictionary*)』(1891, Seoul)이 간행되었고 뒤를 이어 게일(James Scarth Gale, 奇一, 1863~1937)은 『한영자

전(*A. Korean- English Dictionary*)』(Yokohama, 1897)을 편찬하였다. 게일은 캐나다의 토론토(Toronto) 대학을 졸업하고 이 대학의 기독청년회의 지원을 얻어 25세가 되는 1888년 12월 5일에 제물포를 통하여 조선에 입국하였다. Gale(1897)의 <한영자전>에서는 75,000여개의 어휘가 수록되었다.

천주교 사제들의 라틴어 교육을 위하여 다불뤼(Marie Nicolas Antoine Daveluy, 安敦伊, 1818~1866) 주교의『라한사전(*Parvum vocabularium ad usum studiosae juventus Coreanae*)』(1891, Hong Kong)이 편찬되었다. 다불뤼 주교는 프랑스인 선교사로서 1841년에 주교가 되어 파리외방전교회의 조선교구 교구장 대리를 맡았다. 마카오, 상해 등지를 거쳐 김대건 신부의 안내로 1845년에 비밀리에 우리나라에 입국하여 선교하면서 우리나라의 언어, 풍습, 역사 등을 연구하였다.

그는 조선 왕조에 의하여 만주로 추방되었다. 다불뤼(Daveluy)가 만주에 추방되었을 때에 Daveluy(1891)의 <라한사전>을 저술하였다. 그가 다시 입국하여 제5대 조선교구 교구장으로서 고종 3년(1866)에 순교(殉教)할 때까지 조선에서 선교하면서 파리외방전교회에 보낸 한국에 관한 보고서는 Dallet(1874)의 <조선교회사>에 수록되었다.

이렇게 박해를 받으면서 저술된 서양인의 우리말 사전은 고종 19년(1882)에 서학(西學)을 개방한 다음에 반전된다. 그리하여 유저(遺著)가 된 Daveluy(1891)의 <라틴어 사전>에 이어 알레베크(Charles Alévêque)의『법한사전(*Petit Dictionaire Français Coréen*)』(Alévêque, 1901)도 서울에서 발간되었다. 홍콩에서 간행한 Daveluy(1891)의 <라틴어 사전>에 이어 서울에서 <프랑스어 사전>이 편찬된 것이다.

이렇게 보면 서양식 사전의 체제를 갖춘 푸칠로(Пуцилло, 1874)의 <로조사전>이 가장 먼저 간행된 외국어 사전이지만 Ridel(1889)의 <한불자전>에 이르러서 비로소 사전다운 사전이 되었고 Underwood(1890a)의 소사전(Concise)과 Gale(1897)의 <한영자전>이 당시로서는 가장 실용적인 사전이었다.

특히 Ridel(1880)의 <한불자전>과 Gale(1897)의 <한영자전>은 우리말을 표제어로 하고 외국어로 풀이말을 달은 것이지만 사전의 체제로 볼 때에 우리말 사전의 선구적 역할을 한 것으로 보인다. 후대의 우리말 사전이 모두 이 체제를 따랐기 때문이다.

6.2.5.2. 서양인의 우리말 학습서와 문법서도 1870년대에 들어와서 틀이 잡혔다고 본다. 프랑스의 달레(Charles Dallet)는 파리외방전교회 선교사들의 보고서를 중심으로 『조선교회사(*Histoire de l'Eglise de Corée*)』(1874, Paris)를 편찬하였다.

Dallet(1874)에서 그가 쓴 서론(序論)은 당시 한반도의 언어 사정을 구체적으로 적기하였다. Ridel(1881)의 <한어문법>의 초고를 보고 쓴 이 서론에는 우리말에 대한 문법을 처음으로 '음운론, 형태론, 통사론'의 삼분(三分) 체계에 의하여 서술하였다. 서양 문법의 체제에 의거한 것이다.

영국인 선교사 로스(John Ross)는 Ross(1877)의 『조선어 초보(*Corean Primer*)』 편찬하여 우리말 학습에 사용하였다. 서양인의 우리말 학습서로는 최초의 단행본이다. 그러나 체계가 불완전하고 서론에서 언급한 문법의 설명은 회화를 익히기 위하여 도입한 것에 그치고 있어 문법서로 보기에는 미흡한 점이 많다.

그러나 최초의 단행본이라는 점과 우리말 명사와 동사에 대한 풍부한 용례와 함께 한국어 문법의 중요한 특징을 밝혀낸 점은 높이 평가되어야 한다. 특히 문자와 음운에 대한 언어학적 접근은 그동안의 문자 연구로 일관한 우리말의 음운 연구를 반성하게 되었다.

그는 뒤를 이어 Ross(1878)의 "조선어론(*The Corean Language*)"를 발표하여 한국어의 계통적 특징과 문법 구조의 특성에 대하여 논하였다. 그는 이미 『조선어 초보』(1877)를 중국의 상해(上海)에서 발간하였고 이어서 Ross(1882)의 <조선어 회화>도 일본의 요코하마에서 출판하여 우리말 학습에 도움을 주게 하였다.

역시 영국인 선교사 매킨타이어(John McIntyre)도 Ross(1878)과 같은 학술지 '*The China Review*'에 McIntyre(1880~1)의 "조선어론(Notes on the Corean language)"을 2회에 걸쳐 발표하였다. 전술한 <영한자전>을 출판한 스콧은 Scott(1887)의 <언문말칙>을 일본의 요코하마와 서울에서 편찬하였다. 한국어의 문법에 대한 것이 편람 형식의 우리말 안내서였다.

한편 미국인 그리피스(William E. Griffis)는 Griffis(1882)의 『조선, 은둔의 나라(*Corea: The Hermit Nation*)』의 부록으로 "조선어(The Corean language)"를 발표하였다. Griffis(1882)는 부록에 포함된 'Corean language'에서 한국어의 역사와 문법, 그리고 한글에 대하여 간략하게 소개하였다. 또 Griffis(1895)에서 한국어의 역사에 대하여 발표하였다.

위아르(M. Camile Imbault-Huart)는 Huart(1889)의 『조선어 구어법(*Manuel de la langue Coréenne parlée*)』을 출판하여 우리말의 구어(口語)를 소개하였다. 그동안 외국인의 우리말 연구는 문헌어를 중심으로 한 것이 많았다. 그러나 우리말에는 문어와 구어의 차이가 현격하였다. 물론 서양인들의 연구의 대부분은 구어를 위주로 하였으나 이를 분명하게 밝힌 것은 Huart(1889)가 처음으로 보인다.

전술한 언더우드는 Underwood(1890b)의 <한영문법>을 편찬하면서 한국어의 구어에 대한 문법임을 강조하였다. 그가 Underwood(1890a)의 <영한자전, 한영자전>을 편찬함과 동시에 간행한 것이다. Underwood(1890b)의 <한영문법>은 서울에서 1914년에 다시 간행되었다.

이어서 베어드(Annie L. Baird)는 Baird(1928)의 『조선어 오십강(五十講)』를 간행하여 한국어 학습의 교재로 하였다. 그리고 전술한 게일의 Gale(1894) 『사과지남(辭課指南, *Korean Grammatical Form*)』도 출판되었다. Gale(1894)의 <사과지남>은 1903년과 1916년에 서울에서 재판이 간행되었다. 또 그는 Gale(1901~4)의 『유몽천자(牖蒙千字)』도 요코하마에서 간행하여 <천자문>에 의한 한국어 교재를 저술한 것이다.

호지스(John W. Hodges)는 『조선어구집(*Corean words and Phrase*)』(1897, Seoul)을 간행하였다. Hodges(1897)은 1902년에 서울에서 재판을 간행하였다. 이러한 대한제국 시대에 서양인의 우리말 연구는 대단한 성황을 이루었고 전술한 내국인의 우리말 연구에 지대한 영향을 끼쳤다.

이상과 같은 서양인의 우리말 사전과 학습서는 조선이 서학(西學)의 문호를 개방한 고종 19년(1882)를 전후하여 크게 달라진다. 즉, 본격적인 서양인의 한국어 연구는 이때를 고비로 하여 면목을 일신하였기 때문이다.

6.2.5.3. 개화기 시대에 서양인의 한국어의 문법 연구는 우리말을 세계에 소개하고 이를 학습하기 위한 것이다. 특히 이 땅에 파견된 선교사들에게는 선교를 위하여 한국어 학습은 필수적이었고 그를 위한 한국어 문법 연구가 필요하였기 때문이다.

Ross(1877)의 <조선어 초보>는 우리말 학습을 위한 최초의 문법서였다. 그러나 이보다 앞서 Dallet(1874)의 '서문'에서 논한 "조선어"에서 서양의 학교문법에 의거하여 우리말의 문법을 본격적으로 고찰하였다. Dallet(1874)에서는 우리말의 품사를 9품사로 분류하였다.

Ross(1877)와 많은 연관이 있는 Ridel(1881)의 <한어(韓語)문법>은 문법서란 명칭의 단행본으로서 최초의 것이다. 리델은 이 책에서 Dallet(1874)와 같이 9품사를 인정하였으나 그 내용은 서로 다르다. 즉, Dallet(1874)에서는 우리말의 품사로 '명사, 형용사, 수사, 대명사, 동사, 부사, 후치사, 접속사, 감동사'의 9개 품사로 분류하였으나 Ridel(1881)에서는 '관사, 실사, 형용사, 대명사, 동사, 부사, 후치사, 접속사, 감동사'로 하여 '명사'를 '실사'로, '수사'를 '관사'로, '후치사'를 '전치사'로 바꾸어 분류하였다.

이후의 서양인 문법서에서 대체로 Ridel(1881)의 품사 분류를 따른다. 즉, Scott(1887)의 <언문말칙>에서는 '명사, 형용사, 대명사, 동사, 부사, 후치사, 접속사, [감]'의 8품사, Huart(1889)의 <조선어 구어법>에서 '실사, 형용사, 대명사, 동사, 부사, 후치사, 접속사, [감]'의 8품사, Underwood(1890b)의 <한영문법>에서 '명사, 형용사, 수사, 대명사, 동사, 부사, 후치사, 접속사, [감]'의 9품사, 그리고 Scott(1887)의 <조선어 입문>에서 '명사, 형용사, 수사, 대명사, 동사, 부사, 후치사, 접속사, [감]'의 9품사를 보면 Ridel(1881)의 품사분류을 대체로 답습하였음을 알 수 있다.

Ridel(1881)의 <한어문법>은 이후에 모든 서양인의 우리말 문법 연구에서 존중되었다. 비록 조선 왕조의 척사(斥邪) 정책으로 일본의 요코하마(橫浜)에서 간행되었지만 우리말을 체계적으로 학습한 리델이 천주교 신도로서 상당한 지식인이었던 최지혁(崔智赫)이 도움을 받아 <한어문법>을 저술하였기 때문이다.

영국의 외교관이었던 스콧(James Scott)은 그의 Scott(1887) <언문말칙>이 Ridel(1881)의 문법을 바탕으로 한 것이고 프랑스의 동양학자인 위아르(M. Camile Imbault-Huart)의 『조선어 구어법』(Huart, 1887)도 리델의 저술에 의거한 것이다. 또 Underwood(1890b)의 <한영문법>도 비록 영어로 썼지만 내용은 Ridel(1881)의 것을 바탕으로 하여 작성된 우리말 문법서이다.

언더우드의 여러 업적들은 이 시기의 영국과 미국의 여러 업적 가운데 프랑스 선교사들의 연구와 비견(比肩)될 만한 연구다. 또 Underwood(1890b)의 <한영문법>은 서명으로 보면 우리말의 문법만을 다룬 것은 아니지만 제1부의 문법부에서 품사 분류를 중심으로 우리말의 문법이 체계적으로 기술되었다.

특히 이 책에서는 명사의 곡용을 인정하지 않고 곡용어미를 후치사로 처리한 점과 경어법을 독립시킨 것은 언더우드만의 독특한 서술 방식이었다. 우리말의 문법에서 경어법이 가지는 비중을 높게 본 것이다. 대한제국시대에 외국인의 한국어 문법 연구에서 리델(Ridel)과 언더우드(Underwood)의 연구를 주목해야 하는 이유가 여기에 있다.

6.2.5.4. 서양에서 19세기에 역사비교언어학이 유행하면서 언어를 계통적 관계에 따라 살펴보는 일이 일반화되었다. 따라서 한반도에 온 서양인들도 우리말의 계통과 주변 언어들과의 친족관계에 관심을 가졌다.

당시 내국인의 연구에서는 잘 나타나지 않은 연구 행태였다. 당시 한국어의 계통과 친족관계를 다룬 서양인들의 연구 논저를 연대별로 고찰하면 다음과 같다.

로니(Rosny, 羅尼), "조선어론(Aperçu de la langue Coréenne)" - Rosny(1864)
에드킨스(Edkins), "언어학상 중국어의 위치(China's Place in Philology)" - Edkins(1871)
달레(Dallet), "조선어", Dallet(1874) <조선 교회사>의 서문 7.
애스턴(Aston), "일조(日朝) 양국어의 비교연구(A comparative study of the Japanese and Korean language), - Aston(1879)

빈클러(Winkler), 『우랄알타이 만족과 언어(Uralaltaische Völker und Sprachen)』, - Winkler(1884)

파커(Parker), "중국어, 조선어, 일본어(Chinese, Corean and Japanese)" - Parker(1886).

에드킨스(Edkins), "일본어와 대륙어(Connection of Japanese with the adjacent continental language)" - Edkins(1887)

스콧(Scott), <영한사전>의 서론, - Scott(1891)

가벨렌츠(Gabelentz), "조선 문자와 음운의 본질(Zur Beurtheilung des Koreanischen Schrift und Lautwesen)" - Gabelentz(1892)

파커(Parker), "버마어, 일본어, 중국어, 조선어(Touching Burmese, Japanese, Chinese and Corean) - Parker(1893)

헐버트(Hulbert), "조선민족의 기원(The orogin of the Korean people) - Hulbert(1895)

그리피스(Griffis), "조선과 조선인(Korean and Koreans, in the mirror of their language and history)" - Griffis(1895)

에드킨스(Edkins), "타타르 제어의 관계(Relationship of the Tatar languages)" - Edkins(1895)

익명(Arraisso), "영어와 조선어의 유사(Kinship of the English and Korean language)" - Arraisso(1896a)

익명(Arraisso), "조선어와 유연(Korean affinities)" - Arraisso(1896b)

익명(Arraisso), "조선어의 단음절적 구조(Monosyllabism of the Korean type of language) - Arraisso(1896c)

에드킨스(Edkins), "한국어 수사의 기원(Etymology of Korean numerals)" - Edkins(1898)

쿠랑(Courant), "한국어와 일본어의 연구(Sur les études Coréennes et Japonnaises)" -Courant(1899)

헐버트(Hulbert), "고유조선어(Korean survivals)" - Hulbert(1900)

가벨렌츠(Gabelentz), 『언어학(*Die Sprachwissenschaft, Ihre Aufgaben, Methoden und bisherigen Ergebnisse*)』 - Gabeletz(1901)

헐버트(Hulbert), "한국어의 대명사(The Korean pronoun)" - Hulbert(1901a)

______________, "한국사(The history of Korea)" - Hulbert(1901b)

______________, "한국어 어원론(Korean Etymology) - Hulbert(1901c)

______________, "한국어와 에포티어(Korean and Efate)" - Hulbert(1901d)

______________, "한국어(The Korean language)" - Hulbert(1902)

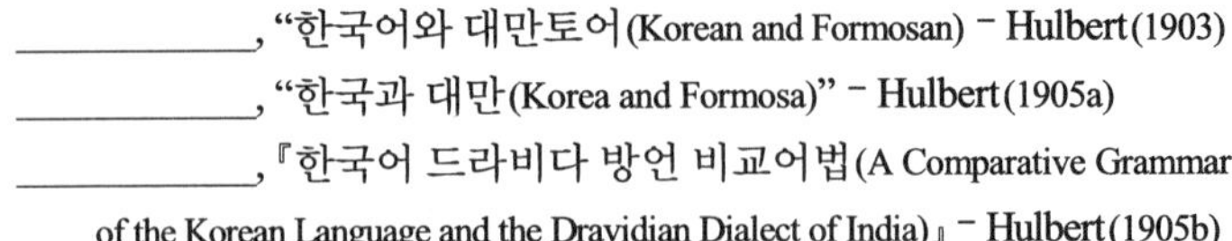
____________, "한국어와 대만토어(Korean and Formosan) - Hulbert(1903)
____________, "한국과 대만(Korea and Formosa)" - Hulbert(1905a)
____________, 『한국어 드라비다 방언 비교어법(A Comparative Grammar of the Korean Language and the Dravidian Dialect of India)』 - Hulbert(1905b)

이 시기의 서양인들에 의한 한국어 연구는 한국어의 역사와 계통에 관한 것이 눈에 띄게 많다. 우선 Rosny(1864), Dallet(1874), Ross(1878)에서는 한국어와 타타르(Tatars) 제어와의 유형적 유사성을 지적하였다. 우리말의 계통에 대한 최초의 연구였다.[7]

타타르어족설(Tatars languages)은 18세기 초에 스웨덴의 장교인 슈트라렌베르히(Philip Johann von Strahrenberg)가 그의 저서 『유럽과 아시아의 북동지역(*Das Nord und Ostliche Teil von Europa und Asia*)』(Strahrenberg, 1730)에서 주장한 것으로 한국어의 우랄-알타이어족설, 또는 알타이어족설에 앞서서 거론된 아시아 북동 지역의 언어에 대한 계통적 연구였다.

Strahrenberg(1730)에는 권미에 <박언표(搏言表)>를 붙여 이 지역의 여러 언어들을 소개하였다. 슈트라렌베르히는 폴타와(Poltava) 전투에서 러시아군의 포로가 되어 여러 해 동안 동부 러시아의 시베리아에서 유형(流刑) 생활을 하면서 휘노-위구르어(Finno-Ugric), 몽골제어, 그리고 이 지역의 많은 다른 언어들을 조사하고 귀국한 다음에 이 책을 저술하면서 이 언어들을 타타르어족이라고 하였다(Poppe, 1965: 125).

Rosny(1864)에서는 한국어가 중국의 한어(漢語)와 전혀 다른 계통임을 밝히고 우리말이 일본어와 더불어 타타르 제어와 문법적으로 많이 일치한다고 보아 우리말의 계통을 타타르어족에서 찾아야 한다고 보아 처음으로 우리말의 계통이 북방 제어와 관련이 있음을 주장하였다.

또 영국인 선교사인 에드킨스의 논문인 Edkins(1871)에서는 한국어와 일본어의 문법이 이미 타타르어의 원형에서 상당히 멀어졌음을 지적하였다. 한국에 온 일은 없지만 파리외방전교회 소속 프랑스 선교사

7 한국어의 계통에 대한 연구사는 졸저(2011: 231~237)에서 개략적으로 설명하였다. 유라시아 대륙의 동북방에 퍼져있는 교착적 문법 구조의 언어들을 초기 단계에서 타타르어족, 스키타이어족, 그리고 투란어족으로 분류한 경위에 대하여 고찰하고 한국어를 이러한 어족들과 비교한 여러 논저를 소개하였다.

들의 조선어 연구에 대한 보고서로 작성된 Dallet(1874)에서는 서문에서 한국어가 문법에 보이는 9개의 특질을 들어 타타르제어와 유사하다고 보았다.

프랑스의 유명한 동양학자인 아벨-레무자(Jean Pierre Abel-Rémusat)도 타타르제어를 논한 그의 Abel-Rémusat(1820)에서 가톨릭의 주기도문(主祈禱文)을 국한문 혼용으로 번역한 자료를 통하여 한국어와 한글에 대하여 논의하면서 한국어를 타타르제어에 속하는 것으로 보았다(졸저, 2011: 232).

그러나 Dallet(1874)에서는 한국어의 문법 구조가 인도 남부의 드라비다 방언(Dravidian dialect)과 유사함을 지적하여 후대에 Hulbert(1905b)의 연구로 이어지게 하였다. 영국의 외교관으로 대한제국에 왔던 애스턴은 그의 Aston(1879)에서 한국어와 일본어를 역사언어학적으로 비교하고 한일동계설(韓日同系說)을 제창하여 후대 일제 강점기의 일본인들 연구에 영향을 주었다. 그의 이러한 주장은 21세기에 Vovin(2010)에서 'Koreo-Japonica'로 재현된다.

6.2.5.5. 독일의 언어학자 빈클러(H. Winkler)는 한국어의 계통에 대하여 논의한 Winkler(1884, 1886)에서 한국어는 우랄알타이족(Ural-Altaic languages)에 속하는 것으로 보았다. 영국의 외교관으로 한국에 왔던 파커(E. H. Parker)는 그의 Parker(1886)에서 중국어와 한국어, 일본어의 관계를 라틴어와 영어, 및 러시아어와의 관계와 유사한 것으로 보았다.

에드킨스는 그의 Edkins(1887)에서 한국어와 일본어 및 대륙의 만주어, 몽고어를 동일 계통의 자매어로 보고 어휘를 비교하였다. 특히 스콧은 Scott(1891)의 <영한사전> 서문에서 문법적 유사성을 비교하여 인도의 드라비다 방언과 유사성을 주장한 Dallet(1874)의 주장과 어원적으로 유사성이 부족한 Aston(1879)의 한일(韓日) 동계설을 모두 부인하고 아직 미지라고 신중한 태도를 보였다.

스콧(Scott, 1893)은 한국의 원조들이 만주의 송화강 상류에서 남하하여 한반도의 원주민을 정복하고 이곳에 정착한 것이라는 가설을 제안하였다. 전술한 독일의 역사언어학자 가벨렌츠는 그의 Gabelentz

(1892)에서 한국어의 기원과 계통을 역시 미상으로 남겨두었고 Parker (1893)에서는 한국어와 중국의 한어(漢語)와의 관계가 있는 것으로도 보았다.

특히 미국의 선교사로 인도와 한국의 역사를 연구하던 헐버트(H.B. Hulbert, 轄甫)는 육영공원의 교사로 초빙될 정도로 학식이 높았는데 그의 Hulbert(1895) "한국인의 기원"에서 한국인의 기원이 남인도의 드라비다인이라고 주장하며 Hulbert(1905b)에서 한국어와 인도 남부의 드라비다(Dravidian) 방언과 비교하여 동일 계통이라고 주장하였다.

즉, Hulbert(1905b)의 <한국어와 인도의 드라비다 방언과의 비교문법>에서 삼한(三韓)의 여러 지명(地名)을 투란(Turanian) 제어의 북부 언어로 비교로 할 수 없고 드라비다 방언과 어휘와 문법에서 비교될 수 있음을 강조하였다. 이러한 헐버트의 주장은 한국어 기원의 남방설이라 하여 투란어족설이나 우랄-알타이어족설로 대표되는 북방설과 대립되었다.

유라시아대륙의 동북방에 산재한 여러 교착적 문법 구조의 언어들을 하나로 묶으려는 노력은 전술한 슈트라렌베르히(Strahrenberg, 1730)의 타타르어족설이 가장 이른 시기로 보인다. 이어서 제2장의 2.5.3.3.에서 서양의 역사언어학을 창시한 것으로 소개한 덴마크의 라스크(Rasmus K. Rask)는 스키타이어족설(Scythian languages)을 Rask(1834)에서 주장하였는데 타타르어족에다가 북부 코카서스 지방에서 사용되는 여러 언어와 그린란드의 에스키모어, 북아메리카의 토민들의 언어, 그리고 스페인의 바스크어까지 스키타이어족에 넣었다.

시라토리 구라기치(白鳥庫吉)는 초기에 한국어가 스키타이어족에 속한다고 보았다. 즉, 그의 白鳥庫吉(1897a)에서는 한국어의 스키타이어족의 가설을 제안하였으나 후대의 白鳥庫吉(1914~6)과 白鳥庫吉(1915)에서는 한국어의 우랄-알타이어족설을 주장하고 일본어와 동계임을 강조하였다.

타타르어족, 스키타이어족에 뒤를 이어서 전술한 Müller(1855)의 투란어족설(Turanian languages)은 Rask(1834)의 스키타이어족설에다가 인도 남부의 드라비다어, 샴어(Siam), 티베트어(Tibetan), 말레이어(Malayan)

를 모두 포함시켜 이를 투란어족(Turanian languages)으로 불렀다.[8] 뮬러(Müller) 자신도 이 언어들이 인구어족처럼 언어들의 친족관계가 증명되지 않았음을 자인하였다.

Dallet(1874)의 드라비다 방언과의 친족관계에 대하여 전술한 Griffis(1895)에서 강한 의문을 제기하였고 그리고 Edkins(1887)에서 한국어와 타타르제어와의 관계에 유사성이 큼을 강조하였다. 거기다가 Edkins(1895)에서 중앙아시아에 있던 공통 원시언어에서 한어(漢語), 타타르어, 인구어(印歐語) 등과 함께 한국어가 파생되었다고 보았다.

뿐만 아니라 Edkins(1895)에서는 한국어와 아메리카 인디언의 언어(Cree, Chippeway, Dacota)와의 문법과 어휘에서 유사함을 들어 아메리카 인디언들이 고대신대에 아시아에서 베링해를 넘어 아메리카 대륙으로 온 것이라고 주장하였다. Rask(1834)를 이어 받은 것으로 이러한 주장은 오늘날에도 재야 역사학자나 언어학자들의 일부에 의하여 추종되고 있다.

6.2.5.6. 서양인들은 이 땅에서 접한 언어와 더불어 문자인 한글에 대하여도 많은 관심을 가졌다. 주로 한글의 기원과 영향을 받은 주변 문자와의 관련에 관심을 집중하였다. 그리하여 많은 역사학자, 문자학자, 언어연구자들이 이에 대한 논저를 발표하였다.

한글에 대하여 최초로 언급한 서양학자는 전술한 프랑스의 동양학자 아벨-레무자(J. P. Able-Rémusat)로 보인다. 그의 Abel-Rémusat(1820)에서 한글을 정확하게 소개하였다. 다만 그는 한글이 고려를 지배하던 타타르족의 거란문자 및 여진문자에사 유래하였다고 보았다.

그런데 독일의 동양학자인 Klaproth(1832)는 한글이 근초고왕(近肖古王) 29년(374)에 이미 백제에서 발명된 것으로 오해하고 일본어를 표기

---

8 라스크(Rasmus K. Rask)는 덴마크의 언어학자로 그가 서양의 역사언어학을 시작한 것으로 알려졌다(졸저, 2011: 215). 뮬러(Max Müller)는 독일의 언어학자로 영국 Oxford 대학 언어학과 교수를 역임했다. 그는 고립어를 가족어(Family language), 교착어를 유목어(Nomadic Lang.), 그리고 굴절어를 국가어(State lang.)라 하여 가족에서 유목어로, 그리고 유목어에서 국가어로 발달한다는 백인들의 굴절어가 우월적이라는 주장을 한 바 있다(졸저, 2011: 233).

하는 가나(假名) 문자와 같이 한자에서 기원한 하였다고 주장하였다. 당시 일본에서 유행하던 속설을 그대로 따른 것이다.

프랑스의 동양학자로 우리말의 북방기원설을 처음으로 주장한 로니(Léon de Rosny)의 <조선어론>(Rosny, 1864)에서는 이러한 한글의 한자 및 범자(梵字) 기원설을 모두 부인하고 훈민정음의 초성자(初聲字)는 티베트의 서장(西藏) 문자에서 유래한 것이며 중성자(中聲字), 즉 모음의 글자는 스스로 발명한 것이라고 주장하여 필자는 놀라게 하였다.

서장 문자는 파스파 문자의 모델로서 자형도 유사하다. 다만 서장 문자에서는 모음자를 따로 마련하지 않고 구분부호(diacritical marks)로 처리하였다. 파스파 문자는 모음자를 만들기는 하였으나 모두 유모(喩母)에 속한다고 하여 자음과 모음을 대등하게 보지 않았다. 이러한 생각은 훈민정음에서도 그대로 반영되어 모음의 중상자에는 모두 욕모(欲母) /ㅇ/을 붙인다.

서양인들의 한글의 기원에 대한 관심은 불경의 문자인 산스크리트 문자, 즉 범자(梵字)와의 관련에 있었다. 한글이 범자(梵字)에서 나왔다고 본 Edkins(1871)를 비롯하여 영국의 일본학자 체임벌린(Basil H. Chamerlin, 王堂)은 그의 Chamberlin(1883) <신대문자론>에서 한글의 범자 기원설을 주장하였고 이러한 연구 경향은 같은 일본학자 테일러(Isaac Taylor)의 <알파벳>(Taylor, 1883)에서도 그대로 나타난다.

특히 제2장 2.5.5.2.에서 독일의 심리학적 언어 연구자로 소개한 가벨렌츠(Georg von der Gabelentz)는 그의 Gabelentz(1892) "한국어의 문자와 음가에 대한 평가"에서 한글의 음가와 그의 음운을 깊이 있게 다루면서 역시 한글의 범자(梵字) 기원설을 주장하였다. 그리고 영국의 저명한 동양학자 자일스(Herbert A. Giles, 翟理斯)의 <중영사전(*A Chines-English Dictionary*)>의 서문과 프랑스 라쿠페리(Terien de Lacouperie)의 "조선, 아이누와 부상(扶桑)문자"(Lacouperie, 1892), 그리고 미국의 선교사 헐버트(Homer B. Hulbert)의 "한국어의 알파벳"(Hulbert, 1896)에서 이러한 경향을 볼 수 있다.

특히 Lacouperie(1892)에서는 신라의 설총(薛聰)이 범자(梵字)에 기초해서 신문왕(神文王) 원년(681)에 만든 문자를 수정한 것이 정음문자라고 잘못 소개하고 Hulbert(1892)에서는 Rosny(1864)처럼 자음자만이 티베트의 서장(西藏) 문자에서 유래하였다고 보았다. 아직 파스파 문자에 대해서는 이해하지 못했을 때의 주장이다.

영국의 외교관이던 스콧(James Scott)은 그의 Scott(1893)의 『한국어 편람』에서 한글이 운서(韻書)의 자모(字母)에서 범자를 모방한 것이라고 보았고 프랑스의 동양학자 쿠랑(M. Courant)의 <조선 서지(書誌)>(Courant, 1894)에서도 이에 동조하였다. 이어 영국의 외교관인 애스턴(W. G. Aston)의 "언문, 언제 발명되었나?"(Aston, 1895)에서 본서 제4장의 4.3.3.7.에서 소개한 성현(成俔)의 『용재총화(慵齋叢話)』(1525)의 "언문의 범자 모방설"을 인용하고 한글이 범자에서 나온 것으로 소개하였다.

헐버트도 한글에 대한 관심이 많아서 Hulbert(1896)의 "한국어의 알파벳"에서 우리의 야사(野史)인 『국조편년(國朝編年)』(1650)의 기사에 따라 언문의 모음자는 고전(古篆)에서 가져왔고 자음자는 범자(梵字)에서 왔다고 그동안의 주장과 다르게 소개하였다. Hulbert(1902b, 1903b)에서도 훈민정음의 문자 제정에 관하여 논의하면서 유사한 주장을 계속하였다.

한편 에드킨스(Joseph Edkins)는 그의 "한국어의 표기"(Edkins, 1898b)에서 한글이 시리아 문자, 또는 범자에서 유래하였다고 Edkins(1871)의 주장을 고쳐서 소개하였다. 모두가 잘못된 속설에 따라 자의적으로 한글을 이해하고 소개한 것이다. 이 때에는 훈민정음의 <해례본>이 발견되기 이전이어서 연구자들의 속설을 그대로 받아들여 한글에 대한 오류가 많았다.

6.2.5.7. 다음으로 일본인의 한국어 연구도 이 시기에 꽤 많이 이루어졌다. 원래 조선시대에는 에도(江戶) 막부가 오로지 대마도(對馬島)만이 조선과 교역을 허가하여 대마도를 중심으로 조선에 대한 연구가 있었다. 그리하여 한 때 아메노모리 호슈(雨森芳州)와 같은 뛰어난 조선어 학자도 배출한 바가 있다. 그는 전술한 바와 같이 일본의 유학자 기노시다(木下順菴)의 문하생으로 스승의 명에 따라 대마도에 와서 조선어를 교육하였다.

일본이 명치유신(明治維新)으로 근대화하면서 조선에 대한 연구와 언어의 교육에 대한 필요성이 높아져 전통이 있는 대마도의 이즈하라(嚴原)에 조선어학소를 설치하여 통사(通詞)를 양성하다가 부산으로 옮겼다. 한편 일본 내에서도 명치(明治) 13년(1880)에 동경외국어대학 안에 조선어과를 설치하여 본격적인 통역인을 양성하였다.

따라서 일본에서는 실용적인 한국어의 입문서가 다수 출판되었다. 이와 더불어 한국어 문법에 대한 기초적인 연구가 이루어졌다. 그러나 많은 기독교의 선교사(宣敎師)로 이 땅에 온 서양 연구자들은 우리말 학습이라는 필요에 의하여 이뤄진 우리말 연구는 눈부신 바가 있었다. 그리하여 명치(明治) 23년(1890) 이후에는 서양인의 한국어 연구에 뒤지게 되었다.

최초로 서양의 규범문법을 원용하여 한국어 학습서를 편찬한 것은 호세코 시게가츠(寶迫繁勝)의 『한어(韓語)입문』(寶迫繁勝, 1880) 2권이다. 그는 이어서 『일한선린통어(通語)』(寶迫繁勝, 1881)을 출판하여 전자보다 평이한 문답체로 우리말의 문법을 서술하였다.

寶迫繁勝(1880) 제1편(상권)에는 발음의 이론, 자음과 모음 및 각 음(音)에 대하여 설명하고 언문철자법, 문답용어, 동음이의어, 언어의 혼잡, 접속사, 일상용어, 상용어, 각종 명사에 대하여 설명하였다. 제2편(하권)에서는 명령어, 각물(各物)의 명사 등의 순서로 우리말을 설명하였다. 한국어의 학습을 위한 초보적인 문법이 서술되었다(櫻井義之, 1956).

櫻井義之(1956)의 "호세코 시게가츠(寶迫繁勝)의 조선어 연구"에 부록으로 첨부된 명치(明治)시대의 한어(韓語) 학습에 관련된 교재로는 10여 종이 넘는다. 그 가운데 중요한 것만 소개하면 아카미네 세이치로(赤峰瀨一郎)의 『일한영(日韓英) 삼국대화』(赤峰瀨一郎, 1892)와 시마이 히로시(島井浩)의 『실용 한어학(韓語學)』(島井浩, 1902), 곤도 신이치(近藤信一)의 『한어정규(韓語正規)』(近藤信一, 1906) 등이 있다.

이와 관련하여 문법서와 사전도 출판되었는데 대마도 이즈하라(嚴原) 출신의 한국어 통역관 마에마 교사쿠(前間恭作)의 『한어통(韓語通)』(前間恭作, 1909)에서 본격적인 한국어의 문법이 고찰되었다. 그는 대마도 이즈하라(嚴原) 중학교 한학(漢學)부를 1882년에 졸업하고 게이오의숙(慶應義塾)을 1890년에 마친 다음에 유학생으로 내한하여 1894년에 대한

제국의 일본 영사관 서기(書記)가 되었다가 1906년 조선 통감부(統監府)의 통역관으로 활약하였다.

마에마 교사쿠(前間恭作)는 경술국치(庚戌國恥) 이후인 1910년부터 조선총독부(總督府) 통역관을 역임하고 1911년에 일본으로 귀국하여 한국어 연구에 몰두하였다. 前間恭作(1909)의 <한어통>은 Ross(1877), Scott(1887, 1893)의 우리말 회화서와 같은 성격의 학습서였다. 前間恭作(1909)에서는 품사의 수라든지 그 명칭이 전술한 일본의 에도(江戶) 문법의 것을 그대로 추종하였다.

역시 마에마와 한국학의 연구자로 어깨를 겨누는 다카하시 토오루(高橋 亨)의 『한어(韓語)문법』(高橋 亨, 1909)은 상술한 前間恭作(1909)보다 훨씬 체계를 갖춘 한국어 입문서로 '문의 조직(文の組織)'이란 항목의 구문론도 포함되었다.

그리고 <조선신보(朝鮮新報)>의 기자로 활약하던 야쿠시지 시론(藥師寺知朧)의 『문법주석 한어(韓語) 연구법』(藥師寺知朧, 1909)도 명치(明治)시대에 출판된 한국어 문법 연구다. 그는 周時經(1908)의 <국어문전음학>을 참고한 것으로 보이나 전술한 다른 문법서와 같이 모두 일본 전통의 에도(江戶) 문법에 의거한 오츠기 후미히코(大槻文彦)의 문법에 따라 우리말을 고찰한 것이다.

한국어 사전도 이 때에 간행되었는데 4,500여 항목의 표제어를 갖고 있는 일어(日語)잡지사의 『일한회화사전(日韓會話辭典)』(1906, 漢陽)이 서울에서 출판되었고 7,100여개의 표제어를 가진 가키하라 지로(柿原治郞)의 『일한(日韓) 이로하사전』(柿原治郞, 1907)이 동경에서 출판되어 한국어 학습에 이용되었다. 이것은 이후 일제 강점기에 총독부가 편찬한 20여만 어휘의 『대사전(大辭典)』(1919)으로 발전한다.

6.2.5.8. 명치유신(明治維新) 근대화가 이루어진 일본은 당시 제국주의(帝國主義)가 횡행하는 시대여서 일본도 약소국을 침략하기 위하여 호시탐탐 한반도를 노렸다. 이미 오래 전부터 일본은 왜구(倭寇)들이 한반도를 노략하던 경험이 있었기 때문이다.

따라서 조선과 조선어에 대한 연구가 유행하였다. 특히 일본어와 계통적 관계에 관심을 가진 것은 그들이 조선을 병합(倂合)할 생각을 이미 가지고 있었기 때문이다. 1869년 초에 일본의 기도(木戶孝允)에 의해서 제기된 일본의 정한론(征韓論)은 1870년대에 크게 유행하였다.

특히 명치유신(明治維新)의 일등 공신(功臣)으로 당시 일본 정계(政界)를 쥐고 있던 사이고 다카모리(四鄕隆盛)는 정한론을 주장하여 이러한 사상이 1870년대 일본 정국을 압도하였다. 따라서 이 시기에 일본에서는 한국을 침략하기 위한 우리말과 글에 대한 연구가 유행하게 되었다.

그 발단은 다카하시 지로(高橋二郎)의 "조선 언어고"(高橋二郎, 1889)로 시작된다. 일본의 유명한 가나(假名) 문자 연구자이던 오야 도오루(大矢透)는 "일본어와 조선어의 유사"(大矢透, 1889)를 발표하여 한일(韓日) 양어의 우랄-알타이어 계통을 주장하였고 高橋二郎(1889)에서는 한국어, 일본어, 유구(流球)어가 동일 계통의 언어임을 주장하였다.

이어서 미야케 요네키치(三宅米吉)는 "조선어"(三宅米吉, 1890)를 발표하였는데 전자의 연구자들과 달리 비교적 실증적인 예를 들어 Aston(1879)의 한국어와 일본어의 동일 계통을 추종하였다. 이것은 후대에 가나자와 쇼자브로(金澤庄三郞)의 '일선동조론(日鮮同祖論)', 즉 일본어와 한국어는 같은 조상의 언어라는 주장으로 확대된다.

20세기 초에 들어와서 나이또 고난(內藤湖南, 1907)의 "일본과 만주의 교통(交通) 약설"이나 미야자키 미치사브로(宮崎道三郞, 1907)의 "일한(日韓) 양국어의 비교연구"에서는 한국어와 일본어, 그리고 동북아시아 여러 언어와의 비교를 통하여 이들이 동일 계통의 언어였음을 증명하려고 하였다. 역시 이 시기의 일본에서 한반도와 만주를 병합할 욕심으로 이루어진 연구라고 할 수 있다.

원래 동북아시아의 교착적인 문법구조인 여러 언어들을 한데 묶어 보려는 우랄-알타이어족설은 핀란드의 언어학자 카스트렌(M. A. Castrén, 1813~1862)에 의하여 시도되었다. 그는 유라시아 대륙의 북방에 산재한 언어들을 상세한 연구가 이루어지지 않고 같은 계통으로 분류하는 태도에 불만을 갖으면서 당시 유행하던 비교언어학적 연구방법을 이 언어들에게도 적용할 것을 주장하였다(Castrén, 1857).

그리하여 교착적 문법 구조만으로 계통 관계를 증명하기는 어렵다고 보고 형태소의 동질성(identity of morphemes)이 언어 분류의 기준이 되어야 한다고 주장하면서 Castrén(1862)에서는 인칭어미의 동질성에 의하여 상기 투란어족의 여러 언어 가운데 오직 Finno-ugric, Samoyed, Turk, Mongol, Manchu, Tungus 제어만을 하나의 어족으로 분리하여 '알타이어족(Altaic languages)'이라고 하였다.

그가 말한 '알타이어족'은 후대에 우랄-알타이어족(Ural-Altaic languages)의 가설이 되어 19세기와 20세기 초에 서양학계에 널리 알려지게 되었다(졸저, 2011b: 235). 다만 후대에는 이 어족의 일원이었던 'Finno-ugric, Samoyed'가 한 어족으로 증명되어 우랄어족(Uralic)이 되었으므로 'Turk, Mongol, Manchu, Tungus'을 알타이어족으로 부르게 된다(Ramstedt, 1952).

6.2.5.9. 당시 일본인의 관심은 언문(諺文), 즉 한글에 대한 것이었다. 일본의 가나(假名) 문자와 근본적으로 다른 우리의 한글에 그들은 질투어린 눈으로 고찰하였다. 그들은 일본의 가나 문자와 연관이 있는 이두(吏讀)에 대한 연구를 곁들인 조선의 문자에 대하여 연구를 전개하였다.

그 시작은 오카쿠라 요시사부로(岡倉由三郎)의 "이두언문고"(岡倉由三郎, 1893)를 들 수 있다. 우리의 이두(吏讀)와 언문(諺文)을 같이 고찰한 것이다. 이어서 일제(日帝)의 어용학자로 유명한 가나자와 쇼자브로(金澤庄三郎)의 "가나(假字)의 기원에 대하여"(金澤庄三郎, 1902)에서 이두에 대하여 논의하고 이것과 일본의 가나(假名) 문자와의 관계를 살펴보았다.

그리고 당시 일본인의 조선 연구에 선봉에 있으면서 일본 다이쇼(大正) 천황의 스승이었던 시라토리 구라키치(白鳥庫吉)는 "언문"(白鳥庫吉, 1897b)을 발표하여 岡倉由三郎(1893)의 여러 주장에 의문을 표하면서 한글의 파스파 문자 기원설을 주장하였다. 그러나 이 논문은 파스파 문자에 대한 지식의 결여로 신빙성이 결여되었다. 당시에는 졸저(2009)가 세상에 나오기 한참 전이어서 파스파 문자에 대한 정확한 이해가 매우 부족하였다.

이어서 전술한 가나자와 쇼자브로는 “언문(諺文)의 기원”(金澤庄三郎, 1900)을 발표하였다. 그는 金澤庄三郎(1900)에서 한글이 범자(梵字)에서 기원한 것이라는 주장을 폈다. 역시 19세기 후반에 유행한 서양인들의 한글 범자 기원설을 추종한 것이다. 범자에 대한 지식이 천박하고 실담장(悉曇章)에 대한 지식도 결여되었다. 그러나 한글의 파스파 문자설이나 범자(梵字) 기원설은 본서의 제4장과 제5장(章)에서 살펴본 바와 같이 이미 조선시대에 거론이 되었던 주장들이다.

6.2.5.10. 이상 외국인들의 한국어 연구를 살펴보면 그들의 한국어 연구가 1820년대에서 시작되어 1870년대에 비로소 구체화되었음을 알 수 있다. 그리고 1880년대에 심화되어 이 시대에 시작된 우리말의 문법이나 음운 연구에 많은 영향을 끼쳤다. 또 우리글인 한글에 대한 연구도 매우 부족하지만 서양인들의 관심을 갖고 여러 가지 방식으로 고찰하였음을 알 수 있다.

특히 한글에 대하여 주변 문자와의 관련하여 고찰한 논저들이 매우 다양하게 그 기원과 영향을 살펴보았다. 특히 한글과 범자(梵字)와의 관계가 집중적으로 고찰되었고 간간히 파스파 문자와의 관계도 살펴본 논저가 있었다. 다만 당시에는 파스파 문자에 대한 지식이 매우 부족했고 범자(梵字)에 대하여서도 <실담장(悉曇章)>을 이해하지 못하여 논지의 전개가 황당하고 얻어낸 결론도 믿기 어렵게 되었다.

외국인들의 우리말 학습서의 편찬이나, 사전, 문법서의 출판이 순수한 학문적 목적이 아니라 한반도를 이해하고 이곳에 선교를 위하여, 또는 이 땅을 침략하려는 불순한 목적으로 연구된 것이었다. 따라서 학문적인 깊이가 없었고 또 실증적인 연구가 아니었기 때문에 후대에 끼친 영향은 매우 제한적이었다. 이러한 어용적인 우리말 연구는 다음의 일제 강점기에 더욱 기승을 부리게 된다.

3. 일제(日帝)의 한국 병합(倂合) 이후의 한글 연구

6.3.0.0 개화기 이후에 외국인들의 한국어 연구와 전시대의 실학적(實學的) 정음 연구에 힘입어 본격적으로 서양 언어학에 의거한 한국어학이 이 시대에 정립되었다. 따라서 개화기 이후에 이루어진 이러한 한국어 연구 경향을 근대 한국어학이라고 부르고자 한다.

근대 한국어학은 이 시대의 서양 문법의 영향으로 음운과 문법 연구에 치중되었다. 특히 조선 전기에 새 문자 제정을 중심으로 고찰된 우리말의 음운 연구의 전통을 이어받았다. 더욱이 리봉운(李鳳雲)의 『국문정리(國文正理)』(1897)의 소리 편에서 우리말의 장단(長短)을 논의한 것은 오늘날의 음운 연구로 보아도 주목할 만하다.

이 시대의 음운 연구는 음운과 문자, 그리고 음성과 음운이 구별되지 못하고 연구되었다. 그들에게는 음성이 곧 음운이었고 음운이 바로 문자로 의식되었다. 이것은 훈민정음 제정 당시의 음성 인식을 그대로 이어받았기 때문이다. 제2장의 2.5.3.6.에서 살펴본 서양의 언어와 문자 연구에서도 이 둘은 서로 혼동되었음을 볼 수 있었다.

물론 이 시대에는 고대인도의 비가라론(毘伽羅論)의 음성 연구인 성명기론(聲明記論)도 전혀 이해하지 못한 상태에서 음운과 문자를 동일하게 이해한 연구가 거의 전부였다. 다만 서양의 정통 문법론에서 형태론과 통사론, 그리고 음운론을 우리말 연구하는 방법을 적용한 탓으로 음운 연구가 전개되었지만 우리말의 음운을 이해하기에는 부족하였다. 다만 이 시기에 적어도 한국어의 음운을 음성학에 입각하여 연구하는 바탕을 이루었다.

6.3.0.1. 개화기 이후의 조국광복까지 한국어 연구는 문법 체계가 비로소 갖추어져서 서양 학교문법에 의한 한국어 문법이 그 체제를 완성해 갔다. 이 시대의 문법 연구는 오늘날의 현대 한국어 연구에서 체제를 확립한 단초(端初)를 제공하였다. 어찌 보면 이때에 한국어 문법의 기초가 확립되었다고 보아도 좋다.

특히 전술한 주시경(1910)의 한국어 문법 연구는 형태론의 범주를 벗어나서 문장론에 이르는 한국어 구문(構文) 연구의 일정한 기준을 제시하였다고 보아도 좋을 것이다. 특히 金奎植(1912), 김두봉(1916, 1922), 崔鉉培(1937)의 문법 연구는 오늘날의 한국어 학교문법 연구의 방향을 제시하였다는 점에서 그 역사적 의미를 갖는다.

다음에 이어서 살펴볼 일제(日帝)가 한국을 병합(倂合)한 다음에 우리말의 연구는 대한제국시대부터 계속된 국어와 국문에 대한 연구를 이어받아 상당한 수준의 언어학적 연구의 틀이 갖추어졌다고 본다. 그것은 개화기 이후에 신문과 잡지가 많이 발간되면서 크고 작은 논설이 비교적 자유롭게 발표되었기 때문에 국어와 국문에 대한 연구도 계속 발표될 수 있었다.

일제 강점기에는 비록 허가제이기는 하였지만 신문과 잡지, 그리고 학회의 학술지가 계속해서 발간되었고 개인적인 연구 저술도 간행되어 전시대에 비교할 수 없는 연구 결과가 쏟아져 나왔다. 일제 강점기에 벌써 500종이 넘는 우리말 연구의 논저가 발표되었으나 학술적 가치를 찾을 수 있는 연구 업적은 그렇게 많지 않다.

6.3.0.2. 주로 주시경의 힘으로 학문의 토대를 쌓은 한국어학은 1910년 국권의 상실을 고비로 하여 새로운 국면을 맞이한다. 근대한국어학의 시작이 국어, 국문의 정리를 위하여 시작한 것이므로 한국어학의 실천적 성격은 이러한 결과를 가져올 수밖에 없는 숙명일 수밖에 없었다.

따라서 이 시기의 한국어문의 연구는 나라말과 나라 글의 정리와 선양(宣揚)으로 일관되었으며 이러한 사정은 국권의 상실로 시작된 일제 강점기의 한국어 연구에서 한층 두드러지게 표면화되었다. 언어와 글로서 민족적 긍지를 깨우치려는 한국어문의 연구는 자연히 강력한 국수주의적 연구의 성격을 띠게 되었고 이러한 연구 태도는 오늘날까지 한국어문의 연구에서 그대로 유지되고 있다.

나라를 빼앗겼으므로 모처럼 국가적 인식을 가져온 국어(國語)와 국문(國文)은 일제의 어문정책에 따라 조선어(朝鮮語), 언문(諺文)으로 바뀌게 되었다. 국문(國文)을 언문(諺文)으로 바꾸는 것에 반발하여 당시로서는 재야학자들이었던 조서어문학회에서 '한글'로 언문을 대신하였다. 그러나 1919년 3월 1일의 3.1 운동으로 이러한 민족적 저항은 더욱 거세졌고 이에 일제(日帝)는 통치의 방향을 바꾸게 되었다.

민간의 신문과 잡지의 창간을 어느 정도 허용하고 대학을 설립하였으며 학회 활동을 일부 풀어줌으로써 이 땅에서 어느 정도 학문의 길이 열리는 계기가 되었다. 일제에 저항하는 거국적인 민족 운동인 3.1 만세사건으로 얻은 결과였다. 따라서 일제 강점기의 한국어 연구도 이에 따라 1910년대에 싹트기 시작하여 1920년대에 융성하였고 1930년대 후반에 절정에 이른다.

이후에는 일제의 태평양 전쟁이 발발하여 모두가 전쟁의 고통 속에 있어야 했기 때문에 학문도 침체하지 않을 수 없었다. 특히 1940년대에 갑자기 학문 활동의 위축은 일제가 일으킨 거대한 전쟁의 소용돌이에 우리 모두가 빠져들게 되었기 때문이다. 다음에 이제 일제 강점기의 한국어 연구를 분야별로 10년씩 나누어 살펴보기로 한다.

1) 한반도에서 벌린 일제(日帝)의 어문정책

6.3.1.0. 1910년 일제(日帝)에 의한 경술국치(庚戌國恥)로 대한제국을 점령한 일제는 조선에 총독부(總督府)를 설치하고 한반도를 다스렸다. 조선 총독부는 1911년 4월에 조선어의 사전 편찬과 철자법의 제정에 착수하였다. 사전은 총독부 취조국(取調局)의 소관이었고 철자법은 학무국(學務局)이 담당하였다.

우선 총독부는 학교의 조선어 교과서를 알기 쉽고 납득할 수 있는 조선어 어문의 표기를 위하여 16항에 걸친 '보통학교용 언문철자법'을 만들어 1년 뒤인 1912년 4월에 공표하였다. 이것은 앞의 6.2.3.4.에서 살펴본 대한제국이 신정국문(新訂國文)으로 철자법을 통일하려던 1905년 7월 이후에 정부가 우리글의 철자법을 제정한지 7년만의 일이다.

이 '언문철자법'은 한자음을 제외한 현대 경성어(서울말)를 표준어로 하여 표기하는 정서법이라고 할 수 있다. '아래 ㆍ'를 폐기하고 '된 ㅅ'을 채택하여 제한적으로 원형을 밝혀 적는 비교적 현실적인 철자법이었다. 따라서 이 철자법은 표음주의를 표방하고 종래의 철자법을 가다듬어 체계화시킨 통일안이란 의미에서 그 의의가 있다.

앞의 6.2.3.4.에서 살펴본 바와 같이 대한제국 학부의 국문연구소에서 제정한 <국문의정안(國文議定案)>은 받침으로 모든 초성의 자음을 그대로 쓰게 하였으나 이 '언문철자법'에서는 종래대로 'ㄱ, ㄴ, ㄹ, ㅁ, ㅂ, ㅅ, ㅇ, ㄺ, ㄻ, ㄼ'의 10개만 인정하였다. <국문의정안>이 음절 중심의 표기를 지향하였다면 <언문철자법>은 형태주의 표기를 따르려던 것임을 알 수 있다.

다만 한자음의 표기와 조선어 구어의 표기를 분리하여 <국문의정안>에서 한자음 표기를 좌견일점(左肩一點)으로 장음을 표시한 것 이외에는 모두 새로운 한자음을 인정하고 표기하였다. 이처럼 구어와 한자어를 구별하여 표기법을 마련한 것은 이 <언문철자법>이 가진 가장 큰 결함이라고 할 수 있다.

그러나 이 <언문철자법>은 일제 총독부가 공표하여 모든 학교의 교과서의 우리말 표기에서 이를 준용하게 하였기 때문에 그 영향은 대단히 컸다. 그리하여 다음에서 논의할 '한글맞춤법통일안'의 제정에도 많은 영향을 끼친다.

6.3.1.1. 이어서 총독부에서는 <조선어사전>을 내국인들로 하여금 편찬케 하고 일본어로 주석을 달게 하였다. 현전하는 <조선어 사전(朝鮮語 辭典)>은 한자로 서명(書名)을 썼고 발행은 조선총독부(朝鮮總督府)이며 다이쇼(大正) 9년(1920) 30일에 서울에서 간행한 것으로 되었다.[9]

이 사전의 편찬에 가담한 내국인들은 전에 대한제국의 국문연구소 위원이던 현은(玄檃)을 비롯하여 4명의 국문 연구자들이었다. 일본인의 한국어 연구자로 유명한 오구라 신페이(小倉進平)는 그의 小倉進平(1938)에서 분류한 품사는 '명사(수사), 대명사, 활용어, 부사, 접속사, 조사(어미), 감동사'의 7품사에 따라 사전에서 주석하였다.

조선총독부의 <조선어사전>에 수록된 58,639개의 표제어는 한자어가 40,734(69.5%) 어휘, 언문어(諺文語)가 17,178 어휘(29.3%), 이두어(吏讀語)가 727(1.2%) 어휘로서 비록 표제어가 풍부하다고 할 수는 없지만 철자법을 통일하고 가나다순으로 배열한 것은 높이 평가할 수 있다.

---

9 책의 뒤에 있는 판권에는 朝鮮總督府가 발행한 것으로 되었고 '京城 大和商會 印刷'라고 되어서 서울에서 인쇄하였음을 알 수 있다.

이 사전의 간행으로 1912년에 제정된 <언문철자법>은 수정이 불가피해졌다. 총독부 학무국(學務局)에서는 1921년 3월에 언문 철자법 조사회를 설치하고 학무국에서 마련한 안(案)을 심의하여 <보통학교용 언문철자법 대요(大要)>를 확정하였다.

조사원으로는 일본인 가나자와(金澤庄三郞), 후지나미(藤波義貫), 다나카(田中德太郞)와 내국인으로 어윤적(魚允迪), 현헌(玄櫶), 신기덕(申基德), 지석영(池錫永), 현은(玄檃), 유필근(柳苾根), 최두선(崔斗善), 권덕규(權悳奎) 등이었다. 면면으로 보아서 어윤적과 권덕규 등 주시경의 문하에서 이 조사회를 주도한 것임을 알 수 있다.

6.3.1.2. <언문철자법 대요>의 특징은 두음법칙을 무시하고 원음대로 표시하는 것이라든지 '사이 ㅅ'을 인정하여 '동짓달, 외양깐' 식으로 수정하고 좌견(左肩) 일점으로 장음을 표시하던 것을 폐기한 것은 앞의 전통에서 벗어난 것이다.

특히 주목할 것은 새 받침을 주장하였으나 발음과 교육상의 어려움으로 보류된 사실이다. 우리말 표기에서 형태표기가 다시 대두하였음을 알 수 있다. 1930년대 후반에 일어난 철자법의 통일 운동에 몰려서 다시 수정되었지만 이 때에 표음주의 표기와 형태주의가 극렬하게 대립하였다. 학무국에서 마련한 안(案)에서 일부 형태주의 표기가 수용된 것은 주시경 선생에 의하여 줄기차게 논의되던 형태주의 표기가 일부 수용된 것으로 보인다.

1930년 후반에 개정된 철자법은 <보통학교용 언문철자법>에서 '보통학교용'을 빼고 일반용으로 하였다. 특징으로는 새 받침으로 'ㄷ,ㅈ,ㅊ,ㅌ,ㅍ,ㄲ,ㄱㅅ,ㄵ,ㄹㅌ,ㄹㅍ,ㅄ'을 추가한 점이다. 이러한 받침을 이용하여 원사(原辭)를 밝혀 적도록 한다는 것이다. 비로소 형태표기가 전면에 등장하게 된 것이다.

이처럼 총독부의 형태주의 철자법이 강행되고 그 심의위원이었던 장지영이 『조선철자법 강좌』(張志暎, 1930)를 편찬하여 이 철자법의 보급에 나섰다. 그러나 이러한 형태주의 표기를 반대하는 조선어학연구회를 중심으로 하는 소위 정음파(正音派)에서는 표음주의를 주장하면서 강력하게 형태주의 표기를 반대하였다.

조선어학회의 한글파는 이에 맞서서 새로운 언어 이론을 원용하여 대중에게 어려운 형태표기를 주장하는 이유를 설명하였고 또 정음파는 정통 철자법에 따라 쉬운 우리말의 표음적인 표기를 주장하였다. 그리하여 일반인들은 좀처럼 판단을 할 수가 없게 되었다.

그러나 일제가 1938년 3월에 교육령을 개정하여 '조선어' 과목을 필수에서 수의과목으로 옮기고 4월에는 그나마 자진 폐지의 형식으로 조선어 과목은 각급학교에서 완전히 없애버렸다. 뒤를 이어 창씨개명까지 강요하는 정책이 뒤를 이어 우리말과 글의 말살(抹殺)을 획책하였다. 반대로 당시 국어로 인정한 일본어는 우리 국민의 27%에 달하는 다수의 사람들에게 보급되었다. 따라서 이때에는 조선어 연구가 정지된 상태가 되었다.

6.3.1.3. 경술국치(庚戌國恥) 이후에 국권을 상실하고 나서 가장 중요한 일은 전시대에 마무리를 짓지 못한 우리글의 정서법을 만들고 사전을 편찬하는 일이었다. 이미 총독부가 그 일을 시작하였으나 이것은 어디까지나 식민 통치를 위한 편의적인 수단으로 언문을 보급하기 위한 것이었다.

우리말을 연구하고 그에 의거하여 철자법과 우리말의 문법을 확립하기 위하여 내국인들의 연구가 그 중심에 있어야 했다. 이러한 우리말 연구는 '조선언문회'가 이를 이끌게 되었다. 이 연구회는 1908년에 창립한 '국어연구학회'를 개편하여 주시경이 중심이 되어 세운 학회였다. 이 단체에서는 조선의 언문(言文)을 연구하고 우리말과 글을 보급하기 위하여 노력하였다.

그리하여 1년 기한의 강습소를 운영하였으며 사전을 편찬하려고 노력하였다. 조선언문회에서는 산하 기관으로 '조선어 강습원'을 두고 후학의 양성에 힘을 기울였다. 이 강습소 출신으로 김두봉, 이규영, 최현배 등의 뛰어난 연구자들을 배출하였다. 모두 이 강습소에서 주시경의 학통을 이어받은 우리말 연구자들이었다.

조선언문회는 1914년에 회장이던 주시경이 작고하여 일시적으로 침체에 빠졌으나 3.1 만세 운동으로 일제(日帝)의 억압이 일시적으로 완화된 틈을 타서 내국인 민간연구자들 중심으로 다시 활성화되었다. 1921년 12월 3일에 임경재(任璟宰), 최두선(崔斗善), 장지영(張志暎), 권덕규, 이병기(李秉岐), 이상춘(李常春), 이규방(李奎昉), 박순룡(朴洵龍), 신명균(申明均), 김윤경(金允經) 등 10여인이 휘문의숙(徽文義塾)에서 발기 모임을 갖고 이어서 12월 3일에 총회를 통하여 '조선어연구회'가 발족되었다.

6.3.1.4. '조선어연구회'에서는 기관지로 『한글』을 발간하였다. <한글>은 제1호 창간 이후에 9호에서 일단 휴간(休刊)하고 1926년에는 훈민정음 반포의 기념일로 '가갸날'을 정하여 10월 말일인 30일을 한글의 날로 경축하였다. 『세종실록』(권114) 세종 28년 9월조에 "是月訓民正音成"이란 기사에 의거하여 9월을 양력을 환산하여 10월 마지막 날을 '가갸날'로 정한 것이다.

그러나 이 기사는 훈민정음의 <해례본>이 완성된 것을 말한 것으로 실록의 기사에 나오는 '훈민정음'은 글자가 아니라 책을 말한 것이다. '정통(正統) 11년(1446) 9월 상한(上澣)'이란 정인지(鄭麟趾)의 후서가 붙은 훈민정음 <해례본>이 간행된 것을 말한 것이다. 후대에 이를 깨달았지만 이미 선각자들의 이러한 오류를 밝히기 보다는 <해례본>의 간행을 새 문자의 반포로 해석하고 '9월 상한(上澣)'을 양력으로 환산하여 10월 9일을 한글날로 정하고 기념하고 있다.

1931년 1월 31일에는 학회의 명칭을 '조선어학회(朝鮮語學會)'로 고치고 학회지로 <한글>을 다시 복간(復刊)하였다. 이 조선어학회는 일제 강점기의 우리말 연구를 주도하였고 광복 이후에는 학회 명칭을 한글학회로 개명하여 오늘날에도 한글 보급과 우리말, 우리글의 선양에 열정적으로 참여하고 있다.

이미 1910년 10월에 최남선(崔南善)이 중심이 되어 창립한 조선광문회에서 '말모이'를 편찬하려고 시도한 적이 있었고 사전의 편찬을 위하여 표준어의 정립과 철자법, 외래어 표기법 등을 마려해야 한다는 사실을 깨닫게 되었다. 이와 병행하여 1928년 1월에는 박승빈(朴勝彬)을 중심으로 하는 계명구락부(啓明俱樂部)에서 사전을 편찬하다가 중단한 일도 있었다.

2) 한글표기법의 정리

6.3.2.0. 앞의 6.2.3.4.에서 논의한 <국문의정안>에서 제안된 국문의 표기법도 경술(庚戌) 국치(國恥) 이후의 일제 강점기에 폐지되었다. 이후에는 고종 26년(1889)에 서울의 외인(外人) 선교사회(宣教師會)에서 만든 <언문맞침법>이나 1908년에 한승곤(韓昇昆)이 만든 <국문철자첩경(國文綴字捷徑)> 등의 자모 명칭이나 순서가 옳은 것으로 받아드려져 많이 유행하였다.

그리하여 조선어학회(朝鮮語學會)에서 1933년 제정한 <한글맞춤법통일안>에서 위의 두 안(案)이 많이 반영되었다. 즉, 주시경이 주장하여 국문연구소(國文硏究所)의 안(案)으로 종합된 정서법은 위의 훈민정음 제정 당시에 음소적 정서법(phonemic orthography)에서 벗어나서 형태음소적 정서법(morpho-phonemic orthography)로 바뀐 것이다.

국문연구소의 최종안에는 소실(消失) 글자의 음가와 그에 대한 역사적 변천을 주로 고찰하였고 그에 대한 연구 결과가 반영되었다. 그러나 일제 강점기에는 이와는 별도로 새로운 정서법이 공표되었는데 이때에는 주로 표음주의의 철자법이 주종을 이루었다. 그리하여 일제 강점기에 <보통학교 언문철자법 대요>로 개정되었다.

전술한 바와 같이 1921년 3월에 어윤적(魚允迪), 지석영, 권덕규(權悳奎) 등 11명의 위원이 중심이 되어 공표한 이 <보통학교 언문철자법 대요>는 한동안 우리글의 정서법으로 통용되었다. 그러다가 다시 1930년 2월에 장지영(張志暎), 권덕규, 최현배(崔鉉培) 등 10여명이 다시 이를 개정하여 오늘날의 한글맞춤법과 매우 유사한 <언문철자법>이 1930년 4월부터 교과서에 반영되었다.

이상의 국문철자법을 살펴보면 대한제국 시대의 국문연구소의 우리글 철자법은 시대의 언문 사용법을 최대한 반영한 것이나 실제로 우리말의 음운을 표기하는 원리를 제대로 보여주지 못한 것으로 평가된다.

이미 이광수(1910)에서 논파한 것처럼 이대의 언문철자법은 시대의 조류에 편승한 것으로 비현실적인 주장이었다. 한국어의 음운 연구사에 나타난 변화된 우리말 음운의 표기에 합당한 철자법은 다음의 연구를 기다릴 수밖에 없었다.

6.3.2.1. 일제 강점기에도 '말모이'와 같은 우리말 사전의 필요를 모든 우리말 연구자들은 절감하게 되었다. 이러한 추세에 맞추어 1929년 10월에 조선어학회에서는 사전 편찬회를 조직하고 그 이듬해에 1월에 사전 편찬에 착수하면서 그 전제 작업으로 철자법 통일, 표준어 산정(刪定), 외래어 표기법의 세 가지 기초 사업을 진행하였다.

> ① '한글맞춤법통일안'의 제정 – 1930년 10월에 착수하여 1933년 10월에 완성.
> 위원: 권덕규(權悳奎), 김윤경(金允經), 박현식(朴顯植), 신명균(申明均), 이극로(李克魯), 이병기(李秉岐), 이윤재(李允宰), 이희승(李熙昇), 장지영(張志暎), 정열모(鄭烈模), 정인섭(鄭寅燮), 최현배(崔鉉培) 등
> 1937년 3월 제1차 수정, 1940년 6월 제2차 수정.
>
> ② '사정한 조선어 표준말 모음' 채택.
> 1935년 1월에 표준어를 사정하기 시작하여 1936년 10월에 완성 공표.
> 사정위원 73명(서울, 경기 출신 37명, 지방 출신 36명).
> 수정위원: 문세영(文世榮), 장지영, 정인승(鄭寅承), 최현배, 윤복영(尹福榮), 이강래(李康來), 이극로, 이만규(李萬珪), 이중화(李重華), 이희승, 이윤재.
>
> ③ '외래어 표기법 통일안' 제정.
> 1931년 1월에 착수하여 1938년에 원안 작성. 1940년 6월에 결정. 1941년 1월 공표.
> 책임위원: 정인승, 이극로, 이희승.

이러한 사전 편찬을 위한 세 가지 기초 작업이 완성되어 1942년에 <조선어(朝鮮語) 대사전(大辭典)>의 원고가 탈고되었다. 일부는 조판까지 진행되었으나 1942년 10월에 일어난 조선어학회 사건으로 이 사전의 편찬은 중단되었다.

6.3.2.2. 전술한 바와 같이 일제 강점기의 중간에 해당하는 1921년 12월 3일에 임경재(任璟宰), 최두선(崔斗善), 장지영(張志暎), 권덕규, 이병기(李秉岐), 이상춘(李常春), 이규방(李奎昉), 박순룡(朴洵龍), 신명균(申明均), 김윤경(金允經) 등 10여인이 휘문의숙(徽文義塾)에서 조선어연구회를 결성하였다.

다시 언문으로 돌아간 언문을 '한글'이라 고쳐 부르고 그리고 동인지로 <한글>을 1927년 2월에 창간하였다. 1931년 1월 31일에는 전술한 바와 같이 학회의 명칭을 '조선어학회(朝鮮語學會)'로 고치고 학회지로 <한글>을 다시 복간(復刊)하였다. 조선어학회에서는 한글의 정서법을 제정하고 이를 보급하는데 노력하였다.

1930년 12월 3일에 조선어학회에서 총회를 개최하여 <한글맞춤법 통일안>의 제정을 결의하고 3년에 걸쳐 125번의 회의를 걸쳐 통일안을 완성하였다. 그리고 1933년 10월 29일에 훈민정음 반포 487주년 기념일을 맞이하여 이를 공표하였다.

이 통일안은 국문연구소에서 마련했던 국문 철자법과 당시까지 논의된 한국어 문법을 반영하였다. 이 <통일안>의 중요한 내용을 정리하여 요약하면 다음과 같다.

> ① 한글 맞춤법은 표준말을 그 소리대로 적되 어법에 맞도록 함으로써 원칙을 삼는다.
> ② 표준말은 대체로 현재 중류사회에서 쓰는 서울말로 한다.
> ③ 문장의각 단어는 띄어 쓰되, 토는 그 윗말에 붙여 쓴다.

이것이 <한글맞춤법통일안>의 3대 원칙으로서 첫째의 '어법에 맞도록 쓰다'는 음절 단위의 음소적 표기가 아니라 형태음소론 위주의 표기임을 선언한 것이다. 한자와 같은 표의문자에 대하여 표음문자인 한글이 가진 약점을 되도록 보완하려는 것이다. 그리하여 '무릐'라고 쓰던 것을 '물의'로, '지븨'를 '집의'과 같이 써서 '물(水), 집(家)'과 같이 어간 형태를 밝혀 적을 수가 있게 되었다.

이 <통일안>은 기독교의 교회와 언론, 그리고 각 학교에서 보급운동이 벌어져서 널리 퍼져나갈 수 있었다. 또 조선어학회에서도 전국적으로 강연회를 열어 보급에 노력하였다. 특히 1931년부터 1934년 사이에 동아, 조선의 두 신문사에서 적극적으로 후원하여 많은 성과를 올렸다.

6.3.2.3. 조선어학회는 1936년 1월부터 1937년 8월까지 조선어 표준어 사정(査定)위원회를 설치하고 어휘 9,547개를 사정(査定)하여 6,231개의 표준어를 정하였다. 1937년 10월 28일에 <사정한 조선말 표준말 모음>으로 이를 공표하였다.

이 외에도 조선어학회는 1940년 6월 25일에 <외래어 표기법안 통일안>, <조선어음 라마자(羅馬字) 표기법>도 마련하여 우리말의 외래어 표기법과 로마자 표기법의 원칙을 세웠다. 그러나 이 원칙들은 맞춤법 통일안>처럼 널리 쓰이지는 못하였다. 아무래도 많은 무리한 표기가 있었기 때문이다.

이러한 <통일안>의 보급운동이 국어 통일 운동으로 발전하여 우리말, 우리글의 선양(宣揚)을 동반함에 따라 민족적 자긍심(自矜心)을 일깨우는 일종의 독립운동이 되었다. 이 사실을 뒤늦게 깨달은 일제(日帝)가 탄압을 시작하여 강연회는 더 이상 진행할 수가 없었다.

주시경 학파의 사전 편찬을 위한 철자법의 통일과 표준어의 산정(刪定), 그리고 외래어 표기법에 대한 작업을 반대하는 민간 학회가 있었다. 1931년 12월 10일에 박승빈(朴勝彬)을 중심으로 조직된 <조선어학(朝鮮語學) 연구회>는 조선어학회가 주도하여 마련한 <통일안>을 반대하였다.

특히 1934년 6월 22일에 결성한 조선문 기사(記事)를 정리했던 기성회(期成會)에서는 이를 1933년 11월 4일에 공표한 <한글맞춤법통일안>을 적극적으로 반대하였다. 반대 이유로는 '된소리 표기에서 병서(並書) 표기', 'ㅎ 종성(終聲)을 인정하지 않음', '두 형태의 결합으로 일어나는 촉음(促音) 현상의 부호 표기' 등이었다. 이들의 주장은 주로 역사적 표기에 따르라는 것인데 사회의 호응을 얻지 못하여 조선어학회의 <통일안>에 흡수되었다.

6.3.2.4. 박승빈(朴勝彬)의 조선어학 연구회에서는 1934년 2월에 기관지『정음(正音)』을 창간하고 종래의 철자법을 다시 살려 쓰자는 주장을 굽히지 않았다. 즉, 주시경 학파의 형태주의 표기에 반대하고 훈민정음의 음성 표기를 따를 것을 강력하게 주장하였다.

조선어학회와 조선어 연구회의 철자법에 대한 논의는 1932년 11월에 열린 동아일보 신문사 주최의 토론회에서 격돌하였다. 당시 이 토론회에서는 조선어학회의 철자법이 난해하여 일반인들이 사용하기 어려우므로 편리한 훈민정음의 표기로 돌아가자는 조선어 연구회의 주장과 궁극적으로는 형태 중심의 표기가 오히려 우리말의 본래 모습을 그대로 적을 수 있다는 주장이 서로 부딪친 것이다.

소위 <한글>을 기관지로 하는 조선어학회의 '한글파'와 <정음>을 기관지로 하는 조선어 연구회의 '정음파'가 서로 대립한 것은 병서(並書) 표기와 겹받침, 어미활용의 규정에서 주로 일어났다. 훈민정음의 '된 ㅅ'을 살려 쓰자는 정음파에 대하여 일자일음의 원칙에 따라 병서를 주장하는 한글파가 대립하였고 어근과 어간을 살려 형태주의로 표기하자는 한글파에 대하여 종래대로 음절 단위의 표음 중심 표기로 돌아가자는 정음파의 주장이 서로 대립한 것이다.

이 토론회에서 한글파가 우세하였다. 정음파가 <한글맞춤법통일안>을 반대한 것은 결국 한글파의 형태주의 표기에 대한 것이어서 이론적으로 정음파는 종래의 표기에 따르자는 것이라 당시의 우리말 문법 연구의 발전으로 보면 전자의 주장이 우세할 수밖에 없었다. 또 원래 이 한글맞춤법통일안이 종래 철자법의 불합리를 비판한 것이어서 종래의 철자법을 따르자는 주장은 시의에 적절하지도 않았다.

정음파가 반대한 것은 새 받침, 'ㅋ, ㅎ, ㅆ, ㄶ, ㄽ, ㅀ'을 추가한 것과 구개음화를 인정하여 "밭 - 밭이, 붙- 붙이다. 굳 - 굳히다"와 같은 표기, '준ㅎ'을 설정하여 "그러ㅎ다. 적당ㅎ지"와 같은 표기를 따를 수가 없다는 것이었다. 그러나 이미 총독부의 개정 철자법에서 이러한 형태주의 표기가 인정되었기 때문에 한 때 한글파는 어용으로 몰리고 이에 반대하는 정음파는 민족의 긍지를 실린 것으로 평가받기도 하였다.

6.3.2.5. 조선어학 연구회에 앞서서 경성(京城)제국대학 조선어문학과의 졸업생들이 1931년 6월에 조선어문학회를 결성하였다. 기관지 『회보(會報)』는 7호까지 간행되었다가 중단되었다. 또 1934년 5월에는 이병도(李丙燾) 외 24명의 발기로 진단학회(震檀學會)가 창립되었고 그 해 11월에는 기관지인 『진단학보(震檀學報)』를 발간하였다.

조선어문학회의 <회보>나 진단학회의 <진단학보>는 일제 강점기에 한국학의 연구에 크게 기여한다. 1935년 4월에 조직된 조선음성학회(朝鮮音聲學會)는 비록 활동은 미미하였지만 이 학회에 소속된 연구자들도 상당수에 이른다. 당시 서울의 인구가 90여만 명이고 나라 전체의 인구가 2천2백만 정도였을 때에 이러한 학회의 결성은 한국학의 발전을 기대할 만하였다.

그러나 1940년대부터 일제(日帝)의 가혹(苛酷)한 탄압과 이미 조선어학회 사건처럼 조작된 혐의로 한국학 연구자들을 투옥하고 고문하며 이를 견디지 못하여 사망하기에 이르러 한국학은 더 이상 발전할 수가 없었다. 일제가 일으킨 전쟁의 압력은 더욱 심해지고 바야흐로 한국학 연구의 암흑기가 도래한 것이다.

그럼에도 불구하고 일제 강점기에 총독부에서 수행한 <조선어사전>(1920)과 <언문철자법>(1930)의 업적을 무시할 수는 없다. 또 이에 대항하여 우리의 선각자들이 이룩한 '한글맞춤법통일안'의 제정과 비록 중도에 중단되었지만 <조선어대사전>의 편찬을 위한 노력은 대한제국 시대의 우리말과 글의 연구에서 맥을 이어갔다고 본다.

3) 우리말 사전의 편찬과 학회의 결성

6.3.3.0. 이 시대에 중요한 한국어 연구의 업적으로 <조선말 큰 사전>의 편찬을 들 수 있다. 전술한 바와 같이 개화기 시대에 외국인들에 의하여 이미 1874년에 푸칠로(Пуцилло)가 <로조사전(露朝辭典)>을 간행한 이래 1880년에 리델(Ridel)이 <한불자전(韓佛字典)>, 그리고 뒤를 이어서 언더우드(Underwood)가 1890년에 <한영(韓英)사전>과 <영한(英韓)사전>을 간행한 바 있으나 한국어사전은 그때까지 없었다.

개화기 이후에 점점 달아오른 국어 통일 운동은 표준어로 된 우리말의 사전이 필요함을 절감하게 되었다. 특히 <신자전(新字典)>과 <자전석요(字典釋要)>와 같은 한자의 옥편이 연달아 편찬되면서 한글 사전도 여러 곳에서 준비되었다. 국문정서법이 어느 정도 마무리되던 1911년경에 주시경, 김두봉, 이규영, 권덕규의 4인이 참여한 조선광문회(朝鮮光文會)에서 1911년부터 〈말모이〉의 편찬에 착수했다.

그러나 1914년 주시경이 세상을 떠나고 김두봉도 상해(上海)로 망명하자 거의 완성단계에 이르렀던 <말모이>는 중단되고 간행되지 못하였다. 현재는 그 첫째 권으로 보이는 'ㄱ~걀죽'까지의 표제어가 포함된 1권만이 알려져 있다.

<말모이>의 체재는 '알기·본문·찾기·자획찾기'의 4부분으로 짜여 있으며 각 표제어는 '외래어 표시부호-표제어-한자·영자-문법용어-전문용어-의미풀이'순으로 구성되어 있다. 〈말모이〉 편찬자는 용언의 어미와 체언의 조사를 포함하는 이른바 '토'를 독립된 품사로 설정했기 때문에 용언의 표제어는 체언의 표제어처럼 그 어간만이 제시되었다. 예를 들어 '가다', '까다' 등은 '가', '까'로 올라 있다.

현재 고본(稿本)으로 전하는 〈말모이〉에는 고유어 및 외래어, 전문용어가 표제어로 올라 있는데 어원(語源)의 제시 등이 없는 실용적인 성격의 사전이라 할 수 있다. 〈알기〉와 〈본문〉은 1986년 서울대학교 한국문화연구소에서 간행한 〈한국문화〉 제7집에 소개되었다.

이어서 계명구락부(啓明俱樂部)에서 한글 사전을 편찬하였으나 이 역시 출판하지 못하였다. 현재로서 제대로 된 국어사전은 문세영(文世榮, 1938)의 <조선어사전>이 가장 이른 시기의 것으로 보인다.

6.3.3.1. 조선어학회도 1929년 10월 31일에 조선어 사전편찬위원회를 조직하여 <조선말 큰 사전>의 출판을 도모하였다. 1940년에는 출판단계에 이르렀으나 1942년 10월 10일에 일제가 조작한 조선어학회 사건으로 대부분의 회원이 경찰에 구속되어 이 역시 중지되었다.

<조선말 큰 사전>은 광복 이후에 다시 출판을 시작하여 6.25 전쟁이 휴전(休戰)되어 겨우 사회가 안정된 1957년 10월 9일에야 완간되었다. 모두 164,125개의 어휘가 수록된 6권으로 방대한 사전이다. 이어서

1954년 5월부터 준비된 이희승의 <국어 대사전>이 1961년에 2월에 민중서관(民衆書館)에서 출판되었다. 이후 많은 한국어 사전이 우후죽순처럼 간행되었다.

개화기 이후에 많은 외국어가 외래어로 우리말에 유입되었고 이에 대한 관심이 높아졌다. 권녕중(權寧仲, 1936)에서 ‘조선어가 가진 외래어(外來語)’가 발표되고 이어서 이종극(李鍾極, 1937a)의 ‘조선 외래어론’이 뒤를 이었다. 그리고 이종극(1937b)의 <모던 조선외래어사전>이 간행되었다.

6.3.3.2. 이 시대에 특기할 것으로 한국어 연구회에서 간행한 학회지의 발간을 들 수 있다. 조선어학회에서 <한글>이란 학회지를 발간하여 오늘날까지 계속되었지만 전술한 조선어학연구회에서도 <정음(正音)>이란 학회지를 간행하여 이 시대의 우리말, 우리글의 연구를 주도하였다.

1932년에 다시 복간된 <한글>에 비하여 1934년 2월 15일에 창간된 <정음(正音)>은 비록 정서법에 대한 연구가 많았지만 회원들의 한국어 연구에 관한 논문도 게재하여 당시 연구 경향을 알 수 있게 한다. ‘정음(正音)’이란 학회지 명칭은 훈민정음 <언해본>의 판심서명이 ‘정음(正音)’이어서 당시 세종의 새 문자를 훈민정음 또는 정음으로 부른 것으로 오해하였다.

앞의 제4장에서 살펴본 바와 같이 세종이 새 문자를 제정하고 이를 용도에 따라 ‘훈민정음, 정음, 언문’으로 불렀다고 본다. 즉, 동국정운식 한자음을 표기할 때에는 훈민정음이었고 한자의 중국어 표준음을 전사할 때에는 정음(正音)이었으며 우리말을 표기할 때에는 언문(諺文)이었다.

훈민정음 <언해본>의 판심이 정음(正音)인 것은 한자의 중국어 발음에는 표준으로 정한 정음(正音)과 각 지방의 속음(俗音)이 있었으며 세종의 새 문자로 중국 표준 한자음인 정음을 표기할 때에 이를 ‘정음(正音)’이라 불렀다. <언해본>에는 한음(漢音) 표기를 위하여 정치(正齒)와 치두(齒頭)를 구별하는 글자로 ‘ᅎ, ᅔ. ᅏ, ᄼ, ᄽ’ 과 ‘ᅐ, ᅕ. ᅑ, ᄾ, ᄿ’를 따로 만들어 보였다. 정음(正音)이 우리말 표기만을 위한 것이 아님을 알 수 있다.

4) 정음(正音) 및 한글 연구

6.3.4.0. 개화기 이후 조국 광복까지의 한국어 연구, 즉 일제 강점기의 우리말 연구에서는 앞의 제5장에서 살펴 본 조선후기에 정음 연구의 전통이 이 시대에도 뒤를 이었다. 역시 이 시대에도 문자와 음운은 혼동되어 문자 연구가 음운 연구로, 음운 연구가 문자 연구로 수행되어 우리말의 음운과 음운사가 고찰되었다.

특히 훈민정음 제정 당시의 음운 연구와 이를 문자와 결부시켰던 전통이 그대로 전해져서 이 시대의 정음 연구는 거의 음운 연구 내지 문자 연구에 연관되는 논제였다. 이미 앞에서 논의한 대한제국(大韓帝國) 시대의 국문(國文) 연구에서도 훈민정음의 이론이 많이 참고된 것에 힘입은 바가 많았기 때문이다.

특히 일제 강점기에는 우리말과 우리글이 일제의 억압 정책에 의하여 천시되는 것을 막기 위하여 이에 대한 연구, 특히 독창적인 한글에 대한 연구와 선양(宣揚)이 성행하였다. 그러나 이 시대의 우리말과 정음 연구는 세종의 새 문자 제정에 대한 이해와 후대의 문자 변천에 관한 것이 대부분이어서 음운사의 성격을 띤 것이 많다. 이제부터 이에 대하여 살펴보고자 한다.

6.3.4.1. 박승빈(朴勝彬, 1921)에서 논술한 "언문후해(諺文後解)"는 전시대의 정음(正音) 연구를 이어받아 세종의 새 문자 창제에 대한 새로운 연구를 시도한 것이다. 이러한 연구는 권덕규(權悳奎, 1922)의 "조선어문의 연원과 그 성립"에서 계속되었고 權悳奎(1923)의 『조선어문경위』도 같은 취지의 저술이었다.

정열모(鄭烈模, 1926)의 "정음반포팔회갑(正音頒布八回甲)을 당(當)하야"도 훈민정음 창제와 그 문자의 변천에 관한 연구였으며 권덕규(權悳奎, 1926a, b)에서도 훈민정음의 제정과 문자의 변천 과정을 살펴본 것이다. 같은 연구가 사공환(司空桓, 1926)의 "조선문의 사적(史的) 연구"에서 이루어졌다.

안확(安廓, 1926)의 "언문발생 전후의 기록법"에서 훈민정음 이전의 이 땅에서 사용된 문자와 그 이후 언문의 사용에 대하여 고찰하였다. 그리고 權悳奎(1927)의 "정음 이전의 조선글"에서 한글 이전에 한반도에는 고유한 문자가 있었다고 주장하기에 이른다. 이러한 그의 연구는 권상로(權相老, 1947)로 이어져 소위 한반도의 고유문자설을 제창하였다.

특히 安廓(1927)의 "범어와 조선어와의 관계"에서는 정음과 범자(梵字)의 관계를 논하였으나 본서의 제2장에서 논의한 바와 같은 <실담장(悉曇章)>과의 관계까지는 살피지 못하고 성현(成俔)의 『용재총화(慵齋叢話)』(권7)에서 주장한 정음의 범자 기원설을 소개하는 정도였다.

이러한 연구는 허영호(許永鎬, 1931)의 "범파(梵巴) 양어의 발음법에서 본 조선어 발음법에 관한 일고찰"로 이어진다. 주로 산스크리트어인 범어(梵語)와 파스파 문자에 의한 정음의 문자 구성을 논의한 것이다. 역시 파스파 문자에 대한 지식이 당시로서는 부정확하여 적지 않은 오류와 미심한 부분을 남긴 논문이 되었다.[10]

최현배(崔鉉培, 1928)의 "조선문자사론(史論)"은 그가 崔鉉培(1929)의 『우리말본 첫째 매』를 발표하기 이전에 쓴 것으로 우리말의 문법에 대한 연구를 발표하기에 앞서서 문자에 대한 역사적 고찰을 한 것이다. 그는 이 연구를 통하여 우리말의 음운의 역사적 변천을 살펴보았다.

김윤경(金允經, 1929)의 "한글의 기원(起源)"이나 金允經(1933)의 "조선문자의 역사적 고찰"도 정음 문자의 제정에 대한 연구였다. 특히 신태현(辛兌鉉, 1939)의 "언문의 기원에 대하여"에서는 언문(諺文)의 기원에 대한 그간의 여러 학설을 소개하고 검토하였다. 또 이규영(李奎榮, 1920)의 <현금 조선문전>에서는 한자 연구의 필요성을 인정하여 이에 대하여 '제1편 글씨(문자)'에서 한자의 획(劃), 변(邊), 체(體)의 자학(字學)과 독법에 대한 논의를 추가하였다.

10 이러한 한글의 범어와 파스파 문자 관련설을 주시경과 그 문하생들에 의하여 철저히 무시되었다. 세종을 神格化하고 한글을 神話의 산물로 승화시켜 우리 민족의 자긍심을 고취시키려는 일제 강점기의 어쩔 수 없는 苦肉之策이었다고 본다. 다만 이러한 國粹主義的 한글 사랑에 아직도 많은 연구자들이 빠져 있는 것은 학문의 발전과 한글의 올바른 이해를 위하여 결코 바람직하지 않다.

6.3.4.2. 이 시대에는 훈민정음의 문자와 없어진 글자에 대한 연구가 나타나기 시작한다. 어윤적(魚允迪, 1926)의 "정음의 사적(史的) 고찰"은 주로 문제기 되는 글자들에 대한 역사적인 음가의 연구였다. 이숭녕(1935b)의 "Umlaut 현상을 통하여 본 모음 'ㆍ'의 음가고(音價考)"는 '아래 ᄋᆞ'의 음가를 밝히려는 시도였다.

그리고 뒤를 이어 이극로(李克魯, 1937)의 "'ㆍ'의 음가에 대하여"가 발표되었다. 이에 대하여 이숭녕(1940)에서 "'ㆍ'음고(音攷)"를 발표함으로써 논전이 시작되었으며 李克魯(1941)에서 이에 대한 반론으로 "'ㆍ' 음가(音價)를 밝힘"을 발표하였다. 이러한 '아래 ᄋᆞ'에 대한 논전은 오늘날까지 계속된다. 이것은 졸저(2009)에서 주장한 우리말의 음운과 관계없이 원대(元代) 파스파 문자의 유모(喩母) 'ꡖ'에 의거하여 제자된 '아래 ᄋᆞ'를 우리말의 음운으로 인식한 데서 오는 혼란이었다.

방종현(方鍾鉉, 1940)에서는 "'ㆍ'와 'ㅿ'에 대하여"가 발표되어 '아래 ᄋᆞ'와 더불어 반치음 'ㅿ'에 대한 논의도 시작되었다. 전술한 '아래 ᄋᆞ'의 연구도 음가가 불안정하고 우리말에 없는 음운의 표기였기 때문에 이에 대한 논란이 끊이지 않았다. 같은 이유로 반치음(半齒音) 'ㅿ'도 이미 이 시대에 없어진 유성음 계열의 음운이어서 이의 관용적인 표기에 의문을 품은 것이다.

5) 일본어 문법의 영향

6.3.5.0. 일제 강점기의 우리말 연구에는 일본의 에도(江戶) 문법과 그로부터 발달한 근대 일본어 문법의 영향을 많이 받을 수밖에 없었다. 많은 연구자들이 일본에 유학하여 일본에서 일본어와 일본 문법을 배우고 돌아왔기 때문이다.

근대 일본어 문법은 전술한 난어학(蘭語學)으로부터 발달한 에도(江戶) 문법을 계승한 것으로 전술한 오츠키(大槻) 문법은 전술한 바와 大槻文彦(1889~91)의 <언해(言海)> 서문에서 전체적인 서술 기준을 말하고 大槻文彦(1897)의 <광일본문전(廣日本文典)>(1897)에서 종합 정리되었다.

이 오츠키(大槻) 문법은 후대에 근대 일본어 문법으로 발달한다. 흔히 야마다(山田) 문법, 마쓰시다(松下) 문법, 하시모토(橋本) 문법, 도키에다(時枝) 문법을 일본 근대 학교교육에서 시행한 사대(四大) 문법이라고 한다. 일본어의 학교문법 연구는 모두 이 문법들로부터 발달한 것이다.

6.3.5.1. 야마다(山田) 문법은 제2장 2.5.5.2.에서 전술한 분트(Wundt)의 통각론에 입각한 심리주의 방법으로 일본어 문법을 정리한 야마다 다카오(山田孝雄, 1873~1958)의 일본어 문법을 말한다. 그는 1929년에 <일본문법론>으로 박사학위를 받고 이를 정리하여 山田孝雄(1908)의 <일본문법론>과 山田孝雄(1936)의 <일본문법학개론>을 간행하였다.

마쓰시다(松下) 문법은 마쓰시다 다이사브로(松下大三郞, 1878~1935)가 주장한 일본어 문법을 말한다. 그는 와세다(早稻田)의 전신인 동경전문학교(東京專門學校)의 영문과에서 수학하였으나 만족하지 못하고 국학원(國學院)으로 자리를 옮겨 1898년에 졸업하였다. 1899년 4월에 일본 최초의 구어(口語) 문법인 "일본 속어(俗語) 문전"(松下大三郞, 1898)을 『국문학계(國文學界)』에 발표하고 1907년에는 <한역(漢譯) 일본구어문전>(松下大三郞, 1907)을 간행하였다. 중국인 유학생의 일본어 교육을 위한 교재였다.

마쓰시다(松下)문법은 松下大三郞(1930)의 『표준일본구어법』에서 주장한 것처럼 언어의 보편적인 특질로 얻어낸 일반이론에 의거하여 일본어의 문법을 구축하려고 하였다. 다만 용어가 독특하여 접근하기 어려운 점이 있지만 구조 개념을 세련되게 정리하고 언어 분석의 각 레벨에서의 요소들을 엄밀하게 구별한 점은 높게 평가된다. 일제 강점기의 우리말 문법에서 그를 따른 문법들이 있다.,

도키에다(時枝) 문법은 도키에다 모토키(時枝誠記, 1900~1967)의 일본어 문법을 말한다. 그는 동경제국대학의 교수로서 일본의 한국 병합을 열렬히 지지하고 조선어의 말살을 획책한 몇몇 일본인 지식인의 하나다. 그는 소쉬르(F. de Saussure)의 언어관을 '언어구성관(構成觀)'이라고 비판하고 이와 대립하는 '언어 과정설(過程說)'을 주장하는 등 학문에 있어서도 기행(奇行)을 일삼았다.

6.3.5.2. 이 시대에 일본의 4대 문법파들은 당시 일본학계에서 서로 각축하였으나 도키에다(時枝) 문법은 그가 제국대학의 교수로서 일제 강점기에 막강한 힘을 가졌기 때문에 이 시기의 한국어 문법의 연구에 많은 영향을 끼쳤을 것으로 보이지만 실제로는 그렇지 않다.

원래 도키에다(時枝)의 문법은 당시 일본에서도 문제가 있는 것으로 보았으니 가토(加藤重廣)의 "일본인도 괴로운 일본어(日本人も惱む日本語)" (<朝日新聞> 2014년)에 다음과 같은 에피소드를 소개하여 도키에다(時枝) 문법이 당시 어떤 평가를 받았는지 알려준다.

그 것을 여기 소개하면 "동경대학 국어학 출신의 국어학자가 지방 국립대학의 국어학 신임 교원으로 부임했을 때에 현(縣)의 교육위원회 최고위 인사가 '우리 현(縣)에서는 하시모토(橋本) 문법이니까 잘 부탁합니다.'라고 침을 놓았다고 합니다. 그럴 정도로 당시의 교육 현장에서는 도키에다(時枝) 문법이 경계되었고 멀리했다고 말할 수 있다."고[11] 하여 당시에도 도키에다(時枝) 문법은 부적절한 것으로 인식되었음을 알 수 있다.

다행히 일제 강점기의 우리 문법에서는 도키에다(時枝) 문법을 적용한 예는 찾아보기 어렵다. 다만 용어에서 그의 문법을 쫓는 경우가 있었으나 대체로 야마다(山田) 문법이나 당시 널리 인기가 있던 하시모도(橋本)의 문법이 주로 참고가 되었다. 다만 다음에 논급할 이완응(李完應, 1929)의 <중등교과 조선어문전>에서만 마쓰시다(松下) 문법을 인용한 예가 보일 뿐이다.

4. 일제 강점기의 음운, 문법 연구

6.4.0. 대한제국 시대의 周時經(1906, 1908, 1909, 1910)에 이은 周時經(1914)의 『말의 소리』(1914)는 비록 그 전대의 <국어문법>(1910)을 발전시

11 원문은 「東大の国語学出身の国語学者がさる地方国立大学に国語学の新任教員として着任したところ、県の教育委員会のトップに『我が県は橋本文法ですのでよろしく』と釘を刺されたそうである。それだけ、当時の教育現場では、時枝文法は警戒され、遠ざけられていたとも言える」。

킨 것이지만 그가 이룩한 새로운 음성, 음운 연구가 들어있는 음성학 연구서다.

이 책은 그동안 문법론의 서설로 다루던 음성학을 따로 독립시켜 다루었으며 문자와 함께 고찰되던 관습도 없어졌다. 거기다가 본서의 제2장의 2.6.1.1.에서 살펴본 것처럼 당시로서는 구미(歐美)에 일어나기 시작하던 공시적인 음운 연구를 이 책에서 보여주었다. 순수하게 당시의 우리말을 분석하여 기술하는 방식의 우리말에 대한 음성, 음운 연구를 추구하였다.

그리하여 이 책에서는 훈민정음과 관련된 문자나 음운 연구는 보이지 않고 당시 여러 연구자들이 관심을 보인 '아래 ᄋᆞ'에 대한 언급도 없었다. 다만 그의 분합(分合)이란 철저한 추상적 언어 분석 방법은 여전하였다. 문법 형태소들의 교체에 대한 본격적인 서술되지 않았으나 어간 형태소들의 교체에 대한 논의는 더욱 확대하였다.

1) 음운 연구

6.4.1.0. 일제 강점기에 최초의 공시적 음운 연구를 체계화시킨 周時經(1914)의 <말의 소리>는 정확한 음소(고나)와 그의 분석을 시도하였다. 이어서 음절과 덧 음소(異音), 음운 변이 등에 관한 그의 주장이 순한글로 서술되었다. 특히 이 책에서 시도한 구두점은 주시경이 가진 독특한 형태 분석의 뜻을 알려주는 것으로 주목할 만한 업적이다.

특히 그가 설정한 '늣씨'는 낱말의 하위 분석에서 얻은 것으로 구조언어학에서 말하는 유의적(有意的)인 최소 단위의 형태소(形態素)와 유사한 개념이다. 예를 들면 '해바라기'는 '해, 바라, 기'의 세 늣씨로 구성된 복합 형태의 낱말이라고 정의하였다. 또 '먹으나'도 '먹, 으, 나'의 세 늣씨로 분석할 수 있어서 '가나, 서나'에서 보이지 않는 매개 모음 '으'도 형태로 보아야 하는 문제를 가져왔다.

이러한 언어의 분석과 결합을 수행하면서도 '토'의 음운 현상을 '말의 소리'에 포함시키지 않았고 '닭, 높-'과 같은 '몸(語幹, 語基)'의 음운 현상만을 다루었다. 이러한 周時經(1914)의 연구 태도는 후대에 많은 영향을 주었다. 그리고 한자어가 아니고 순 우리말의 용어 사용도 후대에 이를 따르는 연구자와 아닌 자들이 확연하게 구분되는 결과를 가져왔다.

물론 개중에는 申明均(1933)의 <조선어문법>이나 張志暎(1937?)의 <조선어전>과 같이 주시경 문법 체계를 따르기는 하였지만 용어만은 한자어를 쓴 경우도 없지 않다. 그러나 대부분 문법 용어가 순 우리말이냐 한자어인가로 확연하게 달라져서 전술한 바와 같이 이름씨파와 명사파의 구별이 생긴 것이다.

6.4.1.1. 한편, 일제 강점기에 음운론, 형태론, 통사론의 3분법을 따른 문법서가 속속들이 간행되어 음성, 음운의 연구는 이 시대에도 계속된다. 주시경의 제자이면 충실한 후계자인 김두봉은 그의 <조선말본>(1916)이나 후대의 <깁더 조선말본>(1922)에서 우리말 음운에 대한 周時經(1914)의 <말의 소리>를 추종한 것이지만 몇몇 중요한 차이가 발견된다.

중국 상해(上海)에서 간행된 김두봉(1922)의 <깁더 조선말본>은 그 전대의 김두봉(1916)에다가 한글의 풀어쓰기를 제안한 '좋은 글'과 속기법인 '날 적', 그리고 '표준말'을 부록으로 증보하고 본문에도 부분적인 수정을 가하였다. 이 책에서도 공시론과 통시론을 어느 정도 구별하고 추상적인 문법 분석에서 구체적인 분석으로 전환된 모습을 보였다. 구미(歐美) 언어학의 변천에 따른 것으로 보인다.

김두봉(1922)에서는 구미(歐美)의 조음음성학에 의거하여 우리말을 분석한 결과로 볼 수 있다. 즉, 그의 <깁더 조선말본>의 '둘재역 소리'의 '넷재매 소리의 갈래'에서는 다음과 같이 우리말의 음성을 분류하였다.

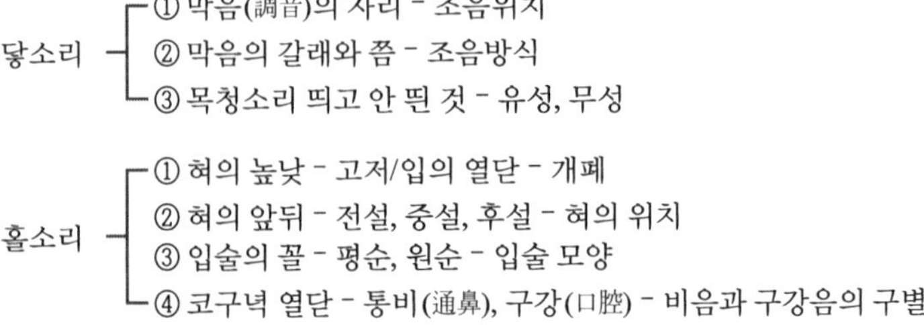

이와 같은 김두봉(1922)의 자음과 모음의 분류와 그 변별적 특징의 인식은 현대 음성학이나 음운론에 비추어도 손색이 없다. 즉, 촘스키와 할레의 Chomsky·Halle(1968)에서 제시한 음운의 변별적 자질로 자음에서 조음위치와 조음방식에 의한 자질과 모음에서 혀의 고저(또는 입의 개폐)와 혀의 위치, 그리고 원순과 비원순, 비음과 평음의 자질로 나눈 것과 거의 유사하다.

다만 닿소리 ③의 유성과 무성의 구분은 우리말에서 의미를 구별시켜주지 못함을 이해하지 못하고 구미(歐美)의 조음음운론의 이론에 맞춘 것으로 보인다. 다만 이때에는 구미(歐美)의 생성음운론(生成音韻論)이 거론되기 이전이어서 이와 같은 우리말 음운의 이해는 상당한 수준이었다고 평가할 수 있다.

이미 이 때에는 유응호(柳應浩, 1936a, b)의 '언어의 형태', '음운법칙에 대하여'와 같은 논문에서 볼 수 있는 것처럼 서양 언어학과 구조음운론에 대한 이론이 알려졌기 때문에 당시의 우리말 연구에서는 오늘날의 음운, 문법 연구와 같은 상당한 수준의 연구가 가능하였다.

6.4.1.2. 특히 김두봉(1922)에서는 우리말을 국제음성학기호(IPA)를 바탕으로 기술하여 종래 'ㅐ, ㅔ'를 '거듭 소리', 즉, 이중모음으로 이해하였으나 이 기호에 의하여 周時經(1914)과 달리 '홋 홀소리'로 보게 되었다. 이로부터 음성적 자질에 의하여 우리말의 음운 현상을 설명하는 싹이 튼 것이다.

崔鉉培(1929)의 <우리말본 첫째 매>에서도 김두봉(1922)과 마찬가지로 소리를 조음음성학의 기준에 따라 설명하였다. 崔鉉培(1929)의 특징은 김두봉(1922)에서 모음 8개, 자음 10개로 설정한 것을 모음에서 단음(單音)으로 'ㅚ'를 추가한 것과 '아래 ㆍ'의 음가를 周時經(1914)에서 'ㅣㅡ'의 합음으로 본 것에 따른 것이다.

6.4.1.3. 1930년대에 들어와서 朴勝彬(1931)의 <조선어학 강의요지>에서는 각 민족어마다 다른 여러 성음(聲音)을 일정한 표준음으로 구분할 것을 제안하였다. 한편 崔鉉培(1937)의 <우리말본> '소리갈'에서는

당시 서양의 실험음성학을 도입하여 공시적인 우리말 음운 연구를 시도하였다.

그리고 기왕의 연구에서 우리말의 단음(單音)을 분류한 것을 崔鉉培(1937)에서는 다음과 같이 수정하였다.

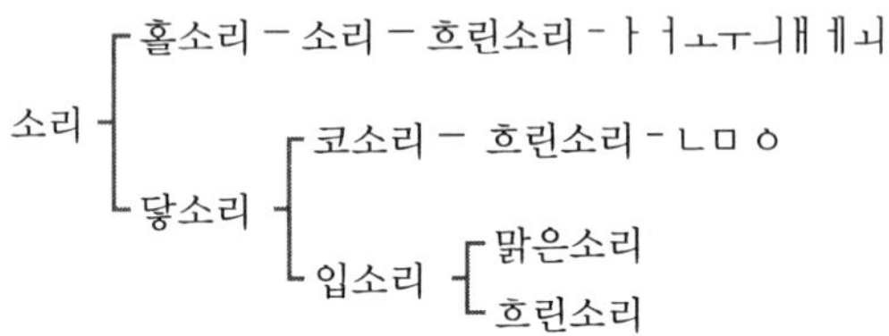

그리고 소리겨레(phoneme)라는 용어를 사용하였으며 우리말의 연구에서 음성학적인 기술과 음운론적인 설명을 시도하였다. 다만 음성과 음운의 체계적인 구분에는 이르지 못하였고 대체로 음성학의 기술과 설명에 머물렀다.

이 시기에 우리말 음운의 연구는 전술한 서양의 음운론의 영향을 받아 상당한 수준의 음운 현상이 이 이론에 의거하여 고찰되기 시작한다. 김재철(金在喆, 1931)에서 논의된 우리말의 '구개음화(palatalization)'의 연구는 구개음화 현상에 대하여 서구 이론으로 접근한 최초의 논문으로 인정된다.

또 정인승(鄭寅承, 1938)의 '모음 상대법칙과 자음 가세법칙'도 서양 음운론의 이론으로 모음의 대립관계와 자음의 조음 방식 자질에 대한 연구로 인정되며 이숭녕(1939)의 '음운전위 현상'에 대한 연구도 서양 음운 이론에 입각한 우리말의 음운 전도 현상을 고찰한 것이다.

정규창(丁奎昶, 1938~9)에서 논의한 '조선어 바팀의 본칠'에서는 우리말의 음절 말(coda) 자음의 처리를 서양 음운론의 이론으로 고찰하였다. 이것은 음절 단위의 표기로부터 형태 단위의 표기로의 전환을 가져오는 계기가 되었다. 그리하여 당시 음절 단위의 우리말 표기에 대한 여러 문제점을 제기하였다.

이숭녕(1940a)의 "'ㆍ'음고(音攷)"에서 우리말의 음성, 음운의 연구가 완전히 문자 연구로부터 벗어나 순수한 음운론의 관점에서 역사적 음운사의 연구를 보이게 된다. 이숭녕(1940a)의 연구는 본서의 제2장의 2.6.2.0.~3.에서 살펴본 1930년대 체코의 프라하에서 시작된 구조음운론을 도입한 연구였다는 점에서 우리말의 음운 연구에서 한 획을 그었다고 평가한다.

6.4.1.4. 다음으로 이 시대의 우리말 문법 연구에 대하여 살펴보기로 한다. 대한제국 시대의 문법 연구는 서양의 학교문법에 의거한 우리말의 초기 문법을 세우려던 시기로서 그 역사적 의미가 있다. 이후의 문법 연구는 우리말의 특성을 반영한 문법 기술에 집중하게 된다.

초기의 우리말 문법이 거의 학교 교육을 위한 교과서의 성격으로 저술되었다. 1910년대의 우리말 문법이 계몽적 성격이고 극소수의 선각자들에 의한 연구였다면 1920년대에는 우리말 문법 교과서로 10여종이 편찬되었고 전문적인 문법 연구자들도 수효가 늘어났다. 1930년대에 들어와서는 전시대의 연구가 비판되고 수정되어 보다 완성도가 높은 우리말 문법서가 10여종이 나오게 된다.

따라서 이 시대의 문법 연구는 10년 단위로 구분하여 고찰하는 것이 편리하다.

2) 1910년대 문법 연구

6.4.2.0. 1910년대의 문법 연구는 대한제국시대에 목표로 삼았던 어문(語文) 정리 사업을 이론적으로 뒷받침하려는 방향으로 연구가 진행되었다. 특히 경술국치(庚戌國恥)로 국권을 상실하게 되면서 '대한(大韓)', 또는 '국어, 국문(國文)'으로 시작되던 우리말 연구서가 '조선(朝鮮)', '조선어(朝鮮語)', 그리고 '언문(諺文)'으로 바뀌게 된다.

일제 강점 하에 이 땅의 국어(國語, national language)는 일본어가 되었고 국문(國文)은 일본의 가나(假名) 문자가 되었다. 그리하여 우리 민족의 자존(自尊)과 독립 의식을 고취하기 위한 우리말과 글의 찬양이 이 시기에 만연하게 된다. 崔鉉培(1927)의 "우리 한글의 세계 문자 상의 지위"에서는 한글에 대한 예찬이 가감 없이 전개되었고 일제 강점기의 우리말과 글에 대한 연구에서 하나의 모범이 되었다.

6.4.2.1. 1910년대의 일제 강점기에 우리말 문법연구의 포문을 연 것은 역시 주시경이다. 주시경은 국권회복과 민족 자립을 위한 노력으로 우리말과 글의 연구와 발전에 있다고 믿고 이에 대한 연구를 이어 나간 것이다.

周時經(1911)의 『조선어 문법』은 周時經(1909)의 <국문연구>나 <국어문법>(1910)을 이어 받고 이를 수정한 것이지만 우리말의 문장론에 대한 연구와 품사 분류에서 새로운 획을 그었다고 보아야 한다.

즉, 周時經(1911)에서 ③ 짬듬갈(구문론)은 말의 최소 단위로 '기(씨)'로 잡고 그의 구성체인 '다'를 '모(句)'와 '드(文)', 그리고 '미(發話)'로 분석하여 각 단위별로 고찰하였다. 즉, 통사론에 해당한다.

주시경이 제시한 말의 하위 범주를 틀로 보이면 다음과 같다.

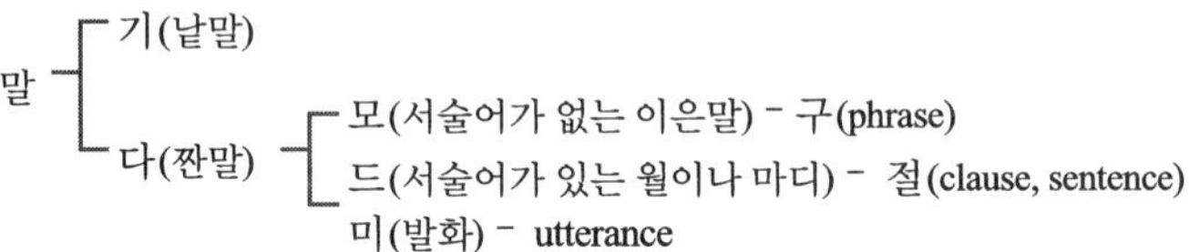

그의 짬듬갈(통사론)의 이론은 바로 이와 같은 틀에 요약되었다. '기'가 낱말에 해당함은 앞에서 살펴보았으나 '다'는 기(낱말)가 결합한 것을 말한다. '다(짠말)' 가운데 '모'는 '남이' 즉 서술어가 없는 구(句)를 말하고 '드'는 한 짠 말에 '남이'가 있어 다 마친 말로 본 것이다. 이것은 다시 '맞은 드'와 '못맞은 드'로 나누어 후자는 종결이 되지 않은 절(clause)이고 전자는 문장(sentence)을 말한다.

'드'는 다시 '임이(주부), 씀이(목적어), 남이(서술어)'로 나누어 보았다. 이른 바 문장 구성의 세 요소라 한 것이다. 그리고 여기에는 다섯 가지의 하위범주로 나누어 이 각각에 '임이붙이, 씀이붙이, 남이붙이'가 붙는다고 보았다. 또 그들은 다시 줄기와 줄기결, 가지와 가지결로 더 세분할 수 있다고 하였다.

이 다서 가지의 통사구조를 정리하면 다음과 같다.

① 임이(主者, 임자말) - 주어
쓺이(物者, 부림말) - 목적어
남이(說者, 풀이말) - 서술어

② 임이빗(主者職權表, 임자자리토) - 주격조사
쓺이빗(物者職權表, 부림자리토) - 목적격 조사
남이빗(설자職權表, 풀이말의 씨끝) - 서술격 어미

③ 임이듬(主者格, 임자격) - 주격
쓺이듬(物者格, 부림격) - 목적격
남이듬(說者格, 풀이격) - 서술격

④ 임이금(主者限定) - 주어부
쓺이금(物者限定) - 목적어부
남이금(說者限定) - 서술어부

⑤ 금이 - 여러 금을 각각 이름. 수식어.
금이빗 - 임이나 쓺이나 남이를 '금이'가 되게 하는 것. 관형사형 및 명사형
금이듬 - 임이나 쓺이나 남이가 제 빗을 가지지 못하고 금이 되는 빗을 가져 금이 됨을 이름.

6.4.2.2. 주시경(1914)의 <말의 소리>에서 예문으로 "소가 푸른 풀을 잘 먹소"를 도해(圖解)한 것을 다음에 옮겨 본다.

[표 6-2] 주시경의 문성 구성성분

언	임 겻	언	임 겻	억	움 끗	- 기난틀(품사분류)
저	소 가	푸른	풀 을	잘	먹 소	- 예문
금이	임이 빗	금이	쓺이빗	금이	남이 빗	- ①과 ②의 분석
임이금	임이듬	쓺이금	쓺이듬	남이금	남이듬	- ③과 ④의 분석
임이붙이		쓺이붙이		남이붙이		- ③과 ⑤의 분석

주시경은 완성된 문장을 적어도 '임이(주어)', '남이(서술어)'의 두 성분과 많아도 '임이, 쓺이(목적어), 남이'의 세 성분으로 구성되었다고 보

았다. 그러므로 문장의 이 세 성분은 '줄기결(莖部)', 또는 '웃듬결(原體部')이라 하였다.

가지결(枝部, 枝葉部)은 '붙이결'이라고도 하면서 앞에서 언급한 '빗'과 '금'을 말한다. 이 '가지결'은 '줄기결'에 딸려 쓰이므로 이렇게 부른 것이다. 이 가지결은 다시 둘로 나뉘어 '만이결'과 '금이결'이 된다.

역시 위의 예문을 도표로 보이면 다음과 같다.

〔표 6-3〕 주시경의 문장 구성 성분 2

결 ┬ 줄기결(웃듬결) – 임이(주어), 씀이(목적어), 남이(서술어)
   └ 가지결 ┬ 만이결 – 임이빗(-가), 씀이빗(-을), 남이빗(-소) - 세 빗.
            └ 금이결 – 임이금(저), 씀이금(푸른), 님이금(잘) - 세 금.

이 표를 보면 만이결은 '임이빗(주격 직권), 씀이빗(목적격 직권), 남이빗(서술격 직권)'을 포함하는 '관계부, 직권부'라고 하였고 '금이결'은 '임이금(주어 수식), 씀이금(목적어 수식)'을 포함한 '엇더함이결(何如部)'이라 하여 명사의 수식어와 동사, 형용사의 한정어를 말한 것이다.

그는 끝으로 임이붙이(主者部, 主者屬)와 씀이붙이(物者部, 物者屬), 남이붙이(說者部, 說者屬)으로 문장을 크게 3분하였다. 그리하여 다음과 같이 그 각각을 설명하였다.

> 임이붙이는 임이, 임이빗, 임이금을 다 이름이고
> 씀이붙이는 씀이, 씀이빗, 씀이금을 다 이름이며
> 남이붙이는 남이, 남이빗, 님이금을 다 이름이다.

이 세 붙이에서 중심이 되는 것은 '임이, 씀이, 남이'의 셋이므로 이를 '줄기결, 웃듬결'이라 하고 '빗'과 '금'은 이에 딸려있기 때문에 '가지결', 또는 '붙이결'이라 하였다. 세밀하고 엄격한 구문의 분석이 주시경 문법의 가장 큰 특징이다.

마지막으로 '미'는 "한 일을 다 말함을 다 이름이라"하고 <국어문법>의 개정판에서는 "길게 된 말이" 더 보완되어 "한 일을 다하여 길게 된 말을 이름이라"하였다. 이에 대한 예문이 없어 '다'의 최대형으로 '발화(發話, utterance)'를 말한 것으로 하나의 주제(topic)에 대한 매듭이 지어진 말을 가리킨 것으로 보았다.

6.4.2.3. 후대의 우리말 문법의 연구는 이러한 주시경의 문법 연구에 기초하게 된다. 이미 권덕규(權悳奎, 1929b)에서 '주시경선생전(傳)'을 발표하여 그의 문법 연구의 위대함과 후대에 끼칠 영향을 예언하기에 이른다. 또 安廓(1926)의 '조선어 연구의 실제'에서 주시경 선생의 우리말 연구를 높게 평가하여 일제 강점기에 이루어질 후속적인 연구를 독려(督勵)하였다.

주시경은 이 시기에 '조선어 강습원' 등의 교육기관을 통하여 자신의 문법이론을 보급하고 용어를 고치고 이론을 정비하는 일을 게을리 하지 않았다. 그는 <말모이>란 우리말 사전을 계획하고 이의 편찬을 주도하였으며 '조선언문회(朝鮮言文會)'라는 학회의 회장을 맡으면서 우리말 연구에 정진하였다. 그러나 결실을 보지 못하고 유명을 달리하게 되었다.

金熙祥(1911)의 <조선어전(朝鮮語典)>에서는 그의 金熙祥(1909)과 같이 '성(聲), 사(詞), 구어(句語)'의 3부로 나누어 내용을 좀 더 심화시켰다. 서언(緖言)에서는 받침으로 'ㅈ,ㅊ,ㅋ,ㅌ,ㅍ,ㅎ'을 써야 하는 이유를 밝히고 이어 품사의 하위분류, 명사와 동사 등의 변화 및 토의 변화를 기술하고 연접법 등을 설명하였다.

구어(句語)에서는 종전의 토를 빼고 체언과 용언의 변화형을 도표로 표시하였다. 토는 통합체이므로 복잡한 것은 그의 연접법임을 강조하고 새로 보충한 품사의 변화로 처리하였다. 구어의 이론에는 金奎植(1908)의 문법이 영향을 준 것으로 보인다.

남궁억(南宮檍)은 서울의 재동에 있었던 관립영어학교를 1889년에 졸업하고 관계에 진출하여 고조 황제의 어전(御前) 통역을 맡기도 하였다. <독닙신문>의 영어 편집을 담당하고 <황성신문>의 사장을 지냈다. 1910년에 배재학당의 영어 교사가 되어 9년간 교편을 잡았는데 1913년에 필사본인 <조선어법>을 저술하였다.

南宮檍(1910)의 <조선어법>은 간결하게 음성과 품사의 두 편으로 나뉘어 알기 쉽게 쓰였다. <독닙신문>과 같이 한글 전용으로 이 시기에 띄어 쓰기를 한 것이 특징이다. 품사는 영어의 8품사에 비해 용언의 어미를 토로 독립시켜 9품사로 구분하였다. 이 가운데 특기할 것은 토가 아닌 접속사(예를 들면 밋, 곳, 또 등)를 처음으로 독립 품사로 인정한 것이다.

또한 조사에 있어서도 후치사(예를 들면 ~부터, ~까지, ~너머)를 독립 품사로 세우고 명사의 체격(體格)을 설정하여 격조사와 보조사를 김규식(1908, 1912)보다 더 분명하게 설정한 최초의 문법서로 보인다.

주시경의 충실한 계승자로 김두봉과 이규영이 있다. 특히 이규영(李奎榮)은 오성(五星)학교 출신으로 주시경과 김두봉과 함께 1913년에 '조선광문회(光文會)'를 결성하고 여기서 조선어 자전으로 <말모이>를 편찬하면서 후대에 집필한 원고를 남겨두었다.

李奎榮(1913)의 <말듬>은 주시경의 문법 체계를 답습하여 3부법과 9품사 체계를 취하였으며 그의 다른 저서에서는 6품사를 주장한 적이 있지만 그의 李奎榮(1919)의 <한글적새>에서는 9품사 체계로 돌아 왔으므로 9품사가 그의 원안으로 보인다. <한글적새>에서는 다음과 같이 품사를 분류하였다.

씨 ┬ 몸 : 임, 움, 얻
　 ├ 토 : 만, 금, 잇
　 └ 모임 : 언, 억, 늑

한편 김두봉은 스승인 주시경이 작고하자 그 뒷일을 계승하여 조선어 강습원과 조선광문회의 국어사전 <말모이>를 편찬하는데 정성을 기울였다. 그리하여 김두봉은 <말모이>의 문법 부분을 정리하기 위하여 『조선말본』(1916)을 저술하였다. 이것은 주시경의 문법 체계를 계승하여 발전시킨 것이지만 음성학의 기술은 매우 참신한 것이었다.

김두봉의 『깁더 조선말본』(1923)도 앞의 것을 수정하고 증보한 부분은 많지만 체계적으로 앞의 것을 답습하였다. 다만 문장론은 주시경의 체제와 완전히 달라서 周時經(1911)의 '짬듬갈'에 나타났던 문장의 계층적인 분석 방법이나 심층 구조 및 변형적 절차의 인식 등은 찾아볼 수 없다. 김두봉(1922)의 문법은 1920년대는 물론이고 崔鉉培(1937)의

<우리말본>이 나올 때까지 당시 학계의 주류였었다.

한편 안확(安廓, 1917)의 <조선문법>은 金奎植(1912)처럼 어미가 아닌 조동사로 보았고 南宮檍(1910)처럼 조사가 아닌 접속사를 각기 품사로 인정하였다. 그러나 이러한 그의 10품사는 일본 에도(江戶) 문법을 이은 전술한 오츠키 후미히코(大槻文彦)의 일본어 문법에 따른 다카하시 토우루(高橋 亨, 1909)의 <한어문법(韓語文法)>이나 야쿠시지지론(藥師寺知朧, 1909)의 <문법 주석 한어 연구법>의 품사 체계와 완전히 일치한다.

따라서 어미가 아니라 조동사로 본 것이라든지 조사가 아니라 접속사로 설정한 것은 오츠키(大槻) 문법을 따른 것으로 보인다. 안확(安廓)의 <조선문법>(1917)은 高橋 亨(1909), 또는 藥師寺知朧(1909)에 의거하여 저술한 것으로 볼 수 있다. 이들은 모두 오츠키(大槻) 문법에 따른 것으로 시기적으로 아직 야마다(山田) 문법 등의 일본 4개 문법을 적용하기에 이른 때였기 때문이다.

6.4.2.4. 周時經(1911)의 문법 연구에 이어서 金奎植(1912)의 <조선문법>에서는 ① 자체(字体)와 성음(聲音), ② 사자학(詞字學), ③ 문장법의 3부로 나누고 ①에서는 한글의 글자와 그 음가에 대하여 설명하고 문법은 ②의 사자학과 ③의 문장법에서 다루었다.

②의 사자학(詞字學)에서는 첫머리에 "사자(詞字), 사절(詞節), 사구(詞句), 구어(句語)' 등과 같이 문법의 기본 단위에 대하여 설명하고 사자학은 품사론과 변사법(変詞法) 및 어원론(語源論)으로 구분하여 설명하였다. 품사론에서는 영어의 8품사에 형동사(形動詞)를 추가하였다. 형동사는 형용사를 말한 것이다.

동사에서는 동격(同格)동사와 조동사(助動詞)를 새로 구분하였다. 어형(語形)변화인 변사법(変詞法)에서는 체언과 용언 및 부사의 변체식을 정밀한 표로 제시하여 한국어의 문장 구조를 분명하게 보여주었다. 이어서 문장법에서는 영어의 통사법에 의거하여 한국어의 구문을 분석하고 기본문형의 설정에서부터 문장의 구성요소의 분석과 어순에 이르기까지 한국어의 통사론 전반을 영문법에 의거하여 깊이 있게 다루었다.

김규식(金奎植, 1912)의 <조선문법>은 현대 한국어 문법의 관형사에 해당하는 형용사(됴흔)와 형동사(됴타)를 구분하여 이를 따로 품사를 설정하였다. 金奎植(1912)을 비롯한 초기 한국어 문법에서 고심한 것은 형용사의 처리였는데 그의 형동사(形動詞)에 대하여 유길준(兪吉濬, 1919)에서는 전치(前置) 형용사와 후치(後置) 형용사로 구분하여 "모기 놉흐 + 어"의 '놉흐"를 후치 형용사로 본 것이다.

金奎植(1912)에서는 최초로 '이다'를 동격동사라 하여 현대문법의 지정사를 인정하였다. 또 체언과 용언의 어형변화를 처음으로 체계적으로 설정하였다. 후사(後詞)와 접속사에서 일부 조사와 어미를 각각 품사로 인정하였다. 완전한 체계를 세우지는 못하였지만 이른 바 제2와 제3의 유형을 대등하게 인정하는 등 새로운 문법 체계의 설정하는 길을 열었다.

6.4.2.5. 전술한 전시대의 유길준(兪吉濬, 1909)에서 일본의 에도(江戶) 문법에 의거한 품사 분류가 김희상(金熙祥, 1909, 1910), 그리고 김규식(金奎植, 1908, 1912)에서 서양의 학교문법으로 수정되었으며 周時經(1910)에서 토착 문법으로 굳어지면서 상당한 혼란을 보이게 되었다. 다음에 이들의 품사 분류를 표로 보여서 이 시대의 한국어 문법에서 품사 분류의 혼란상을 보이고자 한다.

〔표 6-3〕 개화기 이후의 품사분류 대조표

兪吉濬 (1904)	명사	대명사	동사	형용사	부사	감탄사	후사 (後詞)	접속사	(조사)	8품사
周時經 (1905)	명호 (名號)	(명호)	동작	형용	형동 (形動)	경각 (警覺)	인접	간접	조성 (助成)	7
金奎植 (1908)	명사	대명사	동사	형동사 형용사	부사	감탄사	후사	접속사	(어미)	9
兪吉濬 (1909)	명사	대명사	동사	형용사	첨부사	감동사	잡속사	(접속)	조동사	8
金熙祥 (1909)	명사	대명사	동사	형용사	부사	감탄사	토	(토)	(토)	7
周時經 (1909)	명호	(명호)	동작	형용 형명	형동	감동	관련 (關聯)	접속	완구 (完句)	9
周時經 (1910)	임	(임)	움	엇던	억	놀	겻	잇	끗	9

이러한 품사 분류의 혼란은 일제 강점기를 거치면서 유력한 학설로 통합되기에 이르렀다. 특히 주시경의 학통을 이은 김두봉(1916, 1922)과 崔鉉培(1929, 1929)의 연구는 소위 이름씨파로 후대의 문법 연구에서 토착적인 술어를 유지하였다.

반면에 유길준의 학통을 이어받은 金奎植(1908)과 金熙祥(1909)은 조국 광복 이후에 이희승(1949), 이숭녕(1956)의 한국어 문법 연구에서처럼 서양의 학교문법에 의거하면서 동양의 전통적인 술어를 채용하여 명사파란 이름을 얻었다. 이름씨파가 일제 강점기의 우리말 연구에서 유행하였다면 명사파는 조국 광복 이후의 서양의 규범문법에 의거한 한국어 문법 연구에서 널리 파급된 것이다.

그러나 현대에서도 이름씨파는 여전히 세력을 갖고 여러 한국어 문법 연구자 가운데 그대로 유지되고 있다. 다만 용어상의 문제이지 실제 문법론의 여러 이론들은 서로 유사하였다. 그러나 이러한 용어상의 문제가 가끔은 학파와 학자 간의 대립으로 확대되어 정당한 학문 연구와는 다른 부작용을 낳기도 하였다.

3) 1920년대 문법 연구

6.4.3.0. 1920년대 새로 등장한 문법가로는 강매(姜邁), 김원우(金元祐), 이필수(李弼秀), 이규방(李奎昉), 김윤경(金允經), 이상춘(李常春), 이완응(李完應), 홍기문(洪起文), 최현배, 정열모(鄭烈模), 이병기(李秉岐) 등 12명이 있다. 모두 주시경의 학통을 이어받은 연구자들이다.

이규방, 김윤경, 이상춘, 최현배, 정열모, 이병기 등은 모두 주시경의 제자였고 강매는 주시경에 감화된 친구였다. 특히 김윤경은 주시경의 충실한 계승자로서 끝까지 2분법 9품사 체계를 지켰다. 최현배는 나중에 스승을 능가하는 업적을 남겼다.

6.4.3.1. 李奎榮(1920)의 <현금 조선문전>은 저자의 사후에 권덕규의 교정을 거쳐 간행된 것인데 중등학교 교과서로 널리 이용되었다. 이규영은 주시경의 충실한 직계 후학이었는데 그의 李奎榮(1920)은 주시경과 김두봉의 문법 이론을 실례로 교육 현장에서 교육하여 보급하는 구

실을 담당했다고 할 수 있다.

金元祐(1922)의 <조선정음문전>도 비슷한 역할을 한 것으로 보인다. 강매(姜邁)의 문법은 문자와 음운론인 姜邁(1921)의 <조선문법제요>와 그가 김원우와 공저하여 3부를 갖춘 姜邁·金元祐(1925)의 <잘 뽑은 조선말과 글의 본>의 이전과 이후로 나누어 보는 것이 편하다. 이전의 연구는 한국어의 우랄-알타이어 계통론으로 시작하여 언문(諺文)의 연원(淵源)과 글자체, 음학 등을 개관하였다.

이후의 연구는 순 한글로 소리와 말 및 글로 나누어 기술하였다. 말은 이름말, 꼴말, 음즉임말, 꾸밈말, 도움말, 잇음말, 늬임말의 7품사로 나누고 글은 김두봉(1916)의 <조선말본>을 요약하였다. 품사 체계는 주시경의 체제를 따랐고 다만 그의 수사(數詞)에 대한 기술은 주목할 만하다.

6.4.3.2. 이필수의 문법은 그의 李弼秀(1922)의 <선문통해> 이후에 증보한 李弼秀(1923)의 <졍음문젼>에서 상중하(上中下)로 나누어 상편에서는 음음(陰音-자음)과 양음(陽音-모음) 및 반절(反切)로서 음운에 대하여 논하고 중편에서는 형태론으로 9품사를 다음과 같이 분류하였다.

명동사(名動詞) - 막음, 잡기
명형용사(名形容詞) - 높음, 넓기
부동사(副動詞) - 가게, 앉게
형동사(形動詞) - 돋은, 읽난, 갈
수량형용사(數量形容詞) - 한, 두, 몇
지정(指定)형용사 - 이, 그, 저
동형용사(同形容詞) - 크었다. 븕는다
부형용사(副形容詞) - 얇게, 깊히

또한 어미를 접속사와 조사로 양분하고 조사는 하편의 문장론에서 8격으로 나누어 고찰한 것이 독특하다. 대체로 품사의 분류는 金熙祥(1911)의 <조선어전>에서, 문장론은 金奎植(1908)의 <대한문법>에서 영향을 받은 것으로 보인다.

6.4.3.3. 주시경 계열로서 특이한 것은 李奎昉(1922)의 <신찬 조선어법>과 李常春(1925)의 <조선어문법>, 鄭烈模(1927~9)의 "조선어 문법론", 그리고 李秉岐(1929~30)의 "조선문법 강화(講和)" 등이다.

李奎昉(1922)은 석연치 않은 금지사(놓지 마시오)를 포함하여 부정사(먹지 않소), 호응사(이애, 오냐), 조동사(어미)와 조사 등을 더하여 13품사를 설정하였다.

李常春(1925)에서는 대명사를 포함하여 10품사를 설정하였고 "시내이다"를 '시내 + 이 +다(명사 + 명동사 + 종지사)'로 분석한 것이 특이하다. 李奎昉(1922)와 李常春(1925)는 모두 일본어의 용언 활용을 채택하였다.

鄭烈模(1927~8)의 "조선어 문법론"에서는 전술한 일본 마쓰시다(松下) 문법을 채용하여 우리말의 문법을 기술하였다. 완성하여 한 권의 책으로 간행하지는 못하였지만 鄭烈模(1927~8)의 '원사론(原辭論)'에서 제시한 우리말 원사(原辭)의 부류는 다음과 같다.

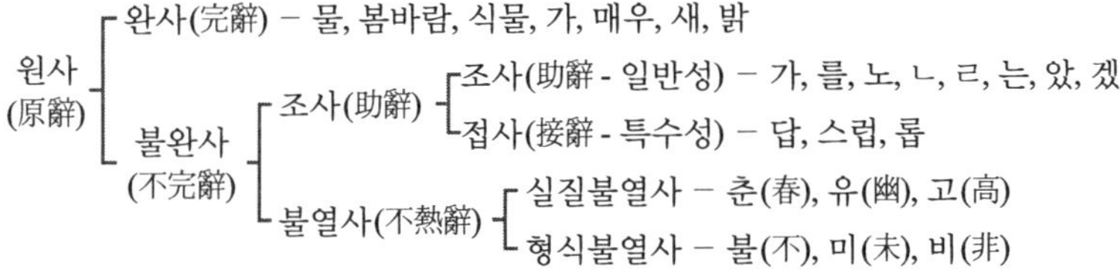

鄭烈模(1927~8)의 문법은 간접적이지만 1920년대 서양의 구조주의 문법을 수용한 것임을 알 수 있다. 다만 용어에서 '원사(原辭), 완사(完辭), 불완사(不完辭), 조사(助辭), 불열사(不熱辭)' 등은 마쓰시다(松下大三郎, 1907)의 <한역 일본 구어문전>에서 가져온 것이다.

다음으로 洪起文(1927)의 "조선문전 요령"과 李完應(1929)의 <중등학교 조선어문전>은 주시경의 문법과 다른 계통의 문법 이론이다. 李完應(1929)은 일본 오츠기(大槻) 문법을 따른 다카하시 토오루(高橋 亨, 1909)의 <한어문법>을 참조하고 역시 일본의 야마다(山田)의 문법에서 인정한 존재사를 도입하여 우리말을 11개의 품사로 나누었다.

李完應(1929)는 총독부의 검정을 필한 유일한 교과서였다. 이에 반하여 洪起文(1927)에서는 라틴문법의 8품사를 검토하여 우리말을 ‘명사, 동사, 형용사, 부사, 감탄사’에 ‘격사(格詞-격조사), 후계사(後系詞-보조사), 접속사(어미), 종결사(어미)’ 등의 9품사로 나누었다.

6.3.6.4. 1920년대에는 전례 없이 우리말 문법 연구가 성황을 이루었고 전대의 문법서를 수정한 김두봉(1922)의 <깁더 조선말본>을 비롯하여 安廓(1923)의 <수정 조선문법>, 李弼秀(1922, 1923)의 <선문통해>, <졍음문젼>, 金熙祥(1927)의 <울이글틀> 등이 간행되었으며 일본인의 문법서에서 11품사체제가 파생되었다.

1920년대 우리말의 품사 분류를 종합하면 다음과 같다.

〔표 6-4〕 1920년대 우리말 품사 분류표

李奎榮 (1920)	임씨	(임씨)	움씨	얻씨 언씨	억씨	늑씨	겻씨	잇씨	맺씨	9
金元祐 (1922)	명사	대명사	동사	형용사	부사	감탄사	관련사	접속사	완급사	9
李弼秀 (1922, 3)	명사	대명사 수사	동사	형용사	부사	감탄사	조사	접속사	(조사)	9
李奎昉 (1922)	명사	대명사 수사	동사 금지사	형용사	부사 부정사	감탄사 호응사	조사	접속사	조동사	13
姜邁 (1925, 32)	이름말	(이름)	음죽 임말	꼴말	꾸밈말 잇음말	늑임말	도움말	(잇음)	(도움)	7
金允經 (1925, 32)	임씨	(임씨)	움씨	얻씨 언씨	억씨	늑씨	겻씨	잇씨	맺씨	9
李常春 (1925)	명사	대명 사	동사	형용사 관사	부사	감탄사	조사	접속사	종지사	10
李完應 (1929)	명사	대명사 수사	동사 존재사	형용사	부사 접속사	강동사	조사	조용사 (助用詞)	(조용)	11
洪起文 (1927)	명사	(명사)	동사	형용사	부사	감탄사	격사 후계사	접속사	종결사	9
李秉岐 (1929)	명사	(명사)	동사	형용사	부사 접속사	감탄사	조사	(조사)	(조사)	7

이상 [표 6-4]를 살펴보면 주시경 계열의 9품사가 압도적으로 많으나 고유어 술어보다 일본인들의 문법 술어에 쏠린 명사파가 이름씨보

다 월등이 많다. 1920년대 이후의 문법서들은 우리말 교육과 관련하여 성황을 이루었으며 이미 주시경 술어에 대한 비판적 시각이 많이 나타났음을 알 수 있다.

4) 1930년대 문법서

6.4.4.0. 1930년대에 들어와서 새로운 우리말 문법 연구자로 박승빈(朴勝彬), 박상준(朴相埈), 장지영(張志暎), 신명균(申明均), 심의린(沈宜麟)이 등장했다. 1940년대에는 일제의 민족어 말살 정책으로 우리말 연구의 암흑기에 들어감으로 일제 강점기의 우리말 문법 연구는 권영달(權寧達, 1941)의 <조선어문 정체>를 끝으로 문법 저술도 중단되었다.

주시경이 유명을 달리한 이후에 주시경의 후계자인 김두봉, 이규영, 이상춘, 김윤경, 신명규, 최현배 등이 우리말 문법 연구의 큰 흐름을 주도하였다. 이밖에 주시경 학통에 반발한 안확, 박승빈 등도 있었고 이완응과 같이 일본 다카하시 토오루(高橋 亨, 1909)의 <한어(韓語)문법> 체계를 따르는 연구자들도 있었다.

6.4.4.1. 洪起文(1927)의 "조선문전 요령"은 후대에 洪起文(1947)의 <조선문법연구>로 정리한 것처럼 독특한 자신의 문법 이론은 전개한 경우도 있었지만 이 가운데 가장 뚜렷한 업적을 남김 우리말 문법가로는 김두봉과 최현배를 들 수 있는데 이들은 모두 주시경의 학통을 이은 문법가들이었다.

장지영과 신명균도 주시경 학파이었으므로 申明均(1933)의 <조선어문법>과 張志暎(1937?)의 <조선어전>은 한자어를 인정했다는 점을 제외하면 周時經(1910)의 <국어문법>과 대동소이하다. 주시경의 학통을 이은 문법가 중에는 최현배의 활동이 가장 컸다. 1930년대 우리말 문법서 가운데 가장 큰 수확은 제2 유형을 수립한 최현배의 문법이었다.

崔鉉培(1929)의 <우리말본 첫째 매>에서 '소리갈'은 우리말의 음성연구였고 崔鉉培(1930)의 "조선어 품사분류론"과 더불어 이를 3분법의 崔鉉培(1934b) <중등조선말본>이란 교과서를 간행한 다음에 崔鉉培(1937)

의 <우리말본>에서 종합하였다. <우리말본>은 당시 우리말의 문법 연구에서 얻은 가장 큰 업적이었다.

최현배의 문법은 崔鉉培(1930)의 "품사분류론"에서 가장 잘 드러난다. 그 분류체계는 소위 제2유형의 효시(嚆矢)로서 우리말 문법 연구에서 한 획을 그었다고 평가된다. 이 논문에서 그는 종래의 제1유형을 맹종하지 않고 모든 어미를 단어로 구분하지 않는 새로운 제2 유형을 체계를 창안하였다.

주시경과 김두봉은 용언의 어간과 어미를 따로 떼어 단어의 자격을 주어 품사로 인정하였으나 최현배는 이를 나누지 않고 전체를 한 단어로 처리하였다. 예를 들어 "꽃이 피었다"를 주시경은 '꽃/이/피/었다'의 4낱말로 분류한 것에 대하여 최현배는 이를 '꽃/이/피었다'의 3낱말로 분석하였다. 즉, 용언의 활용어미는 독립적인 낱말로 보지 않은 것이다. 최현배의 문법 이론을 종합적인 설명법이라고 하는 이유가 여기에 있다.

6.4.4.2. 우리말 문법 연구에서 제2 유형의 등장은 단순한 낱말의 구분에서만이 아니라 결과적으로 품사 분류의 문법적 설명을 전환시킨 중요한 결과를 가져왔다. 이에 따라 종전에는 어미가 속해있던 접속사나 종지사가 전적으로 부정되고 용언의 활용어미를 중요한 문법적 설명으로 인식하게 되었다.

물론 복잡한 활용어미의 분류와 그 규정에는 여러 가지 어려운 문제가 남아있지만 이 제2 유형의 문법 체계는 한국어의 특질에 입각한 형태 분석이었다는 점에서 그 의의가 크다고 볼 수 있다. 이러한 제2 유형의 문법 체계는 崔鉉培(1930)가 효시(嚆矢)라고 볼 수 있으나 그 전에도 이러한 경향은 이미 배태하고 있었다고 보는 것이 옳다.

어미가 아닌 일부 실사(實辭)를 접속사로 분류하는 논의가 처음부터 종종 있었으며 실사만으로 접속사를 세운 논저로 南宮檍(1910), 李秉岐(1929~30)의 선례가 있었다. 또한 용언의 활용어미에 대하여 논의한 대표적인 예로 金奎植(1908)의 변체식(變體式)이 있었다. 그러므로 이 두 가지 관점에서 하나로 어울려 제2 유형이 등장한 것이다.

최현배는 새로운 문법 체계를 제창하면서 품사론을 중요시하여야 한다고 강조하고 10여년 전에 '이다'를 조사의 설명격(說明格)으로 하였다가 이를 지정사(指定詞)로 인정하였다고 밝힌 바가 있다. 그리고 조사를 품사로 보지 않은 체계를 시도하다가 포기했다고 고백하였다. 이것이 사실이라면 그가 1920년경에 시도했던 <우리말본>의 초고(草稿)에서는 아마도 제3 유형의 훌륭한 문법 체계였을 것이다. 이 제3의 유형은 차후에 그의 문법서에서 나오게 된다.

최현배의 한국어 문법 연구의 집대성은 崔鉉培(1937)의 <우리말본>으로 세상에 나오게 된다. 이 문법서는 그때까지의 문법 연구 가운데 질이나 양으로 보아 단연히 으뜸이라고 할 수 있다. 이 책은 '들어가는 말(서언), 소리갈(음성학), 씨갈(품사론), 월갈(문장론)'으로 구성되어서 다른 문법서와 크게 차이가 나지 않는다.

그의 문법에서 가장 특색이 있고 공헌을 많이 한 부분은 용언편이다. 용언의 활용법을 정리하여 체계를 세우면서 주시경 문법에서 품사로 대접을 받던 일련의 단위들이 낱말의 일부분으로 처리되었으며 이에 따라 '마침법(종지법), 이음법(접속법), 껌목법(자격법)' 등의 활용법이 정리되었다.

어미의 이러한 3분법은 이후의 학교문법이나 일반문법의 연구에서 큰 영향을 미쳤다. 또한 보조어간과 어미 상호간의 통합관계를 고찰하여 한국어의 형태론 연구의 초석을 놓았던 것이다. 용언에 대한 오늘날의 한국어형태론 연구는 崔鉉培(1937)에서 시작되었다고 보아도 과언이 아니다.

문장론의 서술 방식은 주시경과는 오히려 거리가 있고 유길준, 김두봉의 것과 같은 맥락이다. 품사분류론에 있어서도 국내, 국외의 여러 문법서를 참조하여 스승인 주시경과는 달리 10품사 체계를 설정하였다.

최현배의 이러한 문법 연구는 전반적으로 앞의 6.3.5.1.에서 소개한 일본의 야마다(山田) 문법을 바탕으로 전개된 것으로 알려졌다. 그러나 지정사의 설정이라든지 활용어미의 체계적 기술, 보조어간의 인정, 보조용언에 대한 문법적 기능의 연구는 그만의 특색이 있는 연구라고 할 수 있다. 따라서 崔鉉培(1937)의 <우리말본>은 그때까지 산발적으로, 또는 집중적으로 연구되어 온 우리말 문법의 종합이라고 보아야 할 것이다.

뿐만 아니라 崔鉉培(1930)의 "조선어 품사분류론"은 1933년에 제정된 '한글맞춤법통일안'의 이론적 지주가 되었을 뿐만 아니라 1963년에 공표된 학교문법통일안에까지 많은 영향을 주었다는 점에서 그 의의가 크다고 아니 할 수 없다.

6.4.4.3. 한편 박승빈의 문법은 그의 朴勝彬(1931)의 <조선어학 강의요지>에서 전체적인 윤곽을 잡을 수 있고 朴勝彬(1935)의 <조선어학>에서 전모를 볼 수 있다. 특히 그의 문법은 '맞춤법통일안'을 반대하는 표음적 표기의 이론적 근거를 밝히는 데 초점을 두었다. 그의 문법에서 가장 특징적인 것은 용언의 활용어미를 기술하는 데서 찾을 수 있다.

朴勝彬(1935)의 <조선어학>에서 우리말의 품사분류는 당시 국내에서 발표된 여러 문법서를 참조하여 특이하게도 12품사를 설정하였다. 이 가운데 '존재사, 지정사, 조용사(助用詞)'의 설정은 그만의 분류법이어서 특이하다. 지정사는 '이다. 아니다'의 '이'만을 가리키면 조용사는 崔鉉培(1930)의 보조어간에 해당된다.

박승빈의 문법은 생성문법론의 관점에서 보면 오히려 수용할 수 있는 것이 많다. 언어관이나 부정법의 기술, 그리고 명사형성의 '-(으)ㅁ, -기'의 기능을 식별한 것은 그동안 전통문법에서 좀처럼 보기 어려운 탁견으로 보인다.

그러나 '맞춤법통일안'에 반대하기 위하여 문자와 음운에 대한 '음리급 기사법(音理及記寫法)'에서 전례가 없는 경음조(硬音調)와 격음조(激音調)의 부호를 따로 설정한 것이라든지 '된ㄹ'을 인정한 것은 납득하기 어려운 것으로 보인다.

이론상으로는 필요하다 하더라도 이러한 그만의 특수한 부호를 만들어 사용하도록 대중들에게 요구하는 것은 바람직하지 않기 때문이다. 따라서 朴勝彬(1937)의 <간이조선어문법>의 표기체계는 대중들이 따르기 어려운 부호들을 과감하게 폐기하였다.

6.4.4.4. 崔鉉培(1929)의 뒤를 이어 두 번째로 제2 유형을 세운 것은 朴相埈(1932)의 <조선어법>이다. 박상준의 품사 분류는 李弼秀(1922, 1923)의 <선문통해>와 <졍음문젼>의 것과 같으나 내용에 있어서 동사, 접속사, 조사는 서로 다르다. 朴相埈(1932)에서 崔鉉培(1930)의 용어를 소개하고 설명한 것으로 보아 박상준의 제2 유형은 최현배의 영향을 받은 것임을 알 수 있다.

한편 심의린(沈宜麟, 1936)의 <중등학교 조선어문법>에서는 제1 유형에 속하는 이완응(李完應, 1929)의 <중등학교 조선어문법>을 따른 검정필의 중등학교 교과서였다. 또한 이 시기의 마지막을 장식한 권영달(權寧達, 1941)의 <조선어문 정체>는 비록 6품사 체계를 따랐으나 제1 유형에 속하는 문법서였다.

1930년대에는 주시경 계열에 대한 비판적인 문법이 무르익어 종전에 없던 제2 유형의 체계가 등장하였다. 그 효시(嚆矢)인 최현배의 문법은 한국어 문법 연구사에서 하나의 전환점을 이룬 대표적 문법서였다. 그러나 이와 반대되는 박승빈 계열의 문법에서는 沈宜麟(1936), 權寧達(1941)과 같은 제1 유형에 속하는 문법도 여전히 교과서에 등장하였다.

6.4.4.5.

〔표 6-5〕 1930년대 우리말의 품사 분류

崔鉉培 (1930, 1937)	이름씨	대이름씨 셈씨	움즉씨	어떻씨 어떤씨	어찌씨	느낌씨	토씨 잡음씨	(토씨) (씨끝)	(씨끝)	10
朴勝彬 (1931, 1935)	명사 (수사)	대명사	동사 존재사	형용사 관형사	부사 접속사	감탄사	조사 지정사	(조사)	조용사 (조사)	12
朴相埈 (1932)	명사	대명사 수사	동사	형용사	부사 접속사	감동사	조사	(조사)	(어미)	9
張志暎 (1932, 1937)	님씨	(님씨)	움씨	얻씨 언씨	억씨	늑씨	겻씨	닛씨	맺씨	9
申明均 (1933)	명사	(명사)	동사	형용사 관형사	부사	감탄사	조사	접속사	종지사	9

沈宜麟 (1936)	명사	대명사	동사 존재사	형용사	부사 접속사	감탄사	조산	(조사)	조동사	10
權寧達 (1941)	명사	(명사)	동사	형용사	부사	감발사 (感發詞)	조사	(조사)	(조사)	6

1930년대에 와서 새로운 한국어 문법 연구가 잦아든 것은 '한글맞춤법통일안'의 제정 작업이 일단 마무리되었다는 사실과 관련이 있다. 그러나 1940년대에 들어와서 문법 연구가 거의 없었던 것은 일제(日帝)의 조선어 말살 정책에 직접적인 원인이 있다고 본다.

그리하여 1930년대 문법 연구를 조감하는 앞의 [표 6-5]으로 이 시대 우리말의 문법 연구를 마치고자 한다.

6.4.4.6. 일제 강점기의 우리말 문법 연구의 목표는 크게 언문 정리를 위한 것이다. 우리말 규범문법의 확립을 위한 품사 분류 등의 문제가 언제나 관심의 대상이었으며 그 우리말의 표기 체계가 일단 확정되어 공포되었기 때문에 우리말 문법 연구는 어느 정도 마무리를 지은 것으로 보인다.

이러한 일제 강점기의 문법 연구로 인하여 우리말의 형태 구조가 제 모습을 드러냈다고 볼 수 있다. 이는 주시경 학파에 의하여 이루어졌는데 처음에는 조사와 어미가 체언의 곡용과 용언의 활용으로 분간되었고 차츰 보조어간으로 불리는 선어말 어미의 식별에까지 이르게 되어 마침내 우리말의 근원 형태소도 분석이 가능하게 되었다.

다만 구문론에서 우리말의 통사구조의 분석과 의미의 설명은 金奎植(1908, 1912)에서 시작되어 周時經(1913)에서 자리를 잡는 것 같았지만 계승되고 발전하지는 못하였다. 우리말의 문장에 대한 연구는 1970년대의 변형생성문법 이후로 미루어지게 되었다.

5) 역사적 연구

6.4.5.0. 대한제국 시대의 우리말 연구에서 주목할 것은 한국어의 역사에 대한 연구가 시작되었다는 점이다. 이미 국문연구소의 위원들

이 소실(消失) 문자의 연구로 촉발된 한국어 음운사의 연구는 이 시대에 서양에서 역사비교언어학이 주류를 이룬 시대여서 더욱 우리의 관심을 끈다. 이 시대 서양인들의 연구에는 한국어의 계통과 다른 주변 민족의 언어와 비교되었기 때문이다.

국문연구소 위원들은 소위 없어진 글자인 'ㆍ, ㅇ, ㆆ, ㅿ'에 대하여 관심을 가졌고 합용병서(合用竝書), 각자병서(各字竝書)에 대한 음가 및 정서법의 문제들을 주로 거론하였다. 최현배의 『한글갈』(1942)의 「이론편」에서 이때의 연구가 종합되었다. 또 이 책의 「역사편」에서는 훈민정음의 창제와 그 보급에 대하여 고찰하였다.

崔鉉培(1942)의 <한글갈>에서 이루어진 「한글발달사」와 「정음발달사」에서 훈민정음의 <해례본>부터 후대의 주시경 학설에 이르기까지 각 시대의 한글에 대한 학설을 소개하면서 한글 예찬론을 개진하였다. 이러한 그의 주장은 일제 강점기의 독립운동과 연결되어 많은 호응을 불러왔고 오늘날까지도 한글에 대한 연구에서 영향을 주고 있다.

6.4.5.1. 김윤경(金允經)의 『조선문자급어학사(朝鮮文字及語學史)』(1938)에서는 한글 창제 이후의 훈민정음에 대한 모든 관계 자료를 수집하여 시대 순으로 기술하였다. 역시 한국어의 역사라기보다는 연구사의 성격을 가진 것이다. 이 시대에는 한국어학사와 한국어사가 구별되지 않았던 시대였다.

金允經(1938)의 서론(緖論)에서 한국어의 우랄-알타이어족 설을 제기하여 한국어의 역사를 살펴보려는 의도로 시작하였으나 내용은 문자사에 의거한 한글의 역사와 변천에 관한 것이 중심을 이루었다. 다만 부록으로 관계 문헌 자료와 참고문헌을 부록으로 붙여 후대의 연구에 도움을 주었다.

신태현(辛兌鉉, 1940b)의 "조선어의 변천"은 우리말의 역사적 변천을 살펴보려는 최초의 시도로 보인다. 물론 전술한 金允經(1938)과 같이 주로 문자사의 입장에서 고찰한 음운사가 중심이었지만 辛兌鉉(1940b)는 조선 전기의 언어에 대하여 관심을 가진 연구여서 우리의 주목을 끈다.

이어서 전몽수(田蒙秀, 1937)의 "고어 연구"가 발표되고 田蒙秀(1939~40)

의 "고어 연구초", 그리고 역시 田蒙秀(1941~1)의 "고어 잡고(雜考)"가 발표되어 우리말 고어에 대한 관심을 불러일으켰다. 물론 이 시기에는 일본인들의 향가와 이두 연구로 조선어의 고어에 대한 관심이 많았기 때문이다.

田蒙秀(1941a,b)에서 "화곡명(禾穀名) 고(攷)"와 "채색(彩色) 어휘고"가 발표되고 이어서 田蒙秀(1941~2)의 "과명(菓名) 고"에서 곡식 명칭과 색책어, 그리고 과일 명칭이 고찰되어 후대 우리말 어휘사(語彙史) 연구의 기틀이 마련되었다.

이어서 지헌영(池憲英, 1942) "조선 지명의 특성"에서 우리 지명에 대한 연구의 필요성이 강조되었으며 실제로 池憲英(1943b)의 "계족(鷄足) 산하 지명고"를 발표하였다. 이숭녕(1940b)의 "시간의 어휘에 대하여"와 같은 어휘의 연구는 조동탁(趙東卓, 1939)의 "어원 소고"에서 우리말의 어원 연구에 대한 필요성을 제기하였다.

신태현(辛兌鉉, 1940c)의 "화이역어(華夷譯語) 조선고어 약고"에서는 <화이역어>에 보이는 우리말 고어를 찾아내어 고찰하였고 池憲英(1941)의 "조선 고어 속고(續考)"에서 이러한 연구의 중요성을 강조하였다. 유창선(劉昌宣, 1937)의 "계림유사 고려 방언고"에서는 <계림유사(鷄林類事)>에 소개된 고려 방언을 해독하여 이를 재구하려 하였다.

6.4.5.2. 양주동(梁柱東)의 『조선고가연구(朝鮮古歌硏究)』(1942)는 이 책을 일명 '사뇌가전주(詞腦歌箋註)'로 했던 것처럼 신라 향가(鄕歌)의 해독이었다. 일본인 오구라 신페이(小倉進平, 1929)의 "향가 및 이두 연구(鄕歌及び吏讀の硏究)"와 마에마 교사쿠(前間恭作, 1929)의 "처용가 해독(處容歌 解讀)"에서 이루어진 향가 연구에 분발하여 梁柱東(1935)의 "향가 해독, 특히 원왕생가에 대하여"에서 '원왕생가(願往生歌)'를 해독하고 이어서 梁柱東(1942)에서 <삼국유사>와 <균여전(均如傳)> 소수의 향가 전체의 해독을 시도한 것이다.

양주동은 우리나라 사람으로서 최초로 고대 신라어를 재구하고 향가를 해독하려던 것이었으나 그의 향가 해독은 15세기 우리말에 의거했다는 평가를 받았다. 다만 우리말의 역사적 연구를 본격적으로 시도한 연구로 梁柱東(1942)을 들지 않을 수 없다. 이어서 그는 조국 광복 이후에『여요전주(麗謠箋註)』(1947)도 편찬하여 고려시대의 가요(歌謠)를 주석하고 해독하였다. 이러한 연구를 통하여 한국어의 고대와 중세의 한국어가 재구된 셈이 되었다.

일본인 小倉進平(1929)과 前間恭作(1929)의 향가 연구가 계기가 되어 유창선(劉昌宣, 1936a, b)의 "신라 향가 해독 소고"와 "균여(均如)의 향가 해석", 그리고 劉昌宣(1940)의 "노인(老人) 헌화가(獻花歌)에 대하여"가 발표되었고 신태현(辛兌鉉, 1940)의 "향가 신해독", 그리고 지헌영(池憲英, 1943)의 "영재(英才) 우적(遇賊)에 대하여"가 뒤를 이었다.

여기에 문시혁(文時赫, 1934~6)의 '이두에 대한 고찰'도 발표되어 신라의 향찰(鄕札)과 후대의 이두에 대한 연구가 본격적으로 이루어졌고 오늘날까지 그 연구의 전통은 이어지고 있다. 梁柱東(1942)의 향가 연구는 <삼국유사>와 <균여전>에 전해오는 25수의 향가를 모두 해독한 것이어서 후대에 이 방면의 연구에서 지대한 영향을 끼쳤으며 광복 이후에 남한과 북한에서 많은 연구가 이루어졌다.

특히 북한에서 간행된 홍기문(洪起文)의『향가해석』(1956, 평양: 과학원)과 정열모(鄭烈模)의『향가연구』(1965, 평양: 사회과학원출판사)는 양주동의 연구를 이어받아 발전시킨 것이다. 그러나 후속적인 연구가 이어지지 못한 것은 애석하다고 할 수밖에 없다.

6.4.5.3. 이 시대에는 비록 단편적이기는 하였지만 우리말의 방언에 대한 연구도 시작되었다. 小倉進平(1924)의 <남부 조선의 방언>에 의하여 촉발된 우리말의 방언 연구는 이극로(李克魯, 1931)의 '조선말 사투리'에서 그 연구의 단초가 보였다.

그리고 여러 잡지에서 방언의 어휘들이 수집 보고되었고 방종현(方鍾鉉, 1937)의 "제주도 방언 채집 행각, 특히 가파도에서"가 발표되고 方鍾鉉(1940b)의 "고어 연구와 방언"에서는 우리말의 고어를 연구하는데 방언이 얼마나 중요한 가를 역설하였다.

체계적이고 전국 규모의 방언 조사는 없었으나 소실 문자를 방언 속에서 찾아내어 역사적으로 재구하려는 연구였을 뿐이다. 예를 들면 方

鍾鉉(1935)의 "방언에 나타나는 'ㅿ'음의 변천"과 같은 논의가 그러하다. 그러나 이 시기의 방언 연구는 후일 남한에서 본격적인 방언 조사를 하게 되었다.

즉, 후대에 한국 정신문화연구원(한국학중앙연구원의 전신)에서는 전국 규모의 방언 조사를 실시하였고 남한의 각 대학에서 국어국문학과의 거의 모두가 학생과 교수들에 의하여 정기적으로 방언조사를 하게 된다. 그리고 방언을 통한 우리말의 연구가 더욱 탄력을 받는다.

6.4.5.4. 이 시기에도 한자음의 연구의 연구는 계속되었다. 신명균(申明均, 1927)의 "한자음 문제에 대하여"에서 한자음의 연구가 중요함을 강조하였고 <사성통고>, <사성통해>, <훈몽자회>, <정음통석(正音通釋)>, <진언집(眞言集)>, <국문자모분해(國文字母分解)>, <정음종훈(正音宗訓)> 등을 검토하여 한자음의 역사적인 변천을 살펴보았으나 음운사(音韻史)에 의거한 연구는 아니었고 단순한 발음의 변화를 살핀 것이다.

이 시기에 특기할 것은 훈민정음의 원본(原本), 즉 {해례본}『훈민정음』이 발견되어 일부 연구자들에게 알려진 것이다. 즉, 간송(澗松) 전형필(全鎣弼) 선생이 안동(安東)의 모(某) 고가(古家)에서 이 고서를 발견하였으나 일제(日帝)의 훼손을 두려워하여 공개하지 않았지만 이미 정인승(鄭寅承, 1940)의 "고본(古本) 훈민정음 연구"와 梁柱東(1940)의 "신발견 훈민정음에 대하여"에서 이 자료의 가치에 대하여 논하였다. 후일 정철(1954)에서 이 자료의 습득과 보존 경위가 알려졌다.

6) 외국인(일본인 포함)의 조선어 연구

6.4.6.0. 개화기 시대에 왕성했던 서양인의 한국어 연구는 경술국치(庚戌國恥)로 대한제국이 일본에 병합(倂合)되면서 눈에 띄게 줄어든다. 반면에 일본인에 의한 우리말 연구는 폭증하게 되는데 아마도 일본에 합병된 한반도의 민족과 언어에 대한 관심이 서양의 열강에게는 흥미가 줄어든 탓으로 보인다.

그래도 일제 강점기에 서양인들의 우리말 연구가 없었던 것은 아니다. 여전히 서양인들의 우리말을 학습하려는 교재와 사전이 일본과 조선에서 계속 발간되었다. 존스(George J. Jones)의 <영한사전>(Jones, 1914)과 전술한 Underwood(1890a)를 수정한 언더우드의 <영한사전>(Underwood, 1925), Gale(1897)을 고친 게일의 <줄이지 않은 한영사전>(Gale, 1931), 그리고 새로 편찬된 베어드(W. M. Baird)의 <영한, 한영 사전>(Baird, 1928)이 모두 서울에서 간행되었다. Gale(1931)의 <줄이지 않은 한영사전>은 8만 2천 어휘를 자랑한다.

역시 언더우드, 원한경(元漢慶)의 <일용조선어(日用朝鮮語)>(Underwood, 1921)와 독일인 신부로 한국어 교재를 독일에서 <한국어 구어문법>(Eckardt, 1923)을 편찬한 에카르트(P. Andreas Eckardt, 玉樂安)는 모두 영어와 독일어를 사용하는 한국의 외국 선교사들이 우리말 학습에 사용할 목적으로 간행한 교재들이다.

Eckardt(1923)의 <한국어 구어문법>은 독일인 쓴 최초의 한국어 문법서인데 명사, 동사, 대명사, 형용사, 부사, 수사, 접속사, 후명사, 감탄사의 9품사로 한국어를 설명하였다. 특히 동사의 분류가 매우 자세하고 동사 어간의 변화 규칙을 17종으로 구분하여 설명한 것이 특징적이다.

가톨릭 신부로 함경도 덕원(德原)에서 출판한 로트(P. Lucius Roth, 洪太和)의 독일어로 쓴 <한국어 문법>(Roth, 1936)도 한국어의 학습을 위한 것이다. 덕원신학교 교장이었던 로머(R. P. Anselm Romer)의 <조선어문법(*Koreanische Grammatik*)>을 대본으로 하여 새로운 맞춤법에 따라 명사, 대명사, 동사, 형용사, 후치사, 부사 등의 품사 체계에 따라 한국어를 설명하였다.

Roth(1936)의 <한국어 문법>은 전술한 Eckardt(1923)의 <한국어 구어문법>과 공통점이 많지만 Roth(1936)의 특징은 우리의 맞춤법을 반영했다는 점과 동사의 설명을 간소화한 것, 훌륭한 읽을거리를 제공했다는 점을 들 수 있다.

서양인들의 한국어 연구에 절실하게 필요했던 연구업적의 목록이 Underwood(1930)의 <서양인의 한국어 연구 문헌>을 서울에서 출판하였다. 비록 '불완전한(partial)'이란 말을 서명에 붙이기는 하였으나 그때까지 서양인의 한국어 연구를 조감(鳥瞰)하였다는 의미가 있다.

6.4.6.1. 역시 이 시기에도 외국인에게 한글은 매우 특이한 문자로 보여 이에 대한 연구 논문이 발표되었다. 전술한 에카르트(P. Andreas Eckardt)의 "한국 글자의 기원"(Eckardt, 1928)은 Eckardt(1923)의 <한국어 구어문법>과 더불어 한국어와 한글에 대한 깊은 지식을 자랑한다. 다만 Eckardt(1928)에서는 한글의 기원에 대한 속설로 창호설(窓戶說)도 주장하여 연구자들의 치소(恥笑)를 받았다.

즉, 에카르트는 그의 Eckardt(1928)의 "한글 글자의 기원"에서 한글의 기원에 대한 범자(梵字), 고전자(古篆字), 중동(中東) 문자, 팔괘(八卦), 만자(卍字), 음악 부호, 정음(正音), 원방(圓方), 창호(窓戶-문살) 등 9종의 종래 가설을 제시하고 이 가운데 창호설(窓戶說), 즉 문살과 문고리를 보고 생각해 내었다는 전래 구전(口傳)의 속설이 가장 신빙성이 있다고 하였다. 개화기에 많은 관심이 집중되었던 한글의 기원에 대한 논의는 결국 이러한 민간어원까지 동원되었지만 결론 없이 끝나게 되었다.

아그노에르(Charles Haguenauer)의 Haguenauer(1933)의 "한국 글자의 전사 체계"는 한글에 대한 로마자의 전사 체계를 논한 것이다. 당시로서는 이만한 한글의 로마자 전사법을 보인 것은 높게 평가할 만하다. 머큔(G. M. McCune)과 라이샤워(E. O. Reischauer)가 공저한 McCune·Reischauer(1939)의 "한국어의 로마자 표기"는 많은 서양의 한국어 연구자들이 추종하였고 내국인들도 이를 따르는 사람이 많다.

6.4.6.2. 이 시기에는 한국어가 서양 언어학계에 소개되기 시작하였다. 러시아계 일본 학자인 엘리세예프(Serge Eliséèv)는 그의 Eliséèv(1924)의 "한국어"에서 우리말을 소개하면서 한국어의 구조에 대하여 조감하였다. Eliséèv(1924)는 프랑스의 저명한 언어학자인 메이에(Antoine Meillet)와 코헨(Marcel Cohen)이 공편한 Meillet·Cohen(1924)의 『세계의 언어(*Les langue du monde*)』(Paris)에 게재하여 세계에 한국어를 소개한 것이다.

이 시기에 구소련의 저명한 언어학자 뽈리봐노프(Polyvanov)와 핀란드의 역사언어학자 람스테드(Gustav J. Ramstedt)가 한국어를 접하고 이에 대하여 본격적인 역사언어학의 방법으로 고찰한 것은 어쩌면 우리에게 대단한 행운이라고 할 수 있다. 우리 학계에서 한국어의 알타이어족설을 최초로 주장했다고 보는 Ramstedt(1928)의 "한국어에 대하여"는 구소련의 천재적이었지만 비운의 역사언어학자 뽈리봐노프의 Polivanov (1927) "한국어와 알타이제어의 친족 관계에 대하여"보다 1년 뒤에 나온 것이다.

그러나 이 두 논문으로 한국어의 계통연구에 신기원을 긋게 된다. Polivanov(1927)는 비록 비교적 짧은 논문이지만 한국어의 7모음 체계를 주장하고 다른 알타이어의 여러 어휘와 비교하여 한국어가 알타이어족에 속함을 증명하려 하였다. 그러나 Polivanov(1927)은 러시아로 쓰였고 구미(歐美)의 서방세계와 구소련이 서로 대립하는 엄중한 냉전 시대에 이 논문은 한국에 알려지기 어려웠다. 필자에 의한 번역이 21세기에 들어와서 정광, 허승철 역(2004)으로 소개될 정도였다.

반면에 람스테드는 헬싱키 올림픽에 참가하고 돌아온 이상백(李相佰) 서울대 사회학과 교수에 의해서 그의 모든 논저가 한국에 전달되었고 서울대 국문학과의 이숭녕, 이기문 교수와 언어학과의 김방한 교수에 의하여 그의 학설은 널리 소개되었다. 특히 이기문(1961, 1964c, 1967)에서 한국어의 기원과 계통에 대한 연구는 거의 람스테드의 학설에 의거한 것이다.

람스테드는 일찍이 그의 Ramstedt(1924) "한국어와 일본어의 두 낱말"에서 일본어와 한국어의 2개 단어를 비교하여 이들의 친족관계를 증명하였다. 그리고 그의 Ramstedt(1928) "한국어에 대하여"에서는 한국어가 알타이어족에 속함을 주장하였다. 이어서 Ramstedt(1933)에서는 "한국어의 명사 후치사"를 고찰하였고 드디어 Ramstedt(1939)에서 <한국어 문법>을 편찬하였다.

이 한국어 문법서는 람스테드가 그동안 한국어 문법에 대하여 연구한 모든 것을 포함하게 된다. 음성학, 형태론, 후치사와 부사, 비활용어, 단어 형성, 문장 구조의 6장으로 나누어 서양 전통문법의 음운론, 형태론, 통사론의 3분법을 따른 것이다. 이러한 서술태도는 다른 한국어 문법이 취한 실용 위주의 학교문법 체계를 완전히 벗어난 것이다. 이 문법서로부터 비로소 한국어의 이론 문법이 시작되었다고 본다.

그리고 Ramstedt(1939)의 <한국어 문법>의 '음성학'에서는 '애, 에'의 단모음화 현상을 지적하고 '형태론'의 품사편에서는 종전과 다르게 명사, 동사, 후치사, 부사, 비 활용어 등을 논하고 명사의 격첨용(格添用 - declension)을 체계적으로 고찰하였다. 그가 활약하던 시대는 서양에서 역사비교언어학이 성황을 이루던 때였다. 따라서 이 책은 현대한국어의 공시적인 연구보다는 역사적 변천 과정을 설명하고 알타이제어와의 비교를 통하여 한국어의 역사를 고찰한 것이다.

람스테드의 한국어 문법 연구는 이후에 서양인들의 한국어 연구에서 하나의 기준이 되었다. 이로서 한국어가 학습을 위한 교재나 사전이 아니라 저명한 서구의 언어학자에 의해서 그 문법이 연구된 것이다. 물론 그는 한국어에 온 일이 없어서 직접 이 말을 수집하고 원어민과 방언을 직접 조사한 일이 없었다. 따라서 개중에는 오류가 없지 않으나 그가 고찰한 한국어의 문법은 서구의 본격적인 문법 연구가의 결과물이어서 오늘날에도 한국어 문법 연구의 귀감(龜鑑)으로 삼고 있다.

6.4.6.3. 전술한 Ramstedt(1924)의 '한국어, 일본어의 두 낱말'에서 일본어의 'shima(島)'와 'he(舟)'를 한국어의 'sëm(島)'과 'pä(舟)'와 비교하여 이 어휘가 동일 기원임을 들어 한국어와 일본어가 매우 친밀한 관계에 있음을 밝혔다. 이 시기에 첸커(E. V. Zenker)는 그의 Zenker(1926)에서 일본어와 유구어(流球語), 아이누어(Ainu)를 한국어와 비교하여 이 네 언어가 밀접한 관계에 있음을 증명하려 하였다.

구소련의 역사비교언어학자 뽈리봐노프(Polivanov)는 전술한 그의 Polivanov(1927) "한국어와 알타이제어와의 친족관계에 대하여"에서 한국어가 알타이어족에 속함을 주장하고 다른 알타이제어와 한국어의 어휘들 몇 개를 비교 검토하였다. 이른바 한국어의 알타이어족설이 시작된 것이다. 람스테드의 한국어 알타이어족설은 그 보다 1년 뒤에 발표된다.

Ramstedt(1928)의 "한국어에 대하여"에서는 한국어가 퉁구스-한국어족에서 일찍 분화했다고 주장하였다. 이후 우랄-알타이어족에서 우랄(Ural) 제어의 친족관계가 증명되어 나머지 알타이(Altai) 제어, 즉 터키제어, 몽골 제어, 퉁구스 제어를 하나로 묶어 알타이어족으로 하는 가설이 제기되었다.

람스테드는 이 학설을 발전시켜 그의 Ramsted(1952) <알타이어학 서설 II>(형태론)에서는 알타이공통조어에 4개 어파(語派)가 있다고 하여 터키어, 몽골어, 퉁구스 공통조어에 한국어 공통조어를 추가하였다. 즉, 람스테드는 알타이 제 민족의 원주지가 만주 흥안령(興安嶺) 산맥 지방이고 약 4천 년 전에 산맥의 동쪽에는 퉁구스족과 한족(韓族)의 선조가 살았으며 그 서쪽에는 몽골족과 투르크족의 선조가 살았다고 보았다. 그리고 산맥의 북쪽에는 몽골족과 퉁구스족이 살았고 남쪽에는 터키족과 한국인들이 살았다고 보았다.(Ramstedt, 1952: 15~16). 이로부터 한국어가 일약 알타이어족의 사어파(四語派)의 하나 된 것이다.

그러나 이 학설은 구소련의 언어학자로 2차 세계대전 직후에 미국으로 망명한 포페(N. S. Poppe)에 의해서 수정되었다. 즉, 그의 Poppe(1960) <알타이제어의 비교문법>에서는 알타이공통어로부터 원시 한국어가 먼저 분화되었고 한동안 투르크-몽골-퉁구스의 공통어시대가 있었으며 여기서 다시 선(先) 투르크어와 몽골-퉁구스 공통어 시대가 있었다고 보았다.

따라서 한국어는 다른 전통적인 알타이제어보다 일찍 공통조어로부터 분화되어서 친족관계가 비교적 소원하다고 본 것이다. 포페(Poppe)의 이러한 주장은 이기문(1961)의 <국어사개설>에서 받아들여 오랫동안 우리 학계의 정설이 되었다.

일제 강점기에 서양인의 한국어 연구는 서양인들이 비교적 장기간 이 땅에 체류하면서 한국어를 연구했거나 유명한 역사비교언어학자들이 전문적인 우리말 연구자의 도움을 받아 체계적으로 한국어를 연구하였다는 것이 전 시대의 서양인 연구와 다른 점이다. 따라서 그들의 연구 업적은 대한제국 시대와 달리 한국어 문법 구조에 기초를 둔 본격적인 언어학적 연구로 볼 수 있다.

이러한 서양인들의 연구 경향은 일제 강점기의 일본인 연구자들에게도 자극을 주어 그들 나름의 한국어 문법 연구를 가능하게 하였고 한국어의 역사와 계통에 대한 연구도 이어나가게 되었다. 다만 조선병합(倂合)이란 정치적 의도에서 한국어의 연구가 이루어졌다는 점이

옥에 티라고 할 수 있다.

6.4.6.4. 개화기 시대의 일본인들의 한국어 연구는 대한제국 시대에는 우리말을 학습하기 위한 교재의 수요(需要)에 의하여 여러 사람들이 한국어에 대한 교재와 연구서를 발표하였으나 일제 강점기에는 소수의 전문가들이 독점하는 양상을 보인다. 따라서 일제 강점기에 일본인이 우리말 연구는 양적으로 늘어났을 뿐만 아니라 질적으로도 상당한 발전을 보였다.

앞에서 언급한 바와 같이 서양인의 한국어 연구에 분발(奮發)한 탓도 있지만 일본 정부의 적극적인 지원이 있었기 때문이다. 일제 강점기에 일본인들의 우리말 연구는 한국어의 역사, 계통, 서지연구, 방언, 사전 및 학습교재, 조선한자음, 그리고 다시 한글에 대한 것에서 이루어졌다. 이 각각에 대하여 고찰하기로 한다.

먼저 신무라 이즈루(新村出)은 경도(京都)대학 언어학과 교수로서 新村出(1916)의 "국어(일본어-필자 주) 및 조선어의 수사에 대하여"에서 고구려의 지명 연구로부터 얻은 고구려어 수사(數詞)에서 삼(三)의 '밀(密)'과 오(五)의 '우차(于次)', 칠(七)의 '난은(難隱)', 십(十)의 '덕(德)'을 고대일본어의 '3 -mitu, 5 -utu, 7 -nana, 10 -döwö'와 비교하여 동일 기원임을 증명하려 하였다.

이것은 전술한 미야자키 미치사브로(宮崎道三郎, 1907)나 나이또 코난(內藤湖南, 1907)의 고대 한국어와 일본의 비교 연구를 이어받은 것이다. 新村 出(1914)의 일본어와 고구려 수사연구는 후대에 니시무라 신타로(西村眞太郎, 1938)의 "국어, 조선어 수사 동일론"에서 다시 논의되었다.

이기문(1963: 98~9)에서 밝힌 바와 같이 新村 出(1914)의 고구려어 수사의 연구는 후대의 한일(韓日)의 비교 연구에 지대한 영향을 끼쳤다. 어족(語族)의 성립에서 수사의 일치가 매우 중요한 요건이기 때문이다. 이로부터 21세기에 들어와서 Vovin(2010)에서 '한국어-일본어족(Koreo-Japonica)'의 가설이 주장되기도 하였다.

6.4.6.5. 전술한 마에마 교사쿠(前間恭作)도 한국어의 역사적 연구에

많은 업적을 남겼다. 그의 한국어 연구는 고어(古語)에 집중하여 이 분야에 좋은 업적을 많이 출판하였다. 그가 대한제국 시대에 내한하여 국내에 체재하면서 조선연구회의 간사로서 1903년부터 18년간 열심히 자료를 수집하여 일본으로 귀국한 후에 많은 저술을 남겼다.

그리하여 前間恭作(1924)의 <용가고어전(龍歌古語箋)>은 용비어천가에 보이는 우리 옛말을 찾아 주석하였고 前間恭作(1925a)의 <계림유사 여언고(麗言攷)>는 송대(宋代) 손목(孫穆)이 지은 <계림유사>의 고려 방언에 대하여 고찰한 것이다. 그리고 前間恭作(1925b)의 "삼한(三韓) 고지명의 보정(補正)"에서는 삼한의 옛 지명을 다시 고찰한 것이며 前間恭作(1925c)의 "신라 왕의 세차(世次)와 그 이름에 대하여"에서는 '혁거세(赫居世)'를 비롯한 신라의 왕에 대한 명칭을 고찰하였다.

이어서 한자로 차자 표기된 신라의 문헌을 해독하였는데 前間恭作(1926)의 "약목(若木) 석탑기의 해독"에서는 경북 칠곡의 신라 사찰 용화사(龍華寺) 절터에 세워진 석탑(石塔)의 명기(銘記)를 해독하였다. 이 명기는 신라의 한자 차자 표기로 된 것이었다.

그리고 이어서 前間恭作(1929)의 "처용가 해독"에서는 그가 그동안 연구한 신라의 차자 표기법에 의하여 향가를 해독한 것으로 같은 시기의 小倉進平(1929)와 비견(比肩)되는 역작이다. 그리고 前間恭作(1931)의 "진흥비(眞興碑)에 대하여"에서는 신라 진흥왕(眞興王)의 순수비(巡狩碑)를 고찰하고 그 명기(銘記)를 해독하였다.

이러한 마에마 교사쿠의 우리말 고어(古語) 연구는 前間恭作(1938)의 "반도(半島) 상대(上代)의 인문(人文)"에서 한국어 고어의 특징을 요약하여 발표하였다. 그리고 그의 우리말 고어의 한자 차자 표기 연구의 전반을 수록한 前間恭作(1941)의 <훈독(訓讀) 이문(吏文)>을 간행하였다.

이두의 연구는 조선총독부 중추원(中樞院)에서 『이두집성』(1937)을 편찬하여 이에 대한 연구자들의 편의를 도왔다. 비록 초창기의 연구여서 체계적이지는 못하지만 마에마는 각 분야, 특히 조선 서지학(書誌學)의 기틀을 잡았다. 이 시대의 다른 일본의 어용(御用)학자들과 다르게 그의 연구는 순수 학문 연구에 치중했다는 평가를 받는다.

6.4.6.6. 마에마 교사쿠와 더불어 같은 수준의 우리말 연구를 했던 연구자로 오구라 신페이(小倉進平)를 들 수 있다. 그는 동경제국대학(東京帝國大學)의 언어학과를 1907년에 졸업하고 1911년에 조선 총독부 관리로 내한(來韓)하였다. 1926년 경성(京城)제국대학 교수가 되어 정열적으로 우리말을 연구하고 1933년에 동경(東京)제국대학의 교수를 겸임하다가 1943년에 정년퇴직하였다.

오구라 신페이는 우리말의 고어(古語)에 관심을 가져 小倉進平(1926)의 "조선관역어의 어휘"를 발표하여 명(明)의 모서징(茅瑞徵) 등이 편찬한『화이역어(華夷譯語)』의「조선관역어(朝鮮館譯語)」에 수록된 후기 중세의 조선어를 고찰하였다. 이어서 小倉進平(1929a)의 <향가 및 이두연구>는 중세 한국어의 이해를 바탕으로 향가와 신라어의 문법 연구를 시도하였다. 초창기에 그가 가졌던 우리말의 역사에서 상대(上代)에 속하는 신라어에 대한 종합적인 연구였다.

小倉進平(1929a)의 <향가 및 이두 연구>에서는 중세시대의 한국어에 대하여 '모음조화, 된ㅅ의 변천, 겸양사의 변천'의 세 논문을 부록으로 수록하였다. '모음조화'에서는 15세기 조선어의 모음조화에 대하여 다음과 같이 분류하고 그 조화의 현상을 고찰하였다.

강모음 - 아 오 ᄋᆞ
약모음 - 어 우 으
중성모음 - 이 으

그러나 小倉進平(1929a)의 연구에서는 16, 17세기의 한국어 자료를 포함시켜 살펴보았기 때문에 중성모음에 '으'를 포함시키는 과오를 범하였다. 또 小倉進平(1938)의 <조선어의 겸양법>은 '겸양사의 변천'에서 겸양 조동사의 변천을 고찰하여 문법의 변천에 대한 한 방법을 제시하였다.

6.4.6.7. 일본인 역사학자 아유가이 후사노신(鮎貝房之進)은 그의 鮎貝房之進(1931a) "신라왕위호 및 추봉 왕호에 대하여"에서 前間恭作(1925)가 논한 신라의 왕위와 그 명칭에 대한 연구를 이어갔다. 이어서 鮎貝

房之進(1931b)의 "일본의 한(韓), 신라, 임나(任那), 백제, 고려, 한(漢), 진(秦) 등의 고훈(古訓)에 대하여"에서는 옛 지명의 새김에 대하여 고찰하였다.

또 鮎貝房之進(1934)의 "속문고(俗文考)"에서는 한자의 속된 새김에 대하여 고찰하면서 한자의 속자(俗字)도 같이 연구하였다. 이어서 鮎貝房之進(1937)의 "<일본서기> 조선지명고"에서는 일본의 역사서인 『일본서기(日本書紀)』에 등장한 조선 지명에 대하여 고찰하였다. 역사학자이지만 그의 관심은 조선의 지명과 그를 표기하는 한자의 새김과 자형에 있었음을 알 수 있다.[12]

가나자와 쇼자브로(金澤庄三郞)의 "이두 연구"(金澤庄三郞, 1918)를 비롯하여 金澤庄三郞(1934)의 "신라의 가타가나", 金澤庄三郞(1911)의 "일선(日鮮) 고대지명의 연구"도 이런 연구 경향으로 한국어의 고어를 연구하여 발표한 것이다. 그는 한국어와 일본어의 동일 계통설을 계속해서 발표하여 일제의 정책에 적극 추종하게 된다.

또 조선총독부 중추원(中樞院)에서 편찬한 『내선일체회고자료(內鮮一體懷古資料)』(1940)는 원래 일본과 조선이 하나였다는 일제(日帝)의 선전을 위한 자료의 모음이지만 "조선의 국명(國名)에 인한 명사고(名詞考)"처럼 나라 이름과 땅 이름의 연구가 일본이 조선 병합(併合)을 합리화하기 위한 자료로서 이루어졌음을 알 수 있고 상술한 아유가이 후사노신(鮎貝房之進)도 그런 정책의 연장선상에서 연구되었음을 알 수 있다.

어쩌면 마에마 교사쿠(前間恭作)의 조선어 고어 연구나 오구라 신페이(小倉進平)의 고어, 특히 향가와 이두에 대한 연구도 이러한 일제(日帝)의 내선일치(內鮮一致) 정책에 의해서 수행된 연구일 수도 있다. 다만 이들의 연구는 표면적으로는 일제의 정책에 순응하면서도 학술적 업적을 이룩해 낸 것이다.

6.4.6.8. 이러한 일제(日帝)의 내선일치 정책은 일본과 조선의 언어가 역사적으로 하나의 언어에서 분기 발달하였다는 학술 연구를 촉발시

12 필자는 鮎貝房之進과 그의 실형인 落合直文의 유족과 교유하면서 그의 논저와 연구 노트를 열람한 바 있다. 이에 대하여는 졸저(2011: 4~5)에서 언급하였다.

켰다. 이런 경향은 한국어의 기원과 계통의 연구에 집중하게 된다. 물론 즈보이 구마조(坪井九馬三, 1927)의 <아국 민국어의 새벽>에서는 특이하게 조선어의 인도차이나의 몽크메르(Mon-Khmer)어 계통설이 제기되었다. 그러나 일제의 기본 정책은 일한(日韓) 언어의 동조론이었다.

경술국치(庚戌國恥) 이후에 가나자와 쇼사브로(金澤庄三郞)는 그의 金澤庄三郞(1910)의 <일한 양국어 동계론>에서 일본어와 한국어아 동일 계통의 언어임을 주장하였다. 그리고 다음해에는 金澤庄三郞(1911)의 "조선어에 대하여"를 발표하여 일본어와 한국어가 동일 조상임을 역설하여 언어로 보면 일한(日韓) 병합(倂合)이 당연한 것임을 강조하였다.

이어서 그는 金澤庄三郞(1929)의 <일선동조론>을 발표하여 대표적인 어용학자로 알려진다. 그리고 특히 金澤庄三郞(1939)에는 "언어상으로 본 선(鮮), 만(滿), 몽(蒙)의 관계"에서 조선과 만주, 그리고 몽고가 동일 계통의 언어를 사용함을 주장하여 일본의 만주 침략을 합리화하려 하였다. 그가 얼마나 발 빠른 어용학자였는가를 알 수 있다.

뒤를 이은 코오노 로쿠로(河野六郞)의 "언어상으로 본 선만(鮮滿) 관계"(河野六郞, 1941a)도 같은 맥락에서 작성된 논문으로 보인다. 그는 이어서 河野六郞(1941b)의 "내선어(內鮮語)의 친근성"이나 河野六郞(1941c)의 "국어와 조선어의 관계"도 그런 일제의 정책에 의한 논술이라고 보아야 한다.

이러한 일제의 내선일치 정책에 가장 선두에 섰던 어용학자는 일본 명치(明治)시대의 중진 역사학자이며 일본 다이소(大正) 천황의 스승이었던 시라토리 구라기치(白鳥庫吉)로 보인다. 그는 명치시대를 대표하는 역사학자지만 한국어의 기원과 계통에 관심을 갖고 일본 제국(帝國)의 대대적인 후원을 얻어 만주와 몽고지역의 언어를 현지 조사하였다.

현지 조사의 결과는 그의 白鳥庫吉(1914~6)의 "조선어와 우랄-알타이어와의 비교"로 발표된다. 3년에 걸쳐 발표된 이 논문에서 그는 많은 어휘를 조선어와 만주어, 몽고어와 비교하고 한국어가 우랄-알타이어족임을 증명하려 하였다. 수천 쪽에 이르는 이 연구는 후대 한국어와 알타이어의 비교 연구에서 이용되었으나 어용학자인 그가 일제의 한일 병합의 타당성을 인정받으려는 목적으로 저술된 것이어서 그 이름은 밝히지 않는 것이 관례가 되었다.

이어서 니시무라 신타로(西村眞太郞, 1915)의 "국어조선어 동일론"도 일제의 조선 병합(倂合)을 합리화하기 위한 연구의 일환이었으며 야마모토 마사노리(山本正誠, 1923)의 <조선어연구>도 같은 목적으로 우리말을 연구한 것이다. 어쩌면 서구의 역사비교언어학을 시작하게 한 존스(Sir William Jones)가 고대인도의 산스크리트어를 연구한 것도 영국의 인도 침략을 합리화하기 위한 연구였을 수도 있다. 그러한 연구의 결과로 인구어족설이 성립된 것이다.

6.4.6.9. 한국어의 고언에 대한 관심은 자연히 방언(方言)에 대한 연구로 이어진다. 오구라 신페이의 <남부 조선의 방언>(小倉進平, 1924)에서 우리말의 방언 연구가 본격적으로 시작된다. 오구라의 한국어 연구는 역사언어학에 근거한 고어의 연구에 집중되었다.

그리하여 한국어의 역사를 살펴보는 관점에서 한국어의 방언을 수집하고 분류하였다. 당시 언어학의 중심 과제는 역사언어학이었고 방언의 연구도 언어의 역사를 살피기 위한 수단으로 연구되었기 때문이다. 즉, '아래 ᄋᆞ', 이중모음, 'ㅿ, ㅸ, ㄱ'의 음운사적인 조사였다.

방언의 특질에 따른 방언 구획은 전국으로 小倉進平(1924)의 <남조선의 방언>에 이어 小倉進平(1929b)의 <평안남북도의 방언>을 거쳐 전국으로 확대한 小倉進平(1944)의 <방언연구>에서 다음과 같이 우리말의 방언을 구획하였다.

① 경상 방언	④ 평안 방언
② 전라 방언	⑤ 경기 방언
③ 함경 방언	⑥ 제주도 방언

결국 오구라의 조선 방언에 대한 연구는 역사적 연구를 위한 것으로 각 개별 어휘와 음운의 원자론적인 분석과 분포에 대한 연구로 일관하였다고 볼 수 있다. 그의 이러한 방언 연구는 고노 로쿠로(河野六郞, 1945)로 계승된다.

고노 로쿠로는 오구라와 같이 동경(東京)제국대학 언어학과를 졸업하고 일제 강점기의 막바지에 내한(來韓)하여 3년에 걸친 방언 조사의 결과물을 광복 직전에 『조선방언학시고(試攷)』(1945)로 출판하였다. 그의 스승인 오구라와 마찬가지로 고노는 방언학을 언어사의 한 분야로 생각하였다.

그는 자신의 河野六郎(1945)에서 한국어 표준어로 '가위(鋏)'의 고어인 'ᄀᆞ시개(割子蓋)'의 역사적 변천을 고찰하기 위하여 방언을 조사하였다. 오구라가 한국어 방언의 연구에서 선구자의 역할을 했다면 고노는 좀 더 언어학의 방언 이론을 적용하였다고 본다. 고노는 미국 사피어(Sapir, 1925)의 음성패턴(sound pattern)을 고려하였고 방언의 전파에서 본서의 제2장 2.5.4.3.에서 소개한 파동설(wave theory)을 신봉하였다.

河野六郎(1945)에서 고노는 'ᄀᆞ시개'의 방언형이 어떻게 지리적으로 분포하는 가에 따라 小倉進平(1940)의 방언 구획을 다음과 같이 수정하였다.

① 중선(中鮮) 방언
② 서선(西鮮) 방언
③ 북선(北鮮) 방언
④ 남선(南鮮) 방언
⑤ 제주도 방언

이 방언 구획에서 경상도와 전라도의 구별 없이 하나의 남선(南鮮) 방언으로 묶은 것은 비록 'ᄀᆞ시개'의 분포에 의한 것이라 하더라도 납득하기 어렵다. 신라어를 기본으로 하는 경상도 방언과 고구려 계통의 백제어가 남아 있는 전라도 방언의 구별은 오늘날의 한국방언학에서도 중요한 차이로 보기 때문이다.

5. 조국 광복 이후의 한국어학

6.5.0.0. 우리나라의 광복(光復)은 일제의 패망으로 1945년 8월 15일에 이루어졌다. 한반도의 일제 강점기는 태평양 전쟁을 일으키고 결국은 패망한 일제(日帝)가 일본으로 물러가고 38도선 이북에는 소련군이 진주하였으며 이남에는 미군이 진주하여 군정을 펴게 되면서 끝

이 난다.

그리하여 한반도의 이북에는 조선 인민공화국이 세워지고 남쪽에는 대한민국이 수립되어 한반도는 유사 이래 전례 없는 남북 분단의 시대로 접어들게 되었다. 당시 전 세계에서 공산주의와 자본주의의 이념적 대결이 한반도에서 미·소가 대결하는 장으로 바뀐 것이다. 우리 민족에게 드리워진 미증유의 재난이라고 아니 할 수 없다.

공산주의에 대하여, 그리고 자본주의에 대하여 전혀 무지한 한민족은 열강의 대결로 인하여 남북으로 분단되어 서로 적대적 대결을 하게 되고 드디어 6.25 동란이라고 하는 민족상잔의 참혹한 전쟁으로 빠져들게 된다. 우리의 잘못은 전혀 없었으나 한반도를 침략하여 식미지로 통치하던 일제(日帝)가 결국은 이러한 비운의 결말을 가져오게 한 것이다.

6.5.0.1. 일본의 악랄한 36년에 걸친 식민지 정책은 최후에는 민족어의 말살을 획책하기에 이르러 우리말은 빈사 상태에 이르렀다가 광복 이후에 겨우 기사회생(起死回生)하여 다시 국가 공용어의 지위를 차지하게 된다. 그리고 우리말 연구의 한국어학도 꺼져가던 불씨를 다시 지피게 되었다.

특히 일제 강점기의 말기에 발굴된 {해례}『훈민정음』은 전통적인 우리 글자의 연구를 다시 일으켜 세웠다. 또 서양언어학에 의한 우리말 연구는 다시 한국어학이 국학(國學)의 중심에 들게 하였다. 다만 일제(日帝)의 민족어 말살 정책으로 빈사상태에 놓인 한국어학은 광복 이후에는 불과 몇 명이 안 되는 인원에 의하여 소생의 길을 걸어야 했다.

더구나 광복 이후에 좌우익의 첨예한 대립으로 사회는 극도로 혼란되었고 일제 식민지 교육과 한일 병합을 합리화하려던 오도된 학문의 경향과 그에 순치된 어용학자들은 조국 광복 이후에도 도처에서 암약하고 있었던 터라 올바른 한국어학의 수립은 졸연히 쉬운 일이 아니었다. 거기에다가 열악한 출판 사정과 혼란의 와중에 빠져있던 교육기관의 정비가 시급한 일이었다.

광복 이후의 우리의 학계는 이러한 악조건 속에서 일제(日帝)의 잔재를 털어버리고 새로운 학문을 세워야 했다. 북한에서는 주시경의 제자로서 일제 강점기에 우리말 문법 연구의 선두에 섰던 김두봉이 북한 정권의 부수상(副首相)으로 있으면서 우리말 연구를 주도하였다.

남한에서는 역시 주시경의 학통을 이은 최현배가 1945년 9월부터 1954년 1월까지 문교부 편수국의 국장으로 있으면 남한의 한국어 교육을 진두지휘하였다. 남북한이 모두 주시경 제자들이 한국어학의 연구 방향과 문법 교육의 교재를 전담하였지만 그 연구 방향을 전혀 일치하지 않았다. 다만 유일하게 유사한 점은 남한과 북한이 이 시기에 모두 한글 풀어쓰기를 시도하였다는 점이다.

6.5.0.2. 남한에서의 한국어학도 같은 사정 아래에서 불과 10여명의 연구자들이 이러한 형편에서 새로운 연구의 방향과 체제를 갖추기 위하여 노력하지 않을 수 없었다. 거기다가 새롭게 민족 교육을 실시해야 하는 각급 학교의 교과서를 준비하는 일부터 새로운 학문의 도입에 전력을 경주해야 했다. 이런 와중에서 金允經(1948), 이희승(1949) 등의 한국어 문법서와 이숭녕(1949a)의 음운 연구는 한국어의 음운, 문법 연구의 방향을 제시하였다.

광복 이후의 몇 년 동안은 그 이전에 출간된 문법서를 이름만 조선어에서 국어로 바꾸고 내용의 일부를 고쳐서 급한 대로 한국어의 문법 교재로 사용하였다. 崔鉉培(1934b)의 <중등 조선말본>은 미처 서명조차 바꾸지 못하고 그대로 중학교 문법 교재로 사용되었고 이렇게 정리되지 못한 문법서의 난립은 문법 체계와 용어의 사용 등에서 혼란을 면치 못하였다.

전시대의 학교 문법서를 몇 군데 고쳐서 다시 이 시기의 학교문법서로 사용한 몇 개의 예를 더 들어보면 정열모(鄭烈模, 1927~8)의 “조선어문법론”을 수정한 <신편 고등국어문법>(鄭烈模, 1946)과 <고급 국어문법독본>(鄭烈模, 1948)이 있다. 그리고 심의린(沈宜麟)의 <중등학교 조선어문법>(1936)을 조금 고친 <개편 국어문법>(沈宜麟, 1949)도 있다.

이 시기의 학교문법은 주로 주시경의 문법이론을 추종하는 것이었지만 鄭烈模(1946)의 <신편 고등국어문법>에서는 그때까지 낱말로 인정하여 품사분류까지 했던 '조사(助詞)'를 체언의 곡용어미로 처리하여 용언의 활용어미와 더불어 종합적인 품사분류의 체계를 따랐다. 지금까지와는 다른 새로운 품사분류가 된 것이다. 이러한 경향은 이숭녕(1956)에서 이어진다.

이러한 전시대의 미비한 학교문법서의 난무와 문법 용어의 혼란을 극복하기 위하여 1949년 7월에 문교부는 학교문법을 통일하기 위한 첫 번째 시도로서 292개의 문법 용어를 산정(刪定)하고 같은 해 9월부터 한국어 문법서의 검인정 제도를 실시하였다. 이때에 산정된 문법용어는 고유어로 된 것과 한자어로 된 것의 두 가지를 모두 인정하기로 하였다. 이른바 이름씨파와 명사파가 타협한 것이다.

이때에 간행된 한국어 문법 교과서로 최현배의『중등말본』, 장하일의『표준말본』, 정인승의『표준 중등말본』, 이희승의『초급 국어문법』, 이인모의『재미나고 쉬운 새 조선말본』등의 5종이었다. 이 교재들은 중학교 교과과정에 사용된 것으로 현대의 중학교와 고등학교 과정을 합친 것이다.

6.5.0.3 이외로도 金允經(1948)의『나라말본』과 鄭寅承(1949)의『중등 조선말본』, 이희승(1949)의『초급 국어문법』은 종래의 국어 문법서와 구별되는 독특한 문법 체계를 보였다. 그리고 이러한 학교문법과 달리 이론문법으로 우리말 학교문법의 기초를 다지는 이숭녕(1949b)의『고어의 음운과 문법』도 우리 문법에서 서양의 규범 문법론에 의거하여 정리한 문법서여서 일선 교사들의 지침서가 되었다.

이러한 중등학교용 국어문법서들은 1955년 8월에 이르러 중학교와 고등학교의 교과과정이 나뉘게 되어 새로운 교과들이 편찬되었다. 이때에 간행된 국어 문법 교과서로는 중학교 과정에서 장하일의『표준말본』, 이희승의『새 중등문법』, 이숭녕의『중등 국어문법』, 정인승의『표준 중등말본』, 최현배의『중등말본』, 최태호의『중학말본』, 김윤경의『중등 나라말본』, 김민수 외 3인의『새 중학문법』등 8종이 있었다.

고등학교 과정에서는 이희승의『새 고등문법』, 이숭녕의『고등 국어문법』, 정인승의『표준 고등말본』, 최현배의『고등말본』, 김윤경의『고등 나라말본』, 김민수와 3인의 『새 고교문법』 등의 6종이 있었다. 전 시대의 명사파와 이름씨파에서 문법파와 말본파로 나뉜 것이다.

이 학교문법의 교과서 중에서 최현배의 <고등말본>과 이희승의 <새 고등문법>, 그리고 이숭녕의 <고등 국어문법>은 용어만이 다른 것이 아니라 문법체계도 서로 달랐다. 흔히 품사의 분류만을 가지고 최현배의 문법은 분석적이고 이희승은 절충적이며 이숭녕은 종합적이란 평가를 얻었다.

즉, 이숭녕의 문법은 전술한 鄭烈模(1946)의 문법과 같이 체언과 용언의 어간과 어미를 모두 낱말로 인정하지 않고 품사로도 분류하지 않았는데 최현배의 문법에서는 어간과 어미를 모두 낱말로 보아 품사로 분류하는 주시경의 방식을 좇은 것이다. 반면에 이희승 문법에서는 용언의 어미는 낱말로 인정하지 않고 품사로 분류하지 않았으나 체언의 조사는 낱말로 인정하여 절충적으로 품사를 분류한 것이다.

이러한 세 연구자의 품사 분류 방식에 따라 최현배를 분석적, 이희승을 절충적, 이숭녕을 종합적이라고 본 것이다. 나머지 문법서들은 이 가운데 하나를 추종하였는데 이러한 혼란한 한국어의 학교문법은 지금까지도 계속되고 있다.

6.5.0.4. 또 이 시기에 전술한 梁柱東(1942)의 『조선고가연구』에 뒤를 이어 『여요전주(麗謠箋註)』(1947)를 편찬하여 한국어 고어(古語) 연구의 기틀을 다졌고 앞으로 신라 향가(鄕歌) 연구의 기초를 놓았다. 또 이 두 논저에서 고어문법의 대강을 제시하였고 후에 허웅(1955)의 『용비어천가(龍飛御天歌)』의 역주에서 이러한 고전문법을 그대로 이어 받았다.

일제 강점기에 이루어졌던 權悳奎(1923)의 『조선어문경위』와 金允經(1938)의 『조선문자급어학사』를 이어 받아 權相老(1947)의 『조선문학사』, 그리고 方鍾鉉(1948)의 『훈민정음통사』에서는 조선 후기에 있었던 정음 연구의 전통을 이은 훈민정음, 즉 한글에 대한 문자학적 연구의 기틀을 놓았다. 그리하여 후대에 이런 연구가 뒤를 잇게 된다.

그리고 <유합(類合)>과 <훈몽자회(訓蒙字會)>, <계림유사(鷄林類事)>의 연구였던 方鍾鉉(1946, 1954, 1955)의 연구는 한국어의 역사 자료에 의거하여 통시적으로 고찰하는 바탕을 마련하였다. 이 시기에는 주로 한자에 의한 우리말의 차자표기에 초점을 두었다. 일제 강점기 일본인 연구자들의 영향이 컸던 시대라고 할 수 있다.

조국 광복 이후 6.25 전쟁까지의 한국어학은 모두에서 언급한 바와 같이 사회가 혼란하고 일제(日帝)의 잔재(殘滓)를 없애는데 급급하여 새로운 학문이나 깊이 있는 연구는 거의 찾아보기 어렵다. 또 사상적으로 좌우익이 서로 대립하고 북한은 남침을 준비하기에 여념이 없어 제대로 된 학문은 기대하기 어려웠다. 한국어학도 북한만이 아니고 남한에서도 이렇다 할 연구 업적을 남기지 못했다고 하지 않을 수가 없다.

언어학사로 본 20세기까지의

한국어 연구사

제7장

20세기 후반의 현대 한국어학

제7장 목차

7.0. 20세기 전반의 한국어학은 대한제국(大韓帝國) 시대 이후에 일제(日帝) 강점기(强占期)를 거쳐 8.15 광복과 한국 전쟁 등 격동기의 역사 속에 이루어진 한국어의 연구를 말한다. 그러나 20세기 후반에 들어와서 한국어학은 전시대에 비하여 그 연구 분야도 서양언어학의 제 분야를 망라하고 연구자의 수효도 전시대에 비하여 가히 기하급수적으로 불어났던 시대였다.

또 국어(國語), 또는 한국어(韓國語), 조선어(朝鮮語)로 불리는 우리말은 현재 남·북한 7천만 주민의 공용어(公用語)일 뿐만 아니라 세계 각지에 흩어져 있는 해외동포에 의해서, 그리고 남·북한과 학문적으로나 상업적으로, 정치적으로 관련을 갖고 있는 많은 외국인에 의해서 사용되고 있다. 이러한 상황에서의 20세기의 한국어학은 몇 개의 학풍(學風)과 학파(學派)에 의해서 일정한 방향으로 그 연구 경향을 개관할 수 있다.

이 시대는 1950년부터 10년씩 나누어 고찰할 수 있다. 그리하여 제1단계(1950~1959)와 제2단계(1960~1969), 제3단계(1970~1979), 제4단계(1980~1989), 제5단계(1990~1999)로 편의적으로 나누어 각 단계의 우리말 연구를 살펴보는 것이 편리하다.

이 장(章)에서는 먼저 이러한 학문의 흐름을 살펴보기에 앞서 먼저 이 시대의 학문적 배경을 살펴보고 6.25 전쟁 이후의 한국어 연구를 10년 단위의 5단계로 나누어 연구에 종사한 인력과 연구의 경향을 전반적으로 개관하여 보고자 한다.

1. 시대의 배경

7.1.0.0. 한국어 연구사의 시대구분에서 이 시대는 일제 강점기의 조선어 연구와 8.15 광복(光復)를 거쳐 6.25 한국전쟁 이후의 20세기 말까지에 이루어졌던 한국어학은 한마디로 '소생(蘇生)과 발전의 시대'라고 할 수 있다. 일제 강점기의 외세에 의한 조선어 연구와 이에 반발하여 자생적으로 발전한 우리말 연구는 서로 미묘한 차이를 보인다.

일본 제국주의자(帝國主義者)들의 강제적인 침탈(侵奪)로 우리나라는

36년간의 오랜 세월을 저들의 악랄한 식민지 통치하에서 신음하게 되었다. 일제는 창씨개명(創氏改名)이나 우리 말 사용의 금지와 같은 민족정신의 말살(抹殺)을 기도하는 억압 정책을 전개하였으며 특히 한국어 연구에 대한 집중적인 탄압으로 이 시대의 한국어학은 그 명맥을 부지하기조차 어려웠다.

그리하여 훈민정음의 창제와 더불어 찬란하게 꽃 피웠던 한국어 연구의 전통은 중종 때에 최세진(崔世珍)을 거쳐 실학자들의 연구가 뒤를 이었다. 이러한 연구의 전통과 개화기 시대에 외국인 선교사들에 의하여 이루어졌던 한국어의 실용적 연구방법은 일제 탄압의 횡포 아래 빈사(瀕死)의 상태에 놓이게 되었다.

다만 이러한 정치적인 상황과 별도로 언어학에 관심이 있는 일부 일본인 학자들에 의하여 우리말에 대한 피상적인 연구가 이루어졌을 뿐이다. 일제의 조선 병합(倂合)에 대한 이론적 근거를 마련하려고 노력한 시라토리 쿠라기치(白鳥庫吉)의 한국어 계통연구나 가나자와 소사브로(金澤庄三郞)의 한국어학 자료 연구, 그리고 오구라 신페이(小倉進平)의 향가와 한국 방언 연구 등은 비록 그 목적은 불순했지만 업적은 눈에 뜨일 만한 것이다.

7.1.0.1. 1945년 8월 15일 일제의 패망은 조국의 해방과 광복을 가져왔다. 우리는 국권의 회복과 더불어 국가 공용어로서 우리말을 되찾게 되었으며 국어의 사용이나 연구에 가해졌던 모든 억압에서 해방되었다. 일제에 극악한 민족 말살 정책에 의하여 꺼져가던 한국어의 학문적 연구도 점차 활발하게 이루어지게 되었다.

특히 일제 강점기의 말기에 이루어진 <해례본>으로 알려진 『훈민정음(訓民正音)』의 발굴과 그에 대한 연구는 전통적인 국어 연구의 회생(回生)을 가속화 시켰으며 서양언어학의 도입과 이에 입각한 한국어 연구가 본격화되면서 한국어학은 다른 분야와 함께 국학(國學)의 기본 학문으로 자리를 잡게 되었다. 이런 시대 상황이 이 때의 한국어 연구를 '소생(蘇生)과 발전의 한국어학'이라고 부르게 한다.

따라서 이 시대는 일제 강점기의 조선어 연구와 조국 6.25 한국전쟁을 기준으로 하여 그 이후의 우리말 연구로 크게 둘로 나누어 살펴볼 수 있다. 조국 광복(光復) 이후보다는 6.25 전쟁 이후에 우리말 연구는 괄목할 만한 변화가 있었기 때문이다. 따라서 본서에서는 20세기 후반의 우리말 연구를 본격적인 한국어학이 성립한 시대라고 본다.

7.1.0.2. 일제 강점기의 우리말 연구는 주로 일본인 연구자들에 의하여 주도되었다. 그리고 그들이 한반도를 점령하고 다스리는데 대한 명분을 얻기 위하여 주로 우리말과 일본어의 비교 연구를 중심으로 한국어의 역사에 대한 연구가 있었다. 일제(日帝)의 내선일치(內鮮一致)에 부합하는 학문적 명분을 얻기 위한 것이었다.

시라토리 구라기찌(白鳥庫吉)을 중심으로 하는 일련의 일제(日帝) 어용학자들이 고구려어를 비롯한 고대 한국어에 대한 연구가 폭 넓게 이루어졌다(白鳥庫吉, 1914~1916). 비록 그 의도는 불순했지만 연구 결과는 괄목할 만한 것이 있었다. 특히 만주 지역의 현지 조사에 의한 연구는 그동안 우리로서는 따라가기 어려운 연구 방법이었다.

또 하나의 일본인 연구는 조선어사(朝鮮語史)를 기술하기 위한 자료의 발굴과 정리를 들 수 있다. 오구라 신페이(小倉進平)를 중심으로 하는 조선어학사의 연구는 주로 우리말 연구의 자료를 발굴하고 그 가치를 살펴보는 작업이었다. 그의 이러한 연구는 小倉進平(1940)의 『증정조선어학사(增訂朝鮮語學史)』로 정리되어 광복 이후의 우리말 연구에 크게 기여하였다.

그리고 일본인의 우리말 학습을 위한 여러 연구가 있었다. 오구라 신페이의 조선어 음운 연구라든지 고노 로쿠로(河野六郞)의 조선 한자음 연구가 그런 목적으로 연구된 것이다(河野六郞, 1964~1965, 1968). 역시 많은 성과를 올렸고 오늘날까지도 그러한 연구가 한국인의 연구에서 인용되고 있다.

그러나 이들 일본인의 연구는 결코 바람직한 방향으로 한국어의 연구를 이끌지 못했다. 예를 들어 조선 총독부(總督府)의 촉탁(囑託)으로 한국에 온 에다 도시오(江田俊雄)는 그의 『월인석보(月印釋譜)』 연구에서 결정적인 실수를 한 것이 그대로 오늘날까지 한국인의 연구에서 오용(誤

用)되고 있다(江田俊雄, 1936a). 결론적으로 보면 일본인들의 조선어 연구는 득(得)보다는 실(失)이 많았다고 생각한다.

7.1.0.3. 조국 광복(光復) 이후에 이루어진 우리말 연구는 표면적으로는 일제 강점기의 조선어 연구를 뛰어 넘어 새로운 연구를 표방하였지만 지나치게 국수주의(國粹主義)적인 연구에 흐르게 된다. 일제(日帝) 강점기에 독립운동의 일환으로 우리말 연구에 몰입한 주시경(周時經)과 그 문하생의 연구는 일본인 연구자들의 조선어 연구를 뛰어 넘으려는 노력이 있었지만 일제(日帝) 치하(治下)에서 모든 것을 한민족의 우월성을 강조하는데 치중하였다.

특히 언문(諺文)에 대한 지나친 자만(自慢)은 자칫 한글이 인류의 모든 문자를 초월한 최고의 문자로 인식하게 하였고 그러한 경향은 지금도 여러 한글, 훈민정음 관계 학회 등의 단체에서 만연되고 있다. 그리하여 한글은 “영명하신 세종대왕이 어리석은 백성들을 위하여 독창적으로 만들어 주신 글자”라고 인식하고 이것을 위한 연구가 바로 한글 연구로 생각하게 되었다.

따라서 한글을 일반 문자로 생각하고 이를 다른 문자와 비교하거나 그 제정의 배경, 글자 제정의 언어학적 이론 등에 대하여 아무런 연구가 이루어질 수 없었다. 그리하여 한글의 제정은 제5장에서 살펴본 바와 같이 우리 선학(先學)들이 훈민정음에 대하여 다양하게 고찰한 것보다 훨씬 뒤떨어진 신화(神話)와 전설(傳說) 속에 파묻혀 있었다. 그리고 한글을 타 문자와 비교하거나 글자 제정의 배경, 또는 이론적 근거를 천착(穿鑿)하는 제대로 된 연구는 사문난적(斯文亂賊)으로 몰리게 되었다.

7.1.0.4. 광복 이후의 이러한 연구 경향은 6.25 전쟁 이후에 서양의 언어학이 물밀 듯이 들어오면서 새로운 방향으로 우리말 연구가 이루어지게 되었다. 이때에는 서양 언어학의 이론에 맞추어 우리말의 음문, 문법, 그리고 의미론 등이 연구되었다. 특히 1960년대 후반에 미국에서 수입된 변형생성문법의 이론은 우리말 연구의 기반을 흔들었다.

변형생성문법의 광풍에 휘말렸다고 해도 과언이 아닐 정도로 20세기 후반의 우리말 연구는 이러한 연구 방법에 의한 것이 모든 연구를 압도하였다. 그리하여 광복 이후에 일제의 연구를 이어받아 심도 있게 수행되던 우리말의 역사적 연구는 매우 침체되었고 변형생성문법에 의거한 공시적 연구가 판을 치게 되었다.

다행히 미국에서 변형생성문법이 시들하게 되면서 20세기 말부터 이에 대한 자성(自省)과 새로운 우리말 연구가 다시 고개를 들기 시작하였다. 이 장(章)에서는 이러한 격동기(激動期)의 20세기 후반에서 이루어진 우리말의 연구사를 살펴보기로 한다.

2. 시대의 개관

7.2.0.0. 대한제국(大韓帝國) 시대의 10여년의 짧은 우리말 연구에 이어서 36년에 걸친 일제 강점기(强占期)가 이어진다. 대한제국시대에는 비록 짧은 기간이었지만 국가가 언문(諺文)을 국문(國文)으로 부르면서 비로소 국가의 정문(正文)으로 인정하였다. 그 전까지는 언문은 어디까지나 보조 문자여서 조선왕조의 정문(正文)은 이문(吏文)이었고 주로 한자(漢字)가 우선하여 통용되었다.

그러나 대한제국에서는 한글을 국문(國文)으로 하여 국가가 인정하는 문자가 되었다. 뿐만 아니라 국문연구소(國文硏究所)를 설치하여 국가기관에서 한글을 연구하게 하였다. 당시에는 지석영(池錫永)의 『국문정리(國文正理)』를 비롯하여 많은 문자 연구가 이루어졌다. 그리고 이 한글로 신문을 발행하고 공문서에도 한글을 사용하였다. 어떻게 보면 당연한 이런 일이 한글이 창제된 지 수 백년이 지난 이후의 일이다.

그리고 역시 짧은 기간이지만 전 장에서 언급한 주시경의 『국어문법』(1906?)을 비롯하여 유길준(兪吉濬)의 『대한문전(大韓文典)』(1909), 최광옥(崔光玉)의 『대한문전』(1910) 등이 간행되어 우리말의 문법에 대한 체계적인 연구가 이루어졌다. 이후에 역시 주시경의 『국어문전음학(國語文典音學)』(1908)이 간행되어 우리말의 음운론, 형태론, 통사론에 대한 본격적이 연구가 시작되었다. 즉, 이때에 비로소 본격적인 한국어학(韓國

語學)이 시작된 것이다.

조국의 광복(光復)을 거쳐 6.25 전쟁 이후의 50년 동안에 한국어 연구는 비로소 학문의 체계를 갖추어 한국어학이 수립된 시기라고 본다. 이 시대의 한국어 연구를 10년을 단위로 하여 제1장에서 소개한 바와 같이 다섯 단계로 구분하여 살펴보는 것이 편리하다. 즉, 1단계: 1950~1959, 2단계: 1960~1969, 3단계: 1970~1979, 4단계: 1980~1989, 5단계: 1990~1999로 구분하여 보는 것이 가능하다.

이러한 구분은 대체적인 추세를 파악하기 위한 편의상의 것이므로 한 두 해, 또는 그 이상을 넘나들어도 무방하다. 본서에서는 20세기까지의 한국어 연구사를 다룬 것임으로 5단계의 한국어학을 연구사 서술의 마지막으로 한다. 이러한 구분은 연구에 종사한 인력과 연구의 경향이라는 두 가지 관점에서 의의를 가진다.

7.2.0.1. 제1단계(1950~59)의 한국어 연구는 해방 후에 있었던 혼란과 6.25 전쟁이 가져온 전란(戰亂)의 참혹한 참상 속에서 몇몇 뜻있는 한국어학자들에 의하여 새로운 한국어학의 주춧돌을 놓았던 시기라고 할 수 있다. 전쟁 피해복구의 와중에서 한국어학을 재건하고 연구자들을 양성해 내는 작업이 활발하게 이루어졌다.

특히 이 시기에 비록 소수이기는 하지만 외국으로 유학을 떠난 학자들에 의하여 서양의 언어학 이론, 주로 미국의 언어학이 본격적으로 도입되어 한국어연구에 혁신적인 변화가 이루어지기 시작하였다. 아마도 미국언어학이 도입되는 계기로 Martin(1954)의 '한국어 형태음운 연구'를 들 수 있다. 이 연구로 미국에서 한국어의 연구가 관심을 끌었다.

마틴(Samuel E. Martin)은 미국의 동부 명문 대학인 예일 대학(Yale university)의 언어학과에 교수로 근무하면서 그의 밑에서 교육을 받은 많은 한국어학자를 배출하게 되었다. 그 자신도 중세한국어에 모음조화가 없었다는 Martin(2000) 등의 중요한 연구논문을 발표하였다. 그에 의하여 램지(Robert S. Ramsey), 휘트먼(John Bradford Whitman), 로스 킹(Julian Ross Paul King) 등의 열성적인 미국의 한국어 연구자들이 배출되었다. 그러나 마틴(Martin) 자신이 역사언어학자여서 이들의 연구는 한국어의 통시적 연구로 일관하게 된다.

물론 이와는 별도로 한국어의 역사에 대한 연구도 한국어학의 핵심 분야로 이 시기에 많은 발전이 있었다. 이숭녕(1954)의 '『국어음운론연구 제1집, 'ᄋ'音攷』'는 15세기 한국어에 대한 본격적인 구조음운론의 통시적인 연구로서 후대에 끼친 영향은 매우 컸다. 이어서 이기문(1961)의 『국어사개설』이 간행되어 비로소 한국어 음운의 역사를 체계적으로 기술할 수 있게 되었다.

이 책에서는 우리말 음운 체계의 역사적 변천을 15세기 한국어를 기점으로 하여 회고(回顧)와 전망(展望)의 방법으로 고찰하였다. 15세기 한국어를 기준으로 삼은 것은 이 시대의 우리말이 훈민정음 창제와 더불어 가장 잘 기술되었다고 보았기 때문이다. 역사적으로 표음문자로 정밀하게 우리말이 기술된 것은 세종의 새 문자 창제로부터 시작되었다고 본 것이다.

이 시대에는 우리말의 고어(古語) 연구와 더불어 많은 옛 말 사전이 간행되었다. 남광우(1960)의 『고어사전』을 비롯하여 유창돈(1964)의 『이조어사전』 등이 간행되었고 이어서 이희승 편저(1961)의 『국어대사전』에서 고어를 수록한 이래 많은 우리말 사전에선 고어편이 수록되었다.

7.2.0.2. 제2단계(1960~69)에서는 전란이 종식된 이후에 정식으로 대학에서 한국어학을 공부한 소장학자들이 활동을 시작하였고 많은 해외유학생들이 돌아와 한국어 연구는 서양언어학의 이론에 의하여 본격적으로 고찰되었다. 그런 의미에서 이맹성(1968)의 연구는 내국인으로서 미국 기술언어학의 이론으로 한국어를 고찰하여 많은 한국어 연구자들의 관심을 끌었다.

특히 이홍배(1966) 등에 의해서 도입된 변형생성문법론의 한국어 연구는 불모지지였던 한국어의 통사론 연구에 새로운 활력을 불어넣었다. 이어서 이홍배(1971a,b)와 이홍배(1972)로 한국어의 변형생성문법에 의한 통사론 연구의 서막이 올랐다. 그리고 서정수(1968), 남기심(1969), 양인석(1972), 장석진(1972b, 1973)의 연구가 뒤를 이었다.

물론 이 시기에도 한국어의 역사에 대한 연구와 한글에 대한 연구가 한국어학의 중심 부분이었다. 특히 김완진(1963)의 "국어모음체계의 신고찰"은 이숭녕(1954), 이기문(1961)에서 구축된 15세기 우리말의 모음 체계를 다른 시각에서 고찰한 것이어서 학계의 주목을 끌었다. 이에 대하여 이기문(1968)의 '모음조화와 모음체계'에서 반론을 제기하여 훈민정음에서 제정한 모음자는 고대한국어의 모음을 반영한 것으로 보았다.

이후 이에 대한 논란은 계속되었는데 졸저(2009)의 『몽고자운 연구』에서 훈민정음의 모음자는 당시 우리말의 음운에 의한 것이 아니라 원대(元代) 파스파 문자의 유모(喩母)에 속한 모음 7자를 반영한 것이라 우리말의 모음과는 괴리(乖離)가 생긴 것이라는 주장까지 가세하였다. 이러한 주장은 '아래 ᄋᆞ'에 대한 많은 논의에서 이 글자의 제정에 대한 논의와도 관련이 있었다.

7.2.0.3. 제3단계(1970~79)에서는 서양언어학 이론이 한국어연구의 전반에 도입된 시기였다. 따라서 이 시기에는 한국어사의 연구라든지 차자표기의 연구는 매우 위축되었고 변형생성문법의 이론에 의거하여 한국어 문장의 구조와 의미의 연구가 성황을 이루던 시기였다.

한편 남풍현·심재기(1976)의 '구역인왕경의 구결 연구"로 촉발된 석독 구결의 연구는 종래 고대한국어의 연구에 새로운 바람을 일으켰다. 종래에 구결(口訣)은 송독(誦讀) 구결이란 명칭으로 불린 것처럼 한문의 어순에 맞추어 입겾으로 구결을 다는 것으로 알아서 현토(懸吐)라는 이름으로도 불렸는데 『구역인왕경(舊譯仁王經)』의 석독 구결은 완전히 우리말로 풀어 읽는 형식의 구결임이 밝혀진 것이다.

종래에는 일본에서 한문을 풀어 읽는 방법이 있어 한문을 원문대로 읽지 않고 일본어로 번역하여 읽었는데 고려시대의 <구역인왕경>에서 그런 형식의 구결 표기가 있었음을 확인한 것이다. 이러한 구결 연구는 종래의 향가(鄕歌) 해독을 통하여 구축하던 신라어, 즉 고대한국어의 연구에 새로운 빛을 비추게 된 것이다.

7.2.0.4. 제4단계(1980~1989)에는 변형생성문법의 연구가 한국어학에

서 기세를 올리던 시대였다. 한국어의 음운론, 형태론, 통사론, 의미론의 전반에 생성문법의 이론이 도입되어 연구 업적이 쏟아져 나왔다. 이 시기를 변형생성문법의 광풍(狂風)에 휘둘렸다고 보는 것은 얼마나 이에 의한 연구가 성행하였는지를 말해 준다.

서정목·이광호·임홍빈 공역(1985)의 『변형문법이란 무엇인가』는 Radford(1981)의 한국어 번역본으로 당시 국어학도들이 많이 탐독하는 책이었다. 필자도 버스 안에서 이 책을 들고 있는 대학생들을 적지 않게 볼 수 있었다. 그리고 한국 언어학회의 학회지인『언어』와 서울대 언어연구소의『언어연구』, 그리고 한국 국어학회의『국어학』에서조차 한국어를 변형생성문법에 의하여 고찰한 논문으로 넘쳐났다.

이 시대의 한국어학은 종래의 한국어 연구를 근본적으로 바뀐 시대라고 본다. 연구자의 인적 구성에서 그러하였고 연구 경향에서도, 그리고 연구 방법에서도 혁신적인 변화가 있었다. 특히 조선 사역원의 외국어 교육과 그로부터 연유된 우리말과 외국어와의 비교는 그동안 우리 한국어 연구사에서 돌아보지 못했던 분야였다.

졸고(1984, 1985)에서 시작한 사역원 역학서의 유래를 찾으려는 노력은 왜학서(倭學書)에서 시작되어 모든 사역원의 역학서로 퍼져나갔다. 그리하여 졸고(1987d)에서 그동안 이 방면의 연구자들에게 알려지지 않은 한국 국립도서관 소장의『왜어유해(倭語類解)』를 찾아 소개하는 쾌거를 올리기도 했다. 그동안에는 일본 고마자와(駒澤) 대학의 탁족(濯足) 문고에 소장된 가나자와(金澤) 구장본(舊藏本)만이 유일본으로 알려졌었다.

더욱이 졸고(1987a)에서 처음 논의한 역과(譯科) 시권(試劵)의 발굴과 그 의미를 찾은 다음에 뒤이어 사역원 사학(四學)의 역과 시권(試劵)을 모두 찾아 졸저(2002)로 소개하면서 부수적으로 역학서의 변천을 살피게 되었다(졸고, 1989). 그리하여 사역원의 외국어 교육과 그 평가가 어떻게 이루어졌는지 밝힐 수가 있었다.

이 분야는 한국어학의 변방에 속하고 있어서 별로 돌아보는 연구자들이 없었다. 그러나 한국어의 역사적 변천을 살펴보기 위해서는 역학서 자료가 매우 중요하다. 왜냐하면 유경(儒經)이나 불경의 언해는 한번 언해되면 시간이 흘러도 별로 바뀌지 않으나 역학서는 언어의 변천에 따라 새로운 교재를 편찬해야 함으로 언어의 변천에 민감하였다. 따라서 역학서의 외국어의 번역에서도 우리말의 변천을 잘 반영하였기 때문이다.

7.2.0.4. 제5단계(1990~1999)에 이르러서 한국어연구에 좀 더 깊이 있는 서양언어이론의 도입이 추진되었고 일각에서는 무분별한 서양언어학이론, 특히 변형생성문법이론의 도입에 대하여 비판과 반성의 기운이 커져갔다.

특히 이 시대에는 고려시대의 석독(釋讀) 구결표기가 중요한 한국어의 역사적 연구 분야로 알려져 많은 업적이 나왔고 새로운 관심분야로 부각되었다. 특히 역학(譯學)의 연구에서는 고려 말에 편찬되어 조선 초기에 간행 <원본 노걸대>가 발견되어 세계 중국어학계의 주목을 끌게 되었다. 즉, 정광·남권희·양오진(1999)에서 소개된 <구본(舊本) 노걸대(老乞大)>는 졸고(1999b)에서 실제로 원대(元代) 북경(北京)의 언어를 반영한 <원본(原本) 노걸대>이었음을 밝혀내었다.

이후 세계 중국어학계의 중요 이슈로 <노걸대>와 <박통사>의 한어(漢語)에 대한 연구가 등장하였다. 졸고(1999b, 2000b)에서 이 <원본 노걸대>의 한어가 원대(元代) 대도(大都), 즉 북경 지역에서 실제로 사용되던 한아언어(漢兒言語)임을 밝혀서 세계 중국어학계에 충격을 주었다. 특히 영어로 쓴 졸고(2002b)가 발표된 다음에 Dyer(2005) 등에서 이를 소개하면서 세계 중국어학계의 중요한 과제가 되었다.

3. 한국어학의 새로운 변화

7.3.0.0. 먼저 한국어 연구에 종사한 인력의 변화를 중심으로 이 시대를 역시 5단계로 세분하여 살펴보고자 한다. 첫 10년간의 제1단계(1950~1959)에서는 광복 이전의 한국어학자들이 중심이 되어 주로 후진 양성에 몰두한 시기라고 할 수 있다.

다음 2단계(1960~1969)의 10년간은 6.25 전쟁 이후의 고등교육을 받은 인력이 연구의 중추 세력으로 등장한 시기라고 볼 수 있다. 다만 이 시대에는 6.25 전쟁의 여파로 사회는 혼란되었고 국민들은 궁핍에 시달렸다. 따라서 학문의 발전도 지지부진하였는데 한국어학도 예외는 아니었다. 매우 열악한 조건에서 몇 대학만이 대학원에서 한국어학을 교육하였다.

제3단계(1970~1979)에서는 초등교육부터 완전히 한국식 교육을 받은 세대가 새로운 연구 세력으로 등장한 시기라고 볼 수 있다. 해방 이후에 태어난 학자 층을 갖게 되었고 다양 한국어학의 여러 분야에서 서양 언어학의 이론에 의거한 연구가 본격적으로 수행된 시기였다. 특히 미국의 변형생성문법의 이론이 도입되어 한국어 연구의 여러 분야에서 이에 의한 연구가 시작되었다.

제4단계(1980~1989)부터는 비교적 안정되고 풍요한 생활 속에서 매우 자유롭게 외국 학문을 접할 수 있었던 신세대들이 한국어학을 발전시킨 시기라고 할 수 있다. 많은 해외 유학생들이 연구를 마치고 돌아온 시기여서 이들에 의하여 새로운 한국어학의 연구가 시도되었다. 특히 변형생성문법 연구의 광풍이 한국어학의 전 분야를 휩쓸었다.

제5단계(1990~1999)에서는 새로운 서양이론이 도입되어 변형생성문법의 바람을 재우고 다른 많은 분야로 심도 깊은 한국어학이 전 분야에 걸쳐 본격적인 연구가 이루어졌다. 특히 한국어의 역사에 대한 연구가 석독(釋讀) 구결 자료의 발굴과 더불어 유행처럼 번져 나갔다. 그리하여 새로운 국어사 자료의 발굴과 그에 대한 연구로부터 종전에 돌아보지 않던 많은 분야의 연구를 풍성하게 하였다.

1) 연구방법과 이론의 변화

7.3.1.0. 연구방법 내지는 이론적 배경을 기준으로 5단계 한국어 연구의 변천을 살펴보면 6.25 전쟁 이후의 10년간에 걸친 제1단계(1950~59)에서는 전통적인 연구방법이 우세한 상황 속에서 제2차 대전 이후의 프라그학파 이론이 일부 연구자의 배경을 이루고 있었다.

이희승(1949)의 『초급국어문법』을 비롯하여 이숭녕(1949)의 『조선어 음운론 연구』나 이숭녕(1954)의 『국어음운론연구』의 'ㆍ音攷', 이숭녕

(1956)의 『고등국어문법』, 김민수(1952)의 "ㅎ 조사(助詞) 연구", 그리고 허웅(1958)의 『국어음운론』은 언어의 역사적 연구보다는 프라그학파의 공시적이고 구조주의적인 언어 연구의 이론에 의거한 것이 많다. 이미 김두봉(1916, 1922)의 『조선말본』에서 그러한 연구의 단초를 볼 수가 있었다.

김윤경(1948)의 『나라말본』도 프라그학파의 기능적인 문법 연구의 냄새가 짙다. 빌렘 마테지우스(Vilèm Mathesius)에 의하여 1911년에 첵코의 프라하에서 창설된 프라그학파는 졸고(1983)에 의하면 트루베츠코이(N. S. Trubetzkoy)와 야콥슨(Roman Jakobson) 등의 걸출한 언어학자가 동참하여 서양에서 공시적인 언어 연구의 현대 언어학을 일으킨 학파로 널리 알려졌다고 한다.

특히 트루베츠코이의 구조주의 음운론은 그의 Trubetzkoy(1939)에 의하여 20세기 서양 음운론의 고전이었으며 일본에서 <음운론 원론>이란 이름으로 번역되어 널리 알려졌다. 졸고(1983)에 의하면 1950~60년대 우리나라의 음운 연구는 주로 트루베츠코이의 이론을 바탕으로 한 것으로 보았다. 프라그학파의 연구자들은 언어의 역사적 변천보다 공시적 변동에 더 많은 관심을 가졌다.

이러한 연구 태도는 졸고(1983)에 의하면 전술한 1950년대 한국의 여러 연구자들과 1960년대의 이기문(1961)과 김완진(1963, 1972a)의 한국어 모음체계의 연구는 프라그학파의 공시적인 연구와 구조음운론에 의거한 것이라고 한다. 그리고 이러한 구조주의적 언어 연구와 언어의 공시적 연구는 제2단계 한국어 연구의 기반이 되었다.

7.3.1.1. 이보다 앞서 일제 강점기에 경성제국대학(京城帝國大學)을 중심으로 18세기의 역사비교언어학이 도입되어 한국어학의 연구와 교육에 영향을 주었다. 그러나 이미 제1단계의 한국어 연구 기간 중에 서양의 공시적인 구조주의 언어학이 도입되어 널리 퍼졌다.

6.25 한국전쟁 이후 10년간의 제2단계(1960~69)는 전술한 공시적인 구조언어학과 미국으로부터 받아들인 기술언어학의 이론이 크게 영향을 미친 기간이라고 할 수 있다. 엄밀한 의미의 본격적인 한국어학

은 공시적인 구조언어학과 기술언어학을 도입하여 우리말의 음운과 문법을 연구한 이 시대로부터 시작되었다고 보는 것이 타당하다.

외국에서 한국어를 연구하는 연구자들은 비록 소수이기도 하고 한국어를 완전하게 이해했다고 보기 어렵지만 괄목한 연구 업적을 발표하였다. 예를 들면 구소련의 Polivanov(1927)의 한국어 연구, 특히 모음 체계의 연구는 서양 기술언어학의 이론으로 15세기 우리말의 모음을 연구한 것으로 후대에 김완진(1963) 등의 연구가 뒤를 따랐다.[1]

Polivanov(1927)의 한국어 연구는 비록 시대적으로는 일제 강점기에 속하지만 우리말의 음운을 구조음운론에 의거하여 고찰한 최초의 논문으로 보아야 할 것이다. 이 논문은 정광·허승철의 공역(2004)로 번역되어 소개되었다. 훈민정음의 중성자(中聲字)로 표음된 이 시대의 한국어 모음 체계를 공시적 구조언어학과 기술언어학의 방법으로 고찰한 최초의 논문으로 Polivanov(1927)의 논문을 들지 않을 수 없다.

제3단계(1970~79)가 시작된 1970년부터는 새로 대두된 생성문법의 수용으로 한국어학이 다양한 발전을 거듭하였다. 이 시기를 좀 더 세분하면 1970년경까지는 변형생성문법의 소개와 그 이론의 조심스런 적용이 주로 한국어학 이외의 학자들에 의해서 주도되었다. 그 후 10년이 지나서 이 신경향의 언어 이론이 정통적인 한국어학자들의 연구에도 젖어들게 되었다.

제4단계(1980~89)에는 생성문법적인 연구 방법이 한국어 연구의 주류를 이루었고 다양한 영역의 한국어가 이러한 방법에 입각하여 연구되었다. 특히 변형생성문법론의 광풍(狂風)이 한국어학의 전 분야에 파급되어 새로운 한국어 음운론과 문법론, 특히 형태론과 통사론에서 비약적인 발전이 있었다.

제5단계(1990~99)에는 컴퓨터 공학의 발전과 이를 이용한 언어 연구 방법이 이 땅에 도입되면서 이 방면의 연구가 새로운 한국어 연구의 경향으로 등장하고 있다. 각 대학과 연구소에서 수백만, 또는 수천만 어절의 언어 전산 자료(linguistic corpus)를 구축하고 이에 의거한 한국어

1 김완진(1963)이 Polyvanov(1927)의 것을 참조했을 가능성은 매우 희박하다. 그러나 이 두 논문은 훈민정음의 '우'를 전설의 [ü]로 보는 등 놀랍도록 유사하다.

사전의 편찬과 한국어의 전산 연구는 새로운 한국어학 시대의 도래를 예고하고 있다.

7.3.1.2. 다른 분야에서도 마찬가지겠지만 해방 직후 한국어학의 인력이란 손꼽을 수 있을 만큼 매우 미미하였다. 그러나 일제에 의하여 빈사 상태에 빠진 한국어학을 소생시키기 위하여 이 제한된 인력이 담당해야 했던 과업은 엄청나게 많았다. 10명이 될까 말까 한 연구 인력으로 한국어학의 전 분야를 새롭게 정립해야 하였고 또 계몽과 교육의 책임까지 맡아야 했다.

이들은 모든 한국어학 분야의 주역으로 활약하지 않을 수 없었으며 따라서 이 시기에 발표된 연구 논문의 총량이라는 것이 요즘으로 말하면 불과 1개월에 발표되는 분량과 같았다. 당시 어려웠던 출판 사정과 발표지의 제약까지를 감안한다면 이러한 양적인 빈곤은 당연한 것이라고 여겨진다.

더욱이 6.25 전쟁의 참극은 겨우 소생의 기미를 보이던 한국어학의 연구에 커다란 충격을 주었다. 유능한 연구자들이 생명을 잃거나 동족상잔(同族相殘)의 소용돌이 속에서 연구를 중단하기도 하였다. 살아남은 학자들도 생명과도 같은 장서와 연구 자료를 분실하고 호구지책으로 생업에 시달려서 제대로 연구에 전념하기 어려웠던 시대였다.

특히 동란의 와중에서 전화(戰火)로 사라진 수많은 한국어학 관계 자료는 오늘날 한국어 연구의 경향에도 영향을 주어서 한국어의 통시적 연구보다는 공시적 연구가 득세하는 이유 중에 하나가 되었다. 이러한 시대에 한국어학의 발전에 기여하는 원동력이 된 것은 학회의 창립과 그 연구 활동, 그리고 대학을 중심으로 이루어지는 한국어학의 교육이라고 할 수 있다.

일제 강점기의 탄압 아래에서 민족정신을 고양하기 위하여 말과 글을 찾으려고 결성한 '조선어학회'는 일제 말기 소위 '조선어학회 사건'으로 거의 활동이 중단되었었다. 해방과 더불어 자유의 몸이 된 회원들이 1945년 8월 20일 학회 재건의 방침을 정하고 이어서 8월 25일 임시총회를 개최하여 임원을 선출하고 당면한 과제를 논의하면서 학회를 활성화하였다.

이 때에 논의된 당면 과제는 한국어 교과서의 편찬과 한국어 교사의 양성, 「우리말 큰 사전」의 편찬, 그리고 학회지 「한글」의 속간이었다. 1949년 10월 2일에 조선어학회는 학회의 명칭을 '한글학회'로 고치고 한국어학에 관한 전문적인 학술연구에 치중하기보다 바른 한국어의 연구와 보급에 역점을 둘 것을 결의하였다.

이 한글학회는 상술한 학회의 이념에 입각하여 오늘날까지 수많은 연구 활동을 수행하여 한국어 연구와 올바른 한국어의 보급에 혁혁한 업적을 남겼다. 반면에 지나치게 한글을 차양하고 국수주의적인 한글 연구로 인하여 이 방면의 연구에 지장을 주기도 하였다. 왕성한 학회 활동의 빛과 그림자라고 할 수 있다.

7.3.1.3. 6.25 전쟁 중에 피난지 부산에서 광복 이후 대학의 국문과 졸업생들이 결속되어 창간한 「국어국문학」 지는 1952년 11월에 간행되었다. 이것은 광복 이후 처음으로 발간된 우리나라 최초의 국어국문학 관계 학술지로서 그 해 12월에 '국어국문학회'가 결성되었다. 제1단계 한국어 연구의 시작을 보이는 일이다.

해방 이후에 배출된 신진학자들에 의해서 결성된 국어국문학회는 국어학과 국문학의 연구를 위하여 조직된 학회다. 그동안 조선어학회를 비롯한 종래의 학회가 민족 운동의 일환으로 우리말과 글을 연구하려는 태도였지만 이번에는 이러한 태도로부터 벗어나 순수한 학문의 발전을 위하여 결성된 학회였다. 전술한 바 있는 한글학회의 지나친 국수주의적인 우리말과 우리글의 연구에 반발한 것이다.

이로부터 한국어학계는 제1단계에서 양적인 팽창과 더불어 연구자 전공의 분화가 촉진되기 시작하였다. 국어국문학회는 그 후 계속해서 발전하였고 오늘날에도 학회지의 발간과 전국 규모의 학회를 개최하여 한국어학과 한국문학의 발전에 크게 기여하고 있다. 다만 학회가 비대해지면서 국어학과 국문학을 구별하려는 기운이 커졌다.

제2단계인 1960년대에 들어와서 이 학회에서 활약하던 소장 한국어학 연구자들이 중견학자로 성장하고 해방 전부터 교단을 지키던 원로

학자들이 정년으로 교육 일선에서 물러나면서 한국어학의 첫 번째 세대교체가 이루어진다. 이 새로운 세대들에 의하여 그동안 두절되었던 해외 학계의 동향이 약간씩 국내에 전해지고 구미(歐美) 언어학의 연구 현황에 대한 정보에 관심을 보이기 시작하였다.

6.25 한국전쟁에서 휴전이 성립되고 어느 정도 나라가 안정되자 지방에서도 한국어학 관계의 학회가 결성되었다. 1956년 11월 8일에 대구에서 '한국어문학회'가 창립되었다. 이로서 국어국문학 연구가 지방으로 확산되어 지역적으로 폭 넓은 연구 인원을 갖게 되었고 방언의 연구가 본격화되기 시작하였다. 이 학회도 「어문학」이란 학회지를 간행하고 전국 규모의 학회를 개최하는 등 한국어학 발전에 크게 기여하였다.

1963년 2월에는 호남지방을 중심으로 '한국언어문학회'가 창립되어 학회지 「한국언어문학회」를 발간하면서 한국어학의 발전을 도모하였다. 서울대학교 대학원 한국어학 연구실에서는 1957년 국어연구회를 조직하여 논문집 「국어연구」를 간행하였다. 초기에는 몇 편의 논문을 모아 학회지 형식으로 간행하였으나 제3호부터는 개인의 석사 논문 한편이 한 호가 되어 오늘날까지 계속된다. 이 「국어연구」는 한국어학 논문만을 게재한 최초의 학술지가 되었다.

1959년에는 국어국문학회 안에 있었던 국어학 분과가 독립하여 국어학회로 발족하였다. 학회지 「국어학」을 해마다 한 번씩 간행하였고 겨울방학을 이용하여 3-4일간의 공동연구회를 개최하는 등 한국어학에 활력을 불어넣는 역할을 하였으며 현재에도 활발한 활동을 보이고 있다.

전국 각지에 설립된 각 대학교의 국어국문학과와 국어교육학과에서는 거의 모두 국어학과 국문학을 연구하는 학회가 결성되었고 각 대학교의 대학원에서는 국어연구회가 설립되는 일이 많았다. 그리하여 각 대학의 한국어학 관계 학과에서 교수와 대학원 학생을 중심으로 한국어 연구가 활발하게 이루어졌으며 대학의 양적인 팽창과 더불어 한국어학도는 기하급수적으로 불어났다.

7.3.1.4. 특히 국어국문학과 및 국어교육학과의 교수와 학생, 그리고 대학원생들을 주축으로 실시되는 방언조사는 방언학의 연구의 활성화를 가져왔다. 그리고 1969년 7월 일석 이희승선생을 중심으로 우리나라 어문 교육의 정상화를 기한다는 목적 아래 '한국어문교육연구회'가 결성되어 한자교육의 강화를 주장하였고 이와 반대로 한글 전용을 주장하는 한글학회와 대립하게 되었다.

이외에도 제3단계와 제4단계에는 한국어의 교육과 관계되는 많은 한국어 연구회가 결성되어 학회가 지나치게 난립되는 경향을 보였다. 연세대 중심의 한글학회와 서울대 중심의 국어학회에 대응하여 고려대 국어국문학과를 중심으로 1985년 7월 27일에 한국어학회가 결성되었다. 그리하여 각 대학에서 별도의 국어국문학회나 국어학회를 설립하여 각각 학회지를 발간했기 때문에 그 수효가 수십에 이르렀다.

한국의 해외동포들의 모국어 교육과 그에 대한 언어학적 연구를 위한 '이중언어학회'가 1981년에 결성되었다. 여러 차례 일본과 중국 등지에서 학술대회를 성대하게 열었다. 학회지로 『이중언어학』을 간행하여 많은 업적을 이루었다. 다만 후대에는 해외동포의 모국어 교육보다 외국인의 한국어 교육에 중점을 두어 창립 당시의 취지가 변질되었다.

현대 한국어학의 발전에 지대한 영향을 끼친 학회로 1975년 10월 25일에 결성된 '한국 언어학회'를 빼놓을 수 없다. 주로 당시 미국에서 언어학을 전공하고 돌아 온 소장 학자들과 진보적인 젊은 한국어학자들에 의하여 결성된 이 학회는 1976년 6월 「언어」지를 창간한 이래 현재까지 매년 2회의 학회지를 발간하여 왔고 1976년 1월 3일부터 6일까지 제1회 겨울연구회를 서강대학에서 연 이래 오늘날까지 매년 4회의 공동연구회를 개최하여 왔다.

그리고 1975년 11월 29일 제1회 월례회를 개최한 이후 부정기적인 연구회도 병행하면서 변형생성문법을 기반으로 하는 미국언어학의 도입과 보급에 지대한 공헌을 하였다. 1981년 7월 제1차 서울 국제언어학대회(SICOL-81)를 성공적으로 개최한 이후 1992년 8월 제3차 국제대회(SICOL-92)를 성대하게 열기까지 많은 구미(歐美)의 언어학자를 초청하여 강의하게 함으로써 한국에서의 언어학 및 한국어 연구에 활력을 불어넣었다. 특히 이 학회의 산하에 음운론연구회, 형식문법연구회, 사회언어학회 등이 있어 구미언어학계의 첨단적 이론을 도입하는 데 첨병의 역할을 담당하고 있다.

2) 학교문법 체계 및 용어의 통일

7.3.2.0. 이 시대의 중요한 특징의 하나로 남한의 모든 학교문법의 체계를 통일하고 용어도 하나로 정리하였다는 점이다. 북한에서는 물론 중앙 통제의 방법으로 단일 학교문법을 사용하고 있었으나 남한에서는 광복 이전의 학교문법이 무분별하게 사용되었는데 이 시대에 와서 이를 통일하게 되었다. 이에 대하여 좀 더 자세하게 살펴보기로 하자.

한국어의 연구사에서 계몽과 저항의 시기라고 할 수 있는 갑오경장(甲午更張, 1894) 이후 8.15 광복까지 한국어문법이 학교의 정규 과목으로 채택된 것은 고종 3년(1895)의 것이 최초로 알려졌다. 즉, 이 해에 공포된 소학교 교칙 대강 제3조에 규정된 소학(小學) 고등과의 한국어문법이 처음이었다.

이어서 중학교 과정에서도 정규과목으로 채택되었으나 구체적으로 누구의 것이 어떤 과정에서 사용되었는지는 아직 확실하게 알 수 없다. 다만 김희상의『초등국어어전』(1909)이 당시 학부의 검정을 거쳐 소학교에서 사용되었다는 기록이 전해질 따름이다.

또 이 시기에는 오늘날 유인물 형태로 전해지고 있는 유길준의『조선문전』과 주시경의『고등 국어문전』, 김규식의『대한문전』등이 교재로 사용된 것 같고 활자본으로 간행된 유길준의『대한문전』(1909)과 주시경의『국어문법』(1910) 등도 교과서로 쓰인 것일 것이다.

또 1910년 경술국치(庚戌國恥) 이후 일제 식민지하에서는 과목명이 '조선어'로 바뀌었으며 1938년에 이 과목이 폐지될 때까지 '조선문전, 조선어문전, 조선말본, 조선어법'이란 이름의 여러 문법 교과서가 사용되었다. 광복 이후 몇 년 동안은 그 이전에 출간된 문법서를 이름만 바꾸거나 내용의 일부를 수정하고 보완하여 급한 대로 각급학교의 한국어문법 교재로 사용하였다.

그리고 정열모 등은 새로운 학교문법 교과서를 새로 편찬하기도 하였으며 최현배는『중등 조선말본』의 교사 참고서를 내놓기까지 하였다. 이렇게 정리되지 않은 문법서의 난립은 문법 체계와 용어 등에 있어서 혼란을 면치 못하였다. 특히 용어에 있어서 고유어를 고집하는 주시경의 문하생들과 한자 용어를 주장하는 문법가들의 대립은 전혀 타협의 여지가 없어보였다.

7.3.2.1. 이 시대에는 문법용어의 제정과 새로운 문법서가 등장하였다. 그러나 1949년 7월 당시 문교부는 학교문법을 통일하기 위한 첫 번째 시도로서 292개의 문법용어를 제정하고 같은 해 9월부터 국어문법서의 검인정제도를 실시하였다.

이 때에 제정된 문법용어는 고유어로 된 것과 한자어로 된 것의 두 가지를 모두 인정하기로 하였다. 이에 의하여 간행된 국어문법 교과서로는 최현배의『중등말본』, 장하일의『표준 말본』, 정인승의『표준 중등말본』, 이희승의『초급 국어문법』, 이인모의『재미나고 쉬운 새 조선말본』 등의 5종이었다. 이 때의 교재들은 중학교 과정으로서 현재의 중학교와 고등학교 과정을 합친 것이었다.

1955년 8월에 이르러 새로운 교과과정의 공포에 따라 중학교와 고등학교로 나누어 교과서가 편찬되었다. 이 때에 간행된 문법 교과서는 중학교 과정에 장하일의『표준말본』, 이희승의『새 중등문법』, 이숭녕의『중등 국어문법』, 정인승의『표준중등말본』, 최현배의『중등 말본』, 치태호의『중학말본』, 김윤경의『중등 나라말본』, 김민수 외 3명의『새 중학문법』등의 8종이 있었다.

고등학교 과정에서는 이희승의『새 고등문법』, 이숭녕의『고등 국어문법』, 정인승의『표준 고등말본』, 최현배의『고등말본』, 김윤경의『고등 나라말본』김민수 외 3명의『새 고교문법』등의 6종이었다. 이 중에서 최현배의 <고등말본>과 이희승의 <새 고등문법>, 그리고 이숭녕의 <고등 국어문법>은 용어와 문법 체계에서 서로 달랐다. 흔히 품사 분류 만을 가지고 차례로 분석적, 절충적, 종합적 분류로 규정하였다.

즉, 이숭녕의 <고등 국어문법>은 체언과 용언을 모두 어간과 어미로 분석하여 조사(토씨)를 품사로 인정하지 않았고 최현배의 <고등말본>은 어간과 어미를 모두 품사로 인정하는 주시경의 방법을 따랐다. 반면에 이희승의 <새 고등문법>에서는 용언의 어미는 품사로 인정하지 않고 체언의 조사만을 품사로 분류하는 절충적인 방법을 택하였다.

그 외의 문법서들도 모두 이 세 범주의 어느 하나에 속하게 되었다. 이상과 같이 중등과정과 고등과정에서 여러 종류의 문법 교과서가 출간되어 한국어문법 교육은 어느 정도 기틀을 잡았다고 볼 수 있으나 아직도 각각의 교과서는 용어에 있어서, 그리고 세부적인 문법 기술에 있어서 상당한 차이를 보이고 있었으며 그에 따라 적지 않은 혼란이 야기되었다.

7.3.2.2. 학교문법을 통일하여 하나의 문법서로 통합하려는 요구는 시간이 갈수록 높아졌다. 제2단계인 1960년대에 들어와서 이러한 요구는 한층 더 높아져서 당시 문교부는 1962년 3월부터 약 1년간에 걸쳐 학교문법 통일의 시안을 마련하도록 13명의 준비위원을 위촉하였다. 그 해 11월에 학교문법 통일의 시안으로 <중 고등학교 국어문법 지도 지침>이란 책자를 발표하였다.

그러나 이 시안의 일부에 반대하는 의견이 많아지자 문교부에서는 다시 16명의 전문위원을 위촉하여 학교문법통일심의위원회를 구성하고 본격적인 심의에 들어갔다. 여러 가지로 심의를 거듭한 끝에 1963년 5월 학교문법 통일안을 작성하여 문교부의 한국어과 교육과정 심의위원회에 회부하였다. 이 위원회의 의결을 거쳐 그 해 7월 25일에 이 통일안을 공포하게 되었다.

이 통일안에서는 품사 분류를 명사, 대명사, 수사, 동사, 형용사, 관형사, 부사, 감탄사, 조사 등의 9품사로 통일하였고 문법 용어는 음성학과 구독점에 관한 것만은 원칙적으로 한자어를 사용하되 고유어의 것을 허용하기로 하였으나 품사론과 문장론에 관한 술어는 모두 한자어만 쓰도록 결정하였다.

이 통일안이 공포된 이후에 몇 년 동안은 지정사 '-이다'의 설정 여부와 문법 용어 문제로 논란(論難)을 거듭하였으나 1966년에 중학교용 문법교과서가 이 통일안에 의하여 우리 문법이 통일되었다. 그리고 1968년에는 고등학교용 문법서가 통일됨으로써 한국어문법 교육의 단일화가 이루어진 셈이다.

이 통일된 교과서가 나오기 이전까지는 한국국어교육연구회에서 편찬한 『중학국문법』과 『고등국문법』으로 이 시대의 공백 기간을 메우고 있었다. 그리고 문교부의 검인정을 거쳐 1966년에 간행된 중학교용 문법 교과서는 16종이었고 1968년에 간행된 검인정의 고등학교용 문법교과서는 13종이었는데 이들이 반드시 통일안을 준수하지는 않았다.

1963년 7월에 공포된 학교문법 통일안에서는 품사 분류와 용어에 관한 원칙만을 규정하였고 1966년에 252개의 문법 용어가 제시되었을 뿐이었다. 그리하여 1967년 1월에 국어문법서의 저자와 기타 뜻을 가진 문법학자들이 모여서 학교문법세부체계통일협의회를 조직하였다. 이 협의회에서는 학교문법 통일을 위한 세안(細案)을 마련하여 학교문법 통일안을 보완하게 하였다.

제3단계인 1979년에 다시 통일된 학교용 문법교과서가 개정되었으며 이 때에 비로소 1963년에 공포한 문법통일안을 준수하도록 하였다. 그러나 명실상부한 문법교과서의 통일은 1982년 3월 5일에 국어문법 교과서의 통합 교재가 편찬된 이후의 일로서 그 말썽 많던 학교문법이 완전히 통일되게 되었다.

이 통합 문법교과서의 편찬 목적은 현재 학교문법의 용어와 체계가 교과서마다 달라, 학생들에게 혼란과 부담을 주고 있으므로, 이를 통일함으로써 모든 학생으로 하여금 공통된 학교문법을 학습하게 하여, 한국인으로서의 기본 교양을 갖추게 함 이었다.

7.3.2.3. 현대한국어학은 주로 서양언어학의 연구 방법에 입각하여 한국어를 연구하는 학문으로서 그 연구 분야도 서양언어학의 하위 분야로 나누어 한국어 연구의 흐름을 고찰할 수 있다. 광복 이후 50년간의 한국어학은 초기에 문자와 음운론으로 시작한 한국어연구가 형태

론으로 발전하였고 다시 통사론과 의미론으로 그 영역을 넓혀 갔다고 볼 수 있는데 이를 다음과 같이 표현할 수 있다.

음운론 → 형태론 → 통사론 → 의미론

해방을 전후해서, 그리고 6.25 전쟁이전까지는 한국어학자들의 관심이 음운 연구에 몰려 있었다. 그 가운데 훈민정음에 관련된 것이 주종을 이루었고 'ㆍ, ㅿ. ㆁ'등 이른 바 없어진 글자들의 음가에 관한 논의가 한국어학의 핵심으로 보였던 시기였다. 제1단계의 연구도 이를 수용하여 이에 대한 연구가 많았다.

제2단계인 1960년대에 들어와서 점차 형태론에 관심을 나타내기 시작하였다. 이 시기의 중요한 연구들이 주로 15세기의 언어를 대상으로 한 것은 앞에서 말한 훈민정음 연구와 관련이 있는 것이다. 제3단계에는 음운론과 형태론을 포용한 한국어학이 기술언어학의 이론적 뒷받침을 받으면서 현대어와 방언의 연구에까지 발전할 무렵 변형생성문법이란 새로운 언어연구 방법이 도입되었다.

종래의 언어학에 비하여 혁명적이라고 할 수밖에 없는 이 변형생성문법의 언어 연구는 통사론을 바탕으로 성립된 것이기 때문에 그 때까지 소홀하게 여겨왔던 한국어의 문장 연구가 매우 각광을 받는 분야로 등장하였고 이 연구 방법은 음운론이나 다른 분야에도 심대한 영향을 끼치게 되었다. 특히 의미론 분야에서는 전통적인 의미론의 연구 방법과 더불어 생성의미론의 연구 방법이 대두되었다. 이어서 화용론도 도입되어 통사론만으로는 만족할 만한 설명이 되지 않는 언어현상의 해석에도 손이 미치게 된 것이다.

이 시기는 이렇게 한국어의 연구 영역을 확장시켜왔고 서양언어학의 대폭적이고 구체적인 수용은 더 세분된 한국어학의 하위 분야를 가능하게 하였다. 여기서는 그중요한 한국어학의 하위 분야에 대하여 살펴보기로 한다.

4. 현대한국어학의 제 분야

7.4.0.0. 전술한 바와 같이 현대한국어학에서는 서양언어학의 여러 분야에 맞추어 언어학의 각 하위 분야에서 연구가 이루어졌고 비약적인 발전을 거듭하였다. 6.25 전쟁이 휴전으로 멈추면서 남한을 중심으로 서양의 여러 학문이 물밀 듯이 수입되어 발전하였다.

여기에는 이 시대에 수많은 외국 유학생들의 귀국과 더불어 그들이 대학에서 각 분야의 교수로 재직하면서 교육과 연구 활동을 활발하게 전개한데 기인한 것이다. 민족상잔(民族相殘)의 뼈아픈 전쟁 이후에 조국을 부흥시키려는 많은 젊은이들이 학업에 열중하였고 외국으로 유학을 떠나기도 하였다.

이들은 비교적 안정된 1960년대 이후에 대학을 비롯하여 각 연구기관에서 대단한 노력으로 학문과 기술의 발전에 매진하였다. 그 결과로 우리 사회는 유사 이래 비약적인 발전을 거듭하였고 학문을 비롯한 여러 분야에서 선진 국가의 학문과 기술을 습득하여 그들을 따라갔다.

언어학도 많은 유학생들에 의해서 서양의 언어학이 수입되었고 그에 의하여 한국어학도 장족의 발전을 이룰 수가 있었다. 특히 미국 유학생들이 가져온 구조주의 언어학과 후기 구조주의 변형생성문법은 우리말 연구를 근본부터 바꾸게 된다. 여기서는 이에 대하여 살펴보기로 한다.

1) 음운론 연구

7.4.1.0. 이 시대의 음운 연구도 5단계로 나누어 고찰할 수 있다. 먼저 제1단계(1950~1959)의 연구는 광복 이후 6.25 한국 전쟁 이후부터 1950년대의 연구를 말한다. 8.15 광복 이후의 한국어음운론 연구는 이념적인 목적이나 문자론적인 연구에서 벗어나 우리말의 음운에 대하여 통시적이고 공시적인 연구가 시작되었다.

한국 전쟁 이후의 첫 10년간의 연구는 역시 훈민정음과 관련된 것으로 '없어진 글자의 소리 값 상고'로 대표되는 오늘날 소실된 훈민정음 제정 문자의 음가에 대한 연구였으나 전 시대의 연구처럼 단순한 음가의 추정에 머물지 않고 구조주의 음운론의 영향을 받아 15세기 한국어의 음운체계를 수립하여 체계 위에서 고찰하는 방법으로 발전하였다.

한국어학 최초의 단행본 체재의 논문으로서 간행된 이숭녕(1949)의 『조선어음운론연구: 제1집, 'ㆍ' 음고』(을유문화사)가 이러한 음운 연구의 호시(嚆矢)로 인정된다. 물론 이 논문 이전에 같은 저자의 것으로 한국어의 '모음조화'와 '이화작용' 등에 대한 연구가 있었으며 1950년대에 들어와서 본격적으로 '체계'에 대한 관심이 증폭되어 이에 관련된 논문이 여러 편 발표된다.

7.4.1.1. 한국어의 교착적(膠着的) 문법 특성은 체언(體言)의 곡용(曲用)과 용언(用言)의 활용(活用)에서 교체(交替)되는 어미들의 이형태(異形態)에 대하여 일찍부터 관심을 가져왔다. 이것은 전통문법에서는 품사론의 영역이었으나 이 시기에는 형태음소론의 연구 영역으로 다루어진 논고가 있어서 규범문법과의 마찰을 가져왔다.

예를 들어 周時經(1908)의 『국어문전음학』(박문서관)에서는 '자음접변'과 같은 규칙적인 것은 음운론인 '음학(音學)' 부분에서 설명되었고 불규칙 활용과 같은 형태음소론적인 현상을 품사론에서 다루었다. 김두봉(1922)의 『깁더조선말본』(상해)에서는 이 두 가지를 '소리의 버릇'과 '말의 버릇'으로 구별하여 후자는 음운론인 '소리'에서 다루고 전자는 품사론인 '씨'에서 다루었다.

그러나 제1단계에서 김민수(1952)의 "ㅎ(助詞) 연구"에서 나타난 'ㅎ' 종성체언(終聲體言)에 대한 연구를 비롯하여 중세어 활용어간의 이형태에 관한 기술(記述)이라든가 이 보다 조금 후대의 제2단계의 일이지만 이기문(1962)의 "중세국어 특수어간교체(特殊語幹交替)에 대하여"에서 논의된 '아ᅀᆞ~앗' 등의 이른 바 특수 어간 교체에 관한 기술 등은 모두 형태음소론(morpho- phonemics)의 관점에서 이루어진 것이다.

그리고 Martin(1954)의 『한국어 형태음소론(*Korean Morphophonemics*)』(Baltimore)에서는 음운론적으로 조건된 자동적 교체나 일정한 형태소 부류에 한정되어 나타나는 비자동적 교체를 모두 음운론에서 논의함으로써 전통문법론의 서술방식과는 약간의 차이를 보이게 되었는데 이 시기에는 이러한 연구 방법을 따르는 학자들이 적지 않았다.

1955년 이후에는 허웅(1955)의 "방점연구-경상도방언성조와의 비교-"에 의해서 15세기 한국어의 성조가 연구되었다. 그러나 이 연구 이전에는 한국어의 음운 연구가 고어(古語), 즉 문헌어(文獻語)에 경도되었는데 이 방점 연구에 의한 중세한국어의 성조 연구는 현재 남아있는 방언의 성조(聲調)에 관심이 옮겨졌고 이후에는 조금씩 현대 한국어의 음운 연구, 즉 공시적(共時的) 음운연구가 점차 고개를 들기 시작하였다.

7.4.1.2. 제2단계(1960~69)의 음운 연구는 6.25 전쟁으로 야기된 국가 사회의 혼란이 어느 정도 수습된 단계의 음운 연구를 말한다. 이 시대까지 국어사 연구에 나타난 커다란 편견의 하나는 한 글자의 음가를 불변의 것으로 간주한 것이다.

즉, '문자=음운'의 등식(等式)을 맹종하고 있었으나 '애, 에, 외' 등의 모음들이 현대어에서는 단모음이지만 역사적으로는 이중모음이었다는 사실이 밝혀지고 'ㅼ, ㅳ, ㅄ. ㅴ, ㅵ' 등의 어두자음군이 논의되면서 문자 표기와 음운 해석은 별개의 것이라는 인식이 점차 일반화되기 시작하였다.

그러나 이에 대한 본격적인 이해와 인식은 제2단계에 들어와서 이루어졌다. 허웅(1964)의 "치음고(齒音攷)"에서 훈민정음 제정 당시의 치음, 즉 'ㅅ, ㅈ, ㅊ'등의 음가가 오늘날의 그것과 달랐다는 사실을 밝혀낸 것도 위의 사실과 관련을 갖는 것이다.

본격적인 서양의 구조주의 음운 연구 방법이 도입되고 발전함으로써 음성과 음운이 구별되어 고찰되었으며 모든 음운 현상은 체계와의 관련에서 관찰하게 되었다. 또 음운이 체계 위에서 파악되며 어떤 음운의 변화는 전체 체계상의 변화를 가져온다는 사실도 이해하게 되었다. 훈민정음 연구와 소실 문자의 음가 연구는 이 시기에 들어와서 이와 같은 구조언어학의 음운론에 의거하면서 한국어 음운 연구에 크게 기여하게 되었다.

이러한 연구의 대표적인 것으로 김완진(1963)의 "국어모음체계의 신

고찰"과 김방한(1964)의 "국어모음체계의 변동에 관한 고찰", 이기문(1968)의 "모음조화와 모음체계"의 연구다. 김완진(1963)과 이기문(1968)은 다음 3단계(1970~79)의 음운연구에서 김완진(1972a)의 『국어음운체계의 연구』와 이기문(1972a)의 『국어음운사 연구』에서 보다 폭 넓게 정리되었다.

7.4.1.3. 1960년대에 들어오면서 성조(聲調)의 연구는 허웅(1955) 이후에 본격적으로 연구되었다. 즉, 이 연구가 나오기 이전에는 소위 '현대적 편견'에 의해서 15세기의 한국어도 현대의 서울말과 같이 비성조어이며 훈민정음의 방점(傍點)은 단순한 장음의 표기로 인식하였다. 그러나 15세기한국어가 성조어(聲調語)이며 방점이 이를 표기한 것으로 밝혀지면서 이에 대한 연구가 이어졌다.

정연찬(1960)의 "15세기 국어의 Tone에 대한 연구"에서는 미국 기술언어학의 이론을 도입하여 중세한국어가 '고조(高調), 저조(低調), 상승조(上昇調)'의 성조소(聲調素)를 가진 성조어임을 주장하였다. 이것은 역시 3단계의 음운연구 시대에 김완진(1973)의 『중세국어 성조의 연구』와 정연찬(1976)의 『국어성조에 관한 연구』, 문효근(1974)의 『한국어 성조의 분석적 연구』에서 정리되었다.

한국어의 음운연구에서 공시적(共時的) 연구는 周時經(1914)의 『말의 소리』를 그 효시(嚆矢)로 삼고 있다. 그러나 본격적인 음운의 공시적 연구는 1950년대에 들어와서 이루어진다. 이 때의 음운 연구는 주로 프라그학파의 음운 이론이 도입되었으며 기능주의적 관점의 음소(phoneme)에 대한 견해가 득세하였다.

그리하여 한국어 음운의 분석과 정립은 최소대립어의 확인과 상보적 분포, 변별적 기능 등이 준거가 되었다. 특히 성조 연구에서는 미국 기술언어학 이론이 많이 이용되었으며 성조소(聲調素, toneme)의 추출과 그의 기술에 관한 많은 연구가 있었다.

특히 15세기 한국어를 공시적으로 살피려는 연구도 적지 않아서 한국어음운의 역사적 연구와 공시적 연구는 상보적 연구 방법으로 등장하였다. 이러한 연구는 제4단계(1980-1989)의 음운 연구에서 더욱 두드러진 결과를 낳게 한다.

7.4.1.4. 제3단계(1970~1979)의 음운 연구는 역시 서양언어학의 구조주의가 도입되어 이루어졌다. 이 시기의 한국어음운 연구는 앞에서 살펴 본 바와 같이 구조언어학의 음운 연구 방법이 종합. 정리되는 경향을 보였다.

한국어의 모음체계를 비롯한 음운체계에 대한 논의는 앞서 언급한 김완진(1972)에서, 한국어음운의 변천에 대하여는 이기문(1972a)에서 그 동안의 논의가 마무리되었다. 그리고 중세한국어의 성조에 관한 연구는 김완진(1973)과 정연찬(1976)에서 중요한 쟁점이 정리되었다.

1960년대에 변형생성문법 이론이 도입되었고 한국어 음운의 연구도 점차 이 이론의 영향을 받기 시작하였다. 이 영향은 제3단계인 1970년대에 본격적으로 한국어 음운 연구에 적용되기 시작하였는데 그 시작은 이기문(1969)의 "중세국어 음운론의 제 문제"에서 훈민정음으로는 제대로 표기할 수 없었던 중세한국어 이중모음 'yʌ, yɨ, iy, yi'에 대한 새로운 인식을 제공하였다. 변형문법의 생성음운론적인 발상인 것이다.

김완진(1972b)의 "다시 β > ω를 찾아서"에서는 순경음 'ㅸ'에 관한 새로운 가설을 제기하기도 하였다. 그리고 몇몇 음운 현상에 대하여 비음운론적 제약을 깊이 있게 고찰한 김완진(1971)의 "음운현상과 형태론적 제약"과 이병근(1975)의 "음운규칙과 비음운론적 제약"도 생성음운론의 영향이 컸던 연구라고 할 수 있다.

7.4.1.5. 1970년대 초부터 본격적으로 도입되기 시작한 생성음운론의 연구방법은 한국어 음운 연구에 새로운 방향을 제시하였다. 종전의 연구가 음운 단위의 설정과 기술, 그리고 그의 체계적 파악이 음운 연구의 중요한 과제였다면 생성음운론에 입각한 연구는 기저 음운을 설정하고 음운의 심층부를 기술하는 것이다.

그리고 음운의 기저형(基底形, underlying form)에서 음성형식인 표면형(表面形, surface form)으로 도출되는데 관여하는 음운 규칙을 찾아내어 명징하게 공식화하는 것이 음운 연구의 목표이었다. 따라서 한국어의 모든 음운현상은 표면형과 기저형으로 나누어 기술되며 이 양자를 연결시켜 주는 규칙들이 설정되었다.

이러한 생성음운론의 연구는 앞에서 살펴본 바와 같이 프라그학파의 구조언어학에 의거한 연구와 미국 기술언어학의 영향을 받은 몇몇의 연구가 종합. 정리된 다음에 생성음운론을 도입하여 일어난 일로서 자연스럽게 새로운 음운 연구방법이 교체(交替)되는 모습을 보였다.

생성음운론에 입각하여 한국어음운의 연구를 시도한 연구에서 재미학자인 김진우(1973)의 "Gravity in Korean phonology"를 들 수 있고 또 같은 저자인 Kim(1976)의 "Rule ordering in Korean phonology"에서는 본격적으로 생성음운론의 연구 방법을 한국어음운 연구에 원용하는 시범을 보이고 있다.

1970년대 후반에 들어오면 생성음운론의 입문서들이 많이 한국어로 번역되어 많은 한국어학자들도 이 이론에 손쉽게 접할 수 있게 되었다. 생성음운론 연구의 특징은 음운론의 범위를 종래의 형태음소론까지 포함하여 크게 확대한 것이다. 음운론에서는 형태소 구조 규칙뿐만 아니라 형태소 경계에서의 음운 현상까지 다루게 되었다. 따라서 음운 현상을 지배하는 규칙은 음운론적인 것 이외에도 형태론 및 통사론적인 제약이 따를 수 있다고 보는 것이다.

그리고 예외를 가능한 줄이고 지극히 추상적으로 서술하는 경향이 두드러졌다. 예를 들어 한국어의 불규칙활용에 보이는 음운현상은 다른 언어에서도 공통으로 볼 수 있는 추상적인 기저형으로부터 표면형이 도출된다고 서술하였다. 이 기저형의 추상성은 모든 언어의 음운현상에 적용할 수도 있는 보편적인 것이다.

7.4.1.6. 제4단계(1980~89)의 음운 연구는 안정된 한국 사회의 여러 학문 연구와 궤를 같이 하면서 전개되었다. 이 시기의 한국어음운 연구는 생성음운론의 이론이 일반화면서 미국으로부터 비단선음운론(non-linear phonology), 또는 복선음운론(multi-linear phonology)이 도입되어 성조라든지 음운의 장단, 음절의 구조와 같은 한국어의 초분절음운(supra-segmental phoneme)에 대한 연구가 각광을 받았다.

이상억(1977)의 "자립분절음운론(自立分節音韻論)과 국어"는 최초로 비단선음운론의 자립분절음운 이론을 한국어의 성조 연구에 이용한 것이다. 그리고 이기문·김진우·이상억(1984)의 『국어음운론』에서는 비단선(非單線)음운론의 연구 방법을 소개하여 다음 제4단계의 음운 연구에서 이 새로운 연구 방법이 매우 유행하게 하였다.

특히 이 시기는 미국의 언어학을 수학하고 돌아온 많은 음운학자들에 의하여 한국어의 공시적인 음운 연구가 매우 왕성하게 이루어져 마치 한국어학의 중흥 시대에 돌입하는 느낌을 갖게 하였다. 예를 들어 정국(1980)의 "성조의 기능론적 분석"을 비롯한 언어학자들의 연구는 한국어의 음운 연구에 활력을 주었을 뿐 아니라 방법론과 인식의 전환을 가져오게 하였다. 더욱이 이 시기에는 한국어 방언의 음운 연구가 관심을 끌어 적지 않은 논저가 발표되었다.

7.4.1.7. 제5단계(1990~99)의 한국어음운연구는 전술한 비단선(非單線)음운론의 연구 방법이 일반화되어 많은 한국어음운의 연구가 이 이론에 의거하여 고찰되었음이 그 두드러진 특징이다. 따라서 초분절음운의 연구가 성행하였고 외국에서 이에 대한 연구 논문이 줄을 이었다.,

특히 미국에서 이 방면이 관심을 갖고 수학한 언어학자들의 연구가 눈에 띄게 늘어났다. 이러한 연구는 주로 종전 한국어 음운의 연구 결과를 복선음운론적인 연구 방법으로 재조명하는 논저가 많았다. 그리하여 훈민정음의 여러 규정이 이 이론으로 다시 설명되어 재평가됨으로써 상당한 효과를 얻고 있다. 이러한 작업은 21세기의 한국어 음운 연구에서 계속될 것으로 보인다.

또 하나 이 시기 한국어 음운연구의 특징은 컴퓨터를 이용한 음성학적 연구로부터 음운의 실재를 찾으려는 실험적인 연구가 본격적으로 이루어졌다는 사실이다. 전 단계에서도 이러한 연구가 외국인에 의하여 시도된 바가 있었으나 1990년대 후반에는 국내에서도 컴퓨터 공학이 하루가 다르게 발전하고 일반에게 널리 보급됨에 따라 이를 이용한 한국어 음성의 연구도 눈부신 발전을 계속하게 되었다.

특히 인공지능과 음성인식 분야에서 종전에 이론 중심의 음운연구로부터 음향학이나 생리학적인 음운 연구의 필요성이 증대되었고 한국어학 이외의 분야에서 이에 대한 연구가 상당히 효과적으로 진행되었다. 1990년대는 이러한 연구가 더욱 발전하여 21세기의 한국어 음운의 이론적 연구보다는 실험적 연구가 풍미(風靡)할 것으로 전망된다.

2) 문법론 연구

7.4.2.0. 한국어 문법론에 대한 연구도 역시 5단계로 나누어 고찰할 수 있다. 먼저 제1단계(1950~59)의 연구는 전술한 바와 같이 조국 광복 이후에 혼란된 사회 속에서 이루어졌다. 한국어 문법연구는 6.25동란을 겪는 전쟁의 와중에서도 일제에 의한 혼란을 극복하고 시급한 학교문법의 재건을 위하여 비상한 노력을 경주하였다.

특히 일제 강점기에 우리 민족의 계몽과 저항의 목표 아래 이루어졌던 한국어의 연구는 광복과 6.25 전쟁을 겪으면서 새로운 전기를 맞이하게 되었다. 그러나 초기에는 주시경 등의 연구를 그대로 답습하다가 정열모(1946)의 『신편고등국어문법』에서는 오늘날의 학교문법에서도 하나의 품사로 처리된 '조사(助詞)'를 명사의 곡용어미를 처리하는 등 극도의 종합적 품사 분류를 보여 한국어문법 연구에 신기원을 그었다.

이어서 김윤경(1948)의 『나라말본』과 정인승(1949)의 『중등조선말본』, 이희승(1949)의 『초급국어문법』 등의 연구가 종전의 문법서와는 다르게 구별되는 독특한 것이었다. 이어서 이숭녕(1956)의 <고등국어문법>이 간행되어 조사와 어미를 품사로 인정하지 않는 극도의 종합적인 품사분류를 보였다. 이것은 최현배(1937)의 <우리말본>에서 조사와 어미를 모두 품사로 나눈 분석적인 분류와 이희승(1949)에서 조사만 인정하고 어미를 품사로 분류하지 않은 절충적인 방법이 있었다.

이 시대에는 이러한 규범문법의 연구 이외에 향가와 <용비어천가>를 비롯한 15세기 훈민정음 자료의 주석에서 고전문법에 대한 새로운 견해가 속출하였다. 이러한 고전 문법은 양주동(1947)의 『여요전주(麗謠箋註)』와 허웅(1955)의 『용비어천가(龍飛御天歌)』에서 대표적으로 논의되었다.

7.4.2.1. 이를 이어받은 제2단계(1960~69)의 한국어 연구는 규범문법의 확립을 위한 노력이 계속되었다. 뿐만 아니라 1960년대 후반기에는 구조·기술언어학이 한국 언어학계에 소개되면서 한국어형태론의 연구는 새로운 전기를 맞이한다.

앞에서 언급한 Martin(1954)이나 Lukof(1954), 장하일(1957), 안병희(1959), 김민수(1960), 박창해 역(1961), 김석득(1962), 김선기 역(1963), 허웅(1963), 안병희(1965) 등에 의하여 미국의 기술언어학이 국내에 소개되었고 위의 논문들은 기술언어학적 언어 분석 방법을 적용하여 한국어형태론을 정립하려던 업적들이다.

예를 들면 장하일(1957)의 "낱말의 정의"에서는 형태소와 형태의 자립형식, 구속형식의 개념이 도입되어 한국어의 낱말을 정의하려 하였고 김민수(1960)의 『국어문법론연구』와 이남덕(1963)의 "국어문법 단위문제", 허웅(1958)의 『국어음운론』에서 이러한 논의는 계속되었다. 이러한 한국어형태론의 연구는 다음 단계에서 더욱 성황을 이루게 된다.

그러나 이 시대는 한국어문법은 전시대와 같이 공시적 연구보다 통시적 연구에 관심이 많아서 중세한국어 겸양법의 '-숩-', 의도법의 '-오/우-', '-ㅎ 말음체언', 중세국어의 시상(時相, tense aspect) 등에 관한 연구가 계속되었다. 이러한 문법의 통시적 연구는 이 시대에 매우 활발한 논의를 거쳐 다음 제3단계의 연구에서 종합된다.

안병희(1959)는 15세기 한국어를 대상으로 어간형태소의 교체를 정밀하게 기술함으로써 어간말음 'ㅅ'과 'ㄷ'의 차이라든가, 어간이형태들 간의 관계를 명확하게 인식할 수 있는 바탕을 마련해주었다. 또 이기문(1962)는 중세한국어의 경우 어간의 비자동적 교체(특수어간 교체)가 용언의 활용상에서만 나타나는 것이 아니라 체언의 곡용에서도 나타난다는 사실을 새롭게 밝혔으며([나모, 나모와]/[남기, 낡ᄋᆞᆯ]), 또 그러한 비자동적 교체를 4가지 유형으로 나누어 기술하였다. 이런 현상은 불규칙용언의 활용상에서만 있는 것으로 알고 있던 현대한국어의 연구자들에게는 퍽 흥미로운 사실이었다.

7.4.2.2. 한글맞춤법의 원리를 언어학적으로 설명할 수 있게 된 것

도 형태소, 이형태, 기본형 등의 개념이 도입됨으로써 얻어질 수 있었던 제1단계의 연구에서 얻은 소득 중의 하나일 것이다. 표준어를 한글로 표기함에 있어 "어법에 맞도록 함을 원칙으로 한다."는 결국 "기본형을 밝혀서 그것을 고정시켜 표기함을 원칙으로 한다."는 의미라는 것을 여기에 와서야 비로소 제대로 설명할 수 있게 된 것이다(이기문, 1963; 이익섭, 1992).

조어론과 관련하여서는 먼저 안병희(1959)에서 15세기 한국어를 대상으로 파생어간 형성과 복합어간 형성을 다루었는데, 여기에서 분포 등 몇 가지 기준을 들어 사·피동접사들을 파생접미사로 규정하였다. 허웅(1964)에서는 사·피동접사들을 파생접미사로 보아야 하는 이유를 좀 더 자세하게 설명하였다.

허웅(1966a,b)도 역시 중세한국어의 조어법을 다룬 것이다. 서론의 성격으로 조어법(造語法)에 관련된 여러 가지 문제점들을 논의하는 과정에서 접요사(接腰辭)에 대한 정확한 인식을 바탕으로 '좁쌀'의 'ㅂ'이나 (최현배, 1937), '먹었다'의 '었'은(이희승, 1955) 접요사일 수 없음을 지적하였다.

그리고 복합어(이희승, 1955의 용어로는 합성어)를 의미를 기준으로 하위분류하는 것을 지양(止揚)하고 구성방식을 기준으로 통사적 복합어와 비통사적 복합어로 나누었다. 그리고 파생접사와 굴절접사의 구별 문제, 복합법과 파생법의 구별, 통사적 복합어와 통사론적 구성인 구의 구별 문제 등을 논의하였다.

7.4.2.3. 제2단계(1960~69)에서의 한국어 문법연구는 미국의 언어학 이론이 도입되어 면목을 일신한다. 미국에서 언어연구의 조용한 혁명을 이룩한 변형생성문법 이론이 도입되어 그에 의한 한국어통사론의 연구가 계속해서 성황을 이루었기 때문이다. 그 이전의 한국어의 통사론 연구는 한국어학의 다른 분야에 비하여 매우 저조하였다.

周時經(1910)의 『국어문법』에서 현대적 의미의 통사론이 논의된 바 있으나 체계적으로 전승되지 못하고 문장 성분의 종류와 문자의 종류를 구분하는 서양 전통문법의 연구방법이 한국어 문장 연구의 주류를 이루고 있었다. 그러나 변형생성문법이 도입되어 한국어문장 연구가 이루어지면서 통사론의 연구는 한국어학의 중심과제로 등장하게 되었다.

특히 변형생성문법의 이론과 한국어 연구에의 적용은 많은 학자들의 관심을 끌게 되었는데 1971년에 결성된 '문법연구회'는 오로지 이 이론의 연구와 보급에 그 목적이 있었다. 1965년경에 우리나라에 소개된 촘스키(Noam Chomsky)의 이론은 일찍이 이홍배(1966)의 "한국어의 변형문법(A Transformational Grammar of Korean)"에서 처음으로 한국어 연구에 도입되었고 이맹성(1968)의 "한국어의 명사화(Nominalization in Korean)"가 뒤를 이었다.

한편 미국에서 송석중(1967)의 "한국어의 변형 규칙(Some Transformational Rules in Korean)"과 국응도(1968)의 "한국어 통사론에 있어서 내포변형(Embedding Transformations in Korean Syntax)", 이홍배(1972)의 "한국어 통사론 연구(A Study of Korean Syntax)", 양인석(1972)의 "한국어 통사론(Korean Syntax: Case Markers, Delimiters, Complementation and Relativization)" 등 미국대학에서의 언어학 박사 학위논문에서 한국어의 변형생성문법적인 연구가 시도되었다.

이어서 국내에서도 본격적인 연구가 이루어졌으니 김석득(1968)의 "한국어 존대형의 확대구조-심층구조의 존대법 표면구조 생성을 중심으로-"와 서정수(1968)의 "변형생성문법의 이론과 V류어의 하위분류", 남기심(1969)의 "문형 N1-이 N2이다의 변형분석적 연구", 그리고 박순함(1969)의 "한국어 접두 부정에 대하여(On the prefixal negatives in Korean-A transformational Analysis)" 등의 연구가 있었다.

이러한 한국어의 변형생성문법에 의거한 연구는 제2장에서 소개한 촘스키의 초기 이론 내지 Chomsky(1965)에서 주장된 표준이론(Standard Theory-ST로 약칭)에 의거한 것이다. 이후 Chomsky(1972a, b)의 확대표준이론(Extended ST)과 Chomsky(1975a)의 수정확대표준이론(Revised Extended ST), 그리고 Chomsky(1981, 1982)의 지배결속 이론(Government and Binding Theory), Chomsky(1986)의 방벽이론(Barriers Theory), 그리고 1990년대 최소주의(minimalism) 이론 등으로 점차 발달함에 따라 이 시대의 한국어 통사론

연구도 변모해 간다.

7.4.2.3. 20세기의 후반에 한국어 형태론의 연구에서도 괄목할 만한 연구가 있어 일찍이 최현배(1937)의 <우리말본>에서 보조어간으로 다루어졌던 것이 파생적인 것(파생접미사)가 굴절적인 것(어미)으로 구분되었고, 후자에 대하여 선어말 어미라는 명칭이 부여됨으로써 국어활용 어미체계가 다음과 같이 정리되었다.

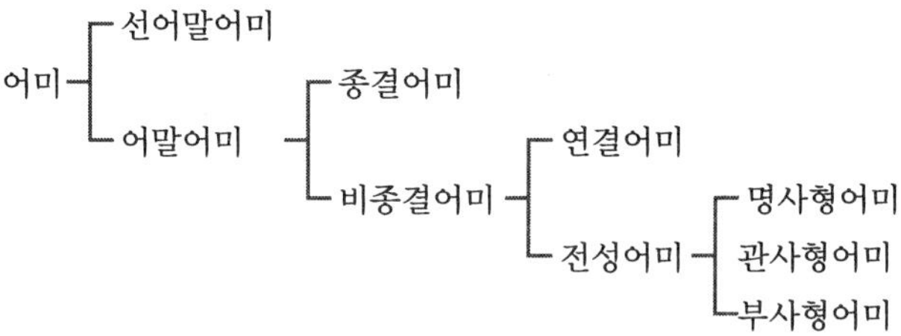

이들 각 부류의 어미에 대한 세부적인 연구는 선어말어미의 경우 고영근(1967), 이길록(1970), 류규상(1972) 등에서, 종결어미의 경우 고영근(1974)에서, 비종결어미의 경우 고영근(1975)에서 이루어졌다. 이들의 연구 결과 선어말어미 '-느-'등의 존재가 비로소 체계 속에 드러나게 되었고 어미구조체가 이루는 문법범주들, 즉 서법, 존비법, 문체법 등의 체계가 정비될 수 있었다.

고영근(1968)의 "주격조사의 한 종류에 대하여"와 김민수(1970)의 "국어의 격에 대하여"에서 각 현대어의 곡용어미에 대한 형태론적 분석을 시도하였다. 이러한 형태 분석은 주로 미국 기술언어학의 직접구성(直接構成) 성분의 분석(Immediate Constituent Analysis, 이하 IC 분석)을 중심으로 이루어졌다.

예를 들면 이익섭(1965)의 "국어복합명사의 IC분석"과 성기철(1969)의 "명사의 형태론적 구조"의 연구가 이러한 연구 방법에 의거한 것이다. 김석득(1967)의 "국어형태론"에서는 직접구성요소(IC)간의 기능적 관계를 중심으로 합성어의 구성요소를 분석한 것이다.

형태소의 교체에 대한 이해가 깊어지면서 자동적 교체, 비자동적 교체 등의 개념을 이용하여 그 동안 막연하게 설명되었던 불규칙활용의 개념을 분명히 할 수 있게 되었으며, 이러한 기준에 따른다면 'ㅡ' 불규칙이나 'ㄹ' 불규칙은 불규칙이 아니라는 사실도 밝혀지게 되었다.

7.4.2.4. 중세한국어의 형태론은 안병희(1967)의 「문법사」, 허웅(1969)의 『옛 말본』을 거쳐 허웅(1975)의 『우리 옛말본』에서 일단 종합되었다고 할 수 있다. 허웅(1975)은 풍부한 자료와 정비된 체계로 중세한국어 형태론을 상세하게 기술한 업적이다. 안병희(1965)의 「문법론」은 개설적인 내용을 담고 있는 것이긴 하나 한국어에 접요사가 없음을 지적하였고, 반복법을 복합법의 일종으로 처리하였다. 그리고 이것은 결국 첩어를 복합어 속에 포함시킨 셈이 된다.

파생에는 파생접사에 의한 파생 이외에 파생접사에 의하지 않은 특이한 파생, 즉 영(零) 변화 파생과 내적변화에 의한 파생(가맣-/까맣-, 깜깜/캄캄)이 있음을 논의하였다. 그리고 형태론과 파생법은 기술적(記述的)이지 역사적인 것이 아니므로 사적(史的)인 고려는 배제되어야 함을 강조하였다. 이상과 같은 논의들에 힘입어서 형태론과 조어법의 윤곽이 어느 정도 정립될 수 있었다.

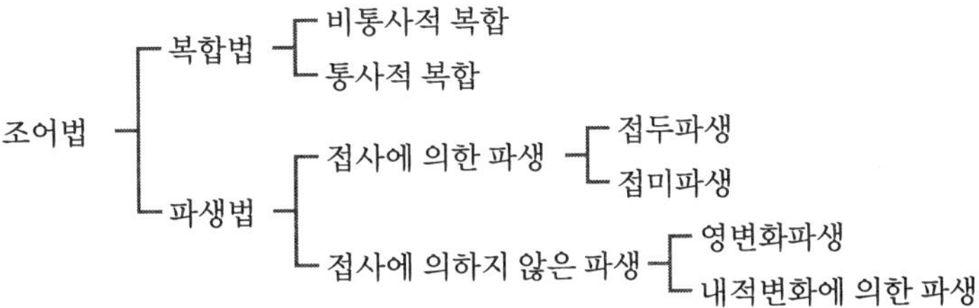

한편, 문법단위들을 직접구성요소로 분석하는 방법, 즉 IC분석 방법의 도입은 단어의 내부구조를 이해하는데 큰 도움을 주었다. 평면적 분석이 아닌 계층적 분석을 할 수 있게 됨으로써 복잡한 구조의 단어들, 특히 파생어인지 복합어인지를 구별하기 어려운 단어들을 이해하는데 크게 도움이 되었던 것이다.

이익섭(1965)에서는 IC 분석의 개념을 이용하여 복합어와 파생어의 구별을 분명히 하고서 과거에 복합어로 간주해 왔던 일련의 명사들을 IC 분석 방법에 따라 면밀히 분석하여 파생어로 보아야 할 것과 복합어로 보아야 할 것을 가려내었다. 여기에서 '설늙은이'는 '설늙은-이'로 분석되어 파생어로 규정되었고, '단팥죽'은 '단-팥죽'으로 분석되어 복합어로 규정되었다.

마찬가지로 '밥-벌이, 배-불뚝이'류는 복합어로, '절름발-이, 바로꽂-이'류는 파생어로 규정되었다. 김석득(1968)은 복합어나 파생어를 구성하는 직접구성요소(IC)들 간의 기능적 관계를 밝혀 보려 하였고 성기철(1969)는 IC 분석의 기준들을 자세히 설명하고서 그 분석 방법에 따라 복합명사와 파생명사들을 분석하여 그들을 유형별로 분류·제시하였다. 이 IC 분석 방법은 생성형태론에 이르기까지 한국어 조어론 연구의 가장 기본적인 방법으로 이용되었다.

7.4.2.5. 제3단계(1970~79)에 구조적 관점에서 한국어의 조어법(造語法)을 성실하게 다룬 일련의 업적들이 있어 주목된다. 김계곤(1968, 1969, 1970, 1972)과 고영근(1972; 1973a, b)이 이에 해당하는데, 전자는 사전학적 관점에서 파생어와 복합어를 차례로 다루었다.

후자는 파생접미사에 대하여 확립기준, 통합계, 파생법의 기술방법, 동요상황 등을 다루었다. 고영근(1974)의 『국어접미사의 연구』는 앞의 논문들을 묶은 것인데 나름대로의 기준에 따라 분석한 한국어 접미사의 총목록을 제시해 주고 있어서 조어법 연구에 큰 도움이 되었다.

새로운 개념과 방법의 도입으로 한국어의 조어론적인 문제들에 대한 이해가 깊어지자, 조어론에 관련되는 기본 용어들의 개념을 재정비해야 할 필요성이 대두되었다. 학자마다 용어와 체계가 달라서 혼란이 야기될 우려가 있고, 용어의 개념 정의들이 한국어의 실정에 꼭 맞는 것은 아니어서 이들을 실정에 맞게 수정·보완해야 할 필요가 있음을 인식하게 된 것이다.

이익섭(1975)의 "국어 조어론의 몇 문제"는 한국어 조어론이 이러한 기초적인 문제에 소홀했음을 비판하고, '어근, 어간, 어기' 등의 용어들을 한국어의 실정에 맞게 재정의 하였으며, IC 개념을 도입하여 파생어와 복합어를 새롭게 정의하였다. 여기서는 특히 조어론에서 단일어니 복합어니 파생어니를 논의할 때는 어간만을 대상으로 해야 함을 강조하였다. 그리하여 예를 들면 파생어라면 '그 어간의 IC 중의 하나가 파생접사인 단어'와 같이 정의되었다. 이는 조어론이 '어간의 구조를 연구하는 분야'라는 정의와도 일맥상통하는 것이라 할 수 있다.

한자어의 조어법에 대하여 이익섭(1968)의 "한자 조어법의 유형"과 김종택(1972)의 "복합한자어의 어소배합구조"에서 고찰되었으며 현대어의 어미구조에 대하여 고영근(1967)의 "현대국어 선어말 어미에 대한 구조적 연구"와 고영근(1970)의 "현대국어 준자립형식에 대한 연구" 등의 연구가 뒤를 이었다.

7.4.2.6. 한국어 문법 연구에서 제4단계(1980~89)의 연구는 전술한 바와 같이 6.25 전쟁의 후유증이 해소되고 어느 정도 안정된 사회에서 다른 학문의 발전과 더불어 전개되었다. 구조·기술문법에서의 형태론이 주어진 단어의 구조분석에 관심의 초점을 모았었다고 한다면 생성문법에서의 형태론, 즉 생성형태론은 단어의 생성에 관심의 초점을 모으고 있다고 할 수 있다.

그리고 그러한 단어의 생성과정을 규칙으로 기술해 보려는 경향을 보이고 있다. 이와 관련하여 생성형태론에서는 여러 가지 새로운 개념들이 제시되기도 하였고, 새로운 문법 모델이 제시되기도 하였다. 한국어 형태론이 이러한 생성형태론의 영향을 받으면서 단어의 생성 문제에 관심을 돌리게 된 것은 1980년대에 들어와서의 일이다.

복합어보다는 파생어 쪽에 먼저 관심이 주어졌는데, 파생어 형성과 관련하여 주된 논의의 대상이 되었던 문제들은 파생어 형성 규칙에 걸리는 제약의 문제, 어기(語基)와 파생어의 의미 관계, 각 파생접사의 의미 특성, 공시적 자료와 통시적 자료의 구분 문제 등이었다.

파생어 형성을 규칙으로 기술하기 위해서는 파생어 형성 규칙에 걸리는 제약, 특히 파생접사들의 어기(語基) 선택에 걸리는 제약들을 밝힐 필요가 있게 되었다. 송철의(1977)의 "파생어 형성과 음운 현상"에서 몇

몇 파생 접미사의 어기선택에 대한 제약이 논의되기 시작한 이래, 김창섭(1984)의 "형용사 파생 접미사들의 기능과 의미", 민현식(1984)의 "'스럽다, -롭다' 접미사에 대하여" 등에서 발전되었고 제5단계에서는 이에 대하여 집중적으로 연구되었다.

파생어 형성은 형태소 이상의 단위들이 관여하므로 의미의 문제도 배제될 수가 없다. 파생어 형성과 관련되는 의미의 문제에는 두 가지가 있다. 하나는 어기의 의미와 파생어의 의미 사이의 상호 관련성을 관찰하는 것이고 다른 하나는 파생접사의 의미 특성을 밝히는 일이다. 전자와 관련된 논의로는 이경우(1981)의 "파생어 형성에 있어서의 의미 변화", 송철의(1985)의 "파생어 형성에서 어기의 의미와 파생어의 의미", 그리고 전술한 김창섭(1985) 등이 있다.

이경우(1981)는 어기와 파생어 사이의 의미 변화의 양상을 살폈고(꼬리가 길다/꼬리가 기다랗다, cf. 밤이 낮보다 길다/ *밤이 낮보다 기다랗다), 송철의(1985)는 어기의 의미가 파생어의 의미와 어떻게 관련되고 있는가를 살핀 것인데, 어기의 의미 중 중심 의미에 해당하는 의미만이 파생어의 의미에 반영되는 경향이 있음을 지적하였다(먹다/먹이). 김창섭(1984)은 단일어간 시각 형용사들의 의미 성분을 분석하고 이를 바탕으로 시각 형용사들의 단어 형성의 문제를 새롭게 조명해 본 것이다.

7.4.2.7. 파생 접미사의 의미 특성을 밝히려는 노력은 명사 파생의 '-음, -기'와 '-이', 부사 파생의 '-이', 형용사 파생의 '-답-, -롭-, -스럽-', 동사 파생의 '-거리, -대-' 등에 대하여도 제4단계에 집중적으로 이루어 졌는데, '-음, -기'에 대해서는 임홍빈(1974)의 "명사화의 의미 특성에 대하여", 채완(1979)의 "명사화소 '-기'에 대하여", 심재기(1980)의 "명사화의 의미 기능" 등의 연구가 있었고 부사파생의 '-이'에 대해서는 임홍빈(1976)의 "부사화의 대상성" 등의 연구가 있었다.

형용사 파생의 '-답-, -롭-, -스럽-'에 대해서는 심재기(1981, 1982), 그리고 노대규(1981)의 "국어 접미사 '답'의 의미 연구"와 전술한 김창섭(1984) 등이 있다. 다음 단계의 일이지만 동사 파생의 '-거리-, -대-'에 대해서는 조남호(1988)의 "현대국어의 파생접미사 연구", 김지홍(1989)의

"몇 어형성 접미사에 대하여"가 있다.

이런 업적들에 힘입어 파생접사들의 의미 또는 의미 특성이 꽤 정확하게 밝혀질 수 있었다. 그러나 실질적인 의미가 전혀 없는 '-음, -기'의 경우에는 아직도 그 의미 특성이 막연한 채로 남아 있다.

한자어계 접미사 중에서는 '-的'이 관심의 표적이 되었다. 이는 이 접미사가 매우 생산적일 뿐만 아니라 그 성격 또한 미묘한 데가 있었기 때문일 것이다. '-的'에 의해 형성된 단어들은 형식상으로는 명사처럼 기능 하나 의미상으로는 형용사처럼 기능한다는 특징을 갖는다(김창섭 1984). 이 시기에 이루어진 복합명사에 대한 연구로는 먼저 서정수(1981)의 "합성어에 관한 문제", 정정덕(1982)의 "합성명사의 의미론적 연구", 김광해(1982)의 "복합명사의 신생과 어휘의 과정에 대하여" 등을 들 수 있다.

서정수(1981)는 의미의 기준에 의거하여 복합어를 판별할 것을 주장한 것인데, 어떤 결합체의 구성 성분들 중 일부라도 의미의 변화를 입었으면 복합어로 보고자 하였다. 정정덕(1982)은 복합어를 구성하는 두 명사 사이의 통사·의미론적 관계를 격 문법에 의거하여 설명해 보려 하였고 김광해(1982)는 신형복합어들이 어떻게 만들어지며 이들이 어떤 과정을 거쳐 정착되는가를 밝혀 보려 하였다.

복합동사의 연구에서는 'V1 -어 V2'와 같은 구성의 복합동사와 '명사 + 하다'와 같은 구성의 복합동사에 대한 논란이 많았다. 전자에 대해서는 판별기준, 형성의 기제를 밝히려는 노력이 계속되는 가운데(김창섭, 1981; 김기혁, 1981, 1994), 일부의 부류에 대해서는 그 형성 규칙을 설정해 보려는 시도가 이루어지기도 하였다(김창섭, 1994).

후자에 있어서는 결국 '하다'의 성격을 어떻게 규정하느냐 하는 것이 문제였다. 서정수(1975)의 『동사 '하-'의 문법』에서는 변형 과정에서 도입되는 형식동사라고 보았고, 임홍빈(1979)의 "용언의 어근분리 형상에 대하여", 심재기(1981)의 『국어어휘론』에서는 접미사라고 보았으며, 김주미(1988)의 "국어복합도사의 의미론적 고찰"에서는 동사라고 보았다.

김영희(1986)의 "복합명사구, 복합동사구 그리고 겹목적어"에서는

'돌이는 민속을 연구했다'와 같은 구문에서 '연구'는 하위문(보문)의 서술어이고, '하다'는 상위문(모문)의 서술어라고 해석하였다. 이렇듯 이들 복합동사에 대해서는 많은 주장들이 쏟아져 나와서 활발한 논의가 계속되고 있다.

한국어형태론이 생성형태론의 영향을 받으면서 단어의 생성 문제에 관심을 돌리게 된 것은 70년대 후반 이후, 즉 제4단계의 한국어연구에서 이루어졌다. 그리하여 조어론에서는 복합어보다는 파생어 쪽에 관심이 많아서 파생어형성과 관련된 논의가 많았음은 앞에서 살펴 본 바가 있다.

이 때에 주로 파생어형성 규칙에 걸리는 제약의 문제, 어기와 파생어의 의미 관계, 각 파생접사의 의미특성, 공시적 자료와 통시적 자료의 구분 문제 등이 주된 논의 대상이었다. 파생어형성을 규칙으로 기술하기 위해서는 파생어형성 규칙에 걸리는 제약, 특히 파생접사들의 어기 선택에 걸리는 제약들을 다룬 전술한 송철의(1977)의 논의가 있은 후에 몇몇 파생접미사의 어기선택에 대한 제약이 논의되기 시작하였고 전술한 김창섭(1984), 민현식(1984) 등의 연구가 있었음을 앞에서 살펴보았다.

7.4.2.8. 제5단계(1990~99)에서도 파생어에 대한 연구가 크게 유행하였다. 윤동원(1986), 조남호(1988), 하치근(1987, 1989), 김지홍(1986), 송철의(1990, 1992), 이재인(1994), 시정곤(1993, 1994) 등에서 때로는 특정 접미사에 국한하여, 때로는 접미사 전반에 대하여 이러한 논의가 계속되었다. 이들 중 하치근(1987, 1989)에서는 파생접미사들을 인칭·사물·행위·상태 접미사로 유형 분류하고 접미사 하나하나에 대하여 파생조건을 정밀하게 밝혀보려 한 것이다.

송철의(1990, 1992)는 파생어 형성 규칙을 기술함에 있어 각 접미사의 어기에 가해지는 음운론적·형태론적·통사론적·의미론적 제약을 밝힘으로써 한국어의 파생어형성 규칙들을 정밀화해 보려한 것이며, 이재인(1994)은 파생접미사의 의미기능을 통해서 파생어 형성에서의 형태·통사·의미론적 제약을 설명하고자 한 것이다.

이러한 논의들을 통해서 파생어형성 규칙들도 음운규칙만큼은 아니지만 어느 정도 정밀화될 수 있었으며, 몇 가지 흥미 있는 사실들이 새롭게 밝혀지기도 하였다. 예를 들면 형용사로부터 '-이'에 의해(척도) 명사를 파생시킬 때에는 의미상 대립되는 형용사의 짝 중 정도가 큰 것을 나타내는 형용사로부터만 파생어가 형성된다.

길-: 길이　높-: 높이　깊-: 깊이　넓-: 넓이
짧-: ×　낮-: ×　얕-: ×　좁-: ×

이러한 현상은 영어나 불어에서도 동일한 양상으로 나타나므로 이는 한국어의 특수한 현상이 아니라 언어 보편적인 현상일 가능성이 있다든가, 명사파생 접미사 '-이, -음, -기'는 상호 배타적인 관계를 가지는바, 이는 일종의 저지현상으로 볼 수 있겠다든가(Ahn Sang-Cheol ,1985) 하는 사실들이 그런 것이었다.

7.4.2.9. 한편, 전통적으로 형용사파생 접미사로만 여겨져 왔던 '-답-'에는 통사적 구성인 명사구에 결합하여 형용사구를 형성하는 '-답1-'과(그 집은 [[재벌이 사는 집]NP 답] 다) '-롭-'의 이형태로서 순수하게 형용사 파생의 기능만을 갖는 '-답2-'(정답다, 참답다)가 있다는 사실이 밝혀지기도 하였고(김창섭, 1984), 'N1은 N2답다'와 같은 구문에서 N1과 N2 사이에는 의미상의 함의관계가 성립하는데 그 관계는 N1 ∈ N2 라는 사실이 밝혀지기도 하였다.

이러한 결과들은 파생어 형성을 단순히 단어 차원에서만 관찰하지 않고 문장 차원으로까지 확대하여 관찰함으로써 얻어질 수 있었던 값진 수확인데, '-답1-'의 발견은 한국어형태론에 적지 않은 논의거리를 제공해 주었다. 구에 결합되는 이러한 요소를 파생접사하고 할 수 있는가, 파생접사가 아니라면 이런 요소에는 어떤 문법적 자격을 부여해야 할 것인가, 이것이 계사 '-이-'나, 추측을 나타내는 '-같-'과는 동류의 것인가, 다른 것인가 등의 논의를 불러일으켰으며 통사적 파생에 대한 논의도 불러일으켰다(임홍빈, 1989).

여기서 통사적 파생이란 형태론적인 파생의 개념으로는 이해할 수 없는 접미사적인 요소가 통사적 요소 뒤에 연결되는 현상을 말한다. 위에서의 '-답1-'이나 [[좋아하는 사람] 끼리]의 '-끼리', [[하는 일도 없] 이]의 '-이' 같은 예들이 통사적 파생에 관여하는 대표적인 접미사들일 것이다.

그러나 이 통사적 파생이라는 개념은 아직 가설의 단계에 머물고 있다고 보는 것이 타당할 것이다. 논란의 여지가 많이 남아 있기 때문이다. 파생어와 관련된 통사론적인 문제들은 김창섭(1996)의 "국어 파생어의 통사론적 문제들"에서 종합적으로 다시 한 번 재검토되었다.

파생 접미사의 의미 특성을 밝히려는 노력이 전 단계에 이어서 이 시기에도 계속되었다. 형용사 파생의 '-답-, -롭-, -스럽-'에 대해서는 윤동원(1986)의 "형용사파생 접미사 '-스럽-, -롭, -답-의 연구", 전술한 조남호(1988) 등의 연구가 전단계의 연구를 계승하여 발전시켰고 동사 파생의 '-거리-, -대-'레 대하여서도 전술한 조남호(1988), 김지홍(1989)의 등의 논의가 있다. 이런 업적들에 힘입어 파생접사들의 의미 또는 의미특성이 꽤 정확하게 밝혀질 수 있었다.

파생어 형성을 공시적인 규칙으로 기술하려다 보면 자연히 공시성과 통시성의 문제가 제기될 수밖에 없었고, 또 한편으로는 파생어들이란 통시성이 강한 존재이기 때문에 그들에 대한 합당한 이해를 위해서는 통시적 정보도 필요하게 되었다. 그리하여 어기(語基)와 파생어 사이에 공시적인 파생관계가 성립된다고 하기 위한 조건은 무엇인가, 그러한 파생관계를 깨뜨리는 통시적인 변화들에는 어떤 것들이 있는가를 탐색하기 시작하였다(송철의, 1983).

즉, 공시성이 있는 파생어와 그렇지 못한 파생어를 구별하기 위해서 파생어에 내포된 통시성의 여러 측면들을 밝혀 보고자 한 것이다. 이 공시성과 통시성의 문제는 어휘화하는 개념의 도입과 함께 김성규(1987)의 "어휘소 설정과 음운현상"에서 좀 더 본격적으로 논의되었다. 이 논문은 현대한국어의 음운현상을 기술하기 위한 선행 작업으로서 파생어 형성을 다룬 것이다.

단어를 형태소로 분석하는 과정과 형태소를 결합하여 단어를 만드는 과정은 동일시될 수 없음을 주장하면서 공시적으로 생산될 수 있는 파생어와 그렇지 못한 파생어를 엄격하게 구분하고자 하였다. 그리고 단어형성에 생산적으로 참여하는 요소와 그렇지 못한 요소를 구분하여 전자는 '어휘소', 후자는 '형태소'라 하자고 제안하였다.

이에 대하여 고영근(1992)의 "형태소란 무엇인가?"에서는 공시적으로 생산적인 요소는 '형성소', 비생산적인 요소는 '구성소'라 하고서 이 둘을 총괄하여 '어소(語素)'라 부르자고 제안하였다. 이러한 논의는 구본관(1990)의 "생성문법과 국어 조어법 연구방법론", 채현식(1994)의 "국어 어휘부의 등재소에 관한 연구" 등을 거치면서 어휘부(혹은 저장부)에 등재되는 등재소는 어떤 것들인가 하는 논의로 이어졌다.

파생어 형성에 대한 통시적 관점에서의 관찰은 '맏이'가 접두사에 접미사가 결합되어 형성된 것이라든가, '새롭-'이 관형사 '새'로부터 형성된 것이라는 등의 잘못된 해석을 바로 잡았다. 이들은 어기가 명사로 기능하던 시기에 형성되어 어휘화한 것들임이 확인된 것이다.

어휘화라는 개념은 '좁쌀, 수탉' 같은 복합어들을 굳이 공시적으로 무리하게 설명할 필요가 없게 하였으며, '싸구려, 절대로' 등을 활용형이나 곡용형의 통시적 굳음으로 해석할 수 있게 함으로써 이들에서의 '-구려, -로' 등을 파생접미사로 분석해 낼 필요가 없게 하였다.

또한 한글 맞춤법에서 파생어나 복합어에 대하여 어원을 밝혀 적는 경우와 밝혀 적지 않는 경우를 구분한 것은 대체로 어휘화한 것과 그렇지 않은 것을 구분한 것이라는 것을 인식할 수 있게 하였다(송철의, 1992; 이기문, 1995a). 한글 맞춤법 제정자들은 공시태와 통시태를 구분하려는 어떤 인식이 있었던 것으로 여겨진다(최현배, 1934a). 어휘화와 관련한 이런 논의들을 통해서 현행 맞춤법의 '넓적하다, 널따랗다' 는 오히려 '넙적하다, 넓다랗다'로 표기하는 것이 타당하다는 것을 지적할 수 있었던 것은 의외의 수확이었다.

7.4.2.10. 어휘화에 대한 논의가 본격화하면서 자연스럽게 제기된 또 하나의 문제는 과거부터 사용해 오던 화석화하는 개념과 이 어휘화라는 개념이 같은 것인가 다른 것인가 하는 것이었다. 화석에 대한 새로운 논의는 이승재(1992a)의 "융합형의 형태분석과 형태의 화석"에서 촉

발되었는데 여기에서 융합과 관련하여 '형태의 화석, 기능의 화석, 의미의 화석'이라는 개념이 설정되었다.

이를 이어 받아 송철의(1993)의 "언어의 변화와 언어의 화석"에서는 화석의 개념을 정리하고 화석의 유형을 세분하면서 화석화와 어휘화의 개념 차이를 밝혀 보고자 하였다. 화석화는 구성요소에, 어휘화는 구성체에 적용되는 개념으로 파악하려 하였다(그믐, 좁쌀 / 고이, 굳이).

영 접사파생(Zero-derivation)은 전통문법에서 품사의 통용이라 일컬어지던 것인데 별다른 관심을 받지 못하다가 파생어형성에 대한 논의가 본격화되면서 어느 정도의 관심을 받게 되었다. 전술한 심재기(1981, 1982)에서 이 문제가 새롭게 조명된 이래로 전술한 송철의(1990, 1992)에서 그 개념 및 파생조건 등이 다시 검토되었고, 이석주(1992)의 "영 파생에 대한 고찰"에서도 이 문제가 논의되었다. 그러나 김창섭(1990a)의 "영 파생과 의미전이"는 현대 한국어에서의 영 접사파생을 부정하고 그간 영 접사파생으로 다루어 왔던 예들을 환유에 의한 의미의 전이로 설명하고자 하였다.

복합어 형성에 대한 연구에서는 구와 복합어의 구별기준을 찾아내려는 노력이 계속되는 가운데, 복합어의 형성과정을 밝히거나 복합어 형성의 규칙을 찾아보려는 업적들이 나타나게 되었다. 여기서도 부분적으로나마 분석보다는 생성에 관심을 두려는 경향이 나타나게 된 셈인데, 가장 기본적인 문제인 구와 복합어의 구분 문제가 아직도 말끔하게 해결되지 못한 채 남아 있어서 생성적 관점에서의 연구 성과가 뚜렷하게 드러나지는 못하였다.

구와 복합어의 구별 기준으로는 어순, 내적확장, 외적 분포의 종류, 의미변화, 휴지, 강세, 음운변화 등이 거론되었다(김동식, 1994; 김기혁 1994). 서정수(1993)의 "합성어에 관한 문제"에서는 이런 기준들을 '구문론적 기준, 의미적 기준, 보조적 기준'으로 분류하기도 하였다.

그 외에 복합명사의 경우에는 대응하는 통사적 구성의 존재 여부를(쌀밥 : *쌀의 밥) 복합어의 판별 기준으로 제안하기도 하였고(김창섭 1994), 'V1 -어 V2' 와 같은 복합동사의 경우에는 '-서'의 개입 가능성, 두 문장으로의 환원 가능성, 代形으로의 대치 가능성 등이 구별기준으로 제시되기도 하였다.

이 시기에도 복합명사의 연구는 전단계의 연구를 이어받아 발전시켰다. 이재인(1991)의 "국어 복합명사 구성의 이해"는 복합명사의 의미구조와 복합명사의 구성성분들이 이루는 의미관계를 밝혀 보고자 하였고, 고재설(1992)의 "'구두닦이'형 합성명사에 대하여"는 '구두닦이'형 명사들의 유형을 재분류하고 단어형성 과정과 통사적 과정이 뒤섞일 수 있는가 하는 문제를 제기하였다.

심재기(1994)의 "속담사전 편찬 사료"는 '뼛골(뼈骨), 바람벽(바람壁), 족발(足발), 맑쑥(맑淑), 역전앞(驛前앞)' 등과 같이 겉보기에는 단일어처럼 보이지만 사실은 고유어와 한자(어)의 동의 중복으로 형성된 복합어들을 발굴하여 기술하면서 이들이 갖는 특성을 밝혀 주었다.

복합명사와 관련하여 가장 논의가 분분하였던 것은 '해돋이, 줄넘기, 고기잡이'와 같은 형식들에 대한 처리 문제였다. 이들은 제1요소와 제2요소 사이에 사이시옷을 개입시키는 경우가 없고 제2요소인 '돋이, 넘기, 잡이'가 자립적인 파생명사가 아니라는 점에서 '발걸음, 기찻놀이'와 같은 복합명사와는 성격이 다르다(김창섭, 1983). 결국 문제는 '해돋이'가 [[해+[돋+이]]와 같이 분석되는가 하는 것이다.

김창섭(1983)의 "'줄넘기'와 '갈림길'형 합성명사에 대하여"는 이들이 복합어인가 파생어인가의 판정을 유보하고서 이들을 '줄넘기'형 합성명사라 불렀고, 연재훈(1986)의 "한국어 동사성명사 합성어의 조어법과 의미연구"는 이들을 '동사성명사 합성어'라 불렀다. 이재인(1989)의 "-이'명사의 형태론"은 '고기잡이'의 '고기잡-'이 어휘 범주와 구(句) 범주의 중간 범주에 해당하는 것이라고 보고서 이들을 파생어로 처리하였다.

시정곤(1993)의 "부사화 접사 '-이'의 통사적 해석"과 시정곤(1994)의 "'해돋이'와 '돈벌이'형의 단어형성"은 '해돋-'류의 복합어가 중세한국어에서도 존재했다는 사실을 들어 [[해+돋]+이]와 같이 분석하는 것을 지지하였다.

복합동사의 통사·의미론적 특성도 이 시기에 새로운 각도에서 정밀하게 분석하고 있는 논문이 있어 주목된다(박양규, 1987, 1990). 이 두 논문은 '가져오다'는 그 짝으로서 '가져가다'를 갖지만 '보내오다'는 그 짝으로서 '보내가다'를 갖지 못한다든가 '축하받다, 축하드리다'는 가능하지만 '축하주다'는 가능하지 않다는 등의 사실에 주목하고서 복합어 형성에 있어 이러한 빈칸이 생기게 된 이유를 통사·의미론적 측면에서 밝히고자 하였다.

흔히 첩어(疊語)라고 일컬어지던 형식들이 이 시기에는 반복복합어라는 이름 아래 연구되었다. 이익섭(1982)의 "현대국어의 반복복합어의 구조"는 반복복합어의 개념을 정립하고, 구성방식과 유형 등 조어법상의 특징을 논의하였고 뒤이어 채완(1986)의 『국어 어순의 연구』는 반복복합어의 유형 및 이들에서의 음상교체 양상을 더욱 정밀하게 밝히고 구성요소들 사이의 어순과 반복의 의미를 연구하였다.

이건식(1987)의 "현대국어의 반복복합어 연구"는 반복복합어의 형태론적 특성 및 어휘·의미론적 특성을 고찰하였다. 최근에는 한국어의 첩어형성을 중첩(reduplication)이라는 음운현상으로 간주하고 자립분절 음운론을 이용하여 그 형성원리와 유형을 밝혀 보려는 시도가 나오기도 하였다(시정곤 1994).

3) 의미론과 언어사 분야의 연구

7.4.3.0. 한국어의 의미에 대한 연구는 다른 분야에 비하여 비교적 그 연구의 시작이 늦었다고 할 수 있다. 그나마 주로 어휘의미론의 연구가 중세시대의 한국어 어휘자료의 연구로 시작되었는데 방종현(方鍾鉉)은 『유합(類合)』, 『훈몽자회(訓蒙字會)』 등의 한국어 어휘 자료만이 아니라 『계림유사(鷄林類事)』, 『조선관역어(朝鮮館譯語)』 등 훈민정음 창제 이전에 중국에서 편찬된 한국어 어휘자료에 관심을 갖고 연구를 진행하였다.

한편으로는 『향약구급방(鄕藥救急方)』과 같은 우리나라의 차자표기 어휘자료의 연구에도 몰두하였다. 그리하여 일찍이 <유합>과 <훈몽자회>에 대한 방종현(1946, 1954)의 연구가 있었으며 <계림유사>에 대한 방종현(1955)의 "계림유사 연구"가 나왔고 이 영향을 받아 <조선관역어>에 대한 이기문(1957)의 "조선관역어의 편찬연대"와 김민수(1957)

의 “조선관역어 고(考)” 등이 뒤를 이었다.

특히 이기문은 방종현의 학통을 계승 발전시켜 한국어의 역사적 연구의 일환으로 어휘의 역사적 변천을 연구하였으며 이기문(1995a)의 『국어 어휘사 연구』에서 이 연구가 정리되었다. 그리고 이러한 어휘사 연구는 이기문(1998)의 『신정판 국어사개설』에서 다른 음운사 및 문법사와 더불어 한국어의 역사 연구에 첨부되었다.

7.4.3.1. 차용어의 연구에서는 제3단계의 김완진(1970)의 “이른 시기의 한중(韓中) 언어 접촉”과 김완진(1973)의 “국어 어휘 마멸(磨滅)의 연구”에서 거론된 바가 있으며 몽고어의 차용어에 대하여 이미 제2단계에서 이기문(1964a)의 “몽어노걸대 연구”와 이기문(1967)의 “몽학서 연구의 기본문제” 등의 연구가 있었다. 그리고 이기문(1968a)의 “계림유사의 재검토”에서는 중세한국어의 ‘잫, 뎧, 쇼’를 중국어의 ‘尺, 笛, 褥’에서 차용된 것으로 보았으며 이러한 일련의 연구는 전술한 이기문(1995a)에서 정리되었다. 어휘의 역사적 연구는 어원에 대한 연구를 수반한다.

최학근(1960)의 “어원연구 방법론소고”에서는 어원연구의 방법에 대하여 언급하면서 한국어 어원연구의 문제점을 지적하였고 유창돈(1963)의 “느지르샷다 고(攷)” 등의 연구가 뒤를 이었다. 남광우(1961)의 『고어사전』, 유창돈(1964) 『이조어사전』 등의 고어사전이 편찬되었고 박병채(1968)의 “고대 삼국의 지명 어휘고”, 장태진(1969)의 “제주도 해녀집단의 특수어에 대하여” 등에서 한국어사 자료의 희귀어(稀貴語)나 특수어휘 등이 연구되었다.

그리하여 이기문(1970)의 “신라어의 ‘복(福)’(童)에 대하여”, 그리고 이기문(1971)의 “어원 수제(數題)”와 도수희(1972)의 “백제 왕칭어 소고”, 도수희(1979)의 “백제지명연구(1)”, 이남덕(1977)의 “인체어의 비교연구: 갗, 얼굴, 거욷 고(考)”, 이남덕(1985)의 『한국어 어원 연구』 등의 연구가 뒤를 이었으나 이후의 연구는 그렇게 활발하지 못하였다.

관용어에 대한 연구는 김종택(1971)의 “이디엄(idiom)연구”에서 구체적인 모습을 보였고 김문창(1975)의 “국어 관용어의 연구”에서 종합적인 연구가 이루어졌다. 이러한 연구는 양동휘(1978)의 "한국 복합동사의 관용성"과 황희영(1978)의 "국어 관용어 연구"로 이어졌으며 손낙범(1978)의 『일한, 한일 관용어사전』이 나오게 되었다.

은어(隱語)와 속담(俗談)에 대한 연구도 꾸준히 이어져 심재기(1977)의 "속담의 의미기능에 대하여", 그리고 유구상(1978)의 "대학생의 언어와 은어" 등의 연구가 있었고 심재기(1981)의 『국어어휘론』에서 이 연구들은 정리가 된다.

7.4.3.2. 1970년대의 제3단계에서는 서구이론에 입각한 화용론(話用論)이 소개가 되었다. 서양의 언어학계에서도 1970년대에 들어서면서 종래의 변형생성문법을 기반으로 하는 통사론 위주의 언어기술(記述)에 한계를 느끼면서 점차 의미(意味)와 화용(話用)을 중시하는 방향으로 연구의 관심이 옮겨가게 되었다. 특히 생성의미론에 관심을 가졌던 한국어학도들에게 화용론(話用論)은 매우 매력이 있는 분야로 비쳐졌다.

이홍배(1970)의 "한국어 구문 연구"와 이홍배(1971a)의 "Perfomative와 국어변형문법", 이홍배(1971b)의 "한국어 변형문법에서 서법의 분류" 등과 장석진(1972a,b)의 "혼합 양상과 문장 형식 소고", 장석진(1974)의 "보이나 안 들리는 너와 나", 장석진(1976)의 "화용론의 기술"등의 연구가 한국어 의미연구에서 화용론을 선도하기 시작하였다.

화용론(話用論)에서 주로 다루는 분야는 지시와 조응, 전제와 함축, 발화행위 등이었으며 1980년대에 들어와서 이 분야의 연구는 매우 심화되었다. 촘스키의 지배-결속 이론과 방벽이론 이후에 보편이론의 정립을 위해서 화용론의 이론은 한국어 연구에 자주 도입되었다. 그러나 화용론의 명확한 연구영역이라든지 의미론과의 학문적 관련성에 아직 해결되지 않은 문제가 남아있다.

7.4.3.3. 이 시대에 또 하나 특기할 점은 한국어의 계통과 한국어의 역사가 심도 있게 연구되었다는 점이다. 먼저 제1단계에서 한국어의 계통에 대하여 이숭녕(1955b)의 "우랄·알타이어의 공통특질론"에서 한국어가 우랄-알타이어족에 속할 수 있음을 시사하였다.

그러나 1952년 7~8월에 열린 헬싱키 올림픽에 참가했다가 돌아온 서울대 사회학과의 이상백(李相佰) 교수가 핀란드의 저명한 역사언어학자 람스테드(Ramstedt)의 연구 논저를 가져와서 서울대학교 문리과대학의 국어학 및 언어학 전공 교수에게 전달하면서 한국어의 계통에 대한 연구는 면목을 일신하게 되었다.

20세기에 들어오자 그 전시대에 유행한 우랄-알타이어족(Ural-Altai language family)의 가설에서 우랄(Ural)어족의 친족관계가 증명되면서 남은 알타이어족의 여러 언어들에 대한 연구가 성행하였다. 구소련의 언어학자 뽈리봐노프(Евгний Д. Поливанов)는 그의 Polivanov(1927)의 "한국어와 알타이제어와의 친족관계"에서 한국어의 알타이어족설을 제창하였다.

핀란드의 언어학자 람스테드(Gustav J. Ramstedt)는 우랄어족과 따로 떨어진 알타이 제어의 친족관계를 증명하려고 노력하면서 한국어에 대한 연구에 몰두하였다. 람스테드는 Ramstedt(1924)의 "한국어-일본어의 두 단어"에서 한국어와 일본어와의 두 단어를 비교하면서 한국어가 알타이제어와 깊은 관계에 있음을 주장하기 시작하였다.

그는 이어서 Ramstedt(1928)의 "한국에 대하여"에서 한국어가 알타이 여러 언어와 친족관계를 가졌다고 보고 Ramstedt(1952)의 『알타이어학 서설 II』(형태론)에서 드디어 알타이어족설을 제창하였다. 그리하여 알타이제어는 터키어, 몽골어, 퉁구스제어, 그리고 한국어가 조상어로 인정하였다. 서양 언어학자들에게 미지의 언어였던 한국어가 일약 알타이어족의 사어파(四語派)로 등장하게 된 것이다.

이러한 그의 논저가 헬싱키 올림픽 이후에 바로 한국에 전달되어 제1단계의 연구에서 한국어의 계통 연구에 새로운 막을 열게 되었다. 당시에는 전술한 이숭녕(1955b)에서 "우랄-알타이어의 공통특질론(共通特質論)"이 논의되어 시라토리(白鳥庫吉, 1914~6)의 학설을 추종하였으나 이기문(1961)의 『국어사개설』부터는 한국어의 알타이어족설이 세력을 얻게 되었다.

7.4.3.4. 그리하여 제2단계의 한국어 계통 연구에서 이기문(1964b)의

“고구려어의 자료”는 고대 한국어인 고구려어에 대하여 고찰하였다. 그리고 이어서 이기문(1967a)의 “한국어 형성사”에서는 한국어의 계통을 알타이어에서 찾아야 함을 역설하게 된다. 이기문(1975)의 한국어와 알타이제어의 비교 연구”를 거쳐 한국어와 알타이제어와의 비교 연구가 본격적으로 이루어지게 되었다. 김동소(1981)의 『한국어와 TUNGUS어의 음운 비교 연구』에서 한국어와 퉁구스제어와의 음운비교 연구가 시도된 것을 예로 들 수 있다.

뽈리봐노프에 의하여 가설이 세워지고 람스테드에 의해서 주장된 알타이어족의 이론은 미국으로 망명한 구소련의 역사언어학자 포페(Nicholas Poppe)에 의하여 일부 수정되었다. 즉, Poppe(1950)의 “람스테드의 <한국어 어원론>에 대한 서평”에서 람스테드의 알타이 사어파(四語派)에서 한국어를 가장 먼저 분리된 것으로 보았다.

이 수정안은 전술한 이기문(1961)과 이기문(1963)의 “일본어의 계통적 견해(A Genetic View of Japanese)”에서 주장한 것을 그대로 수용한 것이다(Poppe, 1965). 이러한 한국어의 알타이어족설은 김방한(1976)의 “한국어 계통연구의 문제점”에서 받아 들여 한국어계통론에 대한 문제점이 논의되었다.

그러나 제3단계의 한국어 계통 연구에서 김방한(1978)의 “알타이제어와 한국어”에서 한국어와 알타이제어의 친족관계에 비판적인 의견을 보였다. 그럼에도 불국하고 이기문(1972b)의 『개정 국어사개설』 이후에 한국어의 알타이어족설은 가설의 단계를 넘어 증명이 가능한 것으로 인식하여 우리 학계의 정설이 되었다.

7.4.3.5. 제4단계에서 한국어의 기원과 계통에 관한 연구로는 김방한(1983)의 『한국어의 계통』에서 한국어의 알타이어족설에 이의를 제기하고 한국어가 고(古) 아시아족(Palaeo-Asiatics), 또는 고(古) 시베리아족(Palaeo-Siberians)의 언어와 계통적으로 관계를 맺고 있지 않을까 하는 가설을 조심스럽게 제안하였다.

즉, 전술한 김방한(1976, 1978)에서는 고아시아족의 하나인 길리야크(Gyliak) 족의 언어가 한국어의 기층(基層)을 형성하고 있다는 가설을 제기하였고 강길운(1988)의 『한국어 계통론』에서는 이 가설의 증명이 시도되었다.

이미 Koppelmann(1933)의 "유라시아의 어족"에서는 한국어와 길리야크어와의 유사성에 대하여 논의된 바가 있었다. 코펠만(Heinrich D. Koppelmann)은 앞의 논문에서 한국어와 인도게르만어 및 기타의 다른 어족과의 원유사성(Urverwandtschaft)에 관하여 역사비교언어학적인 논의를 시도하면서 한국어와 길리야크어가 언어유형의 유사성(Verwandtschaft im Sprach typus)을 넘어서서 어떤 기원적인 관계가 있는 것으로 보았다.

그러나 그의 가설은 계속된 연구가 없었으며 한국어의 기원과 계통의 연구에서 하나의 가능성을 제시한 것에 불과하게 되었다. 이에 비하여 전술한 김방한(1983)에서 제안한 것이나 전술한 강길운(1988)에서 주장한 것은 이러한 가능성의 제시로부터 한 걸음 나아가 한국어와 길리야크어의 어휘를 역사비교언어학적인 방법으로 비교한 것이다.

이러한 비교연구는 졸고(1997)의 "한국어의 형성과정"에서 소개한 한반도의 고고인류학적인 연구 성과를 바탕으로 한 것이다. 한강 유역과 낙동강 유역에서 신석기 시대의 선사 유적지가 발굴되어 우리민족의 기원과 역사에 새로운 학설이 제기되었다. 즉, 한반도에서 알타이민족 이외의 다른 민족이 존재했을 가능성에 근거한 연구였다.

이 연구는 Poppe(1965)의 『알타이어학 서설』 이후에 널리 확산된 반(反) 알타이어족설을 반영한 것으로 이 가설들은 20세기의 고고인류학적인 연구 성과와 더불어 다시 고찰되어야 할 것이다. 21세기에 들어와서의 일이지만 이미 Vovin(2010)에서 "한국어-일본어족"이 주장되었으며 Robeets(2015)의 "한국어와 트랜스유라시아 언어 유형"에서는 알타이어(Altai Languages) 대신에 '트랜스유라시아 언어(Transeurasian)'를 사용하고 있다.

7.4.3.6. 제5단계에서 한국어의 계통에 대한 연구는 지금까지의 연구와 달리 중세한국어가 신라어를 대표로 하는 남방계와 고구려어를 대표로 하는 북방계와 결합된 것이라는 주장에 대하여 언어의 통합설(統合說, convergence)로 설명하는 것이 훨씬 타당하다는 주장이 졸고(2008)

의 "언어의 분기와 통합"에서 제기되었다.

언어의 형성에서 통합설은 분기론(分岐論, divergence)과 대응하는 이론으로 언어의 형성에서 분기와 통합의 방법을 모두 고찰해야 한다는 주장이다. 그리고 한국어의 형성에는 지금까지 논의한 분기론보다 오히려 언어의 통합설이 더 적절하다는 주장이었다. 그러나 그 동안의 한국어의 형성에 대한 논의에서 통합설에 의거한 것은 거의 없었고 오로지 분기론의 견지에서 고찰되었다는 비판을 면하기 어렵다고 본 것이다.

전술한 졸고(2008)의 통합설은 알타이어족설에 대하여 21세기 초에 더욱 거세어진 구미(歐美)학계의 비판과 더불어 한국어의 형성에 대한 새로운 시각의 연구를 제안한 것이다. 즉, 선사시대와 고대시대에 한반도에 존재한 것으로 역사적 자료에서 언급된 많은 언어들이 고구려어, 백제어, 신라어 그리고 가야어(伽倻語)로 통합되었고 이 언어들은 다시 중세한국어로 통합된 것으로 보자는 것이다.

한 언어로부터 분기 발달한 자매어들이 하나의 어족을 형성하며 이들 언어는 서로 유사하다는 언어의 분기설이나 지리적으로 인접하여 있거나 정치적, 또는 사회적인 이유로 몇 언어가 서로 유사하게 된다는 통합설은 세계의 언어를 몇 개의 단위로 분류하여 고찰하려는 언어의 연구 방법에서 늘 대립되는 이론이다. 후자가 공시적인 언어 접촉의 결과에 의지한다면 전자는 역사적 사실에 근거를 두고 고찰하려는 것이다.

한국어의 기원이나 계통을 밝히려는 연구에서는 분기론이 압도적으로 지지를 받았다. 너무 지나치게 분기론(分岐論)만이 거론되어 오히려 국내 연구자들 가운데는 통합설(統合說)의 존재조차 모르는 연구자들도 없지 않다. 그러나 세계 언어학계에서는 20세기 전반부터 세력을 얻기 시작한 언어의 공시적 연구 경향으로 언어의 기원이나 계통, 그리고 언어의 분류에서 분기론보다 통합설을 더 신봉하게 하였다.

특히 중세한국어의 성립이 고려의 건국과 관련을 지어서 본다면 개성(開城)을 중심으로 하는 고려의 중앙어(中央語)는 고구려어와 신라어의 접촉지점이다. 중세한국어의 시작을 고려어의 성립에서 찾는다면 이 언어가 과연 어떤 언어로부터 분기 발달한 것인지 단정 지어 말하기 어렵다. 오히려 신라어가 백제어와 고구려어의 영향을 받아 서로 유사해진 것으로 보는 것이 합리적일 수 있다. 이 경우에 분기론보다는 통합설이 더 유용한 언어 발달의 이론이라고 할 수 있다.

7.4.3.7. 한국어의 계통에 대한 연구와 더불어 한국어의 역사를 연구하는 논저가 이 시대에 거의 모든 한국어사 연구자들의 연구 주제가 되었다. 물론 그 시작은 제2단계의 전술한 이기문(1961)에서 찾을 수 있지만 뒤를 이어 제4단계와 제5단계에서 박병채(1989)의 『국어발달사』, 안병희(1992)의 『국어사 자료 연구』, 김동소(1998)의 『한국어 변천사』가 뒤를 이었다.

주로 훈민정음 창제를 기점으로 하여 15세기 한국어를 중세한국어로 하고 이로부터 회고(回顧)와 전망(展望)을 통한 고대한국어와 근대한국어를 고찰하는 방법이었다. 언어사의 구분에서 삼분법(三分法)이 널리 알려진 방법인데 한국어사에서 삼분(三分)의 요체는 중세(中世), 또는 중기(中期)를 정하는 것이다. 즉, 고대와 현대 사이에 중세를 추가하는 것이다.

한국어의 역사를 시대 구분할 때에도 이 삼분법(三分法)이 많이 적용되었다. 종래 삼국시대의 언어, 통일신라어 고려어, 조선어로 하여 왕조별로 나누던 것을 고대한국어와 중세, 그리고 근대한국어로 나누는 방법이다. 여기서 당연히 문제가 되는 것은 중세한국어의 시대 구분이다. 제2단계의 초기에 전술한 이기문(1961)에서는 국어사의 자료에 의한 구분으로 새로운 한국어 자료를 보여준 『계림유사(鷄林類事)』(1103년경)를 중세한국어의 기점으로 보았다.

그러나 왜 하필 외국인의 저술을 국어사 시대구분의 기점으로 하려고 하느냐는 비판이 있었고 결국은 중세한국어가 고려의 건국과 더불어 언어 중심지가 한반도의 중앙으로 옮겨 온 것에 기인하여 중세한국어가 설립한 것임을 감안하여 고려의 건국(918), 즉 10세기부터를 중세한국어가 한반도의 공용어가 되었다고 인정한다. 다만 근대한국어의 시작은 임진왜란(1592) 이후로 본다.

이러한 시대구분에 따라 제3단계에서는 한국어의 음운의 역사가 이기문(1972a)의 『국어 음운사 연구』에서 시대별로 논의 되었고 문법사가 안병희(1967)의 「문법사」에서, 어휘사가 최후의 제5단계에서 이기문(1995a)의 『국어 어휘사 연구』로 다루어졌다. 물론 다른 한국어의 역사에서도 음운사와 문법사, 어휘사가 단편적으로 거론되었다. 또 1단계의 시대의 문자사는 음운의 역사적 연구를 겸한 것이 많다. 음운과 문자가 동일시되는 전통이 계속되었기 때문이다.

북한에서도 우리말의 역사를 다룬 논저가 많이 발표되었다. 김병제(1984)의 『조선어학사』에서도 비록 제목은 '조선어학사'이지만 실제는 조선어의 역사를 다룬 부분이 많았다. 북한에서는 한동안 어학사와 언어사가 혼동되었기 때문이다. 김영황(1963)의 『조선어발달사』는 후대의 『고구려 언어 연구』(김영황, 2006)와 더불어 우리말의 역사를 고대시대부터 검토한 것이다.

이 외에도 현대한국어학에서는 한국어 방언의 연구, 표기법의 변천, 문자학, 한국어교육론, 한국어정책, 한국어학사 등의 분야에서도 많은 연구가 있었고 이에 대하여도 체계를 갖추어 살펴야 하지만 여기에서는 생략하기로 한다.

7.4.3.8. 이상의 논의를 종합하면 한국어학은 20세기에 현대적 의미의 언어학에 의하여 모든 분야가 비약적인 발전을 한 것으로 보인다. 물론 그 전시대의 우리말 연구의 전통이 완전히 무시된 것은 아니지만 20세기 후반에 들어와서 언어학의 전 분야에 걸친 우리말 연구가 이루어졌다고 보아야 한다.

특히 개화기 이후에 단편적으로 고찰되던 통사론과 의미론 분야의 연구는 이 시대에 비로소 본격적으로 고찰되었다. 또 전시대에 문자와 음운이 혼란되던 것을 넘어서서 음운사의 연구도 제 갈 길을 찾았다고 볼 수 있다. 이제 21세기에는 이러한 연구의 바탕 위에서 한국어의 올바른 연구가 이루어질 수 있기를 바라는 마음 간절하다.

다만 우리말의 역사를 밝혀주는 자료의 발굴과 그에 대한 면밀한 서지학적 연구가 수반되어야 함을 사족으로 덧붙이고 싶다. 대부분의 역사적 우리말 자료가 한자로 작성된 것이어서 이에 대한 연구를 위하여 한자에 대한 지식이 절실하게 요구된다. 그러나 한글전용시대의 우리말 연구자들이 한자와 한문을 기피하려는 경향은 이러한 역사적 자료의 발굴과 이해에 큰 걸림돌이 될 것임을 걱정하면서 이 시대의 한국어 연구를 마감하고자 한다.

언어학사로 본 20세기까지의

한국어 연구사

제8장

결론

8.0.0. 이상 한국어 연구의 역사를 5기(期)로 나누어 제1기 고대 한국어학의 여명기(黎明期, 본서의 제3장), 제2기 한글 창제와 훈민정음의 연구(제4장), 제3기 정음(正音)과 역학(譯學)의 연구(제5장), 제4기 개화기 이후의 근대 한국어학(제6장), 제5기 6.25 전쟁 이후의 현대한국어학(제7장)에 대하여 고찰하였다.

무릇 연구사는 저술자가 가진 식견(識見)과 시각(視覺), 그리고 취향에 따라 서술된다. 본서의 한국어 연구사도 필자의 식견이 허용하는 한도에서 우리말 연구의 역사를 기술한 것이다. 또 필자가 중요하다고 주장했던 사안을 중심으로 서술되었고 평소에 좋아했던 논저가 강조되었다.

따라서 읽는 이에 따라 편협하고 허술한 부분이 많다고 느낄 수가 있다. 그러나 누군가가 이렇게라도 연구사를 정리해야만 다른 이의 교정과 보충이 따를 것으로 기대하면서 이 책을 쓴 것이다. 결코 이 책이 우리말 연구사의 완결 편으로 생각하지 않는다. 오히려 하나의 시안으로 집필된 것이다.

8.0.1. 이 책에서 강조된 것은 모든 한국어 연구가 시대적으로 서로 연관을 지으면서 발달하였고 특히 이러한 상호 영향은 한반도를 넘어 거의 전 세계적인 언어 연구의 영향을 받은 것으로 보았다는 사실이다. 필자는 무(無)에서 유(有)가 창조되는 기적은 적어도 학문의 세계에서 있을 수가 없다고 본 것이다.

이 책에서 어떻게 보면 당연한 사실을 강조한 것은 그동안 우리말과 우리글의 연구가 지나치게 국수주의적(國粹主義的)인 연구에 치우쳤다는 사실과 관련이 있다. 현대 우리말과 우리글을 연구하는 많은 연구자들이 일제 강점기에 독립운동의 일환으로 가졌던 우리말과 글에 대한 생각을 아직도 버리지 못한다는 사실을 직시하고 그에 대한 반발로 이 책을 쓴 것이다.

이 제8장 결론에서는 각 장(章)의 내용을 요약하여 결론을 삼는다. 책의 내용이 너무 방대하여 줄거리를 찾기 어려운 독자들을 위하여 결론에서 전체의 내용을 조감(鳥瞰)할 수 있게 정리하려는 것이다.

8.1.0. 제1장의 '서론'에서는 본서에서 말하는 '한국어'란 어떤 언어인가를 시작으로 하여 이 언어를 연구하는 '한국어학'이란 무엇인가? 특히 한국어학의 범위는 어디까지인가를 집중적으로 살펴보았다.

그리하여 고대부터 여러 명칭으로 불려온 한국어가 오늘날 우리가 사용하고 있는 우리말과 그 이전의 언어들을 망라하는 넓은 의미로 사용되었음을 책의 서두에서 밝힌 것이다. 또 한국어학도 이러한 우리말을 연구하는 일체의 학문 활동을 총칭하는 것이지만 본서에서는 일반적인 언어학의 하위분야, 즉 음운론, 문법론, 의미론과 기타 계통론, 문자 연구의 역사에 국한됨을 일러두었다.

다만 서양언어학이나 문법이 수입되기 이전의 우리말 연구에는 이러한 구별이 없이 차자표기나 어원 연구, 그리고 한자음 연구 등을 고찰하였고 특히 한글 창제를 중심으로 세종의 새 문자 창제에 영향을 준 여러 음성, 음운, 그리고 문법 이론들을 찾아보았다. 특히 고대인도의 비가라론(毘伽羅論)의 성명기론(聲明記論)에 의한 음성과 음운의 이해가 새 문자 창제에 영향을 주었음을 처음으로 밝혔다.

8.1.1. 한국어의 연구사가 결코 서양언어학이나 서양문법이 들어온 다음부터 기술해서는 안 되고 훈민정음 제정으로 이루어진 찬란한 우리말의 음운 연구를 결코 우리말의 연구사에서 제외할 수 없음을 강조하였다. 『훈민정음』의 <해례본>에서 보여준 음운 인식은 15세기 당시에 아마도 서울이 세계에서 가장 높은 수준의 음운 지식을 갖고 있지 않았나 생각하기 때문이다.

또 제1장에서는 '한국어 연구사', 즉 한국어학사란 무엇을 기술해야 하는가에 대하여 여러 각도에서 고찰하였다. 그리하여 한국어가 인류언어의 하나인 것처럼 한국어학사는 언어학사에 준하여 서술되어야 한다고 주장하였다. 그래야만 동·서양의 언어학이 우리 한국어학에 어떤 영향을 주고받았는지 이해할 수가 있기 때문이다. 그리하여 제2장을 '간추린 동·서양의 언어학사'로 하였음을 부연 설명하였다.

한국어학사의 시대구분도 제1장에서 다루었다. 그동안 국어학사의 시대구분을 참고하여 모두(冒頭)에 설명한 제5기로 나누어 우리말 연구의 역사를 고찰하였다. 그리하여 제1기 '고대시대 한반도의 언어와 문자'를 고찰하면서 이 시대가 한국어학의 여명기(黎明期)라고 하였다.

그리고 제2기 세종의 새 문자 창제와 훈민정음의 연구, 제3기 조선 후기의 정음(正音)과 역학(譯學)의 연구, 제4기 개화기 이후의 근대 한국어학, 제5기 20세기 후반의 현대 한국어학으로 나누어 고찰할 것임을 밝혔다.

8.1.2. 제1장에서는 끝으로 한국어 연구사의 중요성을 새삼 강조하였다. 올바른 연구사가 정립(定立)되지 않으면 다른 학문에서도 마찬가지이지만 연구의 방향을 잡을 수가 없으며 어떻게 한국어의 연구가 나아가야 할지 알 수가 없게 됨을 강조하였다. 요즘과 같이 많은 한국어에 대한 연구가 쏟아져 나올 때에 그 연구에 대한 연구사적 검토는 필수적이다.

전혀 엉뚱한 한국어 연구가 판을 치는 이 시점에서 오로지 연구사적인 평가가 있어야 이러한 학문의 난맥을 막을 수가 있을 것임을 역설하였다. 특히 한자에 대한 지식의 결여로 전대의 연구 업적이 무시되고 고전 자료를 읽을 수 없는 신진 연구자들의 한국어 연구사에 대한 편견과 경외(敬畏)의 생각은 필자가 한국어학의 발전에서 각별히 걱정이 되는 부분임을 밝혔다.

8.2.0. 제2장 '간추린 동·서양 언어학사'에서는 고대인도와 고대 중국의 언어와 문자 연구를 비롯하여 서양의 희랍문법과 라틴문법에 대하여 고찰하였다. 중국의 문자학과 운학, 그리고 후대의 성운학에 대하여 살펴보았다.

특히 고대인도에서 산스크리트어의 교사였던 파니니(Pāṇini)가 비가라론(毘伽羅論)의 문법을 정리한 <팔장(*Aṣṭâdhyâyī*)>을 저술하였는데 이것이 알렉산더 대왕의 인도 침입으로 희랍에 전달되었다고 보았다. 그리고 알렉산드리아 학파에서 활약하던 드락스(Thrax)의 <문법기술(*Téchnē Grammatikē*)>로 정리되어 희랍어 문법으로 발전하였으며 이것이 로마의 봐로(Varro)와 도나투스(Donatus)에 연결되었고 콘스탄티노플의 라틴어

교사였던 프리스키안(Priscian)의 <문법교정(*Institutiones Grammaticae*)>으로 번져나갔다고 기술하였다.

파니니의 <팔장>과 드락스의 <문법기술>, 그리고 프리스키안의 <문법교정>은 언어학사에서 3대 굴절어 문법서로 인정하고 있으며 이들 문법서는 각각 범어문법, 희랍문법, 라틴문법으로 불리고 있다. 이 3개의 문법서에서 굴절어인 인구어(印歐語)의 문법이 완성되었다고 보는 것이다.

그리고 로마시대의 이러한 라틴문법이 서양의 중세를 거쳐 문예부흥 시대에 서양의 각 민족어의 문법으로 발전하여 많은 개별 민족어의 학교문법서가 편찬되었다. 이러한 문법서가 동양으로도 전달되었다. 특히 일본으로 전달된 화란어 문법, 즉 난어학(蘭語學)의 영향으로 개화기 시대의 대한제국시대에 <대한문전(大韓文典)>이 저술된다고 기술하였다. 본서의 모두(冒頭)에서 강조한 바와 같이 학문은 전시대의 것을 후대에서 이어갈 뿐만 아니라 동양과 서양이 서로 주고받으며 발전한다고 했던 전제를 그대로 보여주는 것이다.

8.2.1. 제2장에서는 우선 고대인도의 비가라론(毘伽羅論)이란 범어(梵語) 문법에 대하여 자세하게 고찰하였다. 그동안 언어학자들이 전혀 관심을 갖지 않았던 불경(佛經) 속에 비가라론에 대한 많은 언급이 있었던 것을 찾아내어 서양 언어학사에서 불상(不詳)으로 알려졌던 파니니(Pāṇini)의 일생을 비롯한 <팔장>에 대하여 비교적 자세하게 설명하였다.

그리고 파니니의 <팔장>에 수록된 비가라론(毘伽羅論)을 불경에서 찾아내어 소개하면서 이에 대한 주석과 이해를 통하여 고대인도의 언어학을 살핀 것이다. 또 비가라론이란 고대인도의 범어문법에는 음운론이 포함되어 후대의 모든 문법에서 음운론, 형태론, 통사론의 체재를 갖추게 되었음을 강조하였다.

중국은 <시경(詩經)>과 같이 전통적으로 성조(聲調)의 언어인 중국어로 아름다운 시문(詩文)을 짓고 이를 노래하며 즐겼는데 이로부터 운학(韻學)이 발전하였다. 이 운학은 고대인도의 역경승(譯經僧)들이 한자를 배우기 위하여 그 발음의 표음인 반절법(反切法)을 고안하였다.

즉, '동(東)'의 발음을 '덕홍절(德紅切)'로 표음하여 '덕(德, d)'과 '홍(紅, ong)'으로 나누어 이를 결합한 '東[dong]'으로 표음하는 방법이다. 후자를 반절하자(反切下字)라고 하고 전자를 반절상자(反切上字)라 한다. 이로부터 중국에서 반절상자를 성(聲)으로 하고 하자(下字)를 운(韻)으로 하는 성운학(聲韻學)이 발달하였다.

그리하여 수대(隋代)에 <절운(切韻)>이란 운서가 편찬되고 이후 모든 절운계 운서는 반절(反切)로 한자음을 표음하였다. 훈민정음이 한자음의 표음을 위한 것이라는 제4장에서의 주장은 <훈몽자회>에 첨부된 <언문자모>에 '속소위 반절 27자'라고 하여 한글은 반절로 본 것과 훈민정음(訓民正音)이란 명칭 등의 이유에서 온 것이다.

8.2.2. 서양의 언어학은 주로 희랍의 문법과 로마의 라틴문법을 소개하면서 희랍문법의 품사분류와 시제, 태(態), 성(性), 파생, 복합, 격(格), 수(數) 등의 굴절 형태와 그 기능을 고찰하였다. 그리고 이것이 후대에 어떻게 변천하였는지 살펴보았다. 특히 드락스(Thrax)는 팔품사(八品詞)를 제안하였는데 이것이 서양 문법의 품사분류에서 기본 이론이 되었다.

이 외에도 드락스의 문법에는 오늘날 서양의 굴절 문법의 대강(大綱)이 들어있다. 아마도 이것은 파니니의 <팔장>이 알렉산더 대왕의 인도 침략으로 희랍으로 전달되었고 알렉산드리아 학파의 드락스는 이것에 의존하여 <문법기술>*(Téchnē Grammatikē)*을 저술한 곳이 아닌가 하였다. 드락스의 희랍문법에서 로마의 라틴문법으로 이어져서 서양 굴절어 문법이 정립하게 된다. 그리고 라틴문법은 중세시대의 여러 민족어의 규범문법이 되었고 근대시대에 유럽 열강의 세계 침략으로 이 문법은 전 세계로 퍼져나가 우리의 문법에도 이 체계에 따라 정리되었다.

이후 중세시대를 거쳐 문예부흥 시기에 많은 문법 연구가 있었고 18세기 후반에 존스(Sir William Jones)에 의하여 제안된 인구어족(印歐語族)의 가설이 19세기에 증명되어 서양에서 역사비교언어학이 시작되었다. 그리고 역사비교언어학의 연구는 서양의 여러 언어들이 산스크리트어를 포함하는 인도-유럽피안의 언어들, 즉 인구어족에 속함을 증명하였다.

이때에 이러한 언어의 연구가 실증적인 과학으로 인정되어 언어과학(science of language), 즉 언어학(linguistics)이 탄생한다. 그 이전까지는 언어 연구가 문법(grammar)과 문헌학(philology)이나 철학(philosophy)의 한 분야로 인식되었다. 그리고 다양한 언어학의 연구가 19세기에 서양에서 이루어졌다.

8.2.3. 20세기에 들어와서 언어학은 역사주의보다는 공시적 언어 연구를 선회하게 된다. 소쉬르의 <일반언어학 강의>(Saussure, 1916) 이후에 역사언어학은 역사의 뒤안길로 들어갔고 공시적이고 구조주의적 언어학이 발달하였다. 특히 미국으로 들어간 구조주의 언어학은 미국에 유학한 많은 한국 유학생들에 의하여 수입되어 한국어 연구의 주류를 이루게 된다.

반면에 구소련에서는 1917년에 일어난 러시아 혁명의 영향으로 마르크스주의 언어학이 유행하였다. 한때 우리나라에서는 이에 대한 연구가 금기시되어 우리 학계에는 매우 생소한 이론이 되었으나 북한에서는 이에 대한 연구가 많았고 또 이러한 이론으로 북한의 언어가 연구되었다.

이 책에서는 이에 대하여 구소련의 언어학을 마르주의(Marrism) 언어학, 그리고 바흐친의 마르크스 언어학과 함께 지면을 많이 할애하여 소개하였다. 아무래도 남한 학계에는 조금 생소한 이론이었기 때문이다. 그러나 북한의 한국어학을 이해하기 위하여 구소련의 마르크스주의 언어학은 반드시 살펴보아야 하는 분야라고 아니 할 수 없다.

20세기 후반에 혜성(彗星)과 같이 나타나서 언어학계를 뒤흔든 촘스키(Chomsky) 언어학도 이 책에서 비교적 상세하게 소개하였다. 그가 20세기 후반에 한국어학 연구, 특히 구문론의 연구에 끼친 영향을 감안하면 그의 이론을 소개하지 않을 수가 없었기 때문이다. 제2장은 그의 이론을 소개하면서 20세기까지 서양 언어학사의 소개를 끝내었다.

8.3.0. 제3장의 '고대시대 한반도의 언어와 문자"에서는 고구려, 백

제, 신라의 삼국시대에 어떻게 학문이 발전하였으며 학교교육이 이루어졌는가를 고찰하면서 한자의 유입과 그를 이용하여 우리말 표기에 사용한 것을 고찰하였다. 특히 신라에서 우리말을 향찰(鄕札)로 표기하는 여러 방법을 살피고 그 복잡한 문자 운용을 약술하였다.

신라의 독서출신삼품과(讀書出身三品科)와 고려시대에 시작된 중국식 과거제도의 운영을 살펴보면서 당시에 이 제도가 얼마나 학문을 진작(振作)시키고 한자를 보급하였는지 살펴보았다. 그리고 불교의 유입과 더불어 역시 통어(通語)의 중국어를 한자로 쓴 변체 한문이 불경을 통하여 학승(學僧)들을 중심으로 널리 퍼져나갔음을 고찰하였다. 고려에서는 승과(僧科)라는 승려들의 과거제도도 시행하였다.

이로부터 삼국시대와 고려시대에는 많은 한자 표기의 우리말 자료를 남겨놓았고 이로부터 이 시대의 우리말 표기 방법과 차자표기의 표기법을 규지(窺知)할 수가 있었다. 또 이를 통하여 이 시대의 언어관과 한자의 사용에 대한 의식을 찾아볼 수 있었다. 또 이 자료들에는 고대인이 갖고 있던 우리말의 계통에 대한 의식을 이해할 수 있었다.

8.3.1. 고대시대에 한반도에 고유한 문자가 있었다는 몇 가지 가설이 있지만 모두 신화와 전설에서 온 것일 뿐만 아니라 현전하는 자료가 없어 믿을만한 것이 없다. 다만 신지(神誌)의 비사문(秘詞文)이란 부호문자는 실제로 존재한 것으로 소개하였다. 다만 오늘날에 그 문자의 기록물이 하나도 남지 않았음을 안타깝게 여겼다.

따라서 고대시대에는 오로지 한자에 의해서 우리말을 표기할 수 있었다. 한자의 발음과 뜻을 빌려 우리말을 표기하는 방법이다. 그렇지 않으면 한문으로 당시의 여러 사물을 기사(記事)할 수 있었는데 이때에 사용된 한문은 우리말이 아니라 중국어로 번역하여 한자로 적는 방식이었다.

한자로 우리말을 그대로 적는 방법으로는 한자의 음과 뜻을 빌려 표기하는 방법이다. 차자(借字) 표기라고 불리는 이 표기 방법은 여러 가지 복잡한 방식으로 전개되어 아직도 이해하지 못하는 표기방식이 있고 따라서 차자 표기된 고대 언어의 해독도 아직 만족할 만한 수준에 이르지 못하였다.

한자는 고조선 시대에, 예를 들면 위만조선(衛滿朝鮮) 시대나 한사군(漢四郡) 시대에 이 땅에 유입되었을 것이나 우리말의 표기를 위한다기보다는 통치(統治) 문자로서 사용되었다고 보았다. 통치 문자란 그 언어의 표기를 위하여 제정된 것이 아니고 지배족의 통치를 위하여 언어와 관계없이 사용된 것을 말한다. 인류가 가진 가장 오래된 수메르(Sumer) 문자도 통치문자였다.

따라서 이 문자는 관직명이나 인명, 지명과 같은 통치를 위한 어휘를 한자의 음과 새김을 빌려 표기하게 된다. <삼국사기>나 <삼국유사>에 보이는 많은 고유명사의 한자 표기는 실제로 국가 통치를 위한 것이다. 그런데 이러한 고유명사의 차자표기가 실제로 일반 어휘의 표기에도 전용되어 차자표기로 발전한다.

8.3.2. 통일신라 이후에는 한문을 신라어로 풀어있는 석독(釋讀)의 방법이 설총(薛聰)에 의하여 보급된 것으로 보았다. <삼국사기>와 <동국통감>에 보이는 설총과 강수(强首)가 "以方言講九經, 訓導後學 - 방언으로 구결을 강하여 후학을 가르쳤다"란 기사가 무엇을 의미하는지 몰랐는데 1975년에 발견된 <구역(舊譯) 인왕경>에 의하여 한문을 신라어로 풀어 읽는 방식임을 알게 되었다(남풍현, 1975; 심재기, 1975).

그때까지는 한문에 토(吐)를 붙여 송독(誦讀)하는 방법만이 있었던 것으로 알려졌었다. 실제로 일본에서는 거의 모든 한문이 석독(釋讀)하였기 때문에 우리와 다른 석독(釋讀) 방법이 일본에서 개발된 것이 아닌가 했는데 역시 신라의 석독 방법이 일본으로 흘러들어간 것임을 알 수가 있었다.

이러한 차자 표기의 방법은 고려시대에 더욱 정제되어 <균여전(均如傳)>의 향가와 같은 우리말의 완전한 차자 표기가 가능하게 된다. 그리고 이러한 차자표기는 조선시대에도 그대로 전승되어 <시경석의(詩經釋義)>와 같은 표기가 있었음을 소개하였다. 신라시대의 향찰표기가 조선시대에도 계승된 것이었다.

고려 후기에는 원(元)의 건국과 그 도읍을 북경(北京)으로 하여 이 지역의 중국어 동북방언이 공용어가 되면서 한어(漢語)를 따로 교육하게 되었다. 거란(契丹)의 요(遼)와 여진(女眞)의 금(金) 때부터 중요한 도회(都會)로 알려진 북경(北京)을 몽골의 원(元) 제국이 수도(首都)로 삼고 이 지역의 한아언어(漢兒言語, 줄여서 漢語)를 공용어로 사용하매 따라 종래 중국인과의 통화에서 사용하던 장안(長安) 중심의 통어(通語)는 무용지물이 된 것이다.

고려후기에는 이 한어(漢語)를 교육하는 기관으로 한어도감(漢語都監)을 설치하고 역설(譯舌)을 양성하였으나 충렬왕(忠烈王) 때에 통문관(通文館)을 신설하고 양가자제(良家子弟)를 입속(入屬)시켜 한어를 교육하고 역관(譯官)으로 임명하였다. 통문관은 후에 사역원(司譯院)으로 개칭하였다.

사역원에서는 몽고어도 교육하였으며 조선시대에 들어와서는 일본어와 여진어도 교육되었다. 이와 같은 사역원의 외국어의 교육은 외국어를 교육하기 위하여 많은 교재를 편찬하면서 외국어와 우리말의 비교가 있었고 여기서 언어에 대한 자각과 문법에 대한 새로운 의식이 생겨났다.

8.3.3. 이 시대에 중요한 것은 이문(吏文)이 관공서의 공문서에 사용되면서 한문과 다른 이문에 대한 연구가 시작된 것이다. 원래 이문(吏文)은 원(元)의 서리(胥吏)인 한인(漢人)들이 몽고인의 단사관(斷事官)에게 올리는 각종 문서에서 사용된 변체한문이다. 몽골어에 맞도록 한문의 문체를 고쳐 사용한 것인데 원(元) 제국(帝國)의 사법문서에 많이 사용되었고 서리(胥吏)들이 주로 사용하였기 때문에 이문(吏文)이란 이름을 얻은 것이다.

이 이문(吏文)은 몽골어에 맞도록 한문을 고친 것이라 몽골어와 유사한 문법구조의 우리말에도 매우 알기 쉽고 쓰기 좋은 한문 문체였다. 다만 몽골어와 우리말이 서로 다르기 때문에 우리말에 맞춘 이문(吏文)을 따로 쓰기 시작하였는데 이것을 조선이문(朝鮮吏文)이라 불렀다. 반면에 원(元)에서 발달하여 명(明)을 거쳐 청(淸)에서 사용하는 이문(吏文)을 한이문(漢吏文)이라 하였다(졸고, 2006a).

조선이문이라고 부른 것은 고려시대에는 이러한 이문(吏文)이 발견되지 않기 때문이다. 아마도 고려에서는 이러한 한문의 변체(變體)를 인정하기 어려웠던 것으로 보인다. 그러나 조선에서는 이것이 국가의 정문(正文)이 되었다. 세종 비록 언문(諺文)을 제정하였으나 여전히 공문서는 이문(吏文)으로 작성되었다.

8.3.4. 이 시대에는 원(元)이 표음문자로 파스파 문자를 제정하고 이것으로 한자음을 표음하여 몽운(蒙韻)이란 <몽고운략>, <몽고자운>, 그리고 {증정}<몽고자운>을 편찬하였다. 고려 말과 조선 초기에는 유신(儒臣)들도 이 몽운(蒙韻)으로 한자음을 익힌 것 같다. 실제로 이 몽운(蒙韻)을 사용한 흔적이 신숙주의 <사성통고>와 최세진의 <사성통해>에서 발견된다.

파스파 문자로 한자음을 표음하는 원대(元代)의 몽운(蒙韻)에서 이러한 표음문자의 사용을 잘 알고 있던 세종은 이러한 표음문자의 필요성을 깊이 깨달은 것 같다. 그리하여 드디어 우리도 파스파 문자와 같은 한자음 표기의 표음문자로 훈민정음을 제정한 것이다. 파스파 문자를 제정하고 바로 <몽운>을 편찬한 것처럼 세종은 <동국정운>을 간행한 것이다.

파스파 문자와 더불어 고려시대에는 불교의 흥융(興隆)과 불경의 도입으로 역시 표음문자인 범자(梵字)에 대한 지식이 많이 쌓였다. 소위 진언(眞言)이란 이름으로 불경에 쓰인 범자와 실담(悉曇)은 역시 표음문자였으며 한자와 같이 음절 단위의 문자였다. 이와 더불어 불가(佛家)의 비가라론(毘伽羅論)이나 이의 음성 연구인 성명기론(聲明記論)의 이론도 불경 속에 포함되어 고려의 나옹(奈翁) 화상과 같은 학승들이 많이 공부하였다.

조선 초기에 이러한 범자와 실담(悉曇)의 지식과 성명기론의 지식이 나옹(奈翁) 화상의 적통인 조선 초기의 무학(無學) 대사로 전달되었고 세종 때의 함허당(涵虛堂)에게 전수되었다. 그리고 함허(涵虛) 화상의 학통(學統)을 이어받은 신미(信眉)로 하여금 세종의 새 문자 제정에서 기본이론으로 쓰이게 하였다.

이렇게 이 시대에는 한글을 창제하기 위한 여러 여건이 이루어져서 드디어 우리말 표기에 가장 적절하고 매우 과학적인 한글이 창제될 수 있었다. 이 시대를 한글 창제라는 찬란한 아침을 맞이할 여명(黎明)의 시기라고 한 것은 이러한 이유가 있었기 때문이다.

8.4.0. 제4장 '세종의 새 문자 창제와 훈민정음 연구'에서는 어떻게 우리글인 한글이 제정되었는가를 종전과는 다른 시각에서 살펴보고 새 문자의 보급과 정서법의 문제점을 살펴보았다. 먼저 1. '시대의 개관'에서는 세종이 새 문자를 제정하지 않으면 안 되는 시대적 요구를 살펴보았다.

그리하여 이 시대에는 한자의 발음이 원대(元代)의 공용어가 된 한어(漢語)로 인하여 종래 우리 한자음, 즉 동음(東音)과는 너무 차이가 나는 것을 걱정하고 우리 한자음을 바로 잡아야 한다는 의식이 생겨났음을 강조하였다. 왜냐하면 세종이 쓴 훈민정음 서문의 초두에 "국지어음(國之語音)이 이호중국(異乎中國)ᄒᆞ야 여문자(與文字)로 불상유통(不相流通)ᄒᆞᆯ씨"라는 언급을 종전과 달리 제대로 이해하고자 한 것이다.

또 원대(元代)에는 파스파 문자라는 표음 문자를 제정하여 이 문자로 한자음을 표음하여 전술한 <몽고자운>과 같은 몽운(蒙韻)을 편찬한 것을 보고 훈민정음을 제정하여 <동국정운>을 편찬하였다고 보았다. 파스파 문자가 아니었으면 몽운이 불가능했던 것처럼 훈민정음이 없었으면 <동국정운>과 같은 한자음의 교정이 있을 수 없었기 때문이다.

8.4.1. 실제로 제4장에서는 훈민정음을 제정할 때에 얼마나 파스파 문자의 영향을 받았는가를 자세하게 살펴보았다. 그러나 세계 문자학계에서조차 파스파 문자는 미지의 문자였다. 졸저(2009)와 졸고(2011b)에 의하여 겨우 몇 개의 글자를 제정하였는지가 고찰될 정도로 알려진 것이 별로 없는 문자여서 이를 훈민정음과 비교하기는 어려웠다.

제4장에서는 그동안 세종의 한글 창제에 대한 연구에서 거의 금기(禁忌)였던 파스파 문자와의 관계를 실증적으로 고찰하였다. 그리하여 '아래 ᄋᆞ'와 같은 당시 우리말의 음운에 존재하지 않았던 글자를 만든 것은 파스파 문자의 유모(喩母)에 맞추기 위한 것임을 밝혔다.

그리고 파스파 문자보다 더 우리말 표기에 적절한 문자로 언문(諺文)을 제정하여 역사적으로 처음 우리글을 만들어 우리말을 자유롭게 기술할 수 있었음을 강조하였다. 세종 자신도 훈민정음과 같이 한자음 교정을 위하여 제정한 글자로 우리말을 표기할 수 있음을 처음에는 믿지 못했던 것 같다. 그리하여 <운회>을 번역한 것과 같이 한자음을 표음하는데 새 문자를 우선 사용하였다.

그러다가 둘째 따님 정의(貞懿) 공주가 그동안 문젯거리였던 변음토착(變音吐着)을 해결하는데 새 문자를 사용하는 것을 보고 이 문자로 우리말을 전면적으로 표기할 수 있음을 깨닫게 되었다. 그리하여 아들인 수양대군(首陽大君)과 신미(信眉), 김수온(金守溫)으로 하여금 <증수석가보(增修釋迦譜)>를 언해하여 <석보상절(釋譜詳節)>을 찬술하게 하고 세종 스스로도 이를 확인하기 위하여 <월인천강지곡(月印千江之曲)>을 지었다.

이로서 새 문자로 우리말을 표기할 수 있음을 확인하고 이 두 불경을 합편하여 {구권}<월인석보(月印釋譜)>를 세종 28년 10월경에 간행하면서 제1권 권두에 훈민정음의 <언해본>을 첨부하였다. 새 문자를 익혀서 이 언해된 불경을 읽으라는 뜻이다. 세종이 새 문자를 제정하고 이를 공표한 일은 없지만 <월인석보>에 언해본을 붙여 공간하면서 이를 세상에 알린 것이다.

그동안 학계에서는 <월인석보>가 천순(天順) 3년. 세조 5년(1459)에 처음 간행한 것으로 알고 있었지만 정통(正統) 12년(1447)의 간기를 가진 <월인석보 옥책>이 발굴되어 이보다는 1년 전인 세종 28년(1446) 10월경에 <월인석보>가 간행된 것으로 이 장(章)에서는 주장하였다. 물론 원고로 남아있던 <석보상절>과 <월인천강지곡>은 승하(昇遐)하신 소헌왕후(昭憲王后)의 1주기를 맞이하여 세종 29년 7월에 왕후의 왕생극락을 추천(追薦)하기 위하여 따로 간행하게 된다.

8.4.2. <훈민정음>은 세종이 지은 어제서문(御製序文)과 예의(例義)가 핵심이다. 세종의 어제서문에는 새 문자인 훈민정음을 제정하는 이유를 피력하였고 예의(例義)에서는 각 글자의 형상과 그 음가를 한자로 보였다. 이 부문만 따로 언해한 것을 훈민정음의 <언해본>이라고 한다.

<월인석보>에 훈민정음의 <언해본>을 첨부하여 간행하기 직전에 새 문자의 제자 원리와 문자를 사용하는 법, 초성과 중성, 그리고 종성의 문자 체계를 설명하는 훈민정음의 <해례본>을 먼저 출간하였다. 이 <해례본>은 정인지 후서에 '정통(正統) 십일년(十一年) 구월(九月) 상한(上澣)'이란 간기로부터 이 책은 세종 28년(1446) 9월에 간행되었음을 알 수 있다.

그러나 훈민정음 <언해본>은 단순히 세종의 어제서문과 예의만을 언해한 것이 아니라 자체적으로 치두(齒頭)와 정치(正齒)를 구별하여 <예의>와 다르게 모두 32개의 초성에 대하여 소개하였다. 즉, 예의에서 초성 17자와 각자병서의 쌍서자(雙書字) 6자, 그리고 순경음 4자를 더한 27장에 치음(齒音)의 5자를 더하여 모두 32자를 초성자로 보였다.

이것은 파스파 문자의 32자모에 맞춘 것이다. 그리고 비록 한음(漢音)의 표기에만 쓴다고 한 치두음과 정치음의 구별은 <언해본>이 우리말 표기나 동음(東音)의 한자음, 아니면 동국정운식 한자음 표기만을 위한 것이 아니고 한자의 한어 표준음, 즉 정음(正音)을 표기한 것임을 알 수 있다. 그래서 <언해본>의 판심서명은 '정음(正音)'이었다.

원래 세종이 명(明)의 감시와 유신(儒臣)들의 반대를 피하기 위하여 가족 중심으로 새 문자를 개발하였다. 그리고 <세종실록>(권103)의 세종 25년 12월조에 "上親制諺文二十八字, 是謂訓民正音 - 임금이 친히 언문 28자를 지었는데 이것이 소위 말하는 훈민정음이다"란 기사로 보아 이 즈음에 문자 제정이 어느 정도 이루어진 것으로 보인다.

이로부터 2개월 후인 세종 26년에 2월 16일에 새 문자로 <운회>를 번역할 것을 신하들에게 명한다. 가족 중심으로 비밀리에 수행되던 새 문자가 처음으로 공개가 된 것이다. 이에 놀란 유신들은 4일 후인 2월 20일에 부제학 최만리(崔萬理)를 위시한 집현전 여러 학자들이 연명한 반대 상소가 나온다.

이 상소(上疏)에는 무엇보다도 명(明)이 새 문자의 제정(制定)을 좋지 않게 생각할 것이라는 내용이 상소문 전체에 깔려있다. 그리고 이것은 불과 "新奇一藝 - 신기한 하나의 재주일 뿐이다"이라 하여 이러한 새 문자의 제정을 위하여 많은 노력과 국비가 사용됨을 비판하였다.

세종은 이에 발분(發奮)하여 새 문자에 대한 전반적인 검토를 다시 하게 된다. 이때에 신미(信眉) 대사가 참여하여 성명기론(聲明記論)의 이론으로 새 문자의 제정을 수정하고 새롭게 정비하였다. 불가(佛家)에 전해오는 비가라론(毘伽羅論)과 이의 음성연구인 성명기론의 이론은 새 문자의 글자 체계를 일신(一新)하게 된다.

또 세종은 새 문자의 창제가 단순한 '신기일예'가 아님을 증명하려고 심오한 성리학(性理學)과 성운학(聲韻學)의 이론을 동원하여 <해례본>을 간행하였다. 그리고 고대인도의 성명기론(聲明記論)으로 심도 있는 음성학적 설명을 덧붙였다. 책 말미에는 집현전의 대제학(大提學)이 후서를 쓰고 그곳의 젊은 학자들이 대거 참여하는 훈민정음의 <해례본>을 간행한다. 최만리의 반대 상소에 대한 세종의 답변이었다.

<해례본>에는 불가(佛家)의 성명기론으로 글자와 음운에 대한 설명을 체계적으로 설명하였으나 이러한 이론을 세종에게 전달한 신미(信眉)와 김수온(金守溫)의 이름은 <해례본>의 편찬자 속에는 들어 있지 않다. 다만 재야에서 간행된 문집은 김수온이 <해례본>의 편찬에 관여했다는 기록이 있을 뿐이다. <해례본>이 얼마나 정치적 목적으로 간행되었는지 알려주는 대목이다.

8.4.3. 이 제4장에서는 훈민정음의 각 글자들에 대한 심오한 음성학, 또는 음운론의 이론으로 설명되었는지 상세하게 살펴보았다. 그리하여 단순하게 파스파 문자를 모방한 것이 아니라 훨씬 깊이 있고 과학적으로 고안된 문자임을 역설하였다.

흔히 많은 한글학자들이 세종의 새 문자가 다른 문자와 관련이 있다고 보면 이 문자 제정을 폄훼(貶毁)하는 것으로 오해하지만 오히려 세종의 새 문자 제정을 신화(神話) 속에 가두어두는 것보다 그 문자 제정에 동원된 심오한 이론을 제대로 살펴서 그 우수함을 알려야 그 가치를 높이게 되고 그것이 학자들의 소명이라고 생각한 것이다.

훈민정음의 제정에는 가족 중심의 초기 연구에서는 중국 성운학(聲韻學)과 파스파 문자 및 그에 의한 몽운(蒙韻)의 간행에서 많은 영향을 받았으나 다음에 참여한 신미(信眉)에 의해서 범자(梵字)와 실담(悉曇)의 문자 이론으로 설명되었다. 초기에 새 문자를 제정할 때에는 파스파 문자의 유모자(喩母字)에서 모음을 묘음한 7자에 따라 7자의 중성자(中聲字)를 인정하였다.

그러나 신미(信眉)는 <실담장(悉曇章)>의 마다(摩多) 12자에 맞추어 중성자를 7자에서 11자로 늘렸다. 성현(成俔)의 <용제총화>(권7)에서는 "製諺文初聲八字、中聲十二字, 其字體依梵字爲之"라 하여 심지어 중성(中聲)을 12자로 보기도 하였다. 중성의 천지인(天地人) 삼재(三才)를 상형한 기본자의 3자와 이들이 한 번씩 결합한 초출자(初出字) 4자의 7자에다가 재출자(再出字) 4자를 더하여 모음을 표음하는 글자로 인정한 것이다.

다만 세종의 새 문자 창제에서 신미는 그저 조력한 것이고 모든 새 문자의 제정은 세종의 결정과 감독을 받았다. 그리고 그동안 전혀 논의된 바 없는 발음기관과 천지인(天地人) 삼재(三才)를 상형(象形)하여 문자를 만들었다. 그런 의미에서 세종의 새 문자 창제는 독창적이라고 보아야 한다.

외국의 여러 연구자들은 한글이 파스파 문자나 범자(梵字)를 완전히 모방한 것으로 보고 심지어는 글자조차 파스파 문자와 유사하다고 본다(照那斯圖, 2001, 2008; Ledyard, 1966, 2008). 그러나 이것은 잘못된 것이며 문자 제정은 그때까지 아무도 생각하지 못한 독창적임을 주장하였다.

<해례본>에서는 초성의 글자들이 인체의 발음기관을 상형(象形)하여 문자를 만들고 중성은 천지인(天地人) 삼재(三才)와 그 결합으로 제정한 것이라고 분명하게 밝혔기 때문이다. 비록 정초(鄭樵)의 '기일성문도(起一成文圖)'에 훈민정음 초성의 글자들이 모두 소개되었지만 이 글자들을 발음기관과 연결시켜 설명하지는 않았고 중성에서 삼재(三才)를 상형한 것도 독특한 것이다.

이러한 한글 글자의 상형설을 <해례본>에 분명하게 밝혀놓았고 이렇게 글자를 만든 경우는 지구상의 어떤 문자에서도 찾아볼 수 없었다. 또 <해례본>의 문자 해설은 20세기 후반의 생성음운론(生成音韻論)에서나 거론되는 음운의 조음에서 위치자질과 조음방식 자질로 글자를 만든 것을 소개하고 한글이 얼마나 독창적이고 과학적이며 우리말 표기에 최적한 글자임을 강조하였다.

훈민정음의 <해례본>은 앞의 예의(例義)에서 보인 새 문자를 해석하고 그 예를 보인 것이다. 그리하여 예의(例義) 다음에 '제자해'를 비롯하여 '초성해, 중성해, 종성해'가 있고 끝으로 '합자해(合字解)'로 끝이 난다. 그리고 예로는 '용자례(用字例)'를 후미에 붙였다. 그리하여 '해례(解例)'라고 한 것이다.

8.4.4. 훈민정음 <언해본>은 <해례본> 앞의 어제서문과 예의(例義)만을 언해한 것이다. 현재 두 질이 전하는데 하나는 {신편}<월인석보>에 실린 <세종어제훈민저음>과 또 하나는 고려대 도서관에 전하는 <훈민정음>이 있다. 후자는 세종 때에 편찬된 {구권}<월인석보>에 첨부되었던 것을 따로 떼여 한 책으로 제책한 것이고 전자는 세조 5년, 즉 천순(天順) 3년에 간행된 {신편}<월인석보>의 제1권 권두에 부재(附載)된 것이다.

고려대 소장의 <훈민정음>과 초간본으로 알려진 서강대 소장의 <월인석보> 초간본에 첨부된 <세종어제훈민정음>과는 같은 책판을 쇄출한 동판본(同板本)이다. 다만 세조 때에 편찬한 <세종어제훈민정음>은 제1엽을 판가리하여 권수 서명을 '훈민정음'에서 '세종어제훈민정음'으로 바꿨다.

이렇게 판가리한 것은 첫 장에 붙은 '어제서문(御製序文)'이 '어제왈(御製曰)'로 시작하여 세조 때에 간행하는 책에서는 세종이 아니라 세조가 쓴 서문이 되기 때문이다. 판가리란 남아있는 책판 가운데 한두 판을 다른 책판으로 교체하는 것이다. 조선시대에 이러한 책판의 일부 판목을 교체하는 판가리의 수정은 매우 유행하였다. 전편을 고치지 않고 일부만 고쳐서 새로운 책판으로 교체하는 방식이다.

고려대 소장본에서 판가리한 제1판은 교체한 책판을 쇄출(刷出)하지 않고 이 엽만 {구권}<월인석보>에 첨부된 것을 필사하여 첨부하였다. 다만 필사할 때에 당시의 언문 표기법을 따랐기 때문에 그동안 학계에서는 이 판본을 무시하여 왔다. 그러나 그동안 많은 연구에서 이 둘은 동판본이고 제1엽만이 서로 다른 것으로 확인되었다.

고려대 소장의 언해본 <훈민정음>은 필사된 첫 장에 소장자의 낙관이 찍혔는데 숙종 때의 자문(子聞) 남명학(南鶴鳴, 1654~1722)이라고 알려졌다. 따라서 대체로 이 즈음에 필사된 것으로 보이는데 일본에도 이와 같은 필사본이 있어 아마도 <언해본>은 그때가지 남아있는 책판을 쇄출(刷出)하였고 판가리한 제1판은 원본에서 옮겨 썼으나 당시의 표기법이 반영되었다고 본다.

왜 세조 때에 판가리한 것을 무시하고 굳이 세종 때의 원본을 찾아 필사하였는지 현재로서 알기 어렵다. 아마도 이 시대에는 단종을 강제로 폐위시키고 왕이 된 세조에 대한 반감이 컸던 것이 아닌가 하고 추정하였다(졸저, 2021: 321~330). 다만 <훈민정음>이나 <세종어제훈민정음>이 모두 권수서명(卷首書名)은 '훈민정음'과 '세종어제훈민정음'으로 서로 다르지만 판심(版心)서명은 모두 '정음(正音)'이다.

여기에서 우리는 세종의 새 문자에 대한 명칭이 '훈민정음(訓民正音)'과 '언문(諺文)' 이외에도 '정음(正音)'이 있었음을 알게 된다. 이 장(章)에서는 한글의 명칭에 새로운 견해를 피력하였다. 즉, 동국정운식 한자음 표기에 사용할 때에는 훈민정음(訓民正音)이고 <홍무정운역훈(洪武正韻譯訓)>과 같이 한자의 표준음을 표기할 때에는 정음(正音)이라 하였으며 우리말과 우리 한자음을 표기할 때에는 언문(諺文)이라고 한 것이다.

8.4.5. 세종의 새 문자 제정의 기본적인 동기는 훈민정음 어제서문(御製序文)의 첫 구절에서 가장 분영하게 밝혔다. 즉, "國之語音이 異乎中國하여 與文字로 不相流通하기 때문에"는 우리 한자음이 중국의 발음과 달라서 같은 한자를 말해도 서로 통하지 않는다는 뜻이다. 물론 다음 문장과는 문맥이 다르지만 이 첫 구절의 뜻은 다른 것으로 보기 어렵다.

그래서 우리 한자음을 수정하기 위하여 <동국정운>을 편찬한다. 이것은 종래의 우리 발음, 즉 동음(東音)과는 다른 체계의 한자음이었다. 물론 이 운서의 편찬은 명(明) 태조 주원장(朱元璋)이 몽골의 원대(元代)에 오염된 한자음을 바로 잡으려고 인위적으로 <홍무정운(洪武正韻)>을 편찬한 것과 일맥상통하는 일이다. 그러나 <홍무정운>이 실제 발음을 무시하여 실패한 것처럼 <동국정운>도 연산군 때부터 사용되지 않았다.

훈민정음은 <동국정운>을 표음하기 위한 글자를 말한 것이다. 훈민정음의 예의(例義)에서 그 표기의 대강(大綱)을 알려주고 <해례본>에서 이 문자의 사용법을 알려주었다. 따라서 동국정운식 한자음의 표기에는 훈민정음의 예의(例義)와 해례(解例)에 따라 표기하면 된다. 그러나 우리말을 표기할 때의 표기법은 <언문자모>에 의거한 것으로 보인다.

앞에서 우리말이나 우리 한자음을 표기할 때에는 그 명칭이 언문(諺文)으로 바뀌는데 이 장(章)에서는 <언문자모>가 정의(貞懿) 공주의 소산으로 보았다. 훈민정음의 예의(例義)와 해례(解例)를 따르기는 하였지만 글자의 운용에서는 조금 다르다. 먼저 종성을 8자로 제한하였고 전탁(全濁)의 쌍서(雙書) 글자와 순경음자들을 모두 제외하였다.

거기다가 후음(喉音) 전청(全淸)의 'ㆆ'도 인정하지 않아 초성 16자와 중성 11자로 하여 모두 언문 27자로 보았다. 이 숫자는 초기에 초성만으로 27자를 만든 것에 맞춘 것이지만 <언문자모>에서는 초성 16자와 중성 11자로 하고 종성은 8자로 한 것이다. 모두 당시 우리말의 음운에 맞춘 것이다.

무엇보다 중요한 것은 <언문자모>의 글자 해석이 당시 이두에 널리 쓰이는 한자를 택하여 'ㄱ 기역(其役), ㄴ 니은(尼隱), ㄷ 디귿(池*末), ㄹ 리을(梨乙), ㅁ 미음(眉音), ㅂ, 비읍(非邑), ㅅ 시옷(時*衣), ㅇ 이응(異凝)'(*으로 표시된 한자는 새김으로 읽음)과 같이 첫 글자와 받침으로 쓸 때의 예를 보인 것이다. 이것은 훈민정음의 'ㄱ 如君字初發聲－ㄱ은 군(君)자의 첫 발음과 같다'나 'ㅂ 如彆字初發聲－ㅂ은 별(彆)자의 첫 소리와 같다'와 같은 음가의 설명보다 훨씬 알기 쉽다.

특히 훈민정음의 예의(例義)에서 '별(彆 - 활 시울 뒤틀릴 별)'자와 같이 어려운 벽자(僻字)로 'ㅂ'의 음가를 설명한 것은 어리석은 백성들이 알기 어렵다. 그에 비하여 'ㅂ 비읍(非邑)'이라는 <언문자모>의 해설은 이 한자들이 당시 상민(常民)들 사이 널리 쓰이는 이두(吏讀)의 한자이기 때문에 글자를 깨우치기가 매우 쉽게 되었다.

세종은 훈민정음에서 왜 'ㄱ 군자초발성(君字初發聲)'으로 새 문자의 음가를 설명했느냐 하면 훈민정음은 그에게 어디까지나 한자음의 교정을 위한 표음 기호로 제정한 것이기 때문이다. 즉, <동국정운>의 운목(韻目) 한자로 그 음가를 설명한 것이다. 따라서 아음(牙音)에서 '군(君), 쾌(快), 업(業), 규(虯)'와 같은 운목의 한자로 음가를 표시하지 않을 수 없었다.

반면에 정의(貞懿) 공주의 <언문자모>는 세종의 어제서문에서 언급한 것처럼 백성들의 문자 생활을 편리하게 해주기 위하여 우리말 표기를 위한 언문(諺文) 글자를 설명한 것이었다. 따라서 쉽고 널리 알려진 한자로 글자의 음가를 보였다. 이로 인하여 언문은 급속도로 여항(閭巷)에 퍼져나가 문자가 제정된 지 50년도 안 되어 민간에서 서신이나 묘지명, 심지어 비망록에서 사용되었고 불과 110년이 지나서는 이 문자로 쓴 문학 작품이 나오게 된다.

8.4.6. <언문자모>는 중종 때에 최세진(崔世珍, 1468~1442)의 <훈몽자회> 권두에 첨부되어 전해진다. 그러나 <언문자모>에서 '이응(異凝)'의 설정은 최세진의 문자 의식과 달라서 그가 <언문자모>를 작성한 것이 아니라는 것은 우리 학계의 정설이다. 본서에서는 세종의 둘째 딸인 정의(貞懿) 공주가 <언문자모>을 저술한 것으로 보았다.

다만 최세진은 연산군(燕山君)의 언문금압(諺文禁壓) 이후에 이에 대한 연구가 매우 위축되었을 때에 언문(諺文)과 정음(正音), 한자음 연구, 그리고 이문(吏文) 연구를 부흥시킨다. 최세진은 역관 최발(崔潑)의 아들로 역과(譯科)에 급제하여 역관으로 활약하다가 이문(吏文) 정시(庭試)에 장원으로 급제하여 문과 방목(榜目)에 동방(同榜) 창방(唱榜)하는 영예를 갖는다.

이로 인하여 최세진이 양반사대부로 오해하기도 하지만 실제로 그는 문과 과거에 급제한 사실도 없고 문신(文臣)으로 대접받지도 못했다. 다만 중종 때에 동반(東班)으로 천전(遷轉)하는 특혜를 얻어 이로부터 그는 양반으로 행세를 했다. 괴산(槐山) 최씨도 더 이상 역과 시험에 응시하지 않았다.

최세진은 한어(漢語) 역관으로 중국어를 교육하였으며 그를 위한 교재를 정음(正音)으로 번역하였다. 즉, 한어(漢語) 교재로 널리 이용되던 <노걸대(老乞大)>와 <박통사(朴通事)>의 한자를 모두 정음(正音)으로 표음하여 역생(譯生)들이 한어 학습에 크게 기여한다. 당시에는 오늘날과 같이 관리를 임명할 때에, 특히 중국과 교섭할 위치에 목민관(牧民官)을 임명할 때에 한어(漢語)를 별도로 시험하였다.

즉, 과거에 급제했어도 보임(補任)을 위하여 한어(漢語)를 시험하는 경우가 있었는데 <노걸대>와 <박통사>는 그러한 시험의 출제서여서 최세진이 번역한 <번역노걸대>와 <번역박통사>는 상당한 인기를 끌었다. 세종 때에 정음으로 <홍무정운(洪武正韻)>을 번역하여 <홍무정운역훈(洪武正韻譯訓)>을 편찬하면서 정음으로 한자의 중국 운서의 표준음을 표음한 것처럼 최세진은 <노걸대>, <박통사>를 번역하여 그 한어의 정, 속음을 표음하였다.

8.4.7. 최세진은 이문(吏文)에 대한 연구로도 이름을 날린다. 원래 이문은 원대(元代)에 황제(皇帝)가 임명하는 몽고인의 관(官)이 있고 그가 현지 한인(漢人)을 채용하여 행정을 보좌하게 하는 이(吏)가 있었다. 이러한 관리(官吏) 제도에서 서리(胥吏)인 한인(漢人)이 몽고의 단사관(斷事官)에 올리는 보고서의 독특한 한문 문체를 이문(吏文)이라 한다.

즉, 이문은 비록 한자로 쓰인 것은 같지만 유교 경전의 한문인 고문(古文)이나 통어(通語)의 한문이 아니라 몽고어에 맞춘 변체(變體) 한문이다. 몽골의 황제나 단사관들은 이러한 이문(吏文)이 훨씬 편리하였다. 물론 거란의 요대(遼代)나 여진의 금대(金代)에도 이문은 조금씩 사용되었으나 원대(元代)에 이문(吏文)은 정식으로 국가 정문(正文)이 되었다.

원(元)의 이문은 후대의 명(明)에서도 이어받아 사용하였다. 그리고 주변 조공(朝貢) 국가들에게도 중국에 보내는 사대문서를 이문으로 작성하도록 하였다. 우리나라에서도 고려 후기에는 이 이문을 교육하기 위하기에 이학도감(吏學都監)을 설치하였다. 그리고 원대(元代) 이문(吏文)에 맞추어 우리말에 맞도록 한문을 고친 이문을 쓰기 시작하였다.

실제로 몽고어와 문법 구조가 같은 우리말에서도 한문보다 이문(吏文)이 편리하여 우리말에 맞게 이문을 만들어 사용하였다. 이것을 원대(元代)의 이문과 구별하기 위하여 조선이문이라고 하고 원(元) 이후의 중국 이문은 한이문(漢吏文)이라 하였다(졸고, 2006a). 고려시대에는 이문의

자료가 남아있지 않았고 주로 조선시대에 많이 사용하였기 때문에 '조선이문'이라 한 것이다

최세진은 한이문과 조선이문에 능통하여 이 둘을 비교하는 작업을 많이 하였고 조선이문을 교육하는 <이문집람(吏文輯覽)>을 저술하였다. 이것은 후대에 <이문대사(吏文大師)>로 이어져서 조선이문의 교육에 아용된다. 그가 한이문(漢吏文)에도 능통하였기 때문에 <이문집람>은 더욱 조선 이문을 분명하게 밝혀주었다.

최세진은 조선 한자음에 대하여도 관심을 가졌다. 한자의 한어음(漢語音)과 우리의 동음(東音)을 구별할 필요가 있었다. 그리하여 그는 <훈몽자회(訓蒙字會)>를 찬술하였다. 비록 <초학자회>의 것을 그대로 이어받은 것이지만 그 자신의 우리 한자음에 대한 주장을 <훈몽자회> 여기저기에 펼쳤다. 이 책은 대단한 인기가 있어서 일본에도 수출되어 널리 읽혔다.

<훈몽자회> 권두에 <언문자모>가 첨부되었다. 원래 <언문자모>는 정의(貞懿) 공주의 소저임으로 앞에서 살펴보아야 하지만 오늘날 전하는 것은 <훈몽자회>의 권두에 실린 것뿐이므로 최세진의 연구에서 <언문자모>를 다루었다. 실제로 한글을 보급하는데 기여한 것은 <훈민정음>이 아니라 <언문자모>이었음을 강조하였다.

8.5.0. 제5장의 '조선후기의 정음(正音) 연구와 역학(譯學)'에서는 왜란(倭亂)과 호란(胡亂) 이후의 조선시대에는 전대에 최세진에 의해서 한어(漢語) 표기에 사용된 정음(正音)에 대하여 많은 연구가 있었다. 특히 사역원(司譯院)을 중심으로 한 역학(譯學)이 크게 발흥(勃興)하여 이 시대의 어문(語文) 연구에 기여하였다.

조선 후기에는 유학(儒學)의 공리공론(空理空論)에서 벗어나 실사구시(實事求是)를 모토로 하는 실학(實學)이 발달하였다. 실학의 연구는 문헌적 실증을 중요한 연구 방법으로 삼았는데 이대에 한글의 몽고문자 관련설을 처음으로 제기한 이익(李瀷)을 시작으로 하여 주로 남인(南人) 계통의 유형원(柳馨遠), 정약용(丁若鏞), 안정복(安鼎福) 등의 연구가 두드러져 보인다.

이들과 더불어 노론(老論) 계통의 이이명(李頤命), 김만중(金萬重), 홍대용(洪大容). 김육(金堉), 박지원(朴趾源), 신경준(申景濬) 등의 연구와 소론(少論) 계통의 정제두(鄭齊斗), 최명길(崔鳴吉), 장유(張維), 최석정(崔錫鼎), 정동유(鄭東愈), 이긍익(李肯翊), 유희(柳僖) 등의 연구가 있었다.

남인들의 연구가 훈민정음에 대한 연구를 중심으로 하였다면 노론 계통의 연구들은 정음(正音)을 주로 고찰하였다. 그리고 노론 계통의 연구는 언문(諺文)과 그 성운학적 연구에 집중되었다. 물론 모두 중국 성운학(聲韻學)에 의거하여 훈민정음, 정음, 언문을 고찰한 것이다.

8.5.1. 18세기까지의 정음(正音) 연구는 이익(李瀷)의 <성호사설>(권16)에서는 정음 문자가 몽고의 파스파 문자에서 기원하였다고 보았으며, 성삼문(成三問) 등이 요동(遼東)을 13번 왕복하면서 명(明)의 황찬(黃瓚)에게 배운 것은 몽고자(蒙古字, 파스파 문자)임을 주장하였다.

이전에는 이수광(李睟光)의 <지봉유설(芝峰類說)(1614)의 범자(梵字) 기원설이 있었는데 이것은 세조~성종 때에 성현(成俔)의 <용재총화(慵齋叢話)>의 주장을 이어받은 것이다. 그러나 명(明)이 망하고 만주족의 청(淸)이 건국하여 국기를 다지자 한글의 몽고 문자 기원설이 고개를 들었다. 그 전까지는 명(明)의 눈치를 보아 이러한 주장은 금기(禁忌)였기 때문이다.

한글의 몽고 문자 기원설은 이 시대에 유희(柳僖)의 <언문지(諺文志)>에서 계승되었다. 이 책의 '초성례(初聲例)'에 "我世宗朝命詞臣, 依蒙古字樣, 質問明學士黃瓚以製"라 하여 상술한 이익의 주장을 이어받았다. 여기서 주목할 것은 '몽고자양(蒙古字樣)'이란 용어다. 이것은 파스파 문자를 말하는데 이것을 첩아월진(帖兒月眞)이라는 몽고어의 명칭을 쓰지 못하고 그저 "몽고 글자 모양"이라고 한 것이다. 사각(四角) 문자란 의미의 첩월진(帖月眞)이란 파스파 문자 명칭은 그때까지 금기(禁忌)였거나 이미 잊혔을 수도 있다.

이 시대에는 정음(正音)으로 표음한 한자의 운서가 많이 간행되었다. 최석정(崔錫鼎)의 <명곡집(明谷集)>에서 이미 <오음편운후서(五音編韻後序)>와 <운회전요(韻會箋要)>을 통하여 중국의 성운학(聲韻學)에 관심을 표하였다. 이어서 <경세정운(經世正韻)>(1678)을 편찬하였다.

박두세(朴斗世)는 <삼운보유(三韻補遺)>(1702)를 저술하여 <삼운통고(三韻通考)>를 보유(補遺)하였고 김제겸(金濟謙)과 성효기(成孝基)는 <증보(增補)삼운통고>(1720경)를 간행하여 세인의 관심을 끌었다. 이어서 박성원(朴性源)은 <화동정음통석운고(華東正音通釋韻考)>(1747)를 편찬하였다.

이 운서는 앞의 <증보삼운통고>를 대본으로 하여 한자의 화음(華音)과 동음(東音)을 병기하였다. 처음으로 한자에 대한 한어음(漢語音)과 동음(東音)이 함께 표음된 운서여서 많은 관심을 끌었다. 그리하여 정조(正祖) 때에는 어제서(御製序)를 붙여 내각(內閣)에서 간행하였고 이를 축약한 <화동협음통석(華東叶音通釋)>(1788)도 간행되었다.

8.5.2. 이어서 홍계희(洪啓禧)는 <삼운성휘(三韻聲彙)>(1751)를 편찬하였다. 이 운서는 박성원의 <화동정음통석운고>처럼 한자의 한어음(漢語音)과 동음(東音)을 병기하였다. 다른 운서들과 다르게 같은 운(韻)의 한자를 가나다순으로 배열하였다. <삼운통고>를 따르기는 하였으나 <동국정운>의 편운과 유사하고 한어음(漢語音)은 <사성통해(四聲通解)>를 추종하였고 동음은 당시 한자음을 반영하였다.

노론파의 실학자 신경준(申景濬)은 <운해(韻解)>(1750)를 편찬하였다. 보통 '훈민정음운해(訓民正音韻解)'로 널리 알려진 <운해>에서 신경준은 한자음의 운도(韻圖)를 작성하고 그 표음을 위한 발음기호로서 정음의 음운도(音韻圖)를 작성하였으며 그 서설(序說)에 해당하는 훈민정음의 연구가 특히 관심을 끌었다.

실학자인 황윤석(黃胤錫, 1729~1791)은 <이제유고(頤齊遺稿)>(간행은 1829년)의 <화음방언 자의해(華音方言字義解)>에서 정음에 관한 <자모변(字母辯)>을 수록하였다. 여기에서 한자음의 본원(本源)을 밝히기 위하여 <황극경세성음도(皇極經世聲音圖)>를 소개하였다. 그리고 한글이 범자(梵字)와 유사한 표음 문자임을 밝혀주었다.

이 시대에 운서의 편찬을 총 정리하는 <규장전운(奎章全韻)>(1792)이 간행된다. 서명응(徐命膺), 이덕무(李德懋) 등이 종래의 운서를 바로잡고 시문의 작시에 표준음을 정한 운서로서 정조(正祖)의 흠찬(欽纂) 운서다.

후대에 많이 중판(重版)되었고 수진본(袖珍本)으로 <어정시운(御定詩韻)> 도 간행되었다. <전운옥편(全韻玉篇)>은 이 운서의 자매편이다.

8.5.3. 불가(佛家)에서도 정음에 대한 연구가 성행하였다. 세종의 새 문자 제정은 가족 중심으로 이루어지다가 불가의 학승들의 도움을 받아 완성하고 <석보상절>과 <월인천강지곡>에서 시험하여 <월인석보>의 권두에 훈민정음 <언해본>을 첨부하여 간행함으로써 세상에 공표한 것이다.

명(明)의 감시를 피하고 한자에 중독된 유신(儒臣)들을 피하기 위함이었다. 원래 불경은 진언(眞言)이라 하여 실담(悉曇) 문자로 쓰였기 때문에 이것을 새 문자로 표기하여도 명(明)에서 트집을 잡을 수가 없었기 때문이다.

그리고 <용비어천가>(이하 <용가>)에서 새 문자를 시험했다는 주장은 잘못된 것이다. 세종 27년 4월에 제진(製進)된 <용가>는 한문본이며 세종 29년 2월에 완성된 주해본의 <용가>에서 이씨(李氏) 조선의 조국(肇國)을 찬양하는 한시(漢詩)가 언해되어 첨부되었다. 오늘날 전해오는 <용가>를 보면 곧 알 수 있는 사실들이 어찌하여 이렇게 오도(誤導)되어 학계에 정설이 되는지 한탄스러울 따름이다.

조선후기에도 불가에서 이러한 전통을 이어받아 계속해서 새 문자를 배우고 보급하는데 노력하였다. 그리하여 유가(儒家)에서 정음(正音)에 대하여 연구를 계속한 것처럼 불가(佛家)에서도 언문(諺文)과 훈민정음(訓民正音), 그리고 정음(正音)에 대한 연구가 끊임없이 지속되었다. 다만 불가에서는 유가와 달리 시문(詩文)의 작성을 위한 한자음보다는 범자(梵字)로 쓰인 진언(眞言)의 발음 전사와 불경의 언해에서 새 문자로 우리말을 표기할 때에 일어나는 여러 문제들을 중심으로 연구되었다.

따라서 훈민정음보다 언문에 관한 연구가 많다. <언문자모>는 불가(佛家)에서 언본(諺本)이란 이름으로 융경(隆慶) 3년(1569)에 설은(雪訔)이 지은 <진언집(眞言集)>의 권두에 실렸으며 후대의 중간본에도 계속해서 실었다. 또 송광사의 승려로서 범어(梵語)를 학습한 용암증숙(龍巖增肅)과 그의 제자인 백암인숙공(白巖人俶公)도 <중간진언집(重刊眞言集)>(1777)

을 편찬하면서 <언본십육자모(諺本十六字母)>를 수록하였다.

주로 실담(悉曇)의 마다(摩多)와 관련한 중성(中聲)의 글자들이 논의되었고 초성(初聲)에서도 8자 독용(獨用)이 아니라 6자 독용(獨用)을 주장하는 등 색다른 연구가 있었다. 아마도 유가(儒家)의 성운학과 운서의 영향을 받은 것이 아닌가 하고 추정하였다.

8.5.4. 19세기에 들어와서도 유가(儒家)의 정음(正音) 연구는 계속되었다. 또 이 시대에는 서양의 열강에 대한 관심이 있어 서양 언어에 대한 소개가 이어진다. 정동유(鄭東愈)의 <주영편(晝永編)>(1806)에는 포도아어(葡萄牙語) 등 외국어 어휘가 수록되었다.

19세기 최대의 정음 연구자로는 유희(柳僖)의 <언문지(諺文志)>를 들 수 있는데 여기에서는 전술한 하곡(霞谷) 정제두(鄭齊斗)의 학풍을 이어받아 저술한 것으로 추정하였다. 그는 정동유의 문하여서 이광사(李匡師)의 영향을 받았다. 그는 훈민정음의 초성과 중성을 모두 수정하여 자신만의 자모를 정한 바가 있다.

유희(柳僖) 이후의 정음 연구는 단편적으로 이루어졌을 뿐이다. 석범(石帆)의 <언음첩고(諺音捷考)>(1846)는 필사본인데 여기서 '아래 ᄋᆞ'에 대한 의문과 '아'와의 음가 구별을 시도하였다. 이규경(李圭景)의 <오주연문장전산고(五洲衍文長箋散稿)>(19세기)에는 <언문변증설(諺文辨證說)>에서 훈민정음과 정음, 그리고 언문에 대하여 종래의 연구를 종합하여 소개하였다.

정윤용(鄭允容)은 <자류주석(字類註釋)>(1856)을 찬술하였다. 이 책은 한자의 음과 새김을 붙인 한자 자전(字典)으로 정음에 대하여 우수한 표음문자라고 찬양하였다. 아마도 <주영편(晝永編)>을 참고한 것이 아닌가 하였다.

강위(姜瑋)의 <동문자모분해(東文字母分解)>(1869)가 이 시기에 간행된다. 당시에 훈민정음 <해례본>이 발굴되기 이전인데도 정음의 글자들이 발음기관 상형설을 이해한 것이 특별히 눈에 뜨인다. 어쩌면 당시에 존재하던 훈민정음 <해례본>을 목견(目見)하였을 가능성도 있다. 강위의 위 책은 개화기 시대의 언문 연구에 많은 영향을 주었다.

8.5.5. 이 시대에 중요한 것은 사역원 역학(譯學)이 크게 각광(脚光)을 받고 발흥한 것이다. 이미 이 시대에는 왜란(倭亂)과 호란(胡亂) 이후에 이 땅에서 많은 언어와 접촉할 기회가 있었고 특히 전쟁을 통해서 문헌어가 아닌 구어(口語)의 지식이 필요함을 깨닫게 되었다.

그리하여 종래 문헌어 중심의 사역원 역학서들이 대폭 개편되었다. 전시대에 한어(漢語)의 문어(文語) 교재였던 <직해소학>에 비하여 구어(口語) 교재였던 <노걸대>와 <박통사> 더욱 우대되었다. 그리하여 이 두 한어(漢語) 교재를 당시 구어로 교정하는 작업이 계속되었다.

예를 들면 문어의 <직해소학>은 삭제되고 <노걸대>와 <박통사>는 계속 한어 교재로 남는다. <노걸대>는 원대(元代) 북경어를 저본으로 한 한어(漢語)의 교재로 편찬되었으나 이를 후대의 언어로 수정하게 된다. 왜란(倭亂)과 호란(胡亂) 이전에는 명(明)의 수도인 금릉(錦陵), 즉 남경(南京)의 관화로 {원본}<노걸대>를 산개(刪改)하여 사역원의 한학(漢學)에서 사용하였다.

이 {산개}<노걸대>는 호란(胡亂) 이후에 청(淸)의 수도인 북경의 언어로 돌아갔으며 만주인들의 한어, 즉 만다린으로 교정하지 않을 수 없었다. 이것이 <신석(新釋)노걸대>이고 만다린이 격식을 갖춘 관화(官話)로 정착하자 이를 반영한 <중간(重刊)노걸대>가 편찬되었다. <박통사>도 같은 과정으로 교정되었으나 중간은 하지 않았다.

그리고 몽고어를 교육하는 몽학(蒙學)의 교재도 호란(胡亂) 때에 포로로 잡혀간 사람들이 귀향하자 이 환향인(還鄕人)들을 중심으로 한어(漢語) <노걸대>를 몽고어로 번역한 <몽어노걸대(蒙語老乞大)>와 왜란 이후에 왜학서로 인기가 있었던 <첩해신어>의 체제를 따른 <첩해몽어(捷解蒙語)>가 새 교재로 사용되었다.

일본어의 경우에는 왜란(倭亂) 때에 잡혀갔다가 10여년 만에 귀환(歸還)한 강우성(康遇聖)에 의해서 회화 위주의 <첩해신어(捷解新語)>라는 새 교재가 편찬되었고 그 이전에 사용하던 왜학서(倭學書)들은 모두 없앴다. 그리고 후대에는 이 <첩해신어>를 수정하여 <개수(改修)첩해신어>, <중간(重刊)첩해신어>를 간행하여 유일한 일본어 교재로 삼았다.

호란(胡亂) 이후에 사역원의 여진학(女眞學)은 만주어를 교육하는 청학(淸學)으로 바뀐다. 그리하여 호란(胡亂)에서 포로가 되었다가 돌아온 사람들을 중심으로 <청서(淸書) 삼국지(三國志)>를 고쳐서 <삼역총해(三譯總解)>를 짓고 <한어노걸대>를 만주어로 고쳐서 <청어노걸대(淸語老乞大)>를 편찬하여 만주어 교재로 삼는다.

여진어 교재도 모두 만주어 교재로 교체되는데 일부는 여진학서를 만주어 교재로 고쳐서 사용하기도 하였다. 예를 들면 여진어 교재였던 <팔세아(八歲兒)>, <소아론(小兒論)>은 다시 만주어 교재로 고쳐서 청학(淸學)에서 사용하였다.

어휘집으로는 사역원의 사학(四學)이 모두 한어의 <역어유해>, 몽고어의 <몽어유해>, 일본어의 <왜어유해>, 그리고 만주어의 <동문유해>를 편찬하여 어휘집으로 사용하였다. <역어유해>가 가장 먼저 간행되었고 이어서 <몽어유해>와 <동문유해>가 뒤를 이었다.

다만 <왜어유해>는 대마도에 가서 이를 수정하던 역관들이 파선(破船)하여 모두 죽고 원고도 수장되어 가장 늦게 간행된다. 사역원에서는 교재를 편찬하거나 수정할 때에 반드시 현지에 가서 확인하는 절차를 거치기 때문이다.

8.5.6. 사역원 몽학(蒙學)의 몽고어 교재나 청학(淸學)의 만주어 교재가 모두 위구르 문자로 작성되었다. 물론 몽학서는 몽고-위구르 문자이고 청학서는 만주-위구르, 즉 만주문자여서 같은 문자는 아니지만 모두 위구르 문자에서 온 것이다.

조선 초기에 설장수(偰長壽)가 사역원을 설치할 때에 주역이었다. 그는 원래 위구르의 고창(高昌) 출신으로 원(元)에 귀화했던 부모가 다시 고려로 귀화하자 가족을 따라왔던 위구르 사람이다. 그에게는 위구르의 언어와 문자가 세습언어(heritage language)로 익숙했었다. 따라서 당시 사역원의 표음문자는 한글이 아직 제정되지 않았을 때이므로 위구르 문자가 그 역할을 하였다.

이러한 사역원의 전통으로 몽고어도 파스파 문자로 작성되지 않았고 아마도 여진학서도 위구르 문자로 작성되었을 것이다(졸저, 2017: 59~60). 몽고인들은 칭기즈 칸(成吉思汗)이 등장할 때까지 문자를 알지 못했다. <원사(元史)>에 의하면 1203년에 위구르족의 나이만(乃灣)을 정복하고 포로로 잡은 타타퉁가(塔塔統阿)로 하여금 칸의 자식들과 신하들에게 위구르문자를 교육하게 하여 몽고어를 기록하였다고 한다.

당시 동북아 지역에서 표음문자는 티베트의 서장(西藏) 문자가 있었으나 이보다는 몽고인들이 위구르 문자를 선택하여 몽고어를 기록한 다음부터는 위구르 문자가 표음문자의 역할을 담당하여 몽고어는 물론 여진어와 만주어도 이 문자로 기록하기에 이른다. 물론 위구르 문자를 변개하여 몽고어와 여진어, 그리고 만주어를 기록할 때에는 각기 문자 체계를 그 언어에 맞도록 수정하여 사용하였다.

그리하여 몽고-위구르 문자, 여진-위구르 문자, 만주-위구르 문자로 불러야 하는 서로 다른 문자 체계를 따로 가질 수밖에 없었다. 사역원에서는 이러한 여러 문자를 따로 배워 각기 여진어와 몽고어, 그리고 만주어를 기록하였다. 그리고 이 문자들을 모두 정음(正音)으로 표음하여 학습하였다.

이렇게 여러 언어를 교육하고 그 언어의 학습 교재를 편찬하면서 사역원에서는 상당한 비교언어학적 지식을 축적할 수 있었다. 그리고 그 지식으로 우리말의 음운과 문법을 고찰하여 역관문법이라 불러야할 우리말의 문법이 구축되었다. 이 지식은 개화기 시대의 우리말 연구와 한글로 우리말을 표기할 때에 일어나는 음운과 문법 문제를 해결하는데 도움을 주었다.

8.5.7. 이러한 우리말의 언어학적 지식은 이 시대에 새로운 언어 의식을 불러일으켰다. 그리하여 많은 어휘집이 간행되었다. 그리고 어원(語源)에 대한 연구와 방언(方言)에 대한 자료 수집이 이루어져서 많은 어휘집이 간행되었다.

이원진(李元鎭)의 <탐라지(耽羅誌)>(1653)에서는 제주도 방언이 수집되었고 홍양호(洪良浩, 1724~1802)의 <북새기략(北塞記略)>(18세기말)에는 함경도 방언이, 그리고 이덕무(李德懋)의 <청장관전서(靑莊館全書)>에는 경상도 방언, 윤정기(尹廷琦)의 <동환록(東寰錄)>(1859)에는 전라도 방언이 채록되었다. 홍만종(洪萬宗)의 <순오지(旬五志)>(18세기)와 정약용(丁若鏞)의

<이담속찬(耳談續纂)>(1820)에도 다수의 이언(俚諺)이 수집 채록되었다.

식물명과 동물명을 체록한 어휘집도 있었다. 이성지(李成之)의 <재물보(才物譜)>(1798)를 비롯하여 이재위(李載威) 등의 <물보(物譜)>(1802), 장혼(張混)의 <몽유편(蒙喩篇)>(1806), 정약전(丁若詮)의 <자산어보(玆山魚譜)>(1814)와 유희(柳僖)의 <물명고(物名攷)>(1820년경), 그리고 김병규(金炳圭)의 <사류박해(事類博解)>(필사본, 1855) 등의 어휘집이 있었다.

8.5.8. 이 시기에 국가의 정문(正文)은 이문(吏文)이었다. 최세진의 <이문집람(吏文輯覽)>에 의하여 조선 후기의 일반인에게도 널리 보급된 조선이문은 이두(吏讀)와 별도로 공용문서에 사용되어 관리들만 아니라 일반인들에게도 필수의 변체 한문이었다.

조선 전기에 <대명률직해> 등으로 양반 사대부는 물론 아전서리(衙前胥吏)들도 이 한문의 문체를 익혔다. 그리하여 조선시대에는 이문이 많이 사용되었고 그에 대한 자료도 상당하다. 그러나 이에 대한 연구는 매우 소략하여 여기에 소개할 수 없음을 안타깝게 생각한다. 반드시 이에 대한 연구가 계속되기를 바라는 마음이 간절하다.

8.6.0. 제6장 개화기 이후의 근대적 한국어 연구는 서양의 문명이 한반도에 수입된 19세기 후반부터 6.25 한국전쟁까지의 우리말 연구를 말한다. 대한제국시대를 거쳐 일제(日帝) 강점기의 암울한 시대를 지난 한국동란의 시련기에 이루어진 한국어 연구를 제6장에서 고찰하였다.

그러나 이 시대의 한국어 연구는 한국어 연구사에서 매우 중요한 시기였다. 왜냐하면 서양언어학에 의거한 본격적인 한국어학과 한국어 문법이 시작되었기 때문이다. 개화기 시대에 서양언어학이 수입되었고 서양인들의 한국어 학습을 위하여 서양의 학교문법이 도입되어 이 시기의 우리말을 연구하기 시작하였다.

따라서 서양문법에 의거하여 우리말의 문법이 고찰되었으며 한국어가 서양에 소개되어 서양 언어학자들에 의하여 우리말의 문법이 연구되었다. 이러한 연구의 영향으로 국내에서도 새로운 우리말의 문법 연구가 시작되었고 서양 언어학의 방법으로 우리말을 고찰하게 되었다.

8.6.1. 무엇보다도 이 시대에 주목해야 할 것은 조선시대에 한문의 보조 문자였던 언문(諺文)이 국가의 정문(正文)으로 등장한 점이다. 대한제국시대에는 어느 때보다 민족의 자주의식과 독립의식이 강조되던 시대였다.

그리하여 고종(高宗) 황제의 을미(乙未) 개혁에서 언문을 국문(國文)으로 정하고 칙령(勅令)을 비롯하여 모든 국가의 공용문서에서 비록 국한문 혼용체이기는 하였지만 언문을 국가의 정문으로 사용하였다. 뿐만 아니라 우리말을 국어(國語)로 하여 <독닙신문>을 비롯하여 매스컴에서 우리말을 사용하고 국문으로 표기하게 되었다.

이것은 세종이 언문(諺文)을 제정한 것에 못지않은 중요한 언문(言文) 정책이었다. 세종은 새 문자를 창제하였으나 왕명으로 이 문자를 반포(頒布)하지도 않았고 국가의 공용문서는 한자로 된 이문(吏文)이었으며 양반 사대부는 우리말보다 한문으로 의사 표시를 하는 경우가 정식이었다.

그리고 언문은 암클이라 하여 아녀자들이 집안에서 사용하는 보조 문자였으며 언문으로 공용문서를 작성하지도 않았고 <조선왕조실록>을 비롯하여 중요한 역사나 공용문서를 기록하지도 않았다. 대한제국 시대에 이르러 비로소 언문(諺文)이 국가 공용문으로 인정되었고 학교에서 국어와 국문으로 우리말과 우리글을 교육하기 시작하였다.

즉, 고종 황제의 칙령(勅令)으로 발표한 제1호의 공문식 제14조에서 법령이나 칙령은 모두 국문을 기본으로 하고 한문으로 번역한 것을 부서(附書)한다고 하여 한글이 국가의 정문으로 공식 발표하였다. 그리고 1894년 7월에 대한체국의 학부(學部)에서 <국민소학독본>을 마련하여 우리말과 우리글을 학교에서 정식으로 교육하게 된다.

이어서 1895년 5월에 개교한 한성(漢城)사범학교에서 우리말과 우리글이 교육되었고 같은 해 7월에 공표된 소학교령과 뒤이어 여러 학교에 법령에 따라 각급학교가 개교하여 우리말과 우리글에 대한 교육이 본격적으로 실시되었다. 따라서 이러한 교육을 위하여 많은 국어문법서가 간행되면서 우리말의 학교문법이 본격적으로 연구되었고 각종 학교문법서가 편찬되었다.

8.6.2. 세종이 새 문자를 창제하였으나 이 문자로 우리말을 표기하는 정서법도 매우 소략하여 조선시대에는 한글의 표기법은 매우 문란하였다. 철자법도 각양각색이어서 표기자에 따라 많은 차이가 있어 이를 공용문서에 사용하기가 어려웠다. 대한제국시대에 이러한 우리글의 정서법(正書法)을 마련하기 위하여 많은 노력을 경주하였다.

우선 우리말과 우리글에 대한 자각은 어문(語文)통일운동으로 번져나갔고 리봉운(李鳳雲)의 <국문졍리(國文正理)>(1897) 이후에 미흡하지만 지석영(池錫永)의 <신정국문(新訂國文)>(1905)에서 우리말의 정서법이 마련되었다. 그러나 수백 년 동안 방치되어온 언문의 철자법이 하루아침에 질서정연한 정서법으로 정리될 수는 없었다.

<신정국문>의 한글 표기법에 많은 비판이 일어나자 곧바로 정부는 학부에 국문연구소를 설치하고 4년 만에 <신정국문>을 수정한 <국문의정안(國文議定案)>을 발표하였으나 이것 역시 많은 문제점이 있었다. 이것도 후대에 여러 차례 논의를 거친 다음에 일제 강점기에 '한글맞춤법통일안'이 나오게 되었으나 이것 또한 계속해서 다듬어지게 된다.

한국어 문법은 전술한 리봉운(李鳳雲)의 <국문졍리>가 서양식 학교문법에 의거한 최초의 문법서로 등장한다. 그러나 뒤를 이어 일본의 에도(江戶) 문법에 의거하여 본격적인 서양의 학교문법에 의거한 유길준(兪吉濬)의 <대한문전(大韓文典)>(1906)이 편찬된다. 그러나 이러한 외국문법에 기댄 문법서가 아닌 자체적인 우리말의 문법을 연구한 문법서는 주시경(周時經)에 의해서 저술된다.

유인물로 전하는 주시경의 <대한국어문법>(1906)은 대한제국시대에 편찬된 토종 학자의 우리말 문법서로 최초의 것이다. 이어서 주시경은 <국어문법>(1910)을 간행하여 이 시대의 우리말 문법의 연구 방향을 제시하였다. 문법 용어를 모두 고유어로 마련하고 이로부터 유길준의 일본어 문법에 의한 용어와 주시경의 토종 문법이 대립하면서 발전하여 나간다.

8.6.3. 대한제국은 1904년 8월에 일제(日帝)와 제1차 한일협약을 맺은 후에 1905년 11월에 을사늑약(乙巳勒約)으로 외교권을 빼앗기고 1907

년에 정미칠조약(丁未七條約)으로 군사를 해산하고 경찰권을 빼앗겼다. 순조(純祖) 4년(1910)에 6월에 일한합방(日韓合邦)의 조약을 맺었다.

우리가 경술국치(庚戌國恥)로 부르는 이 조약으로 대한제국은 국권을 빼앗기고 나라는 일제의 지배하에 놓이게 된다. 일제 강점기의 초기에는 나라를 빼앗긴 충격으로 우리말과 글에 대한 연구도 일시 중단되었으나 조선 총독부(總督府)가 조선어 사전의 편찬과 언문 철자법을 마련하면서 이에 대한 연구가 다시 일어났다.

그리하여 1912년 4월에 '보통학교용 언문철자법'을 만들어 학교에서 조선어 교육에 사용하게 하였으며 <조선어 사전>을 1920년에 간행하였다. 이 사전은 표제어를 가나다순으로 정리하였다. 따라서 앞의 <언문철자법>을 이에 맞추어 수정하지 않을 수 없게 되었다. 그리하여 1921년에 <보통학교용 언문철자법 대요>를 확정하였다.

이것도 1930년대 후반의 철자법 통일운동에 밀려서 다시 수정되었다. 이 철자법은 널리 사용되어 '보통학교용'을 빼고 <언문철자법>으로 부르면서 당시 우리글의 정서법으로 사용되었다. 그러나 이와는 별도로 조선어학회가 주도한 표준어의 선정과 철자법의 통일안에 밀려 학교용으로만 사용되었다.

조선어학회는 1936년 1월부터 1937년 8월까지 조선어 표준어 사정(査定)위원회를 설치하고 어휘 9,547개를 사정(査定)하여 6,231개의 표준어를 정하였다. 1937년 10월 28일에 <사정한 조선말 표준말 모음>으로 이를 공표하였다. 이 외에도 조선어학회는 1940년 6월 25일에 <외래어 표기법안 통일안>, <조선어음 라마자(羅馬字) 표기법>도 마련하여 우리말의 외래어 표기법과 로마자 표기법의 원칙을 세웠다

일제의 조선총독부가 편찬한 <조선어 사전>에 분발하여 국내 연구자들에 의한 <조선어 대사전>을 준비하여 거의 완성의 단계에서 소위 조선어학회 사건으로 사전 편찬에 참가한 다수의 연구자가 투옥되어 이 사전의 편찬은 중단되었다.

8.6.4. 일제 강점기의 우리말과 글의 연구는 내국인의 연구자들에 의하여 열성적으로 연구되었다. 우리말과 글의 연구가 민족의 자긍심

을 일깨우고 독립 운동의 일환이 될 수 있었기 때문이었다. 그런데 내국인 연구자들은 주시경과 그 문하의 조선어학회와 이에 대립하는 박승빈(朴勝彬)과 그를 추종하는 연구자들의 조선어학 연구회가 설립되어 서로 대치하였다.

조선어학회가 <한글>이란 학술지를 간행하여 연구 논문을 발표하였는가 하면 조선어학 연구회는 <정음(正音)>이란 기관지를 발간하여 한글파와 정음파로 나뉜 것으로 보기도 한다. 이 두 학파의 대립은 <한글맞춤법통일안>에서 충돌한다. 한글파가 형태중심의 표기를 주장한 반면에 정음파는 종래대로 발음이 나는 대로 적는 것을 따르자는 것이다.

그러나 한글파의 맞춤법은 종래 철자법의 오류를 수정하여 새로운 방식의 표기법을 주장한 것이므로 정음파의 종래대로보다 더 대중에 영합할 수 있었다. 그리하여 <한글맞춤법>은 정음파의 반대가 있었음에도 불구하고 이를 따르는 다수의 의견에 따라 널리 쓰여서 거의 확정되게 된다.

8.6.5. 이 시대에 우리글에 대한 논의도 전시대와 같이 성황을 이루었다. 세종이 훈민정음(訓民正音)이란 이름으로 창제한 한글은 조선시대에는 언문(諺文)으로 불리면서 한자(漢字)의 보조 문자였으나 전술한 대한제국시대에 국문(國文)으로 안정되어 나라의 정문(正文)이 된다. 따라서 이에 대한 연구가 뒤를 이었다.

박승빈(朴勝彬, 1921)의 연구에서 정음(正音)이 우리글의 명칭임을 강조하였다. 훈민정음 <언해본>인 <세종어제훈민정음>의 판심서명이 '정음(正音)'이었음도 이러한 주장에 크게 영향을 주었을 것이다. 그러나 이때의 정음(正音)은 한자의 중국 표준음이란 뜻으로 쓰인 것으로 <언해본>에서는 한어(漢語)의 표음에서 필요한 치두(齒頭)와 정치(正齒)를 구별하는 글자를 별도로 소개하였다.

한어음(漢語音)의 표음을 위한 것이라는 전제를 붙였지만 <언해본>의 이러한 문자 운용과 설명은 이때의 정음(正音)은 한자의 한어음을 포함한 우리말과 우리 한자음의 표기에 쓰이는 글자란 의미로 정음(正音)

이란 술어를 사용한 것임을 알 수 있게 한다.

필자는 앞의 제4장에서 훈민정음(訓民正音)은 동국정운식 한자음의 표기를 위한 글자들이고 정음(正音)은 한자의 표준 한어음을 표기할 때에 쓰는 글자이며 언문(諺文)은 우리말과 우리 한자음을 표기할 때에 쓰인 호칭이라고 주장한 바가 있다. 언문은 대한제국시대에 국문(國文)으로 쓰였고 일제 강점기에는 다시 언문으로 돌아가는 것을 막기 위하여 정음, 또는 한글이라 고쳐 불렀다.

이 시대의 우리글 연구에 한글과 범자(梵字)와의 관계가 비록 피상적이지만 논의되었고 파스파 문자와의 관련도 언급되었다. 당시 외국인들의 한글 연구에서 거론된 것을 소개한 것으로 보인다.

8.6.6. 이 시대의 우리말 문법 연구에 일본인들의 이론이 어느 정도 영향을 주었는가를 매우 개략적으로 고찰하였다. 근대 일본어 문법은 전술한 난어학(蘭語學)으로부터 발달한 에도(江戶) 문법을 계승한 것이다. 유길준의 <대한문법>에 영향을 준 오츠키(大槻) 문법은 오츠키 후미히코(大槻文彦, 1897)의 <광일본문전(廣日本文典)>(1897)에서 보인 일본어 문법을 말한다.

이 오츠키(大槻) 문법은 후대에 근대 일본어 문법으로 발달한다. 흔히 야마다(山田) 문법, 마쓰시다(松下) 문법, 하시모토(橋本) 문법, 도키에다(時枝) 문법을 일본 근대 학교교육에서 시행한 사대(四大) 문법이라고 한다. 일본어의 학교문법 연구는 모두 이 문법들로부터 발달한 것이다. 일제 강점기의 우리말 문법 연구에서 도키에다(時枝) 문법은 별로 영향을 준 것 같지 않다. 나머지 문법들은 일제 강점기의 우리말 문법 연구에서 이론적 근거가 되었다. 다만 이에 대한 연구가 별로 없어서 구체적인 것은 밝히지 못하였다.

이 시대의 음운연구는 서양의 구조음운론에 의거한 연구가 여기저기에서 발견된다. 이것은 조국 광복 이후에 더욱 심화되어 우리말 연구의 핵심부분으로 각광을 받았다. 특히 품사분류에서 주시경 계통의 9품사가 가장 유력한 분류로 많은 문법가들의 연구에 영향을 주었다.

그러나 일부 우리말 문법에서 일본어 문법의 영향을 받아 11개 품사를 인정하기도 하고 13개 품사까지 인정한 경우도 있지만 보통 7품사에서 9품사가 일반적이었다. 다만 정음파의 박승빈(朴勝彬)은 12품사를 인정하여 품사를 세분화한 느낌이 들게 한다.

또 핀란드의 언어학자인 람스테드가 서양의 일반문법에 의거하여 우리말의 문법을 연구하여 Ramstedt(1939)의 <한국어 문법>을 발표하였다. 이로부터 학교문법이 아니라 서양의 문법론에 따른 우리말의 형태론과 통사론이 연구되어 후대의 한국어 문법 연구에서 기초를 다졌다. 그는 문법만이 아니라 우리말의 음운에 관하여도 괄목할 연구 업적을 내었다.

8.6.7. 이 시대에는 우리말의 문법만이 아니라 기원과 계통에도 눈부신 업적들이 발표되었다. 구소련의 천재적인 언어학자이면서 알타이어학을 창시한 뽈리봐노프가 한국어의 계통에 대한 Polivanov(1927) "한국어와 알타이제어와의 친족관계에 대하여"를 발표하여 한국어가 알타이어족에 속함을 주장하였다.

1년 뒤에는 전술한 Ramstedt(1928)에 "한국어에 대하여"란 논문에서 역시 한국어가 알타이어족에 속함을 증명하였고 이러한 주장은 구소련의 언어학자로 미국에 망명한 Poppe(1960)의 <알타이제어의 비교문법>에서 수정되었다. 이 주장은 이기문(1961)에서 다시 보완되었고 Poppe(1965)에서 이 보완된 것이 수용되어 한국어가 알타이어족에 속함이 학계의 정설이 되었다.

일본인들도 한국어의 계통에 관심을 갖고 고구려어의 수사가운데 4종이 일본어의 수사와 유사함을 들어 고구려어와 일본어가 친족관계에 있음을 주장하였다. 즉, 일본인 학자 신무라 이즈루(新村 出, 1916)의 "국어 및 조선어의 수사(數詞)에 대하여"에서 주장한 고대한국어의 수사와 일본어의 수사에 대한 연구는 그 친족관계가 인정되어 후대에 <한국어-일본어족(Korea-Japonica)>(Vovin, 2010)으로 발전하였다.

8.6.8. 한국어의 역사에 대한 연구도 이 시대에 괄목할 업적이 발표되었다. 주로 고대한국어의 자료가 발굴되어 해독되었다. 일본인으로

한국어의 고어에 관심을 가졌던 일본인 연구자 마에마 교사쿠(前間恭作)는 그의 前間恭作(1924)의 <용가고어전(龍歌古語箋)>과 前間恭作(1925a)의 <계림유사 여언고(麗言攷)>에서 조선 전기와 고려의 언어들이 고찰되었다.

역시 일본인 언어학자로 한국어의 역사에 관심을 가졌던 오구라 신페이(小倉進平)는 小倉進平(1926)의 "조선관역어의 어휘"를 발표하였고 小倉進平(1929a)의 <향가 및 이두 연구>에서 향가(鄕歌)를 통한 신라어에 대하여 연구하였다. 일본인 역사학자 아유가이 후사노신(鮎貝房之進)은 그의 鮎貝房之進(1931a) "신라왕위호 및 추봉 왕호에 대하여" 등의 논문에서 역시 신라어의 특수어휘에 대하여 연구하였다.

이러한 일본인의 한국어의 역사나 계통에 대하여 연구한 것은 일본의 조선 합병(合倂)을 정당화하려는 정치적 목적에 의한 것이겠지만 그러한 연구를 통하여 고대한국어와 계통에 대하여 어느 정도 지식을 축적할 수 있게 되었다. 마치 18세기에 영국의 Sir William Jones가 고대 인도의 언어에 대하여 연구한 것이 비록 영국의 인도 침략을 합리화하려는 목적이었으나 서양의 언어학사에서 역사비교언어학의 기초를 다진 것과 같은 현상일 것이다.

또 이러한 일본인의 연구에 분발하여 내국인 학자들도 양주동(梁柱東, 1942)의 <조선 고가연구>와 같은 역작이 탄생하게 된다. 그리고 신태현(辛兌鉉, 1940c)의 "화이역어 조선고어 약고(略攷)"도 앞에 소개한 일본인의 연구에 자극된 연구라고 할 수 있다.

8.7.0. 제7장의 '20세기 후반의 현대 한국어학'에서는 6.25 전쟁 이후의 한국어학에 대하여 조감(鳥瞰)하였다. 19세기 후반의 개화기부터 20세기 전반까지는 근대적인 한국어학으로 볼 수밖에 없는 우리말 연구가 있었으나 20세기 후반의 한국어 연구는 전시대와는 전혀 다른 새로운 연구가 이루어져 이를 현대 한국어학이라고 부르고자 한다.

개화기의 격동하는 한반도의 정치 형세와 더불어 19세기 후반의 우리말 연구는 서양의 근대 언어학에 의거하여 본격적인 언어학적인 연구가 이루어졌다. 그리하여 적지 않은 업적을 이룩하였으나 곧 일제 강점기의 말년에 들어서면서 일제(日帝)의 극심한 탄압 속에서 우리말과 글의 연구는 거의 빈사 상태에 놓이게 되었다.

그러나 조국의 광복과 더불어 비록 분단된 국가에서 남한에 국한되었지만 자유로운 학문 연구와 물밀 듯이 들어온 서양 학문의 영향으로 한국어학도 눈에 뜨이는 발전을 거듭하게 된다. 그래서 이 시대의 한국어학을 '소생(蘇生)과 발전의 시대'라고 불렀다. 광복 이후에 자주적인 우리말 연구 경향은 6.25 전쟁 이후에 새로운 방향으로 우리말 연구가 이루어지게 되었다.

이때에는 서양 언어학의 이론에 맞추어 우리말의 음문, 문법, 그리고 의미론 등이 연구되었다. 특히 1960년대 후반에 미국에서 수입된 변형생성문법의 이론은 우리말 연구의 기반을 흔들었다. 흔히 변형생성문법의 광풍에 휘말렸다고 보아도 과언이 아닐 정도로 20세기 후반의 우리말 연구는 이러한 연구 방법에 의한 것이 모든 연구를 압도하였다.

그리하여 광복 이후에 일제 강점기의 연구를 이어받아 심도 있게 수행되던 우리말의 역사적 연구는 매우 침체되었고 변형생성문법에 의거한 공시적 연구가 판을 치게 되었다. 다행히 미국에서 변형생성문법이 시들게 되면서 20세기 말부터 이에 대한 자성(自省)과 새로운 우리말 연구가 다시 고개를 들기 시작하였다.

이 시대의 한국어 연구를 10년을 단위로 하여 제1장에서 소개한 바와 같이 다섯 단계로 구분하여 살펴보았다. 즉, 1단계: 1950~1959, 2단계: 1960~1969, 3단계: 1970~1979, 4단계: 1980~1989, 5단계: 1990~1999로 구분하여 고찰하였는데 이를 요약하면 다음과 같다.

8.7.1. 먼저 한국어의 음운에서 제1단계의 음운 연구는 처음으로 이념이나 문자의 연구가 아니라 오로지 우리말의 음운에 대한 서양 음운론의 이론으로 고찰을 하게 된다. 이러한 연구의 효시(嚆矢)는 이숭녕(1949)의 <조선어음운론연구>라고 할 수 있다. 구조음운론의 중요한 연구방법인 음운 체계와 관련하여 우리 음운을 고찰하였기 때문이다. 이후 이러한 구조음운론의 한국어 음운 연구가 뒤를 이었다.

제2단계에서는 종래의 음운 이해의 오류를 바로 잡고 새로운 우리말 음운을 찾아내어 체계화하는 작업이 깊이 있게 이우러졌다. 그리하여 '문자=음운'의 근대적 사고에서 이를 분리하여 고찰하게 되었다. 그 결과는 '에, 애'가 단일 모음이고 구개음인 'ㅅ. ㅈ, ㅊ'의 음가가 오늘날과는 달리 치음임을 밝혀내었다.

본격적인 서양의 구조주의 음운 연구 방법이 도입되고 발전함으로써 음성과 음운이 구별되어 고찰되었으며 모든 음운 현상은 체계와의 관련에서 관찰하게 되었다. 또 음운이 체계 위에서 파악되며 어떤 음운의 변화는 전체 체계상의 변화를 가져온다는 사실도 이해하게 되었다. 또 이 시기에 중세한국어의 성조(聲調)에 대한 괄목할 연구가 뒤를 이었다.

제2단계의 음운 연구에서 특징적인 것은 역사적 연구에서 벗어나 공시적 연구를 도입하였다는 사실이다. 아무래도 이 시기에는 우리말 음운의 역사적 연구가 주류를 이루었고 여기에 공시적 연구가 곁들인 셈이다. 전시대의 역사언어학의 흔적이 남았기 때문이다.

제3단계 음운 연구는 구조주의 음운론이 전횡(專橫)하던 시기로 보인다. 모든 음운 연구의 논문에서 체계가 논의되었고 15세기의 음운 연구도 공시적으로 이루어졌다. 이어서 각 세기별 공시적 음운 연구가 뒤를 이었다. 그리하여 이 시기를 구조음운론이 우리말 연구에서 종합, 정리된 것으로 보았다.

1960년 중반부터 변형생성문법이 도입되어 한국어 연구에 이용되기 시작한다. 다만 음운 연구에서 생성음운론이 우리말 연구에 도입된 것은 제3단계의 일이다. 1970년대 초부터 본격적으로 도입되기 시작한 생성음운론의 연구방법은 한국어 음운 연구에 새로운 방향을 제시하였다.

종전의 연구가 음운 단위의 설정과 기술, 그리고 그의 체계적 파악이 음운 연구의 중요한 과제였다면 생성음운론에 입각한 연구는 기저(基底) 음운을 설정하고 음운의 심층부를 기술하는 것이다. 그리고 음운의 기저형(基底形, underlying form)에서 음성형식인 표면형(表面形, surface form)으로 도출되는데 관여하는 음운 규칙을 찾아내어 명징하게 공식화하는 것이었다.

따라서 한국어의 모든 음운현상은 표면형과 기저형으로 나누어 기술되며 이 양자를 연결시켜 주는 규칙들이 설정되었다. 이러한 이론이 한국어의 음운 연구에 적용되어 종전과 다른 음운의 이해를 도와준 연구로 이기문(1969)와 김완진(1971b), 이병근(1975) 등의 연구가 있다.

제4단계의 음운 연구는 생성음운론이 모든 연구를 압도하던 시기였다. 특히 비단선음운론(non-linear phonology), 또는 복선음운론(multi-linear phon)의 도입으로 그동안 소외되었던 성조(聲調), 음운의 장단, 또는 음절(音節) 구조와 같은 한국어의 초분절음운(supra-segmental phoneme)에 대한 관심과 연구가 성황을 이루었다. 특히 이 시기는 미국의 언어학을 수학하고 돌아온 많은 음운학자들에 의하여 한국어의 공시적인 음운 연구가 매우 왕성하게 이루어져 마치 한국어학의 중흥 시대에 돌입하는 느낌을 갖게 하였다.

제5단계의 음운 연구는 전 시기의 비단선 음운론의 영향이 더욱 극대화되어 많은 업적을 이루었다. 그리고 훈민정음의 여러 규정이 이 이론으로 다시 설명되어 재평가됨으로써 상당한 효과를 얻었다. 이러한 작업으로 앞으로 21세기의 한국어 음운 연구가 기대된다.

이 시기의 한국어 음운연구에서는 컴퓨터를 이용한 음성학적 연구로부터 음운의 실재를 찾으려는 실험적인 연구가 본격적으로 이루어졌다. 전 단계에서도 이러한 연구가 외국인에 의하여 시도된 바가 있었으나 최근에는 국내에서도 컴퓨터 공학이 하루가 다르게 발전하고 일반에게 널리 보급됨에 따라 이를 이용한 한국어 음성의 연구도 눈부신 발전을 계속하고 있다.

특히 인공지능과 음성인식 분야에서 음향학이나 생리학적인 음운 연구에 의거한 연구가 활발하게 진행되었고 한국어학 이외의 분야에서 이에 대한 연구가 상당히 효과적으로 발전하였다. 1990년대는 이러한 연구가 더욱 발전하여 21세기의 한국어 음운의 이론적 연구보다는 실험적 연구가 풍미(風靡)할 것으로 전망되었다.

8.7.2. 한국어 문법에 대한 연구도 5단계로 나누어 살펴보기로 한

다. 제1단계의 우리말 문법 연구는 일제 강점기와 조국 광복, 그리고 6.25 전쟁의 소용돌이 속에서 학교문법의 정립을 위하여 몇몇 문법학자들이 고군분투하였다.

제1단계의 초기에는 주시경의 문법을 그대로 추종하다가 정열모(1946)의 <신편고등문법>부터 새로운 우리 문법이 선보이기 시작하여 김윤경(1948)의 <나라말본>과 정인승(1949)의 <중등조선말본>, 이희승(1949)의 <초급국어문법> 등의 연구에서 종전과 다른 문법이 저술되었다.

이어서 이숭녕(1956)의 <고등국어문법>이 간행되어 조사와 어미를 품사로 인정하지 않는 극도의 종합적인 품사분류를 보였다. 이것은 최현배(1937)의 <우리말본>에서 조사와 어미를 모두 품사로 나눈 분석적인 분류와 이희승(1949)에서 조사만 인정하고 어미를 품사로 분류하지 않은 절충적인 방법이 있었다.

제2단계의 문법연구는 우리말의 규범문법을 확립하려는 노력이 계속되었다. 뿐만 아니라 서양의 구조, 기술 언어학이 한국학계에 소개되어 형태론 연구에 일대 전환기를 맞는다. 이 시대는 한국어문법은 전시대와 같이 공시적 연구보다 통시적 연구에 관심이 많아서 중세한국어 겸양법의 '-숩-', 의도법의 '-오/우-', '-ㅎ 말음체언', 중세국어의 시상(時相, tense aspect) 등에 관한 연구가 계속되었다. 이러한 문법의 통시적 연구는 이 시대에 매우 활발한 논의를 거쳐 다음 제3단계의 연구에서 종합된다.

제2단계에서의 한국어 문법연구는 미국의 언어학 이론이 도입되어 면목을 일신한다. 1965년경에 우리나라에 소개된 촘스키(Noam Chomsky)의 이론은 일찍이 이홍배(1966)의 "한국어의 변형문법(A Transformational Grammar of Korean)"에서 처음으로 한국어 연구에 도입되었고 이맹성(1968)의 "한국어의 명사화(Nominalization in Korean)"가 뒤를 이었다.

이러한 변형생성문법의 이론으로 한국어를 연구한 논저로는 미국에서 연구한 송석중(1967)의 "한국어의 변형 규칙(Some Transformational Rules in Korean)"과 국응도(1968)의 "한국어 통사론에 있어서 내포변형(Embedding Transformations in Korean Syntax)", 이홍배(1972)의 "한국어 통사론

연구(A Study of Korean Syntax)", 양인석(1972)의 "한국어 통사론(Korean Syntax: Case Markers, Delimiters, Complementation and Relativization)" 등이 있었는데 모두가 미국대학에서의 언어학 박사 학위논문에서 한국어의 변형생성문법적인 연구가 시도된 것이다.

국내에서도 김석득(1968)의 "한국어 존대형의 확대구조-심층구조의 존대법 표면구조 생성을 중심으로-"와 서정수(1968)의 "변형생성문법의 이론과 V류어의 하위분류", 남기심(1969)의 "문형 N1-이 N2이다의 변형분석적 연구", 그리고 박순함(1969)의 "한국어 접두 부정에 대하여(On the prefixal negatives in Korean-A transformational Analysis)" 등의 연구가 있었다.

제3단계의 문법연구에서는 구조적 관점에서 한국어의 조어법에 관한 연구를 중점적으로 소개하였다. 새로운 개념과 방법의 도입으로 한국어의 조어론적인 문제들에 대한 이해가 깊어지자, 조어론에 관련되는 기본 용어들의 개념을 재정비해야 할 필요성이 대두되었다. 학자마다 용어와 체계가 달라서 혼란이 야기될 우려가 있고, 용어의 개념 정의들이 한국어의 실정에 꼭 맞는 것은 아니어서 이들을 실정에 맞게 수정·보완해야 할 필요가 있음을 인식하게 된 것이다.

제4단계의 문법연구는 변형생성문법론의 연구인 생성 형태론의 연구를 중점적으로 소개하였다. 구조·기술문법에서의 형태론이 주어진 단어의 구조분석에 관심의 초점을 모았었다고 한다면 생성문법에서의 형태론, 즉 생성형태론은 단어의 생성에 관심의 초점을 모았다고 할 수 있다.

한국어형태론이 생성형태론의 영향을 받으면서 단어의 생성 문제에 관심을 돌리게 된 것은 70년대 후반 이후, 즉 제4단계의 한국어연구에서 이루어졌다. 그리하여 조어론에서는 복합어보다는 파생어 쪽에 관심이 많아서 파생어형성과 관련된 논의가 많았음을 소개하였다.

제5단계의 문법 연구에서도 주로 파생어 형성을 중심으로 고찰하였다. 특정 접미사에 국한하여, 때로는 접미사 전반에 대하여 이러한 논의가 계속되었다. 파생 접미사 하나하나에 대하여 파생조건을 밝혀보려는 연구가 많았음을 살펴보았다. 어휘화의 문제도 논의하였지만 제5단계의 문법 연구에서 파생법에 대하여 주로 고찰한 것은 아무래도 집필자의 취향과 관련이 있을 것이다.

8.7.3. 20세기 후반의 한국어학에서 주목할 것은 한국어의 기원과 계통에 대한 연구가 다른 시대에 비하여 눈에 띄게 활발했던 점이다. 특히 제1단계에 해당되는 1952년 7~8월에 열린 헬싱키 올림픽에 참가했다가 돌아온 서울대 사회학과의 이상백(李相佰) 교수가 핀란드의 저명한 역사언어학자 람스테드(Ramstedt)의 연구 논저를 가져와서 서울대학교 문리과대학의 국어학 및 언어학 전공 교수에게 전달하면서 한국어의 계통에 대한 연구는 면목을 일신하게 되었다.

한국어가 알타이어족에 속한다고 확신하고 있던 람스테드 교수의 논저는 당시 한국어의 역사적 연구에 관심을 가졌던 연구자들에게 대단한 충격을 주었을 것이다. 그 전까지는 일본인 학자들의 우랄-알타이 어족설을 신봉하고 있던 연구자들은 람스테드의 이론을 이해하고 이를 한국어의 계통 연구에 이용하기 시작하였다.

구소련의 언어학자 뽈리봐노프(Евгний Д. Поливанов)는 그의 Polivanov(1927)의 "한국어와 알타이제어와의 친족관계"에서 한국어의 알타이어족설을 제창하였고 1년 뒤에 람스테드의 Ramstedt(1928)의 "한국에 대하여"가 발표되어 서양언어학계에서는 한국어가 알타이어족에 속한다는 것이 널리 알려졌고 그에 대한 논의가 진행되었다.

제2단계의 한국어 계통 연구에서 이기문(1964b)의 "고구려어의 자료"는 고대 한국어인 고구려어에 대하여 고찰하였다. 그리고 이어서 이기문(1967a)의 "한국어 형성사"에서는 한국어의 계통을 알타이어에서 찾아야 함을 역설하게 된다. 이러한 한국어의 알타이어족설은 이기문(1975)의 한국어와 알타이제어의 비교 연구"를 거쳐 한국어와 알타이제어와의 비교 연구가 본격적으로 이루어지게 되었다.

제3단계의 한국어 계통연구에서 이에 대한 반론이 시작되어 제4단계에서는 김방한(1983)의 <한국어의 계통>에서 한국어의 알타이어족설에 이의를 제기하고 한국어가 고(古) 아시아족(Palaeo-Asiatics), 또는 고(古) 시베리아족(Palaeo-Siberians)의 언어와 계통적으로 관계를 맺고 있지 않을까 하는 가설을 조심스럽게 제안하였다.

그리하여 김방한(1976, 1978)에서는 고아시아족의 하나인 길리야크(Gyliak) 족의 언어가 한국어의 기층(基層)을 형성하고 있다는 가설을 제기하였고 강길운(1988)의 <한국어 계통론>에서는 이 가설의 증명이 시도되었다. 이 연구는 Poppe(1965)의 <알타이어학 서설> 이후에 널리 확산된 반(反) 알타이어족설을 반영한 것으로 이 가설들은 20세기의 고고인류학적인 연구 성과와 더불어 다시 고찰되어야 할 것이다.

21세기에 들어와서의 일이지만 이미 Vovin(2010)에서 "한국어-일본어족"이 주장되었으며 Robeets(2015)의 "한국어와 트랜스유라시아 언어 유형"에서는 알타이어(Altai Languages)를 대신하여 '트랜스유라시아 언어(Trans-eurasian)'를 사용하고 있다(정광 외, 2017).

제5단계의 한국어 계통연구에서는 지금까지의 연구와 달리 중세한국어가 신라어를 대표로 하는 남방계와 고구려어를 대표로 하는 북방계와 결합된 것이라는 주장에 대하여 언어의 통합설(統合說, convergence)로 설명하는 것이 훨씬 타당하다는 주장이 졸고(2008)의 "언어의 분기와 통합"에서 제기되었다.

비록 21세기의 연구이지만 종래의 연구를 비판하는 졸고(2008)는 언어의 형성에서 통합설은 분기론(分岐論, divergence)과 대응하는 이론으로 언어의 형성에서 분기와 통합의 방법을 모두 고찰해야 한다는 주장이었다.

8.7.4. 20세기 후반의 한국어 연구에서 한국어의 역사에 대한 논의도 계속되었다. 한국어의 역사를 시대 구분할 때에 서양 역사언어학에서 잘 쓰는 삼분법(三分法)이 준용되었다. 다만 이때에 중세한국어의 시점이 중요하였는데 대체로 고려의 건국을 기점으로 하는 10세기 고려의 언어부터 16세기 임진왜란까지의 조선전기의 언어를 중세한국어로 구분한다.

제1단계의 한국어사 연구에서는 이러한 삼분법이 일반화되지 않아서 신라어, 고려어, 조선어 등 왕조별 언어의 시대구분이 널리 쓰였다. 제2단계의 한국어사 연구로부터 삼분법이 사용되어 각 시대별 우리말 연구가 고찰되었다. 그러나 주로 한글이 창제된 15세기의 우리말 연구가 중심을 이루었다.

제3단계에서는 한국어 음운의 역사가 깊이 있게 고찰되었다. 그리하여 훈민정음 제정과 그에 의한 문자 체계로부터 중세한국어가 7모음을 가졌다고 보았으며 그에 대한 구조음운론에 의거한 체계적 연구가 시작되었다. 그러나 곧 이에 대한 반론이 제기되었다. 그리하여 김완진(1978a)의 "모음체계와 모음조화에 대한 반성"에서 중세한국어의 모음은 7모음이 아니라 5모음체계를 가졌다고 주장하기에 이른다.

21세기의 일이지만 졸고(2011b) "<몽고자운> 유모(喩母)의 파스파 모음자와 훈민정음의 중성"에서는 훈민정음의 7모음이 파스파 문자의 모음자에 의거한 것이고 당시 우리말의 모음을 반영한 것이 아니라고 주장하였다. 특히 '아래 ㆍ'의 제자는 파스파의 유모(喩母)를 반영한 것임을 강조하였다.

북한에서도 우리말의 역사에 대한 연구가 성황을 이루었으나 자료의 부족으로 상세하게 기술할 수 없었음을 독자 여러분들께 고백하며 미안함을 전한다. 남북 분단과 쌍방 교류의 절단으로 그쪽 학문을 자유롭게 살필 수가 없었기 때문이다.

8.8.0. 이상 한국어의 연구사를 필자의 시각에서 소박하게 살펴보았다. 1997년에 방송통신대학 국어학사 교재로 셋이서 공저한 <국어학사> 가운데 필자가 집필한 부분을 수정 보완하고 다른 부분을 전면 개고(改稿)하여 이 책을 썼다.

물론 편향적인 시각일 수 있고 한국어학사에서 보다 중요한 사항들이 누락되거나 논외로 한 부분도 적지 않을 것이다. 다만 그런 부분들은 이미 간행된 다른 분의 연구사에서 보충될 것으로 믿으며 스스로 위안을 삼는다. 또 중요하지 않은 사항이 비교적 길게 소개된 것도 있을 것이다. 그것은 필자의 시각에 따른 것이므로 독자 여러분은 스스로의 판단에 따르기를 바란다.

참고문헌

국문 논저(저자명의 가나다순)

강길운(1988),『한국어 계통론』, 형설출판사, 서울.
______(1993),『國語史精說』, 형설출판사, 서울.
姜邁(1921),『朝鮮文法提要』, 上篇, 廣益書館, 京城.
____(1932),『精選朝鮮語文法』, 博文書館, 京城. 조선어연구회 편(1930)의 개정판.
姜邁·金元祐(1925),『잘 뽑은 조선말과 글의 본』, 漢城圖書(株), 京城.
강복수(1958), "국어문법연구의 사적 동향",『청구대 논문집』(청구대학교), 1집.
강신항(1957a), "龍飛御天歌의 편찬경위에 대하여",『서울대 문리대학보』, 6-1.
______(1957b), "李朝初 佛經諺解의 경위에 대하여",『국어연구』(서울대), 1호.
______(1958), "이조중기(李朝中期) 국어학사 시론(試論)",『국어연구』(서울대) 4호.
______(1970), "韓國의 禮部韻略",『국어국문학』(국어국문학회) 제 49·50 합병호.
______(1973),『訓民正音 硏究』, 成均館大學校 出版部, 서울.
______(1979),『國語學史』, 보성문화사, 서울. 개정판(1984), 증보개정판(1987).
______(1980),『鷄林類事 高麗方言 硏究』, 成均館大學校 出版部, 서울.
______(1981),『國語學史』, 普成문화사, 서울, 증보개정판(1988, 1994).
______(1984), "世宗朝의 語文政策",『世宗文化硏究』II, 韓國精神文化硏究院, 서울.
______(1987),『訓民正音 硏究』, 成均館大學校 出版部, 서울.
______(1994),『증보개정판 國語學史』, 보성문화사, 서울.
고려대 민족문화연구소(1967),『한국문화사대계』V, 고려대출판부, 서울.
고영근(1967), "현대국어 선어말 어미에 대한 구조적 연구",『어학연구』, 3-1
______(1968), "주격조사의 한 종류에 대하여",『이숭녕박사송수기념논총』, 서울.
______(1970), "현대국어 준자립형식에 대한 연구",『어학연구』, 6-1.
______(1972), "현대국어의 접미사에 대한 구조적 연구–확립기준을 중심으로–",『논문집』(서울대) 제18집.
______(1973a), "현대국어의 접미사에 대한 구조적연구–통합관계를 중심으로–",『아세아연구』, 제48집. 고영근(1974)에 재록됨.
______(1973b), "현대국어 접미사에 대한 구조적연구–접미적 파생법의 기술방법을 중심으로–",『어학연구』제9-1호.
______(1974),『국어접미사의 연구』, 광문사, 서울.

______(1975), "현대국어 접미사에 대한 구조적 연구−접미적 파생법의 기술방법을 중심으로−", 『어학연구』, 제10-1호.
고영근(1989)에 재록됨.
______(1983), 『국어문법의 연구−그 어제와 오늘−』, 탑출판사, 서울.
______(1985), 『國語學硏究史~흐름과 動向~』, 學硏社, 서울.
______(1989), 『국어형태론 연구』, 서울대학교 출판부, 서울
______(1992), "형태소란 도대체 무엇인가", 『남사이근수박사환력기념논총』, 서울.
______(1994), 『통일시대의 語文問題』, 길벗, 서울.
고영근 외(1992), 고영근·성광수·심재기·홍종선 편, 『國語學硏究百年史』 I, 일조각, 서울.
고재설(1992), "'구두닦이'형 합성명사에 대하여", 『서강어문』, 제8호.
權悳奎(1922), "朝鮮語文의 淵源과 그 成立", 『東明』, 1호.
______(1923), 『朝鮮語文經緯』, 廣文社, 京城.
______(1926a), "正音頒布 이후의 槪歷", 『新民』, 13호.
______(1926b), "訓民正音의 沿革", 『新生』, 20호.
______(1927), "正音 이전의 조선글", 『한글』, 1호.
______(1929a), "朝鮮語硏究餘草", 『新生』, 2-2.
______(1929b), "周時經先生傳", 『新生』, 2-9.
權相老(1947), 『朝鮮文學史』, 서울프린트社, 서울.
權寧達(1941), 『朝鮮語文正體』, 德興書林, 京城.
權寧仲(1936), "朝鮮語가 가진 外來語", 『正音』 13, 16호.
權靖善(1906}. 『正音宗訓』, 漢城.
권혁준(2004), "近古漢語 聲母 么母, 合母 출현의 음운학적 의미", 『중국어문논총』(중국어문연구회), 제27輯, pp. 1~24.
구본관(1990), "생성문법과 국어 조어법 연구방법론", 『주시경학보』, 제9호.
______(1993), "국어 파생접미사의 통사적 성격에 대하여", 『관악어문연구』, 제18호.
국응도(1968), "한국어 통사론에 있어서 내포변형(Embedding Transformations in Korean Syntax)", 캐나다 알베르타대학 박사논문,
김계곤(1968), "현대국어의 조어법연구−앞가지에 의한 파생법", 『논문집』(인천교대), 제3호.
______(1969), "현대국어의 조어법연구−뒷가지에 의한 파생법", 『논문집』(인천교대), 제4호.
______(1970), "현대국어의 풀이씨의 합성법", 『논문집』(인천교대), 제5호.
______(1972), "현대국어 임자씨의 비통사적 합성법", 『국어국문학』, 제55·57 합

병호.
김광해(1982), “복합명사의 신생과 어휘화 과정에 대하여”, 『국어국문학』, 제88호.
金奎植(1908), 『大韓文法』, 漢城.
______(1912), 『朝鮮文法』, 油印物, 京城. 1913년 재판.
김기혁(1994), “문장 접속의 통어적 구성과 합성동사의 생성”, 『국어학』, 제24호.
김동소(1981), 『韓國語와 TUNGUS語의 音韻 比較 硏究』, 曉星女子大學校 出版部, 대구.
______(1998), 『한국어 변천사』, 형설출판사, 대구.
김동식(1994), “복합명사를 찾아서”, 『국어학』 제24호.
김두봉(1916): 『조선말본』, 새글집, 京城.
______(1922): 『깁더 조선말본』, 上海.
김문창(1975), “국어 慣用語의 연구”, 『국어연구』, 제30호.
김민수(1952), “ㅎ 助詞 연구”, 『국어국문학』, 제1호.
______(1955), “한글 頒布의 時期-세종 25년 12월을 주장함-”, 『국어국문학』, 제14호, pp. 57~69.
______(1957), “朝鮮館譯語攷”, 『이희승선생송수기념논총』(간행위원회).
______(1960), 『국어문법론 연구』, 통문관, 서울.
______(1964), 『新國語學史』, 一潮閣, 서울.
______(1970), “국어의 격에 대하여”, 『국어국문학』, 49·50 합병호.
______(1980), 『수정 新國語學史』, 一潮閣, 서울.
______(1985), 『北韓의 國語硏究』, 高麗大學校 出版部, 서울.
______(1987), 『國語學史의 基本理解』, 집문당, 서울
______(1990), 『全訂版 新國語學史』, 一潮閣, 서울.
김방한(1964), “국어모음체계의 변동에 관한 고찰”, 『동아문학』(서울대 동아문화연구소), 제2호
______(1976). “한국어 계통연구의 문제점”, 『言語學』(한국언어학회), 제1호.
______(1978), “알타이諸語와 韓國語”, 『동아문화』(서울대 동아문화연구소), 제15호.
______(1981a), “한국어와 일본어의 친족관계”, 『한글』(한글학회), 제173~174호, PP. 657-667.
______(1982), 『언어학사』, 螢雪출판사, 서울. Ivič(1963)의 한국어 번역. 早田輝洋·井上史雄 譯1974), 『言語學の流れ』에 의거함.
______(1983), 『한국어의 계통』, 민음사, 서울,
일본어 번역; 『韓國語の系統』, 1985, 三一書房, 東京.
김병제(1984), 『조선어학사』, 과학·백과사전출판사, 평양.
김석득(1962), “형태소의 변이형태소로의 분석”, 『한글』, 제129호.

______(1967), "국어형태론", 『연세논총』 제4호.
______(1968), "한국어 존대형의 확대구조－심층구조의 존대법 표면구조 생성을 중심으로－", 『인문과학』, 20호.
______(1975), 『한국어 연구사(상·하)』, 연세대출판부, 서울.
______(1983), 『우리말 연구사』, 정음문화사, 서울.
______(1991), 『우리말 형태론』, 탑출판사. 서울
金善琪(1937), "Korean", *Le Maître phonétique,* III, Paris et London.
______(1937), *The Phonetics of Korean,* London.
______(1967~8), "鄕歌의 새로운 풀이", 『現代文學』 제145호-149호, 제151호, 제153호,
______ 역(1963), 『언어분석론』, 대한교과서주식회사, 서울.
김성규(1987), "어휘소 설정과 음운현상", 『국어연구』, 제77호.
김수경(1989), 『세나라시기 언어력사에 관한 남조선학계의 견해에 대한 비판적 고찰』, 평양출판사, 평양.
김영구(2001), "<유가사지론> 점토(點吐)의 해독 방법연구", 『구결연구』(구결학회), 제7집.
김영황(1963), 『조선어 발달사』, 평양.
______(2006), 『고구려 언어 연구』, 김일성대학 출판사, 평양.
김영희(1986), "복합명사구, 복합동사구 그리고 겹목적어", 『한글』, 제193호
김완진(1963), "國語母音體系의 新考察", 『震檀學報』(震檀學會) 제24호 pp. 63~99. 이 논문은 김완진(1972a)에 재록됨.
______(1970), "이른 時期에 있어서의 韓中 言語接觸의 一斑에 대하여", 『어학연구』(서울대 어학연구소) 6-1, pp. 1~16.
이 논문은 김완진(1972a)에 재록됨.
______(1971), "음운현상과 형태론적 제약", 『학술원 논문집』, 제10집. 김완진(1972a)에 재록됨.
______(1972a), 『國語音韻體系의 硏究』, 一潮閣, 서울.
______(1972b), "다시 β > ω를 찾아서" 『어학연구』, 8-1.
______(1973a), 『중세국어 성조의 연구』, 탑출판사, 서울.
______(1973b), "國語 語彙磨滅의 硏究", 『震檀學報』, 35집, pp. 30~60.
______(1975), "訓民正音 子音字와 加劃의 原理", 『語文硏究』(한국어문교육연구회), 7·8호, pp.186~194. 이 논문은 김완진(1996)에 재록되었음.
______(1978a), "母音體系와 母音調和에 대한 反省", 『어학연구』 14-2호, pp.127~139.
______(1978b), "鄕歌 本文의 訂誤를 위하여", 『冠嶽語文硏究』, 제3집(白史전광용박사 華甲기념특집호).

______(1980),『향가 해독법 연구』, 서울대출판부, 서울.
______(1983), "훈민정음 제자 경위에 대한 새 고찰",『김철준박사회갑기념사학논총』(서울 : 지식산업사). 이 논문은 김완진(1996) pp.358~376에 재록되었음.
______(1984), "훈민정음 창제와 관한 연구",『韓國文化』5, pp.1~19. 이 논문은 김완진(1996)에 재록되었음.
______(1994), "中人과 言語生活",『震檀學報』, 제77호.
______(1996),『음운과 문자』, 신구문화사, 서울.
______(2000),『향가와 고려가요』, 서울대학교 출판부, 서울
김완진·정 광·장소원(1997),『국어학사』, 한국방송통신대학교출판부, 서울.
金元祐(1922),『朝鮮正音文典』, 朝鮮圖書(株), 京城.
金允經(1925),『조선말본』, 유인본, 京城.
______(1929), "한글의 起源",『別乾坤』, 52~54.
______(1932), "조선말본",『培花』, 4.
______(1933), "朝鮮文字의 歷史的 考察",『東光』, 3호.
______(1938),『朝鮮文字及語學史』, 朝鮮紀念圖書出版館, 京城.
______(1948),『나라말본』, 서울.
______(1955), "한글학회와 한글운동의 역사",『白樂濬還甲記念國學論叢』, 서울.
______(1963),『새로 지은 국어학사』, 을유문화사, 서울.
김일성(1968);『김일성 저작선집』, 조선로동당출판사, 평양.
金在喆(1931), "Palatalization에 對하야",『朝鮮語文學會報』, 4호.
김정배·유재신 편(2000),『중국 연변대학 한인 교수들이 쓴 발해국사』(1), 정음사, 서울.
김종택(1971), "이디엄(idiom)연구",『語文學』, 제25호.
______(1972), "복합한자어의 어소배합구조",『어문학』, 27호.
김주원(2016), "세계 여러 문자의 모음 표기 양상과 훈민정음의 모음자",『국어학』, 제80호, pp. 77~108.
김주미(1988), "국어 복합동사의 의미론적 고찰", 동덕여대 석사학위논문.
김지홍(1989), "몇 어형성 접미사에 대하여",『백록어문』, 제1호.
김진우(1973), "Gravity in Korean phonology",『언어』(한국언어학회), 1-1.
______(1988),『言語 小典(Sojourns in Language)』I. II, 탑출판사, 서울.
김창섭(1983), "'줄넘기'와 '갈림길'형 합성명사에 대하여",『국어학』, 제12호.
______(1984), "형용사 파생 접미사들의 기능과 의미",『진단학보』, 제58호.
______(1990a), "영파생과 의미전이",『주시경학보』, 제5호.
______(1990b), "복합어",『국어연구 어디까지 왔나』, 동아출판사. 서울.
______(1992), "국어형태론 연구의 흐름과 과제",『국어국문학40년』, 집문당, 서울.

______(1994), "국어의 단어형성과 단어구조", 서울대학교 박사학위 논문.
______(1996), "국어 파생어의 통사론적 문제들", 『이기문교수 정년퇴임기념논총』, 신구문화사, 서울.
김한규(1999), 『한중관계사 I』, 아르케, 서울.
김현 역(1972), 『構造主義란 무엇인가』, 文藝출판사, 서울. Fage(1968)의 번역.
김형규(1949), "삼국사기 지명고", 『震檀學報』(震檀學會), 제16호.
______(1955), 『국어학사』, 상, 1954, 하, 1955, 백영사, 서울
______(1955), 『국어사』, 백영사, 서울.
______(1956), "일본인의 한국어 연구", 『국문학』(고려대), 1호.
______(1975), 『국어사 개요』, 一潮閣, 서울.
金熙祥(1909), 『初等國語語典』(3권), 漢城.
______(1911), 『朝鮮語典』, 京城.
______(1927), 『울이글틀』, 永昌書館, 京城.
남광우(1960), 『고어사전』, 一潮閣, 서울.
______(1961), "月印千江之曲上애 나타난 稀貴語에 대하여", 『한글』, 제128호.
______(1966), 『東國正韻式 漢字音 硏究』, 韓國硏究叢書 제6집, 韓國硏究院, 서울.
______(1973), 『李朝漢字音의 硏究』, 東亞出版社, 서울.
______(1982), "국어의 공시적 기술과 형태소의 분석", 『배달말』, 제7호.
南宮檍(1910), 『조선어법』, 필사본, 漢城.
南權熙(2002), 『高麗時代 記錄文化 硏究』, 淸州古印刷博物館, 청주,
남기심(1969), "문형 N1-이 N2이다의 변형분석적 연구", 『계명논총』 5.
남기심 외 편(1975), 『현대국어 문법』, 계명대 출판부, 대구.
남풍현(1975), "漢字借用表記法의 發達", 『檀國大 國文學論集』(檀國大學校 國語國文學科), 제7·8호.
______(1980), "口訣과 吐", 『국어학』(국어학회), 第9号. 南豊鉉(1999)에 再錄.
______(1981), 『借字表記法硏究』, 檀國大출판부, 서울.
______(1986a), 『借字表記法硏究』, 學術叢書6. 檀國大學校出版部, 서울.
______(1986b), "舊譯仁王經의 口訣에 대하여", 『國語學新硏究』. 塔出版社, 서울.
______(1988), "釋讀口訣의 起源에 대하여", 『국어국문학』, 제100호, 南豊鉉(1999)에 "釋讀口訣의 起源"으로 再錄.
______(1994), "借字表記의 '詩經釋義'", 『退溪學硏究』(단국대, 退溪學硏究所), 제8집.
______(1999), 『國語史를 위한 口訣硏究』, 太學社, 서울.
______(2000), "高麗時代의 點吐口訣에 대하여", 『서지학보』(韓國書誌學會), 제24호.
남풍현·김두찬·윤승준(1995), 『국어사와 차자표기』, 태학사, 서울

남풍현·심재기(1976), "舊譯仁王經의 口訣硏究(其一)", 『東洋學』(단국대 동양학연구소), 제6집.
노대규(1981), "국어 접미사 '답'의 의미 연구", 『한글』, 제172호.
도수희(1972), "百濟王稱語 小考", 『백제연구』(충남대 백제연구소), 제3호.
______(1979), "백제지명연구(1)", 『백제연구』(충남대 백제연구소), 제10호.
______(1982), "百濟前期의 言語에 대하여", 『백제연구』(忠南大 백제연구소), 第13号.
______(1985), "百濟 前期語와 伽倻語의 관계", 『한글』, 第187号.
______(1987), 『한국어 음운사 연구』, 탑출판사, 서울.
______(1987~94), 『백제어 연구』 I(1987), II(1989), III(1994), 백제문화개발연구원, 대전.
______(1999), "고대국어의 음운변화에 대하여", 『한글』, 제244호
______(2005), 『百濟語 硏究』, 제이앤씨, 서울.
류구상(1972), "현대국어의 용언어간 접미사고", 『국어국문학』, 제55·56·57 합병호.
류 렬(1983), 『세나라시기의 리두에 대한 연구』, 과학·백과사전 출판사, 평양.
____(1990), 『조선말력사 I』 평양 사회과학출판사, 평양
리봉운(李鳳雲, 1897), 『國文正理』, 韓裝本 본문 14장, 등록문화재 제 528-1.
文世榮(1938), 『朝鮮語辭典』, 京城.
文時赫(1934~6), "吏讀에 對한 考察", 『정음』, 1~12호.
문효근(1964a), "<淸語老乞大> 影印引言", 『人文科學』(연세대 인문과학연구소), 제11집
______(1964b), "老乞大辯疑", 『人文科學』, 제12집.
______(1964c), "滿洲字 小兒論과 敦煌의 項託 変文", 『李相佰博士回甲記念論文集』, 을유문화사, 서울.
______(1966), "朴通事著作年代", 『동국사학』(동국대학), 제9·10집.
______(1974), 『한국어 성조의 분석적 연구』, 세종출판공사, 서울
민영규(1943), "老乞大について、" 『大正大學學報』(일본 大正大學), 제36집.
______(1964), "老乞大辯疑", "解題 <淸語老乞大> 下", 『인문과학』(연세대), 제5호.
______(1966), "朴通事著作年代", 『東國史學』(동국대), 제9·10집.
민현식(1984), "'-스럽다, -롭다' 접미사에 대하여" 『국어학』, 제13호.
박병채(1968), "古代 三國의 地名 語彙考", 『白山學報』, 제5호.
______(1971), 『古代國語의 硏究』, 高麗大學校出版部, 서울.
______(1983), 『洪武正韻譯訓의 新硏究』, 高麗大學校民族文化硏究所, 서울.
______(1989), 『국어발달사』, 세영사, 서울.
朴相埈(1932), 『改正綴字法準據 朝鮮語法』, 東明書院, 平壤.

박순함(1969), "한국어 접두 부정에 대하여(On the prefixal negatives in Korean-A transformational Analysis)", 『어학연구』, 5-1.

朴勝彬(1921), "諺文後解", 『正音』, 1~2호.

______(1931), 『朝鮮語學講義要旨』, 普成專門學校, 京城.

______(1935), 『朝鮮語學』, 朝鮮語學硏究會, 京城.

______(1937), 『簡易朝鮮語文法』, 朝鮮語學硏究會, 京城

박양규(1987), "'보내오다'류의 유표적 복합동사들", 『국어학』, 제16호.

______(1990), "세 부류의 유표적 복합동사들", 『강신항교수 회갑기념 국어학논문집』, 태학사, 서울.

박원호(2002), 『明初 朝鮮關係史 硏究』, 일조각, 서울.

박창해 역(1961), 『기술언어학개론』, 경문사, 서울.

朴太緖(1907), "國文維持論", 『夜雷』, 1호(1907년 2월).

方鍾鉉(1935), "方言에 나나타는 'ㅿ'音의 變遷", 『新興』, 8호.

______(1937), "濟州道方言採集行脚, 特히 加波島에서", 『朝光』, 3-3호.

______(1940a), "古語硏究와 方言", 『한글』, 8-5호(1940.7).

______(1940b), "'ㆍ'와 'ㅿ'에 對하여", 『한글』, 8-6호(1940. 9).

______(1946), "類合의 解題", 『한글문화』, 제1호.

______(1948), 『訓民正音通史』, 一成堂書店, 서울.

______(1954), "訓蒙字會攷", 『東方學志』, 제1호.

______(1955), "鷄林類事硏究", 『東方學志』, 제2호.

백옥경(2008). "麗末 鮮初 偰長壽의 政治活動과 現實認識", 『조선시대사학보』, 제46호, pp. 5~40.

______(2009), "중국인 이주민에 대한 고찰", 『한국문화연구』,제16호, 199~231.

司空桓(1926), "朝鮮文의 史的 硏究", 『新民』, 13호.

徐載弼(1896), "논설", <독닙신문> 1896년 4월 7일자.

서정목·이광호·임홍빈 공역(1985), 『변형생성문법이란 무엇인가』, 을유문화사, 서울. Radford(1981)의 한국어 번역본.

______________________(1990), 『변형문법』. 을유문화사, 서울. Radford(1988)의 한국어 번역.

서정수(1968), "변형생성문법의 이론과 V류어의 하위분류", 『한글』, 41호.

______(1975), 『동사 '하-'의 문법』, 형설출판사. 서울.

______(1981), "합성어에 관한 문제", 『한글』, 제173·174호. 이 논문은 이병근 외 편(1993)에 재록됨.

______(1993), "합성어에 관한 문제", 이병근 외 편(1993)에 재록됨.

성기철(1969), "명사의 형태론적 구조", 『국어교육』, 15호.

性法(2005), 『사십이장경(성법역해)』, 정우서적, 서울.

蘇啓慶(1999), "元代蒙古色目進士背景的分析", 『경북사학』, 제17, 18호, pp. 20~40.
손낙범(1978), 『日韓, 韓日 慣用語辭典』, 국제대학교 인문사회과학 연구소, 서울.
손성옥(2015), "21세기 미국에서의 한국어교육 현황과 과제", <국제한국어교육문화재단 창립기념 국제 학술세미나>(일시: 2015년 3월 14일, 장소: 서울대학교 사범대학) 예고집, pp. 43~58.
송기중(2003), 『역사비교언어학과 국어계통론』, 집문당, 서울.
______(2016), "서평 정광 저 <몽고자운 연구>", 『알타이 학보』, 제26호, pp. 157~180.
宋 敏(1966), "高句麗語의 Apocope에 對하여", 『聖心語文論集』(聖心女大), 제1집.
____(1969), "한일 양국어 비교연구사", 『논문집』(성심여대), 제1호.
____(1973), "古代日本語에 미친 韓語의 影響", 『日本學報』(한국 일본학회), 제1호.
송석중(1967), "한국어의 변형 규칙(Some Transformational Rules in Korean)", 미국 인디애나대학 박사논문.
송철의(1977), "파생어 형성과 음운 현상", 『국어연구』, 제38호.
______(1983), " 파생어형성과 통시성의 문제", 『국어학』, 제12호.
______(1985), "파생어 형성에 있어서 어기의 의미와 파생어의 의미", 『震檀學報』, 제60호.
______(1990), 『국어의 파생어형성 연구』, 태학사. 서울.
______(1992), "생성형태론", 고영근 외 편 『국어학연구백년사(I)』, 일조각, 서울.
______(1993), "언어의 변화와 언어의 화석", 『국어사 자료와 국어학의 연구』(안병희 선생 화갑기념논총), 문학과 지성사, 서울.
시정곤(1993), "부사화 접사 '-이'의 통사적 해석", 『어문논집』(고려대), 창간호.
______(1994): "'해돋이'와 '돈벌이'형의 단어형성", 『한국어학』, 창간호.
______(1995): "어휘결합과 의미해석", 『언어』, 제20-1호.
申景濬(1750), 『韻解』(일명 訓民正音 韻解), 漢城.
申明均(1927), "漢字音問題에 對하여", 『한글』, 2호.
______(1933), 『朝鮮語文法』, 常識普及會, 京城.
申采浩(1908), "文法宜統一", 『畿湖興學會月報』, 5호(1908년 12월).
辛兌鉉(1939), "諺文의 起源에 대하여", 『震檀學報』, 11호.
______(1940a), "鄕歌의 新解讀", 『朝鮮』, 296호
______(1940b), "朝鮮語의 變遷", 『正音』, 33호.
______(1940c), "華夷譯語 朝鮮古語略攷", 『朝光』, 6-7호.
______(1941), "朝鮮 古語 續考", 『한글』, 9-2호.
심경호(2021), "朝鮮の漢文·變體漢文", 金文京(2021:259~265).
沈宜麟(1936), 『中等學校 朝鮮語文法』, 朝鮮語硏究會, 京城.
______(1949), 『改編 國語文法』, 世紀科學社, 서울.

沈在箕(1975), "舊譯仁王經 上 口訣에 대하여",『불교미술』, 제18호.
_____(1977), "俗談의 意味機能에 대하여",『李崇寧先生古稀紀念 국어국문학논총』.
_____(1980), "명사화의 의미기능",『언어』(한국 언어학회), 5-1.
_____(1981),『국어어휘론』, 집문당. 서울.
_____(1982), "속담의 종합 고찰 위하여",『관악어문연구』(서울대 국문과), 3집.
_____(1986), "국어어휘변화의 구조적 연구", 서울대 대학원 박사학위논문.
_____(1994), "속담사전 편찬 사료",『새국어생활』(국립국어연구원), 4-2.
심재기 편(1998),『國語 語彙의 基盤과 歷史』, 태학사, 서울
安炳浩(1984),『朝鮮漢字音体系의 硏究』, 金日成綜合大學出版社, 平壤.
안병희(1959), "十五世紀 國語의 活用語幹에 대한 형태론적 연구",『국어연구』, 제7호.
_____(1965), "문법론",『국어학개론』, 수도출판사. 서울.
_____(1967), "문법사"(한국어 발달사, 중),『한국문화사대계』V, 고려대 민족문화연구소, 서울.
_____(1977):『中世國語口訣의 硏究』, 一志社, 서울.
_____(1992),『국어사 자료 연구』, 문학과 지성사, 서울.
_____(1994), "<月印釋譜>의 編刊과 異本", 震檀學會編『韓國古典 심포지엄』, 제4집, 一潮閣, 서울.
_____(1997), "金安國의 崔世珍輓詞",『東方學志』, 제95호.
_____(1999a), "崔世珍의 生涯와 年譜", 한국어문교육연구회 제31회 학술연구발표회(1999년 10월 22일) 발표문.
_____(1999b), "崔世珍의 生涯와 學問",『奎章閣』(서울대 규장각), 제22호.
_____(2007),『훈민정음 연구』, 서울대학교출판부, 서울.
安 廓(1917),『朝鮮文法』, 雁東書館, 京城.
____(1923),『修訂 朝鮮文法』, 雁東書館, 京城.
____(1926a), "諺文發生 前後의 記錄法",『新民』, 20호.
____(1926b), "朝鮮語硏究의 實際",『東光』, 8호.
____(1927), "梵語와 朝鮮語와의 關係",『佛敎』, 52~54호.
양동휘(1978), "한국 복합동사의 관용성",『설당 김영희박사 송수기념 영어학논총』, 서울.
梁伍鎭(1998), "老乞大 朴通事 硏究ㅡ漢語文에 보이는 語彙와 文法의 특징을 중심으로ㅡ", 고려대 대학원 박사학위 논문.
양인석(1972), "한국어 통사론(Korean Syntax: Case Markers, Delimiters, Complementation and Relativization)", 미국 하와이대학 박사논문.
梁柱東(1932), "葛文王, 其他",『青丘學叢』, 22호.
_____(1935), "鄕歌 解讀, 特히 願往生歌에 대하여",『青丘學叢』, 6-1.

______(1937), "稽古褋俎",『朝光』, 3-1호.
______(1938), "語義攷數則",『正音』27호.
______(1939a), "鄕歌註釋散稿",『震檀學報』, 10호.
______(1939b), "語學的 若干의 通俗問題",『東光』, 5-5호.
______(1940), "新發見 訓民正音에 對하야",『正音』, 36호.
______(1942),『朝鮮古歌硏究』, 博文書館, 京城.
______(1947),『麗謠箋註』, 을유문화사, 서울.
______(1965),『增訂 古歌硏究』, 일조각, 서울.
______(1986),『訂補판 麗謠箋註』, 을유문화사, 서울.
魚允迪(1926), "正音의 史的 考察",『新生』, 20호.
呂圭亨(1908), "論漢文國文",『大東學會月報』, 1호(1907년 1월).
여홍상 역(1995);『바흐친과 문화 이론』, 문학과 지성사, 서울.
연재훈(1986), "한국어 동사성명사 합성어의 조어법과 의미연구", 서울대 석사 학위논문.
유구상(1978), "대학생의 언어와 은어",『한글』, 제162호.
兪吉濬(1906),『大韓文典』, 유인물, 1904년의 유인물(油印物)도 있다고 함.
______(1908a), "小學敎育에 對ᄒᆞᆫ 意見", <皇城新聞>, 1908년 6월 10일자.
______(1909),『大韓文典』, 漢城.
柳應浩(1936a), "言語의 形態",『正音』, 14호.
______(1936b), "音韻法則에 關하야",『正音』, 17호.
兪昌均(1957), "訓音宗編에 대하여",『국어국문학연구』(청구대), 1호.
______(1959),『국어학사』, 영문사, 대구.
______(1966),『東國正韻硏究 [연구편]』, 螢雪出版社, 서울.
______(1969),『新稿國語學史』, 형설출판사, 대구.
______(1973),『較定 蒙古韻略』, 成文出版社, 台北.
______(1975),『蒙古韻略과 四聲通攷의 硏究』, 螢雪出版社, 大邱.
______(1994),『국어학사』, 형설출판사, 서울. 兪昌均(1959)의 세 번 째 개정판.
______(2008),『蒙古韻略』과『東國正韻』,『訓民正音과 파스파 文字 국제 학술 Workshop』(주최: 한국학 중앙연구원 주최, 일시: 2008년 11월 18일~19일, 장소: 한국학 중앙연구원 대강당 2층 세미나실, Proceedings) pp. 101~110.
유창돈(1958a), "諺文志箋註",『신흥대논문집』(신흥대학교), 1집.
______(1958b),『諺文志 註解』, 신구문화사, 서울.
______(1963), "느지르샷다 攷",『東方學志』, 제6호.
______(1964),『李朝語辭典』, 연세대학교 출판부, 서울.
劉昌宣(1936a), "新羅鄕歌の解讀小考",『史苑』(일본 立敎大), 10-2号.

______(1936b), “均如의 鄕歌解釋”, 『四海公論』, 2호.

______(1937), “鷄林類事 高麗方言攷”, 『한글』, 6-3호.

______(1940), “老人獻花歌에 對하여”, 『한글』, 8-3호.

柳僖(1824), 「諺文志」, 『文通』, 漢城.

윤동원(1986), “형용사파생 접미사 {-스럽-}, {-롭-}, {-답-}의 연구”, 『국어국문학논문집』(서울대 사범대), 제23호.

윤사순(1987), 『한국의 성리학과 실학』, 열음사, 서울.

이건식(1987), “현대국어의 반복복합어 연구”, 단국대 석사학위논문.

이경우(1981), “파생어 형성에 있어서의 의미변화”, 『국어교육』, 제39·40호.

李光洙(1910), “今日 我韓用文에 對ᄒᆞ야”, <皇城新聞>, 1910년 7월 24일, 26~27일자.

李奎昉(1922), 『新撰 朝鮮語法』, 以文堂, 京城.

李奎榮(1913), 『말듬』, 필사, 京城.

______(1919), 『한글적새』 필사. 京城.

______(1920), 『現今 朝鮮文典』, 新文館, 京城.

李克魯(1931), “조선말 사투리”, 『東光』, 13호.

______(1937), “‘ㆍ’의 音價에 對하여”, 『한글』, 5호.

______(1938), “訓民正音의 ‘中間 ㅅ’ 表記法”, 『한글』, 6-10호.

______(1941), “‘ㆍ’音價를 밝힘”, 『한글』, 9호.

이기문(1957), “朝鮮館譯語의 編纂年代”, 『文理大學報』(서울대학교), 5~1.

______(1961), 『國語史概說』, 民衆書館, 서울.

______(1962): “中世國語 特殊語幹交替에 대하여”, 『震檀學報』, 제23호.

______(1963a), 『國語表記法의 歷史的 硏究』, 韓國硏究院, 서울.

______(1963b), “A Genetic View of Japanese”, 『朝鮮學報』(일본 朝鮮學會) 23호.

______(1964a), “蒙語老乞大硏究”, 『震檀學報』, 제25,6,7 合倂號.

______(1964b), “Materials of the Koguryo Language”. Bulletin of the Korean Research Center: *Journal of Social Sciences and Humanities* 20: pp. 11~20.

______(1964c), “알타이어학과 국어”, 『국어국문학』, 제27호.

______(1967a), “韓國語形成史”, 『韓國文化史大系 V』, 「언어문학사」(상), pp. 19~112.

______(1967b), “蒙學書 硏究의 基本問題”, 『진단학보』, 31집.

______(1968a), “鷄林類事의 再檢討−主로 音韻史의 觀點에서−”, 『東亞文化』, 제8호

______(1968b), “모음조화와 모음체계”, 『이숭녕선생송수기념논총』, 을유문화사, 서울.

______(1969), “중세국어 음운론의 제문제”, 『震檀學報』, 32집.

______(1970), “신라어의 ‘福’(童)에 대하여”, 『국어국문학』, 제49, 50合倂號.

______(1971), “語源數題”, 『金亨奎博士頌壽紀念論叢』, 서울.

______(1972a),『國語音韻史 硏究』, 韓國文化硏究院, 서울.

______(1972b),『改訂 國語史槪說』, 民衆書館, 서울.

______(1975), "韓國語와 알타이諸語의 比較 硏究",『光復30周年記念 종합학술회의 논문집』, 대한민국 학술원. 서울.

______(1976), "최근의 訓民正音硏究에서 提起된 몇 問題",『震檀學報』(震檀學會), 42호, pp. 187~190.

______(1983),『韓國語の形成』, 成功書房, 東京. 이기문(1967)의 일본어판.

______(1995a),『국어 어휘사 연구』, 학연사, 서울.

______(1995b), "Remarks on the study of Word-Formation", *Linguistics in the Morning Calm* 3, Hanshin Publishing co.. Seoul.

______(1998),『新訂版 國語史槪說』, 태학사, 서울.

______(2008), "訓民正音 創制에 대한 再照明",『韓國語硏究』, 제5호, pp.5~45.

이기문·김진우·이상억(1984),『국어음운론』, 학연사, 서울.

__________________(2000),『개정증보판 국어음운론』, 학연사, 서울.

이길록(1970), "용언접사 분포에 관한 연구",『논문집』(강원대), 제1호.

이남덕(1963), "국어문법 단위문제",『국어국문학』, 26호.

______(1977), "人體語의 비교연구: 갗, 얼굴, 거웆 考",『문학사상』, 제59호.

______(1985),『한국어 語源 연구』, 이화여자대학교 출판부, 서울.

李能和(1906), "國文一定意見", <皇城新聞> 1906년 6월 1일, 2일자.

이돈주(1979),『漢字學總論』, 博永社, 서울.

______(1985),『中國音韻學』, 一志社, 서울. B. Karlgren(1954), *Compedium of Phonetics in Ancient and Archaic Chinese*의 초역.

______(1990a), "韻書의 反切과 國語漢字音의 乖離現象",『姜信沆敎授 回甲紀念 國語學論文集』, 太學社, 서울.

______(1990b),『訓蒙字會 漢字音硏究』, 弘文閣, 서울.

이동림(1970),『東國正韻硏究』, 東國大學校 大學院, 서울.

______(1974a), "訓民正音創製經緯에 對하여-諺文字母 27字는 最初原案이다-",『국어국문학과 논문집』(동국대학교), 제20호 pp. 1~15.

______(1974b), "訓民正音創製經緯에 對하여-俗所謂 反切二十七字와 相關해서-",『국어국문학』, 제64호, pp. 59~62 .

이맹성(1968), "한국어의 명사화(Nominalization in Korean)",『어학연구』, 4-1.

이병근(1975), "음운규칙과 비음운론적 제약",『국어학』, 제3호.

______(1986), "국어사전과 파생어",『어학연구』, 제22-3호.

이병근 외 편(1993),『형태』, 태학사, 서울.

李秉岐(1929~30), "朝鮮文法講和",『朝鮮講壇』, 1-1(1929.9), 1-2(1929.11), 2-2(1930.1).

______(1933), "朝鮮語講話",『카톨릭青年』, 1~8(1933. 6~12).

李丙燾(1977),『校譯 三國史記』, 을유문화사, 서울
이상억(1977), "自立分節音韻論과 국어",『이숭녕선생고희기념논총』, 탑출판사, 서울.
李常春(1925),『朝鮮語文法』, 崧南書館. 開城.
이석주(1992), "영 파생에 대한 고찰", 고영근 외 편『국어학연구백년사(I)』, 일조각, 서울
이숭녕(1932), "유추(Analogie)에 대하여",『朝鮮語文學會報』, 4호.
______(1933), "語幹과 語根에 對하야",『朝鮮語文學會報』, 6호.
______(1935a), "魚名雜攷",『震檀學報』, 2호.
______(1935b), "Umlaut 現象을 通하여 본 母音 'ㆍ'의 音價攷",『新興』, 8호.
______(1939), "音韻轉位現象에 對하여",『한글』, 7-4호.
______(1940a), "'ㆍ'音攷",『震檀學報』, 제12호.
______(1940b), "'時間'의 語彙에 對하여",『한글』, 8-4호.
______(1949a),『朝鮮語音韻論研究 제1집 'ᄋᆞ'音攷』, 을유문화사, 서울.
______(1949b),『古語의 音韻과 文法』, 을유문화사, 서울.
______(1953), "람스테트박사와 그의 업적(業績)",『사상계』1-6.
______(1954),『國語音韻論研究 제1집, 'ᄋᆞ'音攷』, 을유문화사, 서울. 이숭녕(1949a)의 수정판.
______(1955a),『音韻論 研究』, 民衆書館, 서울.
______(1955b), "우랄·알타이語의 共通特質論",『語文』, 제2권 제1호.
______(1956~7): "국어학사",『思想界』4-5~4-12호(1956.5.~1957.1).
______(1956),『고등국어문법』, 을유문화사, 서울.
______(1958), "세종의 言語政策에 대한 연구-특히 韻書編纂과 訓民正音制定과의 관계를 중심으로-",『亞細亞研究』(고려대), 제1권 2호, pp. 39~54.
______(1959), "洪武正韻譯訓의 연구",『진단학보』(진단학회), 제20호, pp.115~179.
______(1960),『國語學論攷』, 동양출판사, 서울.
______(1961a),『國語學造語論扉』, 을유문화사, 서울.
______(1961b),『中世國語文法』, 을유문화사, 서울.
______(1965), "崔世珍 研究",『亞細亞學報』, 제1집.
______(1966),『國語學論叢』, 동아출판사, 서울.
______(1976),『혁신 국어학사』, 박영사, 서울.
______(1978),『신라시대의 表記法體系에 관한 試論』. 탑출판사, 서울.
______(1981),『世宗大王의 學問과 思想』, 亞細亞文化社, 서울.
______(1986); "信眉의 譯經事業에 關한 研究",『대한민국 學術院論文集(人文社會

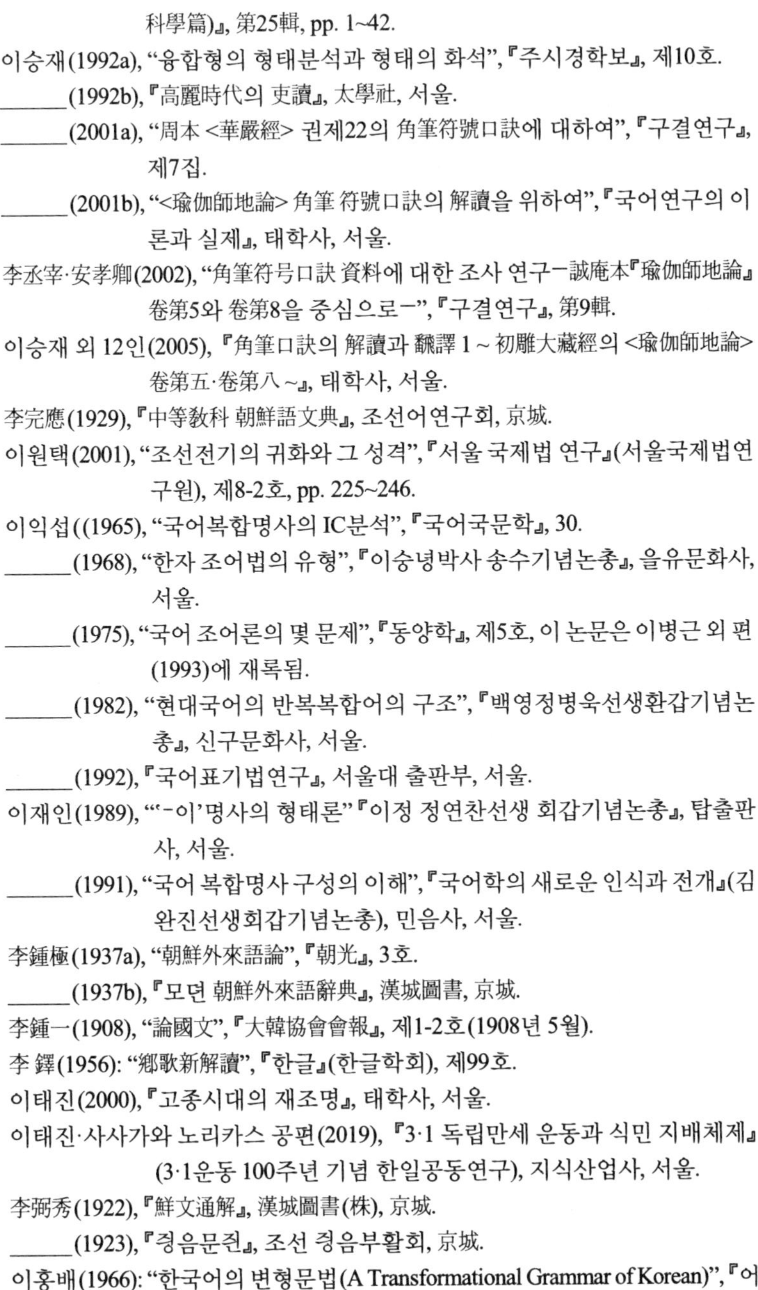

科學篇)』, 第25輯, pp. 1~42.

이승재(1992a), "융합형의 형태분석과 형태의 화석", 『주시경학보』, 제10호.

______(1992b), 『高麗時代의 吏讀』, 太學社, 서울.

______(2001a), "周本 <華嚴經> 권제22의 角筆符號口訣에 대하여", 『구결연구』, 제7집.

______(2001b), "<瑜伽師地論> 角筆 符號口訣의 解讀을 위하여", 『국어연구의 이론과 실제』, 태학사, 서울.

李丞宰·安孝卿(2002), "角筆符号口訣 資料에 대한 조사 연구ㅡ誠庵本『瑜伽師地論』 卷第5와 卷第8을 중심으로ㅡ", 『구결연구』, 第9輯.

이승재 외 12인(2005), 『角筆口訣의 解讀과 飜譯 1 ~ 初雕大藏經의 <瑜伽師地論> 卷第五·卷第八 ~』, 태학사, 서울.

李完應(1929), 『中等教科 朝鮮語文典』, 조선어연구회, 京城.

이원택(2001), "조선전기의 귀화와 그 성격", 『서울 국제법 연구』(서울국제법연구원), 제8-2호, pp. 225~246.

이익섭((1965), "국어복합명사의 IC분석", 『국어국문학』, 30.

______(1968), "한자 조어법의 유형", 『이숭녕박사 송수기념논총』, 을유문화사, 서울.

______(1975), "국어 조어론의 몇 문제", 『동양학』, 제5호, 이 논문은 이병근 외 편 (1993)에 재록됨.

______(1982), "현대국어의 반복복합어의 구조", 『백영정병욱선생환갑기념논총』, 신구문화사, 서울.

______(1992), 『국어표기법연구』, 서울대 출판부, 서울.

이재인(1989), "'-이'명사의 형태론" 『이정 정연찬선생 회갑기념논총』, 탑출판사, 서울.

______(1991), "국어 복합명사 구성의 이해", 『국어학의 새로운 인식과 전개』(김완진선생회갑기념논총), 민음사, 서울.

李鍾極(1937a), "朝鮮外來語論", 『朝光』, 3호.

______(1937b), 『모던 朝鮮外來語辭典』, 漢城圖書, 京城.

李鍾一(1908), "論國文", 『大韓協會會報』, 제1-2호(1908년 5월).

李 鐸(1956): "鄕歌新解讀", 『한글』(한글학회), 제99호.

이태진(2000), 『고종시대의 재조명』, 태학사, 서울.

이태진·사사가와 노리카스 공편(2019), 『3·1 독립만세 운동과 식민 지배체제』(3·1운동 100주년 기념 한일공동연구), 지식산업사, 서울.

李弼秀(1922), 『鮮文通解』, 漢城圖書(株), 京城.

______(1923), 『졍음문젼』, 조선 졍음부활회, 京城.

이홍배(1966): "한국어의 변형문법(A Transformational Grammar of Korean)", 『어

학연구』, 2-2.
______(1970), *A Study of Korean Syntax: Performative, Complementation, Negation, and Causation,* 범한서적주식회사, 서울.
______(1971a), "이행소(履行素-Performative)와 국어변형문법-1", 『한글』, 제147호.
______(1971b), "The Category of Mood in Korean Transformational Grammar", 『어학연구』(서울대 어학연구소), 7-1.
______(1972), "한국어 통사론 연구(A Study of Korean Syntax)", 미국 브라운대학 박사논문.
이희승(1931a), "朝鮮語 때의 助動詞에 對한 管見", 『新興』, 4-5호.
______(1931b), "人代名詞小話", 『朝鮮語文學會報』, 1호.
______(1949), 『초급 국어문법』, 서울.
______(1955): 『국어학개설』, 민중서관, 서울.
______(1959~1961), "조선어학회사건 회상록", 『사상계』 7-7~9-6.
______ 편저(1961), 『국어대사전』, 민중서관. 서울.
임혜순 역(1999), 『언어학파의 형성과 발달』, 대우학술총서 번역435, 아크넷, 서울.
임홍빈(1974): "명사화의 의미특성에 대하여", 『국어학』, 제2호.
______(1976), "부사화의 대상성", 『국어학』, 제4호.
______(1979), "용언의 어근분리현상에 대하여", 『언어』, 제4-2.
______(1989), "통사적 파생에 대하여", 『어학연구』, 제25-1.
______(1994); "북한의 언어학", 장석진 편(1994).
______(1997); 『북한의 문법론 연구』, 한국문화사, 서울.
______(2006); "한글은 누가 만들었나: 한글 창제자와 훈민정음 대표자", 『국어학논총』(이병근선생 퇴임기념), 태학사, pp. 1347~1395.
______(2008), "訓民正音의 몇 가지 問題", 한국학중앙연구원 主催 '八思巴文字와 訓民正音' 國際學術會議 자료집.
______(2012), 千田俊太郎 역 "訓民正音創製者と音價表示の代表字に關する問題", 『朝鮮學報』, 제222집, 뒤에서 1~51.
______(2013), "正音 創制와 관련된 몇 가지 問題", 훈민정음학회: 『2013년 훈민정음학회 제2회 전국학술대회 발표논문집』, pp.1~39, 일시: 2013년 5월 11일, 장소: 서울대학교 규장각국학연구소 지하 강당.
임환재(1984), 『言語學史』, 經文社, 서울 Helbig(1970)의 한국어 번역.
張景俊(2021), "韓國の漢文訓讀(釋讀)", 金文京 編(2021:142~156).
張東翼(2000), 『宋代歷史資料集錄』, 서울대출판부, 서울.
장석진(1972a), "Some Remarks on Mixed Modality and Sentence Types", 『영어영문학』, 44:95~110.
______(1972b), "Deixis(指示素)의 생성적 고찰(A Generative Study of Deixis)",

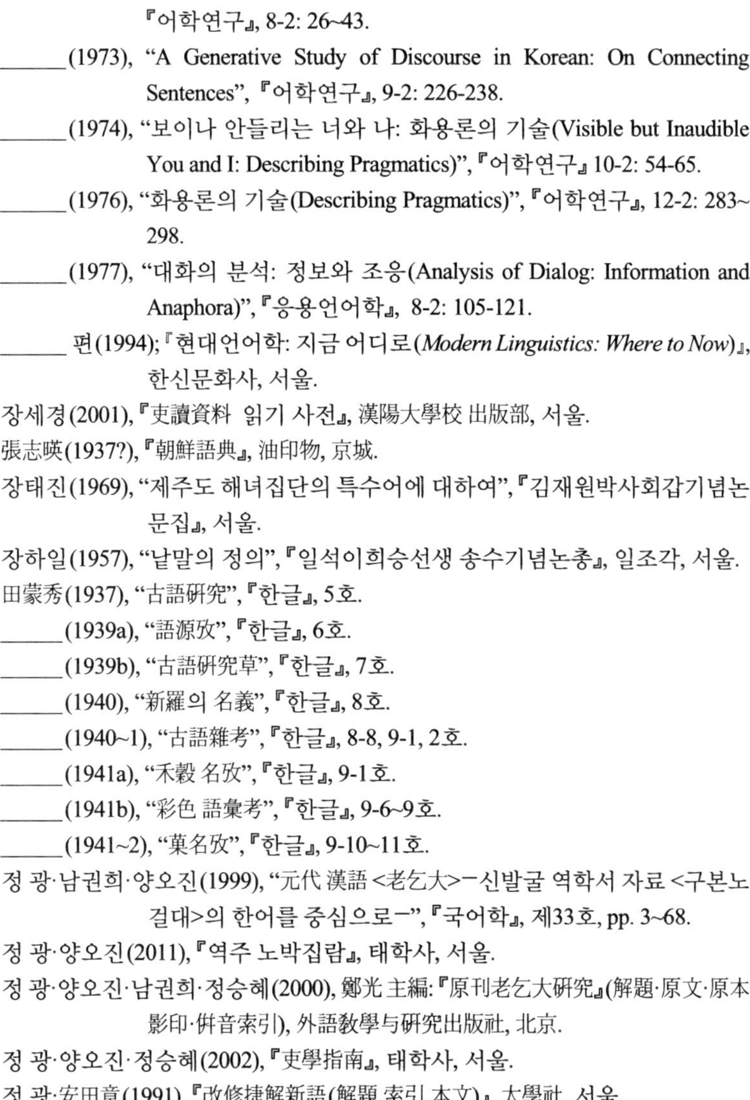

『어학연구』, 8-2: 26~43.

______(1973), "A Generative Study of Discourse in Korean: On Connecting Sentences", 『어학연구』, 9-2: 226-238.

______(1974), "보이나 안들리는 너와 나: 화용론의 기술(Visible but Inaudible You and I: Describing Pragmatics)", 『어학연구』 10-2: 54-65.

______(1976), "화용론의 기술(Describing Pragmatics)", 『어학연구』, 12-2: 283~298.

______(1977), "대화의 분석: 정보와 조응(Analysis of Dialog: Information and Anaphora)", 『응용언어학』, 8-2: 105-121.

______ 편(1994); 『현대언어학: 지금 어디로(*Modern Linguistics: Where to Now*)』, 한신문화사, 서울.

장세경(2001), 『吏讀資料 읽기 사전』, 漢陽大學校 出版部, 서울.

張志暎(1937?), 『朝鮮語典』, 油印物, 京城.

장태진(1969), "제주도 해녀집단의 특수어에 대하여", 『김재원박사회갑기념논문집』, 서울.

장하일(1957), "낱말의 정의", 『일석이희승선생 송수기념논총』, 일조각, 서울.

田蒙秀(1937), "古語硏究", 『한글』, 5호.

______(1939a), "語源攷", 『한글』, 6호.

______(1939b), "古語硏究草", 『한글』, 7호.

______(1940), "新羅의 名義", 『한글』, 8호.

______(1940~1), "古語雜考", 『한글』, 8-8, 9-1, 2호.

______(1941a), "禾穀 名攷", 『한글』, 9-1호.

______(1941b), "彩色 語彙考", 『한글』, 9-6~9호.

______(1941~2), "菓名攷", 『한글』, 9-10~11호.

정 광·남권희·양오진(1999), "元代 漢語 <老乞大>-신발굴 역학서 자료 <구본노걸대>의 한어를 중심으로-", 『국어학』, 제33호, pp. 3~68.

정 광·양오진(2011), 『역주 노박집람』, 태학사, 서울.

정 광·양오진·남권희·정승혜(2000), 鄭光 主編: 『原刊老乞大硏究』(解題·原文·原本影印·倂音索引), 外語教學与硏究出版社, 北京.

정 광·양오진·정승혜(2002), 『吏學指南』, 태학사, 서울.

정 광·安田章(1991), 『改修捷解新語(解題.索引.本文)』, 太學社, 서울.

정 광·윤세영(1998), 『司譯院 譯學書 冊板 硏究』, 고려대학교 출판부, 서울.

정 광 외(1999), 남권희, 양오진: "元代 漢語 <老乞大>-발굴 역학서 자료 <구본노걸대>의 한어를 중심으로-", 『국어학』제33호, pp. 3~68.

정 광 외(2002a), 『原本老乞大』(解題.原文.原本影印.倂音索引), 鄭光 主編, 編者 梁伍鎭·鄭丞惠, 外語教學与硏究出版社, 北京.

정 광 외(2002b), 정광·정승혜·양오진 공역,『吏學指南』, 태학사, 서울.
정 광 외(2006), 정광 외 19인,『역학서와 국어사 연구』, 태학사, 서울.
정 광 외(2015), 정광·Alexander Vovin·Martine Robbeets·홍재성·목정수·박진호 공저:『한국어의 좌표 찾기－계통론과 유형론을 넘어서－』, 역락, 서울. Chung ed. (2015).
정 광 외(2017), 정광·劉鳳翥·張少珊·吉田 豊·Г. Эрэгзэн · Василий Соенов 공저.『유라시아 문명과 알타이』(가천대학교 아시아문화연구소 아시아 학술연구총서 10), 역락, 서울
정 광·허승철 역(2004), "뽈리봐노프의 한국어와 알타이제어의 친족 관계",『한국어학』(한국어학회) 제24호 pp. 355~378.
"Е. Д. Поливанов, "К вопросу о родственных отношениях Корйског и 'Алтайких' языков", *Izvestija Akademii nauk SSSR*(Series VI, Vol.XXI, Nos. 15~17, Leningrad의 번역.
정 광·本鄕照夫 공편(2006a),『朝鮮吏讀辭典』, ペン·インタプライス, 東京.
鄭 喬(1908), "漢文과 國文의 辨別",『大東學會月報』, 4호(1908년 4월).
정 국(1980), "성조의 기능론적 분석",『어학연구』, 16-2.
丁奎昶(1938~9), "朝鮮語 바팀의 本質",『批判』, 6-9, 7-7호.
정다함(2008), "朝鮮前期 兩班 雜學兼修官 硏究", 고려대 박사학위논문.
______(2009), "麗末鮮初의 동아시아 질서와 조선에서의 漢語, 漢吏文, 訓民正音",『한국사학보』, 제36호, pp. 269~303.
鄭東愈(1806),『晝永編』, 4권 4책, 제2권에 훈민정음에 관하여 논술함.
정연찬(1960), "15세기 국어의 Tone에 대한 연구",『국어연구』, 제8호.
______(1972),『洪武正韻譯訓의 硏究』, 일조각, 서울.
______(1976),『국어 성조에 관한 연구』, 일조각, 서울.
鄭烈模(1926), "正音頒布八回甲을 當하야",『新民』, 13(1926.5).
______(1927~8), "朝鮮語文法論",『한글』, 1-3(1927.4), 2-2(1928.10).
______(1946),『新編高等國語文法』, 고려서적주식회사, 서울.
______(1948).『高級國語文法讀本』, 고려서적주식회사, 서울.
鄭寅普(1947),『朝鮮史硏究』, 서울신문사, 서울.
______(1955),『薝園國學散稿』, 文敎社, 서울.
鄭寅承(1937), "'ㅣ'의 逆行同化問題, 그 原理와 處理方法",『한글』, 5-1호.
______(1938), "母音 相對法則과 子音 加勢法則",『한글』, 6-9호.
______(1940), "古本訓民正音의 硏究",『文章』, 2-10호.
______(1949),『중등 조선말본』, 서울.
정정덕(1982), "합성명사의 의미론적 연구",『한글』, 제175호.
정 철(1954), "原本訓民正音의 保存經緯에 대하여",『국어국문학』, 제9호.

조남호(1988), "현대국어의 파생접미사 연구", 『국어연구』, 제85호.

趙東卓(1939), "語源小考", 『正音』, 33호.

_____(1943), "新羅의 原義와 詞腦歌에 對하여", 『朝光』, 9-10호.

졸 고(1983), "빌렘 마테지우스의 機能構造言語學", 『덕성어문학』(덕성여대 국문과), 창간호, pp. 6~36.

_____(1984), :"捷解新語의 成立時期에 관 몇 문제", 『牧泉유창균박사환갑기념논문집』(대구: 형설출판사), pp. 623~640.

_____(1985), "<捷解新語>의 伊呂波와 <和漢名數>", 『덕성어문학』(덕성여대 국문과), 第2輯, pp. 36~54.

_____(1987a), "朝鮮朝 譯科 清學初試 答案紙에 대하여", 『韓國語學과 알타이語學』(于亭朴恩用博士回甲紀念論叢, 河陽: 曉星女大出版部), pp. 471~493.

_____(1987b), "朝鮮朝における譯科の蒙學とその蒙學書ー來甲午式年の譯科初試の蒙學試券を中心としてー", 『朝鮮學報』(日本朝鮮學會), 第124輯. pp. 49~82.

_____(1987c), "朝鮮朝譯科漢學과 漢學書ー英·正祖代 譯科漢學試券을 중심으로ー", 『震檀學報』, 제63호, pp. 33~72.

_____(1987d), "『倭語類解』의 成立과 問題點ー國立圖書館本과 金澤舊藏本과의 비교를 통하여ー", 『德成語文學』(덕성여대 국문학과), 第4輯, pp. 31~51.

_____(1988a), "薩摩苗代川伝來の朝鮮歌謠について", 『國語國文』(京都大學 文學部 國語學國文學會) 제57~6호, pp. 1~28.

_____(1988b), "譯科의 倭學과 倭學書ー朝鮮朝 英祖 丁卯式年試 譯科倭學 玄啓根試券을 중심으로ー", 『韓國學報』(一潮閣), 제50집, pp. 200~265.

_____(1989), "譯學書의 刊板에 대하여", 『周時経學報』(周時経硏究所), 제4집. pp. 104~113.

_____(1990a), "朝鮮朝の外國語教育と譯科倭學について", 『關西大學 東西學術硏究所紀要』(일본 關西大學 東西學術硏究所), 第23輯, pp. 57~84.

_____(1990b), "蒙學三書의 重刊에 대하여ー고려대학교 소장의 목판을 중심으로ー", 『大東文化硏究』(성균관대 대동문화연구원), 제25집. pp. 29~45.

_____(1990c), "捷解新語 解題", 영인본『原刊 木版本 捷解新語』(서울: 弘文閣), pp. 1~5.

_____(1991a), "倭學書 <伊路波>에 대하여", 『國語學의 새로운 認識과 展開』(서울대학교 대학원 국어연구회 편, 서울: 민음사), pp. 142~161.

_____(1991b), "朝鮮朝に於ける譯科清學と滿洲語の試驗答案紙に就いて", 畑中幸子·原山煌編 『東北アジアの歷史と社會』(名古屋: 名古屋大學 出版會), pp.47~72.

_____(1992a), "<通文館志>의 편찬과 異本의 간행에 대하여", 『德成語文學』(덕성

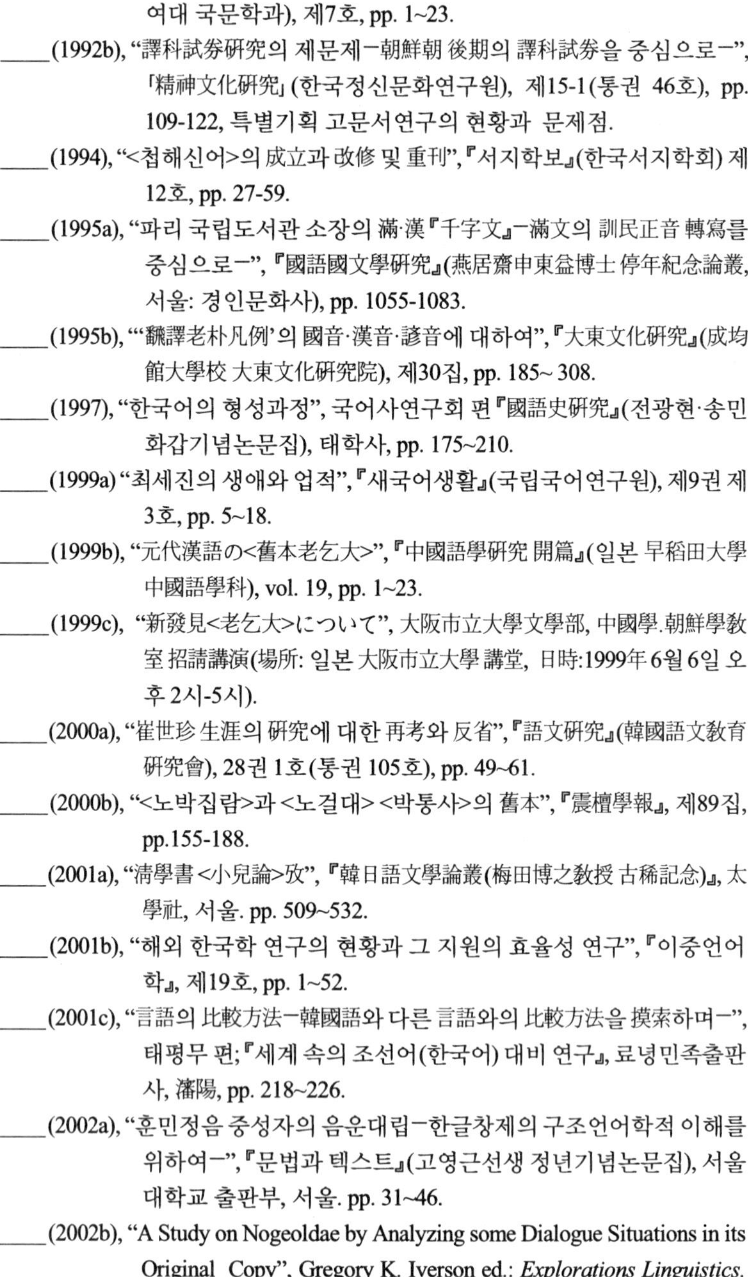

여대 국문학과), 제7호, pp. 1~23.

____(1992b), "譯科試劵研究의 제문제-朝鮮朝 後期의 譯科試劵을 중심으로-", 「精神文化研究」(한국정신문화연구원), 제15-1(통권 46호), pp. 109-122, 특별기획 고문서연구의 현황과 문제점.

____(1994), "<첩해신어>의 成立과 改修 및 重刊", 『서지학보』(한국서지학회) 제12호, pp. 27-59.

____(1995a), "파리 국립도서관 소장의 滿·漢『千字文』-滿文의 訓民正音 轉寫를 중심으로-", 『國語國文學研究』(燕居齋申東益博士 停年紀念論叢, 서울: 경인문화사), pp. 1055-1083.

____(1995b), "'飜譯老朴凡例'의 國音·漢音·諺音에 대하여", 『大東文化研究』(成均館大學校 大東文化研究院), 제30집, pp. 185~ 308.

____(1997), "한국어의 형성과정", 국어사연구회 편『國語史研究』(전광현·송민화갑기념논문집), 태학사, pp. 175~210.

____(1999a) "최세진의 생애와 업적", 『새국어생활』(국립국어연구원), 제9권 제3호, pp. 5~18.

____(1999b), "元代漢語の<舊本老乞大>", 『中國語學研究 開篇』(일본 早稲田大學 中國語學科), vol. 19, pp. 1~23.

____(1999c), "新發見<老乞大>について", 大阪市立大學文學部, 中國學.朝鮮學教室 招請講演(場所: 일본 大阪市立大學 講堂, 日時:1999年 6월 6일 오후 2시-5시).

____(2000a), "崔世珍 生涯의 研究에 대한 再考와 反省", 『語文研究』(韓國語文教育研究會), 28권 1호(통권 105호), pp. 49~61.

____(2000b), "<노박집람>과 <노걸대> <박통사>의 舊本", 『震檀學報』, 제89집, pp.155-188.

____(2001a), "淸學書 <小兒論>攷", 『韓日語文學論叢(梅田博之教授 古稀記念)』, 太學社, 서울. pp. 509~532.

____(2001b), "해외 한국학 연구의 현황과 그 지원의 효율성 연구", 『이중언어학』, 제19호, pp. 1~52.

____(2001c), "言語의 比較方法-韓國語와 다른 言語와의 比較方法을 摸索하며-", 태평무 편;『세계 속의 조선어(한국어) 대비 연구』, 료녕민족출판사, 瀋陽, pp. 218~226.

____(2002a), "훈민정음 중성자의 음운대립-한글창제의 구조언어학적 이해를 위하여-", 『문법과 텍스트』(고영근선생 정년기념논문집), 서울대학교 출판부, 서울. pp. 31~46.

____(2002b), "A Study on Nogeoldae by Analyzing some Dialogue Situations in its Original Copy", Gregory K. Iverson ed.: *Explorations Linguistics,*

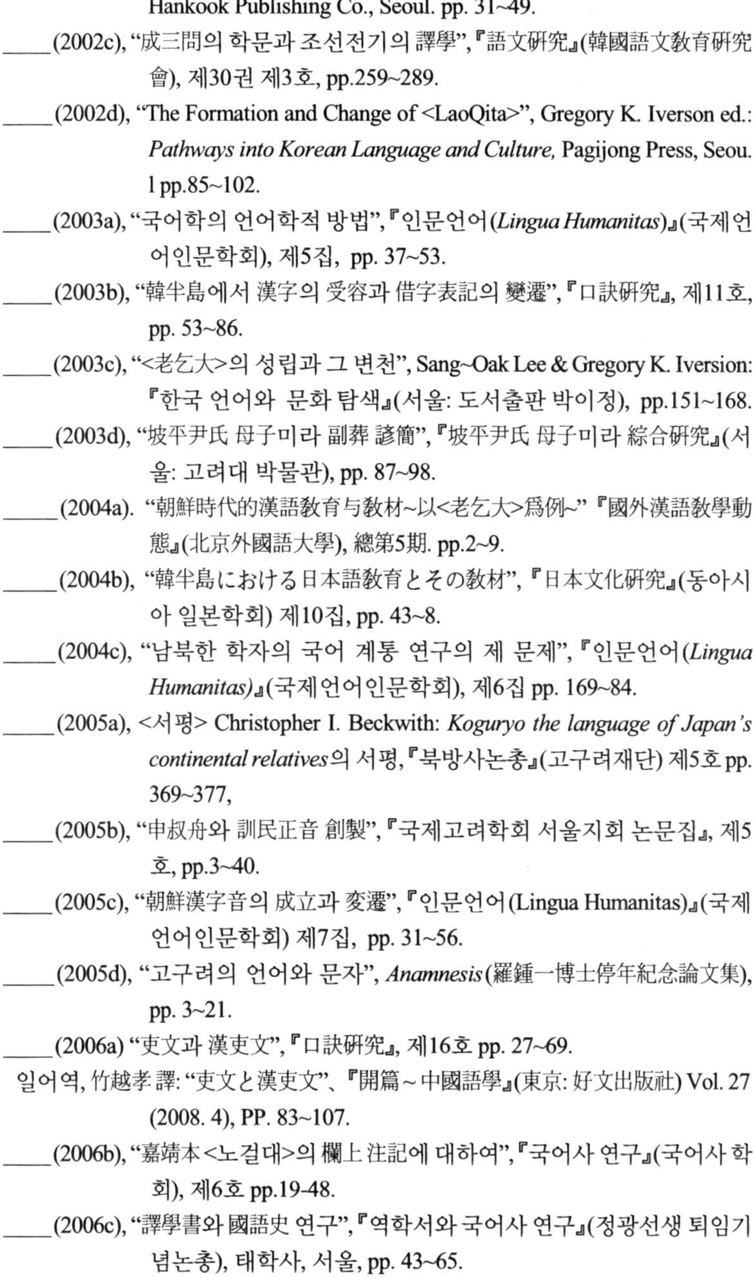

Hankook Publishing Co., Seoul. pp. 31~49.

____(2002c), "成三問의 학문과 조선전기의 譯學",『語文硏究』(韓國語文敎育硏究會), 제30권 제3호, pp.259~289.

____(2002d), "The Formation and Change of <LaoQita>", Gregory K. Iverson ed.: *Pathways into Korean Language and Culture,* Pagijong Press, Seou. l pp.85~102.

____(2003a), "국어학의 언어학적 방법",『인문언어(*Lingua Humanitas*)』(국제언어인문학회), 제5집, pp. 37~53.

____(2003b), "韓半島에서 漢字의 受容과 借字表記의 變遷",『口訣硏究』, 제11호, pp. 53~86.

____(2003c), "<老乞大>의 성립과 그 변천", Sang~Oak Lee & Gregory K. Iversion:『한국 언어와 문화 탐색』(서울: 도서출판 박이정), pp.151~168.

____(2003d), "坡平尹氏 母子미라 副葬 諺簡",『坡平尹氏 母子미라 綜合硏究』(서울: 고려대 박물관), pp. 87~98.

____(2004a). "朝鲜時代的漢語教育与教材~以<老乞大>爲例~"『國外漢語教學動態』(北京外國語大學), 總第5期. pp.2~9.

____(2004b), "韓半島における日本語教育とその教材",『日本文化硏究』(동아시아 일본학회) 제10집, pp. 43~8.

____(2004c), "남북한 학자의 국어 계통 연구의 제 문제",『인문언어(*Lingua Humanitas)*』(국제언어인문학회), 제6집 pp. 169~84.

____(2005a), <서평> Christopher I. Beckwith: *Koguryo the language of Japan's continental relatives*의 서평,『북방사논총』(고구려재단) 제5호 pp. 369~377,

____(2005b), "申叔舟와 訓民正音 創製",『국제고려학회 서울지회 논문집』, 제5호, pp.3~40.

____(2005c), "朝鮮漢字音의 成立과 变遷",『인문언어(Lingua Humanitas)』(국제언어인문학회) 제7집, pp. 31~56.

____(2005d), "고구려의 언어와 문자", *Anamnesis*(羅鍾一博士停年紀念論文集), pp. 3~21.

____(2006a) "吏文과 漢吏文",『口訣硏究』, 제16호 pp. 27~69.

일어역, 竹越孝 譯: "吏文と漢吏文"、『開篇～中國語學』(東京: 好文出版社) Vol. 27 (2008. 4), PP. 83~107.

____(2006b), "嘉靖本<노걸대>의 欄上 注記에 대하여",『국어사 연구』(국어사 학회), 제6호 pp.19-48.

____(2006c), "譯學書와 國語史 연구",『역학서와 국어사 연구』(정광선생 퇴임기념논총), 태학사, 서울, pp. 43~65.

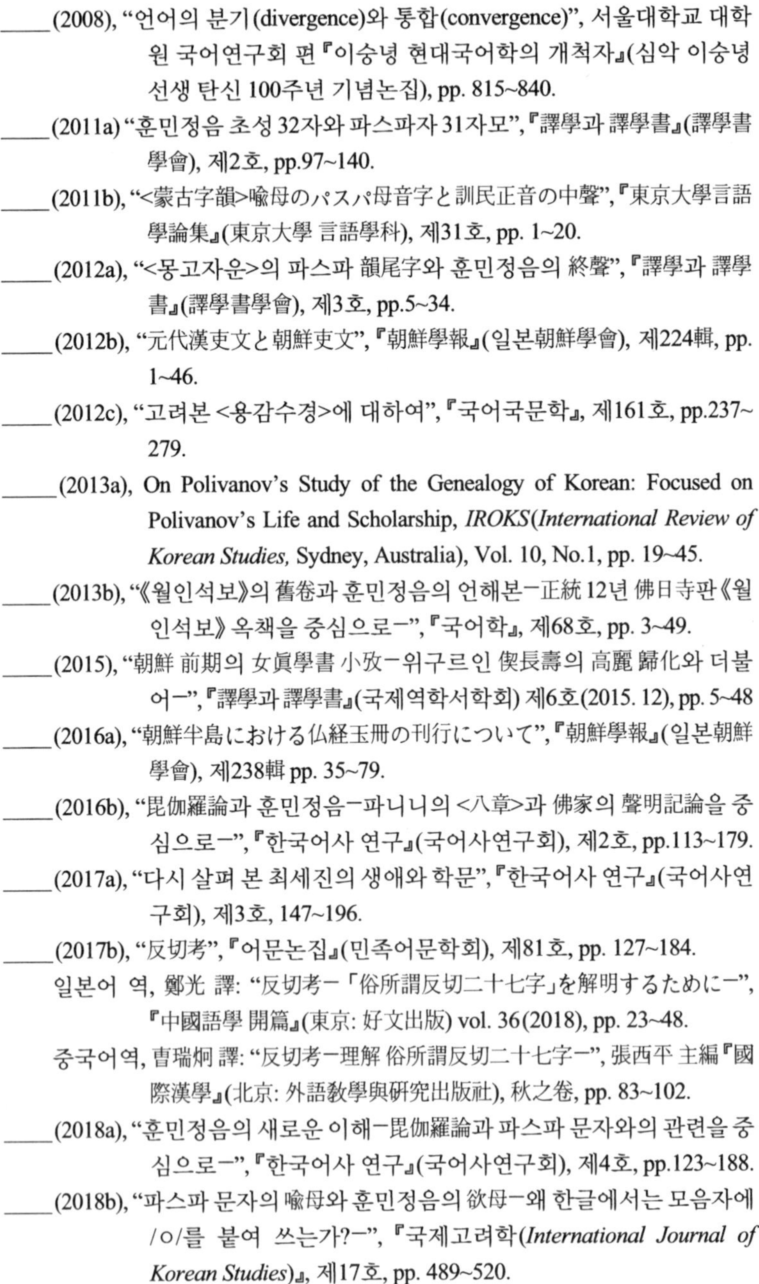

_____(2008), "언어의 분기(divergence)와 통합(convergence)", 서울대학교 대학원 국어연구회 편『이숭녕 현대국어학의 개척자』(심악 이숭녕 선생 탄신 100주년 기념논집), pp. 815~840.

_____(2011a) "훈민정음 초성 32자와 파스파자 31자모",『譯學과 譯學書』(譯學書學會), 제2호, pp.97~140.

_____(2011b), "<蒙古字韻>喩母のパスパ母音字と訓民正音の中聲",『東京大學言語學論集』(東京大學 言語學科), 제31호, pp. 1~20.

_____(2012a), "<몽고자운>의 파스파 韻尾字와 훈민정음의 終聲",『譯學과 譯學書』(譯學書學會), 제3호, pp.5~34.

_____(2012b), "元代漢吏文と朝鮮吏文",『朝鮮學報』(일본朝鮮學會), 제224輯, pp. 1~46.

_____(2012c), "고려본 <용감수경>에 대하여",『국어국문학』, 제161호, pp.237~279.

_____(2013a), On Polivanov's Study of the Genealogy of Korean: Focused on Polivanov's Life and Scholarship, *IROKS*(*International Review of Korean Studies,* Sydney, Australia), Vol. 10, No.1, pp. 19~45.

_____(2013b), "《월인석보》의 舊卷과 훈민정음의 언해본-正統 12년 佛日寺판《월인석보》옥책을 중심으로-",『국어학』, 제68호, pp. 3~49.

_____(2015), "朝鮮 前期의 女眞學書 小攷-위구르인 偰長壽의 高麗 歸化와 더불어-",『譯學과 譯學書』(국제역학서학회) 제6호(2015. 12), pp. 5~48

_____(2016a), "朝鮮半島における仏経玉冊の刊行について",『朝鮮學報』(일본朝鮮學會), 제238輯 pp. 35~79.

_____(2016b), "毘伽羅論과 훈민정음-파니니의 <八章>과 佛家의 聲明記論을 중심으로-",『한국어사 연구』(국어사연구회), 제2호, pp.113~179.

_____(2017a), "다시 살펴 본 최세진의 생애와 학문",『한국어사 연구』(국어사연구회), 제3호, 147~196.

_____(2017b), "反切考",『어문논집』(민족어문학회), 제81호, pp. 127~184.

일본어 역, 鄭光 譯: "反切考-「俗所謂反切二十七字」を解明するために-",『中國語學 開篇』(東京: 好文出版) vol. 36(2018), pp. 23~48.

중국어역, 曺瑞炯 譯: "反切考-理解 俗所謂反切二十七字-", 張西平 主編『國際漢學』(北京: 外語教學與研究出版社), 秋之卷, pp. 83~102.

_____(2018a), "훈민정음의 새로운 이해-毘伽羅論과 파스파 문자와의 관련을 중심으로-",『한국어사 연구』(국어사연구회), 제4호, pp.123~188.

_____(2018b), "파스파 문자의 喩母와 훈민정음의 欲母-왜 한글에서는 모음자에 /ㅇ/를 붙여 쓰는가?-",『국제고려학(*International Journal of Korean Studies*)』, 제17호, pp. 489~520.

____(2018c), “司譯院 譯學書의 諸 文字”, 『譯學과 譯學書』(國際譯學書學會), 제9호, pp. 5~56.

____(2019a), “한글~어떻게 제정되었는가? I” 『인문언어(*Lingua Humanitas*)』(국제언어인문학회) 제20권 2호, pp. 86~120.

____(2019b), “신미대사와 훈민정음”, 『한국어사 연구』(국어사연구회), 제5호, pp 135~196.

____(2019c), “한글~어떻게 제정되었나? II”, 『인문언어(*Lingua Humanitas*)』(국제언어인문학회), 제21권 1호, pp.86~131.

____(2019d), “한국어의 형성 과정”, 『국어사 연구 1』(서울: 태학사), PP. 64~127.

____(2020a), “훈민정음의 <언해본>-고려대도서관 육당문고 소장의 『훈민정음』을 중심으로-”, 『어문논집』(민족어문학회) 제88호, pp. 5~48.

____(2020b), “한글과 梵字”, 『국어학』, 제96집, pp. 59~107.

____(2021), “ハングルとパスパ文字”, 金文京 編(2021:77~89).

____(근간), “중국 북방민족의 표음문자 제정과 훈민정음 -한글 제정의 배경을 중심으로-”, 『한국어사 연구』(국어사연구회), 제7호.

졸 역(2006), 『고구려어-일본을 대륙과 연결시켜 주는 언어-』, 고구려연구재단, 서울.

Christpher I. Beckwith, 2004; Koguryo, *The language of Japan's Continental Relatives*. Leiden·Boston : Brill의 한국어 번역.

졸 저(1988a), 『諸本集成 倭語類解[解說.國語索引.本文影印]』, 태학사, 서울.

____(1988b), 『司譯院 倭學 硏究』, 太學社, 서울.

____(1990a), 『朝鮮朝 譯科 試券硏究』, 成均館大學校 大東文化硏究院, 서울.

____(1990b), 『薩摩苗代川傳來の朝鮮歌謠』, 일본 新村出記念財團後援, 京都, 한국어본 졸저(2020), 『朝鮮歌』, 김영사, 서울.

____(1998), 『駒澤大學 圖書館 所藏 淸語老乞大新釋』(解題.本文 影印.國語 索引), 太學社, 서울.

____(2002), 『譯學書 硏究』, J & C, 서울. 2003년 문화관광부 우수도서.

____(2004a), 『역주 原本老乞大』, 김영사, 서울.

____(2004b), 『四本對照 倭語類解』, 상·하, 제이앤씨, 서울.

____(2006a), 『훈민정음의 사람들』, 제이앤씨, 서울.

____(2006b), 『역주 번역노걸대와 노걸대언해』, 100대 한글문화 유산 45, 신구문화사, 서울.

____(2009), 『몽고자운 연구』, 박문사, 서울. 중문판(2013), 일문판(2015).

____(2010), 『역주 원본 노걸대』, 박문사, 서울. 2004년 김영사 판본의 수정본.

____(2011), 『삼국시대 한반도의 언어 연구』, 박문사, 2012년 학술원 우수도서.

____(2012), 『훈민정음과 파스파 문자』, 도서출판 역락, 서울.

____(2014),『조선시대의 외국어 교육』김영사, 서울. 2015년 학술원 우수도서. 일문판(2016).
____(2015),『한글의 발명』, 김영사, 서울. 2016년 세종도서 우수학술도서.
____(2017),『역학서의 세계 ~ 조선 사역원의 외국어 교재 연구 ~』, 박문사, 서울.
____(2019a),『증정 훈민정음의 사람들』, 박문사, 서울.
____(2019b),『동아시아 여러 문자와 한글』, 지식산업사, 서울 2020년 세종도서 우수학술도서.
____(2020),『조선가(朝鮮歌)』, 김영사, 서울. 졸저(1990b)의 한국어 번역본.
____(2021),『월인석보 옥책(玉冊) 연구』, 아카넷, 서울, 대우학술총서 631, 2020년 대우재단 출판지원.
졸편저(1988),『諸本集成 倭語類解』, 태학사, 서울.
______(2004),『四本對照 倭語類解 上,下』, 제이앤씨, 서울.
______(2007),『한국어와 일본어의 어휘 비교 I』, 제이앤씨, 서울. 김동소 외 14인 공편.
______(2008),『한국어와 알티어의 비교어휘』, 제이앤씨, 서울. 김동소 외 14인 공편.
周時經(1897), 쥬샹호, "국문론", <독닙신문>, 2호(1897년 4월), 4호(1897년 9월).
______(1906), 쥬시경,『大韓國語文法』, 油印, 漢城.
______(1907a), "국어와 국문의 필요",『西友』, 2호((1907년 1월).
______(1907b), "必尙自國文言", <皇城新聞>, 1907년 4월 1~6일자.
______(1908),『國語文典音學』, 博文書館, 京城.
______(1909),『國文硏究』, 國文硏究所, 京城. 油印.
______(1910),『國語文法』, 博文書館, 京城,(<주시경전서> 3).
______(1911),『조선어 문법』, 신구서림, 京城,(<주시경전서> 3).
______(1913),『조선어 문법』, 신구서림·박문서관, 京城.
______(1914),『말의 소리』, 신문관, 京城.
______(1992),『주시경전서』, 전6권, 탑출판사, 서울.
池錫永(1896), "국문론",『大朝鮮獨立協會報』, 제1호.
______(1905),『新訂國文』, 漢城.
______(1907), "大韓國文說",『大東自彊會月報』, 11호(1907년 5월), 13호(7월).
池憲英(1942), "朝鮮地名의 特性"『朝光』, 9-9호.
______(1943a), "英才遇賊에 對하여",『朝光』, 9-10호.
______(1943b), "鷄足山下 地名考",『朝光』, 9-9호.
______(1947),『鄕歌麗謠新釋』, 정음사, 서울.
채 완(1979), "명사화소 '-기'에 대하여"『국어학』, 제8호.
____(1986),『국어 어순의 연구』, 탑출판사, 서울.

채현식(1994), "국어 어휘부의 등재소에 관한 연구", 『국어연구』, 제120호.
崔光玉(1908). 『大韓文典』, 勉學會, 安岳.
최학근(1959), "G. J. Ramstedt씨의 한국어 어원 연구", 『한글』, 125호.
______(1960), "語源硏究方法論小攷", 『한글』, 제127호.
______(1988), 『韓國語 系統論에 關한 硏究』, 明文堂. 서울.
崔鉉培(1927), "우리 한글의 世界文字上의 地位", 『한글』, 1호.
______(1928), "朝鮮文字史論", 『現代評論』, 10호.
______(1929), 『우리말본 첫째 매』, 延禧專門學校출판부, 京城.
______(1930), "조선어 품사분류론", 『朝鮮語硏究』, 延禧專門學校 出版部, 京城.
______(1934a), "한글 맞춤법 통일안 해설(제3장 문법에 관한 것)", 『한글』, 제2권 8호.
______(1934b), 『중등조선말본』, 東光堂書店, 京城.
______(1937), 『우리말본』, 延禧專門學校出版部, 京城; 서울:정음사(1975, 다섯 번째 펴냄).
______(1942), 『한글갈』, 京城.
하치근(1987), "조어론의 연구경향에 대하여", 『부산한글』, 제4호.
______(1989), 『국어파생형태론』, 남명문화사, 부산.
學部國文硏究所(1907~8), 『國文硏究案』, 油印, 1909년 필사본.
韓昇昆(1908), 『國文綴字捷徑』, 평양.
韓右劤 他(1986), 『譯註 經國大典 註釋篇』, 韓國精神文化硏究院 人文硏究室, 서울.
韓興敎(1907), "國文과 漢文의 關係", 『大韓留學生會報』, 1호(1907년 3월).
許永鎬(1931), "梵巴兩語의 發音法에서 본 朝鮮語發音法에 關한 一考察", 『佛敎』, 80~84호.
허 웅(1955a), "방점연구－경상도방언성조와의 비교－", 『동방학지』, 제2집
_____(1955b), 『龍飛御天歌』, 정음사, 서울.
_____(1958), 『국어음운론』, 정음사, 서울.
_____(1963), 『언어학개론』, 정음사, 서울.
_____(1964), "치음고(齒音攷)", 『국어국문학』, 27.
_____(1966a), "서기 15세기 국어를 대상으로 한 조어법 서술방법과 몇가지 문젯점", 『동아문화』, 제6호.
_____(1966b), "서기 15세기 국어의 비통사적 합성어", 『아세아학보』, 제2호.
_____(1969), 『옛 말본』, 과학사. 서울.
_____(1958), 『국어음운론>, 정음사, 서울.
_____(1975), 『우리 옛말본』, 샘문화사, 서울.
허 웅·이강로(1999), 『주해 월인천강지곡 상』, 신구문화사, 서울.
洪起文(1927), "朝鮮文典要領", 『現代評論』, 1-5, 1-6, 京城.

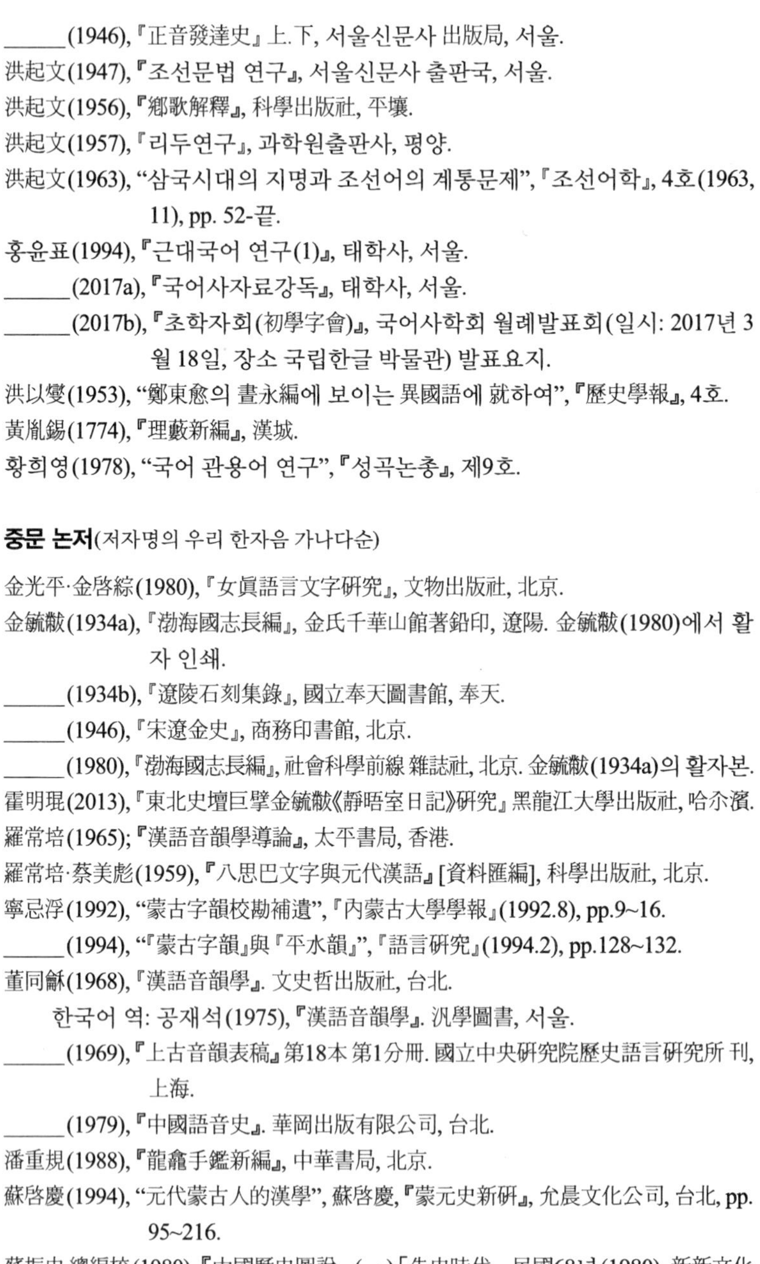

______(1946),『正音發達史』上.下, 서울신문사 出版局, 서울.
洪起文(1947),『조선문법 연구』, 서울신문사 출판국, 서울.
洪起文(1956),『鄕歌解釋』, 科學出版社, 平壤.
洪起文(1957),『리두연구』, 과학원출판사, 평양.
洪起文(1963), "삼국시대의 지명과 조선어의 계통문제",『조선어학』, 4호(1963, 11), pp. 52-끝.
홍윤표(1994),『근대국어 연구(1)』, 태학사, 서울.
______(2017a),『국어사자료강독』, 태학사, 서울.
______(2017b),『초학자회(初學字會)』, 국어사학회 월례발표회(일시: 2017년 3월 18일, 장소 국립한글 박물관) 발표요지.
洪以燮(1953), "鄭東愈의 晝永編에 보이는 異國語에 就하여",『歷史學報』, 4호.
黃胤錫(1774),『理藪新編』, 漢城.
황희영(1978), "국어 관용어 연구",『성곡논총』, 제9호.

중문 논저(저자명의 우리 한자음 가나다순)

金光平·金啓綜(1980),『女眞語言文字硏究』, 文物出版社, 北京.
金毓黻(1934a),『渤海國志長編』, 金氏千華山館著鉛印, 遼陽. 金毓黻(1980)에서 활자 인쇄.
______(1934b),『遼陵石刻集錄』, 國立奉天圖書館, 奉天.
______(1946),『宋遼金史』, 商務印書館, 北京.
______(1980),『渤海國志長編』, 社會科學前線 雜誌社, 北京. 金毓黻(1934a)의 활자본.
霍明琨(2013),『東北史壇巨擘金毓黻《靜晤室日記》硏究』黑龍江大學出版社, 哈尒濱.
羅常培(1965);『漢語音韻學導論』, 太平書局, 香港.
羅常培·蔡美彪(1959),『八思巴文字與元代漢語』[資料匯編], 科學出版社, 北京.
寧忌浮(1992), "蒙古字韻校勘補遺",『內蒙古大學學報』(1992.8), pp.9~16.
______(1994), "『蒙古字韻』與『平水韻』",『語言硏究』(1994.2), pp.128~132.
董同龢(1968),『漢語音韻學』. 文史哲出版社, 台北.
　한국어 역: 공재석(1975),『漢語音韻學』. 汎學圖書, 서울.
______(1969),『上古音韻表稿』第18本 第1分冊. 國立中央硏究院歷史語言硏究所 刊, 上海.
______(1979),『中國語音史』. 華岡出版有限公司, 台北.
潘重規(1988),『龍龕手鑑新編』, 中華書局, 北京.
蘇啓慶(1994), "元代蒙古人的漢學", 蘇啓慶,『蒙元史新硏』, 允晨文化公司, 台北, pp. 95~216.
蘇振申 總編校(1980),『中國歷史圖說』,(一)「先史時代」, 民國68년(1980), 新新文化

出版社有限公司, 台北.
林　燾(1987). “北京官話溯源”,『中國語文』(中國語文雜志社, 北京), 1987-3, pp.161~169.
呂叔湘(1985),『近代漢語指代詞』, 學林出版社, 上海.
______(1987), “朴通事里的指代詞”,『中國語文』(中國語文雜誌社), 1987-6, 北京.
余志鴻(1983), “元代漢語中的後置詞 ‘行’”,『語文硏究』1983~3, 北京. pp.1~10.
______(1988), “蒙古秘史的特殊語法”,『語文硏究』1988~1, 北京.
______(1992), “元代漢語的後置詞系統”,『民族語文』1992~3, 北京.
王　力(1958),『漢語史稿』, 科學出版社, 北京.
_____(1985),『漢語語音史』, 社會科學出版社, 北京.
魏國忠.朱國沈.郝慶云(2006),『渤海國史』, 동북아역사재단 번역본, 동북아역사재단, 서울.
李强(1982), “論渤海文字”,『學習與探索』, 1982년 제5기, pp. 119~130.
李德啓(1931), “滿洲文字之起源及其演變”,『國立北平圖書館刊』5卷 6期(民國 20년 11~12월), 뒤에서 pp.1~18, 도표 16.
李得春(1988), “『四聲通解』今俗音初探”,『民族語文』1988~5, 北京. pp.29~41.
蔣紹愚(1994),『近代漢語硏究概況』, 北京大學出版社, 北京.
張帆(2002), “金朝路制再檢討－兼論其在元朝的演變－”,『燕京學報』(燕京硏究院), 2002~12, pp. 99~122.
江愼修·孫國中(1989), 點校『河洛精蘊』, 學苑出版社, 北京.
鄭再發(1965),『蒙古字韻跟跟八思巴字有關的韻書』, 臺灣大學文學院文史叢刊之十五, 台北.
鄭賢章(2004),『龍龕手鏡硏究』, 湖南師範大學出版會, 長沙.
照那斯圖(1981),『八思巴字百家姓校勘』, 中國社會科學院出版社, 北京.
________(1988), “有關八思巴字母ė的几个問題”,『民族語文』, 1988~1, 北京. pp.1~17. 이 논문은 1987년 9월 25일에 열린 내몽고대학 국제학술토론회에서 발표한 논문이다.
________(2001), “<訓民正音>的借字方法”,『民族語文』(社會科學院民族硏究所), 第3期, pp. 336~343.
________(2003),『新編 元代八思巴字 百家姓』, 文物出版社, 北京.
________(2008), “訓民正音基字與八思巴的關係”,『훈민정음과 파스파문자 국제학술 Workshop』(International Workshop on Hunminjeongeum and hPags~pa script), pp. 39~44.
照那斯圖·宣德五(2001a), “訓民正音和八思巴字的關係探究－正音字母來源揭示－”,『民族語文』(중국社會科學院 民族硏究所), 第3期, pp.9~26.
______________(2001b), “<訓民正音>的借字方法”,『民族語文』(社會科學院 民族研究所), 第3期, pp.336~343.
照那斯圖·薛磊(2011),『元國書官印匯釋』(中國蒙古學文庫), 遼寧民族出版社, 沈陽.
照那斯圖·楊耐思(1984), "八思巴字研究", 『中國民族古文字研究』(中國民族古文字研究會), pp.374~ 392.
______________(1987),『蒙古字韻校本』, 民族出版社, 北京.
周法高(1973),『漢字古今音彙』, 香港 中文大學, 香港.
周有光(1989), "漢字文化圈的文字演變",『民族語文』(民族硏究所), 1989~1(1989年第1期) pp.37~55.
陳慶英(1999), "漢文'西藏'一詞的來歷簡說'",『燕京學報』(燕京硏究院, 北京大學出版社) 新六期(1999년 5월) pp. 129~139.
陳乃雄(1988), "契丹學研究述略",『西田龍雄還曆記念東アジアの言語と歷史』, 松香堂, 京都,
陳　垣(1928), "史諱擧例",『燕京大學 燕京學報』(燕京大學燕京學報編輯委員會), 第4期(民國17年 12月), pp.537~652,
______(1928),『史諱擧例』, 燕京大學燕京學報編輯會, 北京.
이것은『燕京學報』第4期(民國17年 12月) pp.537~651을 단행본으로 한 것임.
______(1996), "元西域人華化考", 劉夢溪 編,『中國現代學術經典·陳垣卷』, 河北敎育出版社, 石家莊.
淸格爾泰(1997), "關於契丹文字的特點",『아시아 諸民族의 文字』(口訣學會 編), 태학사, 서울.
淸格爾泰 外(1985), 淸格爾泰·劉風翥·陳乃雄·于寶林·邢夏禮:『契丹小字研究』, 中國社會科學出版社, 北京.
洪金富(1990),『元代蒙古語文的敎與學』, 蒙藏委員會, 台北.
黃征(2005),『敦煌俗字典』, 上海敎育出版社, 上海.

일문 논저(저자명의 五十音圖 순)

赤峰瀨一郞(1892),『日韓英三國對話』, 大阪.
鮎貝房之進(1931a), "新羅王位號及び追封王號に就いて",『雜攷』, 1輯, 京城.
__________(1931b), "日本の韓、新羅、任那、百濟、高麗、漢、秦等の古訓に就いて",『雜攷』, 2輯 上,下.
__________(1934), "俗文攷", 『雜攷』, 6輯 上,下.
__________(1937), "<日本書紀> 朝鮮地名考",『雜攷』, 7輯 上,下.
有坂秀世(1936), "漢字の朝鮮音について",『方言』(日本方言學會), 第10号(4·5月号).
________(1957),『國語音韻史の研究』, 東京.
池上二良(1950), "滿洲語の諺文文獻に關する一報告",『東洋學報』(東洋文庫內東洋

學術協會) 제33~2호, 이 논문은 池上二良(1999)에 재록됨.

_______(1954), "滿洲語の諺文文獻に關する一報告(継續)",『東洋學報』(東洋文庫內東洋學術協會), 제37호, 이 논문은 池上二良(1999)에 재록됨.

_______(1963), "ふたたび滿洲語の諺文文獻について",『朝鮮學報』(일본 朝鮮學會) 제26호. 이것은 池上二良(1999)에 재록됨.

_______(1999),『滿洲語硏究』, 汲古書院, 東京.

石川 謙(1949),『古往來についての硏究』, 講談社, 東京.

______(1950),『庭訓往來についての硏究ー教科書の取扱方から見た學習方法の發達ー』, 金子書房, 東京.

______(1960),『寺子屋ー庶民教育機關ー』, 至文堂. 東京.

石川 謙·石川松太郎(1967~1974),『日本教科書大系』, 講談社, 東京.

石川松太郎(1978),『藩校と寺子屋』, 教育社, 東京.

泉井久之助(1968),『ヨーロッパの言語』, 岩波新書 699, 東京.

磯谷 孝(1973), "ヤコブソンの藝術記號論",『現代思想』(青土社) 1973年 11月號.

入矢義高(1973), 陶山信男:『朴通事諺解 · 老乞大諺解語彙索引』序, 采華書林. 台北.

江田俊雄(1929),『鄕札及び吏讀の硏究』, 京城帝國大學 文學部 紀要 第一, 京城帝大, 京城.

_______(1935), "三韻通考及び增補三韻通考に就いて",『藤岡博士公的記念言語學論文集』, 京城.

_______(1934), "朝鮮語譯佛典に就いて",『青丘學叢』(青丘學會), 第15號(昭和 9年 2月號), 江田俊雄(1977)에 재록.

_______(1936a), "釋譜詳節と月印千江之曲と月印釋譜",『朝鮮』(朝鮮總督府), 第255號(昭和11년 9月2日號), 江田俊雄(1977)에 재록.

_______(1936b), "李朝刊經都監と其の刊行佛典",『朝鮮之圖書館』, 第5卷 第5號(昭和 11年 10月號). 江田俊雄(1977)에 재록.

_______(1977), 國書刊行會編『朝鮮佛教史の硏究』, 昭和 52(1977), 東京.

遠藤光孝(1994), "『四聲通解』所據資料編纂過程",『論集』(青山學院大學),제35호 pp.117~126.

太田辰夫(1953), "老乞大の言語について",『中國語學硏究會論集』第1号.

_______(1954), "漢兒言語について",『神戶外大論叢』, 5-3.

_______(1987),『中國語歷史文法』中文版(日文原版：1958), 北京大學出版社, 北京.

_______(1991),『漢語史通考』中文版(日文原版：1988), 重慶出版社, 重慶.

太田辰夫 · 佐藤晴彦(1996),『元版孝經直解』, 汲古書院, 東京.

大槻文彦(1889~91),『言海』, 東京.

_______(1897),『廣日本文典』, 東京.

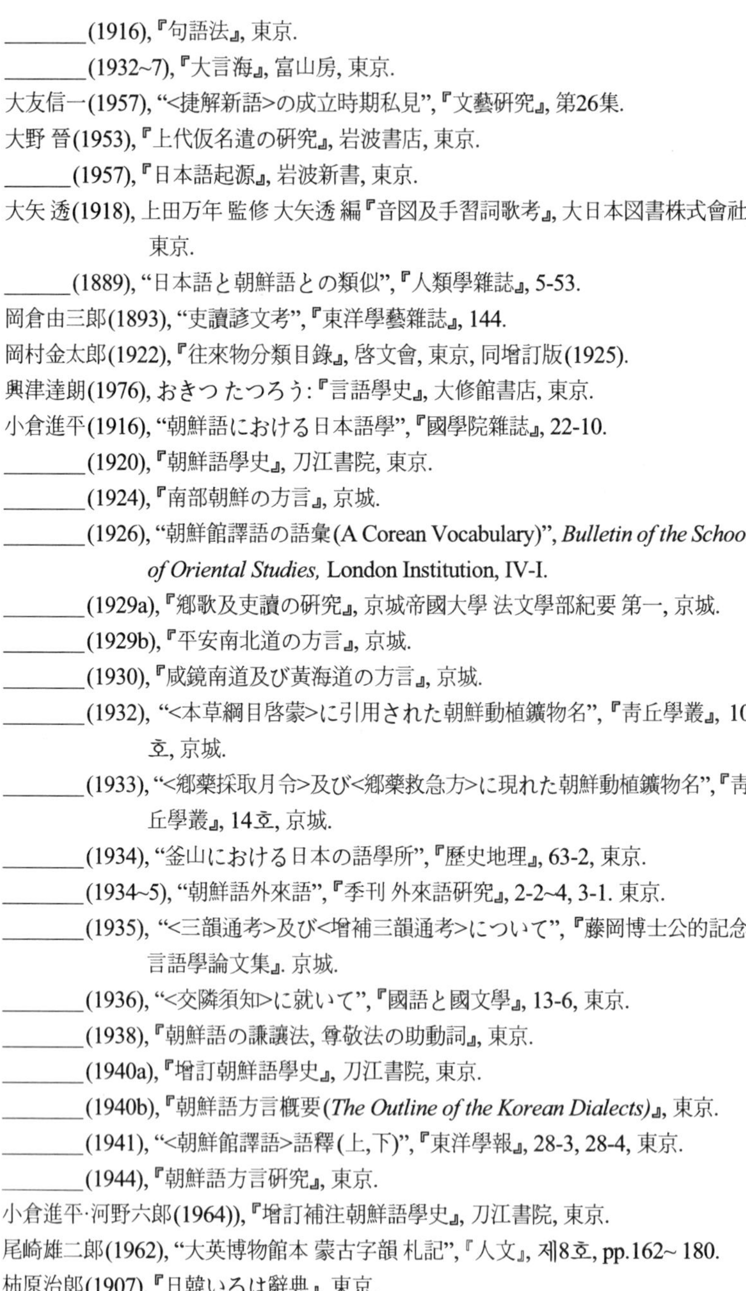

_______(1916),『句語法』, 東京.

_______(1932~7),『大言海』, 富山房, 東京.

大友信一(1957), "<捷解新語>の成立時期私見",『文藝研究』, 第26集.

大野 晉(1953),『上代仮名遣の研究』, 岩波書店, 東京.

______(1957),『日本語起源』, 岩波新書, 東京.

大矢 透(1918), 上田万年 監修 大矢透 編『音図及手習詞歌考』, 大日本図書株式會社, 東京.

______(1889), "日本語と朝鮮語との類似",『人類學雜誌』, 5-53.

岡倉由三郎(1893), "吏讀諺文考",『東洋學藝雜誌』, 144.

岡村金太郎(1922),『往來物分類目錄』, 啓文會, 東京, 同增訂版(1925).

輿津達朗(1976), おきつ たつろう:『言語學史』, 大修館書店, 東京.

小倉進平(1916), "朝鮮語における日本語學",『國學院雜誌』, 22-10.

_______(1920),『朝鮮語學史』, 刀江書院, 東京.

_______(1924),『南部朝鮮の方言』, 京城.

_______(1926), "朝鮮館譯語の語彙(A Corean Vocabulary)", *Bulletin of the School of Oriental Studies,* London Institution, IV-I.

_______(1929a),『鄕歌及吏讀の硏究』, 京城帝國大學 法文學部紀要 第一, 京城.

_______(1929b),『平安南北道の方言』, 京城.

_______(1930),『咸鏡南道及び黃海道の方言』, 京城.

_______(1932), "<本草綱目啓蒙>に引用された朝鮮動植鑛物名",『靑丘學叢』, 10호, 京城.

_______(1933), "<鄕藥採取月令>及び<鄕藥救急方>に現れた朝鮮動植鑛物名",『靑丘學叢』, 14호, 京城.

_______(1934), "釜山における日本の語學所",『歷史地理』, 63-2, 東京.

_______(1934~5), "朝鮮語外來語",『季刊 外來語硏究』, 2-2~4, 3-1. 東京.

_______(1935), "<三韻通考>及び<增補三韻通考>について",『藤岡博士公的記念言語學論文集』. 京城.

_______(1936), "<交隣須知>に就いて",『國語と國文學』, 13-6, 東京.

_______(1938),『朝鮮語の謙讓法, 尊敬法の助動詞』, 東京.

_______(1940a),『增訂朝鮮語學史』, 刀江書院, 東京.

_______(1940b),『朝鮮語方言概要(*The Outline of the Korean Dialects)*』, 東京.

_______(1941), "<朝鮮館譯語>語釋(上,下)",『東洋學報』, 28-3, 28-4, 東京.

_______(1944),『朝鮮語方言硏究』, 東京.

小倉進平·河野六郎(1964)),『增訂補注朝鮮語學史』, 刀江書院, 東京.

尾崎雄二郎(1962), "大英博物館本 蒙古字韻 札記",『人文』, 제8호, pp.162~ 180.

柿原治郎(1907),『日韓いろは辭典』, 東京.

金澤庄三郎(1910),『日韓兩國語同系論』, 東京.

__________(1911),『日鮮古代地名の硏究』, 京城.

__________(1918), "吏讀硏究",『朝鮮學報』, 京城.

__________(1900), "諺文の起源について",『言語學雜誌』, 1-2.

__________(1902), "仮字の起源について",『言語學雜誌』, 3-3.

__________(1934),『新羅の片仮名』, 東京.

龜井 孝(1958), "捷解新語小考",『一橋論叢』, 第39卷 第1號.

龜井 孝·河野六郎·千野榮一(1988),『言語學大辭典』, 第1卷「世界言語編」上, 三省堂, 東京.

河內良弘 譯(1985), 趙展 "中國における滿洲學の復興について",『天理大學報』(天理大學), 第145輯.

川本茂雄 監修(1973) ,『ロマ~ン.ヤ~コブソン '一般言語學'』, みすず書房, 東京.

神田信夫(1965), "歐米現存の滿洲語文獻",『東洋學報』(東洋文庫內東洋學術協會), 제48호(pp. 222~247).

神原甚造(1925), "弘治五年活字版朝鮮本『伊路波』い就いて",『典籍之硏究』, 第3號.

岸田文隆(1988), "三譯總解の言語資料的価値について", 京都大學 大學院 言語學專攻 修士論文, 京都.

________(1994~5), "パリ國民図書館所藏の滿漢『千字文』について"(1·2),『富山大學人文學部紀要』(일본 富山大學), 제21·22집.

________(1995), "<資料影印> パリ國民図書館所藏の滿漢<千字文>について",『富山大學人文學部紀要』,(일본 富山大學), 제23집, pp. 113~132.

________(1997);『三譯總解の滿文にあらわれた特殊語形來源』, 國立亞非語言文化硏究所(東京外國語大學), 東京.

金文京(2007), "孔子的傳說ー<孔子項託相問書>考",『說話論集』(淸文堂出版), 第16集.

金文京 編(2021),『漢字を使った文化はどう廣がっていくのかー東アジアの漢字漢文文化圈ー』, 文學通信, 東京.

金文京 外(2002),『老乞大ー朝鮮中世の中國語會話讀本ー』, 金文京·玄幸子·佐藤晴彦 譯註, 鄭光 解說, 東洋文庫 699, 平凡社, 東京.

桑野 隆(1975), "ポードアン ド クルトネについて",『言語における思想性と技術性』, 朝日新聞社, 東京.

______(1978), "バフチーンの對話をめぐて",『未來』, 1978年 1月號, 2月號.

______(1979),『ソ連言語理論小史~ポードアン ド クルトネからロシア·フオルマリズムへ』, 三一書房, 東京.

______ 譯(1975),『シクロフスキ 他'レーニンの言語'』, 三一書房, 東京.

______ 譯(1976),『ヴォロシノフ·バフチ~ン 'マルクス主義と言語哲學'』, 未來社, 東京.

______ 譯(1979),『ソ連言語理論小史, ーボードアン·ド·クルトネからロシア·フォルマリズムへー』, 三一書房, 東京.

______ 譯(1989),『マルクス主義と言語哲學』, 未來社, 東京.

河野六郎(1940), "東國正韻及び洪武正韻について",『東洋學報』(일본 東洋文庫), 27권 4호.

________(1941a), "言語上より見た鮮滿關係",『朝鮮』, 313, 京城.

________(1941b), "內鮮語の親近性",『朝光』, 7-8,

________(1941c), "國語と朝鮮語の關係",『錄旗』, 6-10.

________(1945),『朝鮮方言學試攷』, 京城.

________(1952); "弘治五年 朝鮮版<伊路波>の諺文標記に就いてー朝鮮語史立場からー",『國語國文』(京都大國語學國文學科), 第 21卷 10號.

________(1959); "再び東國正韻について",『朝鮮學報』(日本朝鮮學會) 14호.

________(1964~1965): "朝鮮漢字音の硏究",『朝鮮學報』(일본 朝鮮學會), 第31～35號.

________(1968):『朝鮮漢字音の硏究』, 天理大學 出版部, 天理.

河野六郎·千野榮一·西田龍雄(1989) 編:『言語學 大辭典』上·中·下, 三省堂, 東京.

__________________________(2001) 編:『言語學 大辭典』別卷「世界文字辭典」, 三省堂, 東京.

小林芳規(1994), "敦煌の角筆文獻~大英圖書館藏 <觀音經> 加點~",『訓點語と訓點資料』(일본 訓點語學會).

________(2002), "韓國의 角筆點과 일본의 古訓點의 關係",『口訣硏究』(한국 구결학회), 제8집.

小林芳規·西村浩子(2001), "韓國遺存の角筆文獻調査報告",『訓點語と訓點資料』, 第107輯,

駒澤大學 圖書館(1987),『濯足文庫目錄』, 駒澤大學 圖書館, 東京.

近藤信一(1906),『韓語正規』, 東京.

櫻井義之(1956), "寶迫繁勝の朝鮮語學書ー附朝鮮語學書書目ー",『朝鮮學報』, 9호.

________(1974a), "日本人の朝鮮語學硏究(一)ー明治期における業績の解題ー",『韓』, 3-8.

________(1974b), "日本人の朝鮮語學硏究(二)ー明治期における業績の解題ー",『韓』, 3-12.

佐藤誠實(1890),『日本教育史』上·下, 文部省 總務局 圖書課, 東京. 同修訂版(1903)(全一冊), 大日本圖書, 東京. 仲新·酒井豊(1973), 同校正版, 平凡社, 東京.

佐藤純一(1972), "言語の '進化' と革命",『言語』, 1972年 9月號.

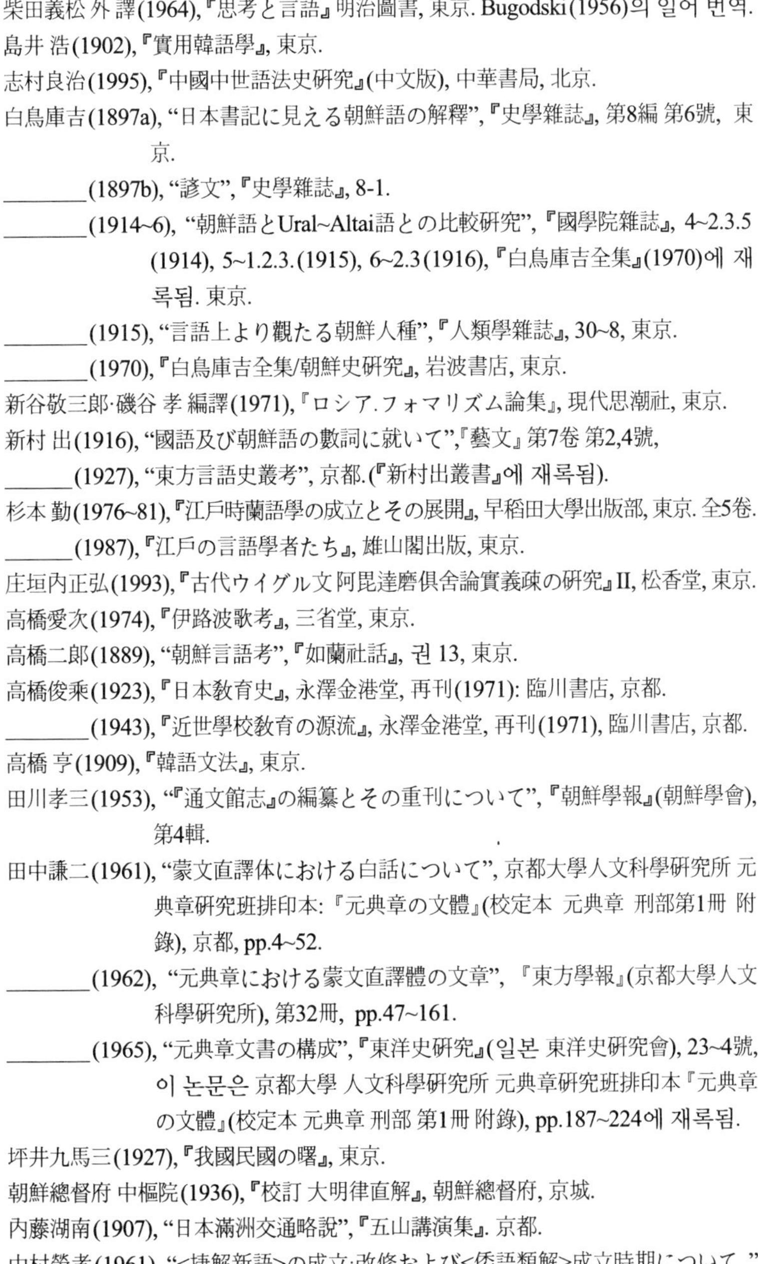

柴田義松 外 譯(1964),『思考と言語』明治圖書, 東京. Bugodski(1956)의 일어 번역.
島井 浩(1902),『實用韓語學』, 東京.
志村良治(1995),『中國中世語法史硏究』(中文版), 中華書局, 北京.
白鳥庫吉(1897a), "日本書記に見える朝鮮語の解釋",『史學雜誌』, 第8編 第6號, 東京.
________(1897b), "諺文",『史學雜誌』, 8-1.
________(1914~6), "朝鮮語とUral~Altai語との比較硏究",『國學院雜誌』, 4~2.3.5 (1914), 5~1.2.3.(1915), 6~2.3(1916),『白鳥庫吉全集』(1970)에 재록됨. 東京.
________(1915), "言語上より觀たる朝鮮人種",『人類學雜誌』, 30~8, 東京.
________(1970),『白鳥庫吉全集/朝鮮史硏究』, 岩波書店, 東京.
新谷敬三郎·磯谷 孝 編譯(1971),『ロシア.フォマリズム論集』, 現代思潮社, 東京.
新村 出(1916), "國語及び朝鮮語の數詞に就いて",『藝文』第7卷 第2,4號,
______(1927), "東方言語史叢考", 京都.(『新村出叢書』에 재록됨).
杉本 勤(1976~81),『江戶時蘭語學の成立とその展開』, 早稻田大學出版部, 東京. 全5卷.
______(1987),『江戶の言語學者たち』, 雄山閣出版, 東京.
庄垣內正弘(1993),『古代ウイグル文 阿毘達磨俱舍論實義疏の硏究』II, 松香堂, 東京.
高橋愛次(1974),『伊路波歌考』, 三省堂, 東京.
高橋二郎(1889), "朝鮮言語考",『如蘭社話』, 권 13, 東京.
高橋俊乘(1923),『日本敎育史』, 永澤金港堂, 再刊(1971): 臨川書店, 京都.
________(1943),『近世學校敎育の源流』, 永澤金港堂, 再刊(1971), 臨川書店, 京都.
高橋 亨(1909),『韓語文法』, 東京.
田川孝三(1953), "『通文館志』の編纂とその重刊について",『朝鮮學報』(朝鮮學會), 第4輯.
田中謙二(1961), "蒙文直譯体における白話について", 京都大學人文科學硏究所 元典章硏究班排印本:『元典章の文體』(校定本 元典章 刑部第1冊 附錄), 京都, pp.4~52.
________(1962), "元典章における蒙文直譯體の文章",『東方學報』(京都大學人文科學硏究所), 第32冊, pp.47~161.
________(1965), "元典章文書の構成",『東洋史硏究』(일본 東洋史硏究會), 23~4號, 이 논문은 京都大學 人文科學硏究所 元典章硏究班排印本『元典章の文體』(校定本 元典章 刑部 第1冊 附錄), pp.187~224에 재록됨.
坪井九馬三(1927),『我國民國の曙』, 東京.
朝鮮總督府 中樞院(1936),『校訂 大明律直解』, 朝鮮總督府, 京城.
內藤湖南(1907), "日本滿洲交通略說",『五山講演集』. 京都.
中村榮孝(1961), "<捷解新語>の成立·改修および<倭語類解>成立時期について、"

『朝鮮學報』, 第19輯.

이것은 ‘『捷解新語』と『倭語類解』’라고 改題되어 中村榮孝(1979)에 再錄됨.

________(1979), 『日鮮關係史』(上.下), 吉川弘文館, 東京.

中村雅之(1994), “パスパ文字漢語表記から見た中期モンゴル語の音聲”, 『KOTONOHA』, 제1호 pp.1~4.

________(2003), “四聲通解に引く蒙古韻略について”, 『KOTONOHA』 제9호 pp.1~4.

長澤規矩也(1933), “元刊本成齋孝經直解に關して”, 『書誌學』(日本書誌學會), 第1卷 第5号, 『長澤規矩也著作集』 第3卷 「宋元版の硏究」 所收.

長澤規矩也·阿部隆一(1933), 『直解孝經』, 吉川弘文館, 東京.

西田龍雄(1987), “チベット語の変遷と文字”, 長野泰彦·立川武藏 編: 『チベットの言語と文化』, 冬樹社, 東京.

西田龍雄 編(1981), 講座 言語 第5卷 『世界の文字』, 大修館書店, 東京.

西村眞太郞(1937), “國語朝鮮語數詞同一論”, 『朝鮮』, 260. 京城.

__________(1939), “諺文の起源”, 『朝鮮』, 279. 京城.

野間秀(2010), 『ハングルの誕生~音から文字を創る~』, 平凡社新書 平凡社, 東京.

橋本進吉(1949), 『文字及び仮名遣の硏究』, 岩波書店, 東京.

服部四郞(1946), 『元朝秘史の蒙古語を表はす漢字の硏究』, 龍文書局, 東京.

________(1948), “日本語と琉球語, 朝鮮語, アルタイ語との親族關係”, 『民族學硏究』 13~2.

________(1984a), “パクパ字(八思巴字)について ~ 特にeの字とėの字に關して ~ (一)” “On the ḥPhags~pa script ~ Especially Concerning the letters e and ė ~(I)”, 1984년 5월에 완성한 논문을 服部四郞(1993:216~223)에서 재인용.

________(1984b), “パクパ字(八思巴字)について ~特にeの字とėの字に關して~(二)” “On the ḥPhags~pa script ~ Especially Concerning the lettes e and ė ~(II)” 1984년 6월에 완성한 논문을 服部四郞(1993:224~235)에서 재인용.

________(1984c), “パクパ字(八思巴字)について ~再論~” “On the ḥPhags~pa script ~ the Second Remarks ~” 1984년 10월에 완성한 논문을 服部四郞(1993:236~238)에서 재인용.

________(1986), “元朝秘史蒙古語の/o/および/ö/に終わる音節を表わす漢字のシナ語音の簡略ローマ字轉寫”, “The Broad Roman Transcription of the Chinese Sounds of the Chinese Characters Representing the Mongolian Syllables Ending in ~o in the Yüan~ch'ao Mi~shih”, 1986년에 완성한 논문을 服部四郞(1993) 제2권 pp. 202~227에서 재인용.

________(1993), 『服部四郞論文集』, 卷3, 三省堂, 東京.

服部四郎 編(1978),『ロマ~ン.ヤ~コブソン選集 2』, 大修館書店, 東京.
服部紀子(2017), "江戸期蘭語學における日本語の格理解",『日本語の研究』, 13-1. 東京.
花登正宏(1997),『古今韻會擧要硏究ー中國近世音韻史の一側面ー』, 汲古書院, 東京.
花輪 光 龢譯(1977),『ロマン.ヤ~コブソン '音と意味についての六章'』, せりか書房, 東京.
浜田 敦(1952), "弘治五年朝鮮板 <伊路波>諺文對立攷ー國語史の立場からー",『國語國文』(京都大學 文學部 國語學國文學會) No. 21-10.
______(1959), "『伊路波』解題", 影印『伊路波』(香川大學開學十周年紀念), 東京.
______(1965), "<捷解新語>とその改修本ー<日本>と<看品>ー",『國文學攷』, No. 30. 濱田敦(1970)에 再錄.
______(1970),『朝鮮資料による日本語 硏究』, 岩波書店, 東京.
早田輝洋·井上史雄 譯(1974),『言語學の流れ』, みすず書房, 東京. Ivič(1970)의 일어 번역.
久木幸男(1968),『大學寮と古代儒敎ー日本古代敎育史硏究ー』, サイマル出版社, 東京.
福井久藏 編(1939),『以呂波字考錄』, 厚生閣, 東京.
福島邦道(1952), "<捷解新語>の助詞'を'について",『國語國文』第21卷 第4號.
________(1974), "朝鮮版伊路波合用言語格の硏究",『實踐女子大學文學部紀要』(實踐女子大學文學部), 第16輯.
藤塚 鄰(1929), "高麗版龍龕手鏡解說", 影印本『高麗版龍龕手鏡』, 京城帝國大學法文學部, 京城.
藤本幸夫(1988), "古代朝鮮の言語と文字文化",『ことばと文字』, 中央公論社, 東京.
________(1992), "李朝訓讀攷",『朝鮮學報』(日本朝鮮學會), 第143号.
寶迫繁勝(1880),『韓語入門』, 2권, 東京.
________(1881),『日韓善隣通話』, 東京.
前田直典(1973),『元朝史の硏究』東京大學出版會, 東京.
前間恭作(1909),『韓語通』, 東京.
________(1924),『龍歌古語箋』, 東京.
________(1925a),『鷄林類事麗言攷』, 東京.
________(1925b), "三韓古地名考補正",『史學雜誌』, 36-7, 東京.
________(1925c), "新羅王の世次とその名について",『東洋學報』, 15-2.
________(1926), "若木石塔記の解讀",『東洋學報』, 15-3, 東京.
________(1929), "處容歌解讀",『朝鮮』, 172호, 京城.
________(1938), "眞興碑に就いて",『東洋學報』19-2, 東京.
________(1942),『訓讀吏文』, 京城.
松下大三郎(1899), "日本俗語文典",『國文學界』, 東京.

_________(1907),『漢譯日本口語文典』, 東京.

_________(1928),『改撰標準日本文法』, 紀元社, 東京.

_________(1930),『標準日本口語法』, 中文館書店, 東京.

水野忠夫 編(1971), "ロマン·ヤ~コブソン '藝術に於けるリアリズムについて'",『ロシア·フォルマリズム文學論集』, せりか書房, 東京.

水野忠夫 編(1971),『ロシア·フォマリズム文學論集 1』, せりか書房, 東京.

三宅米吉(1890), "朝鮮語",『東京人類學雜誌』, 5-53, 東京.

宮崎市定(1946),『科擧』, 秋田屋, 東京.

_______(1987),『科擧史』, 平凡社, 東京.

宮崎道三郎(1907), "日韓兩國語の比較硏究",『史學雜誌』, 18-11.

村山七郎(1948), "ジンギスカン石碑文の解讀",『東洋語硏究』, 4輯, pp.59~95.

이의 독일어판 Murayama(1950) Shichiro Murayama: "Über die Inschrift auf dem 'Stein des Cingis'", *Orients* 3, pp.108~112.

_______(1963), "高句麗語と日本語との關係に關する考察",『朝鮮學報』, 제26호.

_______(1971a), "ポリワ~ノフの日本語硏究",『初原』(現代思潮社), 第2號(1971).

_______(1971b), "ポリワ~ノフについて",『窓』, 18號(1971年 9月), 東京.

桃 裕行(1984),『上代學制の硏究』, 吉川弘文館, 東京.

森田 武(1955), "<捷解新語>成立の時期について",『國語國文』(京都大學文學部國語學國文學科), 제24권 제3호. 이 논문은 森田武(1985:69~72)에 '<捷解新語>成立の時期'로 改題되어 재록됨.

______(1957); "捷解新語解題",『捷解新語 影印』京都大學 文學部 國語學國文學硏究室編, 京都.

이 論文은 '捷解新語考'란 이름으로 森田武(1985:61~129)에 再錄됨.

______(1985);『室町時代語論考』, 三省堂, 東京.

文部省(1910),『日本敎育史』, 弘道館, 東京.

藥師寺),『文法註釋韓語硏究法』, 東京.

安田 章(1961), "全浙兵制考日本風土記解題",『日本風土記』影印本, 京都大學文學部 國語學國文學硏究室, 京都.

______(1963), "朝鮮資料の流れ一國語資料としての處理以前一",『國語國文』, 第32卷, 第1号.

______(1970), "『伊呂波』雜考",『國語國文』, No. 45-3.

______(1980).『朝鮮資料と中世國語』, 笠間書院, 東京.

山口瑞鳳(1976), "『三十頌』と『性入法 』の成立時期をめぐって",『東洋學報』, 第57號.

山田孝雄(1908),『日本文法論』, 宝文館, 東京 : 大阪.

_______(1936),『日本文法學槪論』, 宝文館, 東京 : 大阪.

吉池孝一(2004), "跋蒙古字韻 譯註", 『KOTONOHANA』(古代文字資料館) 22号, pp. 13~16.

_______(2005), "パスパ文字の字母表", 『KOTONOHA』(古代文字資料館) 37호, pp. 9~10.

_______(2008), "原本蒙古字韻再構の試み", 『訓民正音과 파스파 文字 국제 학술 Workshop』(주최: 한국학중앙연구원주최, 일시: 2008년 11월 18일~19일, 장소: 한국학 중앙연구원 대강당 2층 세미나실, Proceedings) pp. 141~160.

吉川幸次郎(1953), "元典章に見える漢文吏牘の文體", 『東洋史研究』(일본 東洋史研究會), 제23권 제4호, pp. 1~161, 『校定元典章刑部』 第一冊 附錄에서 인용.

渡部薰太郎(1932), "增訂滿洲語図書目錄", 『亞細亞研究』(大阪東洋語學會), 제3호

_________(1935), 『女眞語の新研究』, 大阪.

영문 논저(저자명의 알파벳순)

Aalto(1975), Penti Aalto: "Ramstedt and Alaic Linguistics", *Central Asiatic Journal,* 14~3, The Hague~Wiesbaden.

____(1982), "Proposals Concerning the Affinities of Korean", *Mémoires de la Société Fino~Ougrienne,* 181, Helsinki.

Abel-Rémusat(1820), Jean Pierre Abel-Rémusat: *Recherches sur les langues tatars,* Paris.

Adelung(1806), Johan Christoph Adelung: *Mithridates order Allgemeine Sprachen Kunde, mit dem Vater unser als Sprach probe in beinahe fünfhundart Sprachen und Mundarten,* Vol. 2(1809), Vol. 3(1812~6), Vol. 4 (1817).

Ahn, Sang-Cheol(1985), "The Interplay of Phonology and Morphology in Korean", Ph.D. dissertation, University of Illinois.

Alévêque(1901), Charles Alévêque: 『法韓字典, *Petit Dictionaire Français-Coréen*』, Seoul.

Allen(1953), W. S. Allen: *Phonetics in ancient India,* London,

Amirova 외(1952), А. Амирова & В. А. Олъховиков & Ю. В. Рождественский; *Очерки по истории лингвистки.* Москва.

Amsterdamska(1987), Olga Amsterdamska: *Schools of Thought: The Development of Linguistics from Bopp to Saussure,* D. Reidel Publishing Company, Dordrecht

한국어 역: 임혜순 역(1999),『언어학파의 형성과 발달』, 서울: 아크넷, 대우 학술총서 번역 435.

Anderson·Jones eds.(1974), John M. Anderson & C. Jones: *Historical Linguistics,* 2 vos., North-Hilland, Amsterdam.

Anderson·Kiparsky eds.(1973), John M. Anderson & P. Kiparsky: *A Festschrift in Morris Halle,* Holt, Rinehart & Winston, New York

Apresyan(1966), Ю. Д. Апресян: *Иден н метды современной структурной ли нгвистки.* Москва,

Arens(1955), Hans Arens: *Sptrachwissenschaft, der Gang ihre Entwicklung von der Antike bis zur Gegenwart,* München.

Aristotle(320? B.C.), *De Interpretation,* Athene.

일어역, 山本光雄 譯注(1971),「命題論」,『アリストテェス全集 I』, 岩波書店, 東京.

Arraisso(1896a), 익명: "Kinship of the English and Korean language", *The Korean Repository,* III

_______(1896b), "Korean affinities", *The Korean Repository,* III

_______(1896c), "Monosyllablism of the Korean type of language", *The Korean Repository,* III

Asher ed.(1994), R. E. Asher: *The Encyclopedia of Language and Linguistics,* Pergamon Press.

Aston(1879), W. G. Aston: "A Comparative study of the Japanese and Korean Languages" *The Journal of the Royal Asiatic Society*(Society of Great Britain and Ireland), XI, 3, August, 1879.

_____(1895), "The önmun, when invented?" *Transactions of the Asiatic Society of Japan,* XXIII.

Averintsev(1977), Sergei Averintsev: "The world of Mikhail Bakhtin", *Soviet Literature,* No. 1.

Bach·Harms eds.(1968), E. Bach & R. T. Harms: *Universals in Linguistic Theory,* Holt, Rinehart and Winston, New York.

Bacot & Toussaint(1940), F. W. Thomas Bacot & Ch. Toussaint: *Documents de Touen~houang relatifs à histoir du Tibet,* Paris [DTH].

Baird(1897), Annie L. Baird:『朝鮮語 五十講(*Fifty Helps for the Beginners in the Use of the Korean Language)*』, Seoul. 1926년 재판.

Baird(1928), W. M. Baird: *An English-Korean and Korean-English Dictionary of parliamentary,* ecclesiastical and some other Term, Seoul.

Barocshian(1974), Vahan D. Baroschian: *Russain Cubo~Futurism 1910~1930.*

Mouton. London.
Bàrtoli(1925), M. G. Bàrtoli: *Introductione alla Neolingistica,* Geneva
Baudouin(1888), Baudouin de Courtenay, И. А. Бодуэн де Куртенэ: "Mikolaj Kruszewski, jgo zucie i prace naukowe", *Prace filologiczne,* II, Fasc., 3(1888), pp. 837~849
________(1889), *Prace filologiczne,* III, Kazan.
________(1909), *Zarys historii językoznawstwa czyli lingwistyki*(glottologii). Warzawa,
________(1963), *Избранные труды по общему языкознани,* ю, т.1.2, Москва.
Baxchin(1963), М. М. Бахтин: *Проълемы поетики Достоевского.* Москва,
일어역, 新谷敬三郎 譯(1968)『ドストエフスキ論』(1963年版より), 冬樹社, 東京.
영어역, Holquist(1984), "Problems of Dostoevsky's Poetics", Michael Holquist & Caryl Emerson ed.(1984), *Theory and History of Literature* 8. University of Minnesota Press, Minneapolis.
_______(1965), *Творчестово Франсуа Рабле и нароная кулътура Средневековъа и Ренессанса.* Москва,
일어역, 川端香男里 譯(1974),『フランソワ.ラブレーの作品と中世ルネッサンスの民衆文化』せりか書房、東京.
영어역, Michael Holquist & Caryl Emerson(1981), "The dialogic Imagination", M. Holquis & C. Emerson ed,(1981) *Four Essays by M. M. Baxchin,* University of Texas Press, Austin.
_______(1974); "К методологии литературоведеная", *Контекст.* 1974, Москва.
일어역, 新谷敬三郎 譯(1978) "文藝學の方法をめぐって"、『はいまあと』6.
_______(1975), *История лингвистис тистических учений.* Москва.
영어역, Trans. and ed. Caryl Emerson(1984), *Theory and History of Literature* 8. University of Minnesota Press, Minneapolis.
Baxter(1992), William H. Baxter, *A Handbook of old Chinese Phonology.* Mouton de Gruyter, Berlin.
Beckwith(2000), Christpher I. Beckwith, The Japanese-Koguryoic Family of Languages and the Chinese Mainland. Paper presented at the Association for Asian studies, San Diego, March 9~12, 2000.
________(2002), "On Korean and Tungusic Elements in the Koguruo Language". *Transactions of the International Conference of Eastern Studies,* XLVII: pp. 82~98.
________(2003), "Ancient Koguryo, Old Koguryo, and the Relationship of Japanese

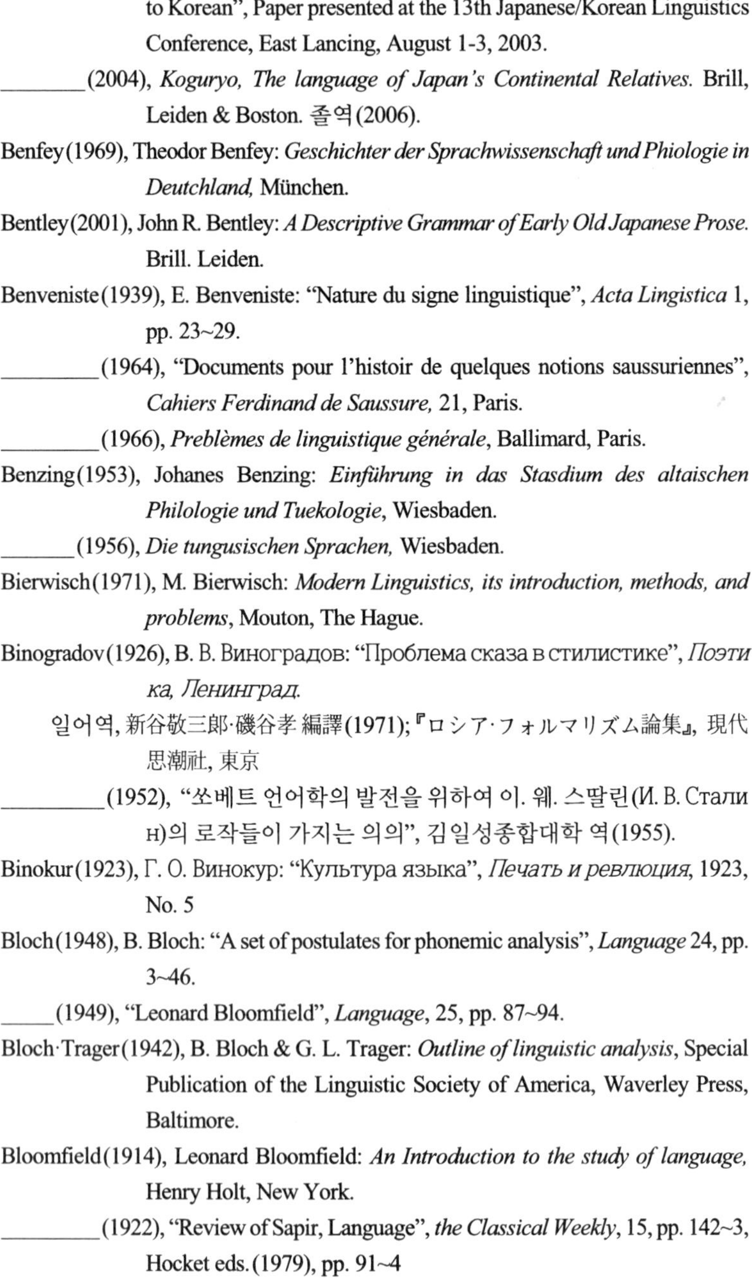

to Korean", Paper presented at the 13th Japanese/Korean Linguistics Conference, East Lancing, August 1-3, 2003.

________(2004), *Koguryo, The language of Japan's Continental Relatives.* Brill, Leiden & Boston. 졸역(2006).

Benfey(1969), Theodor Benfey: *Geschichter der Sprachwissenschaft und Phiologie in Deutchland,* München.

Bentley(2001), John R. Bentley: *A Descriptive Grammar of Early Old Japanese Prose.* Brill. Leiden.

Benveniste(1939), E. Benveniste: "Nature du signe linguistique", *Acta Lingistica* 1, pp. 23~29.

_________(1964), "Documents pour l'histoir de quelques notions saussuriennes", *Cahiers Ferdinand de Saussure,* 21, Paris.

_________(1966), *Preblèmes de linguistique générale*, Ballimard, Paris.

Benzing(1953), Johanes Benzing: *Einführung in das Stasdium des altaischen Philologie und Tuekologie*, Wiesbaden.

_______(1956), *Die tungusischen Sprachen,* Wiesbaden.

Bierwisch(1971), M. Bierwisch: *Modern Linguistics, its introduction, methods, and problems*, Mouton, The Hague.

Binogradov(1926), В. В. Виноградов: "Проблема сказа в стилистике", *Поэтика, Ленинград.*

일어역, 新谷敬三郎·磯谷孝 編譯(1971);『ロシア·フォルマリズム論集』, 現代思潮社, 東京

_________(1952), "쏘베트 언어학의 발전을 위하여 이. 웨. 스딸린(И. В. Сталин)의 로작들이 가지는 의의", 김일성종합대학 역(1955).

Binokur(1923), Г. О. Винокур: "Культура языка", *Печать и ревлюция*, 1923, No. 5

Bloch(1948), B. Bloch: "A set of postulates for phonemic analysis", *Language* 24, pp. 3~46.

_____(1949), "Leonard Bloomfield", *Language*, 25, pp. 87~94.

Bloch·Trager(1942), B. Bloch & G. L. Trager: *Outline of linguistic analysis*, Special Publication of the Linguistic Society of America, Waverley Press, Baltimore.

Bloomfield(1914), Leonard Bloomfield: *An Introduction to the study of language,* Henry Holt, New York.

_________(1922), "Review of Sapir, Language", *the Classical Weekly*, 15, pp. 142~3, Hocket eds.(1979), pp. 91~4

_________(1933), *Language*, Allen and Unwin, New York.,(1935), Holt, London
일어역, 勇康雄·增山節夫 譯(1959),『言語』, 硏究社, 東京; 三宅鴻·日野資純 譯注(1962),『言語』, 大修館, 東京.

_________(1935), "Linguistic aspects of science", *Philosophy of Science* 2, pp. 499~517.

_________(1943), "Twenty-one years of the Linguistic Society", *Language*, 22, pp. 1~3.

Boas(1911), F. Boas: *Handbook of American Indian languages,* Bureau of American Ethnology, Washington D.C.

Bogatyre·Jakobson(1966) P. Bogatyre & R. Jakobson: "Die Folklore als besondere Form des Schaffens", *Roman Jakobson: Selected Writings*, 4. Mouton, London.

_______________(1970), *Current Trends in Linguistics*, 1. Mouton, London.

Boloschinov(1928), В. Н. Волошинов: "Новейшие течния лингвистичекой мысли на Западе", *Литература и марксизм*, кн. 5, Москва.

__________(1929), *Марксизм и Философия языка~~Основные проблемы социологического мотода в науке о языке~~*. Ленинград,
일어역, 桑野隆 譯(1989)『マルクス主義と言語哲學』, 未來社, 東京.

__________(1976), *Freudianism, A Marxist Critic*. Academic Press. Moskba.

Bopp(1833~52), Franz Bopp: *Vergleichende Grammatik der Sanskrit, Zend, Armenischen, Griechischen, Lateinischen, Gothischen, und Deutschen*, Vols. 1~6, Berlin.

Bonaparte(1895), Prince Roland Bonaparte: *Documents de l'époque Mongols des XIIIe et XIVe siécles,* Paris.

Botha(1979), R. P. Botha: "External evidence and the validation of mentalistic theories: A Chomskyan paradox", *Lingua* 48, pp. 299~328.

Brekle·Luelsdorff(1975), H. E. Brekle & P. Luelsdorff: "Notes on Chomsky's extended standard version", *Foundation of Language* 12, pp. 367~82.

Brend ed.(1972), R. Brend: *Kenneth L. Pike: Selected writings,* Mouton, The Hague.

Brown(1967), R. L. Brown: *Wielhelm von Humbolt's conception of linguistic relativity*, Mouton, The Hague.

Brugmann(1876), K. Brugmann: "Nasalis Sonans in der indogermanischen Grund-Sprache", *Studien zur grichischen und lateinischen Grammatik* 9, pp. 287~338.

Brugmann·Delbbrück(1886~1900), K. Brugmann & B. Delbbrück: *Grundriss der vergleichende Grammatik der indogermanischen Sprashen,*

Strassburg
Bugodski(1956), Л. С. Выгодский: *Избранные психологические исследования,* Москва.
일어역, 柴田義松 外 譯(1964),『思考と言語』, 明治圖書, 東京.
_______(1968), *Психология искусства Изд.* 2, Москва,
일어역, 柴田義松 他 譯(1971)『藝術心理學』, 明治圖書, 東京.
Burich(1897), С. К. Бурич: "Бодуэн де Куртенэ И. А. Критико~биографический словарь русских писателей и ученых", *под ред.* С. А.. Венгерова. т.5. СПб.
Bu ston rin chen grub(1729~33), *bDe bar gshegs pa'i gsal byed chos kyi* 'byung gnas gsung rab rin po che'i mdzod, sDe dge edition, 203 fols. [SRD]
Bühler(1980), Georg Bühler: *Indian Paleography*, Oriental Books Reprint, Delhi.
Buzo(1995), Adrian Buzo: "Transcription Characters on Koguryŏ Inscriptions", 『素I谷남풍현선생 회갑기년논총』(간행위원회), 태학사, 서울, pp. 865~894.
Byington(2006), Mark E. Byington: "Review Article, Christopher I. Beckwith, Koguryo-The language of Japan's Continental Relatives",(Leiden: Brill, 2004), *Acta Koreana* vol. 9, no.1 January 2006, pp. 141-166.
Campbell(1984), R. N. Campbell; "The immersion education approach to foreign language teaching", In *Studies on immersion education: A collection for United States educators,* pp. 114~142
Castrén(1857), Dr. M. A. Castrén: *Versuch einer koibalischen und karagassischen Sprachleher nebst Wörterverzeichnissen aus den tatarischen Mundarten des Minussinschen Kreises,* St. Petersburg.
______(1862), *Über die Personalaffixe in den altaischen Sprachen,* Kleinere Schriften, St. Petersburg.
Chafe(1970), W. L. Chafe: *Meaning and the Structure Language,* Univ. of Chicago Press, Chicago.
일어역, 青木晴夫 譯(1974),『意味と言語構造』, 大修館, 東京.
Chamberlain(1883), Basil H. Chamberlain: "On two questions on Japanese archaeology", *The Journal of Royal Asiatic Society of Great Britain and Ireland,* (New Series), XV, Part III.
Chomsky(1951), Noam Chomsky: Morphophonemics of Modern Hebrew, Master's Thesis, University of Pennsylvania.
_______(1955a), *The Logical Structure of linguistic theory,* Mimeographed. Rpt. 1975, Plenum, New York.
_______(1955b), Transformational Analysis, Ph. D. Dissertation, Univ. of Pennsylvania.

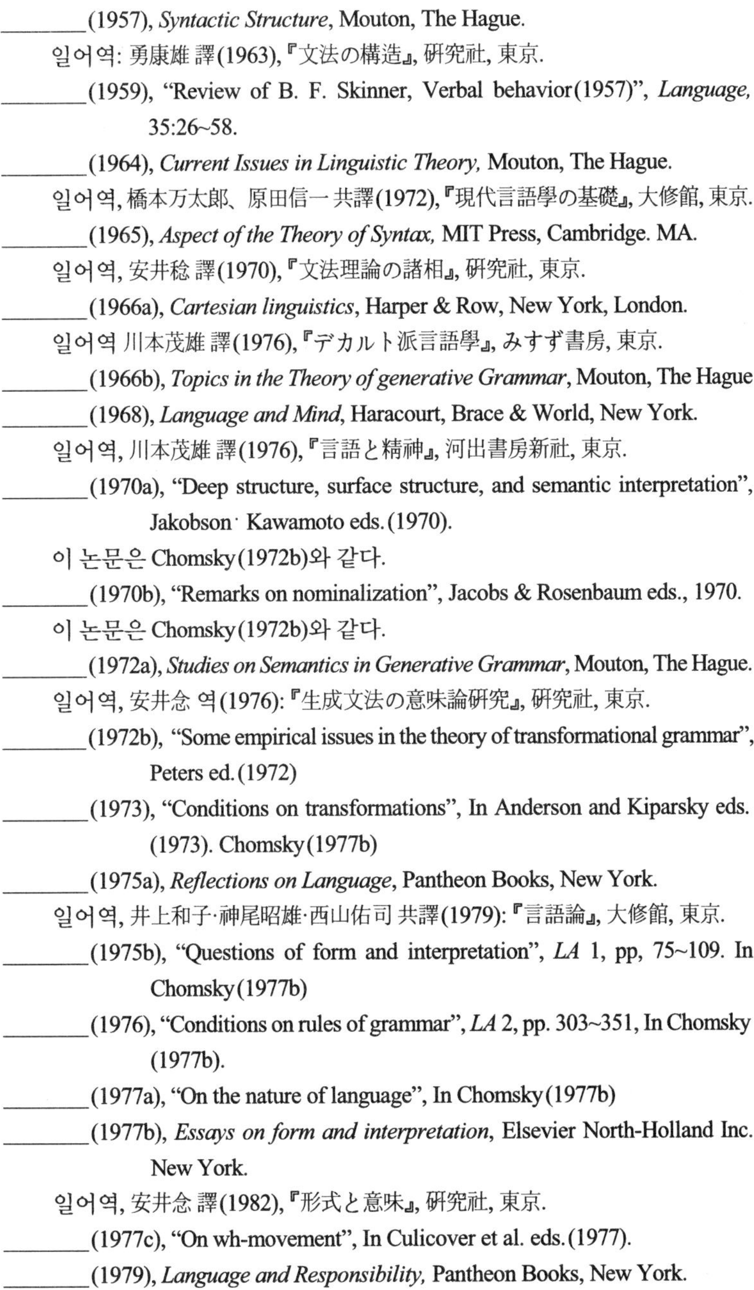
________(1957), *Syntactic Structure*, Mouton, The Hague.

일어역: 勇康雄 譯(1963),『文法の構造』, 研究社, 東京.

________(1959), "Review of B. F. Skinner, Verbal behavior(1957)", *Language,* 35:26~58.

________(1964), *Current Issues in Linguistic Theory,* Mouton, The Hague.

일어역, 橋本万太郎、原田信一 共譯(1972),『現代言語學の基礎』, 大修館, 東京.

________(1965), *Aspect of the Theory of Syntax,* MIT Press, Cambridge. MA.

일어역, 安井稔 譯(1970),『文法理論の諸相』, 研究社, 東京.

________(1966a), *Cartesian linguistics*, Harper & Row, New York, London.

일어역 川本茂雄 譯(1976),『デカルト派言語學』, みすず書房, 東京.

________(1966b), *Topics in the Theory of generative Grammar*, Mouton, The Hague

________(1968), *Language and Mind*, Haracourt, Brace & World, New York.

일어역, 川本茂雄 譯(1976),『言語と精神』, 河出書房新社, 東京.

________(1970a), "Deep structure, surface structure, and semantic interpretation", Jakobson· Kawamoto eds.(1970).

이 논문은 Chomsky(1972b)와 같다.

________(1970b), "Remarks on nominalization", Jacobs & Rosenbaum eds., 1970.

이 논문은 Chomsky(1972b)와 같다.

________(1972a), *Studies on Semantics in Generative Grammar*, Mouton, The Hague.

일어역, 安井念 역(1976):『生成文法の意味論研究』, 研究社, 東京.

________(1972b), "Some empirical issues in the theory of transformational grammar", Peters ed.(1972)

________(1973), "Conditions on transformations", In Anderson and Kiparsky eds. (1973). Chomsky(1977b)

________(1975a), *Reflections on Language*, Pantheon Books, New York.

일어역, 井上和子·神尾昭雄·西山佑司 共譯(1979):『言語論』, 大修館, 東京.

________(1975b), "Questions of form and interpretation", *LA* 1, pp, 75~109. In Chomsky(1977b)

________(1976), "Conditions on rules of grammar", *LA* 2, pp. 303~351, In Chomsky (1977b).

________(1977a), "On the nature of language", In Chomsky(1977b)

________(1977b), *Essays on form and interpretation*, Elsevier North-Holland Inc. New York.

일어역, 安井念 譯(1982),『形式と意味』, 研究社, 東京.

________(1977c), "On wh-movement", In Culicover et al. eds.(1977).

________(1979), *Language and Responsibility,* Pantheon Books, New York.

일어역, 三宅德嘉·矢野正俊 共譯(1980),『チョムスキーとの對話』, 大修館, 東京.

________(1980), *Rules and Representation,* Columbia Univ. Press, New York.

________(1981), *Lectures on Government and Binding*, Foris, Dordrecht.

일어역: 安井稔, 原口庄輔 共譯(1986):『統率·束縛理論』, 硏究社, 東京.

________(1982), *Some Concepts and Consequences of the Theory of Government and Binding,* MIT Press, Cambridge, MA.

일어역. 安井稔, 原口庄輔 共譯(1987),『統率·束縛理論の意義の展開』, 硏究社, 東京.

________(1986), *Barriers*, MIT Press, Cambridge MA.

Chomsky·Halle(1968), Noam Chomsky & Morris Halle: *Sound Patterns of English*, Harper & Row, New York:

Chung(2004), Kwang Chung: "On Polivanov's Study of the Genealogy of Korean - Focused on Polivanov's Life and His Scholarship--", Paper presented ICKL 2004(July 13～14) at Ankara Univ., Antalia, Turkey.

______(2005), "<Review> Christopher I. Beckwith, *Koguryo - The language of Japan's continental relatives*",『北方史論叢』(高句麗財團) No.5, pp. 369~377.

Chung ed.(2015), Kwang Chung ed.: *Pinpoint the Linguistic coordinate of Korea - beyond genealogy and typology*, Yoekrak, Seoul,

Činčius (1949), V. I. Činčius: *Sravitel'naya fonetica tunguso-manzurskix yaz'ikov,* Leningrad.

______(1975~1977), *Sravitel'nyi slovar tunguso~man'čzurskix jazykov* I. II, Leningrad.

Clark·Halquist(1984), Katerina Clark & Michael Halquist: *Mikhail Bakhtin,* Cambridge, Mass.

한국어역, 여홍상 편역(1995),『바흐친과 문화이론』, 문학지성사, 서울.

Clauson(1969), Sir Gerard Clauson: "A Lexico-statistical Appraisal of the Altaic Theory", *Central Asiatic Journal,* No.13, pp. 1~23.

______(1972), *An Etymological Dictionary of Pre-Thirteenth Century Turkish.* Clarendon Press, Oxford.

Collinder(1952), Björn Collinder: "Ural~Altaisch", *UAJ*(*Ural-Altaisch Jahrbücher,* Wiesbaden) 24, pp.1~26.

Comrie(1981), B. Comrie: *The Languages of the Soviet Union*, Cambridge, London..

Courant(1894~6), M. Courant: *Bibliographie Corèenne*; Tableau littèraire de la Corèe contenant la nomenclature des ouvrages publiès dans ce pays jusqu'en 1890, ainsi que la description et l'annalyse dètaillèes des principaux d'entre ces ouvrages. 3 vols. Paris.

______(1899), "Sur les études Coréennes et Japonnaises", Les actes du Congrès des Orientalistes, Paris.

______(1901), *Supplèment à la bibliographie Corèenne.* (Jusqu'en 1899), 1 vol. Paris.

Croce(1902), Benedetto Croce: *Estetica come scienza dell' espressionee lingistica generale,* Rome

Crystal(1971), D. Crystal: *Linguistics*, Harmondsworth, Middlesex: Penguin Books. 일어역, 瀧本二郎 譯(1975), 『言語學とは何か』, 南雲堂, 東京.

Culicover et al. eds.(1977), P. W. Culicover & T. Wasow & A. Akmajian: *Formal Syntax*, Academic Press, New York.

Curtius(1858), Georg Curius: *Grundzüge der grichischen Etymologie*, Leipzig,

Dallet(1874), Ch. Dallet: *Histoire de l'Eglise de Corèe*, Paris

Daniels(1990), Peter T. Daniels: "Fundamentals of Grammatology", *Journal of American Oriental Society*, No.110, pp. 727~730.

Danilov(1931), G. Danilov(review): "E. Polivanov, Za marksistskoe jazykoznaie", *Russkij jazyk v sovetskoj škol*e, Nos. 6~7.

Daveluy(1891), Marie Nicolas Antoine Daveluy: *Arvum vocabularium ad usum studiosae juventus Coreanae* 『라한사전』, Hong Kong.

Davidson·Harman eds.(1972), D. Davidson & G. Harman: *Semantics of Natural Language,* Reidel, Dordrecht.

Diez(1836~44), Friedrich Diez: *Grammatik der romanischen sprachen*, Bonn.

Doerfer(1963~1965), G. Doerfer: *Türkische und Mogolische Element im Neupersischen* I. II, Wiesbaden.

Donatus(330 A.D.), Aelius Donatus: *Ars Grammatica,* Rome.

Doroszewski(1969) W. Doroszewski: "Quelques remarques sur les rapport de la sociologie et de la linguistique", E. Durkheim et F. de Saussure. *Essais sur le langage,* Les Éditions de Minuit, Paris.

Dragunov(1930), A. Dragunov: The hP'ags~pa Script and Ancient Mandarin, *Izvestija Akademii Nauk*, SSSR, (1941년 北京 勤有堂書店 影印本 참조).

Durand(1990), Jacques Durand: *Generative and Non-linear Phonology*, Longman Ltd., New York.

Dyer(1983), Svetlana Rimsky-Korsakoff Dyer: *Grammatical Analysis of the Lao Ch'i-ta, With an English Translation of the Chinese Text*, Faculty of Asian Studies Monographs: New Series No. 3, Australian National University, Canberra.

____(2005), *Pak The Interpreter -An annotated translation and literary-cultural*

evaluation of the Piao Tongshi of 1677-, The Australian National University, Pandanus Books, Canberra.

이 책은 2006년 2월에 University of Hawaii Press에서 재간됨.

Eckart(1923), P. Andreas Eckardt: *Koreanische Konversations Grammtik mit Lesesttücken und Gesprächen,* Heidelberg.

_____(1928), "Der Ursprung der Koreanischen Schrift", *Mitteilungen der deutschen Gesellschaft für Natur und Völkerkunde Ostasiens,* Band XXII, Teil c.

Edkins(1871), Joseph Edkins: "China's Place in Philology", *Transactions of the Asiatic Society of Japan*, I.

_____(1887), "Connection of Japanese with the adjacent continental languages", *Transactions of the Asiatic Society of Japan*, XV.

_____(1895), "Relationship of the Tartar languages", *The Korean Repository*, III, 11. 1895.

_____(1898a), "Etymology of Korean numerals", *The Korean Repository,* V,

_____(1898b), "Korean writing", *The Korean Repository*, III.

Eliséèv(1924), Serge Eliséèv: "La langue Coréenne", A. Meillet & Marcel Cohen eds. *Les langue du monde,* 1924, Paris.

Elson ed.(1960), B. Elson: *A William Cameron Townsend en el XXV aniversario del I.L.V,* Instito Linguistico del Verano, Mexico, D. F.

Engels(1935), F. Engels; *Naturdialektik*, 우리말 번역『자연변증법』, 조선로동당 출판사, 평양, 1957. 개정판, 1966.

Erlich(1959), Victor Erlich; *Russian Formalism.* 3 edition, Mouton, New York~London.

Fages(1968), J. B. Fages: *Comprendre le Structualism*, Paris.

한국어 역, 김현 역(1972),『構造主義란 무엇인가』, 文藝출판사, 서울

Fillmore(1968), C. J. Fillmore: "The case for case", In Bach and Harms eds.(1968)

_______(1969), "Toward a modern theory of case", Reibel and Shane eds.(1969), pp. 361~75.

_______(1971), "Some problems for case grammar", *Monograph Series on Language and Linguistics,* 24

Fillmore·Langendoen eds.(1971), C. J. Fillmore & D. T. Langendoen: *Studies in linguistic semantics*, Holt, Rinehart and Winston, New York.

Finch(1999), Roger Finch: "Korean Hangul and the hP'ags~pa scriptx", in Juha Janhunen and Volker Rybatzki eds., *Writing in the Altaic World*, Studia Orientalia 87, Helsinki.

Firth(1957), J. R. Firth: *Papers in linguistics, 1934~1951*, Oxford Univ. Press, Oxford.

Fodor·Katz eds.(1964), J. A. Fodor & J. J. Katz: *The structure of language : Readings in the philosophy of language,* Prentice-Hall, Englewood Cliffs, N, J.

Frank(1990), Joseph Frank, "The Voices of Bakhtin", Ch. 2 in Through *the Russian Prism: Essays on Literature and Culture*, Princeton UP, Princeton, pp. 18~33.

한국어 역, 여홍상 역(1995) "바흐친의 생애와 사상",『바흐친과 문화이론』(현대의 문화이론 총서 24), 문학과 지성사, 서울, pp.17~43.

Frellesvig·Whitman(2003), Bjarke Frellesvig & John B. Whitman: "Evidence for Seven Vowels in proto-Japanese", Paper presented at the XVIth International Conference on Historical Linguistics. University of Copenhagen, August 11-15, 2003.

Fries(1961), C. C. Fries: "The Bloomfield 'school'", In Mohrmann et al. eds.(1961).

____(1962), *Linguistics and Reading,* Holt, Rinehart & Winston, New York.

Fries·Pike(1949), C. C. Fries & K. L. Pike: "Coexistent phonemic systems", *Language*, 25, pp. 29~50

Fuchs(1931), W. Fuchs: Neues Material zur mandjurischen Literatur aus Pekinger Bibliotheken, *Asia Major*, VII, 1931

_____(1936), *Beiträge zur Mandjurischen Bibliographie und Literature,* Otto Harrassowitz., Tokyo

_____(1942), Neues Beiträge zur mandjurischen Bibliographie und Literatur, *Monumenta Serica,* VII, 1942

Gabelentz(1892), G. von der Gabelentz: "Zur Beurtheilung des Koreanischen Schrift und Lautwesens", *Sitzungsberichte der Königlich Preussischen Akademie der Wissenschaften* zu *Berlin*, Berlin.

________(1901), *Die Sprachwissenschaft, Ihre Aufgaben, Methoden und bisherigen Ergebnisse,* Leipzig.

Gardiner(1932), A. H. Gardiner: *The theory of speech and language*, Clarendon Press, Oxford.

Gale(1912), James. S. Gale: "The Korean alphabet", *Transactions of the Korean Branch of the Royal Asiatic Society of Korea,* vol. 4, Part I, pp.13~61.

____(1894), *Korean Grammatical Forms*(『辭課指南』), Seoul. 수정본 1903, 1916.

____(1897), *A Korean-English Dictionary*(『韓英字典』), Yokohama.

____(1901~4), *Korean Reader*(『牖蒙千字』), 4 vols, Yokohama.

____(1931), *The Unabridged Korean-English Dictionary,* Seoul.

Garvin(1969), P. Garvin: "The Prague school of linguistics", Hill ed.(1969), pp. 229~38.

_____ ed.(1970), *Method and theory in linguistics*, Mouton, The Hague.
Giles(1892), Herbert A. Giles: *A Chinese-English Dictionary*, London.
Gilliéron(1902~10), J. Gilléron: *L'Atlas linguistique de la France*, Paris.
Gleason(1955), H. A. Gleason Jr.: *An Introduction to descriptive linguistics*, Holt, Rinehart and Wiston, New York.
일어역, 竹林滋·横山一郎 共譯(1970),『記述言語學』, 大修館, 東京
Godel(1957), R. Godel: *Les sources manuscrites da 'Cours de linguistique générale' de F. de Saussure,* Genève~Paris.
_____ ed.(1969), *A Geneva school reader in linguistics*, Indiana Univ. Press, Bloomington, London.
Goldsmith(1990), John A. Goldsmith: *Auto-segmental and Metrical Phonology*, Basil Blackwell Ltd., Oxford.
Grammont(1895), Morris Grammont: *La dissimilation consonatique dans les langues indo-européennes et dans les langue romanes,* Dijon.
Grierson(1919), G. A. Grierson: *Linguistic Survey of India*, Vol. 8, 1990년 재판.
Griffis(1882), William E. Griffis: *Corea; The Hermit Nation*, New York.
_____(1895), "Korean and Koreans, in the mirror of their language and history", *Bulletin of the American Geographical Society,* XXVII.
Grimm(1819), Jakob Grim: *Deutche Grammatik*, vol. I,
_____(1822), *Rev. Deutche Grammatik*, vol.1, Gütersloh : C. Bettelman, Göttingen. vol II(1826), vol. III(1831)
Grgar(1973), M. Грыгар: "Кубизм и поэзия русского и чешского авангарда", *Structure of Texts and Semiotics of Culture』,* Mouton, New York~London
Grube(1896), Wilhelm Grube: *Die Sprache und Schrift de Jučen*, Harrassowitz, Berlin.
Guiraud(1954), P. Guiraud: *La stylistique*, R.U.F., Paris.
일어역, 佐藤信夫 譯(1959),『文體論ーことばのスタイルー』, 白水社, 東京.
Haenisch(1940), E. Haenisch: "Steuergerchtsame der chineisischen Klöster unter der Mongolenherrschaft, Eine kulturgeschichtliche Untersuchung mit Beigabe dreier noch unveröffentlichter Phagspa~Inschiften", Berichte über die Verhandlungen der Sächsischen Akademie der Wissenschaften zu Leipzig, *Philologisch~Historische Klasse* 92 (1940), pp.1~74.
Haguenauer(1933), Charles Haguenauer: "Système de transcription de l'alphabet Coréen", *Journal Asiatique,* 222.

Hall(1950), R. A. Hall Jr.: *Leave your language alone*, Ithaca & New York
일어역, 鳥居次好·興津達朗 譯注(1956),『記述言語學入門』, 三省堂, 東京.
Halle(1962), Morris Halle: "Phonology in Generative Grammar", *Word* vol. 18, pp. 54~72
Harris(1941), Z. S. Harris: "Review of Trubetzkoy, Grundzüge der phonologie", *Language,* 17, pp. 345~49.
_____(1951), *Methods in structural linguistic*s, Univ. of Chicago Press, Chicago.
_____(1970), *Papers in Structural and transformational linguistics*, D. Reibel, Dordrecht Holland.
Häusler(1976), Frank Häusler: *Das Problem Phonetik und Phonologie bei Baudouin de Courtenay und in seiner Nachfol*ge, 2. erweiterete Auflage. VEB Max Niemeyer Verlage. Berlin.
Hayman(1975); L. Hayman: *Phonology -Theory and Analysis-*, Holt, Reinhart and Winston, New York.
Helbig(1970), Gerhard Helbig: *Geschichte der neueren Sprachwissenschaft - Unter dem besonderen Aspekt der Grammatik Theorie*, Leipzig,
한국어역, 임환재(1984),『言語學史』, 經文社, 서울.
일어역, 岩崎英二郎·早川東三·千石喬·三城滿禧·川島淳夫 譯(1972),『近代言語學史ーとくに文法理論を中心にー』, 白水社, 東京.
Herder(1891), G. Herder: "Abhandlung über den Ursprung de Sprache", in B. Suphan ed. *Herder's sämmtliche Werk,* Berlin, vol. 5: 1~156.
일어역, 木村直司 譯(1972),『言語起源論』, 大修館, 東京
Hill(1958), A. A. Hill: *An Introduction to Linguistic Structures - From sound to sentence in English -*, Harcout, New York.
일어역, 筧壽雄 譯注『言語構造序說(音素論)』, 南雲堂, 東京.
___ d.(1969), *Linguistics today*, Holt, Rinehart & Winston, New York.
Hjelmslev(1935), Louis Hjelmslev: *La catégorie des cas*, Aarhus. Copenhagen.
________(1943), *Omkring sprogteories grundloeggelse,* Munks gaard, Copenhagen.
영어역, F. J. Whitfield(1953), *Prolegomena to a theory of language*, The Univ. of Wisconsin Press, 1961 증보.
일어역, 林榮一 譯述(1959),『言語理論序說』, 硏究社, 東京.
Hockett(1958), Charles F. Hockett: *A Course In Modern Linguistics*, The Macmillan, New York.
______(1968), *The state of the art,* Mouton, the Hague.
______ ed.(1970), *A Leonard Bloomfield anthology*, Indiana Univ, Press, Bloomington.

Hodges(1897), John W, Hodges: *Corean Words and Phrase*(朝鮮語句集), Seoul. 1902년 재판.

Holenstein(1976), Elmar Holenstein: *Roman Jakobson's approach to language,* Indiana University Press, Bloomington,

Huart(1889), M. Camile Imbault-Huart: *Manuel de la langue Coréenne parlée*『朝鮮語口語法』, Paris.

Hulbert(1895), Homer B. Hulbert: "The origin of the Korean people", *The Korean Repository*, II.

______(1896), "The Korean alphabet", *The Korean Repository*, III.

______(1900), "Korean survivals", *Transaction of the Korean Branch of the Royal Asiatic Society*, I.

______(1901a), "The Korean pronoun", *The Korean Review*, I.

______(1901b), "The history of Korea", *The Korean Review* I

______(1901c), "Korean etymology", *The Korean Review* I.

______(1901d), "Korean and Efate", *The Korean Review* I.

______(1902a), "Korean language", *The Korean Review* II.

______(1902b), "Remarks on the Korean alphabet", *The Korean Review* II.

______(1903a), "Korean and Formosan", *The Korean Review* III.

______(1903b), "The Hun-min Chong-eum", *The Korean Review* II.

______(1905a), "Korea and Formosa", *The Korean Review* V.

______(1905b), *A Comparative Grammmar of the Korean Language and the Dravidian Dialects in India*, 1905, Seoul.

Humboldt(1836~39), Wilhelm von Humboldt: *Über die Verschiedenheit der menschlichen Sprachbaues und ihren Einfluss auf die gestige Entwickelung des Menschen-geschlechts,* Berlin.

________(1971), *Linguistic Variability & Intellectual Development*, University of Miami Press, Miami, Hunboldt(1836~39)의 영역.

Huth(1896), G. Huth: *Geschichte des Buddhismus in der Mongolei: Mit einer Einleitung: Politische Geschichte der Mongolen*, vol 2, Strassburg :

Hymes ed.(1974), D. Hymes: *Studies in the history of linguistics : Traditions and Paradigms,* Indiana Uni. Press, Bloomington.

Ivanov(1976), B. B. Иванов: *Очерки по истории семиотики в СССР.* Москва.

Ivič(1963), Milka Ivič: *Pravci u lingvistici,* Belgrade.

영역본(1970), *Trends on Linguistics*, Mouton, London,

영역본의 일역본, 早田輝洋·井上史雄 驛,『言語學の流れ』, みすず書房, 東京.

일역본의 국역본 김방한(1982),『言語學史』, 형설출판사, 서울

Jacobs·Rosenbaum eds.(1970), R. A. Jacobs & P. S. Rosenbaum: *Readings in English Transformational Grammar*, Ginn & Co., Waltham, MA.

Jakobson(1921), Р. О. Якобсон(Roman O. Jakobson): *Новейшая поэзия.* Прага.
일어역, 水野忠夫編(1971)『ロシア.フォルマリズム文學論集 1』, せりか書房, 東京.

_______(1931), "Prinzipien der hisorischen phonologie", *TCLP* 4, PP, 247~67
불어역, Cantineau(1939), "Primciples de phonologie historique", Trubetzkoy's "Principes de phonologie" pp. 315~36.

_______(1970), *Main Trends in the Science of Language,* New York.

_______(1971a), Second expended edition, *Selected Writings*, II.

_______(1971b), *Word and Language,* Mouton, The Hague·Paris

_______(1975), "Очередные задачи овщей лингвстики", *Sound, Sign, and Meaning*, Ann Arbor, Michigan. Jakobson(1985:283~292)에서 인용.

_______(1985), *Roman Jakobson Selected Writings* VII, Mouton, Berlin·New York·Amsterdam

_______(1988), *Roman Jakobson Selected Writings* VIII, Mouton de Gruyter, Berlin·New York·Amsterdam

Jakobson·Fant·Halle(1955), R. Jakobson & H. Pant & M. Halle: *Preliminaries to speech Analysis, the distinctive features and their correlates*, MIT, Boston.

Jakobson·Halle(1956), R. Jakobson & M. Halle: *Fundamentals of Language*, The Hague, New York.

Jakobson·Kawamoto eds.(1970), R. Jakobson & Kwamoto Sigeo(川本茂雄): *Studies in General and Oriental Linguistics* : Presented to Shiro Hattori on the Occasion of His Sixtieth Birthday, TEC Co., Tokyo.

Jakubinskji(1919), Л. П. Якубинский; "О звуках стихотворного языка", *Поэтика, Пг.*,

_______(1924), "О снижении высокого стиля у Ленина", *Леф,* No. 1(5).
일어역, 桑野隆 譯(1975), シクロフスキ 他『レ~ニンの言語』, 三一書房, 東京

_______(1926), "Ленин о <революционной> Фразе и смежных явленях", *Печать и революция,* кн. 3.

_______(1953), *История древнерусского языка*, Москва.

Jakubinskji·Ivanov(1932), Л. П. Якубинский и Н. М. Иванов: *Очерки по языку*, Москва.

Janhunen·Rybatski(1999), Juha Janhunen & Volker Rybatzki: *Writing in the Altaic World, Studia Orientalia*(The Finnish Oriental Society), Helsinki.

Jean(1987), Georges Jean: *L'écriture : mémoire des hommes*, Gallimard, Paris.
일어역, 矢島文夫監修,『文字の歷史』知の再發見 雙書 01, 東京 : 創元社.

Johanson·Robbeets eds(2009), Lars Johanson & Martine Robeets eds: *Transeurasian verbal morphology in comparative perspective : genealogy, contact, chance*, Turcologica 78, Harassowitz, Wiesbaden,

Jones(1914), George J. Jones: *An English-Korean Dictionary,* Tokyo.

Jones(1950), Daniel Jones: *The phoneme : its nature and use,* Heffer, Cambridge.

Joos(1958), Martin Joos: "Semiology; A linguistic theory of meaning", *SIL* 13, 53~70.

____(1964), *The English Verb; Form and Meaning*, The Univ. of Wisconsin Press, Madison,

Joos ed.(1957), *Readings in Linguistics I : The Development of Descriptive Linguistics in America* 1925~56, The Univ. of Chicago Press. Chicago.

Karcevskij(1927), S. Karcevskij: *Sytéme du verbe russe, Essai de linguistique synchronique,* Prague.

Karlgren(1954), Bernhard Karlgren: *Compedium of Phonetics in Ancient and Archaic Chinese,* Stockholm.

________(1957), *Grammata Serica Recensa.* Museum of Far Eastern Antiquities, Stockholm.

Kaverin(1989), В. А. Каверин: *Петроградский студент,* Москва,

Katz(1966), J. J. Katz: *The Philosophy of language*, Harper & Row, New York.
일어역, 西山佑司 譯(1971),『言語と哲學』, 大修館, 東京

Katz·Fodor(1963), J. J. Katz & J. A. Fodor: "The structure of semantic theory", *Language*, 39-2, pp, 170~210

Katz·Postal(1964), J. J. Katz & P. M. Postal: *An integrated theory of linguistic description,* M.I.T Press, Cambridge, Mass.

Kim(1976), C. W. Kim: "Rule ordering in Korean phonology",『언어』(한국언어학회), 1-1.

Kim(1988), Jin-w Kim: "On the origin and structure of the Korean script", 김진우(1988: 721~734).

Kim-Renaud ed.(1997), Young-Key Kim-Renaud: *The Korean alphabet: Its history and structure,* University of Hawaii Press, Honolulu.

Kiparsky(1985); Paul Kiparsky: *Explanation in Phonology,* Foris, N.J.

Klaproth(1812), J. von Klaproth: *Abhandlung über die Sprache und Schrift der Uiguren*, Berlin.

________(1832), *Aperçu de l'origines des dioverses écitures de l'ancien monde*, Paris

Koppelmann(1928), D. H. Koppelmann: *Die Verwandtschaft des Koreanischen und der Ainu-Sprache mit den indogermanischen Sprachen,* Wien.

__________(1933), *Die eurasische Sprachfamilie - Indogermanisch, Koreanisch und Verwandtes*, Heidelberg.

LaCapra(1984), Dominick LaCapra; *Rethinking Intellectual History*: "Bakhtin, Marxism, and the Carnivalesque",

Lacouperie(1892), Terrien de Lacouperie: "On the Corean, Ainu, and Fusang(扶桑) writings", *T'oung pao*, III.

Laufer(1907), Berthold Laufer : "Skizze der Mongolischen Literature", *KSz*(*Keleti Szemle,* Budapest) 7:191.

Ladefoged(1975), Peter Ladefoged: *A Course in Phonetics,* 2nd ed.(1982) New York.

Langendoen(1968), D. T. Langendoen: *The London school of linguistics : A study of the linguistic theories of B. Maliniwiski and J. R. Firth*, Research monograph 46, M.I.T. Press. Boston.

Lancelot·Arnauld(1660), C. Lancelot & A. Arnauld: *Grammaire générale et raisonnée,* Paris

영어역(1753), *A general and rational grammar*, Nourse, London.

일어역, 南館英孝 譯(1972),『ポール·ロワイヤル文法』, 大修館, 東京.

Ledyard(1966), Gari Ledyard: The Korean language reform of 1446 - The Origin, Background, and Early History of the Korean Alphabet, Unpublished Ph. D dissertation, University of California. 이 논문은 한국에서 출판되었다(Ledyard, 1998) .

_______(1997), "The international linguistic background of the correct sounds for the instruction of the people", Kim-Renaud ed.(1997), pp.31~ 88.

_______(1998), *The Korean language reform of 1446*, 신구문화사, 서울국립 국어연구원 총서 2. Seoul.

_______(2008), "The Problem of the 'Imitation of the Old Seal'", Hunmin Chŏng'ŭm and hPags~pa, International Workshop on Hunminjeongeum and hPags~pa script, 2008년 11 월 18일~19일, 한국학중앙연구원 대강당, 豫稿集 pp.11~31. Seoul.

Lehmann(1962), W. P. Lehmann: *Historical linguistics : An introduction*, Holt, Rinehart & Winston, New York,

일어역, 松浪 有 譯(1967),『歷史言語學序說』, 研究社, 東京

________ ed.(1967), *A reader in nineteenth-century historical indo-european linguistics,* Indiana Univ. Press, Bloomington.

Lenin(1924), В. И. Ленин: *О праве наций на самоопределение,* 1924, Москва

우리말 역(1958)『민족 자결에 관하여』; 조선 로동당출판사, 평양.

Leont'ev et. ali.(1974), A. A. Leont'ev et. ali. compiled, *E. D. Polivanov Selected Works, Articles on General Linguistics,* Mouton, The Hague & Paris

Leont'ev·Rojzenzon·Xajutin(1974), A. A. Leont'ev & L. I. Rojzenzon & A. D. Xajutin: "The Life and Activities of E. D. Polivanov", Leont'ev et. ali. (1974:11~31)

Lewin(1973), Bruno Lewin: "Japanese and the Language of Koguryŏ", Papers of the C.I.C. Far Eastern Language Institute 4: 19~33.

Lie(1972), Hiu Lie: *Die Mandchusprachkund in Koewa*, Bloomington.

__(1997), "女眞文字 硏究의 現況과 課題", 口訣學會編『아시아 諸民族의 文字』, 태학사, 서울, pp.131~148.

Ligeti(1948), Louis Liget: "le Subhāṣitaratnanidhi mongol, un document du moyen mongol", *Bibliotheca Orientalis Hungarica* VI, Budapest.

_____(1952); "Á propos de L'écriture mandchoue", *AOH*(Acta Orientalia Scientiarum Hungaricae, Budapest) 2, pp. 235-30.

_____(1956), "Le Po kia sing en écriture 'Phags~pa", *AOH* 6(1~3, 1956) pp.1~52.

_____(1962), "Trois notes sur l'écriture 'Phags~pa", *AOH* 13(1, 1962) pp.201~237.

_____(1973), *Monuments en écriture 'Phags~pa ; Pièces de chancellerie en transcription chinoise,* Budapest, Vol. I, 1972 ; Vol. II, 1973.

L'Hermitte(1969), René L'Hermitte: "La linguistique sovietique", *Language* vol. 15.

Liu(1999), H. M. Liu: "Seventy years of Khitan Small Script studies", Janhunen & Rybatski(1999:159~169).

Lotman(1970), Ю. М. Лотман: *Структура художествнного текста*, Москва,
일어역, 磯谷 孝 譯(1977)『文學理論と構造主義』, 勁草書房, 東京.

Loya(1968), Я. В. Лоя: *История лингвистических учений,* Москва.

Lukof(1954), F. A. Lukoff: *A Grammar of Korean*, Ann Arbor.

Lyons(1970a), John Lyons: *Noam Chomsky*, Viking Press, New York.
일어역, 長谷川欣佑 譯(1973),『チョムスキー』, 新潮社, 東京

_____(1970b), *New horizons in linguistics*, Penguin Books
일어역, 田中春美 監譯(1973),『現代言語學』, 大修館, 東京

Maclay(1971), S. M. Maclay: "Linguistics : Overview", D. Steiberg & L. Jakobovits eds. *Semantics,* Cambridge Univ. press, Cambridge.

Malinowski(1936), B. Malinowski: "The problem of meaning in primitive languages", Ogden and Richards(1923, 1952), Supplement 1, pp. 296~336.

Mandelbaum ed.(1949), D. G. Mandelbaum: *Selected Writings of Edward Sapir in Language, Culture and Personality*, Univ. of California Press,

Berkeley & Los Angeles.

Markov(1968), V. Markov; *Russian Futurism,* Berkeley.

Martin(1954). Samuel E. Martin: *Korean Morphophonemics,* Linguistic Society of America, Baltimore

_____(1966), "Lexical Evidence Relating Korean to Japanese", *Language* No. 42, pp.185~251.

_____(1987), *The Japanese Language Through Time*. Yale University Press, New Haven.

_____(1990), Morphological clues to the relationship of Japanese and Korean.' In: Philip Baldi(ed.). *Linguistic Change and Reconstruction Methodology*. Trends in Linguistics: Studies and Monographs 45. pp. 483-509.

_____(1991), "Recent Research on the Relationships of Japanese and Korean", *Sprung from Some Common Source,* 269-292. Stanford: Stanford University Press.

_____(1995), "On the Prehistory of Korean Grammar: Verb Forms", *Korean Studies*, No. 19 pp. 139-150.

_____(2000), "How have Korean vowels changed through time?" *Korean Linguistics* No.10, pp. 1-59.

Martinet(1949), André Martinet: *Phonology as functional phonetics,* Oxford, London

_______(1955), *Économie des changements phonétique, Traité de phonologie diachronique*, Francke, Berne.

_______(1958), "Function, Structure, and Change", *Word* Vol. 6, No. 1.

일어역, 黑川新一 譯(1958),『機能·構造·音韻變』, 研究社, 東京.

_______(1960), *Eléments de linguistique générale*, Armand Colin, Paris.

일어역, 三宅德嘉(1972),『一般言語學要理』, 岩波書店, 東京.

Marx·Engels(1845~46), Karl H. Marx & F. Engels, *Die deutsche ideologie.,* Berlin.

우리말 역(1957);『독일 이데올로기』, 조선 로동당 출판사, 평양.

Mathesius(1907), Вилэм Матезиуs: "Studié k déjinám anglickèho slovosledu", *Véstnik Čes, akademie* 16, pp. 261~275.

________(1911a), "O potenciálnosti jevü jazykovych", *Véstnik Kráhl Čes, společnosti nauk*, tr. histor., pp. 1~24.

영어역, J. Vachek(1964), pp. 1~32.

________(1911b), "Poznámky o tzv. elipse a anglických vètach neslovensných", *Sbornik filogiscky* vol. 2, pp. 215~234.

________(1912), "O apposici v moderni angličtinč", *Sbornik filogiscky*, vol. 3, pp.

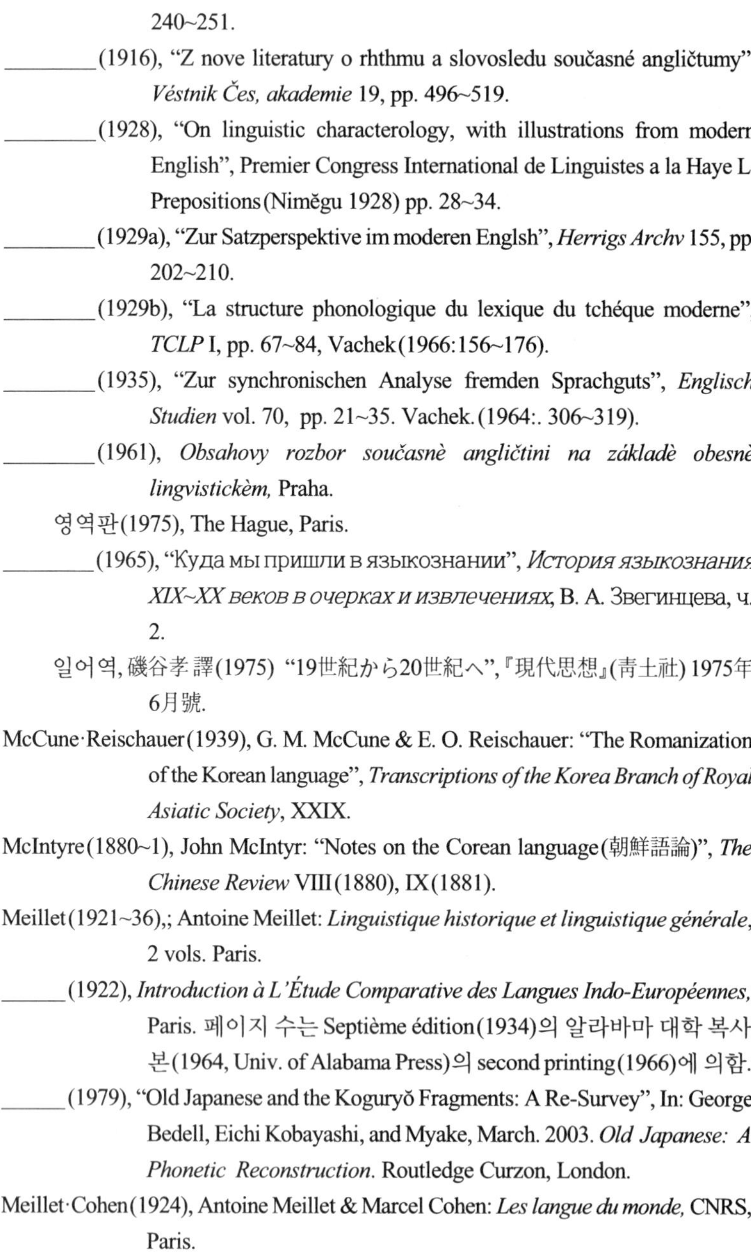

240~251.

________(1916), "Z nove literatury o rhthmu a slovosledu současné angličtumy", *Véstnik Čes, akademie* 19, pp. 496~519.

________(1928), "On linguistic characterology, with illustrations from modern English", Premier Congress International de Linguistes a la Haye L. Prepositions(Nimĕgu 1928) pp. 28~34.

________(1929a), "Zur Satzperspektive im moderen Englsh", *Herrigs Archv* 155, pp. 202~210.

________(1929b), "La structure phonologique du lexique du tchéque moderne", *TCLP* I, pp. 67~84, Vachek(1966:156~176).

________(1935), "Zur synchronischen Analyse fremden Sprachguts", *Englisch Studien* vol. 70, pp. 21~35. Vachek.(1964:. 306~319).

________(1961), *Obsahovy rozbor současnè angličtini na základè obesnè lingvistickèm,* Praha.

영역판(1975), The Hague, Paris.

________(1965), "Куда мы пришли в языкознании", *История языкознания XIX~XX веков в очерках и извлечениях,* В. А. Звегинцева, ч. 2.

일어역, 磯谷孝 譯(1975) "19世紀から20世紀へ",『現代思想』(青土社) 1975年 6月號.

McCune·Reischauer(1939), G. M. McCune & E. O. Reischauer: "The Romanization of the Korean language", *Transcriptions of the Korea Branch of Royal Asiatic Society*, XXIX.

McIntyre(1880~1), John McIntyr: "Notes on the Corean language(朝鮮語論)", *The Chinese Review* VIII(1880), IX(1881).

Meillet(1921~36),; Antoine Meillet: *Linguistique historique et linguistique générale*, 2 vols. Paris.

______(1922), *Introduction à L'Étude Comparative des Langues Indo-Européennes,* Paris. 페이지 수는 Septième édition(1934)의 알라바마 대학 복사본(1964, Univ. of Alabama Press)의 second printing(1966)에 의함.

______(1979), "Old Japanese and the Koguryŏ Fragments: A Re-Survey", In: George Bedell, Eichi Kobayashi, and Myake, March. 2003. *Old Japanese: A Phonetic Reconstruction.* Routledge Curzon, London.

Meillet·Cohen(1924), Antoine Meillet & Marcel Cohen: *Les langue du monde,* CNRS, Paris.

일어역, 泉井久之助 編(1954),『世界の言語』, 朝日신문사, 東京.

Miklosich(1870), Franz Miklosich: *Vergleichende Grammatike der Slavischen Sprachen*, Ljubjana.

Miśra(1966), V. N. Miśra: *The descriptive technique of Pāṇini: an introduction*, The Hague,

Mohrmann et al. eds.(1961), C. A. Sommerfelt Mohrmann & J. Whatmough: *Trends in European and American Linguistics 1930~1960,* Spectrum, Utrecht & Antwerp.

Mounin(1968), George Mounin: *Saussure ou le structuraliste sans le savoir*, Éditions Seghers. Paris.

일어역, 福井芳男 · 伊藤晃 · 丸山圭三郎 譯『ソシュ-ル一構造主義の原點』, 大修館, 東京.

______(1970), *Histoire de la linguistique*, Paris.

Müller(1855), Max Müller: *The Languages of the Seat of Far in the East, With a Survey of Three Families of Languages, Semitic, Arian, and Turanian,* London- Edinburgh-Leipzig.

_____(1869), *Essays* I, Leipzig.

Murray(1775), Lindly Murray: *English Grammar, Adapted to the Different Classes of Learners,* London.

Narkyid(1983), Nagawangthondup Narkyid : "The Origin of the Tibetan script", in E. Stein-kellner & H. Tauscher(eds.) *Contributions on Tibetan language, history, and culture,*(Proceedings of the Csoma de Kőrös Symposium held at Velm-Vienna, Austria, 13-19 September 1981, Wiener Studien zur Tibetologie und Buddhismuskunde 10), Wien: Arbeitskreis für Tibetische und Buddhistische Studien Universität Wien, pp.207-220.

Newmeyer(1986a), Fredrick J. Newmeyer: *Linguistic Theory in America*, Kul Press, New York.

한국어역, 나병모 역(1991),『현대 언어학의 흐름』, 도서출판 글, 서울.

________(1986b), "Has there been a 'Chomskyan revolution' in linguistics?" *Language,* 62, pp. 1-18.

Nida(1951), E. A. Nida: *A Synopsis of English Syntax*, Afghan Institute of Technology, South Pasadena, CA.

____(1960), "Some problems of semantic structure and translational equivalence", In Elson ed.(1960).

Ogden·Richards(1923), C. K. Ogden & I. A. Richards: *The meaning of meaning*, Harcourt, Brace, New York. 1952 재판.

일어역, 石橋幸太郎 譯(1936),『意味の意味』, 興文社, 東京. 新泉社에서 1967에서 재판.

Pallas(1787~1789), P. S. Pallas: *Linguarum totius orbis vocabularia* - Comparativa Augustissimae cura Collecta, St. Petersburg.

Papp(1966), Ferenc Papp, *Mathematical Linguistics in Soviet Union.* Mouton, New York~London.

Parker(1886), Edward H. Parker: "Chinese, Corean and Japanese", *The China Review*, XIV, 4.

_____(1893), "Touching Burmese, Japanese, Chinese and Corean", *Transactions of the Asiatic Society of Japan*, XV.

Paul(1880), Hermann Paul: *Prinzipien der Sprachgeschichte*, Berlin.

영어역, Strong(1889), *Principles of the history of language*, London.

일어역, 福本喜之助 譯(1965),『言語史原理』, 講談社, 東京.

Pauthier(1862), G. Pauthier : "De l'alphabet de P'a~sse~pa", *JA*(*Journal Asiatique,* Paris), sér.V, 19:8(Janv, 1862), pp.1~47.

Pelliot(1922), Paul Pelliot: *Inventaire sommaire des manuscrits et inprimchinoirs de la Biblioth Vaticane*, Rome.

_____(1925), "Les systèmes d'écriture en usage chez les anciens Mongols", *Asia Major*, vol. 2 : pp.284~289.

Pelliot·Takada(1995); P. Pelliot et T. Takada, *Inventaire sommaire des manuscrits et inprimchinoirs de la Biblioth Vaticane, A posthumous work by Paul Pelliot,* Revised and edited by Takada Tokio, Italian School of East Asian Studies Reference Series: Kyoto: Instute Italiano di Cultur, Scoula di studi sll'Asia orientale, 이것은 Pelliot(1922)에서 작성된 서지목록을 Tosio. Takada(高田時雄)가 증보 편집한 것이다.

Perrot(1971), Jean Perrot: *La Linguistique,* Que sais~je N. 570, Neuvième edition, Paris.

일어역, 高塚洋太郎, 内海利郎, 瀧澤隆幸, 矢島猷三(1973):『言語學』, 白水社, 東京

Peters ed.(1972), S. Peters: *Goals of Linguistic Theory*, Englewood Cliffs, Prentice Hall, NJ.

Pike(1943), Kenneth L. Pike: *Phonetics - A Critical Account of Phonetic Theory, and a Thechnique for the Practical Description of Sounds* - , Univ. of Michigan Press, Ann Arbor.

___(1947), *Phonemics ~ A Technical for Reducing Languages to writing*, Univ. of Michigan Press, Ann Arbor.

____(1948), *Tone Languages, - A Technique for Determining the Number and Type of Pitch Contrasts in a Language, with Studies in Tonemic Substitution and Fusion*, Univ. of Michigan Press, Ann Arbor.

____(1954), *Language in Relation to a Unified Theory of the Structure of Human Behavior*, Mouton, The Hague.

____(1967), *Language in relation to unified theory of structure of human behavior*, Mouton, The Hague.

Plancy(1911); Collin de Plancy: *Collection d'un Amateur* [v. Collin de Plancy], Objets D'art de la Corée, de la Chine et du Japon. Ernest Leroux, Editeur, Paris.

Polivanov(1927), Евгний Дмитриевич Поливанов, "K voprosu o rodstevennyx otnošenijax koreiskogo i 'altajskix' jazykov", *Izvestija Akademii nauk SSSR*(Series VI, Vol.XXI, Nos. 15~17, Leningrad.,

한국어역, 정광·허승철 역(2004). "포리봐노프의 한국어와 알타이제어의 친족 관계",『한국어학』(한국어학회) 제24호 pp. 355~378,

________(1928), *Введение в языкознание для востоковедных вузов.*, Ленинград.

________(1931), *За марксистское языкознание,* Москва.

________(1968), *Статьи по общему языкознание,* Москва.

Pomorska(1968), K. Pormorska: *Russian Formalist. theory and its Poetic Ambiance,* Mouton, New York~London.

Poppe(1933), Nicholas Poppe : *Бурят~монгольское языкознание,* Leningrad.

_____(1950), "Review of G. J. Ramstedt's 'Studies in Korean Etymology'", *Harvard Journal of Asiatic Studies* 3.4.

_____(1954), *Grammar of Written Mongolian,* Otto Harassowitz, Wiesbaden.

_____(1957), *The Mongolian Monuments in ḥP'ags~pa Script,* Second Edition translated and edited by John R. Kruger, Otto Harrassowitz, Wiesbaden.

_____(1960), *Vergleichende Grammmatik der Altaischen Sprachen,* Otto Harrassowitz, Wiesbaden.

_____(1965), *Introduction to Altaic Linguistics,* Otto Harrassowitz, Wiesbaden.

_____(1983), *Reminiscences,* Center for East Asian Studies, Western Washington University, Bellingham.

일어역, 下内充·板橋義三 飜譯(1990), 村山七郎 監修,『ニコラス·ポッペ回想錄』, 三一書房, 東京.

Poppe et al(1964), N. Poppe & L. Hurvitz & H. Okada; *Catalogue of the Manchu-Mongol Section of the Toyo Bunko.* Tokyo: The Toyo Bunko &

Washington: The University of Washington Press. Seattle.
Pott(1833~6), August Friederich Pott: *Etymologische Forschungen auf dem Gebeite der indogermanischen Sprachen,* Lemgo.
Pozdněev(1895~1908), A. M. Pozdněev: *Lekcii po istorii mongoĺskoĭ literaturī,* vol. I~III, St. Petersburg.
Priscian(500. A.D.), C. Priscianus: *Institutiones grammaticae*, Constantinople.
Propp(1969), В. Я. Пропп; "Морфология сказки". *Изд.* 2~е, Москва,
일어역, 大木伸一 譯(1972)『民話形態論』, 白馬書房, 東京.
Průcha(1972), Jan Prucha; *Soviet Psycholinguistics.* Mouton, New York, London.
Пуцилло(1874), Мнхаил Павлович Пуцилло: *Русско-Корйский Словрь*(『露朝辭典』).
Pulleyblank(1962), Edwin G. Pulleyblank, "The Consonantal System of Old Chinese", *Asia Major*, 9: 58~144, pp. 206~265.
_________(1984), *Middle Chinese: A Study in Historical Phonology.* University of British Columbia Press, Vancouver.
_________(1991), *Lexicon of Reconstructed Pronunciation in Early Middle Chinese, Late Middle Chinese, and Early Mandarin.* UBC Press, Vancouver.
_________(1996), "Early Contacts between Indo-Europeans and Chinese", *International Review of Chinese Linguistics* 1.1: pp. 1~25.
Puraimond et al. (1979); J. M. Puyraimond & W. Simon & M. R. Séguy; *Catalogue du fonds mandchou. Bibliothèque Nationale,* Paris.
Radford(1981), Andrew Radford: *Transformational Syntax,* Cambridge University Press, London.
한국어역, 서정목·이광호·임홍빈 공역(1985).『변형생성문법이란 무엇인가』, 을유문화사, 서울.
______(1988), *Transformational Grammar*, Cambridge University Press, London.
한국어역, 서정목·이광호·임홍빈 공역(1990).『변형문법』. 을유문화사, 서울.
Ramsey(1993), Robert S. Ramsey, "Some Remarks on Reconstructing Earlier Korean",『어학연구』29.4, pp. 433-442.
Ramstedt(1911), Gustav J. Ramstedt: "Ein Fragment mongolischer Quadratschrift", *JSFOu* 27(3) pp.1~4, 이 논문은 Pentti Aalto: "The Mannerheim Fragment of Mongolian 'Quadratic' Script", Stud. Orient. Fenn. 17(7), 1952, pp.1~9와 동일하다.
_______(1924), "Two words of Korean~Japanese", *Journal de la Société Finno~Ougrienne* 55. Helsinki.

일어역, “朝鮮及び日本の二單語”, 『民族』, 1-6(1926).

_______(1928), “Remarks on the Korean Language”, *MSFOu(Mémoires de la Société Finno~Ougrienne)* 58. Helsinki.

_______(1933), “The nominal postposition in Korean”, *MSFOu* 67, Helsinki.

_______(1939), *A Korean Grammar*, Helsinki. *MSFOu* 82., Helsinki

_______(1949), *Studies in Korean Etymology, MSFOu* 95, Helsinki

_______(1952), *Einführung in die Altaische Sprachwissenschaft.. II. Formenlehre.* Mémoires de la Société Finno Ougrienne 104.2. Helsinki: Suomalais-Ugrilainen Seura.

_______(1953), *Studies in Korean Etymology* II, MSFOu 105-2, Helsinki.

_______(1957), *Einführung in die Altaische Sprachwissenschaft..* I, Lautlehre, MSFOu 104-1, Helsinki.

Rask(1818), Rasmus K. Rask: “Undersogeles om det gamle nordiske eller islandske sprogs oprindelse”, Copenhagen.

Hjelmslev ed.(1932), *Ausgewählte Abhandundlungen* Vol. I, pp. 49~51, Levin & Munksgaad, Copenhagen.

____(1834), *Den Skytiske Sproget, Sammlede filldells forhen utskyte Afandlingen* I, København.

Reibel·Schane eds.(1969), D. A. Reibel & S. A. Schane: *Modern studies in English : Readings in transformational grammar*, Prentice-Hall, Englewood Cliff, New Jersey.

Ridel(1880), Félix-Clair Ridel(李福明): *Dictionnaire Coréen-Français*(韓佛字典), Yokohama

____(1881), *Grammaire Coréene*(韓語文法), Yokohama.

Robeets(2005). Martine Robeets: “Is Japanese related Korean, Tungusic, Mongolian?”, Turcologica 64, Harrassowitz. Wiesbaden.

______(2015a), *Dictionary of Verb Morphology: Japanese and the Transeurasian Languages*, Mouton de Gruyter, Berlin.

______(2015b), “Korean and the Transeurasian Type”, Chung ed.(2015).

Robey ed.(1973), D. Robey: *Structuralism : an introduction*, Clarendon Press, Oxford.

Robins(1951), R. H. Robins: *Ancient and Mediaeval Grammatical Theory in Europe,* Bell & Sons, London.

_____(1967), *A Short History of Linguistics*, Longman, London & New York: Longman Linguistics Library, First published 1967, Second edition 1979, Third edition(1990), 필자가 참고한 것은 Fourth Edition (1997).

일어역, 中村 完·後藤 齊 공역(1992), 『言語學史』, 研究出版社, 東京. Third edition(1990)의 일어역.

______(1971), "Malinowski, Firth, and Context of Situation", E. Ardener ed. *Social Anthropology and Language*, Tavistock, London.

______(1997), Fourth Edition, *A Short History of Linguistics*, Longman, London & New York: Longman Linguistics Library,

Geoffery Horrocks(Univ. of Cambridge), David Denison(Univ. Manchester) eds. London.

Rosny(1864), Léon de Rosny: "Aperçu de la langue Coréenne", *Journal Asiatique* 6~3.

Ross(1877), John Ross: *Corean Primer*(『朝鮮語 初步』), Shanghai.

____(1878), "The Corean Language(朝鮮語論)", *The China Review* VI.

____(1882), *Korean Speech, with Grammar and Vocabulary*(『朝鮮語會話』), 1882, Yokohama,

Rossabi(1988), Morris Rossabi: *Khubilai Khan, His Life and Times,* Univ. of California Press, Berkeley.

Ross(1878), J. Ross: "The Corean Language", *The China Review*, VI, 1878, Seoul.

Rousseau(1822), Jan J. Rousseau: "Essai sur l'origine de langues",(*Oeuvre de J. J. Rouseau,* Paris, Vol. 13, pp. 163~257)

일어역, 小林善彦 譯(1970), 『言語起源論』, 現代思潮社, 東京.

Roth(1936), P. Lucius Roth(洪太和): *Grammatik der Koreanichen Sprache*, Tokwon

Rubenstein(1951), H. Rubenstein: "The recent conflict in Soviet linguistics", *Lg* 27, pp. 281~287.

Sagart(1999), Laurent Sagart, *The Roots of Old Chinese.* John Benjamins, Amsterdam.

Salus(1969), P. H. Salus: *On Language, Plato to von Humboldt*, Holt, Rinehart & Winston, Inc., Ney York.

Sampson(1985), Geoffrey Sampson：*Writing Systems －A linguistic introduction－*, Hutchinson, London.

Sapir(1921), Edward Sapir: *Language, An Introduction to the study of speech*, Harcourt, New York.

일어역, 木坂千秋 譯(1943), 『言語－ことばの研究序説』、刀江書院, 東京: 泉井久之助 譯(1957), 『言語－ことばの研究』, 紀伊國屋書店, 東京

____(1925), "Sound patterns in language", *Language* vol. 1, pp. 37~51,

일어역, 木坂千秋 譯(1957), 『英語音韻論』(東京: 研究社), 英語ライブラリー 10, pp. 20~39; 黑川信一 譯注(1958), 『音聲構造の型』(東京:大修館), 英語教育シリズ 11, pp. 26~48

____(1929), "The status of linguistics as a science", *Language* vol. 5, pp. 207~214.

____(1933), "La réalité pschologique des phonèmes", *Journal de pschologie normale et pathologique,* No. 30, pp. 247~265,

일어역, 黑川信一 譯注(1958),『音素の心理的存在』, 英語敎育シリズ 11, 大修館, 東京 pp. 26~48.

Saussure(1916), Ferdinand de Saussure; *Cours de la linguistique générale, Geneva,*

영어역, W. Baskin tr.(1959), *Course in General Linguistics*, Philosophical Library, New York.

일어역, 小林英夫 譯(1940),『言語學原論』, 岩波書店, 東京.

한국어역, 최승언 역(1990),『일반언어학강의』, 민음사, 서울.

_______(1972), *Cours de linguistique générale, édition critique préparée par Tullio de Mauro*, Payot, Paris.

山內貴美夫 譯(1976),『ソシュ~ル~一般言語學講義校注』, 而立書房, 東京.

Saunders(1971), J. J. Saunders : *History of Mongol Conquest*, Routledge and Kegan Paul, London.

Schane(1973); Sanford A. Schane; *Generative Phonology, Evolution and Current Practice*, Holt, Rinehart and Winston, New York

Shčerba(1957), Л. В. Щерьа, "И. А. Бодуэн де Куртенэ и его значение в науке о языке", *Избранные работы по русскому языку*, Москва,

______(1974), *Языковая система и речевая деятелыность*. Москва,

Scherer(1868), W. Scherer: *Zur Geschichte der deutchen Sprache,* Berlin.

Schlegel(1795), A. W. Schlegel: "Briefe über Poesie, Silbenmass und Sprache", *Kritische Schriften und Briefe,* Vol. I, *Sprache und Poetik,* W. Kohlhammer, Stuttgart. 1963.

Schlegel(1808), F. Schlegel: *Über die Sprache und Weisheit der Indier*, Mohr und Zimmer, Heidelberg.

Schleicher(1871), August Schleicher: *Compendium der vergleichenden Grammatik der Indogermanischen Sprachen,* Hermann Böhlau, Weismar.

Scott(1887), James Scott: *A Corean Manual or Phrase Book with Introduction Grammar*(『언문말칙, 朝鮮語入門)』, 1887, Shanghai. /1893, Seoul.

____(1891), *English-Corean Dictionary*, Seoul.

____(1893), *A Corean Manuel*, 2nd ed., Seoul.

Sebeok ed.(1963), Th. A Sabeok: *Current trends in linguistics,* Vol. I, *Soviet and East European linguistics*, Mouton, The, Hague

Schmidt(1829), I. J. Schmidt: *Geschichte der Ost~Mongolen und ihres Fürstenhauses verfasst von Ssangnang Ssetsen Chungtaischi,* St. Petersburg~Leipzig.

Sledd(1959), J. Sledd: *A Short Introduction to English Grammar*, Scott, Foresman & Co., Chicago.

Spencer(1996), Andrew Spencer: *Phonology*, Blackwell, Oxford.

Steinthal(1850), H. Steinthal: *Classification der Sprachen*, Berlin

_______(1890), *Geschichte der Sprachwissenschaft bei den Griechen und Römern* (2nd edition), Berlin.

Stalin(1950); Иосиф Виссалионович Сталин, "Марксизм и ьопросы языкознания", *Праудa* 1950. 6.20,

우리말 역(1965),『스탈린선집』3, 평양:조선로동당 출판사, 평양

Starostin(1989), Sergei A. Starostin, *Rekonstrukciya drevnekitayskoy fonologičeskoy sistemi.* Nauka, Moscow.

_______(1991), *Altayskaya problema i proisxoždenie yaponskogo yazïka.* Nauka, Moscow.

Starostin·Dybo·Mudrak(2003), Sergei Starostin & Anna Dybo & Oleg Mudrak: *The Etymological Dictionary of the Altaic Languages.* E. J. Brill, Leiden.

Stary(1985), G. Stary; *Oper Mancesi in Italia e in Vaticano,* Otto Harrassowitz, Wiesbaden,

Steinthal(1850), H. Steinthal: *Classification der Sprachen,* Berlin,

_______(1855), *Grammatik, Logik und Psychologie, ihre prinzipien und ihre verhältnise zu einander*, Berlin.

Strahrenberg(1730), Philip Johann von Strahrenberg: *Das Nord und Ostliche Teil von Europa und Asia, insoweit das gantze Russische Reich mit Siberien und grossen Tatarei in sich begreiffet, etc.*, Stockholm.

Street(1957), J. C. Street: *The Language of the Secret History of the Mongols,* New Haven.

Sweet(1891~98), Henry Sweet: *A new English gramma*, 2 vols. Clarendon Press, Oxford.

Taylor(1883), Isaac Taylor: *The alphabet*, London.

Tenjakov & Jakobson(1928), Ю. Н. Тынянов и Р. О. Якобсон; "Проблемы изучения литратуры и языка", Новый *Леф*, No. 12.

일어역, 新谷敬三郎·磯谷 孝 編譯(1974), 'ツヴェタン.トドロフ 'フォルマリズムと未來派',『藝術俱樂部』1974年 1~2號 및『ロシア.フォマリズム論集』現代思潮社, 東京.

Thomas(1902), Thomas of Erfurt(Duns Scotus): *Grammatica speculaativa,*(M. F. Garcia ed.)

Thomsen(1902), Vilhelm L. P. Thomsen: *Sprogvidenskabens historie*, Copenhagen.

일어역, 泉井久之助·高谷信一 共譯(1937),『言語學史』, 弘文堂, 東京. 1953 재판.

Thompson(1971), M. Thompson: *Russian Formlism and Anglo~American New Criticism*. Mouton, New York~London.

Thrax(2C. B.C.), Dionysus Thrax: *Téchnē Grammatikē, Τέχνη γραμματική*, Alexandria.

Trager(1949), G. L. Trager: *The Field of Linguistics,* Batternburg Press, Norman, OK.

Trager·Smith(1951), G. L. Trager & H. L. Smith, Jr.: *An outline of English structure*, Battenburg, Washington D.C.

Trečakov(1923), C. M. Третьяков: "Откуда и куда", *Леф,* No. 1,

일어역,『資料, 世界プロレタリア文學運動』第1卷, 三一書房. 東京.

Trnka et al.(1958), B. Trnka and Others: "Prague structural linguistics", Vachek ed. (1964), pp. 468~80.

Trombetti(1905), Alfredo Trombetti: *L'unita d'origine del linguaggio*, Bologna.

Trubetzkoy(1936), Nikolai Sergejevič Trubetzkoy: "Gedanken über das Indo~germanen problem", *Acta Linguistica* 1~2, Copenhagen.

_________(1939), *Grundzüge der Phonologie*, Travaux de Circle linguistique de Prague VIII, 2 aufl.

프랑스어역, J. Cantineau(1969), *Principes de phonologie,* Paris,

영어역, C, Baltax(1969), *Principles of Phonology,* Berkeley & Los Angeles.

_________(1975), *N. S. Trubetzkoy's Letters and Notes,* Mouton, New York.

Twaddell(1935), William Freeman Twaddell: *On defining the phoneme*, Language Monograph. No. 16. In Joos ed.(1957) , pp. 55~79

Underwood(1890a), Horace G. Underwood(元杜尤): *A Concise Dictionary of the Korean Language*(『韓英字典, 英韓字典』), Pocket edition in two volumes, Yokohama.

_________(1890b), *An Introduction to the Korean Spoken Language*(『韓英文法』), Yokohama. 1893, Seoul.

_________(1914), *An Introduction to the Korean Spoken Language*(『韓英文法』), Seoul.

_________(1921), Horace. H. Underwood(元漢慶): *Daily Korean Spoken Language*『日用朝鮮語』, 京城.

_________(1930), *A Partial Bibliography of Occidental Literature on Korean, From early times,* Seoul.

Underwood·Underwood(1925), H. G. Underwood(元杜尤)· H. H. Underwood(元漢慶): *An English-Korean Dictionary*, Seoul.

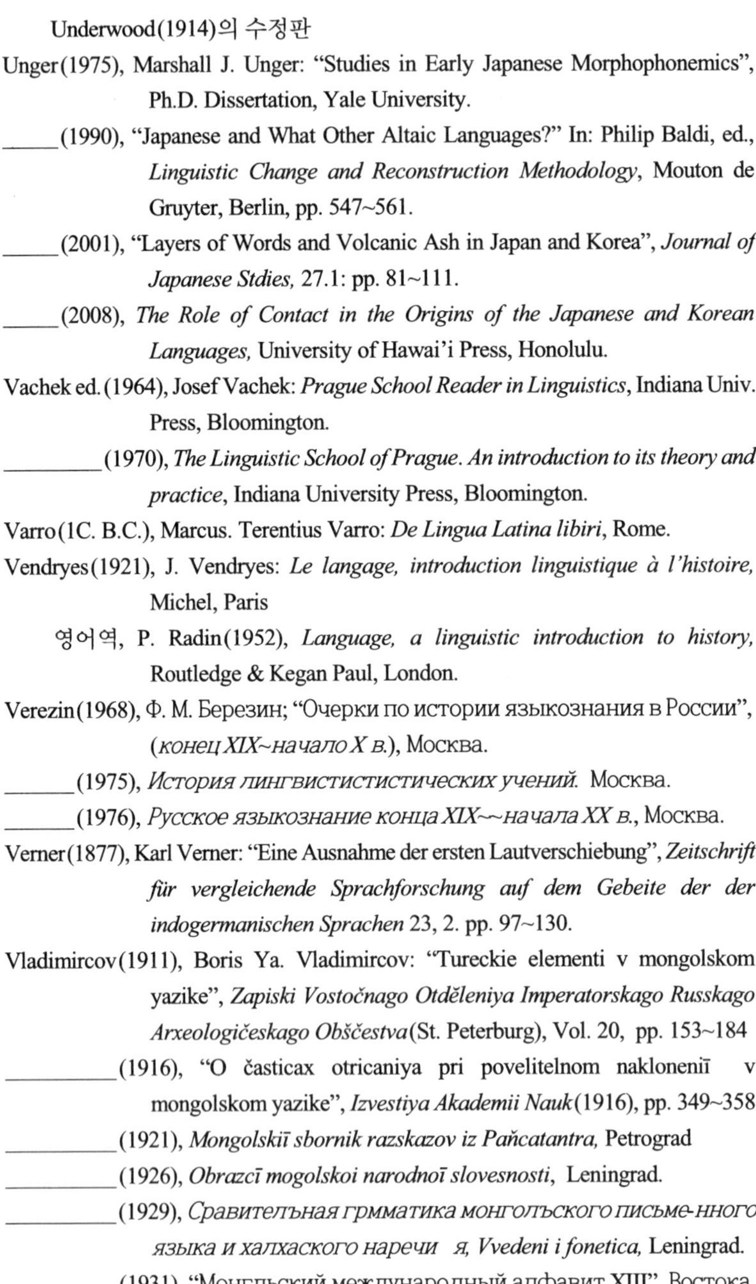

Underwood(1914)의 수정판

Unger(1975), Marshall J. Unger: "Studies in Early Japanese Morphophonemics", Ph.D. Dissertation, Yale University.

_____(1990), "Japanese and What Other Altaic Languages?" In: Philip Baldi, ed., *Linguistic Change and Reconstruction Methodology*, Mouton de Gruyter, Berlin, pp. 547~561.

_____(2001), "Layers of Words and Volcanic Ash in Japan and Korea", *Journal of Japanese Stdies,* 27.1: pp. 81~111.

_____(2008), *The Role of Contact in the Origins of the Japanese and Korean Languages,* University of Hawai'i Press, Honolulu.

Vachek ed. (1964), Josef Vachek: *Prague School Reader in Linguistics*, Indiana Univ. Press, Bloomington.

_________(1970), *The Linguistic School of Prague. An introduction to its theory and practice*, Indiana University Press, Bloomington.

Varro(1C. B.C.), Marcus. Terentius Varro: *De Lingua Latina libiri*, Rome.

Vendryes(1921), J. Vendryes: *Le langage, introduction linguistique à l'histoire,* Michel, Paris

영어역, P. Radin(1952), *Language, a linguistic introduction to history,* Routledge & Kegan Paul, London.

Verezin(1968), Ф. М. Березин; "Очерки по истории языкознания в России", (*конец XIX~начало X в.*), Москва.

______(1975), *История лингвististических учений.* Москва.

______(1976), *Русское языкознание конца XIX~~начала XX в.*, Москва.

Verner(1877), Karl Verner: "Eine Ausnahme der ersten Lautverschiebung", *Zeitschrift für vergleichende Sprachforschung auf dem Gebeite der der indogermanischen Sprachen* 23, 2. pp. 97~130.

Vladimircov(1911), Boris Ya. Vladimircov: "Tureckie elementi v mongolskom yazike", *Zapiski Vostočnago Otděleniya Imperatorskago Russkago Arxeologičeskago Obščestva*(St. Peterburg), Vol. 20, pp. 153~184

__________(1916), "O časticax otricaniya pri povelitelnom naklonenii̅ v mongolskom yazike", *Izvestiya Akademii Nauk*(1916), pp. 349~358

__________(1921), *Mongolskiī sbornik razskazov iz Pañcatantra,* Petrograd

__________(1926), *Obrazcī mogolskoi narodnoī slovesnosti*, Leningrad.

__________(1929), *Сравительная грмматика монгольского письме-нного языка и халхаского наречи я, Vvedeni i fonetica,* Leningrad.

__________(1931), "Монгльский международный алфавит XIII", Востока,

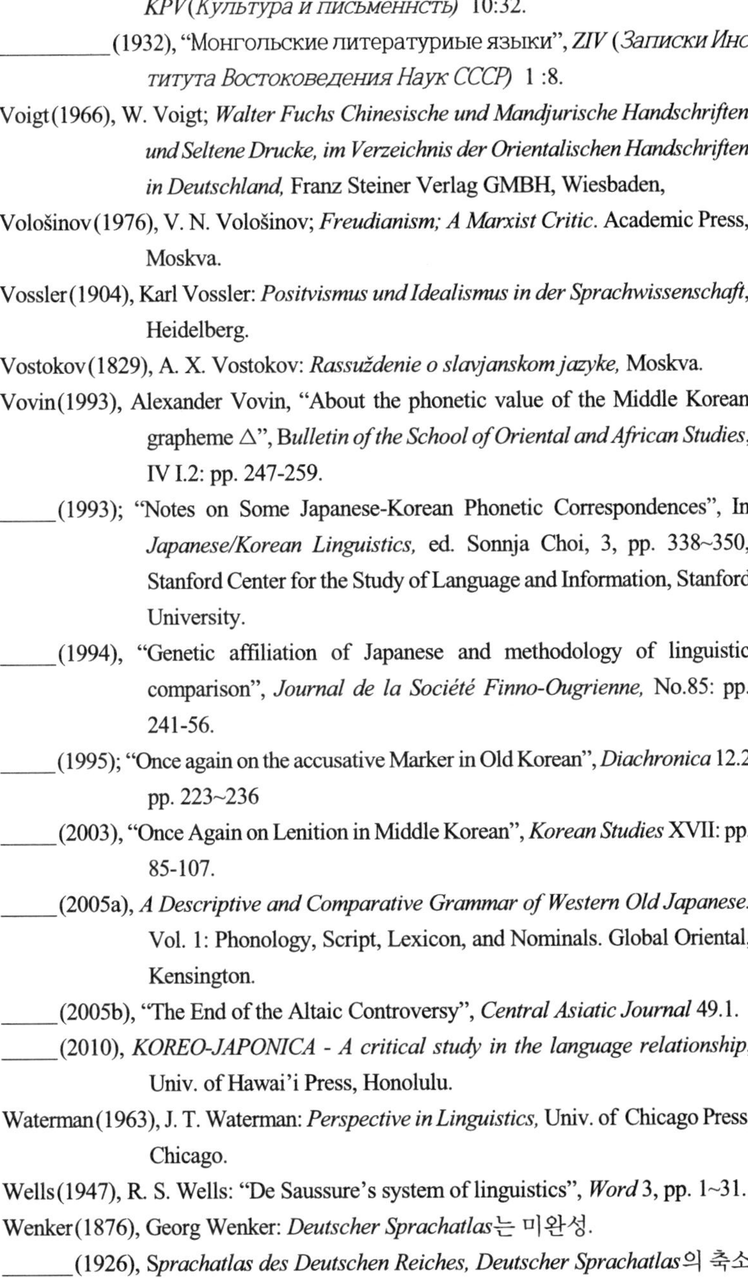

KPV(*Культура и письменнсть*) 10:32.

_________(1932), "Монгольские литературиые языки", *ZIV* (*Записки Института Востоковедения Наук СССР*) 1 :8.

Voigt(1966), W. Voigt; *Walter Fuchs Chinesische und Mandjurische Handschriften und Seltene Drucke, im Verzeichnis der Orientalischen Handschriften in Deutschland,* Franz Steiner Verlag GMBH, Wiesbaden,

Vološinov(1976), V. N. Vološinov; *Freudianism; A Marxist Critic*. Academic Press, Moskva.

Vossler(1904), Karl Vossler: *Positvismus und Idealismus in der Sprachwissenschaft*, Heidelberg.

Vostokov(1829), A. X. Vostokov: *Rassuždenie o slavjanskom jazyke,* Moskva.

Vovin(1993), Alexander Vovin, "About the phonetic value of the Middle Korean grapheme △", B*ulletin of the School of Oriental and African Studies*, IV I.2: pp. 247-259.

_____(1993); "Notes on Some Japanese-Korean Phonetic Correspondences", In *Japanese/Korean Linguistics,* ed. Sonnja Choi, 3, pp. 338~350, Stanford Center for the Study of Language and Information, Stanford University.

_____(1994), "Genetic affiliation of Japanese and methodology of linguistic comparison", *Journal de la Société Finno-Ougrienne,* No.85: pp. 241-56.

_____(1995); "Once again on the accusative Marker in Old Korean", *Diachronica* 12.2 pp. 223~236

_____(2003), "Once Again on Lenition in Middle Korean", *Korean Studies* XVII: pp. 85-107.

_____(2005a), *A Descriptive and Comparative Grammar of Western Old Japanese.* Vol. 1: Phonology, Script, Lexicon, and Nominals. Global Oriental, Kensington.

_____(2005b), "The End of the Altaic Controversy", *Central Asiatic Journal* 49.1.

_____(2010), *KOREO-JAPONICA - A critical study in the language relationship*, Univ. of Hawai'i Press, Honolulu.

Waterman(1963), J. T. Waterman: *Perspective in Linguistics,* Univ. of Chicago Press, Chicago.

Wells(1947), R. S. Wells: "De Saussure's system of linguistics", *Word* 3, pp. 1~31.

Wenker(1876), Georg Wenker: *Deutscher Sprachatlas*는 미완성.

______(1926), S*prachatlas des Deutschen Reiches, Deutscher Sprachatlas*의 축소

판.

Whitman(1985), John Whitman: The Phonological Basis for the Comparison of Japanese and Korean. Unpublished Harvard University Ph.D. dissertation, Boston.

_______(1990), "A Rule of Medial *-r-loss in Pre-Old Japanese", In: Philip Baldi, ed. *Linguistic Change and Reconstruction Methodology.* Mouton de Gruyter, Berlin: pp. 511~545.

Winkler(1884), H. Winkler: *Uralaltaische Völker und Sprachen*, Berlin.

______(1886), *Das Uralaltaische und seine Gruppen,* Berlin.

Wundt(1900~1920), Wilhelm Wundt: *Völkerpsychologie : Erster Band : Die Sprache*, 3rd ed., 1911, Leipzig.

Zenker(1926), E. V. Zenker: "Das japanische Lautwesen im Zusammenhange mit dem Koreaischen und der Liu-Kiu und der Ainu Sprache", *Mitteilungen des Semninars für orientalische Sprachen an der Friedrich-Wilhelms Univerität zu Berlin*, XXX.

Zveguncev(1960), V. A. Zvegincev: *Istoria ja jazykoznania XIX i XX vekov v ocerkax i izvlecenijax,* vol. 1,2, Moskva.

찾아보기

(ㄱ)

(ㄴ)

(ㄷ)

(ㄹ)

(ㅁ)

(ㅂ)

(ㅅ)

(ㅇ)

(ㅈ)

(ㅊ)

(ㅋ)

(ㅌ)

(ㅍ)

(ㅎ)